Stefan Blank, Peter Rump, Gunda Urban

Bali und Lombok

001ba sb

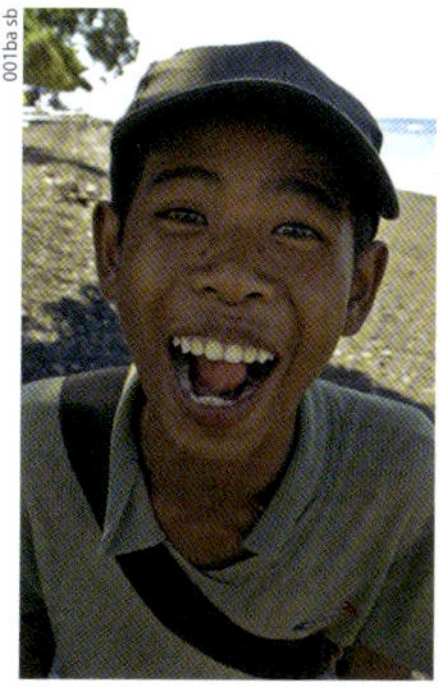

„Tourismus ist wie Feuer.
Du kannst damit dein Essen kochen
oder dein Haus abbrennen."
K. Balendra,
ehem. Tourismusminister
von Sri Lanka

Impressum

Stefan Blank, Peter Rump, Gunda Urban
Reise Know-How Bali und Lombok

erschienen im
Reise Know-How Verlag Peter Rump GmbH
Osnabrücker Str. 79
33649 Bielefeld

12., neu bearbeitete und komplett aktualisierte Auflage 2015
Aktualisierung und Bearbeitung dieser Auflage: Stefan Blank

Gestaltung
Umschlag: G. Pawlak, P. Rump (Layout);
André Pentzien (Realisierung)
Inhalt: Günter Pawlak (Layout);
André Pentzien (Realisierung)
Fotonachweis: Stefan Blank (sb), Peter Rump (pr), Gunda Urban (gu), Christine Nauderer (cn), Rolf Pfänder (rp), Andoni Nägele (an), Monika Blank (mb), Roman Burri (rb), Alexander Urch (au), Simone Schrempf (ss)
Titelfoto: fotolia.com © jo (Motiv: Surfen auf Bali)
Karten: Catherine Raisin, der Verlag

Lektorat: Caroline Tiemann
Lektorat (Aktualisierung): André Pentzien

Druck und Bindung
Media-Print, Paderborn

ISBN 978-3-8317-2586-1
Printed in Germany

Dieses Buch ist erhältlich in jeder Buchhandlung Deutschlands, der Schweiz, Österreichs, Belgiens und der Niederlande.
Bitte informieren Sie Ihren Buchhändler über folgende Bezugsadressen:

Deutschland
Prolit GmbH, Postfach 9, D-35461 Fernwald (Annerod)
sowie alle Barsortimente

Schweiz
AVA Verlagsauslieferung AG
Postfach 27, CH-8910 Affoltern

Österreich
Mohr Morawa Buchvertrieb GmbH
Sulzengasse 2, A-1230 Wien

Niederlande, Belgien
Willems Adventure, www.willemsadventure.nl

Wer im Buchhandel trotzdem kein Glück hat, bekommt unsere Bücher auch über unseren
Büchershop im Internet: www.reise-know-how.de

079ba sb

Wir freuen uns über Kritik, Kommentare und Verbesserungsvorschläge, gern auch per E-Mail an info@reise-know-how.de.

Stefan Blank
Peter Rump
Gunda Urban
BALI UND LOMBOK

Vorwort

Bali ist ein Mythos. Seine Architektur beeindruckt auf der ganzen Welt, in balinesischen Gärten fühlen wir uns wie im Paradies. Kunsthandwerk, Schmuck, Tanz und Theater – balinesischer Stil ist überall ein gern gesehenes Element.

Bali steht auch für eine Lebenseinstellung: für Freundlichkeit und Offenheit, für Gastfreundschaft und Tradition, Aufgeschlossenheit und tiefe Religiosität. Erstaunlich für eine kleine Insel mit knapp vier Millionen Einwohnern, umgeben von mehr als 17.000 Inseln des indonesischen Archipels. Ein hinduistisches Idyll im größten islamischen Land der Welt, touristisches Sehnsuchtsziel seit den 1930er Jahren.

Jeder Bereich des balinesischen Alltags ist durchdrungen vom Glauben: Götter und Dämonen sind lebendig und wachen über Wohlergehen und Leid der Bewohner. Die überdurchschnittliche künstlerische Begabung der Balinesen spiegelt sich in unzähligen Tempeln, Schreinen und Statuen, die an fast jedem Fleck der Insel zu finden sind, genauso wider wie in faszinierenden Tänzen und Zeremonien. Die Musik ist einzigartig, ebenso wie das Schattenspiel und die Tempelfeste, die täglich irgendwo stattfinden.

> Das Monument zum Gedenken an den Bombenanschlag von 2002 in Kuta

Eine beachtliche Tourismusindustrie hat sich entwickelt, die nicht spurlos an Land und Leuten vorbeiging. Aber eigentlich existiert das Touristen-Bali nur in wenigen Ferienzentren. Der größte Teil der Insel ist auch heute noch urtümlich wie eh und je.

Am 12. Oktober 2002 wurde der Mythos vorübergehend entzaubert: 202 Menschen starben bei einem Bombenattentat in Kuta, gefolgt von einem zweiten Anschlag am 1. Oktober 2005 mit 26 Toten, wieder mitten im touristischen Dreieck. Aufgeklärt wurden die Attentate nie vollständig. Die balinesische Reaktion war einzigartig und bewundernswert: Die Gemeinschaft hielt zusammen, unterstützte sich gegenseitig, ließ sich vom Terror nicht unterkriegen, investierte weiter in Kultur- und Resorttourismus.

Heute ist Bali ein Mikrokosmos: Menschen aus aller Welt lernen die sagenumwobene Majapahit-Tradition kennen, die im 16. Jh. von Java nach Bali kam. Sonnenanbeter freuen sich über weiße und schwarze Strände, einzigartig anzuschauen und teilweise menschenleer. Schnorchler und Taucher finden unter Wasser die Vielfalt, die sie in den Tropen erwarten, Surfer reiten ihre Welle und Wanderer erkunden die weltberühmten Reisterrassen. Genießer lieben die Vielfalt der Speisekarte, Urlauber residieren in Hotelanlagen, Pensionen oder Resorts, die keine Wünsche offenlassen. Und alle erleben einheimische Menschen, die den Mythos Bali leben, ihn für die Touristen liebenswert machen und so nachhaltige Spuren bei allen Besuchern hinterlassen.

Die Suche nach dem echten Bali lohnt, davon sind wir überzeugt. Wir möchten die Leser mit unserer Begeisterung anstecken und wünschen allen Bewohnern und Besuchern dieser traumhaften Inseln ein harmonisches Miteinander. Der Mythos ist höchst lebendig und nur 16 Flugstunden entfernt.

Stefan Blank, Peter Rump, Gunda Urban

161ba pr

Inhalt

Exkurse

Bali entdecken

Lombok entdecken

Praktische Reisetipps A–Z

Indonesien im Überblick

Bali – die Insel und ihre Bewohner

Lombok – die Insel und ihre Bewohner

Karten

Landkarten

Ortspläne

Thematische Karten

Grundrisse und Lagepläne

Nicht verpassen!

Die Highlights der Region erkennt man an der **gelben Hinterlegung.**

Bali und Lombok auf einen Blick

Bali

Bali in 36 Stunden? Das scheint unmöglich als Reiseprogramm, aber die New York Times hat 2007 eins aufgestellt: Am Freitagnachmittag geht es los in Ubud mit einer Besichtigung des Monkey Forest, Massage schließt sich an, dann ruft eine Tanzveranstaltung. Nach dem Tanz ist Zeit fürs opulente Abendessen. Der Samstag beginnt mit einem Rafting-Abenteuer im Fluss Ayung, danach lädt eines der zahlreichen Museen zum Besuch, am Abend geht es nach Seminyak, der Strand lässt grüßen. Nach dem Essen Disco-Zeit in einem der trendigen Schuppen an Kuta Beach. Espresso ist das Wort zum Sonntag, dann per Taxi zurück nach Ubud, den botanischen Garten besichtigen. Sarong-Shopping zum Abschluss und absolviert ist das 36-Stunden-Abenteuer.

So kann man Bali besichtigen. Es lohnt sich aber, etwas mehr Zeit zu investieren. Allein die abwechslungsreiche Landschaft besteht aus vulkanischen Bergen mit Seen und Flüssen, malerischen Reisterrassen, riesigen Obst- und Palmenplantagen und stillen Buchten mit schönen Stränden. Dazu kommen Tausende von Tempeln – vom Heiligen Nationaltempel bis zum Dorfaltar. Irgendwo findet immer gerade eine sehenswerte Prozession statt, bei der Balinesinnen in traditionellen Sarongs auf dem Kopf bunte Opfergaben aus Früchten und Blüten für die Götter tragen. Auch die Verbrennungszeremonien, die im Juli überall auf der Insel stattfinden, sind ein Highlight eines Bali-Besuchs. Keine Angst: Die Teilnehmer haben nichts dagegen, dass Touristen zuschauen. Je mehr Besucher, desto besser das Fest, desto größer die öffentliche Anteilnahme bei einer solchen Feier. Die ist auf Bali ohnehin eher ein Freudenfest als ein Akt der Trauer.

Eine Reise von zwei bis drei Wochen sollte es mindestens sein, wenn man alle Highlights sehen möchte.

Lombok

25 Flugminuten – oder eine vier- bis siebenstündige Überfahrt mit der Fähre – von Bali entfernt liegt Lombok, eine wunderschöne Insel, deren Name „Chilipfeffer“ bedeutet. Bewohnt wird sie vorwiegend von muslimischen Sasak, die zum Teil noch einem animistischen Ahnenkult anhängen.

Die **Highlights beider Inseln auf einen Blick** siehe Seite 14–17.

Videoclips

Zu einigen Zielen auf Bali und Lombok haben die Autoren dieses Reiseführers eigene **Videoclips** geliefert, die mit dem **Smartphone** und der entsprechenden Software angesehen werden können. Schicken Sie uns Ihre ganz persönlichen Urlaubseindrücke als Video* an info@reise-know-how.de. Ob romantisch, witzig oder schrill – wir freuen uns auf Ihre Filme!

*Mit der Zusendung Ihrer Clips erklären Sie sich mit der Veröffentlichung einverstanden.

240ba sb

7 Mataram und die Westküste S. 306

Mataram (S. 308), die Hauptstadt der Insel, und die geschäftige Hafenstadt **Ampenan** (S. 307) sind die beiden einzigen größeren Städte auf Lombok und bieten sich für einen Shopping-Ausflug an – vielleicht in und rund um die **Mataram Mall** (S. 312). **Senggigi** (S. 323) ist das touristische Zentrum und ein gutes Pflaster für die Abendgestaltung. Ein guter Abschluss des Tages könnte ein opulentes und köstliches Abendessen im **Restaurant „Asmara"** (S. 330) sein. Wer sich dann am nächsten Morgen die Füße vertreten will, sollte sich auf ausgedehnte Wanderungen rund um den ältesten Hindutempel Lomboks bei **Suranadi** (S. 318) begeben.

8 Die Gilis S. 338

Vom Festland aus ist es nur ein Katzensprung bis zu den berühmten kleinen Inseln „Gilis", die zwar längst kein Geheimtipp mehr sind, aber immer wieder aufs Neue entdeckt werden wollen. Da gibt es **Gili Air** (S. 343), dem Festland am nächsten, mit reichlich Hängemattengefühl und chilliger Musik. In der Mitte der drei Gilis liegt **Gili Meno** (S. 347), die „Hochzeitsinsel", mit viel Ruhe und Muße. Ganz außen wartet die „Partyinsel" **Gili Terawangan** (S. 351) nicht nur auf Partygänger. Und hier kann man den Sonnenuntergang kaum schöner erleben als am **Strand der Bar „Exile"** (S. 358).

9 Nordküste und Rinjani S. 362

Der Norden Lomboks ist gebirgig mit dichten Wäldern und dramatischen Ausblicken – ganz abgesehen von den wunderschönen, einsamen Stränden. Der **Rinjani** (S. 366) ist einer der größten Vulkane der indonesischen Inselgruppe. Sein meist wolkenverhangener Gipfel ist 3726 m hoch und kann von verschiedenen Seiten bestiegen werden (S. 371). Neugierige können ein **Einheimischen-Dorf, Bayan,** besuchen, vielleicht vom **Rinjani Mountain Garden** aus (S. 364) und vor **Labuhan Pandan** (S. 379) unerforschte Inseln mit dem Kajak erkunden.

10 Rinjani Südhang S. 384

Lomboks Zentrum am Fuße des Rinjani bietet beeindruckende Natur, Trekking-Möglichkeiten durch den Dschungel und abgelegene Orte, in denen die moderne Welt noch nicht angekommen scheint und der nächste Wasserfall nicht weit entfernt ist. Wer eine andere Art Tourismus kennenlernen will, sollte einen Tag im Dorf **Mas-Mas** verbringen (S. 388) und anschließend beschwingt rund um **Tetebatu** (S. 389) an den Hängen des Rinjani lustwandeln.

11 Der Süden Lomboks S. 394

Kuta auf Lombok (S. 412) ähnelt Kuta auf Bali vor 20 Jahren, aber es gibt große Pläne. Am besten gleich vorbeischauen. Direkt nebenan kann man Fußspuren im Kugelsand am Strand **Tanjung Aan** (S. 417) hinterlassen oder sich unter die wenigen Sonnenanbeter und Strandläufer an den weißen Stränden westlich von Kuta mischen. Wer das Wasser nicht nur anschauen will, der stürzt sich auf ein Surfbrett oder in den Neoprenanzug: Die Unterwasserwelt von **Sekotong** (S. 399) und **Belongas** (S. 405) will von erfahrenen Tauchern erforscht werden.

416ba rb

Eine beachtliche Tourismusindustrie hat sich entwickelt, die nicht spurlos an Land und Leuten vorbeiging.

Bali entdecken

Aber eigentlich existiert das Touristen-Bali nur in wenigen Ferienzentren. Der größte Teil der Insel ist auch heute noch urtümlich wie eh und je.

‹ Legong-Tänzerin

Unvergesslich ist der **Sonnenuntergang** am Strand von **Kuta Beach** | 35

Ein schicker Abend mit „Dresscode" im **Ku De Ta in Seminyak** | 51

Besuch bei Maler und Muse: das **Museum Le Mayeur** in Sanur | 63

Touristisch unerforschtes Gebiet betreten auf **Nusa Penida** | 77

Die Welle reiten vor **Balangan Beach** auf der **Halbinsel Bukit** | 87

NICHT VERPASSEN!

Diese Tipps erkennt man an der gelben Hinterlegung.

Der Süden Balis steht für Strandleben

055ba sb

1 BALIS SÜDEN – TOURISMUS PUR

Der Süden Balis ist das **touristisch am besten erschlossene** Gebiet der Insel. Hier befinden sich die Hochburgen der Urlaubsindustrie, allen voran Sanur, Nusa Dua und Kuta. Die Hauptstadt Denpasar liegt ebenfalls inmitten dieser dicht besiedelten Region.

Überblick

Das **Klima** ist heiß, aber an den Stränden weht oft eine angenehme Brise. Weiter nach Norden nehmen zwar nicht die Touristenmassen, wohl aber die Temperaturen ab. Fast alle wichtigen Orte dieser Gegend haben eine ganze Reihe Übernachtungsmöglichkeiten, das Verkehrs- und Straßennetz (Busse, Bemos) ist sehr gut ausgebaut.

Die **Strände Südbalis** sind berühmt, Hunderttausende von Reisenden lassen sich hier im Sommer bräunen – und der dauert das ganze Jahr. Die Massen verteilen sich nicht gleichmäßig, sondern konzentrieren sich an einigen speziellen Küsten, beispielsweise an den Stränden von Kuta, Legian, Sanur und Nusa Dua.

Weiter nach Osten, Süden oder Westen gibt es noch einsame Stellen. Die **Brandung** der Südküste ist ziemlich stark, was Surfer freut, Schwimmer aber ärgert. Häufig verhindern auch Felsen, die bizarr aus dem Wasser ragen, oder Steilküsten ein ungehindertes Schwimmen. Die **Korallenriffe,** die den Sandstränden vorgelagert sind, haben Südbali übrigens 60 Jahre länger gegen die Holländer geschützt als den mit Schiffen einfacher zu erreichenden Norden.

Leider schützte in der Neuzeit niemand die Korallenriffe. So konnte es passieren, dass kilometerlange **Riffe herausgebrochen und abgebaut** wurden, um aus den Korallen Kalk zu brennen, der wiederum in großen Mengen für den Bauboom seit Ende der 1980er Jahre gebraucht wurde. Mit teilweise heftigen Konsequenzen: Da die Sandstrände nun ungeschützt der Brandung ausgesetzt waren, verschwanden quasi über Nacht ganze Strandabschnitte wie in Candi Dasa, Sanur oder dem südlichen Kuta. Mit Steinmauern und Molen setzte man sich zur Wehr, aber nicht immer erfolgreich. Ganze Strände, wie beispielsweise in Candi Dasa, wurden mit Beton verbaut. Dass die Schäden für das Ökosystem weitaus größer als für die Kameraperspektive sind, versteht sich

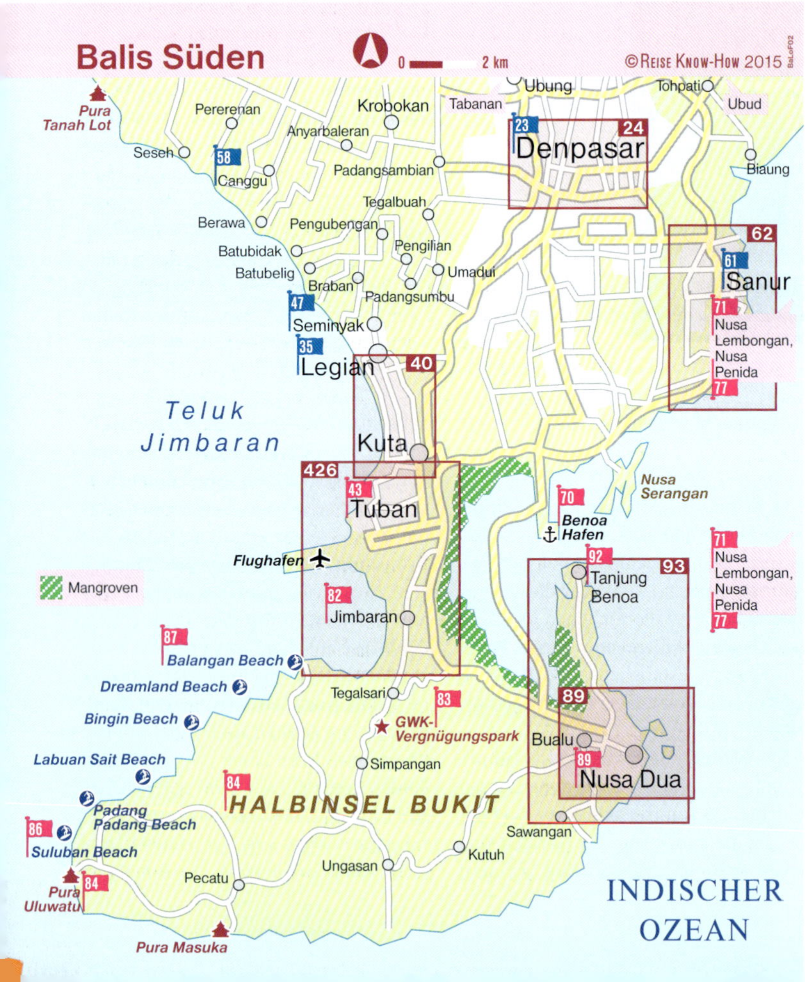

von selbst. Heute ist der Abbau von Korallen verboten, und es gibt einige Programme, die Unterwasserwelt wieder aufzubauen.

Die ganz im Süden liegende **Halbinsel Bukit** unterscheidet sich landschaftlich sehr stark vom fruchtbaren „Festland". Bukit ist trocken, karg und einsam. Das Touristenzentrum **Nusa Dua** ist eine Attraktion und seit dem Bau der Mautstraße durch die Lagune schneller erreichbar, Surfer finden in Uluwatu die ideale Welle, und einige früher verwunschene Strandstücke wie Balangan haben heute ihre Liebhaber gefunden.

Denpasar

Heute leben mehr als 780.000 Einwohner in der **Hauptstadt** Balis und der **Provinz Badung.** Dies ist auch der einheimische Name für Denpasar. In dem Handels- und Verwaltungszentrum herrscht stets dichter Verkehr. Die Gassen sind überlaufen, es gibt viele Menschen, viel Lärm, viel Gestank und viel Stress.

Reisende zieht es an die nahen Strände weiter im Süden, die meisten meiden die Großstadt. Da der **Flughafen in Tuban** südlich von Denpasar liegt, gibt es in der Tat kaum einen Grund, Zeit in der Hauptstadt zu verbringen. Es sei denn für Einkaufstrips in gekühlten Malls, Besichtigungstouren in verwinkelten Märkten, zum Besuch von Festen oder auf der Durchreise beispielsweise von einem Busbahnhof zum anderen. Immer gut ist Denpasar aber für einen Tagesausflug. Dann heißt es „Lärm ausblenden" und sich möglichst in den **ruhigeren Nebenstraßen** aufhalten. Die Bewohner von Denpasar freuen sich, auch hier Touristen zu treffen.

Das meiste, was es in Kuta und anderen Touristenmetropolen zu kaufen gibt, neben den normalen Haushaltswaren, findet man auch in Denpasar, beispielsweise Decken aus Sumba oder Timor, Schnitzereien aus Mas, Kitsch aus Hongkong, Silber aus Celuk. Die Chance, hier begaunert zu werden, ist geringer als in Kuta, allerdings immer noch groß.

Denpasar ist nicht wirklich eine balinesische Stadt, sondern eher eine **indonesische Metropole** mit einem Gewirr an Menschen aus allen Teilen der Inselrepublik. Obwohl sich der Ort immer mehr ausbreitet, ist er doch relativ übersichtlich. Das Zentrum zieht sich entlang der **Hauptstraße Gajah Mada,** die von der Jl. Thamrin (von Kuta) rechts abzweigt und, mehrmals ihren Namen wechselnd, nach Osten führt. Fast alle Sehenswürdigkeiten und wichtigen Geschäfte reihen sich daran entlang.

Im Süden Denpasars wurde ein großzügiges Verwaltungszentrum errichtet, **Renon,** mit Kantor-Bauten (Ämter) wie Palästen. Hier befinden sich, leider relativ weit außerhalb, alle wichtigen Büros.

Die **Shopping Malls** ballen sich westlich von Renon an der Jl. Teuku Umar und der Jl. Diponegoro, wie Matahari Duta Plaza oder Robinson.

Alle **Buslinien** starten in Denpasar. Dafür sind diverse Busbahnhöfe *(Terminal Bis)* eingerichtet worden. **Kereneng Bemo Terminal,** der Bahnhof für den Bemo-Verkehr, liegt zentral zwischen den Busbahnhöfen, beinahe in der Mitte Denpasars. Somit ist der öffentliche Nahverkehr sehr gut organisiert und

Denpasar

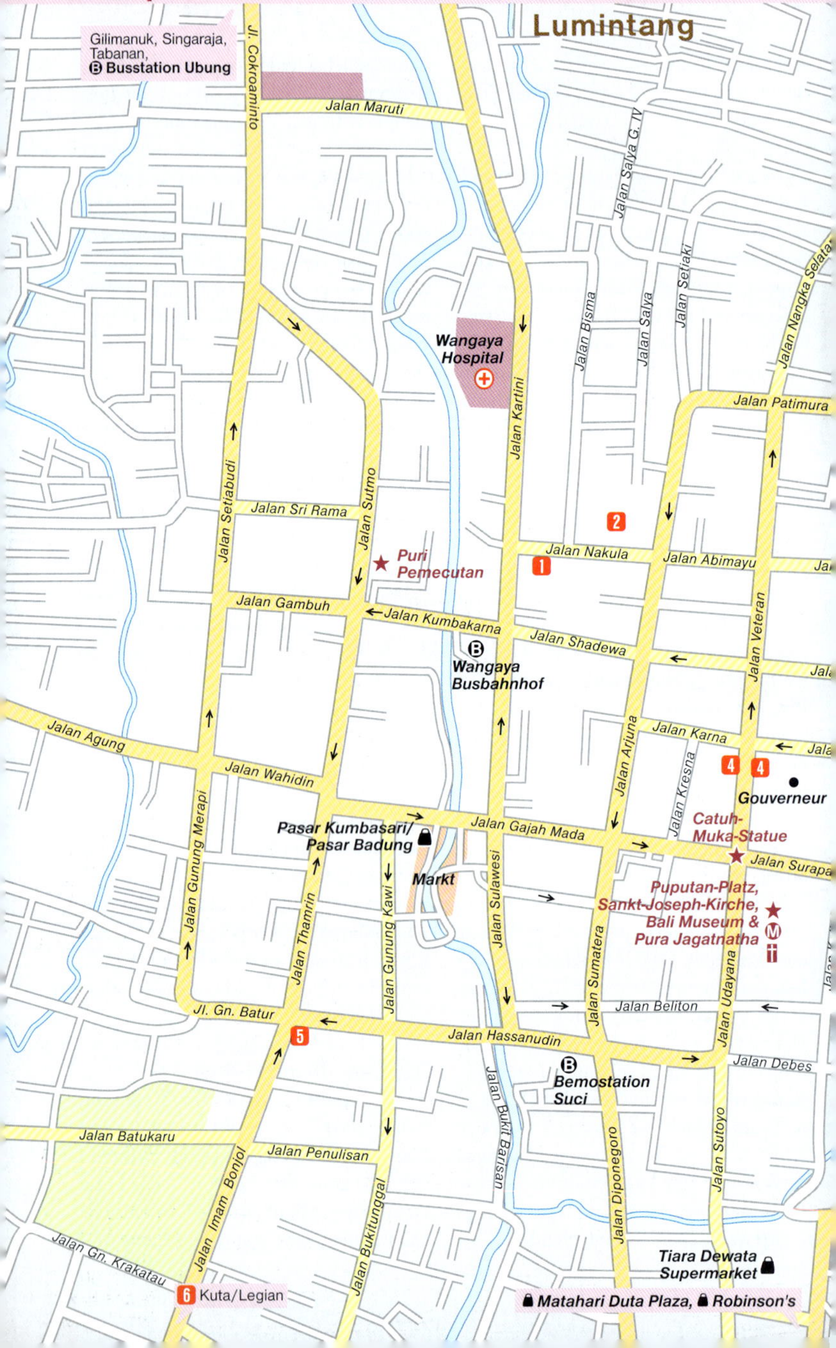
0 200 m
Lumintang
Gilimanuk, Singaraja, Tabanan, Busstation Ubung
Jl. Cokroaminto
Jalan Maruti
Jalan Salya G. IV
Jalan Bisma
Jalan Salya
Jalan Setiaki
Jalan Nangka Selatan
Wangaya Hospital
Jalan Kartini
Jalan Patimura
Jalan Setiabudi
Jalan Sri Rama
Jalan Sutmo
Puri Pemecutan
Jalan Nakula
Jalan Abimayu
Jalan Gambuh
Jalan Kumbakarna
Jalan Shadewa
Wangaya Busbahnhof
Jalan Veteran
Jalan Agung
Jalan Wahidin
Jalan Karna
Jalan Arjuna
Jalan Kresna
Gouverneur
Catuh-Muka-Statue
Pasar Kumbasari/ Pasar Badung
Jalan Gajah Mada
Jalan Surapati
Markt
Jalan Gunung Merapi
Jalan Thamrin
Jalan Gunung Kawi
Jalan Sulawesi
Puputan-Platz, Sankt-Joseph-Kirche, Bali Museum & Pura Jagatnatha
Jalan Sumatera
Jalan Udayana
Jl. Gn. Batur
Jalan Beliton
Jalan Hassanudin
Jalan Debes
Bemostation Suci
Jalan Batukaru
Jalan Penulisan
Jalan Bukit Barisan
Jalan Diponegoro
Jalan Sutoyo
Jalan Imam Bonjol
Jalan Bukitunggal
Jalan Gn. Krakatau
Tiara Dewata Supermarket
Kuta/Legian
Matahari Duta Plaza, Robinson's

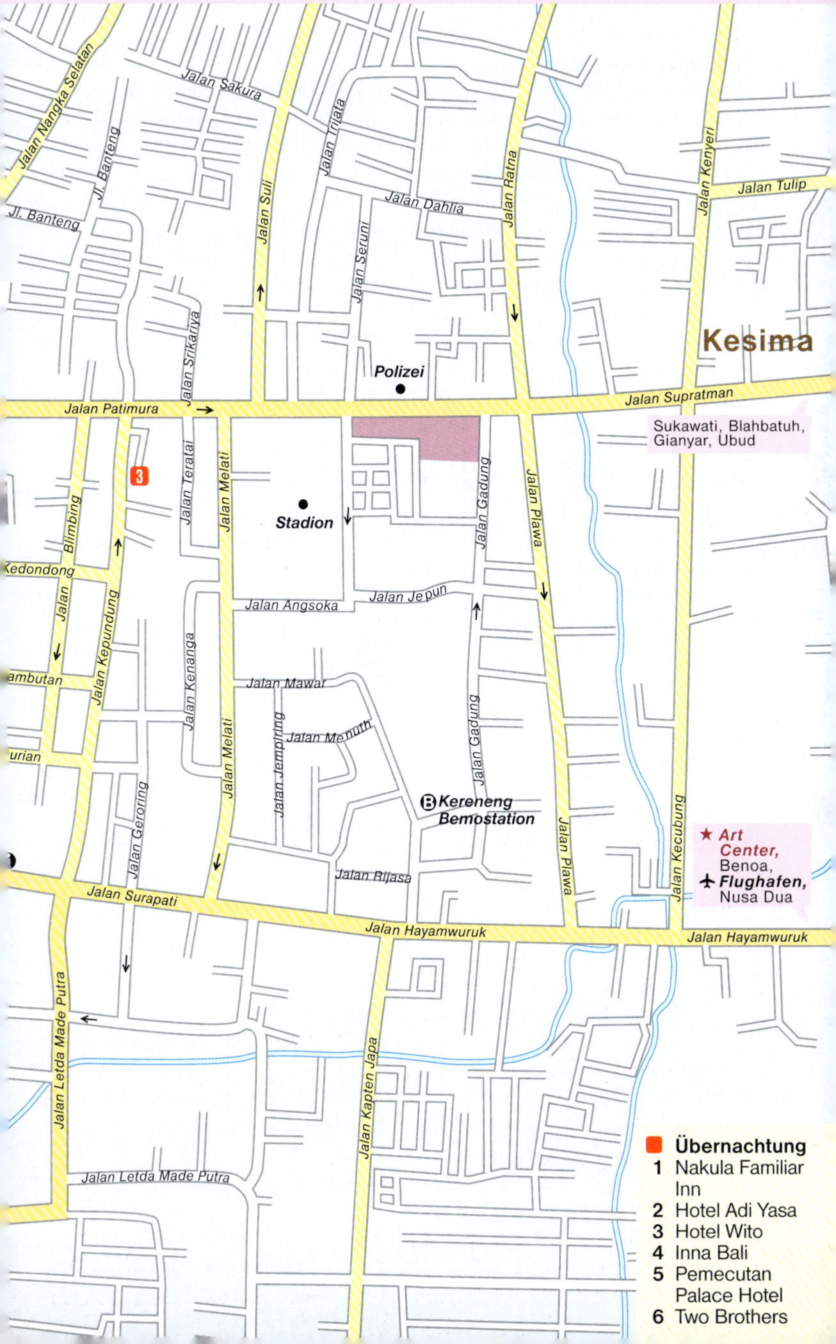
Jalan Nangka Selatan
Jalan Sakura
Jl. Banteng
Jl. Banteng
Jalan Suli
Jalan Trijata
Jalan Dahlia
Jalan Seruni
Jalan Ratna
Jalan Kenyeri
Jalan Tulip
Kesima
Jalan Srikariya
Polizei
Jalan Patimura
Jalan Supratman
Sukawati, Blahbatuh, Gianyar, Ubud
3
Blimbing
Jalan Teratai
Jalan Melati
Stadion
Jalan Gadung
Jalan Plawa
Kedondong
Jalan
Jalan Kepundung
Jalan Angsoka
Jalan Jepun
ambutan
Jalan Kenanga
Jalan Mawar
Jalan Jempiring
Jalan Menuth
Jalan Melati
Jalan Gadung
urian
Jalan Geroring
Kereneng Bemostation
Jalan Plawa
Jalan Kecubung
Art Center, Benoa,
Flughafen, Nusa Dua
Jalan Rijasa
Jalan Surapati
Jalan Hayamwuruk
Jalan Hayamwuruk
Jalan Letda Made Putra
Jalan Kapten Japa
Jalan Letda Made Putra
Übernachtung
1 Nakula Familiar Inn
2 Hotel Adi Yasa
3 Hotel Wito
4 Inna Bali
5 Pemecutan Palace Hotel
6 Two Brothers

übersichtlich – und nur auf den ersten Blick chaotisch.

Das eigentliche **Verkehrschaos** von Denpasar aber ist bemerkenswert, was die Behörden letztendlich zu einigen Gegenmaßnahmen bewogen hat. Viele der Straßen in der City wurden zu **Einbahnstraßen** erklärt, ein Umstand, der Selbstfahrer zur Verzweiflung bringt. Wer sich einen Stadtplan kauft, sollte darauf achten, dass auch die Einbahnstraßen eingezeichnet sind, sonst taugt er nur für Fußgänger. Außerdem wurden **autobahnähnliche Umgehungsstraßen** in die Landschaft gesetzt. Sie heißen **Bypass,** an ihnen entlang haben sich etliche Firmen, Kliniken, Supermärkte und Shops niedergelassen. Dazu gibt es mittlerweile eine erste Unterführung an der Kreuzung beim Dewa Ruci-Denkmal in Kuta, und es wird laut über Fußgängerbrücken nachgedacht.

■ **Empfehlenswerter Stadtplan:** „Bali Pathfinder", mit guten Plänen von allen größeren Orten (ca. 60.000 Rp.).

Geschichte

In der bewegten Geschichte von Bali hat der **Raja von Badung** einen ehrenvollen Platz inne, in Denpasar erinnert noch heute der **Puputan-Platz** im Zentrum an die denkwürdigen Ereignisse jener Zeit:

1904 hatten die Holländer den nördlichen Teil Balis schon lange besetzt. Der Süden der Insel ist aber noch frei, da er für die Holländer uninteressant ist – beispielsweise gibt es keinen Hafen.

In diesem Jahr strandet ein chinesisches Schiff vor der südbalinesischen Küste. Es wird, der Tradition entsprechend, von den Einheimischen geplündert. Die Chinesen verlangen daraufhin von den Holländern eine Entschädigung in Höhe von 3000 Silberdollar. Die Holländer lehnen ab und leiten die Forderung an den Raja von Badung weiter, der sie natürlich zurückweist.

Das nehmen die Holländer wiederum zum Anlass, einige Kriegsschiffe vor die Küste von Sanur zu verlegen, um damit Druck auf die Bevölkerung auszuüben. Diese lässt sich aber nicht „bange machen", sondern inszeniert einen Aufstand. Nur mit Speeren und Kris bewaffnet ziehen sie in den Kampf gegen die Kolonisatoren.

Dieses Ereignis geht als „Zwischenfall von Badung" in die holländische Geschichte ein. Die Holländer marschieren auf Denpasar und bombardieren die Stadt. Die Zivilbevölkerung flieht in Panik, und der Raja zieht angesichts der ausweglosen Lage den ehrenvollen Tod im Kampf (Puputan) der unehrenhaften Niederlage vor. Er erlässt 1906 den Befehl, seinen Palast in Denpasar niederzubrennen, und zieht den Angreifern mit über 2000 Freiwilligen, einschließlich Hofstaat und Familie, entgegen. Die Holländer eröffnen das Feuer, in dem der Raja und fast alle seine Mitkämpfer ums Leben kommen. Wer so nicht massakriert wird, begeht Selbstmord mit dem Kris.

Dieser „Sieg" der Holländer markiert den Beginn der Eroberung Südbalis, bei der schließlich auch die Rajas von Tabanan und Klungkung Selbstmord begehen.

Diese Geschichte ist der Rahmen für *Vicki Baums* Roman *„Liebe und Tod auf Bali"*.

Sehenswertes

Bali-Museum

Das Gebäude ist nicht nur eine Mischung aus der klassischen balinesischen Tempel- und Palastarchitektur, sondern vereint auch Baustile aus Nord-, Ost- und Westbali, erbaut von den Holländern und seit 1932 als Museum genutzt. Im Ost-, Buleleng-, Karangasem- und Tabanan-Gebäude gibt es einiges rund um die Themen **Geschichte, Religion, Zeremonien und Kunst** zu sehen.

So entspricht einer Tempelanlage das gespaltene Eingangstor, der äußere Hof und der Kulkul-Turm. Der erhöht stehende Pavillon ist einer Palastwache nachempfunden. Das Hauptgebäude wurde auf Pfeilern erbaut, dem ostbalinesischen Palast von Karangasem entsprechend. Rechts daneben, fensterlos, eine Nachbildung des Palastes von Tabanan aus Westbali. Der linke Teil ist ein Abbild des Palastes von Singaraja, im nordbalinesischen Stil erbaut.

Die Sammlung des Museums ist sehenswert. Sie reicht von der Jungsteinzeit (Sarkophage, Geräte etc.) bis zur Gegenwart mit besonders umfangreichen Sammlungen von **Lontars, Masken, Kris und Musikinstrumenten.** Modelle von Zeremonien runden das Bild ab. Ein Besuch ist besonders Leuten zu empfehlen, die **Antiquitäten** kaufen wollen. Hier kann geschaut werden sehen, wie echte Antiquitäten aussehen.

■ **Museum Negeri Propinsi Bali,** Tel. (0361) 222680, Jl. Major Wisnu, auf der östlichen Seite des Puputan-Platzes, täglich 8–16 Uhr, Fr 8–13 Uhr, Eintritt 20.000 Rp., Kinder 10.000 Rp.

Pura Jagatnatha

Dieser Tempel gleich nebenan ist dem höchsten Gott, Sanghyang Widi, geweiht, wurde 1906 während des Puputan (siehe „Geschichte") zerstört, aber schon 1907 wieder aufgebaut. Der Hauptschrein ruht auf der Schildkröte *Bedawang,* um die sich zwei Schlangen winden. Diese Darstellung symbolisiert die Erschaffung der Welt. Besonders bei Vollmond strömen Hunderte von Gläubigen hierher, um Sanghyang *Widi* zu opfern, der sich dann, wie geglaubt wird, auf dem Thron über der Schildkröte niederlässt und die Gemeinde segnet. Eintritt: Spende.

St.-Joseph-Kirche

Die St.-Joseph-Kirche, Jl. Kepundung 2, ist eine witzige Mischung aus Bali-Tempel und christlicher Kirche. Oben stehen Engel in Legong-Kostümen, die Türme sind mit Alang Alang, einer speziellen Grassorte, gedeckt. Unten kann ein Relief bewundert werden, auf dem Christus und Pilatus dargestellt sind. Letzterer sitzt unter einer elektrischen Lampe vor einem Motorrad im Hintergrund.

Taman Budaya Cultural Centre

Eine bemerkenswerte Sammlung balinesischer Malerei und Schnitzkunst beherbergt das Taman Budaya Cultural Centre, kurz: **Art Center,** in der Jl. Nusa Indah, ein wunderschöner Gebäudekomplex mit Teichen, Werkstätten, Restaurants, einer großen Bühne, vielen Ausstellungsräumen und üppiger Vegetation. Jeder Stein, jede Treppe, jedes Gebäude ist bis ins kleinste Detail verziert. Hier findet jährlich von Mitte Juni bis Mitte Juli das **Bali Arts Festival** statt (www.baliartsfestival.com), mit Wettbewerben in allen künstlerischen Disziplinen. Ganz Bali tritt zum Wettstreit an, eine höchst sehenswerte Sache.

Es gibt eine ständige Ausstellung unverkäuflicher balinesischer Malerei und mehrere **Verkaufsausstellungen** von Kunsthandwerk, Malerei, Schnitzkunst, Silber etc. Es lohnt sich, hier einen Tag zu verbringen. Oft werden **Tänze** oder **Theaterstücke** aufgeführt, auch Popkonzerte gibt es. Täglich um 18.30 Uhr wird der Kecak-Tanz dargeboten. Ein Programm für die mehrwöchigen Veranstaltungen gibt es im Tourist Office. Sehenswert ist auch das Denpasar Festival Ende Dezember.

■ **Art Center (Abian Kapas),** Tel. (0361) 227176, Jl. Nusa Indah, Mo–Do 8–15 Uhr, Fr–So 8–13 Uhr, Eintritt 5000 Rp.

Catuh-Muka-Statue

Die Catuh-Muka-Statue auf der Verkehrsinsel der Kreuzung Jl. Surapati/Jl. Udayana stellt den **Gott Guru** dar, den Herrn der vier Himmelsrichtungen. Sie wurde 1972 als Ersatz für eine Uhr aufgestellt, um böse Dämonen abzuhalten, die Unfälle und Ähnliches herbeiführen.

Puri Pemecutan

Puri Pemecutan heißt der im Jahr 1907 wiederaufgebaute **Palast von Badung.** Er befindet sich in der Nähe der Einkaufs-Attraktionen Pasar Badung und Pasar Kumbasari an der Ecke Jl. Thamrin/Jl. Hasanudin. Hinter hohen Mauern verborgen, beherbergt der in beeindruckendem balinesischen Stil im 16. Jh. erbaute Palast in verschiedenen Gebäuden unter anderem eine beachtliche Lontarblätter-Sammlung, ein großes, noch aus dem ursprünglichen Palast stammendes Gamelan-Orchester sowie zahlreiche alte Waffen. Heute wird der Palast als Hotel (Pemecutan Palace Hotel) genutzt.

Praktische Tipps

Information und Touren

■ **Denpasar Government Tourist Office,** Tel. (0361) 234569, Jl. Surapati 7, Mo–Do 7.30–15.30, Fr 8–13 Uhr. Die einzige Touristinformation in Denpasar mit Personal, das sich – wenn die richtige Person da ist – auskennt und wirklich Mühe gibt.

Besichtigungstouren:

Wer in Sanur untergekommen ist und keine Lust hat, auf eigene Faust Denpasar zu erkunden, kann sich immer samstags dem kostenlosen **Shuttle-Bus-Service** der Touristinformation anvertrauen. Er klappert ab 8 Uhr auf verschiedenen Routen einige der großen Hotels in Sanur ab wie das *Griya Santrian* und steuert die bekannten Attraktionen Denpasars an: das Art Centre, den Markt in Kereneng, die Matahari Shopping Mall oder die Innenstadt beim Bali-Museum. Infos bei der Touristinformation.

Unterkunft

In Denpasar gibt es etliche Unterkünfte, aber kaum ein Reisender wird dort übernachten. Dafür sind Kuta, Sanur, Legian oder Ubud einfach zu nahe. Von all diesen Orten kann Denpasar problemlos jederzeit mit dem Bemo, dem Minibus oder einem gemieteten Fahrzeug erreicht werden.

■ In der Nähe des Bali-Museums steht das geschichtsträchtigste Hotel Denpasars, das erste auf Bali überhaupt. Es hieß früher *Hotel Denpasar*. Hier haben *Miguel Covarrubias, Colin McPhee* und viele andere gelebt. Heute heißt es **Inna Bali** ③-④, Tel. (0361) 225681, www.innabali.com. Es verströmt noch ein wenig kolonialen Charme und wird gern für Kongresse genutzt. Die Zimmer sind auf beiden Seiten der Jl. Veteran verteilt. Das Standardzimmer mit Klimaanlage ist in Ordnung, aber nicht berühmt.

■ Gerade noch in Fußentfernung vom Bali-Museum liegt das **Hotel Wito** ②, Tel. (0361) 222976, in der Jl. Kepundung 62. Nicht nur in Sachen Preis-Leistungsverhältnis eine gute Wahl. Ordentliche Doppelzimmer mit Heißwasser, Fernseher und Klimaanlage, Frühstück wird in einem kleinen Innenhof gereicht.

■ **Nakula Familiar Inn** ②, Tel. (0361) 226446, www.nakulafamiliarinn.com, Jl. Nakula 4, ein paar Fußminuten vom Bali Museum entfernt, kaltes Wasser und Familienanschluss inklusive.

■ **Adi Yasa** ①, Tel. (0361) 222679, www.adiyasahotelbali.com, Jl. Nakula 23 B, mit Frühstück. Nicht alle Zimmer haben ein eigenes Bad. Angenehm ruhiges Losmen.

■ In der Nähe der Bus- und Bemostation Tegal befindet sich das **Two Brothers** ①, Tel. (0819) 1642 0127, Jl. Imam Bonjol, Gang VII 5. Kleine Zimmer, Bad und Toilette nebenan, romantisch gelegen.

■ **Pemecutan Palace Hotel** ②-③, Tel. (0361) 423491, Jl. Imam Bonjol. Der Sohn des letzten Königs hat die Hälfte seines rekonstruierten Palastes zu einem Hotel umgebaut. Schöne Umgebung.

Essen und Trinken

Wer gern authentische indonesische Gerichte probieren möchte, findet in Denpasar viele gute Restaurants. Aber auch westliche, östliche und überhaupt alle Küchen der Welt haben mittlerweile in Denpasar ein Zuhause gefunden. Wer feinstes Sushi will, muss damit rechnen, dass das Preisniveau fast dem Westlichen entspricht.

■ Es gibt fast überall **Rumah Makan** (viele an der Jl. Teuku Umar), die anständiges Essen zu normalen Preisen servieren.

■ Auch an der Jl. Gajah Mada lässt es sich essen, beispielsweise im **Hongkong,** chinesisch, etwas teurer. Wer länger bleibt, kann noch ein wenig Karaoke mitnehmen.

■ Alle Früchte Balis (und vieles mehr) sind täglich auf dem **Markt** an beiden Seiten des Flusses Badung an der Jl. Gajah Mada zu haben.

■ Für einen richtigen Fresstrip ist einer der **Nachtmärkte** *(Pasar malam)* das Richtige, beispielsweise der **Pasar Malam Kereneng,** der die Bemo-Station ab 16 Uhr in ein riesiges Openair-Restaurant verwandelt. Etwas kleiner, aber ebenso lecker ist es im **Pasar Malam Kumbasari,** Jl. Gajah Mada.

Einkaufen

■ **Shopping Malls** oder **Department Stores** stehen auch in Denpasar hoch im Kurs. Der Tiara Dewata Supermarket, Jl. Mayjen Sutoyo No. 55, Matahari Duta Plaza, Jl. Dewi Sartika 4G, und Robinson's, Jl. PB. Sudirman No. 2, verkaufen Kleidung, Schuhe, Kosmetika, Bücher, Lederwaren, Sportbekleidung, Spielzeug usw. Es werden auch bekannte Markenartikel wie Reebok, Elisabeth Arden oder Calvin Klein angeboten. Jede Mall hat ihr eigenes Stammpublikum entwickelt. Und wer das Einkaufsgetümmel von deutschen Kaufhäusern vermisst, sollte unbedingt am Sonntag einkaufen gehen, denn das ist der Einkaufstag für viele indonesische Familien.

■ **Markt:** Jl. Gajah Mada. Im linken Gebäude, dem **Pasar Badung,** befinden sich die Frischwaren wie Obst, Gemüse oder Fisch. Im rechten, dem **Pasar Kumbasari,** gibt es Abteilungen für Flecht- und Kurzwaren, Stoffe, Regenschirme und Souvenirs.

Der Kunstmarkt befand sich im dritten Stock. Hungrige finden im Kumbasari Foodcenter Warungs.

■ **Haupteinkaufsstraßen** sind die Jl. Gajah Mada, Jl. Sulawesi und Jl. Sumatera. Hier finden sich „Antiquitäten"-, Trödel-, Kunsthandwerk- und Batikläden. Jl. Gajah Mada: einige Handarbeits- und „Antikläden". In der Jl. Sulawesi werden besonders häufig Textilien angeboten.

■ **Bücher:** Der große Buchladen Gramedia für indonesische Bücher befindet sich im Kellergeschoss des Matahari Shopping Centre. Im von Expats geliebten Hero-Supermarkt im Nikita Plaza an der Jl. Garot Subroto Barat befindet sich ebenfalls ein Gramedia. Dieser hat auch jede Menge englischsprachige Titel im Programm.

Verhaltenstipps beim Minibusfahren

Achtung, wenn ...

... zu günstige Minibus-Tarife angeboten werden

... nur zwei Leute zusteigen und der Fahrer nicht versucht, weitere Mitfahrer zu animieren

... sperrige Sachen eingeladen werden, die einem die Sicht auf das Gepäck nehmen

Einige Reisende wurden in Denpasar mit folgendem **Trick** bestohlen: Ein Minibusfahrer bietet an, für einen besonders geringen Preis irgendwohin zu fahren, beispielsweise nach Kuta für 1000 Rp. Man steigt ein, außer einem selbst noch zwei oder drei Indonesier. Einer davon setzt sich gegenüber und legt ein besonders sperriges Gepäckstück wie ein Gemälde oder eine Sperrholzplatte so, dass es auf dem eigenen und seinem Schoß liegt und das eigene Gepäck verdeckt. Nun verwickelt er einen in ein Gespräch, während die anderen beiden schnell und überaus geschickt die verdeckte Tasche öffnen und leer räumen. Das geht völlig unbemerkt, bis die Mitfahrer plötzlich alle zusammen aussteigen und der Bemofahrer, der die ganze Zeit ziellos in Denpasar herumgefahren ist, einem erklärt, dass sein Auto nun kaputt sei und er doch nicht nach Kuta fahren könne.

Wichtige Adressen

■ **Geldautomaten** gibt es reichlich, beispielsweise entlang der Jl. Veteran oder in den Einkaufsmalls.

■ **Hauptpost,** Tel. (0361) 223565, Jl. Panjaitan/Jl. Raya Puputan, Renon, mit Poste Restante.

■ **Visumverlängerung:** Kantor Imigrasi, Tel. (0361) 227828, gleich bei der Hauptpost, etwas zurückliegend, rechts daneben. Jl. Panjaitan 4, Renon (siehe „Ein- und Ausreisebestimmungen").

■ **Polizei:** Tourist Assistance Center, Tel. (0361) 224111, Jl. WR Supramat, 24-Stunden; Denpasar City Police Station, Tel. (0361) 424346, Jl. Gunung Sanghyang. **Notruf:** 110.

Medizinische Versorgung

■ Empfehlenswert ist das größte Krankenhaus der Stadt **Rumah Sakit Sanglah** in Sanglah, Tel. (0361) 2279-11, www.sanglahhospitalbali.com. Exquisiter Service, gut ausgerüstet und supersauber, fünf Klassen von *Umum* bis *Super VIP*. Der Aufenthalt in den besseren Klassen ähnelt dem in einem 5-Sterne-Hotel. Es wird Englisch gesprochen.

Verkehr

Trans Sarbagita:

Die 2012 eingerichtete Buslinie bietet zwei Verbindungen: Die blaue verbindet den Busbahnhof Batubulan mit Nusa Dua und passiert auf der Strecke Sanur, Sentral Parkir Kuta und Jimbaran, um dann vor der Bali Collection in Nusa Dua zu enden. Die gelbe Linie verbindet den Bemo-Bahnhof Tegal mit dem Sentral Parkir Kuta sowie Jimbaran mit Uluwatu und Tanjung Benoa (über Nusa Dua). Kosten pro Fahrt: 3500 Rp. Die durchnummerierten Haltstellen der Trans Sarbagita-Linie („Halte") sind gut am Straßenrand erkennbar, da sie über dem Straßenniveau erhöht angebracht und auffallend sind. Auch wenn Trans Sarbagita vor allem für die einheimischen Angestellten der Resorts beispielsweise in Nusa Dua und auch für Touristen ein recht gutes und günstiges Angebot darstellt, wird es wenig angenommen: Die Linien fahren unregelmäßig, das Umsteigen von der einen Linie auf die andere ist geplant kaum möglich. Auch fährt die Linie nahezu unbemerkt am Internationalen Flughafen Ngurah Rai vorbei – ankommende Touristen werden ausschließlich über den Taxi-Schalter des Flughafens weitervermittelt.

Wer mit dem Bus in Denpasar ankommt oder von dort abfährt, muss entweder zum Busbahnhof Ubung, zum Busbahnhof Batubulan oder nach Tegal. Ubung ist zuständig für die Fernbusse, den Westen und Norden Balis, Batubulan für die Mitte und den Osten, Tegal für den Süden. Sanur wird vom Bemobahnhof Kereneng direkt angefahren. Wer von Ubud ins Zentrum von Denpasar will, steigt in Batubulan in das entsprechende Gefährt zum Terminal Kereneng. Von Kuta aus geht es mit den blauen Bemos bis zum Terminal Tegal in Denpasar, zurück derselbe Weg. Das hört sich alles kompliziert an, ist es aber eigentlich nicht. Man muss nur auf jeder Station und zu möglichst vielen Leuten deutlich sagen, wohin man will. Es gibt überall freundliche Balinesen, die einen in das richtige Gefährt setzen.

In **Ubung** ist meist etwas los: Hier fahren die Busse nach Java, und der Bahnhof brummt. Es gibt Ticketschalter, Warungs, eine Openair-Wartehalle, die jeweiligen Bushaltestellen sind ausgeschildert: vorn der Bereich mit den Fernbussen, hinten der Bali-weite Transport, vor der Tür die Bemos für Denpasar. Typische Preise nach Java: Surabaya 155.000 Rp., Yogyakarta 225.000 Rp., Jakarta 390.000 Rp. Richtung Osten: Mataram 175.000 Rp., Sumbawa 260.000 Rp., Labuhan Bajo, 450.000 Rp. Transport innerhalb Balis: Gilimanuk 30.000 Rp., Singaraja 30.000 Rp. Früher aussteigen ist möglich, dementsprechend vermindert sich der Preis. **Blaue Bemos** fahren für 5000 Rp. von Ubung Richtung Kereneng.

Batubulan ist ruhiger. Hier geht es Richtung Amlapura, Gianyar, Padangbai und Ubud. **Gelbe Bemos** fahren ab hier Richtung Kereneng (7000 Rp.).

Tegal ist letztlich nur ein kleiner Parkplatz an der Jl. Imam Bonjol. Hier warten die Anschlüsse nach Kuta, zum Flughafen oder nach Nusa Dua. **Blaue Bemos** fahren Richtung Kereneng.

In **Kereneng** kommen alle Bemo-Linien zusammen. Von hier geht es direkt nach Sanur mit **grünen Bemos,** ebenfalls für normalerweise 7000 Rp.

Der Einheitspreis für den innerstädtischen Bemo-Verkehr beträgt 7000 Rp., die aber von Touristen verhandelt werden müssen. In die anderen Richtungen können sich die Preise unterscheiden. So ist die Strecke Tegal – Kuta dafür bekannt, dass von Touristen schon mal ein wenig mehr verlangt wird als 10.000 bis 15.000 Rp, je nach Ausstiegsort. Am besten immer vorher ein paar Leute fragen, Einheimische wie Reisende. Dann den Betrag bestätigen lassen und passend zur Hand haben beim Aussteigen.

Rund um Kuta Beach

„St. Tropez", „Balidorm" oder „Mallorca für Australier": solche und andere, meist wenig schmeichelhafte Worte werden häufig in einem Atemzug genannt mit Kuta Beach. Zugegeben: Es gibt einen kilometerlangen **Bilderbuchstrand** mit unvergleichlichem **Sonnenuntergang** und eine Menge **Kneipen, Discos und**

Restaurants. Es gibt Hunderte von Surfshops, Nightlife auf Großstadtniveau und verstopfte, laute Gassen. Und es gibt Australier, die mit nacktem Oberkörper und Bierflasche in der Hand durch selbige torkeln. Denn torkeln dürfen sie zwar in der Heimat, aber nicht mit nacktem Oberkörper und Bierflasche.

Es gibt aber auch Flecken, an denen das wirkliche Bali und das ursprüngliche Leben in Kuta greifbar scheinen: Wenn Einheimische am frühen Morgen mit dem Besen ihren Strandabschnitt fegen und anschließend betend die Göttergabe ablegen. Wenn sie farbenprächtig gekleidet unterwegs sind zum nahen Tempelfest und die Gamelan-Musik bereits hinter den vorbeirasenden Motorrädern durchdringt. Wenn im Vorfeld von Galungan Prozessionen durch die Gassen ziehen und in diesen kein Licht brennen darf. Sogar die 24-Stunden-Shops müssen dann zum Ärger des Managements schließen. Oder beim Entdecken der unbändigen Spielfreude, mit der kleine Balinesen sich in den Hinterhöfen die Zeit vertreiben.

Vielleicht führt so ein Streifzug auf der Suche nach dem echten Bali vorbei am Chinesischen Friedhof nahe dem Nachtmarkt, wo ein besonderes Grab zu finden ist: das des dänischen Kaufmanns *Mads Lange*.

Mads Lange war ein bunter Vogel: Auf der Nachbarinsel Lombok hatte er sich in einem der zahlreichen Raja-Kriege für die falsche Seite engagiert, sein Vermögen verloren und musste schnell das Weite suchen. 1839 ritt er – auf einem beeindruckenden Hengst – in Kuta ein und übernahm einen Handelsposten, den die Holländer hatten verwaisen lassen. Mads Lange, ungemein geschäftstüchtig, baute im Fischerdorf Kuta eine Copra-Fabrik und nebenbei einen kleinen Palast, in dem sich Abenteurer, Schriftsteller, Künstler aus aller Welt sowie einflussreiche Balinesen bald die Klinke in die Hand gaben. In den 1840er Jahren ging nicht mehr viel in Kuta, ohne dass er seine Finger im Spiel hatte. Immerhin gelang es ihm etliche Male, Streitigkeiten zwischen Balinesen und der holländischen Kolonialmacht zu schlichten. Auch konnte er die untereinander zerstrittenen Rajas des Südens einigen, um gegen den Druck der Holländer aus dem Norden anzugehen, nicht uneigennützig, denn er sah seine Geschäftsinteressen bedroht. Offensichtlich aber machte er sich dabei mehr Feinde als Freunde: 1856 starb er, wohl vergiftet von der Konkurrenz oder einem Raja. Die Hintergründe nahm Lange mit ins Grab.

Doch Mads Lange legte als erster in Kuta lebender Ausländer wahrscheinlich den Grundstein für die **„touristische Eroberung“** von Kuta. Auf seinen Spuren eröffneten 1936 *Robert* und *Louise Koke* das erste Hotel im Ort, das „Kuta Beach Hotel“. Robert Koke brachte, so ganz nebenbei, das Wellenreiten nach Bali. Er war Filmemacher und hatte vorher in Hawaii gedreht. Hier hatte er das Surfen für sich entdeckt. Die Beach von Kuta schien ihm ein hervorragender Ort, diesen Sport weiter zu betreiben. Die Einheimischen konnten sich schnell damit anfreunden, und Surfer aus allen Ländern der Welt sollten bald folgen.

Neben Bildungsreisenden kamen bald auch Strandfreunde nach Bali, die vor allem Sonnenschein und einen Nachmittag unter Palmen suchten, bei gutem Essen, erfrischenden Drinks und einem

ausgewogenen kulturellen Rahmenprogramm. Der Zweite Weltkrieg und die japanische Invasion unterbrachen den scheinbar unausweichlichen Prozess touristischer Entwicklung. Bis in die 1960er Jahre war es wieder ruhig in Kuta.

Dann kamen die **Traveller:** langhaarig, mit kleinem Gepäck, viel Zeit und wenig Geld, auf dem Weg nach Indien oder auf dem Rückweg von Goa. Sie kamen aus Australien oder aus Europa und vergnügten sich am Strand von Kuta. Die Bewohner – Fischer, Bauern und Schmiede – staunten nicht schlecht, als plötzlich immer mehr dieser Leute kamen, um nichts anderes zu tun, als am Strand zu liegen und zu baden. Sie verstanden die Welt nicht mehr, denn das Meer ist für Balinesen die Heimat der bösen Geister.

Aber man wunderte sich nicht lange und entdeckte – typisch für die geschäftstüchtigen Einwohner Balis – bald allerlei Verdienstmöglichkeiten. Zunächst wurden Hütten vermietet und Restaurants eröffnet. Der *Banana Pan-*

Kuta: vom Traveller-Geheimtipp zum internationalen Urlaubs-Hotspot *cake* als internationale Speisung der Traveller hielt Einzug, Souvenirs und Antiquitäten füllten bald die neu eröffneten Geschäfte. Dabei blieben die Balinesen freundlich und zuvorkommend, wie es ihrer Mentalität entspricht. Das sprach sich nicht nur in Travellerkreisen schnell herum, immer mehr Menschen entdeckten die Vorzüge von Kuta Beach. Der Strand war weiß und sauber, das Essen prächtig, der Sonnenuntergang magisch und die Unterkünfte mit Familienanschluss waren günstig. Samstags ging man in die Disco in Sanur.

Aus dem „romantischen Fischerdorf" war eine quirlige Touristenmetropole geworden. 1975 gab es bereits 250 Losmen und Homestays in der Umgebung, auch die ersten größeren und teuren Hotels waren gebaut. Aber nicht nur Fremde wurden vom legendären Ruf Kutas angelockt, auch indonesische Geschäftsleute ließen sich hier nieder, um „ihren" Teil des importierten Geldes abzuschöpfen. Es entstanden unzählige Boutiquen, Restaurants, Hotels, Souvenirläden, Reiseunternehmen, Betriebe, besonders zur Herstellung von Kleidung. Dann kamen Dealer und Prostituierte, das Nachtleben bekam eine andere Qualität.

Bis zum **12. Oktober 2002** war in Kuta, Legian und Seminyak „Business!" das Zauberwort. Doch in der Nacht zum 13. Oktober zerbombten muslimische Extremisten die Disco Sari Club und die bekannte Kneipe Paddy's mitten in Kuta und damit die Träume vieler Balinesen. Der **Anschlag** riss 202 Menschen in den Tod. Die meisten Opfer waren Australier, sechs Deutsche waren unter den Toten.

Der Tourismus in Kuta und auf ganz Bali fiel in ein tiefes Loch. Trotz ritueller Säuberung der Insel von bösen Geistern **blieben fortan die Touristen aus.** Restaurants mussten aufgeben, Geschäfte zumachen, geschlossene Rollläden bestimmten das Bild der früher so umtriebigen Gassen. Mühsam nur erwachte Bali in den folgenden Jahren als touristisches Ziel wieder aus dem Koma, langsam stiegen die Besucherzahlen wieder an. Es sprach sich herum, dass Bali sehr wohl noch ein Reise wert ist. Bis auch diese Renaissance am **1. Oktober 2005** ein abruptes Ende fand: Wieder explodierten **Bomben** in Kuta und Jimbaran – 26 Menschen starben.

Doch Bali wäre nicht Bali, wenn es nicht weiterginge: Einheimische und indonesische Investoren legten einen Zahn zu, bauten um und auf, steckten frisches Geld in Häuser, Straßen, Infrastruktur. 2009 machte die Indonesische Regierung mit dem „Visit Indonesia Year" Furore und heute besuchen jährlich wieder bald **drei Millionen Menschen** aus aller Welt Bali, „the best island in the world", wie sich die Insel selbst bezeichnet. Viele bleiben in Kuta, Legian und Seminyak hängen. Das Touristenzentrum ist rasanter **gewachsen,** „als die Polizei erlaubt". Längst ist das angrenzende, ehemals vier Kilometer entfernte Dorf Legian eingemeindet. Auch Seminyak, weitere fünf Kilometer nördlich, lässt sich nicht mehr genau abtrennen von Kuta Beach. Und die scheinbar ziel- und planlose Expansion geht weiter bis nach Kerobokan und ins Surferörtchen Canggu.

In südlicher Richtung hat das Großkapital zugeschlagen. Bis zum Flughafen in Tuban sind die Strandgrundstücke zugebaut oder verplant, ein gepflasterter Strandweg eröffnet den Blick auf **riesige Hotel- und Freizeitanlagen,** darunter der Waterbom-Park, ein Vergnügungspark mit Riesenrutschen und Hamburger-Ständen. Südlich des Flughafens geht es weiter: In Jimbaran steht, neben vielen anderen, eines der teuersten, aber auch schönsten Hotels der Insel, das Four Seasons Resort.

Waren früher junge Leute des „Travellertyps" die typischen Besucher, so hat sich auch die „Qualität" des Publikums geändert. Längst haben die **Kurzzeit- und Pauschaltouristen,** die eigentlich in den Luxushotels Sanurs heimisch waren, gemerkt, dass das Leben in Kuta billiger und interessanter ist. Immerhin gibt es auch im Traveller-Zentrum von Kuta rund um Poppies Lane I und II heute viele erstklassige Hotels mit Klimaanlage und Pool, hervorragende Restaurants und Bars, schicke, klimatisierte Malls, Beachlife und Sportmöglichkeiten.

Legian und Seminyak

Legian, jenseits der Jl. Melasti, ist ein wenig **ruhiger, reduzierter und teurer.** Hier übernachten Pauschal- und Resorttouristen sowie australischen Familien. Abends gehen die Eltern in Legian schick essen, die Kids verkrümeln sich in die Surferbars nach Kuta. Hier haben die günstigen Warungs mittelpreisigen Restaurants Platz gemacht, den Strand beherrschen Mehrsterne-Resorts.

Seminyak ist wiederum anders. Früher nur ein beliebter Strand für Ausflügler von Kuta und Denpasar, nennt sich der Ort heute **Ibiza von Asien.** An der Jl. Raya Seminyak Richtung Norden geht es los, die Umgebung verändert sich. Schicke, stylishe Shops und Restaurants säumen die Straße, in den Bars gibt es Martini-Happy-Hours und die Autos werden breiter – meist SUVs, gefahren von Mitgliedern der ständig wachsenden Expat-Gemeinde, die sich hier gern ansiedelt.

1978 fing es hier an, als das erste Luxushotel auf Bali eröffnete, The Oberoi. Die Straße dorthin hieß Jl. Oberoi, heute Jl. Laksmana. Dann eröffnete das Restaurant La Lucciola, feinstes Dining direkt am Strand. Um 2000 herum der Adelsschlag: Die zwei hipsten Beach-Lounge-Restaurants von Bali gingen an den Start: The Living Room und Ku De Ta. Seminyak hatte sich etabliert und gegenüber Kuta und Legian klar in Szene gesetzt. Hipness in Seminyak, Mainstream in Legian, Surfer in Kuta. Heute ist Seminyak der Ort für feinstes Essen auf höchstem europäischen Niveau, auch preislich. Es gibt teure Spas, trendige Shops, aber ohne Fahrzeug geht nicht viel, denn die Entfernungen sind recht groß.

Die weltweite **Gay-Szene** findet hier freundliche Aufnahme: In der Jl. Dhyana Pura/Jl. Abimanyu liegen Q Bar, Kudos, Bali Joe, Dejavu, F Club und Mixwell beinahe einträchtig nebeneinander, ohne sich große Konkurrenz zu machen. In allen Locations gibt es Bartop-Dancing, Drag-Queen-Shows und gut definierte Oberkörper zu sehen. Die Shows tingeln am späten Abend und in der Nacht teilweise durch die ganze Straße, sodass alle Besucher etwas mitbekommen. Und mancher Morgen beginnt in neuer Zweisamkeit am nahen Strand. Die Hotels und Resorts in Seminyak sind teuer bis sehr teuer, Budgetunterkünfte eine Rarität. Aber egal, wo man sich an den Stränden des balinesischen Ibiza genau aufhält: Der **Sonnenuntergang** hier ist noch immer einer der schönsten der Welt.

Der Strand

Der weiße Strand von Kuta und Legian ist lang und berühmt. Auch wenn der Sand teilweise nicht mehr aus Kuta selbst stammt, sondern mit LKWs hergekarrt wird: Kuta Beach ist ein Paradies für Sonnenanbeter. Es geht auch nicht anders, da nur wenige Palmen oder anderer Bewuchs für Schatten sorgen. Alles, was nur ansatzweise nach Gebüsch und Schatten aussah, wurde herausgerissen, der Strand umzäunt. Ersatzweise wurden ein paar armselige Bäumchen gepflanzt. Offizielle Begründung der Aktion: Diebe könnten nun nicht mehr so einfach an den Strand kommen und sich vor allem nicht mehr im Gebüsch verstecken. Die Umsatzzahlen der Sonnenhut- und Eisverkäufer dürften auf jeden Fall gestiegen sein. Allerdings hatten die Behörden irgendwann ein Einsehen: Der Zaun ist heute weg, aber eine neu gebaute Steinmauer trennt den Strand von der Umgebung.

Der Teil des Strandes, der zu Kuta selbst gehört, wird durch eine zweispurige Einbahnstraße, die **Jl. Pantai Kuta,** von den anliegenden Hotels und Restaurants getrennt – eine Notlösung, sonst

Der Name „Kuta Beach" steht für Strandleben auf Bali

177ba sb

wäre der Verkehr auf der parallel verlaufenden **Jl. Legian** längst zusammengebrochen. Denn die Jl. Legian als Hauptverkehrsstraße ist einspurig und in Kuta eine Einbahnstraße. Sie zieht sich vierspurig durch bis zur Jl. Double Six in Seminyak.

An dem von **Rettungsschwimmern** überwachten Abschnitt in Kuta (Fahnen begrenzen das Gebiet) drängeln sich Hunderte von Badelustigen aus vielen Ländern der Welt. Besonders in den Saisonmonaten Juni bis August und im Dezember kann es eng werden. Im Wasser wimmelt es von Surfern und **Surfschülern,** die sich im „Whitewash", dem weißen Schaum auf den flachen Wellen, um den Ritt auf der Welle bemühen, begleitet von Lehrern, die lautstark den richtigen Weg weisen. Richtung Legian wird es etwas ruhiger, die Surfschulen werden seltener, mehr Familien besiedeln den Strand. Wer ungestört sein will, sofern das im dicht besiedelten Bali möglich ist, muss weiter nach Norden wandern.

Händler

Zwischen den Sonnenhungrigen gehen Händler auf und ab. Ihre Profession ist das Verkaufen: Sarongs, kalte Getränke, Plätzchen, Zigaretten, Schnitzereien, Antiquitäten, Muscheln, Schmuck, Bikinis, Haschisch (Vorsicht!), Longpants, T-Shirts, Massagen, Papayas, Ananas, Hairdoing, Sonnenhüte, Badematten. Besonders Neulinge werden regelrecht umlagert. Obwohl von der Sonnenbank vorgebräunt, werden sie von den Profis treffsicher als Newcomer herausgepickt. Da heißt es ruhig und gelassen bleiben, freundlich lächeln, Scherze machen, nichts kaufen, denn alles wird zu völlig überhöhten Preisen angeboten.

Massagen

Mit Masseurinnen kann ein Sonderpreis ausgehandelt werden. Eine tägliche Massage bei derselben Masseurin bringt sicher neben weichen Muskeln ein paar Prozente. Doch genauso sicher ist, dass es sich hier nicht um medizinische Massagen handelt, sondern eher um ein **Wohlfühleinreiben** mit Öl. Die massierenden Damen tragen blaue, nummerierte Hüte. Damit zeigen sie, dass sie eine Strand-Arbeitserlaubnis und somit eine Gebühr entrichtet haben. Die Qualität der Massagen allerdings bleibt davon unbeeinflusst. Bessere Massagen gibt es im Losmen oder Hotel oder in eigenen Massagesalons.

Nacktbaden

Offiziell ist Nackt- bzw. Oben-ohne-Baden überall in Indonesien **verboten.** Gern gesehen wird es nur von indonesischen Touristen, die sich durch ihre Digitalkameras und Teleobjektive das nackte Fleisch heranzoomen. Weiße Menschen (während der Kolonialzeit die Holländer und später die Regierung) haben jahrzehntelang den traditionell barbusig gekleideten Balinesinnen eingeredet, dass man die Brüste bedecken muss, um zu verhindern, dass Bali ein Paradies für Voyeure aus Europa wird. Mittlerweile trifft man keine junge Balinesin mehr oben ohne, stattdessen legen sich die Weißen oben ohne an den Strand, und die Voyeure kommen aus Java.

Beach Cowboys

Allein am Strand liegende Frauen werden von javanesischen und balinesischen „Kuta-Cowboys" gern als Freiwild angesehen. Vor allem australische „Bumstouristinnen" haben dazu beigetragen, diese Spezies Einheimischer zu erschaffen. Es kann passieren, dass man als Touristin mit „I want to kiss you" oder „I want to fuck you" angesprochen wird. Wer keinen Wert auf derartige Bekanntschaften legt, sollte das energisch sagen.

Gefahren beim Baden

Das Baden selbst ist nicht ganz ungefährlich. Es gibt entlang der gesamten Wasserlinie gefährliche **Unterströmungen.** Jedes Jahr sterben ein paar Menschen, die sich zu viel zugemutet haben. Wer in eine Strömung gekommen ist, die vom Strand wegzieht, sollte ruhig bleiben. Wichtig ist, **nicht gegen die Strömung anzuschwimmen,** sondern sie zu queren. Damit landet man vielleicht etliche Meter entfernt vom Startpunkt am Strand und muss zurücklaufen, ist aber wieder auf festem Boden. Mit ein bisschen Glück ist ein Surfer in der Nähe, der mit dem Brett zu Hilfe kommt. Wer sich an die einfache Regel hält, nur zwischen den von den **Rettungsschwimmern** markierten Fahnen ins Wasser zu gehen, hat nichts zu befürchten. **Rote Flaggen** allerdings heißen „Gefahr!".

Surfen

Kuta ist ein Mekka der wellenreitenden Zunft. Hochsaison ist August und Dezember, dann sind die meisten Australier da. Die besten Wellen gibt es von März bis Juli.

Fast jedes Losmen verleiht oder verkauft **Surfbretter,** es gibt unzählige **Shops,** die Zubehör und Kurse in fast allen Sprachen der Welt anbieten. Entlang dem Strand bauen morgens **mobile Surfschulen** ihr Equipment auf, die Resorts haben ihre eigenen Profis. Mittelpunkt der Surferwelt ist die Gasse Poppies Lane II mit der Tubes Bar, in der sämtliche Geheimnisse rund um die besten Wellen und Spots gehandelt werden. Auch wer nicht selbst Wellenreiten möchte, sollte sich den Spaß nicht entgehen lassen, den Typen zuzuschauen. Lustig ist es abends am Strand, wenn die Leute, die zu lange einen Mittagsschlaf gehalten haben, im Dauerlauf mit ihrem Surfboard unterm Arm angerannt kommen, um noch den „Sunset-Surf" mitzunehmen. Wer sich ein Brett **mieten** möchte, zahlt dafür pro Tag um die 50.000 Rp.

Wer es professioneller haben will, geht zu einer der zahlreichen Surfschulen an Kuta Beach. Hier gibt es Anfänger- und Fortgeschrittenen-Kurse von einem halben Tag zum Kennenlernen bis zum Familien-Paket. Versicherung, Equipment, Klamotten, Drinks und Transport sind inklusive. Unterrichtet wird in Kleingruppen, je nach Niveau, meist zuerst in einem Pool, dann geht es ins Salzwasser. Alle Anbieter garantieren, dass auch der ängstliche Anfänger nach einem Einführungskurs auf dem Brett stehen kann, zumindest im Weißwasser, den auslaufenden Schaumkronen. Ein Halbtageskurs kostet ab 49 US$, der ganze Tag 95 US$. Einen guten Ruf genießen folgende **Surfschulen:**

Kuta Cowboys

von *Stefan Blank*

„Balinesische Gigolos verhaftet, nachdem YouTube-Video indonesischen Sextourismus ins Licht der Öffentlichkeit brachte", titelte die Britische Zeitung „Daily Mail" im Mai 2010. Schlagartig waren die „Kuta Cowboys" weltweit bekannt geworden, nachdem einige Jungs in einem Filmtrailer auf YouTube recht locker über ihr Leben und ihre Beziehungen zu weißen Frauen schwadroniert hatten. Die Reaktion erfolgte prompt: 30 von ihnen wurden vom Strand weg verhaftet. Die Polizei und die obersten Tourismuschefs konnten es nach offiziellen Aussagen nicht verantworten, dass Kuta als Paradies für männliche Prostituierte dargestellt wird.

„Cowboys in Paradise" heißt der Film von *Amit Virmani,* der in Singapur lebt. Die Dokumentation, an der Virmani insgesamt drei Jahre gearbeitet hatte, wurde erstmalig im April 2010 bei den Filmfestspielen in Südkorea gezeigt und richtete nach Erscheinen einiges an: Der Gouverneur von Bali, *I Made Mangko Pastika,* ordnete umgehend eine Untersuchung an. Seine These: Amit Virmani hatte nicht die nötige Erlaubnis, den Film zu drehen. Es gelte jetzt, alles zu tun, damit das Image von Bali als spiritueller Insel wieder hergestellt wird. Virmani selbst wurde beschimpft, verfolgt, bedroht, erhielt Hassmails, seine Facebookseite wurde gehackt und er musste sich auf seiner Website für sämtliche Probleme entschuldigen, die er mit „Cowboys in Paradise" angerichtet hatte. Denn über diese spezielle Strand-Spezies wird nicht gern gesprochen.

Kuta Cowboys, das sind die braungebrannten, gutaussehenden indonesischen Jungs am Strand von Kuta, die ihre Hauptaufgabe darin sehen, ausländische Frauen zu unterhalten. Sie sind den ganzen Tag da, fallen auf mit ihren Tattoos, langen Haaren, großen Sonnenbrillen und ihrem hippen Style. Kuta Cowboys haben erkannt: „Girls just wanna have fun". Und das gilt besonders für weiße Frauen – häufig Australierinnen –, die hier für ein paar Tage oder Wochen eine schöne Zeit verbringen wollen, am besten mit einem gutaussehenden Typ an der Seite. Die Cowboys sind nett zu den Frauen, sie lassen sich Geschenke machen und geben ihnen sicherlich auch einen kleinen Einblick in die männliche balinesische Welt mit ihren Regeln und Gepflogenheiten. Also ein Geschäft auf Gegenseitigkeit. Zumindest so lange, bis die weiße Frau wieder zurückgeht in ihr Heimatland und den Cowboy zurücklässt.

Die Cowboys kommen zum großen Teil aus Java, viele haben Familien. Eine Ehefrau sagt in „Cowboys in Paradise": „Wenn die Gäste meines Mannes hierher kommen, dann bleibt er bei ihnen. Für eine Nacht oder zwei schlafe ich dann nicht mit ihm. Aber das macht mir nichts aus." Im Nachhinein sollte diese Frau ihre Aussage bereuen. Sie stammt aus dem überschaubaren balinesischen Ort Amed, der für seine Tauchgründe bekannt ist. Die Menschen dort kennen sich und die Frau des Kuta Cowboys bekam eine Menge Ärger. Den Ehemann schlecht machen und damit Bali, das geht nicht.

Dabei geht es den Kuta Cowboys meist gar nicht um die Erbringung einer Leistung gegen Geld. Vielmehr hoffen sie darauf, Teil des Lebens der weißen Frau zu werden und vielleicht die Segnungen eines Lebens im Westen erfahren zu können. Doch wenigen gelingt das. Aber Geld nehmen sie normalerweise nicht an. Denn offiziell gibt es auf Bali keinerlei Prostitution.

■ **Bali Learn to Surf Co,** Tel. (0361) 761869, www.balilearntosurf.com, Kuta, im Hard Rock Hotel, Balis erste Surfschule, gegründet 1999.

■ **Pro Surf School,** Tel. (0361) 751200, www.prosurfschool.com, Legian, neben dem Circle K-Supermarkt, innerhalb der letzten drei Jahre immer zur besten Surfschule Balis gewählt (Eigenwerbung).

Wakeboarding und Kitesurfing

Wem das „normale" Surfen nicht reicht, der kann es auch mal in Sanur mit Wakeboarding oder Kitesurfing probieren. Zwei Stunden Wakeboarding kosten

950.000 Rp., zwei Stunden mit dem Kite 1,1 Mio. Rp. Der Transport von Kuta nach Sanur ist inklusive.

■ **Rip Curl – School of Surf,** Tel. (0361) 735858, www.ripcurlschoolofsurf.com, Sanur, Sanur Beach Hotel.

Übernachtung

8 Fat Yogi Cottages
10 LA Inn
11 App Inn
12 Ayu Beach Inn
13 Masa Inn
15 Mimpi
16 Ronta Bungalows
21 Dua Dara
22 Losmen Arthawan
23 Gora Beach Inn
24 Satriya Cottages
26 Hotel Bounty
27 Suka Beach Inn
29 Sari Indah Cottages
30 Hotel Ayu Lili Garden
32 The Harmony Legian

Essen und Trinken

2 Warung Nikmat
5 Made's Warung
6 Warung Hanafi
7 Un's
8 Havana Club
9 Hard Rock Café
14 McDonald's
28 Kopi Pot
31 Mama's Restaurant

Nachtleben

17 Paddy's
18 Bounty
19 Apache Reggae Bar
20 Sky Garden Rooftop Lounge

Einkaufen

1 Discovery Mall
3 Kunstmarkt
4 Matahari Supermarkt
25 Beachwalk Shopping Center

■ **Legian,** hinter dem Blue Ocean Restaurant, auch in Sanur und Jimbaran.

Information und Reiseagenturen

■ Neben den unzähligen privaten Touristinformationen gibt es ein offizielles **Tourist Information Centre** an der Jl. Bunisari, Nähe Bemo-Corner und Nachtmarkt. Hier gibt es von Mo bis Fr ein wenig Prospektmaterial – aber vor allem gute Beratung. Auch andere indonesische Urlaubsregionen haben hier Stände, die Infos und Prospekte bieten. Die Touristenpolizei ist im selben Gebäude untergebracht.

■ **Reisebüros und Agenten** gibt es an jeder Ecke in Kuta und Legian. Wer ein Flugticket oder Bus- und Schiffstransport sucht, sollte die Preise der Agenten vergleichen. Die Preisunterschiede für Auslandsflüge können groß sein, je nachdem, welche Fluggesellschaften im jeweiligen Angebot sind.

■ Neben Flugtickets werden **Inselrundfahrten** und Fahrten zu Veranstaltungen wie „Welcome to Real Bali – Big Event Cremation Ceremony" angeboten. Für rund 25 US$ werden Interessierte an bestimmten Tagen zu irgendwelchen Verbrennungszeremonien auf der Insel gefahren. Wer beispielsweise eine siebentägige Bali-Tour bucht, sollte sich darüber im Klaren sein, dass der Veranstalter einen Großteil seines Profits durch Prozente macht, die er kassiert, wenn er „seine" Gruppe in Läden mit „besonders günstigen" Angeboten einkaufen lässt. Ein Großteil der Zeit wird also vielleicht unterwegs in Souvenirläden verbracht. Trotzdem sind die Touren nicht schlecht und preiswert. Man erhält so einen bequemen Überblick über ein bestimmtes Gebiet. Auch Hotels veranstalten oder vermitteln Touren. So eine Tagestour mit Minibus und eigenem Fahrer ist eine feine Sache, da keine Abstimmung mit anderen Mitreisenden nötig ist und nicht gewartet werden muss, bis alle wieder eingestiegen sind. Ab

50 US$ kostet eine solche Tour. Die zu besichtigenden Attraktionen können direkt mit dem Fahrer abgestimmt werden.

Perama Tourist Service, www.peramatour.com, Tel. (0361) 751551, Jl. Legian 39, bietet viele Leistungen rund um die Reise- und Weiterreise an, z.B. Shuttle-Busse zu allen Touristenzentren Balis und Lomboks, Tickets für Inlandsflüge oder Gruppenreisen nach Lombok und weiter. Der Shuttle-Service erstreckt sich bis West-Flores. Außerdem bietet Perama Schiffstouren via Sumbawa nach Komodo an oder einen direkten Zubringerservice auf die Gilis vor Lombok.

Unterkunft

Es gibt, grob geschätzt, rund 500 Unterkünfte im Großraum Kuta. Täglich machen neue auf, alte wechseln das Management und den Namen, welche mit gutem Ruf verspielen denselbigen, dafür werden andere „heiße" Tipps am Morgen geboren und verabschieden sich am Abend beim genaueren Hinschauen. Alle haben gemeinsam, dass normalerweise im Preis ein **Frühstück** inbegriffen ist. Es besteht aus Bananen oder Toast oder beidem. Fast alle Losmen bieten Zimmer mit angeschlossenem **Bad und Toilette.**

Mit ein bisschen Glück ist das Losmen in ein intaktes **Familienanwesen** integriert. Der Service ist meist besser, da die Besucher quasi in die Familie aufgenommen werden und immer einen Ansprechpartner haben. So werden beispielsweise bei einer Familienfeier ausnahmslos alle Gäste des Hotels eingeladen.

Außerhalb der Hochsaison (Juli bis September) gibt es genügend Auswahl an **preiswerten Doppelzimmern** mit Bad und Ventilator für 100.000 bis 200.000 Rp. Wer eine Klimaanlage (Air conditioning/AC) dazu haben möchte, sollte mit 250.000 bis 300.000 Rp. planen. Wobei diese Schätzung nach oben offen ist. Je schöner die Unterkunft, desto schneller steigen die Preise. In der Hauptsaison kosten die gleichen Zimmer 10 bis 20 % mehr. Wer länger bleibt, kann handeln.

Einzelzimmer werden nicht angeboten. Einzelreisende werden meist in einem Doppelzimmer untergebracht – mit ein bisschen Verhandlungsgeschick zu günstigeren Konditionen. Manche Hotels haben das Prinzip des Einzelreisenden mittlerweile verstanden und senken die Preise eines Doppelzimmers bei der Belegung als Einzelzimmer schon mal um 10 %. Überhaupt lohnt sich handeln immer.

Bei den günstigen Unterkünften ist die **Online-Buchung** nicht immer der beste Weg, den besten Preis zu bekommen. Einfach hingehen, Zimmer zeigen lassen und verhandeln, bis beide Seiten zufrieden sind. Wenn das Etablissement doch nicht so gut ist, wie erwartet oder erhofft: herumschauen, Zimmer zeigen lassen und schließlich umziehen. Die Wege in Kuta sind kurz.

Mittelklasse liegt bei ungefähr 200.000 bis 300.000 Rp. Die Zimmer sind luftiger, die Einrichtung ist teurer, der Garten meist ausgedehnter. Wer Glück hat, findet sogar ein Hotel oder Resort mit einem kleinen Park im Innenhof und Swimmingpool. Wer ein bisschen mehr ausgibt, bekommt nicht viel mehr, außer, dass noch eine Steuer auf die Rechnung kommt.

Wer allerdings viel mehr ausgibt, kann im Luxus schwelgen. An Kuta Beach Richtung Tuban oder Legian/Seminyak gibt es etliche **Luxus- und Design-Hotels,** die keine Wünsche offen lassen. Diese sollten allerdings pauschal gebucht werden. Vorbeigehen und einfach ein Zimmer buchen kann ein kostspieliges Vergnügen werden. Man kann aber auch in Kuta in den einschlägigen Cafés online gehen und das Luxushotel hundert Meter weiter buchen. 30–40 % des Normalpreises sind als Ersparnis drin.

Eine Auswahl an Vorschlägen zu treffen ist also nicht einfach. Besser ist es, die verschiedenen Regionen ein wenig zu beschreiben. So wird klarer, in welcher „Ecke" gesucht werden sollte. Der Tipp heißt dann: hingehen, schauen, buchen.

Tuban

Wer gerade aus dem Flieger gepurzelt ist und sich noch nicht ins Geschehen hineintraut oder noch ein wenig westlichen Unterkunftsstandard mitnehmen will, ohne auf den Geldbeutel achten zu müssen, der läuft aus dem Flughafen heraus, durchs Parkhaus, quert die Straßen und findet 5 Minuten weiter Richtung Kuta:

■ **Harris** ③-④, Tel. (0361) 9365255, www.harrishotels.com, eine indonesische Business-Hotelkette mit Hotels in Tuban und Kuta. Moderne Doppelzimmer mit AC.

Jalan Poppies I

Klassische Einfallstore nach Kuta sind die Gassen Poppies I und Poppies II. Der Zugang von der Hauptstraße Jl. Legian ist genauso da, wie der Ausgang an den Strand. Zwischen beiden Gassen liegt das Perama-Office an der Jl. Legian in lockerer Fußentfernung. Beide Gassen haben alles, was viele Low-Budget-Reisende suchen: WiFi, Happy Hours, Reisebüros, Internetcafés, Restaurants und Losmen, Supermärkte, T-Shirt- und Surf-Shops, Shops für DVDs, Massagesalons, Secondhand-Buchläden, Souvenirgeschäfte, Motorrad- und Autovermietungen, Apotheken, Nightlife und Poolparties.

In Poppies I finden sich viele der alten, preiswerten Losmen. In der Gegend ist es ziemlich laut, ansonsten sind hier Low-Budget-Reisende und australische Surfer fast unter sich. Die Einkaufsmall Kuta Bex schmückt den strandnahen Eingang zu Poppies I. Die günstige Übernachtungsecke an Poppies I allerdings beginnt am anderen Ende der Gasse, wenn man von der Jl. Legian einbiegt und dann der Gasse *Gang Bedugul* folgt:

Tipps zur Hotelsuche

Kein Besucher bleibt **nur eine Nacht.** Zumindest darf er das nie sagen. Denn in der Hochsaison ist in Kuta für eine Nacht häufig kaum etwas zu finden.

Wer zum **ersten Mal nach Kuta** kommt, lasse sich an der passenden Straße absetzen und nehme ein Zimmer im erstbesten Hotel, das man findet, damit man überhaupt eine Unterkunft hat. Denn es gibt schon mal Engpässe. Am nächsten Tag früh aufstehen und ein Hotel nach dem anderen abklappern. Hat man ein besseres Zimmer gefunden, mietet man es sofort, bezahlt einen Tag im Voraus und lässt sich den Schlüssel geben. Billige und gute Zimmer sind gefragt, man muss wirklich schnell sein!

Wer es sich noch einfacher machen will, bucht von der Heimat aus für die erste Nacht eines der Resorts in Tuban, zwischen Flughafen und Kuta. Der Vorteil liegt auf der Hand: kurzer Weg vom Flughafen ins Resort, kurzer Weg vom Resort nach Kuta. Dort dann Zimmer anschauen und umziehen.

12 Uhr mittags ist normalerweise **Check out,** das Zimmer muss verlassen werden. Wer sich nicht daran hält, zahlt noch eine Nacht. Viele Hotels bieten einen „Late Check out", beispielsweise bis 18 Uhr.

Je weiter ein Hotel/Losmen von Kuta bzw. von der Hauptstraße Legian – Kuta entfernt liegt, desto **ruhiger** ist es. In Kuta knattern noch morgens um 4 Uhr die Motorräder.

In der 150.000er-Preisklasse kann es mal passieren, dass eine Kakerlake den Fußboden kreuzt oder das Bettlaken nach dem letzten Übernachter nicht ausgetauscht wurde. Man sollte sich also die Zeit nehmen, das **Zimmer anzuschauen** vor der Zusage.

■ **Taman Ayu** ①, Tel. (0361) 751855, mit Innenhof, aber über zwei Stockwerke, also ein wenig luftiger. Saubere Zimmer mit Fan und kaltem Wasser.

■ Zwei Häuser weiter ist das **51 Lima Satu** ②, Tel. (0361) 754944, ähnlich wie das vorherige, aber mit Pool. Einfache, aber recht große Zimmer mit Fan und kaltem Wasser.

■ Wer noch nicht fündig geworden ist, geht weiter die Gasse hinunter bis zum Art Market, dem Pasar Agung. Hier gibt es beispielsweise das **LA Inn** ①, Tel. (0361) 758369, der Billigableger des nahen **App Inn** ②, Tel. (0361) 758369. Im LA Inn gibt es wirklich einfache Zimmer in einem leicht angegrauten Haus mit einigermaßen beängstigenden, dunklen Gängen. Das App Inn bietet heißes und kaltes Wasser, WiFi, Pool und saubere Zimmer. Dafür müssen Übernachtende die häufigen Poolparties in Kauf oder daran teilnehmen.

■ **Fat Yogi Cottages** ②, Tel. (0361) 751665, www.fatyogicottages.baliklik.com, ist ein weiterer Klassiker in Poppies I. Früher berühmt für seine Pizzeria, ist selbige mittlerweile mutiert zum beliebten **Havana Club** mit *Che Guevara* grüßend von der Wand und lateinamerikanischem Ambiente. Fat Yogi im Hinterhof hat einen netten Garten mit Pool in der Mitte. Zimmer mit AC, heißem und kaltem Wasser sowie WiFi.

■ **Ayu Beach Inn** ②, Tel. (0361) 752091, www.ayubeachinn.com, ist in der AC-Klasse eine der günstigen Unterkunftsmöglichkeiten. Die Zimmer sind ein wenig abgewohnt, aber es gibt einen Pool mit Bar und einen Garten im Hinterhof. Der Partylärm aus den benachbarten Häusern allerdings ist ebenfalls inklusive. Zimmer mit AC, Fernseher, kaltem und heißem Wasser.

■ **Masa Inn** ②, Tel. (0361) 758507, www.masainn.com: Drei Etagen um einen Pool im Garten gebaut. Alle Zimmer schlicht, mit AC und TV.

■ Wer in Poppies I keine Unterkunft gefunden hat, kann sich auf die Socken machen zu Poppies II, entweder entlang Gang Sorga oder gleich Gang Ronta. In beiden Gassen liegen etliche günstige Losmen, wie das bekannte **Mimpi** ②, Tel. (0361) 751848, oder der andere beliebte Klassiker, die **Ronta Bungalows** ②, Tel. (0361) 754246. Saubere Fan-Zimmer in einem zweistöckigen Gebäude, das um einen ruhigen Innenhof herum gebaut ist.

Jalan Poppies II

Mehr preiswerte Unterkünfte als in Poppies I, mehr Surfer und mehr Verkehr – Poppies II kann im Gegensatz zu Poppies I von Anfang bis Ende mit dem Auto befahren werden. Aber auch hier sollten sich Besucher nicht abschrecken lassen: Links und rechts gibt es nette Losmen und Hotels.

■ **Dua Dara Inn** ②, Tel. (0361) 754031, ist eine der guten Adressen in Poppies II und wird auch von der Touristinformation empfohlen. Die Zimmer liegen in mehreren dreigeschossigen Gebäuden, die oberen zu Poppies II hin sind luftig, aber laut. Der Pool vor dem Haus erlebt seine Hochzeit nachts zwischen 2 und 4 Uhr, wenn die Partygänger aus der Jl. Legian zurückkehren. Zimmer mit Fan, kaltem Wasser, einigermaßen abgewohnt aber sauber, ohne Handtuch und Toilettenpapier.

■ Günstiger ist es nebenan, im **Losmen Arthawan** ①, Tel. (0361) 752913. Einfache Zimmer mit kaltem Wasser und Blick in den recht düsteren Innenhof, häufig ausgebucht.

■ **Gora Beach Inn** ②, Tel. (0361) 752578, ist nicht am Strand, sondern mitten in Poppies II. Kleine, aber brauchbare Bungalows umrahmen einen kleinen Innenhof hinter einem großen Gebäude.

■ **Hotel Bounty** ④, Tel. (0361) 753030, www.bountyhotel.com, nennt sich „Bali's No. 1 Party Hotel", und das sollte ernst genommen werden. Das Hotel hat eine eigene Aktionsbühne, Pool, Billard, Sozialräume und jede Menge junge Australier, die hier Party machen – rund um die Uhr. Damit das Hotel abgesichert ist, falls etwas kaputt geht, müssen alle Gäste 100 US$ Kaution hinterlegen.

☐ Rund um den Kuta Square steht Shopping auf dem Programm

■ **Satriya Cottages** ④, Tel. (0361) 758331, www.satriyacottages.com, liegt fast in der gleichen Preisklasse, kommt aber wesentlich ruhiger daher. Die netten Zimmer rund um einen Park haben AC, TV, Minibar und Balkon, es gibt einen Pool mit Bar, und zum Strand ist es auch nicht weit.

Jl. Benesari

Diese Straße ist sozusagen die alte Grenze zwischen Legian und Kuta. Hier ist es relativ ruhig, der Strand ist nicht weit. Viele Mittelklasse-Angebote, einige schöne Losmen aus der „guten alten Zeit" haben hier überlebt.

■ **Suka Beach Inn** ②, Tel. (0361) 752793, nicht am Strand, aber mit Pool. Ein großes Hotel mit mehreren Stockwerken rund um einen Innenhof, das immer einen gut frequentierten und belebten Eindruck macht.

■ **Hotel Ayu Lili Garden** ②, Tel. (0361) 750557, ist eine ebenfalls anerkannte Adresse, allerdings ohne Frühstück. Ruhige Bungalows in einem Garten mit Pool, Heiß- und Kaltwasser, teils TV und AC.

■ **Sari Indah Cottages** ②, Tel. (0361) 754 047, www.sariindahcottages.blogspot.de, gleich daneben, ist unauffälliger, günstiger, aber genauso nett und gut nachgefragt.

■ Ein kleines Stück entlang der Jl. Lebak Bene, eine andere Art Unterkunft:

The Harmony Legian ③-④, Tel. (0361) 753010, www.theharmony-hotel.com. Eingebaut in eine Einkaufs-Mall, schick und auf stylish gemacht, fühlen sich hier besser situierte Indonesier wohl. Es gibt einen Pool und eine riesige Lobby, Zimmer mit AC, heißes und kaltes Wasser, Safe, Minibar, TV, Telefon und WiFi. Kreditkarten werden anerkannt.

Legian

Die Strand-Resort-Dichte nimmt zu, ebenso die Dichte der Pauschalreisenden. Rund um den **Art Market** zwischen Jl. Melasti und Jl. Padma haben sich etliche günstigere Unterkünfte etabliert. Die Wege sind weiter als in Kuta, ein Fahrzeug ist keine schlechte Idee. Typische **Taxipreise:** Kuta 50.000 Rp., Flughafen 80.000 Rp., Sanur 100.000 Rp.,

178ba sb

Canggu 100.000 Rp., Ubud 250.000 Rp. In Sachen Unterkunft lohnt es sich, ein wenig zu vergleichen.

■ Ein guter Anfang mittendrin ist **Legian Beach Bungalow** ②-③, Tel. (0361) 751087. Um einen grünen Innenhof mit Pool sind saubere und geräumige Zimmer und Bungalows gruppiert, die teureren mit Klimaanlage sowie TV.

■ **The Loka Legian** ④, Tel. (0361) 767601, www.thelokha.com, ist direkt gegenüber, aber damit hören die Gemeinsamkeiten auf. Hier wird es feiner, mehr Pauschalurlauber, größerer Pool, schickere Lobby.

■ Wer einmal nach links ums Eck geht, findet **The Losari** ③-④, Tel. (0361) 759999, www.losarihotels.co.id. Nicht ganz so teuer, aber genauso schick: große Lobby mit Restaurant, Pool, alles recht stylish in mehreren Stockwerken. Standard-Zimmer mit AC, Telefon, TV, Minibar, heißem und kaltem Wasser sowie Safe.

Suriwathi Beach Inn ③, Tel. (0361) 753 162, www.suriwathi.com, ist ähnlich wie Legian Beach Bungalow: nicht am Strand, aber gut zum Wohnen. Mit einem geräumigen Park, auch Pool und Zimmer sind hier ein bisschen größer, dafür aber teurer. Zimmer mit AC, heißem und kaltem Wasser sowie TV, wer mehr zahlt, kriegt noch einen Kühlschrank und ein größeres Bett dazu.

Dawan Beach Inn ①, Tel. (0361) 759885, ebenfalls nicht am Strand, aber eine schmale Gasse Richtung Art Market runter, ist der hiesige Preisbrecher mit einfachen Zimmerchen und kaltem Wasser.

Warung Diamond ②, Tel. (0361) 752196, Gang Abdi Nr. 4, ist nicht nur als Warung in Legian ein kleiner Diamant (s. „Essen & Trinken"): Hinter dem Warung liegen ein paar Bungalows, von einfacher Ausstattung bis zur Luxusversion mit AC und TV. Die Indonesierin *Angelita* und ihr belgischer Ehemann *Olivier* kümmern sich hingebungsvoll um ihre Gäste.

The Island Bali ②-④, Tel. (0361) 762722, www.theislandhotelbali.com, Gang Abdi Nr. 18, nennt sich Design-Hotel und hat zumindest Anklänge davon rund um den Pool und die Rooftop-Bar vorzuweisen. Wirklich interessant aber sind die zwei großzügigen Dormitorys (Schlafsäle) mit kuscheligen Schlafnischen, mit Moskitonetz geschützt. Davor, am Pool, treffen sich die, die abends nicht alleine zum Biertrinken gehen wollen.

Pondok Sara Bungalows ③, Tel. (0361) 732 142, www.pondoksaravilla.com, an der Jl. Arjuna zwischen Legian und Seminyak kommt als sympathische Anlage mit zwei Pools, netten Bungalows und Openair-Badezimmern daher.

Seminyak

Seminyak hat ein reichhaltiges Resort-Angebot. Viele Hotels in dieser Gegend werden schon im Voraus über Reiseunternehmen gebucht. Günstigere Losmen sind selten und versteckt, man muss sich in die Gassen schlagen. Die Gang Bima ist hier eine gute Idee, am besten der Beschilderung von der Jl. Legian aus folgen. Als „Ibiza"-Verschnitt sehen sich die Leute in Seminyak ein wenig in der hochpreisigeren Region. Low-Budget-Besucher werden zwar geduldet, sind aber gefühlsmäßig nicht wirklich willkommen. Seltsamerweise ist in Seminyak das obligatorische Losmen-Frühstück nicht immer im Preis eingeschlossen. Am besten vor dem Einchecken fragen. Die Wege in Seminyak sind recht weit. Zu Fuß kommt man kaum mehr zurecht, zumindest ein Fahrrad oder Motorrad muss her. Standesgemäß ist ein großes Auto. Typische **Taxipreise:** Legian 40.000 Rp., Kuta 60.000 Rp., Canggu 70.000 Rp., Flughafen 80.000 Rp., Sanur 90.000 Rp., Ubud 300.000 Rp.

Ned's Hide Away ②, Tel. (0361) 731270, Gang Bima 3, ist ein Exot in Seminyak: Um einen kleinen Innenhof liegen die beliebten, renovierten Zimmer in zwei Etagen. Lobby und Restaurant sind im luftigen ersten Stock untergebracht.

Hotel Kari Suci I-II, Hotel Bayu Perdana ②, Tel. (0361) 730433, weiter in derselben Gasse, bietet weitgehend dasselbe wie Ned's Hideaway – aber ohne Frühstück.

Inada Losmen ②, Tel. (0361) 732269, rangiert in der gleichen Klasse wie Ned's Hideaway, auch von der Anlage her.

Juada Garden Bungalows ③, Tel. (0361) 730990, an der Jl. Legian hat entlang einer Gasse schöne Bungalows und Zimmer, Pool inklusive. Frühstück gibt es keins, dafür aber eine ruhige Lage.

Casa Artista ④, www.casaartistabali.com, Jalan Sari Dewi, sehr schönes, familiär geführtes, kleines Hotel. Speziell für Tangoliebhaber ideal: Hier finden Milongas, Tanzkurse und andere Tangoevents statt.

Essen und Trinken

Kuta, Legian und Seminyak bieten derartig viele Restaurants, Bars und Kneipen, dass es wohl bisher niemand geschafft hat, alle durchzuprobieren. Die Jl. Benesari und die vielen Gassen rund um Poppies I und II beherbergen noch günstige Warungs. Es

gibt kaum noch ein Etablissement, das nicht Spaghetti, Hamburger, Sizzling Steaks oder Pizza anbietet. Im Folgenden ein paar empfehlenswerte Adressen. Wer ins wirklich feine Dining an Kuta Beach einsteigen will, dem sei folgende Adresse empfohlen: www.thecangguvillas.com/bali-good-food-guide. html.

Kuta

- **Warung Nikmat,** Jl. Kubu Anyar, mit 10.000 Rp. für einen ordentliche Nasi-Campur-Mahlzeit ein echtes Schnäppchen.
- **Warung Hanafi,** Jl. Pantai Kuta, gleiches Preis- und Schnäppchenniveau wie Warung Nikmat.

Übernachtung

8 The Legian Resort
10 The Oberoi
13 Sarinande Hotel, Casa Artista
24 B. Villas
25 Inada Losmen
37 Royal Beach Seminyak
45 Ned's Hide Away
46 Hotel Kari-Suci I-II, Hotel Bayu Perdana
52 Juada Garden Bungalows

Essen und Trinken

1 Café Warisan
2 Ameca
3 Nice Café
4 Venue@-LZ The Moon
5 Bonita
6 Living Room
7 Hu'u Bar
8 The Legian Restaurant
9 Ku De Ta
11 Reflections
12 Sequenza
14 The Sunset
15 Punto Basta
16 Mykonos
17 Aurora
18 Pizza Club
19 Khaima
20 Bunga Cengkeh
21 Ultimo
22 Rumours
23 Soho
26 Café Moka
27 Bale Bali
28 D'Glow
29 Made's Warung
30 Fabios
31 Tandoori Queen
32 C'bo
33 Julia's
34 Bahiana
35 Red Room
36 Bestest Café
38 Blue Night Club
39 Galaxy Sportsbar
40 Kwin
41 Antique Restaurant
42 Mixwell
43 Q Bar
44 Santa Fe
47 Pantarei
48 Ryoshi
49 Kura Kura
50 Jaya Pub/Warung Rima
51 Warung Extrablatt
53 Paparazzi Café

Nachtleben

54 Double Six Club

Am **Kunstmarkt** an Kuta Beach, direkt am Strand, gibt es einen kleinen Platz, der von günstigen, teilweise islamischen **Warungs** umsäumt ist. Hier geht das leckere Nasi Campur für 10.000 Rp. über die Theke. Eine gute Gelegenheit, kurz vor Sonnenuntergang das abendliche Beachlife anzuschauen.

Made's Warung, Jl. Pantai Kuta, war einer der ersten Warungs in Kuta, an denen sich Traveller mit indonesischem Essen beschäftigten. Heute fast schon ein wenig zu hochpreisig für die Qualität der Speisen, aber immer noch ein guter Ort, um das Treiben ringsherum zu beobachten und selbst gesehen zu werden.

Tipps zum Essen und Trinken

■ Viele bessere Restaurants bieten **Pick-up-Service** an, um Kunden auch von entlegeneren Hotels zu gewinnen. Anruf genügt, und es kommt der Minibus von Kuta nach Seminyak gefahren (oder umgekehrt), um einen Gast abzuholen und abends natürlich wieder zurückzubringen.

■ **Preislich** gibt es in Kuta/Legian für jeden Geldbeutel Restaurants. Für denjenigen, der sparen muss, gilt die Regel: Je mehr Einheimische irgendwo essen, desto billiger und oft besser (!) ist das Gebotene. Es reicht allerdings nicht nur der Blick auf die Speisekarte, um eine Preisvorstellung zu bekommen. Es sollte immer gecheckt werden, ob noch ein **Aufschlag** fällig wird für Service und/oder Steuern. Der variiert zwischen 10 und 21 % – da kann eine preiswerte Mahlzeit zum Schluss teuer sein.

■ **Kaki Lima** (Fünffüßer), die kleinen, fahrbaren Essensstände, ziehen auch in Kuta ihre Runden – allerdings für Touristen kaum sichtbar. Das Personal der Shops, Hotels und die Straßenverkäufer muss schließlich auch etwas essen. Die angebotenen Suppen wie Bakso Mie und Soto Ayam – es steht immer drauf, was es gibt – schmecken wirklich gut und sind günstig.

■ Als Alternative dazu bietet sich der **Pasar Malam** in Kuta an. Auch wenn er sich touristisch sehr herausgeputzt hat und ein wenig aufdringlich wirkt, kann auf dem Nachtmarkt an der Jl. Blambangan in Kuta viel und preisgünstig gegessen werden. Ab Einbruch der Dunkelheit gibt es hier Fisch-, Gemüse- und Fleischgerichte. Ein „Exklusiv-Warung" liegt neben dem anderen, fast alle gehören Chinesen. Besonders **Fisch** ist zu empfehlen. Man sucht sich einfach die passende Größe aus dem Korb und verhandelt über den Preis. Ein Fisch, der drei Personen satt macht, also der größte, den man finden kann, kostet hier pro Kilo etwa 60.000 Rp., kross gebraten und mit Soße nach Wahl. Wem es geschmeckt hat, der kann für den nächsten Abend zum Beispiel einen Lobster vorbestellen. Der wird nach Kilo verkauft und kostet schätzungsweise die Hälfte oder weniger als in den Kuta-Fischrestaurants. (Deren Besitzer haben im Übrigen alle früher auf diesem Nachtmarkt angefangen.)

■ **Selbstverpflegung** schont auch den Geldbeutel. Und Kuta macht einem das sehr einfach. Es gibt große und kleine **Shops und Supermärkte,** vom Bintang-Supermarkt über einen Carrefour bis hin zum Matahari am Kuta Square, mit fast europäisch ausgerichtetem Sortiment. Richtig billig ist das Leben aus dem Supermarkt allerdings auch nicht, denn es werden hauptsächlich Importwaren verkauft, die ihren Preis haben.

■ **Warung Indonesia** in Poppies II hat genau das in der Pfanne, was der Name sagt: gutes indonesisches Essen.

■ Tempura, Sushi, Miso, Sashimi und andere japanische Gerichte zu moderaten Preisen bietet die Kette **Ryoshi** gleich in mehreren Restaurants entlang Kuta Beach an.

■ **Un's Restaurant** mit Hotel und **The Balcony Bar** kennt jeder – zu Recht. Die Gerichte sind nicht ganz günstig, aber so ein Beef Fondue Bourguignonne klingt doch verlockend. Zum Abschluss Un's Frozen Margarita. Im Balcony treffen sich die Surfer.

Legian

■ Das **Ketupat** an der Jl. Legian Raya 109 hat sich auf die „Haute Cuisine" des indonesischen Archipels konzentriert. Spezialitäten aus Java, Bali, Sumatra, Sulawesi oder von den Molukken können hier probiert werden. Die Speisekarte hat zu jedem Gericht ein Foto und eine Erklärung. Die Gaumenfreude ist nicht ganz preiswert, aber man hat sonst nur selten Gelegenheit, die wirklich feine Küche Indonesiens kennenzulernen.

Mama's Restaurant hat 24 Stunden geöffnet und ist somit gut für einen Bissen in eine Brezel und vielleicht ein Franziskaner Hefeweizen zu deutschen Preisen nach durchtanzter Nacht. Abends oder besser in den frühen Morgenstunden treffen sich hier „Nachtarbeiter" und versprengte Reste aus diversen Bars und Discos.

Das **Poco Loco,** Jl. Padma Utara, ist ein mexikanisches Restaurant. Eine wandernde Tequila-Bar serviert die Getränke. Lecker Chili & Chips kosten 25.000 Rp., ein Seafood Burrito 70.000 Rp.

Warung Yogya, Jl. Padma Utara, ist das, was alle buffetgeplagten Resorttouristen suchen: ein Warung mit leckeren, einfachen, indonesischen Speisen zu einfachen Preisen. Da das anscheinend alle Resorttouristen wissen, sind oft alle Tische besetzt. Eine mehr als gute Alternative ist

Warung Diamond, Gang Abdi Nr. 4. Hier ist es deutlich ruhiger, und die Karte von Inhaberin *Angelita* hält neben klassischem Nasi Goreng auch mal eine German Bratwurst parat.

Zanzibar, Legian Beach, ist ein guter Ort, den Strandstress an sich vorbeiziehen zu lassen, dem Strandtreiben zuzuschauen und dabei beispielsweise eine ordentliche Pizza zu essen.

Seminyak

Der **Living Room** in Seminyak, Jl. Petitenget 2000 xx, ist das Richtige für Menschen, die den alten Kolonialstil lieben. Die Einrichtung ist stimmig: hohe Decken, Terrakottaböden, fließende Vorhänge, Gemälde, Marmortische, geschnitzte Stühle. Es hat das Flair eines Privathauses. Die Gerichte beginnen bei rund 70.000 Rp. Es gibt eine kleine Weinauswahl mit französischem, italienischem und australischem Wein ab rund 200.000 Rp./Flasche.

Warung Extrablatt, J. Nakula, klingt irgendwie deutsch und ist es auch. Eine heiße Brezel mit hausgemachter Leberwurst kostet 25.000 Rp. Wer es fleischiger mag, bestellt fünf Nürnberger Bratwürste mit Sauerkraut für 50.000 Rp.

Nachtleben

In Sachen Bars und Kneipen gibt es von Kuta bis Seminyak für jeden Geschmack etwas. Hunderte von Bars und Discos warten auf die Besuchermassen. Ständig werden Neue eröffnet und machen mit Handzetteln auf sich aufmerksam, andere hingegen schließen still und leise. Am Besten ist es, herumzufragen, welche Spots gerade angesagt sind. Die Nacht geht an Kuta Beach bis zum Sonnenaufgang.

Immer wieder gut ist das **Hard Rock Café**. Hier wird von 23 bis 2 Uhr oft Live-Musik gespielt.

Das **Bounty** ist ein riesiges nachgebautes Schiff an der Jl. Legian, nicht zu übersehen und zu überhören. Hier gibt es ab 22 Uhr Essen, Trinken und Tanz.

Wer es nicht bis ins Bounty schafft, ist vielleicht im **Paddy's** gleich nebenan hängengeblieben.

Die **Sky Garden Rooftop Lounge** beschallt ab 18 Uhr nicht nur das gegenüberliegende *Bali Bombing Memorial Monument,* auch das All-You-Can-Eat-Buffet für 50.000 Rp. zieht viele Abend- und Nachtschwärmer auf das bunt beleuchtete Dach – etliche Biere oder Cocktails folgen meist.

Dass *Bob Marley* lebt, davon können sich Besucher in der **Apache Reggae Bar** überzeugen. Ab 11 Uhr geht es hier rund. Die Bar ist gleich ums Eck vom Bounty, Jl. Legian 146.

Die **Gay-Szene** trifft sich in Seminyak in der Jl. Dhyana Pura/Jl. Abimanyu. Hier sind es bekannte Clubs wie Q Bar, Kudos, Bali Joe, Dejavu, F Club und Mixwell, die Besucher aus der ganzen Welt anziehen.

Ku De Ta und ähnliche Locations in Seminyak ziehen Publikum von der ganzen Insel an den Strand:

Hier werden Kunden und potenzielle Kunden mit gutem Essen beim Business-Lunch verführt und Geschäfte gemacht. Die Expat-Gemeinschaft trifft auf wohlhabenderes touristisches Publikum. Damit diese Gemeinschaft unter sich bleibt, hat das Ku De Ta einen „Dresscode" formuliert, der den ganzen Tag über von den Besuchern eingehalten werden muss. Sonst kommt man an der Kontrolle nicht vorbei.

- Viele Kneipen und Bars werben mit **Happy Hours** – oft ab 17 bis 19 oder 20 Uhr, in denen alles mögliche, mal die Cocktails, mal alles, mal die Drinks für Frauen, billiger sind. In etlichen Pubs ist der Bierpreis zur Happy Hour deutlich heruntergesetzt. Da lohnt es sich eventuell, den Abend früher zu beginnen (und zu beenden).
- Eine andere, nette Art der abendlichen Freizeitgestaltung ist ein Besuch der bestuhlten **Freiflächen der M-Mini-Märkte** an der Jl. Pantai Kuta. Hier gibt es WiFi, günstiges Bier und einen Blick auf die an- und abreisenden Surfer, Touristen, Taxifahrer, Bemos, Kuta Cowboys und über die Mauer am Strand noch ein wenig Sonnenuntergang.

Einkaufen

In Kuta nicht dem Shopping zu frönen, ist fast unmöglich. Gleich nach dem Aufstehen begleiten einen die „Morning prices": Fliegende Händler preisen Schmuck, Gemälde, Kuchen oder Kleidung zu „ganz besonders superbilligen Preisen" an. Im Restaurant wachsen plötzlich Kinder aus dem Boden und halten einem Postkarten, Ketten oder Muscheln unter die Nase. Im Ort selbst wechseln sich Batik- oder Gemäldegalerien mit Antik-Shops, Schnitzerei-, Kleidungs- oder Silbergeschäften ab. Jeder macht „nur für dich" Sonderpreise und Spezialrabatte. In Kuta kann man locker in zwei Tagen mehr Geld ausgeben als anderswo in zwei Monaten, einfach, weil es so viel Schönes gibt und weil shoppen hier Spaß machen kann. Dabei sollte man aber berücksichtigen, dass gut 80 % aller angebotenen Waren in Massen und sehr schnell hergestellt werden, da die Nachfrage schier unerschöpflich ist. Darunter leidet die Qualität, es wird viel kopiert und häufig nur dritt- oder viertklassiges Material verwendet. Nicht wenige Schmuckstücke oder T-Shirts lösen sich innerhalb kürzester Zeit in Wohlgefallen auf. Wer trotzdem auf diesem Weg sein Geld loswerden will, sollte die Ratschläge im Kapitel „Reisetipps A–Z: Einkaufen" lesen.

Shoppingzentren

Neben den Shops am Straßenrand, die vor allem die Jl. Legian sowie Jalan Poppies I und II schmücken, gibt es einige **Malls.** Sie bieten meist klimaanlagengekühlten Aufenthalt, einige Restaurants und Geldautomaten.

- **DFS Galleria,** Jl. Bypass Ngurah Rai, www.dfsgalleria.com, ist das Groschengrab für die asiatische Kundschaft: Edelmarken von Tiffany bis Gucci, alles vom Feinsten und Teuersten. Wer sich einen gekühlten Nachmittag gönnen und dabei kauffreudige japanische Honeymooner anschauen will, ist hier richtig.
- **Discovery Mall,** Kartika Plaza, www.discoveryshoppingmall.com, ist der Platz für günstige Klamotten, Souvenirs und Unterhaltung, nicht nur wegen der Spielhölle im dritten Stock.
- **Lippo Mall,** Jl. Kartika Plaza, ist ein Ende 2013 eröffneter Neuzugang am Mall-Himmel Kutas und gibt sich mit einem ausgefüllten Aktionsprogramm Mühe, die Besucher aus den anderen Malls abzuziehen. Auffällig ist das riesige Starbucks-Café im Erdgeschoss.
- **Matahari Shopping Mall,** Kuta Square, hat alles, was das Herz begehrt: von Buchladen und Supermarkt bis zu Badelatschen, Parfüm und Golfbekleidung.
- **Carrefour,** Jl. Sunset, ist beliebt bei der Expat-Community. Hier gibt es alles – von Telefonkarten bis zum transportablen Grill.
- **Galael Dewata Supermarket,** Jl. Pantai Kuta, führt ebenfalls ein großes Angebot bis hin zum

Spezialitätengeschäft. Die nächste Bank für das nötige Kleingeld ist im Haus.

■ **Beachwalk,** www.beachwalkbali.com, Jl. Raya Kuta, nennt sich „lifestyle playground" (Eigenwerbung). Hier gibt es – openair und klimagekühlt – mehr als 200 Shops, Restaurants, Cafés und ein Kino. Wer will, kann sich bei Rollaas für stolze 100.000 Rp. ein Tässchen Kopi Luwak gönnen.

Sportbekleidung

Entlang der Jl. Legian, am Kuta Square und in vielen Gassen gibt es Hunderte von Shops, die die Surfer-Community beliefern. Insbesondere in Sachen Markenkleidung lässt sich hier manches Schnäppchen machen. Am besten immer gleich nach den Sonderangeboten schauen.

■ **Quicksilver,** www.quiksilver.com, ist eine bekannte Marke, auch in Mitteleuropa zu haben, in Kuta aber deutlich günstiger. Es gibt zwei „Flagshipstores": an Kuta Square und an der Jl. Legian.

■ **Rip Curl,** www.ripcurl.com, ist ebenso bekannt und gut nachgefragt. Shops gibt es an Jl. Legian, Jl. Melasti und Kuta Square.

■ **Surfer Girl,** www.surfer-girl.com, Jl. Legian, ist schon lange da und hat hippe Surferklamotten – eben für Girls.

■ Andere gut eingeführte Marken sind **Stussy** und **Volcom,** zu finden beispielsweise im **Jungle Surf,** Jl. Legian und Jl. Pantai Kuta, im **Dreamland Surf,** Kuta Square, oder **The Curl,** Jl. Legian. Einfach am Kuta Square oder an der Jl. Legian ein wenig flanieren und schauen.

Mode

Kuta ist der Mittelpunkt der balinesischen Modeszene. Es gibt massenhaft Boutiquen für Männer, Frauen und Kinder. Abgefahrenste Modelle, edle Materialien, paillettenbesetzte Accessoires, es gibt nichts, was es hier nicht gibt. Außerdem Kopien vieler teurer Edelmarken wie Calvin Klein, Hilfiger, Joop usw. Wichtig ist, auf die Qualität der Verarbeitung zu achten.

■ **Joger,** Jl. Raya Tuban, hat sich einen Namen gemacht mit indonesischen Sprüchen auf bunten T-Shirts, die manchmal nicht ganz hasenrein sind.

■ **Suicide Glam,** Jl. Legian und Poppies II, bringt die Grunge- und Punk-Welt nach Bali.

■ **Kuta Kidz,** www.kutakidz88.com, direkt an der Bemo-Corner, verkauft seit Jahren Kinderklamotten, die in Deutschland ungefähr das Fünffache kosten würden. Riesenauswahl, Fixpreise.

■ **Uluwatu,** www.uluwatu.co.id, ist eine Marke, um die niemand auf Shoppingtrip herumkommt. Hier geht es etwas bodenständiger und ordentlicher zu als in den Shops für Surfer. Die handgemachten Stickwaren und die Kleidung haben einen balinesischen Touch. Shops gibt es an Jl. Legian, Jl. Pantai Kuta und im Discovery Center genauso wie in Nusa Dua, Sanur und Ubud.

Antiquitäten und Souvenirs

■ **Silber** gibt es in vielen Geschäften. Vieles wird in Celuk hergestellt und hier verkauft. **Jonathan Gallery** an der Jl. Kuta/Legian bietet traditionellen Schmuck und moderne Designs. Wer größere Mengen einkaufen will, sollte sich einen Überblick im Silberschmiedeort Celuk verschaffen (siehe dort).

■ **Leder** ist eine andere Spezialität Kutas. Kaum etwas, das nicht aus diesem Material gefertigt wird. Hauptsächlich Wildleder, in allen Farben. Lieferanten sind für Kleidung die Ziegen der östlichen Inseln, für Koffer und Rucksäcke Rinder, die auf Bali nicht so streng verehrt werden wie in Indien. In vielen Geschäften wird auch maßgeschneidert, entweder nach mitgebrachten Vorlagen oder direkt am Kunden. Das dauert kaum 24 Stunden.

■ **Tribal Art, „Antiquitäten":** Gebrauchsgegenstände und Kunsthandwerk von allen Inseln der Republik kann man für teures Geld in Kuta kaufen. Einige Läden haben sich auf Webereien aus Nusa

Tenggara und Sumba spezialisiert, andere auf Perlenketten, Waffen, Kultgegenstände. Nahezu 100 % aller Asmat-(Papua-)Schnitzereien sind balinesischer Produktion. Messer aus Borneo (Mandaus) sind kaum noch original zu bekommen und nahezu alles, was aus Bronze oder Messing ist, wird in Java produziert. Trotzdem lohnt es sich, einmal in den einen oder anderen Laden zu schauen. Einige alteingesessene Geschäfte finden sich an der Jl. Legian.

■ **Kunsthandwerk/Malerei** sollte man möglichst nicht in Kuta kaufen. Zumindest nicht, wenn man sich vorgenommen hat, noch etwas anderes von der Insel zu sehen. Gemälde gibt es besser und günstiger in Ubud oder Penestanan, moderne Schnitzereien wie Blumen, Früchte oder Fantasiewerke kosten nur ein Zehntel in Tegallalang bzw. Pujung, denn dort kommen sie her (siehe auch „Ubud und Umgebung").

■ **Muschel- und Korallenschmuck** ist in erstaunlicher Vielfalt und zu günstigen Preisen zu bekommen. Zu bedenken ist allerdings der Artenschutz, daher sollte man auf keinen Fall Stücke kaufen, die von gefährdeten Arten stammen. Diverse Spezialisten finden sich in der Jl. Tanjung Meka.

■ **Gebrauchsgegenstände** wie Staubwedel aus Hahnenfedern oder Regenschirme aus Papier kosten in Denpasar auf dem Markt häufig nur ein Drittel des Preises, den man nach einer halben Stunde Handeln in Kuta erzielen kann.

Antiqitäten und was man dafür hält

Alles, was besonders billig (besonders am Strand) als **Silber** angeboten wird, ist nur versilbertes Kupfer oder Messing. Test: mit einer Nagelfeile am Armreif kratzen. Horn oder Knochen wird Neulingen als **Elfenbein** angeboten, Glas wird zu **Edelsteinen,** Kiesel werden grün eingefärbt und als **Türkise** verkauft. **Antiquitäten** gibt es so gut wie überhaupt nicht mehr, und wenn, dann sind sie unerschwinglich. Eine 50-jährige Holzfigur unter 10 Mio. Rp. ist nicht 50 Jahre alt. Sie wurde nur im Regen stehen gelassen oder eingegraben. Billigstes Holz wird zu **Teak oder Ebenholz,** wenn man es nur mit der richtigen Beize bearbeitet, und **Batiken** werden maschinell als Meterware hergestellt.

Bücher und Zeitschriften

Es gibt etliche Buchläden, die Secondhand-Bücher verkaufen oder ausleihen, beispielsweise an der Jl. Pantai Kuta, rund um Poppies I und II und entlang der Jl. Benesari. Vor allem Taschenbücher in allen Sprachen bekommt man hier günstig. Bei der Ausleihe wird zuerst der volle Preis bezahlt, bei Rückgabe gibt es den halben zurück.

■ **Pangloss Bookshop** am Art Market neben Poppies I ist eine sehr gute Adresse für Leute, die einen Buchhändler mit Sachverstand erwarten. Pangloss kennt sich sehr gut in der internationalen Literaturszene aus und kann auch in Sachen Kuta ein paar Tipps geben.

■ Viele Homestays und Hotels haben eine kleine **Handbibliothek.**

■ Gut sortierte Buchläden mit schönen Bildbänden, Romanen, aktuellen Taschenbüchern und ausländischen Zeitschriften sind die **Periplus-Buchläden.** In Kuta gibt es sie im Carrefour-Supermarkt, im Matahari und in der Discovery Shopping Mall; in Seminyak am Seminyak-Square und in Made's Warung.

■ Der **Ganesha Bookshop,** ursprünglich beheimatet in Ubud, hat expandiert: Neben einer Filiale in der Jl. Tamblingan 42 in Sanur gibt es auch einen Shop im Biku-Restaurant, Jl. Petitenget 888, Seminyak.

■ Deutsche, englische oder französische **Tageszeitungen** sind auch in einigen Läden erhältlich, wenn auch mit etwa zweitägiger Verspätung.

059ba sb

Wichtige Adressen

Geldwechsel

Money Changer gibt es wie Sand am Meer. Es lohnt sich, die jeweiligen Kurse zu vergleichen, sie variieren stark. Aber auf Bali gibt es kaum so viele Rupiah für die harten Devisen wie in Kuta.

- Für ihre Zuverlässigkeit sind bekannt: **PT Dirghahayu Valuta Prima,** www.balibestrate.com, Jl. Pantai Kuta 10A, neben dem Bemo Corner; **Money Exchange Central Kuta,** links neben dem Matahari-Kaufhaus; **PT Wahana Krishna Dana,** www.wmc.co.id, Jl. Raya Kuta 88, organisiert sogar einen Pickup-Service für Geldwechselwillige. Geldautomaten gibt es reichlich, auch in den Einkaufs-Malls.

Post

- **Jl. Selamat,** Einfahrt über die Raya Kuta, gegenüber dem Nachtmarkt, Tel. (0361) 754012, Mo–Sa 8–16 Uhr. Hier gibt es einen **Poste-Restante-Service.**
- An der **Jl. Legian,** schräg gegenüber dem Restaurant Kopi Pot, gibt es ein weiteres Postamt, ebenfalls mit Poste-Restante-Service.
- In Kuta und Legian sind etliche **Postfilialen** zu finden, zu erkennen an dem roten Post-Schild. Meist sind es Reisebüros oder Touristeninformationen, die den Postservice mitmachen.

⌃ Falls die Urlaubslektüre ausgeht – für Nachschub ist gesorgt, secondhand

Internet

- Viele Restaurants, Cafés, Supermärkte, Malls und Hotels bieten WiFi.

Polizei

- **Jl. Raya Kuta,** Kuta, Tel. (0361) 751598, **Jl. Double Six Beach,** Kuta.

Reinigungen

Die vielen Reinigungen in Kuta berechnen Wäsche nach Kilogramm oder nach Einzelpreis für das jeweilige Kleidungsstück. Das finanzielle Ergebnis ist ungefähr das Gleiche. 1 kg kostet ab 7000 Rp. Meist geht der Service – ja nach Wetterlage – über Nacht.

Medizinische Versorgung

Apotheken

Bei kleineren Verletzungen oder Unpässlichkeiten können die zahlreichen Apotheken helfen. Abschürfungen oder Verbrennungen sind bei den zahlreichen Surfern keine Seltenheit. Aber die Apotheken haben auch Kopfschmerzmittel im Angebot für den Kater am Tag danach – genauso wie Kondome für den Abend davor.

Im Falle von Krankheit oder auch bei Schmerzen sollte immer zuerst das Personal im Hotel oder die Familie im Losmen gefragt werden. Soweit es in deren Macht steht, wird jeder helfen.

Kliniken

- **Legian Medical Clinic,** Jl. Benesari, Tel. (0361) 758503.
- **International Tourist Medical Service,** Jl. Legian, Tel. (0361) 240730.
- **Kuta Clinic,** Jl. Raya Kuta, Tel. (0361) 753268.
- **Dental Clinic Raya Kuta,** Jl. Raya Tuban 62, Tel. (0361) 758033.

Aktivitäten

Traditionelle Feiern

Auch wenn es auf den ersten Blick nicht so aussieht, auch Kuta hat ein kulturell-religiöses Leben. Das zeigt sich nicht nur an den vielen kleinen **Opfergaben,** die vor und in fast jedem Shop und Restaurant mehrmals täglich verteilt werden.

Wie in jeder balinesischen Gemeinde organisieren auch hier die Banjars (Dorfgemeinschaften) das öffentliche Leben. Da Banjars, wenn sie mehr als ca. 150 Familien repräsentieren, geteilt werden, sind im Konglomerat Tuban-Kuta-Legian-Seminyak über 20 Banjars aktiv. Das liegt unter anderem an dem überproportional hohen Zuzug balinesischer Familien, die hier ihre Geschäfte machen. Geld ist natürlich auch reichlich vorhanden.

Eine gute Möglichkeit, in Kuta **religiöse Zeremonien** oder Feste mitzuerleben, ergibt sich dann, wenn die Familie des Homestays eine Feier abhält, wie eine Hochzeit oder Zahnfeilung. Außerdem finden auch in Kutas Tempeln die traditionellen **Tempelfeste** (Odalan) statt und die Hindu-Feiertage werden wie im restlichen Bali zelebriert (Galungan, Kuningan etc.).

Waterbom Park

Einen sehr entspannten Tag können Familien im Waterbom Park, www.waterbom-bali.com, im Süden von Kuta verbringen. Er liegt an der Jl. Kartika Plaza und ist gut mit dem Fahrrad zu erreichen. Es gibt sechs **Rutschen,** ein Lazy River, diverse **Schwimm- und Kinderbecken,** Essbuden und ein

Restaurant. Die Tageskarte kostet 33 US$ für Erwachsene. Kinder (2–12 Jahre) gehen für 21 US$ durch, unter zwei Jahren ist der Eintritt frei. Wer mit Rupiah bezahlen will, muss den täglichen Wechselkurs zu Grunde legen. Lebensmittel und Getränke dürfen nicht mit hineingenommen werden.

Kinder

Mit Kindern kann man gut einen ganzen Tag im Waterbom Park (s.o.) verbringen. Wenn man kein Wasser sehen mag oder Angst hat, dass sich die Kleinen einen Sonnenbrand holen, sollte man sich ein paar Stunden in die Discovery Shopping Mall begeben und hier die „Spielhölle" aufsuchen. Einfach die Rolltreppen hoch und dem Lärm folgen. Spiele gibt es für die Kleinen ebenso wie für die Großen.

Videos

Filme jeden Genres im Originalton werden von vielen Restaurants und Bars täglich als DVD auf Flatscreen oder Leinwand gezeigt. Oft handelt es sich um brandaktuelle Reißer, die gerade bei uns im Kino angelaufen sind. Wer keine Filme sehen will, sollte solche Restaurants meiden, denn der Filmton ist selbst für Taube hörbar und der Service erlahmt doch sehr, weil die gesamte Bedienung eben auch gern Filme guckt. Wann welcher Film gezeigt wird, steht auf einer Tafel am Eingang des Restaurants.

Verkehr

Bemos und Busse

Ein regulärer Bemo-Service führt vom **Bemo Corner** zum Strand, ins nähere Umland, zum Flughafen oder nach Denpasar zum Terminal Tegal. Für die Kurzstrecke, beispielsweise bis zum Flughafen, sollte mit 7000 Rp. Fahrpreis gerechnet werden. Für weitere Strecken, beispielsweise nach Denpasar, werden ab 10.000 Rp. fällig. Passende Scheine bereithalten!

Aus Kuta und Legian heraus geht es mit den unzähligen **Minibussen,** die bei den Reisebüros gechartert werden können. Meist werden die Strecken mehrmals täglich gefahren. Bei manchen Trips fährt der Minibus erst, wenn mindestens zwei Passagiere mitfahren. Richtpreise: Flughafen: 50.000 Rp., Sanur: 40.000 Rp., Ubud: 55.000 Rp., Padang Bai: 70.000 Rp., Candi Dasa: 70.000 Rp., Lovina: 165.000 Rp., Tanah Lot: 100.000 Rp., Mataram: 120.000 Rp., Senggigi: 130.000 Rp., Gili Terawangan: 140.000 Rp.

Wer auf Nummer sicher gehen will, fährt mit **Perama.** Das Büro ist in der Jl. Legian 39 und immer eine gute Anlaufadresse für alle Fragen rund um Transport.

Im Juli 2013 ging ein ambitioniertes Nahverkehrsprojekt an den Start: **Kura-Kura Bus** (www.kura2bus.com). Mit grünen Minibussen verkehrt die Linie seitdem in Kuta, Legian und Seminyak, tgl. 9–22 Uhr, Einzelfahrt ab 20.000 Rp., WiFi inklusive. Nach anfänglichen Start- und Abstimmungsschwierigkeiten scheint die Linie langsam in Fahrt zu kommen.

Fahrzeug mieten

- **Motorräder** werden an fast jeder Straßenecke vermietet. Ein Tag kostet um die 50.000 Rp. Je länger die Mietdauer, desto günstiger der Preis.
- **Fahrräder** kosten pro Tag ca. 25.000 Rp.
- **Autos** je nach Größe ab 200.000 Rp. pro Tag inklusive Versicherung.

Taxi

Die hellblauen Taxis von **Bali Taxi,** Tel. (0361) 701111, haben zuverlässige Taxameter. Die Grundgebühr beträgt 6000 Rp., jeder Kilometer kostet 5700 Rp.

Pick-up-Service

Viele Kneipen, Restaurants und Discos unterhalten einen Pick-up-Service. Die Gäste werden abgeholt und nachher wieder zum Hotel zurückgebracht. Anruf genügt, der Service klappt und ist vor allem angesagt, wenn jemand in Legian übernachtet und in Seminyak essen will. Die Wege sind recht weit und nach Anbruch der Dunkelheit nimmt die Bemodichte rapide ab.

Canggu

Vor einigen Jahren waren die **Strände nördlich von Kuta** noch recht wenig erforschtes Gebiet. Inzwischen hat sich an Berawa, Canggu, Echo, Pererenan und Selasih Beach einiges getan: Resorts und Hotelanlagen sind entstanden und vor allem sprießen gewaltige Villenanlagen – gebaut meist von Mitgliedern der wohlhabenden Expat-Gemeinde – aus den Reisfeldern. So hat sich beispielsweise *Nigel Barley* hier niedergelassen, englischer Romanautor und Verfasser von „Island of Demons". Der Roman befasst sich mit den beiden schillernden Künstlergestalten *Rudolf Bonnet* und *Walter Spies*, die in den 1930er Jahren in Ubud lebten.

Die **Villen** können gemietet werden und sind ab rund 150 US$ pro Nacht zu haben. In ihrem Schatten hat sich beispielsweise entlang der Jl. Raya Batu Bolong eine nette Losmen- und Bed& Breakfast-Kultur gebildet. Die Kreuzung der Jl. Raya Batu Bolong und der Jl. Pura Batu Mejan entwickelt sich zu einem Restaurant- und Café-Treff, wo die Gemeinde der Surfer- und Canggu-Fans aus dem näheren und weiteren Umkreis zusammenkommt.

Unterkunft, Essen und Trinken

Von Seminyak kommend:

Wer in Seminyak auf der Jl. Petitenget die Richtung Kerobokan einschlägt, sollte die Linksabzweigung auf die Jl. Batubelig nicht verfehlen. Hier geht es Richtung **Batubelig Beach.** Davor zweigt eine kleine, vielbefahrene Straße rechts ab über eine Flussmündung.

■ Eine erste Wegmarke bildet der **New Canggu Club,** Tel. (0361) 8446385, www.cangguclub.com. Ein Club, wie man ihn sich vorstellt: schwarze Mercedes vor der Tür, Pförtnerhäuschen mit Schranke, Tennisplätze und all das, was Clubmitglieder so brauchen – geöffnet ist aber auch für zahlende Tagesgäste. Dazu der „splash waterpark" mit großer Rutschbahn, ein Trampolin Center und eine Bowling-Bahn. Langeweile kommt hier nicht auf. Gegenüber **Canggu Plaza,** www.cangguplaza.com, mit Geldautomaten und Restaurants.

■ Ein paar Meter weiter liegt eine interessante Unterkunftsmöglichkeit: **Desa Seni Resort** ④, Tel. (0361) 8446392, www.desaseni.com. Aus ganz Indonesien hat der Besitzer Holzbungalows zusammengetragen und daraus um einen Pool herum ein kleines Dorf gebaut. Es gibt einen kleinen Biogarten; Spa, Massage und Yoga werden angeboten.

Berawa Beach:

Dem nicht leicht zu durchschauenden Gassen- und Straßennetz wieder Richtung Meer folgend, gelangt man an den Berawa Beach. Hier hört die Straße auf.

■ Direkt am Strand liegt das **Legong Keraton Hotel** ④, Tel. (0361) 730280, www.legong keratonhotel.com. Wer sich einen Beachbungalow leisten kann, genießt die Atmosphäre des Ortes und das Rauschen der Wellen weitestgehend ungestört.

Canggu
0 200 m
©Reise Know-How 2015
Bali 100
Munggu
Mengwi
Jl. Raya Canggu
Seminyak, Kuta
Buduk
(Jl. Pantai Batu Mejan)
Jl. Pura Batu Mejan
Jl. Raya Batu Bolong
Jl. Echo Beach
Deus Ex Machina Temple of Enthusiasm
Pererenan Beach
Echo Beach
CANGGU
Jl. Pantai Berawa
Jl. Bumbak
Canggu Beach
Berawa Beach
Canggu Plaza
Batubelig Beach
Jl. Batubelig
Kerobokan Kelod
Übernachtung
1 The Chillhouse
2 Jepun Bali Homestay
3 Echoland
5 Hotel Tugu Bali
7 Papaya Guesthouse
8 Puri Rama Homestay
9 Legong Keraton Hotel
10 Desa Seni Resort
12 New Canggu Club
Essen und Trinken
4 Sticky Fingers, Dian Café, The Beach House
6 Café Betelnut, Monsieur Spoon
11 Restaurants

■ Hinter dem Legong Keraton haben entlang der Jl. Pantai Berawa einige Losmen ihre Pforten geöffnet, die den weniger begüterten Surfern ein Obdach bieten. Nett ist beispielsweise das **Puri Rama Homestay** ②, Tel. (0818) 05405565, www.ramahomestay.com, neun Bungalows um einen Innenhof mit allem, was es zum angenehmen Überleben braucht, 200 Meter von Berawa Beach entfernt.

Canggu Beach:

Um den Parkplatz herum (2000 Rp. fürs Parken) hat sich eine überschaubare touristische Infrastruktur entwickelt, Warungs sind vor Ort, auch ein Surfshop ist nicht allzu weit weg.

■ **Hotel Tugu Bali** ④, Tel. (0361) 731701, www.tuguhotels.com/bali, gilt als eines der schönsten Hotels auf Bali. Die Bungalows haben Namen, wie „Le Mayeur Pavillon", es gibt ein Designkonzept und einen stolzen Preis: Übernachtung ab 300 US$.

Echo Beach:

Furore gemacht aber hat ein anderer Strand: Batu Majan Beach, auch Echo Beach genannt. Hier hat sich vor einigen Jahren **The Beach House** niedergelassen, verwandt mit dem gleichnamigen Restaurant auf Gili Terawangan. In seinem Fahrwasser folgten andere Cafés und Restaurants wie **Sticky Fingers** und **Dian Café,** aber auch ein finanzträchtiges Investment wie das Sea Sentosa – wohnen für die Reichen, direkt am Wasser. Echo Beach heißt: im Wasser Surfer, am Strand deren Freunde und Freundinnen und in den Töpfen der Restaurants brodelt das Kraftfutter für die hungrigen Wellenreiter. Das Beach House glänzt mit Gegrilltem ab 70.000 Rp., Sticky Fingers lockt mit Pizzen ab 50.000 Rp. und das Dian Café geht mit einem Tuna Steak für 45.000 Rp. an den Start. Wer hier bleiben möchte, mittlerweile gibt es beim Canggu Market einen Geldautomaten, findet gute und neue Unterkunftsmöglichkeiten quasi in der zweiten Reihe:

■ **Echoland** ③, Tel. (0361) 8870628, www.echolandbali.com, nennt sich „eco-friendly". Moderne AC-Zimmer im zweistöckigen Gebäude, WiFi ist inklusive, Frühstück, Pool und Safe auch.

■ **Jepun Bali Homestay** ②, Tel. (0361) 3610 613, www.jepunbalihomestay.com, liegt ein paar Meter weiter an der Jl. Pantai Batu Mejan und ist deutlich günstiger. Davor hat sich das **Pizza House** breitgemacht – für die tägliche Abwechslung auf der Speisekarte.

■ **The Chillhouse** ③, Tel. (0361) 8445463, www.thechillhouse.com, Jl. Kubu Manyar, ist ein besonderes Haus. Gemacht von Surfern für Surfer, wird hier hauptsächlich „surferisch" gesprochen. Zimmer im Haupthaus und Bungalows im Garten, Halbpension ist inklusive. Das Surfpaket kann zur Unterkunft gleich dazugebucht werden, Surfbrett, Transport und alles drumherum inbegriffen. Wer das Surfpaket zur Unterkunft gleich dazubucht, zahlt 45 Euro extra am Tag, Surfbrett, Transport und alles drumherum ist ebenfalls im Preis inbegriffen. Das Chillhouse organisiert Surftouren auf ganz Bali und Lombok.

■ **Papaya Guesthouse** ③, Tel. (0361) 8445342, www.papayaguesthousebali.com, liegt ein wenig landeinwärts an der Jl. Batu Bolong Nr.11B – aber lohnt den Weg. Im Sommer 2014 eröffnet und unter deutschem Management. Vor dem Haupthaus mit schmucken Zimmern und guter Aussicht liegt ein netter Pool und die Frühstücksterrasse. Dazu gibt es eine kleine Bibliothek und DVDs.

Deus Ex Machina Temple of Enthusiasm

Wer ein paar Euro übrig hat, kann diese im nahen Deus Ex Machina Temple of Enthusiasm ausgeben: In stylishstem Ambiente werden **selbstgebaute Fahrräder**, Motorräder, Taschen, Klamotten und Bücher angeboten. Zum Chillen gibt es ein schickes **Restaurant.** In Sichtweite liegt die auffällige „neue Ortsmitte" von Canggu mit Restaurants, schicken Cafés wie dem *Betelnut* oder einer gut nachgefragten Bäckerei, dem *Monsieur Spoon.*

Taxi

Wer von Echo Beach weg möchte und kein eigenes Fahrzeug hat, muss sich dem **Canggu Beach Transport,** Tel. (0361) 8690555, anvertrauen. Immerhin sind die Preise zu den verschiedenen Destinationen fix, Verhandlungen sind unnötig. Übliche Preise: Tanah Lot 120.000 Rp., Seminyak 100.000 Rp., Legian 130.000 Rp., Kuta 150.000 Rp., Flughafen 180.000 Rp., Dreamland 300.000 Rp., Sanur 250.000 Rp., Ubud 300.000 Rp. Charter für einen ganzen Tag kostet 600.000 Rp.

Innerhalb von Canggu kostet der Trip ab 50.000 Rp.

Sanur

Sanur liegt sieben Kilometer von Denpasar entfernt an einer schönen Bucht. Hier reiht sich Luxus-Hotel an Luxus-Hotel, überragt vom höchsten Gebäude Balis, dem Grand Bali Beach Hotel, einem hässlichen zehnstöckigen Klotz, den man sogar noch vom Besakih-Tempel aus sehen kann. Als er fertiggestellt war, entschieden die Banjars Balis, es sei Gotteslästerung, Häuser zu bauen, die über die Palmen hinausragten. Seither wird dieses Maß nicht mehr überschritten. Ein weises Verbot, half es doch, Sanur und den Rest der Insel nicht wie Benidorm in Spanien aussehen zu lassen.

Sanur ist ein bisschen sperrig zum Entdecken. Es gibt die Resorts, dahinter eine lange Straße, die Jl. Danau Tamblingan mit Restaurants und anderen Annehmlichkeiten. Von ihr wiederum kommt man nur über kleine Stichstraßen an den schönen Strand. Am besten ist es also, in einem Resort direkt an selbigem zu wohnen. Die Welt um die Resorts herum ist gar nicht so schlecht: Es gibt einen **kleinen Hafen** mit Warungs, schöne Cafés, eine australische Metzgerei, ein feines Museum direkt am Strand. Der Bali International Cricketclub hat hier sein Vereinsheim und auch der Deutsche Honorarkonsul ist in Sanur. Der Ort ist recht bunt, Menschen aus aller Welt treffen sich hier schon lange.

Als Touristenspot ist Sanur seit **1936** bekannt, als der belgische Maler **Le Mayeur** hier seine Zelte aufschlug. Er muss ein feines Leben geführt haben, heiratete eine der schönsten balinesischen Frauen seiner Zeit, *Ni Polok,* eine berühmte Legong-Tänzerin, malte Bilder seiner Frau, verkaufte diese, um sein Haus weiter auszuschmücken und empfing Gäste aus aller Welt – Reisende, Künstler, Politiker.

Sanur war und ist bekannt für seine **Musiker,** die heutzutage von Hotel zu Hotel tingeln müssen, damit die Touristen ihre Lounge nicht zu verlassen brauchen. Alles, was Bali zu bieten hat, wird in die Hotels und Restaurants gebracht: Tänze, Schattenspiele, Gemäldeausstellungen.

Das erste Strandhotel Balis wurde hier gebaut, bald folgten weitere. Als 1966 das **Bali Beach Hotel,** errichtet dank japanischer Reparationszahlungen, eröffnet wurde, war die Entwicklung zum reinen Ferienort abgeschlossen. Danach entstanden immer weitere Luxus-Hotels (Hyatt, Sanur Beach und weitere), Restaurants und Shops. Heute heißt das Bali Beach Hotel **Inna Grand Bali Beach** und teilt, gemeinsam mit dem **Golfplatz,** Sanur in zwei Teile: den Norden und den Süden. Das Hotel beherbergt diverse touristische Einrichtungen, die

Sanur
0 400 m
Denpasar
Denpasar
Ubud, Gianyar
Denpasar
Hang Tuah
Ticketschalter
Lembongan
Perama
Boote nach Nusa
Lembongan, Nusa Penida
Art Market
Polizei
Museum
Le Mayeur
RENON
Bali Beach
Golfplatz
Jl. By-Pass Ngurah Rai
Jl. Danau Beratan
SANUR
Supermarkt
Jl. Tukad Bilok
Jl. Danau Buyan
Denpasar
Sanglah
Markt
Jl. Segara Ayu
Warungs/
Sanur Beach
Market
Jalan Tegeh Agung
Jl. Sindhu
INTARAN
Nachtmarkt/
Sanur Art Market
Jl. Danau Tamblingan
SINDHU
Ganesha Bookshop
Jalan Batur Sari
Jalan Sekuta
Jl. By-Pass Ngurah Rai
Deutsches
Konsulat
Hardy's
Supermarkt,
Periplus Buchladen
Jl. Pantai Karang
BATUJIMBAR
Jl. Kesari
SIDAKARYA
Jalan Batur Sari
Jl. Karangsari
Jl. Danau Tamblingan
Jl. Duyung
Jl. By-Pass Ngurah Rai
SEMAWANG
Jl. Danau Poso
Jl. Sri Kesari
Jl. Kesumasari
BLANJONG
Jl. Pengembak
Jl. Mertasari
Jl. Sekar Waru
Minibusse
Kuta,
Flughafen
Jalan Mertasari
1 2 3 4 5 6 7 8 9 10 11 12 13 14 15 16 17 18 19 20 21 22 23 24 25 26 27 28 29 30 31 32 33 34 35 36 37 38 39 40 41 42 43 44 45 46 47 48

Übernachtung
2 Agung and Sue Watering Hole I
3 Jambu Inn
4 Ananda Beach Hotel
5 Inna Grand Bali Beach Hotel
6 The Watering Hole II
7 Sanur Indah
8 Hotel Taman Sari
9 Hotel Indi
11 Puri Kelapa Beach Cottages
12 Hotel Baruna
13 Segara Village
14 Inna Sindhu Beach
19 Coco Homestay
20 Swastika Guesthouse
21 Rita Home Stay
22 Yulia 2 Homestay
23 Tandjung Sari
24 Besakih Beach
27 Shanti Village
28 Gria Santrian
29 Werdhapura
33 Hotel Bali Rita
37 Hotel Peneeda
38 Baly Hyatt (Renovierung)
40 Kesumasari Beach Hotel
41 Semawang Beach Hotel
42 Villa Puri Ayu
43 Santrian Resort & Villas
44 Sanur Beach Hotel
47 Gardenia Boutique Guesthouse
48 Mercure Sanur

Essen und Trinken
1 KFC
10 McDonald's
13 Sanur Beach Market
15 Beach Café
16 Sunrise Bar & Grill, Mango Café, Bennos Rest.
17 Napoli
18 Pergola, japanisches Rest.
25 Three Monkeys Sanur
26 The Porch Café
30 Laghawa, Billy's Café
31 Kita
32 Café Batu Jimbar
34 Ryoshi
35 Ulu Thaifood
36 Manic Organic
39 Café Putih Pino
45 The cat & fiddle
46 Angel's Bar

für jedermann interessant sind: Büros von Fluggesellschaften, eine Bank, einen Arzt und Geldautomaten. Die Anlage ist jedem zugänglich.

Die feinen Adressen setzten einen höheren Standard als die Billigunterkünfte in Kuta, und so ist es bis heute geblieben. In Sanur ist es deutlich ruhiger, dafür aber etwas teurer als in Kuta.

Viele Westler, die auf Bali arbeiten, bevorzugen Sanur, weil durch die Errichtung der Bypass-Autobahn sowohl Flughafen als auch Denpasar bzw. Kuta und Nusa Dua schnell zu erreichen sind. Die, die das Leben eher stylisch bevorzugen, zieht es mittlerweile nach Seminyak. Sanur also ist irgendwie mittendrin.

Wer lediglich Strand und Sonne genießen will, auf durchzechte Nächte verzichten kann und etwas mehr Geld in der Tasche hat als der Kuta-Durchschnittsbesucher, ist in Sanur ganz gut aufgehoben. Hier gibt es kein Verkehrschaos. Wenn es dunkel wird, ist es ruhiger, es gibt keine hohen Wellen und eine ausgesprochen gute touristische Infrastruktur. *Le Mayeurs* Haus steht immer noch, die Nudelsuppe am Strand-Warung in Nord-Sanur kostet weiterhin 20.000 Rp., das große Feierabendbier dazu 30.000 Rp.

Museum Le Mayeur

Zwischen dem Kunstmarkt und dem Inna Grand Bali Beach Hotel befindet sich das zu einem Museum gemachte **Wohnhaus des belgischen Malers** *Le Mayeur*. Hier lebte und arbeitete er ein Vierteljahrhundert lang, er starb 1958. Zu sehen gibt es ein ideenreich in Szene gesetztes Haus und Auszüge aus seinem

061ba

Lebenswerk, seine Bilder und vor allem zeitgeschichtlich interessante Fotografien aus dem Leben von Le Mayeur und seiner Frau *Ni Polok* (tgl. 8–16, Fr 8.30–12.30 Uhr, Eintritt 10.000 Rp., Kinder 5000 Rp.).

Der Strand

Ein großes Korallenriff schützt die Bucht vor der Brandung und so kann man hier im Gegensatz zu Kuta gemütlich schwimmen, allerdings nur bei Flut, bei Ebbe reicht das Wasser gerade mal bis zum Knie. Der größte Teil des Strandes ist nicht direkt zugänglich, zumindest nicht für Durchschnittsmenschen, da sich Hotel an Hotel reiht und der Strand quasi zur Anlage gehört. Was zum Glück nicht ganz stimmt: Laut Gesetz gibt es in Indonesien keine **Privatstrände.** So kann man von dem im Norden Sanurs liegenden „öffentlichen Strand“ alle „Hotelstrände“ ohne weiteres erreichen – ein netter Spaziergang.

Sanur ist eine Domäne für **Wassersportarten** wie Kite- und Windsurfen, Wasser- und Jetski. Überall am Strand liegen bunte Auslegerkanus *(jukung)*, die sich für Rundfahrten in der Bucht und zum Schnorcheln anbieten.

Der **öffentliche Strandabschnitt** befindet sich dort, wo die Straße ans Ufer führt (Schild: „Pantai“). Wer mit dem Leihwagen oder dem Motorrad kommt, muss einen kleinen Obolus entrichten, um am Strand parken zu können. Links und rechts dieser Straßen stehen Stände, an denen Muscheln verkauft werden. Sonn- und feiertags ist dieses Stück Strand gefüllt mit Wochenendausflüglern aus Denpasar und Unmengen von Essensständen. Es ist unterhaltsam, hier einen Nachmittag zu verbringen. Es finden sich auch einige billigere Restaurants.

Vom Strandabschnitt in Nord-Sanur starten Sampans und **Speedboote nach Nusa Lembongan,** der Nusa Penida vorgelagerten Insel mit preiswerten Unterkünften und feinen Stränden.

Praktische Tipps

Unterkunft

Die **teuren Hotels** in Sanur aufzulisten ist wenig sinnvoll. Sie werden **pauschal** in den jeweiligen Heimatländern gebucht, und kaum ein Reisender vor Ort wird auf die Idee kommen, hier mal so eben einzuziehen. Im Rahmen von Pauschalangeboten

⌃ Le Mayeur mit seiner balinesischen Frau

sind diese Unterkünfte deutlich billiger. Wen es aber in den Fingern juckt, auch mal ein paar Nächte im Inna Grand zu verbringen, der sollte zuerst die Website des Hotels checken. Der Internetpreis ist immer günstiger als die sogenannte Published Rate, die einem auf Nachfrage genannt wird.

Auch die **einfachen Unterkünfte** in Sanur haben ihren Preis: Was in Kuta bei 100.000 Rp. startet, kostet in Sanur mindestens 150.000 Rp. Dazu kommt, dass die Wege in Sanur recht lang sind. Wer sich beispielsweise vom Norden Sanurs, vielleicht der Perama-Haltestelle, in den Süden vorarbeiten will, hat bis zu sechs Kilometer Weg vor sich. Also entweder für die erste Nacht ins erste Homestay einchecken, dann loslaufen und gucken oder mit dem Bemo fahren. Aber auch das ist nicht ganz einfach in Sanur: Der nördliche Teil liegt oberhalb des Inna Grand Bali Beach und des angeschlossenen Golfplatzes. In den Süden geht es nur über den Strand oder den Bypass. Am McDonald's beginnt die Jl. Danau Tamblingan. Bemos von hier die gesamte Straße hinunter bis in die Nähe des Hyatt kosten 7000 Rp. Zu beachten ist, dass manchmal auch bei den günstigen Homestays zehn Prozent Steuern auf den Preis aufgeschlagen werden und Frühstück nicht immer inklusive ist. Im Folgenden ein paar Vorschläge für preiswerte Alternativen.

Black Magic

Erstaunlicherweise ist Sanur das balinesische Zentrum der „Black Magic", im Gegensatz zu Gianyar, dem Zentrum für „White Magic". Die schwarze Kunst wird hier auch gelehrt, wer sich intensiv darum bemüht, wird Kontakte bekommen. Ernst zu nehmende Balinesen versichern, dass es sich hierbei nicht um Firlefanz handelt. Vorsicht sei wirklich geboten! Vor einigen Jahren ist eine Australierin, die sich hier auf Magie eingelassen hat, unter mysteriösen Umständen ums Leben gekommen. Diese Story hat in ganz Indonesien so viel Staub aufgewirbelt, dass neben einem Buch auch ein Film produziert wurde, der die wahre (!) Geschichte erzählt. Filmisch wenig überzeugend, aber die Handlung soll auf Tatsachen beruhen. Der Streifen heißt auf Bali „Mistik", auf den anderen Inseln „Leak".

Die Rolle der Australierin spielte die Deutsche Illona Bastian. Nach Beendigung der Dreharbeiten legte man ihr nahe, Bali zu verlassen. Niemand könnte für ihre Sicherheit garantieren. Erst ein schwerer Autounfall bewegte sie dazu, nach Deutschland zurückzukehren. Zu Hause brannte ihr mehrere Male die Wohnung aus unerklärlichen Gründen aus, wie eine Nachbarin berichtete. Der Darstellerin selbst passierte allerdings nichts.

Nördlich vom Golfplatz:

■ **Agung and Sue Watering Hole I** ②, Tel. (0361) 288289, www.wateringholesanurbali.com, freundliches Haus mit ruhigem Innenhof, Zimmer über zwei Geschosse. Frühstück ist nicht inklusive, gibt es aber in günstigen Paketen im Restaurant. Es gibt eine kleine Leihbücherei und der Service ist einwandfrei. Das Haus hat einen Ableger, das **Watering Hole II** ②, in der Jl. Danau Tamblingan 60, gegenüber der Einfahrt zum Inna Grand Hotel im Norden von Sanur (nahe Bootsablegestelle), sehr ordentliche und saubere Zimmer mit Bad, Ventilator oder AC. Kleine Veranda, kaltes Wasser, ruhig im begrünten Innenhof, DZ mit Ventilator 200.000 Rp., freundlich, gutes Preis-Leistungsverhältnis.

■ **Jambu Inn** ②, Tel. (0361) 7415335. Erstreckt sich über mehrere Stockwerke, mit Pool. Alle Zimmer haben heißes/kaltes Wasser, zur Wahl stehen Ventilator und Klimaanlage, TV und Kühlschrank.

■ **Ananda Beach Hotel** ②, Tel. (0361) 288713, ein wenig in die Jahre gekommen und etwas düster. Einfache Zimmer im ersten Stock mit Ventilator, mit Warmwasser wird es teurer. Das hauseigene Restaurant am Strand lockt mit Happy Hours ab 17 Uhr.

Jl. Danau Tamblingan:

■ **Coco Homestay** ②, Jl. Danau Tamblingan 42, Tel. (0361) 287391, sehr nettes, überschaubares, familiäres Homestay. Es gibt verschiedene Zimmertypen: mit oder ohne Heißwasser, mit oder ohne Klimaanlage, zwei Betten oder Doppelbett.

■ **Swastika Guest House** ②, Jl. Danau Tamblingan 46, Tel. (0361) 288693, www.swastika-bungalows.net, ist eine große, verwinkelte Anlage mit Pool. Die Zimmer sind ordentlich eingerichtet und bieten bei Bedarf Fernseher und Minibar.

■ **Yulia 2 Homestay** ②, Jl. Danau Tamblingan 57, Tel. (0361) 287495. Ein Gebäudeflügel ist ganz neu und schick hergerichtet. Die Zimmer unten mit Ventilator, oben Klimaanlage, Heißwasser ist immer dabei. **Billy's Café** gehört dazu und ist ein guter Spot, um bei einer Tasse Kaffee dem Treiben auf der Hauptstraße zuzuschauen.

■ **Hotel Bali Rita** ③, Jl. Danau Tamblingan 174, Tel. (0361) 282630. Ein kleiner Park und balinesisch nett aussehende, klimatisierte Bungalows darin machen sich gut, sie sind einfach, aber zweckmäßig gestaltet. Das Openair-Bad sollte keine zu großen Hoffnungen wecken. Hier sorgt ein Spalt über einer Mauer für ein wenig Openair-Feeling.

In den Gassen:

■ Wer sich in die Gassen hinter der Hauptstraße begibt und dabei den Beschilderungen von Homestays folgt, findet vielleicht ein „Schnäppchen" wie das **Rita Home Stay** ②, Jl. Bumi Ayu, Tel. (0361) 288592. Drei große Bungalows mit Terrasse um einen netten kleinen Innenhof, mit Klimaanlage, ohne Frühstück. Klasse ist die jeweils angeschlossene Küchenzeile, die das fehlende Frühstück locker ersetzt.

Im Süden von Sanur:

■ **Semawang Beach Hotel** ②, Jl. Cemara Beach, Tel. (0361) 288761, www.semawangbeach.com, riesiger Klotz, aber nicht unsympathisch. Die Anlage hat ein paar Jahre auf dem Buckel. Der kleine Pool ist nett fürs Auge, aber der Strand ist gleich in der Nähe. Das Hotel ist gut geführt, Fernseher und WiFi sind dabei.

■ **Villa Puri Ayu** ③, Jl. Cemara Beach, Tel. (0361) 289005, www.villapuriayu.com, in einem schönen Park liegen traditionell gebaute Bungalows im Lumbung-Stil mit Klimaanlage, TV, Safe, Minibar.

■ **Kesumasari Beach Hotel** ②-③, Jl. Kesumasari 6, Tel. (0361) 728771, www.kesumasaribeachhotel.com, liegt fast am Strand, ist aber durch eine Mauer von selbigem getrennt. Es gibt kleine Bungalows, gruppiert um einen Innenhof, zu einem brauchbaren Preis-Leistungsverhältnis mit Ventilator oder Klimaanlage.

■ **Gardenia Boutique Guesthouse** ③, Jl. Merta Sari 2, Tel. (0361) 286301, www.gardeniaguesthousebali.com, eine schnuckelige Anlage, schön möbliert, Mosaiken in den Bädern, nach vorn raus ein nettes Café mit Antiquitätenshop. Es gibt einen Pool und einen grünen Garten, in dem die Bungalows stehen. Alle haben AC, heißes und kaltes Wasser, TV, Minibar und Safe.

Essen und Trinken

Am Strand um den Art Market, die Ablegestelle für die Boote nach Lembongan und das Le-Mayeur-Museum gibt es eine ganze Menge **Warungs,** die Nudeln, Reis und Suppen zu günstigen Preisen anbieten. Ein großes Bier ist für 30.000 Rp. zu haben. Nicht ganz so günstig wie die Happy-Hour-Angebote (ab 20.000 Rp.), aber dafür direkt am Strand. Sanur hat eine ganze Reihe von ordentlichen **Restaurants.** Die meisten befinden sich an der Hauptstraße. Außerdem sind den großen Hotels Restaurants angeschlossen, die allen Gästen offen stehen. Das Gleiche gilt für die hoteleigenen Restaurants und Bars am Strand, die oft mit Live-Musik und Happy Hours winken.

■ Die Strand-Cafés und -Bars, wie das **Beach Café, Sunrise Bar & Grill, Mango Café** oder **Bennos Restaurant** – alle oberhalb des Inna Bali Hotels – bieten einen schönen Strandausblick, einfache

Speisen ab 30.000 Rp. und kühle Getränke. Da kann man nicht viel falsch machen, jeder findet sicher den eigenen Favoriten.

■ Das **Napoli,** Jl. Danau Tamblingan, ist das Richtige für die, die keine Nudeln und Reis mehr essen können: Pizza und Pasta, große Portionen, um 50.000 Rp. und damit nicht ganz günstig.

■ Das **Café Batu Jimbar,** Jl. Danau Tamblingan 152, ist ein gut besuchtes, kleines Restaurant, das Salate, leichte Gerichte und frische Fruchtsäfte serviert. Dreimal die Woche gibt es Live-Musik.

■ Die **Angel's Bar,** Jl. Danau Poso, übt auf die Expat-Gemeinde eine gewisse Anziehungskraft aus.

■ Das **Café Putih Pino** in einer Querstraße unterhalb des Hyatt-Geländes könnte auch in San Francisco sein: hip, ein bisschen flippig, nett anzuschauen. WiFi gibt es, schmackhafte Pizzas auch.

■ Das **Ulu Thaifood,** gegenüber dem Hotel Bali Rita, hat gutes Thaifood, auch mal ein bisschen schärfer.

■ **Manic Organic,** gleich daneben, hat Bio-Nasi-Campur für 45.000 Rp. auf der Karte und bietet Yoga ab 9.30 Uhr und abends Bauchtanz sowie einen Laden auch mit Naturkostprodukten.

■ **Ryoshi,** Jl. Danau Tamblingan 150, gehört zu einer Kette, die auf ganz Bali und bis nach Gili Terawangan zu finden ist. Schicke Einrichtung, gutes japanisches Essen.

■ **The cat & fiddle,** gegenüber Hotel Sanur Beach: schon immer da, schon immer irisch – Essen, Getränke wie auch Abendunterhaltung.

■ **Restaurant Sanur Beach Market,** an der Strandpromenade, man sitzt schön direkt am Strand, große Speisenauswahl: indonesische und westliche Gerichte, Seafood, Preise ok (Hauptgericht ca. 50.000 Rp.).

Nachtleben

In den großen Hotels gibt es **Discos,** die aber kaum hotelfremde Menschen anlocken. Wer richtiges Nachtleben erleben will, muss nach Kuta fahren.

■ **Laghawa,** Jl. Danau Tamblingan, fährt das große Bob-Marley-Revival mit Live-Band auf.

Einkaufen

Genau wie in Kuta reiht sich in Sanur eine Boutique mit großen und kleinen, bekannten und unbekannten Marken an die andere. Die Preise sind höher als dort.

■ Der **Art Market** am Ende der Jl. Hang Tuah ist ganz nett zum Anschauen und selbstverwaltet. Leider sind die Verkäuferinnen und Verkäufer arg auf der Suche nach potenziellen Kunden. „One more sarong" und „morning prices" sind ständige Begleiter der Besucher.

■ **Hardy's Supermarkt** befindet sich an der Jl. Danau Tamblingan 136 mit der üblichen Infrastruktur drumherum: Geldautomaten, Parkplätze und dergleichen. Gleich daneben der örtliche **Periplus-Buchladen.** Etwas weiter die Straße hoch Richtung McDonald's folgt ein **Ganesha-Buchladen.**

■ Die in Sanur hergestellten **Keramikwaren,** wie Vasen, Aschenbecher, Tee- und Kaffeetassen, sind ausgefallen gestaltet, oft mit aus den Gefäßen krabbelnden Fröschen oder Geckos. Anschauen und kaufen geht im Outlet-Shop der Jenggala Keramik Bali in der Jl. Danau Tamblingan.

Wichtige Adressen

■ **Geld:** Im Inna Grand Bali Beach Hotel gibt es einen **Geldwechsler,** eine **Bank** und einen **Geldautomaten.** Die Hauptstraße entlang finden sich etliche Geldautomaten und Geldwechsler. Die Kurse sind dieselben wie in Kuta.

■ **Post:** Jl. Danau Buyan, Mo–Sa 8–19 Uhr.

■ **Internet:** Etliche Homestays, Restaurants und Cafés bieten WiFi an.

■ Einige Konsulate befinden sich in Sanur, zum Beispiel das von Italien, Schweden sowie das **Generalkonsulat von Deutschland,** Jl. Pantai Karang

062ba sb

17, fast am Ende des Weges auf der linken Seite. Es sieht aus wie ein ganz normales Wohnhaus.

Aktivitäten

- Alle großen Hotels in Sanur haben allgemein zugängliche **Swimmingpools.** Der Spaß kostet um die 50.000 Rp.
- **Golf:** Der Bali Beach Golf Course, Tel. (0361) 287733, www.balibeachgolfcourse.com, bietet 9-Loch-Runden für 70 US$ und 18-Loch-Runden für 90 US$ an.
- **Bootsfahrten:** In den großen Hotels und am Strand können Yachtausflüge, Segelboottrips und Sunsetdinners auf Segelbooten gebucht werden.
- **Tauchtrips** organisieren rund zehn Tauchcenter. Die größten und bekanntesten sind die **Crystal Divers,** Tel. (0361) 286737, www.crystal-divers.com, und **Blue Season Bali,** Tel. (0361) 270852, www.baliocean.com. Letztere haben auch eine Basis in Nordbali (Seririt) und können so alle Tauchspots auf Bali abdecken. Tauchkurse gibt es ab ca. 500 US$ (PADI Open Water Diver). Ein Tauchgang vor Sanur kostet um die 70 US$. Ein Tag in Tulamben mit zwei Tauchgängen kommt auf 119 US$, gleicher Preis für Amed. Nusa Penida steht mit drei Tauchgängen auf dem Programm. Dieser Ausflug kostet 199 US$. Einen professionellen Eindruck macht auch **Bluefin,** Tel. (0361) 7405656, www.bluefinbali.com. Der PADI Open Water Diver kostet 380 US$, ein Tauchgang vor Sanur 55 US$.
- Am Strand gibt es diverse „Büros" unter Sonnenschirmen, die das passende **Gerät für sportliche Aktivitäten** vermieten. Die örtliche Boots-Kooperative schreibt die Preise vor: Glass Bottom Boat

Der Art Market: Heimat von Kunsthandwerk

30 US$ pro Stunde, Segelboot 40 US$ pro Stunde, Banana Boat 25 US$, Parasailing 25 US$ pro Runde, Windsurfing 35 US$ pro Stunde, Jetski 30 US$ pro 15 Min., Paddelboote 10 US$ pro Stunde, Schnorchelausflüge 30 US$ pro Stunde, Fischen 40 US$.

Verkehr

- **Bemo:** Egal wohin auf Bali, es führt kein Weg um Denpasar herum. Es gibt zwei **Bemo-Stationen,** eine direkt an der Abzweigung zum Inna Grand Bali Beach, die andere im Süden, wo die Hauptstraße Sanurs auf den Bypass trifft. Es gibt blaue Bemos, die über Kereneng bis Tegal fahren, und grüne, die einen nur bis Kereneng bringen. Wer also beispielsweise nach Kuta will, braucht ein blaues, nach Ubud ein grünes Bemo. Preis: 7000 Rp.
- **Taxi/Minibus:** Es gibt etliche Transportanbieter. Übliche Preise: in Sanur 25.000 Rp., Flughafen 100.000 Rp., Kuta 95.000 Rp., Jimbaran 95.000 Rp., Ubud 150.000 Rp. Ausflüge: Ubud-Tour (6 Std.) 300.000 Rp., Nord-Bali-Tour (10 Std.) 600.000 Rp., Ost-Bali-Tour (10 Std.) 600.000 Rp., West-Bali-Tour (10 Std.) 700.000 Rp., Kintamani-Vulkan-Tour (8 Std.) 400.000 Rp., Uluwatu-Tempel-Tour (6 Std.) 300.000 Rp., Tanah Lot-Tour (6 Std.) 300.000 Rp. Wer beispielsweise im Inna Grand Bali Beach untergekommen ist und ein wenig Taschengeld sparen will, sollte entweder mit dem hoteleigenen Bus oder zu Fuß die Anlage verlassen und außerhalb nach einem Taxi schauen.
- **Mietautos** werden an jeder Ecke Sanurs angeboten. Oft wird man auf der Straße angesprochen: „You need car?" Wer ein Auto ohne Fahrer sucht, findet am Bypass und an der Hauptstraße mehrere Shops. Schilder mit „Car rental" oder „Rent a Car" weisen die Verleiher aus. Auch in solchen Shops kann gehandelt werden. Verhandelbare 200.000 Rp. kostet ein Kleinwagen am Tag, ein Motorrad 60.000 Rp.
- **Touristen-Shuttlebusse** können über Perama, Warung Pojok, Jl. Hang Tuah 31, gebucht werden. Preisbeispiele: z.B. von Sanur nach Kuta/Flughafen 35.000 Rp., 2x tgl., Ubud 40.000 Rp., 4x tgl., Padangbai 60.000 Rp., 3x tägl. Der Bus hält z.B. direkt vor Watering Hole II. Vorsicht: Unbedingt darauf bestehen, dass der Service von Perama geleistet wird. Es ist vorgekommen, dass der Mensch im Perama-Büro andere Anbieter an den Mann und die Frau bringen wollte.
- **Nach Nusa Lembongan:** Vom öffentlichen Strand am Ende der Jl. Hang Tuah fahren Sampans als **Public Boats** nach Nusa Lembongan. Der Ticketschalter befindet sich neben der Toilettenanlage Richtung Ananda Beach Hotel. Täglich fährt ein Public Boat um 10.30 Uhr. Zurück geht es um 8 Uhr. Wer also mit öffentlichen Verkehrsmitteln fährt, muss übernachten. Kosten: 100.000 Rp. ein Weg.

Dazu gibt es eine **Speedboatverbindung** nach Jungutbatu auf Lembongan: 8, 9, 12,30 und 16.30 Uhr ab Sanur, 8, 10.30, 15 und 17 Uhr ab Lembongan. Kosten: 175.000 Rp. Wer nur einen Tagesausflug nach Lembongan machen will, kann morgens um 10.30 Uhr mit dem Public Boat hinfahren und um 17 Uhr mit dem Speedboat zurück. Das ist deutlich günstiger als die Tagestrips, die von den Speedboatunternehmen angeboten werden. Die rund anderthalbstündige Überfahrt mit dem Public Boat ist eine schöne Ruhepause mit Ausblick. **Perama** bedient die Strecken ebenfalls: 8.30 Uhr Abholung in Ubud (140.000 Rp.), 10 Uhr in Kuta (125.000 Rp.), 10.30 Uhr in Sanur (100.000 Rp.) Rückfahrt ab Jungutbatu um 8.30 Uhr.

Wer den **Mushroom Beach** auf Nusa Lembongan anpeilt, kann sich in 30 Minuten ebenfalls mit einem Public Speed Boat übersetzen lassen. Abfahrt Sanur: 8.30, 9.30, 10.30, 11.30, 13, 14.30, 15.30, 16.30. Zurück geht's um 7, 7.30, 8, 9.30, 11, 13, 14.30, 15.30 und 16 Uhr. Kosten: 175.000 Rp. ein Weg.

Neben diesen Verbindungen, die über den genannten Ticketschalter verkauft werden, gibt es, zumindest in der Hauptsaison, noch einige andere Speedboat-Anbieter, die auch Rundfahrten, Charter und Unterkunft im Programm haben. Diese haben ihre Büros neben den Art Market am Strand aufgeschlagen, für die Passagiere gibt es kleine Wartehallen. So beispielsweise

– **Lembongan Sugriwa Express,** Tel. (0361) 281078, www.lembongansugriwaexpress.com,
– **Marlin Lembongan Cruiser,** Tel. (0361) 926 2201, www.marlinlembongancruiser.com oder
– **Super Scoot,** Tel. (0361) 285522, www.scoot cruise.com.

Sie bedienen mehrmals täglich die Strecke, die Kosten liegen bei rund 250.000 Rp. einfach, 450.000 Rp. hin und zurück. Inklusive ist die Abholung im Hotel. Wer Zeit und Muße hat, nutzt die Konkurrenzsituation aus und verhandelt einen guten Preis.

■ **Nach Nusa Penida:** Täglich gibt es mehrere Speedboat-Verbindungen nach Nusa Penida, nach Dermaga Br. Nyuh: tgl. 7, 8, 8.30, 10, 15 und 16 Uhr ab Sanur, 7, 8, 9, 14 und 15 Uhr ab Dermaga. Oder Buyuk: tgl. 9 und 16.30 Uhr ab Sanur, 7.30 und 15.30 Uhr ab Buyuk. Kosten: ca. 228.000 Rp. Caspla Bali Boat, Jl. Hang Tuah 46, Tel. (0361) 3699999, www.baliseaview.com, fährt tgl. um 9 und 17 Uhr nach Nusa Penida, zurück um 7.30 und 16 Uhr. Ca. 390.000 Rp. kostet eine Strecke. Das Unternehmen bietet auch organisierte Ausflüge wie Schnorcheln, Camping oder Tauchen auf und rund um Nusa Penida an.

Benoa Harbour

Von Sanur aus nach Süden Richtung Flughafen fahrend, sieht man an der zweiten Ampel den Wegweiser nach **Benoa Port.** Man fährt über einen 400 m langen, künstlichen Damm, vorbei an Benzintanks der Pertamina, zum Eingangstor **Labuhan Benoa** (Einfahrtsgebühr: Auto 2000 Rp., Motorrad 1000 Rp.). Nicht zu verwechseln ist Benoa Harbour mit dem gleichnamigen Dorf auf der Landspitze nördlich von Nusa Dua.

Tückische Strömungen, starke Brandung und Korallenriffe machten es großen Schiffen lange Zeit unmöglich, die Südküste Balis anzulaufen. Durch diese Naturgegebenheiten blieb Südbali lange von Kolonisatoren verschont. Als dann aber 1906 die Holländer doch diesen Teil der Insel besetzten, bauten sie als Erstes diesen Hafen.

Noch heute ist Benoa Harbour *der* **Hafen für Denpasar.** Von hier wird fast die ganze Seefracht der Hauptstadt abgewickelt. Es gibt eine moderne **Container-Verladeeinrichtung,** sodass nun Balis Kunsthandwerksprodukte direkt in alle Welt verschifft werden können. Hier liegen aber nicht nur Frachtschiffe, sondern auch Charteryachten und **Privatboote.**

Wer sich für die bedrohte Welt der Mangroven interessiert, ist richtig im **Mangrove Information Center,** Jl. By-pass Ngurah Rai, Suwung Kauh, unterhalb von Sanur, der Beschilderung folgen. Auf hölzernen Stegen kann man durch die Mangroven im 200 ha großen Schutzgebiet wandern und sich informieren. Mo–Sa 8–16 Uhr, Eintritt 50.000 Rp.

Benoa Harbour ist nicht besonders sehenswert. Wer hier herkommt, hat entweder ein bestimmtes Ziel oder einen Termin. Der Hafen ist Ausgangspunkt für **Boots- und Tauchtagestouren** (sowohl mit Jet-Booten als auch mit Segelyachten), die in den touristischen Orten der Insel gebucht werden können. Da ist dann auch die Abholung im Ort inklusive. Auch fahren von hier die Pauschal- und Tagestripanbieter nach Nusa Lembongan.

Nusa Lembongan

Lembongan ist mit acht Quadratkilometern die größere der Nusa Penida vorgelagerten Inseln im Südosten Balis. Sie hat an der Nordseite schöne **weiße Strände** und **Korallenriffe** mit Tausenden von bunten Fischen. Das vorgelagerte Riff steht unter Naturschutz. Ein Großteil der Insel liegt brach, nur von Dornen und Gestrüpp überwuchert, Mangroven wachsen an der Nordostküste. Ziemlich große, etwa 80 cm lange Eidechsen bzw. Warane leben dort.

Das Zentrum der Insel ist felsig, mit Nusa Penida vergleichbar, aber die Berge sind nicht besonders hoch. Die Nusa Penida zugewandte Küste ist dicht mit Mangroven bewachsen, bei Ebbe wäre ein Spaziergang zur nächsten Insel Nusa Ceningan möglich. Mittlerweile gibt es aber eine Brücke. Das Klima ist sehr trocken, sodass es nur wenig Landwirtschaft gibt. Angebaut werden etwa Erdnüsse und Süßkartoffeln. Fischen und vor allem der Tourismus sind eine weitere Einkommensquelle.

Die **Einwohner** sind hauptsächlich balinesischen Glaubens, im Gegensatz zu denen von Nusa Penida. So findet man hier auch Tempel und Schreine wie auf Bali, aber nicht so aufwendig verziert. Tempel und auch ein Großteil der Häuser sind aus zurechtgestutzten Korallenbrocken gebaut, sie sind weiß und sehen so ganz anders aus als die grün-rot-grauen Bauwerke auf Bali.

Auf der Insel wohnen ca. 7000 Menschen, größtenteils in der **„Hauptstadt" Lembongan,** die südwestlich im Inneren der Insel liegt. Der Rest der Bevölkerung wohnt in winzigen Fischerhütten, verteilt an der Küste.

Viele Bewohner leben vom **Siwi-Anbau.** Das Wort *Siwi* ist wohl aus dem englischen *seaweed* entstanden. Siwi ist Seetang, das in strandnahen Meeresgärten rund um die Insel angebaut wird. Bei Ebbe wird es abgesammelt und dann am Strand getrocknet. Die nicht so strandnahen Siwi-Felder werden per Boot abgeerntet. Frauen und Mädchen tragen das Produkt dann körbeweise nach Hause, wo es getrocknet und in Säcke verpackt wird. Aus 8 kg nassem Seetang bleibt nach dem Trocknen noch 1 kg übrig. Der Seetang wird nach Padangbai verschifft und von dort nach Japan, Europa und den Rest der Welt. Genutzt wird die Pflanze von der Kosmetik- und Lebensmittelindustrie (Argar), aber auch zur Herstellung von Medikamenten.

Viele **Tagesausflügler kommen von Benoa** herüber. Dreistöckige Power-Jet-Boote landen am Coconut Beach westlich von Jungutbatu an schwimmenden Vergnügungsinseln mit Restaurants, Wasserrutschen und Jet-Ski. Die Tagesgäste gehen kaum von Bord, stören das Inselleben also nicht weiter. Falls kleine Ausflüge auf die Insel zum Unterhaltungsprogramm gehören, werden sie in kleinen, offenen Bussen unternommen. Ansonsten gibt es, außer ein paar Transportfahrzeugen, keine Autos auf Lembongan. Der öffentliche Transport läuft über ein gut funktionierendes privates Motorradnetz.

Jungutbatu

Das **touristische Zentrum** der Insel liegt in einer Bucht am weißen Strand, der

Nusa Lembongan

wegen starker Erosion immer schmaler wird. Es gibt mehr als 80 Unterkunftsmöglichkeiten auf Nusa Lembongan, wobei die meisten in und rund um Jungutbatu und die folgenden Buchten Richtung Südwesten liegen. Täglich kommen neue Unterkünfte dazu. In Jungutbatu legen alle Schiffe aus Bali an, hier gibt es eine Touristeninformation, Hotels, Homestays, Restaurants, Geldautomat und -wechsler und ein paar kleine Shops – alles auf engstem Raum und sehr überschaubar.

Auch die Tauchboote starten hier. Das Wasser ist zwar kristallklar, was zum Schnorcheln einladen würde – wäre da nicht der Plastikmüll. Wer zum **Baden und Schnorcheln** herkommt, sollte sich auf den Weg zum Mushroom Beach oder zu den anderen Stränden machen. In der Mitte der Bucht vor Jungutbatu beginnt ein **Korallenriff,** das einem Schiff zum Verhängnis wurde. Das **Wrack** schaut mahnend aus dem Wasser und hat einem anerkannten Surfspot den Namen verschafft: Ship Wreck.

In der dritten und schönsten Strandbucht, **Mushroom Beach,** gibt es einige Hotels ab 150 US$ pro Nacht, aber auch ein preiswertes Etablissement und ein Losmen etwa 2,5 km landeinwärts. Es lohnt sich, von Mushroom Beach aus ei-

Übernachtung

1 Blue Corner Backpackers
2 Indiana Kenanga
3 Linda Bungalow
4 Agung's Bungalows
5 Matahari Beach Bungalows
6 Nitya Homestay
8 Pondok Baruna, Rama Beach Inn, Pacific Inn, World Diving Tauchcenter
9 Joni's Homestay & Johnny's Losmen
10 Bunga Bungalo
12 Playgrounds Resort
13 Coconut Beach Resort
14 Villa Wayan
15 Mushroom Beach Bungalows
16 Nusa Lembongan Resort
17 Sunset Villa
19 Dream Beach Bungalows

Essen und Trinken

3 Linda Restaurant
4 Agung's Restaurant
7 Scoobydoo Bar & Restaurant
8 Ulu Thaifood
9 Hero's Beach Warung
11 Warung Relax
15 Mushroom Beach Restaurant
18 Café Pandan

nen schmalen Pfad entlang der Küste zu wandern, um an **weitere Strände** zu gelangen: Sunset Beach, Semeler Beach und Dream Beach. Hier kommt ein bisschen Südsee-Feeling auf.

Surf- und Tauchspots

Seine Beliebtheit verdankt Jungutbatu hauptsächlich diesem Riff, das ziemlich weit draußen die **Wellen** bricht, die bis zu 4 m hoch sind. Das haben surfwütige Australier schon lange entdeckt, und so entstanden hier die ersten Losmen. Die Wellenreiter lassen sich mit Booten „zur Welle" fahren (immerhin ca. 1,5 km weit draußen), dort surfen sie den lieben langen Tag und werden abends wieder abgeholt. Neben dem Ship Wreck gibt es noch zwei weitere Surfspots: Lacerations und Playgrounds. Surfer können hinpaddeln oder sich ein Transportboot für 35.000 Rp. (Hinfahrt) besorgen.

Neben den Surfern haben in den letzten Jahren auch die Taucher Lembongan für sich entdeckt. Von hier aus ist es nicht weit zu den bekannten Tauchgründen rund um Nusa Penida – von denen einige sagen, sie seien attraktiver als Menjangan.

Ein **Meerestempel** liegt in einem kleinen Mangrovenwäldchen – etwa zwei Kilometer rechts den Strand hinunter.

Ort Lembongan

Zum Ort Lembongan, der „Metropole", geht man zu Fuß von Jungutbatu etwa eine halbe Stunde über den Berg. Im Hauptort der Insel befinden sich einige Kantore, eine Schule und kleine Tokos. Einen größeren Markt gibt es nicht. Außer dem Höhlenhaus Gala-Gala ist nicht viel zu besichtigen.

Höhlenhaus Gala-Gala

Das Höhlenhaus von Lembongan ist eine eigenartige Sache: 1961 bis 1976 baute *I Made Byasa* ein **Höhlenlabyrinth** in die Erde. Es ist eine völlig verrückte Anlage, ziemlich groß und mehrere Etagen, mit Fallgruben, toten Schächten und Ähnlichem, eine richtige Horror-Atmosphäre. Warum Made Byasa diese Höhlen gegraben hat, weiß niemand genau.

Möglicherweise wurde er inspiriert durch die Geschichte von Pandawa aus dem Epos Mahabarata. Pandawa musste sich zwölf Jahre im Wald verstecken, da er Spielschulden hatte. Doch sein Feind, Korawa, blieb ihm immer auf der Spur und schwor, Pandawa und seine Familie zu töten. So baute Pandawa eine Höhle, die er Gala-Gala nannte.

I Made Byasa konnte sich offensichtlich für diese Geschichte begeistern. Er buddelte **sieben Räume,** und es gibt **drei Luftzufuhrschächte** und einen **Brunnen** zu besichtigen. Der Weg zum Haus ist im Ort Lembongan ausgeschildert, es gehört zum Besichtigungsprogramm der Tagestouristen, die beispielsweise mit Bounty Cruises kommen. Eintritt: 50.000 Rp. (Taschenlampe mitbringen!).

Praktische Tipps

Information

- Es gibt eine **Touristeninformation am Hafen,** auch das **Perama-Büro** hilft meist weiter.
- **www.lembongancommunity.com** gibt online einen guten Überblick über die Geschehnisse auf der Insel, inklusive Nusa Penida. Dazu gibt es Infos zu Anreise und Unterkunft.

Unterkunft

Wer auf Lembongan ankommt und noch nicht weiß wohin, hat die üblichen balinesischen Möglichkeiten: sich einem Schlepper anvertrauen oder auf eigene Faust losziehen. Zu Letzterem sei gesagt, dass sich der Pfad entlang der Strände im Südwesten hinzieht. Wer also vorhat, zum Dream Beach zu lau-

fen, hat viel vor. Man kann ein Motorrad oder ein Fahrrad mieten oder sich mit dem Motorrad hinbringen lassen. Eine andere gute Möglichkeit ist es, erstmal in Jungutbatu eine Unterkunft zu suchen. Hier sind die Wege kurz.

Die meisten Losmen und Hotels liegen an der Westseite in oder bei Jungutbatu. Die günstigen Zimmer kosten ab 100.000 Rp., die teuren Bungalows ab 300.000 Rp. In der Hochsaison können die Preise um 30–50 % steigen. Frühstück ist eigentlich immer dabei, ein Restaurant fast immer angeschlossen. Die Check-Out-Zeit auf Lembongan ist meist 9 Uhr.

Von der Anlegestelle nach Norden am Strand entlang:

■ **Pacific Inn** ②, Tel. (0852) 39592008, direkt neben der Ticketverkaufsstelle. Kleine, einfache aber brauchbare Zimmer mit kaltem Wasser und größere Bungalows. Der Chef kümmert sich um seine Surfergemeinschaft und organisiert Zubringer zu den Surfspots für 25.000 Rp.

■ **Rama Beach Inn** ①-②, Tel. (0361) 7415335, ein paar Meter weiter, hat zweistöckige, schicke, Bungalows aus Holz, 2010 eröffnet, mit Ventilator oder Klimaanlage.

■ **World Diving Lembongan,** Tel. (0812) 3900686, www.world-diving.com, ist nicht nur in Sachen Tauchcenter eine der ersten und ältesten Adressen auf Lembongan. Auch die einfachen Strandbungalows im **Pondok Baruna** ①-② sind ihr Geld wert. Das Angebot reicht bis zu Bungalows mit AC, heißem Wasser und Pool.

■ **Agung's Bungalows & Restaurant** ①-②, Tel. (0361) 7431326, hat den klassischen, zweistöckigen Beachbungalow im Programm. Schön bunt bemalt, einfach aber okay, mit Kaltwasser. Gegenüber den Bungalows einfachste Surferzimmer ohne alles, aber unvergleichlich günstig.

■ **Linda Bungalow & Restaurant** ②, Tel. (0812) 3600867, kommt nicht ganz so bunt aber zumindest farbig daher. Die Zimmer sind sauber, manche haben Beachblick.

■ **Indiana Kenanga** ④, Tel. (0828) 97084367, www.indiana-kenanga-villas.com. Ein Stück weiter, für die japanischen Honeymooner: ganz was Feines, wie schon an Restaurant und Bar erkennbar, stylish, schick, teuer.

■ **Blue Corner Backpackers** ①, Tel. (0877) 6137 7718, www.bluecornerdive.com, gehört zum 2011 eröffneten Blue Corner Divecenter. Neben den teuren großen Bungalows mit Heißwasser und Klimaanlage gibt es auch kleinere Backpacker-Bungalows: Hier kann man deutlich günstiger wohnen, hat Zugang zum Pool, WiFi, es gibt eine Küche und Barbecue. Wer tauchen will, bekommt im Tauchcenter Prozente.

231ba ss

☐ Abendstimmung am Strand von Jungutbatu

Auch in der zweiten und dritten Reihe vom Ufer entfernt haben sich einige Unterkünfte etabliert:

■ **Nitya Homestay** ②-③, Tel. (085) 737644335, www.nityahomestay.com, ist eine zweistöckige Anlage in einem luftigen Garten, alles schick und nett. Da zum Guesthouse ein Massage-Studio gehört, bekommen Gäste jeden Tag eine 15-minütige Fußmassage umsonst.

Von der Anlegestelle nach Süden:

■ **Bunga Bungalo** ②-③, Tel. (081) 7551826, www.bunga-bungalo.com, ist ein kleines Juwel direkt am Strand. Schattiges Restaurant, lustig gestalteter Innenhof, die Zimmer dahinter sind originell eingerichtet, z.B. mit einer Badewanne aus Holz. Zimmer im Erdgeschoss sind mit Ventilator ausgestattet, Klimaanlage gibt's im 1. Stock.

An der Felswand vor dem „Jet-Boat-Strand" folgt eine Treppe am südlichen Ende der Bucht. Hier beginnt der Weg, der zum Mushroom Beach führt und die Zeile der teureren Etablissements.

■ **Playgrounds Resort** ④, Tel. (0366) 24524, mit großem Pool, großer Bar und großen Zimmern, toller Blick über die Bucht.

■ **Coconut Beach Resort** ④, Tel. (0361) 728088, www.bali-activities.com, gehört zum Unternehmen Island Explorer Cruises, das Tagesausflüge nach Lembongan veranstaltet. Ganz ohne Beach, aber mit zwei Swimmingpools, von denen aus es einen tollen Blick über die Bucht gibt.

Etwa 50 m weiter folgt eine hübsche, kleine Sandbucht ohne Unterkünfte, aber mit Warung – die **Coconut Beach** (gut zum Baden). Vor diesem Strand liegen die Vergnügungsschiffe.

■ Links neben dem Warung führen wieder Stufen auf die Klippen hinauf, es folgt die **Villa Wayan** ③, Tel. (0361) 7415335. Bungalows mit erstklassiger Ausstattung, Restaurant, netten Leute und akzeptable Preisen. Wer hier wohnt, hat es nicht weit zur zweiten großen Strandbucht (10 Min.), an der ein paar Losmen und Hotels liegen. Hier kann man bei Flut gut schwimmen.

■ **Mushroom Beach Bungalows & Restaurant** ③, Tel. (0361) 281974, www.mushroom-lembongan.com. Eine schöne Anlage mit Pool, die ihr Geld wert ist. Daneben befinden sich **drei Luxus-Anlagen** (ab 150 US$), alle toll, schön und teuer. Der Strand ist hier sehr gepflegt.

■ **Nusa Lembongan Resort** ④, Tel. (0361) 725 864, die bisher teuerste Unterkunft auf Lembongan.

Essen und Trinken

■ So gut wie alle Losmen und Hotels verfügen über ein eigenes Restaurant. Die Gerichte sind meist abgestimmt auf den touristischen Geschmack, also Jaffles, European Breakfast usw., aber es gibt auch guten Fisch.

■ **Warung Relax** ist ein wunderbarer Ort, um in der Mittagshitze im Schatten das Leben am Strand zu beobachten.

Wichtige Adressen

■ **Internet:** Etliche Restaurants und Unterkünfte haben WiFi. Gelegentlich kostet WiFi extra, vorher checken. In Internetcafés kostet die Stunde um die 20.000 Rp.

Aktivitäten

■ **Inselrundgang** (ca. vier bis fünf Stunden): mit dem Fahrrad oder zu Fuß. Die auf dem Plan eingezeichneten Straßen sind fast durchgängig asphaltiert. Lohnenswert ist der Ausflug zur Nordspitze. Hier gibt es einen wunderbaren Strand, klares Wasser, einzelne im Meer stehende Mangroven – pittoresk. Außerdem zwei Warungs zum Durstlöschen.

■ **Surfboards** kosten ca. 100.000 Rp. Miete am Tag. Für den Transport zu den Surfspots werden

25.000 Rp. pro Weg verlangt. Surfunterricht für Anfänger: ca. 500.000 Rp.

■ **Schnorchelexkursionen** werden per Boot gemacht. Ein Ausflug in die Mangroven kostet ca. 150.000 Rp./p.P., nach Nusa Penida 200.000 Rp. Beliebte **Tauch-/Schnorchelstellen** mit größerer Artenvielfalt wie Manta und Hammerhai sind die Crystal Bay (zwischen Lembongan und Nusa Penida), Jet Point oder auch Mangrove Corner, Toyapakeh, der SD (Sekolah Dasar) Point und Pura Ped. Vorsichtig beim Verlassen der geschützte Buchten – dort ist die Strömung manchmal sehr stark! Das älteste (seit 1988) auf Lembongan tätige Tauchcenter ist **World Diving Lembongan,** Tel. (0812) 3900686, www. world-diving.com. Betaucht werden rund 18 Tauchspots in der Region um Lembongan und Nusa Penida. Zwei Tauchgänge kosten ab 75 US$. World Diving bietet auch die Ausbildung nach PADI-Standard an.

Verkehr

Verkehr auf der Insel:

Auf Lembongan gibt es keine Autos. Der öffentliche Transport funktioniert ganz gut über private Motorräder, die je nach Strecke zwischen 10.000 und 25.000 Rp. verlangen.

■ **Motorradmiete:** ca. 70.000 Rp. am Tag.

■ **Fahrradmiete:** ca. 50.000 Rp. am Tag.

Über Benoa Harbour:

Hier handelt es um Tagestouren mit Motorbooten oder Segelyachten, eine Übernachtung kann meist dazugebucht werden. Zwei bekannte Anbieter sind:

■ **Island Explorer Cruises,** Tel. (0361) 728088, www.bali-activities.com. Cruise Package nach Lembongan mit Hotel-Transfer, Überfahrt, Aktivitäten auf dem Wasser wie Schnorcheln, Banana Boot, Glasbodenboot, Pause im Coconut Beach Resort und Mittagessen für 92 US$ pro Person. Um 9 Uhr geht es in Benoa Harbour los, zurück geht es gegen 15.30 Uhr. Island Explorer hat auch mehrmals täglich nur die Fahrt nach Lembongan im Angebot: ein Weg 39 US$ hin und zurück 59 US$, Fahrtzeit 30 Minuten.

■ **Bounty Cruises,** Tel. (0361) 726666, www.bali bountycruises.com, bietet ein ähnliches Programm mit Ausflug auf die Insel für 95 US$. Um 9.30 Uhr geht es los, 16 Uhr Rückkehr.

Über Sanur:

Siehe dort.

Nach Kusamba:

Von Lembongan nach Kusamba in der Nähe von Padangbai fährt morgens um ca. 10 Uhr ein **Local Boat** für rund 100.000 Rp. Infos gibt's bei Perama oder am Fahrkartenschalter in Jungutbatu.

Nach Nusa Penida:

Von Lembongan nach Nusa Penida fährt morgens um ca. 6 Uhr ein Local Boat für rund 65.000 Rp. Bei Interesse am besten direkt beim Fahrkartenschalter in Jungutbatu oder ggf. in der Unterkunft nachfragen.

Nusa Penida

Nusa Penida, die der Südostküste vorgelagerte Insel, gehört zum Bezirk Semarapura (Klungkung). Im Gegensatz zum fruchtbaren Garten Balis ist es hier **staubig, karg und trocken.** Die Insel lässt sich nicht künstlich bewässern, und der felsige Boden kann die Bewohner kaum ernähren. Hauptsächlich werden Mais und Kokosnüsse, während der Regenzeit auch Tabak angebaut. Reis, Früchte, Erdnüsse und vieles andere muss von Bali herübergeschafft werden. Einen besonderen Wert hat eine nur auf Nusa Penida gezüchtete **Hühnerrasse.** Sie wird gern geopfert, da ihr magische Kräfte zugeschrieben werden. Speziell sind die handgewebten Sarongs Kain Cepuk in leuchtendem Rot, Pink und Gelb. Die Weber sind im Dorf Tanglad zu finden. Den Herrschern von Klungkung diente Nusa Penida lange Zeit als Gefangeneninsel.

Die **Strände** sind teilweise weiß, zum Teil aber auch steinig. Vorgelagerte Korallenbänke bieten Tauchern einiges, aber sie verhindern auch oft unbekümmertes Baden, da sie teilweise direkt an den Strand anschließen. Außerdem existieren starke Gezeitenströmungen, die durchaus gefährlich werden können. Dazu kommen Haie. Interessant ist es, bei Ebbe die vielen Tiere zu beobachten, die in den Tümpeln auf die nächste Flut warten.

Nicht nur die Landschaft, auch die **Tier- und Pflanzenwelt** unterscheidet sich deutlich von der Balis. Sie wird dem australischen Einflussbereich zugerechnet und ähnelt daher eher der Lomboks, obwohl sie eigentlich näher zu Bali liegt. Das wird damit erklärt, dass die recht flache Meerstraße zwischen Bali und Nusa Penida eher entstanden ist als der bis zu 312 m tiefe Graben zwischen Nusa Penida und Lombok. Auf Nusa Penida lebt beispielsweise der **Weiße Kakadu,** der auch auf Lombok, nicht aber auf Bali vorkommt. Außerdem gibt es hier den sehr seltenen Vogel Bali-Mynah, besser bekannt als Balistar, und eine kupfergrüne Fledermaus, deren Farbe von Algen herrühren soll, die in ihren hohlen Haaren wachsen. *Walter Spies,* der deutsche Maler, hat dieses außergewöhnliche Tier entdeckt. Seit ein paar Jahren wird der Bali Starling auf Nusa Penida wieder ausgesiedelt.

Auch die **Menschen** auf dieser Insel unterscheiden sich von denen Balis. Sie haben eigenständige Bräuche, Tänze und eine besondere Haus- und Tempelarchitektur. Die Bewohner sind arm und teilweise unterversorgt. Besonders die medizinische Versorgung macht einen sehr rückständigen Eindruck. Touristen werden nur selten gesehen auf dieser Insel.

Toyapakeh

Das kleine Fischerdorf besteht aus einer Kreuzung und zwei Straßen. Der Ort liegt an einer schönen Bucht, deren Grund hauptsächlich von Korallen und Felsen gebildet wird. Hier kommen **Sampans von Nusa Lembongan** an und starten dorthin.

Ca. fünf Kilometer Richtung Sampalan liegt links der Straße der balinesische **Tempelkomplex Pura Ped.** Das Besondere an ihm ist der Taman, ein künstlicher, viereckiger Teich, in dessen Mitte sich ein Schrein erhebt, den man über eine Bambusbrücke erreicht. Ansonsten gibt es nicht viel zu sehen, es sei denn, es wird zufällig gerade eine Hochzeit gefeiert.

Einige wenige kleine **Warungs,** an denen man etwas zu essen bekommt, warten auf Besucher.

Sampalan

Das **Verwaltungszentrum** von Nusa Penida liegt etwa neun Kilometer von Toyapakeh entfernt, ebenfalls am Meer. Hier gibt es jede Menge Kantore, eine Schule, einige Tokos und den einzigen

Nusa Penida

0 — 2 km
©Reise Know-How 2015
Bali46
Klungkung
Padangbai
Padangbai
Kusamba
Sanur,
Benoa
Harbour
71
N. Lembongan
78
Toyapakeh
Jungutbatu
73
Lembongan
81
N. Ceningan
Kutampi
Mentigi
78
Sampalan
Prapat
Ped
Telaga
Batununggu
Batumulapan
Sentalkanginan
Biaung
Senmtalkauhen
80
Karangsari
Sakti
Sebunibus
Glagah
Goa Karangsari
Penida
Klumpu
Pundukankaja
Nusa
Suwana
Pulagan
Penangkidan
Semaya
Batumadeg
Pejukutan
Karangdawa
Penida
Karang
Sebuluh
Dungkap
81
Antapan
Tanglad
Pelilit
Debuluh
Tebauanan
Ramuhan
Sekartaji

Eine Legende

Der Legende nach lebt auf Nusa Penida der zähnefletschende Riese Jero Gede Macaling. Sein Hauptvergnügen besteht darin, den Menschen Balis Unglück zu bringen. Dazu fliegt er übers Meer, landet am Strand und schickt sein Dämonenheer ins Landesinnere, wo es Seuchen, Trockenheit und Zwietracht verbreitet.

Vor langer Zeit wurde er wieder einmal in den Wäldern bei Kuta entdeckt. Er hatte sich in einen Barong verwandelt, ein Ungeheuer, das einstmals die Urwälder Balis bewohnte. Die Menschen liefen Hilfe suchend zum Priester, um zu erfahren, wie sie den Unhold wieder vertreiben könnten. Der Priester gab den Bewohnern von Kuta den klugen Rat, einen Barong zu erschaffen, der genauso groß, schrecklich und stark sei wie der, in den sich der Riese verwandelt hatte. Diesen Rat befolgten die Menschen und wählten die zwei Mutigsten aus, die sich das Kostüm überstülpten und damit in den Wald gegen den Riesen zogen. Als Gede Macaling den Barong erblickte, erschrak er dermaßen, dass er Hals über Kopf mit seiner Dämonengefolgschaft zurück nach Nusa floh und sich seither nicht mehr zurückgetraut hat.

Seitdem wird ein künstlicher Barong in jedem Tempel aufbewahrt. Er hat dort einen bestimmten Schrein und dient besonders zur Austreibung von bösen Geistern und Krankheiten. Noch heute glauben viele Balinesen, dass der böse Riese auf der Insel haust, und würden nicht für alles auf der Welt diesen verwunschenen Ort besuchen.

Markt der Insel. Angeboten wird allerdings außer geröstetem Thunfisch am Spieß nichts Besonderes. Der Markt liegt direkt hinter der Bemostation, auch der Hafen ist gleich nebenan.

Baden kann man relativ gut an einer Stelle, die von der Bungalowanlage ca. 500 m entfernt in Richtung Toyapakeh liegt. Zur anderen Seite hin ist es felsig. Es macht Spaß, bei Ebbe den kleinen Kindern zuzuschauen, die nach Muscheln und Ähnlichem suchen. Morgens um 5 Uhr bietet sich ein tolles Schauspiel, wenn Hunderte von Fischerbooten zurückkommen. Jedes hat ein andersfarbiges Segel.

Goa Karangsari

Diese große **Höhle,** rund fünf Kilometer von Sampalan Richtung Suwana gelegen, ist vielleicht das einzig Sehenswerte auf der ganzen Insel. Allerdings ist sie nicht ganz einfach zu finden und das Verhandeln um Führer und Lampe gestaltet sich etwas schwierig.

Es handelt sich um eine gigantische Höhle, die in einem Berg liegt und durch eine nur ca. **50 x 50 cm große Öffnung** betreten werden kann. Hat man sich dort hindurchgezwängt, kommt man in immer größere Höhlen, bis man schließlich in einer riesigen unterirdischen Halle steht. Es gibt mehrere Nebengänge und -höhlen. Zahllose **Fledermäuse** leben hier, und ein gigantischer **Dämon** soll hier ebenfalls hausen. Der wird aber von den Begleitern durch lautes Rufen und Klatschen verscheucht ... In einer Seitenhöhle soll der See der heiligen Nymphen liegen. Zum Galungan-Fest wird eine Prozession hierhin veranstaltet, allerdings nur alle zwei oder drei Jahre.

Ganz am Ende öffnet sich die Höhle nach außen zur anderen Seite des Berges. Dieser ziemlich große Eingang ist aber von außen nicht zugänglich, da er in einer steilen Felswand liegt. Zurück geht man also den gleichen Weg, den man gekommen ist. Die Höhle ist mit elektrischer Beleuchtung ausgestattet, und sogar ein Tempel wurde hineingebaut.

■ **Weg zur Höhle:** Von Sampalan aus muss man der Straße Richtung Suwana folgen. Es geht mal bergauf, mal bergab und ist sehr heiß, Wasser und Proviant nicht vergessen. Insgesamt der Straße rd. fünf Kilometer folgen, das kann bis zu zwei Stunden dauern. Bei Ebbe kann man auch am Strand entlanggehen. Das ist aber eher für den Rückweg empfehlenswert, da die Orientierung nicht einfach ist.

Man folgt der Straße, bis man einen Waschplatz (links) und das Schild „Suwana" erreicht. Ab dort ist es noch ca. ein Kilometer. Hinter der ersten Brücke liegt rechts ein kleiner Tempel, dann folgt ein kleines Anwesen. Hier wohnen Leute, die bereit sind, gegen Bezahlung mit einer Lampe und vielen Kindern in die Höhle zu gehen. Man sollte übrigens eine Schärpe um die Hüften tragen, da es sich hier um einen heiligen Ort handelt.

Innerhalb der Höhle darf man auf keinen Fall das Wort Raksasa aussprechen. Damit wird nämlich der Dämon aus seinem Versteck gelockt, und es kann passieren, dass alle Begleiter mitsamt ihrer Lampe weglaufen.

Tanglad

In diesem Bergdorf steht ein Thron des Sonnengottes Surya, von einer großen Steinstatue getragen, die eine Frau darstellt. In einigen Haushalten wird noch nach traditioneller Art **gewebt.** Bei Interesse im Ort nach *Tenuan Kain Cepuk* fragen. Direkt hinter den Dorfeingangstoren führt eine schmale, sehr steile, schlechte Straße (ca. 2,5 km) zum **Pura Tunjuk Pusuh,** einem exponiert gelegenen Tempel.

Von Tanglad kommend, führt die Straße links an der Steinmarkierung am Ortseingang zur **Gunyangan-Quelle.** Nach ca. sieben Kilometern erreicht man eine Klippenwand. Man kann die ca. 200 m hinunter über eine Metallleiter und Steinstufen absteigen. Absolut nichts für Leute mit Höhenangst!

Nusa Ceningan

Die kleinere der beiden vorgelagerten Inseln kann man bei Ebbe zu Fuß erreichen. Von dort geht es über eine Brücke nach Nusa Lembongan.

Praktische Tipps

Unterkunft

Da die Insel dünn besiedelt ist und sich nur wenig Reisende hierher verirren, ist das Übernachtungsangebot recht gering. Bekannt und einfach sind:

■ **Gouvernment Bungalows** ①, eine Bungalow-Anlage in Sampalan, die eigentlich als Übernachtungsmöglichkeit für Regierungsangestellte gedacht ist, aber auch an Reisende vermietet wird. Es gibt keinerlei Service. Verpflegung an Warungs.

■ **Made Homestay** ①, Steinhäuschen inmitten eines Familiengehöftes in Sampalan. Die Familie arrangiert Nusa-Penida-Touren und verleiht Motorräder.

■ **Nusa Garden Bungalows** ①, Tel. (0813) 3855 7595, fünf Steinhäuschen in einem kleinen Garten in Sampalan.

■ **Nusa Penida Guesthouse** ②, Sampalan, Leserhinweis: „Das Guest House selbst ist schön, nah an einem schönen Strand in der Nähe des Hafens. Allerdings hat das Bad ganz schön gemüffelt, und nachts waren dort ziemlich große Kakerlaken unterwegs." Das Guesthouse organisiert Motorrad-Touren über die Insel.

■ **Losmen Terang** ①, fünf einfache Zimmer mit Mandi in Toyapakeh. Es werden einfache Mahlzeiten angeboten.

Verkehr

Verkehr auf der Insel:

Es gibt nur wenige Bemos auf Nusa Penida. Sie starten allesamt sehr früh und stellen ihren Betrieb mittags ein. Nachmittags heißt es also wandern, chartern oder auf einem Lkw mitfahren. Regelmäßig verkehren Bemos zwischen Sampalan und Toyapakeh. Unregelmäßig geht es auch bis nach Suana bzw. Sakti (Toyapakeh – Sampalan). Die beste Möglichkeit, Penida anzuschauen, ist mit dem Motorrad, das man für ca. 50.000 Rp. am Tag bekommt. Vor dem Mieten das Motorrad noch einmal technisch überprüfen und vor der Abfahrt unbedingt den Tank füllen.

Bootsverkehr:

Von Sanur gibt es einige Anreisemöglichkeiten mit dem Speedboat (siehe „Sanur").

■ Von **Kusamba** fahren Marktboote nach Sampalan, ca. 100.000 Rp. Die regulären Boote fahren morgens, wann genau, muss erfragt werden. Die Überfahrt ist je nach Jahreszeit recht stürmisch – nur Mutigen zu empfehlen – und dauert ca. 2 bis 4 Stunden. Trocken übersteht man die Überfahrt nur mit viel Glück.

■ Von **Padangbai** fährt ein Boot zwischen 13 und 15 Uhr (30.000 Rp.). Allerdings sollte man sich das Ticket schon morgens besorgen, die Schalter dafür öffnen etwa um 8 Uhr. Manchmal ist die Fähre voll. In Nusa Penida legt sie vormittags ab.

■ In **Jungutbatu auf Nusa Lembongan** fährt morgens gegen 6 Uhr ein Local Boat nach Toyapakeh (50.000 Rp.). Eine andere Möglichkeit ist, auf Lembongan ein Boot für rund 300.000 Rp. zu chartern.

Jimbaran

Südlich vom Flughafen, parallel zur Jl. Bypass, liegt der **Pantai Jimbaran,** ein ca. vier Kilometer langer Sandstrand. Unzählige Restaurants säumen ihn und bieten überwiegend **Fischgerichte** an. Insbesondere abends bei Sonnenuntergang herrscht hier eine angenehme Stimmung: Die Tische stehen fast bis zur Wasserlinie, Kerzen und Fackeln verbreiten ein angenehmes Licht, es weht oft eine laue Brise, die an- und abfliegenden Flugzeuge brummen ein wenig und sorgen für dezente Untermalung. Zum Abendessen kommen Besucher aus allen Ecken Balis hierher, manchmal sogar busweise. Aber es gibt genug Restaurants, die das locker wegstecken. Angenehm ist es, mal keine Shops zu sehen und mit nur wenigen Strandhändlern konfrontiert zu werden. Der Strand von Jimbaran wurde von der deutschen Zeitschrift „Brigitte" im Rahmen des Hypes um den Film „Eat Pray Love" mit *Julia Roberts* zum „romantischsten Ort der Insel" erklärt.

Der örtliche **Fischmarkt** in Kedonganan am nördlichen Ende des Strandes ist eng und stickig – aber berühmt. Schön zu beobachten ist es, wenn die Fischer morgens von ihren Touren zurückkommen und der Markt seine Arbeit aufnimmt.

Am Strand kann man gut schwimmen, und er bietet eine gute Möglichkeit, dem touristischen Rummel Kutas kurz- oder langfristig zu entfliehen. Ein Geldautomat am Strand sorgt dafür, dass das Vergnügen lange anhält.

Luxusresorts entstanden hier schon vor vielen Jahren – wie beispielsweise das berühmte Four Seasons Resort. Mittlerweile gibt es sogar auch einige Unterkünfte unter 100 US$ sowie eine überschaubare Losmen-Szene. Wer ein wenig Entspannung vom Strandleben sucht, der findet selbige in der bekannten Kunstgalerie **Ganesha Gallery** im Hotel Four Seasons oder im **Jimbaran Corner,** einem recht neuen, stylishen Einkaufszentrum an der Hauptstraße Richtung Jimbaran Beach. Wer Lust hat, kann sich hier klimatisiert maniküren lassen oder beim Japaner die Essstäbchen wirbeln.

Vergnügungspark GWK

Südlich von Jimbaran liegt der **Garuda Wisnu Kencana Cultural Park,** abgekürzt GWK, er ist ausgeschildert (Eintritt 100.000 Rp./p.P./Ausländer; Einheimische: 40.000 Rp. + Parkgebühr). Es ist ein Unterhaltungs- und Vergnügungspark mit riesigen Statuen aus der Mythologie, Galerien sowie Tanzvorführungen und Musik.

Unterkunft

■ **Puri Bambu** ④, Tel. (0361) 701468, www.hotelpuribambu.com, recht großes Hotel hauptsächlich für Reisegruppen, eine nette Anlage mit Garten, Pool und allem, was des Japaners Herz begehrt.

■ Das **Asta Graha Homestay** ②, Tel. (0361) 704875, J. Pengeracikan No. 8, Kedonganan, ruhig, sauber, alle Zimmer mit Sitzgelegenheit auf Balkon oder Veranda, DZ mit Klimaanlage und TV, Bad und Kühlschrank (ohne Frühstück, der Preis ist nicht verhandelbar), ca. 500 m zum Strand, Frühstück gibt's im Warung gegenüber, eine Reservierung ist sinnvoll, WiFi kostenlos. Direkt nebenan wohnt ein Taxifahrer, den man für alle Arten von Touren buchen kann.

■ **The Open House** ④, Jl. Pemelisan Agung 25, Tel. (0361) 709160, www.theopenhousebali.com, eröffnet im Juli 2014, bietet die schicke Unterkunft 17 stilvoll schlicht eingerichtete Zimmer mit Blick auf den Pool, Terrasse oder Balkon. Das hauseigene Restaurant sorgt für nicht ganz günstige, aber feine Speisen in ansprechendem Ambiente.

Essen und Trinken

Es gibt viele kleine Restaurants mit gutem Essen, manche preiswert, andere wiederum glauben hohe Preise nehmen zu können, weil die ganz teuren Luxushotels in der Nähe sind. Alle Restaurants sind nach dem gleichen Grundriss gebaut, der Fang des Tages wird abends zur Straße hin ausgestellt. Wer ein bisschen Zeit hat, läuft den gewählten Strandabschnitt ab, schaut sich den Fisch an, verhandelt vielleicht ein wenig über den Preis und genießt dann den Abend. Um die 80.000 Rp. kostet ein Kilogramm Fisch, Snapper beispielsweise. Dazu gibt es Reis und Gemüse. Empfohlene Restaurants: im Norden Fortuin und Aroma Café, in der Mitte Warung Bamboo und Roman Café, im Süden Teba und Bagus Café.

Verkehr

■ Von Tegal in Denpasar fahren manche **Bemos** bis nach Jimbaran, quer durch Kuta. Das sollte um die 15.000 Rp. kosten.

■ **Taxis** schaffen die Strecke von Kuta für rund 50.000 Rp. Von Jimbaran aus sind durchschnittliche Preise für privaten Transport: Nusa Dua 60.000, Kuta 80.000, Legian 100.000, Sanur 150.000 Rp.

Bukit-Halbinsel

Der **südlichste Zipfel Balis** besteht aus einem trockenen, felsigen Plateau, das sich bis zu 100 m senkrecht aus dem Ozean erhebt und zum Meer hin abrupt abbricht. Die Halbinsel lässt sich nur schwerlich bewässern und erlaubt kaum landwirtschaftliche Nutzung. Nur Kakteen, Buschwerk und Hotelanlagen gedeihen hier. Ein krasser Gegensatz zum sonst immergrünen Bali. Was den Entwicklern hinter den großen Schreibtischen aber offensichtlich keine Probleme bereitet: Ein Golfplatz wurde in die Küstenlandschaft gegossen, Alleen und Freizeitparks wurden gebaut, es wird heftig investiert.

Die meisten Besucher sind **Surfer.** Sie kommen nicht nur wegen der Beaches und Breaks, sondern auch wegen der einzigartigen Atmosphäre in den Orten, die aus dem Felsen geschnitten wurden und heute diese spezielle Art Menschen beherbergen. Man wird ihnen überall entlang der Küste begegnen: Die Jungs mit Shorts und nacktem Oberkörper, die Mädels im Bikini auf dem Moped – aber immer mit Helm. Und wer den ausgeschilderten Straßen und Gassen beispielsweise nach Dreamland oder Suluban folgt, lernt schnell eine ganz eigene Welt kennen – die der Welle.

Bukit lohnt auch vor allem als **Tagesausflug zum Uluwatu-Tempel.** Vom Tempel Richtung **Ulubundu Beach** fährt man aus dem Parkplatz-Areal heraus und direkt dahinter links bis zum Ende der Straße. Am Strand Parkplatzgebühr von 2000 Rp. für Motos und 5000 Rp. für Autos. Am Uluwatu und an jedem Surfstrand steht mindestens ein Taxi bereit, um einen für 80.000 bis 200.000 Rp. in die Zivilisation zurückzubringen.

Pura Uluwatu

Die ganze Halbinsel ist spärlich besiedelt, und doch spielt sie eine wichtige Rolle in der **balinesischen Mythologie.** Die Legende berichtet, dass die von Java verdrängten Hindugötter den östlichen Teil der Mutterinsel abtrennten und so Bali entstehen ließen. Dann schufen sie die Berge, die ihnen als Wohnstätte dienen sollten, und zwar im Westen den Batukaru, im Osten den Gunung Agung, im Norden den Batur und schließlich im Süden das Tafelland Bukit. Deshalb wurde hier einer der **wichtigsten Tempel Balis,** der Pura Uluwatu, errichtet. Er liegt im äußersten Südwesten der Halbinsel.

Direkt am Rand der hier über 80 m hohen Klippe erbaut, soll er Bali vor den bösen Dämonen, die im Meer hausen, bewahren. Er ist Dewi Danu, der Schutzgöttin des Meeres, geweiht. Am 24. Oktober 1995 brannte ein großer Teil des Tempels ab. Über ein Jahr dauerten die Renovierungsarbeiten, dann strahlte er wieder im alten Glanz. Der Meru Tum-

[>] Unbedingt sehenswert – die Steilküste beim Pura Uluwatu

pang Tige wurde sogar um 1,65 m höher als zuvor. Nun ragt er stolze 9,65 m in den blauen Himmel. Bei klarem Wetter gibt es eine tolle Aussicht und einen herrlichen Sonnenuntergang.

Vor dem Tempel befindet sich ein großer Busparkplatz, darauf die üblichen Souvenir- und Essensstände. Der Eintritt beträgt 50.000 Rp. inkl. Sarongmiete, 2000 Rp. fürs Parken.

Am 14. Tag nach Galungan (s. Bali-Kalender) findet hier ein **großes Festival** statt. Eine **Affenherde** haust hier, und jedem Besucher wird geraten, Brille, Handtasche und alles Bewegliche gut festzuhalten. Fast 90 m unterhalb des Tempels schwimmen Schildkröten im Wasser.

■ **Anfahrt:** Es gibt keinen öffentlichen Transport. Die gelbe Linie der Busgesellschaft Trans Sarbagita fährt Uluwatu von Jimbaran aus an (3500 Rp.). Um ansonsten Uluwatu zu erreichen, muss man ein eigenes Fahrzeug chartern oder ein Taxi nehmen (ca. 150.000 Rp.). Möglich ist die Teilnahme an einer organisierten Sunset-Tour, z.B. mit Perama: 175.000 Rp. kostet der Ausflug, 100.000 Rp. zusätzlich für eine Kecak-Tanzvorführung.

Fahrt über die Halbinsel

Die Hauptstraße Jl. Raya Uluwatu führt quer über die Halbinsel bis zum Tempel. In Pecatu geht es links ab, ausgeschildert Richtung Bulgari.

■ Wer sich die Zeit für die fünf Kilometer Strecke nimmt, trifft auf ein Designhotel allererster Klasse. Das **Bulgari** ④, Tel. (0361) 8471000, www.bulgarihotels.com/en-us/bali, glänzt mit einer Bar direkt an der steil abfallenden Küste, Bungalows mit beeindruckendem Blick und Ambiente sowie einer ungemein schicken Anlage weit weg von allem.

Zurück nach **Pecatu** mit seinen Banken, Geldautomaten, Warungs und Losmen geht es weiter Richtung Pura Uluwatu. Wer den Tempel besichtigt hat, sollte sich die Zeit nehmen und vor dem Tempeleingang beim Hinausfahren links abbiegen. Die Straße führt entlang der **Westküste.** Hier folgt bald Suluban Beach, ein Surferparadies wie aus dem Bilderbuch (s.u.). Danach geht es im Bogen zurück nach Pecatu. Wer das Pecatuh Indah Resort auf der linken Straßenseite nicht auslässt – es ist anhand der riesigen Statuen schon von Weitem erkennbar –, kann live miterleben, wie paradiesische Surferstrände und Landschaften missbraucht werden.

064ba sb

Dreamland Beach und Pecatuh Indah Resort

Die Anlage des Pecatuh Indah Resort umfasst 400 ha und soll etliche Hotels, Resorts, Freizeitparks und andere Amusementmöglichkeiten für gestresste Großstädter bieten. So wurde auf dem Gelände 2010 der **New Kuta Greenpark** eröffnet. Das GolfLink Resort **New Kuta Golf,** Tel. (0361) 8481333, www.newkutagolf.com, gibt es schon länger. Hier fanden 2009 die Indonesia Open statt. Ein erstaunlich schön gemachter Golfplatz dafür, dass es hier kein Wasser gibt. Das wird per Lkw angekarrt. Wer eine Runde drehen will, zahlt 170 US$ Greenfee.

Das Gelände lässt sich im wahrsten Sinne des Wortes *erfahren,* es ist riesig. Ein Vogelschutzgebiet umrahmt das Resort. Unten an der Küste dann, unterhalb des spektakulären Nightclubs Klapa, liegt Dreamland Beach, mittlerweile erreichbar über einen großen Parkplatz und eine Gasse mit Warungs – oder, rund 200 Meter weiter an der Hauptstraße, über eine eigene, spektakuläre Zufahrt. Der **Strand** ist immer noch schön, aber jetzt busweise frequentiert. Liegestühle kosten 50.000 Rp., Toiletten 3000 Rp., Duschen 10.000 Rp. Der **Dreamland Warung** nimmt sich auch der Surfer an: Es gibt Burger.

Suluban Beach

Etwa ein Kilometer von Uluwatu entfernt gibt es eine kleine **Surfkolonie,** Suluban Beach. Unter Surfern wird der gesamte Spot in dieser Ecke Bukits liebevoll **Ulu's** genannt. Ein kleines Schild kurz vor dem Uluwatu-Parkplatz zeigt den Weg. Die Surfer leben in kleinen Häusern, die quasi aus der Felswand geschnitten wurden. Die Landschaft ist ungemein schön und die Höhle, aus der sie bei Flut rauspaddeln oder bei Ebbe raus-

065ba sb

laufen, ist einmalig auf der Welt. So entstand hier ein ganzes Dorf – mit Surfshops, Werkstätten, günstigen Warungs, vielen Treppen, öffentlichen Toiletten (5000 Rp.) und Duschen (10.000 Rp.). Die Wellen unten erreichen eine ziemliche Höhe, bevor sie gegen das Steilufer schlagen.

Am Ende der Straße gibt es einen Parkplatz (3000 Rp.), dann geht es die Treppe hinunter und ins Dorf hinein. Wer nicht surft, schaut vom Warung aus zu.

Unterkunft

Die von den Losmenbesitzern zuerst genannten Übernachtungspreise sind relativ. Je länger man bleibt, desto größer der Discount.

- **Delpi Uluwatu** ③, Tel. (0361) 769863, mitten im Dorf, mit einem grandiosen Ausblick. Es gibt Zimmer mit Ventilator oder Klimaanlage.
- **Ketty Homestay** ③, Tel. (0361) 769885, 2012 eröffnet, liegt hinter dem gleichnamigen Warung am oberen Ende des Ortes. Klimaanlage, Frühstück und Warmwasser sind genauso inklusive wie der Blick über das Surferrevier.
- **Jaya Homestay** ①-②, Tel. (081) 55828 6979, an der Straße Richtung Pecatu, einfache Bungalows in einfacher Umgebung.

Insbesondere um **Padang Padang Beach** herum tut sich auf dem Homestay-Sektor einiges: Neue machen auf, ältere werden renoviert, manche erarbeiten sich schnell einen Ruf, andere dämmern vor sich hin. Die beste Werbung ist Mund-zu-Mund-Propaganda.

- **Medori Putih** ①-②, Tel. (081) 338518807, an der Straße Richtung Pecatu, einfach, gut, günstig.

Abgeschiedenes Surfrevier: Suluban

Essen und Trinken

- **Yeye's Warung** in Padang Padang Beach, Lesertipp: „Ist wirklich sehr zu empfehlen – dort gibt es balinesische und internationale Küche auf hohem Niveau, ein interessantes Speisenangebot (mein persönliches Highlight war der Fisch im Bananenblatt mit Kokosmilch – sensationell gut!) in gepflegtem und nettem Ambiente. Gutes Preis-Leistungsverhältnis."

Weitere Strände

Von Suluban Beach Richtung Norden folgen weitere Surfstrände, die alle ihren Reiz und ihre surferischen Besonderheiten, Herausforderungen und Geheimnisse haben: Padang Padang Beach, Labuan Sait Beach, Impossibles Beach, Bingin Beach, Dreamland Beach (s.o.) und Balangan Beach. Man kommt über Stichstraßen und -wege von der Straße Richtung Pecatu heran. Meist sind sie nicht bis zum Ende befahrbar.

Balangan Beach

Von Balangan lässt sich gut schwärmen: **einfache Holzhäuser,** auf Stelzen in den Strandsand gebaut, einfache Losmen, **großartige Surfmöglichkeiten,** nette Menschen und wenig WiFi. Das ist Balangan in der ersten Reihe. Hinter dem Surferdorf hat sich die letzten Jahre eine kleine aber feine Guesthouse- und Hotelinfrastruktur entwickelt mit schicken Anlagen und Pool, schmucken Bungalows und Resortfeeling. Wer das nicht braucht oder will, der geht einfach an den wunderbaren und sauberen Strand, leiht sich einen Schirm, besorgt sich ein

241ba sb

Kaltgetränk, hinterlässt seine Fußspuren im Sand, und zum Mittag gibt's eine Schüssel Reis – vielleicht von Ozys Warung. Öffentliche Toiletten (3000 Rp.) und Duschen (5000 Rp.) erleichtern das Strandläuferleben, Parken kostet 2000 Rp. für den Scooter, 5000 Rp. fürs Auto. Wer kein Buch dabei hat, schaut über das Wasser und beobachtet die Surfer. Urlaub wie früher – dazu gibt es (noch) keinen Geldautomaten. Folglich ist Balangan in der Hochsaison schnell ausgebucht.

Unterkunft

Die Preisspanne reicht von 150.000 Rp. für das Doppelzimmer direkt über dem Strand mit Gemeinschaftsbad und Familienanschluss bis zu 100 US$ im Resort.

■ **Balangan Paradise Hotel** ③, Jl. Pantai Balangan, Tel. (085) 737011198, www.balanganparadise.com. Im September 2014 eröffnet, liegt das Haus direkt am strandeigenen Parkplatz, der Taxistand ist gleich nebenan. Aufgefahren wird alles, was ein Urlauber so braucht: von WiFi bis Frühstück und Klimaanlage.

■ **Nasa Café** ②, Tel. (081) 805339118, beispielhaft aus der Zeile der Holzhäuser: einfach, die Zimmer haben durchscheinende Wände, in der Mitte trifft man sich zum Essen und Schauen, Bad und Toilette sind in einer Zelle und werden geteilt. Kein WiFi, kein Frühstück.

■ **Flower Bud** ③, Tel. (0361) 8572062, www.flowerbudbalangan.com. Sehr schön lebt es sich hier in der zweiten Reihe hinter dem Strand, drei Fußminuten entfernt: offenes Restaurant, kleiner Park, im Lumbung-Stil gehaltene Bungalows und ein schicker Pool.

Aktivitäten

Wer in Kuta nicht zum Surfkurs gekommen ist, kann sich hier aufs Board schwingen.

Balangan: vom Surfertipp zum schmucken Feriendorf

Balangan Wave Surf School, Tel. (0881) 4605150, www.balanganwavesurfschool.com, bietet das komplette Surf-Spektrum – vom zweistündigen Anfängerkurs in der Gruppe (350.000 Rp.) bis hin zum Privatunterrricht.

Nusa Dua

Nusa Dua, benannt nach zwei kleinen Inselchen, die östlich der Halbinsel Bukit vorgelagert sind, ist ein **Touristenkomplex,** einzigartig in ganz Indonesien. Das Resort liegt isoliert an der Ostseite der Bukit-Halbinsel und ist eigentlich nur durch eine gut ausgebaute Straße mit zwei Zufahrten zu erreichen. Und zu kontrollieren: Nicht ohne Grund finden in Nusa Dua große Kongresse, Tagungen und Events von teilweise weltweiter Bedeutung statt wie die Weltklima-Konferenz im Dezember 2007.

Völlig isoliert vom Rest der Insel wurde hier auf dem Reißbrett und mit Unterstützung der Weltbank ein riesiger „5-Sterne-Freizeitpark" errichtet. So sollte der immer gewaltiger werdende Touristenstrom gelenkt und gleichzeitig der Rest Balis vor einer „Überfremdung" geschützt werden.

1983 wurde das erste von sieben geplanten **Hotels** eröffnet, das Nusa Dua

Beach. Dann kamen das Bali Hilton, Bali Sol, Putri Bali, der Club Mediterranée, Aman Nusa, das Oriental, Ritz Carlton, Shangri-La Beach, Suba Villa Bintang und einige mehr dazu. Ein solches Hotel ist Arbeitgeber für 600–700 Angestellte. Das billigste Zimmer kostet 150 US$, für die teuerste Suite müssen mehr als 2000 US$ hingelegt werden – natürlich plus Service und Tax. Erholungsangebote wie Tennis, Swimmingpool, Golf, Fitnessstudio, Wasserski, Kinderturnen, Squash, Sauna und Surfen gehören zum Standardangebot.

Architektonisch hat man sich weitestgehend an den balinesischen Baustil gehalten, die Komplexe sind also größtenteils wirklich schön geworden oder sehr reduziert und modern, wie das neue Courtyard. Die Gebäude sind umgeben von weitläufigen, gepflegten Blumen- und Grünanlagen, Pools in allen erdenklichen Formen stehen zur Verfügung.

Nusa Dua gehört den **Pauschalreisenden.** Dass 14 Tage Nusa Dua inklusive Flug oft nur knapp 2000 Euro kosten, liegt daran, dass Reiseunternehmen ganze Zimmerfluchten mit riesigen Preisnachlässen buchen. Viele, die so ein Angebot wahrnehmen, unterschätzen die Nebenkosten (Getränke und Essen), die in den eigentlich teuren Unterkünften entstehen. Und Nusa Dua ist nun mal nicht Bali, sondern nur „auf" Bali. Wer also mehr von Bali sehen will, muss aus der Anlage herauskommen.

Aber es gibt auch angenehme Plätzchen im Nusa-Dua-Komplex, z.B. befindet sich südlich der Hotels Putri Bali und Hilton nach wie vor ein Stück **Strand,** an dem sich Surfer und Einheimische treffen. Warungs bieten Erfrischungen zu erfrischend niedrigen Preisen.

Die **Bali Collection Mall,** www.balicollection.com), befindet sich in der Nähe des Hyatt Hotels und lädt zum ultimativen Shoppen ein, ohne Nusa Dua verlassen zu müssen. Das **Museum Pasifika** bietet eine spannende Reise in die Welt und Geschichte Asiens mit Werken von mehr als 200 Künstlern: 350 Bildern und 250 Kunstobjekten (Tel. (0361) 774624, www.museum-pasifika.com, Eintritt 70.000 Rp., 10–18 Uhr).

Essen und Trinken

Alle Hotels haben mehrere Restaurants, allerdings mit sehr hohen Preisen. In der Bali Collection gibt es etliche Warungs, Bars und Cafés, die ein wenig Abwechslung in das Hotel-Allerlei bringen oder bringen sollen. Mit Happy Hours wird auch hier der Bierhahn kräftig aufgedreht. Im Vergleich zu den Hotelrestaurants ist es hier relativ preiswert, jedoch immer noch teuer, wenn man die Preise im restlichen Bali betrachtet. Wer zu balinesischen (Fast-) Normalpreisen essen will, muss ins Dorf Bualu gehen, dort finden sich (noch) ganz normale Warungs.

■ **Nyoman's Beer Garden,** Jl. Pantai Mengiat, ist ein seit vielen Jahren bekannter Treffpunkt auch und besonders für Besucher des Resorts. Hier gibt es Live-Musik, ein wenig Biergartenatmosphäre und ein paar deutsche Spezialitäten.

■ **Ulam,** schräg gegenüber, ist gut für balinesisches Essen, insbesondere Seafood.

Medizinische Versorgung

In jedem der großen Hotels kann man über die Rezeption einen Englisch sprechenden Arzt rufen.

■ **BIMC Hospital,** Kawatan BTDC Blok D, Nusa Dua, 24-Stunden-Service, Tel. (0361) 30000911, www.bimcbali.com.

Nusa Dua Dental Clinic, Jl. Pratama 81 A-B, Tel. (0361) 771324.

Aktivitäten

Der **Eco Learning Park,** Tel. (0361) 8078805, www.rolefoundation.org, versucht, Groß und Klein ein wenig ökologisches Bewusstsein näherzubringen. Täglich außer Montag kann man gemeinsam mit Einheimischen Kunsthandwerk aus recycelten Produkten bauen, Bio-Baumwolle verarbeiten oder beispielsweise einen Baum pflanzen. Die R.O.L.E. Foundation will auf diese Weise balinesische Familien aus der Armut holen und gleichzeitig die Natur erhalten.

Das **Bali Nusa Dua Theatre,** Tel. (0361) 770197, www.balinusaduatheatre.com, bringt verschiedene opulente Shows auf die eigene Bühne wie „The most magnificent Show in Indonesia: Devdan – Treasure of the Archipelago". Eintritt ab 40 US$.

Verkehr

Shuttlebusse: Die großen Hotels in Nusa Dua werden von einem Shuttlebus der Bali Collection (www.bali-collection.com/shuttle-bus) angefahren mit verschiedenen Routen:

1) Nord Nusa Dua – Nusa Dua Beach – Westin – Laguna Resort

2) Süd Nusa Dua Ayodya – Novotel Nusa Dua – Inna Putri Bali – The Bale – Swiss Grand Bali – St. Regis – Sekar Nusa – Nikko

3) Tanjung Benoa Ramada – Novotel Benoa – Bali Khama – Grand Mirage – Club Mirage – Aston – Peninsula – Royal Santrian – Oasis – Conrad – Bali Tropics – Melia Benoa

Linie 2 kommt nahe am Südausgang des Resorts vorbei. Hier lohnt es sich, ein wenig hinauszugehen in die Jl. Pantai Megiat (siehe „Essen und Trinken"). Linie 3 verlässt das Gelände des Nusa Dua Resort Richtung Norden und nimmt ein wenig balinesisches Leben in Tanjung Benoa mit. Von hier aus fahren Taxis für verhandelbare 85.000 Rp. nach Kuta. Tanjung Benoa bietet eine große Zahl an Wassersportmöglichkeiten, vom Paragliden bis zum Tauchen. Davon ganz abgesehen, dass der weiße Sandstrand kilometerlang zum Strandlaufen einlädt.

Öffentliche Verkehrsmittel stehen ab/bis Bualu zur Verfügung. Von dort fahren Minibusse nach Denpasar (zur Station Tegal), und zwar folgende Route: Nusa Dua – Jimbaran – Tuban – Kuta – Jl. Raya Kuta – Jl. Imam Bonjol – Tegal und wieder zurück.

Nicht zu verkennen ist die blaue Buslinie **Trans Sarbagita.** Die Buslinie verbindet Nusa Dua mit dem Busbahnhof Batubulan und passiert auf der Strecke Sanur, Kuta und Jimbaran, um dann vor der Bali Collection zu enden. Die gelbe Linie startet in Tanjung, stoppt in Nusa Dua und fährt über den Vergnügungspark GWK (s.o.: Jimbaran) nach Uluwatu. Kosten: 3500 Rp.

Taxi: Man kann sich entscheiden, ob man den Taxidienst mit Taxameter nehmen oder einen vorher vereinbarten Pauschalpreis zahlen möchte. Nachstehend die üblichen Preise ohne Taxameter: Nusa Dua 40.000 Rp., Tanjung Benoa 50.000 Rp., Jimbaran 80.000 Rp., Uluwatu 185.000 Rp., Flughafen/Kuta 100.000 Rp., Sanur/ Denpasar 180.000 Rp., Ubud 330.000 Rp.

Auto mieten: Für eine größere Tagestour kann man recht einfach ein Auto mieten. Auf den Parkplätzen vor den Hotels stehen immer genügend Fahrer mit Wagen zur Verfügung. Die Preise müssen ausgehandelt werden. Die Höhe richtet sich danach, ob ein Auto mit oder ohne Fahrer gemietet wird und ob das Benzin inbegriffen ist oder nicht. Grundsätzlich liegen die Mietpreise weit höher als beispielsweise in Kuta.

Fahrrad mieten: Nusa Dua ist ideal zum Radfahren. Die Straßen sind größtenteils Alleen, häufig beschattet, die Wege nicht allzu weit und kaum hügelig. In den Hotels sollte ein Rad für ca. 50.000 Rp. am Tag zu haben sein.

Tanjung Benoa

Das **Dorfzentrum Benoa** liegt am Nordende (Tanjung) der Landzunge der Bukit-Halbinsel. Ansonsten reihen sich an der Straße bis Nusa Dua Hotels und Restaurants aneinander. Das „Dorf" bietet sowohl Luxusherbergen als auch preiswerte Unterkünfte, einen mittelmäßigen Strand und **gute Wassersportmöglichkeiten.**

Hier gibt es das friedliche Nebeneinander verschiedener Religionen ganz hautnah. Gegenüber dem bunten **chinesischen Tempel** befindet sich der **Hindutempel** und gleich daneben steht die **Moschee.**

Große Pläne gibt es für die Lagune westlich von Benoa: Hier planen staatliche Instanzen rund um Gouverneur *Made Mangku Pastika* ein 8 km^2 großes **Resortgelände, inklusive Formel-1-Rennstrecke** mitten in den Mangroven. Das Gelände soll „von der Natur zurückgeholt werden". 200.000 Arbeitsplätze sollen im **Tirta Wahana Bali International** innerhalb von zehn Jahren entstehen, und die Zukunft von Benoa wird angesichts dieser Pläne in den buntesten Farben gezeichnet. Doch mit so heftigem Widerstand hatten die Verantwortlichen nicht gerechnet: 2014 ging die Bürgerbewegung „Tolak Reklamasi" (Reject Reclamation) nicht nur in Benoa auf die Straßen, im Oktober mit Tanz und Gesang. Denn, so sagen die Aktivisten: In der Lagune solle das Meeresleben erhalten bleiben, ganz abgesehen von der spirituellen Bedeutung, die das Meer hier für die balinesischen Hindus hat. Denn hier, im Meerwasser, wasche man das Böse ab. Darüber hinaus wären rund 240 Fischer betroffen, die höchstwahrscheinlich ihre Lebensgrundlage verlieren. Ganz abgesehen von den 700 ha einst geschützter **Mangrovenlandschaft,** die dem Kommerz geopfert werde. Tourismus werde generell befürwortet, aber nicht um jeden Preis. In seinen letzten Amtstagen schuf der indonesische Präsident *Yudhoyono* nachhaltige Fakten, indem er das umstrittene Land per Unterschrift von „schutzwürdig" zu „kommerzielle Nutzung" umwidmete.

Unterkunft

Neben den teuren Luxusklasse-Unterkünften gibt es einige Mittelklasse- und preiswertere Unterkünfte, zum Beispiel:

■ **Tanjung Mekar** ②, Jl. Pratama, Tel. (0361) 772063, mit zwei Stockwerken und recht einfachen Zimmern, teilweise klimatisiert.

■ **Pondok Agung** ②, zwei Häuser weiter, Tel. (0361) 771143, www.pondokagung.com, überrascht den Gast mit einem schönen Innenhof und noch schöneren Bungalows aus Holz und Bambus. Im gemeinschaftlichen Aufenthaltsraum gibt es auch einen Bücherschrank. Die Bungalows sind mit Ventilator oder Klimaanlage ausgestattet, WiFi ist inklusive.

■ **Taman Sari Suite Hotel** ④, Jl. Pratama 61 B, Tel. (0361) 773953. Schöne, geschmackvoll und traditionell eingerichtete Bungalows mit Pool und Restaurant.

■ **ibis styles Bali Benoa** ④, Jl. Pratama 57, Tel. (0361) 3001888, www.ibisstyles.com. Im März 2012 wurde das Haus eröffnet und bietet gehobenen ibis-Stil mit Pool, Spa, Kinder-Ecke und allem, was das Herz begehrt. Nur der direkte Strandzugang fehlt.

Benoa

0 — 1 km

Übernachtung

1 Pondok Agung
3 Chedi Sakala
4 Tanjung Mekar, Rasa Dua, Ramada Resort
8 Novotel Benoa, Rasa Sayang
9 Bali Reef Resort, Bali Khama, Grand Mirage
10 Club Mirage, Kind Villa Bintang
11 Peninsula Beach Resort
12 Grand Aston Bali
13 The Oasis
14 Matahari Terbit
16 Taman Bhagawan
17 Suites Hotel Bali Royal
18 Conrad Bali, The Royal Santrian, Holiday Inn Benoa
19 Bali Tropik
20 Tanjung Sari
21 Taman Sari Suite Hotel, ibis styles Bali Benoa

Essen und Trinken

2 Steamboat Restaurant
5 Beach Club
6 The Tao Bali
7 Warungs
15 Bumbu Bali

Aktivitäten

■ **Wassersportmöglichkeiten:** Entlang dem Strand und der Straße folgt ein Wassersportzentrum auf das andere: schnorcheln, tauchen, Banana Boat, Wasserski – alles vorhanden. Die meisten Anbieter sind auf Tagestouren und -touristen eingerichtet, dementsprechend ausladend ist meist das Programm. Vor jeder Aktivität sollte man die Ausrüstung checken, denn es gibt hier auch Billigheimer, die keinen sonderlich seriösen Eindruck machen.

Verkehr

■ Die gelbe Buslinie **Trans Sarbagita** startet in Tanjung, stoppt in Nusa Dua und fährt über den Vergnügungspark GWK (s.o.: Jimbaran) nach Uluwatu (3500 Rp.).

■ Von Tegal (Denpasar) mit dem **Minibus** via Kuta nach Tanjung. Die grünen Minibusse fahren von Bualu nach Tanjung.

■ **Taxi:** Die Preise sind günstiger als in Nusa Dua und verhandelbar. So geht es von hier für 80.000 Rp. zum Flughafen, in Nusa Dua für 100.000 Rp.

068ba sb

2

UBUD UND UMGEBUNG – DAS KULTURELLE ZENTRUM

Trotz oder gerade wegen der Allgegenwärtigkeit des Tourismus kann man im Süden Balis eine angenehme Zeit verbringen. Wer jedoch auch den ganz normalen Kontakt mit Einwohnern und Kultur sucht, wird sich schnell in weniger erschlossene Gebiete absetzen müssen. Aber auch im Hinterland, in Ubud, Mengwi, Pejeng und anderen Orten, drängeln sich die Besucherströme.

[>] „Zwischenmenschliche Begegnung" im Affenwald von Ubud

NICHT VERPASSEN!

- **Balinesische Kunst** kennenlernen im **Puri Lukisan** oder dem **ARMA** | 107, 108
- Im Angesicht der Affen: Besuch im **Monkey Forest in Ubud** | 109
- Auf den Spuren von Julia Roberts aus dem Film „Eat, Pray, Love" durch die **Reisefelder Penestanans** wandeln | 112
- **Wasserspiele** erleben beim **Genah Melukat** in **Sebatu** | 144
- Magische Reisefelder und tiefes Tal: **Gunung Kawi** | 151

Diese Tipps erkennt man an der gelben Hinterlegung.

Überblick

Wer hier aber wandernd oder mit dem Fahrrad von den größeren Orten Abstand gewinnt, wird erstaunt sein, wie wenig Fremde sich dorthin „vorwagen". Das echte Bali beginnt oft schon wenige Kilometer hinter der Hauptstraße, man muss nur den Pfaden zwischen den Reisfeldern folgen. Hier ist das Land hügelig, das Panorama der zentralen Bergkette ist immer gegenwärtig, und Hunderte von Flüssen strömen durch teilweise steile Schluchten.

Die Region liegt etwa 200 m höher als die Küstenstreifen im Süden, das Klima ist deutlich kühler. Von Süden kommend, sieht man zur Regenzeit die dicken Wolken am Berg hängen. War man gerade noch an der sonnigen Küste, steht man plötzlich im Regen, allerdings im warmen.

Nicht zu vergessen die geradezu atemberaubende künstlerische Vielfalt der Region: Tänzerinnen, Mimen, Maskenschnitzer, Musiker und Maler prägen das Bild der gesamten Region. Ihr Wirken wird an jeder Straßenecke deutlich.

Geschichte

Schon im **9. Jh.** ist der Hindupriester *Sri Marhandaya* der Mystik dieses Ortes erlegen. Er kam von Java, um den Bali-Aga den Hinduismus zu predigen. In der Gegend, die heute Ubud heißt, stand seinerzeit dichter Wald. In ihm fand er ein besonders reichhaltiges Vorkommen heilender Kräuter. Sri Marhandaya ließ sich hier nieder und nannte den Platz *Ubad* (balinesisch für das indonesische Wort *obat* = Medizin).

Der fast undurchdringliche Wald bewahrte Ubud lange vor äußeren Einflüssen. Erst seit dem **18. Jh.** weiß man etwas über diese Gegend zu berichten. Seinerzeit gehörte sie zum Königreich Gianyar.

Etwa **hundert Jahre später** verleibte sich *Sukawati* dieses Reich ein, und der Fürst ließ sich in Ubud nieder. Sein Name war *Cokorde Sukawati.* Sein späterer Sohn *Cokorde Gede Raka Sukawati* begann dann, die schönen Künste (Steinmetzen, Malerei, Schnitzkunst, Musik und Tanz) zu fördern, da er in starker Konkurrenz zu *Dewa Agung,* dem „Ober"-fürsten von Klungkung, stand – eine Konkurrenz, die noch heute fortbesteht.

Große Veränderungen brachte das Jahr 1908. Die **Holländer überfielen und eroberten Südbali.** Die Fürstenhäuser von Gianyar, Klungkung und Tabanan begingen rituellen Selbstmord *(Puputan).* Die Holländer übernahmen die Macht. Sie bauten die Infrastruktur aus; es entstanden Wasserleitungen, Straßen und medizinische Versorgungsstellen. Die Söhne eben der Fürsten, die sich seinerzeit umbrachten, arrangierten sich mit den neuen Herrschern und durften bald (unter der Oberhoheit der Kolonialherren) wieder ihre Macht ausüben.

Um 1925 lud der Cokorde von Ubud **Walter Spies** zu sich ein, der seit 1923 am Hof von Yogyakarta Gamelan-Musik studierte. Der Cokorde gehörte zum Clan von Yogya. Der Maler *Spies* war begeistert von Bali und zog nach Campuan auf ein Stück Land, das ihm der Fürst geschenkt hatte.

Bald kamen andere Westler, die dem Ruf folgten, den *Spies* von diesem Eiland verbreitete: Paradies in den Tropen, Insel der Götter.

Rudolf Bonnet (Maler), *Miguel Covarrubias* (Karikaturist), *Collin McPhee* (Musiker), *Vicky Baum* (Schriftstellerin), *Margaret Mead* (Verhaltensforscherin) u.v.a.m. Sie alle kamen zu *Walter Spies* (der übrigens der homosexuelle Freund von *F. W. Murnau,* dem bekannten Regisseur vieler großer Stummfilme, u.a. *Nosferatu,* war) und wurden von ihm inspiriert. Alle schrieben Bücher, alle verbreiteten sein Bild von Bali: das Paradies auf Erden! Eine Legende war geboren.

1936 riefen der begnadete balinesische Künstler *I Gusti Nyoman Lempad, Walter Spies, Rudolf Bonnet* und *Cokorde Gede Agung Sukawati* die Künstlervereinigung **Pita Maha** ins Leben. Sie hatte zum Ziel, balinesische Kunst weltweit bekanntzumachen und zu vermarkten.

Sechs Jahre später setzte der Zweite Weltkrieg diesen ersten Anfängen von Tourismus und internationalem Kunstgewerbe allerdings ein Ende. (Seinerzeit kamen bereits ca. 100 Touristen monatlich nach Ubud.)

Nach dem Krieg, den *Spies* nicht überlebte, tat sich in Ubud nicht allzu viel. In Sanur und Kuta spielte die Musik. Erst der Holländer **Arie Smit,** der sich 1956 in Bali niederließ, brachte wieder Leben ins künstlerisch-kulturelle Dasein. Er ließ sich in Penestanan, einem Dorf gleich gegenüber von Campuan, nieder, und brachte den Balinesen die **„Young Artist"-Kunst** bei.

Die war ganz nach ihrem Geschmack: einfach zu reproduzieren, von jedermann ausführbar, und sehr dekorativ – ideal also zur Vermarktung.

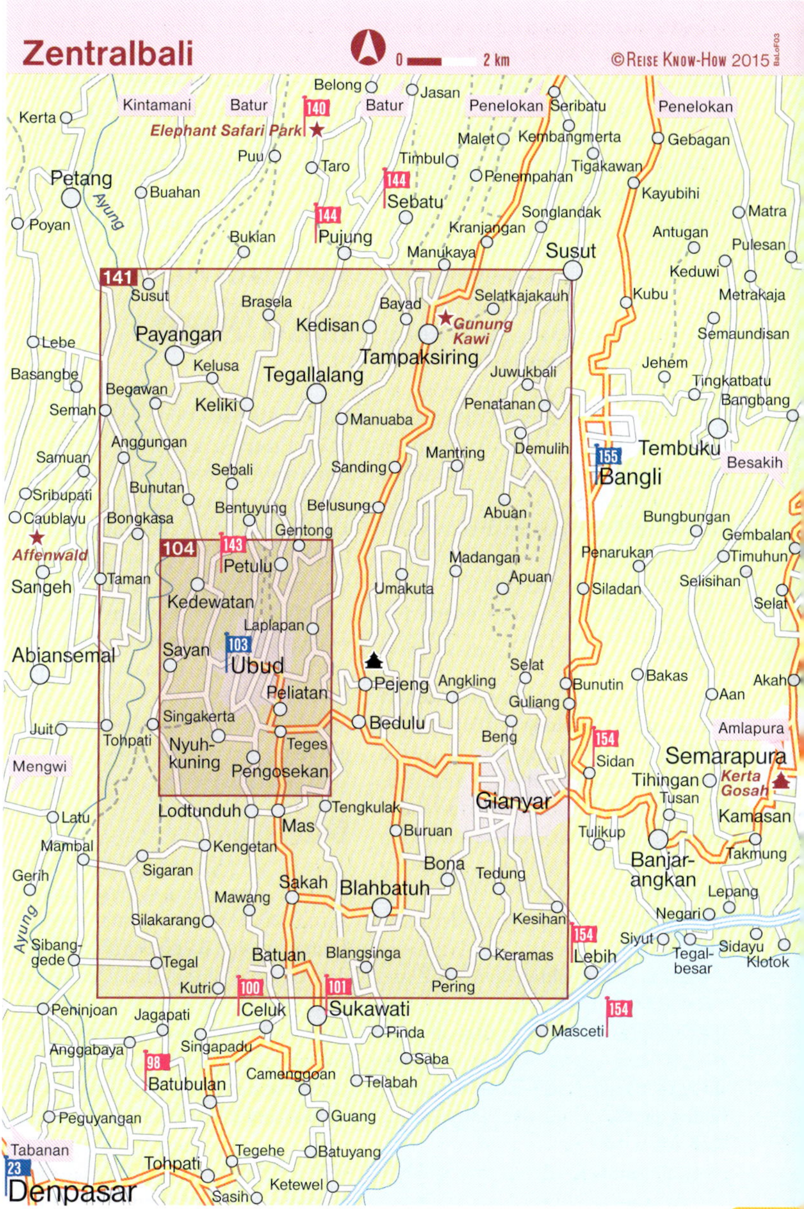
Zentralbali
0 2 km
©Reise Know-How 2015
Belong
Jasan
Kintamani
Batur
140
Batur
Penelokan
Seribatu
Penelokan
Kerta
Elephant Safari Park
Malet
Kembangmerta
Gebagan
Puu
Timbul
Tigakawan
Taro
144
Penempahan
Petang
Kayubihi
Buahan
Sebatu
Ayung
Songlandak
Matra
144
Poyan
Kranjangan
Antugan
Bukian
Pujung
Pulesan
Manukaya
Susut
Keduwi
141
Susut
Selatkajakauh
Metrakaja
Kubu
Brasela
Bayad
Gunung Kawi
Semaundisan
Lebe
Payangan
Kedisan
Tampaksiring
Jehem
Kelusa
Juwukbali
Tingkatbatu
Basangbe
Tegallalang
Begawan
Bangbang
Keliki
Penatanan
Semah
Manuaba
Demulih
Anggungan
Tembuku
Mantring
155
Samuan
Besakih
Sebali
Sanding
Bangli
Bunutan
Sribupati
Abuan
Bentuyung
Belusung
Bungbungan
Caublayu
Bongkasa
Gentong
Gembalan
Affenwald
104
143
Penarukan
Madangan
Timuhun
Petulu
Taman
Apuan
Sangeh
Umakuta
Siladan
Selisihan
Kedewatan
Selat
Laplapan
Abiansemal
Sayan
103
Selat
Ubud
Bunutin
Bakas
Akah
Pejeng
Angkling
Aan
Peliatan
Guliang
Singakerta
Juit
Bedulu
Amlapura
154
Tohpati
Nyuh-kuning
Teges
Beng
Mengwi
Sidan
Semarapura
Pengosekan
Tihingan
Kerta Gosah
Gianyar
Tusan
Lodtunduh
Latu
Tengkulak
Kamasan
Mas
Tulikup
Buruan
Mambal
Banjar-angkan
Kengetan
Takmung
Bona
Gerih
Sigaran
Tedung
Sakah
Lepang
Blahbatuh
Mawang
Negari
Ayung
Kesihan
Silakarang
Siyut
154
Sidayu
Sibang-gede
Blangsinga
Tegal-besar
Batuan
Lebih
Tegal
Keramas
Klotok
Kutri
100
101
Pering
154
Peninjoan
Celuk
Sukawati
Jagapati
Masceti
Pinda
Anggabaya
Singapadu
98
Saba
Camenggoan
Batubulan
Telabah
Peguyangan
Guang
Tabanan
Tegehe
Batuyang
23
Tohpati
Ketewel
Denpasar
Sasih

Später kamen Künstler wie *Antonio Blanco* und *Han Snel*, die die „Kunst“ der Balinesen aber nicht bereicherten, sondern lediglich ihre eigenen Fantasien zu Papier oder Leinwand brachten.

Heute ist Ubud ein idealer Stützpunkt, um die geschichtliche und künstlerische Vergangenheit der Insel zu erforschen. Die berühmtesten und wichtigsten Zeugnisse der Vergangenheit liegen alle in der nahen Umgebung. Neben den Strandresorts ist Ubud längst das wichtigste Touristenzentrum Balis. Einige Hundert Übernachtungsmöglichkeiten jeder Preislage bietet die Region. Alles, was der Urlauber, Tourist oder Traveller braucht – außer Strand. Ubud ist das eigentliche Zentrum von Bali. Was immer Wichtiges auf der Insel passiert, passiert hier.

Natur

Für alle Sinne und vor allem das Auge ist die Gegend ein Genuss: eine Hügellandschaft, immer wieder von tiefen Schluchten durchschnitten, in denen reißende Flüsse gurgeln, Reisterrassen, so weit das Auge reicht. Majestätisch ragen die Gipfelketten von Batur, Batukaru und Abang auf der einen Seite und der Sitz der Götter, der Agung, auf der anderen Seite auf.

Hier, in der **feuchten, grünen Zone,** nutzen die Balinesen den fruchtbaren Boden vulkanischen Ursprungs intensiv zum **Reisanbau.** So bleibt wenig Platz für unberührte Natur. Eine Ausnahme bilden die Wälder um das zentrale Bergland. Trotz oder gerade wegen des intensiven Reisanbaus, der im Jahr mehrere Ernten bringt, bleibt die Landschaft harmonisch. Dabei sind die Übergänge von landwirtschaftlich bestellter zu ungenutzter Fläche fließend und die Reisterrassen ein Beispiel perfekter Landschaftsarchitektur – wohltuend für das Auge und abwechslungsreich.

Von Denpasar nach Ubud

Die Anreise nach Ubud und Umgebung ist überhaupt kein Problem. Sowohl öffentliche Verkehrsmittel als auch Shuttlebusse fahren aus allen Regionen Ubud an. Wer **vom Flughafen oder von Kuta** kommt, hat die Möglichkeit, allein auf den rund 30 km bis hierhin fast alle Kunsthandwerksrichtungen der Insel kennenzulernen. Die im Folgenden beschriebenen Orte lohnen einen Stopp auf dem Weg von Denpasar nach Ubud oder als Ausflug in **Ubuds südliche Umgebung.**

Batubulan

Fünf Kilometer hinter Denpasar liegt Batubulan. Die Bebauung zwischen Denpasar und Batubulan wird immer dichter, bald sind keine Ortsgrenzen mehr wahrnehmbar. Rechts und links säumen kleine Shops, Möbelhändler, Häuser und Handwerksbetriebe die Straße. In Batubulan befinden sich, umgeben von Möbelgeschäften, Deckenhändlern und sogenannten Antikshops, Steinmetzbetriebe. Der Ort ist das **Zentrum der Steinmetzkunst,** eine der letzten Kunstformen Balis, die bisher recht wenig durch die ständige Nachfrage seitens der Touristen kommerzialisiert wurde – einfach aus dem Grund, weil die Werke zu schwer zum Mitnehmen sind. Das Niveau der Steinmetzkunst ist also hoch, und da hauptsächlich Einheimische die Abnehmer sind, halten sich auch die Preise in Grenzen. Aber der Transport in die Heimat ist recht aufwendig, obwohl etliche Werkstätten und Agenturen mittlerweile anbieten, die Verschiffung zu übernehmen. Es kann durchaus sein, dass der Transport das Doppelte der Figuren kostet, diese also scheinen sehr günstig zu sein. Es lohnt sich aber, zu vergleichen und zu handeln. Denn der Steinmetz nebenan verlangt vielleicht nur die Hälfte für eine vergleichbare Figur.

Von einem guten Steinmetz verlangt die Tradition, dass er in der Lage ist, alle Figuren ohne Vorlage zu meißeln und dass er weiß, welche Ornamente und Symbole zu welchem Gott oder Dämon gehören. Ganz Bali ist förmlich übersät mit Erzeugnissen der Steinmetze: An Wegkreuzungen, Brücken, Tempeln, an Eingängen, Toren, Verkehrsinseln, Staudämmen, überall stehen aus Stein geschlagene Wächter, die Böses abhalten sollen.

In den Shops entlang der Hauptstraße von Batubulan stehen Hunderte von „neuen" Dämonen und Göttern, die auf Käufer warten, um ihren Dienst irgendwo auf der Insel zu tun. Man kann hier gut einen ganzen Tag verbringen, die unglaubliche Geschicklichkeit der oft sehr jungen Künstler bewundern und sich die Darstellung der einzelnen Figuren erklären lassen. Ein gutes Beispiel für die angewandte Steinmetzkunst ist der Pura von Batubulan, in dem ein meditierender Buddha sitzt.

Die Hauptstraße ist aber eigentlich mehr der Ort des Großhandels. Wer kleine Werkstätten sehen und eventuell ein Schnäppchen machen möchte, sollte nicht der Hauptstraße nach Ubud folgen, sondern besser geradeaus **Richtung Singapadu/Sayan** weiterfahren. Links und rechts der Straße befinden sich hier kleine Handwerksbetriebe, die ihre Kunstwerke vor Ort oder in Batubulan verkaufen.

Es gibt eine **Bühne,** auf der regelmäßig ein Barong-Tanz aufgeführt wird (9.30 Uhr, 50.000 Rp.).

Kutri und Singapadu

In diesen kleinen Orten nördlich von Batubulan sind **Holzschnitzer** und **Steinmetze** ansässig. Die Steinfiguren sind hier deutlich preiswerter als in Batubulan. Einige Holzschnitzer sind spezialisiert auf spezielle Tische und Stühle *(Meja dan Kursi Pandil)* mit dreidimensionalen Schnitzarbeiten, die etwa die Ramayana-Geschichte wiedergeben. So überrascht der Blick durch eine Tischglasplatte in einen Wald, in dem Sita von Ravanna überrumpelt wird. Die Figuren, Bäume und Blätter sind detailgetreu und filigran herausgearbeitet.

Vogel- und Reptilienpark

Ebenfalls an der Straße nach Sayan im Ortsteil Singapadu befinden sich der **Taman Burung Bali Bird Park** (Tel. (0361) 299352, www.bali-bird-park.com), und der Rimba Reptil Park. Die nebeneinanderliegenden Parks liegen links von der scharfen Rechtskurve in Batubulan. Hier abbiegen, nach rund einem Kilometer folgt links der große Parkplatz für beide Parks. Viele Bustouren machen hier Zwischenstation, daher sind sie gut ausgeschildert. Der Bird Park ist großzügig angelegt und die Heimat vieler Papageien, Kakadus, Flamingos und zahlreicher kleiner Vögel in begehbaren Freigehegen. Rund 1000 Vögel und 250 Vogelarten sind zu sehen. Auf dem Gelände gibt es eine Bar und ein Restaurant.

Gleich nebenan liegt der **Rimba Reptil Park,** Tel. (0361) 299344. Hier gibt es Hunderte von Schlangen und Echsen, teilweise in Freigehegen und zum Anfassen – das Gelände ist aber deutlich kleiner als der Vogelpark.

Lesermeinung: „Man kann diverse Warane und Schildkröten in die Hand nehmen und bekommt auch Vögel auf die Schultern gesetzt. Besonders für Kinder beeindruckend, da sowas in einem Zoo bei uns nicht vorstellbar ist. Oder wer hat schon mal einen eineinhalb Meter langen Waran herumgetragen?"

■ **Geöffnet** sind beide Parks täglich 9–17.30 Uhr, Eintritt Erwachsene 26 US$, Kinder 2–12 Jahre 13 US$, unter 2 Jahren frei.

Verkehr

Der Ausflug nach Batubulan bietet sich an bei einem Trip mit dem eigenen Fahrzeug nach Ubud oder Denpasar. Wer mit öffentlichen Verkehrsmitteln unterwegs ist, kann hier ebenfalls einen Stopp einlegen: Kurz vor dem Ort Batubulan am Terminal Batubulan muss das Bemo gewechselt werden.

■ **Busterminal Batubulan:** Von der Bus- und Bemostation Batubulan starten Busse und Bemos in den Osten (Padangbai, Amlapura und Candi Dasa) und Norden Balis (Kintamani, Singaraja). Bemos fahren nach Denpasar.

■ **Minibusse** nach Ubud (durch Celuk, Sukawati und Mas), Candi Dasa, Padangbai, Kintamani, Gianyar, Semarapura (Klungkung), Nusa Dua.

Celuk

Etwa fünf Kilometer weiter liegt Celuk. Man hüte sich davor, den Ortsnamen englisch auszusprechen, etwa wie „Celak". Im Balinesischen bedeutet *celak* nämlich „Penis".

Der Ort erscheint wie ein riesiger Supermarkt für **Silber- und Goldschmuck.** Rechts und links der Hauptstraße reihen sich Villen mit klimatisierten Shops aneinander. In endlosen Reihen von Glasvitrinen liegen Tausende von Ketten, Ringen, Armreifen und

130ba pr

Ein Kasuar im Vogelpark Taman Burung

Ohrringen. Fast überall gibt es scheinbar feste Preise. Trotzdem ist es ratsam, immer „Bisa kurang?" zu fragen, „Geht es auch etwas billiger?". Je nachdem, wie die Antwort ausfällt, weiß man dann, wie weit es her ist mit den fixed prices.

Wer einen oder zwei dieser Läden besucht, stellt schließlich fest, dass die Ware sich überall ähnelt. Die Herstellung muss schnell vonstatten gehen, daher ist die Verarbeitung häufig nicht gut: So sind Verbindungsnähte sind schlecht geschmiedet, ein Armreif oder Ring bricht dann leicht auseinander oder Steine fallen aus den Fassungen. Wer Wert auf Exklusivität und Qualität legt, sollte im eigentlichen **Dorf abseits der Hauptstraße** nach Silberschmieden suchen und Schmuck nach eigenen Entwürfen in Auftrag geben. In Kuta, Ubud oder Sanur gibt es sehr gut sortierte Schmuckgeschäfte mit guter Ware zu ähnlichen Preisen.

Sukawati

Der etwa fünf Kilometer weiter Richtung Ubud gelegene Ort war einst Hauptstadt des gleichnamigen Königreiches. Hier ließen sich in der Zeit der Holländer viele Chinesen nieder. So entwickelte sich Sukawati zu einem blühenden **Marktflecken,** den zu besuchen sich unbedingt lohnt. Einige Warungs gestalten den Besuch auch für den Magen erfreulich. Souvenirshops und ein **Art Market** mit großem Busparkplatz sorgen für Trubel. Verkauft wird alles, was Touristen wollen. Es gibt auffallend viel „Tempelbedarf" wie Schirme und Opferschalen, ebenso Sarongs, Schnitzereien und Malereien. Wer im Markt einkauft, muss sich aufs Handeln verstehen, alles wird erst einmal ziemlich teuer angeboten.

Sukawati genießt einen Ruf als eine der Hochburgen für **Wayang-Kulit-Aufführungen** und für sein großes Gamelan-Orchester. Im rund einen Kilometer entfernten Puaya werden **Lederpuppen** für das Wayang Kulit hergestellt und Workshops für die Herstellung derselben angeboten.

Bali Zoo

Eine touristische Attraktion Sukawatis ist der Bali Zoo mit exotischen Tieren aus aller Welt. Es gibt ein Restaurant, Souvenirshops, einen Klettergarten, Trekkingtouren und die Möglichkeit, einen Abend im Zoo zu verbringen.

■ **Bali Zoo – Kebun Binatang Bali,** Tel. (0361) 294357, www.bali-zoo.com. Tgl. 9–18 Uhr. Eintritt: Erwachsene 26 US$, Kinder 13 US$. Mit sogenannten *Special Packages* inklusive Abholung, Programm und Mittagessen gibt es noch mehr für den Preis.

Batuan

Sukawati und Batuan waren bis zum Jahr 1022 ein einziger Ort. Damals veranlasste König *Marakata* die Teilung in zwei Ortschaften. Batuan wird von vielen **Tänzern** und insbesondere **Malern** bewohnt. Diese sind bekannt für ihren modernen Stil: Sie integrieren die Themen Tourismus, Umweltverschmutzung und Straßenverkehr auf ironische Art und Weise in ihre Kunst und in einen eigentlich balinesischen Bildaufbau. Einige ihrer Werke sind im Museum Puri Lukisan in Ubud ausgestellt.

Sakah

Kurz hinter Batuan befindet sich der Ort Sakah, in dem die Straße rechts nach Semarapura/Amlapura abzweigt und links weiter durch Mas nach Ubud führt. Die Kreuzung kann man nicht verpassen, ein rund acht Meter hohes **Riesenbaby aus Stein** thront mitten auf der Verkehrsinsel. Hier wechselt man das Bemo, wenn man weiter nach Osten will. Im Ort gibt es interessante „Antik"-Shops und Händler mit javanischen Teakholzmöbeln.

Mas

In diesem Zentrum für **Holzschnitzkunst** sehen alle großen Häuser aus wie Museen. Auch die aufgestellten Hinweistafeln erinnern daran: „Anfassen verboten!" oder „Was hinfällt, muss bezahlt werden!". Die Besitzer sind reiche Brahmanen, und der eigene Reichtum wird gern gezeigt. Früher wurden hier ausschließlich Masken geschnitzt, aber heutzutage gibt es auch Katzen, Hunde, Kühe und Teddys aus Holz. Entlang der Straße finden sich Möbelgeschäfte.

Mas hat einen schönen Tempel, den **Pura Taman Pule,** der an einem Platz abseits der Straße liegt. Auf einer nahe diesem Platz gelegenen Bühne werden regelmäßig **Kecak-Tänze** aufgeführt. In Mas kann man Schnitzen lernen: im Dorf oder bei Schnitzern nachfragen.

Setiadarma House of Masks and Puppets (tgl. 8–16 Uhr). Auf der Hauptstraße zwischen Tegel und Sakah zweigt ziemlich mittig links eine Straße ab, die Jalan Tegel Bingin. Wer der Straße ca. 1,5 km folgt, erreicht die Ausstellungsgebäude. In sechs gewaltigen antiken Joglohäusern aus Java befindet sich die **größte Masken- und Schattenspielfiguren-Sammlung Indonesiens,** 1300 Masken und 5700 Figuren vorwiegend aus Indonesien. Wirklich extrem sehenswert, wunderschön gelegen, super anzusehen, sehr gut aufbereitete Ausstellung. Eintritt: Spende.

Lodtunduh

Etwa einen Kilometer westlich von Mas liegt das Straßendorf Lodtunduh. **Gemälde,** vor allem großformatige Bilder, lassen sich links und rechts der Straße ab Pengosekan bis Lodtunduh finden. Oft wirken die Läden von außen klein, geht man hinein, befinden sich hinter den kleinen Shops Hallen, in denen Bilder gestapelt an der Wand stehen. Die Motive wiederholen sich teilweise, aber Buddhas, fotorealistische Elefanten, Michelle und Barack Obama, Mick Jagger, Ganesha, Bob Marley oder Jesus Christus sind wirklich gut gemacht. Es lohnt sich durchaus, hier mal durchzuschauen. Man kann sich auch Bilder oder Porträts nach eigenen Fotos bestellen, und die Werke sind nicht teuer!

Peliatan

Peliatan ist ein Vorort von Ubud und mit diesem längst zusammengewachsen. Auch hier gibt es viele **Maler, Schnitzer, Shops** und **Galerien,** außerdem Losmen und Hotels und viele Baumaterialgeschäfte. Wer in Ubud wohnt und Fernseher, Lampen, Spiegel, Fensterglas, Poolchemie oder Lackfarbe benötigt, fährt nach Peliatan.

Der Ort ist berühmt für seine **Legong-Tänzerinnen.** Peliatans Tänzerinnen haben eine traditionsreiche Geschichte. Früher war es Brauch, dass jeder Palast eine eigene Legong-Tanzgruppe unterhielt, die bei Bedarf auftrat. Schon als Kinder wurden die Mädchen in den Palast geholt und dort ausgebildet. Eine Legong-Tanzgruppe besteht aus drei Mädchen, für die Ausbildung steht ein spezieller Lehrer zu Verfügung.

Tanz- und Musikvorführungen

Ein Beispiel für eine langjährige Erfolgsgeschichte ist die **Gruppe Tirta Sari,** gegründet von *Anak Agung Mandera.* Er war der Erste, der eine balinesische Tanzgruppe nach Übersee brachte, und zwar Ende der 1920er Jahre. Die heutige Tanz- und Musikgruppe besteht aus Enkeln beziehungsweise Studenten von Mandera-Schülern. Die Gruppe hatte bereits Aufführungen in den USA, in Südamerika, Europa, Australien und Japan.

Es gibt feste **Aufführungstermine** der Tänzer und Musiker aus Peliatan (Veranstaltungstermine und -orte siehe „Ubud: Tanz- und Musik-Veranstaltungen").

Community of Artists

Community of Artists ist ein Selbsthilfeprojekt von gescheiterten Schülern und Studenten unter der Leitung des Künstlers, Lehrers und Sozialarbeiters *Dewa Nyoman Batuan.* Hergestellt werden **Holzarbeiten** wie Kästchen, Paravents, Tabletts und Rahmen sowie Gemälde. Und die sehen gar nicht so aus, als seien sie „gescheitert". Der Verkaufserlös kommt den Mitgliedern und dem Projekt direkt zugute. Man kann den Jugendlichen beim Herstellen der Werke zuschauen. Die Community liegt links an der Jl. Pengosekan in Richtung Pengosekan, direkt neben einem Fluss.

Rudana Museum

Im Rudana Museum an der Straße nach Mas/Denpasar, einem dreistöckigen Gebäude, werden Gemälde ausgestellt, unter anderem mehr als 400 Malereien, Lempad-Zeichnungen und einige Affandi-Bilder.

■ **Rudana Museum,** Jl. Cok Rai Pudak 44, Tel. (0361) 975779, www.therudana.org, tgl. 9–17 Uhr, Eintritt 50.000 Rp.

Ubud

Ubud liegt etwa 27 km nordöstlich von Denpasar und ist über die Orte Celuk (Zentrum der Silber- und Goldschmiede) und Mas (Zentrum des Holzschnitzhandwerks) zu erreichen. Wer in den Ort mit seinen rund 20.000 Einwohnern hineinkommt, fragt sich vielleicht an der Einfahrt, wo denn das **kulturelle Zentrum Balis** sein soll. Jedes dritte Haus ist eine Verkaufsgalerie. Das touristische Ubud erlebt seit etlichen Jahren einen **Boom,** der natürlich seinen Preis hat: An der Hauptstraße und noch extremer an der Jl. Wanara Wana, der Monkey Forest Road, reihen sich Shop an Shop, Souvenirstand an Souvenirstand, unterbrochen von Geldwechslern, Ticket-

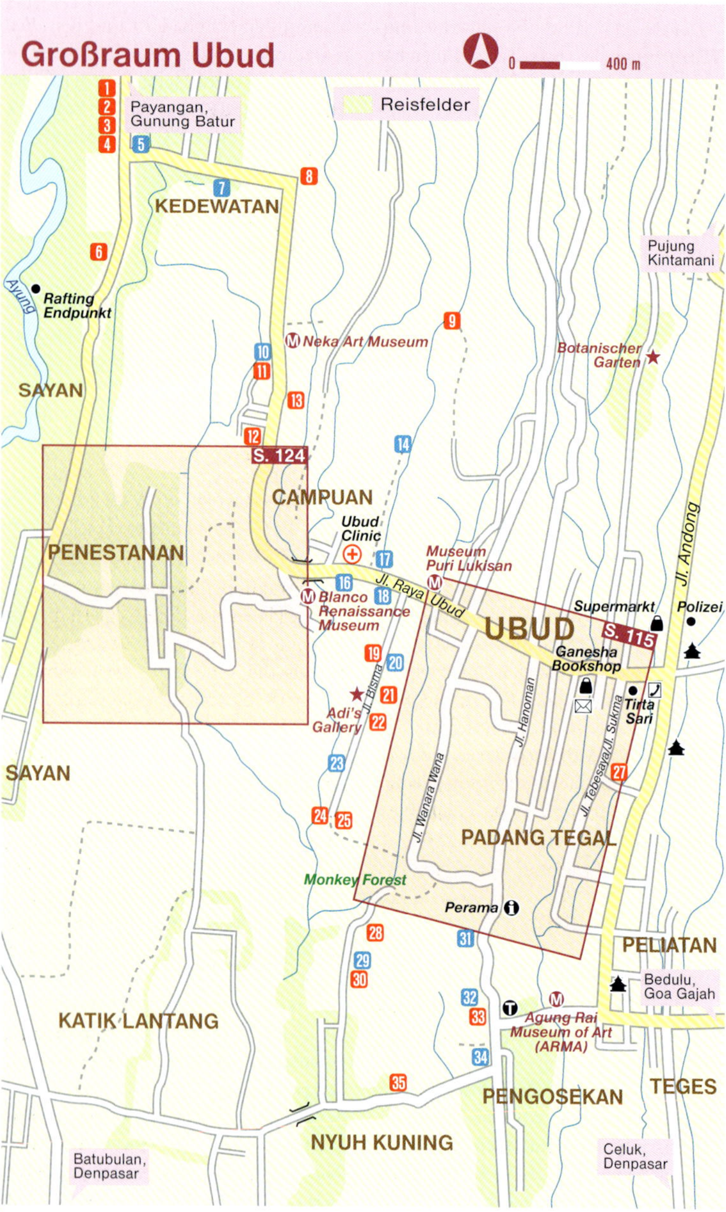
Großraum Ubud
0 400 m
Reisfelder
Payangan, Gunung Batur
KEDEWATAN
Rafting Endpunkt
Ayung
SAYAN
Neka Art Museum
Botanischer Garten
Pujung Kintamani
S. 124
CAMPUAN
Ubud Clinic
PENESTANAN
Museum Puri Lukisan
Jl. Raya Ubud
Blanco Renaissance Museum
UBUD
S. 115
Supermarkt
Polizei
Jl. Andong
Ganesha Bookshop
Tirta Sari
Jl. Bisma
Adi's Gallery
Jl. Hanoman
Jl. Tebesaya/Jl. Sukma
Jl. Wanara Wana
SAYAN
PADANG TEGAL
Monkey Forest
Perama
PELIATAN
Bedulu, Goa Gajah
KATIK LANTANG
Agung Rai Museum of Art (ARMA)
PENGOSEKAN
TEGES
NYUH KUNING
Batubulan, Denpasar
Celuk, Denpasar

Übernachtung
1 Kupu Kupu Barong
2 Puri Bunga
3 Cahaya Dewata
4 Villa Indah
6 Amandari
8 Ulun Ubud
9 Matahari Lumbung
11 Kori Ubud
12 Anini Raka
13 Pita Maha
19 Puri Bayu Guest House
21 Honeymoon Hotel
22 Nick's Pension
24 Nick's Hidden Cottages
25 Tanah Semujan Bungalows
27 Rona Homestay
28 Swasti Eco Cottages
30 Mawa House
33 Casa Ganesha Hotel
35 Ubud Village Resort

Essen und Trinken
5 Nasi Ayam Kedewatan
7 FlyCafé
10 Naughty Nuri's
14 Sari Organic
16 Murni's Warung
17 Griya Restaurant
18 Miro's Garden Restaurant
20 Café des Artistes
23 Café Kendi
29 Laka Léké Restaurant
31 Taco Casa 'n Grill
32 Pizza Bagus
34 Warung Sopa Garden

Agenten, Auto- und Motorradverleihern, Cargo- und Shipping-Agenten und Kunsthandwerksläden.

Das in wirtschaftlicher Blüte stehende Ubud macht dem Kurzzeitbesucher den Einstieg nicht ganz einfach. Trotz der **kommerziellen Fassade** ist und bleibt Ubud aber das kulturelle und künstlerische Zentrum Balis. In den umliegenden Dörfern Penestanan, Padangtegal, Campuan und Peliatan, die mehr und mehr mit dem Zentrum verwachsen, wohnen und arbeiten Hunderte von Malern, Schnitzern und Musikern, deren Werke nicht nur in den unzähligen Galerien und Boutiquen auf Bali, sondern sogar weltweit zum Verkauf angeboten werden.

Ubud ist umgeben von **Schluchten,** in denen je nach Jahreszeit mehr oder weniger Wasser rauscht. Die Umgebung ist landschaftlich schön und abwechslungsreich, mit tropischen Wäldern, Reisfeldern, traditionellen Dörfern und jeder Menge kläffender Hunde – ideal für ausgedehnte Spaziergänge. Der Ort liegt höher als die anderen Touristenzentren, daher ist es für Europäer angenehm kühl. Fast ununterbrochen werden Tempelfeste gefeiert, Zeremonien abgehalten, heimliche Hahnenkämpfe veranstaltet. Auch ist Ubud das balinesische Zentrum für Wandern, Mountainbiking, Rafting und Elefantenreiten. Daneben gibt es exotische Vögel zu sehen, Schmetterlinge kreuzen die Wege und die üppige Pflanzenwelt will erforscht werden.

Lange Zeit galt Ubud als Treffpunkt für Traveller und Individualtouristen. Das trifft heute nur noch bedingt zu. An der Jl. Wanara Wana (Monkey Forest Road), in Sayang und Kedewatan gibt es mittlerweile große, teure **Hotel- und Spa-Anlagen,** die den Bedürfnissen von Luxus- und Pauschalreisenden mehr als gerecht werden. Die 100.000-Rp.-pro-Nacht-Klasse der Backpacker hat es schwer, ein passendes Zimmer mit Familienanschluss zu finden. Ubud ist längst in der 200.000 Rp.-Klasse angekommen, nach oben offen.

Auch der berühmt-berüchtigte **Kunstmarkt** an der Hauptstraße wurde aufgewertet: Die alten Gebäude wurden abgerissen und ein paar neue aufgebaut. Der ursprüngliche Plan sah vor, hier einen Parkplatz zu bauen. Das wurde verworfen und ein balinesischer Kompromiss gefunden: Seit 2013 stehen auf dem früheren Marktgelände weniger Gebäude mit mehr Freifläche, auf der sich wiederum ein Parkplatz befindet. Gut gelungen dagegen ist die Aufwertung der Jl. Karna, die vom Markt gen Süden führt. Hier wurde der Bodenbelag erneuert, die Shops aufgehübscht, und die Guest Houses sind deutlich schmucker geworden.

Hundert Busse fahren täglich nach Ubud hinein und wieder heraus, sie bringen meist **Tagestouristen.** Nicht zu vergessen sind aber auch die Automassen, verursacht durch Leihwagen und den normalen Berufs- und Taxiverkehr, genauso wie durch die Unzahl an durch die Gassen rasenden Mopeds.

Glücklicherweise hat Ubud genug Umland. Mancher Tourist, den es beispielsweise nach Penestanan verschlagen hat, setzt keinen Fuß mehr nach Ubud. Zu laut, zu heiß, heißt es. Mittlerweile wohnen viele Menschen aus dem Westen als Expats zeitweise in dieser Region, nicht erst seit Elisabeth Gilberts Buch- und Filmerfolg „Eat Pray Love". Der amerikanische Lifestyle- und Reisemagazin-Verlag Conde Nast kürte Ubud zur „besten Stadt Asiens". Es muss also etwas dran sein am Mythos Ubud.

Hinter der kommerziellen Fassade verbirgt sich immer noch ein intaktes **Dorfleben.** Wer etwas länger hier ist, so lange, bis das offizielle „Touristen-Programm" abgeschlossen ist, wird die balinesische Atmosphäre spüren. Verlässt man die Hauptstraße, taucht man schon nach wenigen hundert Metern ins ruhige, ursprüngliche Leben ein.

Verwaltung

Noch um 1950 bestand Ubud nur aus einem Banjar Adat. Erst durch die ständige Zunahme der sich im Ort ansiedelnden Familien wurde Ubud in drei eigenständige Gemeinschaften neu gegliedert, und zwar in Ubud Kelod (dem Meer zugewandt), Ubud Tengah (Mitte) und Ubud Kaja (den Agung zugewandt). Zusammen mit dem Banjar Sambahan (ein Kilometer nördlich der Hauptstraße Ubuds) sind sie dem Patronat der drei Tempel Pura Puseh, Pura Bale Agung und Pura Dalem unterstellt.

Der **Sultan** aus der Familie **Cokorde Gede Agung** ist Dorfoberhaupt von Ubud und zugleich Oberhaupt der umliegenden traditionellen Dörfer. Er wird von den Klian Adats der vier zu Ubud gehörenden Banjars unterstützt. Seine Zuständigkeit umfasst lediglich den traditionellen und religiösen Bereich. Der verwaltungstechnische Bereich hingegen wird von einem von der Regierung eingesetzten Beamten geführt. Diese Verwaltungsbezirke (Desa Dinas) umfassen zusätzlich drei weitere Desa Adats, und zwar Desa Adat Taman (drei Banjars), Desa Adat Padangtegal (drei Banjars) und Desa Adat Bentuyung (drei Banjars).

Bis zur Entmachtung durch die Kolonialmacht Holland nahm das Sultanat Ubud die politische Führungsrolle auf Bali ein. Diese Leitfunktion des Sultanats ist bis zum heutigen Tag erhalten geblieben, hat sich aber durch die politische Entmachtung auf kulturelle und religiöse Bereiche reduziert. Das Oberhaupt der Familie Cokorde ist nicht nur Dorfoberhaupt des Desa Adat, sondern fungiert auch als Präsident der **Künstlervereinigung** und Initiator einer **kulturellen Restaurationsbewegung.**

In Zusammenarbeit mit dem Tourismusbüro von Ubud versucht sie zum einen, durch ständige Publikationen eine Veränderung der Verhaltensmuster von Touristen gegenüber der einheimischen Bevölkerung zu bewirken. Dies geschieht durch pädagogische Aufklärung und restriktive Maßnahmen. Zum anderen wird angestrebt, die traditionelle Kultur und Sozialstruktur zu konservieren, das traditionelle Potenzial der balinesischen Dorfgemeinschaft beizubehalten.

Die Folgen sind offensichtlich und auch für Besucher nicht unangenehm: Es gibt beispielsweise keinen McDonald's in Ubud, auch keinen Burger King, KFC und keine große Disco. Nur ein Starbucks hat den Weg hierher gefunden.

Sehenswertes

Puri Lukisan

Der **Palast der Bilder** ist das erste Museum auf Bali, das sich der Malerei widmete. Hier gibt es in einem weitläufigen Park mit Themenpavillons eine Sammlung älterer und neuerer Bilder und Schnitzereien aus Ubud. 1954 wurde das Puri Lukisan auf Initiative des holländischen Malers *Rudolf Bonnet* errichtet, es ist ein Muss für jeden, der vorhat, in Ubud Bilder zu kaufen. Daneben werden reichlich Workshops für die Kleinen und die Großen angeboten – vom Maskenschnitzen bis zur Malerwerkstatt.

■ **Puri Lukisan,** Jl. Raya Ubud, Tel. (0361) 971159, www.museumpurilukisan.com, täglich 9–17 Uhr, Eintritt 75.000 Rp., 115.000 Rp. inklusive Lunch.

Neka Art Museum

Folgt man der Hauptstraße hinter Campuan weiter Richtung Kedawatan, erreicht man nach rund zwei Kilometern eine der sehenswertesten und bedeutendsten Galerien Balis. Das 1976 von *Pande Wayan Suteja Neka* gegründete Neka Art Museum bietet einen Überblick über die **balinesische Malerei** und stellt auch Werke **ausländischer Künstler** aus. Die Ausstellung ist in eine permanente – mit Beispielen aller großen Maler von *Spies* bis *Bonnet, Arie Smit, Blanco, Snel* und anderen – und eine Verkaufsausstellung gegliedert. Schöne, sehr sehenswerte Gemälde, leider auch entsprechend teuer. Zu sehen sind auch Zeichnungen des berühmten *I Gusti Nyoman Lempad.*

Auch eine beeindruckende Sammlung von neuen indonesischen **Kris** (Dolchen) ist hier untergebracht. Spannend ist ebenfalls die **Fotografiesammlung** von *Robert A. Koke,* der zwischen 1937 und 1941 das ländliche Leben, Tänze und Zeremonien auf Bali fotografierte.

■ **Neka Art Museum,** Jl. Raya Sanggigan, Tel. (0361) 975074, www.museumneka.com, Mo–Sa 9–17, So 12–17 Uhr, Eintritt 50.000 Rp., Kinder frei.

Agung Rai Museum of Art (ARMA)

In dem **Künstlerdorf Pengosekan,** in dem etwa 70 Maler leben, findet sich das sehr sehenswerte Agung Rai Museum of Art (ARMA) – mit angeschlossenem, ungemein schickem Resort. Von Ubud sind es etwa fünf Kilometer entlang der Jl. Hanoman nach Süden. Es handelt sich um die größte balinesische **Privat-Gemäldesammlung** des Cokorde-Clan-Angehörigen *Agung Rai.*

Rai hat eine sehr große Sammlung zusammengetragen: fast alle balinesischen Malstile, alte und neue, indonesische und ausländische Maler (die auf Bali gearbeitet haben), inklusive Bildern von *Bonnet, Blanco, Le Mayeur, Ari Smit,* sind vertreten, sogar ein Bild von *Walter Spies* – das einzige verbliebene auf Bali. Daneben sind Werke der bedeutenden balinesischen Maler *I Gusti Nyoman Lampad* und *Ida Bagus Made* ausgestellt.

Das ARMA befindet sich an der Jl. Pengosekan und ist 1996 eröffnet worden. Die Anlage (3300 und 1200 m2) besteht aus verschiedenen Häusern und kann nur als gigantisch beschrieben werden. Sie sprengt jeden Galerierahmen. Geboten werden auch **Tanz- und Theateraufführungen** sowie ständig wechselnde Ausstellungen mit Gemälden, Fotografien, Skulpturen und Performances. Der Galerie angeschlossen sind eine **Bibliothek** mit indonesisch-, englisch-, deutsch- und französischsprachigen Publikationen sowie ein kleiner **Buchladen,** das einladende **Café ARMA,** ein Warung Kopi und das **ARMA-Resort.** Für das Museum sollte man sich mindestens zwei Stunden Zeit nehmen. Das ARMA ist auch bekannt für seine Vielzahl von **Cultural Workshops,** die von balinesischer Malerei bis zum Lesen von Lontar-Blättern reicht (s.u.: „Kurse und Workshops").

■ **ARMA Museum & Resort,** Jl. Raya Pengosekan, Tel. (0361) 975742, www.armabali.com, tgl. 9–18 Uhr, Eintritt 60.000 Rp. inklusive Tee oder Kaffee.

Blanco Renaissance Museum

Antonio Maria Blanco (1926 bis 2000), der „Dali von Bali", ist zu einer Legende geworden. Ab 1952 lebte und arbeitete der in Manila geborene, spanischstämmige Künstler in Campuan. Das Grundstück, auf dem er mit seiner balinesischen Familie lebte, schenkte ihm der König von Ubud. Blancos bevorzugtes Sujet war erotische Malerei und vor allem seine Frau *Ni Ronji.* In der Ausstellung seiner Werke gibt es auch die Lippen von *Mick Jagger* und Bilder anderer Größen. Es heißt, dass Jagger seine Lippen unbedingt kaufen wollte. Blanco soll sich geweigert haben, egal, welchen Preis man ihm bot, und so ist das Bild noch heute zu sehen. Eine von Blancos Spezialitäten war es, den Rahmen in das Bild zu integrieren. Der Künstler starb im Jahr 2000. Noch vor seinem Tod entwarf er sein Mausoleum für die spätere Ausstellung seiner Werke. Das Blanco Renaissance Museum in Campuan, direkt an der Brücke über die Schlucht, ist als Modell und mittlerweile auch in Originalgröße zu besichtigen. Bombastisch!

Blanco Renaissance Museum, Jl. Raya Campuan, Tel. (0361) 975502, www.blancomuseum.com, 9–17 Uhr, Eintritt: 80.000 Rp.

Monkey Forest und Nyuh Kuning

Im südlichen Zentrum von Ubud liegt der neun Hektar große **heilige Affenwald** – einer von Balis heiligsten Plätzen mit besonderen Tempelwächtern: äußerst frechen Affen. Sie sind so dreist, dass sie an einem hochklettern, die Taschen durchwühlen und alles herausnehmen, was darin ist – wenn man sie nicht schnell genug füttert. Besonders Brillenträger sollten vorsichtig sein.

Die Affen tauschen das Geklaute aber gegen Essbares, beispielsweise hartgekochte Eier oder Bananen. Dafür gibt es die „Aufseher", Balinesen, die sich mit den Tieren auskennen. Während der Nebensaison, wenn nur wenige Touristen die Affen füttern, sind sie besonders gierig und mitunter sehr aggressiv.

605 Makaken leben im Wald, 77 davon männlich, 194 weiblich und 334 Jungtiere. Sie haben sich in drei Gruppen aufgeteilt, die zu verschiedenen Tageszeiten an verschiedenen Orten im Wald unterwegs sind. Das Leben der Affen zu erforschen ist auch Teil des **Monkey-Forest-Projekts,** es gibt dafür eigene Programme. Insbesondere der Umgang zwischen Affen und Menschen ist ein spannendes Forschungsfeld – wie jeder Besucher erleben wird.

Außerdem befindet sich im Wald ein **romantischer, kleiner Totentempel,** der Shiva geweihte Pura Dalem Agung. Viele Affen und schreckliche Durga-Statuen bewachen den Haupttempel des nahen Dorfes Padangtegal und den größten Tempel im Wald. Alle Tempel im Monkey Forest stammen aus dem 14. Jh.

Wer dem Weg vom Tempel nach rechts folgt, kommt ins Nachbardorf **Nyuh Kuning,** ein kleines, urtümliches Dorf, in dem die **Holzschnitzer** spezialisiert sind auf ausgesprochen realistisch gefertigte Tiere wie Komodowarane, Affen, Wale oder Delfine.

Monkey Forest, Tel. (0361) 971304, www.monkeyforestubud.com. Ab der Touristinformation ist der Weg ausgeschildert. Es geht immer geradeaus die Jl. Monkey Forest hinunter, für rund zwei Kilometer, an unzähligen Shops und Cafés vorbei. Am Parkplatz vor dem Monkey Forest steht ein kleines Häuschen, der Eingang. Geöffnet ist täglich von 8.30 bis 18 Uhr, Eintritt: 30.000 Rp., Kinder 20.000 Rp. Am Eingang gibt es für 20.000 Rp. Bananen, mit denen die Affen zufriedengestellt werden können. Wer nicht in den Wald hinein, aber mal einen Blick riskieren will, folgt dem kleinen, gepflasterten Weg links vom Eingang am Parkplatz. Er führt nach Nyuh Kuning und streift den Monkey Forest. Auch von hier aus sind die Affen zu sehen und zu erleben.

Botanischer Garten

Die fünf Hektar große Anlage des Botanischen Gartens befindet sich rund zwei Kilometer außerhalb von Ubud Richtung Norden. Gegenüber der Post in Ubud führt eine schmale, asphaltierte Straße nach Kutuh und zum Botanic Garden, zum Laufen recht weit, aber es lohnt sich. In dem riesigen Garten wachsen heimische Pflanzen wie verschiedenste Farne, Bambussorten, Palmenarten, tropische Bäume, Blumen sowie eine große Sammlung von fleischfressenden Pflanzen. Einige Gartenteile sind zu einem Thema angelegt, zum Beispiel muslimischer Garten, Orchideengarten oder Meditationsraum. Nachdem der Gründer und Ideengeber, *Stefan Reisner*, verstorben war, verfiel der Garten – bis Ende 2013 ein neuer Investor gefunden wurde. Die Wiedereröffnung ist für 2015 geplant. Ein genauer Termin stand bei Redaktionsschluss noch nicht fest.

■ **Botanic Garden Ubud,** Tel. (0361) 970951, Eintritt 50.000 Rp.

Tempel und Tempelfeste

Zwölf große Tempel gibt es in Ubud und der näheren Umgebung, von denen allein neun der hier seit sechs Generationen ansässigen fürstlichen Familie gehören. Das „Angebot" an Festen und Zeremonien ist dementsprechend vielfältig und prunkvoll.

In Ubud herrschen konservativere Regeln als im Rest Balis. So hat der „Rat" bereits in den 1980er Jahren entschieden, dass Touristen, die an Tempelfesten (was im Übrigen erwünscht ist) oder an Zeremonien anderer Art teilnehmen wollen, **traditionelle balinesische Kleidung** tragen müssen. Das heißt, Männer und Frauen müssen einen Sarong tragen, und zwar in der richtigen Art und Weise. Alle Losmen- und Hotelbesitzer sind aufgefordert, bei der „Bekleidungszeremonie" Hilfestellung zu leisten. Das erscheint auf den ersten Blick etwas übertrieben, aber bei weiterem Nachdenken wird man den Sinn hinter dieser Regel erkennen: Ubud will nicht überfremdet werden. Touristen sollen sich der Lebensweise des Dorfes anpassen und nicht umgekehrt.

Unter http://balievents.net kann man nachschauen, wann in welchem Tempel eine Feier stattfindet.

Etwas weiter außerhalb

Campuan

Folgt man der gut frequentierten Hauptstraße Jl. Raya Ubud nach Westen, erreicht man nach etwa 1,5 km die **Brücke über den Campuan-Fluss.** Hier beginnt das Dorf Campuan, das eigentlich die „Wiege" Ubuds ist. Beim Blick von der Brücke nach rechts hinüber ist ein prächtiger **Tempel** auf einer Art Halbinsel zu sehen. Das ist die Stelle, wo indische Brahmanen seinerzeit den ersten Tempel bauten (s. „Geschichte"). Den im Oktober 2014 feierlich (wieder)eröffneten Tempel kann man sich bei einem kleinen Spaziergang anschauen. Man geht bis zur Schule zurück und biegt in den kleinen Weg ein. Über eine alte Steinbrücke geht es bald auf die Halbinsel (s.u.: „Aktivitäten: Wandern").

Kurz hinter der Brücke führt links eine Auffahrt hinauf zum **Museum** des spanisch-philippinischen Malers **Antonio Maria Blanco,** dem „Dalí von Bali" (s.o.).

> Workshops für Partner-Yoga, richtiges Atmen oder Cranio-Sakral-Therapie – in Penestanan bieten Spezialisten ihre Dienste an

Penestanan

Etwa 200 m hinter dem Museum liegt auf der linken Straßenseite eine steile **Steintreppe** mit Taxistand. Ein an der Straße angebrachter Schilderbaum zeigt, wo die Treppe hinführt: nach Penestanan. Der holländische Maler *Arie Smit* lebte hier ab dem Ende der 1950er Jahre und gründete die Young Artists School. So heißt der Ort auch *The Village of Young Artists.*

Wer keuchend oben angekommen ist, kann sich erst einmal ausruhen. Der nette **Warung von Ibu Putu** wartet auf Gäste. Der Weg führt weiter, vorbei an **Lala & Lily** und **Made's Warung.** Hier in der Nähe gibt es diverse schöne Unterkünfte, hauptsächlich **Häuser und Bungalows.** Bis zum Dorf Penestanan sind es noch etwa 600 m durch Reisfelder. Dann kommt eine tiefe Schlucht am Ortseingang, in der ein **Wasch- und Badeplatz** liegt. Hier treffen sich bis heute die Bewohner des Dorfs, um sich selbst und die Wäsche zu waschen.

Direkt hinter der Schlucht, oberhalb des Badeplatzes, liegt **Pugig Homestay,** mit dem **Haus von Peter Rump** (siehe Exkurs). Der Autor dieses Reiseführers und Mitgründer des Reise Know-How Verlages hat diesen Platz für sich entdeckt, als er 1976 das erste Mal nach Bali kam, und blieb dann ein paar Wochen hier „hängen". Er hatte in *Bill Dalton's* „Indonesia Handbook" einen Tipp gelesen, dort stand über *Kt. Tama's and Wy. Pugig's Homestay:* „Especially ideal for nature lovers, this is probably the most beautiful natural losmen setting on Bali." Daran hat sich bis heute kaum etwas geändert.

Penestanan war früher ein kleines Dorf mit nicht mehr als 50 Einwohnern, im ganzen fünf Familien – vom Priester bis zum Bürgermeister. Über die Jahre zogen einige Balinesen aus der Umgebung her, auch und besonders, um über

069ba sb

schwarze Magie zu lernen. Von den fünf Familien waren etliche Mitglieder Lehrmeister dieser Magie. Obwohl das Umland dem König von Ubud gehört, wurde es von den Einwohnern Penestanans in der Folgezeit intensiv bewirtschaftet. 1956 kam *Arie Smit* aus Holland und ließ sich in Campuan nieder. Er gründete eine Malschule. Die Menschen in Penestanan, immer neugierig, schauten sich das an und wollten Malen lernen. Die **Young Artists School** war geboren, der Ruf von Penestanan ging hinaus in die (künstlerische) Welt. Ab 1969 wurden die ersten westlichen Hippies in Penestanan gesehen.

Der Ort prosperierte. Mehr Balinesen kamen her, um Malerei, aber auch Heilen und Magie zu erlernen. Ganze Gemeinschaften im Dorf taten sich zusammen auf Grund ihrer Herkunft: eine Gruppe aus Tabanan, eine aus Gianyar usw. Penestanan hatte damals noch keinen direkten Straßenzugang. Der einzige Zugang war das Gelände der heutigen steilen Treppe, die von Campuan hochführt. Früher war hier ein Wasserfall, an dem man von Penestanan herunterklettern konnte auf dem Weg nach Ubud. Auch Strom gab es noch nicht. Trotzdem entwickelte sich das Örtchen durch die Kunst und den Handel mit Kunsthandwerk intensiv. 1976 wurde erstmals eine Straße nach Penestanan gelegt, 1978 kam der Strom.

Heute leben 1200 Menschen in Penestanan. **Kultur und Tradition** werden nach wie vor hochgehalten: Am instandgesetzten Waschplatz gibt es einen fest zugeordneten Platz für die Frauen und einen für die Männer. Man feiert viele **Feste und Zeremonien,** die sich über die Jahre auch bei Besuchern aus dem Ausland einen gewissen Ruf erarbeitet haben. Einige kleine **Shops und Galerien** in Penestanan verkaufen Bilder der Young Artists und Batikarbeiten.

Die **Umgebung** mit Reisfeldern, verwunschenen Pfaden und Schluchten kann gut zu Fuß erwandert werden. Wer in dieser Gegend wohnt oder abends die netten Warungs besucht, sollte immer eine Taschenlampe dabei haben.

Information und Touren

- Die **Ubud Tourist Information** (Yayasan Bina Wisata) liegt an der Jl. Raya Ubud, an der Kreuzung Jl. Wanara Wana, Tel. (0361) 973285, 8–20 Uhr. Hier arbeiten sehr hilfreiche und gut informierte Leute. Es gibt einen **Tanz- und Veranstaltungsplan,** Landkarten, neueste Infos, Arztadressen und Hotelanschriften sowie ein gut frequentiertes Café mit Blick auf das Treiben auf der Hauptstraße und der Jl. Monkey Forest.
- Die Touristinformation bietet folgende **Tages-Besichtigungstouren** an, beispielsweise nach Singaraja und Lovina, Bedugul, Kintamani und Besakih oder Uluwatu. Die Touren kosten 150.000 bis 300.000 Rp./Pers.

Bei der Auswahl einer Tour ist zu beachten, dass nicht jede jeden Tag stattfindet. Eine gewisse Anzahl an Teilnehmern muss im Vorfeld zusammenkommen. Die Abstimmung organisiert die Touristinformation. Eintrittsgelder beispielsweise für Tempel sind generell nicht im Grundpreis enthalten. Für Tempelbesuche sollte ein Sarong im Gepäck sein und die Kleidung angemessen. Die Tourbusse haben normalerweise keine Klimaanlage.

Unterkunft

In Ubud findet man zahlreiche **Losmen und Homestays** in fast jeder Preislage, aber auch **Luxus-**

hotels. Die besten Bungalows findet man in den angrenzenden Dörfern in ruhiger, oft sehr schöner Lage, jedoch kaum billiger. Alljährlich im August füllt sich Ubud mit Besuchern. Die Preise steigen, und manchmal wird es sogar schwierig, überhaupt ein Zimmer zu bekommen. Wer in dieser Zeit ohne vorherige Buchung nach Ubud kommt, sollte etwas Zeit mitbringen und den zahlreichen Wegweisern zu den Hotels folgen, die die Straßen schmücken.

Wer sich den möglichen Stress zu Beginn des Aufenthalts nicht antun will, geht für die erste Nacht in irgendein Losmen. Vielleicht sogar mit dem Schlepper an der Perama-Haltestelle, der den ankommenden Reisenden ein Angebot auf einem Stück Pappe anpreist. Wenn der Preis stimmt, kann man sich später in Ruhe nach Alternativen umsehen.

Painter and Homestay heißt, dass das Losmen von einem Maler geführt wird. Manchmal ist die Terrasse zur Galerie umfunktioniert. Man kann dem „Meister" beim Malen zuschauen.

Einfachste Zimmer mit eigenem Bad *(Mandi)* gehen nach Verhandlung runter auf vielleicht 100.000 Rp. Je länger der Aufenthalt, desto mehr Discount lässt sich herausholen. Die **etwas teurere Kategorie** hat bessere Zimmer, oft Bungalows mit Garten, abwechslungsreiches Frühstück und liegt bei 150.000 bis 200.000 Rp. Unterkünfte über 200.000 Rp. sind **Bungalows,** manchmal mit Pool, in schön angelegten Gärten mit gut ausgestatteten Zimmern. Frühstück ist normalerweise inklusive.

Wer mit dem Smartphone oder Laptop unterwegs ist, der möchte sicher WLAN, also **WiFi,** im Guesthouse nicht missen. WiFi ist häufig inklusive, Schilder weisen darauf hin. Im Zweifelsfall fragen – das nächste Café oder Restaurant mit WiFi ist aber in Ubud sicher nicht weit.

Alle Hotels, die **Dollarpreise** angeben, haben Pools, heißes Wasser, Spas und den Standard, der von teuren Hotels erwartet wird. Hier sind 500 US$ pro Übernachtung keine Seltenheit. Es gibt aber auch recht luxuriöse Unterkünfte ab 50 US$.

Wer einen längeren Aufenthalt plant, kann sich ein **Haus mieten.** Häuser findet man am leichtesten in der Region Penestanan/Campuan. Infos über Vermietungen bieten die zahlreichen Pinnwände in Restaurants, der Touristinformation und an vielen Straßenecken. Eine andere, unerschöpfliche Quelle an Informationen sind das 14-tägig erscheinende Gratismagazin „Bali Advertiser", www.baliadvertiser.biz, „UbudLife" und „Ubud Community", www.ubudcommunity.com. Mit schönen Fotostrecken kommt das Online-Magazin www.ubudhigh.com.

Zimmersuche

Wer mit Bemo oder Bus kommt, beladen mit Gepäck, sucht sich am besten auf die Schnelle ein Zimmer in einer Region, die preislich passt. Die Touristinformation schickt Reisende, die auf der Suche nach einer Unterkunft in der 150.000 Rp.-Klasse sind, in die Jl. Arjuna, gleich unterhalb der Information an der Monkey Forest Road – keine schlechte Adresse, die Losmen sind absolut annehmbar bis hin zu echten Schmuckstücken.

Um das erste Umherirren zu verkürzen, wurde im Folgenden eine Einteilung nach Straßen vorgenommen, in der die dortigen Unterkünfte und deren Klassifikation beschrieben sind. Wichtig bei der Unterkunftssuche ist, sich nicht von ganz kleinen Gassen abschrecken zu lassen. Gerade dort verbergen sich oft die schönsten Plätze. Einige dieser Guesthouses, die einen guten Eindruck machen, sind aufgeführt, was aber nicht heißt, dass das Guesthouse „next door" nicht genauso schön sein kann. Die Beschreibung erfolgt von Ost nach West, also aus Richtung Denpasar über Peliatan weiter nach Ubud.

Tipp: Wer abseits der Hauptstraße wohnt und sich nachts nicht den Hals brechen möchte, braucht unbedingt eine **Taschenlampe.**

Jl. Tebesaya/Jl. Sukma

Nette Nebenstraße mit günstigen Warungs. Allerdings muss man erst mal an einem Busparkplatz (rechts) und vielen kläffenden Hunden vorbei – und der Fußweg bis zum Stadtzentrum ist recht lang.

■ Es gibt einige Losmen und Homestays, die zur preiswerten Kategorie gehören wie **Warta Homestay** ① oder **Ibu Ratna** ①.

■ Eine gute Wahl ist das **Rona Accomodation** ②, Tel. (0361) 973229, www.ronaaccommodation.com. Mit Familienanschluss lebt es sich in den kleinen Bungalows neben einem Pool nicht schlecht.

■ Ein paar Häuser weiter folgt das **Family Guesthouse** ②-③, Tel. (0361) 974054, www.familyubud.com. Schon lange da, mit Springbrunnen im netten Innenhof und Vollkornbrot zum Frühstück.

Jl. Jembawan

Ebenfalls eine ruhige Nebenstraße, die auf die größere Jl. Hanoman führt. Es gibt preiswerte Zimmer und Bungalows, ruhig und schön gelegen, das Zentrum ist nicht weit.

■ Das **Krishna Guesthouse** ②, Tel. (0361) 977 126, beispielsweise ist solch ein Spot, in dem es sich in Zimmern mit Deckenventilator und einem schönen Blick in den Garten gut aushalten lässt.

Jl. Hanoman

Eine belebte Straße mit vielen Shops, Restaurants, Autoverleihern usw., die entweder nach Pengosekan oder auf die Monkey Forest Road (Jl. Wanara Wana) weiterführt. Viele preiswerte Homestays, gemischt mit der Kategorie ab 150.000 Rp. Am unteren Ende, rund um den Perama-Terminal, wird es deutlich teurer. Hier finden viele japanische Gruppen Unterkunft, die Busdichte ist dementsprechend.

■ **Dewa Homestay** ③, Tel. (0361) 975359, www.dewahouse.com, ist ein typischer Vertreter der Jl.-Hanoman-Klasse: Durch eine kleine Tür geht es nach hinten in einen Innenhof. Hier ist ein Pool, um den sich die zweckmäßigen, sauberen Zimmer gruppieren, die teureren mit Klimaanlage. Im Vorhof der Bungalows befindet sich eine Gamelan-Werkstatt. Hier kann man den Handwerkern bei der Arbeit zuschauen.

■ **Puri Dalem Cottages** ③-④, Tel. (0361) 978 420, www.puridalemubud.com, schon lange im Geschäft und immer noch gut erhalten. Das hauseigene Café Tegal bietet chinesisches Essen, die Bungalowanlage auf ortsnahes Leben im Grünen.

■ **Nuriani Roof Garden Guest House** ③, Tel. (0361) 975346, www.nurianiroofgarden.nl, liegt gleich um die Ecke an der Jl. Sugriwa. Die Dachterrasse bietet Überblick, die netten, sauberen Zimmer sind in zwei Geschossen um einen Innenhof angelegt. Zum Guest House gehört das nahe Nuriani Restaurant und Bar, Tel. (0361) 975558, www.nuriani.com, seit mehr als 20 Jahren an derselben Stelle im Reisfeld und recht beliebt.

■ Wer mit dem Perama-Bus gekommen ist, nicht aufs Geld schauen muss und keine Lust mehr hat, weiter hinein nach Ubud zu gehen oder zu fahren, sollte sich in Pengosekan, im südlichen Teil der Jl. Hanoman, die **Villa Puriartha** ④, Tel. (0361) 978118, www.villapuriartha.com, anschauen. Zehn schicke Zimmer umrahmen einen Swimmingpool mit kleinem Wasserfall.

■ Gegenüber dem ARMA an der Jl. Raya Pengosekan befindet sich das **Casa Ganesha Hotel** ②-④, Tel. (0361) 971488, www.casaganesha.com. Lesertipp: „Das Hotel ist super-sauber, gepflegt, und die Mitarbeiter sind sehr nett. Außerdem kann man am Hotel einen Roller für wirklich faires Geld mieten."

Monkey Forest Road (Jl. Wanara Wana)

Fast die ganze Straße besteht aus Geschäften, Restaurants und Hotels. In der „zweiten Reihe" sind hier ausnahmsweise die besseren Plätze. Hinter den neuen **Marktgebäuden** befinden sich die günstigeren Losmen, im Westen begrenzt von der Monkey Forest Road (Jl. Wanara Wana), im Osten von der Jl.

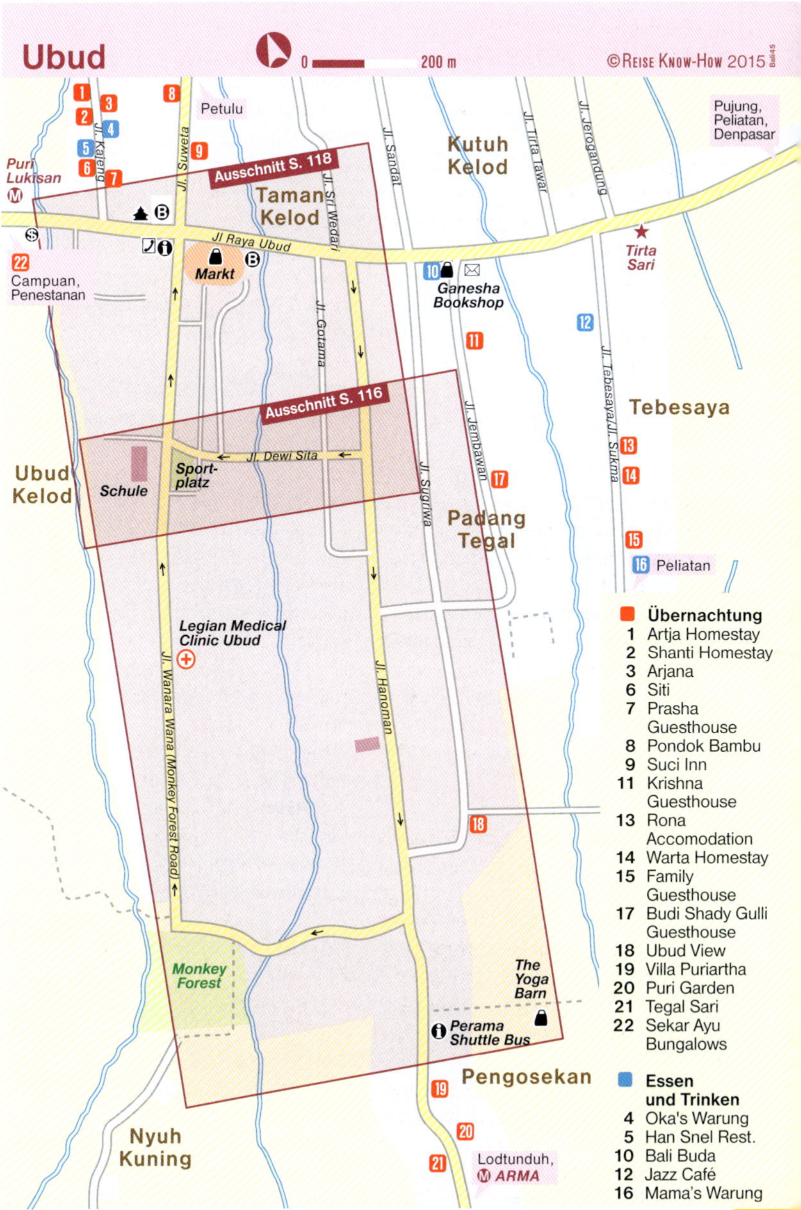
Ubud
0 200 m
©Reise Know-How 2015
Petulu
Pujung, Peliatan, Denpasar
Kutuh Kelod
Jl. Kajeng
Jl. Suweta
Jl. Sandat
Jl. Tirta Tawar
Jl. Jeroganduug
Puri Lukisan
Ausschnitt S. 118
Taman Kelod
Jl. Sri Wedari
Jl Raya Ubud
Markt
Tirta Sari
Campuan, Penestanan
Ganesha Bookshop
Jl. Gotama
Jl. Tebesaya/Jl. Sukma
Tebesaya
Ausschnitt S. 116
Jl. Dewi Sita
Jl. Jembawan
Ubud Kelod
Schule
Sport-platz
Jl. Sugriwa
Padang Tegal
Peliatan
Legian Medical Clinic Ubud
Jl. Wanara Wana (Monkey Forest Road)
Jl. Hanoman
Monkey Forest
The Yoga Barn
Perama Shuttle Bus
Pengosekan
Nyuh Kuning
Lodtunduh, ARMA
Übernachtung
1 Artja Homestay
2 Shanti Homestay
3 Arjana
6 Siti
7 Prasha Guesthouse
8 Pondok Bambu
9 Suci Inn
11 Krishna Guesthouse
13 Rona Accomodation
14 Warta Homestay
15 Family Guesthouse
17 Budi Shady Gulli Guesthouse
18 Ubud View
19 Villa Puriartha
20 Puri Garden
21 Tegal Sari
22 Sekar Ayu Bungalows
Essen und Trinken
4 Oka's Warung
5 Han Snel Rest.
10 Bali Buda
12 Jazz Café
16 Mama's Warung

Monkey Forest Road
0 100 m
Anschluss S. 118
Jalan Dewi Sita
Sportplatz
P
Kochschule
Bioladen
Nur's Beauty Salon
Jalan Jembawan
Jalan Wanara Wana (Monkey Forest Road)
Arzt
Jalan Hanoman
Jalan Sugriwa
Banjar
Tebesaya
Coco Supermarket
Eingang Monkey Forest
Monkey Forest
Nyuh Kuning (mit Moped befahrbar)
Perama
Yoga Barn
1 2 3 4 5 6 7 8 9 10 11 12 13 14 15 16 17 18 19 20 21 22 23 24 25 26 27 28 29 30 31 32 33 34 35 36 37 38 39 40 41 42 43 44 45 46 47 48 49 50 51 52 53 54 55 56 57 58 59 60 61 62 63 64 65 66 67 68 69 70 71 72 73 74 75 76 77 78 79 80 81 82 83 84 85 86 87

■ **Übernachtung**
5 Loka House
6 Nyuh Gading
7 Warsi Bungalows
9 Minami Kerta Bungalows
11 Cendana Cottages
13 Agung Trisna
15 Gerhana Sari
16 Frog Pond Inn
17 Ubud Village Resort & Spa
18 Puri Ulun Carik
19 Komaneka Resort
21 Lumbung Sari Cottages
25 Adi's Cottages
27 Bella House
28 Rice Paddy Bungalows
29 Sri Bungalows
30 Yulia Village Inn
32 Pertiwi
36 Gerhana Sari 2
38 Agus Pension
39 Raka & Rai Bungalow
40 Ubud 2 Bungalow
43 Barong Resort
44 Ubud Bungalow
45 Warsa's Garden Bungalows
46 Fibra Inn & Bungalows
47 Ubud Inn
48 Merthayasa
50 Ubud Terrace Bungalows
51 Argasoka Bungalows
53 Pande Permai Bungalow
55 Champlung Sari
56 Wenara Bali
57 Ubud Permai Bungalows
59 Padi Prada
60 Nyoman Karsa
64 Puri Dalem Cottages
65 Dewi Sri Bungalows
67 Ari House
68 Nick's Homestay 2
69 Jaya Bungalows
70 Nuriani Roof Garden Guesthouse
71 Biyukukung Suites & Spa
72 Ubud View
73 Indra Homestay
74 Warini Bungalow
76 Wayan Family Homestay
77 Rice Paddy Homestay
78 Artini 1
80 Dewa Bungalows
81 Artini 2
85 Jati Homestay

■ **Essen und Trinken**
1 Tutmak
2 Wahyu Café & XL-Shisha Bar
3 Delicat
4 Sjaki-Tari-Us
8 Lobong Café
10 Lamak Restaurant
12 Harmony Warung
14 Bumi Bali Restaurant
20 Bendi's Restaurant
22 Cinta Inn
23 Café Wayan
24 Laughing Buddha Bar
26 Green House Restaurant
31 Warung Garasi
33 Bali Pesto
34 Art Café
35 Three Monkeys
37 Lotus Lane Pizzeria
41 Gecko Restaurant
42 Biang's Café
49 icip-icip
52 Warung Bogasari
54 Kopi Bali House
58 Tropical View Café
61 Warung Semesta
62 Pundi Pundi Restaurant
63 Siam Sally Restaurant
66 Bebek Bengil Restaurant
75 Kedai Café
79 Artini Warung
82 Warung Laba Laba
83 Kafe
84 Cafè Angsa
86 Warung Sopa
87 Down to Earth

Hanoman und südlich von der Jl. Dewi Sita. Zentraler geht es nicht. In der vorderen Reihe entlang der Monkey Forest Road muss mit 25 bis 60 US$ gerechnet werden, die dahinter gelegenen Unterkünfte starten bei 150.000 Rp., die allerdings verhandelbar sind.

■ Gleich hinter dem Markt liegt **Yuni's House** ①-②, Tel. (0361) 975701, ein echter Ubud-Klassiker. Große Bungalows mit heißem Wasser und Deckenventilator.

■ Vor der Schule lohnt sich das Einbiegen in die Gasse nach rechts. Hier liegen etliche Guesthouses in schönem ruhigen Umfeld. Wer den Weg ganz bis zum Ende geht, erreicht **Nick's Pension** ②-④, Tel. (0361) 975636, www.nickshotels-ubud.com. Diese Bungalowanlage ist in eine Schlucht integriert, liegt auf beiden Seiten derselben, hat eine eigene Brücke über den Fluss und eine große Auswahl an Bungalows. Das Angebot beginnt beim schlichten Bungalow mit Ventilator und endet bei der Luxus-

Übernachtung
13 Anggada House
14 Pelangi Bungalows
15 Jungut Inn
16 Anom Cottages
18 Canderi Accomodation
19 Yuni's House
21 Gayatri Bungalows
22 Suarsena House
23 Kabera Bungalows
24 Arjuna House
26 Puri Muwa Bungalows
27 Swan Inn
28 Sari Nadi Homestay
29 Narasoma Alit
30 Okawati Hotel
31 Kori Bali Inn
32 Warji House
33 Nick's Pension
34 Griya Jungutan
35 Gayatri 2
38 Purnama
39 Karna's House
40 Gandra House
41 Puri Widiana
42 Sania's House
43 Brahmandya House
44 Ning's House
45 Weni's Bungalow, Sayong House
50 Anugrah Bungalows
51 Sayong House
52 Esty's House
57 Agung Cottages
61 Sudana Homestay
62 Donald Homestay
63 Nirvana Pension und Gallery
65 Wena Homestay
66 Darta Homestay
69 Srinadi Homestay

Essen und Trinken
1 The Paon
2 Ryoshi
3 Casa Luna
4 Mumbul
5 Café Lotus
6 Starbucks
7 Ary's Warung
8 Coco Bistro
9 Ibu Oka
10 Oops Restaurant
11 Nomad
12 Lada Warung
17 Tropical Restaurant
21 Gayatri Café
25 Ayu's Kitchen
26 Puri Muwa Restaurant
36 Ibu Rai Restaurant
37 Bamboo Bar & Restaurant
46 Tutmak, Wahyu Café, Delicat, XL-Shisha Bar
47 Café Havana
48 Juice ja Café
49 Restaurant Bollero
53 Café Batan Waru
54 Café Dewangga
55 Kafé Bunuté
56 Kismet Café & Boutique
58 Warung Bernadette
59 Devilicious
60 Warung Biah Biah
64 Warung Lokal
67 Pignou di Penyu
68 Clear Café

ausführung mit japanischer Toilette, Fernseher und Kühlschrank. Alle haben WiFi.

■ **Ubud Inn** ②-④, Tel. (0361) 975071, www.ubudinn.com, nicht weit vom Monkey Forest, ist bekannt für seinen großzügigen Garten. Pool und Service sind gut, die Bungalows allerdings sind schon ein wenig in die Jahre gekommen, vor allem die Badezimmer. Es lohnt sich, genau hinzuschauen. Große Bandbreite vom Bungalow mit Deckenventilator bis hin zum AC-Bungalow mit Kühlschrank.

■ Direkt gegenüber liegen die **Ubud Terrace Bungalows** ②, Tel. (0361) 975690. Die langgestreckte Anlage hat etliche Stammgäste, einen Pool mittendrin und bietet ein ordentliches Preis-Leitungsverhältnis – auch wenn das Haus ein wenig in die Jahre gekommen ist.

■ Ein paar Schritte weiter Richtung Monkey Forest springen einem im **Wenara Bali** ②, Tel. (0361) 977384, www.wenarabali.com, die ersten Affen aus dem Wald entgegen. Aber keine Angst, die sind harmlos. Bungalows mit Ventilator und Aussicht, teils auch Klimaanlage. Als nette Zugabe gibt es täglich einen Afternoon Tea gratis.

Jl. Gotama

Ein nette Straße mit Losmen und allem, was das Herz begehren könnte, vom Friseur über den Masseur und den Warung zum Buchladen.

■ Nicht nur für die Batikkurse bekannt ist **Nirvana Pension & Gallery** ③, Tel. (0361) 975415, www.nirvanaku.com. Die netten Bungalows sind schnell ausgebucht von Fans, die teilweise seit Jahren herkommen. Der Besuch der hauseigenen Galerie ist inklusive.

Maruti Lane

Man läuft leicht an ihr vorbei, aber ein Blick hinein lohnt. Hier gibt es einige Guesthouses der 200.000 Rp.-Klasse, einige mit Pool.

■ Das **Sayong House** ②, Tel. (0361) 973305, ist ein gutes Beispiel: Ruhig, am Ende der Gasse, Swimmingpool und Bungalows mit Ventilator bis Klimaanlage um einen kleinen Innenhof angelegt, Familienanschluss möglich.

Jl. Karna

Ganz nahe am Zentrum Ubuds und im Rahmen der Renovierung des Marktes 2013 auch modernisiert, bietet die Jl. Karna heute einige brauchbare Guest Houses zu einem brauchbaren Preis. Es lohnt sich, von Tür zu Tür zu gehen und in die hübsch gestalteten Innenhöfe zu schauen.

■ So ist das **Gandra House** ② schon seit etlichen Jahren im Geschäft: luftige Bungalows mit angeschlossenem Bad. Die Stammkundschaft liebt den schönen Garten und die herzliche Atmosphäre des Hauses.

Jl. Arjuna

Die Jl. Arjuna zweigt von der Touristinformation aus rechts von der Monkey Forest Road ab, direkt hinter dem Tropical Restaurant. Wer sich bei der Touristinfo nach einem Zimmer für 150.000 Rp. erkundigt, wird höchstwahrscheinlich hierhin geschickt. Am Eingang zur Straße sitzen ein paar Schlepper und zeigen den Weg zu einem Guesthouse oder Bungalow. Und die sind nicht schlecht.

■ Ein typisches Beispiel ist das **Suarsena House** ②, Tel. (0361) 974669, ein überschaubares, dreistöckiges Gebäude in einer kleinen Gartenanlage, sehr gut erhalten, sauber und freundlich. Schöne Doppelzimmer mit Balkon, Ventilator und heißem Wasser. Wer Glück hat, bekommt ein Zimmer ganz oben mit luftigem Ausblick über die Dächer von Ubud.

Jl. Suweta

Von der Touristinformation geradeaus hoch als Verlängerung der Monkey Forest Road.

■ Hier gilt das **Pondok Bambu** ①-②, Tel. (0361) 7838266, als eine bekannte, günstige und gute Adresse.

Jl. Kajeng

Die nette, freundliche und überschaubare Straße zweigt hinter dem Tempel Pura Dalem von der Jl. Raya Ubud rechts ab. Es gibt hier einige preiswerte Losmen. Manche sind in die Jahre gekommen, andere wurden frisch renoviert. Nicht nur das Restaurant Han Snel bietet tolle Ausblicke auf die Reisfelder. Auch mancher Losmen kann damit glänzen. Je weiter sich die Jl. Kajeng von der Hauptstraße Raya Ubud entfernt, desto ruhiger wird es. Wenn das Zen Resort und das gegenüberliegende Ubud Sari Health Resort erreicht sind, ist auch die Stille maximal.

■ Gleich zu Beginn liegt rechts das **Prasha Guesthouse** ④ mit Bungalows, die um einen Pool gebaut sind, das Restaurant gleich daneben. Kurze Wege in die Stadt sind garantiert.

Es folgen einige klassische Homestays, von denen manche ihre beste Zeit schon hinter sich haben – was ihrem Charme aber keinen Abbruch tut.

■ Recht gut verkauft sich das **Shanti Homestay** ①-② mit schönem gepflegten Garten und recht gut erhaltenen Zimmern.

■ Wer Durchhaltevermögen zeigt und am Ende der Straße den Weg in die Reisfelder nicht scheut, findet irgendwann das **Matahari Lumbung** ③. Die Anlage mit luftigen Bungalows, gelegen in einem schönen Park, schaut auf Reisfelder und in die Schlucht dahinter. Das deutsche Management bietet auch deutsches Essen an. Hier ist die Ruhe total. Man kann auch mit dem Motorrad oder Auto dorthin finden. Von Ubud aus der Jl. Suweta folgen bis zum Ort Bantujung, dann links dem Schild folgen.

Jl. Bisma

Die Jl. Bisma verläuft parallel zur Monkey Forest Road und liegt westlich des Zentrums, eine sehr ruhige, schmale Straße mit mittelteuren Unterkünften. Alle Hotels liegen an Schluchten, bieten also „Zimmer mit Aussicht". Diese sind aufwendiger und teurer als beispielsweise in der Monkey Forest Road, der Jl. Suweta und der Jl. Kajeng. Aber die Szenerie ist schön und ruhig und mit ein bisschen Glück grüßt bei gutem Wetter auch der Gunung Agung mal herunter. Bei **Miro's Garden Restaurant** geht es den Hang hoch.

■ Ein typischer Vertreter der Jalan-Bisma-Szene ist das **Puri Bayu Guest House** ③, Tel. (0361) 970382, www.puri-bayu.com. Ein plätschernder Bach vor dem Haus, darüber der Blick über die Reisfelder. Die Zimmer im zweistöckigen Bungalow mit Openair-Dusche, Ventilator und Moskitonetz bieten ein gutes Preis-Leistungsverhältnis.

Lesertipp: „Das Preis-Leistungsverhältnis ist ausgezeichnet: geschmackvoll eingerichtete, geräumige, blitzsaubere Zimmer im ersten Stock mit herrlicher Terrasse mit kühler Brise, Blick auf die Reisfelder und nächtlichem Froschkonzert. Köstliches Frühstück, für uns das beste Frühstück in Bali, und zwar jeden Tag etwas Anderes – einmal Omelette, einmal Hühner-Sandwich, einmal gebratener Reis, ein andermal balinesische Pancakes, etc., und immer zuerst frische Früchte."

■ Nicht nur für Leute auf Hochzeitsreise gibt es das bekannte **Honeymoon Hotel & Second Honeymoon Guesthouse** ③-④, Tel. (0361) 973282, www.casalunabali.com, mit Koch- und Yogakursen. Die Kochkurse von *Janet de Neefe* sind recht berühmt (s. Kurse). Die Anlage ist schön verwinkelt und raffiniert gemacht. Verschiedene Bungalowarten, je mehr gewünscht wird, desto teurer wird es.

■ **Nick's Pension** ③-④, Tel. (0361) 975636, www.nickshotels-ubud.com, ein paar Meter weiter, kommt günstiger daher und ist auch nett. Vom Poolrand aus Blick über die Reisfelder Richtung Ubud, nette Atmosphäre inklusive. Vom Standardzimmer bis zum Super-Deluxe-Zimmer mit Klimaanlage und allem, was das Herz begehrt, und irgendwo in der Nähe, mitten im Reisfeld, verbirgt Nick auch noch seine „Hidden Cottages".

■ **Tanah Semujan Bungalows** ②-③, Tel. (081) 916236426, www.tanahsemujanubud.com. Lesertipp. Mitte 2012 eröffnet, liegt am Ende einer von der Jl. Bisma abzweigenden Gasse und bietet nette Zimmer, Klimaanlage und Frühstück auf dem Balkon mit Blick auf den Garten.

Nyuh Kuning

Bekannt geworden durch den Ableger des Café Wayan, das Laka Léké Restaurant, hat sich die Ecke hinter dem Monkey Forest in den letzten Jahren zu einer netten Unterkunftsgegend gemausert, wenn auch recht weit weg vom Schuss und nicht gerade günstig. Wer Nyuh Kuning auf dem kürzesten Weg besuchen will, folgt dem Weg, der links am großen Eingang des Monkey Forest vorbeiführt (mit großem Parkplatz). Hier geht es eintrittsfrei durch den Wald, Blicke auf die Affen inklusive. Der Pfad endet an einem kleinen Platz, der wiederum der rückwärtige Eingang des Monkey Forest ist. Hier gibt es die übliche Infrastruktur mit Souvenirständen usw. Nyuh Kuning hat Cafés, Restaurants, Warungs, Reisebüros und etliche schicke Resorts jenseits der 500.000-Rp.-Klasse.

■ **Swasti Eco Cottages** ④, Tel. (0361) 974079, www.baliswasti.com, mit schönen, traditionellen Bungalows inklusive Openair-Bad in einem netten Park mit Pool und Yoga-Halle. Hier wird Öko gelebt: Im eigenen Biogarten wachsen Gemüse und Kräuter, die im Spa verwendeten Öle sind biologisch angebaut, die Wäscherei vermeidet Chemie. Der Spaß hat aber seinen Preis.

■ **Mawa House** ④, Tel. (0813) 37387756, www.mawahouseubud.com. Lesertipp: „Klein aber fein (8 Zimmer). Top Service, sehr charmant. Mit Pool, kostenlosem Kulturprogramm etc."

Campuan

Bevor die 1984 gebaute Brücke über den Campuan-Fluss überquert wird, geht es rechts nochmal den Hang hoch.

■ Hier ist das **Sekar Ayu Bungalows** ②, Tel. (0361) 975671. Die einfachen, aber gut ausgestatteten Bungalows haben einen schönen Blick über die Reisfelder in die Schlucht des Flusses, und es ist ruhig hier oben.

■ Die Jl. Raya Ubud hinauf liegt auf der rechten Seite das **Hotel Tjampuhan Spa** ③-④, Tel. (0361) 975368, www.tjampuhan-bali.com. Es ist das älteste der teuren Hotels in Ubud und hat einen Quellwasser-Swimmingpool. Dieses Hotel war der Ort, an dem *Walter Spies* und *Rudolf Bonnet* in den 1930er Jahren wohnten. Der Bungalow, in dem Spies wohl gelebt hat, ist zu mieten.

■ Ganz im Norden von Campuan ist das **Ulun Ubud** ④, Tel. (0361) 975024, www.ulunubud.com, ein schönes Beispiel für Hotels, die in die Schluchtenlandschaft eingebettet wurden. Eine der klassischen, eher hochpreisig einzustufenden Unterkünfte. Ein bisschen weit weg vom Schuss, aber sehr schön und harmonisch in einen Hang der Schlucht des Campuan-Flusses hineingebaut – grandiose Ausblicke und Ruhe inklusive. Man kann sich das Essen aber auch auf die eigene Terrasse kommen lassen. Die im balinesischen Stil errichteten Bungalows sind schlicht, aber schön. Nur die Bäder sind größtenteils ein wenig in die Jahre gekommen, wie die ganze Anlage.

Penestanan

In der Gegend um Campuan und Penestanan gibt es wenige Billigunterkünfte. Entweder handelt es sich, wie in Campuan, um nicht gerade günstige Hotels oder, so in Penestanan, um **Häuser,** die langfristiger zu mieten sind – also ab einem Monat oder länger. Es ist sehr angenehm, in dieser Region zu wohnen, da einerseits der Rummel weit genug entfernt, doch andererseits Ubud so nahe ist, dass man die dortigen Annehmlichkeiten in Anspruch nehmen kann. Normalerweise ist ein gemietetes Haus groß genug für bis zu vier Personen. Fast jedes Haus hat eine Küche, sodass man Mahlzeiten selbst zubereiten kann. Auf Wunsch hilft eine Haushaltshilfe, die Wäsche, Kochen, Besorgungen und Saubermachen übernimmt.

Wenn man sich für Häuser rund um Penestanan interessiert, wird man kaum drumherumkommen, sich ein wenig Zeit für die Recherche zu nehmen. Eine zentrale Ansprechstelle für die Suche gibt es nicht, nur ein paar Pinnwände entlang der Fußwege. Eine Möglichkeit ist, das Gepäck bei einem der drei aufeinanderfolgenden **Warungs** hinter der Treppe hoch nach Penestanan zu lassen, bei **Ibu Putu, Lala & Lili** oder bei **Made's Warung,** und dann auf eigene Faust in die Reisfelder zu ziehen. Zu vermietende Häuser sind schnell an der Beschilderung zu erkennen, einfach anklopfen und besichtigen, wenn es gefällt: verhandeln. Je länger der

Übernachten im Pugig Guesthouse – bei Peter und Gunda

Pugig Homestay ①-③, in Penestanan, www.pugighomestay.com, Buchungen unter info@extreme-asia.com. Der Balinese Wayan Kasta ist der Manager der Anlage und wird von Svente als deutschsprachigem Ansprechpartner unterstützt. Für Fragen vorab auf Deutsch ist Svente erreichbar unter Tel. (081) 236369950 oder svente86@yahoo.de, Anfragen auf Englisch bitte an Wayan Kasta, Tel. (081) 337775393 oder info@ pugighomestay.com.

Hier leben Besucher in einem Familienanwesen mit Oma und Opa, Tante, Onkel und einer jungen Familie mit Kindern. Die vier Apartments und ein Bungalow liegen direkt an einer schönen Schlucht umgeben von Reisterrassen mitten in der Natur. Das erste dieser Häuser gehört Peter Rump und Gunda Urban. Wenn die Familie nicht anwesend ist, wird das Haus vermietet.

In den kürzlich renovierten Apartments und dem Bungalow können jeweils zwei bis vier Leute wohnen. Es gibt in jeder Einheit eine Küche, eine große Terrasse, Heißwasser, WiFi, Außen- und Innenventilator, Federkernmatratzen mit Moskitonetzen, einen Gemeinschaftspool und einen eigenen Parkplatz.

Wayan und Svente organisieren Walkingtrips, Fahrrad- und Motorradtouren in die Umgebung, Ausflüge mit dem Auto und Lesungen aus Lontar-Blättern. Auch ein Besuch beim Heiler gehört zum Programm (s. dazu: www.extreme-asia.com).

Mit etwas Glück kann man die Autoren Stefan Blank, Peter Rump und Gunda Urban hier antreffen, wenn sie gerade auf Recherchereise in Bali sind. Sie freuen sich auf Ihren Besuch.

Rundgang in Peters Haus (1:59 Min.)

070ba pr

Penestanan und Campuan

0 200 m ©Reise Know-How 2015 Bali43

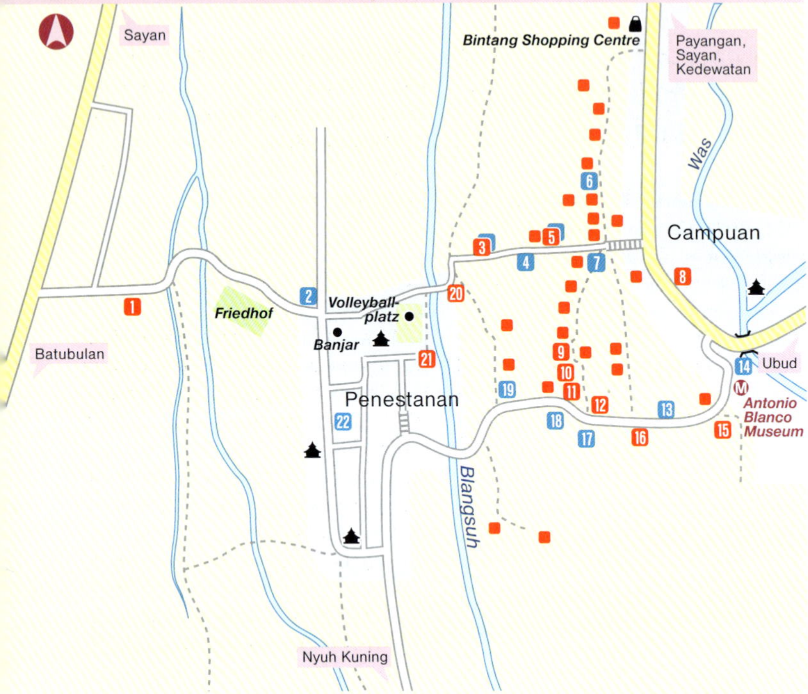

Übernachtung
1 Mansion House Hotel & Bali Wood
3 Villa Nirvana
5 Lala & Lili House
8 Hotel Tjampuhan Spa
9 Melati Cottages
10 Gerebig Bungalows
11 Homestay Gorim
12 Dewa Bharata
15 Sari Bamboo
16 The Sungo
20 Villa Kita
21 Pugig Homestay

Bungalows nur für Langzeitvermietung

Essen und Trinken
2 Café Vespa
3 River Café
4 Made's Warung
5 Lala & Lili Restaurant
6 Yellow Flower Café
7 Ibu Putu's Warung
13 Kué Bäckerei
14 Bridges
17 Alchemy Restaurant
18 Round Bar Café
19 Bayu's Kitchen
22 Kopi Desa

Aufenthalt, desto günstiger wird es. Manchmal muss man eine Kaution hinterlegen, damit man die ganze Zeit dort bleibt. Die drei Warungs am Weg nach Penestanan vermieten selbst auch oder können weiterhelfen.

■ **Lala & Lili** ④, www.lalalilihouse.net, beispielsweise bietet ein Reisfeld weiter einen schönen, mehrstöckigen und luftigen Bungalow. Hier können bis zu sechs Leute wohnen. Es ist ruhig hier oben.

■ **Mansion House Hotel & Bali Wood** ④, Jl. Penestanan, Tel. (0361) 972616, www.themansionbali.com. Restaurant, Spa und Shops. Im Bali Wood sind mehrere Pools, die man bei Bestellung eines Getränks umsonst nutzen darf.

■ **Villa Nirvana** ④, Tel. (0361) 979419, www.villanirvanabali.com. Drei schmucke Villen mit allem, was das Herz begehren könnte. Dazu gibt es Suiten, die über einen eigenen Pool verfügen. Das hauseigene Restaurant „Banana Leaf" kommt mit einer Fusion aus indischer, mexikanischer und indonesischer Küche – der Koch ist Inder – und engagiert sich per Spende für das Gemeinschaftsleben in Penestanan.

Gerebig Bungalows ③-④, Tel. (0361) 974582, www.gerebig.com. Groß und luftig kommen die Bungalows daher, die um einen Swimmingpool gruppiert sind – Blick auf die umgebenden Reisfelder ist inklusive.

Villa Kita ③, Tel. (0361) 7421862, www.balisilber-direkt.de. 2013 von einem Deutschen und seiner balinesischen Ehefrau eröffnet. Große, zweistöckige Bungalows im Lumbung-Stil und kleinere nette Häuschen umrahmen einen Pool mit gepflegter Parkanlage.

Pugig Homestay (siehe Kasten).

Kedewatan und Sayan

Folgt man der Jl. Raya Ubud stadtauswärts, erreicht man zuerst Campuan, dann Kedewatan und nach dem Abbiegen an der folgenden Kreuzung nach links Sayan. An der schönen Schlucht des **Ayung River** (der größte Fluss Balis) hat sich eine absolute **Luxuswohngegend** entwickelt. Es gibt einige teure Hotels, die mit allem erdenklichen Luxus ausgestattet und wunderschön gelegen sind.

Amandari ④, Tel. (0361) 975333, www. amanresorts.com. Eine Wohneinheit besteht aus einem großzügig angelegten doppelstöckigen Haus, gebaut mit teuersten Materialien (Marmor und edle Hölzer) im balinesischen Kampungstil. Mitten durch die Hotelanlage führt ein Weg in die Schlucht zu einer heiligen Quelle. Der Weg durfte nicht bebaut werden, weil hier in bestimmten Zeitabständen Prozessionen zum Wasserholen durchgeführt werden. Der ursprüngliche Planungsfehler erweist sich nun als gute Werbung: Die Hotelgäste brauchen sich nicht außer Haus zu begeben, um einer balinesischen Prozession beizuwohnen.

Bambu Indah ④, Tel. (0361) 974357, www.bambuindah.com, glänzt mit historischen Bungalows, die aus Java importiert und zeitlos schön sind.

Four Season Resort ④, Tel. (0361) 977 577, www.fourseasons.com, schicke, stylische Bungalows, teilweise mit eigenem Pool.

Essen und Trinken

Das Restaurantangebot in Ubud erweitert sich so schnell, dass man unmöglich alle Lokale aufführen kann. Ein Blick in die Gratiszeitung „Bali Advertiser" zeigt, was Ubud alles an Neuem und Gutem zu bieten hat.

Eine besondere **Spezialität** von Ubud und Umgebung ist der **Reiswein,** genannt *Brem.* Er wird aus einer speziellen Reissorte, dem Klebreis *(glutinous rice),* gemacht. Je nachdem, wie alt er ist, gewinnt er an Alkoholgehalt und verliert an Süße. Ab dem dritten Tag ist er trinkbar – mit Zitrone und Eis. Nach etwa sechs Monaten schmeckt er so ähnlich wie Sherry und steigt ganz schön zu Kopf. In Ubud gibt es hauptsächlich zwei Wochen alten Brem: roten, gemacht aus dem gleichen Reis, aus dem auch Black Rice Pudding ist, und weißen. Brem gibt es in fast allen Restaurants oder bei Familien, die ihn herstellen, wie Ibu Pugig in Penestanan. Hier kostet eine Flasche so viel wie ein Glas im Restaurant.

In vielen Restaurants kann man **Spanferkel** *(babi guling/suckling pig)* oder eine ganze **Ente** *(bebek/suckling duck)* bestellen. Als Festessen eignet sich eine Ente am besten, wenn man nicht zu den Leuten gehört, die liebend gern Fett essen, denn die Schweine bestehen anscheinend zu 95 % aus Fett. Die Enten jedoch sind köstlich. Oft werden die Tiere mit Kopf und Füßen serviert.

Jl. Raya Ubud

Bali Buda hat sich seit 1994 der biologischen Ernährung verschrieben. Es gibt einen Lieferservice

071ba sb

und vor allem ein schickes Café, in dem neben einer Portion Bienenpollen für 25.000 Rp. bis hin zum indischen Cay auch leckere Backwaren zu haben sind. Überhaupt lohnt sich der Blick in die Bäckerei: Wie wäre es mit Bread Fretzeln für 5000 Rp.?

■ Das **Nomad** ist seit vielen Jahren hip und gut besucht. Es gibt Gerichte wie Garlic Kebab und Zaziki und große Auswahl an Alkohol und Steaks. Die Preise allerdings sind nicht von Pappe.

■ Gegenüber der Tourist Information an der Jl. Suweta erfreut sich der Warung **Ibu Oka** großer Beliebtheit bei Einheimischen und Touristen: Das *Babi Guling Spesial* geht für 45.000 Rp. über die Theke.

■ In **Ary's Warung** lässt es sich gut essen und sitzen. Die Atmosphäre ist relaxed. Nur zu lärmempfindlich sollte man nicht sein, da Ary's ganz dicht an der Straße liegt – zur Rush Hour ist die Lärmkulisse ziemlich heftig.

■ Das **Ryoshi** glänzt mit japanischer Küche zu akzeptablen Preisen.

■ Das **Casa Luna** ist ein angenehm großes und luftiges Restaurant auf zwei Stockwerken, gutes Essen, Kuchen und Brote. Die Preise ab 25.000 Rp. sind annehmbar.

■ Im **Mumbul Restaurant** lohnt sich nicht nur die abendliche Cocktail-Happy-Hour (zwei für einen), auch das nicht ganz günstige Essen, beispielsweise das Rendang, ist ein ganz guter Deal.

^ Nicht nur zu den Abendveranstaltungen einen Besuch wert: das Café Lotus

Das **Café Lotus** liegt direkt am Teich des Pura Taman Saraswati und hat seinen Namen von den darin befindlichen Lotusblüten. Hier sitzt man hervorragend, nachdem man die „Wait to be seated"-Kontrolle passiert hat. Abends locken Tanzvorführungen. Die Essenspreise beginnen bei rund 45.000 Rp.

Miro's Garden Restaurant am Aufstieg der Jl. Bisma ist ein schöner Biergarten unter Bäumen, auf Kies und mit alten Möbeln. Einen Besuch ist es allein schon wert wegen des Gartens und der netten Atmosphäre. Das Essen dagegen ist nicht ganz günstig.

Nicht nur wegen des klingenden Namens könnte das **Café des Artistes** in der Jl. Bisma einen Besuch wert sein. Hier wird man gesehen und kann es sich dabei gutgehen lassen. Das Café hat, welch Luxus, einen eigenen Parkplatz.

Café Kendi, Jl. Bisma 45, mit chinesischem Einschlag. Lesertipp: „Außer sehr leckerem Essen und einem schönem Ambiente bietet das Kendi seinen Gästen kostenloses Internet, PC inclusive."

Jl. Hanoman

Der **Lada Warung,** gleich zu Beginn der Jl. Hanoman, von der Jl. Raya Ubud kommend, ist ein schickes, zweistöckiges Haus, ausgestattet mit wiederaufbereiteten Schiffsmöbeln. Hier sieht es nicht nur gut aus, das indonesische Essen schmeckt auch hervorragend und ist ab 30.000 Rp. eine gute Wahl.

Das **Clear** ist am 20. November 2014 ein Raub der Flammen geworden. Ob und wie es weitergeht, war bei Drucklegung noch offen.

Down to Earth, Jl. Goutama Selatan, eine kleine Nebenstraße zur Hanoman, hat im März 2012 eröffnet und bietet neben einem Bio-Naturkostladen im Erdgeschoss ein stylish eingerichtetes Restaurant mit Balkon im ersten Stock. Hier gibt es vegetarische Bio-Sachen, von Nachos bis zum Drink „Bali Boost – Our answer to need energy". Nicht ganz günstig, aber sicher gesund.

Die Jl. Hanoman ist die **Straße der Cafés.** Hier lohnt es sich, ein wenig zu schlendern und sich das schönste auszusuchen. Schöne Dinge gibt es auch in den vielen kleinen Läden, die sich eher in der ökologischen und esoterischen Ecke ansiedeln lassen – bis hin zum Shop ausschließlich für Yoga-Kleidung. Es gibt ökologisch und fair angebauten Kaffee, Selbsthilfegruppen stellen sich vor wie im **Kafe,** das zum Dachverband Bali Spirit gehört, dem wiederum verschiedene Selbsthilfegruppen (NGO) in und um Ubud angeschlossen sind. Der Milchkaffee ist eine Versuchung und der Black Rice Pudding einfach köstlich (30.000 Rp.).

Wer sich eher ökologisch orientiert, der ist auch im **Warung Sopa,** Jl. Sugriwa 36, oberhalb des Kafe rechts, dann gleich wieder links, gut aufgehoben: Hier sitzen Paulo-Coelho-Leserinnen und -Leser und genießen die vegetarischen Gerichte in stylishem Umfeld. Es gibt eine Spielecke für die Kleinen und eine Buchecke für die Großen. Der Warung Sopa hat einen schicken Ableger an der Jl. Nyhukuning 2 in Pengosekan: Das **Sopa Garden,** 100 % vegetarisch. Der Garten samt Openair-Restaurant ist schön und wird umrahmt von Kunsthandwerksläden. Die Küche ist leicht und frisch, ein wenig japanisch inspiriert. Jeden Mittwoch ab 9.30 Uhr wird hier ein „Organic Market" abgehalten.

Bebek Bengil, hier werden asiatische Touristengruppen busweise „abgefüttert", aber ein Besuch lohnt: Es geht zu wie in einem Münchner Biergarten. In einem kleinen Park mit Reisfeldanschluss sitzen die Reisegruppen an großen Tischen in kleinen Pavillons und werden von der zuständigen Bedienung betreut. Highlight auf der Speisekarte ist der Namensgeber: „Bebek Bengil – The original crispy duck. Half a duck steamed in indonesian spices and deep fried for a crispy finish. Use your fingers!" Lesermeinung: „Vom Bebek Bengil waren wir ‚entenmäßig' enttäuscht. Die spärliche Portion liegt mittlerweile bei über 100.000 Rp. Dafür wird der dort angebotene Schoko-Kuchen ‚The Original Devil Sin' seinem Namen mehr als gerecht! Der Hammer! Wir haben ihn direkt ein zweites Mal bestellt."

■ Nahe der Kreuzung von Jl. Hanoman und Monkey Forest Road findet sich das **Siam Sally Restaurant** mit – der Name verrät es – thailändischen Gerichten. Ein Thai Curry schlägt mit rund 60.000 Rp. zu Buche.

■ Schräg gegenüber ist das **Pundi-Pundi Restaurant** ein beliebter Platz für Bustouristen und hat einen netten Ausblick auf einen Teich – der aufs Reisfeld ist allerdings verbaut.

■ Wer lange Wege nicht scheut, um endlich mal wieder ganz was anderes zu essen, könnte **Taco Casa 'n Grill** in der Jl. Pengosekan, der Verlängerung der Jl. Hanoman, ausprobieren: Nachos, Burritos, Salat und Steak „from the heart of Bali", wie es in der Eigenwerbung heißt. Man kann sich seinen eigenen Taco ab 15.000 Rp. zusammenstellen.

■ Noch weiter unten in Pengosekan an der Hauptstraße, ein Klassiker: **Pizza Bagus** macht hervorragende Pizzen für unter 50.000 Rp., auch die Pasta ist prima. Nicht nur atmosphärisch ein wenig Dolce Vita in Ubud, auch wenn es an der Straße recht laut ist.

Jl. Gotama

Die Jalan Gotama, Abbiegen am Nomad Restaurant, mausert sich langsam aber sicher zu einer Feinschmeckermeile mit (noch) recht günstigen Preisen:

■ **Warung Lokal** ist ein guter Spot für ein frühes Frühstück, auch die indonesische Speisekarte kann sich sehen lassen. Erstaunlich, was der Chef in seiner kleinsten Küche zuwege bringt.

■ Auf einem Palmenblatt serviert, schmeckt das hervorragende *Nasi Campur* zu günstigen 20.000 Rp. im **Warung Biah Biah** gleich nochmal so gut. Das *Biah Biah* hat sich der balinesischen Küche verschrieben.

■ Das *Beef Rendang* im schmucken **Warung Bernadette** sucht seinesgleichen und kann auf einige Auszeichnungen aus Feinschmeckerhand zurückblicken. Wer genießen will, sollte früh kommen: Das Haus ist sehr beliebt, sicher auch wegen seiner spaßigen und interessanten Einrichtung.

Monkey Forest Road (Jl. Wanara Wana) und Zentrum

■ Im hippen **Tutmak,** Jl. Dewi Sita neben dem Fußballplatz, ist mit Preisen ab rund 40.000 Rp. für Mahlzeiten zu rechnen, mittelteuer und mittelgut. Aber wen die Gelüste nach einem „richtigen" Kaffee packen: Der Café au lait kommt auch für rund 35.000 Rp. in die Tasse. Abends häufig Live-Musik.

■ Daneben liegt das vor allem für günstige Preise und die Thunfischgerichte gelobte **Wahyu Café.**

■ Das **Delicat** ein paar Schritte weiter hat eine nette Pub-Atmosphäre, viele Expat-Freunde und einiges Exotisches auf der Speisekarte, beispielsweise ein Sandwich nach isländischer Art. *Gunnar,* der Inhaber, ist Isländer.

■ Noch ein paar Schritte weiter am Fußballplatz entlang liegt das **Sjaki-Tari-Us,** eine Stiftung für Menschen mit geistigen Behinderungen. Hier gibt es exzellentes indonesisches Essen zum kleinen Preis.

■ Wem das Essen im **Bumi Bali Restaurant** in der Monkey Forest Road, Tel. (0361) 976689, www.bumifood.com, geschmeckt hat, der kann sich gleich selbst an die Arbeit machen: Die hauseigene Kochschule sorgt dafür, dass es zumindest annähernd so gut wird.

■ Das **Café Wayan** wird seit Jahren von einem geradezu legendären Ruf begleitet: balinesisch, dezent und stilvoll. Das gegenüberliegende **Cinta Inn** gibt sich eher modern und hip, aber auch stilvoll. Das Preisniveau ist bei beiden hoch.

■ Das **icip-icip** gehört zur pundi-pundi-Familie und wurde im Juli 2012 eröffnet. Feine asiatische Küche und BBQ auf zwei stylishen Stockwerken. Nicht gerade günstig, aber versüßt durch Happy-Hour-Angebote.

■ **Warung Garasi** ist originell, günstig und hat eine nette Idee dahinter: Die Eigentümer funktionier-

Organic Life in Ubud – zu fast 100 Prozent

von *Gunda Urban*

Ich sitze in einem *very very healthy organic Café* in Ubuds *healthiest Corner.* Das Café ist gut gefüllt mit Menschen, die in Laptops und auf i-Phones starren. Ein Schilderungetüm mit ungefähr 20 Ge- und Verboten verspricht „free WiFi". Ein anderes ermahnt mich, keinen Strohhalm zu benutzen – und wenn es denn schon sein muss, wird die Mehrfachnutzung vorgeschlagen. Ok, da ich Heißgetränke liebe, kann ich mit reinem Gewissen in die aus handgeschöpftem, ungebleichtem Papier bestehende Speisekarte schauen. Jedes aufgeführte Gericht und Getränk ist natürlich 100 % biologisch angebaut, natürlich ohne Farbstoffe und enthält natürlich keine Geschmacksverstärker. Ich bestelle einen Kaffee und einen Salat.

Bei meinem kurzen Toilettenaufenthalt wird mir durch schriftliche Hinweise angetragen, die Welt zu retten und die Umwelt zu schonen. Ich muss gestehen, es ist mir nicht ganz gelungen. Trotz mehrfacher schriftlicher Mahnungen habe ich etwas Toilettenpapier benutzt und die Spülung betätigt, also Wasser verschwendet. Auch beim Händewaschen habe ich mehr als drei Tropfen Wasser benutzt und aus purem Übermut trocknete ich mir die Hände mit zwei Blättern Papier ab, für jede Hand eins. Mein schlechtes Gewissen meldete sich und ich habe mich mehrfach umgeschaut, ob es auch keiner gesehen hat.

Zurück an meinem Tisch erwartet mich nicht, den balinesischen Göttern sei Dank, die HOCP, die Healthy-Organic-Conservation-Police. Trotz unkorrekten Verhaltens wird mir mein Fair-Trade-Bali-Biokaffee und ein Salat – *absolut healthy, 100 % organic* – kommentarlos serviert.

Gegenüber auf der anderen Straßenseite verkauft der *Healthy Organic Beauty Store* Pasten, Masken, Scrubs und Lotionen aus Biokräutern, handverlesen, links und rechts herum gedreht, gerührt und geschüttelt. Gleich nebenan bietet der *Healing Hot Stone Store* seine organic und healthy Behandlungen und Heilungen an. Rechts und links umrahmen mich zwei Yoga-Shops. Auch sie haben sich die Weltrettung zur Aufgabe gemacht. Im Angebot Bekleidung aus nachhaltigen, handgedrehten, -gesponnenen und -gewirkten Naturstoffen. Man ahnt es schon: natürlich *100 % organic.*

Auf der Straße findet gerade der nachmittägliche *non organic* Ubud-Stau statt. Unbeeindruckt von allen Weltrettungs- und Umweltmaßnahmen kriechen unzählige Autos, Busse und Motorräder hupend und lärmend an mir vorbei und produzieren 100 % *unhealthy* Abgase.

Ich werde überprüfen, ob die Yoga-Shops auch natürliche Farben benutzen. Wenn nicht, informiere ich die HOCP. Noch gibt es die Healthy-Organic-Conservation-Police nicht, aber das wird sich sicherlich bald ändern.

Infos

- Biologischen Anbau mit nachwachsenden Rohstoffen betreibt **Big Tree Farms,** www.bigtreefarms.com.
- Jeden Mittwoch wird von 9.30 bis 13 Uhr ein **Organic Market** vor dem Warung Sopa Garden abgehalten, samstags von 9.30 bis 14 Uhr vor dem Café Bagus. Infos: www.ubudorganicmarket.com.
- Selbst gebackenes Brot gibt es bei **Pizza Bagus.**
- Weitere Infos: **www.balispirit.com/food.**

ten ihre Garage zum Warung um, stellten ein paar Vespa-Roller hinein und beschränken sich auf wenige, aber gute und günstige Speisen. Ein Lesertipp: „Das indonesische Essen dort ist unglaublich lecker und für kleines Geld zu haben. Der Besitzer hat das Warung in einer alten Garage eröffnet und hat seine alten Vespas dort u.a. zu Sitzmöbeln umgebaut. Ein nettes Ambiente!"

■ Wer den Monkey Forest rechts liegen lässt, kommt am **Tropical View Café** vorbei und sollte mal hinein- und dann vor allem hinausschauen. Die Küche selbst hat schon bessere Zeiten gesehen, und ein bisschen Auffrischung wäre nicht schlecht – aber dieser Ausblick!

■ Ein kleines Stückchen weiter kommt der **Warung Semesta,** eine erste Adresse für die Freunde vegetarischen Essens: Köstliches *Vegetable Tempura* mit Pilzen, Peperoni, Spinat, süßen Kartoffeln, französischen Bohnen, serviert mit Honig und Sojasoße. Dazu Stoffservietten, ausgezeichnete Bedienung und stimmige Atmopsphäre. Klingt gut? Dann am besten gleich einen Kochkurs mitmachen.

Nördlich des Zentrums

■ In den Reisfeldern oberhalb der Jl. Raya Ubud findet sich das **Sari Organic Restaurant.** Es ist schon unten in Ubud ausgeschildert, damit man nicht den Weg verfehlt. Man geht quer durch die Reisfelder und irgendwann kommt das Sari Organic: bio, wie der Name schon sagt, eigenes Gewächshaus, selbstgemachtes Brot, leckere Pizzen. Allein der Sari Salad aus heimischem Anbau (45.000 Rp.) lohnt den Aufstieg. Da fällt der Rückweg ins Tal schwer.

■ **Naughty Nuri's** gegenüber dem Neka Art Museum, Barbecue vom Feinsten zu annehmbaren Preisen, beliebt bei der Expat-Gemeinde Ubuds. Der Thunfisch vom Grill (45.000 Rp.) und auch das gezapfte Bier (38.000 Rp.) sind zu empfehlen.

■ Das **FlyCafé** an der Jl. Lungsiakan in Kedewatan liegt zwar etwas ab vom Schuss, aber ein Ausflug lohnt sich. Vielleicht am Samstag zur Live-Musik oder am Freitag zum FlyDay. Dann trifft sich die Expat-Community Ubuds und löst gemeinsam Ratespiele, die der australische Inhaber per Mikro in die Runde wirft. Gewinnen ist eine Frage der Ehre, weniger des Gewinnes. Die Speisen im FlyCafé gehören zum Besten, was Ubud zu bieten hat. Allein die Hühnersuppe schmeckt wie bei Muttern und das Nasi Campur ist ein echter Reißer. Dazu ein Bier, serviert mit der Flasche im Eiskübel, Erdnüsse, vielleicht noch ein Blick übers Laptop ins Internet – WiFi ist inklusive – und der Abend ist gelungen. Übrigens: Happy Hour ist von 15 bis 19 Uhr.

Penestanan

■ Wer sich die Treppe nach Penestanan hinaufgequält hat, sollte vielleicht gleich in **Ibu Putu's Warung** Station machen. Als einer der Pioniere im Warung-Business in Penestanan ist *Ibu Putu* immer noch im Geschäft und hat selbiges über die Jahre ausgebaut. Das Ergebnis in Sachen Essen schmeckt und ist günstig. Noch ein kühles Bier dazu, und der Aufstieg hat sich schon gelohnt.

■ Wer dem Weg nach rechts folgt, erreicht nach wenigen Minuten das **Yellow Flower Café.** Hier sitzt es sich in Gesellschaft der in ihren Pausen hier verweilenden Yoga-Gemeinschaft der umliegenden Yoga-Häuser sehr nett. Unbedingt probierenswert ist das „Balinesische Buffet" am Sonntagabend. Für 85.000 Rp. kann man alles probieren, was die balinesische Küche so hergibt und drauf hat – von Fisch bis Tempe, Suppe und Süßigkeit inklusive.

☒ Im FlyCafé gibt es regelmäßig Live-Musik und freitags „Trivial Pursuit" für alle

Weiter in Richtung Penestanan kommt man rechter Hand bei **Lala & Lili** vorbei und sollte nicht nur den schönen Teich anschauen, sondern auch etwas Schmackhaftes essen. Die Suppen sind hervorragend und mit 20.000 Rp. eine Versuchung wert. Leckeres Nasi Campur gibt es für 30.000 Rp.

Noch ein paar Meter weiter gibt es das „best food in town", wie *Made* nicht ohne Stolz auf ihr Schild geschrieben hat. In der Tat ist **Made's Warung** nicht nur wegen der schönen Atmosphäre am Reisfeldrand einen Besuch wert, sondern auch für das frisch zubereitete Essen ab 25.000 Rp. Wer nahe der Küche sitzt, kann am Familienleben rund um den heimischen Fernseher teilhaben.

Die Ortsmitte von Penestanan ist seit einiger Zeit um eine Attraktion reicher: das **Café Vespa.** Hier treffen sich die Bewohner der Häuschen in den Reisfeldern aus aller Herren westlichen Länder zu einem Plausch oder ausgedehntem Brunch. Der Kaffee ist hervorragend, und vor allem das täglich herrlich frische Brot (Ciabatta) wird heftig nachgefragt.

Und wer die Penestananer Hauptstraße 300 m hinuntergeht, trifft auf das **Kopi Desa.** Ein nett aufgemachtes Café mit gemischtem Publikum und angenehmen Preisen.

Weiter auf der Straße Richtung Ubud folgt bald **Bayu's Kitchen.** Spezialität sind Nettigkeiten vom Grill wie beispielsweise die erstklassigen Burger oder die 21 cm langen belegten Baguettes.

Nachtleben

Nachteulen werden in Ubud kaum auf ihre Kosten kommen. Hier geht man früh ins Bett, kann dafür aber auch schon morgens ab 6 Uhr etwas in der „Stadt" erleben. Die Banjars sind strikt gegen die Eröffnung von Diskotheken und Ähnlichem, das würde Ubud zu sehr verändern. Auch wer in Homestays wohnt, muss damit rechnen, dass die Familie spätestens um 22 Uhr ins Bett geht, es sei denn, im Fernsehen läuft ein spannender Boxkampf. So bleiben ein paar Kneipen, die länger geöffnet sind und die Nachtschwärmer dementsprechend geballt anziehen. Nach 23 Uhr ist das Angebot recht ausgedünnt.

072ba sb

■ Für Freunde des Tanzes bietet sich das **Laka Léké Restaurant** in Nyuh Kuning für einen abendlichen Besuch an. Ab 20 Uhr gibt es fast jeden Abend unterschiedliche Tänze, wie freitags den Froschtanz. Dazu ein reichhaltiges Büffet. Ähnlich ist das Abendprogramm im **Café Lotus** an der Jl. Raya Ubud (s. „Essen und Trinken").

■ **Casa Luna** und **Nomad** an der Hauptstraße Jl. Raya Ubud, das **FlyCafé** in Kedewatan oder das **Jazz Café** in Tebesaya (häufig Live-Musik, wirklich gut) halten am längsten aus. Das **Bridges** an der Campuan-Brücke gibt sich bis spät in die Nacht Mühe, den Ortsteil zu beschallen, und in der **XL-Shisha Bar** am Sportplatz blubbern die Wasserpfeifen bei Live-Musik bis in den frühen Morgen.

Einkaufen

Märkte

■ Der Markt **Pasar Baru** im Zentrum Ubuds wurde abgerissen, und an derselben Stelle 2013 wieder aufgebaut. Jetzt ist er ein wenig luftiger geworden und wirkt geordneter. Leider stören die hier geparkten Autos das Bild ein wenig. Mancher mag den alten Markt mit seiner chaotischen Struktur jetzt vermissen ...

■ **Organic Farmer's Market,** mit Bio-Produkten wie Gemüse, Früchte, Kaffee oder Tee, mittwochs 9.30–13 Uhr vor dem Warung Sopa Garden, samstags von 9.30–14 Uhr vor dem Café Bagus.

Supermärkte

Es gibt in Ubud und Umgebung unzählige kleine Läden und etliche Supermärkte der verschiedenen Ketten. Die beiden Platzhirsche, in denen auch die Expat-Community einkauft, sind das **Bintang Shopping Centre,** Jl. Raya Sanggigan 45 in Campuan, und der **Supermarket Delta Dewata** in der Jl. Raya Andong 14. Hinzugekommen ist der **Coco Supermarket** an der Kreuzung Jl. Hanoman und Jl. Monkey Forest. Hier ist alles ein bisschen feiner und damit auch teurer.

Malerei und andere Kunst

Es gibt ungefähr 300 Galerien, ja eigentlich kaum ein Geschäft, in dem es nicht irgendein Bild zu kaufen gäbe. Fast alle sind signiert mit dem Namen des Künstlers und dem Ort, in dem er lebt. Beim Maler persönlich sind Bilder teilweise bis zu 1000 % (!) preiswerter. Unter keinen Umständen wird ein Galerist verraten, wo der Künstler zu finden ist. Dafür muss man schon in das jeweilige Dorf fahren und dort nachfragen.

Wer Gemälde kaufen will, sollte sich auf jeden Fall erst einmal in den Museen Puri Lukisan, Neka Art Museum und ARMA umsehen, um einen Qualitätsmaßstab zu haben (s. „Sehenswertes").

Einige außergewöhnliche Galerien:

■ **Adi's Gallery & Sweet Komang's Gallery Café,** Jl. Bisma 102, Tel. (0361) 977104, ist eine besondere Galerie: 100 % des Verkaufserlöses gehen an zeitgenössische Künstler, die aus Indonesien stammen und nicht längst etabliert sind. Der Inhaber ist selbst ein bekannter Skulpteur mit Ausstellungserfahrung, beispielsweise im ARMA. *Adi Bachmann* ist Deutscher, lebt seit 2005 in Ubud, verheiratet mit der Balinesin *Komang.* Das passt prima: Sie liebt das Kochen, er die Kunst. So haben die beiden eine Galerie mit Café aufgemacht.

■ **Neka Gallery,** Jl. Raya Ubud, Tel. (0361) 975034, zeigt balinesische Kunst der unterschiedlichen Richtungen, auch die früheren Impulsgeber aus Europa kommen nicht zu kurz.

■ **Threads of Life – Indonesian Textile Arts Center,** Jl. Kajeng 24, Tel. (0361) 972187, www.threadsoflife.com, zeigt in Galerie und Shop Textilkunst aus ganz Indonesien. Es gibt Ausstellungen, Filmvorführungen und Unterrichtsstunden. Das Center organisiert auch Ausflüge zu Webereien auf

Green School Award für die SMP II Ubud

von *Gunda Urban*

Vor dem rosa gestrichenen Schulkomplex SMP II Ubud (Hauptschule) steht ein Meer von Fahrrädern, denn Schüler (ca. 800) und Lehrer (ca. 60) wohnen in den nahegelegen Dörfern, sodass die Schule zu Fuß oder per Fahrrad erreicht werden kann. Schon auf den ersten Blick unterscheidet sich diese Schule von vielen anderen Schulen Indonesiens. Alles ist sehr, sehr sauber und ordentlich, die Atmosphäre ist ruhig und entspannt. An den Wegen zu den Klassenräumen befinden sich rote, blaue und gelbe Mülltonnen, die Mülltrennung bewusst machen: Metall, organischer Müll, Restmüll. Zwischen den Gebäudeteilen sind üppige Beete angelegt. Hier wachsen Gemüse, Kräuter und Heilpflanzen, die Schüler in Projekten betreuen. Im Unterricht und durch zusätzliche Schilder wird darauf aufmerksam gemacht, Müll nicht einfach auf die Straße zu werfen, mit Strom zu haushalten, Wasser zu sparen. Der Schulleiter *Putu Rijasa* hat es in nur zwei Jahren geschafft, aus einer ganz normalen Schule eine Vorzeigeschule zu machen, nämlich die Green School Indonesia. Diesen Award erhielt die Schule im Juli 2012. Der stolze Schulleiter hat mit seinem Lehrerteam und den Schülern den Beweis angetreten, dass es nicht eine Frage von Geld ist, ein „grünes" Bewusstsein zu schaffen. Das alles wurde mit dem ganz normalen staatlichen Schuletat finanziert.

Besondere Kunst: poppige Mülltonnen

414ba gu

Bali. Ganz nebenbei hat sich Threads of Life dem Fairen Handel verschrieben und ist Mitglied der World Fair Trade Organization.

■ **Rio Helmi Gallery,** Jl. Suweta 5, Tel. (0361) 972304, www.riohelmi.com. Auf Bali zu fotografieren ist für viele Semiprofis und Fotofreunde etwas Feines: Farben, Menschen, Prozessionen, alles ist in Hülle und Fülle vorhanden. Was ein Profi daraus macht, zeigt der renommierte indonesische Fotograf *Rio Helmi* in seiner Galerie mit angeschlossenem Café (siehe auch das Interview mit Helmi im Kapitel „Reisetipps A–Z").

Silber

Die Silbershops in Ubud bieten einen guten Querschnitt des Angebots aus Celuk. Die Preise sind fix und zumeist nicht überhöht. Wer nur einzelne Silberstücke erwerben will, kommt in Ubud fast billiger weg, denn es entfallen die Fahrtkosten und das endlose Suchen und Handeln in Celuk. In der Regel erhält man ab einer Einkaufssumme von einer Mio. Rupien einen hohen Rabatt.

Kunsthandwerk

In Ubud gibt es unzählige Läden, die **Schnitzereien** wie Holztiere, Garudas, fliegende Drachen oder Frösche, **Stabpuppen, Masken** oder **Stoffe** wie Ikats und Batiken, fertige **Kleidung** aus traditionellen Stoffen und vieles mehr anbieten. Das alles gibt es in den Herstellerorten natürlich preiswerter und in größerer Auswahl. Wer aber in Ubud kaufen will, sollte sich aufs Handeln einlassen. Dann macht der Einkauf mit Sicherheit Spaß.

Bücher

Lektüre zu finden für die stillen Stunden im Café oder auf der Terrasse ist in Ubud kein Problem.

■ **Ganesha Bookshop** gegenüber der Post ist der Klassiker mit jahrzehntelanger Erfahrung, gutem Sortiment und einer Secondhand-Ecke.

■ Die Kette **Periplus** ist zweimal in Ubud vertreten: in der Monkey Forest Road und an der Jl. Raya Ubud.

■ Eine andere gute Adresse ist **Ary's Bookshop** an der Jl. Raya Ubud.

■ **Gebrauchte Bücher** gibt es in etlichen kleinen Shops, beispielsweise an der Monkey Forest Road oder der Jl. Dewi Sita. Auch stellen viele Losmen und Warungs ein kleines Sortiment für ihre Gäste zur Verfügung.

■ Wer Bücher leihen will, ist in der **Pondok Pekak Library & Learning Centre** auf der Ostseite des Fußballplatzes gut aufgehoben. Mehr als 10.000 Bücher können ausgeliehen werden, Kinderbücher sind auch dabei.

Wichtige Adressen

Geldwechsel

Viele Geldwechsler befinden sich an der Jl. Raya Ubud und der Monkey Forest Road (Jl. Wanara Wana). Es gibt Kursunterschiede, vergleichen kann sich lohnen. Vorsicht beim Geldwechseln, immer alles überprüfen und nachzählen.

■ Der **Legian Money Changer** und gleich nebenan **PT Dirgahayu** sind eine gute Wahl. Beide befinden sich an der Jl. Raya Ubud, schräg gegenüber der Post.

■ **Geldautomaten** gibt es über den gesamten Ort verteilt sowie in oder bei den Supermärkten.

Post

■ Die **Post** liegt an der Jl. Raya Ubud, Ecke Jl. Jembawan, gegenüber dem Ganesha Bookshop. Mit Poste Restante, Mo–Sa 8–17 Uhr, So und Feiertag 9–16 Uhr.

Internet

Es gibt noch einige Internetcafés im Raum Ubud, aber die Dichte an WiFi ist in Restaurants, Warungs, Guesthouses und Hotels gewaltig. Einfach auf das Zeichen achten.

Polizei

- **Ubud Sector Police Station,** Jl. Andong, Tel. (0361) 975316.
- **Tourist Police Station,** Simpang Puri.

Medizinische Versorgung

- **Toya Medika Clinic,** Jl. Raya Pengosekan, Tel. (0361) 978078, www.toyamedika.com, hat einen 24-Stunden-Service und nennt sich „die zuverlässigste Wahl bei medizinischen Notfällen in Ubud".
- **Ubud Clinic,** Jl. Raya Campuan, Tel. (0361) 97411, www.ubudclinic.baliklik.com, hat ebenfalls einen 24-Stunden-Service.

Tanz- und Musikveranstaltungen

An den Hauptstraßen und in der Monkey Forest Road werden überall Tickets für die zahllosen Tanz- und Dramavorführungen angeboten. Die ganze Woche über gibt es **Konzerte** oder **traditionelle Tänze** in Ubud und Umgebung. Jeder Tag bietet mindestens sechs Veranstaltungen, die Wahl fällt manchmal schwer. Die **Touristinformation** hält ein umfangreiches Wochenprogramm bereit. Dort kann man auch Tickets kaufen. Für die Aufführungen gelten keine Bekleidungsvorschriften. Die Eintrittspreise bewegen sich zwischen 75.000 und 150.000 Rp. – egal, ob die Tickets bei der Touristinformation oder auf der Straße gekauft werden. Oft ist der Transport zu den Bühnen im Preis inklusive. Die Abfahrtszeiten hält die Touristinformation bereit.

Sonntag:

- **Legong,** Ubud-Palast, 19.30 Uhr
- **Kecak-, Feuer- und Trancetanz,** Padangtegal Kaja, 19 Uhr
- **Wayang Kulit,** Oka Kartini Hotel, 20 Uhr
- **The Peliatan Master,** ARMA Museum, 19.30 Uhr, kostenlose Abholung an der Touristinformation
- **Janger,** Ubud Wasserpalast, 19.30 Uhr
- **Jegog** (Bambus-Gamelan), Bentuyung, 19 Uhr, kostenlose Abholung an der Touristinformation
- **Kecak-, Feuer- und Trancetanz,** Batu Karu Tempel, 19.30 Uhr
- **Tänzer und Musiker aus Peliatan,** Balerung Mandara, 19.30 Uhr
- **Pondok Pekak Gamelan & Tanz,** Bale Banjar Ubud Kelod, 19.30 Uhr

Montag:

- **Legong,** Ubud Palast, 19.30 Uhr
- **Kecak- und Feuertanz,** Junjungan, 19 Uhr, kostenlose Abholung an der Touristinformation
- **Barong und Keris,** Wantilan, 19 Uhr
- **Kecak, Ramayana und Feuertanz,** Pura Dalem Ubud, 19.30 Uhr
- **Frauen-Gamelan und Tanz,** Bale Banjar Ubud Kelod, 19.30 Uhr
- **Wayan Wong,** ARMA Museum, 19 Uhr, kostenlose Abholung an der Touristinformation
- **Wayang Kulit,** Pondok Bambu Accomodation, 20 Uhr

Dienstag:

- **Ramayana Ballet,** Ubud Palast, 19.30 Uhr
- **Aufführung „Der Geist von Bali",** Puri Desa Kutuh, 19.30 Uhr
- **Kecak-, Feuer- und Trancetanz,** Padang Tegal Kelod, 19.30 Uhr
- **Wayang Kulit,** Monkey Forest, 20 Uhr

407ba gu

⊲ Verwandlung: Vom Schulmädchen zur Tänzerin (2:25 Min.)

⊳ Vorbereitung auf den Legong-Tanz

- **Legong,** Balerung Mandera, 19.30 Uhr, kostenlose Abholung an der Touristinformation
- **Legong,** Pura Dalem Ubud, 19.30 Uhr
- **Frauen-Gamelan und Kinder-Tanz,** Ubud Wasserpalast, 19.30 Uhr
- **Narita Dewi Gamelan & Tanz,** Bale Banjar Ubud Kelod, 19.30 Uhr
- **Barong- und Keris,** Padang Tegal Kaja, 19.30 Uhr
- **Legong Telek,** ARMA Museum, 19.30 Uhr, kostenlose Abholung an der Touristinformation

Mittwoch:

- **Legong und Barong,** Ubud Palast, 19.30 Uhr
- **Wayang Kulit,** Oka Kartini Hotel, 20 Uhr
- **Legong,** Yamasari-Tanzgruppe, Puri Agung Peliatan, 19.30 Uhr
- **Kecak- und Feuertanz,** Padang Tegal Kaja, 19 Uhr
- **Jegog** (Bambus-Gamelan), Pura Dalem Ubud, 19 Uhr
- **Kecak-, Feuer- und Trancetanz,** Pura Dalem Taman Kaja, 19.30 Uhr
- **Topeng Jimat,** ARMA Museum, 19 Uhr, kostenlose Abholung an der Touristinformation
- **Chandra Wira Buana,** Bale Banjar Ubud Kelod, 19.30 Uhr

Donnerstag:

- **Legong-, Trance- und Paradies-Tanz,** Ubud Palast, 19.30 Uhr
- **Kecak, Puri Agung Peliatan,** 19.30 Uhr, kostenlose Abholung an der Touristinformation
- **Legong,** Pura Desa Kutuh, 19.30 Uhr, kostenlose Abholung an der Touristinformation
- **Barong- und Keris,** Pura Dalem Ubud, 19.30 Uhr

- **Barong- und Kinder-Tanz,** Ubud Wasserpalast, 19.30 Uhr
- **Kecak-, Feuer- und Trancetanz,** Pura Taman Sari, 19.30 Uhr
- **Kecak-, Feuer- und Trancetanz,** Batu Karu Tempel 19.30 Uhr
- **Wayang Kulit,** Pondok Bambu Accomodation, 20 Uhr
- **Legong,** Pura Keloncing, 19.30 Uhr

Freitag:

- **Barong,** Ubud Palast, 19.30 Uhr
- **Legong & Barong,** Balerung-Bühne, 19.30 Uhr
- **Kecak- und Feuertanz,** Pura Padang Kertha, 19 Uhr
- **Wayang Kulit,** Oka Kartini Hotel, 20 Uhr
- **Jegog** (Bambus-Gamelan), Bentuyung, 19 Uhr, Eintritt 80.000 Rp., kostenlose Abholung an der Touristinformation
- **Kecak-, Ramayana- und Feuertanz,** Pura Dalem Ubud, 19.30 Uhr
- **Barong und Keris,** ARMA Museum, 18 Uhr, kostenlose Abholung an der Touristinformation
- **Frauen-Gamelan,** Bale Banjar Ubud Kelod, 19.30 Uhr
- **Frosch-Tanz,** Pondok Pekak, 19.30 Uhr

Samstag:

- **Legong,** Ubud Palast, 19.30 Uhr
- **Legong,** Puri Agung Peliatan, 19.30 Uhr, kostenlose Abholung an der Touristinformation
- **Kecak-, Feuer- und Trancetanz,** Padang Tegal Kaja, 19 Uhr
- **Wayang Kulit,** Monkey Forest, 20 Uhr
- **Legong,** Ubud Wasserpalast, 19.30 Uhr
- **„Die Schönheit des Legong",** Pura Dalem Ubud, 19.30 Uhr
- **Kecak-, Feuer- und Trancetanz,** Pura Dalem Taman Kaja, 19.30 Uhr
- **Satya Brastha,** ARMA Museum, 19 Uhr, kostenlose Abholung an der Touristinformation

Sonstiges:

- Jeden 1. und 15. des Monats: **Gambuh-Tanz,** Pura Desa Batuan, 19 Uhr, kostenlose Abholung an der Touristinformation
- Bei Neu- und Vollmond: **Kecak Rina Tanz,** ARMA Museum, 19.30 Uhr, kostenlose Abholung an der Touristinformation

Aktivitäten

Yoga

Yoga, Vegetarismus, Trennkost, Meditation: Das sind in der Community der Westler, die länger in Ubud bleiben, große Themen. Yogaschulen werden aufgemacht, unterschiedliche Stile finden unterschiedliche Klientel – vom Anfänger bis „Train the Trainer" – aber die relaxte Atmosphäre und das immer gute Wetter bieten für alle Jünger gute Voraussetzungen. In Ubud ist eine spezielle Art Touristen zu besichtigen: Mitte 20 bis Mitte 30, gut angezogen, nicht arm, meist mit einer zusammengerollten Yogamatte unterwegs. Diese **Yogatouristen** tragen mit dazu bei, **dass sich der Ort verändert.** Der Trend zu Naturkost, vegetarischen und Bio-Restaurants ist unverkennbar, in den umliegenden Dörfern wie Penestanan trifft man sich im Café im Reisfeld auf einen gesunden Shake – oder in der Jl. Hanoman, der Caféstraße Ubuds. Die Ubuder tragen es mit Fassung. Wie eigentlich fast alles, was die Touristen so machen. Die bestehenden Yogaschulen werden ausgebaut, Pavillons hergerichtet, Läden mit Yogaklamotten eröffnet. Wer sich diesbezüglich schlau machen will, schaut sich die Pinnwände beispielsweise bei der Bäckerei Big Buddha oder in Penestanan an. Oder er/sie schaut vorbei in Ubuds Institution, wenn es um Yoga geht: dem **Yoga Barn,** Tel. (0361) 971236, www.theyogabarn.com, Jl. Hanoman, kurz vor *Perama* in den Reisfeldern.

Wandern

Die Umgebung Ubuds lädt zu ausgedehnten Wanderungen durch Reisterrassen, Schluchten und kleine Dörfer ein. Auf eigene Faust loszuziehen ist kein Problem. Jede Abzweigung in eine schmale Gasse oder durch die Reisfelder bringt neue Eindrücke und Begegnungen.

So beginnen an und in der Nähe der **Brücke über den Campuan-Fluss** zwei nette, überschaubare Wanderungen, die sich mit einem morgendlichen Besuch im Blanco Renaissance Museum verbinden lassen. Hier kann man sich die nötige Inspiration in Blancos romantisch verträumter Malerei holen, um dann loszuziehen.

Eine erste Möglichkeit zweigt links hinter der Brücke Richtung Ubud ab: über das Schulgelände runter Richtung Fluss, dann zu dem schön hergerichteten Tempel Pura Gunung Lebah auf der Halbinsel, den man von der Brücke aus sieht. Dann entlang dem Fluss die Schlucht hinauf für ein paar Kilometer. Spannend ist es, die Welt hier mal „von unten" zu sehen. Den Weg verlassen kann man auf der Höhe des Hotels Ulun Ubud. Dann geht es, vielleicht über das Neka Art Museum, zurück zur Brücke.

Ein zweiter Weg beginnt hinter dem Aquädukt, von der Brücke aus kurz vor der Stadtgrenze Ubuds. Hier links halten und der Beschilderung „Sari Organic" folgen. Nach einem kurzen, unspektakulären Weg durch diesen Teil Ubuds folgt ein schmaler, geteerter Pfad durch schöne Reisfelder. Mittendrin hat man immer wieder einen Blick in und über die nahen Schluchten, sieht Reisbauern bei der Arbeit, Maskenschnitzer und Maler, Gänse sind unterwegs. Das Restaurant Sari Organic hat ein eigenes Bio-Treibhaus und lädt zu einem Zwischenstopp ein. Danach führt der Weg weiter und beschreibt einen leichten Bogen nach rechts, Richtung Bentujung und Ubud. Immer der Beschilderung folgen. Zurück geht es durch Dörfer, vorbei an Schulen, bis man Ubud auf Höhe der Touristinformation wieder erreicht.

Ein besonderes Angebot bieten *Lili* und *Westi*. Sie veranstalten täglich die sogenannten **Herb Walks,** Tel. (081) 23816024, www.baliherbalwalk.com. Das sind drei- bis vierstündige Wanderungen, auf denen traditionelle balinesische Heilpflanzen gezeigt und mit ihren Wirkungen vorgestellt werden – von Wirkstoffen für die Erste Hilfe über Notfälle bis hin zu chronischen Krankheiten. Um 8.30 Uhr geht es am Eingang des Museums Puri Lukisan los. Die Buchung sollte einen Tag im Voraus gemacht werden. 18 US$ kostet die Expedition pro Person, Tee und Früchte inklusive.

„Bali, off course", Tel. (081) 23951947, www.balioffcourse.com, bietet geführte dreistündige Wanderungen rund um Ubud. Ab 7.30 Uhr werden die Teilnehmer in ihren Hotels eingesammelt, dann geht es zu Fuß über Reisfelder, durch Dörfer, an Tempeln vorbei, ein Guide steht Rede und Antwort. Die Wanderung gibt es als Morgen- und als Nachmittagswanderung, nachmittags entfällt das Mittagessen. Die Morgenwanderung kostet 250.000 Rp., die Nachmittagswanderung ab 14.30 Uhr 200.000 Rp.

Bali Bird Walks

Das Ubuder Urgestein, Ornithologe und ehemaliger Barmanager des Beggar's Bush *Victor Mason* leitet vierstündige Wanderungen in die Umgebung Ubuds, die sogenannten Bali Bird Walks. Die Wanderungen finden statt am Dienstag, Freitag, Samstag und Sonntag, jeweils um 9 Uhr morgens. Der Schwerpunkt liegt auf **Vogelbeobachtung,** denn allein 100 verschiedene Vogelarten leben in der Region. Um die 30 davon kann man unterwegs ganz sicher sehen. Mason kennt sich auch aus mit Schmetterlingen, Blumen, Bäumen und den verschiedenen Arten der Reiskultivierung. Ein Fernglas sollte man mitbringen, ein paar gibt es auch zu leihen. Essen und Getränke werden gestellt. Infos und Anmeldung: Tel. (0361) 975009, www.balibirdwalk.com.

Massagen

In und um Ubud gibt es reichlich Anbieter für Massagen, beispielsweise Gesichts- und Ganzkörpermassagen mit Sandelholzöl und traditionellen javanischen Schönheitsmitteln.

■ **Nur's Beauty Salon,** Tel. (0361) 975352, in der Jl. Hanoman 28 ist schon lange im Geschäft und immer eine gute Adresse. Der krönende Abschluss solch einer Massage ist ein warmes Bad mit Frangipani-Blüten. Eine Massage gibt's ab ca. 255.000 Rp.

■ **fresh!,** Jl. Dewi Sita, Tel. (081) 999947221, nennt sich „organic beauty salon" und bietet u.a. eine „organic oil massage". Ein stilvoller Abschluss einer Bio-Einkaufstour durch die Jl. Dewi Sita.

Schwimmen

Wer ohne Pool wohnt, muss deswegen noch lange nicht aufs Schwimmen verzichten. **Hotels mit Pool** kann man gegen eine Gebühr (zwischen 15.000 und 40.000 Rp. pro Person) benutzen.

Kurse und Workshops

In Ubud und Umgebung kann man eine ganze Reihe Kurse und Workshops belegen. Hier eine kleine Auswahl:

■ Eine gute Adresse für viele Kurse ist **Pondok Pekak Library & Learing Centre** auf der Ostseite des Fußballplatzes, mitten in Ubud. Tel. (0361) 976194. Mit den „Art of Bali-Lessons" bietet das Haus günstige und spannende Einblicke, beispielsweise in Balinesischen Tanz, Gamelan, Holzschnitzen, Silberschmuck-Herstellung, Göttergaben basteln und vieles mehr. Drei Stunden Unterricht im Holschnitzen kosten 200.000 Rp. pro Person. Auch wer einen Sprachkurs machen will, ist hier an der richtigen Stelle. Daneben hält die Bücherei rund 10.000 Bücher bereit – vom Krimi bis zur anthropologischen Studie.

■ Das **ARMA Museum** (s. „Sehenswertes") bietet eine ganz Liste an sogenannten „Cultural Workshops", die Besuchern das Leben auf Bali näherbringen sollen. Sie dauern in der Regel zwei Stunden.

Kochkurse:

Einige Restaurants bieten halbtägige Kochkurse an – inklusive Besuch des heimischen morgendlichen Markts, Rezeptbuch und gemeinsamem Mittagessen. Auf dem Programm stehen Köstlichkeiten wie Nasi Goreng, Saté oder Gado-Gado. So ein Kurs kostet ab 200.000 und 250.000 Rp. Nach oben gibt es fast keine Grenzen.

■ So bietet das hochklassige **Amandari Resort** in Kedewatan, Tel. (0361) 975333, www.amanresorts.com, individuelle Kurse, die bei rd. 150 US$ starten.

■ Das **Bumi Bali Restaurant** in der Monkey Forest Road, Tel. (0361) 976689, www.bumifood.com, ist eine bekannte Adresse für Kochkurse (300.000 Rp. pro Person).

■ Die Kurse des **Café Bali** in der Jl. Kajeng sind günstiger, dafür ist die Auswahl an Speisen ein bisschen kleiner (250.000 Rp. pro Person).

■ **Honeymoon Hotel,** Tel. (0361) 973283, www.casalunabali.com, in der Jl. Bisma. Das Guesthouse bietet 6 Mal die Woche Halbtageskurse für 350.000 Rp. pro Person an. Auf der Website findet man die jeweiligen Rezepte, die an den verschiedenen Tagen von Chefin *Janet de Neefe* zubereitet werden.

■ **Warung Semesta,** Tel. (0361) 973318, www.warungsemesta.blogspot.de, in der Monkey Forest Road, bietet Kochkurse für die vegetarische Küche, von Tempe bis Tofu, von frischem Gemüse bis zur Erdnuss-Soße (300.000 Rp. pro Person).

Verkehr

Fahrzeug leihen

Ein eigenes Fahrzeug ist keine schlechte Idee, um Ubud und das Umland zu erkunden. Sei es auch nur ein Fahrrad, um wie *Julia Roberts* in dem Film „Eat

Pray Love" durch die **pittoresken Reisfelder** zu radeln.

■ **Autos, Motorräder und Fahrräder** können in der Monkey Forest Road und Jl. Raya Ubud an mehreren Stellen gemietet werden. Die Preise differieren – ein Vergleich lohnt sich durchaus. Automiete ab 150.000 Rp. für einen Kleinwagen ohne Versicherung pro Tag, Motorrad ab 50.000 Rp. pro Tag, Fahrrad (Mountainbike) ca. 20.000 Rp. pro Tag. Wer länger mietet, zahlt weniger. Grundsätzlich sind alle Preise verhandelbar.

■ **Mietwagen mit Fahrer** werden an fast jeder Ecke angeboten. Es ist kein Problem, ein Auto für einen Tag zu mieten, um eine Tour zu unternehmen oder einen Transport von Ubud in einen anderen Ort zu finden. Pro Tag kostet der Service rund 500.000 Rp.

Shuttlebusse

Die bequemste und schnellste Fortbewegungsart zu anderen Touristenzentren sind die regelmäßig verkehrenden Shuttlebusse. Die Ziele Denpasar, Kuta, Flughafen, Candi Dasa, Sanur, Lovina Beach, die Gilis (Lombok) und sogar Flores offerieren mehrere Agenturen an der Jl. Raya Ubud und Monkey Forest Road. **Perama** sitzt in der Jl. Hanoman, Tel. (0361) 973316, www.peramatour.com.

Nachstehend die üblichen Shuttlebus-Preise: Sanur 50.000 Rp., Flughafen 50.000 Rp., Kuta 50.000 Rp., Padangbai 50.000 Rp., Candi Dasa 60.000 Rp., Kintamani 100.000 Rp., Lovina 125.000 Rp., Bedugul 75.000 Rp., Tirta Gangga 120.000 Rp., Tulamben 150.000 Rp., Senggigi 175.000 Rp., Gilis 200.000 Rp.

Bemos

Bemos starten von der **Bemo Corner** in Richtung Batubulan/Denpasar fast ununterbrochen, nach Campuan/Kedewatan mehrmals täglich. Es gibt keinen eigenen Bemo-Terminal. An Markttagen ist die Minibusfrequenz deutlich höher, und zwar in alle Himmelsrichtungen. Es ist dann kein Problem, einen Direkttransport nach Pujung/Tegalallang oder Gianyar zu bekommen. Die Minibusse sind dann allerdings so voll, dass keine Mücke mehr zusätzlich hineinpasst.

Wer auf der Jl. Raya ein Bemo anhält, sollte das richtige Handzeichen kennen: Der Bemoboy wird nach rechts bzw. links deuten. Er will damit fragen, ob man in Sakah nach rechts (Denpasar) oder links (Gianyar) will. Die **orangenen Bemos** fahren die Strecke Gianyar – Ubud, die **braunen** Batubulan – Ubud und weiter nach Kintamani.

Nördliche Umgebung von Ubud

Elephant Safari Park

Ein Ausflug von Ubud Richtung Nordwesten führt zum Elefantenpark bei **Tarot.** Auf der Straße nach Kedewatan erreicht man zwei Kilometer hinter dem Neka Art Museum eine scharfe Linkskurve. Von dort ist es noch ein Kilometer bis zu einer T-Kreuzung, rechts führt die Straße über **Payangan** zum Gungung Batur hoch (links geht es nach Sayang).

Ca. 1,5 km hinter Payangan führt eine kleine Straße nach Tarot, wo sich der Elephant Safari Park befindet. Seit 1998 wird der Park betrieben. Damals zogen 18 **Sumatra-Elefanten** von ihrer Heimatinsel nach Bali um. Das Areal ist 3,5 Hektar groß, mit einem kleinen See, in dem die Tiere gern baden. Man kann **30-**

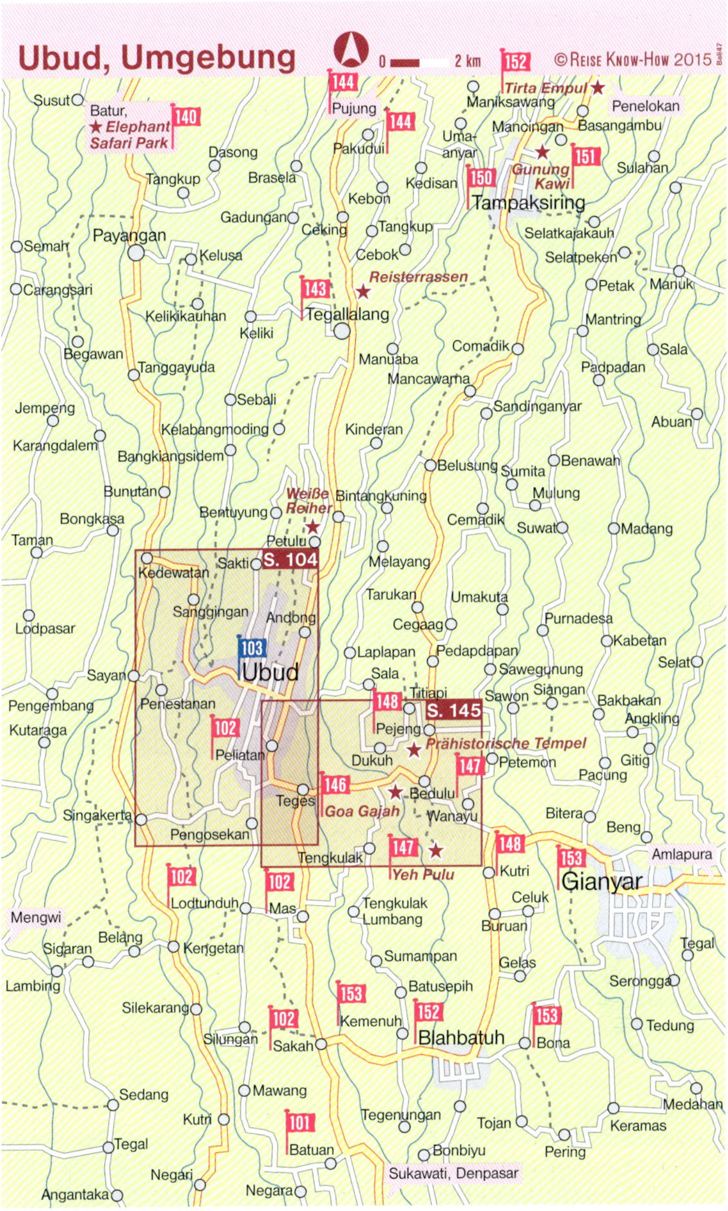
Ubud, Umgebung
0 2 km
©Reise Know-How 2015
Bali47
Susut
Batur,
★ Elephant Safari Park
140
144
Pujung
144
Pakudui
152
Tirta Empul
Maniksawang
Penelokan
Uma-anyar
Mancingan
Basangambu
Gunung Kawi
151
Sulahan
Dasong
Brasela
Kedisan
Kebon
150
Tampaksiring
Tangkup
Gadungan
Ceking
Tangkup
Selatkajakauh
Semah
Payangan
Kelusa
Cebok
Selatpeken
Carangsari
143
Reisterrassen
Petak
Manuk
Kelikikauhan
Keliki
Tegallalang
Mantring
Begawan
Manuaba
Comadik
Sala
Tanggayuda
Mancawarna
Padpadan
Jempeng
Sebali
Sandinganyar
Abuan
Karangdalem
Kelabangmoding
Kinderan
Bangkiangsidem
Belusung
Benawah
Sumita
Bunutan
Weiße Reiher
Bintangkuning
Mulung
Bongkasa
Bentuyung
Cemadik
Suwat
Madang
Taman
Petulu
Sakti
S. 104
Kedewatan
Melayang
Tarukan
Umakuta
Sanggingan
Andong
Cegaag
Purnadesa
Lodpasar
Kabetan
103
Ubud
Laplapan
Pedapdapan
Selat
Sayan
Sawegunung
Sala
Titiapi
Sawon
Siangan
Pengembang
Penestanan
148
S. 145
Bakbakan
Kutaraga
102
Pejeng
Angkling
Prähistorische Tempel
Peliatan
Dukuh
147
Petemon
Gitig
Pacung
146
Bedulu
Teges
Goa Gajah
Wanayu
Bitera
Singakerta
Beng
Pengosekan
148
Tengkulak
147
Amlapura
153
Yeh Pulu
102
Kutri
102
Gianyar
Lodtunduh
Mas
Celuk
Mengwi
Tengkulak Lumbang
Buruan
Belang
Sigaran
Kengetan
Tegal
Sumampan
Gelas
Lambing
Batusepih
Serongga
Silekarang
153
Kemenuh
152
153
102
Tedung
Silungan
Blahbatuh
Bona
Sakah
Mawang
Sedang
Medahan
101
Tegenungan
Tojan
Kutri
Keramas
Tegal
Pering
Batuan
Bonbiyu
Sukawati, Denpasar
Negari
Negara
Angantaka

067ba sb

minütige **Ausritte** unternehmen. Jeder Elefant hat seinen eigenen Führer. Am Ende des Ausritts, gegen 16 Uhr, dürfen die Tiere baden und sich von den Gästen mit Zuckerrohr füttern oder abwaschen lassen. Für Kinder sind diese **Elefanten zum Anfassen** ein tolles Erlebnis.

Eine alternative Strecke führt über Pujung zum Elefantenpark (s.u.).

Elephant Safari Park, Tel. (0361) 721480, www.elephantsafaripark.com, 8–18 Uhr, Eintritt: Erwachsene 19 US$, Kinder unter 14 Jahren 10 US$, unter vier Jahren 5 US$. Ein Elefantenritt kostet 55 US$ für Erwachsene, 40 US$ für Kinder unter 14 Jahren, 17,50 US$ für Kinder unter vier Jahren. Alle Preise können auch in Rupien bezahlt werden. Es wird täglich neu nach aktuellem Kurs abgerechnet. Auf dem Parkgelände befindet sich ein großes Restaurant.

Fast ein „Muss" bei jeder Bali-Reise: die Reisterrassen bei Tegallalang

Von Ubud nach Pujung

Drei interessante Dörfer liegen an der Straße, die in nördlicher Richtung über Pujung zum Gunung Batur führt. Von Ubud kommend am Denkmal nach links abbiegen in die Jl. Andong. Am besten unternimmt man diese **Tagestour** mit dem Fahrrad, Motorrad oder Auto. Es fahren nicht besonders viele Bemos und die individuellen Möglichkeiten zum Anhalten und Schauen machen den Reiz aus.

Die **Jl. Andong** ist eine einzige Werkbank mit zur Straße hin geöffneten Shops, dahinter liegen meist die **Werkstätten.** Hier gibt es fast alles, von Schmuckherstellern über Schreinereien für recyceltes Holz bis hin zu Metallwarenläden. Es ist ein wenig unübersichtlich, man findet kaum Parkplätze. Aber wer sich auf die Suche einlässt und sich genug Zeit nimmt, wird sicher fündig.

Petulu

In diesem netten kleinen Dörfchen, rund zwei Kilometer von der Hauptstraße weg (linke Seite), nisten in den Bäumen die **weißen Reiher,** die immer in den Reisfeldern zu sehen sind. 15.000 dieser Tiere sollen hier leben, und das erst seit 1963 – als der Agung ausbrach.

Die Reiher von Petulu (1:22 Min.)

Die Straßen sind voller Federn, überall in den Bäumen sind Nester. Auch wenn *Elizabeth Gilbert* in dem Film „Eat Pray Love" hier ihre Heldin auf einer Radtour unverrichteter Dinge wieder abziehen lässt, weil wohl keine Reiher da sind – es gibt sie: Die meisten Vögel sind ab ab ca. 17 Uhr zu sehen, da sie vorher überall auf Bali in den Reisfeldern Futter suchen. Aber auch tagsüber lohnt sich der Blick in die Bäume im Ort. Am Ortseingang sind 15.000 Rp. Eintritt zu entrichten.

Wer der asphaltierten Straße durch Petulu hindurch folgt, kommt durch schöne alte Dörfer und nach einigen Kilometern wieder **zurück nach Ubud.**

Tegallalang

Auf der Hauptstraße zurück, folgt nach ca. vier Kilometern Tegallalang. Unterwegs passiert man eine Vielzahl von Geschäften, die **Kunsthandwerk** in wirklich unvorstellbaren Mengen anbieten.

Von Tegallalang bis Pujung sind es ca. zehn Kilometer. Zwischen den beiden Orten gibt es tolle **Reisterrassen,** daher kostet ein Auto normalerweise 5000 Rp. „Eintritt" – was der touristischen Verkehrsüberlastung in Tegallalang aber offensichtlich nicht weiterhilft. Wenn man an der Straße an der besten Fotografierstelle anhält, wird man schnell belagert von Sarong- und Andenkenverkäufern. Wer dem aus dem Weg gehen möchte, kann vor den Reisterrassen rechts abfahren vorbei am **Kampung Café.** Hier geht es auch geradeaus weiter, hinunter in die Schlucht und durch die Reisfelder hindurch, dann steil die andere Schluchtseite wieder hinauf. Von oben hat man

Blick auf Tegellalang. Oder man fährt rund 300 m weiter, dann rechts, wo das **Café Dewi** mitten in den Reisfeldern liegt. Japanische Hochzeitspärchen lassen sich hier gern fotografieren. Das Dewi ist nicht ganz günstig, aber der Ausblick ist es allemal wert.

Wer ein paar hundert Meter weiter den Hügel hinauffährt, sollte auf der linken Straßenseite einen Stopp planen, im

■ **d'Alas Warung,** Tel. (0361) 902110, www.d-alas.com. Hier stimmt alles: die Architektur, die Atmosphäre, die Qualität der Mahlzeiten und der wunderschöne Ausblick auf Reisterrassen, die mit denen von Tegallalang gut mithalten können.

Pakudui

Hinter Tegallalang führt die zweite nach rechts abbiegende schmale Straße, die steil nach oben geht, nach Pakudui. Das Dorf ist bekannt für seine **Schnitzer,** die sich auf die Herstellung von **Garudas** spezialisiert haben. Überall links und rechts der Straße kann man Schnitzern bei der Arbeit zusehen, die teilweise drei bis vier Meter hohe Garuda-Statuen meißeln: Auftragsarbeiten von Banken und Hotels aus ganz Indonesien. Es wird nur bestes Holz verwendet, was sich auf die Preise niederschlägt.

Pujung

Links und rechts der Straße befinden sich Großhändler und Produzenten von **schmiedeeisernen Waren** sowie **Holzschnitzereien:** Obst und Gemüse, Blumen, verrückte Figuren und Statuen, Motorräder, Kokospalmen und ganze Bananenplantagen, alles aus Holz, bemalt und unbemalt. Außerdem unechte „Antiquitäten": Schnitzereien werden vergraben, gewässert und sonstwie behandelt, bis sie aussehen, als seien sie 100 Jahre alt.

Hier kaufen die Boutiquen aus Sanur, Kuta, Ubud und so weiter ein. Verkauft wird zu „Großhandelspreisen". So kosten beispielsweise Schnitzereien im Antik-Stil nur einen Bruchteil dessen, was man woanders als angebliche „Antiquitäten" für sie verlangt.

Sebatu

Das quirlige Örtchen Sebatu wartet mit zwei sehenswerten Attraktionen auf: der parkähnlichen Tempelanlage Gunung Kawi Sebatu und dem örtlichen Waschplatz Genah Melukat (auch Sebatu Temple genannt).

Die **Tempelanlage Gunung Kawi Sebatu** liegt in einer Talsenke. Man folgt der Beschilderung von der Hauptstraße aus. Die Anlage ist einen Spaziergang im Park wert. **Wasserspiele** plätschern, und es gibt einen historischen Tempel (Eintritt: 15.000 Rp.).

Der Straße weiter folgend, an der nächsten Kreuzung links, kommt man zu einem weiteren Tempel und dem **öffentlichen Waschplatz Genah Melukat.** Mehr als 100 hohe Stufen geht es hinunter in die Schlucht. Mit ein bisschen Glück sind Bewohner da, die sich gerade Melukat, einer traditionellen Waschung unter einem Wasserfall, unterziehen – mit viel Ernst und viel Gelächter. Mittlerweile kommen Balinesen von der ganzen Insel, meist in Gruppen, hierher zur Reinigung. Der Klassiker für Melukat, Tirta Gangga, ist vielen zu überlaufen. Ein- oder zweimal im Monat an einem freien Tag waschen sich Jung und Alt, Frau und Mann rituell im reinen Wasser, beten dazu und können wieder gestärkt in den Alltag zurückkehren. Kinder dürfen erst nach der Zahnfeilung mitmachen. In Sebatu gibt es Umkleidekabinen und kleine Warungs. Man darf gern zuschauen und sollte sich nicht wundern, wenn eine ernst gemeinte Einladung zur Waschung erfolgt.

Von Ubud nach Osten

Wer in Ubud an der Hauptkreuzung nicht links nach Tegallalang und Pujung abbiegt, kann geradeaus weiterradeln oder fahren und kommt dann quasi „durch die Hintertür" nach **Pejeng.** Eine landschaftlich sehr schöne Strecke mit Kokospalmenalleen und Reisfeldern erfreut das Auge. Hier haben sich etliche Menschen aus dem Westen niedergelassen und sehenswerte Villen in die Reisfelder gebaut. Manchmal lohnt ein Blick

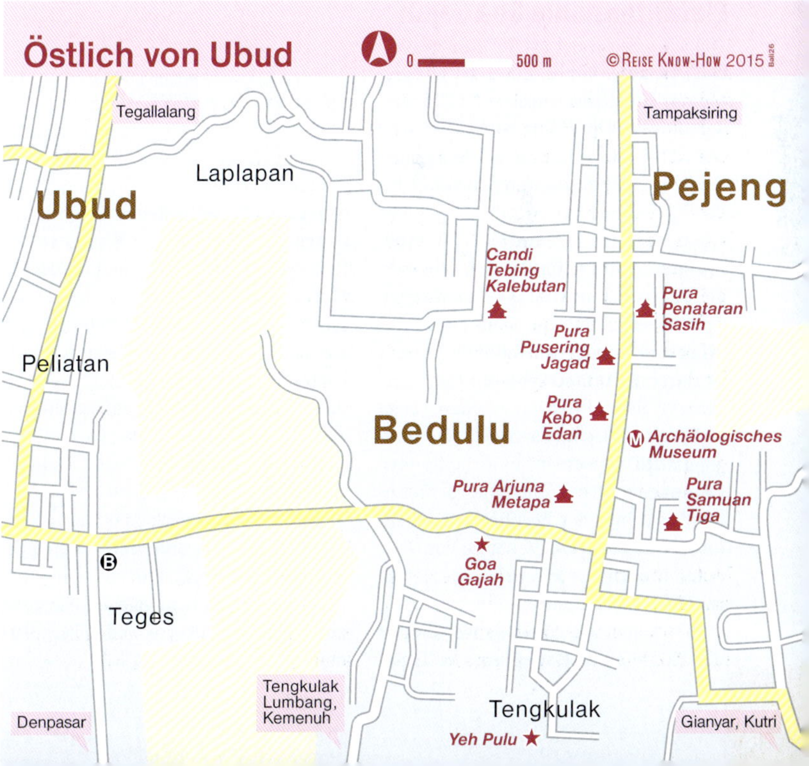

über die umgebende Mauer. Wenn man auf die Straße Tampaksiring – Gianyar trifft, ist Pejeng erreicht.

Alternativ kann man an der Hauptkreuzung in Ubud nach rechts durch **Peliatan** fahren, wo man dann in **Teges** zur Abzweigung nach Denpasar kommt. Hier nicht rechts abbiegen, sondern geradeaus Richtung **Bedulu** ins prähistorische Bali weiterfahren. Die ältesten Zeugnisse der Insel-Frühgeschichte sind hier in Tagesausflugsnähe zu finden.

Nach wenigen Kilometern zweigt hinter einer Brücke rechts eine Straße nach Kemenuh ab. Links und rechts dieses Weges bieten zahllose Geschäfte noch zahllosere **Holzenten** an.

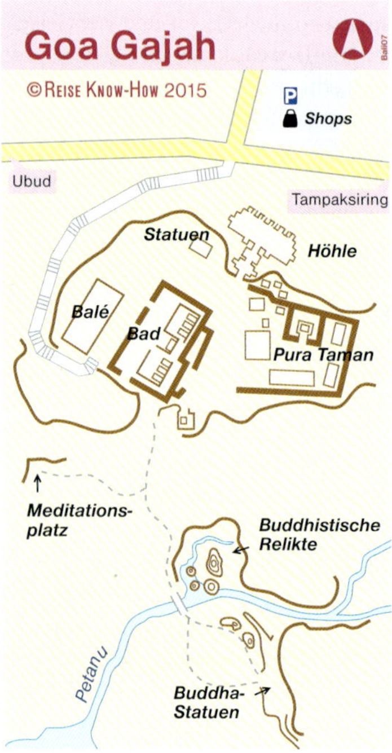

Elefantenhöhle Goa Gajah

Die „Elefantenhöhle", eines der ältesten Monumente Balis, wurde erst 1923 wiederentdeckt. Die Höhle befindet sich in der Nähe von Bedulu in einem riesigen Felsblock und diente wahrscheinlich im 11. Jh. buddhistischen oder hinduistischen Mönchen als Einsiedelei. Im **Inneren der Grotte** befinden sich Nischen, die den Asketen wohl als Schlafstellen gedient haben, und eine Ganesha-Statue.

Die senkrechte **Frontwand** des Felsens ist durch **Steinmetzarbeiten** reich verziert. Wälder, Pflanzen, Wellen, Tiere und Menschen sind dargestellt. Der Eingang wird von einem eindrucksvollen Dämonenkopf gekrönt. Dieses Monument ist eines der berühmtesten Balis und wird entsprechend häufig von Touristen besucht. Es kann also ein ziemlicher Rummel herrschen.

1954 haben Ausgrabungen gegenüber der Höhle einen **Badeplatz** ans Tageslicht gebracht. Sechs steinerne Nymphen halten Vasen, aus denen Wasser in das Becken sprudelt. Wenn man die Höhle nach links verlässt und dann Reisterrassen und Geröllhalden hinunterklettert, kann man weitere Überreste finden, vielleicht ein abgestürzter Palast. Es liegen Felsbrocken mit **Relieffragmenten** und andere Teiler herum. Daneben gibt es eine kleine Höhle mit zwei Buddhastatuen.

Die Höhle ist einfach zu finden: an der Straße Teges – Bedulu dort aussteigen, wo sie einen Bogen um den Busparkplatz macht. Mit dem eigenen Fahrzeug auf den nicht zu übersehenden Parkplatz fahren.

■ **Eintritt:** Erwachsene 15.000 Rp., Kinder 7500 Rp. Parkgebühr: Auto 2000 Rp., Motorrad 1000 Rp. Öffentliche Toiletten 2000 Rp. **Minibusse** fahren die 5 km von Ubud nach Goa Gajah.

Yeh Pulu

Etwa fünf Kilometer von Goa Gajah entfernt befindet sich dieses 25 m lange und vier Meter hohe **Steinrelief,** das in eine Felswand geschlagen wurde. Es stammt wahrscheinlich aus dem 14. Jh. und man nimmt an, dass es sich um eine Einsiedelei handelt, ähnlich wie Goa Gajah.

Die Bedeutung der dargestellten **Szenen und Episoden** ist nicht bekannt. Von links nach rechts sind zu sehen: ein Mann, der Palmbier trägt und dem eine Frau folgt; ein Haus, aus dem eine alte Frau heraustritt, daneben wiederum ein Mann, diesmal mit einer Axt, der sich mit einer anderen weiblichen Gestalt unterhält. Es folgt ein weiser Mann mit einem Turban, danach eine Jagdszene: Ein Raubtier wird von einem Jäger getötet, indem er ihm ein Messer in den Rachen stößt. Ein Frosch stößt einer angreifenden Schlange ebenfalls ein Messer in den Rachen. Als nächstes erscheinen zwei Männer, die auf ihren Schultern eine Stange tragen, an der zwei tote Tiere hängen. Das Bild stellt einen Reiter dar, der eine Frau hinter sein Pferd gebunden hat. Nach einer anderen Deutung hält diese Frau den Reiter zurück.

Von Goa Gajah aus lässt sich Yeh Pulu zu Fuß erreichen. Allerdings ist der Weg ab der Hauptstraße etwas verzwickt und führt durch einige Gassen. Zuerst der Hauptstraße nach rechts Richtung Gianyar folgen, dann nach rund einem Kilometer wieder rechts, dem Schild „Villa Yeh Pulu“ folgen. Bald gibt es kleine Schilder, die den Weg weisen. Im Zweifelsfall einfach durchfragen.

■ **Eintritt:** 15.000 Rp. Parken: 2000 Rp. Vom Eingang bis zum Relief sind es ca. 300 m Fußweg. Direkt am Eingang befindet sich **Made's Café,** innen folgt das **Café Pulu.**

Bedulu

Wer von Goa Gajah oder Yeh Pulu weitergefahren ist, kommt an eine T-Kreuzung. Hier geht es links ab nach Pejeng/Tampaksiring. Es ist schwer vorstellbar, dass dieses unscheinbare Dörfchen früher das Zentrum des mächtigen **Königreiches Dalem Bedaulu** war, regiert von der Pejeng-Dynastie. Auf jeden Fall ist die Geschichte, wie sein Name entstanden sein soll, erzählenswert.

Eine Legende

Im 14. Jh. wurde diese Region von einem Mann regiert, der übernatürliche Kräfte besessen haben soll. Er konnte sich zum Beispiel enthaupten lassen und anschließend seinen Kopf wieder aufsetzen, ohne dass es ihm schadete. Das machte ihm soviel Spaß, dass er sich des Öfteren von seinem Diener köpfen ließ. Nun passierte es eines Tages, dass bei dieser Prozedur der abgeschlagene Kopf in einen Fluss fiel und weggetrieben wurde. Der Diener wusste sich nicht anders zu helfen, als dem erstbesten Tier, einem Schwein, den Schädel abzuhauen und diesen an Stelle des Herrscherhauptes auf den Halsstumpf zu setzen. Das Resultat war, dass der Fürst sich in einen Turm zurückzog und verständlicherweise seinen Untertanen nicht mehr unter die Augen trat. Erst ein Kind entdeckte das Geheimnis und seither wurde er Dalem Bedaulu genannt, d.h.,

„Der seinen Kopf vertauschte". Von Bedaulu soll sich nach dieser Überlieferung der Ortsname Bedulu ableiten.

Kutri

Kutri liegt vier Kilometer südöstlich von Bedulu. Hier befindet sich ein für Interessierte sehenswertes **Relief.** Es steht im Heiligtum Bukit Darma und stellt die Mutter des Königs *Airlangga* dar. Ihr Name war *Mahendradatta,* sie regierte Bali mit ihrem Gemahl *Udayana* zu Anfang des 10. Jh.

Der Weg zu **Bukit Darma** führt steil durch einen Banyan-Wald. Jeder in Kutri kann einem die Richtung zeigen. Man nimmt an, dass dieser Ort der Verbrennungsplatz dieser Fürstin ist, deren Asche dann nach Gunung Kawi gebracht und dort bestattet wurde. Die Königin soll eine böse Magierin gewesen sein und dem Land viel Unglück gebracht haben. Man hat sie, da sie Shiva verehrte, als dessen Frau Uma dargestellt. In der Gestalt der Todesgöttin Durga tötet sie einen zu ihren Füßen liegenden Dämon.

Heute sehen Balinesen in diesem über zwei Meter hohen Relief eher eine Darstellung der Hexe Rangda. Auffallend ist die bewegte, für balinesische Steinmetzkunst ungewöhnliche Haltung der Figur. Für Fachleute ist diese Statue ein besonderer Leckerbissen, den Laien reißt die schon ziemlich verwitterte Darstellung nicht gerade vom Hocker.

Im Ort selbst gibt es rechts der Hauptstraße Richtung Blahbatuh einen sehenswerten **Tempel** oder vielmehr zwei: Pura Kahyangan Jagat und Pura Durga Putri. Erster ist ein normaler Dorftempel mit Wachhund. Wer aber durch die Tempelanlage geht, sieht bald eine steile Treppe, die bei einem großen Banyan-Baum endet. Von hier oben hat man eine schöne Aussicht auf die Region. Rechts steht der Pura Durga Putri mit einer Darstellung der sechsarmigen Göttin Putri in einem Sandsteinrelief, wie sie das Böse besiegt. Um den Tempel herum ist ein kleiner, aber beleuchteter Pfad, der auf der Rückseite zu einer lauschigen Höhle führt.

Pejeng

Wer an der Kreuzung in Bedulu links abbiegt, erreicht das Gebiet um Pejeng. Es gehört zu den ältesten Kulturgebieten der Insel. Hier gibt es allein **40 Tempel aus ältester Zeit.** Das Büro des Archäologischen Institutes der Regierung ist aus diesem Grunde hier eingerichtet. In Pejeng selbst befindet sich der Tempel Panataran Sasih mit der berühmten Bronzetrommel.

Pura Panataran Sasih

Das Eingangstor dieses großen Tempels direkt an der Hauptstraße wird von zwei großen Steinfiguren flankiert, die eine Kreuzung zwischen Schwein und Bär darzustellen scheinen.

In einem Turm dieses Heiligtums wird die weltgrößte **Bronzetrommel** aus einem Stück aufbewahrt. Sie ist über 1,80 m lang, hat einen Durchmesser von 1,60 m und soll aus dem 3. Jh. v. Chr. stammen. Die Herkunft der Trommel ist ungewiss. Zwar ist der Stil dem der soge-

Die Green School – ganz aus Bambus

von *Stefan Blank*

In Sibang, einige Kilometer westlich von Ubud, steht die Green School, das größte aus Bambus gebaute Gebäude der Welt. Hier kann man anschauen, was mit Bambus alles möglich ist.

Dass Bambus ein besonderer Baustoff ist, ist in Indonesien schon lange bekannt. Die Bambusstühle sind auch seit langem in Europa bekannt: meist nicht sehr bequem, aber gut aussehend. *John Hardy,* kanadischer Ex-Kunststudent und heute Selfmade-Millionär mit Wohnsitz auf Bali, sah schon früh in Bambus die Zukunft. Er verkaufte sein erfolgreiches Schmuckunternehmen und wechselte auf den schnell wachsenden, ökologisch korrekten und gut zu verarbeitenden Rohstoff. Erst baute er Möbel, dann ein wenig Architektur, und dann gründete er 2008 die „Green School" in Sibang. Hier werden zu 80 % westliche Kinder unterrichtet, 20 % sind balinesische Kinder – von Eltern, die sich das leisten können. Rudolf Steiner und sein anthroposophischer Ansatz standen Pate, Bambus sollte der Grundstock für die Gebäude sein.

Heute gilt die mehrstöckige Green School als das größte Bambusgebäude der Welt. Architekten kommen aus aller Herren Länder, um es sich anzuschauen. Für den renommierten Aga Khan Award for Architecture kam die Green School 2010 auf die Shortlist.

Wer sich das Gebäude anschauen möchte, sollte einen Termin ausmachen oder tgl. um 15 Uhr vorbeikommen. Eintritt: 100.000 Rp. Der Ansprechpartner in der Green School ist Ben Macrory, Tel. (0361) 469875, ben@greenschool.org.

Hotelunternehmer ließen und lassen sich ebenfalls vom Bambus und seinen Möglichkeiten inspirieren. So eröffnete im November 2010 in Mambal, nicht weit von der Green School, die Bungalowanlage **Fivelements** ④, Tel. (0361) 469206, www.fivelements.org. Alles öko, alles Bambus, mit drei beeindruckenden Yogahallen, Meditationswiese, Spa und allem, was des Ruhe- und Erholungssuchenden Herz begehrt.

404ba sb

nannten Chinesen-Trommeln aus der Han-Epoche ähnlich, aber die stilisierten Gesichter auf dem Instrument sind indonesisch. Leider ist der Turm, in dem dieses seltene Stück steht, fast sechs Meter hoch und man benötigt schon ein Fernglas oder ein Teleobjektiv an der Kamera, um die Ornamente und das „Mondgesicht" zu sehen.

Die Balinesen haben eine eigene Erklärung für die **Herkunft der Trommel:** Eines Nachts gingen zwei Monde auf. Der zweite fand aber keinen Platz mehr am Himmel und fiel deshalb auf die Erde. Er verfing sich in einem Baum und erleuchtete die Umgebung taghell. Das ärgerte einige Diebe, die bei der Ausübung ihres schändlichen Handwerks gestört wurden. Einer von ihnen erkletterte den Baum und urinierte auf den Mond, um ihn abzukühlen. Dieser zerbarst mit einem lauten Knall und fiel als Trommel zur Erde. Den Riss im Sockel der Trommel kann man heute noch sehen.

In der weitläufigen Tempelanlage gibt es auch noch eine **Ganesha-Statue,** die aus dem 11. Jh. stammen soll. Ein aufmerksamer Führer zeigt gegen eine Spende den Weg.

Archäologisches Museum

In der Jl. Raya Tampaksiring findet sich das Gedong Arca. In vier Pavillons und einem **Freigelände** werden Sarkophage und andere historische Fundstücke aus der Region ausgestellt, mit Beschriftung auch in Englisch.

■ **Archäologisches Museum Gedong Arca,** Mo–Do 8–15 Uhr, Fr 8–12.30 Uhr, Sa, So 9–14 Uhr. Eintritt: Spende.

Weitere Sehenswürdigkeiten

Goa Garba ist eine alte Einsiedlerhöhle, ca. drei Kilometer östlich von Pejeng. Vom Pengukur-Ukuran-Tempel des Dorfes Sawah Gunung führen Treppen zu den drei Höhlen der ehemaligen Einsiedelei.

Etwa 1,5 km westlich von Pejeng (Wegweiser) liegt der Tempel **Candi Tebing Kalebutan.**

Pura Kebo Edan, der „Tempel des verrückten Büffels", ist klein, aber fein. Hier befindet sich eine 3,60 m hohe Statue, die Bima darstellt, wie er mit einem Büffel kämpft. Leider ist die Statue wegen Renovierungsarbeiten sauber in Einzelteile zerlegt worden, die wiederum in einzelnen *Bales* abgelegt sind. Mit ein bisschen Fantasie kann man sich vorstellen, wie die Statue original ausgesehen hat. Zu finden südlich von Pejeng, Eintritt: Spende.

Tampaksiring

Etwa 15 km nördlich von Pejeng weiter auf der Straße nach Penelokan liegt Tampaksiring. Hier gibt es eine an den Tourismus angepasst Infrastruktur. Im Ort und in der Umgebung leben viele hervorragende **Horn-, Kokosnuss- und Knochenschnitzer.** Die Kokosnussschnitzer produzieren Teetassen und -kannen, Salatbestecke und Löffel usw. Shops säumen beide Seiten der Straße nach Norden, Richtung Gunung Batur. Knallbunte Sterne und Tiere baumeln tausendfach von den Decken der Läden herunter.

Verkehr

- **Von Pejeng** besteht ein geregelter Minibus-Verkehr.
- **Von Ubud:** In Teges in ein Bemo Richtung Tampaksiring umsteigen.

Umgebung von Tampaksiring

Gunung Kawi

Ein herrliches Tal mit steilen Reisterrassen, durchflossen von dem hier noch einem Bach ähnelnden Fluss Pakrisan, ist die überwältigende Kulisse für das neben Goa Gajah älteste Beispiel balinesischer **Steinmetzkunst.** Gunung Kawi kann man von Tampaksiring zu Fuß erreichen, der Weg ist ausgeschildert. Etwa 1,5 km der Straße nach Penelokan folgen oder mit dem Minibus fahren. Dort, wo Souvenir-Shops, Warungs und Restaurants an der Straße stehen, dem Wegweiser folgen (noch etwa 100 m).

Es handelt sich um einen gewaltigen Komplex von zehn **Candis,** die fast sieben Meter hoch in Nischen stehen und aus dem Fels geschlagen wurden. Es sollen Gedenk-, keine Begräbnisstätten von gottähnlichen Fürsten und deren Frauen und Konkubinen sein. Erbaut wurden sie um 1100. Sie sind immer noch erstaunlich gut erhalten.

Des Weiteren befinden sich innerhalb des Komplexes ein kleiner **Tempel** und einige Höhlen, in denen Mönche gewohnt haben sollen. Überall fließt **heiliges Wasser.** Die Steine sind bemoost, eine erhabene Atmosphäre herrscht an diesem Ort. Manche Reisende sagen,

☐ Gunung Kawi – verwunschener und ganz besonderer Ort auf Bali

077ba sb

dieses Tal sei die landschaftlich schönste Gegend Balis. So lohnt allein schon der Blick in die umgebenden Reisfelder.

Bevor man in dieses wunderschöne Tal gelangt, muss man allerdings eine lange Gasse von Souvenirhändlern passieren und eine Menge Stufen bergab laufen. Zur Einstimmung lohnt sich ein Besuch im **Kafe Kawi** am oberen Ende der Treppe, nicht ganz günstig, aber der Ausblick von der Terrasse auf die Reisfelder ist wunderbar entspannend.

■ **Eintritt:** Erwachsene 15.000 Rp., Kinder 7500 Rp.

Pura Mengening

Von Gunung Kawi ist es nicht weit zur nächsten Attraktion, Tirta Empul. Mit dem eigenen Fahrzeug oder zu Fuß nicht bis zur Hauptstraße vorlaufen, sondern vor dem Supermarkt rechts abbiegen und der Straße folgen. Kurz vor Tirta Empul folgt ein nettes Kleinod, Pura Mengening. Hier geht es in eine Schlucht mit plätschernden **heiligen Quellen,** einer Wasserlandschaft und einem recht eindrucksvollen, großteils aus schwarzem Gestein gebauten Tempel mit einer imposanten Treppe. Ruhig ist es hier. Unterhalb der heiligen Quellen gibt es einen Waschplatz, also nicht wundern, wenn plötzlich nackte, herumtollende Kinder den Weg kreuzen. Eintritt: Spende.

Tirta Empul

Schräg gegenüber an der Hauptstraße liegt Tirta Empul. Der Ort ist in Indonesien durch die heiligen Quellen bekannt. **Wisma Negara** heißt der ehemalige Sommersitz *Sukarnos.* Die weitläufige, parkähnliche Anlage lädt zum Flanieren und Besichtigen ein. Von der Terrasse eines Gebäudes gibt es einen guten Ausblick auf die **Quellen** von Tirta Empul. Besucht wird der Komplex hauptsächlich von indonesischen und asiatischen Touristen. An Sonn- und Feiertagen ziehen Besucherströme durch die Anlage.

■ **Eintritt:** Erwachsene 15.000 Rp., Kinder 7500 Rp. Von Tampaksiring kommend, ca. 2 km hinter der Gunung-Kawi-Kreuzung rechts abbiegen und der Beschilderung folgen.

Blahbatuh

In Blahbatuh, das etwa auf halbem Wege von Sakah nach Gianyar (jeweils etwa 5 km) liegt, befindet sich am Ortsende Richtung Bona ein Tempel, der **Pura Gaduh,** in dem Kebo Iwo verehrt wird. Dieser soll ein mit übernatürlichen Kräften ausgestatteter Riese gewesen sein, der in grauer Vorzeit große Steinmonumente der Insel erbaut hat, unter anderem die Höhle Goa Gajah, die er mit den Fingernägeln aus dem Felsen kratzte.

In einem Pavillon des Tempels befindet sich ein über einen Meter hoher steinerner Kopf dieses Giganten. Er ähnelt keinem der bekannten Kunstwerke im hinduistisch-javanischen Stil. Es wird angenommen, dass er eine rein balinesische Schöpfung aus dem 14. Jh. ist. Der heutige Tempel, der unter anderem innerhalb des Tores schöne Reliefs aufweist, ist eine Rekonstruktion des 1917 bei einem Erdbeben zerstörten Originaltempels, dessen Tor der Riese selbst gebaut haben soll. Mittlerweile ist der Kopf schon recht verwittert.

In der anderen Richtung (Denpasar) liegt am Ortsausgang rechts vor der Brücke die sehenswerte Anlage eines buddhistischen Tempels, **Vihara Amurva Bhumi Blahbatuh.** Sie erstreckt sich hinunter bis zum Flussstrand und erinnert an ein Kloster im Norden Indiens, Nepals oder Tibets, mit Buddhastatue, opulenten Treppen, Stupas und Fahnen. Auch wenn der Tempel geschlossen ist, lohnt sich der Weg nach unten.

Umgebung von Blahbatuh

Kemenuh

Bei Kemenuh, etwas westlich von Blahbatuh, erstreckt sich ein großes Tal mit dem **Tegenugan-Wasserfall,** der in ein natürliches Becken fällt. Treppen führen rechts hinunter an den Fluss. Der Weg lohnt sich, auf halber Strecke erscheint auf der linken Seite ein weiterer, kleinerer Wasserfall. Unten befindet sich auch der Dorfwasch- und **Badeplatz.** Morgens kann man hier den Dorfjugendlichen beim Plantschen zuschauen. Eintritt: 5000 Rp., Parken: 2000 Rp. Günstig und okay sind zwei **Warungs** direkt vor dem Eingang zum Wasserfall.

An der Hauptstraße steht ein großes Hinweisschild. Hier in die kleine Straße einbiegen und über 1,8 km den Schildern folgen, bis der Parkplatz erreicht ist.

Bona

Biegt man in Blahbatuh an der scharfen Kurve nicht links ab (Richtung Gianyar), sondern fährt oder geht weiter geradeaus, kommt man nach Bona. In Bona und Blahbatuh sind **Bambusmöbelhersteller** ansässig. Früher wurden hier recht funktionale Möbel für den heimischen Bedarf produziert. Mittlerweile jedoch werden Möbel nach ausländischen (Japan, Amerika, Australien) Entwürfen gefertigt, verpackt und verschifft, zum Teil hochmodern designed. Viele balinesische Restaurants, Losmen und Hotels sind ausgestattet mit diesen gut gestalteten Stühlen, Tischen, Sesseln, Sofas, Betten und Regalen.

Gianyar

Gianyar ist die Hauptstadt der gleichnamigen Provinz. Nach Semarapura (Klungkung) ist sie die zweitkleinste der acht Provinzen Balis. Nach der Landwirtschaft ist der Tourismus die zweitgrößte Einnahmequelle dieser Region. Bereits in den 1920er Jahren lud der König von Ubud, *Tjokorda Agung Sukawati,* ausländische Gäste zum Wohnen nach Ubud ein. Ubud ist heute weltbekannt, Gianyar hat außer als Verwaltungszentrum mit kleiner **Textilindustrie** keine Bedeutung und keine touristische Infrastruktur.

Am Ortsausgang Richtung Padangbai gibt es seit September 2014 eine neue Attraktion: **Waterbom Gianyar,** mit Schwimmbecken, Rutschen und ausladender Wasserlandschaft. 13 US$ kostet der Eintritt, Kindern zahlen 10 US$, die komplette Familie stürzt sich für 37 US$ ins Vergnügen.

An der nahen Küste schneidet die vierspurige **Autobahn** aus Denpasar

Richtung Padangbai die Region um Gianyar vom Meer ab. Sie kann aber problemlos gequert werden. Am Strand hat sich eine eigene Infrastruktur entwickelt mit Unterkünften, Warungs und Restaurants. Die Einheimischen holen hier ihren Fisch.

Lebih und Masceti

Lebih ist ein Fischerdorf ca. fünf Kilometer südlich von Gianyar mit schönem, grau-schwarzem **Strand** und einem Aussichtsturm.

Geht man den Strand entlang nach Süden, erreicht man in Masceti nach rund drei Kilometern ein verrottetes Gelände, umgeben von einer hohen Mauer, dahinter steht das **Bauwerk eines „Fantasten“**. Die Überreste dieses Riesendings sehen von Weitem wie ein Schiff aus. Ein Angehöriger der Königsfamilie plante und baute dieses Projekt nach seinen Vorstellungen. Es sollte ein Restaurant mit Hotel werden. Sämtliche balinesischen Mythen- und Fabelwesen, Götter, Berge, Landschaften und ein See wurden in das Bauwerk integriert. Alles wurde kitschig gestaltet und sollte zusätzlich noch bunt bemalt werden. Da der „Architekt“ jedoch ohne Baugenehmigung vorging, wurde das ganze Projekt gestoppt und liegt nun unvollendet in der Landschaft.

Rund 100 m landeinwärts befindet sich ein großer Tempel, der **Pura Masceti,** der anlässlich besonderer Feste besucht wird. Neben der Tempelanlage steht ein kleiner Warung mit Getränken und Keksen. Von dort führt eine Straße nach Gianyar. Regelmäßige Verkehrsmittel gibt es nicht.

Die **Strände** von Lebih, Masceti und weiter südlich werden oft von **Prozessionen** besucht, bei denen die Asche verbrannter Toter dem Meer übergeben wird. Es gibt einige **Resorts,** die sicher auch auf die Besucher des nahen Bali Safari & Marine Park setzen.

■ **Bali Safari & Marine Park,** Tel. (0361) 950000, www.balisafarimarinepark.com, tgl. 9–17 Uhr, bietet auf einem in sich abgeschlossenen Terrain Safari-, Abenteuer- und Dschungeltouren an. Ähnlich wie in Disneyland wird man mit kleinen Bussen durch die Gegend kutschiert. Ab 49 US$ kostet so ein Trip, gern nachgefragt von Reisegruppen.

Sidan

Sidan liegt drei Kilometer nordöstlich von Gianyar Richtung Bangli (Kintamani). Direkt an der Hauptstraße befindet sich ein kleiner, aber bemerkenswerter **Tempel.** Er ist mit schönen Steinmetzarbeiten verziert und dient der Verehrung der Toten (Pura Dalem). Besonders der **Glockenturm** (Kulkul) ist sehenswert. Er ist bedeckt mit Reliefs, die zeigen, wie arme Sünder durch Dämonen gepeinigt werden. Außerdem sind die Tore reich mit Steinmetzarbeiten geschmückt. Ein Hauptmotiv ist die Todesgöttin Durga, auch hier in Gestalt der Hexe Rangda. Gegenüber befindet sich eine Bühne, auf der **Barong-Kris-Tänze** aufgeführt werden (Eintritt 15.000 Rp.).

Bangli

Die weitläufige, verschlafene **alte Königsstadt** Bangli liegt an den Ausläufern des Zentralgebirges. Im Jahr 1204 wurde dieser Ort erstmals erwähnt, als man hier ein großes Fest feierte. In einer alten Schrift wurde festgehalten, dass man zu diesem Anlass einen großen, schwarzen Stier opferte.

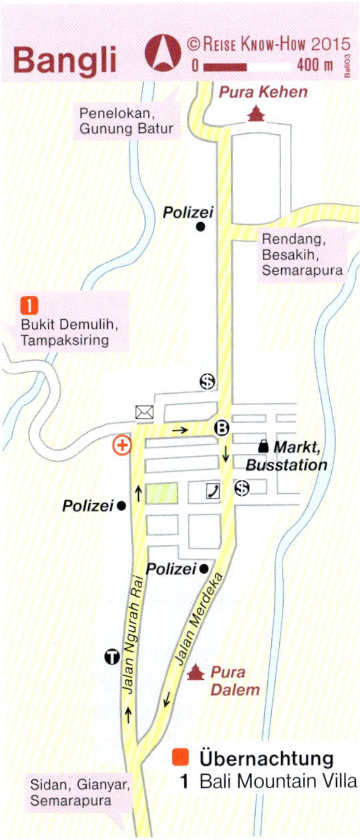

Die Temperatur hier ist etwas niedriger als in den heißen südbalinesischen Gefilden, die gute, saubere Luft Banglis ist berühmt. Die Menschen, die hier wohnen, sind nett und gastfreundlich, es gibt einen schönen Blick auf den alles überragenden Gunung Batur. Die einzige Attraktion ist der eher wenig frequentierte Tempel Pura Kehen.

Pura Kehen

Einer der größten und schönsten Tempel Balis, ein **Nationalheiligtum,** steht ca. 2,5 km nördlich vom Stadtzentrum. Er wurde terrassenförmig angelegt. Sehenswert sind das reich verzierte Eingangstor mit vielen Skulpturen rechts und links der Treppe, die chinesischen Teller, die in die Wände des äußeren Hofes eingelassen sind und der Dreierthron im Inneren, der Brahma, Shiva und Wishnu als Ruheplatz dienen soll.

Ein Besuch ist morgens vor 9 Uhr besonders lohnenswert. Von dem Hügel hinter der Tempelanlage eröffnet sich eine gute Aussicht über das Tal und den Tempelkomplex. Unterhalb des Tempels gibt es eine kleine Souvenirmeile. Eintritt: 15.000 Rp., Parken: 2000 Rp.

Unterkunft

Bali Mountain Villa ③-④, Tel. (0366) 91689, www.balimountainvilla.com, liegt hinter dem Ortsausgang an der Straße nach Tampaksiring. Es gibt einen Swimmingpool, 4 Zimmer, ein Fernsehzimmer, mehrere Bäder und eine Küche. Alles ist neu und sauber, die Besitzerin spricht hervorragend Englisch. Die ganze Villa oder einzelne Zimmer können gemietet werden.

3 BALIS OSTEN – AN DEN HÄNGEN DES AGUNG

099ba sb

Balis Osten spiegelt die Geschichte der Insel von den Anfängen bis zur heutigen Zeit – in Geografie, Geologie und Geschichte. Hier kann man in pittoresken Reisfeldern staunen, Wasserpaläste besichtigen oder gänzlich abtauchen.

Überblick

Geschichte

Gegen Ende des 15. Jh. bezwangen die Moslems das große Majapahit-Königreich auf Java. Der letzte regierende Monarch, *Bra Widjaya,* verbrannte sich selbst bei lebendigem Leibe, da er den Feinden nicht lebend in die Hände fallen wollte. Sein Sohn, der ein solches Martyrium nicht auf sich nehmen wollte, floh mit seinem ganzen Gefolge und der noch lebenden Oberschicht (Gelehrte, Priester, Künstler, Ärzte etc.) auf die Nachbarinsel Bali.

Als neuen Wohnsitz, den er dann auch zur Hauptstadt Balis ernannte, wählte er **Gelgel,** ein Dorf zu Füßen des Gunung Agung, des höchsten Berges der Insel. Sich selbst ernannte er zum König der Insel und verlieh sich den Titel **Dewa Agung.** Am Hof des Rajas blühten die Künste auf: Musik, Tanz und besonders die Malerei erhielten von hier wichtige Impulse.

Dewa Agung teilte Bali in Provinzen auf und setzte Verwandte oder verdiente Generäle als Verwalter ein. Die machten sich bald selbstständig und es entstanden nach und nach eigenständige Königreiche. Noch heute entsprechen die acht Verwaltungsbezirke Balis ungefähr den damaligen Königreichen.

Die **Gelgel-Dynastie** behielt trotzdem eine besondere Macht- und Führungsstellung und beeinflusste das intellektuelle und kulturelle Leben der Insel stark.

1710 wurde die Hauptstadt von Gelgel nach **Klungkung** verlegt und ein neuer Palast erbaut.

Wahrscheinlich gegen Ende des 17. Jh. errichtete man hier die **Kerta Gosa** – eine Gerichtshalle, in der das oberste Gericht der Insel tagte. Der König und drei Brahmanen sprachen an diesem Ort über Verbrechen Urteile, die im Banjar der Dörfer nicht gefällt werden konnten.

Das Gericht war wegen seiner Härte und Strenge im ganzen Land gefürchtet, und man versuchte alles, um in den Dorfgemeinschaften Streitigkeiten selbst zu regeln. Der Gerichtshof bestand noch bis in die holländische Zeit.

Das Gebäude selbst ist heute noch erhalten und mit seinen **Deckengemälden** im berühmten Kamasan-Wayang-Mal-

Die Ostküste Balis hat vorwiegend schwarze Kiesstrände – hier der Strand von Tulamben

NICHT VERPASSEN!

- Krasse Malerei im Wayang-Stil in der **Kerta Gosa** in **Klungkung** | 163
- Wunderschöne **Reisefelder** in unberührter Landschaft: **Sidemen** | 166
- Ein exklusiver Blick auf den Gipfel des **Gunung Agung** eröffnet sich im **Pura Pasar Agung** | 168
- **Padangbai** steht für „Laid-Back"-Atmosphäre, zu spüren im **Ozone Café** | 181
- „Get wet in Amed": **Schnorcheln** und **Tauchen** gut | 199

Diese Tipps erkennt man an der gelben Hinterlegung.

Südostbali

0 2 km
Katung
Batur
Sekardadi
Penelokan
Suter
Penelokan
Tigaron
Abuan
Sunting
Padpadar
Bungah
172
Gunung Agung
(3142 m)
Sengkaduan
Perean
Pengotan
Pohtengah
Keladian
Tegalsuci
Pondok-
waringin
Pisang
Bilukang
Kayuambua
Lateng
168
Pura
Pasar
Agung
Jati
Malet-
kutamesir
Bangke
Penaga
Geliang
168
Pura
Besakih
Temukus
Pondokteges
Seribatu
Lebih
Jasan
Kembangmerta
Kunyit
Besakih
Malet
Gebagan
Pempatan
Kesimpar
Timbui
Tigakawan
Telung-
buana
Penempahan
Kayubihi
Yenhe
Badegtengah
Sebatu
Songlandak
Metrakaja
Buyan
Antugan
Ancut
Sebudi
Kranjangan
Pulesan
Menanga
Susut
Keduwi
Batusesa
Seladumi
Sukaluwih
Manukaya
Kedisan
Kubu
Santi
Bayad
151
Selatkajakauh
Muncan
Bingin
Gunung
Kawi
Semaundisan
Rendang
168
150
Selat
Tampaksiring
Langsat
Jehem
Abian-
bangbang
Duda
Juwukbali
Tingkatbatu
Pesangkan
Penatanan
Bangbang
Ipah
167
Tembuku
Iseh
Alastunggal
Demulih
155
Mantring
Sanggem
Kikihan
Sanding
Bangli
166
Pesaban
Sidemen
Abuan
Aussicht
Semseman
Bungbungan
Gembalan
Klungan
Madangan
Telengan
Timuhun
Comadik
184
Apuan
Penarukan
Selisihan
Undisan
Manggis
Siladan
Bajing
Selat
Karangganyar
Ulakan
Akah
Selat
Angkling
Bakas
Pengajaran
Ubud
Bunutin
Aan
161
Semarapura
(Klungkung)
Besan
Guliang
Pakel
Beng
Babakan
Semabaung
154
165
Gelogor
Antantelu
163
165
Sualang
178
Tihingan
Dawan
Sente
Sidan
Kerta
Gosah
153
Padangbai
Sampalan
Tusan
Gianyar
Punduk-
dawa
Buruan
164
Timbul
Takmung
Kamasan
177
Tulikup
Banjar-
angkan
Goa Lawah
Bona
Tedung
165
Denpasar
Lepang
Gelgel
Tangkas
177
Negari
152
Kesihan
Tegal-
besar
Kusamba
Blahbatuh
Sidayu
Klotok
Jumpai
Pering
154
Sukawati
Lebih
Sanur, Denpasar
N. Penida

©Reise Know-How 2015
BaLoF04
Muntig
205
Singaraja, Tulamben
201
199
Amed
Jemeluk
Merita
199
Culik
Datah
Kebon
Bunutan
Kahangkahang
Linggawana
Selang
Tista
Tegalalas
Abang
Margatelu
Bangle
Ngis
Kusambi
Butus
Kikian
198
Abadi
Umaanyar
Pura Lempuyang
Tukadtiyis
Besang
Bias
195
Wasserpalast
Tirtagangga
Tihingtali
Bukit
Tukaditem
Peladung
Abianjero
Telaga Tista
196
Budakeling
Kayukunyit
195
194
Kebon
Seraya
Gelumpang
Amlapura (Karangasem)
Tohpatih
Sibetan
167
Kayuputih
Selalang
Telaga
Bebandem
Tumbu
Macang
Kecicang
Putung
Kastala
Wasserpalast
Bungaya
Subagan
195
Ujung
190
Tenganan
190
Bali-Aga
Asah
Ngis
187
Timbrah
Jasri
Slumbung
Kelodan
Bakung
Pasedahan
Prasi
Apit-yeh
Dau Tenganan
Bugbug
Dau Tukat
Nyuhtebel
Buwitan
Sengkidu
185
Mendira
Candi Dasa
185
STRASSE VON LOMBOK
Lb. Lembar (Lombok)
N. Penida, N. Lembongan

stil eines der vielen sehenswerten historischen Gebäude Balis.

Mehr als 300 Jahre bestand das Königsgeschlecht von Gelgel und erst die **Holländer,** die 1908 eine „Strafexpedition" nach Klungkung entsandten, beendeten diese Dynastie.

Ähnlich wie der Raja von Badung (siehe Denpasar) konnte auch der König von Klungkung nichts gegen die überlegenen Waffen der Holländer ausrichten und wählte mit allen seinen Verwandten und seinem Gefolge lieber den Freitod im **Puputan** (Kampf bis zum Letzten), als unehrenhaft unterworfen zu werden.

Landschaft

Der **Gunung Agung,** der heiligste Berg der balinesischen Hindus, überragt mit seinen **3142 m Höhe** den gesamten östlichen Teil Balis und ist fast von jedem Punkt der Insel aus zu sehen. An seinem Südwesthang befindet sich das größte Heiligtum der Insel, der Muttertempel Besakih.

Der erloschen geglaubte Vulkan brach zuletzt 1963 aus und begrub fast den ganzen Osten unter Lava und Asche. Viele Ortschaften und fast das komplette Straßennetz wurden zerstört. Diese Katastrophe hatte Auswirkungen auf ganz Ostbali: Zwar sind die Hauptstraßen, besonders die im Süden bis Semarapura, wiederhergestellt, aber die lange Zeit der Isolation hat der Gegend wirtschaftlich geschadet.

Weniger betroffen war die Südküste. Wenn man von Semarapura nach Amlapura fährt, kann man traditionelle Salzgewinnungsanlagen in der Nähe von Kusamba sehen. Zwischen Semarapura und Amlapura, an den Hängen des Agung, gibt es noch genug Wasser, faszinierende Reisterrassen sind überall zu finden.

Von **Amlapura** führt eine Straße entlang der Nordostküste nach Singaraja. Zum Teil sind hier noch **Lavafelder** erkennbar. Die drei- bis vierstündige Fahrt führt an vielen einsamen Sandstränden vorbei, mit ständiger Aussicht auf den Agung. Hier, in der trockenen Zone Balis, wird das Landschaftsbild von Trockenwald, Kokospalmen und verbrannten Steppen geprägt. Es gedeihen Lontarpalmen, die selbst bei geringster Feuchtigkeitszufuhr existieren können.

Eine wilde und noch unkultivierte Gegend erlebt man auf der Küstenstraße von Amlapura nach Ujung und von dort weiter über **Bunutan** bis Amed.

An der **Südküste** Ostbalis hatte sich ab 1984 der Touristenort Candi Dasa entwickelt: Von dem ehemals herrlichen Strand ist, ob bei Ebbe oder Flut, nicht mehr viel zu sehen. Losmen, Resorts, Hotels und Restaurants beherrschen den Strand und die Durchgangsstraße. Aber Candi Dasa eignet sich gut als Ausgangspunkt für Ausflüge in den Osten.

Padangbai, die Hafenstadt auf halber Strecke von Gianyar nach Amlapura, ist beliebt, und das zu Recht. Von hier gehen nicht nur täglich Fähren nach Lombok, sondern es gibt auch eine schöne Bucht mit feinem Sandstrand. In den letzten Jahren hat sich die internationale Taucherszene des Ortes angenommen. Damit stieg das Preisniveau, aber auch die touristische Infrastruktur wurde ausgebaut. Padangbai ist beispielsweise einer der wenigen Orte auf Bali, wo Wasserflaschen aus Plastik nachgefüllt werden können.

Tenganan liegt nicht weit von Candi Dasa entfernt und ist eines der letzten Bali-Aga-Dörfer. Hier leben die Nachkommen der Ureinwohner Balis.

Verkehrsmittel

Der Südosten Balis ist mit eigenen und öffentlichen Verkehrsmitteln einfach zu bereisen. Die Hauptstraße von Denpasar/Gianyar führt über Semarapura nach Amlapura. Es fahren jede Menge Bemos und Shuttlebusse und natürlich große Busse in alle Richtungen. Den Muttertempel Besakih besucht man am besten mit einer gebuchten Tour oder dem eigenen Auto, und das möglichst früh am Morgen. Mit dem Bemo geht es natürlich auch.

Die Gartenanlage mit dem Bale Kambang/Kerta Gosah in Semarapura

Semarapura (Klungkung)

Die Stadt Klungkung hat sich 2000 einen **neuen Namen** gegeben. Die Umbenennung in Semarapura soll das Ende des alten Königreiches und den demokratischen Neubeginn symbolisieren. *Semara* bedeutet auf Sanskrit „allumfassende Liebe", und *pura* heißt „Stadt/Region". Bei der Bemo- oder Richtungssuche sollten beide Namen genannt werden, denn auch die Beschilderung auf den Kilometersteinen weist noch auf Klungkung hin. Ältere Indonesier benutzen nach wie vor den alten Stadtnamen Klungkung.

Semarapura ist die Hauptstadt des Bezirks Klungkung, der auch Nusa Penida umfasst. Heute erinnert nicht mehr viel an den früheren Glanz der einstigen Königsstadt. So kommen die Besucher

080ba sb

Klungkungs Wayang-Malerei

Dieser Malstil befasst sich ausschließlich mit Göttern, Teufeln, Prinzen und Prinzessinnen, die **Szenen aus den alten Legenden** der Ramayana und Mahabharata-Epen darstellen. Starr sind Art der Darstellung und Bildaufbau festgelegt:

Das ganze Bild ist angefüllt mit winzigen **Details,** in der Mitte befinden sich stets die wichtigen Figuren. Oft werden mehrere Szenen, die eigentlich hintereinander ablaufen, gleichzeitig dargestellt. Die einzelnen Episoden werden dann durch Reihen von Bergen, Pflanzen oder Flammen abgetrennt, ähnlich Comic-Strips.

Perspektivische Verkürzungen sind unbekannt. Auch die Proportionen der einzelnen Figuren zueinander spielen eine unwichtige Rolle.

Die Körper der **Personen** werden stets frontal dargestellt – beide Schultern und Hüftknochen sind sichtbar –, während die Köpfe und Gliedmaßen von der Seite im Profil gemalt werden, genau wie bei den alten ägyptischen Malereien.

Kampfszenen, die eine wichtige Rolle spielen, sind angefüllt mit vielen Kämpfern, der Himmel ist voll von herumfliegenden Pfeilen, Äxten, abgeschlagenen Gliedern, Köpfen usw.

Die das **Gute** darstellenden Personen (Götter, Prinzen und Helden) werden durch schlanke Körper mit dünnen, langen Gliedern und mit grazilen Händen und Füßen dargestellt. Adlernasen, Mandelaugen und ein lächelnder Mund charakterisieren die Gesichter. Die Kleidung ist kostbar und reich ornamentiert.

Die **bösen Charaktere** (Riesen, Hexen und Dämonen) sind das genaue Gegenteil. Ungeschlachte Körper, hervorstehende Augen, brutale Münder, oft mit Fangzähnen und dicke Nasen sind typisch. Für sie werden nur dunkle Farben verwendet.

Der **Malprozess** ist einfach: Mit Tusche wird eine Vorzeichnung gefertigt, die dann anschließend koloriert wird. Ursprünglich hat man nur

082ba sb

auf Holz gemalt, aber seit Walter Spies in den 1930er Jahren Leinwände auf Bali vorstellte, benutzt man heute fast ausschließlich diese zum Erstellen der teppichartigen Bilder.

Man benutzt nur fünf **Hauptfarben,** die alle aus vorhandenen natürlichen Stoffen hergestellt werden: schwarz, rot, blau, gelb und weiß. Durch Mischen entstehen außerdem noch ein düsteres Grün und Braun.

Mit der Zunahme des Tourismus und der damit verbundenen großen Nachfrage nach Souvenirs ist auch die Wayang-Malerei zur **Massenproduktion** geworden. Heute arbeiten ganze Familien im Akkord, um den Käuferstrom befriedigen zu können. Dadurch ist viel der ehemaligen künstlerischen und handwerklichen Qualität verloren gegangen.

Es gibt allerdings immer noch einige **Meister des Wayang-Stils,** deren Werke unter anderem in Denpasars Art Center ausgestellt sind. Das grandioseste Beispiel dieser Art Malerei ist aber die Gerichtshalle in Semarapura.

081ba sb

meist lediglich bei einer Tagestour, um die berühmte Gerichtshalle zu besichtigen, die einen Besuch wert ist. Nebenan lohnt aber auch der Markt einen Blick in balinesisches Alltagsleben. Semarapura ist, wie Denpasar oder Singaraja, eine **geschäftige Stadt** mit viel Verkehr und Lärm.

Gunarsa Museum

Wer aus Richtung Gianyar kommt, sollte kurz vor der Stadtgrenze das dreistöckige Gunarsa Museum nicht verpassen (auf der linken Straßenseite in einer Kurve). Das imposante Gebäude und die interessante **Parkanlage** mit ihren Bauten beherbergen eine schöne Sammlung des bekannten indonesischen **Künstlers Nyoman Gunarsa** – von Holzschnitzereien bis zu Gemälden.

■ **Gunarsa Museum,** Tel. (0366) 22256, Mo–Sa 9–17 Uhr, Eintritt 50.000 Rp.

Kerta Gosah

Die **Gerichtshalle,** im Zentrum direkt an der Hauptstraße gelegen, ist das wichtigste der wenigen erhaltenen Gebäude im Stil der frühen Gelgel-Architektur und -Malerei. Besonders das **Dachgewölbe,** das auf schön geschnitzten Säulen die große, offene Halle und die kleinere Halle Bale Kampung überspannt, ist sehenswert. Es ist komplett im Wayang-Stil bemalt. Allerdings handelt es sich nicht mehr um Originalgemälde. Mehrfach wurden die einzelnen Paneele bereits restauriert, übermalt oder ausgebessert. Dargestellt sind Szenen, die den einstigen Angeklagten veranschaulichten, welche Torturen sie in der Hölle erwarteten: Diebe werden von schrecklichen Dämonen in Öl gekocht, Huren müssen auf Planken Feuermeere überschreiten, Lügner werden von Tigern zerrissen, Ratten fressen die Brüste von Frauen, die abgetrieben haben, und so weiter und so fort. Über diesen Schrecken der Unterwelt sieht man die Schönheit des Himmels und das Glück des Lebens. Ganz oben zeigen Bilder, wie herrlich es guten Seelen im Himmel ergeht.

Taman Gili heißt die **Gartenanlage mit Wasserbecken,** in der die Kerta Gosah und ein kleinerer Pavillon, der **Bale Kambang,** stehen. Es handelt sich um die restaurierte Anlage des ehemaligen, von den Holländern zerstörten Palastes. Der kleinere Pavillon diente den hohen Herren seinerzeit als Erholungsort nach ihren Besprechungen und Gerichtsterminen. Auch hier sind **Malereien im Kamasan-Stil** zu sehen. Man achte auf die Steinfiguren, die am Treppenaufstieg stehen: keine Dämonen, sondern eindeutig Europäer mit Zylinderhüten!

Rechts der Kerta Gosah befindet sich ein **Museum,** das in einer bescheidenen Sammlung die Geschichte des Ortes anhand von Fotos und einigen Modellen illustriert.

■ **Kerta Gosah:** Erwachsene 12.000 Rp. Kinder 6000 Rp., Parken auf dem Parkplatz vor dem Markt, andere Straßenseite: Auto 1000 Rp., Motorrad 500 Rp.

Puputan-Denkmal

Gegenüber der Kerta Gosah steht ein riesiges Monument, das an den Puputan der Fürstenfamilie erinnert, die sich lieber umbrachte, als von den Holländern besiegt zu werden.

Essen und Trinken

■ Viele **Warungs** am Kerta-Gosah-Parkplatz und um den Markt herum.

Geld

■ Am Markt gibt es eine **Bank** mit Geldautomat und einen **Geldwechsler.**

Verkehr

■ Wer mit dem **Minibus** von Denpasar (Station Batubulan) oder mit dem Bemo von Gianyar kommt, wird am Semarapura Terminal abgesetzt und kann dann die letzten Kilometer laufen. Minibusse von/nach: Candi Dasa, Sidemen, Padangbai, Gianyar.

Umgebung von Semarapura

Kamasan

Zwei Kilometer südlich von Semarapura liegt das heutige Zentrum der traditionellen **Kamasan-Wayang-Malerei.** Die Inhalte der Bilder sind romantische Geschichten und Erzählungen. Früher dekorierten diese Malereien Tempel und Häuser, heute sind sie ein beliebtes Souvenir. Kamasan gilt auch als eines der Zentren für die berühmte **Ei-Malerei.** Hier werden alle Arten von Eiern mit den tollsten Motiven bemalt.

Gelgel

Einen Kilometer südlich von Kamasan liegt Gelgel, die erste Hauptstadt Balis, von der jedoch nichts übrig geblieben ist.

Fährt man drei Kilometer weiter, gelangt man an den **Strand,** der hier **pechschwarz** ist, was gut zu dem blauen Meer und den weißen Gischtkronen der recht hohen Wellen passt. Gute Aussicht nach Nusa Penida und hinüber nach Sanur mit dem Kasten des Inna Grand Bali Beach Hotel. Etwas weiter links steht ein kleiner Meerestempel.

Tihingan

Das etwa drei Kilometer westlich von Semarapura liegende Dorf (erst Richtung Gianyar fahren, dann rechts abbiegen) ist schon seit Jahrhunderten das Herstellungszentrum von **Gamelan-Instrumenten** für balinesische Gamelan-Orchester. Hier kann man sich ansehen, wie Gongs getrieben werden. Zu kaufen gibt es ohne Weiteres nichts, es wird nur auf Bestellung gearbeitet.

Palmzuckerherstellung

Aus dem **Blütensaft von Arenpalmen** wird Palmzucker gewonnen. Aus zwei Litern Flüssigkeit gewinnt man 250 g Zucker. Ist eine Palme ca. fünf Jahre alt, kann man die erste Flüssigkeit aus den Blüten „zapfen". Auf zwei Rundgängen täglich werden die Blüten angeschnitten und die ausfließende Flüssigkeit aufgefangen. Nur zwei bis drei Blüten pro Baum sind jeweils reif, um angeschnitten zu werden.

Zur Herstellung des Palmzuckers werden etwas **Jackfruitrinde** und ein wenig **Korallenkalk** mit dem süßen Blütensaft vermischt und in einer großen Pfanne drei bis vier Stunden zu einer dickflüssigen Masse **eingekocht.** Den so gewonnenen braunen Brei füllt man in Kokosschalenhälften und lässt ihn erkalten. In dieser Größe und Form ist die verkaufsfertige Halbkugel Palmzucker ca. 250 g schwer. Die Nachfrage steigt besonders zu Zeiten religiöser Feste, wenn große Mengen an **Opferkuchen** hergestellt werden.

Dawan

Dawan liegt ca. sieben Kilometer östlich von Semarapura (erst Richtung Candi Dasa fahren, dann links abbiegen). In dem Örtchen stellen 300 Familien Gula Merah, **braunen Palmzucker,** her.

Nördlich von Semarapura

Wer mit dem eigenen Fahrzeug unterwegs ist, kann einige schöne Strecken in der Region fahren. So führt beispielsweise von Semarapura eine **landschaftlich reizvolle Route** durch das Hinterland nach Amlapura.

Wer von Semarapura Richtung Amlapura fährt, biegt hinter dem Fluss die erste Straße nach links ab, Richtung Sidemen beziehungsweise Selat. Nach ungefähr zwölf Kilometern Fahrt durch herrliche Reisterrassenlandschaften erreicht man Sidemen.

Sidemen

In diesem kleinen, überschaubaren Örtchen gibt es eine Post, zwei Banken, einen Geldautomat und einen Geldwechsler. Der Ort eignet sich hervorragend für Spaziergänge und kleinere Wanderungen: Es ist deutlich kühler als Richtung Küste, die Luft ist frisch, und hinter jeder Straßenecke verbirgt sich ein neuer, interessanter Blick, beispielsweise in die ungemein **pittoresken Reisfelder.** Da von hier aus auch **Touren auf den Agung** starten, finden sich etliche Losmen und Resorts aller Preisklassen.

Am unteren Ortseingang befindet sich die **Weberei Pelangi,** die handgewebte Stoffe aller Art fertigt und verkauft. Firmen aus dem Ausland und natürlich auch aus Indonesien lassen hier Stoffe aus Baumwolle, Seide, Leinen oder Mischfasern produzieren. Überschüssige Ware wird an Privatkunden verkauft – sehr geschmackvolle Dessins!

Unterkunft

Es gibt in und um Sidemen etliche Unterkunftsmöglichkeiten mit Restaurants – diese bieten meist auch Wanderungen und andere Freizeitaktivitäten bis hin zum Rafting an. Am besten an der Hauptstraße der Weggabelung mitten im Ort den Hang hinunter und dann der Beschilderung zu den einzelnen Unterkünften folgen.

■ Wer den etwas längeren Weg Richtung Luah in Kauf nimmt, kommt zum G.H. **Darmada** ④, Tel. (085) 338032100, www.darmadabali.com. Eröffnet im April 2012, bietet das Darmada einen Pool mit Quellwasser und einen großen Park zum Flanieren. Dazu vier Bungalows, im Vintage-Style möbliert und farblich voneinander abgegrenzt. Jeder Bungalow hat ein schickes Bad mit anschließender Terrasse zum Bach. Im Restaurant gibt es balinesische Küche und Bio-Salat aus eigener Züchtung.

■ Das eher esoterische **Nirarta Center for Living Awareness** ③, Tel. (0366) 5300636, www.awareness-bali.com, hat Bungalows und ein Restaurant (Huhn und Fisch).

■ **Jana's Homestay** ②, Tel. (081) 3380 62202, in ruhiger Lage mit einfachem Bungalow, einfachem Bad und angeschlossenem Lebensmittelladen. Das **Krishna House** ② gegenüber ist ähnlich.

■ Das **Pondok Wisata Likat Sawah** ③, Tel. (0366) 5300516, www.lihatsawah.com, hat schöne Bungalows in einer an den Hang gebauten, terrassierten Anlage mit Aussicht auf die Reisfelder, Pool inklusive. Der gleichnamige **Warung,** 500 m weiter, bietet gute Küche und das, was Sidemen eben ausmacht: einen Ausblick über das Tal, die Reisfelder, bis hin zu nahen Berghängen.

■ **Green Kitchen & Organic Farm,** Tel. (0821) 46060236, www.greenkitchenbali.com, bietet Besuchern die Möglichkeit, traditionell und mit Holz balinesisch kochen zu lernen. In einer Hütte in Sidemens Reisefeldern geht es zur Sache: Hier wird das zubereitet, was vorher gemeinsam auf dem Markt in Klungkung eingekauft wurde – von *Jukut nangka* (Suppe mit Schwein und Jackfruit) bis *Bubur Injin* (Pudding aus schwarzem Reis). Der eintägige Kurs kostet 380.000 Rp. oder 330.000 Rp. für vegetarische Küche.

Wanderungen

Wer den **Gunung Agung besteigen** möchte, muss früh aufstehen: Die Gruppen fahren um 2 Uhr morgens los, um dann gegen Sonnenaufgang auf dem

▷ Die Reisterrassen von Sidemen können gut mit denen von Tegallalang mithalten

Gipfel zu sein. Zwischen 10 und 11 Uhr ist man dann wieder in Sidemen. Die Touren werden von den Losmen und Guesthouses organisiert oder von einer der zahlreichen informellen Touristinformationen. Rund 400.000 Rp. pro Person (oder ab 900.000 Rp. für eine Gruppe) kostet der Ausflug auf den Berg.

Umgebung von Sidemen

Iseh

Von Sidemen die Straße hinauf in nordöstlicher Richtung folgt nach ca. fünf Kilometern das Örtchen Iseh. Wer sich in der Gegend die wunderschönen **Reisterrassen,** umgeben von wild bewachsenen Hängen, anschaut, wird verstehen, warum sich in den 1930er Jahren der Maler *Walter Spies* hier ein Zweithaus baute – mit Blick auf den Agung. Nach Spies' Tod bewohnte der Schweizer Maler *Theo Meier* dieses Anwesen. Es steht zwar noch, kann aber nicht besichtigt werden.

Weiterfahrt nach Amlapura

Ca. zehn Kilometer weiter nördlich erreicht man eine Kreuzung. Links abbiegend, kommt man nach ca. einem Kilometer nach Selat. Rechts führt die Straße, die Bergdörfer und eindrucksvolle Landschaften passiert, nach **Bebandem.** Hier findet alle drei Tage ein Viehmarkt statt. Weiter geht es in Richtung Tirtagangga oder Amlapura. In den kleinen Dörfern der Umgebung gibt es viele Schmiede, die schöne Messer herstellen.

Unterkunft

■ **Great Mountain Views** ③-④, Tel. (082) 897097961, www.greatmountainbali.com, opulent ausgeschildert, bietet in der Tat einen großartigen Ausblick aus den ausladend verglasten Bungalows. Mit etwas Glück grüßt der Agung herüber. Die sechs Bungalows stehen verteilt in einem Garten, der an Reisfelder grenzt. Das lauteste Geräusch ist norma-

184ba sb

lerweise das Rauschen des Windes. Wer dem lauschen will, kann das auch bei einer Mahlzeit aus dem Bio-Restaurant tun.

Selat

Bei der Fahrt den **Hang des Gunung Agung** hinauf werden die Reisfelder entlang der Straße nun von dichten **Salak-Plantagen** abgelöst. Von hier kommen die besten Salak-Früchte Balis. Der Ort Selat, inmitten wunderschöner Reisterrassen, blieb vom Vulkanausbruch anno 1963 verschont. Hier zweigt eine schmale Straße rechts ab zum Pura Pasar Agung, einem Tempel am Hang des Agung.

Pura Pasar Agung

Die Straße führt von Selat rund 20 km nur bergauf. Hier werden Kies und Sand abgebaut, mit etlichen Lkw muss gerechnet werden. Auch steigt mit der Höhe des Aufstiegs die Regenwahrscheinlichkeit. Auf rund 1500 m liegt, nur überragt vom Gipfel des Agung, der **Tempel** Pura Pasar Agung. Wer die letzten 100 Treppenstufen vom Parkplatz aus zurückgelegt hat und oben angekommen ist, wird es nicht bereuen: Bei gutem Wetter geht der Blick über den gesamten Südosten Balis und zur anderen Seite auf den Agung. Den Tempel darf man nur zum Beten betreten (Eintritt: Spende).

Wanderungen

Vom Parkplatz vor dem Tempel starten nachts um 2 Uhr **geführte Treks auf den Agung.** Vor Sonnenaufgang sind die Gruppen oben, gegen 10 Uhr dann wieder zurück. 400.000 Rp. (oder ab 1 Mio. Rp./Gruppe) kostet der Aufstieg pro Person, Anfahrt inklusive. Organisiert werden die Touren in Selat, Sidemen oder Sebudi.

Eine andere spektakuläre Wanderung mit ähnlichem Preisniveau führt von hier am steil abfallenden Fels entlang nach **Besakih,** vier Stunden hin, vier Stunden zurück, allerdings nur bei garantierter Trittsicherheit.

Pura Besakih

Der höchste Berg Balis ist der Gunung Agung mit 3142 m Höhe. Manche sagen, er sei nur noch 3014 m hoch, weil 1963 seine Spitze bei einem Ausbruch explodiert sei. Die Balinesen glauben, Shiva brachte den indischen Berg Mahameru nach Bali und zerteilte ihn in zwei Vulkane. Der eine ist der Batur, der andere der Agung. An seinem Hang auf 950 m Höhe (= 3333 Fuß) befindet sich der wichtigste und heiligste balinesische Tempel Pura Besakih, der **größte Tempelkomplex** auf Bali.

Er wird auch **Muttertempel** genannt und besteht aus etwa 55 Einzeltempeln und Schreinen, verteilt auf sieben Terrassen. Der ganze Komplex wird stetig

☒ Pura Besakih, der größte Tempelkomplex Balis

vergrößert, da Gemeinden, Provinzen oder reiche, angesehene Bürger die Anlage durch neue Schreine erweitern.

Schon vor der hinduistischen Invasion im 11. Jh. war diese Stelle den Einwohnern heilig. Noch heute zeigen Inschriften, dass sich hier eine animistische Kultstätte befunden haben muss. Seit nunmehr **über 1000 Jahren** wird an dieser heiligen Stätte gebaut. Alle neun balinesischen Königshäuser haben Schreine errichtet, um ihren „vergöttlichten“ Vorfahren zu huldigen. Der balinesischen Aristokratie obliegt es auch, den Tempel zu unterhalten. Damit ist er eine wahrlich „ganz-balinesische“ Kultstätte, ein Symbol für die Einheit im Glauben aller Balinesen.

Innerhalb der Mauern befinden sich elf Merus, **mehrstöckige Schreine:** zwei mit drei Dächern (Ratu Ayu Magelung und Ida Tohyiwa geweiht), zwei mit fünf Dächern (I Gusti Ngurah Dauh und Ida Panatawan geweiht), zwei mit sieben Dächern (Ida Tulus Sadawa und Ratu Geng geweiht), einer mit neun Dächern, der Ratu Bagus Kubakal geweiht wurde, und endlich vier mit elf Dächern zu Ehren von Ratu Manik Makentel, Ratu Maspahit, Ratu Sunaring Jagat und Sanghyang Wisesa. Insgesamt sind es mehr als 200 Gebäude, aus denen sich der Tempelkomplex zusammensetzt.

Im **dritten Innenhof** befindet sich der Sanggar Agung, der Sitz der göttlichen Trinität Brahma (rechts), Shiva (Mitte) und Wishnu (links). Vor diesen drei Steinsitzen huldigt man ihnen während der eindrucksvollen Zeremonien. Neben den Schreinen für die königlichen Ahnen und die göttliche Trinität befinden sich innerhalb des Tempelkomplexes noch eine Reihe anderer **Schreine.** Sie sind anderen Gottheiten gewidmet wie

084ba sb

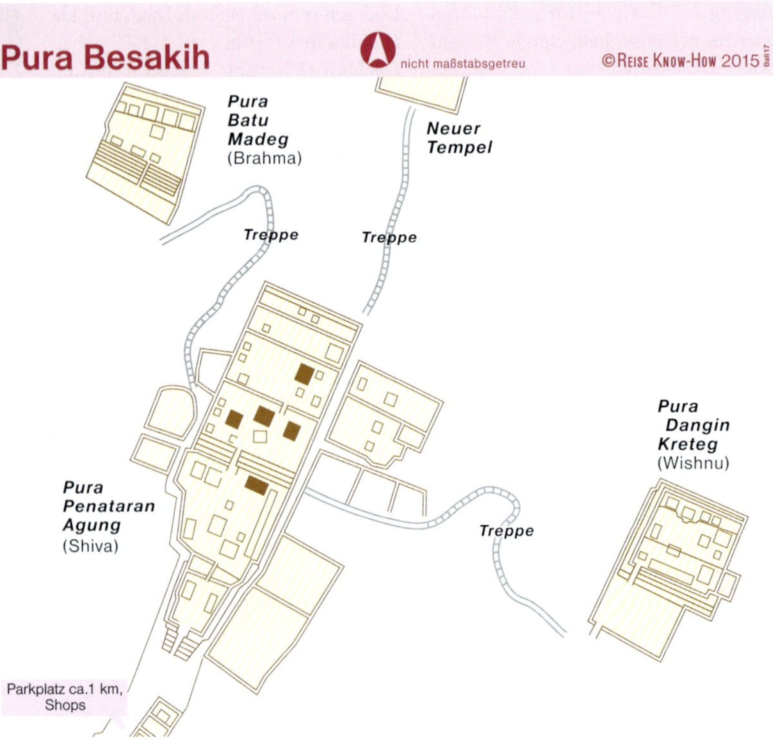

dem Gott des Meeres (Ratu Waruna), dem Sonnengott (Bhatara Syrya Candra) oder der Muttergöttin, der großen Ernährerin.

Jedes Jahr einmal, bei Vollmond, pilgern alle Rajas Balis nach Besakih, um ihren Vorfahren zu opfern; ein prachtvolles Fest, prunkvoll und farbig.

Alle 100 Jahre wird hier **Eka Dasa Rudra** gefeiert, eine Reinigungszeremonie für die ganze Insel. Jeder Balinese muss irgendwann im Jahr dieses Festes zum Besakih-Tempel pilgern, um sich symbolisch für das neue Jahrhundert zu reinigen. Das letzte Mal sollte es 1963 gefeiert werden und endete, bevor es richtig angefangen hatte, mit einer Katastrophe: Genau am 8. März 1963, als das große Fest beginnen sollte, brach der bis dahin als erloschen geltende Vulkan Gunung Agung mit solcher Gewalt aus, dass ein Viertel Balis mit Lava bedeckt wurde. 1600 Menschen starben, 86.000 wurden obdachlos. Eigenartigerweise entging der Tempel dem Inferno, was die Bestürzung der Balinesen über dieses böse Zeichen der Götter kaum linderte. Dieses war der erste Ausbruch des Agung seit dem Jahr 1350. Das „Jahrhundertfest" wurde am 28. März 1979 nachgeholt.

Besichtigung

Empfangen werden Besucher rund zwei Kilometer vor dem eigentlichen Tempelkomplex von einer kleinen Kontrollstelle inklusive **Kartenschalter.** Dann geht es weiter die Straße hinauf bis zu einer Gabelung. Nach links steht „Kintamani", nach rechts „Besakih". Links kommt man näher an die Tempelanlage heran und erspart sich möglicherweise den größten Trubel, denn hier ist ein **Nebeneingang** zum Tempel.

Nicht erspart allerdings bleiben bei beiden Eingängen die Parkplätze, Souvenirstände und -verkäufer und vor allem das Dealen um den **Eintritt.** Denn wer das Auto oder Motorrad geparkt hat, wird an einen weiteren Informationsschalter verwiesen. Hier werden Besucher aufgeklärt, dass sie gegen eine **Spende** mit Begleitung in den Tempel könnten. Denn der schon bezahlte Eintritt gehe an die Regierung, die Spende aber an die Tempelgemeinschaft. Gezeigt wird eine Spendenliste, in der festgehalten ist, dass Besucher anscheinend bis zu 700.000 Rp. gespendet haben sollen für eine Begleitung in den Tempel. Kurz und gut: Für 50.000 Rp. wird eine Begleitung zugesagt, die vor jeglicher Belästigung schützen soll. Wer keine Lust auf dieses Brimborium hat, verabschiedet sich vom Schalter, spendet nicht und geht einfach unbeirrt weiter Richtung Tempel.

Hier kann es passieren, dass einige Leute, die sich unaufgefordert zum **Guide** ernannt haben, das Gespräch suchen mit „Hello, where do you come from?". Wer sich schließlich einem Guide anvertraut, sollte bei Honorarforderungen bis 200.000 Rp. nicht erschrecken und handeln. 30.000 Rp. könnte ein guter Preis sein. Ist die Führung gut, 50.000 Rp. Am besten erst nach der Führung bezahlen.

Große Teile des Tempelbereichs sind für Touristen **nicht zugänglich.** Die den Tempelbezirk umgebenden Mauern gelten als heilig und dürfen nicht bestiegen werden. Die **Bekleidungsvorschriften** müssen unbedingt eingehalten werden. Männern und Frauen mit kurzen Hosen wird (gegen Gebühr, versteht sich) ein bunter „Touristen-Sarong" umgebunden.

Die **beste Zeit für den Besuch** ist der frühe Morgen vor 8 Uhr. Dann hat sich der Agung noch nicht hinter Wolken versteckt. Es gibt etliche Souvenirshops und einige Restaurants.

- **Eintritt:** 15.000 Rp. pro Person, Auto: 10.000 Rp., Motorrad: 5000 Rp.

Verkehr

- 95 % der ausländischen Besucher kommen mit einer **Tour** oder einem **Leihwagen.** Aber auch mit den **öffentlichen Verkehrsmitteln** (Bemo ab Semarapura) ist die An- und Abfahrt problemlos möglich.
- **Minibusse** starten nicht vom Parkplatz, sondern ein Stück weiter weg von der Straße in Richtung Semarapura.

Besteigung des Gunung Agung

Es gibt **zwei gängige Routen** auf den Gunung Agung. Der eine Weg beginnt beim Tempel Pura Pasar Agung oberhalb der Orte Selat und Sebudi, der andere am Besakih-Tempel. Für Gipfelstürmer kommt eigentlich nur der Weg ab Besakih, also die Südwestflanke, in Frage. Sie führt auf den Gipfel, während die Tour über die Südflanke „nur" bis zum Kraterrand führt. Aber auch der Blick von dort ist schon den Aufstieg wert.

Beide Auf- und Abstiege sind an einem Tag machbar. Wenn man nicht einigermaßen fit ist, sollte man aber keine **eintägige Tour** unternehmen, da die Besteigung sonst zu einer nervenaufreibenden Angelegenheit wird. Dabei könnte der Spaß auf der Strecke bleiben. Wer über Nacht am Hang campen will, muss sich dementsprechend professionell vorbereiten. So gehören zu einer **zweitägigen Tour** ein Schlafsack, eine Isomatte oder Rettungsdecke als Unterlage und ein Zelt als Regenschutz ins Gepäck.

Weitere Möglichkeiten, auf den Agung zu wandern, gibt es von den Dörfern Datah und Badeng aus. Auch vom dem Nationalhelden Ngurah Rai gewidmeten Denkmal Tanah Aron gibt es einen Weg. Diese Wege werden jedoch weniger begangen und man sollte sie nur mit einem ortskundigen Guide wagen. Infos dazu am besten vor Ort einholen.

Wichtig! Während bestimmter Zeremonien und Feierlichkeiten ist die Besteigung des Agung verboten. Am besten frühzeitig nachfragen, ob das gerade der Fall ist. Wenn dem so ist, werden die Guides kaum bereit sein, Besucher auf den heiligen Berg zu führen.

Bei der **Ausrüstung** sind feste Turnschuhe mit Profil angebracht, gute Bergschuhe sind natürlich besser. Ohne lange Hose, Stöcke, dicken Pullover, winddichte Jacke, Regenschutz sowie Mütze mit Ohrenschutz oder besser dicke Sturmhaube sollte man den Aufstieg nicht antreten. Auch Handschuhe sind keine schlechte Idee. In den Gipfelregionen stürmt es häufig sehr stark und vor allem frühmorgens ist es eiskalt. Da der Aufstieg sehr schweißtreibend ist, empfiehlt es sich, entweder auf Funktionswäsche zu setzen oder ein T-Shirt zum Wechseln einzupacken. In nasser Kleidung kühlt der Körper schnell aus.

Eine kleine, starke **Halogentaschenlampe** inklusive Ersatzbatterien gehört ins Gepäck, da die Nächte stockdunkel sein können. Selbst bei einer Tagesbesteigung kann es sein, dass man einen Teil des Abstieges im Dunkeln zurücklegen muss, da es auf Bali nur etwa zwölf Stunden hell ist.

Bei einer nächtlichen Besteigung muss man wenigstens zwei Liter **Wasser** pro Person rechnen, bei einer Tagesbesteigung sollten es mindestens vier Liter sein und bei einer zweitägigen Tour sogar sechs Liter.

Bei **Regen** sollte man den Agung niemals besteigen, denn die Wege verwandeln sich blitzschnell in eine **lebensgefährliche Rutschbahn.** Sollte es während des Aufstiegs anhaltend regnen, ist es besser, umzukehren und unter erhöhten Vorsichtsmaßnahmen abzusteigen.

Ab dem Besakih-Tempel

von *Astrid Därr*

Reine Gehzeiten (ohne größere Pausen):
Pura Besakih – Gipfel (Aufstieg): 6–7 Std.
Gipfel – Pura Besakih (Abstieg): ca. 4 Std.

Insgesamt sind 2100 Höhenmeter im Auf- und Abstieg zu bewältigen. Beim Auf- und Abstieg an einem Tag ist man insgesamt ca. 12–13 Std. unterwegs – nur für wirklich **sehr konditionsstarke Wanderer** empfehlenswert!

Vom **Haupteingang des Besakih-Tempels** (auf 950 m Höhe) folgt man dem Tempelweg immer bergauf. Um den obersten Tempel **Pura Gelap** zu erreichen, folgt man am oberen Ende der Tempelanlage kurz einem Fahrweg, vorbei an einigen Souvenirständen. Am Pura Gelap mit auffälliger Lindwurmtreppe geht es links vorbei und auf Stufen aufwärts. Dann folgt man immer einem z.T. rosa gepflasterten Fußweg bergauf durch Felder mit Kuhställen und erreicht nach ca. 35 Min. (ab Pura Gelap) den letzten Tempel **Pura Pengubengan** (1178 m). Zum Pura Pengubengan führt eine kleine Teerstraße hinauf, man könnte sich also auch hier mit dem Taxi oder Moped absetzen lassen und somit den Weg etwas verkürzen.

Beim Pura Pengubengan führt ein breiter, gut erkennbarer Pfad von der Teerstraße rechts ab in den **Bergwald** (roter Pfeil am Baum) Richtung Nordosten.

Nach etwa 1 Std. Marsch ab dem Tempel (insgesamt ca. 2 Std. ab Besakih) folgt die **Wurzelpassage** im Wald. Man muss sich über Wurzeln auf dem ausgewaschenen und steilen Pfad nach oben hangeln. Besonders bergab ist diese Passage unangenehm, staubig und sehr rutschig.

Weiter geht es immer einem Rücken folgend durch den schönen Bergwald (mit Baumfarnen etc.) z.T. steil bergauf. Nach insgesamt ca. 3 Std. (auf 2084 m Höhe) folgt eine **Weggabelung** auf dem Rücken im Kasuarienwald. Ein Blechschild mit der Aufschrift „PR. GIRIKUSUMA" weist rechts bergab. Es geht weiter geradeaus, immer bergauf dem Rücken folgend.

Nach insgesamt ca. 3¾ Std. ist der **Lagerplatz** auf 2342 m Höhe erreicht. Hier wurden einige einigermaßen ebene Zeltplätze aus dem Hang geschlagen. Kein Wasser! Entweder man verbringt hier eine Nacht (Verpflegung, Wasser, Zelt, Matte, warmen Schlafsack, Stirnlampe etc. mitnehmen) oder man marschiert gleich weiter zum Gipfel. Für eine Zweitagestour sollte man mit mindestens drei 1½-Liter-Wasserflaschen pro Person mitnehmen. Auch für den sehr langen Auf- und Abstieg an einem Tag braucht man wegen der Hitze und Höhe mindestens drei Liter/Pers.

Vom Lagerplatz geht es weiter auf dem Bergrücken, z.T. in einer Erosionsrinne, steil bergauf. Nach ca. 45 Min. bis 1 Std. ab dem Lagerplatz (insgesamt ca. 5 Std. ab Besakih) taucht eine mit weißem **Graffito** und einer **indonesischen Fahne** geschmückte Felswand auf. Am Felsen befindet sich ein weiterer, beengter Lagerplatz auf 2680 m Höhe (kein Wasser). Die Waldgrenze ist hier erreicht.

An der Felswand hält man sich links und kraxelt immer links der Felsen über einige Blöcke bergauf. Am oberen Ende der Felsen hält man sich dann schließlich rechts (Orientierung anhand des Graffito).

Anschließend geht es über einen teilweise geröllígen Lavarücken sehr steil bergauf bis zum **Grat,** wo das Gelände etwas abflacht. Der Grat ist nach ca. 1½ Std. ab dem Lagerplatz (insgesamt ca. 6 Std. ab Besakih) erreicht.

Der nun gute und unproblematische Weg führt auf dem sich verschmälernden Grat über zwei Vorgipfel bis zum **Gipfel.** Bei sehr starkem Wind ist evtl. Vorsicht geboten, ansonsten ist der Grat immer breit genug und nicht abschüssig, sodass keine Absturzgefahr besteht. Der Gipfel (3142 m) ist nach ca. 2–2½ Std. Marsch ab dem Lagerplatz bzw. ca. 6–7 Std. ab Besakih erreicht.

Der Gipfel liegt direkt an der extrem steil abfallenden Kraterwand – der Blick in die Umgebung und in den Krater ist spektakulär!

Wir waren auf der Besakih-Route die einzigen Touristen, alle anderen steigen auf dem kürzeren Pfad von Pasar Agung zum Kraterrand bzw. Gipfel auf.

Ab dem Pura Pasar Agung

Bis zum Parkplatz beim Pura Pasar Agung (s.o.) führt eine asphaltierte Straße. Der Tempel selbst liegt auf rund 1500 m Höhe, die letzte Etappe auf dem Weg dorthin steigt steil an. Auf dem Parkplatz gibt es einen sehr einfachen Kiosk und die Möglichkeit, sich für den nächsten Tag einen **Guide** für den Aufstieg zu besorgen. Als einzelner Wanderer sollte man mit 400.000 Rp. als Einstiegspreis für die Führung rechnen. Drei Personen als Gruppe müssen mit etwa 1 Mio. Rp. für den Aufstieg rechnen.

Ist die Kostenfrage geklärt, steht eine **kurze Übernachtung** an. Gegen 1.30 oder 2 Uhr in der Nacht beginnt der Aufstieg vom Parkplatz. Einfache Übernachtungsmöglichkeiten gibt es in Selat, Sebudi und dem letzten Ort vor dem Tempel, Sogra. Häufig bieten die Guides die Übernachtung mit an. Ab 50.000 Rp. pro Person werden fällig für eine sehr einfache Unterkunft. Transport und Frühstück ist meist inklusive. Um 1.30 Uhr werden die Wanderer dann eingesammelt und mit dem Motorrad oder Minibus zum Parkplatz gefahren. Rund vier Stunden dauert der Aufstieg, vier bis sechs Stunden der Abstieg. Die Route ist gut zu finden, sodass Mutige auch ohne Guide losziehen können. Trotzdem wird von allen Seiten, vor allem von der Polizei, geraten, sich nicht allein auf den Weg zu machen.

Route

Vom Parkplatz führt eine **Treppe** zum 80 m höher gelegenen **Tempel** Pasar Agung. Im ersten Tempelhof links am Tempel vorbeigehen. Der Weg beginnt gleich dahinter. Die erste Stunde begleitet eine nicht zu übersehende Wasserleitung den Aufstieg. Nach rund drei Stunden ist die **Waldgrenze** erreicht und das **Lavafeld** beginnt. Hier erleichtern beschriftete Steine die Orientierung. Man muss ein wenig klettern, aber diese Passagen haben kaum alpines Niveau. Da es keine Schluchten gibt, kann man nicht abstürzen, höchstens abrutschen.

Der **Kraterrand** belohnt mit einer grandiosen Aussicht – Bali von oben. Ein Stück westlich vom Krater liegt der mit 3142 m nur wenig höhere Gipfel des Agung. Gipfel und Krater sind durch einen äußerst rutschigen Grat aus losem Lavagestein verbunden, der nicht begangen werden sollte. Bei guter Sicht kann man die Nachbarinsel Lombok erkennen. Über dem Gunung Rinjani, dem Wahrzeichen von Lombok, geht um etwa 6 Uhr die Sonne auf. Auch der Pura Pasar Agung ist von oben sehr sehenswert.

Nach einer Dreiviertelstunde auf dem Kraterrand geht es zurück. Da dieser normalerweise über den Wolken liegt, geht es beim Abstieg meist in die Wolken oder den Nebel hinein. Interessant sind die verschiedenen Vegetationszonen, die bei Tageslicht deutlich werden: von Lava und Fels über den Nebelwald in den Regenwald. Die Abstiegszeit beträgt etwa 3–4 Std.

Zurück auf dem Parkplatz haben die Guides nach Absprache und per Handy meist den Transport zur Unterkunft organisiert. Von den jeweiligen Orten geht es dann mit dem Bemo oder gemietetem Transport weiter. Mit ein bisschen Glück kann man einen Sitzplatz in gecharterten Minibussen ergattern, die am Parkplatz auf ihre Passagiere warten. Diese

☒ Pura Pasar Agung
mit dem höchsten Berg Balis im Hintergrund

129ba pr

sind in der Nacht hergefahren und machen sich jetzt auf den Rückweg. Einfach die Fahrer oder Passagiere fragen und der Rückweg klappt problemlos – gratis oder mit Fahrtkostenbeteiligung.

Diese Informationen wurden freundlicherweise von *Klaus Schiermeyer* zur Verfügung gestellt.

Organisierte Touren

Agung-Touren werden von verschiedenen Veranstaltern angeboten, mit Abholung am Hotel und Übernachtung unterwegs – meist in Ubud und Kuta Beach.

■ Ein zuverlässiger Anbieter ist **Perama,** www.peramatour.com, mit einer Tagestour für 1 Mio. Rp./Person (Teilnahme von 2 Personen ist Minimum). Um 23 Uhr ist Abfahrt in Kuta, dann werden die Teilnehmer eingesammelt. Perama sorgt für die Fahrt, den Guide, ein leichtes Frühstück, und zum Abschluss gibt's Mittagessen.

Kusamba

An der Küste südöstlich von Semarapura liegt der Fischerort Kusamba, bekannt für seinen schwarzen Strand, an dem Hunderte von **Salzgewinnungspfannen** stehen.

◁ Gunung Agung von Osten aus gesehen

Fledermaushöhle Goa Lawah

Gleich hinter Kusamba, in Richtung Amlapura auf der linken Straßenseite, liegt die Fledermaushöhle Goa Lawah. Auf der rechten Seite befindet sich ein großer Parkplatz. Fliegende Händler und Kinder versuchen, möglichst schnell und teuer etwas an die Touristen zu verkaufen – sei es auch nur den obligatorischen Sarong.

In der Nähe der Höhle soll eine **Königskobra** wohnen, die von den Balinesen ebenfalls verehrt wird (besser nicht danach suchen, diese größte aller Giftschlangen kann bis zu vier Meter lang werden). Ihr und den Fledermäusen zu Ehren wurde am Höhleneingang ein kleiner **Tempel** errichtet. Geschäftstüchtige Guides zeigen Touristen alle möglichen Schlangen. Ob die Königskobra allerdings wirklich dabei ist, bleibt unklar.

Höhle und Tempel sind ausgesprochen sehenswert. Es heißt, von hier führe ein unterirdischer Tunnel bis zum Tempel in Besakih. Soweit das Auge im Halbdunkel sehen kann, hängen die ganze Höhlendecke und die Felswand davor voller **Fledermäuse,** so dicht, dass es aussieht, als wenn die Felswand lebe. Der eigenartige, süßliche Geruch der zentimeterdick auf dem Boden liegenden Exkremente ist schon auf der Straße wahrzunehmen.

1904 hielten in dieser Höhle die balinesischen Rajas eine Konferenz ab, um über Maßnahmen gegen die holländische Invasion zu beraten.

■ **Eintritt:** 12.000 Rp. pro Person werden verlangt, die Gebühr für einen Sarong ist allerdings bereits inklusive.

Padangbai

In der alten Travellergemeinschaft, die Bali schon seit Jahrzehnten besucht, gibt es drei Fraktionen, heißt es: die, die nach Ubud gehen, der Kultur wegen, jene, die nach Kuta gehen, der Party wegen. Und dann gibt es die Padangbai-Fraktion. Wer ein paar Tage hier verbringt, wird verstehen, warum: Das **Hafenörtchen** liegt in einer herrlichen Bucht mit vielen bunt bemalten Fischerbooten am Strand, dazwischen baden allabendlich die Einheimischen. Moslems und Hindus leben hier in friedlicher Eintracht. Der Ort ist klein und überschaubar, es gibt schöne Strände, gute Schnorchelmöglichkeiten, Guesthouses für jeden Geldbeutel, Bars und Restaurants, ein Post Office, Geldwechsler und Geldautomaten. Padangbai ist 24 Stunden auf den Beinen, denn ab hier fährt die Fähre nach Lombok.

Private **Segeljachten** aus Australien oder Singapur und Frachtschiffe legen an dem ins Meer hineingebauten Landungssteg an. Hier machen auch die **Fähren** fest, die nach Labuhan Lembar auf Lombok auslaufen. Wenn eine Fähre kommt, verwandelt sich das ansonsten stille, verträumte Örtchen in einen lauten, drängelnden und knatternden Busbahnhof. Busse, Bemos und Motorräder drängeln sich, dazwischen versuchen die von Lombok kommenden Passagiere, das für sie passende Vehikel zu finden. Etwa eine halbe Stunde später ist der Spuk vorbei und es kehrt wieder Ruhe ein.

In der Hochsaison wird die Ruhe am Strand vor allem gestört durch die mehrmals täglich eintreffenden und abfahrenden Speedboote nach Gili Terawangan.

Strände

Rechts und links der Hafenbucht liegen weitere kleine **Badebuchten.** Es gibt drei empfehlenswerte Strände: Wer von der Straße südwestlich vom Fähranleger hügelaufwärts geht, am Post Office vorbei und der Beschilderung folgend, kommt zum Strand Bias Tugal/Pantai Putih – auch **White Sand Beach** genannt. Achtung: nicht beschildert! Der einfachste und kürzeste Weg führt am Post Office vorbei und direkt gegenüber dem Hinweisschild zu Wayans Bookstore links durch ein Tor auf einem breiten Schotterweg bergauf auf eine Kuppe. Von dort geht es auf einem kleinen Pfad bergab zum White Sand Beach. Auf der besagten Kuppe steht eine Bauruine, Terrassen mit riesigen Mauern und einige Betongerippe („Château de Bali Project"). Sehr hohe Wellen am Strand.

Geht man dagegen am Post Office und Wayans Bookstore vorbei und auf der Teerstraße weiter geradeaus (bergauf), erreicht man nach einiger Zeit (schätzungsweise 1,5 km) einen an der Straße liegenden Tempel. Biegt man hier rechts auf eine kleinere Straße ab, so erreicht man die koreanische Hotelruine und den **Black Sand Beach** (einsam, keine Warungs).

Um zur **Blue Lagoon** zu kommen, einfach die Jl. Silayukti am Strand entlanggehen bis zum Verbrennungsplatz und dann der Beschilderung folgen. Diese kleine, steinige Bucht ist etwa

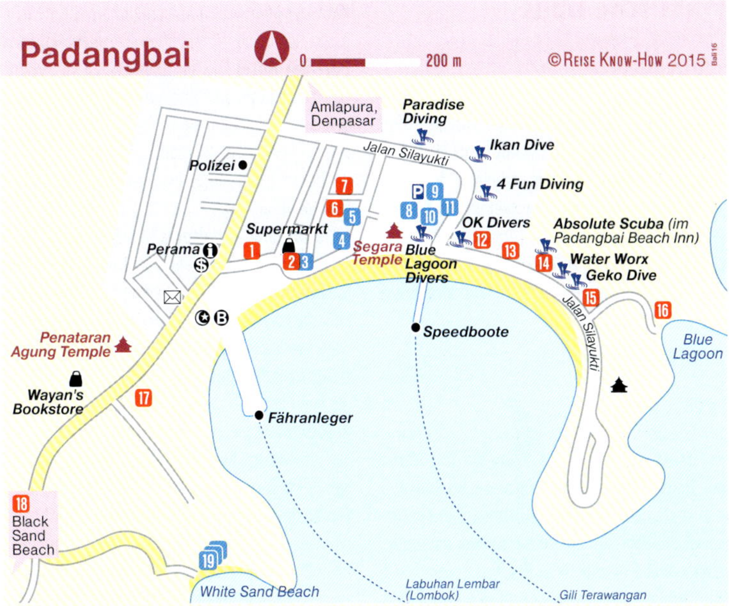

Übernachtung

1 Zen Inn
2 Fat Barracuda
6 Tirta Yoga Inn
7 Pondok Wisata Dharma
12 Puri Rai Hotel
13 Padangbai Billabong
14 Padangbai Beach Inn
15 Topi Inn
16 Blue Lagoon Homestay
17 Olala Inn
18 Kubu Pilatus Inn

Essen und Trinken

3 Padangbai Café
4 Depot Segara
5 Ozone Café
8 Olala Café
9 Kinky Reggae Bar
10 Babylon Bar
11 Omang Omang Café
19 Warungs

20 m breit, mit einem Resort recht verbaut und nur zu Fuß erreichbar. Zum Baden ist sie nicht unbedingt geeignet, aber sehr schön zum Schnorcheln und Tauchen. Die Blue Lagoon ist allerdings für Anfänger nicht wirklich geeignet, denn hier gibt es oft starke Wellen, die den Ein- und Ausstieg erschweren und manchmal unmöglich machen. In der Buchtmitte geht es am einfachsten rein und raus. Bei oft größeren Wellen und starker Strömung ist diese Bucht für Kinder sogar im Uferbereich zeitweise gefährlich.

Praktische Tipps

Information

■ Wer nicht sowieso mit Perama anreist, sollte sich die Zeit nehmen, um für Informationen über Padangbai im **Perama-Büro** vorbeizuschauen. Die Leute dort sind meist gut informiert und freundlich. Das Büro befindet sich im Café Dona rechts am Eingang zum Fährhafen. Hier kann man auch günstig essen und dem Treiben auf der Hauptstraße zusehen.

Unterkunft

Am Strand und im Ort gibt es um die 30 Losmen und Homestays. In der Hochsaison im Juli und August steigen die Preise gewaltig an. In der Nebensaison lohnt sich aber das Handeln, dann purzeln die Preise oft um 30 %. Normalerweise ist ein Frühstück inklusive, allerdings gibt's oft nur kaltes Wasser. Die Bungalows der Tauchcenter starten meist ab rund 45 US$ oder Euro für die Übernachtung. Hier ein paar Vorschläge, angefangen am Fährhafen.

■ **Zen Inn** ②, Tel. (081) 933092012, www.zeninn.com, direkt am Fährhafen mit Blick auf die Mauer des selbigen, neben dem gleichnamigen Café. Die Front sieht zwar nicht gerade sehr attraktiv aus, der Blick hinein zeigt aber originelle Zimmer, teilweise mit eigenem Innenhof und kleinen Design-Gimmicks.

■ **Pondok Wisata Dharma** ②, Tel. (0363) 41394. In dieser dicht bebauten Ecke Padangbais bieten die Guesthouses einen großen Vorteil: einen zweiten Stock. Hier ist es ein wenig luftiger und meist hat man Blick auf den Strand.

■ Das **Tirta Yoga Inn** ②, Tel. (081) 236514350, schräg gegenüber, ist recht neu. Die Unterkünfte sind zweigeschossig angelegt, unten befindet sich das Bad, oben der Schlafraum mit Balkon und Blick in den Garten.

■ Weiter über den Parkplatz folgt am Strand eine ganze Reihe von Unterkünften. Beispielsweise das **Puri Rai Hotel** ③, Tel. (0361) 8528521, www.puriraihotel.com, mit schönen zweistöckigen Bambushäusern und Bungalows. Swimmingpool ist dabei, das Personal ist freundlich. Das **Restaurant** ist in Ordnung und bietet frischen Fisch „from local fisherman" an.

■ **Padangbai Billabong** ②, Tel. (081) 3383 12607, ist eine nette, einfache Bungalowanlage. Hinten im Hof wird es ein wenig eng und stickig, aber die zweistöckigen Häuser sind einen Versuch wert. Moskitonetze, Balkons, Blick zum Strand. Wer weiter vorn Richtung Strand wohnt, kriegt ein wenig mehr Luft mit.

■ **Topi Inn** ①, Tel. (0363) 41424, www.topiinn.nl, hat ein treues Stammpublikum. Im ersten Stock gibt es ein paar Zimmer im Stil von Bangkok, Khao San Road: zugeschnittene Rechtecke, von dünnen Wänden umgeben mit einem Gemeinschaftsbad. Das bekannte **Restaurant** hat eine Kinderspielecke. Hier können Wasserflaschen nachgefüllt werden (1000 Rp.), es gibt Kochkurse und Freizeitprogramm.

■ Ein Preisbrecher im Übernachtungsbusiness Padangbais ist das **Olala Inn** ① in der Nähe der Post. Im **Olala Café** am Parkplatz wird per Wandschrift darauf hingewiesen. Die Zimmer sollte man vorher gründlich checken.

■ Ähnlich konzipiert, aber von der Lage her netter, ist das 2014 eröffnete **Fat Barracuda** ①-②, Tel. (0822) 37971212, mitten im Ort. Ein Basic-Bett im Schlafsaal im Erdgeschoss geht für unter 100.000 Rp., ansprechender ist das deutlich teurere Zimmer mit Aussicht im ersten Stock.

■ **Kubu Pilatus Inn** ③, Jl. Penataran Agung 58, Tel. (0877) 62629611, ein begeisterter Leser schreibt: „Das Hotel liegt 10–15 Minuten außerhalb der lauten Hafenstadt und dem White Sand Beach. Klimaanlage, kleiner Pool, wunderschöner Garten. Die Besitzer lesen einem alle Wünsche von den Augen. Wir haben uns wohl noch nie so wohl gefühlt an einem Ort."

Essen und Trinken

Im Ort gibt es einige Warungs und Rumah Makans mit brauchbarem Essen.

■ Das **Padangbai Café** genießt einen guten Ruf für die Fischgerichte, die ab 35.000 Rp. angeboten werden.

■ Das **Ozone Café** hat eine ruhige, fast schon gedämpfte Atmosphäre und gutes Essen.

■ Das **Omang Omang Café** hat als einziges Handicap die Babylon Bar gegenüber, ansonsten gibt es hervorragende und einigermaßen günstige Speisen: von Western bis Thai, von Spareribs bis zu leckerem Fish Curry.

■ Das **Depot Segara** ist schon lange da und bekannt für den frischen Fisch.

Nachtleben

■ Die **Babylon Bar** gehört zu denen, die ihre Strandhütte beim großen Beachcleanup der Regierung 2006 räumen mussten. Die Hütte wurde abgerissen, um den Strand schön zu halten. Jetzt sitzt die Babylon Bar am großen Parkplatz in einer langen, originell ausgeschmückten Garage. Das Team hat aus der Not eine Tugend gemacht und in die Speisekarte geschrieben: „We know the atmosphere in our bar is not good but if you don't like it please take another beer." Hier gibt es oft Live-Musik mit guten Musikern. Wer Glück hat, erwischt die Jam-Session-Nacht und darf mitspielen oder -singen.

■ In direkter Konkurrenz, zwei Türen weiter, ist die **Kinky Reggae Bar.**

Einkaufen

Zum Einkaufen gibt es nicht viel, ein paar Supermärkte an der Einfallstraße und entlang dem Strand sorgen für die Grundversorgung.

■ **Wayan's Bookstore,** Richtung White Sand Beach, dann rechts, hat eine gute Auswahl auch an deutschsprachigen Secondhand-Büchern. Nach wie vor sehr freundlich und gut sortiert. Liebenswert ist der Spruch am Bücherregal: „Please don't steel book. Makes bad Karma! Don't spoil your next life!"

Wichtige Adressen

■ **Geld:** Ein paar Banken und Geldautomaten an der Hauptstraße nahe dem Hafen, Geldwechsler finden sich den Strand entlang.

■ **Post:** Das Post Office gegenüber der Moschee Richtung White Sand Beach gilt als recht zuverlässig.

■ **Internet:** Einige Cafés, Guesthouses und vor allem die Tauchcenter haben WiFi. Manchmal ist es bei Speis' und Trank inklusive, manchmal muss extra bezahlt werden. Die Schilder an den jeweiligen Häusern geben Auskunft.

Schnorcheln und Tauchen

Schnorchelausrüstung leihen kostet um die 30.000 Rp. Ein zweistündiger Schnorchelausflug an nahe Strände ist ab 150.000 Rp. zu haben, ein ganztägiger für 500.000 Rp.

Von Padangbai aus sind fast alle wichtigen Tauchspots auf Bali zu erreichen. Padangbai selbst ist bekannt für die **Blue Lagoon** und **Telek Jepun.** Tauchshops gibt es etliche. Ein Tagesausflug mit zwei Tauchgängen liegt bei rund 100 US$.

■ **Geko Dive,** Tel. (0363) 41516, www.gekodive.com, das älteste und renommierteste Tauchunternehmen in Padangbai. Geleitet wird es von umweltbewussten Holländern, die sich nicht nur für die Erhaltung der Korallenbänke einsetzen, sondern sich auch sozial engagieren. 20 % des Profits wird für verschiedene Hilfsfonds verwendet, unter anderem für die Schulbildung der Kinder von Padangbai.

■ **Blue Lagoon Divers,** Tel. (081) 23619139, www.bluelagoondivers.com, hat ein ähnliches Preisniveau, ein Tauchgang am Hausriff kostet 30 US$.

Pantai Bias Tugal – Traumstrand wird zum Alptraum

von *Stefan Blank*

1990 war es, als ich das erste Mal auf dem Rückweg von Australien einen Zwischenstopp auf Bali machte. Beim Bier lernte ich zwei kanadische Köche kennen, die seit Jahren rund um die Welt unterwegs waren. Die beiden waren auf dem Weg zum Strand. Aber nicht irgendeinem: Sie hatten gehört von einem perfekten Strand auf einer perfekten Insel, jeder wollte da mal hin, wer zurückkam, war begeistert. Die Kanadier wollten auf die Gili Air.

1990 war der Weg dorthin lang: mit dem Bemo von Kuta nach Denpasar, dann weiter zum Busterminal Batubulan, dann weiter nach Padangbai, schließlich mit der Fähre nach Labuhan Lembar auf Lombok, mit dem Bemo weiter nach Bangsal, dort ein Boot chartern, barfuß über die Korallen und endlich übersetzen nach Gili Air. So war der Plan, die kleine Insel war das Ziel.

Irgendwann am späten Nachmittag kamen wir in Padangbai an. Zum Übersetzen nach Lombok war es zu spät und so suchten wir uns eine billige Absteige. Den Rest des Tages wollten wir am Strand verbringen und bekamen den Tipp eines abgerissenen Kneipenhockers, es gebe in der Nähe einen Traumstrand: **White Sand Beach.**

Um dorthin zu kommen, mussten wir zum Ortsende von Padangbai und über eine riesige Müllkippe klettern. Einen schmalen Trampelpfad hoch durch den Wald, Moskitoparadies sondergleichen. Nach ein paar Hundert Metern steil wieder runter. Plötzlich blitzte es durch die Palmen: weiß, blau und türkis. Es roch nach Meer. Ein paar Schritte noch, dann standen wir am Strand. Und was für einer: halbmondförmig, von Palmen und Felsen umgeben, makellos und mit ordentlichen Wellen. Geradeaus der Blick auf die an- und abfahrenden Fähren nach Lombok.

Ich weiß nicht mehr, wie lange wir an dem Tag am Strand waren, wie oft wir in die Brandung gesprungen sind, wie oft wir den Sand aus der Badehose wieder rausgeschaufelt haben. Aber zumindest so lange, dass ich in den Jahren danach bei jedem Bali-Aufenthalt zurückgekommen bin. Zu meinem persönlichen, perfekten Strand.

Die White Sand Beach heißt eigentlich Pantai Bias Tugal und entwickelte sich im Laufe der 1990er Jahre vom Geheimtipp zur Attraktion. Zuerst kamen fliegende Händler, die Eis, Bier und Wasser auf den Schultern über den Berg trugen. Dann wurde der Weg ausgebaut, bis er mopedfest war. Dann kamen die ersten Warungs: Holz in den Sand gesteckt, Bänke aufgestellt, Gasflasche an den Kocher, Speisekarte schreiben, fertig. Es wurden mehr, bald sollten es acht sein.

Irgendwann kamen Investoren aus Korea. Sie trugen den Müllplatz ab und bauten einen Zufahrtsstraße mit Schranke und Wächterhäuschen. Mit großen Maschinen begannen sie, den Wald zu roden und den Berg zu terrassieren. Sie schnitten Grundstücke aus dem Fels und bauten die ersten Häuser: Villen mit erstklassigem Ausblick und einem eigenen Strand. Vier Jahre tobten sich die Planer aus dem Ausland aus.

Dann kam der Baustopp. Irgendwie war die balinesische Regierung auf das Projekt aufmerksam geworden, vielleicht hatte der Schmierapparat nicht mehr gut genug funktioniert. Sie stoppten die Baustelle. Gras wuchs über die Terrassen, in und über die Bauruinen.

Das Wächterhäuschen ist heute verlassen, die Schranke offen und kaputt. Genauso kaputt wie der Wald, der Berg und die Warungs am Strand. Ein paar von ihnen sind nun wieder da und kämpfen ums Überleben. Ein paar rührige Geister brutzeln das Essen, während der Sohnemann am Strand spielt und der Bruder Krebse aus dem Wasser holt. Nach wie vor gibt es hier alles, Kopi für 8000 Rp., gebratene Nudeln für 20.000 Rp.

White Sand Beach hat seine mythische Bedeutung verloren. Die Bauruinen grüßen zwischen den Palmen hindurch. Aber der Blick nach vorn ist immer noch wunderbar, die Wellen sind klasse, der Sand weiß, das Wasser blau, es riecht nach Meer.

2010 war es dort ruhig. Zu ruhig. Die Warung-Besitzer hoffen 2011 auf mehr: mehr Zukunft für ihre Warungs und vor allem mehr Touristen. Doch schon kommen Gerüchte auf: Die Baustelle soll wieder zum Leben erweckt und die kolossale Anlage der Koreaner weitergebaut werden. Aber die Hoffung stirbt zuletzt, gerade an der White Sand Beach.

PS: Auch im Sommer 2014 hat sich an der Situation nichts geändert: Einige Warungs halten am Strand weiterhin die Stellung, die Stahlbetonskelette verrotten weiter, und die Bucht ist immer noch prima zum Schnorcheln und Plantschen.

- **Water Worx,** Tel. (0811) 375889, www.waterworxbali.com, genießt einen guten Ruf und ist ein Lesertipp: „Unter deutscher Leitung, sehr angenehmes Klima und vor allem guter Umgang mit den Mitarbeitern (was leider nicht bei allen Tauchschulen so gewirkt hat ...). Allerdings nicht die billigsten, Preise online."

Verkehr

- Wer mit dem Bemo von Candi Dasa oder Semarapura kommt, muss damit rechnen, dass er **an der Abzweigung** von der Hauptstraße nach Padangbai abgesetzt wird. Das sind dann noch einmal ca. zwei Kilometer, die man laufen oder bezahlen muss. Es stehen an der Kreuzung meist Typen mit Motorrädern herum, die einen zum Ort fahren. Besser also vorher fragen, ob die Fahrt auch direkt nach Padangbai geht.
- **Minibusse** fahren regelmäßig von/nach Denpasar, Amlapura, Candi Dasa, Gianyar.
- **Shuttlebusse** kosten nach Ubud, Sanur, Kuta und Flughafen 70.000 Rp. Perama fährt dieselben Orte ab 50.000 Rp. an. Nach **Lombok:** Mataram 150.000 Rp., Senggigi (mit Perama 100.000 Rp.), Kuta: 175.000 Rp. Auf die **Gilis** mit der normalen Fähre: 200.000 Rp. Speedboat zu den Gilis bei Perama 400.000 Rp., bei anderen Anbietern kostet die Fahrt ab 350.000 Rp.

Mit der Fähre nach Lombok:

Der Fährverkehr zwischen Padangbai und Labuhan Lembar auf Lombok wird von großen **Autofähren** bewältigt. Die **Fahrzeit** beträgt zwischen 4½ und 5½ Stunden je nach Strömung und Wellengang – wenn es ganz schlimm kommt, kann es durchaus mal sieben Stunden dauern. Zur Regenzeit kann das Meer sehr unruhig sein.

- **Tickets** werden links im Gebäude kurz vor dem Landungssteg verkauft.
- **Vorsicht bei der Abfahrt** in Padangbai. Insbesondere Frauen wird bei Verlassen des Busses und

beim Übergang zur Fähre gern mehr oder weniger sanft das Gepäck aus der Hand genommen, um es schnell auf die Fähre zu bringen. Leider finden keine Preisverhandlungen statt und an Bord heißt es dann 5–10 US$ pro Gepäckstück. Wenn die Geneppten nicht zahlen, wird das Gepäck blitzschnell wieder von der Fähre geschafft. Also vorher unbedingt den Preis mit dem Träger aushandeln oder selbst tragen.

- **Fährpreise:** Economy 40.000 Rp., Kinder 25.000 Rp., Motorrad 112.000 Rp., Motorrad (über 500 ccm) 232.000 Rp., Auto 687.000 Rp., Fahrrad 57.000 Rp.

Mit dem Speedboat zu den Gilis:

Etliche Anbieter fahren von Padangbai direkt nach Gili Terawangan. Ein Return-Ticket liegt normalerweise bei etwa 1,2 Mio. Rp. In der Nebensaison lässt sich der Preis locker auf weniger als 600.000 Rp. drücken (siehe dazu auch Kapitel „Lombok: Anreise von Bali").

Mit dem Boot nach Nusa Penida:

- Von Padangbai fahren regelmäßig Boote nach **Sampalan** auf Nusa Penida (30.000 Rp.). Fahrzeit ca. 1 Std., die Abfahrtzeit liegt zwischen 13 und 15 Uhr (siehe auch Kapitel „Balis Süden: Nusa Penida").

Manggis

Was von der Region Manggis beim Vorbeifahren in Erinnerung bleibt, ist der **Pertamina-Ölhafen** in Teluk Amuk, kurz vor Manggis. Hier werden die Tankwagen beladen, die sämtliche Tankstellen auf Bali beliefern – meist rasen sie in einem Heidentempo über die Straßen. Bis in den Westen der Insel schaffen sie es manchmal nicht, dann kann es passieren, dass an den Tankstellen kurzfristig das Benzin ausgeht.

Daneben der großzügig geplante **Hafen für Kreuzfahrtschiffe** in Tanahampo, mit vierspuriger Zufahrtsstraße und ungewisser Zukunft: Das Wasser ist wegen des Ölhafens derart verschmutzt, dass sich Touristen wohl kaum hier länger freiwillig aufhalten werden. Leider wurde das den Verantwortlichen erst nach dem Bau des Terminals klar.

Zwischen Padangbai und Candi Dasa geht eine Abzweigung nach Manggis, von Padangbai kommend nach links. Im Ort ist alles sehr dörflich und ruhig. Von hier aus kann man gut ausgedehnte **Wanderungen** unternehmen. Mit dem Auto lohnt sich eine Besichtigungstour über die **Dörfer** Apityeh – Selumbung – Kelodan (ca. 10 km, dann wieder zurück zur Hauptstraße nach Candi Dasa). Diese Dörfer wirken traditionell und sehr beschaulich. Zu Bergen aufgetürmte Kokosschalen säumen nicht selten den Weg.

Unterkunft

- In dieser Gegend liegt eines der besten Resorts Balis, das **Amankila** ④, Tel. (0363) 41333, www.amankila.com, mit dem berühmten **Terrace-Restaurant.** Nicht weit davon entfernt ist das **Alila Manggis** ④, Tel. (0363) 41011, www.alilahotels.com. Beide mit eigenem Strandabschnitt und einigen Pools. Das Alila ist auch bekannt für seine Kochschule, die eine der besten auf Bali sein soll.

▷ Zwar von Wellenbrechern umlagert, aber trotzdem nett anzusehen: der Strand von Candi Dasa

Mendira

Der **Strand** bei Mendira hat noch ein wenig von diesem einsamen Touch, den Reisende so gern suchen. Es ist ruhig, die Sonne scheint, nur vom Strand selbst ist – wie in Candi Dasa – nicht mehr viel übrig. Auch ist die Gegend recht zugebaut mit privaten Villen, die den Meereszugang einschränken. Um ein paar Tage zu Relaxen ist es aber kein schlechter Platz.

Unterkunft

■ **Amarta Beach Inn Bungalows** ②-④, Tel. (0363) 41230, mit Restaurant und gemütlichen Bungalows in einem kleinen Garten am Strand, Ausblick aus dem Infinity Pool aufs Meer gehört dazu. Bungalows mit Ventilator oder Klimaanlage, das lauteste Geräusch ist das Rauschen des Meeres – oder der brutzelnde Barbecue-Grill.

■ **The Nirwana Resort** ④, Tel. (0363) 41136, www.thenirwana.com, schicke, gemütliche Bungalowanlage an der Grenze zwischen Sengkidu und Candi Dasa, direkt am Strand in einem weitläufigen Garten mit Pool.

■ **Nusa Indah Bungalows** ③, Tel. (0363) 41062, www.nusaindah.de, sehr schöne Anlage mit Pool, sauber und familiär, von deutschen Inhabern geführt, ca. 300 m von der Hauptstraße entfernt am Strand gelegen.

Candi Dasa

In Candi Dasa hat sich längst eine **perfekte touristische Infrastruktur** entwickelt. Restaurants, Losmen, Hotels und Shops stehen dicht nebeneinander links und rechts der Straße. Candi Dasa ist kein gewachsenes balinesisches Dorf. Der Name soll entweder aus dem Balinesischen kommen, mit der Bedeutung „Zehn Tempel", oder nach einer Statue

181ba sb

warten. Ein nützliches Informations-Blättchen ist das Magazin „Candidasa Network", www.candidasanetwork.com, das alle drei Monate erscheint und im Ort ausliegt.

Unterkunft

Candi Dasa hat ein großes Losmen- und Hotelangebot in allen Preisklassen (von 150.000 Rp. bis 300 US$). Die Unterkünfte sind meistens kleine Häuschen oder Bungalows. Bei der Suche sollte man bedenken, dass die zur Straße liegenden Häuser recht laut sind, dafür aber billiger. Häuser am Meer sind ruhig und teurer. Wer in einer Unterkunft auf der vom Meer abgelegenen Seite der Straße Quartier bezieht, bedenke, dass viele Hotels am „Strand" keinen Durchgangsverkehr dulden.

■ **Ashram Gandi,** Tel. (0363) 41108, www.ashramgandhi.com. Die Chefin des hinduistischen Ashram, *Ibu Gedung,* zählte zu den religiösen Oberhäuptern Balis. Sie ist 2002 im Alter von 81 Jahren gestorben, der Ashram wird von den Mitgliedern mit Erfolg weitergeführt. Man kann Meditation, Yoga und indische Mantras lernen. Da es nur wenige Hütten gibt, ist es ratsam, weit im Voraus zu buchen.

■ **Ari Homestay** ②, Tel. (081) 79707339, hier kommt keiner vorbei, der eine wirklich günstige Unterkunft in Candi Dasa sucht. Die Beschilderung ist mächtig und der Hot Dog Shop im Erdgeschoss setzt duftende Zeichen, und das Schild vor dem Haus ist deutlich: „No Nasi Goreng!". Vom brauchbaren Unterschlupf mit Ventilator bis hin zum eigenen Bungalow. Eine kleine Handbibliothek ist vorhanden.

■ **Puri Oka** ②-③, Tel. (0363) 41092, www.purioka.com, schöne Anlage, Swimmingpool, sauber, nette Leute und kleiner Strand. Gutes Preis-Leistungsverhältnis. Das Restaurant ist sehr gut, auch wenn es auf den ersten Blick nicht so aussieht.

■ **Alam Asmara** ④, Tel. (0363) 41929, www.alamasmararesort.com. Die zwölf Bungalows sind im modernen balinesischen Stil gehalten, mit einem kleinen Fischteich und offenem Bad. Der Garten ist mit 100 unterschiedlichen Tropenpflanzen bewachsen. Die angeschlossene Tauchschule genießt einen guten Ruf.

■ **Ida's Homestay** ③, Tel. (0363) 41096, ist ein echtes Juwel an der Straßenzeile in Candi Dasa: eine wunderschöne, kleine Anlage mit fünf zweistöckigen Bungalows in klassischem balinesischen Stil in einem großen, ruhigen Park direkt am Wasser. Die Wellenbrecher sind hier so gebaut, dass ein großer, gemütlicher Meerwasserpool entsteht.

■ **Seaside Cottages** ②-③, Tel. (0363) 41629, www.balibeachfront-cottages.com. Schöne, saubere Cottages; *Van,* die Besitzerin, ist eine Deutsch sprechende Australierin. Im Restaurant **Temple Café** gibt es auch australische Hausmannskost. Sehr gutes Preis-Leistungsverhältnis.

■ **Villa Rossa** ④, Tel. (0363) 42062, www.villarossa.org. Lesertipp: „Die Apartments sind baulich voneinander getrennt und rund um einen sehr schönen Pool angeordnet. Die Zimmer bieten ausgesprochen viel Bewegungsraum (...). Die Anlage ist sehr gepflegt und frei von Getier (kein offenes Dach, daher keine Geckos im Zimmer und erstaunlicherweise auch so gut wie keine Moskitos) und das Personal ausgesprochen liebenswürdig. Summa summarum: ausgezeichneter Standard und gleichzeitig sehr gemütlich."

Essen und Trinken

Bei so vielen Restaurants kann man nur empfehlen, sich durchzuprobieren.

■ **Astawa Restaurant,** gut und einigermaßen günstig, indonesische, internationale und balinesische Speisen – von Spaghetti bis Mahi-Mahi-Filet. Das Astawa bietet einen kostenlosen Hol- und Bringservice innerhalb Candi Dasas.

■ **Hot Dog Shop,** wer keine Lust mehr auf Nasi Goreng hat, mag sich hier einen fetten Burger gönnen.

Watergarden Café, sehr idyllischer Garten, etwas teurer, dafür sitzt es sich sehr angenehm. Das Sitzen wird durch die Happy Hours noch etwas angenehmer gemacht.

Candi Bakery, Café & Bistro, Nuss-Schnecken, Apfeltaschen und Brezeln nach deutschem Originalrezept. Auch Dresdner Christstollen ist im Angebot.

Nachtleben

Nachtleben gibt es nicht mehr nur in Kuta, sondern auch ein bisschen in Candi Dasa. Zahlreiche Happy Hours, Bars und Kneipen überbrücken die Zeit nach dem Abendessen bis zum Schlafen.

The Legend, Rock Café, mehrmals wöchentlich finden hier Live-Konzerte statt, gemütlich, mit kleiner Tanzfläche.

Im **Asoka Restaurant** gibt es eine Happy Hour von 16 bis 18.30 Uhr. Sitzenbleiben lohnt sich: Täglich ab 19 Uhr wird balinesischer Tanz geboten.

Einkaufen

Supermärkte gibt es alle paar Hundert Meter entlang der Hauptstraße.

Das Material im **Candi Bookstore** an der Hauptstraße ist im wahrsten Sinne des Wortes schon ein wenig verstaubt. Vielleicht findet sich aber noch ein Schnäppchen.

Wichtige Adressen

Geldwechsler gibt es zuhauf. Der Kurs ist nicht so gut wie in Ubud oder Kuta, aber weit und breit der beste. Banken und mehrere Geldautomaten sind vor Ort.

Es gibt ein **Post Office.**

Internet: Einige Internet-Anbieter an der Hauptstraße, etliche Restaurants und Bars bieten WiFi. Auf die Schilder achten.

Medizinische Versorgung: Seit 2011 hat Candi Dasa eine eigene Klinik in Manggis, Jl. Raya Manggis 88. Die **Klinik Penta Medica,** Tel. (0363) 41909, www.pentamedica.com, hat einen 24-Stunden-Notdienst und ist auf modernem Standard.

Aktivitäten

Schnorcheln:

Am Ablauf des Süßwassersees im Ort liegen meist einige Auslegerboote, die für einen festen Preis zu den drei kleinen vorgelagerten Inseln fahren. Dort kann man ca. eine Stunde schnorcheln (150.000 Rp., mind. zwei Personen), länger hält man es normalerweise auch nicht in dem kühlen Wasser aus. Das in zwei bis sechs Metern Tiefe gelegene Riff ist mäßig interessant. Mit etwas Glück lassen sich hier Meeresschildkröten beobachten. Schnorchelausrüstung ausleihen kostet ab 30.000 Rp.

Schnorchel-, Angel- und Segeltouren organisiert beispielsweise **Wayan Landep,** Tel. (085)9361 10484, oder im Hotel fragen.

Tauchen:

Yos Marine Adventures, Tel. (0363) 41929, www.yosdive.com, bietet Tauchtouren zu vielen Spots rund um Bali an, z.B. nach Padangbai und Gili Tepekong, außerdem alle PADI-Kurse.

Yes Dive, Tel. (0363) 41982, indo-diver.com/bali/yes_dive_candi.htm, klingt ähnlich, hat ein ähnliches Angebot und ist ein wenig günstiger als der Platzhirsch Yos.

Spa:

Die Spas in den Hotels sind zwar exklusiv, aber auch sehr teuer. Eine Alternative ist:

Salon Dewi, an der Hauptstraße mit einem vielfältigen Angebot an Body Treatments wie balinesische Massage, Shiatsu Massage, Body Scrub, Waxing, Hair Treatment zu Rupiah-Preisen. Geöffnet 9–21 Uhr.

Verkehr

- **Minibusse** von/nach Denpasar, Semarapura, Padangbai, Amlapura.
- **Nach Tenganan:** Motorradcharter an der Kreuzung Hauptstraße/Tenganan, ca. 7000 Rp.
- **Shuttlebusse** fahren von Candi Dasa mehrmals täglich nach Ubud, Kuta und Padangbai und von dort weiter nach Lombok. Perama hat hier ein eigenes Büro.

  Padangbai 25.000 Rp., Lovina 150.000 Rp., Tirtagangga/Amed/Tulamben 125.000 Rp. (mindestens 2 Pers.), Ubud 50.000 Rp., Sanur 60.000 Rp., Kuta 60.000 Rp., Senggigi 125.000 Rp.
- Am besten vor oder hinter Candi Dasa einen der **Busse** nach Amlapura bzw. Denpasar anhalten.
- **Auto-, Fahrrad- und Motorradverleih** gibt es reichlich, Fahrräder ab ca. 30.000 Rp./Tag.

Tenganan

Tenganan ist eines der **Dörfer der Bali-Aga,** der Ureinwohner Balis. Von Candi Dasa führt eine Nebenstraße über drei Kilometer nach Tenganan. Der Eintritt ins Dorf läuft auf Spendenbasis.

Das Dorf unterscheidet sich stark von anderen balinesischen Ansiedlungen. Es gibt zwei parallel verlaufende, gepflasterte Hauptstraßen. Auf beiden Seiten befinden sich Wohnhäuser, alle fast identisch, von Mauern umgeben. An der breitesten Straße stehen das „Verwaltungsgebäude", die Versammlungshalle, eine Schule sowie ein Reislager. An einem Ende der Straße befindet sich ein Platz, wo alle wichtigen Dorfangelegenheiten besprochen und Feste gefeiert werden.

186ba sb

Das Alltagsleben in Tanganan geht trotz Touristenbesuchen immer seinen gewohnten Gang

Der Doppel-Ikat

Diese **Webtechnik** beherrschen nur noch ganz wenige Menschen auf der Welt. Hier in Tenganan leben die einzigen Frauen Indonesiens, die in dieser Kunst geschult sind. Nur in Indien existiert noch ein Dorf, in dem eine vergleichbare Technik angewandt wird.

Das Besondere ist, dass vor (!) dem Verarbeiten die Kett- und Schussfäden so eingefärbt werden, dass nach dem Webvorgang ein erkennbares, sauberes Muster entsteht. Die Stellen, die nicht eingefärbt werden sollen, werden fest umschnürt (*Ikat* = Knoten). So kann die Farbe nicht eindringen. Das passend hinzukriegen, ist eine irrsinnige Rechnerei und erfordert sehr viel Übung.

Der so entstandene **Stoff** heißt *Kamben gringsing,* hat **schachbrettartige Muster** und soll magische Kräfte besitzen. Da die Herstellung, vom Einwickeln der Fäden bis zum Anlegen des fertigen Stoffes, von einer Menge genau vorgeschriebener Riten und Zeremonien begleitet wird, dauert die Fertigstellung eines einzigen Stückes ca. fünf Jahre. Dass diese Stoffe, wenn sie überhaupt verkauft werden, unbezahlbar sind, versteht sich von selbst.

1972–73 filmte der Schweizer Völkerkundler *Urs Ramseyer* erstmals die Entstehung eines solchen Stoffes. Die vier Filme sind vom Institut für den Wissenschaftlichen Film in Göttingen ausleihbar und für Interessierte höchst sehenswert. Als die Tengananer damals merkten, dass dieser schon aussterbenden Technik so viel Interesse entgegengebracht wurde, entschieden sich einige junge Mädchen, die Technik bei den zwei letzten noch lebenden alten Frauen zu lernen.

Die Abbildung zeigt einen Gringsing mit geometrischem Grundmuster.

096ba sb

Hier leben etwa **180 Familien** (ca. 400 Pers.), deren Angehörige Menschen aus anderen Dörfern nur heiraten dürfen, wenn sie selber ihren Status als Bali-Aga aufgeben. In den letzten Jahren sind diverse Feiern mangels Masse ausgefallen.

Einmal im Jahr findet Kawin Pandan statt: Ein heiratswilliger Mann wirft eine Blume über die Mauer. Das Mädchen, das sie auffängt, muss geheiratet werden, unabhängig von Aussehen, Beruf und sozialem Status.

Die Tengananer glauben, direkt von Gott Indra abzustammen. Alle anderen Bewohner Balis, ja der ganzen Welt, sind erst an zweiter Stelle geschaffen worden.

Das Dorf gehört zu den wohlhabendsten ganz Balis. Die rund 850 Hektar Ackerland, die dem Dorf gehören, lässt man von „normalen" Balinesen bestellen, die die Hälfte der Ernte dem Dorf abliefern. So haben die Einwohner Zeit, ausschließlich der Erfüllung religiöser Riten nachzugehen, sich zu bilden und andere angenehme Dinge zu tun.

So verwundert es nicht, dass gerade in diesem Dorf einer der letzten Männer Balis lebt, der noch die alte **Sanskrit-Sprache und das alte Javanesisch** fließend lesen und schreiben kann. Es ist der ehemalige Kepala des Dorfes, der 1931 geborene *Wayan Muditadnana*. Dabei ist er stolz, bis heute keine Brille zu brauchen. Ihn zu besuchen ist kein Problem, jeden Tag sitzt er vor seinem Schreibtisch und arbeitet. Er ist ein ausgesprochen netter Mann, der Lontars für Museen anfertigt und einfachere Exemplare an interessierte Menschen verkauft.

So eine Arbeit ist zeitintensiv: Für beispielsweise eines der 18 Kapital aus dem indischen Epos Mahabarata braucht er

⌃ Die Versammlungshalle des Dorfes, der Bale Agung, in Tenganan

sieben Monate. 80 Lontarblätter müssen auf Vorder- und Rückseite beschrieben werden. Die Buchstaben schreibt er nicht auf die Palmblätter, sondern ritzt sie nach einer Vorlage mit einem speziellen Messer und macht das Geschriebene danach mit dem Pulver der Macadamia-Nuss sichtbar. Jedes Blatt kostet in Handarbeit 120.000 Rp. Wayan Muditadnana hat selbst eine alte Lontarsammlung. Zu fragen, ob er zeigt, wie man sie herstellt, kostet nichts. Mit ein bisschen Glück trägt er vom Lontarblatt zweisprachig vor: in Sanskrit und in Altjavanesisch. Das ist sehens- und hörenswert.

Die **Menschen Tenganans** sind freundlicher und nicht so verschlossen wie die anderen Bali-Aga. Wegen der angestiegenen Besucherzahlen haben sich die Tengananer auf Touristen eingestellt. Für die meisten großen Touristenbusse ist Tenganan ein Stopp auf ihrer Route. Diverse Verkaufsstände und Shops verkaufen Kaffee, Cola, Süßigkeiten und **Webereien** – und zwar **Doppel-Ikat** (siehe Exkurs). Es handelt sich zwar nicht um zeremonielle Tücher, trotzdem erhält der Tourismus dieses Kunsthandwerk.

Dau Tenganan

Westlich des Flusses befindet sich ein weiteres Dorf: Dau Tenganan. Hier wohnen ca. 300 Tenganan-Leute. Das Dorf ähnelt dem Nachbarort, nur ist es hier deutlich ruhiger und bei Weitem noch nicht so touristisch. Wer von der Hauptstraße in Richtung Tenganan abfährt, erreicht nach 1,6 km eine Straße, die links zum Ort abzweigt (weitere 1,5 km). Eintritt: Spende.

Von Tenganan aus kann man auf wunderschönen Wegen von Ort zu Ort wandern und dabei eine Vielzahl an **Vögeln beobachten.** Reiher, Eisvögel, Seeadler, Wildtauben und sogar Kolibris sind hier heimisch. Der Berg Gumang erfreut sich zunehmender Beliebtheit bei **Paraglidern.**

Veranstaltungen

Nur jungfräuliche Mädchen und Jungen führen den rituellen **Opfertanz Rejeng** vor. Geschmückt sind die Mädchen mit bunten Schärpen, aus Gold gehämmerte Blüten sind ihnen ins Haar gesteckt. Die ruhige, tranceartige Darstellung wird begleitet von der Musik des Gamelan Selunding. Zu diesem Orchester gehören xylophonartige Instrumente mit eisernen Klangplatten, die einen geheimnisvollen Sound erzeugen. Selten außerhalb dieses Dorfes zu hören.

Einmal im Jahr (Juni/Juli) wird das **Usaba-Sambah-Fest** gefeiert. Riesige Räder mit Sitzen werden aufgestellt, in denen Frauen Platz nehmen. Männer rollen sie stundenlang durch das Dorf. Höhepunkt ist ein ritueller Kampf, der nur zu diesem Fest veranstaltet wird. Zwei Männer kämpfen mit Büscheln von dornenbesetzten Pandanus-Blättern gegeneinander. Man schlägt richtig zu und schützt sich mit einem Schild vor Angriffen. Aufregend!

Kalender und Feste

Die Tengananer zählen die Zeit anders als die Balinesen. Es gibt **zehn Monate,** die festliegen und insgesamt ein Jahr ergeben. In jedem Monat findet eine spezielle **Zeremonie** statt, wer Glück hat, kommt gerade passend:

- **Sasih Kasa** (Februar), Abuang-Tanz (Männer u. Frauen)
- **Sasih Karo** (März), Reiszeremonie in den Feldern
- **Sasih Kapat** (Mai), Tempelfest, Gamelanmusik
- **Sasih Kelima** (Juni), Kare Kare (Kampfspiel)
- **Sasih Kepiton** (August), Friedhofszeremonie
- **Sasih Kawala** (September), Bananenzeremonie
- **Sasih Kasanga** (Oktober), Strandzeremonie
- **Sasih Kadasa** (November), Tempelfest
- **Sasih Jyesta** (Dezember), Fest im Dorftempel
- **Sasih Sada** (Januar), Fest im Tempel Tanjung Biru

Amlapura (Karangasem)

Karangasem am Fuße des heiligen Gunung Agung war eines der reichsten Königreiche Balis. Heute ist vom einstigen Glanz nicht mehr viel übriggeblieben. Als 1963 der Vulkan ausbrach, verwüsteten die ausströmenden Lavamassen nicht nur die Umgebung, sondern fast den gesamten Osten Balis. Zwar erreichte die Lava nicht den Ort selbst, aber die begleitenden **Erdbeben** zerstörten fast alle Gebäude. 1976 folgte ein weiteres schweres Beben. Das gab der Region endgültig den Rest. Da auch fast alle Zufahrtsstraßen lange Zeit unpassierbar waren, wurde dieser einst so blühende Marktflecken vom Rest Balis isoliert.

Nach der Naturkatastrophe gab die Gemeinde dem Ort den **neuen Namen Amlapura.** Das Wort setzt sich aus folgenden Abkürzungen zusammen: am = amah (gegessen), la = lahar (Lawa), pu = purat (zerstört), ra = rakyat (Volk). Das bedeutet: „Das durch Lava zerstörte und gefressene Volk".

Die Stadt bezeichnet sich heute als „eine der saubersten Städte auf Bali". Alles ist traditionell bis auf den Hardy's Supermarkt. Attraktionen sind der Vormittagsmarkt und die beiden Paläste Puri Agung und Puri Gede. Der **Puri Agung** wurde von den Holländern im späten 19. Jh. gebaut, um den königlichen Anspruch auf die Region zu untermauern. Die Möbel stiftete Königin *Wilhelmina.* Sogar ein Waschbecken mit laufendem Wasser war da. Die Sammlung an historischen Fotos ist sehenswert (Eintritt: 12.000 Rp., als Spende für Renovierungsarbeiten). Der **Puri Gede** direkt gegenüber wird noch von Mitgliedern der königlichen Familie bewohnt. Das Gelände wurde aufwendig restauriert und in den Zustand der holländischen Kolonialzeit zurückversetzt (Eintritt: Spende).

Unterkunft

- Wohnen im **Puri Madura bei Anak Agung Rei Justari** ②-③, Tel. (0381) 23907162, Lesertipp: „Wohnen in den Höfen des Königshauses, des Puri Agung. Wer an der Kasse des Puri Agung nach besagter Unterkunft fragt, wird in die Hinterhöfe des Palastes geführt. Hier vermietet Anak Agung Rei Justari sieben Bungalows in unterschiedlichen Größen und aufsteigender Opulenz, antike Möbel, Bilder, Familienanschluss und Frühstück inklusive."

Einkaufen

- **Hardy's Supermarkt,** Jl. Diponegro 14, einer der riesigen balinesischen Supermärkte mit entsprechendem Warenangebot.

Geldwechsel

- Diverse **Geldautomaten,** aber nur die Automaten bei Hardy's Supermarkt nehmen Visakarten, alle anderen Banken akzeptieren nur lokale Karten.

Verkehr

- Mit **Bemo oder Bus** von/nach Singaraja 25.000 Rp., Tulamben 20.000 Rp., Denpasar 30.000 Rp.

Umgebung von Amlapura

Ujung

Der letzte König war ein „Wasserfan". In Ujung, einem kleinen Fischerdorf fünf Kilometer von Amlapura entfernt an der Küste gelegen, ließ er ein **Wasserschloss** errichten, das 1919 fertiggestellt wurde. Der Garten ist nach dem Erdbeben zwar opulent neu angelegt worden, wirkt allerdings wie auf dem Reißbrett entwickelt. Im Gegensatz zu Tirtagangga ist es nicht so einfach, den Charme dieser zu groß geratenen Anlage zu spüren. Eintritt: 20.000 Rp.

Rundfahrt durch den Osten

Mit dem eigenen Fahrzeug kann man eine landschaftlich reizvolle Rundfahrt durch den äußersten Osten Balis unternehmen. Von Ujung führt eine asphaltierte Straße zunächst entlang der Küste durch **Seraya,** über Bunutan nach **Amed** und von dort über Culik nach **Tirtagangga** und zurück nach Amlapura. Was man sieht, ist wirklich spektakulär: Die völlig trockene, ausgelaugte **Küste** (hauptsächlich Steilküste) mit alten Lavaströmen und karger Vegetation verwandelt sich ab Culik plötzlich in eine Landschaft mit saftigen **Reisterrassen.** Es kann gut sein, dass einem in den rund anderthalb Stunden bis Amed kein Tourist begegnet. Dafür ist die Begrüßung durch die Dorfbevölkerung umso freundlicher.

Tirtagangga

Eine seiner **Wasseranlagen** baute der letzte Raja von Amlapura 1947 in Tirtagangga (= Wasser des Ganges). Das Bauwerk, bestehend aus großen Wasserbecken, Springbrunnen, eigenartigen Figuren und Fabelwesen, ist zu einem beliebten Ziel für Einheimische und Touristen geworden. Der Platz mit seiner Ruhe inmitten wunderschöner Reisefelder hat etwas Magisches. Goldfische ziehen ihre Runden, und der Blick hinunter Richtung Küste oder in die Berge geht weit. Die Becken werden von klarem Bergwasser gespeist. Zum **Baden** gibt es eigene Becken, die von den anderen durch einen Zaun abgetrennt sind.

- **Eintritt:** 20.000 Rp., Parken 2000 Rp., Eintritt ins Bad: 10.000 Rp., Kinder 5000 Rp. Die Anlage hat eine Website, in der über die Geschichte, die Mitarbeiter und die Zukunftsplanung berichtet wird: www.tirtagangga.nl.

Wandern

Die wunderschöne **Reisterrassenlandschaft** um Tirtagangga gehört zu den schönsten auf Bali und eignet sich gut zum Wandern. Den Ort **Budakeling,** in dem einige buddhistische Gemeinden ansässig sind, erreicht man über **Krotok** (Schmiede und Silberschmiede) nach einer ca. dreistündigen Wanderung durch Reisfelder. Es gibt auch eine Wanderung ins Bali-Aga-Dorf Tenganan.

Unterkunft

Es gibt einige Übernachtungsmöglichkeiten in und um Tirtagangga. In allen Hotels gibt es Frühstück und meist auch ein angeschlossenes Restaurant.

■ Das sehr schöne **Tirta Ayu** ②-④, Tel. (0363) 22503, www.hoteltirtagangga.com, liegt innerhalb des Geländes. Vom Restaurant aus schöner Blick über die Gegend. Dahinter liegen die recht einfach gehaltenen, aber doch luxuriösen Bungalows.

■ **Rijasa Homestay** ②, Tel. (081) 35300 5080, liegt genau gegenüber dem Bad. Einfache, aber korrekte Zimmer mit Ausblick, Deckenventilator, Fernseher und Heißwasser. Das Haus organisiert Wanderungen. Zweistündige Ausflüge in die Reisfelder und Berge rund um Tirtagangga kosten mit Führer für zwei Personen 200.000 Rp. Wer auf eigene Faust losziehen will, besorgt sich bei ihm eine Wanderkarte der Region für 5000 Rp.

■ **Puri Sawah** ②-③, Tel. (0363) 21847, Bungalows mit gutem Ausblick, sehr schön und gepflegt, sauber, gut für Familien mit Kindern. Das Restaurant liegt mitten in einem Reisfeld.

■ **Cabé Bali** ③, Tel. (0363) 22045, www.cabebali.com, in Temega. Ein besonderer Tipp ist die kleine Bungalowanlage von *Barbara Soetarto.* Vier liebevoll eingerichtete Häuschen, mit wunderbarer Aussicht auf Reisterrassen und den Gunung Agung, einem kleinen Restaurant, Pool und einer fürsorglichen Managerin. Diese versucht, ihren Gästen die Wünsche von den Augen abzulesen. Die Münchnerin hat ihren Lebenstraum vom kleinen, feinen Hotel auf Bali 1995 verwirklicht.

097ba sb

▷ Schön anzuschauen ist der Wasserpalast von Tirtagangga

Essen und Trinken

- Es finden sich etliche Warungs um den Wasserpalast herum, beispielsweise **Warung Gede,** direkt am Eingang. Hier kann man bei einer Schale Nudeln für 15.000 Rp. zuschauen, wer sich hier alles so tummelt.
- Direkt gegenüber dem Parkplatz befindet sich der **Warung Genta Bali.** Hier gibt es leckeres Essen, das Nasi Campur ist sehr zu empfehlen.
- **Rice Terrace Coffee Shop** (im Puri Sawah), schöne Aussicht und sehr gutes Essen.
- **Puri Prima** bietet preisgünstiges Essen bei schöner Aussicht.

Geld

- Es gibt einen **Geldwechsler** direkt an der Hauptstraße.

Verkehr

- **Busse und Minibusse** nach Singaraja fahren vormittags und sollten 25.000 Rp. kosten. Minibusse von/nach Amlapura (10.000 Rp.), Tulamben, Culik. Von Culik dann weiter nach Amed oder Jemeluk (5000 Rp.)

098ba sb

Pura Lempuyang

Pura Lempuyang ist einer der sechs **Nationaltempel** Balis, er liegt auf einem Berg im Wald. Zum Fest Galungan Manis pilgern die Gläubigen festlich gekleidet hinauf. Sein Ruf als schwer erreichbarer Tempel mit Tausenden von Treppenstufen, die zu ihm führen, ist fast schon mythisch.

Wer von Tirtagangga nach Norden fährt, kommt kurz hinter **Abang,** wo Holz zu Vierkantbalken für den Hausbau verarbeitet wird, an eine Abzweigung nach rechts. Ein Schild weist den Weg nach Pura Lempuyang. Die Straße windet sind erst durch ein paar Dörfer und dann den Berg hoch. Nach rund drei Kilometern ist der Parkplatz erreicht. Weiter geht es offiziell nicht, die Straße ist mit einer Kette verhängt.

Ambitionierte Wanderer können hier oben locker einen Tag verbringen und von Tempel zu Tempel wandern, es gibt

⌃ Der Tempel Natara Nagung, Teil der Anlage von Lempuyang

sechs am Hang und im Wald verteilt. **Gutes Schuhwerk** ist wichtig, genauso wie genug zu trinken und ein Schirm, gegen Nachmittag ziehen häufig gewaltige Wolken auf. Es ist einfach, sich auf den Wegen zurechtzufinden. Wer sich trotzdem lieber einem **Führer** anvertrauen möchte, kann dies für 200.000 Rp. tun.

Man erreicht die ersten Tempel, den **Pura Natara Nagung** und gleich dahinter den **Pura Telaga Mas.** Hier wird eine Spende fällig. Wer keinen Sarong dabei hat, mietet einen für 10.000 Rp. Die ersten Tempel sind ganz nett, aber unspektakulär.

Wenn man ein paar Meter oberhalb aus dem Telaga Mas herauskommt, läuft man rund 1,5 km auf einer asphaltierten Straße weiter bergauf bis zum nächsten Tempel. Wer ein Motorrad dabei hat, könnte Glück haben: Mit einem guten Gespräch und einer guten Spende lässt sich der Mann an der Kasse vielleicht dazu überreden, einen an der Kette vorbei den Hang hochfahren zu lassen.

Hier oben beginnen die Treppen. Rund zehn Minuten geht es durch den Wald und die Stufen hinauf, dann hat man die Wahl: Wer rechts geht, erreicht nach rund 15 Minuten den **Pura Lempuyang Madya** und kann bei gutem Wetter einen herrlichen Ausblick über diese Ecke Balis bis hin zum Meer genießen. Der Tempel selbst ist eher überschaubar. An der Weggabelung geradeaus geht es zum **Pura Lempuyang Lukur** hinauf, wo man letztendlich auch den **Punjak Lempuyang,** den Gipfel, erreicht – zwei Kilometer über Treppenstufen. Aber der Weg lohnt: Oben wartet ein Tempel mit heiligem Wasser auf seine Entdeckung.

Amed

Die Hauptstraße überquert nördlich von Abang einen serpentinenreichen Pass mit toller Aussicht auf Reisterrassen. Nach rund acht Kilometern ist der Ort **Culik** erreicht. Hier zweigt eine Straße rechts ab nach Amed.

Der eigentliche Ort ist nur der erste in einer **Reihe von kleinen Fischerdörfern,** die sich in kleinen Buchten an der Küste entlangziehen: Amed, Jemeluk, Bunutan, Lipah, Lehan, Selang, Aas – insgesamt über rund zehn Kilometer. Jedes Dorf hat seinen eigenen Charakter, den es zu entdecken gilt. Das Gleiche gilt für die rund 50 Hotels und Resorts. Wer hier ein paar Tage verbringen will, sollte sich vorher überlegen, ob er in einem Resort am Hang wohnen will oder unten am Strand. Beides hat Vor- und Nachteile.

Das Bemo fährt ab Culik bis Jemeluk, dann ist Schluss. Wer weiter die Küste hinunter will, braucht ein Taxi oder einen Minibus. Die Straße windet sich die Küste entlang und zerschneidet meist die Dörfer in einen Bereich am Strand und auf der anderen Straßenseite. Hinter den Dörfern geht es den Hang hoch, um eine Ecke, dann führt die Straße wieder hinunter zum nächsten Ort. Von Dorf zu Dorf zu laufen, kann weit sein. Auch wird es ab Jemeluk und Bunutan immer ländlicher, ruhiger und einsamer.

Amed ist längst kein Geheimtipp mehr. Das touristische Leben in den **kleinen Buchten** mit pittoresken Fischerbooten, den bunten *Jukungs,* bewegt sich zwischen Schwimmen, Schnorcheln, Strandlaufen und Spazierengehen. Unter dem Motto „Get wet in Amed“ gibt es etliche **Tauchschulen,** Resorts, Hotels und Homestays für jeden Geldbeutel: vom Zimmer mit Familienanschluss und Hängebauchschwein in einem Fischerdorf bis hin zum First-class-Boutique-Resort mit Türstehern in gebügelten Hemden. Abends trifft man sich beim nächsten WiFi-Spot und teilt der Welt mit, wie schön es hier ist, wie erholsam und ruhig.

Manche Resorts und Tauchschulen nehmen Kreditkarten, meist gegen Gebühr. Einige Geldwechsler bieten schlechte Kurse, zwei Geldautomaten sorgen für das nötige Kleingeld. Amlapura ist der nächste Ort mit vollständiger Infrastruktur.

Morgens fällt in Amed der erste Blick auf den Sonnenaufgang über Lombok, der zweite fällt meistens durch die Taucherbrille auf das Unterwasserleben direkt vor dem Hotel. Um zu Schnorcheln reicht es, einfach ins Wasser zu gehen und zu schauen. Viele Buchten mit weißem, grauem oder schwarzem Sand, Korallen und ein kleines Wrack gibt es zu entdecken.

Praktische Tipps

Information

- In Amed Ortsmitte gibt es eine Art offizielle **Touristeninformation.**

Unterkunft, Essen und Trinken

Die Hotels und Resorts haben alle ein eigenes Restaurant. Wer also nicht will, braucht die Anlage nicht zu verlassen. Gut ist es, mit einem Plan in Sachen Unterkunft nach Amed zu kommen. Denn in der Hochsaison, Juli und August, kann Amed voll sein. Und in der Nebensaison können die Resorts und Hotels leer sein. Zeit für Schnäppchenjäger, denn die Preise fallen um bis zu 50 %. Nachteil sind verlassene Anlagen und der Kampf der Angestellten um die paar Touristen, die vorbeikommen. Ein paar Resorts schreiben die aktuellen Zimmerpreise auf Tafeln, die vor der Tür stehen. Einfach hingehen und das Zimmer zeigen lassen. Wenn es gefällt und die Umgebung stimmt, zugreifen. Wasser ist knapp. Häufig also gibt es kein Heißwasser, und das Wasser ist ein wenig brackig. Macht aber nichts, zum Erfrischen geht es eh ins Meer oder den Pool.

Amed:

- **Amed Bucu** ①-②, Tel. (0877) 62815287. In einem kleinen Hof hinter einer Mauer stehen die Bungalows mit Openair-Badezimmer und Kaltwasser.
- **Hotel Uyah Amed** ③, Tel. (0363) 23462, www.hoteluyah.com, nennt sich „eco friendly“, ist mit Lehm gebaut und organisiert Ausflüge zu den nahen Salinen. Zimmer mit Blick aufs Meer und über den Pool mit Klimaanlage oder Ventilator. Das hauseigene **Café Garam** ist seit etlichen Jahren eine feste Größe.
- **Nana Homestay** ③, Tel. (081) 338563418, www.balinanahomestay.com, recht neu an der Straße nach Jemeluk hat einen Pool und 1A-Zimmer im zweistöckigen Hauptgebäude. Nur das Meer ist nicht ganz in der Nähe.

Jemeluk:

- **Three Brothers Bobby's Villas** ④, Tel. (0813) 38430009, große Räume mit Badewanne, Klimaanlage, Kühlschrank, Safe, am Kieselstrand, stylisher Pool am Meer.
- **Sunrise Homestay & Café** ②, Tel. (0363) 23477, kleines Restaurant mit Zimmern, drei davon mit Meerblick. Mit Familienanschluss: Hühner laufen durchs Restaurant und das Hängebauchschwein bekommt die Reste vom Abendessen.

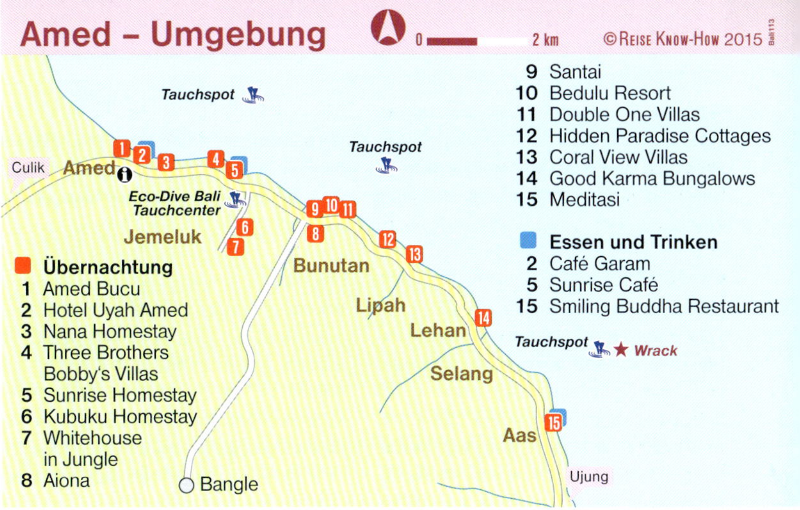

Kubuku Homestay ②, Lesertipp: „Die kleine Gasse neben Eco Dive hoch, gleich die erste Unterkunft. Noch wirklich Homestay, man hat die ganze Zeit Kontakt mit *Wayan* und seiner Frau, die sehr nett sind und einem morgens Frühstück (Pancake, Obst, Kaffee/Tee) ans Zimmer bringen. Kleiner Garten mit Fischteich, Ausstattung sehr basic, kaltes Wasser, Fan, aber blitzsauber."

Whitehouse in Jungle ②, Tel. (081) 9360 48581, www.whitehouseinjungle.com, liegt ein Stück weiter die Gasse hinauf. Lesertipp: „Sehr schöne Zimmer, teilweise mit AC, ruhig."

Bunutan:

Bedulu Resort ②, Tel. (0363) 4301030, www.beduluresort.blogspot.de, das Resort wurde 2010 eröffnet, ein schickes, ambitioniertes Projekt. Der Inhaber hat sich selbst um die Architektur gekümmert und das Ergebnis sieht gut aus. Am Hang gebaut mit Blick über die Küste lässt es sich hier gut leben – beim Plantschen im Pool oder in den geschmackvoll gestalteten Bungalows mit großen Bädern. Die Zimmer sind mit Klimaanlage oder Ventilator und Minibar ausgestattet. Das dazugehörige Restaurant liegt unten an der Straße.

Santai ④, Tel. (0363) 23487, www.santaibali.com, Bungalows mit Klimaanlage und Ventilator, schön ausgestattete Räume, Restaurant und Swimmingpool.

Aiona ②, Tel. (0813) 338161730, www.aionabali.com. Nicht zu verfehlen, allein schon wegen der biologisch-organischen Optik. Bungalows in einem Naturgarten direkt am Strand, erwünschter Mindestaufenthalt zwei Nächte. Praktiziert wird *Art of Healing*, das Angebot umfasst Beratung, Behandlungen und Kuren. Ein Restaurant mit vegetarischer Küche im Angebot ist vorhanden. Das Areal ist rauch- und alkoholfrei und steht unter deutsch-schweizerischer Leitung.

Double One Villas ③, Tel. (0363) 22427, große Bungalows mit Klimaanlage und Minibar in der Anlage, die zum Strand hin angelegt ist. Zwei Restaurants, WiFi und Pool.

Lipah:

Hidden Paradise Cottages ④, Tel. (0363) 23493, www.hiddenparadise-bali.com, nach Aussage des Betreibers das erste Hotel, das in der Region eröffnet wurde. Solide Bungalows mit Klimaanlage, Minibar, Openair-Bad in einem Park.

Restaurant, Sandstrand, Swimmingpool sind auch dabei.

- Die **Coral View Villas** ③, selbes Preisniveau, gehören dem gleichen Unternehmen wie Hidden Paradise.

Selang:

- **Good Karma Bungalows** ②, Tel. (081) 33753 1133. Es gibt ihn auch hier: den klassischen Beachbungalow. Komplett aus Bambus zweistöckig im Sumatra-Stil gebaut, einfach, aber nett, mit Openair-Bad, direkt vor dem Sandstrand. Die Anlage ist quasi in die Natur eingewachsen. Wer ein bisschen ökologisch denkt, kann seine Plastik-Wasserflasche für 3000 Rp. im Restaurant nachfüllen lassen.

Aas:

- **Meditasi Bungalows** ③, Tel. (082) 83722738. In die Strandbungalows geht es durchs Bad und im Bungalow (300.000 Rp.) lässt sich eine ganze Wand öffnen, die den Blick über den geräumigen Balkon aufs Meer freigibt. Das dem Meditasi angeschlossene **Smiling Buddha Restaurant** ist der richtige Ort zum Chillen. Direkter Meerblick, indonesische Gerichte, Herbal Drinks und frische Fruchtsäfte, sehr freundlich.

Tauchen und Schnorcheln

Schnorcheln selbst zu organisieren, ist kein Problem. Jedes Hotel verleiht die nötige Ausrüstung für rund 30.000 Rp. Es gibt zahlreiche Tauchcenter, die meist auch eigene Zimmer vermieten.

- Einen guten Ruf genießt **Eco-Dive,** Tel. (0363) 23482, www.ecodivebali.com, in Jemeluk, das älteste Tauchcenter vor Ort. Es arbeitet mit der Dorfgemeinschaft zusammen. Jeder, der hier taucht, spendet einen Dollar der Gebühr für den Tauchgang und fünf Dollar der Kursgebühr für die Verbesserung der Wasserversorgung an der Küste, vor allem der Einheimischen. Auch die Förderung der lokalen Schule steht auf dem Programm. Ein Tag mit zwei Tauchgängen vor der Küste kostet ab 75 US$. Wer eine PADI-Ausbildung machen will, ist für den Open Water Diver mit 375 US$ dabei, der Advanced Diver kostet 325 US$.

Tauchspots:

- **Jemeluk Beach:** Das Hausriff in Amed mit slope und drop off. Mit ein bisschen Glück ist auch ein Strömungstauchgang drin.
- **Bunutan:** Strömungstauchgang mit Barrakuda, Aalen und anderen Riff-Fischen.
- **Wrack:** Am Anfang einer Bucht bei **Aas** mit unzähligen Sampans befindet sich ein kleiner Tempel mit blauen Schreinen. Genau dort in die Bucht hinabsteigen. An der achten Palme, ab dem Tempel gezählt, 20 bis 30 m gerade ins Meer schwimmen. Dort liegt ein ca. 20 m langes, ziemlich verrottetes Holzwrack – allerdings nicht besonders spektakulär und kein Vergleich zu dem Wrack in Tulamben.

Verkehr

Am besten kommt man mit dem **eigenen Fahrzeug** nach Amed.

- **Minibusse** von Ubud oder Kuta fahren für 150.000 Rp., **Perama** fährt ab Candi Dasa für 125.000 Rp. nach Amed (mind. 2 Pers.)
- Ansonsten sollte man in **Culik** den **Bus** oder das **Bemo** nach/von Singaraja verlassen und hier auf Bemo oder Minibus nach Amed und Jemeluk warten (5000 Rp.). Von dort fahren nicht viele Bemos zurück nach Culik, am besten vormittags versuchen.
- **Auf die Gilis:** Ab Jemeluk fährt, zumindest in der Hochsaison, **Kuda Hitam,** Tel. (0361) 753241, www.gili-fastboat.com, mit Speedbooten nach Gili Terawangan. Verhandelbare 690.000 Rp. ein Weg, 1,3 Mio. hin und zurück. Um 8 und 10 Uhr fahren die Boote ab (über Padangbai), Ankunft um 10.15 und 12.30 Uhr.

Der Untergang der SS Liberty

von *Stefan Blank*

Die amerikanische „SS Liberty" wurde an einem Vormittag Anfang Februar 1944 von zwei japanischen Torpedos getroffen. Die Besatzung, auf dem Weg nach Norden durch die Lombok-Straße, hatte nicht bemerkt, dass ein japanisches U-Boot in der Nacht ihre Verfolgung aufgenommen hatte. Dann war es zu spät: Zwei Torpedos trafen das 120-Meter-Schiff knapp über der Wasserlinie. Die 1919 in Kearning, New Jersey, gebaute Liberty wurde beschädigt, sank aber nicht. Glücklicherweise gab es keine Verletzten.

Die SS Liberty war ein stabiles Schiff und gehörte nicht zur sogenannten Liberty Class, Schiffe, die während des Krieges schnell und weniger gründlich zusammengebaut wurden, um Soldaten zu transportieren. Sie war vielmehr ein Cargoschiff, gebaut für schwere Lasten. Im Krieg transportierte sie in erster Linie schweres Militärgerät. Die einzige kriegsbedingte Veränderung am Schiff waren Kanonen, die auf dem Deck angebracht waren.

Nach den beiden Torpedo-Treffern schleppten zwei Begleitschiffe die Liberty in Richtung des damals noch holländischen Hafens Singaraja. Hier sollte es in erster Linie darum gehen, die Ladung zu löschen. Plötzlich aber kam schweres Unwetter auf – es war Monsun-Zeit – und die Liberty konnte nicht mehr stabil im Wasser gehalten werden. Langsam, aber sicher lief das Schiff voll. Der Kapitän beschloss, das Schiff auf Grund zu setzen. Ein Strand war bald gefunden: westlich des Ortes Tulamben.

Die Operation klappte, bald lag die Liberty stabil und aufrecht auf Grund. Schnell wurden die Ladung und alle weiter verwendbaren Teile gelöscht. Damit hatte die Liberty ihren Zweck erfüllt – keiner hatte mehr Interesse an dem Schiff. Bis zum 16. März 1963 sollte sie dort liegen: entkernt, aber mächtig, ein Wahrzeichen am Strand. An diesem Tag brach der Vulkan Agung aus: Mehr als 1500 Menschen wurden getötet, 85.000 verloren Haus und Hof, und die Lava erreichte schnell die Gegend um Tulamben. Das auf den Ausbruch folgende Erdbeben und ein Lavastrom kippten die Liberty zuerst auf die Seite und schoben sie dann langsam zurück ins Meer – bis knapp unter die Wasseroberfläche, wo sie heute noch liegt und das Interesse von Tauchern aus aller Welt weckt.

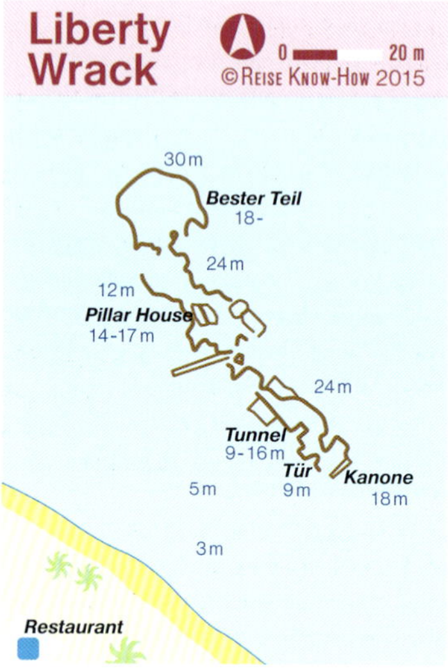

Tulamben

Bei Tulamben, ca. 15 km nordwestlich von Amed, liegt ein lohnenswertes **Tauch- und Schnorchelgebiet.** Schon bevor man den Ort erreicht, wirft die Taucherei ihre Schatten voraus: Auf kleinen Schildern entlang der Hauptstraße wird auf die Spots hingewiesen. Die Hauptattraktion ist das **Wrack der Liberty.** Das im Zweiten Weltkrieg von japanischen U-Booten torpediertes Kriegsschiff der Amerikaner wurde hier auf den Strand gesetzt, als es zu sinken drohte. 1963 schob der Lavastrom des Agung die Liberty zurück ins Meer, bis knapp unter die Wasseroberfläche. Heute liegt sie mit 45 % Neigung auf der Seite und gilt als eines der am einfachsten zu betauchenden Wracks der Welt.

Seit den frühen 1980er Jahren wird die Liberty regelmäßig betaucht. So mauserte sich der kleine Ort Tulamben über die Jahre zu einem Tauchzentrum. Denn nicht nur die Liberty ist eine Unterwasserattraktion: Bald entdeckten die Taucher das „Paradise Reef", den „Coral Garden" und den „Drop off". Alle Spots sind schnell erreichbar und eine Attraktion für sich. Auch Tagestouristen kommen und nehmen von Tulamben selbst nur den Anblick des großen Parkplatzes mit, von dem aus es Richtung Strand geht.

Viel mehr hat Tulamben nicht zu bieten. Es gibt ein paar Geldwechsler, Geldautomaten, ein, zwei Bars, ein paar Restaurants, günstige Unterkünfte, und der öffentliche Nahverkehr funktioniert normalerweise gut.

Korallenriff

Wer vom Strandzugang in Tulamben dem Kieselstrand nach rechts folgt, also Richtung Amed, gelangt zu bizarren Lavafelsen. Etwa 20 m davon entfernt zieht sich eine **Korallenwand** (bis zu 35 m Tiefe) hin, ein weiteres Schnorchel- und Tauchparadies. Auch als Schnorchler kann man hier über einen Meter hohe **Becher- und filigrane Fächerkorallen** (Gorgonia) sehen. Im flacheren Wasser zu den Felsen hin trifft man manchmal auf über einen Meter große, gutmütige und neugierige **Napoleonfische,** neben **Neonfischen** oder auch **Leopardendrückerfischen.** Die Strömung ist relativ gering. In der Brandungszone an den Felsen sollte man dennoch unbedingt Tauchhandschuhe benutzen.

Sehr bequem zum Schnorcheln sind die Korallen am **Paradise Beach.** Nur einige Meter vom Geröllstrand entfernt liegt parallel zum Strand ein leicht abfallendes Korallengebiet.

Unterkunft

Die meisten Besucher Tulambens übernachten bei den Tauchcentern, die sie schon vor der Reise als Paket gebucht haben. Aber auch Nicht-Taucher oder Vielleicht-Taucher können in den Tauchcentern Unterschlupf suchen, aber es gibt auch andere Möglichkeiten. Frühstück ist normalerweise inbegriffen.

■ **Toraja Hotel** ②-③, Tel. (085) 935287925, kurz hinter dem Ortseingang, gehört zum Matahari Tulamben Resort. Dort kann gefrühstückt oder im Pool gebadet werden. Die Zimmer im zweistöckigen Toraja Hotel sind geräumig und haben, je nach Preislage, Ventilator oder Klimaanlage.

■ **Puri Arie** ①, Tel. (081) 916219861, www.ariestulamben.weebly.com. Einfache, aber ausreichende Bungalows, die das günstige Tauchangebot des Hauses begleiten. Wer mit weniger zufrieden ist, geht in den Schlafraum, hier kostet die Übernachtung 50.000 Rp.

■ **Joe's Diving Bali** ③, Tel. (0363) 23552, www.joesdivingbali.de. Der Schwabe *Joe* hat sich etwas ganz Besonderes einfallen lassen und im wahrsten Sinne des Wortes eine Tauchburg rund um den Pool und die offene Bar gebaut. Schicke Zimmer europäischen Standards, WiFi inklusive.

■ **Ocean Sun Resort** ③-④, Tel. (0363) 22385, www.ocean-sun.com: kürzlich umgezogen, renoviert und Lesertipp: „Großzügige, schöne Bungalows mit Warmwasser und allem Schnick und Schnack, nette Anlage, Pool, freundliches und bemühtes Team. Kann man sehr gut machen."

■ **Bali Permai Tulamben** ③, Tel. (0363) 23429, am Ende von Tulamben (von Amed aus gesehen). Nette, schicke Bungalows mit großen Bädern, um einen kleinen Pool gebaut.

■ **Tauch Terminal Resort Tulamben** ③–④, Tel. (0363) 774504, www.tulamben.com. Bungalows im schönen Garten, am Meer gelegen, mit Pool und Restaurant.

■ **Aqua Dive Paradise,** Tel. (081) 74756420 oder 61347, www.tulambendivers.com. Kleine, blau gestrichene Tauchschule auf linker Straßenseite zwischen Liberty Dive Resort (oberhalb) und Ocean

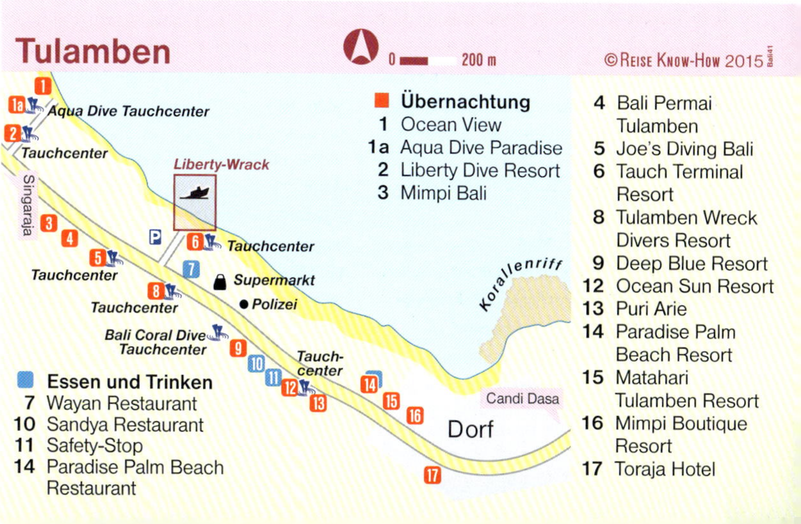

View Dive Resort (unterhalb direkt am Meer). Anfahrt: ca. 200 m nach Joe's Diving Bali in kleine Stichstraße rechts ab. Hier gibt es drei kleine Zimmer mit Veranda im Hinterhof mit Garten, blitzsauber, Moskitonetz, Ventilator, gutes Bad mit Kaltwasser, WiFi kostenlos. DZ mit Frühstück 150.000 Rp.

Essen und Trinken

Die Bewohner der Tauchcenter essen meistens auch dort. Wer vor die Tür geht, findet beispielsweise:

- **Paradise Palm Beach Restaurant,** gutes Essen, schöner Ausblick aufs Meer. Geeigneter Ort, wenn man abends mal ausgehen und sich etwas gönnen will.
- **Wayan Restaurant:** direkt neben dem Supermarkt an der Hauptstraße, schräg gegenüber Tulamben Wreck Divers, sehr leckeres Essen (u.a. echtes Barracuda-Steak), schnell und frisch zubereitet, große Speisenauswahl für 25.000 bis 60.000 Rp., gemütliche Veranda und angenehm luftige Terrasse im Obergeschoss mit Blick auf den Mt. Agung.
- **Safety-Stop** heißt die erste richtige Bar in Tulamben. Es werden Bier und Wein und eine gute Auswahl von Longdrinks sowie Sandwiches angeboten. Ein Billardtisch steht auch drin. Der Inhaber bietet mittlerweile Unterkunft ③ an, ein Lesertipp: „Vier hübsche kleine Bungalows, geräumig und nett eingerichtet, um einen kleinen Pool angeordnet. Hinter dem Restaurant, trotzdem nicht laut."

401ba sb

Tauchen

Die Anzahl der Tauchcenter in Tulamben ist groß. Die meisten Taucher buchen bereits in der Heimat das komplette Paket. Wer ohne Buchung Tauchgänge am Wrack oder eine Ausbildung machen will, schaue sich am besten ein wenig um. Wer zum Wrack tauchen will, sollte früh da sein. Sobald die „Tagestaucher" da sind, also die, die vormittags mit dem Minibus von ganz Bali angefahren werden, muss man mal ein wenig Getümmel in Kauf nehmen.

■ Das **Ocean Sun Dive Center,** Tel. (0363) 22385, www.ocean-sun.com, bietet einen Tauchgang am Wrack für 20 € an. Wer ins PADI-System einsteigen will, zahlt hier für den Open Water Diver 290 €.

■ **Joe's Diving Bali,** Tel. (081) 337972688, www.joesdivingbali.de, liegt preislich ähnlich: Ein einzelner Tauchgang kostet 25 Euro, Non-Limit-Tauchen 70 Euro. Joe ist in Deutschland bekannt für seine Pakete mit Flughafen-Transfer, Unterkunft und 20 Tauchgängen.

■ **Aqua Dive Paradise,** Tel. (081) 74756420 oder 61347 (Anfahrt s.o.): Sehr gute Adresse für tauchende Budget-Traveller. Zwei Tauchgänge kosten 45 €.

■ **Der örtliche Großparkplatz** bietet für „durchreisende" Taucher eine ordentliche Infrastruktur: Es gibt öffentliche Duschen, Umkleidekabinen, Toiletten und einige Warungs. Und wessen Freund oder Freundin in letzter Sekunde doch noch entscheidet, einen Blick unter Wasser zu riskieren: Die Miete für Schnorchelausrüstung kostet 50.000 Rp./Tag.

Verkehr

Es ist relativ einfach, nach Tulamben zu kommen. Ab Ubud beispielsweise kostet der Transport mit dem **Minibus** 150.000 Rp. Schwieriger wird es, auf eigene Faust zurückzukommen, denn diese Minibusse transportieren nur in die eine Richtung. **Perama** fährt auch nur, wenn mindestens zwei Personen zusammenkommen. Am besten gleich in Ubud oder Candi Dasa die Rückfahrt buchen. Wer die nicht hat, muss in Tulamben einen Minibus chartern. Damit kostet die Fahrt nach Ubud 500.000 Rp. Der Perama-Bus von Tulamben nach Padangbai kann telefonisch bestellt werden (Tel. vom Büro in Kuta) und kostet 125.000 Rp./Pers., ein Privattaxi kann im Ort für den gleichen Preis organisiert werden.

Minibusse/Busse gibt es von/nach: Amlapura, Singaraja, Tirtagangga.

‹ Das berühmte Wrack kann direkt vom Strand aus betaucht werden

4 DAS ZENTRALE HOCHLAND – ZWISCHEN SEEN UND VULKANEN

Landschaftlich ist das zentrale Hochland Balis eine sehr aufregende Gegend. „Publikumsliebling" ist der noch tätige **Vulkan Batur** neben dem gleichnamigen See. Aber auch die anderen Gipfel sowie die Gegend um den Bratan-See sind sehenswert.

NICHT VERPASSEN!

- 1755 Pflanzenarten kennenlernen im **Botanischen Garten** von **Bedugul** | 213
- **Wasserfälle** erkunden und den Blick schweifen lassen in **Munduk** | 217
- Mit dem **Gunung Batur** einen **aktiven Vulkan** erklimmen | 228

Diese Tipps erkennt man an der gelben Hinterlegung.

Der Bratan-See – ein viel besuchtes Ausflugsziel im Zentrum der Insel

102ba sb

Überblick

Die **Menschen** des Hochlandes sind – wie eigentlich alle Bergvölker – verschlossener und Fremden gegenüber recht misstrauisch. Hier in den Bergen befinden sich auch noch relativ viele **Bali-Aga-Dörfer,** das bekannteste ist Terunyan am Batur-See.

Auf den Feldern und Plantagen werden Kaffee, Gemüse, Früchte, Nelken und Blumen (Hortensien), in den Niederungen auch Reis angebaut. Die Menschen sind, auch wenn sie sich offiziell zum Hinduismus bekennen, vielerorts animistischen Glaubens; Zauberriten und Trance-Tänze sollen hier häufiger praktiziert werden, allerdings meist nicht gerade vor den Augen „ungläubiger" Besucher.

Fast alle **Gipfel** können bestiegen werden. Besonders am Batur misst sich Alt und Jung. Wer Lust und Kondition hat, sollte in dieser abgeschiedenen Bergwelt wandern. Eine Hütte zum Übernachten und ein Warung zum Essen finden sich fast überall, genauso wie eine angemessene „Basisstation".

Da man sich hier in der Regel auf **1500 m Höhe** aufhält, ist es besonders bei Nacht entschieden kälter als im Tiefland. Man sollte immer etwas Warmes dabei haben.

Anfahrt ins zentrale Hochland

Das Bergland im Zentrum Balis besteht aus **drei Massiven:** dem Gunung Agung im östlichen Inselinneren (siehe Kapitel „Balis Osten"), dem Massiv um den Gunung Batur mit dem gleichnamigen See in der Mitte und der Region Bedugul mit dem Bratan-See westlich davon. Die höchste Erhebung im westlichen Bergmassiv, der Gunung Batukaru, ist im Kapitel „Balis Westen" beschrieben, weil die Anfahrtswege über den Westteil der Insel führen.

Die Verkehrsverbindungen verlaufen alle in **Nord-Süd-Richtung.** Wer sich innerhalb des Berglands in West-Ost-Richtung bewegen und sowohl zum Batur- als auch zum Bratan-See fahren will, ist auf eine einzige Verbindungsstraße zwischen beiden Regionen angewiesen. Aber auch diese macht einen weiten Bogen nach Süden. Man muss bei Penulisan (Batur) nach Westen abbiegen und der Straße weit nach Süden hinunter folgen. Erst in Petang gibt es eine Verbindungsstraße nach Luwus. Von dort geht es dann wieder hinauf nach Bedugul (Bratan-See).

Von der Nordküste nach Bedugul

Hier gibt es zwei Möglichkeiten: Die Hauptroute von Norden führt über die Straße von Singaraja ins Inselinnere. Sie kann auch mit öffentlichen Verkehrsmitteln (Busse, Mini- und Shuttlebusse) befahren werden (bis Candi Kuning am Bratan-See). Eine alternative Strecke mit eigenem Fahrzeug bietet sich an ab Seririt weiter westlich. Zuerst der Hauptstraße nach Süden (Antosari) folgen, dann in Mayong nach Osten abbiegen. Über eine enge Straße erreicht man dann die Hauptverbindung Singaraja – Bedugul nördlich des Buyan-Sees. Die Strecke ist landschaftlich außerordentlich reizvoll und hat den Vorteil, dass auch die Seen Tamblingan und Buyan passiert werden.

Von Denpasar/Ubud nach Bedugul

Die Nord-Süd-Achse von Denpasar an die Nordküste führt unmittelbar am Bratan-See entlang. Wer von Ubud kommt, muss erst nach Mengwi fahren, um auf diese Route zu stoßen. Von Denpasars Busterminal Ubung fahren regelmäßig Busse und Minibusse. Shuttlebusse verkehren ab Kuta und Ubud.

Von der Nordküste zum Batur

Die Hauptroute von Norden zur Batur-Region führt von Kubutambahan über Kintamani nach Penelokan. Es fahren Busse und Minibusse nach Kintamani. Hier umsteigen in ein Bemo nach Penelokan. Shuttlebusse können in Lovina gebucht werden.

Aus dem Süden zum Batur

Im Süden beginnt die Hauptroute zur Batur-Region bei Gianyar. Es gibt vier weitere, weniger befahrene Nebenstrecken aus dem Raum Ubud und aus Semarapura (Klungkung). Shuttlebusse verkehren ab Denpasar, Kuta, Sanur und Ubud. Von Gianyar fahren Busse und Minibusse nach Kintamani.

Die Routen von Ost nach West:

- **Semarapura – Rendang – Penelokan:** die am wenigsten befahrene Strecke, zumindest ab Besakih
- **Gianyar – Bangli – Penelokan:** die am besten ausgebaute Straße
- **Ubud – Tampaksiring – Penelokan:** wird von selbstfahrenden Touristen bevorzugt
- **Ubud – Pujung – Penelokan:** Fast die Hälfte der Strecke wird von Kunsthandwerksbetrieben und -verkäufern gesäumt
- **Ubud – Payangan – Batur:** eine gute Straße, aus dem Westen Ubuds die kürzeste Verbindung

Bedugul und Bratan-See

Mit Bedugul bezeichnet man eine **Region,** die 1200 m hoch am Bratan-See inmitten des zentralen Hochlandes liegt. Der See füllt, genauso wie der Batur-See, einen Krater aus, hier fehlt allerdings der „rauchende Vulkan".

Das nicht unerhebliche **Namensgewirr,** das entsteht, sobald man sich in dieser Gegend orientieren will, lässt sich leicht erklären: „Bedugul" nennt sich ein großes Hotel direkt am Bratan-See (Danau Bratan). Es war das erste hier oben, darum haben sich die Balinesen angewöhnt, Touristen gegenüber die ganze Region so zu nennen. Die **Ortschaft Bedugul** wird von fast niemandem wahrgenommen, weil sie etwas südlich des Sees liegt. Die Busse fahren normalerweise – auch wenn der Fahrer sagt, es gehe nach Bedugul – nach **Candi Kuning.** Der Ort liegt ca. 2 km hinter dem Hotel Bedugul am See. In Candi Kuning sind die Busstation, der Markt und Banken mit Geldautomaten.

Im Gegensatz zur Region um den Gunung Batur ist die Gegend grün und üppig. Viele **Orchideen** und dunkle, dicht bepelzte **Affen** sind hier heimisch. Man kann schöne Wanderungen unternehmen. Auch die Menschen sind freundlich und ruhig.

Bratan-See

Der Bratan-See ist nicht mehr das idyllische Plätzchen, von dem in vielen Büchern zu lesen ist. Motorboote flitzen darauf herum, sogar Wasserskilaufen ist möglich. Wer dem Wegweiser „Bedugul (Hotel)" folgt, wird enttäuscht sein. Hier am Südufer des Sees gibt es nichts außer Souvenirständen und teuren Restaurants, und dafür muss man auch noch Eintritt bezahlen (15.000 Rp. pro Pers.). Der große Parkplatz ist voller Reisebusse mit hauptsächlich indonesischen Besuchern. Unten am See werden **Kanus und Motorboote** angeboten, mit denen man auf dem See herumkurven kann – beispielsweise zum Tempel Ulun Danau. Am Seeufer in Candi Kuning (gleich hinter dem Ashram Guesthouse) sind die Boote deutlich günstiger, und unaufgeregter ist es dort auch.

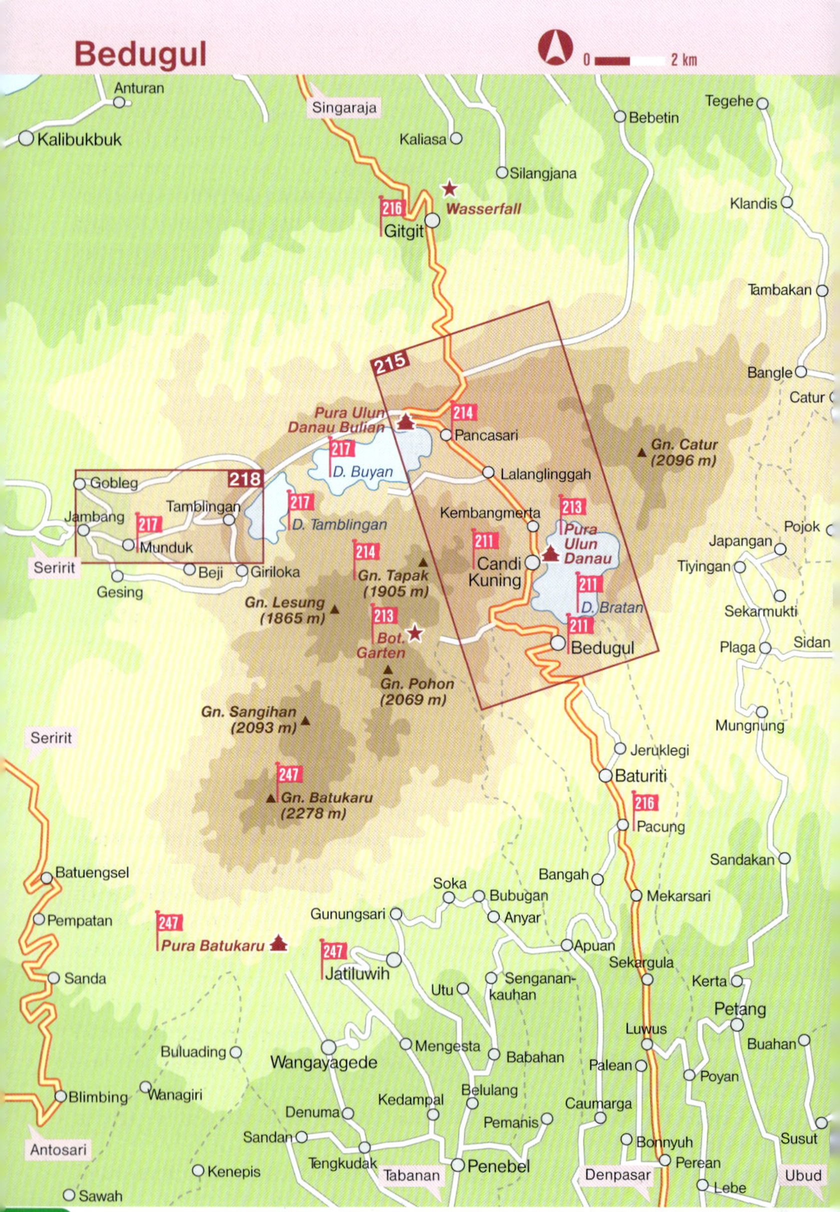
Bedugul
0 2 km
Anturan
Kalibukbuk
Singaraja
Kaliasa
Bebetin
Tegehe
Silangjana
Wasserfall
216
Gitgit
Klandis
Tambakan
215
Bangle
Catur
Pura Ulun Danau Bulian
214
Pancasari
217
D. Buyan
Gn. Catur (2096 m)
Lalanglinggah
Gobleg
218
Tamblingan
217
D. Tamblingan
Kembangmerta
213
Pura Ulun Danau
Pojok
Jambang
217
Munduk
Japangan
Seririt
211
Candi Kuning
Tiyingan
Beji
Giriloka
214
Gn. Tapak (1905 m)
211
Gesing
D. Bratan
Sekarmukti
Gn. Lesung (1865 m)
213
Bot. Garten
211
Bedugul
Plaga
Sidan
Gn. Pohon (2069 m)
Gn. Sangihan (2093 m)
Mungnung
Seririt
Jeruklegi
Baturiti
247
Gn. Batukaru (2278 m)
216
Pacung
Sandakan
Batuengsel
Bangah
Soka
Bubugan
Mekarsari
Pempatan
Gunungsari
Anyar
247
Pura Batukaru
Apuan
247
Jatiluwih
Sekargula
Sanda
Senganan-kauhan
Kerta
Utu
Petang
Luwus
Buluading
Mengesta
Buahan
Babahan
Wangayagede
Palean
Poyan
Blimbing
Wanagiri
Belulang
Kedampal
Denuma
Caumarga
Pemanis
Susut
Sandan
Bonnyuh
Antosari
Tengkudak
Penebel
Perean
Kenepis
Tabanan
Denpasar
Ubud
Lebe
Sawah

Ulun Danau

Der schön über dem See schwebend in Szene gesetzte **Seetempel** wurde im 17. Jh. zu Ehren der Wassergöttin Dewi Danu erbaut. Neben dem hinduistischen Tempel befindet sich eine buddhistische Stupa mit Buddhastatue, erbaut in den 1950er Jahren. Überragt wird die pittoreske Szenerie von einem gewaltigen Moschee-Neubau – friedliches Nebeneinander der verschiedenen Religionen auf Bali.

■ **Eintritt:** 30.000 Rp., Parken: Auto 5000 Rp., Motorrad 2000 Rp.

Markt

Der zentrale Markt in Candi Kuning ist eine Mischung aus **Souvenir- und Blumenmarkt,** versetzt mit Obstständen. Ab 9 Uhr wird aufgebaut, um 10 Uhr ist alles verkaufsbereit.

Botanischer Garten

Wer den Markt verpasst, sollte den Botanischen Garten *(Kebun Raya)* besuchen. Er ist eine Zweigstelle des Botanischen Gartens von Bogor auf Java, 155 Hektar groß und liegt auf 1250 bis 1400 m Höhe. Die Temperaturen schwanken zwischen 11 °C in der Nacht und 30 °C am Tag. Eröffnet wurde der Garten bereits 1959. Die Anlage eignet sich gut zum Wandern und Spazierengehen. Man kann aber auch mit dem eigenen Auto im Park herumfahren.

Hier wachsen 1755 verschiedene Pflanzenarten, die aber großteils nicht mit ihren botanischen Namen gekennzeichnet sind. Spaß macht es, durch den „verwunschenen" Wald zu laufen, zum Beispiel zu dem kleinen **Tempel** (ausgeschildert). Das Tempelmauer-Relief erzählt die gesamte Ramayana-Geschichte. Unterwegs gibt es mit Flechten und Moos bedeckte Bäume, in den Baumwipfeln wachsen riesige Farne, hin und wieder hat man einen schönen Ausblick auf den See. Der Rundgang dauert ca. zwei Stunden.

■ **Eintritt:** 18.000 Rp. p/Pers., Parken: Auto 6000 Rp., Motorrad 3000 Rp. Auf dem großen Parkplatz vor dem Botanischen Garten finden sich Warungs, ein Souvenirshop, ein Restaurant und Toiletten.

Wanderung auf den Tapak

Vom Botanischen Garten kann eine Wanderung zum Gunung Tapak (1905 m) unternommen werden. Kurz vor dem Verwaltungsgebäude zweigt links ein gepflasterter Weg ab, der zu einem Aussichtspavillon führt. Später geht der Pfad zum Pavillon ab, geht man geradeaus weiter, erreicht man den Gipfel. Oben befindet sich ein Moslemgrab in einer Hütte. Ein zweites Grab ist nebenan.

Pancasari

Pancasari, etwas nördlich von Candi Kuning, ist Anbaugebiet für Gemüse und Obst. Hier gibt es große **Erbeerplantagen,** die je nach Saison mit gelöcherten Folien abgedeckt sind. Der richtige Ort, um einen echten Erdbeer-Fruchtsaft zu probieren oder Erdbeeren selbst zu pflücken.

Wem es beim Ulun Danau zu umtriebig war, der sollte sich den schmucken Tempel **Ulun Danau Bulian** mit neunstufiger Stupa direkt am nördlichen Ufer des Buyan-Sees neben dem **Tempat Recreasi** (Erholungsgelände) nicht entgehen lassen. Eintritt: Spende.

Praktische Tipps

Unterkunft

An Feiertagen wie Weihnachten, Neujahr und dem chinesischen Neujahr ist Bedugul häufig ausgebucht, da viele Touristen aus Java (besonders Chinesen) hier ihre freien Tage verbringen. Für Balinesen ist die Region ein Wochenendausflugsziel.

■ Wer es ruhig mag und ein eigenes Fahrzeug hat, könnte mal über Camping nachdenken: **Bali Outbound & Farmstay** ②-④, Tel. (0361) 7807171, www.balioutboundandfarmstay.com, in Baturiti, ein paar Kilometer Richtung Denpasar, angekündigt mit Plakaten am Straßenrand. Ein großer, neuer Campingplatz inmitten bewirtschafteten Landes. Hier kann man Erdbeeren pflücken, eine Rinderfarm besichtigen, das Landleben kennenlernen. Man übernachtet in Zelten, die gestellt und nach der Anzahl der Personen ausgesucht werden. Wer zelten nicht mag, kann eine Villa für 1,5 Mio. Rp. beziehen. Das angebotene Freizeitprogramm ist nicht schlecht, von Paintball über Hochseilgarten bis zu geführten Trekkingtouren ist viel geboten.

Bedugul:

Die Zimmerszene in Bedugul am Südufer ist recht durchwachsen: Es gibt ein paar „Cheapies", die aber meist die besten Jahre hinter sich haben. Gleichzeitig gibt es einige Neueröffnungen in diesem Preissegment, meist auf indonesisches Publikum ausgerichtet. Das Englisch des Personals reicht aber aus. Wichtiges Preiskriterium ist heißes Wasser. Frühstück ist immer inklusive.

■ **Hotel Bedugul** ③, Tel. (0361) 7473805, Zimmer am Ufer des Sees, vorgelagert ein großes Restaurant. Ein klassisches Hotel mit Speise- und Empfangssaal, Mittagsbuffet und einer leicht anonymen Atmosphäre. Wer dem Wegweiser „Bedugul" folgt, muss Eintritt bezahlen, egal, ob er ins Hotel Bedugul oder zum See will.

Richtung Botanischer Garten:

In den Gassen gibt es einige weitere Homestays, die alle einen ähnlichen Standard haben wie die genannten.

■ **Melati Homestay** ②, Tel. (081) 33749 7999, 2009 eröffnet, daher alles noch gut, Fernseher, heißes und kaltes Wasser.

■ **Mekar Sari** ②, Tel. (0368) 2033193, Fernseher im Zimmer, nett und ordentlich.

■ **Pelangi Homestay** ②, Tel. (082) 334222223, Mitte 2014 eröffnet mit netten, aufgeräumten Bungalows und nettem Gastgeber.

■ An einer nach Süden abzweigenden Straße folgt nach rund 1,5 km **The Sila's Agrotourism** ①-②, Tel. (0361) 8644441, www.thesilasagrotourism.com. Hier kann man inmitten eines nett angelegten Parks mit Hüpfburg und Spielplatz in großen Zelten übernachten. Tagestouristen (Eintritt 10.000 Rp.) kommen zum Radeln, Reiten, Wandern oder Erdbeerenpflücken.

Richtung Bratan-See:

■ **Sari Artha** ①-②, Tel. (0368) 21011, das örtliche Haus- und Hofhotel von Perama. Hier hält auch der tägliche Bus auf der Strecke Ubud – Lovina. Mehrere Bungalows hinter dem leicht schmuddligen „Restaurant", in der ersten Reihe die Preisbrecher in Bedugul: dunkles Zimmer, nur Kaltwasser, kein Frühstück. Heißes Wasser gibt es in netten Bungalows, teilweise mit Ausblick, weiter hinten im Innenhof.

Pancasari:

■ **Bali Handara Kosaido Country Club**, Tel. (0362) 22646, www.balihandarakosaido.com, groß-

Bratan-See

■ **Übernachtung**

1 Buyan Resort Hotel
2 Bali Handara Kosaido Country Club
3 Enjung Beji
4 Lila Graha
5 Sari Artha
6 Melati Homestay
7 Penginapan Rosela
8 Pelangi Homestay
9 Mekar Sari
10 The Sila's Agrotourism
11 Camping Bali Outbound
12 Strawberry Hotel
13 Hotel Bedugul

zügige Hotelanlage inmitten des Golfplatz mit klasse Ausblick auf die gesamte Region. Die Gebäude sind ein wenig in die Jahre gekommen. Zimmer ab 100 US$.

Essen und Trinken

Das Essen in den touristischen Hotels ist oft überteuert, aber es gibt unzählige Rumah Makan in Marktnähe und am Seeufer. Die meisten Restaurants sind ebenfalls auf den Tagestourismus ausgerichtet und bieten als Highlight den Ausblick, weniger die Qualität.

■ Ein paar Schritte vom Perama-Stopp entfernt gibt es leckeres Backwerk bei **Roti Bedugul.**

Aktivitäten

■ **Golf:** Der Platz des **Bali Handara Kosaido Country Club,** Tel. (0362) 22646, www.balihandarakosaido.com, gehört zu den 50 besten 18-Loch-Golfplätzen der Welt, gestaltet von *Peter Thomson* und *Michael Wolferidge*. Eine Runde kostet 150 US$, Hotelgäste zahlen die Hälfte, Schlägermiete 35 US$, eine Stunde mit dem Teaching-Pro: 30 US$.

■ **Wassersport:** Das Hotel Bedugul bietet folgende Wassersportmöglichkeiten: Motorboot (150.000 Rp./30 Min./5 Pers.), Jetski (175.000 Rp./15 Min./2 Pers.), Parasailing (100.000 Rp./5–15 Min.), Banana Boat (80.000 Rp./Pers.), Kanufahren (80.000 Rp./30 Min./5 Pers.). Das Ashram Guesthouse vermietet Ruderboote (120.000 Rp./Std.).

■ Weitere Möglichkeiten, aktiv zu werden, gibt es in Baturiti im Bali Outbound & Farmstay, siehe „Unterkunft".

Verkehr

■ Wer mit einem **Bemo** aus Richtung Singaraja kommt, landet in Pancasari und muss bis zum Markt stolze fünf Kilometer gehen oder gegebenenfalls noch einmal das Bemo wechseln. Auch wer von Süden kommt, hat ähnliche Probleme, wenn er nicht aufpasst und früh genug aus dem Bemo aussteigt.

■ **Mini- und Shuttlebusse** (Perama) halten in Candi Kuning vor dem Sari Artha Guesthouse neben dem Markt.

■ **Minibusse von/nach:** Singaraja (15.000 Rp.), Lovina, Denpasar (Ubung). Preise für Fahrten mit dem **Shuttlebus:** Kuta/Sanur/Flughafen 80.000 Rp. (täglich). Perama kommt einmal täglich vorbei und sammelt Passagiere Richtung Ubud und Lovina ein (75.000 Rp.)

Umgebung des Bratan-Sees

Fahrt zum Pura Batukaru

Auf dem Weg aus dem Süden zum Bratan-See besteht die Möglichkeit, einen Abstecher zum Pura Batukaru zu machen. Man biegt im Ort **Pacung** links ab und erreicht auf Nebenstraßen über Apuan, Jatiluwih und Wangayagede den **Bergtempel** am Gunung Batukaru. Die Fahrt führt durch eine der schönsten Reisterrassenlandschaften Balis. Der Tempel ist sehr sehenswert, genauere Beschreibung können dem Kapitel „Balis Westen" entnommen werden.

Wasserfall Gitgit

Auf dem Weg von Bedugul Richtung Norden (Singaraja) kommt nach ca. zehn Kilometern der sehenswerte Wasserfall Gitgit (siehe Kapitel „Balis Nordküste").

Buyan-See und Tamblingan-See

Ein paar Kilometer nördlich des Bratan-Sees zweigt links eine Straße nach Munduk ab. Die urtümliche **Waldgegend,** Orchideen, Affen und die beiden herrlich blauen Seen lohnen den Ausflug.

Die Straße nach Munduk führt nördlich der Seen Buyan und Tamblingan entlang. Bei gutem Wetter gibt es schöne Aussichten auf die Seen. Der Ausgangspunkt für Trekkingtouren liegt etwas weiter entlang der Straße. Dort führt eine steile Treppe zu den Seen hinunter. Sieben Tempel liegen verteilt um die Seen. Die Hänge sind mit dichtem Primärwald bewachsen.

Weiterfahrt nach Munduk

Der Krater des **Gunung Lesung** (1865 m), etwas südlich des Tamblingan-Sees, heißt Naga Loka. Hier befindet sich ein Tempel, der Weg hinauf ist beschwerlich. Weitere 500 m die Straße entlang kommt ein kleiner Tempel, es führen Stufen zum See.

Ca. einen Kilometer weiter folgt eine Abzweigung nach Sidetapa, einem **Bali-Aga-Dorf** (10 km). Die Hauptstraße weiter kommt nach rund 1,5 km eine Kreuzung mit einer kleinen Steinpyramide. Links führt der Weg zum **Pura Gubung** und einem winzigen Ort. Ab der Kreuzung bis zum Tempel sind es insgesamt drei Kilometer, pro Person werden 5000 Rp. Eintritt fällig. Zum Gunung Lesung dauert es ab hier ca. drei Stunden hoch und zwei Stunden hinunter.

■ An der Straße nach Munduk findet sich die ausgesprochen schön und ruhig gelegene Unterkunft **Pondok Wisata Kesuma** ③, sehr sauber und von sehr netten Leuten geführt. In einem Orangenhain stehen sechs geräumige Bungalows. Es gibt weitere fünf Zimmer zur Vermietung.

Wer der Straße an der Pyramide nach rechts folgt, erreicht nach 1,5 km ein Restaurant mit der Möglichkeit, die balinesische **Kaffeeproduktion** kennenzulernen. Das Schild „Traditional Bali Coffeeprocessing/Ngiring Nngewedang" am unten gelegenen Parkplatz ist nicht zu verfehlen. Bei klarem Wetter lohnt es sich, auf einen Kaffee anzuhalten, denn es gibt eine super Aussicht.

Ca. 1 km weiter kommt der **Wasserfall Tanah Barak** (s.u., ca. zehn Minuten Fußweg) dann der Ort Munduk.

Munduk

Rund 18 km von Bedugul entfernt Richtung Nordwestküste liegt das nette, überschaubare **Bergdörfchen** Munduk (ca. 5000 Einwohner). Das Klima ist angenehm frisch (20–30 °C) und genauso angenehm riecht es oft nach Kaffee, der hier angebaut wird – oder nach Nelken. Auffallend ist die **Blüten- und Pflanzenvielfalt.** Es wachsen Dahlien, Astern, Weihnachtssterne, Ackerwinden, Rosen und einiges mehr. Erntezeit für Nelken ist zwischen Juli und Oktober, dann riecht es angenehm. Kakao, Robusta-Kaffee und Vanille wurden von den Holländern 1918 eingeführt. Arabica-Kaffee wird hier bereits seit 1870 gepflanzt. Die Atmosphäre ist entspannt, bislang wurden noch keine Souvenirshops eröffnet. Dafür gibt es aber auch keinen Geldautomaten oder eine Bank. Also am besten Bares mitbringen. Munduk ist ein hervorragender Ausgangspunkt für **Wanderungen** in die Umgebung.

Während der Kolonialzeit war Munduk bereits ein attraktiver Erholungsort für die Holländer. Um 1906 entstand das erste und lange Zeit einzige Guesthouse. Später sollten es die Puri Lumbung Cottages sein, die mit ihren einzigartigen Stelzenhäusern Besucher aus nah und fern nach Munduk lockten. Der Ort wurde zu einem Geheimtipp, der bald nicht mehr so geheim war. Mittlerweile wird sichtbar investiert, renoviert, neue Homestays eröffnen. Kamen früher vor allem trekkinginteressierte Reisegruppen, so sind jetzt auch Einzelreisende anzutreffen, die die Straße hinauf und hinunter „lustwandeln". Denn es gibt eigentlich nur eine Straße.

In Munduk wurde zum ersten Mal eine Kooperation zwischen der Tourismusschule Balis (Tourism Institut Bali) und der Kommune verwirklicht. Das Ziel ist ein gelenkter Tourismus mit dem Schwerpunkt, Besuchern möglichst intensive Einblicke in das kulturelle und spirituelle Leben Balis zu vermitteln. Neben Angeboten wie Reiten, Wandern, Fischen und Werkstattbesuchen kann man sich zum Beispiel über die traditionelle balinesische Medizin und Yoga informieren oder balinesisch kochen lernen.

Unterkunft

Munduk ist in der 300.000 Rp.-aufwärts-Klasse anzusiedeln, Ausbrecher nach unten gibt es kaum. Da-

Munduk – Umgebung

©Reise Know-How 2015
0 200 m

Übernachtung
1 Karang Sari Guest House, Hyang Lala Homestay
2 One Homestay
3 Aditya Home Stay
4 Guru Ratna Homestay
5 Meme Surung Homestay
6 Puri Sunny Guesthouse
7 Taman Ayu Homestay
8 Sunset View
9 Munduk Sari Villa
11 Made Homestay
12 Puri Alam Bali Bungalows
13 Puri Lumbung Cottages + Taman Puri
14 Lumbung Bali Cottages
15 Munduk Sari Garden Villa

Essen und Trinken
10 Don Biyu Restaurant

für sind die Zimmer immer recht groß, einen Ausblick gibt es gratis dazu, ebenso wie Warmwasser und Frühstück. Mit ein bisschen Glück ist auch WiFi dabei, am besten nochmal nachfragen.

■ **Puri Lumbung Cottages** ④, Tel. (0362)701 2887, www.purilumbung.com. Man wohnt in durchschnittlich 80 Jahre alten Stelzenhäusern, die früher als Reisaufbewahrungsstätten dienten. Sie bieten teilweise eine wunderbare Aussicht über die Reisterrassen. Das Bad ist unten, der Schlafraum mit Balkon im oberen Stockwerk. An alles ist gedacht: Taschenlampe, Badelatschen, Handtücher, Regenschirm. Sehr sauber und ordentlich. Ein Restaurant ist dem Hotel angeschlossen. Hier finden häufig Kochvorführungen statt. Dem Haus geht es vor allem darum, gemeinsam mit der Dorfgemeinschaft zu arbeiten und das Dorf voranzubringen – durch „vernünftigen Tourismus". Im Dorf gibt es einen günstigeren Ableger mit demselben Anspruch: **Meme Surung Homestay** ③.

■ **Made Homestay** ③, Tel. (081) 23874833, mit wunderschönem Ausblick von der Terrasse jedes Bungalows über die Berge und ins Tal. Die Bungalows sind groß, nett eingerichtet und sauber.

■ **Guru Ratna Homestay** ③, Tel. (081) 3371 94398, www.guru-ratna.com. Man kann entweder in drei Räumen direkt innerhalb eines balinesischen Anwesens wohnen oder in einem renovierten holländischen Kolonialhaus mit neu angebautem Bad. Alles ist sehr gepflegt und sauber, die Leute sind ausgesprochen nett. Auch hier werden Moskitocoils, Handtücher, Taschenlampe, Badelatschen usw. gestellt. Balinesisches Frühstück ist inklusive.

■ **One Homestay** ①, Tel. (0852) 37188980, ist anerkannterweise die günstigste Unterkunft in Munduk. Zwei einfache Zimmer mit einfachem Bad und Familienanschluss gibt es. Vom oberen Zimmer aus ist die Aussicht ein bisschen besser, daher kostet es ein wenig mehr.

■ **Karang Sari Guest House** ③, Tel. (0821) 44844844, www.karangsari-guesthouse.com. Lesertipp: „Alles ist sehr neu und sehr gepflegt. (...) Die Familie, die das Guest House führt, war sehr freundlich und hilfsbereit. Ich durfte sogar die tollen Zimmer anschauen und war überrascht, wie günstig die Zimmer waren." Man kann in drei Zimmern einem alten, charmanten Haus im Kolonialstil wohnen, das vom Vater des heutigen Eigentümers gebaut wurde, oder in sechs modernenen Zimmern im Neubau. Das Essen ist bekannt gut, die Aussicht ins Tal auch.

■ **Aditya Home Stay** ③, Tel. (085) 238882968, www.adityahomestay.com. Mitte 2011 eröffnet mit sechs Zimmern auf zwei Etagen. Die Zimmer sind großzügig angelegt und großflächig verglast, die schöne Landschaft kann also unmittelbar Einzug halten.

■ **Hyang Lala Home Stay** ③, Tel. (0823) 4141 9913, www.hyanglala-munduk.com. Wer das ultimative „Zimmer mit Aussicht" sucht, ist hier richtig – auch und vor allem im Restaurant auf dem Dach. Lesertipp: „Die Menschen sind toll, sehr freundlich und man fühlt sich sofort wie zu Hause. Der Blick (bis zum Lovina Beach) ist atemberaubend und das Essen sehr preiswert und lecker."

Essen und Trinken

Normalerweise gibt es gutes Essen im Homestay. Trotzdem hat sich eine winzige Warung- und Restaurantszene in Munduk etablieren können. Wer also mittags oder abends mal raus möchte, könnte probieren:

■ **Don Biyu** ③, Tel. (0812) 37093949, www.donbiyu.com. Bali Kopi oder Kaltgetränke mit Aussicht, Spaghetti, Club Sandwich oder Nasi Goreng Rendang dazu – und einem entspannten Tagesabschluss steht nichts im Wege.

Wanderungen und Touren

■ Ein schöner Ausflug ist die Wanderung zum ca. 40 m hohen **Tanah-Barak-Wasserfall.** Hübsch sind der Garten und die Wasserspiele, die um den

219ba sb

Wasserfall angelegt sind (Eintritt: 5000 Rp.). Man kann im Auffangbecken baden. Um den Wasserfall zu finden, der Straße nach Bedugul folgen. Nach einer halben Stunde, ca. 2 km hinter den Puri Lumbung Cottages, zweigt links ein kleiner Weg von der Straße ab (Schild). Von dort sind es ca. zehn Minuten bergab.

- Fast jedes Homestay organisiert individuell geführte **Touren ins Umland,** die meist auf Stundenbasis bezahlt werden. Eine Stunde Führung kostet ab 50.000 Rp. bis 100.000 Rp., je nach Sprachkenntnissen des Guides. Wer allein zwei bis drei Stunden losziehen will, der kann sich den Weg im Homestay erklären lassen, manchmal gibt es auch eine kleine Karte dazu.

Verkehr

- Morgendliche **Minibusse** fahren bis Seririt oder Lovina (45.000 Rp.) Die Anfahrt mit öffentlichen Transportmitteln ist recht mühselig, ein eigenes Fahrzeug zu empfehlen.
- Typische **Preise für privaten Transport:** Lovina 300.000 Rp., Pemuteran 400.000 Rp., Singaraja 400.000 Rp., Ubud 450.000 Rp., Kuta 500.000 Rp.

Penelokan

Der Name Penelokan bedeutet „Ort der Aussicht“, und das Dorf macht seiner Bezeichnung alle Ehre. Von hier (1450 m hoch) hat man nicht nur einen herrlichen **Blick auf den Vulkan Batur** und den Kratersee, bei klarem Wetter reicht er sogar bis hinüber zum Rinjani, dem höchsten Berg Lomboks. Ursprünglich lag dieser Ort am Fuße des Vulkans, doch nach den letzten schweren Ausbrüchen, 1917 (1300 Tote), 1926 und 1963, wur-

⌃ Über den Dächern von Munduk eröffnet sich ein großartiger Ausblick aufs Umland

den die Menschen aus Schaden klug und verlegten den Ort auf den sicheren **Kraterrand.**

■ **Eintritt:** Es gibt offiziell eine Eintrittsgebühr für den Ort. Oft aber sind die Schalter am Ortseingang und -ausgang nicht besetzt oder man kümmert sich dort nicht um den Verkehr. Besucher sollten jedoch darauf vorbereitet sein, rund 5000 Rp. pro Erwachsenem und 2500 Rp. pro Kind bezahlen zu müssen.

Am Ortsende Richtung Süden gibt es ein Vulkan-Museum, das **Museum Gunung Api Batur,** das nach der Eröffnung 2007 schnell in die Jahre gekommen ist. Zu sehen gibt es einige Animationen rund um die indonesischen Vulkane (die nur teilweise funktionieren) und etliche Schautafeln, leider nur auf Indonesisch. Seitdem die Batur-Region zum „UNESCO Global Park Network" gehört (2012), wird nachgelegt: Im Laufe des Jahres 2015 soll ein neues Vulkan-Museum eröffnen, gleich neben dem bestehenden.

Unterkunft

Die meisten Besucher zieht es hinunter zum Batur-See, nach Toya Bungkah oder in eines der Resorts rund um den See.

■ Das **Lake View Eco Lodge** ④, Tel. (0366) 52525, www.lakeviewbali.com, ist eine der ältesten und bekanntesten Unterkünfte in Penelokan, seit neuestem mit Öko-Touch. Geboten werden stilvolle Zimmer mit Klimaanlage, TV, Panoramafenstern und Balkon in Richtung Caldera.

■ Das **Kintamani Backpackers** ②, Tel. (0366) 52525, www.kintamanibackpackers.com, gehört zum selben Haus und gibt den Budget-Part der Eco Lodge. Es gibt einen Schlafsaal und ein paar Zimmer, der Ausblick ist genauso schön wie der von der Eco Lodge.

Essen und Trinken

Am Kraterrand befindet sich ein Restaurant neben dem anderen. In der Hauptsaison werden um die Mittagszeit Busladungen von Touristen verköstigt.

Wanderungen

Der **Gunung Abang** (2152 m) östlich von Penelokan ist bis zum Gipfel von Regenwald bedeckt. Der Aufstieg dauert fünf bis sechs Stunden, je nach Kondition. Von Penelokan ca. fünf Kilometer der gepflasterten Straße auf dem Kraterrand folgen. Dann kommt eine Kreuzung, rechts geht es hinunter nach Besakih. Geradeaus führt der Weg weiter auf den Gipfel des Abang.

Wanderung nach **Besakih,** ca. 15 km (7 Std.) über eine einsame Straßenstrecke. Die Einwohner unterwegs sehen selten Weiße. Hier wird der Besucher durchaus selbst einmal zum Besichtigungsobjekt.

Verkehr

Die Anreise mit dem **eigenen Fahrzeug** ist die beste Wahl. So kann beispielsweise auch ein Ausflug ins Bali-Aga-Dorf Terunyan (s.u.) ins Programm genommen werden. Wer mit dem Motorrad kommt, sollte an eine dickere Jacke und vor allem einen regenfesten Umhang denken. Ab der Mittagszeit steigt die Regenwahrscheinlichkeit gewaltig.

■ Von Denpasar (Batubulan Terminal) braucht man zwei **Minibusse,** erst nach Gianyar oder Bangli, dann umsteigen nach Kintamani. Von Singaraja fährt ein Bus. Es ist auch möglich, von Denpasar mit dem **Direktbus** nach Singaraja zu fahren und in Penelokan auszusteigen.

■ **Minibusse** von/nach Kedisan oder Toya Bungkah, Bangli, Denpasar, Singaraja, Kintamani, Gianyar. Zwischen Kintamani und Penelokan fahren regelmäßig **Bemos.**

Vulkan und See Batur

Die Region um den Gunung Batur gehört zu den spektakulärsten Landschaftsformen Balis. Ein **riesiger Krater,** der einen Durchmesser von mehr als 10 km aufweist und rundum etwa 600 m hoch ist, beherbergt den großen See Danau Batur und den Vulkan. Innerhalb dieser Caldera gibt es einige Dörfer, u.a. Toya Bungkah, landwirtschaftliche Flächen und gigantische Lavafelder. Auf dem Kraterrand reihen sich diverse Dörfer aneinander. Diejenigen auf der westlichen Seite sind durch die Straße Bangli – Singaraja verbunden, die auf der östlichen über eine schmale und spektakuläre Straße, die in Terunyan endet.

Der Batur ist ein durchaus **lebendiger Vulkan:** Zwischen 1804 und 2000 gab es 26 Eruptionen, die von Vulkanologen aufgezeichnet wurden. Man nimmt an, dass der Batur seit 26.000 Jahren aktiv ist.

Wer hier ein paar Tage verbringt, erlebt ein völlig anderes Bali als beispielsweise in Ubud oder Kuta. Aber auch ein Tagesausflug beschert neue Eindrücke. Fast alle Reisenden, die ein paar Tage für Trekking und Touren herkommen, bevorzugen Toya Bungkah als Basis oder eines der Hotels und Resorts rund um den Batur-See. In Toya Bungkah sind eine der Attraktionen die Heißen Quellen.

Rundfahrt um den Vulkan

Von Penelokan aus kann man eine 28 km lange Tour mit dem **Fahrrad, Auto** oder auf einem **Motorrad** um den Vulkan herum und am See entlang unternehmen. Von **Penelokan** fährt man zunächst die steile Straße Richtung Batur-See hinunter. Schon nach etwa 100 m biegt man links in ein kleines, anfänglich asphaltiertes Sträßchen ab, das einen in die alte, rissige Caldera führt. Nun durchfährt man diese auf einem Weg aus Lava und Vulkansand im Uhrzeigersinn bei teilweise schlechten Bedingungen.

Zunächst durchquert man die Lavafelder des Gunung Batur, später findet man Hütten von Bauern, die dort ihre Felder haben. Ab dem Dörfchen Kolombo wird der Weg wieder zum asphaltierten Sträßchen. Auf der Rückseite des Gunung Batur erreicht man dann bei **Songan** das Ufer des Batur-Sees. Ab hier fährt man auf der Seestraße in Richtung Kedisan weiter. In **Toya Bungkah** kann man sich im Badebecken der heißen Quellen erfrischen, bevor man sich in **Pura Jati** den links an der Hauptstraße (hinter einem großen Platz) gelegenen, schönen Tempel anschaut. Kurz vor Kedisan zweigt rechts die steile Straße ab, die in gut zwei Kilometern bei einer durchschnittlichen Steigung von knapp 20 % wieder nach Penelokan hinaufführt. Gut funktionierende Bremsen sind absolute Voraussetzung für diese Tour.

408ba rb

Batur-See

In Kedisan, der Hafen ist großzügig ausgebaut, beispielsweise mit Toilettenanlagen (2000 Rp.), kann man **Motorboote oder Kanus** chartern, die alle „Sehenswürdigkeiten“ rund um den See abhaken: Terunyan, das Bali-Aga-Dorf am östlichen Ufer, den Friedhof des Dorfes und zuletzt die heißen Quellen von Toya Bungkah auf der westlichen Seeseite. Ein Bootsausflug nach Terunyan beispielsweise kostet 450.000 Rp. pro Person. Sieben Personen zahlen insgesamt 600.000 Rp. für das komplette Charterboot. Da es eine befahrbare Straße dorthin gibt, ist diese Möglichkeit deutlich günstiger.

☐ Grandioser Blick auf den See und Vulkan

Unterkunft am Südufer

■ **Hotel Astra Dana** ②, Tel. (0366) 52091, in Kedisan, ein Klassiker, zwei neue Bungalows vor dem Haus Richtung See, Zimmer mit tollem Ausblick.

■ **Kedisan Resort & Resto Apung** ③-④, Tel. (081) 337755411, bekannt für sein „Floating Restaurant". Es gibt auch schicke Bungalows in balinesischem Stil direkt am Ufer. Bei deutschen Gruppen beliebt. Wer hier eincheckt, bekommt ein Kanu zum Bungalow dazu.

Gn. Batur und die Nordostküste

■ **Baruna Cottages** ③-④, Tel. (0366) 51378, www.barunacottages.com. Neue Anlage in Buahan, die kontinuierlich in Richtung hochpreisig erweitert wird: Bungalows mit viel Glas und Blick auf den See sowie große Lumbung-Häuser in traditionellem Stil.

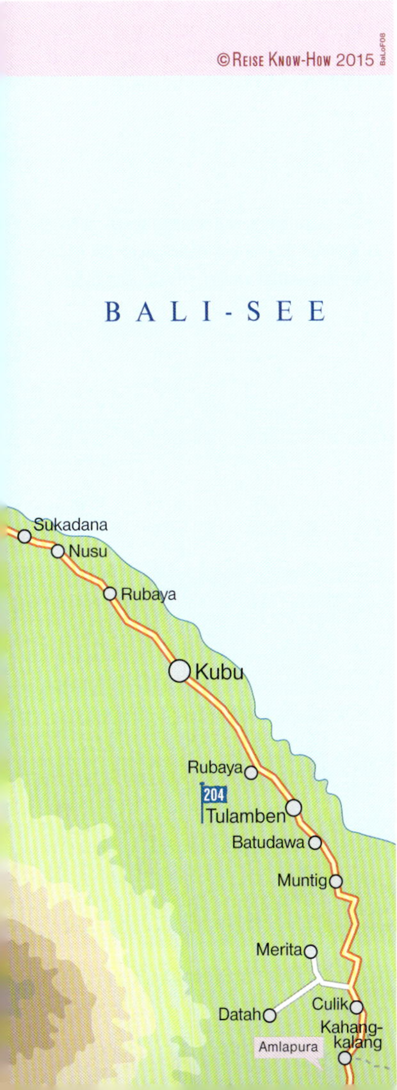

Toya Bungkah

Innerhalb des Kraters, am Westufer des Batur-Sees, befinden sich **heiße, vulkanische Quellen** *(Air Panas)*, die vor kurzem mit schönen Außenanlagen versehen worden sind. Seit 1930 wird Toya Bungkah von Besuchern angesteuert. Waren es zuerst Anthropologen, so sind es heute Wanderer und Heiße-Quellen-Fans. Auch im See kann man baden, obwohl der Zugang ziemlich schlammig ist. Von Toya Bungkah starten Trekkingtouren auf den Batur, und es gibt eine überschaubare Losmen- und Warung-Szene.

Heiße Quellen

Wer die müden Knochen nach einer Wanderung wieder aufheizen möchte, hat in Toyah Bungkah einige Möglichkeiten, seine Füße und mehr in das 40 °C heiße Wasser zu tauchen. Badekleidung nicht vergessen. Frauen können zur Not einen Sarong anziehen.

■ **Toya Devasya Resort & Spa,** Tel. (0366) 51204, www.toyadevasya.com, größtes und schickstes Resort am Ort. Poolzugang: 200.000 Rp.

■ **Batur Natural Hot Spring,** Tel. (081) 33832 5552, www.baturhotspring.com. Ab 150.000 Rp. kostet der Eintritt, es gibt verschiedene buchbare Pakete mit Handtuch, Getränken, Mahlzeiten usw. Dazu mehrere Becken, ein Restaurant mit Bar und Massagemöglichkeiten. Hier sind mehr Einheimische anzutreffen als im Toya Devasya. Parken: 2000 Rp.

■ **B'Mas Natural Hot Spring,** private kleine Anlage im Ort. Eintritt 50.000 Rp.

Wanderung am See entlang

Eine sehr schöne Wanderung auf dem Kraterrand führt östlich um den halben Batur-See **von Songan nach Kedisan.** In Songan am Nordufer des Sees führt ein Weg links von der Straße vor dem Tempel am Ortsende ab. Nach einem kurzen, ebenen Wegstück schraubt sich rechts ein steiler, zunächst befahrbarer, asphaltierter Weg die Felswand bis zum Pass hoch. An einem kleinen Warung muss man rechts dem Weg folgen, der zu kleinen Gehöften führt. Man hat traumhafte Ausblicke auf See, Gunung Batur, Gunung Abang und die Ostküste Balis. Bei klarem Wetter ist der Rinjani auf Lombok sichtbar.

Der Weg führt dann mehr oder weniger auf dem Kraterrand bis zur Versorgungspiste oberhalb Terunyans. Der Pfad gabelt sich zwar häufig, man trifft jedoch genügend Menschen, die man fragen kann. Von der Piste geht dann ein steiler Pfad nach **Terunyan.** Im Ort den asphaltierten Weg am Seeufer in Richtung Abang gehen. Von Abang aus entweder zu Fuß der Straße Richtung Kedisan folgen oder ein Bemo chartern.

Unterkunft

Die Übernachtungspreise sind hier unten niedriger als oben am Kraterrand, dafür liegen die nächtlichen Temperaturen höher. Frühstück ist inklusive,

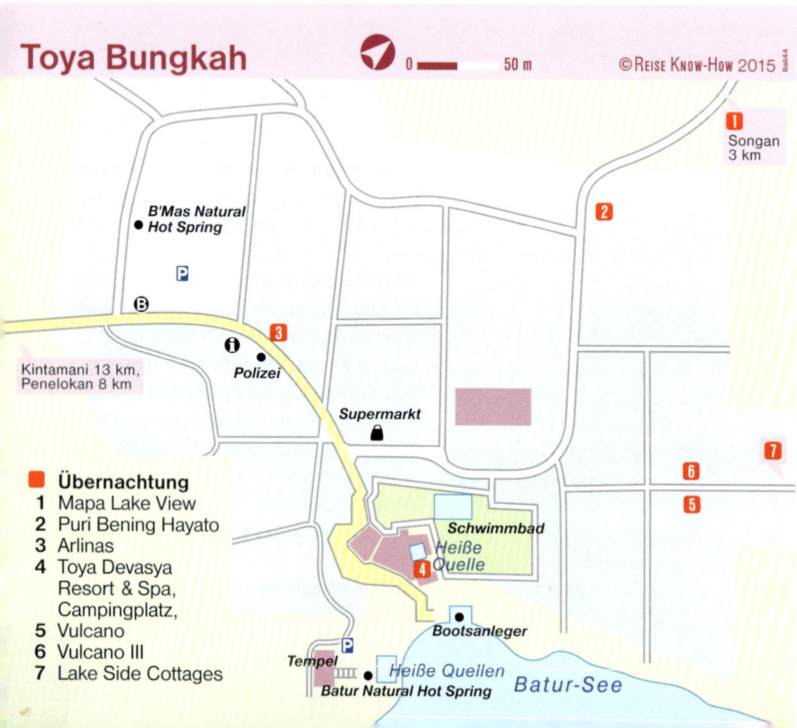

Natural Pool bei Toyah Bungkah

ein Restaurant immer dabei. Das Preiskriterium ist nicht die Klimaanlage, sondern heißes Wasser. Alle Losmen und Hotels organisieren Trekkingtouren.

■ **Arlinas** ①-②, Tel. (0366) 51165, mitten im Ort, sehr freundliches und engagiertes Management.

■ **Vulcano II** ②, Tel. (0366) 52508, www.kintamani hotel.com, mit Zimmern in einer überschaubaren Gartenanlage, heißes Wasser inklusive. Ein Highlight der Anlage ist das nette Restaurant.

■ **Lake Side Cottages** ③, Tel. (0366) 51249, mit einem Pool direkt am See, Seezugang und sieben geräumigen Bungalows mit Blick auf denselbigen. TV und heißes Wasser gehören zum Standard.

■ **Puri Bening Hayato** ③-④, Tel. (0366) 51234. Ein großes Hotel mit Swimmingpool, die Leute sind freundlich und bemüht, trotzdem ist immer recht wenig los. Tee und Kaffee frei.

■ **Mapa Lake View** ③, Tel. (081) 936236345, neue Anlage, die mit viel Engagement geführt wird. Lesertipp: „Die Unterkünfte, zwei Doppelzimmer, sind sauber, der Service ist freundlich. Jack, der Betreiber, spricht gut Englisch."

■ **Camping:** Das Luxushotel **Toya Devasya** (s.o.) bietet auf Nachfrage Campingmöglichkeiten auf einer Wiese zum See hin.

Essen und Trinken

■ **Losmen-Restaurants** sind eine gute Wahl, da die sonstige Restaurant-Szene sehr reduziert ist.

Verkehr

Die **Anreise ab Penelokan** ist mit dem Motorrad oder Auto einfach, zu Fuß mühselig, da sehr weit und schattenlos (ca. zwei Stunden). Zuerst die Straße zum See hinunter (gleich vor dem Lake View Hotel), unten gabelt sie sich, rechts geht es nach Kedisan. Links führt die Straße weiter durch Lavafelder über Asphalt zu den Ruinen des ehemaligen Ortes Batur. Hier geht man durch und bald kommt Toya Bungkah.

Besteigung des Gunung Batur

Vom Gipfel des 1717 m hohen und noch **tätigen Vulkans** bietet sich ein toller Panoramablick, bei klarem Wetter bis zum Rinjani auf Lombok. **Toyah Bungkah** ist ein guter Ausgangspunkt für Wanderungen auf den Batur, es gibt aber auch andere Routen (s.u.). Alle Losmen haben Touren im Angebot, genauso wie Einheimische, die Besucher darauf ansprechen. Wer auf Nummer sicher gehen will, fragt nach der Qualifikation der Führer oder geht zu *The Association of Mount Batur Trekking Guides* – einem Zusammenschluss ortsansässiger Guides.

Festes Schuhwerk, das dicht anliegt, ist notwendig, da der Lavastaub auf dem letzten Drittel des Weges sonst ständig in die Schuhe rutscht. Die beste Startzeit ist gegen 4 Uhr morgens, d.h. es ist noch dunkel. Ab ca. 11 Uhr beeinträchtigen Wolken die Sicht vom Gipfel. Am Kraterrand befinden sich mehrere Warungs – viele Führer beenden hier ihre Dienste, man muss also gleich bei den Preisverhandlungen darauf bestehen, bis zum Gipfel geführt zu werden. Seit dem Tod einer jungen Frau im Jahr 2000 muss man einen **Guide** nehmen. Bei den Verhandlungen sollte man ebenfalls das Wandertempo besprechen. Dieses sollte der Kunde bestimmen oder der Guide läuft hinter einem her.

Den Aufstieg von Toya Bungkah auf den Batur kann man vor dem zweiten Frühstück absolvieren. Die Wandergruppen umfassen maximal vier Personen, los geht es um 4 Uhr morgens ab dem Losmen. Unterschieden werden normalerweise die kleine (Standard), die mittlere und die große Tour:

- **Standard-Tour:** Aufstieg auf den Gipfel, Sonnenaufgang, Frühstück, Abstieg über dieselbe Strecke. Rückkehr ca. 8 Uhr, Preis: 500.000 Rp.
- **Mittlere Tour:** Aufstieg, Kraterrandwanderung, Besichtigung Krater, dieselbe Strecke wieder zurück. Rückkehr etwa gegen 9 Uhr, Preis: 700.000 Rp.
- **Große Tour:** Aufstieg, Kraterrandwanderung, Besichtigung Krater und weitere fünf Krater am Berg, Abstieg und Pick-up mit dem Auto, Rückkehr ca. 9.30 Uhr, Preis: 900.000 Rp. (Preise der Association of Mount Batur Trekking Guides).

Routen

Ab Kintamani (ca. 4–5 Std.)

Ausgangspunkt ist das geschlossene Homestay Astini. Zuerst muss man einem sehr steilen Pfad hinab ins Tal folgen. Im Tal durchquert man ein Dorf, und danach geht es steil und mühsam durch den Lavasand zum Gipfel hinauf. Den Abstieg macht man nach Toya Bungkah. Ab dort geht es mit einem Bemo oder per Anhalter wieder zurück.

Ein anderer Weg führt am Tempel im Dorf Batur abwärts in den Krater. Man trifft auf die Straße, die zu den heißen Quellen bei Toya Bungkah führt. Nach ca. 30 Min. erreicht man das alte Dorf Batur. Weiter im nächsten Abschnitt.

Ab Penelokan (ca. 4 Std.):

Mit dem Bemo kann man von Penelokan zum alten Dorf Batur fahren. Es ist eine Geisterstadt, die nur einmal im Jahr bei einem 3-Tage-Fest belebt ist. Ganzjährig wohnen dort zwei Familien. Ab dem Dorf steigt man dann gerade hinauf in die Lavafelder, dann folgt man rechts einem Pfad, der durch den Einschnitt zwischen Batur und Abang führt. Nicht den Weg links den Hang hochklettern, der führt in die Irre. Nach einiger Zeit sind der See, die Orte und die Straße zu sehen. Nun gehts es leicht abwärts in Richtung See, dann querfeldein durch die grasbewachsene Böschung hinauf ins Lavafeld (dabei Ausschau nach einer Stange halten). Von dort sieht

man zwei Rinnen an der Bergflanke, auf die man direkt zulaufen muss. Man erreicht dann ziemlich bald einen Warung mit Getränken. Ab dort ist der Weg gekennzeichnet. Während des Aufstiegs folgt man einer Art ausgetrocknetem Flussbett auf der linken Seite. Der Pfad führt erst zum linken Kraterrand. Man umwandert ihn gegen den Uhrzeigersinn und folgt dem Pfad hinauf, dann erreicht man den Gipfel. Nicht dem Weg nach links folgen, das Gestein ist dort porös, locker und scharfkantig, d.h., die Abrutschgefahr ist hoch. Der Abstieg erfolgt entweder den gleichen Weg zurück zum alten Dorf Batur oder zu den heißen Quellen bei Toya Bungkah.

Problematisch ist es, ein Bemo von und zurück nach Penelokan zu chartern. Man nimmt nämlich gern absolut erhöhte „Mondpreise".

Ab Toya Bungkah (knapp 3 Std.):

Vom Parkplatz mit Guide Office in Toya Bungkah (hier Zuweisung eines Führers) erst ca. 45 Min. auf einem Fahrweg flach bis zur Flanke des Berges. Dann auf gut erkennbarem Pfad mit Vulkangeröll in Serpentinen bergauf. Insgesamt ca. 700 Höhenmeter und 2 Std. Aufstieg. Nach ca. 1½ Std. erreicht man den Kraterrand mit einer einfachen Hütte und Aussichtsterrasse. Die meisten Touristen bleiben hier, um den Sonnenaufgang zu beobachten. Zum höchsten Punkt am Kraterrand (= Gipfel) geht man nochmal ca. eine halbe Stunde steil im rutschigen Sand bergauf. Am Gipfel gibt es auch eine Aussichtsterrasse, und für Gruppen wird ein heißer Tee zubereitet. Man kann den Kraterrand anschließend auf einem schmalen, abschüssigen Pfad (Schwindelfreiheit und Trittsicherheit erforderlich) umrunden. Auf diesem Pfad kommt man an einigen Fumarolen vorbei, die von der Aktivität des Vulkans zeugen.

Ab Songan (ca. 1 Std.)

Eine andere Aufstiegsmöglichkeit liegt ca. 1 km hinter dem Dorf Songan. Von dort dauert der Aufstieg nur eine Stunde. Es geht einfach steil bergauf. Schilder kennzeichnen die Stelle, an der man hochlaufen muss.

■ Es gibt einen unregelmäßigen **Minibusverkehr** zwischen Toya Bungkah und Penelokan. Übliche Preise für privaten Transport: Ubud 300.000 Rp., Kuta 450.000 Rp., Flughafen 450.000 Rp., Amed 500.000 Rp., Candi Dasa 450.000 Rp.

Terunyan

Der große Tempel von Terunyan (3:01 Min.)

Das wohl bekannteste Dorf Balis, in dem **Bali-Aga** wohnen, liegt am Ostufer des Batur-Sees. Es ist der einzige Ort innerhalb des Kraters, der von Ausbrüchen des Vulkans verschont blieb, da die Lavaströme vom Wasser abgehalten wurden. Terunyan ist längst mit dem eigenen Fahrzeug zu erreichen. Jeder Besucher wird freundlich empfangen und zum Englischsprechen aufgefordert, denn die Einheimischen wollen ihres verbessern. Sie bieten Führungen auf den Friedhof und zum Tempel an (300.000 Rp., egal wie groß die Gruppe ist).

Die **Einwohner** haben sich in Brauchtum und Glauben bis zum heutigen Tag erfolgreich der Hindukultur Balis widersetzt und lebten schon vor der javanischen Invasion im Jahre 1343 zurückgezogen in dieser Siedlung.

Der **Tempel** beherbergt die größte Statue Balis, eine ungefähr 3,50 m hohe Darstellung des Bali-Aga-Gottes Dewa Ratu Pancering Jagat. An einem bestimmten Tag wird die Statue einer Rei-

Dieser Tempel in Terunyan beherbergt die 3,50 m hohe Statue des Bali-Aga-Gottes Dewa Ratu Pancering Jagat

409ba gu

Totenzeremonien in Terunyan

Terunyans Totenzeremonien bestehen aus zwei Teilen: Der erste wird im Haus des Toten und auf dem Friedhof abgehalten. Eine Leiche wird nie länger als einen Tag und eine Nacht im Haus aufbewahrt. Dem frisch Verstorbenen, falls er eines natürlichen Todes gestorben und ein normales Dorfmitglied ist, werden alle Kleidungsstücke, Schmuckstücke und gar Zahngoldfüllungen genommen. Man bedeckt den nackten Toten mit einem neuen Stück Batiksarong und wartet auf die Ankunft der männlichen Verwandten, die die Leiche dann waschen. Tote werden nur von Männern behandelt, auch wenn es sich um weibliche Verstorbene handelt.

Nach der Reinigung beten alle Anwesenden. Die Zähne reinigt man mit einer Art Backpulver, dann legt man der Leiche einen Rubin in den Mund, weil man glaubt, das würde den Körper vor Verwesung schützen. 20 gerollte Betelblätter, durch die viereckigen Löcher alter chinesischer Münzen geschoben, steckt man zwischen die Finger und Zehen der Toten. Die Hände, zusammengebunden mit einer Baumwollschnur, bedecken die Geschlechtsteile. Dann wird das Haar mit Kokosöl eingerieben und der Körper mit heiligem Wasser besprenkelt. Auf den Bauch reibt man einen Balsam namens Ampok. Dann rollt man den Körper in eine Bambusmatte, und ein Mitglied des traditionellen Gemeinderates rezitiert ein Gedicht.

Die Leiche wird mittels einer Bambustrage in ein Bötchen verladen und zum Friedhof gebracht. Dort wartet man, bis der rituelle Platzkauf, durchgeführt von älteren Verwandten, abgeschlossen ist. Gezahlt wird mit alten chinesischen Münzen. Da die Kapazität auf sieben Leichenplätze beschränkt ist, von denen zwei nur für Mitglieder des traditionellen Dorfrates reserviert sind, müssen die alten Knochen der neuen Leiche weichen. Der Tote wird auf den Friedhof gebracht, und eine zweite rituelle Waschung wird an ihm vorgenommen. Man nimmt der Leiche den Rubin aus dem Mund, damit der Körper nun verwesen kann und die Seele frei wird. Sofort nach dieser Zeremonie positioniert man den Körper richtig: die Füße zum See *(kelod)* und den Kopf zum Berg Agung *(kaja)*. Ein Batiktuch bedeckt den Körper vom Hals bis zu den Füßen. Kopf und Hüften werden mit Handtüchern umwickelt. Ein paar Reiskuchen legt man auf Magen und Hüften, einige Rupiah-Scheine unter die Leiche. Alle Anwesenden murmeln Abschiedsworte, dann wird die Leiche mit einer Bambusmatte bedeckt. Damit ist diese Leichenzeremonie abgeschlossen, und jeder kehrt in sein Haus zurück.

Innerhalb von zwei bis drei Wochen ist von der Leiche nur noch das Skelett übrig. Der Verwesungsprozess an der Luft geht bedeutend schneller vonstatten als in der Erde. Tiere tun das Ihrige dazu.

Für den zweiten Teil der Totenzeremonie wird ein großer Turm aus Bambus und buntem Papier gebaut, mit Miniaturpuppen aus Sandelholz, die den Toten darstellen. Es wird eine Prozession mit dem Turm veranstaltet, an deren Ende das Bauwerk im Batursee nahe dem Friedhof versenkt wird. Dieser Teil befreit den Toten endgültig von seiner vorherigen Existenz.

nigung unterzogen und mit einer Mischung aus Wasser, Kalk und Honig neu bemalt. Dieses Ritual darf nur von einem bis dahin unberührten Knaben *(truna)* vorgenommen werden und wird von verschiedenen Zeremonien begleitet.

Der **ehemalige Friedhof** der Gemeinde liegt in einiger Entfernung vom Dorf und kann per Führung besichtigt werden. Einige Knochen und Schädel, alle älter als zehn Jahre, liegen an diesem unheimlichen Ort herum. Seitdem Touristen herkommen, wird er von den Bali-Aga nicht mehr benutzt. Sie haben sich inzwischen einen anderen, versteckten Bestattungsplatz ausgesucht.

Batur

Der **Ort** Batur liegt etwa auf halber Strecke zwischen Penelokan und Kintamani. Sehr sehenswert ist der **Pura Batur,** ein schöner, großer, aus schwarzem Lavagestein gebauter Tempel, ca. einen Kilometer Richtung Penelokan. Für den Besuch muss man sich einen Tempelschal leihen.

Bis zum Jahre 1926 befand sich das Dorf am Fuße des gleichnamigen Vulkans. 1917 brach dieser das erste Mal im 20. Jh. aus und begrub das ganze Dorf unter Lava. Tausende von Menschen starben, 60.000 Häuser und 2000 Tempel wurden zerstört. Allerdings wurde der Dorftempel Baturs von der Zerstörung verschont. Das hielten die Überlebenden für ein Wunder, sie beschlossen, Batur wieder an der gleichen Stelle aufzubauen. Schon neun Jahre später erfolgte die nächste Eruption, diesmal wurde neben dem neu erbauten Dorf auch der Tempel unter den Lavamassen begraben. Nur ein einziger Schrein, welcher Devi Danau, der Göttin des Sees, gewidmet war, konnte gerettet werden.

So siedelte die Dorfgemeinschaft 1926 auf den Kraterrand um. Der Schrein wurde in den neuen Tempel integriert. Die Einweihungszeremonie des Pura Batur fand am 14. April 1935 statt. Noch heute wird im April eine große **Zeremonie** zur Erinnerung gefeiert. Es ist der größte Wisnu gewidmete Tempel Balis.

Das gesamte Gebiet rund um den Vulkan Batur wurde aufgrund seiner geologischen Einzigartigkeit 2012 von der UNESCO zum Teil des **Global Geopark Network** erklärt. Das Tourismusministerium verspricht sich von dieser Entscheidung eine positive Auswirkung auf den Tourismus in Bali in den kommenden Jahren.

Kintamani

Das Bergdörfchen Kintamani liegt ziemlich genau auf dem Pass, der Nord- und Südbali trennt. Alle drei Tage findet ein **Markt** statt, zu dem viele Bewohner aus den umliegenden Dörfern kommen, um ihre Produkte feilzubieten. Hier gibt es Gemüse- und Obstsorten, die man sonst kaum auf Bali bekommt. Kintamani ist der bedeutendste Marktflecken der Region.

Ansonsten zehrt der Ort ein wenig von seinem Ruf, früher die Basisstation für die Besteigung des Batur gewesen zu sein. Es gab bekannte Losmen und eine einmalige Traveller-Atmosphäre. Die Wanderer saßen abends ums Kaminfeuer und erzählten sich ihre Abenteuer. Heute ist Kintamani ein Ort, der meist und im wahrsten Sinne des Wortes links liegengelassen wird. Immerhin gibt es einen Geldautomaten an der Hauptstraße.

Zu beachten sind die Hunde in dieser Region, **Bali-Berghunde** oder auch *Kintamani* genannt. Ihr Aussehen erinnert an die Chow-Chow. Die Hunde werden als intelligente und gute Wachhunde beschrieben.

Von Kintamani führt eine schöne, wenig befahrene **Straße hinunter nach Ubud** über Susut und Payangan (zu Fuß etwa zwölf Stunden, mit dem eigenen Fahrzeug ca. eine Stunde, gut für Fahrradfahrer, da wenig Verkehr): viel Natur, Bambuswälder, kleine Dörfer. Es geht immer bergab, bis die Reisfelder um Ubud beginnen.

Unterkunft

■ **Miranda Homestay** ①, Tel. (0366) 52022, www.mirandahomestay.com, direkt an der Hauptstraße, ist so ziemlich das Einzige, was aus der großen Trekkingzeit Kintamanis an klassischen Homestays übriggeblieben ist: Zimmer unter 100.000 Rp., Kaminfeuer, Mandi, einfach und sauber. Der Chef organisiert Touren auf den Berg (ab 400.000 Rp.).

Essen und Trinken

Jajan Mata Satu, „Plätzchen mit einem Auge", heißt eine köstliche **Plätzchensorte,** die es nur in Kintamani geben soll. Man bekommt sie an allen Warungs. Durchmesser ca. zehn Zentimeter, heller Mürbeteig, in der Mitte eine Erdnuss, daher der Name.

■ Rund um den Markt gibt es etliche **Warungs.** Um die Mittagszeit schlagen einige **Kaki Lima** mit Saté im Ort ihre Zelte auf.

Verkehr

■ **Busse und Minibusse** von/nach Singaraja, Penulisan, Denpasar, Semarapura, Gianyar, Penelokan.

Penulisan

Penulisan liegt acht Kilometer nördlich von Kintamani an der Hauptstraße nach Singaraja. Hier befindet sich der **höchstgelegene Tempel Balis:** Pura Tegen Koripan, 1745 m über dem Meeresspiegel, quälende 337 Stufen führen hinauf, aber die Anstrengung lohnt. Von oben hat man bei klarem Wetter einen Blick bis Singaraja, früh morgens ist die beste Zeit. Aber auch zu späteren Tageszeiten ist es spannend, den sich verdichtenden Wolken über dem Karterrand zuzuschauen. Der Tempel selbst weist nicht viele Besonderheiten auf, obwohl er zu den heiligsten Tempeln Balis gehört, lediglich einige sehenswerte Steinskulpturen aus dem 11. Jh. (Eintritt 10.000 Rp.).

Bali-Aga-Dorf und Weiterfahrt nach Bedugul

Wer, von Kintamani kommend, am Tempel links abbiegt, kommt auf eine einsame Straße durch eine kaum bewohnte, aber kultivierte Gegend mit Kaffee- und anderen Plantagen. Von dieser Straße erreicht man über einen Fußweg (nach rechts) das Bali-Aga-Dorf **Selulung,** wo kleine Stufenpyramiden stehen. Rund zwei Kilometer Wanderweg durch herrliche Bergwelt und einsame Dörfer.

Via **Lampu** und **Catur** kann man Richtung Süden bis **Petang** weiterfahren, dort geht es rechts ab nach **Luwus.** Dies ist die kürzeste Verbindung in die Bedugul-Region. In Luwus trifft man auf die Hauptstraße, die nach Norden zum **Bratan-See** führt.

5 BALIS WESTEN – REISTERRASSEN UND UNBERÜHRTE WILDNIS

104ba sb

Der relativ schmale Westausläufer der Insel wird in der Mitte von einer Bergkette in einen nördlichen und einen südlichen Teil getrennt. Ganz im Westen reicht Bali bis auf vier Kilometer an Java heran. Der **Fährhafen Gilimanuk** wickelt den Waren- und Personenverkehr mit der Hauptinsel Indonesiens ab. Die Überfahrt dauert nur knapp 20 Minuten.

NICHT VERPASSEN!

- Der **Tempel Taman Ayun** in **Mengwi** ist einer der schönsten Balis | 238
- Der **Tempel in Tanah Lot** steht dem wegen seiner einzigartigen Lage im Meer nicht nach | 242
- Die **Reisterrassen in Jatiluwih** gelten für manche nicht ohne Grund als die prächtigsten der Insel | 247
- Mit ein bisschen Glück findet gerade ein **Wasserbüffelrennen in Negara** statt | 252
- **Pulau Menjangan** glänzt mit einigen der schönsten Tauchgründen Asiens | 257

Diese Tipps erkennt man an der gelben Hinterlegung.

Unterwegs im Reisfeld kann man immer mit besonderen Begegnungen rechnen

Überblick

In Westbali gibt es nur eine gut ausgebaute **Straße,** die entlang der Küste durch fruchtbare Reisfelder bis nach Denpasar im Süden führt. Sie wird an der Südküste viel genutzt, vor allem von Lkw und Bussen auf dem Weg von und nach Gilimanuk und Java. Die Ausblicke rechts und links sind abwechslungsreich: von menschenleeren **Sandstränden** bis hin zu malerisch terrassierten Reisfeldern und tropischem Regenwald. Hier lässt sich ein wenig Alltagsleben beobachten, gleichzeitig laden Abzweige Richtung Strand dazu ein, edle Resorts zu besichtigen. Die Straße entlang der Nordküste von Gilimanuk nach Singaraja wird ebenfalls regelmäßig von Bussen, Bemos und insbesondere Lkw befahren, aber der Verkehr ist längst nicht so dicht wie an der Südküste.

Der Westen Balis ist der am dünnsten besiedelte und wildeste Teil der Insel. Es gibt **keine Nord-Süd-Verbindungen.** Die Bergkette und ihre Ausläufer sind von **dichtem Busch,** teilweise Dschungel, bewachsen. Hier gibt es neben Wildschweinen und Nashornvögeln auch Hirsche und wilde Bantengs. Im Busch Westbalis wurde in den 1950er Jahren der letzte Tiger der Insel erlegt. Ca. 19.000 Hektar dieses Gebietes sind **Nationalpark** (Bali Barat National Park). Die Gegend und besonders die Insel **Pulau Menjangan** an der Nordküste sind wegen der Korallengärten für Schnorchler und Taucher interessant. Um Pemuteran sind in den letzten Jahren etliche Hotels und Resorts entstanden, hier trifft sich die **Tauchszene.** Der Standard ist ein wenig höher als im benachbarten Lovina. Das ist gewünscht, denn Pemuteran wollte sich nicht so entwickeln wie Lovina und setzte auf ein gesteuertes

Miteinander zwischen der Dorfgemeinschaft und den Hotelanlagen.

Übernachtungsmöglichkeiten gibt es bis auf ein paar Resorts entlang der Küste und in Gilimanuk nur wenige. Erst ab Pemuteran Richtung Lovina gibt es ein recht großes Angebot an Unterkunftsmöglichkeiten für (fast) jeden Geldbeutel.

Der Westen Balis ist zwar mit **öffentlichen Verkehrsmitteln** zu bereisen, aber da es nur in wenigen Orten Übernachtungsmöglichkeiten gibt, ist das beschwerlich und wird kaum gemacht. Es empfiehlt sich also, mit eigenem Fahrzeug oder mit einem gecharterten Vehikel die Rundtour zu unternehmen.

In diesem Kapitel wird die Rundtour **von Denpasar bzw. Ubud Richtung Westen** beschrieben. Die Fahrt geht über Tabanan und Negara nach Gilimanuk und dann an der Nordküste entlang Richtung Lovina und Singaraja. Von Seririt führt eine landschaftlich schöne Strecke wieder hinunter in den Süden. Die Fortsetzung der Route an der Küste entlang, in touristisch erschlossene Regionen, ist im folgenden Kapitel „Balis Nordküste" beschrieben.

Anreise in den Westen

Von Ubud fährt man am besten über Campuan, Kedewatan und Sayan in Richtung Batubulan. In Kengetan steht ein Wegweiser, an dem man sich in Richtung Kapal orientieren kann. Entweder man folgt der Straße bis nach Mengwi oder man fährt über Abiansemal nach Sangeh (Affenwald) und von dort zurück nach Mengwi. Von hier kann man entweder nach Norden fahren

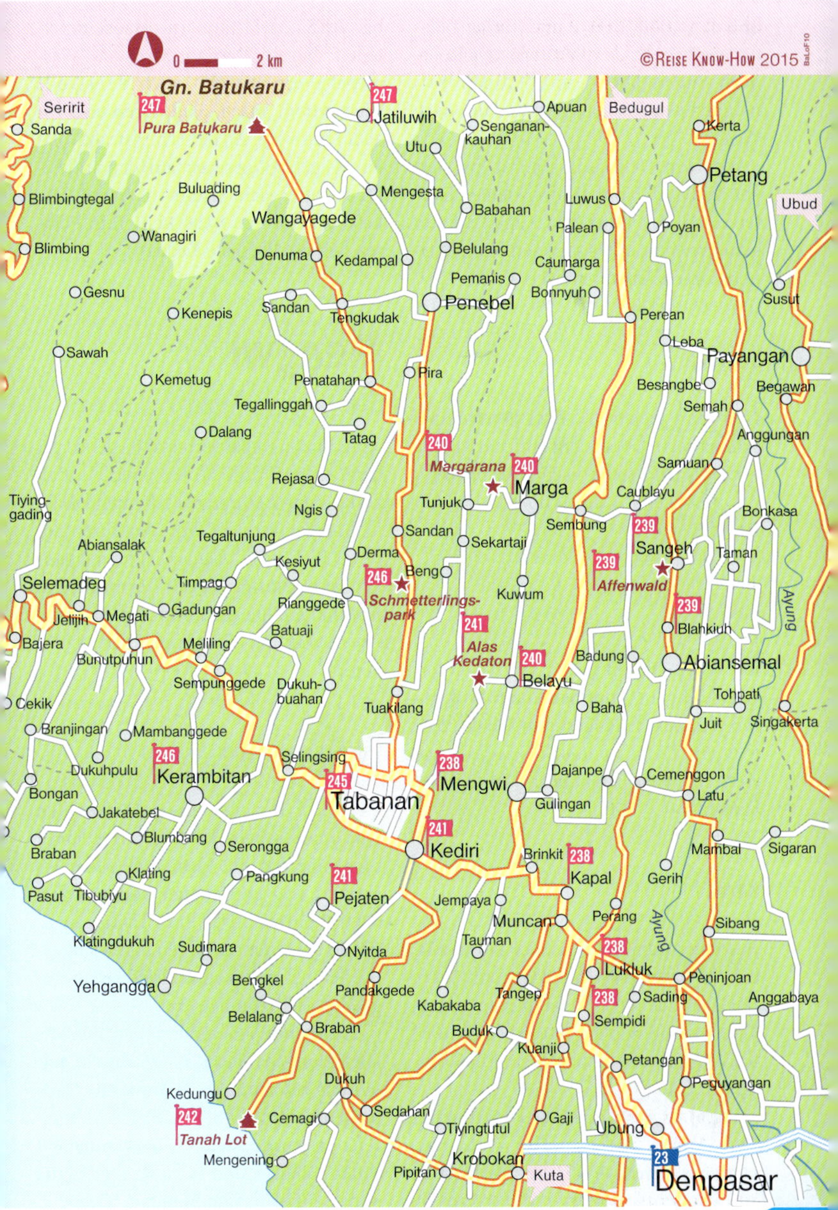
0 2 km
©Reise Know-How 2015
Gn. Batukaru
247
Pura Batukaru
Seririt
Sanda
247
Jatiluwih
Apuan
Bedugul
Kerta
Senganan-
kauhan
Utu
Petang
Ubud
Blimbingtegal
Buluading
Mengesta
Wangayagede
Babahan
Luwus
Palean
Poyan
Wanagiri
Blimbing
Denuma
Kedampal
Belulang
Caumarga
Pemanis
Bonnyuh
Susut
Gesnu
Kenepis
Sandan
Tengkudak
Penebel
Perean
Leba
Payangan
Sawah
Kemetug
Penatahan
Pira
Besangbe
Begawan
Semah
Tegallinggah
Dalang
Tatag
Anggungan
240
Margarana
240
Marga
Samuan
Rejasa
Caublayu
Tiying-
gading
Ngis
Tunjuk
Sembung
239
Bonkasa
Sandan
Sekartaji
Sangeh
Taman
Abiansalak
Tegaltunjung
Derma
239
Affenwald
Kesiyut
246
Beng
Selemadeg
Timpag
Schmetterlings-
park
Kuwum
239
Ayung
Jelijih
Megati
Gadungan
Rianggede
Blahkiuh
241
Alas
Kedaton
Bajera
Meliling
Batuaji
240
Badung
Abiansemal
Bunutpuhun
Belayu
Sempunggede
Dukuh-
buahan
Cekik
Tohpati
Tuakilang
Baha
Branjingan
Juit
Singakerta
Mambanggede
246
Selingsing
238
Dukuhpulu
Dajanpe
Cemenggon
Kerambitan
245
Mengwi
Bongan
Tabanan
Latu
Gulingan
Jakatebel
241
Braban
Blumbang
Serongga
Kediri
Mambal
Sigaran
Brinkit
238
Klating
Kapal
Gerih
Pasut
Tibubiyu
Pangkung
241
Pejaten
Jempaya
Perang
Muncan
Ayung
Sibang
Klatingdukuh
Sudimara
Nyitda
Tauman
238
Lukluk
Peninjoan
Yehgangga
Bengkel
Pandakgede
Tangep
Kabakaba
238
Sading
Anggabaya
Belalang
Sempidi
Braban
Buduk
Kuanji
Petangan
Dukuh
Peguyangan
Kedungu
242
Tanah Lot
Sedahan
Cemagi
Gaji
Tiyingtutul
Ubung
Mengening
Krobokan
23
Pipitan
Kuta
Denpasar

und dann über Belayu und Marga Tabanan erreichen oder die alternative Route nach Süden über Kediri (Tanah Lot) nehmen. Ab Tabanan geht es dann nach Westen.

Wer **von Denpasar** kommt, passiert von Süd nach Nord die drei kleinen Dörfer Sempidi, Lukluk und Kapal, die wegen ihrer besonders schönen Tempel einen kurzen Aufenthalt wert sind.

Sempidi

Hier sind gleich alle **drei Dorftempel** sehenswert: Überreich und aufwendig verziert, sind sie typische Beispiele für den barocken Kunstgeschmack der Balinesen.

Lukluk

Der **Pura Dalem** glänzt mit besonders reichhaltigem, bunt bemaltem Skulpturenschmuck. Je länger man schaut, desto mehr Details entdeckt man. Dargestellt sind häusliche und mythologische Szenen.

Kapal

Besonders sehenswert ist der **Pura Sada,** ein Ahnentempel, dessen Grundmauern noch aus dem 12. Jh. stammen sollen. Unter anderem befinden sich in ihm 64 Steinthrone, die an treue Gefolgsleute erinnern.

Kapal ist außerdem das Zentrum der **Ton- und Zementwaren-Industrie.** Hergestellt wird in kleinen Werkstätten am Straßenrand alles von Tonkacheln bis zu Satégrillständern, Haustempelteilen, Ziegeln, Dachaufsätzen und Wasserbehältern. Es gibt auch kunstvolle Tierfiguren, Vasen, Skulpturen und vor allem Schreine. An der Hauptstraße folgt ein Angebotswirrwarr auf das andere. Da lohnt es sich, herumzustöbern. Die besten Tonwaren Balis werden in **Pejaten** hergestellt (siehe Kediri).

Mengwi

Kurz hinter Kapal rechts abbiegend, gelangt man auf die Straße nach Norden zum Bratan-See und nach Bedugul. Bald ist Mengwi erreicht. Vor den Türen des Ortes Richtung Tabanan liegt ein gigantischer Busterminal, der **Terminal Penumbang Tipe A Kabupaten Badung.** Die Attraktion des Ortes aber ist der Tempel.

Pura Taman Ayun

Der Pura Taman Ayun gehört zu den **Nationaltempeln** Balis. Er wird somit nicht nur von der Gemeinde Mengwis genutzt und unterhalten, sondern von allen Balinesen. Der Pura Taman Ayun gilt als einer der schönsten und wichtigsten Tempel auf Bali und als dessen zweitgrößtes Heiligtum.

Unter anderem verehrt man hier die alten Herrscher des Königreiches Mengwi, das bis zum 19. Jh. bestand. Nach langen Kämpfen mit den Nachbarkönigreichen wurde Mengwi 1891 aufgeteilt unter Tabanan und Badung. Der König von Mengwi beging Puputan, ehrenvollen Selbstmord, um nicht unter den Herrschern leben zu müssen. Der Tempel Pura Taman Ayun selbst ist aber um einiges älter. Er wurde bereits 1634 erbaut und 1937 auf die heutige Größe erweitert. Der Bau geht zurück auf *I Gusti Agung Anon,* einen bedeutenden Raja, der einst das mächtige Fürstentum von Mengwi begründete. Bis 1891 war es der Mittelpunkt des beherrschenden Königreiches der Gelgel-Dynstie.

Der gewaltige Tempelkomplex liegt auf einer Anhöhe, die von einem breiten **Wassergraben** umgeben ist. So erklärt sich der Zusatz *Taman* im Namen (= Garten mit Teich). 27 Schreine, Pavillons und Merus befinden sich innerhalb der Tempelmauern. Besonders die Türen der Schreine weisen kunstvolle **Schnitzereien** auf. Allein fünf Merus mit elf Dächern und vier niedrigere geben der Anlage auch eine gewisse Ausdehnung nach oben. Während der **Odalan-Festtage** finden hier prachtvolle Zeremonien statt.

■ **Eintritt:** 15.000 Rp. Vor dem Tempel gibt es zahlreiche **Warungs.**

Unterkunft und Touren

■ In Mengwi starten vormittags etliche touristische Touren, beispielsweise Bali-VW-Touren im 181er Kübelwagen. In acht verschiedenen Touren kann man Bali auf eine etwas andere Art entdecken. **Bali VW Tour** hat in Mengwi auch eine kleine Bungalowanlage, die **Villa Kopiang** ④, Tel. (0361) 265411, www.bali-vw-tour.de. Es handelt sich um geräumige Bungalows in einem Garten mit Swimmingpool. Frühstück ist inklusive, Küchennutzung ebenfalls. Wer will, kann sich ein opulentes Abendessen bereiten lassen. Der Inhaber der Villa Kopiang, *Gery Nutz,* organisiert auch Hochzeiten auf Bali (siehe „Reisetipps A–Z, Heiraten").

Polizei

■ **Mengwi Police Sector,** Jl. Gusti Ngurah Rai, Tel. (0361) 411270.

Sangeh

Von Mengwi sind es elf Kilometer (21 km von Denpasar) zum heiligen Affenwald bei Sangeh. In **Blahkiuh,** drei Kilometer südlich von Sangeh, wächst ein **riesiger Banyanbaum** an der Straße.

Affenwald

Der Affenwald ist besonders sehenswert. Hier verehren die Balinesen die Nachkommen der Legionen des Affenhelden Hanoman. Bis zu 30 m hohe Bäume, die einer Art angehören, die eigentlich nicht auf Bali heimisch ist und deren Herkunft sich keiner erklären kann, erheben sich in diesem urtümlichen Gelände. **Hunderte von Affen** klettern in den Ästen und halten eifrig Ausschau nach Touristen mit Erdnüssen.

Die Affen teilen sich in verschiedene Familien auf, die jeweils eigene Reviere haben. Bei etwaigen „Übergriffen" kommt es zu erbitterten, höchst unheiligen Kämpfen. Niemals Weibchen mit Nachwuchs zu nahe kommen! Ein Führer begleitet unentgeltlich Besucher, um die Affen in Schach zu halten. Oft herrscht ziemlicher Touristentrubel.

Eine große Bühne für Aufführungen, Souvenirstände, Händler und bettelnde Kinder bilden das Begleitprogramm in der Hochsaison. Innerhalb des Waldes befindet sich ein **malerischer Tempel** – sehr fotogen, richtig verwunschen.

■ **Affenwald bei Sangeh,** Tel. (0361) 7422740, Eintritt: 25.000 Rp. pro Person.

Marga

Wer weiter nach Westen will, muss in Sangeh umkehren und zunächst wieder nach Süden fahren. Nach ca. fünf Kilometern zweigt rechts eine Straße nach Belayu ab (Schild „Margarana"); dort muss man wiederum nach Norden abbiegen, um Marga zu besuchen.

Belayu

In Belayu werden **brokatartige Stoffe** auf einfachen **Bambuswebstühlen** hergestellt. An einem der zwei Meter langen, mit Goldfäden durchwirkten Sarongs arbeiten die Frauen je nachdem, wie kompliziert das Muster ist, bis zu einem ganzen Monat. Diese *Sonkets* werden nur zu festlichen Anlässen getragen. Sie sind weder waschbar noch billig, dafür aber ausgesprochene Prachtstücke.

Kriegergedenkstätte Margarana

Westlich von Marga befindet sich die Kriegergedenkstätte Margarana. Die Straße dorthin ist ab Tabanan ausgeschildert. Das Ehrendenkmal wurde in Gedenken „an den heldenhaften Kampf des Guerillabataillons des Kommandeurs **Ngurah Rai** gegen die Holländer" errichtet. Sein ganzes Bataillon weigerte sich am 20. November 1946, den Kampf gegen die erdrückende Übermacht der Holländer aufzugeben, und kämpfte, ähnlich wie die Rajas mehr als hundert Jahre zuvor, bis zum letzten Mann *(Puputan)*. Damit schuf es einen Mythos, der nicht unerheblich dazu beitrug, den Widerstand gegen die erneute Inbesitznahme Indonesiens durch die Niederländer zu stärken. Der Internationale Flughafen von Bali trägt im Übrigen auch den Namen dieses Nationalhelden.

Für jeden in dieser Schlacht gefallenen Soldaten und noch viele andere wurden zahlreiche Grabsteine aufgestellt, die an Stupas erinnern. Weiterhin befinden sich hier einige Versammlungshallen und ein Museum. Am **Monument** in der Mitte wird in einer Inschrift der denkwürdige Text wiedergegeben, in dem *I Gusti Ngurah Rai* die Weigerung, sich zu ergeben, den Holländern übermittelte. Eine ganz eigenartige Stimmung herrscht auf diesem Platz. Ein Besuch lohnt sich, denn die gesamte Anlage ist in ihrer Monumentalität sehr beeindruckend (Eintritt: 10.000 Rp.).

In Margarana kann man sich überlegen, ob man weiter nach Norden über kleine Straßen Richtung Jatiluwih/Batukaru fahren will oder zurück nach Süden, Richtung Tabanan und hier weiter auf der Hauptstraße nach Westen. Der Abstecher über Jatiluwih sei empfohlen, trotz der zum Teil sehr schlechten Straße.

Alas Kedaton

Wer von Marga Richtung Tabanan fährt, kommt etwa zwei Kilometer vor dem Ort am **Affenwald** Alas Kedaton vorbei. Dieser Wald ist aber nicht nur ein Heim für Affen, sondern auch für Obst fressende **Flughunde** *(Kalong)*, die nachts aktiv sind. Tagsüber hängen sie schlafend in den Bäumen, und man muss schon richtig schauen, um sie zu finden.

Hier sind genauso viele Affen wie in Sangeh, aber deutlich weniger Touristen. Es macht Spaß, durch den Wald zu laufen und die Bäume mit den Flughunden zu suchen. Auf dem riesigen Parkplatz gibt es diverse Warungs, die etwas zu essen anbieten. Sonn- und feiertags drängeln sich hier balinesische Touristen. Eintritt: 10.000 Rp.

Kediri

Kediri liegt ca. fünf Kilometer südöstlich von Tabanan. Alle drei Tage findet hier der **größte Viehmarkt Balis** statt, ein buntes Treiben, bei dem Kampfhähne, Hängebauchschweine, Rinder, Gänse und Enten ge- und verkauft werden. Geräuschempfindlichen sei Ohropax empfohlen, Mensch- und Tierstimmen mischen sich zu einem höllischen Lärm.

Pejaten

Von hier sind es noch ca. 14 km nach Tanah Lot. Unterwegs kann man das Dorf

Fliegende Hunde

(Lat.: *Pteropus*, Indon.: *Kalong*)

Die Fledermaus ist das einzige Säugetier der Welt, das fliegen kann. Die Tiere sind behaart und säugen ihre Jungen, genau wie andere Säugetiere auch. Bislang gibt es 800 entdeckte Arten mit zwei Unterordnungen, und zwar die *Microchiroptera* (Klein-fledertiere) neben den *Megacheroptera* (Groß-fledertiere). Zu Letzteren gehören die Fliegenden Hunde, die ein Gewicht bis zu einem Kilo mit einer Flügelspannweite bis zu 1,50 Meter erreichen. Das Gesicht ähnelt dem eines Hundes, daher der Name Flughund. Diese Art Fledermaus verbringt den Tag schlafend und in einem Baum hängend. Kleinere Arten bevorzugen Höhlen. Bei Einbruch der Dämmerung fliegen sie in Scharen los, um Nahrung zu suchen.

Der Geruchs- und Sehsinn ist ausgezeichnet. Ein Radarsystem wie andere Fledermäuse haben sie nicht. Das Hauptnahrungsmittel ist Obst. Manchmal werden sie zur wahren Plage, wenn sie nämlich ganze Obstplantagen leerräumen. Ihr Orientierungssinn in Bezug auf reife Früchte scheint untrüglich. Falls das nächstgelegene Areal gerade nichts an Nahrung zu bieten hat, können sie Distanzen von 60 bis 70 km zurücklegen.

Pejaten besuchen. Hier gibt es viele **Tonhandwerker,** die neben Gebrauchsgegenständen wie Teller, Tassen, Schüsseln und Vasen auch Kacheln und Kleinskulpturen herstellen. Pejaten ist berühmt für seinen erstklassigen Ton. Insbesondere Dachziegel, die hier per Hand gepresst werden, sind begehrt. Es gibt auch eine Keramikbrennerei mit Laden und Ausstellungsraum: **schönes Geschirr und Nippes** in pastelligen Grün-, Beige- und Blautönen, verziert mit Geckos oder Libellen.

Tanah Lot

Der **Meerestempel von Tanah Lot** an der Südwestküste ist einer der Nationaltempel Balis, die von allen Balinesen verehrt werden. Er ist den Göttern des Meeres geweiht, hier erbitten die Gläubigen Schutz vor den bösen Dämonen, die in den Tiefen des Meeres wohnen.

Derartige Meerestempel gibt es einige an der Südküste Balis. Pura Uluwatu auf

der Halbinsel Bukit ist ein anderer bekannter Vertreter dieser Tempelart, ebenso Pura Rambutsiwi weiter westlich. Tanah Lot ist wegen seiner außergewöhnlich **schönen landschaftlichen Lage** berühmt. Er liegt – wie ein Bild aus einem japanischen Holzschnitt – auf einer kleinen Felseninsel in unmittelbarer Nähe der Küste. Der Sonnenuntergang von Tanah Lot ist sehenswert.

Der **Legende** nach entstand der Tempel auf Anraten des Priesters *Nirartha,* der einst die Südküste bereiste, als er die Lehre des Hinduismus nach Bali brachte. Er sah das kleine Eiland und fand es so idyllisch, dass er beschloss, die Nacht hier zu verbringen. Obwohl Fischer kamen und ihm ein Lager in ihren Hütten anboten, übernachtete er auf der Insel. Am nächsten Tag gab er den Fischern den Rat, auf dem Felsen einen Schrein zu bauen, da es ein heiliger Platz sei.

410ba rb

Der Tempel an sich ist recht klein. Er ist nur bei Ebbe zu erreichen und darf selbst nicht betreten werden. Aber das drumherum hat es in sich: Mehr als 200.000 Besucher im Monat geben sich die Klinke in die Hand. Die Parkplatzanlage ist gestaltet wie ein balinesischer Flughafen, dahinter Geldwechsler, Warungs, öffentliche Toiletten (2000 Rp.). Richtung Tempel immer den Schildern folgen, dann kommt als erstes ein Art Market und dann eine lange Gasse hinunter zum Wasser. Hier gibt es einen Ralf-Lauren- und diverse Surf- und Souvenirshops, Eisdielen und Bankautomaten. Man kann Fotos mit Schlangen von sich machen lassen, es gibt Postkartenverkäufer, Tempelerklärer und Kokosnüsse für 20.000 Rp. Viele japanische Touristen sind hier, Japan hatte den Wiederaufbau des Tempels mitfinanziert.

Neben dem Tempel tummeln sich balinesische Kids auf Surfbrettern in der Brandung und von links grüßen Golfer vom nahen Nirwana-Resort herüber. Am Heiligtum Tanah Lot wurde die riesige Luxus-Bungalowanlage **Nirwana Resort** errichtet und ein **Golfplatz** gebaut, trotz großer Proteste der Bevölkerung.

< Auf dem Weg zum Eingang des Tempels Tanah Lot

411ba rb

■ **Eintritt:** 30.000 Rp., Kinder 15.000 Rp., Parken: Motorrad 2000 Rp., Auto 5000 Rp.

Information

■ Die Tempelanlage hat eine eigene Website: www.tanahlot.net.

Unterkunft

Die Übernachtung lohnt sich, denn die Anlage zeigt sich am Morgen im wahrsten Sinne des Wortes in ganz anderem Licht – ohne Business und Belästigung.

■ Nur von einer Mauer von der Küstenlinie getrennt liegt **Mutiara Tanah Lot** ②, Tel. (0361) 812935, eine kleine Bungalowanlage mit ordentlichen, sauberen, unspektakulären Unterkünften sowie heißem und kaltem Wasser. Zimmer mit Ventilator sind günstiger als solche mit Klimaanlage und Fernseher.

■ **Dewi Sinta** ③, Tel. (0361) 812933, www.dewisinta.com, ist eine andere Klasse: Es gibt Pool, Spa, ein Restaurant und abends Tanzvorführungen auf einer großen Bühne. Das Junior-Standard-Zimmer – sauber und geräumig – hat Blick in den Garten, Klimaanlage, Fernseher und Heißwasser. Wer eine Minibar, eine schönere Lage und auf den netten Pool schauen will, zahlt mehr.

Polizei

■ **Tanah Lot Tourist Police Station,** Kediri, Tel. (0361) 812399.

Verkehr

Von **Kuta** zu Fuß am Strand entlang ist wohl die schönste, aber auch anstrengendste Art und Weise, den Tempel zu erreichen (ca. 14 km, teilweise kletternd).

△ Besonders schön in der Abenddämmerung: der Meerestempel Tanah Lot

Deutlich bequemer ist es, von Denpasar mit dem **Bus** oder **Bemo** (Richtung Tabanan oder gleich Tanah Lot) vom Ubung Terminal aus zu fahren. Bei Einbruch der Dunkelheit fahren keine öffentlichen Verkehrsmittel mehr. Dann muss man entweder chartern oder sich früh genug auf die Socken machen. Am besten besucht man Tanah Lot in Verbindung mit einer Tour oder mit dem eigenen Fahrzeug.

Tabanan

Die Verwaltungshauptstadt des gleichnamigen Kabupaten liegt inmitten einer fruchtbaren Kulturlandschaft, umgeben von grünen Reisfeldern, und ist ein geschäftiges Zentrum mit zahlreichen Shops. Einstmals war Tabanan Sitz eines **Fürstengeschlechtes,** das seinen Ursprung von der Gelgel-Dynastie ableitete. Es gibt ein bekanntes **Gamelan-Orchester,** und ein erwähnenswerter **Künstler** wohnte in dieser Stadt: *Kay It,* chinesisch-balinesischer Abstammung, tat sich als Maler, Batikkünstler und Keramikdesigner hervor. Er wurde überregional durch eine Ausstellung in Australien bekannt. Leider ist er schon früh verstorben.

Heute präsentiert sich Tabanan als eine quirlige Stadt mit einem großen Markt in der Mitte, einer verstopften Umgehungsstraße Richtung Kediri und dem üblichen Hardy's Supermarkt an derselben.

Tabanan ist die „Hauptstadt" der **Christlichen Mission** auf Bali. Die Namen der christlich-balinesischen Dörfer in der Umgebung enden alle auf -sari.

Museum Subak

Rund drei Kilometer Richtung Denpasar an der rechten Straßenseite befindet sich in der Jl. Gatot Subroto Sanggulan das Museum Subak. Gezeigt wird die Entwicklung der balinesischen Reisgenossenschaften *(Subak)* seit dem 6. Jh. und alles, was mit **Reisanbau** zu tun hat. Ein traditionelles balinesisches **Gehöft** steht nachgebaut zur Besichtigung bereit, und im örtlichen Fischteich kann man angeln.

■ **Museum Subak,** Tel. (0361) 810315, tgl. 8–17 Uhr, Fr 8–13 Uhr, an Feiertagen geschlossen. Eintritt 15.000 Rp.

Information

■ **Tabanan Government Tourism,** Art and Cultural Office, Jl. Gunung Agung 1, Tel. (0361) 811602.

Unterkunft

Es gibt keine empfehlenswerten Losmen im Ort. Alternativen finden sich in Yehgangga (ca. 10 km) am Strand. Sehr schön und hochpreisig ist das **Wakagangga** ④, Tel. (0361) 484085, www.wakahotelsandresorts.com, Bungalows mit Blick auf das Meer und Reisterrassen. Die **Baliwisata Bungalows** ②-③, Tel. (0361) 7443561, liegen am gleichen Strand, mit schöner Aussicht. Auch einfache Zimmer mit kaltem Wasser.

Verkehr

■ **Minibustransport** gibt es nach Kediri, Negara, Denpasar, Penebel; mit dem **Bus** nach Denpasar und Gilimanuk.

145ba pr

Umgebung von Tabanan

Kerambitan

Westlich von Tabanan zweigt seewärts ein Weg zur zwölf Kilometer entfernten Küste ab. Es folgen einige kleine Dörfer. Kerambitan wird einem besonders auffallen, denn hier gibt es viele noch im alten Stil erbaute Häuser und die beiden königlichen **Paläste** Puri Anyar und Puri Gede.

Der **Puri Anyar** wurde im 17. Jh. erbaut. Trotz Erdbeben ist die Grundstruktur erhalten geblieben, zerstörte Teile wurden originalgetreu wieder aufgebaut. Heutzutage ist ein Teil dieses königlichen Palastes zu einem Veranstaltungsort umfunktioniert worden: Hier finden Hochzeiten und imposante Tanzvorführungen statt. Auf Anfrage kann man auch übernachten. Billig ist eine Übernachtung ③ in königlicher Atmosphäre nicht. Man hat sich hier auf Gruppen spezialisiert, die wie „Fürsten" empfangen werden, mit Tänzen, Buffet etc. (Tel. (0361) 812774, www.purianyar kerambitan.com).

Gegenüber steht der **Puri Gede** (erbaut 1750–70). Die Anlage ist reich verziert mit alten Porzellantellern und aufwendigen Schnitzereien.

Wer sich aufmacht zum Meer, gelangt an einen schwarzen, unberührten **Strand** mit bis zu drei Meter hohen Wellen. Weiter nach Osten erreicht man nach rund anderthalb Stunden Tanah Lot. Es gibt nur selten Bemos, die nach Kerambitan fahren.

Schmetterlingspark

Ca. sieben Kilometer nördlich von Tabanan Richtung Batukaru befindet sich beim Dorf Sandan der **Bali Butterfly**

⌃ Im verwunschenen Pura Batukaru wird Geschichte lebendig

Park *(Taman Kupu Kupu)*. Nicht nur von Fachleuten empfohlen ist das Gelände, auf dem rund 1000 Schmetterlingsarten leben, teilweise riesige, glitzernde Falter, darunter Atlasfalter, zwölf verschiedene Arten Papilio, drei Arten Ornithoptera (darunter der seltene *O. croesus Lydius*) und sieben Troides-Arten. Hinzu kommen Stabheuschrecken und Skorpione. Hier werden die Falter auch gezüchtet, man kann ihnen beim Schlüpfen zuschauen. Gut geeignet zum Fotografieren sind die Wasserstellen zwischen 9 und 11 Uhr und zwischen 15 und 17 Uhr. Ein Restaurant ist angeschlossen.

Gleich neben der Farm steht ein gigantischer **Banyanbaum,** der mindestens genauso sehenswert ist.

Lesermeinung: „Sehr zu empfehlen, vor allem die riesigen Insekten, Hirschkäfer etc. sind aufregend."

■ **Taman Kupu Kupu,** Tel. (0361) 814282, www.balibutterflypark.co.cc, tgl. 8–17 Uhr, letzter Eintritt 16 Uhr, Eintritt 85.000 Rp., Kinder zahlen 45.000 Rp.

Am Südhang des Gunung Batukaru

Von Tabanan führt die Straße nach Norden, an der auch der Schmetterlingspark liegt, zum Tempel Pura Batukaru (817 m) am Fuße des Gunung Batukaru. Direkt an der Straße (nach ca. 17 km) befindet sich in Tengkudak die katholische Kirche (Gereja Katolik) **St. Martinus de Porus,** im Bali-Stil erbaut.

Pura Batukaru

Der **Gunung Batukaru** (2278 m) ist der westlichste der drei hoch aufragenden Berge auf Bali. Er beherrscht die Landschaft rund um Tabanan und ist bis zum Gipfel mit unwirtlichem **Dschungel** bewachsen. Inmitten dieser Wildnis liegt das Heiligtum Pura Batukaru, in dem der „Geist des Berges", Maha Dewa, verehrt wird, ein siebenstufiger Meru und Stupa-artige Schreine. Der Tempel gilt als eines der sechs **Nationalheiligtümer** Balis. Im 6. Jh. erbaute *Mpu Kuturan* diesen wunderschön gelegenen, teilweise bewachsenen und bemoosten Tempel.

Im rechteckigen See in der Nähe befindet sich ein Schrein. Bei Zeremonien kann der Priester auf dem Pontong an Seilen dorthin gelangen. Manchmal ist der See ausgetrocknet. Wenn er Wasser hat, darf man auf keinen Fall darin baden.

Gleich nebenan gibt es eine **Quelle,** die als heilig und heilend gilt (Eintritt: 20.000 Rp., Sarong inklusive; WC).

Jatiluwih

Von Wangayagede führt eine Straße weiter nach Jatiluwih (= „wirklich schön"). Von ca. 700 m Höhe eröffnet sich ein Blick über endlose **Reisterrassen** zum Meer hinunter. Diese Gegend bietet wohl die schönsten Panoramen Balis. Der Blick ist so schön, dass für die Nutzung der Straße Wegezoll verlangt wird: 30.000 Rp. pro Person, 5000 fürs Fahrzeug. Jatiluwih hat sich in den letzten Jahren zu einer festen Station auf Tagesrundfahrten etabliert. Es gibt Warungs wie Billy's Terrace oder Warung Dhea mit vorbereiteten Mittagsmenüs, Minibusse parken am Anfang und Ende des Orts, Urlauber wandeln fotografierend über die pittoresken Reisterrassen, aber auch Wanderer kommen auf ihre Kosten: Hier kann man wirklich einsame, kilometerlange Wanderungen durch Reisfelder und alte balinesische Dörfchen, vorbei an kleinen scheinbar vergessenen Schreinen unternehmen.

Unterkunft

- In Jatiluwih gibt es ein paar Übernachtungsmöglichkeiten.
- Nett ist das Warung **Teras Subak and Home Stay** ②, Tel. (081) 237026333. Die neuen, großzügig verglasten Zimmer liegen zwar an der Straße, überblicken aber die Reiseterrassen. Wer vom Blick aus dem eigenen Zimmer nicht genug hat, der geht in den hauseigenen Warung, schaut von hier aus in die Gegend und genießt bei den Mahlzeiten das frische Gemüse aus eigenem Anbau. Wen es weiter in die Gegend zieht: 30.000 Rp. kostet die Mountainbike-Miete pro Stunde.
- **Prana Dewi Mountain Resort** ③, Wangayagede, Tel. (0361) 736654, www.balipranaresort.com. Zehn saubere, hübsche Bungalows mit Terrasse. Für Verpflegung sorgen die Vermieter. Yogakurse werden angeboten.
- **Espa Yeh Panas Hot Springs Resort** ③, Penatahan, Tel. (0361) 484052, versteckt gelegenes, schickes Bungalow-Resort, dessen neun Becken mit heißem Schwefelwasser aus dem Vulkanboden gespeist werden. 12 km von Tabanan Richtung Penebel bis zur Abfahrt nach Wanasari, dort links zum Pura Luhur abbiegen, dann bis zum Parkplatz fahren.

Verkehr

Bemos fahren von Tabanan bis Tuak Ilang und von dort weiter über Penebel bis zur Kreuzung Wangayagede (630 m), bestehend aus einem Warung und einigen wenigen Häusern. Ab dort muss man zum Pura Luhur entweder ein Bemo chartern oder zu Fuß laufen. Es ist eine schöne **Wanderung** durch den Wald: 2,6 km mit einer leichten, gleichmäßigen Steigung. Der Rückweg ist schwierig, denn ab ca. 16 Uhr fahren keine Bemos mehr.

Die Südwestküste entlang

Westlich von Tabanan führt die Hauptstraße etwa 15 km hinter **Selamadeg** zum kleinen Ort **Antosari.** Hier biegt die Straße scharf nach links ab zum Meer. Rechts führt eine landschaftlich ausgesprochen schöne und einsame Straße über Pupuan an die Nordküste nach Seririt.

Zehn Kilometer hinter Antosari folgt am Strand die kleine Surfer-Enklave **Balian Beach.** Hier hat sich, ähnlich wie in Medewi, eine Surfergemeinschaft mit eigener Infrastruktur gebildet: Surfshops, Warungs und Losmen, die meist ähnlich (günstig) sind.

Unterkunft

- **Made's Homestay** ②, Tel. (0812) 3963335, einfache, annehmbare Zimmer.
- Ein bisschen weiter die Küste hinunter folgt ein edles Resort, das **Gajah Mina** ④, Tel. (081) 934355633, www.gajahminaresort.com, mit Park und unmittelbarem Meerzugang.

Von Pulukan an die Nordküste

Eine landschaftlich besonders schöne Strecke führt von Pulukan über Pupuan und Banyualis zur Nordküste nach Seririt (oder über Munduk nach Bedugul). Im ersten Teil des Weges werden **Nelken- und Kautschukplantagen** durchfahren, die um das Dorf Temukus angelegt sind. Der nächste Ort Asahduran ist Nelkenanbaugebiet. 8,6 km hinter Pulukan steht ein **gigantischer Banyanbaum,** der Bunut Bolong, durch den die Straße mitten hindurchführt. Hier liegt ein Rastplatz mit ausgezeichneter Aussicht auf den Nationalpark Bali Barat. Es folgen die Dörfer Manggisari und Dapdap Putih. Zwischen Parikesit und Tegalasih säumen Kaffeesträucher den Weg.

Unterwegs fallen die vielen kleinen **Reisspeicher** auf. Das Besondere daran sind die großen Steinplatten, auf denen die tragenden Pfosten aufliegen. Die Reisspeicher werden so vor dem Eindringen lästiger Nager geschützt. Vor Tejabukit, dem nächsten Ort, gibt es eine wunderbare Aussicht auf den Gunung Batukaru.

34 km hinter Pulukan ist Pupuan erreicht, vorher sieht man noch schöne **Reisterrassen.** In Pupuan führt die Straße nach links in den Norden (Seririt), nach rechts (Süden) zurück nach Antosari an der Hauptstrecke Denpasar – Gilimanuk. Auch in **Kekeran** säumen Reisterrassen die Straße. An der Kreuzung in **Banyualis** geht es links nach Seririt an die Nordküste und rechts über Munduk nach Bedugul (siehe Kapitel „Das Zentrale Hochland").

Medewi

Kurz hinter Pulukan (rund 70 km von Denpasar), weist ein Schild nach links zum **Medewi Surfing Point.** Hier hat sich in den letzten Jahren ein kleines Surferdorf rund um das Medewi Beach Hotel entwickelt, mit Surfshops und dem üblichen gastronomischen Angebot von Burger bis Pizza. Es gibt aber auch indonesische Essensvariationen. Das Meer ist zum Schwimmen nicht besonders geeignet. Der Strand ist steinig, aber zum Surfen sind die Wellen ideal.

Pura Rambutsiwi

Einige Kilometer weiter liegt links der sehenswerte **Meerestempel** Pura Rambutsiwi, der „Seegras-Tempel". Es handelt sich um eine sehr schöne Anlage, auf Anraten des Wanderpriesters *Nirartha* um 1500 gebaut (s. Tanah Lot). Einige Haare von Nirartha sollen hier „begraben" sein. Besucher können sicher sein, von dem dort lebenden Priester begleitet zu werden, der einiges zur Geschichte des Tempels sagen kann und natürlich anschließend sein Spendenbuch aufschlägt (10.000 Rp. für die Sarongmiete).

Unterkunft

■ **Medewi Beach Cottages** ①-④, Tel. (0361) 8528521, www.medewibeachcottages.com, der freundliche Platzhirsch in Medewi. Hier checkt die Surferwelt ein und hat die Wahl zwischen einem Standardzimmer mit Kaltwasser ohne Frühstück und einem Ocean View Bungalow mit Klimaanlage,

Westbali

0 4 km
257 Pulau Menjangan
255 Bali-
Barat-
Nationalpark
Java
257 Labuhan Lalang
Totalreservat-grenze
254 Gilimanuk
253 Cekik
Terima
Banyunandi
Pegametan
258 Pemuteran
260 Banyupo
Sumberkerta
260 Pura Pulaki
Pura Melanting
261
Nationalpark-Grenze
Gn. Udengudeng (1178 m)
Gn. Sangiang (1004 m)
Gn. Merbuk (1388 m)
Gn. Pakukajang (1305 m)
Penginuman
Klatakan
253 Blimbingsari
Nationalpark-Grenze
Seite 255
Nyangkrul
253 Palasari
Melaya
Nusasari
Wanasari
Cangkupkemuning
Pangkungayung
Munduk-tumpeng
Candikesuma
Singsing
Pangkungbuluh
Brangbang
Pendem
Pangkung-dalem
Tukaddaya
Yehanakan
Kaliakan
252 Negara
Penatahan
Banyubiru
Rening
Mundukasem
Baluk
Jembrana
Tegalbanteng
Cupel
Budeng
Lelateng
Tegalcante
Yehkuning
Pengambengan
Lemodang
Mundu
Purancak
STRASSE VON BALI

©Reise Know-How 2015
BaLoF12
BALI SEE
1000
500
200
100
0 m
Mangroven
Gondol
Penyabangan
Tukadpule
Batuagung
262
Grokgak
Patas
Pengulon
Celukan
Bawang
Tegallinggah
263
Kalisada
Kaliasem
Kalanganyar
Yehanakan
263
Seririt
Lovina
Dencarik
Kalianget
Banjar
Ringdikit
Rangdu
249
Banyualis
Mayong
Busungbiyu
249
Kekeran
Reisterrassen
Tabanan
Gn. Musi
(1224 m)
Gn. Mesehe
(1344 m)
Gn. Pangkunglesung
(1156 m)
Gn. Patas
(1400 m)
Nationalpark-Grenze
Puncaksari
Sepang
Tegalasih
Kerobokan
Dapdap Putih
Bongancina
Tista
Anschluss S. 236
Mundukblatung
Bangal
Pengindan
Tabanan
Tegalcangkring
Mendoyo
Telepud
Yehbuah
Yehembang
249
Pura Rambutsiwi
Medewi
249
Yehsumbul
Yehsatang
249
Pulukan
249
Nelken-
plantagen
249
Banyanbaum
Manggisari
Bunutbolong
Asahduran
Pekutatan
Tabanan

Wasserbüffelrennen

Wasserbüffelrennen werden erst seit ca. 100 Jahren veranstaltet. Seit 1960 ist die Organisation in zwei Teile zerstritten. Der Ost-Block (die Region östlich des Ljogading-Flusses) kämpft gegen den West-Block. Es wird viel gewettet. Ein solches Rennen sieht ungefähr so aus: Jeweils zwei Wasserbüffel ziehen einen zweirädrigen Karren, auf dem der „Jockey" steht. Die Büffel werden mit bemalten Hörnern, Wimpeln und hölzernen Kuhglocken geschmückt. Letztere haben den Zweck, den sonst ziemlich klobigen Tieren eine elegante Gangart aufzuzwingen, da es ihnen so unmöglich ist, den Kopf zu senken. Immerhin erreichen die Büffel auf der etwa 2,5 km langen, geraden Rennstrecke eine Geschwindigkeit von 50 km/h.

Da Balinesen einen guten Stil höher als Kraft bewerten, wird nicht immer der schnellste Bulle prämiiert. Man treibt sein Gespann an, indem man den Schwanz der Tiere dreht und eine Peitsche gebraucht. Die Büffel, die an den Start gehen, werden extra zu diesem Zweck gezüchtet, sie haben niemals auf einem Reisfeld arbeiten müssen. Die Familie, deren Gespann gewinnt, ist alsdann hoch angesehen; der Preis des Tieres steigt um 100 %.

Fernseher und Kühlschrank. Der Pool kann gegen Gebühr von Nichtgästen benutzt werden. Das Restaurant ist relativ teuer.

■ **Mai Malu** ①-②, Tel. (0365) 4700068, ist eine günstige Alternative: luftige Zimmer mit Ausblick im ersten Stock. Das nette Restaurant bietet Frühstück und kräftige Burger.

Negara

Negara ist die Hauptstadt des wenig besiedelten und zum größten Teil mit tiefen Wäldern bewachsenen Distriktes Jembrana. Die Stadt liegt 95 km von Denpasar entfernt, etwa im zweiten Drittel des Weges nach Gilimanuk. Eine weitläufige vierspurige Schnellstraße führt durch den Ort, der wenig Sehenswertes bietet. Aus diesem Grund verirren sich selten Touristen hierher.

Es gibt keinerlei touristische Infrastruktur, aber den üblichen Hardy's Supermarkt und einige Banken. Die einzige Attraktion sind die sagenumwobenen **Wasserbüffelrennen,** die offiziell einmal im Jahr abgehalten werden, rund um Kuningan. In Negara gibt es auch Rennen, die eigens für Touristen ins Leben gerufen wurden. Sie finden jeden zweiten Sonntag ab 8 Uhr statt. Die Information im jeweiligen Hotel kann Auskunft geben.

Unterkunft

Wer in Negara strandet, hat ein paar Losmen-Möglichkeiten. Alle sind einfach und recht akzeptabel.

■ Sehr freundlich kommt das **Wira Pada** ①-②, Tel. (0365) 41161, daher. Das Team spricht kein Englisch, hat die Preise aber auf einem Zettel parat. Die Zimmer sind einigermaßen abgewohnt, aber funktional.

☒ Die katholische Kirche von Palasari ist im hinduistischen Bali eine Besonderheit

Umgebung von Negara

Die Sari-Dörfer

Nördlich und westlich von Negara gibt es viele Dörfer, deren Namen auf *-sari* enden. Es handelt sich um **christliche Gemeinden,** die einzigen, die hier bekehrt werden konnten. Je nach Dorf gibt es unterschiedliche Ausrichtungen: **Blimbingsari** z.B. ist protestantisch (mit der größten protestantischen Kirche), **Palasari** ist katholisch. Hier steht die größte katholische Kirche Ostindonesiens, Hati Yudu Yesus. Die Kirchenarchitektur ist sehenswert balinesisch. Sonntags zum Gottesdienst kann man die Kirchen von innen anschauen.

Cekik

Cekik liegt etwa 20 km nordwestlich von Negara nahe Gilimanuk. Hier zweigt die Straße zur Nordküste nach Singaraja/Lovina ab. An der Kreuzung stehen Bemos und warten auf Kundschaft nach Lovina. Auch Busse starten von hier.

In Cekik befindet sich die **Nationalparkverwaltung** des Bali Barat (geöffnet **von** 7.30 bis 16 Uhr). Ansonsten gibt es hier ein ziemlich originelles **Denkmal,** das an die Landung von Befreiungstruppen 1946 erinnert, die, von Java kommend, auch Bali von den Holländern befreiten.

106ba sb

Verkehr

- Von der Bus-Station in Cekik fahren von 6 Uhr morgens bis ca. 16 Uhr **Busse und Minibusse** nach Singaraja (ca. 1½–2½ Stunden, 40.000 Rp.) und Denpasar (ca. 3–4 Stunden, 40.000 Rp.), nach Lovina und via Singaraja nach Amlapura.
- Wer **zur Fähre** nach Gilimanuk möchte und mit dem Bemo anreist, sollte darauf bestehen, bis zum Hafen gebracht zu werden. Ansonsten wird man einen Kilometer vorher abgesetzt. Der Fußweg zum Fährhafen ist staubig und zieht sich.

Gilimanuk

Von diesem **Hafenort** am äußersten Westzipfel Balis geht die **Fähre nach Java.** Besonders aufregend ist Gilimanuk allerdings nicht. Es ist der Endpunkt der Hauptstraße, die über Negara nach Denpasar führt.

Wer auf dem Landweg von oder nach Java unterwegs ist, abends ankommt und erst am nächsten Tag mit dem Bus weiter will, wird keine Probleme haben, eine Übernachtungsmöglichkeit zu finden. Es gibt mehrere einfache Hotels/Losmen, teilweise auch stundenweise zu mieten. Diese liegen wie an einer Perlenschnur aufgereiht an der Zufahrtsstraße zum Fährhafen. Zum Zeitvertreib gibt es einen **Nachtmarkt** und man kann Billard spielen.

Unterkunft

- **Hotel Sari** ①-②, Tel. (0365) 61264, in Strandnähe, brauchbare Zimmer mit Frühstück, Karaoke-Bar, kein Restaurant.
- An der Straße zum Fährhafen und in Marktnähe befinden sich ein paar weitere Losmen wie das **Hotel Lestari** ①, Tel. (0365) 61504, mit einfachen Zimmern.

Essen und Trinken

- Am Busterminal gibt es einige **Warungs.** Vielfältige Auswahl hat man auch auf dem **Nachtmarkt.**

Verkehr

- An und Abreise per **Bus oder Bemo:** siehe auch Cekik.
- Die **Fähren nach Java** (Ketapang) fahren alle halbe Stunde, ohne nächtliche Pause. Fahrzeit ca. 15 Minuten in der Theorie: Das Problem können aber zu viele Fähren sein. So kann es passieren, dass eine Fähre warten muss, bis ein Anlegeplatz frei ist. Der Fährhafen ist gut organisiert: Wer nach Java will, läuft oder fährt einfach am passenden Schalter vorbei. Fußgänger: 8000 Rp., Motorrad (unter 500 ccm): 25.000 Rp., Motorrad (über 500 ccm): 39.000 Rp., Auto: 150.000 Rp.

  Wer **von Java kommt** und gleich mit dem Bus weiterfahren möchten, braucht nur die Straßenseite zu wechseln, hier befindet sich der große **Busbahnhof.** Es gibt keinen Ticketschalter, man wird sofort gefragt, wo es hingehen soll. Hinter dem ziemlich abgerissenen Terminal stehen die Busse in mit dem Namen des Zielortes beschilderten Boxen. Einfach zum Bus gehen und dort zahlen. Die beiden wichtigen Strecken sind: Gilimanuk – Singaraja (40.000 Rp.), Gilimanuk – Denpasar (40.000 Rp.). Aussteigen unterwegs ist jederzeit möglich.
- Wer kurze Distanzen mit dem **Bemo** machen will, läuft an der Straße entlang Richtung Cekik und lässt sich aufsammeln oder fährt von der Kreuzung in Cekik ab (s. dort).

Nationalpark Bali Barat

Der Nordwesten Balis wird zu einem Großteil von fast undurchdringlichem **Dschungel** bedeckt. Es gibt nur eine Straße im Norden, sie führt an der Küste entlang von West nach Ost. Ein großer Teil dieser Wildnis wurde zum Nationalpark (19.000 ha) erklärt und so leben hier in absoluter Ruhe etwa 1000 Hirsche, jede Menge Wildbüffel, Wildschweine und Affen und natürlich noch viele andere kleinere Tiere.

Zum Nationalpark gehört die Insel **Pulau Menjangan.** Sie ist unbewohnt, hat die schönsten Korallengärten Indonesiens und einen enormen Fischreichtum. Auch die **Unterwasserwelt** steht unter Schutz.

Es gibt 315 Vogelarten auf Bali, rund 160 davon leben im Nationalpark. Eine davon gibt es nur hier: den **Balistar,** auch genannt Bali-Mynah *(Leucopsar rothschildi).* Der hübsche, weiße Vogel, etwa so groß wie eine Amsel, ist eine Rarität. Von ihm leben auf Bali (und den

Eine Insel für den Balistar

von *Stefan Blank*

Der Balistar *(Leucopsar rothschildi)* lebt ausschließlich auf Bali. Die hochgefährdete Art aus der Familie der Stare wird ca. 25 cm groß. Das Federkleid ist weiß, bis auf die schwarzen Flügel und Schwanzspitzen. Um die Augen hat der Balistar eine leuchtend blaue Zeichnung. Auffallend lang, insbesondere beim Männchen, ist der Kopfkamm. Diese Vogelart wohnt bevorzugt in trockenem, bewaldetem Flachland. Ihr Futter besteht aus Körnern, Samen und Insekten. Die Eier legen die Vögel in Baumhöhlen, benutzen aber auch gern unbewohnte Spechtbauten. Zwischen Januar und März legen sie ca. zwei bis Eier (blassblau), von den geschlüpften Jungen überlebt normalerweise nur eins.

Der Balistar (engl.: *Bali Starling*) ist akut vom Aussterben bedroht. Nachdem 2005 bei einer Zählung im Nationalpark festgestellt wurde, dass es wahrscheinlich weniger als zehn wild lebende Exemplare im Park gibt, wurde über alternative Räume für diesen seltenen Vogel nachgedacht. Denn er wird immer noch gejagt, ein Exemplar bringt auf diversen Vogelmärkten auf Bali und Java etliche Tausend Dollar. So suchte der Tierarzt *Bayu Wirayudha,* anerkannter Experte für Balistare, nach einem neuen, sicheren Lebensraum und fand Nusa Penida, die abgelegene Insel vor der Südostküste Balis. Hier gibt es so gut wie keinen Tourismus, kaum Infrastruktur und nur wenige Straßen – ideale Bedingungen für den Vogel.

Gemeinsam mit den *Friends of the National Parks Foundation* (FNPF) ging *Wirayudha* nach Nusa Penida und arbeitete zwei Jahre mit den Einheimischen an der Idee. Die Bewohner besuchten Lehrgänge und waren so Teil eines landesweiten Pilotprojekts. 2007 gab die indonesische Regierung ihr Okay, einige Balistare aus der *Begawan Giri Foundation,* die sich der Aufzucht angenommen hatte, in die Freiheit auf *Nusa Penida* zu entlassen. Heute leben rund 100 Exemplare frei auf der Insel und es wird darüber nachgedacht, Nusa Penida auch zur Heimat von anderen bedrohten Tierarten zu machen.

Wer den Vogel gern sehen möchte, kann dies am besten im *Bird Park* in *Batubulan* tun (s. Kapitel „Ubud und Umgebung").

Info: FNPF Visitor Center, Ubud, Jl. Bisma, www.fnfp.org.

Vogel gibt es nur hier) nur noch wenige Exemplare. Sein Brutgebiet befindet sich auf der Halbinsel nahe der Insel Menjangan.

- **Taman Nasional Bali Barat,** www.tnbalibarat.com, Tel. (0365) 61060, Eintritt 20.000 Rp. Dieser wird aber nur fällig, wenn man Wanderungen unternimmt. Bei der Fahrt durch den Nationalpark wird keine Gebühr erhoben. Die Automiete innerhalb des Parks kostet für bis zu sechs Stunden 400.000 Rp.

Über das Büro in Cekik, Tel. (081) 23491259 und an der Landungsstelle in Labuhan Lalang werden **Touren** angeboten, zu Fuß oder mit dem Boot – je nach Ziel und Dauer.

- **Jungle Trekking Monsoon Forest:** 1–2 Std., 1–2 Pers.: 500.000 Rp., 3–5 Pers.: 600.000 Rp.; 2–3 Std., 1–2 Pers.: 600.000 Rp., 3–5 Pers: 700.000 Rp.
- **Jungle Trekking Rain Forest:** 6–7 Std., 1–2 Pers.: 900.000 Rp., 3–5 Pers.: 1,1 Mio. Rp.
- **Bird Watching:** 3 Std., 1–2 Pers.: 650.000 Rp., 3–5 Pers.: 800.000 Rp.
- **Mangrove Forest** (mit dem Boot): 1–2 Std., 1–2 Pers.: 650.000 Rp., 3–5 Pers.: 800.000 Rp.
- **Schnorcheln auf Palau Menjangan** (mit dem Boot): 3 Std., 1 Pers.: 650.000 Rp., 3 Pers.: 800.000 Rp., 10 Pers.: 1.350.000 Rp.

Pulau Menjangan

Profis sind überzeugt, dass rund um die kleine Insel Menjangan einige der **schönsten Tauchgründe Asiens** zu finden sind. Sogar *Jacques Cousteau* ließ sich wohl zu Lobeshymnen hinreißen wegen der einzigartigen **Korallenvielfalt.** In ganz Bali bieten Tauchveranstalter Ausflüge nach Menjangan an. Da die Wege von Südbali in den Norden aber recht weit sind, lohnt sich der Tauchausflug mit Übernachtung. Um das **Banyunandi Crossing Center,** den Hafen nach Pulau Menjangan, und in Pemuteran hat sich über die Jahre eine eigene Tauchgemeinschaft gebildet, die sich der zwölf Tauchspots rund um Menjangan annimmt. Es gibt Steilhänge und Abhänge, die mit einer Vielzahl von Weich- und Hartkorallen bedeckt sind. Schwämme und Gorgonien sind hier genauso zu finden wie zahlreiche Fischarten, Schnecken oder Schildkröten. Mit ein bisschen Glück zieht auch mal ein Hai oder ein Napoleonfisch vorbei.

Die Korallenriffe rund um die Insel können auch beim **Schnorcheln** besichtigt werden. Nur 20 m vom Strand entfernt fällt eine Wand aus Korallen mit vielen Fischen 50 m tief steil ab – das Wasser ist normalerweise glasklar.

Weiteres zum Tauchen rund um Menjangan siehe Kapitel „Praktische Reisetipps A–Z: Tauchen“.

Das **Banyunandi Crossing Center** ist neben **Labuhan Lalang** der Hafen, an dem **Ausflüge nach Menjangan** organisiert werden. Hier hat sich die örtliche Bootsfahrerzunft zusammengetan und mit einheitlichen Preisen den Ausflugsmarkt monopolisiert. Sogar die örtlichen Tauchcenter müssen für ihre Ausflüge diese Boote mieten und dürfen keine eigenen einsetzen.

Das Crossing Center ist gut organisiert: Man wird bei der Ankunft gleich abgefangen und über die verschiedenen Ausflugsmöglichkeiten informiert. Wer mehr Zeit hat, kann sich das im Café erzählen lassen. Dann wird zusammen ein Papier ausgefüllt, in dem alle Kosten aufgeführt sind. Ist alles klar, wird unterschrieben und bezahlt – dem Ausflug nach Menjangan steht nichts mehr im Wege.

■ **Menjangan-Tour,** Ticket: 30.000 Rp. p. P., Versicherung: 5000 Rp. (p. P.), Bootsmiete: 400.000 Rp. (bis zu zehn Personen), Guide: 100.000 Rp. (bis zu zehn Personen), Parken & Duschen: 3000 Rp. (p. P.), Schnorchelausrüstung: 50.000 Rp. (p. P.). Weitere Regelungen: Tauchen max. sechs Personen und sechs Stunden, bei drei Tauchgängen max. vier Personen. Schnorcheln max. zehn Personen, vier Std. Bei Nichteinhalten zahlt man „Extra Time".

Dishti Pearl Center

Es gibt in der Nähe noch ein kleines Infocenter zum Thema **Perlenzucht,** das Dishti Pearl Center, mit einer kleinen Kunsthandwerksausstellung und einem Café. Auch Schnorchel- und Tauchausflüge werden hier organisiert.

Unterkunft

Zwei Übernachtungsmöglichkeiten im Park:

■ **Shorea Beach Resort** ④, Tel. (085) 238080484, www.shoreabeachresort.com. Sehr geschmackvolle Einrichtung, Restaurant, Pool, Spa, Tauchausflüge nach Menjangan (30 Min.). Wildschweine, Hirsche und Affen kommen bis an die Häuser.

■ **Menjangan Resort** ④, Tel. (0362) 94700, www.themenjangan.com. Hier gibt es in einem weitläufigen Gelände – mit Wanderpfaden inklusive botanischen Bezeichnungen an den Bäumen – zwei Resorts und eine komplette, hochpreisige Infrastruktur. Man kann auf Trekkingtour gehen, die Tierwelt beobachten, Fahrradtouren machen und tauchen. Eine Attraktion im Menjangan Resort lohnt den Abstecher: der **Bali-Tower.** Dieses Restaurant in einem hölzernen Turm ragt 25 m hoch, der einmalige Blick aus der obersten Etage geht weit über den Regenwald hinaus. Die richtige Gelegenheit für einen Kaffee (25.000 Rp.) mit Ausblick oder einen Cocktail, vielleicht den Bali Tower Punch für 40.000 Rp. Für Hungrige gibt es „From the Treetop" Hühnchen mit Pommes für 55.000 Rp.

Nahe Banyunandi Crossing Center:

■ **Mimpi Resort Menjangan** ④, Tel. (0362) 94497, www.mimpi.com, Banyuwedang. Schöne Anlage mit Restaurant, Pool, Tauch-und Spa-Angeboten. Jedes Bad wird mit heißem Wasser aus den Quellen versorgt.

■ **Naya Gawana** ④, Tel. (0362) 94598, www.nayagawanaresort.com, Banyuwedang, Stelzenhäuser im Lumbung-Stil mit Restaurant, Pool und eigenem Anlegesteg. Das resorteigene Tauchcenter Top Dive bietet Tagestouren nach Menjangan.

Pemuteran

Mit eigenem Fahrzeug kann man sich auf dem Weg an der Nordküste entlang einiges ansehen. Es sind wenige Touristen unterwegs, da es – außer in und um Pemuteran – nicht viele Unterkünfte und Restaurants gibt. Kleine Warungs sind natürlich überall zu finden.

Pemuteran ist ein ruhiges, sehr entspanntes Straßenörtchen und ein idealer Ausgangspunkt für Ausflüge in den Nationalpark und zu den **Tauchspots** rund um Pulau Menjangan mit ihrem Korallenreichtum. Mittlerweile gibt es allein um Menjangan rd. zehn bekannte Tauchspots und mindestens ebensoviele Tauchcenter. So gut wie jedem Resort in Pemuteran ist eines angeschlossen.

Pemuteran besteht aus einem überschaubaren, rund fünf Kilometer langen Straßenabschnitt. Auf der einen Seite hinter den Resorts liegt der Strand, auf der anderen erheben sich die Berge. Es gibt Geldautomaten und viele Warungs.

Der Ort ist umgeben von **Perlenaufzuchtfarmen.** Die Gegend war immer besonders arm, für landwirtschaftliche Nutzung der Boden zu mager. Die meisten Bewohner lebten vom Fischen. Aber durch den Weinanbau (s.u.: Grogkak) und insbesondere die entstandenen Resorts und Tauchcenter sind für viele Bewohner Einkommensquellen entstanden. Und das mit Strategie und Ideenreichtum, denn, da waren sich alle Beteiligten einig: Pemuteran dürfe nie so werden wie Lovina. Also setzten sich Bürgermeister, Einwohner und Investoren aus dem Westen zusammen, um eine Strategie zu entwickeln. Die Folgen: Es gibt keine Preiskämpfe in Sachen Unterkunft oder Gastronomie. Das Riff vor der Haustür muss intakt bleiben und sogar wieder in Teilen zum Leben erweckt werden. Das Dorf muss sauber bleiben.

Es wurde eine „Reef Restoration Area" ins Leben gerufen, in der Besucher auf Schildern zum korrekten Verhalten in Bezug auf die Korallen aufgefordert werden. Schon 1992 entstand das Projekt „Proyek Penyu", in dem es um die Aufzucht und Wiedereinsetzung von Schildkröten geht. Mithilfe des „Coral Project", einer Art Patenschaftsprojekt für Korallen, soll auch die durch Dynamitfischerei in früheren Zeiten in Mitleidenschaft gezogene Korallenwelt wieder intakt werden. An Gerüsten werden heute Hartkorallenstücke befestigt und dann unter Strom gesetzt. Das funktioniert. Es tat und tut sich also einiges in Pemuteran.

Die Geschichte von Joe, der Pemutaran vor dem Schlimmsten bewahrte

Von *Simone Schrempf*

Wer sich erkundigt, warum Pemuteran so anders sei als die Touristenorte im Süden, dem könnte folgende Geschichte begegnen: *Joe* war ein Balinese, der in jungen Jahren ins Ausland gegangen ist zum Studieren. Als er zurückkam, eröffnete er eine Bar in Pemuteran. Der Tourismus entwickelte sich wohl gerade merklich, und alle Einheimischen wollten ein Stück vom Kuchen. Ihm waren die Konsequenzen aber früh klar: Er sprach sich gegen ungebremstes Wachstum aus und setzte auf ein längerfristiges, eher zurückhaltendes Konzept. Seine Meinung hatte auch recht großes Gewicht in der Community, aber so richtig durchsetzen konnte er sich gegen die Dollarzeichen in den Augen nicht. Da hat er wohl, so sagt die Legende, das halbe Dorf in einen Bus gepackt, und nach Kuta gebracht. Angekommen, hat er jedem Zettel und Stift in die Hand gedrückt und gesagt, lauft los, seht euch um, und schreibt auf, was euch positiv und was negativ auffällt. Natürlich kamen alle mit großen Augen zurück, aber auch leicht geschockt und natürlich alle mit denselben Negativ-Punkten auf ihren Listen, und seitdem war *Joe's* Wort Gesetz in Pemuteran und das Konzept für sanften Tourismus wurde nie wieder angezweifelt …

Wegen der Taucher, die offensichtlich bereit sind, mehr Geld für **umweltfreundliches Tauchen** auszugeben, ist Pemuteran deutlich teurer als Lovina. Unter 300.000 Rp. für ein Zimmer im Homestay läuft nichts. Aber auch Nichttaucher kommen auf ihre Kosten: Der Strand ist schön, Ausflüge in den Nationalpark sind schnell organisiert und die Tempel der Umgebung einen Besuch wert.

Pura Pulaki

Im Nachbarort **Banyupoh** befindet sich der Tempel Pulaki, der zu den sechs wichtigsten Tempeln Balis gehört und entsprechend verehrt wird (Eintritt: Spende). Er erinnert an die Ankunft des javanesischen Priesters *Nirartha*, der im frühen 16. Jh. nach Bali kam. Zum Tempelkomplex, der Pesanankan heißt, gehören die umliegenden Tempel in Pemuteran, Kerta Kawat und Pabean.

Die Landschaft drumherum mit überhängenden Felswänden und tosender Brandung hat etwas Grandioses. Es werden unheimliche Geschichten über die Gegend erzählt. Die Legende besagt, dass hier ein ganzes Dorf zwar vorhanden, aber unsichtbar sein soll. Als Nirartha in Gelgel lebte, musste er seine Tochter vor dem König schützen, der sie verführen wollte. Also suchte Nirartha einen einsamen Platz auf Bali und machte diesen Ort unsichtbar. Bis heute heißen die Menschen, die in dem unsichtbaren Ort leben, „Gamang". Sie sollen nach wie vor die Gegend heimsuchen.

[>] Auch die Nordwestküste hat interessante Tauchgründe – hier der „Ship's Graveyard" bei Pemuteran

108ba an

Pura Melanting

In Banyupoh führt eine kleine Straße nach Süden (ca. 1,5 km) zum Pura Melanting, einer großzügigen **Tempelanlage,** landschaftlich sehr schön gelegen. Leider gibt es in der Nachbarschaft einen Schießstand der Armee, die hier an der Küste ein Lager unterhält.

Unterkunft

Wer noch nicht weiß, wo er übernachten wird, kann die Straße oder den Strand ablaufen und in die Resorts hineinschauen. Die günstigeren Homestays finden sich größtenteils auf der anderen Straßenseite oder zumindest weiter vom Strand entfernt.

Pondok Sari ③-④, Tel. (0362) 94738, www.pondoksari.com, ist eine außergewöhnlich schöne Bungalowanlage mit Restaurant und Pool. Die teilweise mehrstöckigen Bungalows im balinesischen Stil mit Schnitzereien an den Wänden sind auf antik gemacht oder wirklich antik und strahlen in dem schön gestalteten Park Würde und Ruhe aus.

Puri Ganesha ④, Tel. (0362) 94766, www.puriganeshabali.com, ist ein Sahnehäubchen unter den vielen Resorts und Villen auf Bali. Es gibt vier zweistöckige Häuser mit jeweils eigenem Pool, verteilt auf einem großzügigen Grundstück mit eigenem Strand. Alle Häuser sind wundervoll individuell mit ausgesuchten Möbeln und Stoffen eingerichtet.

Suka Sari ③-④, Tel. (082) 342025252, www.sukasarihomestay.com, hat schöne, große Bungalows, verteilt in einem grünen Park. Die Openair-Bäder sind riesig. Zur Wahl stehen Bungalows mit Deckenventilatoren oder Klimaanlage, allen gemeinsam ist der schöne Ausblick auf Palmen.

Kubuku Hotel ③, Tel. (0362) 3437302, www.kubukuhotel.com, hat nicht nur neue, saubere und geräumige Zimmer mit Klimaanlage und Heißwasser, sondern auch eine Mission: Zum Frühstück gibt es selbst angebaute Früchte, der Gebrauch von Plastik wird vermieden und 25 % des Erlöses aus dem Bed & Breakfast fließen direkt in die Schule hinter dem Haus. Hier wird den Jugendlichen Englisch und der Umgang mit Fremden genauso beigebracht wie die eigene balinesische Tradition.

Jubawa Homestay ②-③, Tel. (085) 33965971, hat hübsche Häuschen in einem Park hinter dem Haupthaus, dahinter liegen ein Massage-Pavillon und ein Pool. Sauber und geschmackvoll balinesisch eingerichtet, zum Teil mit Deckenventilator, zum Teil mit Klimaanlage.

■ **Matahari Beach Resort** ④, Tel. (0362) 92312, www.matahari-beach-resort.com, im balinesischen Stil gehaltene Luxushotelanlage, ab 200 US$.

■ **North Bali Divecenter** ③-④, Tel. (081) 338657140, www.balidivecenter.com, in Penyabangan, einige Kilometer weiter östlich. Nette Beachhäuser mit AC, Deckenventilator und Aussicht sowie freistehende Bungalows direkt am Strand. Das lauteste Geräusch nachts kommt vom Meer. Die Einsamkeit ist bewusst gewählt, wie *Jörg Scharf,* der deutsche Eigentümer, erklärt: „Bei uns gibt's eben gar nix drumrum (...). Das war eine sehr bewusste Entscheidung, ebenso wie für die Größenbegrenzung der Tauchgruppen auf vier Personen. Wenn es der Massentourismus in den Nordwesten schafft, was gut passieren kann, dann möchte ich dabei nicht mitmachen, sondern weiterhin eine Alternative bieten: Klein, familiär und persönlich, auch wenn das vielleicht Verzicht auf Umsatz bedeutet, vor allem in der Hochsaison."

Essen und Trinken

Die meisten Besucher essen im Resort. Entlang der Hauptstraße gibt es ein paar Rumah Makan und Warungs wie das **Warung Pak Haji:** einwandfreies Nasi Campur für 15.000 Rp. In Richtung Tempel stehen am Straßenrand zum Meer hin etliche Kaki Lima.

Geld

■ Etliche Geldautomaten befinden sich entlang der Hauptstraße. Die Resorts und Tauchcenter können größtenteils mit Kreditkarte bezahlt werden. Manchmal erfolgt ein Aufschlag von 3 %.

Tauchen

Tauchtrips nach Menjangan mit zwei Tauchgängen kosten ab 80 US$. Secret Bay und Puri Jati starten bei 75 US$. Wer bis nach Tulamben will, um die Liberty zu betauchen, zahlt ab 90 US$. Es gibt etliche Tauchcenter in Pemuteran, am besten herumschauen.

■ Bekannt und groß ist **Werner Laus Tauchcenter,** Tel. (0812) 3859161, www.wernerlau.com, im Pondok Sari und im Matahari Resort.

■ **Yo's Diving,** Tel. (0813) 38779941, www.yosdive.com, ist schon lange da, genauso wie **Reef Seen,** Tel. (0812) 3894051, www.reefseenbali.com.

■ Familiärer ist es im **North Bali Divecenter** (s. „Unterkunft"). Das Tauchcenter steht unter deutscher Leitung, bietet beispiellosen Fullservice in Kleingruppen nicht nur unter Wasser und hat sich über die Jahre berechtigterweise eine treue Stammkundschaft erarbeitet.

Verkehr

Pemuteran liegt an der Strecke Gilimanuk – Lovina. Öffentlicher Transport sollte ungefähr kosten: von Gilimanuk 30.000 Rp., von Lovina 30.000 Rp. Privater Transport in den Süden wie Ubud oder zum Flughafen kostet rund 600.000 Rp.

Die Nordwestküste entlang bis Seririt

Grokgak

Rund um Grokgak wird **Wein** angebaut. Einige Häuser im Ort sind umrankt von Weinreben. Ende August sind die Trauben reif und werden geerntet. Wer aber glaubt, er könne dort billig Trauben einkaufen, irrt. Fast alle Mini-Weinbauern haben feste Verträge mit Anggur-Produzenten und dürfen die Früchte nicht abgeben. Trotzdem zu fragen, kann natürlich nicht schaden. **Anggur,** der indonesische Wein, wird als Medizin beziehungsweise Krafttrunk angesehen und ist mit einer ganzen Reihe von Gewürzen versetzt. Er schmeckt wie ein Mittelding zwischen Sherry und Jägermeister.

In Bali wird mittlerweile ganz ordentlicher Rosé- und Rotwein hergestellt. Er ist in Supermärkten und Weinhandlungen erhältlich.

Kalisada

Hier führt eine Stichstraße Richtung Meer, vorbei am Ort Kaliasem und großen Chilifeldern. Am Strand gibt es ein Resort.

Unterkunft

■ **Kali Manik** ③-④, Tel. (0819) 33096983, www.bali-eco-resort.com. Eröffnet Anfang 2011, ist Kali Manik eine Bungalowanlage in der Natur und mit natürlichen Materialien gebaut: Die drei Bungalows – einer davon in Form eines Tipis – bestehen größtenteils aus Lehm und Bambus. Es gibt Schweine, einen Bio-Mandala-Garten, Obstbäume und eine Pflanzenkläranlage für jeden Bungalow. Die Österreicherin *Silvia* erfüllt sich hier einen Traum – ein kleines, vollökologisches Bungalowdorf mit Restaurant, Grillplatz, Dorfladen und selbst gemachter Marmelade zum richtig guten Frühstück. Die Anlage hat einen eigenen Hotspot, online gehen per WiFi ist kein Problem. Die drei Bungalows sind für zwei bis sechs Personen geeignet.

Seririt

In Seririt trifft die Straße aus dem Inselinneren auf die Nordverbindung. Wer hier nach Süden abbiegt, kommt durch eine wunderschöne Landschaft (siehe oben: „Von Pulukan an die Nordküste“).

Seririt selbst ist ein geschäftiger Marktflecken. Es gibt eine Tankstelle, diverse Geschäfte, einen Hardy's Supermarkt mit großem Sortiment auch an ausländischen Waren und Restaurants in Marktnähe.

Unterkunft

■ Westlich von Seririt geht es ab Richtung Ume Anyar und Strand. Auf den Hügeln vor dem Strand liegt das **Zen Resort** ④, Tel. (0362) 93578, www.zenresortbali.com, ein Resort vom Feinsten in einer Parkanlage auf einem Hügel mit Meerblick, traditionellen Bungalows, Umkleideräumen und Openair-Bädern, viel Holz und Stein und reichlich Designverständnis dazu. Es gibt Wellnesspakete mit Ayurveda, Yoga und Meditation und Öko-Seife zum Waschen.

Das angeschlossene **Tauchcenter Blue Season Bali,** www.blueseasonbali.com, ist ein Ableger des Tauchcenters in Sanur. Gemeinsam mit dem Zen Resort und anderen Partnern wird das Konzept verfolgt, Tauchen, Meditation und Yoga als Paket zusammenzubringen.

■ Wem das Zen Resort als Unterkunft zu teuer ist, der probiert das **Nibbana Bali Resort** ③-④, Tel. (0361) 7810030, www.nibbanabaliresort.com, einen Hügel weiter. Pool, Ausblick, schöne Bungalows im balinesischen Stil mit Openair-Bädern und Klimaanlage.

6 BALIS NORDKÜSTE – WEITE STRÄNDE UND KURIOSE TEMPEL

Der Norden Balis ist in vielerlei Hinsicht ein **Gegenstück zur Südhälfte** der Insel. Im Süden brandet der Indische Ozean mit meterhohen Wellen gegen die Küste. Im Norden ist das Meer ruhig, oft spiegelglatt. Ist im Süden das Land geradezu überfruchtbar, durchzogen von gurgelnden Flüssen und Bächen, erscheint der Norden trocken und eher unfruchtbar.

NICHT VERPASSEN!

- Bei einer „rücksichtsvollen" **Delfintour vor Lovina** den Tieren ganz nahe kommen | 280
- Hat ein bisschen was vom sagenhaften *Borobudur*: das buddhistische **Kloster Brahma Vihara** | 282
- Das eigene Schicksal in Lontarblättern entdecken in der **Gedong Kirtya** in **Singaraja** | 285
- Auf Schleichwegen geht's nach **Yeh Mempeh,** einem beeindruckenden Wasserfall | 291

Diese Tipps erkennt man an der gelben Hinterlegung.

[>] Großaugenstachelmakrelen – auch nach Lovina kommen viele wegen der sehenswerten Unterwasserwelt

110ba rp

Überblick

Die zentralbalinesischen Berge und Vulkane nehmen dem Südost-Monsun das Wasser, es regnet sich an den Hängen ab. Für die nördlichen Regionen bleibt da nicht viel übrig und so kann es passieren, dass sich das Land auf weiten Strecken braun und vertrocknet zeigt. Nassreisanbau ist nicht so gut möglich wie im Süden. So sind die Menschen häufig auch auf Erdnüsse, Kokospalmen und Wein umgestiegen.

Das jeden Autofahrer zur Verzweiflung treibende Straßengewirr des Südens gibt es hier nicht. Nur eine **Straße** zieht sich, immer an der Küste entlang, von Gilimanuk bis Amlapura. Zwischen Kubutambahan und Singaraja fallen die dicken Bäume auf, die die Straße in eine schöne Allee verwandeln – ein Überbleibsel der Kolonialherrschaft. Die Holländer eroberten den Norden Balis und den Hafen von Singaraja viel früher als den Süden und legten diese Allee an.

Das Erbe der **frühen Kolonialisierung** hat sich aber nicht in prunkvollen Bauwerken niedergeschlagen. Nichts ist von den Europäern geblieben. Fast nichts, denn der Lebensstil hier ist anders. 1848 beendeten die Niederländer das Feudalsystem des Königreiches Buleleng und machten Singaraja zur Hauptstadt. Das heutige Hotel Buleleng war seinerzeit der Sitz des Gouverneurs. Bulelengs Frauen und Mädchen waren die ersten, die ihren Oberkörper bedecken mussten, „um die Moral der Niederländer nicht zu gefährden".

Im Gefolge der Holländer kamen **Chinesen und javanische Moslems.** Baline-

sische Traditionen verwischten sich. Hier spielt das Kasten- und das Banjar-System keine so bedeutende Rolle wie im Süden. Da sich das Interesse der Nordbalinesen mehr auf die eigene Familie und nicht so sehr auf die Dorfgemeinschaft bezieht, fehlen hier die prunkvollen, vom Banjar organisierten Feste und Prozessionen.

Hinzu kommt, dass sich viele Einwanderer aus Java hier niedergelassen haben. Die große und zunehmende Anzahl an **Moscheen** zeigt deutlich, welcher Religion sie angehören.

Die **Tempelarchitektur** unterscheidet sich insbesondere im Nordosten der Insel deutlich von der Südbalis. Der Stein, der hier gefunden wird, ist weicher und

lässt sich einfacher bearbeiten. Das hat zu einer barocken Überladung der Bauwerke geführt. Jede Ecke und Fläche wird verschnörkelt und verziert. Tempelbesichtigungen lohnen sich in dieser Gegend sehr.

Singaraja, größte Stadt des Nordens und Verwaltungssitz des Kabupaten Buleleng, ist sauber, ruhig und etwas verträumt. Die Straßen haben Allee-Charakter und sind meist beschattet von hohen Bäumen. Immerhin ist Singaraja die zweitgrößte Stadt Balis, im Vergleich mit Denpasar allerdings eine andere Welt. Es gibt so gut wie keine touristische Infrastruktur und kein bekanntes Restaurant. Für diese Attraktionen fahren die Einwohner nach Lovina.

Im Norden gibt es reichlich Sandstrände. **Lovina Beach** ist hier die größte Touristenregion. Das Meer ist spiegelglatt, keine Wellen, keine Surfer, dafür aber Korallenriffe zum Tauchen und mit etwas Glück Delfine.

Wer Pech hat, dem kann es allerdings passieren, dass das Meer an der Nordküste eine Zeit lang stark verschmutzt ist – im Norden kein unbekanntes Phänomen. Das liegt mit Sicherheit auch an den eigenen Einleitungen der Dörfer und touristischen Anlagen. Meist aber ist es ein sehr stark vom Wetter abhängiges Ärgernis: Wenn Regen, Wind und Strömung ungünstig zusammenkommen, dann kann es überall an der Nordküste aussehen wie auf einer Müllkippe. Das kommt sogar zwei bis drei Mal im Jahr im Nationalpark Menjangan vor. Es gibt aber etliche Versuche, von den Dorfgemeinschaften selbst und von den Tauchcentern, die starkregenbedingten Einleitungen aus den Bergen mit Netzen aufzufangen, bevor sie ins Meer gelangen.

Die Preise – mit Ausnahme der Luxushotels – sind niedriger als im Süden, das Leben ist deutlich ruhiger, die Atmosphäre sehr entspannt. Viele Westler, oft mit balinesischem Ehepartner, haben sich hier niedergelassen, weil das Land preiswert ist und der Raum nicht so dicht bebaut. Einige bauten sich ihr zweites Zuhause, andere kleine Guesthouses oder Hotels, manche mit Seminarprogrammen, esoterischer oder ökologischer Ausrichtung. Sie sind meist sehr darauf bedacht, eng mit den Menschen und Gemeinden vor Ort zusammenzuarbeiten, sich um ökologische Probleme zu kümmern und Traditionen zu fördern und zu erhalten. Spürbar ist ein neues Selbstbewusstsein in dieser ehemals armen und immer gegenüber dem Süden die zweite Geige spielenden Region.

In diesem Kapitel werden die Orte von Lovina bis Tulamben an der Nordostküste beschrieben. Der Abschnitt westlich von Lovina wird im Kapitel „Balis Westen“ vorgestellt, Tulamben selbst im Kapitel „Balis Osten“.

Lovina

Als **Lovina Beach** wird der ganze Abschnitt an der Nordküste Balis, der westlich von Singaraja liegt, bezeichnet. Lovina ist mit 10,6 km der längste touristisch erschlossene Strand Balis. Einen **Ort Lovina gibt es nicht.**

Woher der Name kommt, darum ranken sich einige Legenden: Eine der schönsten ist „Love in Indonesia“, zusammengerafft eben zu *Lovina.* Wer weiter recherchiert, findet einen anderen Grund: Namensgeber für diese Region war wohl *Pandji Tisna,* der letzte König Bulelengs (1908–78), ein Schriftsteller. 1953 baute er für sich und seine Gäste ein Homestay in Kaliasem, das er Tasik Madu (Meer des Honigs) nannte. Sein Grundstück erhielt den Namen Lovina. Das Wort beschreibt „die Liebe, die im Herzen aller Menschen ist“. Rund um das Tasik Madu entstanden weitere Hotels, die das Wort Lovina mitbenutzten.

Am Lovina Beach findet man immer ein Plätzchen für das eigene Handtuch

Im Laufe der Jahre wurde der Begriff zum Markenzeichen dieser Region.

Lovina Beach besteht aus **sieben kleinen Dörfern** (von West nach Ost): Temukus, Kaliasem, Kalibukbuk, Banyualit, Anturan, Tukadmungga und Pemaron. Die einzelnen Orte sind kaum auszumachen, da die Straße einfach hindurchführt und eine Ortsmitte nicht wahrzunehmen ist. Einzig Kalibukbuk bildet eine Art Zentrum. Hier befinden sich die meisten Restaurants, Bars und Shops. Auch Anturan mit seinem kleinen Fischerhafen hat Dorfcharakter.

Lovina hat einen ganz eigenen Reiz, der vielleicht etwas versteckt daherkommt. Man muss sich etwas Zeit nehmen, ihn zu entdecken. Auch in der Hochsaison machen die Gegend kaum den Eindruck, richtig „busy“ zu sein. Klar, es gibt die üblichen Pubs mit Happy-Hour ohne Ende, die Restaurants sind gut und günstig und die Einwohner freundlich. Trotzdem ist es immer ein wenig schläfrig in Lovina, eher **easy going.** Wer nicht am Strand liegen will, kann ein wenig schnorcheln oder einen Ausflug zum Delfine-Gucken mitmachen. Kontaktsuchende werden schnell von der Herzlichkeit der Nordbalinesen begeistert sein. Dahinter steckt aber auch gehöriger Geschäftssinn. Der freundliche Zuruf einer Balinesin über den Zaun zwischen einer Fischerhütte und dem Hotel hinweg: „How are you? Where are you from?“ kann schnell mit „You want massage? I come to your place“ enden. Auch sind die Sarong- und Schnickschnack-Verkäuferinnen am Strand manchmal recht aufdringlich. Sie passen Urlauber mit ihrem Angebot gleich am Strandzugang ab. Wer mit dem Motorrad oder Auto unterwegs ist, wird bei Wasserfällen und anderen Attraktionen fürs Parken zur Kasse gebeten. Entweder gilt es dann, einen festen Betrag per Quittung zu zahlen oder eine „Spende“ zu machen. Lächeln hilft immer, ein „No“ oder „Tidak“ dazu und sich nicht einwickeln lassen.

179bas sb

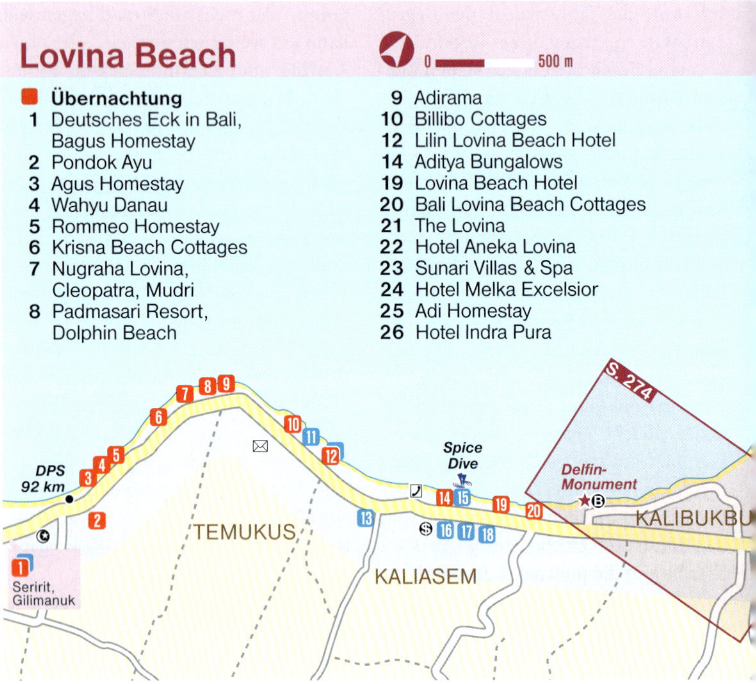

Schon in den 1960ern war der Norden das Rückzugsgebiet für „touristenrummelmüde“ Traveller aus Kuta. Hippies im Sarong waren es meist, die auf der Suche nach einer alternativen Lebensart hierher kamen. Sie brauchten nicht viel: ein Stück Strand, etwas zu Essen und ein Dach über dem Kopf. Ersteres war da, die beiden anderen Dinge erhielten sie schnell und problemlos von den Einheimischen – im Hinterhof, mit Familienanschluss. So entstanden bis in die Mitte der 1980er Jahre zahllose Bungalows für Besucher. Im Gegensatz zu anderen Regionen Balis aber standen sie auf balinesischem Grund und Boden – es waren keine Investoren an der Erschließung beteiligt und es gab keinen wirklichen Plan, nach dem vorgegangen wurde.

Dann war dieser erste Schub irgendwann vorbei, Finanzkrisen hinterließen ihre Spuren. Die Balinesen hatten kein Geld, in den Unterhalt ihrer Bungalows zu investieren. Mit dem Zustand der Bungalows ging auch die Anzahl der Übernachtungen zurück. Als Bali in den Fokus der Pauschaltourismusindustrie geriet, ließen sich die Unterkünfte in Lovina kaum in ein Komplettpaket eines großen Reiseanbieters integrieren. Somit ließ diese Entwicklung Lovina links liegen.

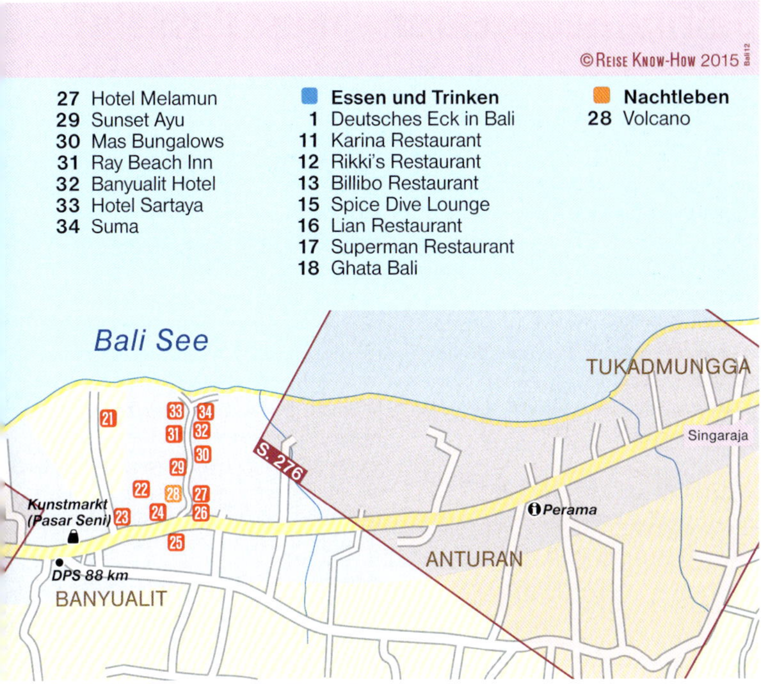

Der zweite Besucherschub erreichte Lovina Ende der 1990er Jahre in anderer Form: Villen statt Strandtourismus. Einigermaßen wohlhabende Frühpensionäre aus dem Westen begannen, sich Häuser für ihren Lebensabend an den Hängen und Stränden der Region zu bauen. Land war günstig, bauen war günstig, das Wetter hervorragend. Heute sind es rund 170 Villen, die im Großraum Lovina zu finden sind und größtenteils gemietet werden können.

Parallel dazu kam frisches Geld über Investoren in die Region. Sie bauten neue Hotels und investierten in die Infrastruktur: Läden, Hausmeisterservice, Fahrdienste, Bäckereien, Bars und auch Spas. Die Zeiten der Hippies waren Geschichte, nun wurde Lovina bevölkert von Honeymoonern, Familien und älteren Langzeiturlaubern.

Der Schock der Balibombe 2002 ging natürlich auch an Lovina nicht vorbei. Touristen blieben aus, die Einheimischen unter sich. Doch sie verloren nicht ihre Zuversicht und machten weiter. Die Villen sind noch da und sie müssen betreut, verwaltet und ihre Bewohner unterhalten werden.

Heute hat Lovina eine gute Infrastruktur und wenig Verkehr – mit günstigen Preisen und einem wunderschönen

Delfine beobachten – muss das sein?

von *Stefan Blank*

Eine der Attraktionen in Lovina ist das **„Dolphin Spotting“.** An allen Ecken und Enden wird es angepriesen, auch seriöse Anbieter wie *Perama* haben es für 100.000 Rp. pro Person im Programm. Es gibt Urlauber, die davon begeistert sind: „Dem Dolphin Spotting bin ich auch sehr skeptisch gegenüber, aber man muss trotzdem sagen, dass es ein super Erlebnis war! Wir haben bestimmt 40 oder 50 Delfine gesehen, sogar mit Sprung und Schraube! Es war echt aufregend!“ So eine Stimme.

Es gibt aber auch andere Sichtweisen. Ein Leser berichtet: „Um 6 Uhr in der Früh wurden wir abgeholt und gingen mit unserem Bootskapitän zum Strand. Es war noch stockfinster. Wir stiegen in unser Boot und fuhren in die schwarze Nacht hinaus. Um uns hörten wir mehr, als das, was wir sehen konnten, die Motoren von zahlreichen weiteren Booten. Nach einer Viertelstunde ging die Sonne auf, und wir fuhren bei diesem wunderbaren Naturereignis weitere 15 Minuten auf das Meer hinaus. Erst jetzt sahen wir die gewaltige Armada von Booten, die mit uns unterwegs war. Mein Sohn versuchte die Boote zu zählen. Es waren mehr als

Auf der Jagd nach dem Delfin

fünfzig Boote unterwegs, soweit er sehen konnte. Pünktlich um halb sieben Uhr zeigte sich der erste Delfin. Wie ein Mann bewegte sich plötzlich die ganze Flotte von Booten mit Vollgas auf den Delfin zu. Es war wie eine Treibjagd. Nach Kurzem verschwand der Delfin, aber andere tauchten an anderen Stellen auf. Die Ruder wurden herumgerissen und die Jagd nach dem besten Ausblick auf die springenden Delfine begann von Neuem. Dabei waren die Bootsbesitzer nicht gerade zimperlich, galt es doch „seinen" Touristen die beste Fotoposition zu sichern. In waghalsigen Manövern überboten sich die Kapitäne, um möglichst nahe an die Meeressäuger heranzukommen. Dass diese nicht von dem einen oder anderen Boot überfahren wurden, verdankten sie nur ihrer Wendigkeit und Fähigkeit, zu tauchen. Selbst mein kleiner Sohn war etwas verblüfft und meinte, das wäre, als wenn man mit dem Motorrad in den Wald fährt, um Rehe zu beobachten. Es war erstaunlich, dass sich trotz des Lärms und Aufruhrs ständig neue Delfine zeigten. Man kann nur hoffen, dass sich die Tiere daran gewöhnt haben, sonst werden sie sich wahrscheinlich früher oder später andere Plätze suchen. Das Meer glich einer Bootsregatta, bei der die Boote scheinbar unkoordiniert ständig die Richtung wechselten und hin und her fuhren. Das Spektakel dauerte eine knappe Dreiviertelstunde. Als sich die letzten Delfine verabschiedeten, ging es wieder zurück zum Strand, den wir nach ca. einer halben Stunde erreichten. Wir waren hin- und hergerissen. Einerseits war es wundervoll, den Delfinen beim Springen aus dem Wasser zuzusehen, andererseits hielten wir es für eine drastische Störung des Lebensraumes der Tiere, mit einer Flotte von lärmenden Booten jeden Morgen ihre Gründe aufzusuchen."

Also Aufregung suchen oder den Lebensraum der Tiere stören? Die Frage muss jeder für sich selbst beantworten.

Folgende **Verhaltensregeln** sollte man bei Delfintouren einhalten – aus Rücksicht auf die Tiere. Die Kapitäne halten sich leider nicht immer daran:

- Sich den Tieren nur **langsam** und **leise** nähern.
- Der **Abstand** zu den Delfinen sollte nicht weniger als 50 m betragen.
- Die **Delfingruppen nicht durchfahren** und keine Tiere vereinzeln, um sie dann zu umkreisen.
- Sich **nicht von hinten nähern** und die Delfine nicht jagen.
- Die Tiere weder **füttern** noch **Müll** ins Meer werfen.
- **Nicht aus dem Boot steigen,** um mit den Delfinen schwimmen zu wollen.
- Auch wenn der Bootsmann seinen Gästen die beste Show bieten will, sollte er höflich darauf hingewiesen werden, dass es genügt, die Delfine **aus der Distanz** zu betrachten.

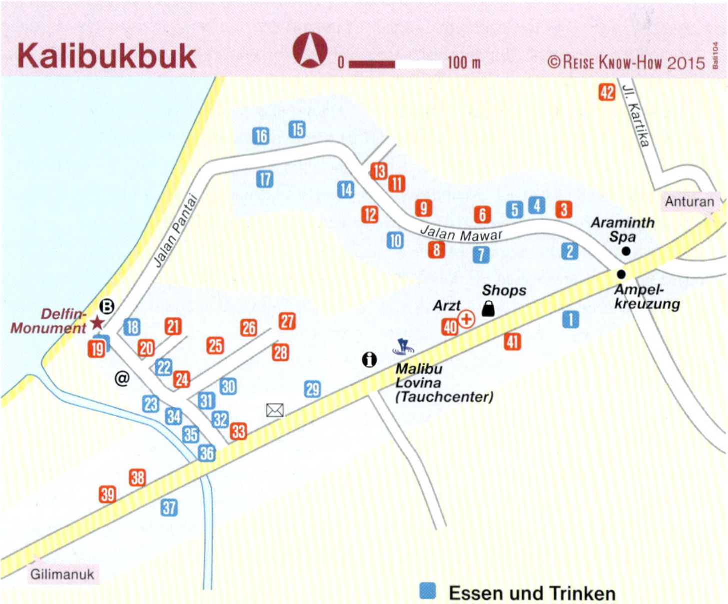

Übernachtung

- 3 Sawah Lovina Bungalows
- 6 Rambutan Cottages
- 8 Taman Lily's Bungalows
- 9 Puri Bali Bungalows
- 11 Rini Bungalows
- 12 Astina Cottages
- 13 Villa Yaya
- 19 Sea Breeze
- 20 Nirwana Seaside Cottages
- 21 Hotel Angsoka
- 24 Pulestis Hotel
- 25 Harris Homestay
- 26 Elsa II
- 27 My Lovina
- 28 Manik Sari Hotel
- 33 Nirwana Water Garden
- 38 Mega Ayu Homestay
- 39 Purnama Homestay
- 40 Hotel Amadeus
- 41 Wisata Jaya Homestay
- 42 Taman Ganesha

Essen und Trinken

- 1 Khi Khi Seafood Restaurant
- 2 Barakuda Seafood
- 4 La Madre Italian Restaurant
- 5 Barclona Restaurant
- 7 La Luna Restaurant
- 10 JB's Pizza
- 14 Astina Bar & Restaurant
- 15 Warung Apple
- 16 Bintang Bali Bar
- 17 Tropis Bar
- 18 Bar Santih
- 19 Sea Breeze Café
- 22 Kakatua Bar & Restaurant
- 23 Buga Bar, Bali Bell
- 29 Global Village Café
- 30 Jasmin Kitchen
- 31 Pappagallo I Restaurant
- 32 Lumbung Bar & Restaurant
- 34 Zigiz Pub
- 35 Poco Bar
- 36 Kemiri Restaurant
- 37 Kantin21

Strand inklusive Sonnenuntergang. Mit Reisfeldern, Weinreben und Bergrücken, die bis ans Meer reichen. Außerdem ist Lovina ein guter Stützpunkt für viele schöne Ausflüge.

Information

■ **www.lovina.net** ist eine einigermaßen professionell gemachte Website mit jeder Menge Info rund um Lovina – von Unterkünften bis zu Transport und Shopping.

Unterkunft

Die einzelnen Guesthouses, Resorts und Hotels ziehen sich über mehrere Kilometer an der Küstenstraße und ihren Quergassen entlang. An der Straße stehen Schilder, die zu den Unterkünften weisen, die fast immer am Strand oder in Strandnähe liegt.

Im sogenannten **Zentrum** Lovinas, **Kalibukbuk,** drängen sich die Homestays, Losmen, Hotels und Restaurants dicht an dicht. Hier gibt es auch noch ein paar alte, teils sehr heruntergekommene Unterkünfte, die aber sehr billig sind – Leben auf engstem Raum. Genauso gibt es schöne Resorts mit traditionellen Bungalows und Strandzugang. Wer in der Hauptsaison lieber abseits des Trubels wohnt, sollte sich um eine Unterkunft am Strandabschnitt **Tukadmungga** bemühen.

Bei der Unterkunftssuche sollte man darauf achten, wie der Strand aussieht, ob zum Beispiel ein Fluss ins Meer mündet. Meist sind die Flüsse auch **Abwasserkanäle.**

Durch den starken Konkurrenzdruck sind die **Zimmerpreise** oft niedrig und verhandelbar. In der Hauptsaison dagegen, im Juli und August, können die Preise steigen. Verhandeln lohnt sich immer.

Da die Unterkünfte weit auseinanderliegen, ist es wichtig, in der „richtigen Ecke" auszusteigen. Die meisten **Minibusse,** Perama inklusive, laden ihre Passagiere bei der Delfin-Statue unten am Strand ab, es sei denn, es wurde ein direkter Hotelzubringer gebucht.

Es gibt Hunderte von Unterkünften, daher lohnt es sich, ein wenig Zeit für den perfekten Strand und den perfekten Bungalow zu investieren. Klar ist: je näher zum Strand, desto teurer. Es gibt auch Resorts direkt am Strand, die keinen Strandzugang haben, weil durch eine Mauer abgetrennt, dafür aber den obligatorischen Swimmingpool.

Hier einige Unterkunfts-Vorschläge, beschrieben von West nach Ost.

Temukus:

Ganz im Westen gibt es eine interessante Bandbreite an Unterkünften – von ganz günstig bis teuer. Alle Hotels in Temukus liegen direkt am Strand oder dicht an der Hauptstraße. Es lohnt sich, ein paar Anlagen anzuschauen. Deutsche sind hier gern gesehen. Einfach auf „Zimmer frei"-Schilder achten.

■ **Deutsches Eck in Bali** ②, Tel. (0362) 42128, www.deutscheseckbali.com, ganz im Westen von Temukus, ist bekannt für sein deutsches Restaurant (s.u.), hat aber auch nette Zimmer zu vermieten, die mit Klimaanlage, Fernseher und Safe ausgestattet sind. Pool ist vorhanden, genauso wie WiFi für alle Gäste. Der Deutsche *Richard* und seine Frau *Ketut* teilen sich die Aufgaben: Er baut und verwaltet, sie kocht. Die Atmosphäre ist locker, und die Zimmer sind in deutschem Stil gebaut: stabil, zweckmäßig und luftig.

■ **Bagus Homestay** ②, Tel. (0362) 93407, www.bagus-home-stay.de, saubere, große Bungalows direkt am Strand, das Management betreibt 1,5 km weiter auch das günstigere **Agus Homestay** ②. Hier stimmt das Preis-Leistungsverhältnis. Die Bungalows, quasi direkt am Strand und dementsprechend luftig, haben Klimaanlage, Heiß- und Kaltwasser. Es gibt Frühstück und die Brise vom Meer fühlt sich gut an.

■ **Lilin Lovina Beach Hotel** ④, Tel. (0362) 41670, www.lilinlovinabeachhotel.com. Die sieben schicken Villas des Lilin Lovina Beach sind fest in ameri-

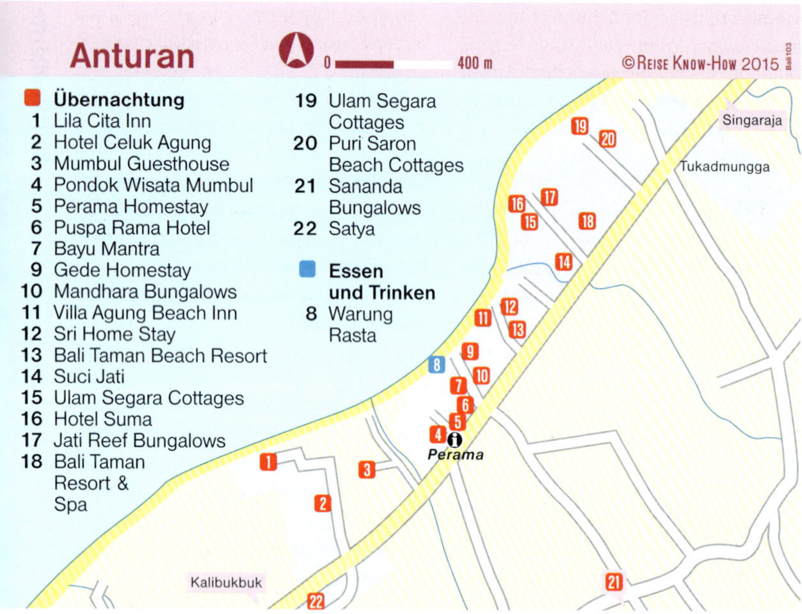

kanischer Hand. Hier geht es um gute Schwingungen, man kann Bambuspfade beschreiten oder im Villa-eigenen Swimmingool seine Bahnen ziehen.

Kaliasem:

■ **Mega Ayu Homestay** ①, Tel. (081) 337190647, ist ein echter „Cheapie", der sehr sympathisch daherkommt. Sieben Zimmer liegen hinter der Biyu Nasak Gallery, durch eine Tür geht es direkt an den Strand. Einfache Zimmer mit Bad, inklusive Frühstück, WiFi ist bei dem Preis auch dabei.

Kalibukbuk:

Hier ist das **Zentrum Lovinas** mit Restaurants, Shops, Spas, Bars und Beachlife. Die aufdringlichen Aktionen der Strandverkäufer sind dadurch erfolgreich eingedämmt worden, dass es eine beschattete Promenade direkt am Strand gibt. Hier durften die Strandverkäufer einen Stand eröffnen und „sesshaft" werden. Von der Delfin-Statue aus, einem Ankunftspunkt für Minibusse, setzen sich Reisende oft in Bewegung, um die richtige Unterkunft zu finden. Davon gibt es reichlich:

■ **Nirwana Seaside Cottages** ③, Tel. (0362) 41288, www.nirwanaseaside.com, ein Klassiker am Strand. Die einfachen Bungalows entlang der den Strand vom Resort trennenden Mauer sind ein wenig in die Jahre gekommen und recht dunkel. Die neuen Zimmer im zweigeschossigen Gebäude am Pool sind schlicht.

Wer einen eigenen Strandzugang haben möchte, muss sich vom Delfin-Monument nach links oder rechts wenden.

■ **Sea Breeze** ③ Tel. (0362) 41138, hat nicht nur das schönste Café direkt am Strand, sondern auch schicke, klimatisierte Bungalows in einem kleinen Park hinter dem Pool. Diese sind aber häufig ausgebucht. Die Standard-Zimmer mit Deckenventilator im Hinterhof haben kaum einen Blick.

■ **Pulestis Hotel** ②, Tel. (0362) 41035, fällt allein schon durch das bunt bemalte Eingangstor im Hindu-Stil auf. Dahinter befinden sich 21 Zimmer und Bungalows in einem Garten, Pool und Frühstück sind dabei. Zimmer mit Deckenventilator oder Klimaanlage.

■ **Elsa II** ②, Tel. (081) 238244284, 2014 eröffnetes Guesthouse in den Hinterhöfen von Kalibukbuk. Die Farbe ist noch frisch, das Personal ungemein engagiert, die kleinen Bungalows mit oder ohne Klimaanlage, aber immer mit Frühstück sind nett und das Preis-Leistungsverhältnis ist gut.

■ Ein paar Meter weiter grüßt das **My Lovina** ③, Tel. (0362) 343 5884, www.hotelmylovina.com. Ende 2013 eröffnet, präsentiert sich das *My Lovina* mit zehn Deluxe-Rooms mit Aussicht, Terrasse und Klimaanlage, mitten in einem schön angelegten Garten am Ende der Gasse. Hier ist man mittendrin, und trotzdem heißt das Motto des Hauses „Relax".

■ **Hotel Amadeus** ④, Tel. (0362) 42288, www.rattanresto-lovina.com, an der Hauptstraße, ist nicht zu verfehlen: Einfach dem Vogelgeschrei folgen und unter der großen Uhr an den Volieren vorbei. Der Holländer *Sijf van Zuilen* verwirklicht hier seinen kreativen Lebenstraum: Es gibt einfache Zimmer oder welche mit Muscheldekor an den Wänden und Grottencharakter.

■ **Taman Ganesha** ③, Tel. (0362) 8123771381, www.taman-ganesha-lovina.com, an der Jl. Kartika 45 (gegenüber Bakery Lovina) befinden sich in einem wunderschönen Garten mit tiefblauem Swimmingpool und vielen Skulpturen Bungalows mit insgesamt 4 Zimmern. Die Anlage wurde von einem deutschen Künstler und Gärtner eingerichtet und wird von *Kt. Robert* geführt. Hier kann man wirklich ruhige Tage verbringen.

Banyualit:

Nette Atmosphäre, am Strand ein kleiner Platz vor dem Tempel zum Beobachten des Sonnenuntergangs. Ruhig ist es hier. Gegenüber dem Hotel Suma befinden sich kleine Shops. Bis zum Zentrum ist es ein kleiner Spaziergang am Strand entlang.

■ **Sunset Ayu** ②, Tel. (0362) 41054, hat über dem Restaurant drei Zimmer mit Klimaanlage. Ins Auge springt die Speisekarte des Restaurants: Es gibt Schweinebraten mit Bratkartoffeln. Die deutschen Fans lieben das.

Anturan:

Anturan ist ein kleines Fischerörtchen mit ein paar Unterkünften, kleinen Warungs und echtem, völlig entspanntem Fischer-Strandleben. Das Ende der Straße führt, wie immer in Lovina, direkt an den Strand. Linker Hand ein Grund, hier in der Nähe zu wohnen: der **Warung Rasta.** Hier spielt die Reggae-Musik. Perama stoppt in Anturan und hat ein eigenes Hotel.

■ **Perama Homestay** ②, Tel. (0362) 41161, mit drei verschiedenen Unterkunftsklassen im Garten hinter dem Haus, von Economy mit Deckenventilator, heißer und kalter Dusche und Frühstück bis zu wirklich guten Bungalows mit Klimaanlage.

■ **Mumbul Guesthouse** ②, Tel. (0362) 3435729, www.mumbul.net, ist in Fußentfernung von der Perama-Haltestelle Richtung Westen, über die Brücke, gleich rechts – und der Weg lohnt sich. Die riesigen Bungalows mit hohen Decken, viel Holz und Steinboden schauen auf die Reisfelder, die Klimaanlage sorgt für die rechte Temperierung. Oder der Pool in der Mitte der Anlage.

■ **Gede Homestay** ②**,** Tel. (0362) 41526, www.gedehomestay.com, ist ebenfalls in Fußentfernung von der Perama-Haltestelle. Die beliebte Anlage ist bekannt für ihr musikalisches Rahmenprogramm, das der Eigentümer, Mister *Gede,* gelegentlich abends auf die Bühne bringt. Aber auch das Restaurant ist nicht schlecht, man schaut direkt aufs Meer. Die guten, großen, sauberen und zweckmäßig eingerichteten Zimmer hinter dem Restaurant haben Deckenventilator oder Klimaanlage.

Wer von Anturan ein paar Kilometer landeinwärts fährt, der erreicht das Örtchen **Selat** und findet hier

■ **Sananda Bungalows** ③, Tel. (0362) 7000215, www.sanandabungalows-bali.com, ein Lesertipp:

413ba sb

„In dieser ruhigen friedvollen Anlage lebt man mit der Natur und Kultur von Bali im Einklang. Man kann eine unbeschreibliche Harmonie spüren und fühlt sich sofort zuhause."

Essen und Trinken

Viele Hotels haben ein eigenes Restaurant. Warungs gibt es in allen Orten, Kaki Lima stehen mit schnellen Suppen bereit. Daneben bieten einige Restaurants gutes, preiswertes Essen an, beispielsweise als Buffet mit Live-Musik und Tanz oder Videoprogramm.

Temukus:

■ **Deutsches Eck in Bali** (s. „Unterkunft"), jeden Mittwoch kommt der Lieferant und bringt frische Fleisch- und Wurstwaren von Mama's Restaurant aus Kuta. Die beiden Häuser sind Kooperationspartner und dementsprechend ähneln sich die Speisekarten. Wenn *Ketut*, die einige Zeit mit ihrem Mann *Richard* in Deutschland gelebt hat, den Herd anschmeißt, gibt es z.B. Rouladen, Spätzle und Rotkohl oder Kassler mit Sauerkraut und Salzkartoffeln. Wem das zu viel ist, der kann auch ein mit Wurst belegtes Brot nehmen.

Kaliasem:

■ **Superman Restaurant,** fällt fast nicht auf am Straßenrand, sollte aber nicht übersehen werden. Gute Küche zu guten Preisen.

Kalibukbuk:

■ **Kakatua Bar & Restaurant,** mit einer langen Speisekarte, die für jeden Geschmack etwas bietet.

Versinnbildlicht das touristische Highlight Lovinas: die Delfin-Statue am Strand von Kalibukuk

■ **Bintang Bali Bar** und **Tropis Bar** sind zwei nette Strandrestaurants zum aufs Meer Gucken und Entspannen.

■ **Sea Breeze Café,** vielleicht der schönste Platz am Strand für einen Sundowner und etwas von der großen Speisekarte. Die abendliche Musikunterhaltung ist als Wunschprogramm gestaltet: Es werden Karten verteilt, auf denen 50 Songs zur Auswahl stehen – von „A Mi Manera" von den Gypsy Kings bis zu „Yesterday" von den Beatles.

■ **Jasmin Kitchen,** schöne Location auf zwei Stockwerken in einer Nebenstraße, 1A-Thaifood.

■ **Warung Apple,** ein netter, kleiner Ort, um die Vorbeiflanierenden zu beobachten und dabei ein Fischcurry zu essen und einen Lemon Juice zu trinken. Gut und günstig. Der Besitzer spricht ein wenig Deutsch und ist für einen kleinen Schwatz immer zu haben.

Pemaron

■ **Warung Bamboo,** ein Lesertipp: „Eine Empfehlung könnte ich noch geben, das Restaurant Warung Bamboo Pemaron, es liegt zwischen Lovina Beach und Singaraja in Pemaron an der Straße zum Hotel *Puri Bagus Lovina.* Die Inhaberin *Beate Dotterweich* mit ihrem balinesischen Mann *Nyoman Tirtawan* bieten eine balinesische Küche mit europäischem Standard, einfach köstlich. Sie vermieten übrigens auch zwei traumhaft gelegene und eingerichtete Bungalows in den Bergen oberhalb von Kububatamban, ein Traum, wenn man das ländliche Bali mag."

Nachtleben

In Lovina gibt es so etwas wie eine „Szene". Viele **Bands,** die jeder denkbaren Musikrichtung anhängen, haben sich hier gebildet und treten in diversen Restaurants und Kneipen auf. Auch werden in einigen Restaurants in Kalibukbuk Tänze vorgeführt.

■ **Pappagallo, Buga Bar, Poco Bar, Zigiz Pub** und **Kemiri Restaurant,** Kalibukbuk, haben oft Live-Musik im Programm.

■ **Kantin21,** Kaliasem, wehrt sich mit einem fetten Live-Programm und den dementsprechenden Beats gegen die vorbeiführende Hauptstraße.

■ **Volcano Club,** Banyualit, große, moderne Disco, am Wochenende geöffnet.

■ **Warung Rasta,** Anturan, hier trifft sich die Szene bei Reggae-Musik, Essen kommt meist vom Grill, Drinks direkt am Strand.

Einkaufen

■ Der **Tip Top Shop** an der Hauptstraße verkauft Getränke, Lebensmittel, Postkarten und Souvenirs und hat einen Postservice. Ein paar Häuser weiter gibt es einen modernen **Supermarkt** und entlang der Hauptstraße weitere Supermärkte.

■ An der **Strandpromenade** in Kalibukbuk gibt es in kleinen Shops Sarongs, Bücher (aus Naturmaterialien gefertigt), Armbänder und Ketten sowie kleinere Schnitzereien.

■ In der **Biyu Nasak Gallery** an der Hauptstraße kann man Kunstgegenstände aus ganz Indonesien betrachten, anfassen und kaufen. Der Australier *Mr. Mike* trägt sie hier zusammen und gibt sie ab in wohlmeinende Hände.

Wichtige Adressen

■ **Geld:** Es gibt **Geldwechsler** und **Geldautomaten** entlang der Hauptstraße. Die **Bank BPD,** Jl. Raya Lovina, wechselt auch Travellercheques.

■ **Post:** Eine Poststelle befindet sich im Tip Top Shop.

■ **Medizinische Versorgung:** In Lovina befindet sich die **Lovina Clinic,** Jl. Raya Lovina, 24 Stunden geöffnet, Tel. (0362) 41106. An der Hauptstraße hat *Dr. Made Widiadnyana* seine Praxis geöffnet, Tel. (081) 915704050.

Aktivitäten

Delfintouren

Alle Hotels, Losmen, Cafés und Touristeninformationen bieten Delfintouren an. Frühmorgens um 6 Uhr werden die Neugierigen zu einer bestimmten Stelle geschippert und warten dann ab, wo die Delfine springen. Pro Boot haben zwei bis vier Leute Platz.

Fast alle Einheimischen bieten Delfintouren an, so soll auch die ganze Gemeinschaft davon profitieren. Von dem Geld, das die Touristen zahlen, werden jeweils 15.000 Rp. abgeführt an eine Art Genossenschaft. Das Geld wird verwendet, um ein Büro zu unterhalten, die Kapitäne der hinausfahrenden Schiffe über Wasser zu halten und vor allem als Versicherung. Wer von den Mitgliedern der Genossenschaft krank wird oder ein krankes Familienmitglied hat, kann aus der gemeinsamen Kasse ein schnelles, unkompliziertes Darlehen bis zur Höhe von zwei Mio. Rp. erhalten. So bleibt das Geld im Dorf und wird verwendet, um der Dorfgemeinschaft weiterzuhelfen. An diese gehen auch die 2000 Rp. bzw. 1000 Rp., die für Auto und Motorrad bezahlt werden müssen, wenn man nach Einbruch der Dunkelheit damit an den Strand fährt. Das Geld wird investiert, um das Dorf sauber zu halten.

Tauchen und Schnorcheln

Das Tauchbusiness in Lovina genießt nicht den besten Ruf. Etliche Touristen wurden in letzter Zeit bei Buchungen von Tauchkursen oder -ausflügen über den Tisch gezogen – sie hatten am Strand oder an der eigenen Bungalowtür gebucht und vorher bezahlt. Man sollte nur bei den Tauchcentern selbst buchen, sich eine Quittung geben lassen und erst dann zahlen.

■ **Spice Dive,** Tel. (0362) 41305, www.balispice dive.com, in Kaliasem, ist das älteste und renommierteste Tauchcenter am Ort und bietet sämtliche PADI-Ausbildungen an. Dazu gibt es täglich Tauchtrips zum Wrack der Liberty nach Tulamben, zur Insel Menjangan, zum Lovina Reef, nach Amed und zum Zen Beach. Ein Tag tauchen inklusive Transport, Mittagessen und Equipment kostet ab 50 US$.

■ Das Tauchcenter **Malibu Lovina** in Kalibukbuk, Tel. (0362) 41225, www.malibu-dive.com, und das **Wisnu Divecenter** in Banyualit, www.lovinadive.com, haben ein ähnliches Angebot, sie sind aber kleiner.

Spa

■ **Araminth,** Tel. (0362) 41901, in Kalibukbuk, hat sich in harmonischer Atmosphäre und geschmackvollem Umfeld ganz dem klassischen Spa-Gedanken verschrieben. Wer sich hier eine Massage gönnt, sollte sich nicht wundern, wenn ihm vorher und nachher die Füße gewaschen werden. Im Araminth wird die traditionelle balinesische Massage für 150.000 Rp. angeboten, das Ein-Tages-Paket für 1,5 Mio. Rp. inklusive Massage, Akupressur, Hautbehandlung und Gesichtsreinigung. Dazu gibt es Fruchtsäfte und Kräutertee. Am Ende gibt es eine Fußmassage, während die Füße in einer Schale mit warmem Wasser stehen.

Verkehr

Die meisten Besucher kommen mit dem **Minibus** an. Entweder ist dann schon ausgemacht, bei welcher Unterkunft man aussteigt, oder man wird beim Delfin-Monument in Kalibukbuk rausgelassen.

Perama stoppt bei der Anreise zuerst im Perama-Hotel in Anturan. Dort gibt es ein kleines Mittagessen. Erst danach dürfen ein paar Schlepper aufs Gelände, die ihr Losmen oder Hotel anpreisen. Man kann sich einem von ihnen anschließen oder von einem kleineren Perama-Bus zur Delfin-Statue bringen lassen.

Der **Perama Tourist Service** verkauft neben Shuttlebus-Tickets auch Busfahrkarten und Flugtickets in alle Richtungen (Java, Lombok), vermietet Autos, Motorräder und Fahrräder – wie immer zuverlässig und zu korrekten Preisen. Das Perama-Büro ist in Anturan im Perama Hotel. Hier hängen die aktuellen Preise und Strecken aus.

Der Transport entlang der Hauptstraße per **Bemo** ist machbar. Bei Tag sind Bemos quasi ununterbrochen unterwegs. Alle Strecken innerhalb Lovinas sollten 7000 Rp. kosten. Man sollte darauf achten, dass man als Tourist nicht allein im Bemo sitzt. Der Fahrer könnte das so verstehen, dass man das ganze Bemo gemietet hat. Dann steigt der Preis.

Mini- und Shuttlebusse fahren von Lovina aus alle wichtigen Touristenzentren an. Übliche Preise sind: Bedugul 75.000 Rp., Ubud 85.000 Rp., Kuta 85.000 Rp., Flughafen 100.000 Rp., Tulamben 120.000 Rp., Padangbai 120.000 Rp. Perama fährt auch ein Mal tgl. weiter nach Pemuteran (mind. 2 Pers., 150.000 Rp.) und Amed (160.000 Rp.).

Die meisten Hotels, Reisebüros und auch Perama organisieren **Motorräder, Scooter und Autos.** Der Mietpreis für ein Zweirad beträgt ca. 30.000–50.000 Rp. pro Tag inklusive Versicherung. Ein Auto kostet ab 150.000 Rp./Tag. Ein Auto mit Fahrer kostet ca. 500.000 Rp./Tag.

Fahrräder sind für Lovina eine gute Idee. Ein ordentliches Bike kostet ca. 30.000 Rp. am Tag.

Umgebung von Lovina

Lovina ist eine hervorragende Ausgangsbasis, um selbstorganisierte Ausflüge in die Region zu unternehmen. Die Länge der Strecken hängt natürlich auch vom gewählten Fahrzeug ab.

Radtour in die Berge

Wer ein Fahrrad gemietet hat, kann von **Kalibukbuk** aus zu einer kleinen Tour Richtung Berge starten. Die Straße zum Damai Hotel an der einzigen Ampelanlage in Kalibukbuk führt mitten hinein in Berge, Wälder und Dörfer. Ab und zu schaut mal eine Expat-Villa mit Aussicht über die Bäume. Bis zum Damai Hotel hochradeln, hier vielleicht eine kleine, exklusive Verschnaufpause im zugehörigen Restaurant oder Café machen, dann noch ein wenig den Berg hoch nach rechts, das Damai umrunden. Die Straße führt dann wieder abwärts Richtung **Kaliasem** – vorbei an Schulen, Werkstätten, Wohnhäusern und Dschungelflächen. Unten an der Hauptstraße rechts halten und bis zur Ampelkreuzung zurückfahren.

Sing-Sing-Wasserfälle

Ca. fünf Kilometer westlich von Kalibukbuk führt eine kleine, ausgeschilderte Straße nach Süden. Nach einem Kilometer kommt auf der rechten Seite ein Warung. Dort werden Besucher genötigt, gegen eine Spende ihr Fahrzeug zu parken und die ca. 200 m zu Fuß zu den Sing-Sing-Wasserfällen zu laufen. Der größere Wasserfall ist ca. zwölf Meter hoch. Hier kann man wunderbar in erfrischend kühlem Wasser baden. Während der Trockenzeit ist der Wasserfall weniger spektakulär, und manchmal kommt es sogar vor, dass gar kein Wasser herunterrauscht.

Heiße Quellen bei Banjar

In Banjar, 4,6 km vom Ortseingang Lovina (Temukus) entfernt, führt eine asphaltierte Straße (ca. 2,4 km) zu heißen Quellen (Air Panas). Hier kann man in zwei großen, im balinesischen Stil gebauten Becken bei 36 °C in schwefelhaltigem Wasser **baden.** Rundherum ist

125ba sb

dichter Wald. Außerdem gibt es ein Restaurant, Toiletten und Umkleidekabinen. Ein schöner Tagesausflug, den man am besten mit Motorrad oder Auto unternimmt.

■ **Eintritt** 10.000 Rp. für Erwachsene, 5000 Rp. für Kinder, geöffnet 8–18 Uhr.

■ Sehr schön gelegen ist das **Pondok Wisata Grya Sari** ②, Tel. (0362) 92903, kurz vor den heißen Quellen. Die balinesischen Bungalows mit eigener Terrasse blicken in einen schönen tropischen Garten. Zimmer mit Deckenventilator oder Klimaanlage und Fernseher.

Buddhistisches Kloster Brahma Vihara

In Banjar führt eine asphaltierte Straße 800 m bis zur Kreuzung in Ambengan. Dort links fahren Richtung Osten. Nach 700 m kommt erneut eine Kreuzung, dort rechts abbiegen Richtung Nordost. Nach 1,5 km erreicht man das buddhistische Kloster. Als Hilfestellung ist das Banjar Hills Retreat von unten her ausgeschildert. Einfach diesen Schildern folgen.

Die Anlage ist sehr gut in Schuss und besteht aus mehreren Gebäuden und offenen Hallen, darunter ein schöner **Tempel,** gebaut im balinesisch-buddhistischen Stil. Vor dem Betreten sollte man unbedingt die Schuhe ausziehen und sich ruhig verhalten. Insgesamt ein Ort mit ruhiger, angenehmer Atmosphäre und tollem Meerblick. Oberhalb des Brahma Vihara wurde eine kleine **Terrassen-Stupa** errichtet.

⌃ Hat eine gewisse Ähnlichkeit mit dem Borobudur auf Java: das buddhistische Kloster Brahma Vihara

> Die Bibliothekarin Ayu Puspa Dewi mit Lontarblättern

■ Wer mag, was er gesehen hat, sollte eine **Spende** entrichten. Der Parkplatz des Tempels ist kostenpflichtig (1000 Rp.). Im Tempel werden regelmäßig **Vipassana-Meditationskurse** auf Englisch abgehalten. Infos unter www.brahmaviharaarama.com.
■ Im **Banjar Hills Retreat** ②, Tel. (081) 558083 880, gleich nebenan, lohnt sich ein Zwischenstopp. Vom offenen Restaurant aus ist der gesamte Küstenstreifen zu überblicken und die ambitionierte internationale Speisekarte mit norwegischen Fleischbällchen lässt keine Wünsche offen – auch Indonesisches wird geboten. Wer dann keine Lust hat, wieder hinunter in die Hitze zu fahren, nimmt sich einen der luftigen, makellosen Bungalows und verdämmert den Rest des Tages am Pool.

Singaraja

Singaraja ist die größte Stadt im Norden und nach Denpasar die zweitgrößte Stadt Balis. In dieser **ehemaligen Hafenstadt** wohnen relativ viele Chinesen, Muslime und Christen. Es gibt im Stadtbild Tempel aller Religionen. Trotz der Größe erscheint Singaraja ruhig, sogar ein wenig verschlafen, zumindest wenn man es mit dem quirligen Treiben in Denpasar vergleicht. Der neue, moderne Hafen befindet sich in Celukan-Bawang, etwa 25 km westlich von Singaraja.

Singaraja ist der Ort Balis, der **zuerst Kontakt mit Europäern** hatte, Ende des 16. Jh. mit den Holländern. Außer von der ausgesprochenen Gastfreundschaft der Rajas waren die Holländer vor allen Dingen von den großen Profiten, die hier ganz offensichtlich zu erwirtschaften waren, beeindruckt, da Singaraja schon in damaliger Zeit einen guten Hafen hatte.

Allerdings dauerten die „freundlichen“ Handelsbeziehungen nicht lange. Schon bald war die Gier der Europäer nicht mehr auf friedliche Weise zu befriedigen und 1846 kam es zum **ersten Invasionsversuch** der Holländer. Diesem trotzten die Balinesen zwei Jahre lang. 1848 aber waren die nördlichen Königreiche Buleleng und Jembrana endgültig unter holländische Kontrolle geraten. Damit wurde der Norden Balis genau 60 Jahre früher als der Süden kolonisiert, was bis heute Nachwirkungen zeigt. Singaraja war während der gesamten Kolonialzeit und danach bis 1953 Verwaltungszentrum für die damalige Provinz Nusa Tenggara.

Den alten **Hafen** gibt es nicht mehr, dafür eine Art Hafen-Museums-Meile mit auf Stelzen ins Meer gebauten Restaurants, ein wenig Parklandschaft und einigen Warungs. Hier steht das **Monument Yudha Mandala Tama,** das balinesische Freiheitskämpfer zeigt, begleitet von Garuda und Naga. In der Nähe befindet sich der unübersehbare, farbenfrohe chinesische **Tempel Gwan Ling Khong.**

112ba sb

Singaraja
0 300 m
©Reise Know-How 2015
Bali19
Übernachtung
1 Hotel Niaga
2 Hotel Sentral
3 Hotel Duta Karya
4 Hotel Gelar Sari
5 Hotel Grand Wijaya
Bali-See
Hardy's Supermarkt, Carrefour Supermarkt
Busbahnhof Penarukan ca. 4 km,
nach Kubutambahan, Kintamani, Amlapura
Monument/alter Hafen
Ch. Tempel Gwan Ling Khong
Jl. Erlangga
Jalan Surapati
Jalan Merak
Jalan Sudirman
Jl. Imam Bonjol
Jalan Dewi Sartika
Jalan Jen. A. Yani
Jl. Dewi Sartika Selatan
Jalan Pramuka
Polizei
Jalan Gajah Mada
Puri Jagatnartha
Busbahnhof Banyusari
Gilimanuk, Lovina
Jl. Kartini
Jl. Letkol Wisnu
Jalan Dewi Sartika
Jalan Ngurah Rai
Jalan Gajah Mada
Jalan Veteran
Gedong Kirtya (Lontar-Bibliothek)
Musem Buleleng
Gitgit-Wasserfall, Bedugul, Denpasar
Busstation Sukasada

Der **Markt** ist sehenswert (Jl. Jen Achmed Yani). Hauptverkaufsgüter des Ortes sind Schweine, Kopra, Gewürze und Kaffee.

Es gibt ein paar mehr oder weniger preisgünstige Hotels in der Stadt. Aber da es sonst in Singaraja keinerlei touristische Infrastruktur gibt, ist die Stadt eher einen Ausflug von Lovina wert als eine Übernachtung.

Museum Buleleng

Hier gibt es eine nette, kleine Sammlung an Fundstücken zur Historie von Singaraja, samt alter Fotografien. Einige Dinge aus dem Leben von *Pandji Tisna,* dem letzten König von Buleleng, sind ausgestellt, beispielsweise sein Auto oder seine Schreibmaschine.

■ **Eintritt** frei, Spende erwünscht, Jl. Veteran, geöffnet Mo–Do 8–14 Uhr, Fr 8–13 Uhr.

Gedong Kirtya

Eine nicht nur für Kenner interessante Sammlung **alter balinesischer Schriftstücke.** Insgesamt lagern in der Gedong Kirtya etwa 3000 bis zu 1000 Jahre alte Lontar-Manuskripte. Sie sind teilweise kunstvoll illustriert und in verschiedene Themenbereiche aufgeteilt: von Astrologie über Philosophie und den balinesischen Kalender bis hin zur balinesischen Küche. Die verwendeten Sprachen reichen vom klassischen Sanskrit bis zum alten Javanisch. Noch älter sind einige Prasastis, die ebenfalls gezeigt werden, Metallplatten, auf denen seinerzeit Könige ihre Erlasse einritzen ließen.

Die Bibliothekarin *Ayu Puspa Dewi* (s.o.) kann ausführlich von ihren Schätzen erzählen. Mit etwas Glück hat sie gerade ein paar Lontarblätter aus privaten Sammlungen da, die man kaufen kann.

■ **Gedong Kirtya,** Jl. Veteran, Mo–Do 8–15.30 Uhr, Fr 8–12 Uhr. Eintritt: Spende.

Unterkunft

Wer in Singaraja hängenbleibt, hat keine große Wahl. Die paar Hotels, die es gibt, sind hauptsächlich auf die indonesische Klientel ausgerichtet. Es könnten also sprachliche Schwierigkeiten auftreten.

■ Mit einem guten Ruf behauptet sich das **Hotel Grand Wijaya** ②-③, Jl. Sudirman 74, Tel. (0362) 21915. Es liegt zentral, die einfachen Zimmer sind sauber, wenn auch etwas in die Jahre gekommen.

Essen und Trinken

Essen mit Ausblick gibt es am Hafen. Der **Nachtmarkt** im Jl.-Durian-Gebiet ist zu empfehlen.

Wichtige Adressen

■ **Geld:** Es gibt Banken und Geldautomaten, beispielsweise die BCA Bank an der Jl. Dr. Sutomo.

■ **Post, Internet:** Das Postamt liegt an der Jl. Imam Bonjol und bietet auch Internetzugang. In der Stadt gibt es einige Internetcafés.

■ **Polizei:** Buleleng Police Resort, Jl. Pramuka, Tel. (0362) 41510.

Medizinische Versorgung

■ **Allgemeinmediziner:** Dr. Gede Handra, Praxisadresse: Jl. A. Yani / Bukit Indah A, Banyuasari, Tel.

(0362) 23798 (tgl. 7–9 und 18–21 Uhr.) Er ist auch im Privatkrankenhaus tätig.
- **Privatkrankenhaus RSU Kertha Usada,** Jl. Cendrawasih 5, Tel. (0362) 26278.
- **Prodia Clinic,** Jl. RA Kartini 12, Tel. (0362) 24516.
- **Singaraja Public Hospital,** Jl. Ngurah Rai 30, Tel. (0362) 22573.
- **Zahnarzt:** Drg./P. T. Novara Soha, Jl. Diponegoro 114, Tel. (0362) 24687.

Verkehr

Es gibt drei Busstationen in Singaraja.
- Busstation **Banyuasari:** Busse/Minibusse nach Lovina, Denpasar, Bedugul sowie Gilimanuk.
- Busstation **Penarukan:** Richtung Osten nach Kintamani, Amlapura sowie nach Semarapura (Klungkung) über Kintamani und Yeh Sanih. Der Busbahnhof liegt ca. 4 km östlich außerhalb der Stadt. Er ist mit dem Bemo erreichbar.
- Busstation **Sukasada (Sangket):** Busse/Minibusse nach Denpasar über Bedugul, Gilimanuk und Lovina.
- Zwischen den Stationen pendeln **Minibusse.** Grüne Bemos fahren zwischen den Stationen Banyuasari und Sukasada, braune zwischen Penarukan und Banyuasari, blaue fahren Richtung Lovina.

Umgebung von Singaraja

Gitgit-Wasserfall

Der rund 40 m hohe Gitgit-Wasserfall ist eine gern angefahrene Attraktion auf der Strecke von Singaraja nach Bedugul (11 km). Es gibt einige Möglichkeiten, zu den Wasserfällen zu gelangen. Ein Guide weiß sicher auch einen eigenen Weg. Wer allein unterwegs ist, der kann bei km 9 auf den Parkplatz fahren (Motorrad 2000 Rp., Auto 5000 Rp.) und muss dann noch rund 700 Meter laufen. Bei km 11 folgt ein weiteres Hinweisschild. Hier ist der Laufweg kürzer, Parken gegen Spende. Bei km 14 wiederum ähnliches Verfahren, hier muss am Straßenrand geparkt werden. Eine Spende beim Zugang zum Wasserfall wird erwartet. Während der Trockenzeit von Juni bis September kann es sein, dass die Wasserfälle nur ein Rinnsal sind.

Bemos und Minibusse, die vom Busterminal Sukasada nach Denpasar (Ubung) fahren, kommen an den Wasserfällen vorbei.

Sangsit

Es gibt an der **Küste östlich von Singaraja** verschiedene Sehenswürdigkeiten, die wegen ihrer abgeschiedenen Lage seltener besucht werden. Nach acht Kilometern (Bus nach Amlapura) erreicht man Sangsit.

In diesem kleinen Dorf befindet sich ein sehenswerter Tempel, ca. 200 m links von der Straße nach Yeh Sanih/Amlapura. Der **Pura Beji** ist der Landwirtschaftsgöttin Dewi Sri geweiht, ein gutes Beispiel für die **Tempelarchitektur Nordbalis.** Diese zeichnet sich besonders durch eine schier überwältigende Vielfalt von Reliefs, Steinmetzarbeiten und Verschnörkelungen aus. Außerdem fehlen oft die einzelnen Merus und Schreine, an deren Stelle lediglich ein einziges Podest errichtet wurde, das normalerweise einen Thron des Sonnengottes und verschiedene andere „heilige Häuser“ trägt, in denen Reliquien aufbewahrt werden.

Nahezu jeder Quadratzentimeter dieses Tempels ist verziert mit Dämonen, Vögeln, Tigern, Sonnenblumen, Fabelwesen usw. Der hintere Tempelbereich wird bewacht von zwei steinernen Figuren und ist auf Grund von Sichtschutzmauern nicht einsehbar. Diese Vorrichtungen haben natürlich einen Grund. Die Götter und Göttinnen halten sich gern in dieser Tempelanlage auf, um ihre Liebesbedürfnisse zu befriedigen. Damit nicht jeder Tempelbesucher sieht, was da vorgeht, wurden Sichtschutzmauern errichtet und Wächter aufgestellt. Ein Pfiff der Wächter genügt und die Götter benehmen sich ordentlich und tun so, als sei nichts geschehen ...

Ca. 500 m nordöstlich vom Pura Beji befindet sich der **Pura Dalem.** Die Reliefs zeigen, was uns nach dem Leben erwartet, wenn wir gute Menschen sind, aber auch die Höllenqualen und Bestrafungen, falls wir in der Hölle landen.

Umgebung von Sangsit

Jagaraga

Wenn man weiter nach Osten fährt, kommt man kurz hinter Sangsit zu einer Abzweigung, die nach **Sawan** führt.

Auf halber Strecke (ca. 7 km) in Jagaraga, links an der Straße, kann man einen **Tempel** (Pura Dalem, um 1940 gebaut) mit recht verrückten **Reliefs** bewundern. Der nordbalinesische Hang zur Karikatur hat hier ein Meisterwerk vollbracht: Zwei dicke Europäer sitzen in einem uralten Ford und werden von einem bewaffneten Banditen bedroht. Vom Himmel fallen Flugzeuge ins Meer, auf dem holländische Dampfschiffe von Seeschlangen angegriffen werden. Außerdem erscheinen die Hexe Rangda und verschiedene Fruchtbarkeitssymbole – eine balinesische Art, mit den holländischen Besatzern abzurechnen.

Sawan

Fährt man weiter, kommt man nach Paninjan. Auf der linken Seite steht ein schöner, weißer Tempel. Einen Kilometer weiter liegt der Ort Sawan, in dem es einige **Schmieden** gibt. Zwei von ihnen stellen Gongs für Gamelan-Orchester her. Die Produktionsstätten sind sehenswert.

Kubutambahan

In dem ca. zwölf Kilometer von Singaraja entfernten Ort am Nordzipfel Balis lohnt sich ein kurzer Stopp, um den **Pura Medruwe Karrang,** den „Tempel des Herrn, dem die Erde gehört", zu besichtigen. Hier bitten die Dorfbewohner um eine gute Kaffee- und Maisernte. Wiederum sind es die Reliefdarstellungen, die Interesse verdienen. Viele Szenen aus dem menschlichen Leben sind dargestellt, unter anderem Liebende, Beamte, Adlige und auch ein Radfahrer, dessen Gefährt Räder aus Blumen besitzt. Das könnte ein Bild des holländischen Malers *Nieuwenkamp* sein, der in den 1930er Jahren mit dem Fahrrad auf Bali unterwegs war.

Oberhalb von Kubutambahan Richtung Küste ist Großes geplant: Hier soll der **zweite Flughafen** der Insel entstehen. Der Norden Balis ist weit entfernt vom Süden und somit vom Flughafen Ngurah Rai. Viele Touristen scheuen die lange Anfahrt über die Berge und bleiben daher lieber im Süden. Mit einem eigenen Flughafen könne der Norden vom Tourismus profitieren, so die Sicht der Regierung. Es muss allerdings noch ein Investor gefunden werden, der das Projekt zum Laufen bringt.

Mehr als einen Blick wert sind die schwarzen Strände bei Yehsanih

Die Nordostküste entlang

Yehsanih

Auf der Fahrt weiter nach Osten erreicht man diesen kleinen, ruhigen und untouristischen Ort, die Attraktion ist ein **Süßwasserpool** direkt am Strand, der aus einer unterirdischen Quelle gespeist wird. Nicht nur feiertags ist Yehsanih ein beliebtes Ausflugsziel für Bewohner der Umgebung. Das Meer und der Frischwasserpool laden zum Schwimmen ein. Ein an-

113ba sb

genehmer Platz zum Ausruhen und um das dörfliche Bali zu erkunden. Nach Osten und vor allem nach Westen liegen einsame dunkelgraue bis schwarze **Strände,** an denen noch keine fliegenden Händler verkaufen. Die Hotels an der Straße haben meist ein Restaurant, häufig mit Meerblick. Ansonsten befinden sich an der Hauptstraße mehrere Warungs.

■ **Süßwasserpool:** Eintritt 8000 Rp., für Kinder 4000 Rp., geöffnet 7–19 Uhr.

Unterkunft

■ **Puri Rahayu** ①, ca. 300 m weiter östlich, drei hübsche balinesische Bungalows mit Ventilator, ohne Frühstück.

■ An der Hauptstraße folgen ein paar weitere Homestays in derselben Preisklasse, beispielsweise das **Pondok Melati** ① oder das **Papaya** ①.

■ Wer ein wenig Richtung Berg fährt, findet dort weitere Homestays, manche mit Pool und Ausblick, beispielsweise **Mimpi Homestay** ③, Tel. (081) 338579595, www.mimpibali.com, mit schönem Ausblick, Spa-Angebot und freier medizinischer Versorgung für die Dorfbevölkerung.

■ **Cilik's Beach Garden** ④, Tel. (081) 23601473, www.ciliksbeachgarden.com, Bungalow-Villen in einem gepflegten, weitläufigen Palmengarten (fast ein Park) direkt am Strand, sehr stilvoll und großzügig angelegt. Ideal für Familien mit Kindern. Der sehr engagierte Betreiber ist Deutscher und kann einem viel Interessantes erzählen.

Rund um Pacung

In diesem Küstenabschnitt führt für etliche Kilometer die Straße durch eine der interessantesten Küstengegenden Balis. Ein wenig sieht es aus wie an der Côte d'Azur. Entlang der Küste gibt es einige hochpreisige Wellness-Hotels, weit weg von allem.

Zwölf Kilometer von Yeh Sanih entfernt befindet sich in der Region Pondok Batu ein **Tempel.** Viele Fahrer halten hier, um zu beten.

Unterkunft

■ **Villa Boreh Beach Resort** ④, Tel. (085) 857240068, www.villaboreh.com, mit schicken Alang-Alang-Bunglows, einem eigenen Seminarbereich und allem, was des Ruhebedürftigen Herz begehrt.

Sembiran

Etwa ab Sembiran kann man noch einen Eindruck bekommen von der Gewalt des **Gunung Agung.** Während seines letzten Ausbruchs zerstörte er insbesondere Ostbali. Noch heute ist die Landschaft dünn besiedelt, sehr trocken und oft bizarr. Einige sehr ruhig gelegene Hotelanlagen und ein wunderschöner Wasserfall befinden sich an diesem Küstenabschnitt.

Sembiran, ein **Dorf der Bali-Aga,** liegt an den Nordhängen des Gunung Batur. Man erreicht es von der Nordküste aus: in Pacung abbiegen. Die hier lebenden Menschen haben eine Sprache, die sich von der der anderen Bali-Aga unterscheidet, und sie praktizierten einen besonderen Totenkult. Die Verstorbenen wurden gewaschen, neu eingekleidet und mit Geschenken und Opfern neben dem Dorftempel für drei Tage hingelegt. Wenn der Leichnam nach dieser Zeit nicht verschwunden war, nahm man an,

125ba sb

dass die Götter ihn ablehnten, und warf ihn den wilden Tieren vor. Mittlerweile ist man jedoch dazu übergegangen, die Toten zu begraben.

Tejakula

Einige Kilometer weiter erreicht man das Örtchen Tejakula mit dem **Pferdebad Permandian Tejakula.** In der Ortsmitte befindet sich eine Kreuzung mit einer Statue. Dort nach Süden in die Berge abbiegen und Richtung Markt (Pasar) fahren. Nach 100 m folgen die öffentlichen Bäder auf der rechten Seite mit Wasserstatuen und wasserspeienden Figuren.

Unterkunft

- In Tejakula befindet sich das **Gaia Oasis** ③, Tel. (0362) 3436305, www.gaia-oasis.de. Eine Gruppe von Deutschen hat sich und anderen ein „Center für Vision, Kreativität und Meditation" gebaut. Eine Bungalowanlage liegt direkt am Meer, das **Gaia Oasis Pantai,** eine weitere am Berg, **Gaia Oasis Abasan.**

Wasserfall Yeh Mempeh

Hinter Tejakula sollte man die Abzweigung nach rechts zum „40 Meter Waterfall" nicht übersehen. Nach einem Kilometer kommt auf der linken Seite eine kleine Hütte und ein Warung. Hier muss man 10.000 Rp. bezahlen, die, so heißt es, in die Erhaltung der Anlage gehen. Dann folgt man einem schmalen Weg Richtung Wasserfall. Wer sich mit dem Motorrad traut, schafft die Strecke bis kurz vor dem Wasserfall in zehn Minuten. Zu Fuß braucht man rund 30 Minuten. Aber die lohnen sich: Es geht durch ein **lauschiges Waldgebiet** immer an einem Bach entlang; einzelne Hütten rechts und links sowie frei laufende Hühner säumen den Weg. Bald erscheint der Wasserfall. Mit seinen 40 Metern ist er **einer der höchsten Balis** und die Stimmung zu seinen Füßen kann man ohne Übertreibung als magisch beschreiben – nur das Rauschen, umgeben vom Dschungel.

Sambirenteng und Geretek

Wer weiter der Küstenstraße folgt, erreicht als nächste Orte Sambirenteng und Geretek. Am Ortseingang von Sambirenteng führt ein Weg nach links Richtung Küste. Bis nach Tulamben sind es noch ca. 25 km (siehe Kapitel „Balis Osten").

Unterkunft

- Am Meer befindet sich **Agung Bali Nirwana** ③, Tel. (081) 23947308, www.agung-bali-nirwana.com. Drei Villen, Frühstücks- und Spa-Paket inklusive, Pool und Restaurant gibt es natürlich auch.
- Drei Kilometer weiter kommt eine große Bungalowanlage mit Seewasserpool und Restaurant: **Alam Anda** ④, Tel. (0812) 4656485, www.alam-anda.de. Die Anlage besteht aus neun Bungalows und vier Zimmern, direkt am Sand-/Steinstrand, Frühstück ist inklusive. Angeboten werden Ayurveda-Massagen und vor allem Tauchen. Kein Wunder: Das Alam Anda gehört zum Imperium der Tauchpioniers *Werner Lau* (siehe auch „Pemuteran").

☒ Der Wasserfall Yeh Mempeh ist die etwas mühselige Anreise wert

Nach dem Unterschied zwischen

Bali und Lombok gefragt,

Lombok entdecken

sagte ein Hotelbesitzer aus Lombok:

„Du kannst Bali in Lombok sehen,

aber nicht Lombok in Bali".

Strand bei Kuta auf Lombok – von Überfüllung (noch) keine Spur

LOMBOK PRAKTISCHE REISETIPPS

Die meisten Besucher aus dem Westen kommen über Bali nach Lombok, auch wenn der nach langem Vorlauf am 1. Oktober 2011 eröffnete Flughafen sich *Lombok International Airport* (LOP) nennt.

123ba sb

Anreise von Bali

An internationalen Flugverbindungen gibt es bisher noch nicht allzu viele. *Silk Air* fliegt nach Singapur, *Air Asia* nach Malaysia und *Garuda Airlines* nach Kuala Lumpur. Der **Flughafen** liegt in Zentral-Lombok, rund 40 km von der Hauptstadt Mataram entfernt. Die meisten Verbindungen sind also Inlandsflüge, davon die meisten wiederum von und nach Bali.

Mit dem Flugzeug

Der Flug dauert gerade mal 20 Minuten (eine Stunde dauert das Einchecken) und ist günstig, er kostet ab 350.000 Rp., je nach Tageszeit und Fluggesellschaft und als Sonderangebot. Der Normalpreis liegt bei rund 500.000 Rp. bis 750.000 Rp.

Der National Terminal am Flughafen Ngurah Rai auf Bali hat vor dem Eingangsbereich etliche Schalter, an denen **Tickets** verkauft werden. Auch wird man unentwegt von Händlern angesprochen, die gerade das passende „Special Price"-Ticket zur Hand haben. Man kann also entweder ins Reisebüro gehen, die Fluglinien anrufen, online buchen oder das Abenteuer wagen und sich auf dem Flughafen „beraten" lassen. Die Fluggesellschaften gewähren 50 % Rabatt für **Kinder** bis zwölf Jahre, bis zwei Jahre zahlen sie nur 10 % des Flugpreises. Ab März 2015 soll die **Flughafensteuer** für Reisende mit indonesischen Fluggesellschaften entfallen und im Ticketpreis integriert werden (siehe dazu auch S. 428).

Schwierigkeiten, **freie Plätze** zu bekommen, könnte es zur Jahreswende und zum Ende der Fastenzeit (Idul Fitri) geben. Auch an anderen indonesischen Feiertagen kann es schon mal eng werden. Dann sind die meisten Flüge eine Woche im Voraus ausgebucht. An Freigepäck gewähren alle Fluggesellschaften 15–20 kg.

Fluggesellschaften

Folgende Fluggesellschaften fliegen Lomboks Flughafen Lombok International Airport (Bandara Internasional Lombok) an, www.lombok-airport.co.id:

- **Garuda Airlines,** Verbindungen mit Bali, Jakarta und Kuala Lumpur, Tel. (080) 41807807, www.garuda-indonesia.com; Flughafen: Tel. (0370) 649100.
- **Air Asia,** Verbindungen mit Malaysia, www.airasia.com
- **Trans Nusa Air,** Verbindungen mit Sumbawa, Bali Tel. (0361) 760218, Lombok Tel. (0370) 624555, www.transnusa.com.
- **Wings Air/Lion Air,** Verbindungen mit Bali und Surabaya, Bali Tel. (0361) 765132, Lombok Tel. (0370) 6627444, www.lionair.co.id.
- **Batavia Air,** Verbindungen mit Surabaya und Jakarta, Tel. (0370) 648998, www.batavia-air.co.id.
- **Silk Air,** Verbindungen mit Singapur, Tel. (0370) 628254, www.silkair.com.

Vierbeinige Verkehrsteilnehmer – auf Lombok nichts Ungewöhnliches

Ankunft auf Lombok

Wer nach Lombok fliegt, landet automatisch auf dem **Lombok International Airport** (LOP) (indon.: Bandara Internasional Lombok) bei Praya. Vom Flughafen weg führen neue und gut ausgebaute Straßen, z.B. in den Süden Richtung Kuta oder Nordwesten Richtung Mataram. Diese Zubringerstraße ist vierspurig ausgebaut mit bewachsenem Mittelstreifen und Fußwegen auf beiden Seiten. Der Flughafen selbst ist ein offener Terminal, geteilt in Domestic und International, umgeben von Parkplatzflächen. Das Gebäude beherbergt Büros der Fluglinien, Cafés, eine Post, Geldwechsler und -automaten sowie eine Sheraton Lounge (gegen Eintrittsgebühr freie Snacks, Raucher, WiFi, im Abflugsbereich). Hinter der Gepäckausgabe folgen private Informations- und Taxischalter, bei denen man sich beraten lassen oder buchen kann. Wer nicht abgeholt wird, kann sich am offiziellen **Taxischalter** gegenüber dem Gepäckband auf der rechten Seite ein Airport Taxi besorgen. Zu zahlen sind 17.500 Rp. Flughafengebühr, dann geht es weiter per Taxameter. Nach Senggigi z.B. kostet eine Fahrt rd. 150.000 Rp. An den privaten Schaltern kostet ein Taxi nach Senggigi verhandelbare 200.000 Rp. Eine Alternative bietet die staatliche Busgesellschaft **DAMRI** (beim Verlassen des Teminals links halten). Hier kostet die Fahrt nach Senggigi 30.000 Rp. (Mataram 25.000 Rp.). DAMRI macht auch den stündlich fahrenden Flughafenzubringer ab Senggigi, Fahrzeit rd. 1½ Std. Haltestelle zwischen Senggigi Abadi Supermarkt und Asmara Restaurant. Am besten am Tag vorher beim Fahrer erkundigen, wann die passende Abfahrtszeit ist, um den Flieger stressfrei zu erreichen. Der offizellen Schalter des Tourismus-Büros daneben ist leider meist unbesetzt.

Mit dem Schiff

Neben den Flug- gibt es zuverlässige Schiffsverbindungen nach Lombok, denen seit Eröffnung des internationalen Flughafens neue Bedeutung zukommt: Die Anfahrt zu den Gilis hat sich vom neuen Flughafen im Inland gegenüber dem alten in Mataram deutlich verlängert, dadurch erfahren die Speedboote, die Bali direkt mit den Gilis verbinden, eine neue Hochzeit.

Fähre nach Labuhan Lembar

Der Fährverkehr zwischen **Padangbai** und Labuhan Lembar auf Lombok wird von großen Autofähren bewältigt. Alle ein bis zwei Stunden verlassen die Schiffe Padangbai und Labuhan Lembar. Die Fahrzeit beträgt zwischen 4 und 5½ Stunden je nach Strömung und Wellengang – wenn es ganz schlimm kommt, kann es durchaus mal 7 Stunden dauern. Zur Regenzeit kann das Meer sehr unruhig sein. Wer zu Seekrankheit neigt, hat dann einige schlechte Stunden. Hin und wieder fällt mal eine Fähre aus, dann gerät der Plan etwas durcheinander. Bei wirklich hohem Seegang und/oder Unwetter fahren die Fähren nicht.

Versüßt wird die Überfahrt mit ein bisschen Glück durch „Delfin-Spotting“: Ganze Schulen ziehen an der Fähre vorbei, und die Passagiere beklatschen jeden springenden Delfin.

Tickets können nur für den jeweiligen Reisetag gekauft werden. Verkauft werden die Fahrkarten bei der Einfahrt auf das Hafengelände. Man sollte sich frühzeitig um ein Ticket kümmern, da der Andrang recht groß sein kann.

Wer mit einem **Motorrad** oder Auto übersetzen will, benötigt einen internationalen Führerschein (der auf Bali gemachte gilt nicht für Lombok). Es gibt auch einen Zoll, der sich ggf. den Pass anschaut und fragt, wo es hingehen soll.

- **Fährpreise:** Economy 40.000 Rp., Kinder 25.000 Rp., Motorrad 112.000 Rp., Motorrad (groß) 232.000 Rp., Auto 733.000 Rp., Fahrrad 57.000 Rp.

Shuttle-Service

Diverse Unternehmen bieten Shuttlefahrten mit dem **Bus** zwischen Bali und Lombok an und verbinden fast alle wichtigen Touristenorte direkt. So fahren etliche Anbieter von Padangbai mit Express-Booten direkt nach Gili Terawangan. Wer sich ein bisschen Zeit nimmt, kann vor allem in der Nebensaison durch Preisvergleiche und -verhandlungen den Preis deutlich drücken. Bei den meisten Anbietern ist die Abholung am Hotel inklusive. Auf Bali und Lombok ist Perama das erfahrenste Unternehmen. Die Angebote ändern sich von Saison zu Saison. Wer auf Nummer Sicher gehen will, checkt die Websites oder besucht die jeweiligen (Reise-)Büros. Hier einige als zuverlässig bekannte Anbieter:

- **Perama-Boot,** Bali Tel. (0361) 750808, Lombok Tel. (0370) 693741, www.peramatour.com. Um 7 Uhr werden die Mitfahrer in Kuta oder Sanur eingesammelt, dann fährt das Boot ab Serangan nach Senggigi und Gili Terawangan. Die Abholung auf Bali ist inklusive. Ab 500.000 Rp. kostet der Trip. Das Boot fährt nicht in der Nebensaison, dann müssen Perama-Kunden die lange Bustour über Padangbai und Labuhan Lembar in Kauf nehmen (250.000 Rp.).
- **Blue Water Express,** Tel. (0361) 3104558, www.bwsbali.com. Zwei Boote sind zwischen Bali und den Gilis unterwegs, 25 oder 15 Passagieren passen hinein. Los geht es in Serangan täglich um 8 und 10 Uhr, ab Padang Bai 11.15 Uhr und zurück von Gili Terawangan um 11 Uhr. 690.000 Rp. kostet der Trip, hin und zurück 1.300.000 Rp. Hotel-Transfer auf Süd-Bali ist inklusive. Ein Zwischenstopp auf Gili Lembongan ist möglich. Auch direkt nach Gili Air gibt es mittlerweile eine Verbindung.
- **Bounty Cruises,** Tel. (0361) 726666, www.balibountycruises.com, verbindet seit Ende August 2014 Benoa Harbour mit Gili Terawangen. Gefahren wird mit einem Kataram, auf dem bis zu 650 Passagiere Platz haben. Los geht's um 9 Uhr, Nusa Lembongan ist um 9.45 Uhr erreicht, Gili Terawangan um 12 Uhr. Kosten bis Terawangan: 650.000 Rp, hin und zurück 1,2 Mio. Rp.
- **Eka Jaya,** Tel. (0361) 8496222, www.baliekajaya.com, fährt täglich ab Padangbai und Serangan nach Terawangan und nennt sich einen der zuverlässigesten Express-Boot-Anbieter. Zubringer auf Bali ist inklusive. 660.000 Rp. ein Weg.
- **Gili Cat,** Tel. (0361) 271680, www.gilicat.com, rast beispielsweise jeden Tag um 8.45 Uhr in Padangbai los und erreicht Gili Terawangan knapp über eine Stunde später. Um 11 Uhr geht es zurück nach Padangbai. Im Preis von 660.000 Rp. ist die Abholung in Süd-Bali inklusive. Das Return-Ticket kostet 1.200.000 Rp.
- **Gili-Gili,** Tel. (081) 808588777, www.giligilifastboat.com, fährt täglich ab Serangan um 8.30 Uhr, Stopover in Teluk Kodek (Lombok) und dann weiter nach Terawangan. Ab Padangbai geht's um 10 Uhr los. Zurück geht es ab Terawangan um 11.45 Uhr. 690.000 Rp. einfache Fahrt, 1.250.000 Rp. Hin- und Rückfahrt.

- **Gili Getaway,** Bali Tel. (0361) 751570, Gili Terawangan Tel. (0878) 64322515, www.island-getaway.com, verlässt täglich um 8 Uhr Benoa Harbour. Die Überfahrt nach Gili Terawangan dauert zwei Stunden. Wer nach Lombok will, steigt in Teluk Kodek aus. Zurück geht es um 11.30 Uhr. Transport zum gewünschten Resort ist inklusive, genauso wie frisches Wasser und Fruchtsaft während der Überfahrt.
- **Marina Srikandi,** Bali Tel. (0361) 729818, www.marinasrikandi.com, fährt täglich ab Padangbai, Stopover in Teluk Kodek (Lombok), dann weiter nach Terawangan. Zurück geht es ab Terawangan um 12 Uhr. Es gibt ein Mittagessen sowie ein frisches Handtuch für die Reise und Transport nach und von Kuta, Sanur und Nusa Dua. 690.000 Rp. einfache Fahrt, 1.250.000 Rp. Hin- und Rückfahrt.
- **Super Scoot,** Tel. (0361) 285522, www.scootcruise.com, fährt von Sanur über Nusa Lembongan nach Terawangan und Telok Kodek auf Lombok. Es besteht die Möglichkeit eines Stopovers auf Nusa Lembongan. Auch die Übernachtung auf Nusa Lembongan kann organisiert werden. Strecke bis Terawangan kostet 650.000 Rp., Hin- und Rückfahrt 1.300.000 Rp.

Tipp

- **www.gilibookings.com** ist ein Portal, bei dem man bei den Anbietern Reservierungen machen und Tickets buchen kann.
- **www.lombokfastboats.com** ist ein von einem Reisebüro aus Senggigi betriebenes Portal mit denselben Möglichkeiten wie www.gilibookings.com.

Ankunft im Fährhafen

Im Hafen **Labuhan Lembar** warten die Minibusse auf Passagiere. Kaum legt die Fähre an, rollt eine Welle von Schleppern an Bord, um sich Kundschaft zu sichern. Sie springen vom Pier aufs Schiff, sobald die Distanz zur Sprungweite geschrumpft ist. Menschengedränge, aufdringliche Bus- und Losmenschlepper, dazwischen Kofferträger und Erdnussverkäufer – es ist sicher entspannter, die Reise von Bali nach Lombok und weiter bis zum Zielort mit dem Shuttlebus zu machen – aber dafür eben nicht so spannend.

Wer es trotzdem mit öffentlichen Verkehrsmitteln versuchen möchte, zahlt für die einstündige Fahrt zur Hauptstadt Mataram mindestens 25.000 Rp., wahrscheinlich jedoch deutlich mehr. Die meisten Busunternehmer am Hafen bieten den Service an, ihre Fahrgäste direkt zum Hotel zu bringen. Allerdings meinen sie nicht das vom Fahrgast gewünschte, sondern eines, das die größte Kommission für den Busfahrer abwirft. Also vor dem Ticketkauf klären, ob der Bus nach Mataram/Bertais zum Busbahnhof fährt oder einen bis zum Hotel bringt. Auf einigen Fähren werden schon am Cafeteria-Schalter Minibus-Tickets für die Fahrt nach Senggigi, Mataram oder Kuta angeboten. Beim Verlassen des Schiffs muss man dann das Ticket hochhalten, damit einen die richtigen Leute finden.

Vom Hafen bis zu Labuhan Lembars **Busstation Pasar Lembar** (ca. 500 m) geht man zu Fuß oder fährt mit dem Cidomo (s.u.). Von dort fahren Minibusse für 10.000 Rp. zum Busbahnhof Mandalika in Bertais (Mataram).

In Labuhan Lembar kann man auch ein Boot zur vorgelagerten Insel **Gili Nanggu** chartern (siehe Kapitel „Der Süden Lomboks"). Jede andere Destination ist nur über Bertais erreichbar.

Tourenvorschläge

Die auf den Karten eingezeichneten Tourenvorschläge sind für Fahrten mit **gemietetem Auto oder Motorrad** gedacht. Mit öffentlichen Verkehrsmitteln muss man mindestens den doppelte Zeitaufwand einplanen. Als Ausgangspunkt ist Senggigi ideal, weil es relativ zentral liegt und es dort jede Menge Verleihfirmen gibt. Bei solchen Kurztrips möchte man natürlich nicht unbedingt das gesamte Gepäck mit sich herumschleppen. Man sollte entweder sein Zimmer behalten oder (wenn einem das zu teuer ist) den Hotelbesitzer bitten, das Gepäck aufzubewahren; normalerweise ist das kein Problem.

Orte mit herausragenden Sehenswürdigkeiten sind durch * gekennzeichnet. In den Ortsbeschreibungen kann man nachlesen, was es dort zu sehen gibt. Da Lombok nicht sonderlich groß ist, kann man die vorgeschlagenen Strecken bequem schaffen, vorausgesetzt, man startet frühmorgens.

Auto- und Motorradfahren

Das **Straßennetz** auf Lombok ist recht dicht, aber nicht mit dem Gewusel auf Bali vergleichbar. In der Ebene zwischen dem Rinjani-Massiv und dem südlichen Hügelland sind die Straßen am besten ausgebaut. Von Mataram führt eine Straße nördlich rund um den Rinjani herum, immer an der Küste entlang. Sie ist komplett ausgebaut, auch die Stichstraße den Berg hinauf zu den Sembaluns.

Wer mit dem **eigenen Fahrzeug unterwegs** ist, sollte immer genug Sprit im

Tour 1

Eintagestour

Senggigi – Ampenan – Sweta (Markt) – Narmada* – Kediri – Gerung – Lb. Lembar – Sekotong – Tawun – Lb. Poh – zurück über Gn. Pengsong* – Banyumulek (Töpferwarenherstellung) – Senggigi

Tour 2

Eintagestour

Senggigi – Pemenang – Baun Pusuk (Affen) – Gunung Sari (Bambusmöbelherstellung) – Lingsar* – Sesaot – Suranadi* – Narmada* – Sweta (Markt) – Cakranegara* – Senggigi

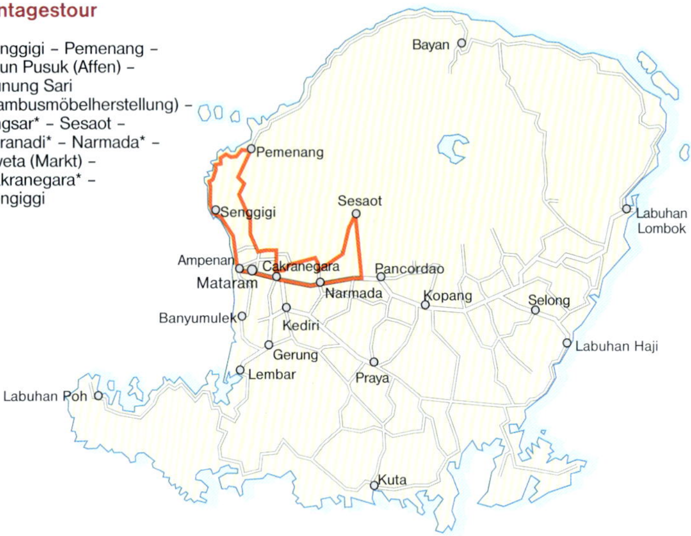

Tour 3

Zweitagestour

1. Tag: Sengiggi – Pemenang – Bayan* – Senaru (Übernachtung)
2. Tag: Senaru – Sembalun (Abstecher) – Sambelia (Stelzenhäuser) – Lb. Lombok (Brettwurzelbäume 6 km davor) – Swela – Narmada* – Senggigi

Tour 4

0 — 20 km

Dreitagestour

1. Tag: wie Zwei-Tages-Tour
2. Tag: Senaru – Sembalun (Abstecher) – Sambelia (Stelzenhäuser) – Lb. Lombok (Brettwurzelbäume 6 km davor) – Swela – Sapit (Abstecher) – Lenek (Webereien) – Timbanuh (Abstecher) – Pringgasela (Weberei) – Kotaraja (Flechtwaren) – Tetebatu* (Übernachtung)
3. Tag: Tetebatu – Loyok (Flechtwaren) – Terara – Kopang – Aik Bukak (Pool im Wald) – Pancordao – Narmada* – Suranadi* – Lingsar* – Gn. Sari – Senggigi

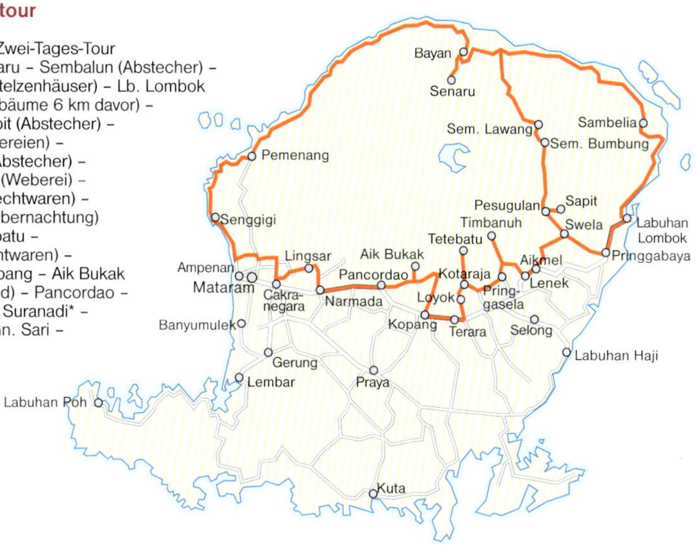

Tour 5

Dreitagestour

1. Tag: Senggigi – Banyumulek (Tonwarenherstellung) – Gn. Pengsong* – Lb. Lembar – Sekotong – Tawun – Gili Nanggu (ab Tawun mit Boot übersetzen und übernachten)
2. Tag: Tawun – Sekotong – Sepi – Kuta (Übernachtung)
3. Tag: Awang (Abstecher, nur wer Spaß am Fahren einsamer Strecken hat) – Sade* – Sengkol (Markt am Donnerstag) – Penujak (Tonwarenherstellung) – Sukarara (Weberei) – Kediri – Cakra* – Sayang Sayang (Schnitzer) – Gn. Sari – Senggigi

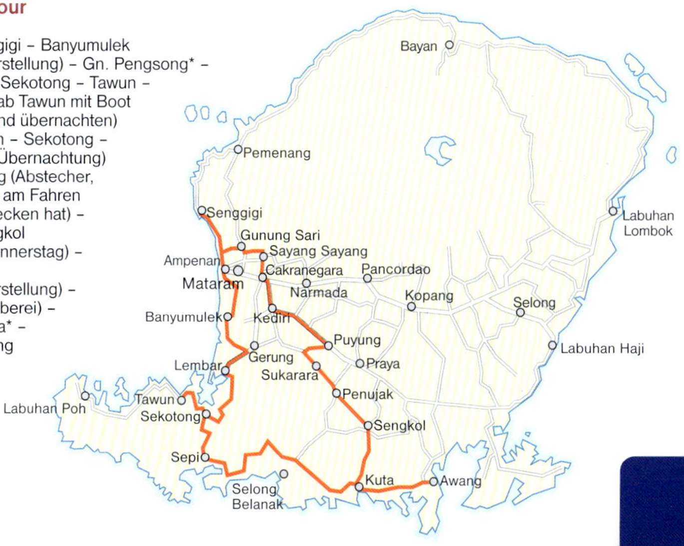

Tank haben. Das Tankstellennetz ist auf Lombok nicht allzu dicht. Außerdem gehört Werkzeug zum Reifenwechsel ins Gepäck.

Die Verkehrsdichte ist auf Lombok erstaunlich gering. Auch auf den Hauptverkehrsstraßen fahren (abgesehen von Cidomos, Pferdewagen) meist ausgesprochen wenige Fahrzeuge. Wer den dichten Verkehr auf Bali gewohnt ist, wird angenehm überrascht sein. Ausnahme sind Sonn- und Feiertage, denn da scheint jeder Lomboker mit dem Motorrad unterwegs zu sein.

Das Mieten von PKW und Motorrädern ist in Mataram und Senggigi ohne Weiteres möglich, aber teurer als auf der Nachbarinsel (siehe Kapitel „Praktische Reisetipps A–Z: Auto- und Motorradfahren").

Organisierte Touren

Um Lombok kennenzulernen, kann man auch auf **Tourveranstalter** zurückgreifen. Hier Vorschläge für originelle Touren:

- **Vespa-Touren:** Mit der Vespa auf Besichtigungstour ins Hinterland, vielleicht zu einer Töpferei und Weberei, zu einem buddhistischen Tempel, einem Fischerdorf und einem chinesischen Friedhof. Wunderbar ist die Fahrt im Beiwagen durch die Landschaft. Ein ausgezeichnetes Mittagessen ist inklusive. Solche Touren organisiert e-ONE Tours & Travel in Senggigi auf Nachfrage: Tel. (0370) 693843 (Office) oder (081) 907229053 (Ewan), www.lomboktoursandtravel.com.
- **Bidy Tours and Travel,** Jl. Ragigenep 17, Ampenan, Tel. (0370) 632127, www.bidytour-lombok.com, ein großer Tour-Veranstalter mit gut ausgebildeten Reiseleitern. Im Programm sind die Rinjani-Besteigung oder Angeltouren. Der Chef des Unternehmens, *Pak Husein,* hat die Organisation Going Green gegründet. Jeder Gast kann sich für einen geringen Betrag ein Bäumchen kaufen und damit zur Aufforstung beitragen.

Öffentliche Verkehrsmittel

Busse

Öffentliche Verkehrsmittel sind reichlich vorhanden, aber oft völlig überfüllt. Dreh- und Angelpunkt aller Verbindungen ist der **Busbahnhof Mandalika** in Bertais (Mataram). Das Bus- und Bemo-Netz ist flächendeckend, in abgelegeneren Gebieten fahren die Vehikel aber nicht so häufig.

Shuttlebusse verbinden alle wichtigen touristischen Ziele. Es gibt konkurrierende Firmen mit unterschiedlichen Preisen und Abfahrtzeiten. Als professionell und zuverlässig bekannt ist Perama (www.peramatour.com).

Dokars und Cidomos

Innerorts und zwischen benachbarten Ortschaften, aber auch zum Transport von der Durchgangsstraße zu einem Dorf, gibt es auf Lombok ein typisches Individualverkehrsmittel, das normalerweise gechartert wird, aber auch feste Routen fährt. Es sind die **kleinen Pferdewagen.** Sie heißen Cidomo, wenn sie Autoreifen haben, mit Holzrädern werden sie Dokar genannt. Auch wenn diese namentliche Einteilung nicht überall so streng eingehalten wird, verbindet sie doch eins: Es handelt sich um zweirädrige Kutschen mit einem bunten Dach gegen Regen und Sonne.

Die Pferde sind mit Glöckchen, Fransen oder kleinen Spiegeln geschmückt. Vier bis sechs Leute haben in einer Kutsche Platz. Die Fahrt im Cidomo ist recht unbequem und langsam, aber wer viel Gepäck dabei hat, für den lohnt es sich schon, so ein Gefährt zu mieten. Bei Touristen mit Gepäck werden meistens nur zwei Personen pro Gefährt befördert. Das Pferdchen ist sicherlich dankbar. Die Preise sind je nach Entfernung Verhandlungssache. Auf den Gilis sind die Kutschen neben Mietfahrrädern das einzige öffentliche Verkehrsmittel, und die Preise sind meist festgesetzt – Verhandeln ist zwecklos.

Für **Autofahrer** und Motorradfahrer stellen diese Verkehrsteilnehmer eine nicht unerhebliche **Gefahr** dar. Plötzlich tauchen sie hinter Kurven auf, im schlimmsten Falle sich gerade gegenseitig überholend. Nachts sind sie in der Regel unbeleuchtet (weil das Pferd ja seinen Weg kennt), Hupen ist zwecklos, die Karren können nicht ausweichen.

Tauchen und Schnorcheln

Auch auf Lombok kann man bei unterschiedlichen Unternehmen **Tauchtouren** buchen. Von der Art der Durchführung unterscheiden sie sich in keiner Weise von den Touren auf der Schwesterinsel Bali. Auch die Preise sind ähnlich. In Mataram gibt es sogar mittlerweile eine eigene Druckkammer, was dem Tauchbusiness auf Lombok weiter Auftrieb beschert.

Die bekanntesten Tauchplätze befinden sich alle an den **Korallenriffen der drei Gilis** vor Pemenang, dort wiederum die besten um Gili Terawangan. 17 offizielle Tauchplätze werden von den Anbietern angesteuert. In der Hochsaison kann es unter Wasser vielleicht ein wenig eng werden. Die Korallen rund um die Gilis zählen nicht zu den schönsten, dafür trifft man aber auf eine Meerestiervielfalt, die einzigartig in Indonesien ist. Man schätzt, dass rund 3000 bis 3500 verschiedene Meeresbewohnerarten vorkommen – die eben teilweise nur hier zu sehen sind.

Auf den Gilis kann man gut **schnorcheln,** außerdem in bescheideneren Gebieten vor den Stränden Senggigis. Im Süden der Insel liegen die Riffs jedoch zu weit draußen, und die Brandung ist zu stark. Vor der Westküste Lomboks sind zahlreiche Riffs zerstört aufgrund der früher praktizierten Dynamit-Fischerei. Eine Ausnahme bilden die kleinen Sandbänke davor. Bei Sambelia besteht die Möglichkeit, Boote dorthin zu chartern.

Vor Senggigi entsteht seit Juni 2014 langsam aber sicher eine neue Tauch- und Schnorchelattraktion: der **Artificial Reefpark** (www.facebook.com/artificialreefparklombok). Mitglieder des *Gili Eco Trust* haben mit staatlicher Förderung und unter künstlerischer Leitung von *Teguh Ostenrik* hier in 3–6 Meter Tiefe eine Metallstruktur versenkt, 7 x 9 Meter große und 1,6 Tonnen schwer. Diese ist verbunden mit einer Stromversorgung, die wiederum durch ein schwimmendes Solarpanel gespeist wird. Dieser Strom zieht das Leben unter dem Wasser an – langsam aber sicher sollen sich die Blauen Korallen, für die Senggigi früher bekannt war, wieder ansiedeln.

Die besten Spots

- **Gili Terawangan:** Die besten Plätze liegen vor dem Westufer (etwa 15 Minuten mit dem Boot). Beim Shark Point kann man sich (fast) sicher sein, Haie zu sehen (glücklicherweise ungefährliche), manchmal tauchen auch Mantas auf. Die besten Schnorchelgründe befinden sich an der Nordspitze der Insel.
- **Gili Meno:** Ebenfalls vor der Westküste sind die besten Plätze mit ausgesprochen vielen Fischen. Der Spot heißt Gili Meno Wall. Schnorcheln ist auf Meno nicht ganz so toll.
- **Gili Air:** Wiederum vor der Westküste gibt es die besten Plätze. Auch hier sind manchmal Haie gesehen worden. Rund um die Insel gibt es Schnorchelplätze.

237ba ss

- **Labuhan Haji:** schöne Korallen, aber weniger Fische, etwa zwei bis drei Stunden Anfahrt ab Mataram/Senggigi.
- **Gili Nanggu:** weniger zum Tauchen geeignet, dafür aber ein wahres Schnorchelparadies. Die Riffs sind ideal für Anfänger, da es kaum starke Strömungen gibt und wunderbare Unterwasserwelten sich in maximal 18 m Tiefe eröffnen.
- **Belongas:** Ein klasse Tauchspot für Großfisch – aber nur für erfahrene Taucher.

Tauchveranstalter

Es gibt, wie auf Bali, etliche lizenzierte Anbieter, fast alle Tauchshops werden professionell betrieben. Zwei Tauchgänge kosten ab 70 US$, je nach Tauchspot und Saison. Theoriebücher für die Kurse sind auch in deutscher Sprache zu haben. Es lohnt sich, in Sachen Tourenveranstalter und Schulen Empfehlungen einzuholen oder sich die Tauchschulen einmal anzuschauen. Was für einen Eindruck macht das Team? Welche Sprachen werden gesprochen? Ist das Equipment modern? Gibt es ökologische Aspekte, die einen Veranstalter auszeichnen? Hier ein paar zuverlässige Adressen, es kommen aber fast stündlich neue Anbieter hinzu:

- **Dream Divers,** Jl. Raya Senggigi, Senggigi, Tel. (0370) 693738, www.dreamdivers.com, sind seit 1996 dabei und sehen sich selbst als Lombok-Tauchspezialisten – 2014 haben die Besitzer gewechselt. Das Unternehmen hat PADI-5-Sterne-Tauchbasen in Senggigi und auf Gili Terawangan (PADI 5-Sterne IDC), auf Gili Air gibt es einen weiteren Ableger.

Beliebtes Fotomotiv: Schildkröte vor den Gilis

- **Blue Coral Diving,** Jl. Raya Senggigi, Tel. (0370) 693441, www.bluecoraldive.com, mit täglichen Trips zu den Gilis. Es werden Nachttauchgänge angeboten, genauso wie sämtliche PADI-Ausbildungskurse.
- **Blue Marlin,** Jl. Raya Senggigi, Tel. (0370) 6132424, www.bluemarlindive.com, hat einen guten Ruf als professionelles Unternehmen, das beispielsweise Kurse in technischem Tauchen anbietet. Jede Tauchstation hat Luxusbungalows mit Restaurant.
- **DSM dive,** Pura Bunga Cottages, Senggigi, Tel. (0370) 693280, www.dsmdive.com, ist ein jugendlicher Newcomer unter französischer Führung. Ab Senggigi und Terawangan werden auch die Spots im Süden Lomboks bei Sekotong angefahren.
- **Manta Dive,** Gili Terawangan, Tel. (0370) 6143649, www.manta-dive.com, PADI-Ausbildungskurse, neue Ausrüstungen und entspannte Atmosphäre im Tauchshop (mit Hängematten für die ganz Entspannten). Tauchen für Anfänger und Fortgeschrittene.

Wandern und Bergsteigen

Am meisten sieht und erlebt man, wenn man sich auf Schusters Rappen fortbewegt. So ist es nicht verwunderlich, dass Touristen von Bali herüberkommen, um an einem Wochenende den **Rinjani** zu besteigen. Wer den Vulkan besteigen möchte, ohne viel selbst organisieren zu müssen, findet in Senggigi, Senaru und anderen Orten Lomboks eine Vielzahl an Veranstaltern. Eine Bergwanderung zum Segara Anak, dem Kratersee, auf 2700 m Höhe unter dem Gipfel des Rinjani gelegen, ist ein Erlebnis. Im Kapitel „Besteigung des Rinjani“ kann man darüber mehr lesen.

Eine andere sehr schöne Wanderung führt von Pringgabaya über Swela durch den Wald am Fuße des Rinjani entlang bis nach **Sembalun Lawang.** Wer auch nur etwas Indonesisch spricht, hat kaum Probleme. Übernachtungsmöglichkeiten gibt es in fast jedem Dorf beim Kepala Kampung, dem Bürgermeister, wenn kein Losmen oder Homestay in Reichweite ist.

Wer sich **verlaufen** hat und jemanden trifft, den er um Auskunft bitten kann, frage nie so, dass mit „ja“ oder „nein“ geantwortet werden kann. Man hat dann keine Kontrolle, ob man richtig verstanden wurde. Also nicht fragen: „Ist dies der Weg nach X?“, sondern „Wo liegt X?“ Und dann die nächste Person, die entgegenkommt, lieber auch fragen. Nach drei bis vier unterschiedlichen Antworten ist sicher eine dabei, die richtig ist.

Lombok mit Kindern

Strände, Wanderungen, Swimmingpools und Einblicke in lokales Handwerk: Lombok hat sich auch für Besucher mit Kindern fit gemacht. Eine Attraktion, Mitte 2012 eröffnet, ist der **Kura Kura Water Park** in der Jl. Sriwijaya in Mataram, neben dem Grand Legi Hotel. Es gibt Wasserfälle, Naturpfade, ein Trampolin, Bungee-Jumping und einen Fischteich, in dem geangelt werden kann. Eintritt 30.000 Rp. in der Woche, 40.000 Rp. am Wochenende.

7 MATARAM UND DIE WESTKÜSTE – LOMBOKS METROPOLE

Der Hafenort, die Verwaltungshauptstadt von Nusa Tenggara Barat, kurz NTB, der Marktflecken und der Busbahnhof: Mittlerweile sind diese vier Orte zu einem einzigen zusammengewachsen. Jeder der vier Ortsteile hat seinen eigenen Charakter: Ampenan ist die ehemalige, heute sehr verschlafene Hafenstadt, Mataram das moderne Verwaltungszentrum und Hauptstadt von Nusa Tenggara Barat, Cakranegara (kurz Cakra) das quirlige Geschäftszentrum. Etwas weiter östlich liegt Bertais mit dem größten Markt und Busbahnhof Lomboks – auf den ersten Blick ein völliges Durcheinander.

NICHT VERPASSEN!

- Großstadtluft schnuppern bei einem Shoppingtrip rund um die **Mataram Mall** | 312
- Ausgedehnte Wanderungen rund um den **ältesten Hindutempel Lomboks: Suranadi** | 318
- **Senggigi** will entdeckt werden – ein guter Abschluss ist ein **Abendessen im Asmara** | 330

Diese Tipps erkennt man an der gelben Hinterlegung.

Lädt zum Flanieren ein: Senggigi Beach

Die Hauptstadt

Ampenan

Der Ort liegt direkt am Meer. Das **ehemalige Hafengebiet** mit seiner Mischarchitektur im holländischen, arabischen und chinesischen Baustil der Kolonialzeit hat allerdings den Charme einer sehr heruntergekommenen Westernstadt.

Die Jl. Pabean (Zollstraße) führt direkt zum Meer. Viele Araber leben in der Nähe des Hafengebietes im ziemlich heruntergekommenen **Kampong Arab.** Außerdem befindet sich hier ein buddhistischer China-Tempel.

Chinesischer Tempel

Rechts an der Jl. Pabean, Richtung alter Hafen, findet sich ein chinesischer Tempel: bunt, kitschig und sehenswert. Geradeaus geht es zur Hafenpromenade.

Strand

Wer sich am Strand nach rechts wendet, erreicht einen der wichtigsten balinesischen Tempel Lomboks, **Pura Segara.** Direkt am Strand gelegen (25 Minuten zu Fuß nach Norden), ist er nicht besonders aufregend, aber die vielen bunt bemalten Fischerboote entschädigen für den Weg. Dahinter schließt sich der riesige chinesische Friedhof an, auf dem sich ein

127ba sb

Spaziergang lohnt. Hier ist es möglich, Zeuge einer Beerdigung zu werden. Wer noch weiter geht, kommt zum Moslemfriedhof – ein erstaunlicher Gegensatz.

Nusa Tenggara Barat Museum

In einem modernen Gebäude, etwas außerhalb (ca. 1 km) nach Süden, befindet sich eine gut sortierte Sammlung zu allen Lebensbereichen der Bewohner von Lombok und Sumbawa. Es gibt einen Webstuhl, Blasrohre, handwerkliche Erzeugnisse, Modelle von Häusern und Schiffen, Trachten und Waffen. Erklärungen in Indonesisch und Englisch.

■ **Nusa Tenggara Barat Museum,** Jl. Panji Tilar Negara 6, Tel. (0370) 632159, Di–Do und Sa–So 8–15.30, Fr 8–16.30, Eintritt 5000 Rp.

Mataram

Mataram ist die **Hauptstadt** (Ibu Kota = Mutterstadt) der Provinz Nusa Tenggara Barat (NTB), zu der Lombok und Sumbawa gehören. An der Hauptstraße Jl. Pejanggik befindet sich eine Behörde neben der anderen, das Ensemble wird bereichert durch einen gigantischen Moschee-Neubau. Die größte und wichtigste Behörde ist der Sitz des Gouverneurs. Das zweite auffällige Gebäude ist die Bank Indonesia.

Der zentrale Platz **Lapangan Mataram** reicht von der Jl. Pejanggik bis zur parallel verlaufenden Jl. Caturwarga. Hier finden Ausstellungen, Veranstaltungen und Feste statt. Besonders in der Woche um den Unabhängigkeitstag ist hier täglich etwas los.

Cakranegara

Der älteste Stadtteil des „Dreiergebildes“ wurde gegründet, als das balinesische Heer Anfang des 18. Jh. Lombok erobert hatte. Der König des Reiches Mataram hatte hier seinen Sitz und ließ viele Bauwerke errichten, von denen einige noch heute stehen. Cakra ist ein quirliger Marktort mit riesigem, fest installiertem **Basar** (viele Warungs auf dem Gelände), Geschäften und anderen Dienstleistungsbetrieben. Fast alle Läden werden von Chinesen geführt.

Meru-Tempel

1720 erbaut unter A. A. Made Karang, einem balinesischen Fürsten, ist der Pura Meru der **größte Tempel der Insel.** Im ersten Hof befindet sich das Glockenhaus, von dem aus die Gläubigen zu Zeremonien gerufen werden (Kul-Kul). Im zweiten Teil werden die Opfer abgestellt. Zwei große Häuser sind extra dafür vorgesehen. Im dritten Teil befinden sich die Merus. An der Anzahl der Dächer kann man erkennen, wem sie geweiht sind (elfstöckig = Shiva, neunstöckig = Wishnu, siebenstöckig = Brahma).

Mayura-Wasserpalast

Der übrig gebliebene und renovierte Teil eines balinesischen Wasserpalastes wurde Ende des 19. Jh. erbaut. In der Mitte des Sees befindet sich das Bale Kampung, hier wurde früher Gericht gehalten.

■ **Öffnungszeiten:** täglich 7–19.30 Uhr, Eintritt: Spende.

Praktische Tipps

Information

■ **Tourist Information/West Nusa Tenggara Tourist Office** (Kantor Parawisata), Jl. Langko 70, Ampenan, Tel. (0370) 640471, www.visitlombok sumbawa.net. Hier gibt es einige Informationen und Karten, die Leute sind überaus nett und hilfsbereit.

Unterkunft

Wer abends die Hauptstadt Nusa Tenggara Barats erreicht, könnte Schwierigkeiten bekommen, ein Zimmer zu finden. Ab 22 Uhr ist generell Schlafenszeit. Man sollte dann vielleicht den Bus- oder Bemofahrer um Hilfe bei der Unterkunftssuche bitten. In Ampenan befinden sich die günstigsten Hotels und Losmen. In Mataram liegen einige sehr gute preiswerte, aber vor allem die teureren Unterkünfte, in denen hauptsächlich Indonesier absteigen. Man beachte, dass bis zu 21 % Steuern und Service zum Zimmerpreis dazukommen können. Am besten aber nimmt man sich ein Taxi nach Senggigi (ca. 65.000 Rp.), hier ist die Auswahl an Unterkünften deutlich größer und die Atmosphäre um einiges lockerer als in der großen, hektischen Hauptstadt.

Ampenan

In Ampenan befinden sich einige günstige Homestays und Hotels entlang der Jl. Koperasi, beispielsweise **Hotel Wisata** ① oder **Hotel Inradi** ①-②. Diese Einfachstunterkünfte sind alle in derselben Preisklasse angesiedelt und werden meist von Besuchern aus Indonesien genutzt. Das Personal spricht nicht unbedingt Englisch, die Zimmer sind nicht unbedingt auf dem neuesten Stand. Sauber allerdings ist es immer.

■ **Hotel Nitour Inn** ③, Jl. Yos Sudarso 4, Tel. (0370) 623780, das Vorzeigehotel Ampenans.

Mataram

■ Hier gibt es ein paar teure Hotels wie das **Lombok Raya** ④, Jl. Panca Usaha 11, Tel. (0370) 632305, mit Swimmingpool, Restaurant und Spa.

■ Ein paar Straßen weiter gibt es günstigere Unterkünfte. Das **Hotel Kertayoga** ②, Jl. Pejanggik 64, Tel. (0370) 621775, bietet den Vorteil, dass das Perama-Büro nicht weit entfernt ist. Um einen kleinen Innenhof sind die einfachen Zimmer angeordnet, die schon bessere Zeiten gesehen haben, mit Klimaanlage, Fernseher und Frühstück.

■ Das **Puri Indah Hotel** ①-②, Jl. Sriwijaya 132, Tel. (0370) 637669, mit Restaurant und Swimmingpool, genießt einen recht guten Ruf, ist sauber und günstig.

Cakranegara

■ Das **Hotel Mataram** ②-③, Jl. Pejanggik 105, Tel. (0370) 634966, ist eine Klasse für sich. Es steht dort als kolonial anmutender Bau inmitten der funktionalen Geschäftsbauten und hat überlebt. Gut überlebt, denn es wird von indonesischen Reisenden und Touristen heftig frequentiert. Hier sind alle Zimmer mit Klimaanlage ausgestattet, beim günstigsten ist ein Fernseher dabei, wer heißes Wasser haben will, zahlt mehr. Auch DVD-Player und Kühlschrank sind möglich.

■ **Hotel Ratih** ②-③, Jl. Pejanggik 127, Tel. (0370) 624865, ist ein Favorit in dieser Ecke: Der Innenhof glänzt mit einem bewachsenen Laubengang, es gibt einen Springbrunnen, alles ist gut in Schuss. Economy-Zimmer mit Deckenventilator oder Standard-Zimmer, WiFi und Frühstück inklusive. Das Haus hat im Hinterhof einen eigenen Parkplatz.

Essen und Trinken

Ampenan

■ **Cirebon,** Jl. Pabean 13, gutes chinesisches Essen.

■ **Pabean,** Jl. Pabean 11, gleich nebenan, gutes chinesisches Essen.

Mataram, Cakranegra

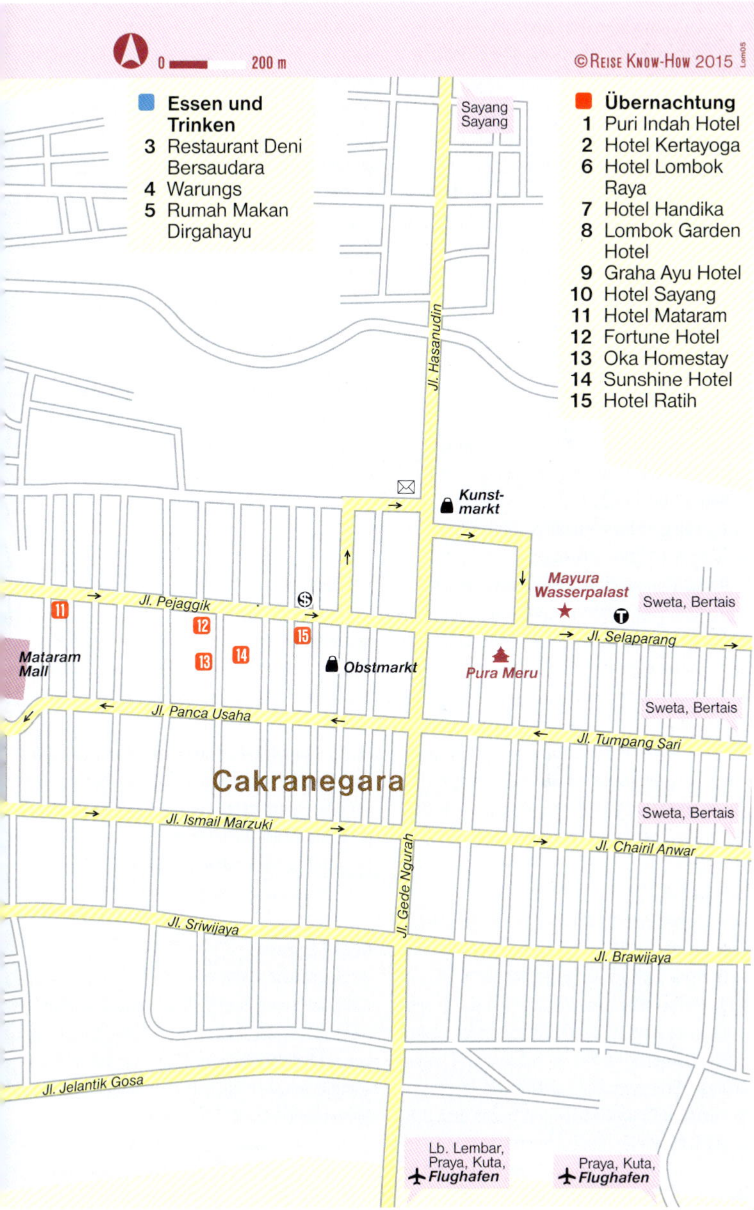
0 200 m
©Reise Know-How 2015
Lom05
Essen und Trinken
3 Restaurant Deni Bersaudara
4 Warungs
5 Rumah Makan Dirgahayu
Übernachtung
1 Puri Indah Hotel
2 Hotel Kertayoga
6 Hotel Lombok Raya
7 Hotel Handika
8 Lombok Garden Hotel
9 Graha Ayu Hotel
10 Hotel Sayang
11 Hotel Mataram
12 Fortune Hotel
13 Oka Homestay
14 Sunshine Hotel
15 Hotel Ratih
Sayang Sayang
Jl. Hasanudin
Kunst-markt
Mayura Wasserpalast
Sweta, Bertais
Jl. Pejaggik
Jl. Selaparang
Mataram Mall
Obstmarkt
Pura Meru
Jl. Panca Usaha
Jl. Tumpang Sari
Cakranegara
Jl. Ismail Marzuki
Jl. Chairil Anwar
Jl. Gede Ngurah
Jl. Sriwijaya
Jl. Brawijaya
Jl. Jelantik Gosa
Lb. Lembar, Praya, Kuta, Flughafen
Praya, Kuta, Flughafen
11
12
13
14
15

■ **Pondok Ampenan** liegt direkt an der „Promenade" am Hafen. Das alte holländische Gebäude, das früher als Bank diente, wurde von einem Holländer liebevoll restauriert und zum Restaurant mit Bar umfunktioniert. Interessierte können sich sogar noch den alten Tresorraum anschauen.

■ **Barokah Bakery,** Jl. Saleh Sungkar, bietet gute Donuts und superscharfe Samosas. Es gibt auch Lombok-Kaffee.

■ **Rumah Makan Arafat,** Jl. Yos Sudarso 23, gutes indonesisches Essen.

■ **Warungs** mit leckeren Süßigkeiten und Kuchen öffnen abends am Platz vor der Jl. Pabean.

Mataram

Hier gibt es einige gute Restaurants mit langen Speisekarten und leckeren Gerichten.

■ **Deni Bersaudara,** Jl. Pelikan 6, serviert sehr gute Sasak-Gerichte. Besonders schmackhaft sind die Hühnchen (Ayam Taliwang).

■ **Depot/Rumah Makan Dirgahayu,** Jl. Cilinaya 10, riesiges Restaurant mit langer indonesischer Speisekarte. Aquarien zieren den Innenraum. Preiswert und lecker (z.B. Rendang).

■ **Rumah Makan Asano,** gleich nebenan, gute Curryhühnchen.

■ Ab 17 Uhr erwachen die unzähligen **Kaki Limas** und kleinen **Warungs** an der Jl. Pejanggik. Hier gibt es eine schlichte, aber überzeugende Nudelsuppen für 5000 Rp.

Mataram Mall

■ **McDonald's** und **Kentucky Fried Chicken** befindet sich in der Mataram Mall.

■ **Delicio,** Bäckerei, Café, Restaurant mit AC, am vorderen Parkplatz in der Mataram Mall. Hier gibt es Kaffee in vielen Varianten, Bier vom Fass, gutes Essen und guten Service zu moderaten Preisen. Dreimal wöchentlich gibt's abends Live-Musik.

■ **Lesehan Taman Sari,** direkt neben dem Delicio. Kleine Berugas (mit Palmenblättern bedeckte Hütten) in einem unerwartet hübschen Garten, preisgünstiges indonesisches und chinesisches Essen.

Cakranegara

Nach Sonnenuntergang verwandeln sich einige Straßen Cakras zum **Nachtmarkt,** insbesondere die Jl. Airlangga. Hier lohnt es, verschiedenste Leckereien zu probieren, herzhafte und süße.

■ **Seefood Ikan Bakar 99,** Jl. Panca Usaha 20 in der Nähe von Seafood Nikmat, aber auf der anderen Straßenseite. Tipp für frischen Fisch und Meeresfrüchte.

■ **Seafood Nikmat,** Jl. Panca Usaha 25, Ecke Jl. Pandudewanata. Chinesische Neonlicht-Atmosphäre, aber preisgünstiges, gutes Seafood. Hier gibt es frische Krebse.

■ **Obstmarkt,** frisches Obst gibt es in der Jl. Jayengrana, einer Straße, die die Jl. Pejanggik mit dem Jl. Panca Usaha verbindet. An der Ecke Jl. Pejanggik befindet sich das riesige Schild des Istora-Sportgeschäfts, hier geht es rechts rein.

Einkaufen

■ Die **Mataram Mall** in der Jl. Pejanggik, Mataram, ist ein riesiges Shoppingcenter mit Supermarkt, Elektroshops, Kleidung, Restaurants etc. Gute Parkmöglichkeiten und Geldautomaten.

■ Der **Shopping-Komplex und Markt von Bertais** ist riesig, hier ist wenigstens ein halber Tag Zeit angesagt. Geschäft reiht sich an Geschäft. Die Anlage liegt am Busbahnhof Mandalika. Die Preise sind hier (mit Handeln) deutlich niedriger als in den Touristenshops in Senggigi oder z.B. in Ubud auf Bali.

Kunsthandwerk

Vergleiche lohnen sich meistens, deshalb sollte man nicht gleich im ersten Geschäft kaufen. Natürlich ist nicht alles wirklich alt, was so aussieht. Vieles ist wie auf Bali neu produziert und nur auf antik getrimmt. Trotzdem handelt es sich hier kaum um Massenware. Wer Glück hat, kann auf Lombok noch ziemlich Altes finden, auf Bali nicht.

■ Auf dem **Kunstmarkt** von Cakra, Pasar Seni/Pasar Sindhu, Jl. Hasanudin, haben sich viele Verkäufer von Kunsthandwerk versammelt. Die Preise sind Verhandlungssache, aber verhältnismäßig korrekt. Große Auswahl an Webereien und Schnitzwerk. Masken und Skulpturen von hoher Qualität.

■ Gut gemachtes Kunsthandwerk zu korrekten Preisen gibt es im **Lombok Handicraft Center** an der Jl. Imam Bonjol.

■ In Sayang Sayang gibt es besonders viele **Kunsthandwerksläden.** Man erreicht den nördlichen Vorort Matarams über die Jl. Hasanudin von Cakra.

■ In Beriuk Maju, nördlich von Mataram (ein Schild weist den Weg ab der Jl. Jendral Sudirman) werden **Flechtwaren,** Boxen und Möbel aus **Lontarblättern** hergestellt.

■ Der **Pasar in Cakra** hat viele feste und offene Stände. Hier gibt es fast alles zu kaufen, insbesondere Tabak, Obst und Gemüse. Etliche Handwerker, hauptsächlich Silber- und Goldschmiede (allerdings recht grobe Arbeiten), sogar einige „Antik-Shops" gibt es. Hauptsächlich indonesische Händler kaufen hier ein und machen dann auf Bali ihr Geschäft.

■ In **Gunung Sari,** einem kleinen Ort nördlich von Mataram, werden **Bambusmöbel** hergestellt.

Webereien

Es gibt einige Handwerksbetriebe, die Webereien herstellen, hauptsächlich Ikat. Besucher sind willkommen, man muss auch nicht unbedingt etwas kaufen.

■ In der Jl. Pejanggik 44, Mataram, befindet sich **Rinjani-Handwoven.**

■ Die Weberei mit Souvenirshop **Selamat Riady** befindet sich in einem Gang an der Jl. Tenun/Ukir Kawi in Cakra.

Wichtige Adressen

■ **Geld:** Bank Negara Indonesia, Jl. Selaparang, und zahlreiche Bankautomaten entlang der Straße und in der Stadt verteilt, beispielsweise beim Hotel Ratih. Es gibt auch einige Wechselstuben mit meist schlechterem Kurs.

■ **Post:** Die Hauptpost befindet sich an der Jl. Sriwijaya 37 in Mataram. Nur hier gibt es einen Poste-Restante-Schalter, Mo–Do 7.30–14 Uhr, Fr 7.30–11 Uhr, Sa 8–13 Uhr. Eine Zweigstelle befindet sich an der Jl. Raya in Senggigi.

■ **Visumverlängerung:** Kantor Imigrasi, Jl. Udayana, Mataram, links neben der Bank Indonesia geht es rein, dann nach 500 m auf der rechten Seite.

Medizinische Versorgung

■ **Rumah Sakit Umum** (Öffentliches Krankenhaus), Jl. Pejanggik 6, Tel. (0370) 623498, hat als einziges Krankenhaus Lomboks eine Spezialabteilung für Touristen.

■ Den besseren Ruf in der Expat-Community Lomboks genießt allerdings die **Risa Clinic,** Jl. Pejanggik 115, Cakranegara, Tel. (0370) 625560.

Aktivitäten

■ **Wellness:** Beauty Clinic und Spa Ening, Jl. Caturwarga 12C (Richtung Ampenan, Verlängerung der Jl. Panca Usaha). Es werden entspannende Gesichts- und Körperbehandlungen angeboten, deutlich preiswerter als in den großen Hotels. Voranmeldung unter Tel. (0370) 632023.

■ **Swimmingpool:** Kolam Renang (Badeanstalt) Adi Tirta, Jl. Langko 84, Mataram. Hier kann man sich an einem Pool herrlich entspannen, ein Fitness-Center ist angeschlossen. Täglich 6–18 Uhr, Fr 14–18 Uhr, Eintritt 15.000 Rp.

Verkehr

Stadtverkehr

Das Nahverkehrssystem funktioniert gut. Die Strecke von Ampenan bis Cakra ist zehn Kilometer lang. Bemos fahren auf festgelegten Routen kreuz und

Chinesen in Indonesien

Holländer warben als erste Chinesen als Kulis an, da diese fleißig arbeiteten und kein großes Risiko darstellten. Man gab ihnen später Privilegien und förderte ihre Geschäftsinteressen, man stellte sie sozusagen zwischen Indonesier und Holländer. Sie gründeten Geschäfte, Restaurants und Großhandlungen. Als die Holländer Indonesien verließen, blieben die Chinesen und vergrößerten ihre Unternehmen mit Erfolg, da sie schon seit jeher geschäftstüchtig waren.

Heute leben in ganz Indonesien etwa 3,5 Mio. (= 3 %) Chinesen, die aber fast 70 % der Gesamtwirtschaft kontrollieren. Das hat ihnen reichlich Antipathien eingebracht. Viele Indonesier neiden ihnen den Erfolg, und man versucht mit allen Mitteln, die Identität dieser wichtigsten Minderheit zu verwischen. All das hat jedoch nichts gegen das starke Gemeinschaftsgefühl und Traditionsbewusstsein der Chinesen ausrichten können.

Auf Lombok ist Cakranegara der Ort mit den meisten Chinesen. Fast jedes Geschäft und jedes zweite Restaurant gehört ihnen, ganz abgesehen von Bemos, Bussen etc. Cakra ist der geschäftigste Ort auf ganz Lombok. Wenn es etwas auf Lombok zu kaufen gibt, dann hier. Auch in Ampenan wohnen viele Chinesen. Hier befinden sich der größte chinesische Friedhof und ein chinesischer Tempel.

quer durch Ampenan, Mataram und Cakranegara bis zu den Endstationen Bertais, dem Busbahnhof im Osten, und Kebon Roek im Westen. Innerstädtisch sind die gelben Bemos die richtigen. Sobald es dunkel wird, so ab 18.30 Uhr, wird der Bemo-Verkehr allerdings sehr spärlich. Es lohnt sich dann, auf Taxis umzusteigen.

Jede Strecke kostet 5000 Rp. Einfach an der (richtigen) Straße die Hand raushalten, wenn der nächste Minibus oder das nächste Bemo kommt. Am besten gleich nach der angesteuerten Endstation fragen. Von Kebon Roek fahren Minibusse nach Senggigi und weiter nördlich, ab Bertais fahren Busse in alle Richtungen.

Taxis

Taxifahrten sind sehr preisgünstig und oft die bessere Alternative zum Bemo.

- **Lombok (Bluebird) Taxi,** Tel. (0370) 627000.
- **Express Group Taxi,** Tel. (0370) 647555.

Minibusstation Kebon Roek

An der Ortsausfahrt von **Ampenan,** gleich neben dem Markt, befindet sich die Minibusstation Kebon Roek. Von hier fahren Bemos nach **Senggigi** für 5000 Rp. Wer weiter will, etwa nach Mangsit, muss in Senggigi umsteigen oder mit dem Bemofahrer verhandeln.

> Die Mataram Mall, ein modernes Shoppingzentrum mit Gastronomie und Supermarkt

Busterminal Mandalika

Mandalika in **Bertais** ist der größte Busbahnhof Lomboks und die östliche Endstation der Stadtbemos. Von hier fahren Busse und Bemos zu jedem Punkt der Insel, der mit Motorkraft zu erreichen ist. Der Transport ist eine günstige Sache: So kostet etwa die Fahrt von Bertais bis nach Tanjung an der Nordwestküste 25.000 Rp., aussteigen ist überall möglich. Die Preise ändern sich schnell, daher am besten tagesaktuell checken. Auch die Touristeninformationen können normalerweise die Tarife nennen.

Der Busbahnhof selbst kommt recht aufgeräumt daher: Im Innenbereich, hinter der Schranke, fahren die Überlandbusse, draußen, auf der hinteren Seite, die Busse für den Transport auf Lombok. Es gibt eine Aufenthaltshalle, fliegende Händler für alles, was Reisende so brauchen, und etliche Warungs.

Der Transport auf Lombok wird außerhalb des eigentlichen Busbahnhofs gemanaged. Sobald ein Tourist auftaucht, wird er gleich von Schleppern belagert, die immer den „local price" für jede Strecke anbieten und einen zum jeweiligen Transportmittel bringen. Für 25.000 Rp. sollte eigentlich jede Strecke von hier aus auf Lombok zu haben sein. Viel höhere Preise sind also meist Mondpreise und enthalten eine ordentliche Kommission.

125ba sb

Zum Fährhafen Labuhan Lembar zahlt man mit dem Bemo 10.000 Rp. Der Bus hält am Pasar Lembar, etwas außerhalb des Hafengeländes. Man muss etwa einen Kilometer laufen oder ein Cidomo chartern. Fahrkarten für die Fähre gibt es am Schalter. Die Preise für die Fähre sind die gleichen wie ab Padangbai (siehe „Anreise von Bali").

Fernbusse nach Sumbawa, Bali und Java: Tickets gibt es im zentralen Gebäude an den Schaltern der Busgesellschaften oder auch in deren Büros direkt, zum Beispiel: Bali Indah, Jl. Selaparang 65c; Langsung Indah, Jl. Hasanudin 22, oder Reisebüros wie Perama (s.u.). Wer in Senggigi sein Ticket kauft, bekommt in der Regel einen freien Transfer nach Bertais. **Platzreservierungen** sind möglich, wenn das Ticket mindestens zwei Tage im Voraus gekauft wird. Später sind die meisten Busse schon gebucht und die besten Plätze besetzt.

Bei den Fern- oder Überlandbussen gibt es für verschiedene Strecken **verschiedene Anbieter.** Diese fahren zu unterschiedlichen Zeiten (vor Ort fragen). Einige Fahrpreise: Denpasar 175.000 Rp., Labuan Bajo 450.000 Rp., Surabaya 400.000 Rp., Jakarta 650.000 Rp. Für diese Busse gibt es im Busbahnhof Mandalika eigene „Terminals". Oben steht auf Schildern der Zielort, unten steht der Bus. Vor Abfahrt läuft der Kontrolleur herum und sammelt seine Passagiere ein. Also nicht zu weit vom Bus entfernen.

- **Perama Tours & Travel,** Jl. Pejanggik 66, Mataram, Tel. (0370) 635928, www.peramatour.com. Neben dem Shuttlebusverkehr gibt es hier gute, aktuelle Infos über Bali, Lombok, Sumbawa und Komodo, Tickets aller Art, Auto- und Motorradverleih, oder auch Zubehör für die Rinjani-Besteigung.
- **PT. Lombok Independent,** Shuttlebusse und Touren von und nach den Gilis. Jl. Gunung Kerinci 4, Mataram, Tel. (0370) 642323.

Flug

Lomboks Internationaler Flughafen **Lombok International Airport** (LOP) liegt rund 40 Kilometer südlich von Mataram, rund 1½ Std. Anfahrt nach Senggigi (siehe „Anreise von Bali").

Umgebung von Mataram

Von der Hauptstadt aus können die meisten Orte auf Lombok als Tagesausflüge besucht werden. Einige Unternehmen bieten Rundfahrten an. Die folgenden Orte gehören sozusagen zum „Pflichtprogramm“ (siehe auch „Tourenvorschläge“ im Kapitel „Lombok Praktische Reisetipps“).

Gunung Pengsong

Von diesem **Bali-Tempel** auf einem Berg mit vielen Affen, ca. neun Kilometer südlich von Mataram, gibt es eine schöne Aussicht. Einmal im Jahr wird hier zum Dank für eine gute Ernte ein Büffel geopfert, der mit großem Spektakel die steile Treppe (236 Stufen, 75–100 m hoch) hinauf in den Tempel geschafft wird. Den genauen Termin erfährt man bei Balinesen. Eintritt: Spende.

Gleich in der Nähe befindet sich **Dusun** Karang Bayan, ein Dorf, das diverse Holzschnitzer beheimatet.

Narmada

Zwölf Kilometer östlich von Cakra an der Hauptstraße nach Labuhan Lombok liegt dieser alte **Tempel- und Palastbezirk.** Er wurde 1805 erbaut von einem balinesischen Raja, der sich hier Dorfschönheiten auswählte. Die Park-Anlage (Eintritt 10.000 Rp.) ist dem Rinjani-Massiv nachempfunden, benannt wurde sie nach einem heiligen Fluss in Indien. Der Park ist in Narmada mit „Taman Narmada“ (von Mataram kommend rechts) beschildert.

Heute ist dies ein populäres **Erholungsgebiet** für Bürger aus Ampenan, Mataram und Cakra, mit drei kalten Swimmingpools, Bäumen und Gärten (Frauen gehen besser mit Oberbekleidung ins Wasser). Es gibt aber auch noch eine separate Badeanstalt innerhalb der Anlage (für „besser Verdienende“, kostet Eintritt extra, dafür aber weniger Publikum).

Eine gigantische **Wasserleitung** der Holländer durchzieht die ganze Anlage und wird auch als Weg benutzt. Innerhalb der Anlage gibt es einige Warungs sowie ein Restaurant, das weitere außerhalb liegt.

Ein **Tempel** wird noch benutzt. Er ist Shiwa geweiht. Einmal im Jahr findet hier die Pujawali-Zeremonie statt, um Batara, dem Herrscher des Berges Rinjani, zu huldigen (Siehe auch „Balinesen auf Lombok“).

Vor allem zur Zeit des Unabhängigkeitstages (17. August) finden hier gelegentlich die **„Meisterschaften“ im Perisean** statt (siehe Exkurs), ein ausgesprochen spannendes Spektakel, das man sich auf keinen Fall entgehen lassen sollte, wenn man das Glück hat, gerade da zu sein. Auf jeden Fall im Touristenbüro nachfragen.

An der Straße von Senggigi nach Narmada kommt man an vielen **Fischzüchtern** vorbei, die Süßwasserfische anbieten (Karper, Nila, manchmal auch Goldfische: Ikan Mas). In den Fischrestaurants am Weg werden die kleinen Fische knusprig gebraten oder als leckeres, scharfes Curry serviert *(Bumbu Kuning)*.

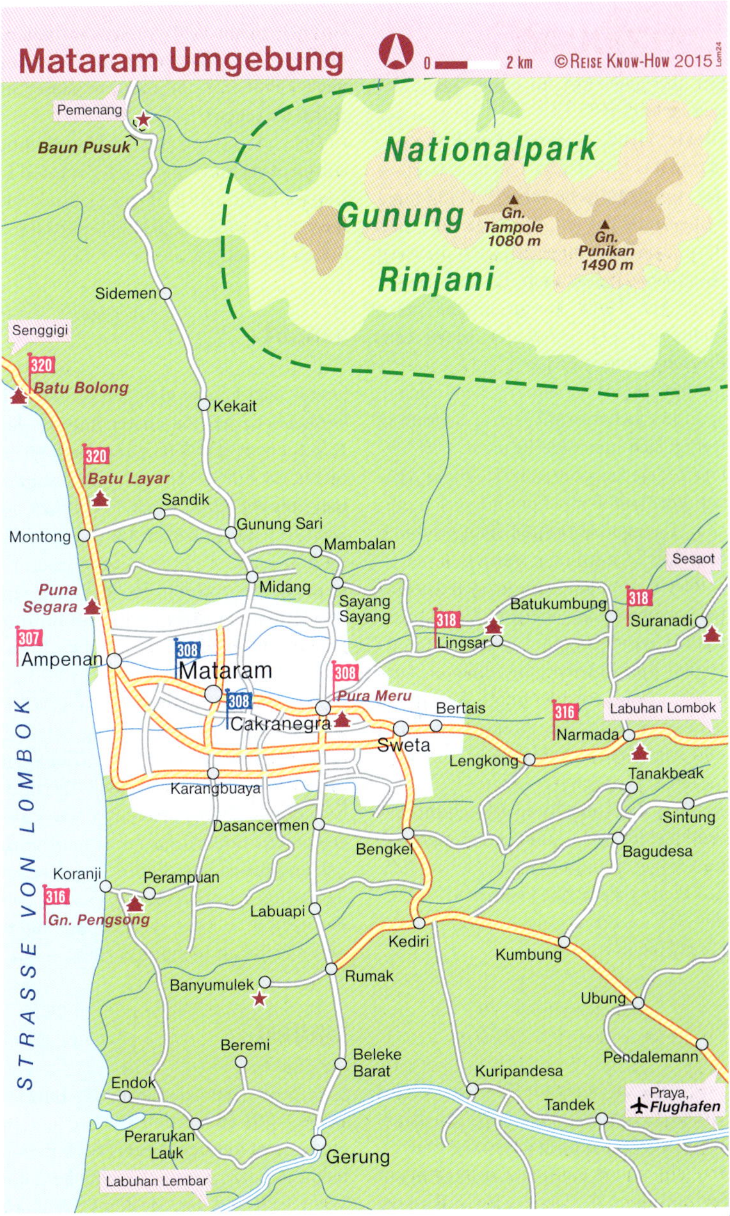
Mataram Umgebung
0 2 km
©Reise Know-How 2015
Lom24
Nationalpark
Gunung
Rinjani
Gn. Tampole 1080 m
Gn. Punikan 1490 m
Pemenang
Baun Pusuk
Sidemen
Senggigi
320 Batu Bolong
Kekait
320 Batu Layar
Sandik
Montong
Gunung Sari
Mambalan
Midang
Sesaot
Puna Segara
Sayang Sayang
318 Lingsar
Batukumbung
318 Suranadi
307 Ampenan
308 Mataram
308 Pura Meru
308 Cakranegra
Bertais
Sweta
316 Narmada
Labuhan Lombok
Lengkong
Tanakbeak
Karangbuaya
Sintung
Dasancermen
Bengkel
Bagudesa
Koranji
Perampuan
316 Gn. Pengsong
Labuapi
Kediri
Kumbung
Rumak
Banyumulek
Ubung
Beremi
Beleke Barat
Pendalemann
Kuripandesa
Endok
Tandek
Praya, Flughafen
Perarukan Lauk
Gerung
Labuhan Lembar
STRASSE VON LOMBOK

Suranadi

Ein herrlicher Ort für einen Tagesausflug ist Suranadi. Hier befindet sich der **älteste Hindu-Tempel Lomboks.** Er wurde um eine heilige Quelle gebaut, in der vier gigantische (über 1,50 m lange) heilige Aale hausen. Sie verstecken sich normalerweise unter der Uferböschung des kleinen, glasklaren Tümpels, kommen aber, wenn sie von einem „Fachmann" mit hart gekochten Eiern zum Fressen gelockt werden.

Man benötigt einen Tempelschal, Spende erbeten. Am späten Nachmittag treffen sich hier viele Besucher aus Mataram, feiertags herrscht richtiger Trubel. Vor dem Tempel befinden sich etliche Warungs, an denen hauptsächlich Sate-Spieße angeboten werden.

Gleich nebenan befindet sich das **Hotel Suranadi** mit einem kühlen Quellwasser-Swimmingpool (Wasser 18 °C, 10.000 Rp. Eintritt), ein beliebter Ausflugsort wohlhabender Lomboker. Trotzdem ist es unter der Woche sehr ruhig und leer, ein herrlicher Platz zum Faulenzen.

Auch die Umgebung ist schön: Urwald, Felder, viele Affen, Schmetterlinge und Vögel. Ein Spaziergang lohnt sich. Ein kleiner **Park** mit „Lehrpfad" befindet sich an der Straße, ca. 300 m links vorm Hotel.

Golfplatz

Wer links am Suranadi Hotel vorbei der Straße ca. fünf Kilometer folgt (an diversen Kreuzungen nach dem Weg fragen), erreicht einen Golfplatz mit riesigem Swimmingpool. Der **G.E.C. Rinjani Country Club** liegt ca. drei Kilometer nördlich der Hauptstraße von Mataram nach Labuhan Lombok (von dieser in Sedau abbiegen). Es handelt sich um ein riesiges Areal mit Luxus-Unterkunft, Tennisplatz und einem 18-Loch-Golf-Course. Information/Buchung direkt im Resort, Tel. (082) 897030270, www.lombok-golf.com.

Sesaot

Sesaot liegt an der gleichen Straße wie Suranadi, ca. vier Kilometer entfernt, gerechnet von der Kreuzung, an der es rechts nach Suranadi geht. Ein bequemer Fußweg führt zu dem Marktflecken. Der Ort liegt am Rande des Dschungels, in dem Edelhölzer geschlagen und abtransportiert werden. In der Regenzeit von Januar bis Mai gibt es hier Stromschnellen, eine schöne Gegend für Wanderungen.

Tipp: Wer mit eigenem Fahrzeug unterweg ist und noch ein wenig Zeit hat, fährt die Straße einfach weiter: Es folgen rund 30 Minuten mit Sasak-Dörfern, Kakao- und Orangenplantagen, Dschungelszenerie und Dörfern mit Namen wie Labahsempaga oder Repoktatar. Die gut befahrbare Straße endet in Sedau, von hier geht es auf der Hauptstraße Mataram – Labuhan Lombok zurück.

Lingsar

Die große Tempelanlage von Lingsar wurde 1714 erbaut und 1874 renoviert. Sie ist nicht nur den Hindus auf Lombok heilig, sondern auch den Anhängern des Wetu Tulu und den Moslems der Insel.

Vor ihr befindet sich ein großzügiger **Park,** in dem oft Picknicks veranstaltet werden. Hier befinden sich ein Becken mit heiligen Aalen und einige Schreine, in denen Steine vom Gunung Agung (Bali) seit der Tempelgründung aufbewahrt werden. In dem Becken liegen hauptsächlich Geldmünzen. Aal selbst sei manchmal bis gelegentlich zu sehen, sagt der Verkäufer von gekochten Eiern. Eintritt: Spende, Tempelschal erbeten.

Festival Perang Topat

Jährlich zum sechsten Vollmond (nach dem Bali-Kalender) wird in Lingsar das Perang-Topat-Festival gefeiert (Ketupat, abgekürzt Topat = in Palmblätter eingewickelter und gekochter Reis; Perang = Krieg). Der „Krieg“ findet nachmittags nach den Opferungen und Zeremonien des Tages vor dem Tempel zwischen Hindus und Wetu Telu statt, indem sich die Beteiligten mit Ketupat-Reiskugeln bewerfen. Jeder, der dieser Zeremonie beiwohnt, muss damit rechnen, dass er getroffen wird. Anschließend werden die gebrauchten Reiskugeln gesammelt und auf den Äckern vergraben. Das soll die Fruchtbarkeit steigern.

Schon zehn Tage vor dem Perang Topat finden Veranstaltungen als Rahmenprogramm zu diesem Fest statt, z.B. Perisean, Topeng Dance, Drama Gong. Das Programm ist in der jeweiligen Touristeninformation zu erfahren.

Der Tempel

Folgende Ausführungen basieren auf einem Aufsatz von *Prof. Dr. A. Leemann.*

Der Tempel in Lingsar ist ein ganz besonderes Bauwerk. Er besteht aus zwei getrennten Abteilungen, dem Pura der Hindus und dem Kemali der Wetu Telu (siehe „Religionen Lomboks“). Diese beiden Teile liegen unterschiedlich hoch, unten, im Süden, der Kemali, oben, nördlich, der Pura. Sie sind durch zwei Tore über Treppen miteinander verbunden, werden aber getrennt genutzt.

Im linken, hinduistischen Teil steht ein Schrein (Hyang Tunggal), der auf den Göttersitz auf Bali, den Agung, ausgerichtet ist (darum liegt dieser Schrein nicht im Nordosten, wie auf Bali üblich, sondern im Nordwesten). Im Nordosten steht ein anderer, Bhatara Gunung Rinjani gewidmeter Schrein, der auf den hiesigen Göttersitz, den Rinjani, weist. In der Mitte steht dazwischen noch ein Doppelschrein, der ganz besonders den Zusammenhang Lomboks mit Bali symbolisiert: Der linke Teil ist Gadoh, dem Mächtigen von Lombok, gewidmet, der rechte, so genannte Bukit-Teil des Schreins ist Bhatara Sakti Alit, dem Gottessohn der Königstochter Ayu Nyoman Winten, gewidmet. Der Name wird auf den Bukit-Tempel bei Amlapura zurückgeführt. Rechts neben dem Doppelschrein steht noch eine Besonderheit: der Ida-Ngurah-Schrein. Er ist mit Steinen versehen. Alle dem Lingsar-Tempel gewidmeten Anlagen müssen Steingaben aufweisen.

Der rechte, Wetu-Telu-Teil des Tempels hat einen mit Kacheln verkleideten Teich, in dem heilige Aale leben. Er ist Wishnu geweiht.

Außerdem gibt es ein größeres Gebäude, in dem etwa 10 kg schwere Lavablöcke aufgestellt und mit weißen und gelben Tüchern geschmückt sind. Hier hängen von chinesischen Händlern gestiftete Spiegel mit Inschriften, die um Erfolg im Handel bitten. Auch Bauern erflehen hier gesegnete Ernten mit Gaben an Dewi Sri oder mit Eierspenden für die schwarzen und weißen Aale. Junge Burschen rufen mittels Klopfzeichen die Aale aus ihren Verstecken und füttern sie mit den zuvor bei ihnen gekauften Eiern.

Vom Eingang aus rechts, befindet sich das Mandi Wanita, ein großer Wasch- und Reinigungsplatz für

Frauen. Der für Männer befindet sich hinter dem Tempel. Eine Dusche mit frischem, angenehmem Quellwasser; wer Badezeug dabei hat, kann fragen, ob er diese rituellen Waschplätze benutzen darf.

Von Ampenan nach Senggigi

Batu Layar

Batu Layar bei Montong ist das wichtigste **Heiligtum der Wetu Telu** – das Grabmal eines heiligen Mannes, der wie ein Gott verehrt wird. Das Heiligtum befindet sich wenige Kilometer nördlich von Ampenan. Viele Stufen führen hinauf zu einem kleinen Gebäude, in dem Opfer gebracht werden. Ein Moslemfriedhof gleich dahinter, mit knorrigen Frangipanibäumen, gibt der ganzen Anlage eine mystische Atmosphäre.

Einmal im Jahr, sieben Tage nach Hari Raya (dem Ende des muslimischen Fastenmonats) findet hier ein großes Festival statt: **Lebaran Ketupat.** Tausende von Menschen kommen hierher, veranstalten Picknicks, fliegende Händler verkaufen Ramsch, es gibt Musik und Spektakel. Man isst und opfert Ketupat (Reiskuchen), daher der Name (siehe auch Kapitel „Lombok – Die Insel und ihre Bewohner/Religionen“).

Unterkunft

- **Jayakarta Hotel** ④, Tel. (0370) 693045, www.jayakartahotelsresorts.com, 4-Sterne-Strandhotel in Montong. Sehr kinderfreundlich, großer Babypool und Spielplatz. Der Pool kann auch von Nicht-Gästen gegen eine Gebühr benutzt werden.
- Aik Genit Montong liegt zwischen Ampenan und Senggigi. Ein bisschen Urlaub auf dem Bauernhof kann man bei *Saleh* und der Deutschen *Sylvia* erleben – in Sylvias Haus, dem **Gästehaus Sasiba** ②, Tel. (0370) 6609001, www.villasayanggilimeno.com. Das kleine Homestay hat nur zwei Zimmer mit Kühlschrank, schicken antiken Möbeln und einem geschmackvollen Bad, es ist sehr gemütlich und supersauber. Besucher wohnen am Rand eines Dörfchens mitten im Grünen, mit Ziegen, Hühnern, Kaninchen und einem Haushund. Sylvia bietet professionelle Fußreflexzonenmassage sowie Reiki an. Außerdem gibt es hausgeräucherten Rinderschinken und Räucherfisch.

Verkehr

Die Verkehrsverbindung nach Senggigi ist gut, Bemos fahren bis ca. 18.30 Uhr (5000 Rp.). Danach ist man auf Taxis oder kostenlosen Abholservice der Restaurants in Senggigi angewiesen.

Batu Bolong

In Batu Bolong wird klar, dass es nicht mehr weit nach Senggigi ist. Die Dichte an Restaurants und Guesthouses nimmt zu. Bis dorthin sind es noch etwa zwei Kilometer Strandwanderung, drei Kilometer auf der Straße. Sobald das be-

⊡ Erhebender Anblick:
Regenbogen über dem Strand von Batu Bolong

kannte Café Wayan auf der rechten Straßenseite liegt, ist lockere Fußentfernung nach Senggigi Beach erreicht.

Pura Batu Bolong ist einer der **ältesten balinesischen Tempel** auf Lombok. Er ist auf einer Felsklippe erbaut, die ins Meer ragt, allerdings nicht mit den Tempeln auf Bali zu vergleichen. 2010 wurde die Anlage komplett renoviert und erstrahlt wieder im alten Glanz.

Der Sonnenuntergang ist sehenswert. Bei gutem Wetter kann die Sicht bis zum Gunung Agung auf Bali reichen. Spektakulär brechen sich hier die Wellen bei rauer See. Schön ist es, morgens und abends Balinesen zuzuschauen, die Opfer bringen oder im Warung vor dem Eingang sitzen. Eintritt: Spende.

Unterkunft

Siehe unten: Senggigi

Essen und Trinken

■ **Café Wayan,** Batu Bolong, kurz vor Senggigi aus Ampenan kommend auf der rechten Seite. Frisches Brot, Brötchen, Croissants usw. Dem Besitzer gehört auch das Café Wayan in Ubud.

■ **La Chill Bar,** Batu Bolong, Tel. (0370) 693925, www.lachillbar.com, mit Pizza und Beanbags am Strand ein guter Ort, um den Sonnenuntergang chillend zu erleben.

■ **Temptations,** BTN Green Valley, Tel. (0370) 693251, mit Marmeladen, Yoghurt, Kuchen, Brot – alles selbstgemacht und lecker.

126ba cn

Senggigi
0 200 m
©Reise Know-How 2015
Bali110
Kerandangan, Mangsit, Bangsal
DSM Tauchcenter
Polizei
Art Market
Clinic
Jalan Raya Senggigi
Senggigi Square
Dream Divers Tauchcenter
Blue Marlin Dive Tauchcenter
Perama
Batu Bolong, Ampenan
Übernachtung
1 Puri Saron Hotel
2 Pacific Beach Cottages
3 Puri Bunga Beach Cottages
4 Sheraton
6 New Pondok Shinta
7 Pondok Shinta
7a Sonya Home Stay
11 Lena Hotel
13 On The Way Hostel
18 The Wira Guesthouse
19 Senggigi Beach Hotel
20 Bale Bule
21 Hotel Sendok
22 Hotel Dharmarie
23 Lina Cottages
25 Hotel Graha Senggigi
29 Beach Club
30 Made's Homestay
33 Bale Ku
34 Bumi Aditiya
Essen und Trinken
5 Lotus Bayview, Quake
8 Asmara
9 Taman Restaurant
10 Square Restaurant
12 Café Lagoons
15 Dream Divers
17 Bar U
18 The Wira Café
23 Lina Restaurant
27 Naga Restaurant
28 Café Alberto
31 Batu Bolong Restaurant
32 Café Wayan
Nachtleben
14 Happy Café
16 Papaya Café
24 Marina Café
26 Dragon Discotheque

Senggigi

Auf den ersten Blick wirkt Senggigi verschlafen. In der Tat hat die „Primadonna" von Lombok schon bessere Zeiten gesehen. Doch die Tendenz ist weiterhin ansteigend, es wird investiert, Senggigi als gut funktionierendes Touristenresort ist einen Besuch wert. Der Strand ist weitläufig und oft menschenleer.

Senggigis **Sonnenuntergang** ist wunderschön, und das fast jeden Abend. Häufig kann man sogar den Agung auf Bali sehen. Kaum ist es dunkel, erscheint eine lange Lichterkette auf dem Meer – ein Fischerboot reiht sich ans nächste. Eine besondere Anziehungskraft über die Lomboker Expat-Szene hinaus gewinnt Senggigi vor allem durch seine so erfrischend unkonventionellen Bars und Restaurants. Wer samstagabends bei Live-Musik das Leben im „Happy Café" oder im Oldtimer „Marina" sieht, glaubt sich um Jahre zurückversetzt – und wird seinen Spaß haben.

Praktische Tipps

Information

- Das **Büro von Perama** in der Jl. Raya Senggigi ist immer eine gute Erstinformations-Quelle. Es hilft, sich auch bei den Hotels und Restaurants zu erkundigen.

Unterkunft

Die meisten Unterkünfte gehören zur **gehobenen Klasse** ab 40 US$/Tag aufwärts oder es handelt sich um Fünf-Sterne-Hotels wie beispielsweise das Senggigi Beach Hotel. Im Normalfall sind die Preise verhandelbar. Übers Internet gebucht, sind die meisten Sterne-Hotels erheblich preiswerter. Bei vielen Hotels wird der Nettopreis angegeben, dazu kommen oft noch 15 % Steuern. In der **mittleren Preisklasse** finden sich Zimmer und Bungalows um 250.000 Rp.

Es gibt auch einige wirklich **günstige Homestays,** die aber meist nicht am Strand liegen, da für Strandgrundstücke Mondpreise verlangt werden.

Besucher müssen sich innerhalb von 24 Stunden bei der Polizei **registrieren** lassen. Dieser Service wird normalerweise von den Hotels übernommen.

Es gibt auch die Möglichkeit, **Villen** zu mieten. Diese sind meist hochklassig und liegen an schönen Plätzen im Hinterland. Die meisten haben einen Pool, einen erstklassigen Ausblick und alles, was einem Hausbesitzer auf Zeit am Herzen liegt. Bis zu sechs oder acht Menschen können meist locker untergebracht werden, eine hervorragende Möglichkeit für Familien, das Leben nach eigenem Gutdünken zu organisieren. Eine gute Internetadresse, um sich zu orientieren oder zu buchen ist www.lombokhomes.com.

Hier eine Auswahl einiger typischer Unterkünfte in Senggigi in der Reihenfolge von Süden nach Norden.

Im Süden nahe Batu Bolong

- **Bale Ku** ②, Tel. (0370) 6606060 ist ein Lesertipp: „Die Zimmer sind renoviert und sauber, (...) Man fühlt sich gut aufgehoben, die Besitzerin *Eku* kümmert sich rührig und erfüllt jeden Wunsch, wenn sie es ermöglichen kann, holt auf Wunsch Erkundigungen ein und steht mit Rat und Tat zur Seite."
- Auf der rechten Straßenseite liegt **Made's Homestay** ①, eine Einfachstunterkunft mit einer Reihe hintereinander angeordneter Zimmer. So hat jedes eine Terrasse. Die sauberen Zimmer sind kaum größer als das darin stehende Doppelbett. Das Bad hat nur kaltes Wasser, aber Frühstück ist inklusive

Das Kampfspiel Perisean

Perisean ist wohl das Aufregendste, was einem auf Lombok geboten wird: ein Kampfspiel, bei dem zwei Kontrahenten mit 1,50 m langen Bambusrohren aufeinander einschlagen. Veranstaltungen finden zur Zeit des „Unabhängigkeitstages", also um den 17. August, statt oder zu örtlichen Festivitäten wie beispielsweise dem Senggigi Festival im Juli.

Der folgende Text stammt von Max Knaus aus Wien, der sich auf Lombok ausgiebig mit Perisean beschäftigt hat.

167ba pr

Geschichte und Volksglaube

Dem Perisean ähnliche Kampfspiele gibt es überall in Indonesien. Hier wäre zum Beispiel das Gebug auf Ost-Bali, das *Karaci* und das *Parise* auf Sumbawa zu erwähnen. Dennoch haben die Sasak dem Kampfspiel eine eigene Prägung gegeben. Dies sowohl in der Regelauslegung und der Modifizierung der Geräte als auch in der Verwendung von Zaubersprüchen und Beschwörungsformeln.

Bei den Sasak zeigt sich eine Vermischung islamischer und animistischer Glaubensvorstellungen. Denn obwohl sie ab der ersten Hälfte des 16. Jh. islamisiert wurden, konnten sich Teile des Naturglaubens bis heute halten. Aus diesem Grund kommen Koransprüche und animistische Orakelsprüche gemeinsam in einer Zeremonie zum Ausdruck.

Ursprünglich diente das Kampfspiel der Stärkung der jungen Sasak-Krieger, darüber hinaus schrieb man dem Spiel magische Kraft in Bezug auf das Wetter zu. Es wurde auf trockenen, abgeernteten Reisfeldern vollzogen, und der Volksglaube sagt: „Gott schickt Regen, um die Kopfwunden der Kämpfer zu waschen." Heute ist es zu einem Sport für Männer aller Altersklassen und Berufsgruppen (Bauern, Handwerker usw.) geworden.

Waffen und Kleidung

Die Kleidung der Kämpfer besteht aus dem traditionellen Sarong (ein um die Hüften gewickeltes, bis zu den Waden reichendes Tuch) oder aus Hosen im westlichen Stil. Der Oberkörper bleibt unbekleidet, und auch die Schuhe werden vor dem Kampf ausgezogen. Um die Nieren zu schützen und um den *Bebadong* (Zauberspruch) aufzunehmen, wird um die Hüfte ein Tuch geschlungen. Auch der Kopf wird durch ein Tuch geschützt.

Jeder Kämpfer benutzt im Kampf Stock und Schild. Der Stock wird in der rechten, der Schild in der linken Hand gehalten.

Jetzt geht's ums Ganze

Der Stock *(Penjalin)* besteht aus einem Stück Rotan und ist ca. 1,20 m lang. Er wird geräuchert und mit Honig behandelt, um ihn elastisch zu machen. Am Griffende ist der Stock auf einer Länge von ca. 50 cm mit einer dünnen Schnur umwickelt, um ihn griffiger zu machen. Am anderen Ende ist er auf einer Länge von ca. 15 cm ebenfalls mit einer dünnen Schnur umwickelt und mit einem kleinen Knauf versehen, um Stichverletzungen auszuschließen. Der mit Schnur umwickelte Stock wird in Reisleim *(jajan tujaq)* getaucht, um der Schnur Halt zu geben und um dem Stock zusätzlich Elastizität zu verleihen. Früher wurden an der Spitze des Stockes auch Metallspitzen befestigt. Diese waren sehr gefährlich und werden heute nicht mehr benutzt.

Der Schild *(Ende)* besteht aus einem Bambusrahmen, der mit Rotan verstrebt und verstärkt ist. Er wird mit Ziegen- oder Büffelhaut bezogen und hat einen hölzernen Griff. Die Abmessungen betragen ca. 60 x 80 cm. Die Schilde weisen unterschiedliche Bemalung auf. In Narmada konnte ich Schilde mit weißem Kreis auf rotem Grund oder rotem Kreis auf blauem Grund sehen. Hingegen waren die Schilde in Mataram unbemalt.

Musik und Musikinstrumente

Wie in vielen Bereichen (z.B. Ramayana-Tanzdrama oder im Wayang-Kulit, dem indonesischen Schattenspiel) hat das Gamelan auch als Gamelan Perisean begleitende und untermalende Funktion. Es passt sich dem Kampfverlauf an, kann aber durch seine Dynamik einen gewissen Einfluss auf die Kämpfenden ausüben. Die Ausstattung mit Instrumenten beschränkt sich im Gamelan Perisean auf einige wenige Perkussions- und Holzblasinstrumente. Die Ausstattung des Orchesters ist von Ort zu Ort von unterschiedlicher Qualität. Zum Beispiel war der große, in einem hölzernen Rahmenwerk hängende Gong *(Gong-Ageng)* in Narmada aus dem Deckel eines alten Benzinfasses, der Gong in der Hauptstadt Mataram aus Bronze angefertigt. Weitere Instrumente sind:

- zwei Trommeln *(Lanang und Wadon)*, die mit Trommelschlägen *(Pemukul Gong)* geschlagen werden,
- ein *Rincik*, Cymbeln, die auf einem festen Stand montiert sind und mit den Gegenstücken vertikal geschlagen werden,
- ein *Petuk*, Cymbeln, von denen jeweils ein Stück in der Hand gehalten wird, und die horizontal gegeneinander geschlagen werden, eine Bambusflöte *(Suling)* wird gelegentlich eingesetzt.

Manchmal wird von älteren Mitgliedern des Gamelan gesungen, zur Anfeuerung der Kämpfer oder um den Kampf zu dokumentieren.

Ein Perisean ohne Gamelan Perisean wäre undenkbar, da es das Spiel in Abschnitte gliedert. Eine langsame, leise Melodie *(Gending Pengalus)* wird gespielt, während die Leute in die Arena strömen und der *Pekembar* (Aufreißer) nach Kämpfern Ausschau hält. Eine treibende Melodie *(Gending Pemapak)* ertönt, während sich die Kämpfer vorbereiten. Eine Melodie mit schnellem Rhythmus *(Gending Pemangkep)* wird während des Kampfes gespielt und steigert sich, bis zum Ende.

Magische Handlungen

Wie Gesamtbevölkerung Lomboks beträgt rund drei Millionen Einwohner. Davon sind offiziell 95 % Muslime. Andererseits beträgt auch der Bevölkerungsanteil der Sasak 95 %, demnach gehören die meisten Sasak der islamischen Glaubensgemeinschaft an. Wenn auch der Islam die Verehrung von verschiedenen Gottheiten und Ahnen ablehnt, glaubt doch das Volk noch an die Notwendigkeit zusätzlicher Kontakte, um Unheil und Krankheit abzuwehren.

Dieser Kontakt mit animistischen Kräften wird auch im Perisean gesucht. Man bedient sich des *Bebadong* (Zauber), um die Verbindung herzustellen.

Äußerlich manifestiert sich der *Bebadong* im Tragen von *Azimat* (Amulette), Sprechen von *Mantras* (Zaubersprüchen) und im Auftragen von *Minyak* (Öl). Die Amulette sind aus Karton, Papier oder Holz und werden in das Tuch gewickelt, das der Kämpfer um die Hüfte geschlungen trägt. Auf die Amulette werden Koransprüche und andere kraftbringende Zeichen aufgetragen. Oft werden die Sprüche auch direkt auf das Hüfttuch gebatikt. Musikinstrumente und Kampfgeräte werden besprochen oder mit Öl, das durch Mantras zauberkräftig gemacht wurde, bestrichen. Die Meditation im Schneidersitz vor Kampfbeginn gehört auch zu den Praktiken, die den Kämpfer stärken und unbesiegbar machen sollen. Auch Tanzbewegungen, die der Kämpfer in Kampfpausen oder nach dem Kampf vollführt, erfüllen diesen Zweck. Sie dienen aber auch dazu, den Schmerz zu vertreiben, und außerdem produziert sich der Kämpfer damit vor dem Publikum.

Vorbereitung zum Kampf

Der Kampfort wird schon Tage vor Spielbeginn von den Pekembar aufgesucht, um die Veranstaltung zu organisieren. Der Kampfplatz ist ungefähr 10 x 15 m groß und durch Pfähle markiert. Die Abgrenzung wird durch die vielen Zuschauer gebildet, die oft durch Stockhiebe des Ordnungsdienstes aus dem Spielfeld vertrieben werden müssen. Das Gamelan Perisean hat seinen Platz mitten unter den Zuschauern, ebenfalls am Rande des Spielfeldes. Auch ein Sanitäter und die Spielleitung nehmen an einer Längsseite Platz. Von einer bestimmten Ausrichtung nach Himmelsrichtungen, wie es sonst im gesamten Leben der Sasak üblich ist, konnte ich nichts bemerken. Sie war an beiden Spielorten, die ich besuchte, unterschiedlich.

Aus den umliegenden Dörfern sind Männer der unterschiedlichsten Altersgruppen angereist, um dem Kampf als Zuschauer beizuwohnen, oder auch, um sich vielleicht dem Kampf zu stellen. Frauen ist der Kampf nicht erlaubt, und auch als Zuschauer halten sie sich extrem im Hintergrund. Hat sich nun die Freiluftarena gefüllt, beginnen die zwei *Pekembar* zu den Klängen der *Gending Pengalus* ihre „Arbeit". Ihre Aufgabe ist es, unter den Zuschauern nach Kämpfern Ausschau zu halten und sie zum Kampf zu animieren. Dazu tanzen sie den *Ngumbang*. Dies ist ein Tanz, bei dem sie Schild und Stock über dem Kopf schwingen und dabei Tanzbewegungen mit der Hüfte ausführen, die *Ngecok* genannt werden und aus dem traditionellen Tanz der Sasak stammen. So tanzen sie vor dem Publikum auf und ab, um dann plötzlich mit dem Stock auf einen Kampfwilligen zu zeigen. Dieser hat sich durch Blickkontakt oder Handzeichen bemerkbar gemacht. Es kann aber auch sein, dass er von seinen Freunden bezeichnet wird. Beide *Pekembar* achten darauf, dass möglichst nur gleich starke Gegner aufeinandertreffen.

Die ersten Kämpfe des Tages bestreiten schwächere oder ungeübte Kämpfer. Kinderkämpfe, bei denen Jungen zwi schen sechs und zwölf Jahren aufeinandertreffen, sind als Vorkämpfe besonders beliebt und heizen die Stimmung des Publikums an.

Haben nun die *Pekembar* gewählt, beginnen die Freunde und Betreuer des Kämpfers zu beraten, ob Chancen bestehen, den Kämpfer der Gegenseite zu schlagen. Zu diesem Zweck werden auch „Spione" eingesetzt, die aus dem Lager des Gegners durch Handzeichen über seine Stärke Auskunft geben.

Jedem ist erlaubt, die Kampfforderung zurückzuweisen, doch ruft dies spöttische Bemerkungen des Publikums hervor. So entschließen sich die Kämpfer, nachdem sie lautstark und gestenreich ihre Schwäche und ihr Unvermögen beteuert haben, doch relativ schnell zum Kampf, zumal auch die Pekembar dazu drängen. Durch das Schlagen mit dem Stock auf den Schild *(Balik Ende)* gibt jeder *Pekembar* die Einwilligung seines Kämpfers bekannt. Es besteht auch die Möglichkeit, dass zwei Kämpfer schon vor dem Spiel verabreden, gegeneinander zu kämpfen. Beide treten dann in die Arena und werfen den Schild zu Boden *(Nimpak Ende)*, was einer Aufforderung zum Kampf gleichkommt.

Beide Spieler kleiden sich nun am Rande des Spielfeldes um. Ist dies geschehen, werden Stock und Schild ausgewählt. Dazu wirft der Hauptschiedsrichter, der auch den Kampf leitet, zwei Stöcke in die Luft. Jeder der beiden Kämpfer nimmt einen Stock. Sollte einer der beiden als Gast aus einer anderen Dorfgemeinschaft teilnehmen, so hat er das Vorrecht bei der Stockwahl. Nun nehmen die Kämpfer hinter den Schilden geduckt, hockend am Rande des Spielfeldes Platz und warten auf das Startzeichen des Schiedsrichters. Dieser legt mit dem *Pekembar* die Rundenzahl fest und gibt daraufhin den Kampf frei. Ein Kampf geht über drei bis fünf Runden und dauert bei ausgeglichenen Verhältnissen etwa zehn Minuten.

168ba pr

Deckung vor der Attacke

Der Kampf

Die Gegner beginnen damit, einander zu provozieren, indem sie den Schild senken oder dem Gegner den unbedeckten Rücken zeigen. Geht es dann richtig los, wird versucht, die empfindlichsten Teile des Gegners zu treffen. Dabei ist jeder Schlag erlaubt, es darf nur nicht gestochen werden. Alle Treffer werden vom Hauptschiedsrichter und auch von den Nebenschiedsrichtern genau registriert und mit Punkten bewertet. Stockverlust, ein Sturz oder oftmaliges Klammern bringen Punktabzug, während Kopftreffer am höchsten bewertet werden.

Von oben geführte Schläge heißen *Mempes*, von seitlich unten *Nyengkiwak*. Trifft der Stock den Kopf, heißt dies *Begowat*, trifft er den Kopf seitlich, so heißt dies *Nyowet*. Zwei Treffer schnell hintereinander nennt man *Nganakin*.

Ist der Kampf zu hitzig, drängt ein Kämpfer den anderen in die Zuschauer, bricht ein Stock oder ist eine Runde zu Ende, unterbricht der Hauptschiedsrichter den Kampf, und es tritt eine Pause ein. Der Gegner, der sich stärker fühlt, benützt diese Pause zu einem ekstatischen Tanz vor den Reihen der Zuschauer. Es kommt aber auch vor, dass beide Kämpfer tanzen. Dazu werden ihnen von den *Pekembar*, die während des Kampfes die Funktion der Betreuer übernehmen, Schild und Stock aus der Hand genommen, damit sie beim Tanz nicht behindert sind. Die Musik spielt dazu ihren schnellsten Rhythmus *(Gending Pemangkep)*, und das Publikum johlt vor Begeisterung.

Zur Funktion des Schiedsrichters gehört es, den Kampf zu leiten und zu bewerten und wenn nötig, die Kämpfer mit Hilfe der Hilfsschiedsrichter zu trennen. Oft sind die Kämpfer so außer Kontrolle, dass sie nur mit vereinten Kräften getrennt werden können. Blutunterlaufene Striemen zeichnen bald die Körper beider Kämpfer, doch Meditation, *Bebadong*, Betelnusskauen und der ekstatische Tanz lindern den Schmerz.

Die wenigsten Kämpfe enden damit, dass einer der beiden Kämpfer den Schild zu Boden wirft. Das wäre das Zeichen für Aufgabe. Unter dem Gelächter des Publikums tritt dann der Kämpfer den Rückzug an. Die meisten Kämpfe enden mit Abbruch. Die Gründe für einen Abbruch sind gegeben, wenn ein Kämpfer mehr als drei Kopftreffer abbekommen, seinen Stock öfter verloren oder eine blutende Wunde davongetragen hat. Auch oftmaliges Stürzen und Niederschlagen durch den Gegner bedeuten den Sieg für den Stärkeren. Schlagen sich beide Kämpfer gleich gut, ruft der Schiedsrichter nach Ablauf der Kampfzeit: *„Sapih!“* (unentschieden), und beide werden gefeiert.

Ist der Kampf zu Ende, holen sich beide Akteure einen kleinen Anerkennungspreis *(Pris)*. Die Kämpfe sind Ehrensache, und deshalb wurden ursprünglich weder Preisgelder ausgezahlt, noch wurden Wetten abgeschlossen. Ein Stück Seife, ein T-Shirt oder eine Packung Zigaretten sind auch heute noch alles, was die Kämpfer erhalten, wobei es gleich ist, ob der Kampf verloren oder gewonnen wurde.

Ist jemand verletzt, wobei Striemen und Platzwunden mehr die Regel als die Ausnahme darstellen, sucht er den am Spielfeldrand sitzenden Sanitäter auf und wird dort behandelt.

Die Funktion des *Pekembar* bringt für den Betroffenen ebenfalls Ehren mit sich, da er mit seinem „Schützling“ zusammen gefeiert wird. Nach Abschluss eines Kampfes suchen die *Pekembar* neue Kämpfer, und das nächste Spiel beginnt. Die vorherigen Kämpfer folgen erschöpft dem neuen Spiel. Es ist aber nicht ausgeschlossen, dass Kämpfer an einem Abend erneut auftreten.

So wie es mit den Kinderkämpfen um 16 Uhr begonnen hat, schließt das tägliche Spiel gegen 18 Uhr mit den Hauptkämpfen. Diese werden von den stärksten Kämpfern bei Einbruch der Dunkelheit ausgetragen.

und für das Geld darf man auch nicht mehr erwarten.

■ **Café Alberto** ④, Batu Bolong, Tel. (0370) 693039, www.cafealberto.com, nett am Strand gelegen. Ist nicht nur ein Café, sondern auch ein gutes Bed & Breakfast.

Senggigi Beach

In Senggigi Beach selbst ist die Auswahl recht groß, alle Preisklassen sind vorhanden:

■ **Hotel Bumi Aditiya** ②-③, Tel. (0370) 693336, ein wenig den Hang hoch am Ortseingang von Senggigi, der Beschilderung folgen. Recht neue, kleine Hotelanlage mit Pool in der Mitte, einem ausgezeichneten Preis-Leistungsverhältnis und nettem, rührigen Management. WiFi inklusive.

■ **Hotel Graha Senggigi** ③-④, Tel. (0370) 693101, www.grahasenggigi.com, eigentlich ein Hotel mit Dollarpreisen, inzwischen werden auch Rupiah genommen. Das Hotel hat links und rechts der Hauptstraße Gebäude, der klasse Pool mit kindergerechter Wasserrutsche liegt leider nicht an der Strandseite.

■ **Lina Cottages** ②, Tel. (0361) 693237, ist eine Bungalowanlage der ersten Stunde in Senggigi. Wer ein bisschen morbiden Charme mag, ist hier richtig. Es gibt zwei topmoderne Zimmer in der ersten Reihe zum Strand, hinten dafür düstere und recht abgewohnte Zimmer mit Klimaanlage, Wasserflecken an den Wänden inklusive. Dafür ist die Atmosphäre an den Tischen direkt am Strand wunderbar, hier lässt es sich prima sitzen – bei einem großen Happy-Hour-Bintang und vielleicht den hervorragenden Chicken-Satays.

■ **Sendok Hotel** ② (Jl. Raya Senggigi, Km 8): Neben Blue Marlin Dive an der Hauptstraße. Gutes Preis/Leistungsverhältnis. Sehr ruhige, saubere und hübsche Junior Standard Rooms mit Ventilator, Bad (Kaltwasser) und Veranda nach hinten zum gepflegten Garten, alles in Topzustand, mit Pool, Restaurant, kostenlosem WiFi, guter Service, Managerin spricht Deutsch (Hotel unter deutscher Führung).

■ **Hotel Dharmarie** ③, Tel. (0370) 693050. Die eigentlich schöne Gartenanlage direkt am Strand kommt leider recht ungepflegt daher, manche der gemütlichen Bungalows sind ein wenig in die Jahre gekommen. Es gibt AC, Heißwasser, Minibar, Open-air-Bäder, Airport-Transfer.

■ **The Wira Café & Guesthouse** ①-③, Tel. (0370) 692153, www.thewira.com. Eröffnet im Dezember 2011 ist das Guesthouse schnell zum Renner geworden: Um einen netten Innenhof stehen Bungalows, in der Ausstattung von Standard bis Deluxe mit Klimaanlage, DVD und 2x2-Meter-Bett, und es gibt einen Schlafsaal für in Senggigi unschlagbare 50.000 Rp. die Nacht. Wer sich an die Geschwindigkeit der Küche gewöhnt hat, hält es auch im Café bei WiFi gut aus. Die Deluxe-Zimmer allerdings sind den Preis nicht (mehr) wert.

■ **Bale Bule** ② liegt quasi in den Hinterhöfen von Senggigi und damit mitten im Alltagsleben des Dorfes. Das 2011 renovierte schöne Haus hat eine tolle Atmosphäre und eine große, offene Lobby im

417ba rb

> In den Tempeln Balis werden Götter lebendig

Erdgeschoss, darüber einen Holzaufbau mit Doppelzimmern, unten zwei Toiletten/Bäder, Küche und ein weiteres Zimmer. Das gesamte Haus kann mit bis zu 8 Personen belegt werden, es eignet sich also ideal für Gruppen und Familien. Infos gibt es bei *Ewan* im Asmara Restaurant (s. dort).

■ **Lena Hotel** ①-②, direkt an der Hauptstraße, durch eine kleine Gasse. Die Zimmer sind nicht im großen Haus, sondern in einem kleinen Innenhof in einer Reihe, mit Blick auf eine bepflanzte Wand. Kaltwasser, mit oder ohne Klimaanlage, ein wenig abgewohnt, aber günstig.

■ **On the Way Hostel** ①, Senggigi Square, Tel. (0370) 693880. Für Freunde der wirklich günstigen und einfachen Unterkunft: Es gibt zwei Schlafsäle à zwölf Personen, Männlein und Weiblein getrennt. Gemeinschaftswaschräume und die einfache Lobby schaffen Jugendherbergsfeeling, aber es gibt WiFI inklusive.

■ **Sonya Home Stay** ①, Jl. Raya Senggigi 54, Tel. (0370) 693447. Schlicht und ergreifend aber recht beliebt. Von der Hauptstraße geht es eine kleine Gasse in einen stickigen Hinterhof, hier entlang sind einige Zimmerchen aufgereiht. *Sonya* sorgt dafür, dass jeder Besucher Familienanschluss bekommt.

■ **Puri Bunga Beach Cottages** ③-④, Tel. (0370) 693013, www.puribungalombok.com, liegt nicht am Strand, wie der Name vermuten lässt, sondern vielmehr auf der anderen Straßenseite gegenüber dem Kunstmarkt, in den Hang gebaut. Die Hanglage hat den Vorteil, dass der Blick von oben über den Strand auf das Meer geht und gelegentlich ein Lüftchen weht. Und den Nachteil, dass der Auf- und Abstieg zum netten Bungalow eine schweißtreibende Sache sein kann. Aber allein der Ausblick vom jeweiligen Balkon lohnt den Preis.

■ **Sheraton Hotel** ④, Tel. (0370) 693333, www.sheraton.com/senggigi. Das erste Fünf-Sterne-Hotel Lomboks steht unter deutscher Leitung. Zwei Villen direkt am Strand, 154 Zimmer mit Terrasse oder Balkon, sehr gepflegt, schöner tropischer Garten. Der Pool ist einer der schönsten auf ganz Lombok. Spa, Wassersportcenter, Tennisplätze.

Kerandangan

In der nächsten Bucht, nördlich von Senggigi, befinden sich neben Dollar-Hotels einige preiswerte Unterkünfte.

■ **Bale Kampung** ①-②, Tel. (0370) 6606060, vier Zimmer, klein, günstig, urig, ca. 100 m vom Strand, mit Frühstück. Wird von Iwan und der Neuseeländerin Angela geführt. Hier geht es zu wie in einer großen Wohngemeinschaft, nicht wie in einem Hotel. Die Gäste bleiben meist ein wenig länger und das ist auch gewollt.

Mangsit

Drei Buchten weiter nördlich befindet sich die Bucht Mangsit. Hier gibt es (noch) recht schöne Bungalowanlagen, die für um die 200.000 Rp. zu haben sind.

■ Ein echter Hingucker ist das **Alang Alang Boutique Beach Resort** ④, Tel. (0370) 693912, www.alang-alang-villas.com. Die schöne, gepflegte Bungalowanlage in einem ausgedehnten Park lädt zum Spazierengehen ein, einen schicken Strandabschnitt mit Bar, Swimmingpool und Restaurant gibt es auch. Einladend sind auch die gut bestückten Bücherschränke in der Lobby. Die Preise für Zimmer und Bungalows hängen ab von der Lage im Park und der Nähe zum Strand. Das Alang Alang ist gut frequentiert von Gästen aus Deutschland, der Reiseanbieter TUI hat es im Angebot.

Klui

■ An der Straße weiter Richtung Pemenang folgen noch einige Resorts der höheren Preisklassen, beispielsweise das 2010 eröffnete, schicke **Jeeva Klui** ④, Tel. (0370) 693035, www.jeevaklui.com. Am besten einfach vorbeifahren, hineinschauen und bei Gefallen den Preis verhandeln.

Essen und Trinken

■ **Asmara Restaurant,** Tel. (0370) 693619, www.asmara-group.com, gute europäische und indonesische Küche. Hier gibt es wohl die besten Steaks auf ganz Lombok, aber auch vegetarische Gerichte sowie zum Frühstück hausgebackenes Vollkornbrot und Müsli. Außerdem Pool-Billard, Kisten voller Legosteine für die Kleinen, angenehme Atmosphäre und guter Service. Jeden Freitag gibt es hier den „Stammtisch": Menschen aus vielen Ländern der Welt treffen sich, um über aktuelle Geschehnisse, Gott und die Welt zu diskutieren. Wer also Kontakte knüpfen will, auch zur Expat-Community, ist hier richtig. Kostenloser Abhol-Service vom Hotel und zurück. Geöffnet ist das Asmara von 8 Uhr bis 24 Uhr. Wer noch ein wenig Lesestoff braucht, kein Problem: Das Asmara verwaltet auch die „Dorfbücherei".

- **Pasar Seni/Art Market,** mehrere kleine Warungs am Strand, angenehme, relaxte Atmosphäre.
- **Lotus Bayview Restaurant,** im Art Market schön am Strand gelegen. Die Speisekarte hat eine „Western Corner": Hier gibt es alles von Pizza bis Spaghetti. Und wer dazu einen italienischen Barbera d'Asti trinken will – kein Problem.
- **Quake** am Art Market ist allein von der Architektur her ein schöner Platz. Luftiges, modernes Design auf zwei Stockwerken lädt besonders zum Abendessen ein. Denn, so der Chef, „wir haben den schönsten Sonnenuntergang". Vielleicht nimmt man zu selbigem in der Cocktailstunde einen köstlichen Strawberry Margherita.
- **The Office Restaurant,** im Art Market, guter Platz zur Happy Hour von 17 bis 19 Uhr.
- Das **Taman Restaurant** glänzt mit eigener Bäckerei: Croissants für 5000 Rp., Früchtekuchen für 6000 Rp. Ab 30.000 Rp. kann man auch richtig essen.
- Das **Café Lagoons** gegenüber kommt mit Ausblick auf die Hauptstraße, sehr freundlichem Personal und gutem bis sehr guten Mahlzeiten.
- Das **Square Restaurant** am Senggigi Square könnte auch in Ubud oder Legian auf Bali sein: schönes, wertvolles, aber zeitloses Design, zur Straße hin offen. In der Küche lässt sich der Chef so einiges einfallen.
- **Lina Restaurant,** am Strand gegenüber dem Perama-Büro, sehr leckeres Hühnchen-Sate, preiswert. Auch ideal, um den Tag mit einem Banana-Cheese-Waffle und einem Lemon tea zu beginnen und dabei über den Strand zu schauen.

Nachtleben

- **Happy Café,** am Eingang zur Senggigi Plaza, gemütliche Atmosphäre. Hier kommen viele Expats und Einheimische her. Täglich Live-Musik, jeder Abend wird zur Party. Warnung: Hier keinen Arak trinken! (Siehe auch Kapitel „Praktische Reisetipps A–Z: Essen und Trinken/Alkohol".)
- **Papaya Café,** schräg gegenüber vom Happy Café. Täglich Live-Musik, besonders zu empfehlen ist der Samstagabend, da spielen die besten Musiker der einzelnen Bands, von virtuosem Jazz bis zu ausgewählten Oldies nur vom Feinsten.
- **Marina Café,** jeden Abend Live-Musik, mit Sexy Dancers und allem, was des Tanzwütigen Herz begehrt.
- **Dragon Discotheque,** Techno-Disco.
- **Warung Coco Beach,** Kerandangan. Hier sitzt man in Berugas, kleinen Pavillons, nahe dem Strand und raucht Shisha oder trinkt ein Bierchen. Wer es gesünder mag, probiert einen der „Healthy Cocktails" mit Produkten aus eigenem, biologischem Anbau aus dem Kräutergarten.
- **Warung Manega,** auf der Strecke nach Ampenan, ist ein Platz für Fischgerichte aller Art.

Einkaufen

- **Supermärkte** gibt es einige entlang der Hauptstraße Jl. Raya Senggigi, auch ein 24 Std. geöffneter Minimarkt ist dabei.
- **Asmara Collection,** qualitativ hochwertiges Lombok-Kunsthandwerk und eigene schöne Designs, gehört zum gleichnamigen Restaurant (s.o.), www.asmara-group.com.

■ Entlang der Hauptstraße Jl. Raya Senggigi finden sich einige kleine Läden mit Kunsthandwerk und Ähnlichem.

Wichtige Adressen

■ **Geld:** Der autorisierte Geldwechsler **PT. Multigraha Kelolavalas** an der Jl. Raya Senggigi 10 bietet einen guten Kurs. Es gibt noch weitere Geldwechsler und auch Bankautomaten an der Hauptstraße.

■ **Post:** Post Office, Jl. Raya Senggigi, Mo–Do 8–17 Uhr, Fr–Sa 8–16 Uhr.

■ **Internet:** Die meisten Restaurants, Cafés und Pubs sind mit WiFi ausgestattet. Schilder weisen am Eingang darauf hin.

■ **Polizei:** Senggigi Tourism Police, Jl. Raya Senggigi, Tel. (0370) 693267.

Medizinische Versorgung

■ **Arzt:** Im Senggigi Beach Hotel befindet sich eine Klinik, Mo–Sa 9–17 Uhr, ein Arzt steht 24 Std. auf Abruf bereit, Tel. (0370) 693210.

■ **Medika Husada Clinic,** Jl. Raya Senggigi, etwa 50 m vom Kunstmarkt , Tel. (0370) 6644820.

Verkehr

■ **Bemos:** Von **Ampenan** fahren Bemos in regelmäßigen Abständen nach Senggigi. Einfach an die Straße stellen und ein Fahrzeug durch Handzeichen anhalten bzw. schon mal loslaufen, 5000 Rp. ab Bemo-Haltestelle.

Der Transport innerhalb Senggigis und in das nähere Umland kostet 5000 Rp.

■ **Shuttlebusse:** Bei **Perama,** Tel. (0370) 693 007, www.peramatour.com, und **P.T. Wannen Wisata** gibt es Bustickets, Rinjani-Tour-Beratung und Shuttlebus-Service für Lombok und nach Bali. Auch Autos und Motorräder können geliehen werden. Typische Shuttlebuspreise, wie sie entlang der Hauptstraße angepriesen werden: Gili Air/Gili Meno/Gili Terawangan 75.000 Rp., Padangbai 150.000 Rp., Candi Dasa 175.000 Rp., Ubud 175.000 Rp., Kuta/Sanur/Denpasar 175.000 Rp., Kuta Lombok (mindestens 2 Pers.) 150.000 Rp., Tetebatu 250.000 Rp.

■ **Touren:** Es gibt einige Touranbieter in Senggigi, die Tagesausflüge organisieren. **e-ONE Tours & Travel,** direkt vor dem Asmara Artshop, gegenüber dem Warung Suharti, Tel. (0819) 07229053, www.lomboktoursandtravel.com, zum Beispiel bietet u.a. eine fünfstündige City Tour (ca. 40 US$/Person bei zwei Teilnehmern), eine achtstündige Sasak Tour (ca. 40 US$/Person bei zwei Teilnehmern) und einen Jungle Trek an (ca. 45 US$/Person bei zwei Teilnehmern).

■ **Taxi:** *Bluebird Taxi,* Tel. (0370) 627000. *Express Group Taxi,* Tel. (0370) 647555.

■ **Cidomo:** In Senggigi gibt es Cidomos ausschließlich für Touristen; die einfache Fahrt kostet ab 10.000 Rp.

■ **Auto- und Mopedmiete:** beispielsweise bei e-ONE Travel (s.o.). Die Mietpreise sind saisonabhängig und verhandelbar. Wer für längere Zeit mietet, kann vielleicht einen Discount herausholen. Normalpreis Motorrad/Scooter: 60.000 Rp., Auto ab 170.000 Rp.

128ba sb

◁ Ein Strand bei Mangsit, nördlich von Senggigi

■ **Tanken:** Die nächstgelegene Tankstelle befindet sich in Meninting, ca. fünf Kilometer von Senggigi Richtung Ampenan. In und um Senggigi und in großen Teilen Lomboks wird aus der Flasche getankt. Häufig sind es 1-Liter-Absolut-Wodka-Flaschen, die verwendet werden. Diese stehen an vielen Ecken bereit zum Einfüllen. Der Liter kostet dort 10.000–11.000 Rp., an den staatlichen Tankstellen 9500 Rp.

Pemenang

Auf der Fahrt von Senggigi nach Pemenang an der Küste entlang kommt man an einer **schönen Bucht** nach der anderen vorbei, die zum Schwimmen und Schnorcheln einladen. Getrennt werden die Buchten durch steil ins Meer abfallende Berge und **Klippen.** Unterwegs hat man immer wieder eine tolle Aussicht auf die drei Gilis: Air, Meno und Terawangan.

Pemenang ist der Ort an der Küste, von dem aus man die Gilis erreicht (36 km von Ampenan entfernt). Es gibt einen Markt, Busse und Bemos nach Norden und Süden und einen Strand (Sira Beach) sowie vorgelagerte Korallen.

Bangsal

Der **Hafen** heißt Bangsal und ist eine Ansammlung von kleinen Häuschen, Restaurants, Warungs und dem Ticketbüro. Von hier fahren regelmäßig Boote zu den Inseln (s. nächstes Kapitel: „Die Gilis“). Die fliegenden Händler gehören zur Sorte penetrant und nervig.

Unterkunft

■ **Das Taman Sari Guesthouse & Restaurant** ②, Tel. (081) 237278070, liegt genau gegenüber der großen Parkplatzanlage, etwa einen Kilometer vor dem Hafen. Es gibt sechs Zimmer mit offenem Bad. Wer mindestens zwei Nächte bleibt, kann gratis ein Fahrrad leihen, um die Gegend zu erkunden.

Essen und Trinken

Rumah Makan und **Warungs** im Ort oder im Hafen Bangsal. Einige **Restaurants** haben sich auf den Geschmack der westlichen Gäste eingestellt.

Verkehr

■ **Minibusse oder Bemos** fahren von Bertais (Mataram) über Senggigi nach Pemenang.
■ Nach **Bangsal (Hafen)**: ca. 10 Min. zu Fuß. Auf die Cidomos kann man also verzichten, wenn man nicht allzuviel Gepäck schleppen muss.
■ **Bootsverbindungen zu den Gilis:** siehe nächstes Kapitel.

Umgebung von Pemenang

Fahrt über den Pusuk-Pass

Von Pemenang gibt es einen Weg durch das Inselinnere nach Süden über den Pusuk-Pass mit seinen vielen **Affen.** Die Strecke über mit dichtem **Dschungel** bewachsene Berge ist eine der schönsten auf Lombok. Hinter dem Pass kann man entweder in **Gunung Sari** (dort Bambusmöbelherstellung, außerdem täglich Markt) nach rechts zurück zur Küstenstraße nach Senggigi fahren oder weiter über Rembiga nach Ampenan/Mataram.

Sira

Dieser schöne Strand nördlich von Pemenang hat klares Wasser und ist zum Schnorcheln geeignet.

Unterkunft

■ In der Bucht hinter Tanjung Sira steht das **Oberoi Hotel** ④, Tel. (0370) 6138444, www.oberoihotels.com. Es gilt als Lomboks bestes Hotel.
■ In dieser Gegend gibt es einige schicke Villen mit eigenem Strand, die auch zu vermieten sind. Die **Villa Sepoi-Sepoi** ist ein gutes Beispiel für einen perfekten Platz am perfekten Strand. Ab 900 US$ pro Nacht kostet die komplette Anlage, in der bis zu 15 Personen übernachten können. Infos unter www.lom bokhomes.com.

Golf

■ Ganz in der Nähe liegt der **Lombok Golf Kosaido Countryclub**, Tel. (0370) 640137, ein 18-Loch-Golfplatz mit allem Schnick und Schnack. Die Runde kostet 80 US$, Caddy und Cart sind inklusive.

Nordlombok

0 5 km
BALI-SEE
STRASSE VON LOMBOK
Nationalpark Gunung Rinjani
347 Gili Meno
343 Gili Air
351 Gili Terawangan
Tg. Sirah
Sira
335
334 Bangsal
334 Pemenang
Gunung Baru
363 Tanjung
Sokong Jukung
363 Gondang
Sembaro
Lenek
Krakas
364 Wasserfall Tiu Pupus
Penjor
Gangga
363 Wasserfall Kerya-Gangga
Batu Ringgit
Dasan Baru
Lokok Gayan
Kokok Sagare
Menggala
Pandanan
Teluk Tanggor
Rempek
Gb. Baru
Santong
Jugil
Lokok Karang
Air Bali
Selengen
Tampes
Batu Konak
Embar-Embar
Ds. Lendang
Akar-Akar
Segenter
Gombang
Tempos Blimbing
Salut Kendal
Tenggoron
Sesaot
Pawang Kreo
371 Segara Anak
Gn. Buanmangge 2892 m
371
334 Malimbu
335 Pusuk-Pass
317
Setangi
Mangsit
323 Senggigi
320 Batu Bolong
Gn. Tampole 1080 m
Gn. Punikan 1490 m
Batu Penyu
Sidemen
Tanjung
Kebon Baru
Polak
Montong
Sandik
Menting
Gn. Sari
Penimbug
Kr. Bayan
Montong
Manggong
Kumbi
Jurangmalang
318 Sesaot
Aik Darek
Pemotoh
Kes
Selojan
Peria
Sayang-Sayang
318 Lingsar
318 Suranadi
Tanak Beak
Aik Bukak
Wajageseng
Kebon Roek
308 Rembiga
307 Ampenan
Mataram
Selagalas
Bt. Kumbung
Goak
Tanak
Sedau
Terutak
Bisok Bokah
308 Cakranegara
Sweta
Nyurlembang
316 Narmada
Pemepek
Pancor Dau
Mas-Mas
Bebuak
316 Gn. Pengsong
Lengkong
Kekalik
Mantang
Ds. Cermen
Bengkel
Medas
Sintung
Pringgarata
Barabali
Bujak
Montong gamang
Mapak Belatung
Bajur
Kopang
Nyamarai
Rumak
Kediri
Sempoja
Pengeick
Genteng
Surabaya
Mt. Tetep
Bongor
Bonjeruk
Panti
Muncan
Banyumulek
Kr. Anyar
Ubung
Bare Julat
Monggas
Duriar
Jelanjang
Beleke
Jelantik
Bungate
Jago
Darmaji
Endok
Gabuk
Teganan
Gn. Malang
Kuripan
Tandek
Puyung
Flughafen, Praya/Kuta
Pengadang
Nerembong
Labuhan Lembar
Gerung
Sukarara

©Reise Know-How 2015
BaLoF18
BALI-SEE
STRASSE VON ALAS
Sumbawa
370
379
364
365
366
377
386
393
389
392
381
Anyar
Ds. Ropang
Barung Birak
Sambi Kelem
Beburung
Obel-Obel
Bayan
Kali Putih
Medas
Tg.Batu
Pegadungan
Timba Gading
Batu Koq
Senaru
Torean
Kali Putih
Sajang Daya
Sajang
Gn. Prigi 1632 m
Pedamekan
Lapek Loang
Gili Lawang
Menangareak
Belanting
Gili Sulat
Sandongan
Sugian
Gn. Batujang 1924 m
Ds. Bagik
Dadap
Suradadi
Sembalun Lawang
Sambelia
Gn. Daya 2914 m
Senanggalih
Labuhan Pandan
Sembalun Bumbung
Transat
Gili Petangan
Padak
Gn. Baru 2358 m
Gn. Rinjani 3726 m
Gn. Pusuk 2330 m
Gili Pasaran
Gili Lampu
Bunut Tunggang
Brettwurzelbäume
Raren
Sapit
Pesunggulan
Seruni
Kayangan
Wasserfall Jeruk Manis
Otak Gawah
Ds. Sumur
Bebatean
Labuhan Lombok
Timbanuh
Kontrak
Modok
Gn. Rawi
Otak Kokok
Jeneng
Suwela
Bagik Ponggek
Ds. Duduk
Barang Panas
Gegarung
Karang Petak
Ketangga
Orong Bunut
Mt. Teker
Kr. Baru
Selaparang
Boken
Tetebatu
Aikmel
Wanasaba
Pringgabaya
Kapitan
Pengancangan
Apitaik
Pohgading
Bagik Papan
Loyok
Pringgasela
Lenek
Kalijaga
Mamben Daya
Kerumut
Sukamulia
Kotaraja
Aik Dalem
Rungkang
Suralaga
Ds. Sukun
Anjani
Sukamandi
Tebaban
Korleko
P. Motong
Masbagik
Sukamulia
Sikur
Sekarteja
Praida
Padamara
Terara
Jantuk
Selong
Ds Geres
Selagik
Semaya
Pancoran
Tanjung
Dompo
Erot
Loang Sawak
Lenting
Sakra
Keren
Mt. Wangi
Labuhan Haji
Suwangi
Toron
Gerepek
Lepak
Praya
Gegaren
3000 m
2500 m
2000 m
1500 m
900 m
600 m
0 m

8

DIE GILIS – TAUCH- UND PARTYPARADIES

Drei kleine, Lomboks Nordwestküste vorgelagerte Inseln mit herrlich **weißen Sandstränden** und Korallenriffen – das sind die Gilis. Gili bedeutet auf Indonesisch „kleine Insel", und das sind die drei in der Tat. Glasklares Wasser, glitzernde Fische, schöne Muscheln – hier lassen sich gute Plätze zum Ausruhen, Erholen und **Tauchen** finden. Dazu kommt ein inzwischen sagenumwobenes, wildes **Partyleben**. Es gibt günstige Homestays im Hinterhof der Einheimischen und Öko-Hotels mit eigenem Windrad zur Energieerzeugung.

NICHT VERPASSEN!

- **Gili Air** – alles da – von der Hängematte zum Chillen bis zur angesagten Space Bar | 343
- **Gili Meno** – über die Insel flanieren und im **Good Heart Café** einen Sundowner nehmen | 347, 350
- **Gili Terawangan** – den Sonnenuntergang erleben am Strand des **„Exile"** | 358

Diese Tipps erkennt man an der gelben Hinterlegung.

Allein die Unterwasswelt rund um die drei Gilis ist einen Besuch wert

Überblick

Viele Touristen lassen Lombok links liegen, um von Bali aus direkt mit einem Express-Boot auf eine der Inseln zu fahren. Das ist auf der einen Seite schade, aber andererseits auch verständlich, denn auf Bali gibt es so schöne Strände und Korallen nun einmal nicht. Und wer auf Bali eine gewisse Abneigung gegen Hunde entwickelt hat: Auf den Gilis gibt es keine. Die Hundehaltung ist aus religiösen Gründen verboten.

Die drei Gilis erleben seit ein paar Jahren zur Hochsaison einen derartigen **Besucherzustrom,** dass man zur Hochsaison im Juli/August vormittags dort ankommen muss, um ein Zimmer zu bekommen. Wer zu spät kommt, schläft am Strand, es sei denn er hat vorgebucht.

Alle Inseln haben eigentlich eine zentrale Stromversorgung, allerdings kommt es häufig vor, dass der **Strom ausfällt.** Dann ist es so lange ruhig, bis die ersten Aggregate angeworfen werden. Eine Taschenlampe ist auf den Gilis ein gern gesehenes Objekt.

Gern gesehen wird auch ein **sparsamer Umgang mit Wasser.** Das Leitungswasser ist meist salzig und kaum genießbar, Trinkwasser wird größtenteils per Schiff hergebracht. Aber zum Duschen reicht das Nass aus der Leitung. Beim Duschen muss man sich manchmal mit einer kalten Erfrischung begnügen, häufig ist kein heißes Wasser verfügbar. Es gibt Bestrebungen, von Lombok aus eine Wasserleitung auf die Gilis zu legen.

139ba rp

Schnorchel, Taucherbrille und Flossen kann man überall ausleihen. Der Zustand lässt allerdings manchmal zu wünschen übrig. Ab 35.000 Rp. zahlt man für das Equipment. In der Nähe teurer Resorts kann der Preis auch mal 100.000 Rp. betragen.

Tipp: Es gibt eine kostenfreie App für Gili Terawangan: **Gili Travel App,** entwickelt für iPhone, iPad und Android. Hier kann man sich informieren über Unterkünfte, Restaurants, wo die beste Party stattfindet, Tauchschulen checken und sich über „real prices" schlau machen.

Umweltschutz über und unter Wasser

Ein ständig wachsendes Problem ist der **Müll,** den vor allem Touristen verursachen. Er findet sich häufig im Wasser wieder. Je nach Jahreszeit und Wellengang sind nicht nur Fische vor der Schnorchelbrille, sondern auch Plastiktüten. Als Besucher sollte man darauf achten, so wenig Müll wie möglich zu produzieren.

Ein weiteres Problem, verursacht durch die ständig steigenden Besucherzahlen, ist die fortschreitende **Zerstörung der Korallenriffe.** Auf allen Gilis weisen die Korallen in Strandnähe erhebliche Beschädigungen auf. Durch das ständige Ankern der Boote inmitten der Korallen und natürlich durch Taucher, die unbedingt eine Trophäe mitbringen müssen, wurden die Korallengärten in der Vergangenheit beträchtlich zerstört. Dazu kamen die Auswirkungen von El Ninjo und eine dazugehörige Korallenbleiche.

Aus diesen Gründen haben sich die Tauchschulen auf Gili Terawangan mit den Bewohnern der Insel zusammengeschlossen und den **Gili Eco Trust** (www.giliecotrust.com) gegründet. Ziel ist es, die Korallenwelt wieder herzustellen und dem Müllproblem zu begegnen. So darf jetzt nur noch an Bojen geankert werden. Mülltrennung wird ebenfalls probiert. Die drei Mülltonnen in Blau, Gelb und Grün am Straßenrand machen zwar einen fortschrittlichen Eindruck, allerdings ist der Weg bis zur allgemeinen Akzeptanz lang. Wer morgens in den Gassen unterwegs ist, wird erleben, dass der Inhalt aller drei Tonnen in eine Pferdekutsche gekippt wird – ungetrennt.

Finanziert wird der Eco Trust durch Spenden von Besuchern und sonstigen Interessierten. So leisten zum Beispiel Taucher bei der Anmeldung zum Tauchgang eine einmalige Spende in Höhe von 50.000 Rp für die gute Sache. Diese **Reeftax** wird dazu verwendet, künstliche Riffe zu bauen. Dabei werden Gitterstrukturen im Meer versenkt, Korallenfragmente daran fixiert und dann wird Strom durch die Gitter geleitet. Dieser unterstützt den Neuaufbau der Hartkorallen.

Ein anderer Projektbereich des Eco Trust ist die **Gesundheit der Pferde** der zahlreichen Cidomos. Die Tiere sind teilweise in recht erbärmlichem Zustand. Gili Eco Trust sorgt für regelmäßige Besuche von Tierärzten auf Terawangan, die sich um die Pferde kümmern. Und, zu guter Letzt: Jute statt Plastik! Es gibt Bestrebungen, die zahlreich ausgegebenen Plastiktüten auszutauschen gegen wiederverwertbare **Jutetaschen.**

Anfahrt

Per Boot von Bangsal

In Bangsal, dem **Hafen von Pemenang** (siehe voriges Kapitel), läuft der Bootsverkehr heute im Gegensatz zu früher einigermaßen organisiert ab. Man sollte sich von den umtriebigen Schleppern nicht in Panik versetzen lassen.

Das offizielle **Ticketoffice** – nebenan gibt es einen Geldautomaten – ist das große Gebäude auf dem Pier. Hier werden Tickets zu festen Preisen verkauft. Bei allen anderen Ticketkäufen ist man schlecht beraten. So sollte man bei der Ankunft in Bangsal sofort das Ticket besorgen, die potenziellen Passagiere werden in eine Warteliste eingetragen. Um in den Genuss einer günstigen Fahrkarte zu kommen, braucht es 30 Leute, die übergesetzt werden wollen. Kosten: Gili Air 10.000 Rp., Gili Meno 12.000 Rp., Gili Terawangan 13.000 Rp.

Zur Abfahrt des Bootes werden die Passagiere per Lautsprecher aufgerufen. Die Wartezeit kann variieren, je nach Tageszeit und Saison. Am besten überbrückt man sie an einem der zahlreichen Warungs. Das erste Boot fährt morgens um 7.30 Uhr, das letzte um 16.30 Uhr.

Charterboote sind natürlich auch zu haben, maximal zwölf Personen gehen hinein. Returntickets: Gili Air 280.000 Rp., Gili Meno 350.000 Rp. und Gili Terawangan 370.000 Rp.

Täglich um 11.30 und 16.30 Uhr fährt ein **Shuttleboot** die Gilis bis Gili Terawangan ab Bangsal an. Kosten: 26.000–28.000 Rp. Die Rückfahrt nach Bangsal ist um 9.30 und 15.30 Uhr ab Gili Terawangan.

Fahrtdauer ab Bangsal: nach Gili Air ca. 20 Minuten, Gili Meno ca. 40 Minuten, Gili Terawangan ca. eine Stunde. Von Dezember bis Februar kann das Meer recht unruhig sein und die Abfahrtszeit kann sich verzögern oder die Überfahrt sich verlängern.

Island Hopping

Wer alle drei Gilis besuchen möchte, kann täglich von einer Insel zur anderen wechseln. Bis zur nächsten Insel zahlt man 25.000, zur übernächsten 30.000 Rp.

- **Gili Air:** 8.30 und 15 Uhr nach Gili Meno und Gili Terawangan.
- **Gili Meno:** 8.45 Uhr nach Gili Terawangan, 9.45 Uhr nach Gili Air, 15.15 Uhr nach Gili Terawangan, 16.15 Uhr nach Gili Air.
- **Gili Terawangan:** 9.50 und 16 Uhr nach Gili Meno und Gili Air.

Per Speedboat

Wer es besonders schnell und bequem haben möchte, kann mit einem gemieteten Speedboat fahren. Für zwei Personen kostet der Spaß beispielsweise von Bangsal nach Gili Terawangan 400.000 Rp., für drei Personen 450.000 Rp. und für fünf Personen 550.000 Rp.

Mit Tauchveranstaltern

Es kann sich lohnen, bei Tauchveranstaltern beispielsweise in Senggigi nachzufragen, ob sie einen Platz auf einem Tauchboot frei haben und einen gegen Unkostenbeitrag mitnehmen. Da diese

Boote sowieso auf die Gilis fahren, ist das manchmal ein schneller, einfacher und vor allem günstiger Weg.

Shuttlefahrten

Wer sich den Stress der etappenweisen Anreise und das Warten in Bangsal lieber ersparen möchte, kann die Anreise auch komplett buchen. Private Anbieter fahren **von Senggigi im Minibus** nach Bangsal und sorgen für die Überfahrt. Diese Deals gibt es bereits ab 75.000 Rp. Perama bietet täglich um 8 Uhr eine Verbindung über Telok Kodek, erst mit dem Minibus, danach weiter mit dem Schiff. 150.000 Rp. kostet diese einigermaßen stressfreie Anreise zu jeder der drei Gilis.

Direkte Anreise von Bali

Etliche Anbieter (z.B. Perama) fahren von Serangan oder Padangbai auf Bali mit Express-Booten direkt nach Gili Terawangan (siehe am Anfang des Lombok-Kapitels: „Anreise von Bali").

Unterkunft

Der Standard der einfacheren Unterkünfte ist auf Gili Air und Gili Terawangan ähnlich. In der Regel werden Zimmer oder Bungalows mit Bad angeboten. Auf Gili Meno ist das Preisniveau ein wenig höher als auf den Nachbarinseln. Hier wird eher in Villen und ein wenig luxuriöser, dafür ruhiger gelebt. Dementsprechend ist die Besucherschicht eine etwas andere.

Zur Hauptsaison, im europäischen Hochsommer, verlangen so gut wie alle Anbieter manchmal die doppelte Zimmermiete oder zumindest einen deutlichen Aufschlag. Das können sie sich erlauben, denn vor allem Gili Terawangan ist voll zu dieser Zeit. Der August ist auch der Monat der Franzosen. Diese haben seit einigen Jahren Bali und die Gilis zu Top-Urlaubsdestinationen erklärt. Auch auf den Gilis gilt, dass zum genannten Preis besonders in den höheren Preislagen noch Steuern und Service dazukommen können – das sind bis zu 21 %.

WiFi ist ein großes Thema geworden: Meist ist der Zugang zum Internet beim Guesthousepreis inklusive. Die teuren Cafés und Restaurants haben normalerweise freies WiFi für ihre Gäste. Am besten immer nach den Schildern schauen.

Verkehrsmittel

Die Zeiten der unsäglichen Preisverhandlungen mit den **Cidomo-Fahrern** (Pferdekutschen) sind vorbei. Konnten sie früher ihr Transportmonopol gnadenlos ausspielen, so haben sie heute Konkurrenz bekommen durch **Leihfahrräder** (40.000 bis 60.000 Rp./ Tag) und vor allem einen gesetzlichen Erlass: 150.000 Rp. darf beispielsweise auf Gili Terawangan eine Inselumrundung kosten, kurze Distanzen 50.000 Rp. Die Preise sind auf einem Zettel im Cidomo ausgehängt.

Gili Air

Gili Air ist vom Festland aus gesehen die erste der drei Inseln. Sie ist 100 ha groß und mit 900 Einwohnern am dichtesten besiedelt. Gili Air ist vollständig von hohen Palmen bewachsen, schattig und ruhig – bis auf ein paar fliegende Händler, die Uhren oder T-Shirts verkaufen. Ein Weg umrundet die Insel am Strand entlang. Zu Fuß dauert der Spaziergang etwa 1½ Std.

Fast um die gesamte Insel herum sind an der Küste Homestays und Villen gebaut. Wer mit dem Boot ankommt, muss sich entscheiden, ob er nach Westen geht oder nach Osten. Der meiste Trubel herrscht im Südosten der Insel, wo sich auch der **Hauptstrand** befindet. Der Westen ist im Vergleich deutlich ruhiger und bietet einen Blick auf Gili Meno und Terawangan. Hier gibt es einige nette Homestays zu teilweise recht günstigen Preisen für den klassischen Beach-Bungalow. Nach Osten geht es in den „Ort“, in dem die übliche touristische Infrastruktur vorhanden ist. Hier wird es erwartungsgemäß ein wenig teurer, dafür ist auch mehr los. An der Ostküste liegen die Tauchschulen, Warungs und Restaurants – ein wenig **Nachtleben** gibt es auch. Eine Schnorchelstelle liegt rechts neben der Anlegestelle – wobei es auf den Gilis schönere Orte zum Schnorcheln gibt. Ebenfalls an der Anlegestelle ist das schicke **Resort Oceans 5** mit Pool und Tauschule entstanden.

Baden ist es **bei Ebbe** schwierig, da sich das Wasser komplett bis zur Riffkante zurückzieht.

Auf der ganzen Insel wird viel gebaut, es gibt nach wie vor ein massives **Müllproblem.**

Information

■ **Perama** hat ein Büro neben der Villa Karang.

Unterkunft

Auf Gili Air gibt es zahlreiche Bungalowanlagen mit unterschiedlichem Standard und Preisen. Doppelzimmer mit Frühstück gibt es ab 150.000 Rp. bis über 1 Mio. Rp. Ein paar typische Unterkünfte werden im Folgenden vorgestellt, was aber nicht heißen soll, dass die anderen nicht so gut sind.

Im Westen der Insel

■ **Hotel Villa Karang** ④, Tel. (0370) 637328, www.villakarang.com, ist von der Größe her für Gruppenreisen gedacht. Die Superior-Zimmer und Bungalows mit heißem Wasser und Klimaanlage sind um einen Garten angelegt, der wiederum um einen Pool, dazu gibt es ein zweistöckiges Restaurant. Wer Meerblick haben will, zahlt mehr (Kreditkarte wird akzeptiert).

■ **Villa Casa Mia Mio** ④, Tel. (0370) 646160, www.villacasamio.com, hat coole Bungalows: im traditionellen Stil mit Lumbung-Dächern errichtet, jeder Bungalow mit Designhighlights wie sehr stylischen Openair-Bädern, Vorhängen und anderen Gimmicks aufgebrezelt.

■ **Lucky's Bungalows** ②, Tel. (087) 864133290, ist ein echter Klassiker im Beach-Bungalow-Gewerbe. Seit 1992 an derselben Stelle, ein Teil der Bungalows ist mitgealtert. Aber es wird investiert, auch Klimaanlagen sind bei Lucky's schon gesichtet worden. Die Atmosphäre ist locker und dem Strandleben angepasst.

■ **Salabose Cottages** ②, Tel. (087) 865614371, www.giliairsalabosecottages.com, ist ähnlich: nette kleine Bungalows, nettes, kleines Restaurant quasi direkt am Meer. Wer einen schönen und neuen Bungalow möchte, muss ein wenig tiefer in die Tasche greifen.

■ **Salili Bungalow** ②-③, Tel. (081) 805212393, ist recht neu und hat Potenzial: geräumige Bungalows, klimaanlagengekühlt, in einem großzügigen Garten.

Im Osten der Insel

Hier sind die Auswahl und die Preisspanne deutlich größer als auf der Westseite. Vom einfachen Klassiker bis zur ④-Hotelanlage unter deutschem Management ist alles drin.

■ **Youpy Bungalow** ②, Tel. (081) 8544738, Lesertipp: „Liebevoll gestaltetes Bad, schöne Anlage, tolle Strandseparees und zuvorkommendes, nettes und aufgeschlossenes Personal. Das Frühstück ist reichhaltig und lecker."

■ **Unzipp Bungalows** ③, Tel. (087) 860621202, gehört zum Zipp-Bar-Imperium. Um die Zipp-Bar kommt wohl kaum einer herum. Interessant ist das Unzipp als Bungalowanlage: Nur wenige Meter von der Bar entfernt wurden alte javanesische Häuser aus Teakholz wieder aufgebaut und äußerst geschmackvoll in Szene gesetzt – beispielsweise mit bunten Kissen und Decken, ein wirklich schöner Anblick.

■ **Juliantos by the sea** ② Tel. (0370) 622179, www.juliantos.com. Die überschaubare zweigeschossige Hotelanlage und die kleinen Bungalows erfreuen sich großer Beliebtheit. Standardzimmer mit Deckenventilator und etwas teurere Zimmer mit AC, frischem Wasser und Minibar. Es gibt auch ein Family-Apartment für maximal 5 Personen.

■ **7seas Cottages** ①-④, Tel. (0370) 6604485, www.7seas-cottages.com. 7seas beherrscht mit Tauchcenter, Restaurant und Hotelanlage quasi den Zugang zum Hafen Gili Airs. Eine richtig gute Idee ist aber das **Backpackers Hostel,** Ende 2011 eröffnet: geräumige Bungalows mit einem Doppelbett und zwei Einzelbetten, die für bis zu vier Leute vermietet werden. So lässt sich der Übernachtungspreis auf unter 100.000 Rp. drücken – günstiger geht's nimmer.

■ **Pongkor Cottages** ②, Tel. (0628) 1917120607, ruhige Lage etwas abseits der Anlegestelle (ca. 500 m), vier nette, rustikale Beachbungalows aus Bambus mit Hängematte auf der Terrasse, großem Bad (Frischwasser), Moskitonetz und Ventilator. Betreiber sind der hilfsbereite *Hicham* mit seiner Familie. Laundryservice, Schnorcheltouren etc. Sauber und gepflegt, auf Wunsch Roomservice, entspannt und nett. Im Restaurant am Strand gibt es sehr gutes Gado-Gado für 20.000 Rp. Keine Bar und somit keine laute Musik!

Übernachtung

1 Tyrell Cottages
2 Gili Indah Cottages/Hotel
3 Hotel Villa Karang
4 Villa Casa Mia Mio
5 Pongkor Cottages
6 Safari's Bungalows
7 Lucky's Bungalows
8 Wanderer Bungalows
9 Salabose Cottages
10 Island View Bungalows
11 Salili Bungalow
13 Matahari Bungalows
14 Bintang Beach
16 Legend Bungalows
17 Lombok Indah
18 Pelangi Cottages
19 Hotel Gili Air
20 Sandy Beach Bungalows
21 Gusung Indah Cottages
22 Diva Homestay
23 Youpy Bungalow
24 Ali Baba & Ali Homestay
25 Star Bungalows
26 Kaluku Orong
27 Abdi Fantastic Bungalows
28 Damai
29 Juliantos by the sea
30 Gili Air Santai
31 Segar Villages
33 Biba Beach Village
34 Villa Bulan
35 Gita Gili
36 Unzipp Bungalows
37 Gili Beach Inn
38 Nina Cottages
39 Sunrise Cottages
43 Bupati's
44 Easy Gili Homestay
45 Ocean's 5 Bungalows
46 The Beach Club
48 Paradiso I
50 7seas Cottages, Backpackers Hostel

Essen und Trinken

2 Gili Indah Café
11 Pandan Café
12 Space Bar
15 Mirage Bar, Vista Mare Restaurant
16 Legend Bar
20 Sandy Beach Café
21 Gusung Indah Restaurant
23 Youpy Café
25 Star Bar
32 Santay
34 Warung Munchies
40 Zipp, Blues Corner Café
41 Scallywags
42 Hikmah Café
47 Chill Out Bar
49 Family Café

Essen und Trinken, Nachtleben

Es gibt einige Restaurants auf der Insel, hinzu kommen die Minirestaurants der Bungalowanlagen. Ein bescheidenes Frühstück ist normalerweise im Übernachtungspreis enthalten.

- **Scallywags** bietet wie auf Gili Terawangan ein bekannt ausladendes Menü mit teilweise organisch zubereiteten Speisen. Im Vergleich zu anderen Restaurants allerdings zu teuer (beispielsweise Kebab).
- **Zipp Bar/Restaurant** mit dem bekannten Fischgrill ist ein guter Platz zum Abhängen, Leute beobachten und dabei das eine oder andere Bintang trinken. Jeden Abend superleckere Riesenkebabs (Fisch, Huhn, Rind oder gemischt) für faire 50.000 Rp.
- **Gili Indah Café,** gutes italienisches Essen.
- **Santay** bietet Thai-Food, aber auch ein Schnitzelgericht ziert die Speisekarte.
- **Warung Munchies** (ca. Höhe Villa Bulan), Lesertipp: „Gemütlich, authentisches Restaurant, sehr sympathische Bedienung, ein stattlicher gegrillter Fisch auf Wunsch auch statt mit Reis, mit Gemüse für nur 30.000 Rp., leckere vegetarische Gerichte, alle Cocktails und großes Bintang für 25.000 Rp. – wirklich preiswert und gut!"
- **Family Café,** nett und gut bestrahlt, Essen und Trinken direkt am Strand, beipielsweise gute Lassies ab 25.000 Rp.
- **Space Bar,** Trance- und chillige Musik, ein Touch Goa vielleicht, die Space Bar hat ihr Stammpublikum klar definiert.

Wichtige Adressen

- **Geld:** Bei ein paar Geldwechslern kann man Bargeld wechseln. Der Umtauschkurs ist erfahrungsgemäß ein wenig schlechter als auf Bali oder Lombok. Es gibt mittlerweile zwei Geldautomaten neben der 7seas Tauchschule (östlich der Anlegestelle).
- **Internet:** Es gibt einige Internetcafés. WiFi wird von verschiedenen Cafés und Restaurants am Hauptstrand (z.B. Beachclub) angeboten, allerdings meist langsame Verbindung.

140ba sb

Aktivitäten

■ **Schnorchelausrüstung,** Masken und Flossen kosten ab 30.000 Rp./Tag.

■ **Tauchen:** Es gibt mittlerweile acht Tauchcenter auf der Insel. Beispielsweise **Dream Divers,** Buchungs-Office auf Gili Air: Tel. (0370) 634547, www.dreamdivers.com. Die Dream Divers haben auf Gili Air und Gili Terawangan eigene Tauchbasen. Auch die Terawangan-Größen **Blue Marlin Dive Centre,** Tel. (0812) 3770288, www.bluemarlindive.com, und **Manta Dive,** Tel. (0813) 53050462, www.manta-dive.com, sind auf Gili Air vertreten. Alle fahren dieselben Tauchspots an wie von Terawangan aus.

■ Perama und andere Unternehmen bieten Touren und Ausflüge im **Glasbodenboot** an. 100.000 Rp. kostet so ein Überwasser-Ausflug in die Unterwasserwelt.

Verkehr

■ **Bootstickets:** am Bootsanleger und bei Perama. Charter: Wer die Insel auf eigene Faust verlassen will, muss ein Boot chartern. Kosten: nach Gili Meno 250.000 Rp., nach Gili Terawangan 300.000 Rp.

☐ Cidomos warten am Landungssteg von Gili Air auf Fahrgäste

Gili Meno

Als *Elizabeth Gilbert* 2004 hierher kam und sich inspirieren ließ, um dann ihren Bestseller „Eat Pray Love" zu schreiben, fand sie eine kleine, überschaubare, sandige Insel mit blauem Wasser und Palmen. Es gebe keinen Fleck auf der Insel, wo der Ozean nicht zu hören sei, schwärmte sie. Zu hören sind auch keine motorisierten Fahrzeuge, denn es gibt einfach keine. Der Strom kommt aus dem Generator – und das nur ein paar Stunden am Abend. Gilbert: „Das ist der ruhigste Ort, an dem ich jemals gewesen bin."

Gili Meno ist 100 ha groß und hat rund 400 Einwohner. Sie gilt als die **urtümlichste der drei Gilis,** zumindest vom Bewuchs her. Zahlreiche Quer- und Verbindungswege überspannen das Innere der Insel – ein idealer Ort zum Spazierengehen. Auch ein Blick in ein Dorf kann man schon mal riskieren. Im Inselinneren befindet sich ein **Salzsee.** In diesem See brüten keine Moskitos, um mit diesem althergebrachten Vorurteil gegenüber der Insel einmal aufzuräumen. Auf Meno gibt es nicht mehr oder weniger Moskitos als auf den anderen Gilis. Hier ist es einsamer, ein bisschen Robinson-Crusoe-Atmosphäre, daher wird Meno auch „Honeymoon Island" genannt. Die Insel ist ideal für einen Urlaub mit Kindern – und eben zum Abhängen, Erholen, Wohlfühlen.

Gili Meno kann man gut **zu Fuß** oder mit dem Fahrrad erkunden.

Die besten **Schnorchelgründe** liegen direkt vor dem Homestay-Strand, aber leider verhindern die Korallen bei Ebbe teilweise den Zugang zum Wasser. Auf den Korallen herumzulaufen sollte man unbedingt vermeiden, da sonst die empfindlichen Blumentierchen der Riffe zerstört werden.

Bird Park

Der Vogelpark im Zentrum der Insel beheimatet ca. 300 Vogelarten (Eintritt 80.000 Rp.).

Turtle Sanctuary

Hier werden **Babyschildkröten** aufgezogen. Einst eine One-Man-Show des Einheimischen *Boulong*, ist das Turtle Sanctuary auch mit Unterstützung der Expat-Community zu einer anerkannten Einrichtung zum Schutz der Schildkrötenpopulation geworden. Man kann den kleinen Schildkröten in ihren Becken beim Herumpaddeln zuschauen oder

gegen Spende eine Schildkröte ins Meer aussetzen.

Unterkunft

1986 entstand das erste Hotel auf dieser Insel, mittlerweile sind es viele in verschiedensten Preislagen, durchschnittlich allerdings teurer als auf den Nachbarinseln. An der Westküste gibt es weniger Unterkünfte, dafür aber ein paar gute Alternativen zur geschäftigeren Ostküste – wenn man das über die ruhige Insel überhaupt sagen kann. Trinkwasser ist knapp auf Gili Meno und wird per Schiff hergebracht. So haben auch etliche der teureren Unterkünfte kein heißes Wasser. Und noch eine Besonderheit: Frühstück ist oft nicht im Preis inbegriffen.

Die preiswerteren Unterkünfte verlangen ab 250.000 Rp. für ein Doppelzimmer, liegen aber nicht direkt am Strand. Für einen einfachen Bungalow am Strand mit Ventilator werden je nach Saison ab 500.000 Rp. fällig.

■ **Mallias Child Bungalows** ③, Tel. (087) 864130719, www.malliaschild.com, ist schon lange da, und die lässigen Beach-Bungalows aus Bambus sind heiß begehrt.

■ **Gazebo** ③–④, Tel. (0361) 288425, www.gazebogilimeno.com, glänzt mit aufwendig gebauten und ausgeschmückten balinesischen Bungalows in einer Parkanlage am Strand. Einfache Zimmer mit Deckenventilator oder Superior mit Klimaanlage. Je länger man bleibt, desto höher der Nachlass.

■ Wem es am Strand zu ruhig ist, der folgt einer Gasse hinunter, aus der Bob Marley erklingt. Mit Sicherheit landet er dann im **Tao Kombo** ③–④, Tel. (0812) 3722174, www.tao-kombo.com. „Tun Sie sich etwas Gutes mit Frieden, natürlicher Schönheit und positiver Energie" ist das Motto des Hauses. Die sechs Cottages und zwei Bungalows sind ideenreich und traditionell gestaltet, in netter Atmosphäre, mit Trinkwasser, Frühstück ist inklusive. Auch die Openair-Bäder sind einen Blick wert und das Restaurant in der Mitte der Anlage sorgt für kulinarische Abwechslung.

■ **Villa Sayang** ③–④, Tel. (0370) 6609001, www.villasayanggilimeno.com, ist größtenteils aus antiken Hölzern gebaut und mit viel Liebe zum Detail dem traditionellen Lombok-Stil angepasst – mit offenem Wohn- und Esszimmer, komplett eingerichteter Küche und schönem Openair-Bad. Im oberen Stockwerk gibt es zwei gemütliche, luftige Doppelschlafzimmer mit Moskitonetzen, Ventilator und Extra-Bett. *Sylvia,* eine Deutsche, und ihr indonesischer Mann *Saleh* haben in jahrelanger Kleinarbeit

Übernachtung
1 Mimpi Manis Bungalow
3 Villa Nautilus
5 Mallias Child Bungalows
6 Tao Kombo
7 Gazebo
8 Kontiki
9 Biru Meno
10 Bonkas Bungalows
12 Diana Bungalow
14 Sunset Gecko
15 Bugis Beach
16 Good Heart Bungalows
17 Balenta Bungalows
18 Adeng Adeng Bungalows
19 Kura-Kura Bungalows
20 Blue Coral Bungalows
21 Ryan Bungalows
22 Pondok Santai
23 Pondok Asri
24 Amber House
25 Zoraya Pavillion
26 Casablanca Hotel & Resort
27 Villa Sayang
30 Royal Reef Resort
32 Ko-Uchi
33 Fantastic Cottages

Essen und Trinken
2 Rust Warung
4 Bibis Café
11 Lumba-Lumba Café
13 Diana Café
16 Good Heart Café
21 Ryan Café
28 Ana Warung
29 Ya Ya Warung
31 Jali Café

die Elemente für das Haus in Indonesien zusammengetragen. Es gibt auch einen kleineren Bungalow, ähnlich stilvoll. Sind beide Häuser besetzt, ist noch ein Gästehaus für zwei Personen da. Sylvia ist leidenschaftliche Köchin. Wer Freude an Rinderschinken und geräuchertem Fisch hat, ist hier richtig. Die Villa Sayang ist häufig ausgebucht.

■ **Sunset Gecko** ②-③, Tel. (081) 35356 6774, www.thesunsetgecko.com, auf der Westseite der Insel hat nicht nur den Sonnenuntergang zu bieten, sondern auch einen Blick auf Gili Terawangan. Das Wasser wird recycelt, man wäscht nur mit Naturseife und das verwendete Salz ist selbstgemacht. Der Inhaber hat einige Projekte laufen, um Energie zu sparen und zu gewinnen. So düngt man auch die Pflanzen mit eigenem Kompost. Es gibt einfache, schlichte, aber geschmackvoll eingerichtete Bungalows mit gemeinsam genutztem Waschbereich und Toilette sowie zweistöckige, voll ausgestattete große Bungalows.

Essen und Trinken

■ **Ya Ya Warung,** einer der ersten Warungs der Insel von einer sehr netten Familie. Bekannt und beliebt, da lecker und billig.

■ **Rust Warung** hat sich entwickelt aus dem dahinter liegenden Shop. Der Warung ist über den Strand gebaut und serviert indonesische Mahlzeiten bis hin zu über Meno hinaus bekannte Fischgerichte.

■ **Good Heart Café,** an der Sonnenuntergangsseite, optimal für den Sundowner.

■ Mehrere kleine, preisgünstige **Restaurants am Strand** mit ähnlichem Angebot.

Wichtige Adressen

■ Direkt an der Anlegestelle befinden sich ein **Geldwechsler,** die **Touristinformation** sowie das **Ticketbüro** für die Public Ferry. Da es (noch) keine Geldautomaten auf Gili Meno gibt, sollte man daran denken, ausreichend Handgeld mitzubringen. Oder bei einem Tagesausflug nach Gili Terawangan das nötige Kleingeld holen und gleichzeitig die Tickets für das Speedboot nach Bali rückbestätigen.

■ **Blue Marlin Dive Centre,** Tel. (0370) 6132424, www.bluemarlindive.com.

141ba sb

Gili Terawangan

☐ Strandhotel auf Gili Terawangan (2:53 Min.)

Gili Terawangan ist mit 338 ha Fläche und ungefähr 800 Einwohnern die **größte der drei Inseln.** Erst Mitte der 1970er Jahre wurde sie mit Umsiedlern aus Sulawesi besiedelt. Heute ist Terawangan die am meisten besuchte Insel, der **Hotspot der Gilis.**

Seitdem findige Geschäftsleute einen regelmäßigen Express-Bootverkehr ab Bali eingerichtet haben, hat die Insel ein wenig von ihrem Charme verloren, heißt es. Nicht umsonst wird Terawangan **Party-Insel** genannt, wegen der allabendlichen Discomusik. Bis zu fünf organisierte Partys gibt es jede Woche: Montag bei Blue Marlin Dive, Dienstag bei Sama-Sama, Mittwoch im Irish Pub, Freitag bei Rudy's und Sonntag wieder im Sama-Sama. Montag wird geraved, Mittwoch ist jung und hip, Freitag ist für alle: Urlauber, Einheimische, Schwule, Lesben, Freaks. Wer selbst mal die Klampfe schwingen will, der kann sich bei d'Harbour auf die Bühne wagen. Früher ging es wohl recht heiß her, doch seit einiger

☐ Gili Air im Blick – der Bootshafen auf Gili Meno

Zeit passt die selbst organisierte Security auf, dass niemand über die Stränge schlägt. Auch privat organisierte Partys gibt es zuhauf. Man kann sich dem aber entziehen: Wer keine Lust auf Party hat, geht einfach nicht hin, zieht ins Dorf und lauscht dem Muezzin. Oder spaziert an der Küste entlang, bis er den perfekten Strand oder die perfekte Unterkunft gefunden hat. Dann gibt es eigentlich nur

drei Dinge zu tun: strandlaufen, erholen und genießen.

Für Abwechslung steht der Bereich am Hafen, dem „Center“: Hier hat sich ein überschaubares Zentrum entwickelt, mit Souvenirständen, Markt, Büchershops, Warungs, Schleppern, Tauchschulen und Touristinformationen. Hier sind besagte Party-Locations hier steht aber auch die gediegene Villa Ombak – Luxus vom Feinsten. Dahinter im Dorf leben die Menschen, die den Tourismus ermöglichen: Früher fast alle Bauern, sind etliche von ihnen heute Homestay-, Warung- oder Shopbesitzer.

Gefördert wurde der Tourismus auf dieser Insel nie – im Gegenteil, der Tourismusplan der Regierung umfasste nur Gili Air. Aber auch dort sollten nur Badebesuche stattfinden. Nach dem Willen der Tourismusplaner sollten die Touristen in den großen Hotels an Senggigi Beach wohnen. Doch die Planer hatten die Rechnung ohne die Gäste gemacht: Vor allem Gili Terawangan entwickelte sich zum Tourismusmagneten.

Spätestens seit 2008 hat die **internationale Tauchszene** die Gilis für sich entdeckt, um die 30 Tauchcenter gibt es hier heute. Manche Gäste unternehmen von Bali einen Tauchausflug und bleiben dann gleich mehrere Tage.

Bei der Ankunft wird man schon von ein paar Schleppern erwartet. Man kann ihnen folgen oder sich selbst auf die Suche nach einer Unterkunft machen. Wer schweres Gepäck hat, trinkt vielleicht erst mal einen Kaffee und fragt, ob das Gepäck für eine Stunde dort bleiben kann. Oder leiht sich ein Fahrrad, um einen ersten Eindruck von Gili T., so eine gängige Abkürzung, zu bekommen.

Vom Bootsanleger in der östlichen Inselmitte bieten sich drei Wege an: am Strand entlang nach links, also nach Süden, nach rechts (Norden) oder geradeaus ins Inselzentrum. 50 m Abstand zur Wasserlinie musste hier beim Bau der

Übernachtung
1 Kokomo Resort
3 Hari Puri
4 Trawangan Resort
5 Pondok Shanti
8 The Exile
9 Villa Ombak Sunset
10 Queen Villas
11 Hotel Villa Julius
12 Desa Dunia Beach Resort
13 Gili Eco Villas
14 Rama Omah
16 Villa Grasia
17 Balikana Retreat
18 Alam Gili
19 Pondok Windy
20 Coral Beach
21 Beach Comber's
22 Villa Kokita
23 Beach Café & Bungalows
24 Blue Star
25 Island Beach Bungalows
26 Gili Ranta
27 Danima Resort
28 Lizard Bungalows
29 Kuss Kuss Bungalows
30 Coral Beach II
31 Villa Almarik
32 Villa Ungqul
33 Gili View Resort
34 Easy Bungalows
35 Blue d'a Mare Bungalows
36 Mango Bungalows
37 Gili Smile Bungalows
38 Balenta Bungalows
39 Tanah Qita Bungalows
40 Good Heart Bungalows
41 Sunrise Dua
43 Lita's & Lisa's
44 Nirwana Guesthouse
45 Marta's Hotel
46 Trawangan Cottages
47 Funny Home Stay
48 Rumah Kundun

Häuser eingehalten werden, daher verläuft der Weg mit den Häusern auf der einen und dem Strand auf der anderen Seite.

Wer Probleme mit Lärm hat, sollte sich nicht in der Nähe einer Party-Location niederlassen, sondern sich eine entlegenere Ecke auf der Insel suchen. Viel ruhiger ist es nördlich des Anlegers oder ganz im Süden. Vom windigen Nordzipfel ist allerdings rund eine Stunde Wanderzeit angesagt, um ins „Zentrum" zu gelangen.

Terawangan oder Trawangan?

Einige Verwirrung herrscht über die richtige **Schreibweise des Inselnamens.** Die korrekte Bezeichnung lautet Gili Terawangan (wobei *Gili* Insel heißt und Ausdrücke wie „die Gili-Inseln" in Reiseführern reichlich skurril erscheinen). Im Indonesischen gibt es die **Konsonantenfolge „tr"** nicht. Auch andere, aufeinanderfoldende Kombinationen wie „kr" oder „pr" kommen, wenn überhaupt, nur in Lehnwörtern vor.

Ausgesprochen wird das dazwischen geschobene „Hilfs-e" aber nicht. Die Aussprache lautet also „Trawangan" (geschrieben Terawangan) „Trima kasih" (geschrieben Terima kasih), „Prempuan" (geschrieben Perempuan). Viele Hotels etc. bezeichnen ihren Namen mit einer Art **Lautschrift,** die dem Reisenden hilft, ihn korrekt auszusprechen. Daher liest man oft die eigentlich falsche Form „Trawangan". In diesem Buch benutzen wir den korrekt geschriebenen Eigennamen der Insel, bei **Hotelbezeichnungen** u.Ä. folgen wir aber natürlich der Schreibweise, die vom Eigentümer gewählt wurde. Bei der Suche im Internet hilft es, jeweils beide Schreibweisen einzugeben.

Eine **Inselumwanderung** dauert etwa zwei Stunden. Der Strand ist meist weiß und schattig, da überall hohes Buschwerk wächst. Einen herrlichen Sonnenuntergang mit Blick auf den Rinjani und den Gunung Agung auf Bali kann man am Nordzipfel der Insel erleben, allerdings wird langsam aber sicher erosionsbedingt von den Naturgewalten der Sandstrand abgetragen. Man muss ein wenig auf Steinmauern balancieren oder das Fahrrad vorsichtig schieben. **Cidomos** nehmen hier eine Abkürzung.

Auf dem höchsten Punkt der Insel, dem Gipfel eines etwas größeren Hügels, befand sich eine alte **japanische Festung** aus dem Zweiten Weltkrieg. Drei Kanonen bewachten hier einst die Küste. Der Aufstieg lohnt sich: Man hat von hier aus einen hervorragenden Blick über ganz Terawangan und die beiden Nachbarinseln.

Baden und Schnorcheln

Baden lässt sich am besten an der Stelle, an der die Boote von Bangsal anlegen. An anderen Stellen ist das Wasser eher flach, überall sind Korallen. Superschöne Korallen gibt es hier jedoch nicht, dafür aber eine Vielzahl an **Korallenfischen.** Häufig bekommt man auch **Schildkröten** zu sehen, die sehr nah heranschwimmen. Zum Schnorcheln geht man am besten 200 m nördlich der Bootsanlegestelle ins Wasser. Mit der seichten Strömung wird man ohne Anstrengung bis zur Bootsanlegestelle getrieben – ein Gefühl wie im Kino. Nicht vergessen, auf die Boote zu achten! Schnorchel-Equipment leihen kostet ab 35.000 Rp.

Gili Terawangan Ausschnitt

0 100 m ©Reise Know-How 2015

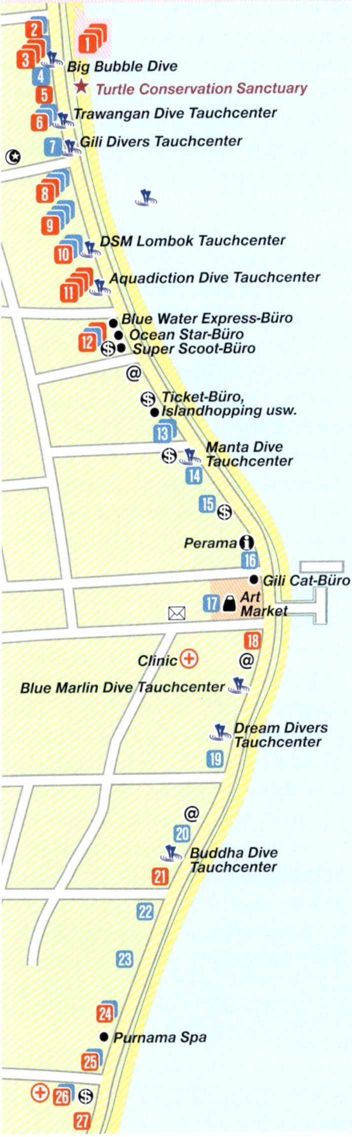

Übernachtung

1 Brothers Bungalows, Bale Sampon, Samba Villas
2 Dream Village
3 Oda Bungalows, Dino Bungalows, Soundwaves Bungalows
5 Ozzy Homestay
6 Kelapa Cecil, Flush Bungalows
8 Blue Beach Cottages, Warna Cottages
9 Pondok Windy, Beach Bungalow
10 Blue Beach Cottages II
11 Sunrise Bungalows, Milani Homestay, Jessica's Homestay, Fitri Homestay
12 Snapper Bungalow, Beach Wind Bungalows
18 Gili T. Resort
21 Trawangan Beach Bungalows
24 The Beach House Resort
25 Scallywags Resort
26 Villa Ombak Hotel
27 Pearl Beach Resort

Essen und Trinken

2 Genius
3 Oda Café
4 Sound Waves
6 Am la Poe Café
7 Vony Café
8 Horizontal, Café Gili
9 Egoiste, Wildan Restaurant, Beach Club
10 Tunas Café, Fortuna Café
12 Wrap a Snapper
13 Juku Restaurant, d'Harbour Bar
14 Ocean 2 Bakery & Restaurant
15 Sama-Sama
16 Kayu Café
17 Café Le Petit Gili
19 Exquisit Café & Spa
20 Rudy's
22 Ryoshi
23 Tir Na Nog Irish Pub
24 The Beach House Restaurant
25 Scallywags Restaurant
26 Villa Ombak Restaurant & Café

Turtle Conservation Sanctuary

Wie auf Gili Meno gibt es auch auf Gili Terawangan ein Turtle Sanctuary. Hier werden **Schildkröten aufgezogen** und dann publikumsträchtig in die freie Natur entlassen. Wer dieses Projekt unterstützen möchte, kann ein bisschen Bargeld spenden, damit auch weiterhin die Unterwasserwelt rund um die Gilis um eine Attraktion reicher ist.

Information und Reiseagenturen

- **Touristinformation:** Das Perama-Büro ist nördlich vom Anlegesteg und kann bei fast allen Fragen rund um die Gilis weiterhelfen.
- **Bootstickets:** Diverse Anbieter an der Promenade und am *Pasar,* dem Art Market.
- **Touren:** Rinjani-Besteigung, Komodo-Touren und diverse andere Ausflüge kann man von Gili Terawangan aus ebenfalls bei Perama buchen.

Unterkunft

Es gibt eine Unzahl von Unterkunftsmöglichkeiten, vom Einfachst-Homestay für 100.000 Rp. bis zur Luxusvilla für 1000 US$ die Nacht. Frühstück ist normalerweise inklusive, Steuern allerdings manchmal nicht. Wer am Morgen anreist, sollte mit ein wenig Geduld problemlos das Richtige finden, außer vielleicht im Juli und August. Dann kann die Insel voll sein, die Preise verdoppeln sich. Touristen, die die Party nicht verpassen wollen, übernachten in Berugas, den kleinen Sitzhütten am Strand.

- Die erste Unterkunft, aber nicht das erste Haus am Platz, ist das **Gili T. Resort** ③, Tel. (0370) 638 513, www.gilitresort.com, mit dem Terminal Café. In einer großen, luftigen Halle sind die sauberen Zimmer angelegt, dahinter liegt der Pool. Die Zimmer haben Klimaanlage, Safe, Minibar und Fernseher und kommen sehr aufgeräumt daher.
- Ein Restaurant mit angeschlossenem Resort, in dem eigentlich immer etwas los ist, ist **The Beach House Resort** ③-④, Tel. (0370) 642352, www.beachhousegilit.com. Es sieht nobel aus, hat aber ein schönes Schnäppchen im Angebot: In einem kleinen ruhigen Innenhof drei traditionelle Bungalows mit stilvoller Einrichtung, Deckenventilator und Openair-Bad.

Wessen Reiseetat mit den Übernachtungskosten in der ersten Reihe zum Strand nicht mithalten kann, der biegt rechts ab, beispielsweise hinter Big Buddha Dive. Hier im Dorf gibt es etliche brauchbare und schöne Homestays. Fast monatlich kommen neue hinzu. Mutige folgen den Schleppern und schauen sich die Geschichte an, vielleicht taugt das Homestay ja.

- **Nirwana Guesthouse** ④, Tel. (081) 91641 6438. Mitten im Dorf und von außen unauffällig – innen aber schick mit viel Holz, Swimming-Pool und sehr nettem Ambiente.
- **Sunrise Dua** ① Tel. (081) 91602551, ist einfach mit freundlichem Personal und gutem Frühstück. Einige Backpacker haben hier schon Monate verbracht.
- **Marta's Hotel** ②-④, Tel. (081) 23722777, www.martasgili.com, ist schick und fällt ein wenig aus der Billigreihe. Der Innenhof ist parkähnlich hergerichtet, das Highlight ein Swimmingpool. Die teureren Bungalows haben Klimaanlage, Heißwasser, zwei Stockwerke und sind auf antik gemacht.
- **Trawangan Cottages** ②-③, Tel. (0370) 639 282, gegenüber, ist ähnlich. Die Zimmer mit Klimaanlage und Heißwasser könnten aber eine Überholung gebrauchen.

▷ Der Strand von Gili Terawangan lädt zu ausgedehnten Spaziergängen ein

■ **Funny Home Stay** ②, Tel. (081) 75711160, vier Zimmer um einen netten, kleinen Garten, mit oder ohne Klimaanlage, aber gut in Schuss und garantiert mit Familienanschluss.

■ Nicht ganz einfach zu finden: Von den Trawangan Cottages weiter Richtung Hügel, dann links halten, erreicht man **Rumah Kundun** ②, Tel. (081) 3386 31414, www.rumahkundun.hotnoodle.net. Ein kleines Juwel: nur ein paar Räume, eine nettes und gesprächiges Eigentümerpaar und – wer hätte es gedacht – alles mit tibetischem Touch. Als der Sohn vor einigen Jahren auf die Welt kam, sah er aus wie ein tibetischer Mönch, zumindest hatten die Eltern den Eindruck, sie nannten ihn *Kundun*. Zimmer mit Ventilator oder Klimaanlage. Das Haus ist häufig ausgebucht.

■ In der Gasse mit dem über Gili Terawangan hinaus berühmten ALDI-Markt gibt es zwei nette „Cheapies": **Lita's** ② und **Lisa's** ①. Lita's hat ein wenig die Nase vorn, da es einen lichten Innenhof gibt und die Möglichkeit, Wasserflaschen nachzufüllen, aber sonst tun sie sich nichts.

Wer die andere Richtung einschlägt, also am Anlegesteg rechts abbiegt, findet eine ähnliche Situation: in der ersten Reihe am Strand die teureren Häuser, dahinter, einfach eine Gasse hoch, ein paar schöne Homestays, teilweise versteckt, von Mauern verborgen. Der Blick durch die Tür zeigt, ob sich Reinschauen lohnt. Einige haben Schilder aushängen, wenn etwas frei ist.

■ Am Strand selbst kommt bald **Jessica's Homestay** ② mit brauchbaren Zimmern. Es gibt eines im ersten Stock, das Strandblick hat. Häufig ausgebucht.

■ **Blue Beach Cottages** ②-③, Tel. (0370) 623538, ist eine brauchbare Anlage mit schicken Bungalows, dahinter ebenso schöne Zimmer mit luftigen Decken, auf traditionell getrimmt mit viel Holz. Es kommt langsam in die Jahre, aber für den Preis noch ok.

■ **Dream Village** ③-④, Tel. (0370) 6644373, ist fest in italienischen Händen und sehr schön gemacht: Ein Laubengang führt ins Innere der Bungalowanlage. Die Zimmer dahinter im balinesischen Stil haben zwei Stockwerke, stilvolle Holzböden, die passenden Möbel sowie Safe, Minibar und Fernseher. Sehr schön, aber nicht günstig. Wer länger bleibt, kann einen Nachlass herausholen.

Wem im Ort zu viel Trubel ist, der läuft weiter die Küste hoch, bis es deutlich ruhiger wird.

■ **Pondok Windy** ③, Tel. (087) 765240999, liegt, wie der Name sagt, an einer windigen Ecke Terawangans. Hinter dem Restaurant gibt es eine Reihe im Lumbung-Stil gebauter Bungalows, teilweise

142ba sb

mit schönem Blick aufs Meer. Jeder Bungalow hat einen Safe – ausgedehntem Beachlife steht also nichts im Wege.

Alam Gili ④, Tel. (0370) 630466, www.alamgili.com, ist eine freundliche und angenehme Parkanlage mit Bungalows. Das Alam Gili gehört zum Café-Wayan-Imperium mit Ablegern in Ubud, Senggigi und eben hier. Bungalows mit Deckenventilator und schönen Openair-Bädern. Besonders empfehlenswert ist die „Fish Suite", ein zweistöckiges Haus mit viel geschnitztem und verziertem Holz, Schlafraum, zwei Badezimmer und Ankleideraum. Gut, dass hier Kreditkarten akzeptiert werden.

Gili Eco Villas ④, Tel. (0361) 8476419, ist erreicht, wenn das Windrad pfeift. Die Philosophie von Eco Villas heißt: „Minimal impact on environment". Es gibt ein Gewächshaus, der Müll wird getrennt und so viel wie möglich recycled. Die Energie kommt per Windrad aus der Luft und per Photovoltaik aus der Sonne, das Regenwasser wird zur weiteren Verwendung gesammelt. Gili Eco Villas engagiert sich außerdem für das Wiederaufleben der geschädigten Korallenriffe. Die Villen mit jeweils zwei Zimmern sowie einem offenen Wohnzimmer und Küchenzeile sind aus alten Schiffsplanken gebaut und sehen gut aus.

Die **Sunset-Seite** von Gili Terawangan ist mittlerweile von den Investoren entdeckt und teilweise erschlossen worden. So haben sich hier das schicke **Aston Sunset Beach** ④, Tel. (0370) 633686, www.aston-international.com, und die noch schickere **Villa Ombak Sunset** ④, Tel. (0370) 644333, www.ombaksunset.com, niedergelassen. Geldautomaten haben sie gleich mitgebracht. Noch ein Stückchen weiter folgt **The Exile** ②-③, Tel. (0819) 07077475, pünktlich eröffnet zur Silvesterfeier 2011/2012. Es wird kaum einen Ort auf Gili Terawangan geben, an dem der allabendliche Sonnenuntergang schöner ist. Und wer danach noch ein wenig chillen oder quatschen will, ist in der lässigen Beruga oder der Bar der kleinen Bungalowanlage gut aufgehoben. Die Bungalows sind zweckmäßig und haben schicke Openair-Bäder hinten angeschlossen. Es gibt Bungalows und klimagekühlte Zimmer im Haupt- und Nebenhaus. Nachts ist das lauteste Geräusch das Rauschen des Meeres.

Essen und Trinken

Es gibt **zahlreiche Restaurants,** hinzu kommen die Minirestaurants einiger Bungalowanlagen. Alle vom Zentrum weit entfernten Anlagen haben eigene. Im Ort gibt es Pubs, Cafés und Warungs.

Attraktion für Besucher aus nah und fern: der Sonnenuntergang am „Exile"

232ba sb

■ Das **Genius** muss einfach als Erstes genannt werden. Zum Einen wegen des Namens und zum Zweiten wegen des „Wiener Frühstücks": eine Tasse Kaffee oder Tee, Gulaschsuppe mit Weißbrot und ein kleines Bier – ein guter Start in den Tag.

■ **Karma Kayak,** an der windigen Spitze von Terawangan. Ähnlich fleischig wie das Wiener Frühstück: Das Beach BBQ des Karma Kayak mit allem, was das Herz begehrt, ist weithin bekannt und berüchtigt. Nach Anmeldung wird vom Team alles stilecht am Strand aufbereitet, der Party steht nichts im Wege.

■ **Warung Indonesia** im Dorf ist eine feste Größe, wenn es um Soto Ayam oder Mie Goreng und einen Lemon Juice geht. Vor allem die Suppen sind hervorragend und für 20.000 Rp. eine echte Versuchung.

■ Der **Art Market** am Bootsanlegesteg ist ein abendlicher Treffpunkt. Die fest installierten Warungs haben den ganzen Tag auf. Sobald es dunkel wird, kommen etliche andere dazu. Es lohnt sich, auf die Dunkelheit zu warten, dann gibt es gebratenen Fisch, Red Snapper mit Reis und Gemüse ab 35.000 Rp. – nicht schlecht. Ergänzt wird das Geschehen durch das nette **Café Le Petit Gili,** an dem man den ganzen lieben Tag lang dem Treiben im Center zuschauen kann.

Wer den Fisch gern exklusiver und schöner zubereitet mag, kann sich beim abendlichen Flanieren auf der Hauptstraße orientieren. Die guten Stücke liegen auf Eis zum Anschauen bereit und werden auf jede gewünschte Art frisch zubereitet. Gute Plätze hierfür sind (von Süd nach Nord):

■ **Villa Ombak,** im Inselsüden, ist nicht nur für den kulinarischen Genuss ein Erlebnis: mit Café, täglicher Live-Musik, Openair-Kino, eigener Tauchschule und einer guten Touristeninformation. Das Dinner-Menü ist preislich fast auf europäischem Niveau – aber diese Atmosphäre ...

Scallywags, ganz in der Nähe, hat sich ein biologisch-organisches Profil verschafft. Das Wasser der Bungalows dahinter wird per Solarthermie beheizt, und die organischen „Day Tripper" auf der Speisekarte sind eine Versuchung wert: *Mushroom Carpaccio Goat Cheese Tomato Almond* klingt sehr verlockend, oder wie wäre es mit *Watermelon Greek Salad with Virgin Olive Oil?*

The Beach House, nebenan, will dem natürlich nicht nachstehen und fährt Besonderheiten auf: *Australian Tenderloin Fillet with Red Wine Demi-Glaze Roasted Garlic, Oven Roasted Vegetables & Potatoes.*

Ryoshi, eine Sushi-Bar, die zum Irish Pub gehört, bringt ein wenig Abwechslung in die Speisekarte.

Rudy's ist außerhalb der freitäglichen Party ein netter Platz zum Sitzen. Die Pizza Frutti die Mare geht günstig über die Theke, und die Happy Hour ist in der Nebensaison in Sachen Bier eine ausdauernde: Sie geht von 15 bis 22 Uhr.

Horizontal und **Egoiste,** nördlich der Anlegestelle, sind stylish, nett zum Sitzen, vom Preisniveau ähnlich und sprechen dasselbe Publikum an.

Gili Gelato kommt ungemein gut an und das zu jeder Tageszeit: kleine Eisstände mit vielen Sorten für den (H)eishunger zwischendurch.

Nachtleben

So gut wie alle unter „Essen und Trinken" genannten Plätze sorgen für ein wenig Nachtleben auf Terawangan. Viele haben Happy Hours, um ihre Gäste bei der Stange zu halten.

Bis zu fünfmal die Woche ist Party: montags im **Blue Marlin Dive,** dienstags im **Sama-Sama,** mittwochs im **Irish Pub Tir Na Nog,** freitags im **Rudy's** und sonntags wieder im Sama-Sama (mit Live-Musik).

Im **d'Harbour** gibt es ein buntes Live-Musik-Programm. Wer sich traut, kann seine Künste gerne mal vor Publikum vorführen.

Sonnenuntergang-Gucken ist ein beliebter Zeitvertreib geworden. Ganze Karawanen setzen sich Richtung Sunset-Seite der Insel in Bewegung, um dem abendlichen Zeremoniell beizuwohnen.

233ba sb

Gute Spots sind die **Paradise Sunset Bar** mit großem Lagerfeuer und Feuerspucker, die **Sunset Baar** mit ähnlichem Programm oder **The Exile** mit weniger aufdringlicher, cooler musikalischer Untermalung und der einen oder anderen fetzigen Trommelbegleitung.

Einkaufen

Shops gibt es reichlich, einer davon ist weithin bekannt: **Aldi,** in einer Gasse im Dorf. Dem Eigentümer, dessen Sohn *Aldi* heißt, begegnete vor einigen Jahren eine Tüte des gleichnamigen deutschen Discounters. Die fand er so klasse, dass er fortan seinen Shop so nannte und das Aldi-Logo abkupferte für sein eigenes Schild. Hier gibt es alles, aber im Unterschied zum deutschen Aldi ist es eng und stickig. Und der Aldi auf Terawangan macht Mittagspause.

Wichtige Adressen

■ **Geld:** Geldautomaten gibt es etliche, beispielsweise bei der Villa Ombak, im Center und auf der Sunset-Seite.

■ **Post:** William Bookshop am Art Market übernimmt sämtliche Postdienstleistungen.

■ **Internet:** Das WiFi-Netz ist recht dicht, wenn auch recht instabil. Einfach nach den Schildern schauen, manchmal kostet es extra.

■ **Medizinische Versorgung:** In der Villa Ombak gibt es einen Arzt. Im Dorf ist eine kleine Klinik für die Einheimischen. Ansonsten sind die Tauchschulen Ansprechpartner.

Aktivitäten

■ **Schnorcheln:** Maske und Flossen kann man ab 35.000 Rp./Tag leihen.

■ **Tauchen:** Es gibt rund 30 Tauchcenter auf Gili Terawangan. Alle haben sich zusammengeschlossen und eine einheitliche Preisstruktur vereinbart. So sollen „Billigheimer" verhindert werden. Ein Tauchgang kostet um die 35 €. Wer einen deutschsprachigen Anbieter sucht, beispielsweise für die Tauchausbildung, ist bei den **Dream Divers,** Tel. (0370) 634496, www.dreamdivers.com, gut aufgehoben. Bekannt und zuverlässig sind auch **Blue Marlin Dive Centre,** Tel. (0370) 634547, www.bluemarlindive.com, und **Manta Dive,** Tel. (0813) 53050462, www.mantadive.com.

■ **Pferdereiten:** STUD, nahe den Sunset Bungalows, ca. 1½ Std. um die Insel kosten 200.000 Rp./Person.

■ **Tischtennis:** bei den Beach Wind Bungalows, 20.000 Rp. die Stunde kostet der Tisch.

■ **Glassbottom Boat Tour:** Perama und andere Anbieter im Ort bietet eine Tour zu den besten Korallenstellen der drei Gilis mit dem Glasbodenboot an. Ab 11.30 Uhr geht es zum Good Heart Reef, wo es blaue Korallen gibt, weiter zur Gili Meno Wall, wo normalerweise Schildkröten zu sehen sind, danach nach Gili Air und Gili Air Slope. Mittagessen ist inklusive, kurze Besichtigung von Gili Air meist auch. Rückkehr ist ungefähr um 15 Uhr.

■ **Yoga:** Gili Yoga, Tel. (0370) 640503, www.giliyoga.com, nahe dem Bootsanleger, unterrichtet den Vinyasa-Flow zweimal täglich am Vormittag und am späteren Nachmittag. Gili Yoga bietet auch Kurse und Free Diving – Apnoe-Tauchen – an.

☐ Auf dem Nachtmark sollte man durchaus mal das eine oder andere Geschmacksexperiment wagen

9 DIE NORDKÜSTE UND DER RINJANI – INDONESIENS ZWEITHÖCHSTER VULKAN

146ba sb

Bei der Fahrt an der Nordwestküste entlang kommt man durch Dörfer, die einen Stopp lohnen.

> Sonnenuntergang an der Nordwestküste

NICHT VERPASSEN!

- Ein **Einheimischen-Dorf besuchen,** vielleicht vom **Rinjani Mountain Garden** aus | 364
- **Gunung Rinjani:** den zweithöchsten Vulkan Indonesiens besteigen | 371
- Unerforschte Inseln mit dem **Kajak** erkunden vor **Labuhan Pandan** | 379

Diese Tipps erkennt man an der gelben Hinterlegung.

Die Nordwestküste von Tanjung bis Anyar

Tanjung ist die Hauptstadt des 2008 neu gegründeten Kabupaten Lombok Utara (Nordlombok), ein typisches Städtchen mit Warungs und Shops. Jeden Tag ist Markttreiben angesagt, und am Sonntag gibt es einen Viehmarkt.

Jambianon Village liegt in einer hübschen Bucht mit Fischerbooten. Einige 100 m nördlich, vor Krakas, befinden sich Frischwasserquellen im Meer. Steil abfallende Korallen, bewohnt von Unmengen von Fischen, grenzen das Süßwasser vom Salzwasser ab. Das etwa zehn Meter tiefe Riff liegt um die 400 m von der Küste entfernt.

Gondang

Gondang ist das nächste Örtchen an der Küste. Jambianon, Krakas und Gondang befinden sich bislang abseits der Touristenpfade. Hier ist das Leben recht einfach und sehr indonesisch, die Bewohner sind ausgesprochen höflich, hilfsbereit und freundlich.

Wasserfälle

Von Gondang aus erreicht man der Beschilderung folgend den **Kerta-Gangga-**

Wasserfall (9 km), einen Zwei-Stufen-Wasserfall mit Höhle und Pools zum Baden. Wer die Anfahrt gemeistert hat, wird von Parkplatzwächtern empfangen, die Geld für das Parken und 25.000 Rp. Eintritt verlangen. Der Preis für den Eintritt ist verhandelbar. Wer mit einem Guide anreist, erspart sich die Diskussion. Der Blick von hier oben über die Reisfelder Richtung Küste allerdings ist wirklich beeindruckend.

Zum **Tiu-Pupus-Wasserfall** sind es von hier rund 45 Minuten Fußmarsch oder eine kürzere Anfahrt mit dem eigenen Fahrzeug. Er ist ca. 50 m hoch, auch mit natürlichem Pool und Höhlen. Zum Ende der Trockenzeit (September/Oktober) hat er wenig Wasser.

Bayan

Das kleine Dorf im Norden Lomboks liegt auf dem Weg zum Rinjani, sieben Kilometer südlich von Anyar. Bayan war einstmals Zentrum eines Königreichs und Stammland der nur auf Lombok vorkommenden **Wetu-Telu-Religion** (s. Kapitel „Lombok – Die Insel und ihre Bewohner/Religionen"). Seinerzeit soll *Abu Sufijan*, einer der einflussreichsten Männer Mekkas, den König von Bayan besucht haben. Dabei empfahl er ihm, seine Untertanen entweder zu Moslems oder zu Mu'mis zu machen. Der Herrscher entschied sich für die zweite Möglichkeit. Aus den Mu'mis hat sich die Wetu-Telu-Religion entwickelt. Auch heute sind fast alle Bewohner Anhänger dieser Religion. Hier werden noch alte Hindu-Tänze aufgeführt. Die Menschen sind hauptsächlich Bauern.

Ein großer **Markt** findet donnerstags und sonntags an der Straße nach Senaru statt. Im Dorf auf einem kleinen Hügel steht die **Kuno-Bayan-Moschee,** wohl die älteste Moschee Lomboks. Sie stammt aus dem 16. Jh. und wurde Anfang der 1990er Jahre mit großem Aufwand restauriert. Die Moschee, die auf vier Holzpfeilern basiert, vereinigt Architektur aus dem hinduistischen Bali und dem islamischen Java. Ein Besuch ist nur mit einer geführten Tour möglich, aber auch von außen sieht sie recht imposant aus.

Verkehr

Bis hierher fahren beinahe stündlich **Busse von Bertais** (Mataram) und wieder zurück. Bertais – Anyar 30.000 Rp., Anyar – Bayan/ Senaru 25.000 Rp. mit Motorradtransport.

Unterkunft

■ **Rinjani Mountain Garden** ②-③, Tel. (0818) 569730, Teres Genit, Bayan, ist einmalig unter den Unterkünften auf Lombok und auch auf Bali. Die Deutschen *Toni* und *Roland* haben sich ihr eigenes, luftiges und vor allem nachts frisches Paradies am Rinjani-Hang mitten in den Reisfeldern geschaffen – aus ausgewählten, natürlichen Materialien. Hier oben lebt man vom Ausblick und der Atmosphäre – ansonsten ist man wirklich weit ab vom Schuss. Der morgendliche Blick auf den noch nicht wolkenverhangenen Rinjani ist genauso einzigartig wie der Blick hinunter aufs Meer. Das Gelände ist parkähnlich angelegt, es gibt einen Swimmingpool und ein Restaurant, das auch Spätzle mit Sahnesauce, Käse und Salat anbietet. Der Strom stammt aus einem Wasserkraftwerk und alles selbst Angebaute ist biologisch.

Auch **Touren in die Umgebung** werden angeboten: Allein schon der geführte Spaziergang ins nahe Dorf Teres Genit („juckende Ameise") ist den Besuch im Rinjani Mountain Garden wert.

Anfahrt: Mit Public Bus von Pemenang nach Anyar (30.000 Rp./Pers.), von dort weiter mit dem Mopedtaxi zum Mountain Garden (ca. 30.000 Rp./Pers.) bei Teres Genit. Von Desa Bayan fährt morgens um 8 Uhr ein Bus nach Labuhan Lombok (ca. 3 Std., 60.000 Rp./Pers.). Abholung am Flughafen, in Senggigi und von anderen Orten Lomboks ist möglich.

Batu Koq

Die meisten Reisenden starten ihre **Rinjani-Besteigung** von Batu Koq. Es handelt sich um eine Ansammlung von ein paar Häusern, Unterkünften und Restaurants mit kleinen Shops, die sich auf die Bedürfnisse der Trekker eingestellt haben. Es gibt Zelte, Jacken, Schlafsäcke und einiges mehr zu leihen. Guides bieten ihre Dienste an, Lebensmittel wie Dosenfisch, Schokolade und Kekse können eingekauft werden.

Wasserfälle

Der **Sendanggile-Wasserfall** ist ein beliebtes Ausflugsziel von Einheimischen an Sonn- und Feiertagen, etwa 15 Minuten zu Fuß. Es wird gepicknickt, die Kids schleppen ihren Ghettoblaster mit und hören *Lagu Pop Indonesia* (indonesische Schlager) oder Hardrock.

Wer noch ein Stück weiter läuft, findet einen **zweiten Wasserfall.** Der Weg dorthin zweigt vom Weg zum ersten rechts ab. Nach kurzer Zeit kommt eine ca. zehn Meter hohe Mauer, in die Eisensprossen eingelassen sind. Diese Mauer gehört zur Abstützung einer Brücke, die den Kanal für die Wasserversorgung des Dorfes in luftiger Höhe über den Fluss führt. Man muss nun die Sprossenwand hinaufklettern und die Brücke überqueren, dann geht es am Kanal entlang, bis man auf den Fluss stößt. Der Weg führt am Ufer entlang; dabei muss man den Fluss mehrfach durchwaten und über große Steine klettern, bis man schließlich vor dem zweiten Wasserfall steht. Insgesamt eine lohnende Tour, die etwa zwei Stunden in Anspruch nimmt. Am besten, man nimmt einen Jungen aus dem Dorf als Guide mit.

Unterkunft

Es gibt eine ganze Reihe von einfachen Losmen, die sich hauptsächlich durch ihre Nähe zum Wanderstartpunkt unterscheiden. Alle sind recht einfach und kosten ab 50.000 Rp. für das Doppelzimmer. Wer unten an der Kreuzung den Weg Richtung Batu Koq und Senaru einschlägt, wird gleich von Schleppern in Beschlag genommen. Sie bieten ihre Dienste als Guide und für Unterkünfte an. Da die Losmen im Großen und Ganzen ähnlich sind, kann das Mitgehen und Schauen eine einfache Lösung sein. Es ist kalt und regnerisch hier oben, eine warme Decke gehört also zum Bett dazu. Die Losmen sind meist sehr klein, max. weisen sie vier Zimmer auf. Das erste erreicht man nach 3,7 km ab dem Abzweig nach Senaru. Je weiter oben im Berg das Losmen, desto kürzer ist der Weg zum Gipfel.

■ **Pondok Senaru** ②, Tel. (0819) 99967737, etwa einen Kilometer vor dem Einstieg in die Trekkingstrecke (Pos I). Zwar etwas teurer als die anderen, aber auch etwas besser. Das Restaurant kann sich sehen lassen, und auch der Ausblick ist nicht schlecht.

Essen und Trinken

Die meisten Losmen bieten einfache Mahlzeiten an, einige sogar ein bescheidenes Frühstück gratis. Es gibt ein paar Cafés und Warungs an der Straße.

Senaru

Senaru ist der dem Rinjani am nächsten gelegene **Aufstiegsort.** Hier gibt es Losmen, ein Restaurant, Warungs und einen Laden. In dem einerseits schönen, traditionellen und andererseits sehr armen Dorf scheint die Zeit stehen geblieben zu sein, es gibt noch etwa **20 mit Alang Alang gedeckte Häuser.** Die Bewohner sind unglaublich freundlich, was so schön wie verwunderlich ist, da sie von den vielen Rinjani-Besteigern in keiner Hinsicht profitieren. Am Eingang des eingezäunten Dorfes tragen sich Besucher in ein Buch ein. Wer mag, kann (und sollte) eine Spende für das Dorf geben (20.000 Rp./Pers.). Es ist kein Problem, Englisch sprechende Menschen zu finden. Auch hier kann man Trekking-Proviant einkaufen.

Unterkunft

Siehe Batu Koq.

Der Gunung Rinjani

Der Gunung (= Berg) Rinjani ist mit 3726 m der **höchste Berg Lomboks** und zweithöchster Vulkan Indonesiens. Nur der Vulkan Kerinci auf Sumatra ist höher. Vormittags, bevor die Wolken seinen Gipfel einhüllen, ist er von jeder Stelle Lomboks aus zu sehen. Das ganze sichtbare Massiv ist der Rand eines riesigen **Kraters,** der Rinjani ist der höchste

147ba cn

> Gipfel des Rinjani, Kratersee und Vulkankegel Gunung Baru

Gipfel. Der Krater ist teilweise durch den **Segara Anak** (2000 m), einen halbmondförmigen **Kratersee,** ausgefüllt. In dessen Mitte befindet sich wiederum ein Vulkan, der **Baru.** Er ist aktiv und stets steigt eine feine Rauchfahne von seinem Gipfel auf. Am Rande des Sees breitet sich ein Wald aus, der von Affen, Wildschweinen und anderen Tierarten bewohnt wird. Den See bevölkern Wasservögel und Fische.

1847 gab es den letzten Rinjani-Ausbruch. Am 3. Juni 1994 zeigte der Berg aber wieder, dass er nicht schläft. Es gab **Eruptionen** und es entstand ein neuer kleiner Berg in der Kratermitte. Durch den Ausbruch soll der Wasserspiegel um neun Meter angestiegen sein, allerdings nur kurzfristig. Im See wurden die Fische gekocht. Die Asche flog von Lombok bis Sumbawa. 2009 und 2010 meldete sich ein kleinerer Vulkan, der **Gunung Baru Jari:** Einige Monate lang schleuderte er Gestein und Vulkanasche in die Gegend. Für das Umland bestand keine Gefahr, da der Baru Jari sich in der großen Caldera, dem Becken des Rinjani, befindet.

Das gesamte **Rinjani-Massiv** bedeckt mehr als die Hälfte Lomboks. Es gibt

Die Entstehung des Gunung Rinjani

In dem Buch „Kleine Inseln – große Abenteuer", Wien/München 1963, beschreibt der Autor *Heinz Kruparz* seinen Rinjani-Besuch. Beim Lagerfeuer an den heißen Quellen im Krater erzählt ihm sein Führer, ein *Guru* (= Lehrer), „die Entstehungslegende des Rinjani":

„Lange, bevor unsere indonesischen Inseln ihre heutige Form besaßen, begab es sich, dass der Gott des Feuers sich gegen den Gott des Meeres empörte und beide gegeneinander Krieg führten. Ihr müsst wissen", ereiferte sich der Guru, „dass dem Gott des Feuers einst die gesamte Erde zu eigen war. Die Welt ist nämlich, so wie unser lieber Rindjani hier, einst aus Feuer entstanden. Dann kam der neidische Gott des Wassers. Er ließ es regnen und wollte auf diese Weise alles Land durch seine feuchten Heerscharen, die Wassermassen, erobern. Das gelang ihm zum Großteil auch. Stück um Stück brach er mit seinen nimmermüden Zähnen von den Küsten der Kontinente. Seht nur, was von unserem Indonesien übrig blieb: unzählige Inseln! Der Rest unseres Kontinents hingegen liegt am Meeresboden. Als die Not so groß war, riefen unsere bedrängten Urväter mit Hilfe ihrer frommen Prieser den Gott des Feuers zu Hilfe. Jedoch es kam, wie es immer kommt, wenn man einen Gewaltigen zum Schutz in sein Haus holt: Der Gott des Feuers half den Malayen wohl gegen die nagende Meeresflut, blieb aber dann im Lande.

Von diesem Tage an mussten die Inselbewohner auch unter seiner Gewalttätigkeit leiden. Seither müssen in jeder Generation Tausende durch das Feuer sterben, welches er aus der geborstenen Erde schleudert. Aber der Feuergott schuf auch Neuland, denn wenn das ausgespiene Feuer erloschen ist und die geschmolzene Erde erkaltet, verwandeln es die Regen in fruchtbarstes Ackerland.

Jedoch, wie gesagt, Abertausende mussten diese Hilfe gegen den Gott des Wassers mit ihrem blühenden Leben bezahlen! Erinnert euch nur an die fürchterliche Explosion des Tambora auf Sumbawa, die auch halb Ostlombok in einem vulkanischen Ascheregen erstickte!" – (Die erwähnte Vulkan-Explosion trug sich im Jahre 1815 zu. Sie forderte 92.000 Tote, und es gab nur 29 Überlebende!)

„So maßen sich die beiden herrschsüchtigen Götter miteinander auf Indonesiens Boden. Schließlich waren sie des Kampfes müde. Der Feuergott, Gott Api, zog sich hierauf dorthin zurück, wo er die höchste Burg hat und die gläubigen Menschen ihm seit jeher am meisten huldigten und Opfer darbrachten. Natürlich wählte Gott Api den Rindjani auf Lombok zu seinem Lieblingssitz.

Gott Api hat sich somit auf den aus Feuer und erkalteter Gesteinsschmelze geborenen Rindjani – den höchsten, damals noch aktiven Vulkan unserer Kleinen Sundainseln – zurückgezogen. Dort oben lebt er seither, jedoch nicht allein. Für den Fall, dass ihn der Wassergott wieder so arg bedrängen sollte, hat sich der Feuergott eine Geisel mit in seine Burg genommen: ein Kind des Meergottes namens *Segare Anak*.

Ihr erblickt das Kind des Meeres hier vor euch. Da liegt es still und ruhig, es schläft. Es ist gefangen, Gott Api hält es in seinem Schlosse hinter hohen Zinnen fest. Ihr habt selbst die unersteigbaren Mauern gesehen, die das schöne Kind einschließen. Der Gott des Feuers bewacht seine Gefangene sorgsam. Er liebt es, jeden Morgen sein schreckliches Antlitz in dem strahlenden Auge des Sees zu spiegeln. Aber da wird der Gott der feuchten Mächte jedesmal von neuem böse: er schickt dicke Wolken, dass sie sein Kind verhüllen, oder er trübt durch Regenschauer die reine, klare Wasserfläche. Aber im Übrigen ist der Wassergott machtlos. Das Kind des Meeres wartet auf seine Befreiung. Es sehnt sich nach Wiedervereinigung mit dem Meere!"

Der Guru hatte die Geschichte anscheinend beendet und spuckte seinen Kautabak zischend ins Feuer. Dann schaute er auf uns andächtig Lauschende, und seine alten, trüben Augen blieben an mir haften, als er mit warnend erhobenem dürrem Finger hinzufügte:

„Die Leute von Lombok sind sehr fromm. Wir sind uns dessen bewusst, dass man den Feuergott erzürnt, wenn man das 'Kind des Meeres' auch nur zu erblicken sucht, geschweige denn seine geheiligten Wasser durch unsere Anwesenheit verunreinigt! Verständlich, wer lässt denn schon seine Gemahlin von Fremden betrachten?

Ihr wisst nicht, dass Gott Api das liebreizende Kind zu seiner Frau gemacht hat? Entsinnt euch doch dieses Geschehnisses! Der 'Gunung Baru', der 'Neue Berg', ist aus dieser Verbindung entsprossen."

Und der Guru erbaute sich weiter daran, von der Entstehung des 'Gunung Baru' zu sprechen. Tatsächlich war in historischer Zeit aus dem Riesenkrater des Rindjani, der sich see-erfüllt vor uns auftat, ein kleiner Vulkan gewachsen: ein makelloser Schmarotzerkegel im Schoße seiner berühmten Eltern.

keine Straße, die es überquert. Im Norden, Westen und Osten ziehen sich die Hänge bis an die Küste. Im Süden schlängelt sich die Straße Mataram – Labuhan Lombok immer am Fuße dieses gewaltigen Berges entlang. Im Nordosten schließt sich ein fruchtbares Hochplateau mit kühlerem Klima an. Hier wird Gemüse angebaut, z.B. Kohl und Tomaten. Außerdem wird Pferdezucht betrieben.

Bis auf eine Höhe von etwa 2000 m sind die Hänge mit dichten **Wäldern** bewachsen. Affen, Wildschweine, Hirsche und große Schlangen leben hier. Die Bewohner dieser Region leben vom Edelholzabbau. Teak- und Mahagonistämme werden gefällt, per Hand zu völlig rechtwinkligen Kanthölzern zurechtgeschlagen und auf dem Rücken bergab transportiert. Da mittlerweile das Gunung-Rinjani-Massiv zum **Naturschutzgebiet** erklärt wurde, ist das Abholzen in einem Gebiet von 51.500 ha untersagt.

Je höher es ansteigt, desto eigentümlicher wird die **Vegetation** – besonders in der Nebelwaldregion, die in einer Höhe liegt, auf der die Wolken täglich hängen bleiben. Weiter oben lichtet sich der Wald nach und nach und geht in busch- und steppenartigen Bewuchs über. Bis an den Rand des großen Kraters wächst Gras. Von hier aus hat man frühmorgens, bevor die Wolken kommen, eine Sicht bis weit über Bali und Sumbawa hinaus.

Sitz der Götter

Für die Balinesen Lomboks ist der Berg der Sitz der Götter, also das Gegenstück zum Gunung Agung auf Bali. Auch die Sasak glauben an die übernatürlichen

Kräfte des Berges. Besonders zu Vollmond besteigen Hunderte den Gipfel, um in den **heißen Quellen** innerhalb des großen Kraters zu baden, denen man heilende Kräfte nachsagt. Die Lomboker Balinesen pilgern normalerweise jedes Jahr einmal zu Vollmond im Oktober oder November zum Kratersee. *Mulang Pekelem* heißt die Zeremonie, bei der goldene Gegenstände in den See geworfen werden, um *Bhatara*, dem Herrscher des Berges, zu opfern.

Die Vegetationszonen

Der Gunung Rinjani gliedert sich in verschiedene, höhenabhängige Vegetationszonen. Am Fuße sind Urwald, Bambuspflanzungen und Bananen sowie Reisfelder; bis auf 1500 m Höhe wächst Nutzholz, vor allem Teakholz. Dort, wo der Berg meist von Wolken verhangen ist, ist das Gebiet des Nebelwaldes. Hier ist es feucht und moderig. Es wachsen Schlingpflanzen, wie Lianen und Rotang, manns-

hohe Farne, viele recht eigenartige Bäume und Gewächse. Der Wald ist zwar dicht, jedoch nicht so undurchdringlich wie tropischer Regenwald.

An die Nebelwaldzone schließt sich eine eher spärlich bewachsene Region mit hohem Gras und Koniferen an. So bietet sich hier ein ganz und gar „untropischer" Anblick. Im Krater des Rinjani hat sich ein eigenständiges Biotop entwickelt (siehe Beschreibung Rinjani).

Segara Anak

Der **See** im Innern des Kraters auf ca. 2030 m ü. M. ist bis zu 230 m tief. Er liegt halbmondförmig um den Baru, den kleinen aktiven Krater in der Mitte. Die Ufer sind von Bäumen bestanden, das Klima ist gemäßigt. Nachts kühlt es ab bis auf 15 °C, tagsüber herrschen 20–28 °C. Es wachsen dort hauptsächlich **Koniferen.** Das Wasser aus dem See ist zwar trinkbar, aber nicht besonders schmackhaft. Es gehört Überwindung dazu, in das tiefe, kühle Nass hineinzuspringen.

Nationalpark Rinjani

1984 ist das gesamte Rinjani-Massiv (41.330 ha) zum Nationalpark (www.rinjaninationalpark.com) erklärt worden. Das bedeutet zum einen, dass es der Naturschutzbehörde unterstellt wurde und man eine „Eintritts-Gebühr" von 150.000 Rp. entrichten muss, zum anderen, dass die Natur geschützt werden soll. Es ist seither verboten, Holz zu fällen, Tiere zu jagen oder Brandrodung zu betreiben.

Besteigung des Rinjani

Die Besteigung des Massivs und ein Aufenthalt am Kratersee Segara Anak ist wohl das Spektakulärste, was man auf Lombok unternehmen kann. Vorgestellt wird hier der Aufstieg von Senaru und der Abstieg nach Sembalun Lawang. Es gibt weitere Möglichkeiten, den Berg zu erklimmen, so ab Sapit, Timbanuh, Tanjung über Santong und Sesaot.

Aufstieg ab Senaru, Abstieg nach Sembalun Lawang, 3 Tage / 2 Nächte

von *Astrid Därr*

Kosten: 3 Tage / 2 Nächte bei Buchung im Rinjani Mountain Garden 1,2 Mio. Rp./Pers. inkl. Guide, Träger, Verpflegung und Ausrüstung (Zelt, Schlafsack). Mit etwas Verhandlungsgeschick zahlt man in der Nebensaison evtl. auch nur 750.000 Rp./Pers.

Die **Besteigung ohne Führer** ist offiziell (von der Nationalparkbehörde) nicht erlaubt. Leider sind viele Führer trotzdem nicht besonders qualifiziert, sprechen zwar Englisch, aber geben keine Infos über den Vulkan, Flora/Fauna etc. und bei uns nicht einmal über das Programm und die Gehzeiten.

Ausrüstung: Wanderstöcke (sehr empfehlenswert im steilen, rutschigen Gelände!), Wanderschuhe oder zumindest Turnschuhe mit guter Profilsohle, lange (Wander-)Hose, Stirn- oder Taschenlampe, evtl. eigene Liegematte (die gestellten Gummimatten sind extrem dünn), warmer Schlafsack (bis -5 °C

Komfortbereich), Mütze und Handschuhe, Sonnenschutz (Kappe, Sonnencreme, Sonnenbrille), Regen-/Windjacke, warme Fleecejacke/Pullover, dicke (Wander-)Socken, Tagesrucksack, evtl. Wasserentkeimungsmittel, Zusatzverpflegung für lange Etappen (Nüsse, Kekse, Müsliriegel), Mülltüte für persönlichen Müll, Feuchttücher (extrem staubige Wege, kein Wasser an Lagerplätzen).

Infrastruktur/Umwelt: an den Rastplätzen (Pos) gibt es überdachte Pavillons zur Rast, an den Lagerplätzen existieren noch die Überreste von kleinen Schutzhütten aus Blech und Toilettenhäuschen. Alles verfällt und ist nicht mehr in Betrieb, die Blechtüren der überlaufenden Toiletten werden als Windschutz fürs Küchenfeuer verwendet. Zum Kochen wird kein Gas benutzt, sondern Holz, sodass rund um die Lagerplätze munter abgeholzt wird. Die Lager- und Rastplätze sind extrem vermüllt und von Klopapierfahnen und Fäkalien umgeben.

1. Tag: Senaru – Kraterrand Pelawangan I

(2000 Höhenmeter Aufstieg, ca. 7 Std. Gehzeit)

Das **Rinjani Trekkingcenter** (RTC) befindet sich ca. 1½ km oberhalb von Senaru am Ende der Teerstraße. Dort be-

148ba cn

ginnt der einfache Pfad durch Wald mit Anbau von Bananen/Kakao/Kaffee. Nach ca. 40 Min. erreicht man ein Tor, das den Nationalparkeingang (auf 720 m Höhe) markiert. Von dort geht es ca. 1 km (30 Min.) durch den schönen Regenwald zu **Pos I** auf 915 m Höhe. Nach ca. 3 Std. (ab RTC) ist Pos II auf 1500 m Höhe erreicht. Hier wird Mittagessen gekocht (Wasserquelle vorhanden), und es kann entsprechender Massenbetrieb der vielen Touristengruppen herrschen.

Ab Pos II sind es ca. 1½ Std. (ca. 4½ Std. ab RTC) nicht allzu steil bergauf durch den Wald bis **Pos III** (auf ca. 2000 m Höhe), wo sich ein Lagerplatz befindet (kein Wasser). Der Wald wird nun lichter, es gibt nur noch einzelne Nadelbäume. Es geht auf einem zunehmend staubigen Pfad auf einem steilen Rücken bergauf. Es wird nun immer steiler und anstrengender.

Nach insgesamt 5½ bis 7 Std. (je nach Kondition) ab RTC ist der **Kraterrand** und **Lagerplatz Pelawangan I** auf 2641 m erreicht. Auf Terrassen am Kraterrand und etwas weiter unterhalb auf den Grashängen befinden sich verschiedene Plätze mit einigermaßen ebenen Zeltplätzen. Es gibt hier kein Wasser und kein Feuerholz, häufig ist es sehr windig. Vom Kraterrand hat man einen fantastischen Blick in den Krater, auf den aktiven Vulkankegel und den **See.** Es gibt keine Toiletten, entsprechend sieht die Umgebung aus (eigenes Klopapier am besten verbrennen!).

☐ Die Besteigung ist nur mit Führer zu empfehlen

■ 2. Tag: Kraterrand Pelawangan I – Kratersee (Danau Segara Anak) – Kraterrand Pelawangan II
(600 Höhenmeter Auf- und Abstieg, ca. 6 Std.)

Der Weg hinab in den Krater beginnt bei den Lagerplätzen am Kraterrand (mit verfallendem WC-Häuschen und Aussichtsplattform mit Geländer). Es geht über eine kleine felsige Steilstufe zunächst steil abwärts. Der Weg ist staubig, teilweise steil und nicht selten rutschig, an manchen felsigen Passagen muss man Hände und das installierte Geländer zu Hilfe nehmen. Insgesamt ist der Abstieg bei Trockenheit unproblematisch. Der Weg führt mit tollen Ausblicken auf den aktiven **Krater Gunung Baru** (2351 m) und den See durch Kasuarienwald bergab.

Nach ca. 2 Std. ab dem Kraterrand ist man am **Ufer des Danau Segara Anak** mit schwarzem Kies-/Steinstrand angekommen. Indonesische Fischer, gute Badegelegenheit, nicht zu kalt (ca. 20°C), auf ca. 2030 m Höhe.

Direkt entlang des Ufers geht es auf einem deutlichen Pfad links weiter (ca. 10 Min.) zum vermüllten, aber schön gelegenen **Lagerplatz am See** mit verfallenden Unterstandshütten und Toiletten sowie Schatten spendenden Nadelbäumen. Von hier sind es ca. 25 Min. Fußmarsch zu einem **heißen Badebecken** unterhalb eines kleinen Wasserfalls **(heiße Quellen Air Panas).** Am Lagerplatz tummeln sich viele Affen auf Futtersuche. Mittagspause am Lagerplatz.

Nachmittags geht es vom Lager am See zunächst mäßig bergauf durch Grasland (den Hang des Kraterrands querend). Dann wird es sehr steil, z.T. mit kleinen Kraxelpassagen bis zum Kraterrand und Lagerplatz Pelawangan II auf ca. 2680 m Höhe auf einem steil abfallenden Rücken. Vom See bis Pelawangan sind es ca. 2 bis 3 Std. Marsch. Es gibt kein Wasser, verfallende Toiletten, Affen, toller Ausblick hinunter auf den See und auf die andere Seite bis Pelawangan I.

3. Tag: Pelawangan II – Mt. Rinjani Gipfel – Sembalun Lawang

Gipfel: 1100 Höhenmeter Auf- und Abstieg, 5–6 Std. Gehzeit von Pelawangan II zum Gipfel und zurück
Abstieg: 1500 Höhenmeter Abstieg, 4–5 Std. Gehzeit von Pelawangan II bis Sembalun Lawang

Gipfelaufstieg:
Aufbruch um 3 Uhr morgens **von Pelawangan II.** Zunächst ca. halbe Stunde auf sandigem Pfad steil bergauf bis zum West-Grat. Dann nur noch mäßiger Anstieg auf gutem, breiten Pfad auf dem Grat Richtung SO.

Nach ca. 2 Std. (ab Lager) erreicht man den letzten steilen Abschnitt, nun sind es noch ca. 1 Std. extrem steil und im losen Geröll auf dem Grat bergauf bis zum Gipfel auf 3726 m Höhe. Dieses Stück ist für Ungeübte und besonders ohne Stöcke extrem anstrengend. Der Grat ist glücklicherweise recht breit, sodass kaum Absturzgefahr besteht. Manchmal ist es außerordentlich windig und somit sehr kalt (unbedingt Mütze, Handschuhe und Jacke mitnehmen). Vom Gipfel hat man einen tollen Ausblick über den gesamten Krater und zurück zum spektakulär gelegenen Lagerplatz auf dem Rücken. Es herrscht Touristenmassenbetrieb.

Abstieg nach Pelewangan II:
Der Abstieg geht schnell und einfach, teilweise kann man durchs Geröll „abfahren". Für Auf- und Abstieg ab/bis Pelewangan II muss man ca. 5–6 Std. rechnen. Frühstück nach dem Gipfel zurück im Camp.

Abstieg nach Sembalun Lawang:
Vom Lager Pelewangan II geht es auf dem Rücken ein kurzes Stück zurück und dann rechts runter durch den lockeren Kasuarienwald. Der rutschige, steile Pfad führt in ca. 1½ Std. bergab bis **Pos III** (1800 m) in einem trockenen Flusstal. Dann einfacher, breiter Kies-/Sandpfad durch Grasland mit einzelnen Bäumen, weiter Blick nach unten, nicht zu steil. Von Pos III bis Pos II (1500 m) bei einer Betonbrücke über einer kleinen Schlucht sind es nur ca. 45 Min. Gehzeit. Meistens (außer in der Regenzeit) gibt es auch hier kein Wasser. Normalerweise macht man hier Mittagspause.

Ab **Pos II** geht der meist recht flache Weg weiter durch hügeliges Grasland, jetzt hat man mehr Strecke als Höhenmeter zu bewältigen. Offenbar sollte hier mal ein Fahrweg entstehen, da man mehrere breite Brücken passiert. Jetzt nur noch Pfad erkennbar. Alle Bäche sind trocken. Der Weg führt immer durch die pralle Sonne und ist extrem staubig, man wird von oben bis unten gepudert.

Eine Insel restlichen Regenwaldes kommt in Sicht, dieser wird zunächst umgangen, dann führt der Pfad nur kurz durch den Wald. **Pos I** auf 1300 m Höhe besteht nur aus einem verfallenen Unterstand. Nach ca. 1½ Std. ab Pos II erreicht man endlich das Dorf **Sembalun Lawang** (Einmündung des Pfades an der Hauptstraße gegenüber eines blau bemalten Shops).

Die Route von/nach Sembalun Lawang führt nicht durch so schönen Regenwald wie von Senaru, ist wesentlich länger (dafür weniger steil), ohne Schatten und extrem staubig. Wir empfanden die Route von Senaru als schöner.

Alternativen:

- Zusätzliche Übernachtung im Camp am See (nächste Nacht vor dem Gipfelaufstieg dann in Pelawangan II)

- Zusätzliche Übernachtung an Pos III, um Aufstiegsetappe an Tag 1 von Senaru bis Pelewangan I zu entschärfen (zweite Nacht dann z.B. am See oder Pelewangan II)

- Aufstieg über Sembalun Lawang und Abstieg nach Senaru (mit Übernachtung in Pelawangan II, evtl. am See und Pelawangan I)

- Auf- und Abstieg über Sembalun Lawang (nur eine Nacht in Pelawangan II od. eine Nacht in Pelawangan II und eine Nacht am See)

Wichtige Tipps und Regeln

- Nicht ohne Führer gehen, sondern bei einer Agentur buchen. Das gewährleistet optimale Sicherheit, außerdem ist für die gesamte Ausrüstung, Träger und Verpflegung gesorgt.
- Auf keinen Fall **Billigangebote** annehmen!
- Es gibt während des Aufstiegs nur **Trinkwasser** an Pos III (ab Senaru). Salzmangel mit Salz oder Salztabletten ausgleichen.
- Während der **Regenzeit** ist das Besteigen des Berges möglich, aber der Abstieg in den Krater lebensgefährlich!
- Das **Tempo** sollte nicht der Führer bestimmen, er ist zu schnell. Wenn man versucht mitzuhalten, fehlen später die Kräfte.
- **Nicht vergessen:** Salz, Zigaretten (zumindest für die Träger), Streichhölzer, Socken, Tee, Pullover, Wasserkanister/-flasche, Taschenlampe, Batterien, Taschenmesser, Wörterbuch.

Touren

- Einen guten Ruf hat der **Rinjani Trekking Club,** Jl. Raya Senggigi, Senggigi, Tel. (0370) 693202. Es werden Touren über drei Tage/zwei Nächte und zwei Tage/eine Nacht angeboten, durchorganisiert bis ins kleinste Detail. Der Preis richtet sich nach den Bedürfnissen und Ansprüchen der Wanderer: Für den Klassiker, die Dreitagestour, umfasst die Budget-Version alle Leistungen, die man für den Berg braucht. Wer eine etwas dickere Isomatte haben möchte, zahlt 2,27 Mio. Rp. Bei der Deluxe-Version für 3,45 Mio. Rp. ist ein Gipfelbier inklusive. Mindestens zwei Wanderer müssen zusammenkommen, dann geht es los.
- In Senaru oder Batu Koq gibt es auch günstigere Anbieter.
- **Perama,** Senggigi, Tel. (0360) 693007, Bali, Tel. (0361) 751875, www.peramatour.com, bietet eine zwei- bis viertägige Trekking-Tour über Senaru oder Sembalun ab 1,5 Mio. Rp. pro Person an.

Aufstieg von Sembalun Lawang

Indonesische Bergsteiger scheinen die Variante von Sembalun Lawang (1150 m) zu bevorzugen. Sie starten nachmittags von Sembalun und laufen die Strecke bis zu einer Steinbrücke. Bei Einbruch der Dunkelheit ist diese dann erreicht. An dem ausgetrockneten Flussbett befinden sich mehrere Biwakstellen. Am nächsten Morgen geht es dann los zum Kraterrand.

Wer von Sembalun kommt, kann den **Gipfel** des Rinjani besteigen, bevor er in den Krater hinabsteigt. Auf jeden Fall reichlich Wasser mitnehmen.

Ungefährer Zeitplan
S. Lawang – Pos I: 2 Std.
Pos I – Pos II: 1 Std.
Pos II – Pos III: 1 Std.
Pos III – Kraterrand: 3½ Std.
Kraterrand – Gipfel: 3 Std.
Kraterrand – Segara Anak: 2½ Std.

150ba cn

Sembalun Lawang

Wer **von Bayan weiter nach Osten** fährt, kommt kurz hinter der Brücke über den Kali Putih („weißer Fluss") in das gleichnamige Dorf. Hier zweigt die Straße rechts ab. Es war früher eine Sackgasse, die nur zu den beiden Orten führte, die jeweils mit *Sembalun* beginnen: Sembalun Lawang und **Sembalun Bumbung** ein paar Kilometer südlich. Mit viel Mühe wurde sie ausgebaut, nun ist sie recht gut befahrbar und stellt eine Verbindung nach Süden her Richtung Sapit. Manchmal gibt es kleine Störungen, wenn der Boden aufgebrochen ist. In der Regenzeit muss man mit Überschwemmungen rechnen, dann ist die Straße geschlossen. Von Sembalun Lawang aus kann man den Rinjani besteigen (s.o.).

Die beiden Orte sind Produzenten und Lieferanten von **Zwiebeln** *(bawang meah)* und **Knoblauch** *(bawang putih)* für ganz Lombok. Der Knoblauchgeruch beherrscht die beiden Dörfer, die Anbaugebiete liegen dazwischen. Es gibt sogar ein **Knoblauch-Monument** in Sembalun Lawang. Bevor die Küstenstraße nach Labuhan Lombok fertig gebaut

□ Im fischreichen Kratersee darf man angeln

Kapok

Kapok ist das Material, mit dem in Indonesien u.a. Matratzen und Kissen gestopft werden; bei uns sind in der Regel Futons damit gefüllt. Kapok wächst am Kapok-Baum (Ceiba Pentandra). Er wird bis zu 50 m hoch. Charakteristisch sind seine Brettwurzeln. Die 10–15 cm langen, bananenähnlichen Fruchtkapseln enthalten einen in weißlich-gelber Wolle eingehüllten Samen. Wenn die Kapseln aufspringen, wird das weiße Samenhaar, genannt Kapok, sichtbar. Gerade zur Trockenzeit, wenn die Bäume fast blattlos sind und die weißen Büschel an den Ästen hängen, fallen sie besonders auf.

Ein ausgewachsener Baum von etwa 30 m Höhe ergibt eine Ernte von ungefähr 15–20 kg Kapokfaser. Kapok hat zwei besondere Eigenschaften. Die eine ist die hohe Elastizität aufgrund besonders vieler Lufteinschlüsse in der Faser. Zwar sitzt und liegt sich das Material recht schnell platt, legt man aber die kapokgefüllte Matratze in die Sonne, plustern sich die Fasern wieder auf. Die andere gute Eigenschaft ist die Unempfindlichkeit gegen Feuchtigkeit, denn die „Wolle" ist mit einer natürlichen Wachsschicht bezogen. Kapokmatratzen sollen außerdem besonders gut für Allergiker sein, da die Fasern einen natürlichen Bitterstoff enthalten, den die gemeine Hausstaubmilbe überhaupt nicht mag.

In Sembalun und auch auf Bali wird die Kapokwolle gezupft, gewaschen und in der Sonne getrocknet; so wie bei uns die Schafwolle. Erst dann wird das Material versponnen. Da Kapok kein besonders weiches Material ist, kann man nur recht grobes Garn daraus spinnen.

172ba pr

war, bewältigten ausschließlich Lkws den Verkehr zwischen den Sembaluns und der restlichen Welt. Auch Passagiere durften auf diesen Koblauch-Transportern mitfahren und so saß man auf Bündeln von Knoblauch.

Auf dem Weg von Sembalun Bumbung nach Süden kommt man durch tiefen **Dschungel** mit Affen und anderen Tieren. Der Ausblick von einer Passhöhe ist toll. Man sieht die beiden Dörfer Sembalun Bumbung und Sembalun Lawang auf der einen Seite im Tal liegen, auf der anderen den „undurchdringlichen" Dschungel.

Webereien

In beiden Sembaluns wird noch vereinzelt gewebt. Die hier hergestellten **Sarongs** sind kariert, die **Schals** gestreift. Die *Kain Tenunan* („gewebte Stoffe") sind ein Stück Stoff von etwa 2x1 m Größe. Die „Bauchbinden", die ca. 50 cm lang und gestreift sind, werden *Ikat Pinggang* genannt. Das Garn, aus dem die Webarbeiten hergestellt wurden, war keine Baumwolle. Es handelte sich um **Kapok** oder **Kapas.** Auch heute noch findet man aus Kapokfaser gewebte Sarongs, allerdings selten. Das Garn wurde früher mit Pflanzenfarben – beispielsweise Indigo –, heute meistens mit chemischen Farben gefärbt. Die Muster sind einfach, entweder gestreift oder kariert. Die Grundfarben der Webereien sind ein dunkles Rotbraun oder Blau. Die Preise für einen Sarong sind relativ hoch, billiger gibt es die gleichen Stoffe in Art-Shops in Senggigi und Ampenan oder im Pasar Cakra, dem Hauptmarkt in Cakranegara.

Unterkunft

- **Nauli Hotel Sembalun Lawang** ②, Tel. (0818) 05712752, einfache Doppelzimmer mit Frühstück.
- **Lembah Rinjani Guest House** ①, www.trekkingrinjani.com, bietet zu verschiedenen Paketen in Sachen Rinjani-Besteigung auch die Übernachtung im einfachen Guesthouse.

Verkehr

- Es gibt regelmäßigen Bemoverkehr zwischen **Labuhan Lombok** an der Ostküste und den Sembaluns.

Die Nordostküste

Hinter dem Abzweig ins Inland bei **Kali Putih** führt die nordöstliche Küstenstraße bis Labuhan Lombok. Auf ihr gibt es kaum Verkehr, die Dörfer sind klein und touristisch noch „unbeleckt". Schwarzen Strand findet man bei **Obel Obel,** der Ort ist recht trocken und staubig. **Belanting** ist ein größerer Ort, in dessen Umgebung riesige Wasserbüffelherden weiden. Von **Sugian** aus hat man einen guten Ausblick auf die vorgelagerten Inseln, die dicht mit Kokospalmen bewachsen sind. Die nächste Übernachtungsmöglichkeit gibt es in Labuhan Pandan. Insgesamt ein schöner, einsamer Trip.

Labuhan Pandan

Labuhan Pandan ist ein kleines Fischerörtchen. Hier ist wieder Strand angesagt, mit Booten, Fisch- und Meeresgeruch und einem Ausblick nach Sumbawa. Von hier kann man Schnorchelausflüge zu den drei vorgelagerten kleinen, **unbewohnten Inseln** machen (ca. 40 Minuten Bootsfahrt). Der Strand ist schneeweiß, die Inseln sind umgeben von Korallengärten, in denen viele bunte Fische leben. Auch die Mangrovenlandschaft ist noch gut in Schuss. Man kann mit dem Kanu hineinfahren. Auf zwei der Inseln gibt es ein japanisches Mangrovenforschungsprojekt.

Ca. drei bis vier Kilometer in Richtung Sambelia befindet sich ein **Affenwald.** Nach Labuhan Lombok sind es noch ca. 18 km, etwa 30 Minuten Fahrt.

Unterkunft

■ **Tiara Homestay** ①, Tel. (087) 863315014, www.tiarahomestaylombok.mm.st. 2009 eröffnetes, nettes Homestay direkt an der Hauptstraße. Hinten raus ein kleiner Innenhof mit zwei Zimmern. Schlicht, aber sauber, Moskitonetz ist da, im Mandi gibt es kaltes Wasser. Tee und Kaffee sind tagsüber frei. Wer nur ein Zimmer mit Frühstück möchte, zahlt 200.000 Rp. Für 350.000 Rp. gibt es Vollpen-

sion mit einem opulenten Abendessen. *Aco,* der Inhaber, spricht gut Englisch und organisiert Camping-, Angel- und Schnorchel-Trips auf die unbewohnten Inseln vor der „Haustür". „Wie die Gilis vor 20 Jahren", verspricht er.

Brettwurzelbäume

Etwa zehn Kilometer von Labuhan Pandan Richtung Labuhan Lombok steht ein ausgesprochen sehenswertes Wäldchen aus riesigen Brettwurzelbäumen an der Straße (auf der rechten Seite). Diese Riesen mit gigantischen Brettwurzeln scheinen der Urwelt entsprungen zu sein. Ein tolles Fotomotiv, aber auch nur so zum Anschauen erlebenswert. Wer nach Sumbawa fährt, kann die Bäume vom Schiff aus sehen. Der Hain steht mittlerweile unter Naturschutz. *Pohon sina* heißen die Bäume auf Indonesisch und *Pohon lian* auf Sasak.

152ba sb

Labuhan Lombok

Labuhan Lombok ist der östliche **Fährhafen nach Sumbawa.** Im Ort ist nicht viel los. Nur wenn Fähren ankommen oder ablegen, steigt das Verkehrsaufkommen merklich.

Hier spürt man schon sehr deutlich den Einfluss der Kultur Sumbawas. Sehenswert ist die **Bugis-Siedlung** auf dem Weg zum alten Hafen. Besonders auffällig sind die Häuser. Sie heißen *Rumah pangun,* **Stelzenhäuser.** Der unter dem Haus liegende Platz wird zur Unterbrin-

☐ Sumbawa-Fähre im Hafen von Labuhan Lombok

171ba pr

gung von Vorräten, Gerätschaften, aber auch als Viehstall benutzt. Häufig ist er von Flechtwerk umgeben. Der Eingang liegt stets zur Straße, man steigt auf einer Treppe bzw. Leiter hinauf. Häufig befindet sich hier eine Veranda, auf der die Leute sitzen und das Treiben auf der Straße beobachten. Die Häuser werden aus Holz gebaut und sind recht stabil und oft auch noch transportabel.

Ein großer **Markt** bildet das Zentrum des Ortes, hier halten bzw. starten auch die Bemos. Angeboten werden frischer Fisch (billig), Flecht- und Tonwaren und natürlich Zwiebeln.

Der **Hafen,** von dem die Autofähren nach Sumbawa starten, liegt ca. 4 km außerhalb in einer malerischen Bucht. Man folge der Straße, die rechts am Markt entlangführt (Bemo). Hier eröffnet sich ein toller Panoramablick über den Hafen und bis nach Sumbawa.

Am Wasser Richtung Hafen werden große **Holzschiffe gebaut.** Diese *Prahu Layar* wickeln in Indonesien den Hauptwarenverkehr zwischen den Inseln ab. Sie tragen bis zu 200 Tonnen und werden von Bugis-Leuten (aus Sulawesi) komplett per Hand gebaut, ohne Plan, ohne Wasserwaage oder rechten Winkel. Wenn gerade gebaut wird, kann man zuschauen.

☒ Immer ein besonderer Anblick sind die mächtigen Brettwurzelbäume

Unterkunft

Es gibt ein paar ziemlich heruntergekommene Losmen, die nicht empfohlen werden können, sowie ein Hotel. Wer hier in der Gegend übernachten will, sollte dringend nach Labuhan Pandan ausweichen (s.o.).

Essen und Trinken

Es gibt einige einfache Warungs und Rumah Makan. Die am Hafen glänzen mit guten Fisch- und Hähnchengerichten.

Verkehr

- Zwischen Bertais (Mataram) und Labuhan Lombok gibt es einen regelmäßigen **Bemo- und Busverkehr.** Expressbusse bewältigen die 69 km in 1½ Std. Mehrmals täglich fahren Bemos die Strecke Sembalun – Labuhan Lombok.
- Der Hafen mit den **Fähren nach Poto Tano** (Sumbawa) liegt ca. vier Kilometer außerhalb. Bemos fahren für 4000 Rp. die Strecke. Es gibt eine Cafeteria und Toiletten. Die Fähren fahren fast stündlich von 7 bis 20 Uhr, die Fahrzeit beträgt ungefähr 1½ Std. Tickets (25.000 Rp.) gibt es im Busbahnhof Bertais, bei den Reiseanbietern als Kombinationsticket für Bus (Lombok), Fähre und Bus (Sumbawa) oder bei der Einfahrt ins Hafengelände.Die Busse fahren so, dass in den meisten Fällen ziemlich nahtlos Anschluss an die Fähre besteht.

10 AM SÜDHANG DES RINJANI – LOMBOKS FRUCHTBARES ZENTRUM

Der Westen und Nordwesten von Lombok sowie die zentrale „Mulde“ südlich des Rinjani-Massivs sind relativ feucht und fruchtbar. Der Boden kann sehr gut zum Reis-, aber auch zum Gemüse- und Tabakanbau genutzt werden. Außerdem wachsen Kokospalmen, andere Palmenarten und Bananen. In diesem fruchtbaren Gürtel, der sich von West nach Ost quer durch Lombok zieht, lebt der größte Teil der Inselbevölkerung.

> Reisfeld im fruchtbaren Inselzentrum unterhalb des Rinjani

NICHT VERPASSEN!

- Ein Tag bei einem Projekt für fairen Tourismus: das **Dorf Mas-Mas** | 388
- **Rund um Tetebatu** lässt es sich an den Hängen des Rinjani gut Lustwandeln | 389

Diese Tipps erkennt man an der gelben Hinterlegung.

153ba sb

Überblick

In diesem Kapitel werden die Orte beschrieben, die **entlang der Hauptverbindungsstrecke** von Mataram nach Labuhan Lombok an den Hängen des Rinjani liegen, man erreicht sie über Stichstraßen. Hier ist es erfrischend kühl. Schöne Wanderungen lassen sich überall unternehmen, es gibt Affen und andere Tiere zu entdecken.

Mit dem Auto oder Motorrad lässt sich die Region hervorragend und fast problemlos bereisen. Mit Bemo oder Bus ist es nicht ganz so einfach. Dann beginnt die Reise in Bertais. Es gilt, an der richtigen Querstraße auszusteigen und den weiteren Transport per Bemo oder Cidomo zu organisieren.

Rinjani, Südhang

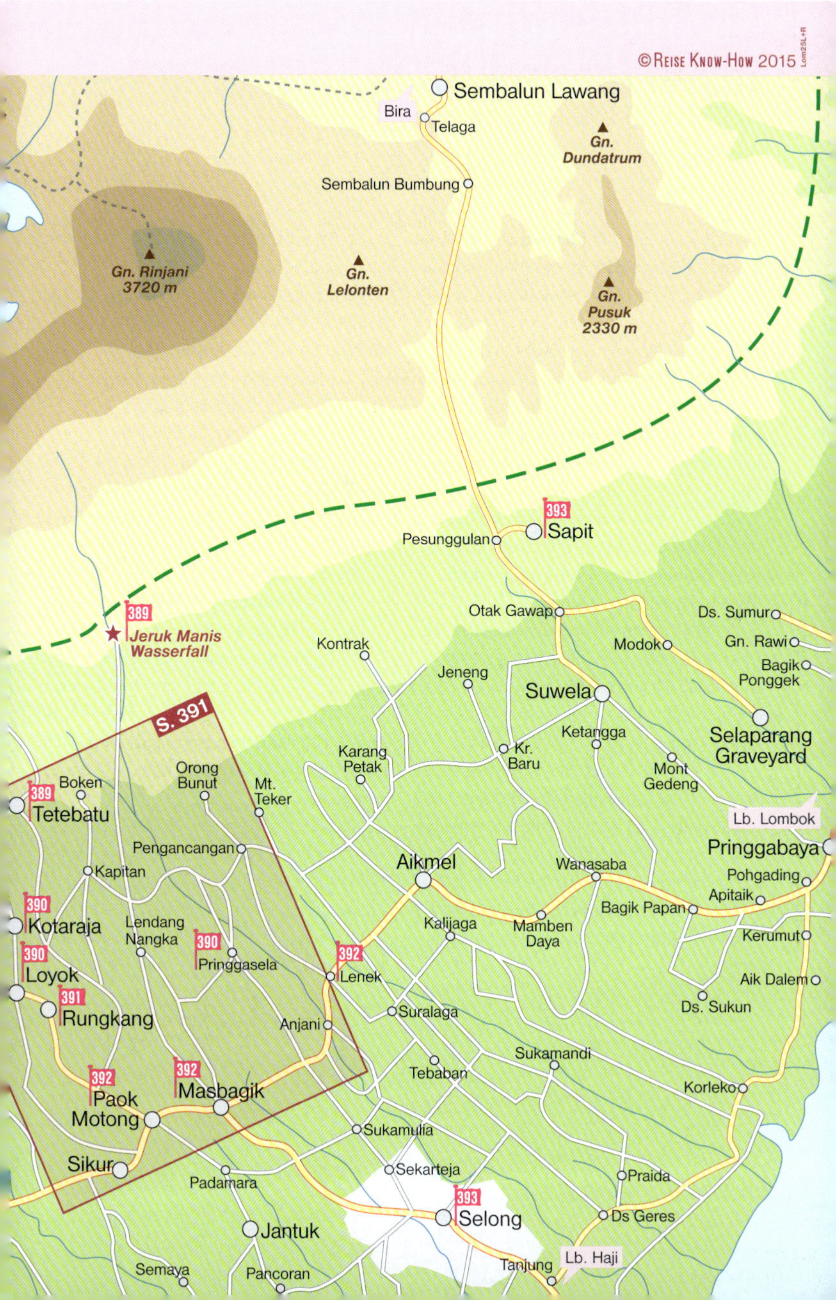
©Reise Know-How 2015
Lom25L+R
Sembalun Lawang
Bira
Telaga
Gn. Dundatrum
Sembalun Bumbung
Gn. Rinjani 3720 m
Gn. Lelonten
Gn. Pusuk 2330 m
393 Sapit
Pesunggulan
Otak Gawap
Ds. Sumur
Gn. Rawi
Modok
Bagik Ponggek
389 Jeruk Manis Wasserfall
Kontrak
Jeneng
Suwela
Selaparang Graveyard
Ketangga
Kr. Baru
Mont Gedeng
S. 391
Karang Petak
Orong Bunut
Mt. Teker
Boken
389 Tetebatu
Lb. Lombok
Pringgabaya
Pengancangan
Aikmel
Wanasaba
Pohgading
Kapitan
Apitaik
Bagik Papan
390 Kotaraja
Lendang Nangka
390 Pringgasela
Kalijaga
Mamben Daya
Kerumut
390 Loyok
392 Lenek
Aik Dalem
391 Rungkang
Ds. Sukun
Suralaga
Anjani
Sukamandi
Tebaban
392 Paok Motong
392 Masbagik
Korleko
Sukamulia
Sikur
Padamara
Sekarteja
Praida
393 Selong
Ds Geres
Jantuk
Lb. Haji
Tanjung
Semaya
Pancoran

Ein Projekt für den fairen Tourismus

von *Stefan Blank*

Seit 2009 wird im Dorf **Mas-Mas** am Fuße des Rinjani eine besondere Art des Tourismus praktiziert. Der Ort liegt ein wenig südlich von Aik Bukak in Richtung Kopang. Damals hatte sich die Gruppe **„Kemus"** gegründet, geleitet von dem Gedanken, Dorfbewohner mit Touristen zusammenzubringen, die einen fairen Tourismus bevorzugen. Das heißt, dass die Menschen sich gegenseitig kennen und schätzen lernen sollen.

Mas-Mas, rund anderthalb Stunden entfernt von Mataram, ist ein typisches Dorf mit heimischer **Kleinindustrie und Handwerkern.** Es werden Ziegelsteine hergestellt, Kunsthandwerk gehört dazu, ebenso wie Viehzucht. Das Einkommen ist extrem niedrig, obwohl alle Bewohner täglich beschäftigt sind.

Meist sind es Lehrer, die in ihrer Freizeit mit Kemus versuchen, ihr Dorf voranzubringen und nach außen zu öffnen. Sie unterstützen die Bauern im Dorf und haben für jene Kinder eine Schule gebaut, die nicht auf die weiterführenden Schulen gehen können. Für das „Grassroots"-Tourismusprojekt im eigenen Dorf schult Kemus die Dorfbewohner für den Umgang mit Touristen und startete außerdem einen Englischkurs.

Ein **Besuchstag** in Mas-Mas besteht aus einer spannenden Rundtour:

- Besuch des Büros der Dorfleitung und der Schule
- Rund 1½ Std. Spaziergang durch die Reisfelder, Kontakt mit den Menschen, die dort arbeiten, einstündiger Gang durchs Dorf.
- Besuch der örtlichen Handwerker, beispielsweise der Korbmacher, und Blick in die Häuser, in denen gearbeitet wird. Hier erhält jeder Besucher ein Souvenir. Die Zubereitung der Speise Kerupak kann man hautnah miterleben und die fertige Leckerei probieren.
- Abschließend gibt es ein traditionelles Essen aus lokalen Pflanzen.

Die Tour findet immer dienstags und samstags statt. Um 9 Uhr geht es los, fünf bis sechs Stunden dauert der Besuch. Wer mitgeht, sollte sich den lokalen Gepflogenheiten anpassen und ein T-Shirt und lange Hosen oder Rock tragen. Einen Sarong stellt Kemus. 150.000 Rp. pro Person kostet die Teilnahme, Mahlzeit, Getränke und Souvenir inklusive. Das eingenommene Geld verteilt Kemus auf dörfliche Bildungs- und Entwicklungs-Projekte wie den Bau von sanitären Anlagen. Kontakt: Tel. (081) 907982864, www.vbtmasmas.wordpress.com.

Tetebatu

Tetebatu ist ein bei Urlaubern recht beliebtes, schön gelegenes Örtchen am Fuße des Rinjani-Massivs und gut für einen mehrtägigen Aufenthalt geeignet. Hier oben ist das Klima angenehm frisch, und ab dem Spätnachmittag kann es gelegentlich auch schon mal so kühl werden, dass man den Pullover herausholen muss. Viel Wald, Wasserfälle und malerische Reisfelder laden besonders in der Hauptsaison Juli/August zum Wandern ein.

Wenn man vor dem 1913 erbauten holländischen Kolonialhaus **Wisma Soedjono** – heute eine gute Unterkunft – links abbiegt, kommt man nach einem längeren Spaziergang zu einem fantastischen **Aussichtspunkt.** Dort bietet sich ein Blick über die weitläufigen Reisterrassen von Kembang Kuning und den Gunung Rinjani. Auf der anderen Seite hat man bei klarem Wetter Sicht bis zum Meer (Labuhan Haji).

Unterkunft

Tetebatu

■ **Wisma Soedjono Bungalows & Restaurant** ②-③, Tel. (0819) 97714771, der örtliche Oldie, 1913 erbaut. Heute ein wenig in die Jahre gekommen, aber charmant mit kleinen Bungalows und Swimmingpool. Familienanschluss ist garantiert.

■ **Pondok Tetebatu** ①, Tel. (0818) 05767153, nette Leute, gut geführt, mit kleinem Restaurant, Frühstück ist inklusive.

■ **Green Orry Inn** ②-③, Tel. (0812) 3724040, an der Straße zum Wasserfall, sehr beliebt. Bungalows und Zimmer mit Frühstück, Restaurant. *Orry,* der Besitzer, ist sehr nett und hilfsbereit. Er managed auch das lokale Perama-Büro. Gegenüber betreibt er das **Mountain Resort** ③: vier recht neue Bungalows für zwei bis vier Personen.

■ **Cendrawasih Cottages & Café** ②, Tel. (08180) 3726709, kleine Bungalowanlage in den Reisfeldern, mit Blick auf den Rinjani.

Essen und Trinken

Alle Losmen bieten auch Verpflegung, nicht nur für die eigenen Gäste. Ansonsten gibt es Warungs in Tetebatu.

Verkehr

Die einfachste Lösung für die Anreise ist ein Motorrad oder Auto. Der öffentliche Nahverkehr ist nicht besonders komfotabel. Tetebatu wird auch von privaten **Shuttlebussen** und **Perama** (Senggigi – Tetebatu: 150.000 Rp.) angefahren.

In Tetebatu gibt es für rd. 40.000 Rp. am Tag **Fahrräder** zu mieten, ein **Motorrad** für 75.000 Rp. Damit sind Ausflüge ins nähere Umland zu machen.

Umgebung von Tetebatu

Jeruk Manis

Der ca. 20 m hohe **Wasserfall** ist etwa sechs Kilometer von Tetebatu entfernt Der rund eineinhalbstündige Fußweg führt durch Reisfelder und Affenwäldchen. Wer auf Nummer sicher gehen will, der besorgt sich in der Unterkunft einen **Guide.** In der letzten Zeit gab es hier einige Diebstähle. Am Wochenende kann es am Wasserfall gut voll werden, da auch Städter aus Mataram in die Sommerfrische fliehen.

Joben-Quelle

Die Mata Air liegt ca. 5 km entfernt und ist mit dem Motorrad erreichbar. Hier kann man auch baden und hat außerdem eine tolle Aussicht.

Kotaraja

Kotaraja ist kaum mehr als eine Verkehrskreuzung, aber bekannt und sehenswert durch die hier ansässigen **Korbflechter,** die aus Bambus und ähnlichen Materialien Matten, Körbe und Behälter kunstvoll herstellen. Der Ort ist geeignet als Tagesausflugsziel von Mataram. Man erreicht ihn auch zu Fuß von Tetebatu.

Einige **Eisenschmiede,** die Werkzeuge und Messer herstellen, finden sich im Ort und in der Umgebung. Es wird am offenen Feuer mit Blasebalg geschmiedet. Jeden Montag und Mittwoch ist großer **Markt.**

Loyok

Loyok, drei Kilometer von Kotaraja entfernt, beheimatet wahre Meister der Korbflechtkunst. Oft mehrfarbig (rot, gelb, schwarz) werden die schönsten Muster geflochten. Je feiner und aufwendiger ein Stück gestaltet ist, desto teurer ist es natürlich.

Lendang Nangka

Ein schöner Spaziergang durch Reisfelder führt in etwa anderthalb Stunden nach Lendang Nangka (8 km). Der größte Teil der Bewohner sind Bauern, der Rest setzt sich zusammen aus Ziegelmachern, Schreinern und anderen Handwerkern. Es gibt Messer-, Werkzeug- und Hufschmiede im Ort.

■ **Pondok Bambu** ①-②, fünf kleine, schnuckelige Häuschen mitten in den Feldern. Mit Vollpension, Lombok-Essen.

Tojang

Ein kleiner Weg führt von Lendang Nangka zur **größten Quelle Ostlomboks.** Der halbe Osten wird mit diesem Wasser versorgt. Hier bitte auf keinen Fall baden!

Pancor Kopang und Pancor Buling

Hier befinden sich mehrere **Wasserfälle.** Sehr schöne Wanderungen, die man durch erfrischendes Duschen unterbrechen kann. Es handelt sich um Quellwasser, sehr frisch und sauber. Von Lendang Nangka mit dem Cidomo bis zur Kreuzung (ca. 3 km) und dann zu Fuß.

Pringgasela

Hier werden **Sarongs gewebt,** in stark leuchtenden Farben mit geometrischen Motiven, die **„Lombok Ikat“.** Die Farben sind erdiger als die in Bali, der Stil ist von dem der Sasak inspiriert. Man kann zuschauen, wie sie entstehen. Die Frauen von Pringgasela lernen bereits im Alter von zehn Jahren den Umgang mit dem Webstuhl. Beigebracht wird er ihnen von ihren Müttern, die wiederum

von ihren Müttern gelernt haben. Und erst wenn sie damit umgehen können, haben sie ein heiratsfähiges Alter erreicht. An einem Sarong wird zwei bis vier Wochen gearbeitet, täglich rund sechs Stunden, der Preis hängt vom Arbeitsaufwand ab. Preisverhandlungen sind schwierig. Wer auf mit natürlichen Farben gefärbte Stoffe steht, muss mit 350.000–800.000 Rp. für das gute Stück rechnen. Wem chemisch hergestellte Farben reichen, der kommt mit 250.000–500.000 Rp. davon. Wer noch Geld in der Tasche hat, sollte sich nach einem „Songket" erkundigen. Hier sind Silber- oder Goldfäden in den Ikat eingewebt, was den Stoff schicker, schimmernder und damit auffälliger macht. Natürlich steigt dadurch der Preis. Generell herrscht eine nette Atmosphäre und kein Kaufzwang in allen Shops.

Rungkang

In dem kleinen Ort ca. einen Kilometer östlich von Loyok werden **Tonwaren** hergestellt. Die Gefäße werden zur Dekoration und besseren Haltbarkeit mit Schnur umhäkelt.

Kesik

Traditionelle **Sasak-Häuser** und Bambuswälder hat Kesik zu bieten. Von Loyok zu Fuß bis Rungkang, ab dort mit dem Bemo.

Gunung Kukus

Vom Gipfel des Kukus hat man eine schöne Aussicht über die südliche Hälfte Lomboks. Normalerweise springen hier auch schwarze Affen herum.

Paok Motong

In dem Ort an der Hauptstraße findet jeden Freitag ein großer **Markt** statt.

154ba sb

Masbagik

Masbagiks ganzer Stolz ist es, die größte und schönste **Moschee** Lomboks präsentieren zu können. Ansonsten ist es eine nicht sonderlich attraktive und ziemlich staubige Stadt mit einer großen Bemo-Umsteigestation. Hier teilt sich die Ost-West-Verbindung in die Route nach Labuhan Lombok und Selong/Labuhan Haji. Letztere ist die von Touristen wenig befahrene Straße in den Südosten.

Lenek

Lenek, etwa sechs Kilometer östlich von Masbagik an der Hauptstraße nach Labuhan Lombok, beherbergt einige Webereien. Der Ort gilt als Zentrum für traditionelle **Sasak-Tänze.** Außerdem kann man hier gut wandern und sich erholen.

Von Lenek führt eine Stichstraße Richtung Rinjani hinauf. An deren Ende liegt das Dörfchen **Timbanuh.** Hier gibt es **Kaffeeplantagen,** die den Haupterwerb der Einwohner bilden.

Etwa fünf Kilometer entfernt gibt es im Dschungel einen **Staudamm.** Der Damm selbst ist nicht besonders aufregend, aber man kann dort baden, und der Weg durch den Wald ist interessant: Mit etwas Glück bekommt man Wildschweine, Affen, Schmetterlinge und andere Tiere zu sehen. Mit einem Guide ist es immer einfacher, sich zurechtzufinden, am besten nachfragen.

Sapit

Von diesem schönen Dörfchen, kühl im Wald gelegen, gibt es eine tolle Aussicht über Ostlombok, teilweise bis Sumbawa. Der Ort nahe der Verbindungsstraße nach Norden (Sembalung Lawang) eignet sich gut zum Wandern und um den Rinjani zu besteigen.

Unterkunft

■ **Homestay Hati Suci & Restaurant** ②, Tel. (0370) 636534, www.lombokrinjanitrekkinginfo.com, am Ortseingang von Sapit. Von dort tolle Aussicht über Reisterrassen und Kokospalmenhaine. Angenehme Atmosphäre und nette Leute, großer Garten, schöne Anlage.

Die Leute vom Hati Suci organisieren nach rechtzeitiger Anmeldung eine **Rinjani-Besteigung.** Der Aufstieg zum Kraterrand dauert ca. sechs Stunden, zum Gipfel weitere zwei Stunden. Es wird am Kraterrand übernachtet. Am nächsten Tag geht es in den Krater, dort wird die zweite Nacht verbracht. Am dritten Tag geht man nach Senaru.

Selong

Selong ist **Verwaltungssitz** des Kabupaten Lombok Timur. An der etwa 3,5 km langen Hauptstraße (Jl. Pahlawan) reihen sich großzügig angelegte Verwaltungsgebäude und Kantors mit ebenso weitläufigen Vorgärten aneinander. Diese große Stadt mit ihren zahlreichen Moscheen (hier leben die „konservativsten Moslems" Lomboks, was nicht heißen soll, dass die Leute nicht freundlich wären) ist mit Pancor zusammengewachsen.

Pancor ist die Bus- und Bemostation der Region. Jeden Montag findet hier ein sehr sehenswerter **riesiger Viehmarkt** statt. Auf dem großen Platz (ca. elf Fußballfelder) tummeln sich Büffel, Ziegen, Obst- und Gemüsehändler, Verkäufer, Käufer, Schaulustige und manchmal auch Touristen.

Labuhan Haji

Weiter auf der gut ausgebauten Straße von Selong Richtung Südwesten erreicht man den Küstenort Labuhan Haji, ein ruhiges **Fischerörtchen.** Den Namen erhielt der Ort, weil früher von hier die Reise der Pilger nach Mekka begann. Sonntags findet ein **Markt** statt.

☒ Gemächlicher Transport über schlechte Straßen

11 DER SÜDEN LOMBOKS – WEISSE STRÄNDE, EINSAME BUCHTEN

Im Süden Lomboks ist deutlich der Einfluss der heißen Winde vom australischen Kontinent zu spüren. Hitze und Erosion haben das Land geprägt – **Buschsteppe** überzieht weite Teile des trockenen Landes. Die Landschaft hat ein savannenartiges Aussehen, gelblichbraune Farbtöne herrschen vor, in der Trockenzeit ist man ständig von Staubwolken eingehüllt.

NICHT VERPASSEN!

- **Schnorcheln** – auch für Anfänger: die Korallenwelt rund um **Gili Nanggu** | 401
- Tauchen – nur für Erfahrene: **„Cathedral"** und **„Magnet"** bei Belongas | 406
- Für das **Surferdorf Kuta** gibt es große Pläne der Regierung – **jetzt hinfahren** | 412
- **Wunderschöne Strände** mit wenigen Besuchern liegen **westlich von Kuta** | 416
- Barfuß über den Kugelsand am **Strand von Tanjung Aan** | 417

Diese Tipps erkennt man an der gelben Hinterlegung.

[>] Es darf gesurft werden – Blick gen Selong Belanak

157ba cn

Überblick

Reisanbau war größtenteils nur zur Regenzeit möglich. Die Menschen lebten vom Ertrag der spärlich wachsenden **Nutzpflanzen,** wie Maniok, Zwiebeln, Kokospalmen, und von Fischerei oder Viehzucht (Rinder, Büffel). Wichtigste Existenzgrundlage waren die Kokospalmenplantagen. Häufig ist hier auch die genügsamere Lontarpalme zu sehen. Mittlerweile wurde durch das Errichten eines Bewässerungssystems mit einem Staubecken bei Praya die Situation deutlich besser. Viele **Reisterrassen** sind entstanden, der Süden wird grüner.

Beschrieben wird in diesem Kapitel zuerst die Fahrt in den äußersten Südwestzipfel Lomboks ab Labuhan Lembar. Danach folgen die Südküste und die Fahrt dorthin und zum Schluss der Südosten.

Tauchen

Der Süden Lomboks ist für Taucher nicht uninteressant. Vor allem der Fischreichtum zieht mittlerweile Taucher aus aller Herren Länder Richtung **Kuta** an der Südküste oder nach **Sekotong und Belongas** im Südwesten. Das Tauchen ist hier manchmal nicht ganz einfach und setzt Erfahrung voraus. Für Anfänger und Schnorchler gibt es Spots nahe der Küste.

■ Ein großes Tauchcenter mit deutschen Tauchlehrern und weiteren Ablegern in Sekotong, Kuta sowie Belongas ist **Divezone Lombok,** Tel. (081) 339544998, www.divezone-lombok.com. Divezone bietet sowohl Schnupperkurse als auch die Standard-PADI-Ausbildung an, Open Water Diver beispielsweise für 345 US$, Tauchgänge in den drei Revieren starten bei 40 US$, Tagestrips mit zwei Tauchgängen bei 75 US$.

Lombok, Südwestküste

©Reise Know-How 2015
Kuranji
Nyamarai
Mataram
Lb. Api
Kediri
Sempoja
Bonjeruk
Gn. Pengsong Tempel
Jelanjang
Rumak
Banyumulek
Kr. Anyar
Ubung
Beleke
Ds. Nyata
Jelantik
Gabuk
Endok
Kuripan
Gn. Malang
Mesanggok
Ds. Geres
Labu Lia
Nyerot
Gerung
Tandek
Praya
410
Sukarara
Hungtang
Buncit
Nyiur
Jembatan Kembar
Rincung
401
Gili Sudak
Pesanggaran
Bt. Bolong
Keloka
Segenter
398
Labuhan Lembar
Ungga
Ranggata
Geresak
Penjeruk
Sambirati
Terang
Pengolah
Embung Ajan
400
Medang
Darek
Batujai, Flughafen
Bt. Kijok
Plambik
Tubak Rejang
Sekotong Timur
Setangor
Lenerangre
Penujak
Eat Mayang
399
Tj. Batu
Jelateng
Gn. Marele 716 m
399
Sekotong
Kabol
Nyompal
Sayang
Paok
Mangkung
Kelep
Repok Gapok
Jago
Motong Sapah
Batu Bokan
Anschluss S. 408
Jangkih Jawe
Lemer
Suare
Jabon
Goanggue
Gn. Jagok 365 m
405
Belongas
Sepi
Jerengkang
Keling
Sengketan
407
Pengatap
Selong Belanak
Gili Wayang
407
Mawun
Kapak
Lancing
Kuta
Tg.Pangga

Labuhan Lembar

Labuhan Lembar ist der **Fährhafen** für Padangbai auf Bali. Der Ort selbst liegt etwa einen Kilometer landeinwärts. Es gibt einen kleinen Markt an der Bemostation. Das Hafengelände ist gut ausgebaut, alles läuft normalerweise organisiert ab, und es gibt einen Geldautomaten. Nur wenn die Minibusse mit den Touristen eintreffen, kann es hektisch werden: Jeder will etwas verkaufen, am besten sofort. Da heißt es, Ruhe zu bewahren. Hafen und Dorf liegen in einer tief eingeschnittenen **Bucht,** begrenzt durch hohe Berge, die den Ausblick aufs Meer verhindern. In der einen Buchthälfte legen die Bali-Fähren an, in der anderen liegen Transportschiffe *(Prahus).*

Es ist trocken, und wenn nicht gerade Regenzeit ist, herrscht braune Farbe vor. Links um die Bucht herum folgt ein sumpfiges Gelände, in dem es von Schlammspringern (Fische, die an Land klettern können) und roten Winkerkrabben nur so wimmelt. Einige Händler bieten an ihren Ständen für die Touristen süße Kuchen an.

Kurz vor dem Hafen führt eine asphaltierte Straße nach links, sie führt im weiteren Verlauf nach Süden und zur südwestlichen Küste.

Verkehr

- Zur **Ankunft** in Labuhan Lembar siehe „Lombok Praktische Reisetipps: Anreise von Bali".

Durch den Südwestzipfel

Mit einem gemieteten Fahrzeug kann man in einem Tagesausflug den Südwestzipfel erkunden. Mit öffentlichen Verkehrsmitteln sollte man sehr früh starten und in der Mittagszeit einen Rücktransport suchen bzw. in Sekotong übernachten.

Von Labuhan Lembar führt eine mittelmäßige Straße über insgesamt 58 km bis zum Ende der Halbinsel, nach **Bangko-Bangko.** Hier gibt es wunderschöne Strände und Surfgelegenheiten. Die Straße von Labuhan Lembar ist bis Pelangan gut befahrbar, ab Sekotong ein bisschen holperig. Das letzte Stück ist nur noch mit dem **Jeep** befahrbar, auch mit dem Motorrad geht es noch einigermaßen. Wer mit dem Auto nach Bangko-Bangko fahren möchte, sollte unbedingt einen Jeep mieten, am besten mit Fahrer.

Die Straße führt durch trockenes, steppenartiges gelbes Land (zur Regenzeit ist es natürlich grün). Immer wieder gibt es tolle Aussichten auf blaues Meer und weiße Strände. Die Dörfer, die passiert werden, sind klein und arm, die Menschen sind freundlich. Viele **Hindus von Bali** leben hier. Hin und wieder kommt man an kleinen Tempelchen vorbei und sieht auch die typischen Hängebauchschweine. Der Großteil der Menschen lebt vom Fischfang und von der **Fischzucht.** Sie findet in künstlich geschaffenen Becken statt, *Tambak* genannt.

Zum **Fischfang** werden in dieser Gegend eigenartige „Hausboote" genutzt,

Bagan. Sie bestehen aus zwei durch eine Plattform verbundenen Sampans. Auf der Plattform steht eine Hütte, in deren Boden sich ein Loch befindet, durch das das Netz ins Wasser gelassen wird. Nachts wird eine Lampe unterhalb der Hütte angebracht, die die Fische anlockt, eine einfache und ertragreiche Fangmethode. Im Museum von Mataram stehen Modelle dieser Boote.

Sekotong

Nach ca. zehn Kilometern heißer und trockener Strecke, bergauf, bergab, erreicht man Sekotong. Der Ort liegt nicht am Meer. Von hier führt die Straße nach Westen an der Nordküste der Halbinsel entlang nach Bangko-Bangko. Eine andere Straße zweigt zur Südküste ab nach Sepi.

Unterkunft

Nirvana Roemah Air ④, Tel. (0370) 629496. Ein Honeymooner-Hotel, das aus Bungalows besteht. Die Bungalows sind aber kleine Hausboote, die per Anker am Meeresboden befestigt sind. Der Room-Service kommt mit dem Sampan! Ausgestattet mit AC, Glasboden zur Beobachtung der Wasserwelt, Kühlschrank, DVD-Player und Walkie Talkie für den Room-Service, Kanu und Angelruten.

Palm Beach Garden Bungalows ②, www.misterknittel.magix.net/public/home.html. Projekt eines Deutschen mit fünf Bungalows, die in einem kleinen Park verteilt sind – in einer sehr ruhigen Ecke von Lombok. Das Preis-Leistungsverhältnis wird von Lesern gelobt, auch die Atmosphäre und Freundlichkeit der Gastgeber sind gut. Das Restaurant wird auch von Urlaubern, die nicht hier wohnen, gerne besucht.

Tanjung Batu

Tanjung Batu ist der nächste Ort am Meer, gelegenen in einer Bucht, in der zahlreiche *Bagans* liegen, Hausboote, die zum Fischfang benutzt werden.

Blick gen Selong Belanak

242ba sb

Die Winker- oder Mangrovenkrabbe

Die Gattung der Uca umfasst 70 Arten, die in tropischen Zonen auf der ganzen Welt vorkommen. Insbesondere Mangrovensümpfe beherbergen oft Scharen dieser Tiere. Der Körper ist rechteckig, ausgerüstet mit ausfahrbaren Augen und zwei sehr unterschiedlichen Scheren. *Pierre Pfeffer* („Auf den Inseln des Drachen", Stuttgart 1965, S. 153/154) beschreibt die Winkerkrabben sehr treffend:

„Tausende von bunten Krabben, kaum größer als ein Markstück, ziehen schon von weitem den Blick des Reisenden an und scheinen ihn herbeizurufen, indem sie ständig ihre Scheren schwingen. Lässt man sich aber von dieser Einladung verführen, so wird man unfehlbar enttäuscht, denn beim Näherkommen muss man feststellen, dass die hübschen kleinen Krabben sofort in einer der Behausungen verschwinden, deren Eingänge die Oberfläche des Schlamms förmlich übersäen.

Nur wenn man sich niederkauert und etwa zehn Minuten regungslos wartet, wird man belohnt; denn jetzt erscheint am Eingang der Behausung zuerst auf einem langen Stiel vorsichtig ein Auge, dann, wenn ihm alles in Ordnung zu sein scheint, der Besitzer des Auges persönlich. Zunächst macht er eine kleine Runde vor seinem Bau und untersucht mit seinen Periskopen sorgfältig die Umgebung. Man darf sich ja nicht rühren, denn bei der geringsten Bewegung geriete das Schalentier wieder in Panik. Hat man aber ganz still gehalten, so kommt es näher, und man kann es mit Muße beobachten.

Dann stellt man fest, dass es nur eine große Schere hat, die fast ebenso umfangreich wie der ganze Leib und weiß gefärbt ist. Die andere ist sehr viel kleiner und dient der Krabbe nur dazu, ihr Schlamm zuzuführen, aus dem sie Algen und andere organische Nährstoffe aufnimmt. Das Tier, das man vor sich hat, ist ein Männchen, es hat einen türkisblau und rot oder orange gefärbten Leib. Das Weibchen, dessen Scheren beide kleiner sind, trägt ein schmuckloses, blasses Braun.

Jedes Männchen besitzt sein Territorium, einen kleinen Umkreis im Schlamm, den es heftig gegen seine Rivalen verteidigt. Im Kampf packen sich die beiden Krabben gegenseitig mit ihrer großen Schere und versuchen mit einer heftigen Bewegung, die Schere des Gegners zu zertrümmern. Wenn sich ein solcher Kämpfer nicht genügend im Boden festklammert, kommt es oft vor, dass ihn der andere fast einen Meter weit fortschleudert.

In der Mitte seines Territoriums gräbt das Krabbenmännchen einen schmalen, etwa vierzig Zentimeter langen Erdbau. Es arbeitet unaufhörlich an seiner Verbesserung und schichtet

Medang

Der nächste Ort heißt Medang. Die Bezeichnung „Ort" ist eigentlich übertrieben, da die einzelnen Hütten auf künstlichen Hügeln innerhalb riesiger Becken verteilt sind, die zur Fischzucht dienen. Eine unwirkliche Gegend: Der Sand ist schwarz und ein Becken grenzt ans andere.

das ausgeworfene Erdreich zu einer senkrechten Säule auf, die sich manchmal ein wenig neigt wie der Turm von Pisa en miniature.

Aus Schlamm stellt es sich eine Art Pfropfen her, und wenn die Flut steigt, sucht es Zuflucht in seiner Behausung und macht die Tür hinter sich zu, um sie erst wieder zu öffnen, wenn sich das Wasser zurückgezogen hat. Hindert man eine solche Krabbe an der Herstellung dieses Deckels, dann wird man erleben, wie sie sich aufregt, wenn die ersten Wellen kommen, fieberhaft eine Schlammkugel herstellt und mit ihr den Bau verschließt.

Was aber schon lange die Aufmerksamkeit des Zoologen auf sich gezogen und den kleinen Tieren den Namen „Winkerkrabben" eingebracht hat, das ist ihre ständig wiederholte Gebärde. Die ständige Bewegung der großen Schere ist nämlich ein Ruf, der freilich nicht dem Reisenden gilt, sondern dem Weibchen. Da die Krabben beachtlich scharfe Augen haben, wird jedes Weibchen sofort ausgemacht, und alle Männchen ringsumher recken sich auf ihren Beinen so hoch wie möglich und schwingen ihre weißen Scheren rhythmisch in einem richtigen Ballett, bis die Schöne der Einladung eines der Herren folgt und sich in seine unterirdische Behausung mitnehmen lässt."

Tawun

Nach fünf Kilometern von Sekotong folgt Tawun. Hier gibt es weißen Strand und **gute Bademöglichkeiten.** Kurz vor Tawun kann man Boote nach Gili Nanggu chartern.

Gili Nanggu

Gili Nanggu ist eine als paradiesisch geltende Insel. Mit diesem Anspruch hat sie es sogar ins Lombok-Ausflugsprogramm des deutschen Reiseanbieters TUI geschafft. Die kleine Robinson-Insel liegt ziemlich genau gegenüber von Tawun.

Seit 1995 hat Gili Nanggu ein eigenes **Turtle Conservation Program** zur Rettung der Schildkröten. Dort wurden bisher rund 5000 Schildkröteneier ausgebrütet. Man kann zu bestimmten Zeitpunkten und gegen Spende die kleinen Schildkröten ins Meer begleiten oder sie in ihrem Becken füttern.

Man kann die Insel auch auf einem **Tagesausflug** besuchen, die Entfernungen sind nicht so groß: Von Labuhan Lembar sind es 27 km mit dem Auto oder 30–45 Minuten mit dem Boot. Die umliegenden Inseln gelten als gute Schnorchelinseln, um **Gili Sudak** gibt es blaue Korallen. In Tawun kann man Boote zu Festpreisen chartern.

Unterkunft

■ **Gili Nanggu Cottages** ③, Tel. (0370) 623783, www.gilinanggu.com. Bungalows und Cottages mit Ventilator und Frühstück. Gegessen wird im angeschlossenen Restaurant.

Pengawisan

Weitere sechs Kilometer auf der Straße am Meer entlang erreicht man den wunderschönen Strand Pantai Pengawisan, einen tollen **Badestrand** mit weißem Sand, glasklarem Wasser und Schatten spendenden Bäumen. Die Bucht ist so gut geschützt, dass es keine Wellen gibt – optimal für Kleinkinder und Kanufahrer. Am Strand stehen kleine Berugas, perfekte Picknickplätze, die allerdings an Sonn- und Feiertagen von Einheimischen besetzt sind. Auf der anderen Seite der Landzunge (ca. 50 m) liegt eine japanische Perlenfarm.

Gili Gede

Gili Gede ist umgeben von Korallenbänken und weißem Strand. „Gili Gede" heißt „Große Insel", und in der Tat ist sie die größte der Inseln hier. Lange ein „Geheimtipp", ist sie heute eine der wenigen Gilis der Umgebung, auf der es gleich vier Unterkünfte gibt. Somit war es schnell vorbei mit dem „Geheimtipp". Aber immerhin kann man hier prima **schnorcheln,** über den Berg **wandern** und die **Ausblicke in die Region** genießen – oder menschenleeren Strände und Höhlen entdecken. Auch gelten die Einwohner der Insel, traditionell Schiffsbauer ihres Zeichens, als touristisch noch „unverdorben" und ungemein freundlich.

Unterkunft

■ **Secret Island Resort** ③, Tel. (0818) 03762001, www.secretislandresort.com, mit Zimmern in Bungalows am Hang und auf dem Wasser in alten javanesischen Teakhäusern.

■ **Via Vacare** ②-③, Tel. (081) 915904275, www.viavacare.com, ein eher auf Ruhe ausgelegtes, meditatives Resort. Hier soll man auf gut deutsch „wieder herunterkommen" und nicht viel tun. Yoga wird dabei sicher helfen.

■ **Yut Inn Flower Paradise** ②, Tel. (081) 7978 3508, www.yutinnflowerparadise.com, kommt mit sechs schicken Bungalows, teilweise aus Bambus und Holz und Aussicht auf den Beach.

■ **Madak Belo** ②, Tel. (0818) 05549637, www.madak-belo.com, 2011 eröffnet mit zwei kuscheligen Beach-Bungalows und drei einfachen Backpacker-Zimmern die günstige Alternative auf Gili Gede.

Pelangan

Nach weiteren drei Kilometern wird ein Ort erreicht, der aus drei Dörfern besteht. Diese reihen sich an einem Weg Richtung Inland auf. Das freundliche Örtchen Pelangan Barat liegt ca. einen Kilometer vom Wasser entfernt und ist recht groß. Es gibt Geschäfte, einen Markt, Warungs und eine große Kreuzung. Ab hier steht der Süden und Westen unter Naturschutz. Bis zum Strand sind es etwa 1000 m, aber zum Baden ist es nicht so schön. Sehenswert sind die Winkerkrabben mit der überdimensional großen, weißen Schere, die in Schlammlöchern wohnen.

Die Straße nach links führt nach Pelangan Timur. Zuletzt kommt Pelangan Tengeh, vorwiegend von Balinesen bewohnt. Dieser Ort ist viel ärmer als der muslimische Teil. Der Tempel verfällt, der Banyan-Baum verrottet. Hier wird Reiswein verkauft. Die Straße führt zwar noch weiter, endet aber in einer Sackgasse. In Pelangan gibt es die letzte Übernachtungsmöglichkeit zum Beispiel für Surfer, die nach Bangko-Bangko wollen.

Unterkunft

■ **Bola Bola Paradis** ④, www.bolabolaparadis.com, ein sehr nettes Hotel mit elf hellen, freundlichen Zimmern im maritimen Stil, ohne Frühstück. Während der Surfsaison ab Mai sollte man unbedingt reservieren.

Labuhan Poh

Labuhan Poh ist nach weiteren acht Kilometern erreicht. Bis hierher gibt es regelmäßigen Bemo- und Truckverkehr (bis ca. 16 Uhr). Hinter Labuhan Poh liegt zwischen dem Festland und der **In-**

Goldminen und Umweltverschmutzung auf Lombok

von *Stefan Blank*

In der Gegend um Pelangan, bei Sekotong im Südwesten Lomboks, wird seit etlichen Jahren nach Gold geschürft. Mit ihren Händen graben sich die Arbeiter durch die Hügel, die mittlerweile mit einem komplexen Tunnelsystem durchsetzt sind.

Die Gegend ist touristisch kaum erschlossen und steht selten im Licht der Weltöffentlichkeit. Offiziell bekannt sind die Goldvorkommen seit 2006, als ein Bergbauunternehmen bei Bohrungen auf das wertvolle Metall stieß. Mit dem Argument, dass der Abbau die Umwelt gefährde, wurde 2007 von Regierungsseite aus das Goldschürfen untersagt. Vielleicht ging es aber auch nur darum, selbst vom Kuchen etwas abzubekommen, statt Bergbauunternehmen Türen und Tore zu öffnen.

Die Bevölkerung jedoch hatte den Fund mitbekommen und kümmerte sich nicht um das Verbot: Illegal wurde mit dem Schürfen begonnen, ungeachtet von öffentlichkeitsträchtigen Verhaftungs- und Minenschließaktionen der Regierung. Aus vielen Teilen Indonesiens kamen Goldsucher, um am Goldrausch teilzuhaben. Einige wurden gleich bei der Einreise verhaftet, da sie sich auffällig verhalten hatten und beispielsweise Kochutensilien kauften. Aber der illegale Abbau ging weiter: offen, nicht weit von Straßen und Stränden entfernt, oft von offizieller Seite gedeckt. Über die Jahre stürzten einige Minen ein, es gab Erdrutsche, Menschen starben oder wurden verletzt. Und genauso furchtbar ist der Schaden an der Umwelt.

Denn um das Gold freizusetzen, werden die hochgiftigen Stoffe Quecksilber und Zyanid eingesetzt. Sie sind nicht nur für die Menschen schädlich, die täglich damit arbeiten, vielmehr gelangen sie über das Grundwasser ins Meer und töten dort die Korallen ab. Der Schaden für die Umwelt ist gewaltig.

Heute ist es ruhiger geworden um die Goldminen. Mittlerweile gibt es Überlegungen seitens der Regierung, das Goldschürfen zu legalisieren und damit zu professionalisieren. So könne die Umweltverschmutzung eingedämmt und der Abbau effektiver gestaltet werden, heißt es. Der illegale Abbau gilt offiziell als so gut wie beendet – trotzdem wird weitergeschürft, mehr oder weniger heimlich.

sel Asahan ein großes Floß mit rotem Dach im Meer. Hier befindet sich eine japanische Perlenzucht-Farm.

Bangko-Bangko

Fünf Kilometer hinter Labuhan Poh endet die asphaltierte Straße. Dann geht es nur noch mit einem Geländemotorrad, Truck oder Jeep weiter. Von hier sind es noch einmal ungefähr zwei Kilometer bis Bangko-Bangko. Der Ort liegt in einem Waldgebiet im äußersten Westen der Landzunge. Hier gehen reichere Lomboker auf Jagd. Es soll Hirsche *(rusa)* und Wildschweine *(babi hutan)* in rauen Mengen geben.

Bangko-Bangko gilt als gute **Surfmöglichkeit** für besonders wagemutige Wellenspezialisten. Berühmt ist der Desert Point Surf Break, von dem etliche Surfer als dem besten der Welt schwärmen. Surfer wohnen hier oft bei Einheimischen, da es keine andere Übernachtungsmöglichkeit gibt.

Interessant ist der auch der **Fischmarkt.** Die Leute sind hier sehr nett und nicht aufdringlich. Leider werden manchmal Haifische oder -flossen zum Verkauf angeboten. Zu bestimmten Zeiten schwärmen die Fischer mit ihren

Sampans aus, die fast alle mit starken Außenbordmotoren ausgerüstet sind. Ein toller Anblick, wenn die Armada mit einem Affenzahn loslegt.

Der unasphaltierte Weg führt noch 1,5 km weiter bis zu unüberwindlichen, hohen Klippen. Dort befinden sich ein paar Unterstände von Seegrasbauern. Da der Weg durch dichtes, dorniges Gestrüpp führt, ist der Lack des Wagens anschließend ruiniert – bei einem Leihwagen nicht zu empfehlen.

Hier zeigt sich der sonnige Süden Lomboks wohl von seiner schönsten Seite: Kuta Beach

174ba sb

Wer es schafft, mit dem Jeep weiterzukommen, erreicht **Desert Point,** den beliebten, jedoch sehr **gefährlichen Surfspot.** Der Strand ist sehr schön, mit vielen Muscheln und Blick auf den Gunung Agung. Desert Point ist auch mit dem Boot erreichbar.

Von Sekotong zur Südküste

In Sekotong geht eine Straße in den Süden ab nach **Sepi.** Die Bucht ist in ca. 30 Minuten erreicht. Während der Regenzeit sind die Brücken eventuell weggespült, ein Fahrzeug mit Allradantrieb oder ein Geländemotorrad ist dann erforderlich. Vor Sepi geht es rechts ab nach Belongas, aber nicht bis ans Meer, weil die Straße völlig zerstört ist. Von Sepi aus kann man mit dem Boot nach Belongas übersetzen.

Belongas

In Belongas befindet sich ein bekannter **Tauchspot** mit Großfischen. Die Belongas-Bucht eignet sich allerdings nichts für Tauchanfänger, der Anbieter Divezone beispielsweise geht von mehr als 100 Tauchgänge von Interessierten in der Regenzeit aus, wenn die Strömungen nicht so stark sind, reichen 50. Denn hohe Wellen und starken Strömungen gehören zur Tagesordnung. Die Anstrengung aber wird reichlich belohnt. Zu sehen gibt es viele verschiedene Arten von Großfischen (Mola-Mola, Barrakudas,

diverse Haiarten) in einer unberührten Korallenwelt, beispielsweise an den Tauchspots **Magnet** und **Cathedral.** Das große Highlight: In der Zeit zwischen April und Oktober halten sich hier oft Hammerhaischulen mit über 100 Tieren auf. Es kann auch gesurft werden.

Hier ist noch Handarbeit angesagt: Weberin in Sukarara

- **Divezone Lombok,** Pearl Beach Resort – Sundancer Resort – Belongas Bay Lodge, Tel. (081) 339544998, www.divezone-lombok.com, ist nach wie vor der Pionier und einziger Anbieter der Region.

Unterkunft

- **Belongas Bay Lodge** ④, Tel. (0370) 645974, www.thelodge-lombok.com, nicht ganz günstig, aber schick, mit Park und Ausblick, eine Brise vom Meer kommt auch durch.

406ba sb

Selong Belanak

Von Sepi nach Osten fahrend, gelangt man über kleinere Straßen im Hinterland bei Selong Belanak wieder an die Küste (in Keling rechts abbiegen), eine Strecke, die teilweise durch tiefe Wälder führt.

Selong Belanak (22 km vor Kuta) ist ein kleiner, ruhiger Fischerort mit einem endlosen Strand. Seit man von Praya und dem Flughafen aus besser in den Süden kommt, ist auch Selong Belanak aus dem Dornröschenschlaf erwacht. Die Anfahrt lohnt sich allein schon wegen der Aussichtspunkte im Hinterland, von denen man einen wunderschönen Blick auf die Strände und die Umgebung hat. Wer auf dem dorfeigenen Parkplatz parkt, zahlt 15.000 Rp.

Selong Belanak verfügt über eine kleine Infastruktur, die mehr auf Tagestouristen ausgelegt ist. Es gibt Warungs, es werden Surfkurse angeboten (1 Std. 150.000 Rp., 2 Std. 250.000 Rp.) und Boards vermietet (1. Std. 50.000 Rp.). Eine einfachste Unterkunft gibt es im Dorf , schicker wird es in den Sempiak Villas, die mit dem **Laut Biru Café** ein nettes aber nicht ganz günstiges Restaurant neben den Strand gesetzt haben.

Unterkunft

■ **Sempiak Villas** ④, Tel. (0821) 44303337, www.sempiakvillas.com. Fünf schicke Villen am Hang, hergestellt aus Naturmaterialien, mit allem, was des Strandurlaubers Herz begehrt. Das Konzept scheint aufzugehen: In der Hochsaison ist normalerweise ausgebucht.

Mawun

Die nächste Bucht ist die Mawun-Bucht, ein **sehr schöner Strand** mit kleinen schattigen Unterständen. (Parkplatz: 10.000 Rp.) Selong Belanak und Mawun werden häufig im Rahmen einer Tagestour in den Süden Lomboks angefahren. Man kann hier ganz hervorragend am Strand abhängen, baden, aus Kokosnüssen trinken und an den kleinen Warungs einen Snack nehmen. Weitere schöne

Lombok, Südostküste

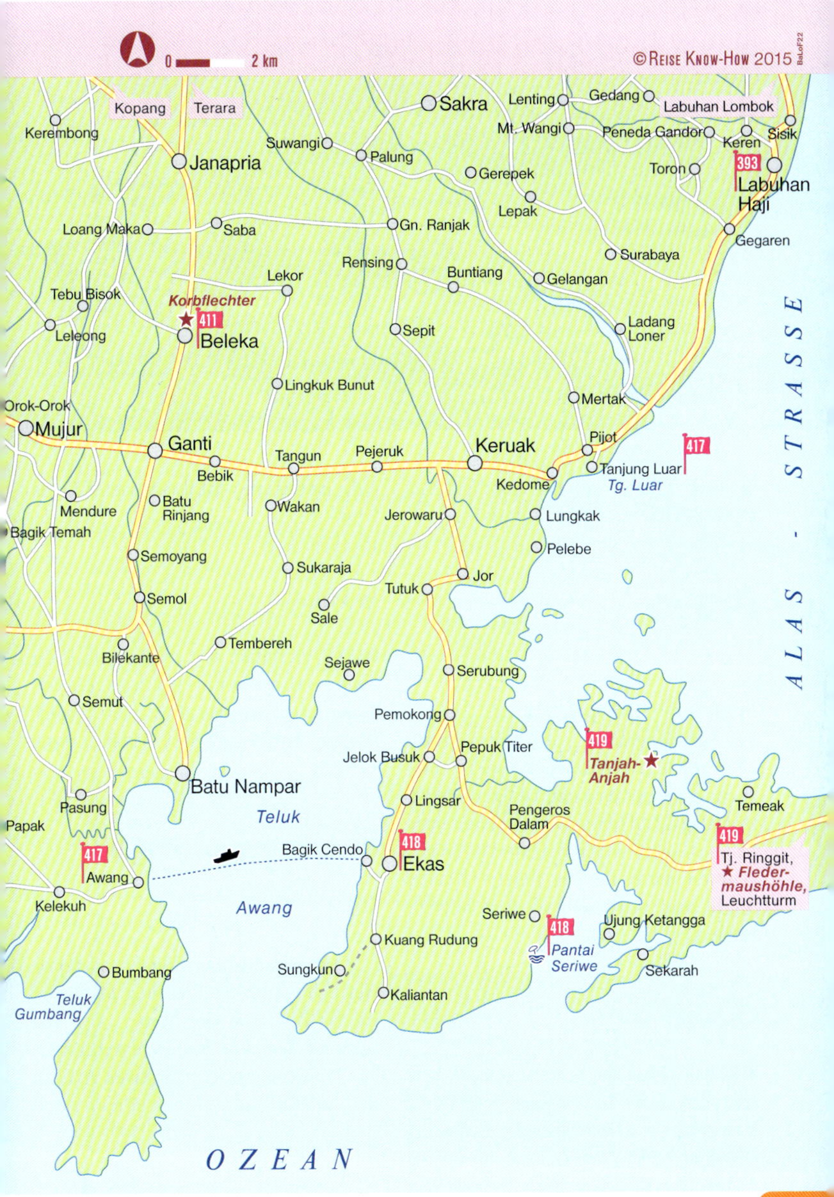
0 2 km
© Reise Know-How 2015
BaLoF22
Kopang
Terara
Sakra
Lenting
Gedang
Labuhan Lombok
Kerembong
Mt. Wangi
Peneda Gandor
Sisik
Keren
Suwangi
Janapria
Palung
Gerepek
Toron
393
Labuhan Haji
Lepak
Loang Maka
Saba
Gn. Ranjak
Gegaren
Surabaya
Rensing
Lekor
Buntiang
Gelangan
Tebu Bisok
Korbflechter
411
Leleong
Beleka
Sepit
Ladang Loner
Lingkuk Bunut
Mertak
Orok-Orok
Mujur
Ganti
Keruak
Pijot
417
Tangun
Pejeruk
Bebik
Kedome
Tanjung Luar
Tg. Luar
Mendure
Batu Rinjang
Wakan
Jerowaru
Lungkak
Bagik Temah
Pelebe
Semoyang
Sukaraja
Jor
Tutuk
Semol
Sale
Tembereh
Bilekante
Sejawe
Serubung
Semut
Pemokong
Pepuk Titer
419
Tanjah-Anjah
Jelok Busuk
Batu Nampar
Pasung
Lingsar
Temeak
Teluk
Pengeros Dalam
Papak
417
Bagik Cendo
418
Ekas
419
Tj. Ringgit, ★ Fledermaushöhle, Leuchtturm
Awang
Kelekuh
Awang
Seriwe
418
Ujung Ketangga
Kuang Rudung
Pantai Seriwe
Sekarah
Bumbang
Sungkun
Kaliantan
Teluk Gumbang
ALAS - STRASSE
OZEAN

235ba sb

Buchten gibt es auf der durchgehend asphaltierten Straße Richtung Kuta.

Praya

Praya ist Verwaltungssitz des Bezirks Lombok Tengah, ein recht angenehmes, aber geschäftiges und staubiges Städtchen. Hier gibt es einen riesigen **Markt** (samstags), auf dem ein auffallend reichhaltiges Sortiment an Emaille-Waren angeboten wird: Tassen, Teller, Tabletts, Töpfe und Schüsseln in den tollsten Farben.

Essen und Trinken

■ **Rumah Makan Ria,** an der Hauptstraße, nette Leute, gutes Essen. Als besondere Spezialität der Stadt stehen hier auf jedem Tisch grün gefärbte Eier mit einem Stempel: *Telor Asin*. Das sind Eier, die man nach dem Kochen drei Tage in ein Gemisch aus Asche und Salz gelegt hat, danach noch 15 Tage in Salzwasser.

Verkehr

■ Die **Bemostation** liegt etwas außerhalb der Stadt. Es sind aber nur einige Minuten zu laufen. Bemos fahren von hier direkt nach Sengkol, Mantang, Bertais und Keruak. Bertais – Praya: 15.000 Rp.

Umgebung von Praya

Sukarara

Das sehenswerte Dorf Sukarara, nordwestlich von Praya Richtung Mataram, ist das **Zentrum der Weber.** Fast vor oder in jedem Anwesen steht wenigstens ein Webstuhl recht primitiver Art, an dem die Frauen mühselig arbeiten und

⌃ Mawun Beach – chillen „bis der Arzt kommt"

komplizierteste Muster zustande bringen. Wer die Dorfstraße entlanggeht, landet zwangsläufig in irgendeinem Haushalt, wird dort mit Kokosnüssen versorgt und in der Regel eingeladen, sich die Produktion der Webereien anzusehen.

Bis zu drei Monate arbeiten Frauen an den komplizierten Stücken. Gewebt werden hauptsächlich *Sabuk Nala,* zwei gleiche Tücher, etwa zwei Meter lang und häufig recht bunt, *Sabuk Antang,* traditionelle Gürtel der Sasak-Frauen, vier Meter lang und 30–40 cm breit, und *Purbasari,* große Tücher, die wie ein Sarong zu Festtagen getragen werden.

Der Ort wird regelmäßig von Touristengruppen besucht, daher sind die Preise relativ hoch angesetzt. Wer hier etwas kaufen will, sollte sich zuvor nach Preisen und Qualitätsmerkmalen erkundigen.

Die **Umgebung** bietet fruchtbares Ackerland. Am Weg nach Puyung an der Hauptstraße befindet sich auf der rechten Seite ein großer **Moslemfriedhof** mit sehenswerten Grabsteinen *(Batu nisan).*

Penujak

Penujak ist eines der Zentren der **Tonwarenindustrie** (siehe „Kunsthandwerk" weiter vorn in diesem Kapitel).

Beleka

Nahe dem Dorf Ganti, etwa zehn Kilometer südöstlich von Praya Richtung Keruak, werden die **Korbbehälter** hergestellt, die jeder Antik-Händler anbietet. Sie werden aus **Rattan** gefertigt und haben eine bauchig-kugelige Form. In Beleka gibt es die Behälter auch mit einem Durchmesser von über 50 cm. Diese Größe eignet sich hervorragend als Wäschekorb. Aber es gibt auch transportfreundlichere Modelle ab 10 cm. Die Flechter heißen *Tukang Anyaman Rotan.*

Sengkol

Etwa acht Kilometer südlich von Praya gelegen, findet in Sengkol jeden Donnerstagvormittag ein großer **Markt** statt – wohl einer der interessantesten Lomboks. Frauen kommen aus den Bergen der Umgebung, um zu kaufen und verkaufen. Auffallend viele tragen die traditionelle Tracht *(Lambung)*: schwarzer Sarong und Bluse, nur mit einem bunten, vier Meter langen, handgewebten Gürtel *(Sabuk)* geschmückt. Es gibt vom rostigen Nagel bis zum Rinderbraten alles zu kaufen, besonders schön: **Töpfer-, Web- und Flechtwaren.** Wer hier herkommt, mache sich auf ein fürchterliches Gedränge gefasst.

Rambitan und Sade

Ein paar Kilometer nördlich von Kuta finden sich zwei **traditionelle Sasakdörfer,** bekannt für ihre unter Denkmalschutz stehenden Bauwerke. Beide Dörfer sind recht touristisch aufgemacht und regelmäßige Station von Rundreisetouren. Von Sengkol kommend, erreicht man zuerst Rambitan, das rechts der Straße auf einem Hügel liegt und nur durch das aufgestellte Schild sichtbar wird. Rambitan ist mit Abstand der angenehmere der beiden Orte. Nette Leute führen einen herum und sind besonders

stolz auf die mitten im Dorf stehende **Moschee** *(Nahdlatul Wathan)*, eine der ältesten Lomboks. Der quadratische Holzbau darf nicht betreten werden.

Sade liegt etwa einen Kilometer weiter links an der Straße. Hier kann man den Leuten beim **Weben** von Stoffen zuschauen. Auch hier kein Eintritt, aber eine Spende wird erwartet.

Kuta

Die **malerischen Strände** von Kuta und seiner Umgebung, ca. 60 km von Mataram entfernt an der Südküste, ziehen seit Jahren Traveller an, Surfer aus aller Herren Länder – aber auch **Spekulanten.** „Tourismusentwicklung auf Lombok: ‚Kuta muss seine Seele behalten'. – Noch zockeln Pferdewagen durch Kuta auf Lombok. Doch **Investoren** haben große Pläne für das Fischer- und Surferdorf auf Balis Nachbarinsel. „Der wilde, raue Charme der Südküste steht auf dem Spiel", schrieb „Spiegel Online" am 14. August 2014. In der Tat tut sich einiges in und rund um den Ort. Und einiges wiederum verheißt nichts Gutes. Das erste große Hotel steht seit 1997 (Novotel). Die Investoren setzten auf den Internationalen Flughafen und die Verheißungen, die er und seine Erschließung mit sich bringen. Erste Schritte sind eingeleitet und sichtbar: Bei der Einfahrt nach Kuta werden die ehemals unberührten Kokosplantagen von **vierspurigen Zufahrtsstraßen** durchkreuzt. „Die staatliche *Bali Tourism Development Corporation,* die auch Balis luxuriöse Touristenenklave Nusa Dua hochzog, hat bereits einen Plan für Kuta entworfen: den **Mandalika-Masterplan.** „Er teilt die Küste zwischen Kuta und dem Surferörtchen Gerupuk in Zone A (Transportation Hub) bis Zone M (Seaside Town)", schreibt Spiegel Online, und der Plan soll bis 2021 verwirklicht sein und mit Millionenaufwand 1000 ha

■ **Übernachtung**
1 Kuta Indah Hotel
3 Matahari Inn
6 Kuta Bay Homestay
8 Puri Ituma Bungalows
9 Ken's Hotel
10 The Spot
12 G'Day Inn Pandu
15 Lamancha Homestay
17 Mandalika Homestay
19 Tastura Beach Resort
20 Surfer's Inn, Segara Anak Bungalows
21 Sekar Kuning Bungalows, Anda Bungalows
22 Puri Rinjani Bungalows
24 Seger Reef
25 Kuta Paradise
26 Royal Spa & Bungalow
27 Novotel

feinstes Beachland überbauen. Auch soll es einen Bereich geben, in dem muslimische Besucher unter sich bleiben können. Im vorauseilenden Gehorsam wurden die kleinen Bars und Warungs, die auf dem Strand standen, gleich mal plattgemacht. Geblieben sind teilweise die Fundamente der Schwarzbauten, was nicht zur Qualität des Strand-Anblicks beiträgt. Einige glückliche, wie der **Warung Rasta,** haben es rechtzeitig auf die andere Straßenseite geschafft und sind heute noch da.

Ansonsten haben etliche **Geldautomaten** ihren Weg nach Kuta gefunden, rechts und links wird in große Bauten investiert, aber der Strand als solcher ist an der Wasserlinie bisher glücklicherweise unberührt. Die abwechslungsreiche Küste mit ihren tiefen Buchten bietet Strand und Felsen und ist gut geeignet für **Strandwanderungen.** Das Schwimmen ist allerdings etwas schwierig, da das Wasser für einige Hundert Meter flach bleibt. Kuta ist bekannt für seine **Surfspots,** beispielsweise in den Nachbarbuchten Tanjung Aan (s.u.) oder Mawun (s.o.). Man kann hier **Surfkurse** belegen und Ausrüstung leihen. Aber auch wer das übliche Strandleben sucht, wird hier und in den Nachbarbuchten auf keinen Fall enttäuscht. Gegen Abend werden die Musikanlagen angestellt und die ersten Bintangs serviert. Die Abende sind lang.

Neben dem touristisch erschlossenen Strand gibt es auch noch ein echtes Dorf, den Ort Kuta, hinter dem Marktplatz.

Unterkunft

Es gibt etliche Unterkünfte mit Restaurants. Während des **Nyale-Festivals** (s. Exkurs), das an besagtem Mandalika Beach stattfindet, sind alle Unterkünfte völlig überbelegt. Im Voraus buchen!

Die **Preise** für die Homestays richten sich auch nach der Lage und vor allem der Nähe zum Strand. Es gibt einfache Unterkünfte für 100.000 Rp. im Doppelzimmer genauso wie Bungalows für 500.000 Rp. oder Luxusunterkünfte wie das Novotel. Die Preise steigen in der Hochsaison im Juli und August. Frühstück, so spartanisch es meist auch sein mag, ist normalerweise dabei.

■ Das **Kuta Indah Hotel** ②-④, Tel. (0370) 653781, www.kutaindahhotel.com, mit Bungalows, Pool sowie nettem Park hinter dem Restaurant, liegt nicht in unmittelbarer Strandnähe und hat schon bessere Zeiten gesehen. Daher fallen die Preise auch ganz schnell bei der Anfrage. Es gibt Deckenventilator-Zimmer mit Dusche und Kaltwasser sowie Deluxe-Zimmer mit Klimaanlage, Badewanne, Heißwasser, Minibar und TV.

■ **Matahari Inn** ②-④, Tel. (0370) 655000, wurde von einer Schweizerin und ihrem indonesischen Mann aufgebaut. Die mit Kunstgegenständen aus ganz Indonesien eingerichteten Bungalows liegen

Das Nyale-Festival

Jedes Jahr an einem **Vollmond im Februar oder März** wird die Gegend um Kuta aus ihrer Beschaulichkeit gerissen. Hunderte von Sasak kommen dann zusammen, um den Nyale-Wurm zu fangen. Die Eier der zwischen den Korallen lebenden Würmer (Eunice viridis) steigen zu Tausenden zur Meeresoberfläche und beginnen zu leuchten. Zahl und Größe sind ein Vorzeichen für gute oder schlechte Ernte. In Kokosblättern werden die gefangenen Würmer gebacken und dann verspeist. Sie haben einen süßlichen Geschmack. Die Blätter werden anschließend in den Reisfeldern vergraben, um diese fruchtbar zu machen.

Dieser Brauch geht auf eine Legende zurück: Vor vielen Jahrhunderten soll sich hier eine Prinzessin ins Meer gestürzt haben, weil sie sich nicht entscheiden konnte, welchen der acht Prinzen, die um ihre Hand anhielten, sie zum Manne nehmen sollte. Dadurch, so hieß es, wurde die Insel fruchtbar, und das Haar der Prinzessin verwandelte sich in Meerwürmer, die einmal im Jahr auftauchen, um an dieses denkwürdige Ereignis zu erinnern.

Für junge Leute hat das Fest allerdings eine andere Bedeutung: Unverheiratete lernen sich in diesen Nächten kennen, Hochzeitsverträge werden geschlossen, die ganze Nacht können Jungen und Mädchen schmusen und „Süßholz raspeln". Eine Sache, die zu anderer Zeit, an anderem Ort unmöglich ist, da nach den strengen Sittengesetzen Lomboks selbst Gespräche unter Unverheirateten beiderlei Geschlechts unmoralisch sind. Nach der Ernte, etwa zwei bis drei Monate später, wird dann Hochzeit gefeiert.

Nyale-Fangplätze sind Seger, Aan, Belowan, Awang, Sekaroh.

in einem wunderschönen alten Park, mit viel Liebe zum Detail angelegt. Pool und Kinderpool, sehr kinderfreundliches Personal. Ein besonderes Gimmick für die Surfer-Community ist die Happy Hour „After Surf": Wer vier große Bier trinkt, bekommt als fünftes ein kleines gratis.

■ **Surfer's Inn** ②-④, schnuckelige Anlage mit Pool, familiäre Atmosphäre, schöne Zimmer.

■ **Lamancha Homestay** ②, Tel. (0370) 6155186, an der Straße nach Sengkol, klein und gepflegt, fünf Zimmer mit Bad, gut gebucht.

■ **The Spot** ②, Tel. (0370) 7022100, www.thespotbungalows.com, ist eine **äußerst** originelle Anlage. Die Bungalows sind im „traditional style" gebaut, ganz aus Bambus mit Alang-Alang-Dächern. Ausgestattet mit zwei Betten und Moskitonetz, sind sie vom Boden erhöht, die Bäder dagegen stehen auf dem Boden. Kaltes Wasser gibt es reichlich.

■ Das **G'Day Inn Pandu** ①, Tel. (0370) 6155342, www.gday-inn.com, mit Restaurant und Frühstück, kommt einfach und günstig daher.

■ **Sekar Kuning** ②, Tel. (0370) 654856, macht einen guten Eindruck und wird gern von Surfern genutzt. Die schönen und gepflegten Zimmer im Hinterhof haben Moskitonetz und Kaltwasser.

■ **Kuta Paradise** ③, Tel. (087) 864311153, www.kutaparadise.webstarts.com, zeigt sich nicht nur architektonisch als recht ambitioniertes Projekt: Hinter dem Restaurant ist Rollrasen ausgelegt, zu

[>] Nicht nur zum Sundowner ein netter Treffpunkt – Blick vom Ashtari auf Kuta

den Bungalows führen Trittsteine, der Swimmingpool liegt dazwischen. Bungalows mit Klimaanlage, DVD-Player und Fernseher.

■ **Novotel** ④, Tel. (0370) 653333, www.novotellombok.com, das bisher einzige Luxushotel steht seit 1997. Sehenswerte und gut gebuchte Anlage im Sasak-Stil, an einem schönen Strandabschnitt gelegen – allerdings gibt es Kritik: „Man wird meist schlecht und unfreundlich bedient und behandelt, aber vor allem wird man ganz schlimm abgezockt. Alles kostet extra, und alles ist überzogen teuer. 5000er-Briefmarken werden z.B. für 6000 Rupien verkauft (...) Und am Strand liegt man keine 2 Minuten, da sind schon 15 Kinder vorbeigekommen, die Armbänder verkaufen. Sie wecken einen sogar durch Schläge, wenn man eingedöst ist." so eine Leserin. Sehr nett ist es trotzdem, bei Sonnenuntergang über den eigens gepflasterten Weg zum Novotel zu laufen und in einer der Bars einen Drink zu genießen. Den Pool kann man dann mitbenutzen. Wer Glück hat oder dementsprechend plant, kommt zur Happy Hour, 18–19 und 21–23 Uhr. Bei zwei Getränken derselben Gattung gibt's das Dritte gratis.

Essen und Trinken

Es gibt zahlreiche kleine Restaurants mit Bar, Warungs und Cafés entlang der Straßen und direkt am Strand.

■ **Family House,** hier wird frischer Fisch serviert, sehr lecker zubereitet. Preiswertes Essen mit gutem Service.

■ **Lombok Lounge,** zwar schon ein wenig angegraut, aber mit ausgezeichneter lokaler Küche (frischer Fisch, Krabben und Hummer) zu niedrigen Preisen.

■ **Ashtari Restaurant,** an der Straße nach Mawun, überblickt vom westlichen Hügel aus die ganze Gegend rund um Kuta. Auf ganz Lombok bekannt für seine gute Küche, auch nach Besitzerwechsel. Allein die Kuchen sind eine Versuchung.

Wichtige Adressen

■ **Geldwechsel:** möglich, bessere Kurse aber beispielsweise in Senggigi, es gibt etliche Geldautomaten an der Hauptstraße.

236ba sb

Internet: Die meisten Unterkünfte, Cafés und Restaurants haben WiFi. Einfach der Beschilderung folgen.

Medizinische Versorgung: Lombok International Medical Service, Jl. Raya Pantai Kuta 100.

Aktivitäten

Surfen: Surfbrett leihen rund 50.000 Rp./Std. Unterricht gibt es für 360.000 Rp. den halben Tag, alles inklusive. Verschiedene Anbieter machen halb- oder ganztägige Surftouren in die Umgebung, so nach Gerupuk (320.000 Rp.), Mawi (360.000 Rp.). Informationen zu den Surfplätzen gibt es unter www.kuta-lombok.net.

Trekking: den Gunung Perabu kann man besteigen – ein beliebter Berg für Drachenflieger.

Pferdereiten: einfach den Schildern auf der Straße folgen und *Kuta Horses* finden.

Tauchen: Es gibt ein Tauchcenter in Kuta, Dive Zone, www.divezone-lombok.com.

Verkehr

Mit dem **Bemo bzw. Minibus** von Bertais (Mataram) erst bis Praya, dann weiter bis nach Kuta.

Viele **Homestays und Hotels** bieten Transport zu nahezu allen Orten auf der Insel. Typische Preise: Mataram 110.000 Rp., Senggigi 120.000 Rp., Padangbai 180.000 Rp., Kuta/Bali 200.000 Rp. Perama fährt von Kuta nach Senggigi für 125.000 Rp. (mind. 2 Pers.)

Mountainbikes und Motorräder können geliehen werden. Wer nicht auf der Straße diesbezüglich angesprochen wird, sollte im Homestay nachfragen. Motorradmiete ca. 70.000 Rp.

Umgebung von Kuta

Wunderschöne Buchten schließen sich östlich und westlich an Kuta an. Kleine Dörfer, aus Lehm- und Grashütten be-

158ba sb

stehend, sind zu Fuß zu erreichen. Nur in der Regenzeit gibt es bewässerte Reis- und Gemüsefelder. Viele **Wasserbüffel** liegen träge in der Sonne.

Tanjung Aan

Die Bucht Tanjung Aan liegt eine Stunde Fußweg östlich von Kuta, sie ist auch einfach mit dem Fahrzeug zu erreichen. Die sehr schöne Bucht ist gut zum Schwimmen geeignet. Hier gibt es den begehrten „Kugelsand". Man folgt von Kuta immer der Straße am Strand nach Osten, Tanjung Aan ist die zweite Bucht. Wer noch 4,5 km weiterläuft, kann einen Riesenpilz aus Fels sehen.

Gerupuk

An der nächsten Bucht liegt Gerupuk (8 km von Kuta, Sackgasse), ein noch ursprüngliches Fischerdorf, das sich durch die Surfer nicht großartig in seinem Alltagsleben stören lässt.

Awang

Von Kuta gibt es eine schmale Straße nach nach Awang (12 km) und zur gleichnamigen **größeren Bucht** im Osten. Die Gegend gehört zum Masterplan des neuen Flughafens. Vierspurige Straßen sind angelegt, teilweise in die Berge hineingeschnitten, mit eindrucksvollen Kreisverkehren, die dann plötzlich im Niemandsland oder am Strand enden. Es wurden schon Skateboarder gesichtet, die auf den Straßen ihren Spaß haben. Auch von der Surfer-Community werden sie genutzt, die darauf schnell zu ihren Spots kommt.

Awang ist ein hübscher **Fischerort** mit Stelzenhäusern und einem schönen, langen Strand mit vielen bunten Booten. Von hier kann man mit einem gecharterten Boot zum auf der anderen Buchtseite liegenden Fischerdorf Ekas (s.u.) übersetzen oder zum etwa vier Kilometer südlich davon liegenden Surfstrand.

Tanjung Luar

Von Praya führt eine größere Verbindungsstraße über **Keruak** (mittwochs Markt) an die Ostküste. Hier liegt der sehenswerte **Fischerort** Tanjung Luar. Man erreicht ihn auch von Labuhan Haji an der Ostküste nach Süden fahrend. Dabei geht es durch eine ziemlich unbewohnte Gegend, nach ca. zehn Kilometern zeigt sich das malerische Dorf. Hier leben Bugis, die ihre **Häuser auf Stelzen** bauen *(Rumah Pangun)* und ihre **Fischerboote** bunt bemalen – ausgesprochen pittoresk. Die Leute sind freundlich. Wer will, kann von hier Boote in alle Richtungen und Buchten chartern. Dienstags ist **Fischmarkt.**

◁ Der Strand von Tanjung Aan ist bekannt für den „Kugelsand"

Der Südostzipfel

Ekas

Von Tanjung Luar gelangt man über Keruak auf die Halbinsel im äußersten Südosten Lomboks. Es ist trocken, die Vegetation savannenähnlich. Nach ca. zehn Kilometern ist **Pemokong** erreicht. Wer auf der zentralen Kreuzung nach Westen abbiegt, kann sechs Kilometer bis Ekas, ans Ende der Straße fahren. Ekas ist ein kleines Nest, die Bewohner leben vom Fischfang und Seegras-Anbau. Der Strand ist spektakulär: Steile Klippen wechseln sich mit weißen Sandbuchten ab. Nahebei liegt die **Surfer-Enklave Pantai Sorga.**

Unterkunft

■ **Heaven on the Planet** ②-④, Tel. (0812) 375 1103, www.sanctuaryinlombok.com. Diese schöne Anlage wurde von einem neuseeländischen Aquakultur-Professor erbaut, der auf seinem Grundstück tropische Fische züchtet und dem Dorf Ekas Geld zukommen lässt. Oben auf den steilen Felsen hat er vier Villen gebaut, von dort hat man einen Blick auf die gewaltige Awang-Bucht. Der Ausblick ist einer der schönsten Lomboks, dazu ein fantastischer Sonnenuntergang. Die Villen sind der Natur angepasst – kein Strom, der Generator läuft nur abends für ein paar Stunden. Wer baden möchte, hat die Wahl zwischen zwei Stränden mit weiß-pulvrigem Sand oder Pool. Heaven on the Planet organisiert Tauchtouren, Surf-Exkursionen und Naturwanderungen. Die Übernachtung geht nur mit Vollpension, Vorausbuchung ist angesagt.

■ **Ocean Heaven** ②-④, www.sanctuaryinlombok.com, ist das zweite exklusive Resort gleich in direkter Nachbarschaft. Für beide Resorts gibt es Paketangebote inklusive Abholung und all inclusive.

Pantai Seriwe

Wer in Pemokong nicht nach Westen abbiegt, sondern weiter nach Süden fährt, erreicht nach einigen Umwegen (ca. 9 km) einen **atemberaubenden Strand,**

116ba sb

▷ Überfahrt mit nassen Füßen

den Pantai Seriwe: tolle Bucht, knallblaues Wasser, weißer Strand, uralte Kasuarina-Bäume, Schafherden am Strand und kaum eine Menschenseele.

Tanjung Ringgit

In die hinterste Ecke im Südostzipfel Lomboks führt eine Straße. Von Pemokong fährt man 12 km durch die Einsamkeit nach Osten. Nach etwa 4,5 km führt eine Straße nach links zum **Makam Tanjah Anjah** (3 km). Es handelt sich um das Grab eines berühmten Wetu-Telu-Lehrers.

Die Straße nach Tanjung Ringgit ist in gutem Zustand, aber gerade einmal einspurig. Sollte Gegenverkehr kommen, muss einer ins mannshohe Gras ausweichen! Pure Savanne. Ganz am Ende steht ein einsamer **Leuchtturm,** der von einem noch einsameren Wärter gewartet wird. Der freut sich über jeden Besuch. Der Turm steht auf einer imposanten Klippe – keine Chance, ins Wasser zu kommen, außer mit einem Fallschirm!

Hier gibt es neben der grandiosen Landschaft ein Kuriosum zu besichtigen: zwei **japanische Kanonen** aus dem Hause Krupp. Ziemlich große Dinger, mit denen im Zweiten Weltkrieg die Selat-Alas-Wasserstraße zwischen Lombok und Sumbawa bewacht und beschossen wurde. Außerdem gibt es eine **Fledermaushöhle** zu erkunden. Man sollte aber eine gute Lampe dabei haben, wenn man darin etwas sehen will.

415ba rb

Praktische Reisetipps A–Z

12

Überall auf Bali sind die zahlreichen Opfergaben zu finden

Anreise

Flug

Egal ob Besucher aus dem Ausland oder von einer Nachbarinsel nach **Bali** fliegen: Sie landen immer auf Flughafen **Ngurah Rai International** (siehe Kapitel „Reisetipps A–Z: Ankunft"). Nonstop-Verbindungen von Mitteleuropa nach Bali gibt es nicht. Das heißt, dass Reisende **immer umsteigen** müssen: in Bangkok, Kuala Lumpur, Singapur, Doha oder Hongkong. Da die reine Flugzeit bei rund 13.000 km Entfernung schon mehr als 14 Stunden beträgt, kommt dem sogenannten Transfer, also dem Umstieg, große Bedeutung zu. Die Umstiegszeit kann zwei bis zwölf Stunden betragen, aber in achtzehn Stunden ist der gesamte Weg machbar. Kurze Umstiegszeiten hat Malaysia Airlines mit rund zwei Stunden. Thai Airways kommt mit etwa vier Stunden auch ganz gut weg, ebenso Singapore Airlines und Qatar Airlines.

Die **Kosten für das Flugticket** hängen stark von der Jahreszeit ab. Im europäischen Sommer, der auch die Hauptreisezeit nach Bali ist, kann ein Ticket um die 1200 Euro kosten. In der Nebensaison liegt der Einstiegspreis bei rund 800 Euro. Kinder-, Jugend- und Studententarife sind vor allem in der Nebensaison ein Weg, den Ticketpreis zu verringern. Kinder unter zwei Jahren fliegen normalerweise für zehn Prozent des normalen Flugpreises, haben aber keinen Sitzplatzanspruch. Sie müssen also auf dem Schoß sitzen. Ältere Kinder (2–11 Jahre) erhalten eine Ermäßigung, 25 bis 50 Prozent sollten drin sein. Ab dem zwölften Lebensjahr kommt der Preis für Erwachsene zum Tragen, es sei denn, es gibt einen speziellen Jugendtarif der jeweiligen Airline.

In Deutschland gibt es von Frankfurt/Main aus die häufigsten Verbindungen nach Bali. Tickets für Flüge von und nach anderen deutschen Flughäfen sind oft teurer. Da kann es für Deutsche attraktiver sein, mit einem **Rail-and-Fly-Ticket** per Bahn nach Frankfurt zu reisen (entweder bereits im Flugpreis enthalten oder 30 bis 60 Euro extra). Man kann je nach Fluglinie auch einen preiswerten **Zubringerflug** der gleichen Airline von einem kleineren Flughafen in Deutschland buchen (Zubringerflug dann meist mit Lufthansa).

Wer ein bisschen mehr Zeit zur Verfügung hat, flexibler bleiben und sich vielleicht auch in Indonesien selbst unabhängig von festen Flugdaten oder -linien bewegen will, kann beispielsweise den **Weg über Singapur** wählen, der Drehscheibe in Südostasien, also in Singapur zu festen Daten an- und abfliegen, dazwischen innerasiatische Routen nutzen. Beispielsweise von Singapur weiter nach Bali mit Air Asia, über die Gilis nach Lombok und Rückflug nach Singapur von Lomboks internationalem Flughafen mit Silk Air (www.silkair.com). Die meisten dieser innerasiatischen Verbindungen können mittlerweile auch von der Heimat aus im Voraus per Kreditkarte gebucht werden. Eine gute Webadresse für einen unmittelbaren Vergleich ist www.skyscanner. de. Ein gutes Portal für den Flug nach Singapur ist www.yoursingapore.com. Für die Weiterflüge ist beispielsweise www.focus singapore. com eine gute Adresse.

Etliche Reiseveranstalter bieten **Pauschalreisen** nach Bali an. Hier ist das Flugticket bereits inklusive. Ja nach Saison und Sternenzahl des Resorts oder Hotels sind zwei Wochen Südbali, beispielsweise Sanur, Tanjung Benoa oder Nusa Dua ab 1200 Euro drin. Nicht zu vergessen die **Last-Minute-Angebote,** die das ganze Jahr über unter die Leute gebracht werden. Einstiegspreis für zwei Wochen Bali in der Nebensaison: ab 1000 Euro.

- **L'Tur,** www.ltur.com, Tel. 00800 21212100 europaweit.
- **Lastminute,** www.lastminute.de, (D-)Tel. 089-17923040.
- **5 vor Flug,** www.5vorflug.de, (D-)Tel. 089-710454109, (A-)Tel. 0820 203 085.
- **Holiday Check,** www.holidaycheck.at.

Klimabewusst nach Bali reisen

von *Stefan Blank*

Wer von Frankfurt über Bangkok nach Denpasar und zurück fliegt, verursacht laut Emissionsrechner der Klimaschutzagentur *Atmosfair* eine sogenannte **Klimawirkung** von insgesamt 6300 Kilogramm CO_2. Das ist nicht wenig, wenn man bedenkt, dass das „klimaverträgliche Jahresbudget eines Menschen" bei 2300 kg CO_2 liegt, ein Jahr Autofahren bei 2000 kg, und ein Mensch in Indien auf 1400 kg CO_2 im Jahr kommt. Wer also nach Bali fliegt, hat für knapp drei Jahre seinen Bonus aufgebraucht.

Klar, fürs Klima wäre es das Beste, gar nicht mehr zu fliegen. Aber in ferne Orte und Welten geht es fast nur noch mit dem Flieger. Wochenlange Schiffsfahrten wie früher kann sich rein zeitlich fast niemand leisten.

Für Reisende, denen die Folgen des Fliegens nicht egal sind, gibt es verschiedene gemeinnützige und profitorientierte Organisationen, bei denen sie **für ihre „Klimasünden" bezahlen** können. Für jede Tonne CO_2 berechnen diese **Klimaschutzagenturen** eine freiwillige Abgabe zwischen 9 und 60 Euro. Dieses Geld wird gesammelt und dann in Klimaschutzprojekte investiert, die möglichst die gleiche Menge Kohlendioxid einsparen sollen.

Wer eine der Klimaschutzagenturen unterstützen möchte, sollte sich vorher gut über das Programm informieren. Es gibt leider kein Prüfzertifikat, aber auf den jeweiligen Websites können sich Interessierte recht schnell einen Überblick verschaffen.

Atmosfair empfiehlt, für den Hin- und Rückflug von Frankfurt über Bangkok nach Denpasar 145 Euro in ein Klimaschutzprojekt zu investieren. Wer weniger einzahlen möchte, kann das natürlich auch tun. Als Belohnung gibt es ein Zertifikat und – vielleicht – ein etwas besseres Gefühl. Hier ein paar Adressen von Klimaschutzagenturen mit Emissionsrechnern:

- **www.atmosfair.de**
- **www.climatefriendly.com**
- **www.myclimate.de**
- **www.tricoronagreen.com**

Flug nach Lombok

Lomboks internationaler Flughafen **Lombok International Airport (LOP)** wird beispielsweise von Singapur aus angeflogen. National gibt es Flugverbindungen von Jakarta und anderen Flughäfen Indonesiens. Auch von Bali wird er bedient.

Buchung

Für die Tickets der Linienairlines kann man bei folgendem zuverlässigen Reisebüro meistens günstigere Preise als bei vielen anderen finden:

- **Jet-Travel,** In der Flent 7, 53773 Hennef, Tel. 02242/868606, Fax 868607, www.jet-travel.de. Buchungsanfragen oder Onlinebuchungen auf der Webseite unter der Auswahl „Flüge".

Ankunft am Flughafen

Ngurah Rai International Airport

Der internationale Flughafen Ngurah Rai (Tel. 0361-751011, www.baliairport.com), liegt in **Tuban,** 2,5 km südlich von Kuta und 13 km südlich von Denpasar. Er ist nicht nur das selbsternannte „Gateway to paradise", sondern Einfallstor für Bali-Besucher aus nah und fern. Auch ein Großteil der Lombok-Reisenden kommt über Ngurah Rai ins Land.

Benannt ist der Flughafen nach dem balinesischen Nationalhelden *I Gusti Ngurah Rai,* der mit wenigen Kämpfern am 20. November 1946 beim Ort Marga der holländischen Übermacht bis zum letzten Mann standhielt, um mit seinen Mannen im aussichtslosen Kampf zu sterben. Mehr als zwei Millionen Passagiere jährlich allein am Internationalen Terminal verdeutlichen den Stellenwert des 1931 eröffneten Flughafens. Über die Jahrzehnte wurden der Domestic und der International Terminal wegen der steigenden Flug- und Besucherzahlen ständig aufgestockt und erweitert.

Als Vorbereitung für den imageträchtigen APEC-Gipfel (Asia-Pacific Economic Cooperation) im November 2013 nahm die Regierung etliche Billionen Rupiahs in die Hand, um den Flughafen umzugestalten. Der bestehende International Terminal wurde zum Domestic Terminal, der internationale neu gebaut. Damit sollte die **Fluggastkapazität** von 9 auf 25 Millionen angehoben werden. Als Flughafenzubringer wurde eine schicke vierspurige mautpflichtige Schnellstraße – mit eigener Moped-Spur – in die Mangroven und die Lagune zwischen Flughafen, Benoa und Nusa Dua gebaut. Damit verkürzt sich die Anfahrt zum Flughafen aus diesen Richtungen um bis zu 30 Minuten.

Sicher ist aber auch, dass mit der Flughafen-Erweiterung die Wege zu den Parkplätzen weiter geworden sind und das Flughafengelände selbst unübersichtbar. Auch eine im Vorfeld organisierte Abholung kann ein wenig auf sich

Buchtipp

- **„Fliegen ohne Angst",** aus der Reihe Praxis, Reise Know-How Verlag, Bielefeld.

Kleines Flug-Know-how

Check-In und Online-Check-In

Normalerweise sollten sich Reisende bei internationalen Flügen **zwei bis drei Stunden vor Abflug** am Schalter der Fluglinie einfinden, um einzuchecken. Der Reisepass muss dabei sein, ebenso das Ticket. Wer sein Ticket online gekauft hat, muss beim Einchecken entweder das sogenannte E-Ticket vorweisen, oder es reicht der Reisepass.

Eine gute Möglichkeit, sowohl den möglichen Schlangen beim Einchecken als auch schlechten Sitzplätzen aus dem Weg zu gehen, ist der **Online-Check-In.** Etliche Fluglinien bieten diesen Service an: In der Regel 48, 30 oder 24 Stunden vor dem Abflug der Maschine kann per Buchungsnummer online eingecheckt und gleich der Sitzplatz reserviert werden. Mit etwas Glück gibt es sogar einen Online-Check-In-Schalter am Flughafen. Hier brauchen die bereits eingecheckten Passagiere nur noch ihr Gepäck abgeben und ersparen sich dadurch möglicherweise längere Wartezeiten. Auch in Ngurah Rai International gibt es Online-Check-In-Schalter. Es lohnt sich also, ein oder zwei Tage vor Abflug auf Bali oder Lombok in ein Internetcafé zu gehen, und gleich einzuchecken. Die Bordkarte kann gegen ein geringes Entgelt gleich mit ausgedruckt werden.

Gepäck

23 Kilogramm pro Person in der Economy-Klasse sind in der Regel möglich, in der Business-Klasse sind es 30. Wer schweres Gepäck mitbringt, muss gegebenenfalls ein Aufgeld zahlen. Das Handgepäck darf maximal sieben Kilogramm (zwölf in der Business-Klasse) schwer sein und eine Größe von 55 x 40 x 23 cm nicht überschreiten. Im Handgepäck sind Messer, Nagelfeilen, Scheren oder andere spitze Gegenstände verboten. Auch Flüssigkeiten dürfen nur noch in der Höchstmenge von 0,1 Liter mitgenommen werden. Die Flüssigkeiten müssen stets in einem durchsichtigen wiederverschließbaren Plastikbeutel untergebracht werden. Also unbedingt auch die Sonnenmilch und das Shampoo in das aufzugebende Gepäck packen! Eine Zahnbürste und eine kleine Tube Zahnpaste für den Zwischenstop auf dem Weg nach Bali sind kein Problem.

Achtung: Die indonesischen Fluglinien *Wings Air* und *Lion Air* betreiben zwar Codesharing, teilen sich also Strecken, haben aber unterschiedliche Freigepäckmengen. Lion Air: 15 kg, Wings Air: 10 kg. Wer beispielsweise in Bali auf der Durchreise von einem Lion Air- in einen Wings Air-Flieger umsteigt, muss nachzahlen.

warten lassen, da zu den Stoßzeiten am und rund um den Flughafen **viel Verkehr** herrscht. Am besten sichert man sich am Taxischalter den Transport und lässt sich dann vom Fahrer zum Taxi mitnehmen.

Einreiseformalitäten

Wer nicht über Land nach Bali einreist oder direkt nach Lombok fliegt, kommt um den Ngurah Rai International Airport nicht herum. Bei der Einreise gilt es meist, Geduld zu bewahren. Da die

Umgebung Flughafen

0 — 400 m

Übernachtung

1 Kuta Paradiso Hotel
2 Melasti Beach Bungalows
3 Karthi Inn
4 Bali Garden Beach Resort
5 Kartika Plaza Hotel, Discovery Mall
6 Sun Island
7 Adhi Jaya Hotel
8 Bali Rani Hotel
9 Green Garden Hotel
10 Bali Dynasty Resort
11 Febri's Hotel
12 The Rani Hotel
13 Ramada Bintang Bali Resort
15 Palm Beach
16 Bakung Beach Hotel
17 Green Garden Beach Resort
18 Holiday Inn Resort
19 The Patra Bali
20 Rama Beach
21 Risata Bali Resort
22 Aston Kuta
23 Mandara Cottages
24 Sekar Sari Inn
25 Harris Hotel
27 Puri Bambu
28 Asta Graha Homestay
29 The Open House

Essen und Trinken

14 Majoly Restaurant & Lounge
26 Diverse Fischrestaurants

Schalter bei der Immigration meist recht dünn besetzt sind, können die **Wartezeiten** lang werden: Eine halbe Stunde ist Standard, eine Stunde keine Seltenheit. Wem es langweilig wird, der kann sich an den zahlreichen Prospektständern über die Attraktionen auf Bali schlau machen – von Tanah-Lot-Touren über die Besichtigung von Verbrennungszeremonien bis hin zu Yoga-Kursen.

Gepäck und Geld

Hinter der Immigration folgen die Gepäckbänder und gleich rechts etliche **Bankautomaten.** So kann man sich bis zum Eintreffen des Gepäcks ein wenig die Zeit vertreiben. Ist das erste Geld gewechselt, sind die herbeigeeilten Träger gern bereit, das Gepäck vom Band zu nehmen und zum Taxi zu bringen. 5 US$ oder 5000 Rp. ist der Einstiegspreis für diesen Service – verhandelbar.

Wenn die Einreiseformalitäten lange gedauert haben, haben Angestellte des Flughafens das Gepäck schon von den Bändern genommen und daneben gestapelt. Hier nimmt sich jeder, was ihr oder ihm gehört. Dann geht es durch den **Zoll,** wo das Gepäck nochmal durch einen Scanner geschoben wird. In dieser Halle folgen 17 Geldwechsler, die alle den gleichen Wechselkurs anbieten: ein wenig schlechter als beispielsweise in Kuta oder Ubud.

Vom Flughafen zum Ziel

Prepaid-Taxis

Draußen hinter dem Gatter warten die Taxifahrer, Chauffeure, Reiseveranstalter, Mietwagenverleiher und Hotelzimmeranbieter. Rechts, Richtung Domestic Terminal, gibt es einen Schalter für die **offiziellen Taxis.** Hier werden **Festpreis-Coupons** verkauft, die dann vom jeweiligen Taxifahrer angenommen werden. Die Preise sind fix:

- **Batubulan,** 105.000 Rp.
- **Bukit** (Ayana), 95.000 Rp.
- **Bukit** (Pecatu), 115.000 Rp.
- **Bukit** (Uluwatu), 135.000 Rp.
- **Candidasa,** 335.000 Rp.
- **Canggu,** 135.000 Rp.
- **Denpasar,** 70.000–90.000 Rp.
- **Dyana Pura/Abimanyu,** 65.000 Rp.
- **Jimbaran** (Four Seasons), 75.000 Rp.
- **Jimbaran** (Intercon), 60.000 Rp.
- **Kuta** (Discovery), 45.000 Rp.
- **Kuta Center** (Melasti etc), 50.000 Rp.
- **Legian** (Jl Padma), 55.000 Rp.
- **Nusa Dua,** 95.000 Rp.
- **Nusa Dua (Nikko),** 110.000 Rp.
- **Oberoi/Kerobokan,** 70.000 Rp.
- **Padang Bai,** 315.000 Rp.
- **Sanur,** 95.000 Rp.
- **Seminyak** (Jl Double Six), 60.000 Rp.
- **Tanah Lot,**190.000 Rp.
- **Tanjung Benoa,** 105.000 Rp.
- **Ubud,** 195.000 Rp.
- **Umalas,** 85.000 Rp.

Private Taxis

„Mutige" gehen auch an diesem Schalter vorbei und lassen sich auf eine Diskussion mit den nicht ganz legalen **Taxi- oder Motorradchauffeuren** ein. Für 50.000 Rp. wird Kuta angeboten, für 150.000 Rp. Ubud. Wer diese Dienste wahrnimmt, sollte sicherstellen, dass kein Shop unterwegs besucht wird und dass der Fahrpreis richtig verstanden wurde. Die Kollegen aus der fahrenden Zunft machen aus 15.000 Rp. gern 50.000 Rp., fifty statt fifteen. Die Lösung sind beim Aussteigen passend vorbereitete Beträge. Für Reisende mit kleinem Gepäck auf dem Weg nach Kuta sind die Motorradtaxis eine Alternative: Bei 50.000 Rp. fängt der Preis an, mit ein bisschen Handeln geht er runter bis auf 30.000 Rp. oder weiter. Mit dem Moped geht es dann schnell und an den Autoschlangen vorbei bis Kuta Center – mit Fahrtwind um die Nase.

Bemos und Mopeds

Wem das noch zu viel ist, der muss weit laufen, und zwar durch den Ausgang hinaus zur Straße. Dort kommen regelmäßig Bemos und Mopeds vorbei, die Besucher mitnehmen wollen. Der Trip nach Kuta kostet 5000 Rp. Endstation ist Bemo Corner in Kuta.

Bei der Ausreise

Taxis oder die Shuttlebusse von Perama setzen Ausreisewillige meist am International Terminal ab. Ab Kuta kostet der Trip mit dem Metered Taxi um die 30.000 Rp., ohne Taxameter um die 40.000 Rp. Wer innerhalb Indonesiens weiterfliegt, sollte vorher herausfinden, welcher Terminal der richtige ist, sonst gibt es einen kurzen Fußmarsch vom einem zum anderen.

International Terminal

Hinter der Eingangstür zum International Terminal werden sofort die Reiseunterlagen von der Security gecheckt und Mensch und Gepäck gescannt. In der Halle selbst gibt es die üblichen **Check-In-Schalter** und ein paar Läden. Die Check-In-Schalter öffnen normalerweise drei Stunden vor dem Flug. Vorher da sein lohnt sich nicht. Wer bereits online eingecheckt hat, muss sich nicht in die Schlange einreihen, sondern kann gleich an den Extraschalter **Online Check In** gehen. Damit verkürzt sich die Wartezeit beträchtlich. Achtung: Wer eingecheckt ist, darf den Terminal nicht mehr verlassen! Es gibt nur einen Ausgang und der wird streng kontrolliert.

Nach dem Check-In geht es in den ersten Stock: **200.000 Rp. Flughafengebühr** zahlen, nur bar, es gibt keine Geldautomaten. Dann durch die **Immigration,** danach kommen die üblichen Duty-Free-Shops, Restaurants, allein vier gut sortierte Periplus-Buchläden, einige Supermärkte, Geldwechsler und Massageshops. Eine Fußmassage, 20 Minuten, liegt hier bei 150.000 Rp.

Wem das Angebot im zweiten Stock zu langweilig ist, der kann sich in eine **Lounge** „einkaufen" und dort seine Zeit bis zum Abflug verbringen.

Restaurants gibt es einige, mit Speisen aus vielen Ländern der Welt.

Domestic Terminal

Der Domestic Terminal ist schnell, klein und überschaubar – kaum mehr als eine mittelgroße Halle mit Sitzgelegenheiten, Gates und den üblichen Unbequemlichkeiten eines Flughafens. Hier sind die Preise der Kofferträger per Schild definiert: 5000 Rp., mehr ist nicht drin. Bei der Ausreise kostet die **Flughafengebühr** (Departure Tax) 40.000 Rp.

Für den 1. März 2015 beschloss der indonesische Minister of Transportation, *Ignasius Jonan,* Ende 2014 Großes: Passagiere, die mit indonesischen Airlines unterwegs sind, müssten ab diesem Datum **keine Fughafengebühr** mehr bezahlen – diese müsse jetzt im Ticketpreis inklusive sein.

Von Java nach Bali/ Ankunft mit der Fähre

Wer eine Reise durch Java über Land durchgestanden hat, wird Bali wahrscheinlich frühmorgens vor Sonnenaufgang das erste Mal betreten. Die **Expressbusse** von Surabaya, Jakarta oder Yogyakarta fahren die Nacht durch und werden per Fähre vom javanesischen **Ketapang** gleich weiter nach **Gilimanuk** auf Bali geschippert.

Wer mit dem **Zug** kommt, fährt bis Banjuwangi im Osten Javas. Der Bahnhof allerdings ist nicht direkt am Fährhafen: Nochmal 15 Minuten müssen gefahren werden. Empfehlenswert ist es, gleich am Bahnhof in einen Bus zu steigen. Nachts kann es ein paar Stunden dauern, bis der Bus auf die Fähre kommt.

Die **Fähre** fährt alle 20 Minuten rund um die Uhr. Das Ticket gibt es auf dem Weg zur Fähre. Kosten: Fußgänger: 8000 Rp., Motorrad (unter 500 ccm): 25.000 Rp., Motorrad (über 500 ccm): 39.000 Rp., Auto: 135.000 Rp.

In Gilimanuk, dem Fährhafen auf balinesischer Seite, warten tagsüber **Minibusse, Busse und Bemos** auf Gäste Richtung Denpasar oder Singaraja. Frühmorgens bzw. spätabends fahren sie nicht immer zuverlässig. Wer beispielsweise nach Lovina in Balis Norden will, muss sich eventuell auf Wartezeiten einstellen. Die Fahrt nach Lovina kostet 30.000 Rp. Die meisten Reisenden fahren per **Bus** weiter nach Denpasar (40.000 Rp.). Die Fahrt dorthin dauert ca. zwei bis drei Stunden. Wer nicht zu geschafft ist, sollte die Chance nutzen und aus dem Busfenster das erwachende Bali bestaunen.

In **Denpasar** fahren die Busse bis zum Busbahnhof Ubung, dem westlichen Terminal der Hauptstadt. Von hier geht es auch wieder zurück Richtung Java. Zu den Terminals Kereneng (sprich: Krnäng), Batubulan oder Tegal geht es weiter mit dem **Bemo,** offiziell für 5000 Rp. Für einen großen Rucksack wird eventuell der volle Fahrpreis verlangt, weil er in der Regel einen Sitzplatz blockiert. Von **Kereneng** erreichen die Reisenden Sanur, über den Terminal **Batubulan** Ubud und so ziemlich alle anderen Orte auf der Insel, von **Tegal** geht es weiter nach Kuta.

Natürlich werden die Busse aus Java in Gilimanuk schon von **Minibussen** erwartet, die für den direkten Transport nach Kuta, Sanur oder Ubud sorgen. Zuerst muss gehandelt werden. Dabei ist einiges zu beachten: Es handelt sich nicht um Linienbusse, vielmehr sind die Fahrer extra gekommen, um Touristen zu transportieren, die dann den Minibus chartern sollen. Je mehr Leute mit einem Bus fahren, umso billiger wird es. Solidarität zahlt sich aus. Wenn viele einen höheren Preis zahlen, kommt es vor, dass diejenigen, die weniger zahlen wollen, stehengelassen werden. Dass niemand mitgenommen wird, kann nicht passieren, da der Fahrer so oder so nach Kuta fahren muss. Für die Preisverhandlungen sollte klar sein, dass es rund 500.000 Rp. kostet, einen Minibus für den ganzen Tag zu chartern.

Wer keine Lust auf den öffentlichen Nahverkehr hat, besorgt sich einen **Chauffeur mitsamt Auto** oder begibt sich vertrauensvoll in die Hände von privaten Bus- und Minibusunternehmen. Als zuverlässig bekannt und gut strukturiert ist **Perama** (www.peramatour.

com). Die Agentur bietet Shuttlebusse, Boots- und Tagesausflüge, Trekking-Touren, Auto-, Moped- und Fahrradverleih, Flugbuchungen und mehr. Als Kundenbindungsmaßnahme gibt es für Vielfahrer die Member Card, die bei jeder Buchung gut ist für zehn Prozent Preisnachlass (einfach danach fragen). Auch das Vorzeigen eines schon gebrauchten Perama-Tickets bringt zehn Prozent.

Nach Lombok und zu den anderen Inseln im Osten geht es von Bali meist über Padangbai und den dortigen Fährhafen. Wer es eilig hat, auf die Gilis zu kommen, kann von Benoa oder Padangbai aus mit Speedbooten fahren.

Auto- und Motorradfahren

Selber fahren ist auf Bali kein Problem: Alles, was es braucht, ist ein internationaler Führerschein und ein wenig Bargeld, besser eine Kreditkarte, um ein Fahrzeug zu mieten. Wer für das Motorrad keinen Führerschein hat, kann sich für rund 20 US$ bei der Polizei in Denpasar einen ausstellen lassen – oder ohne Führerschein fahren und dann bereit sein, bei einer etwaigen Polizeikontrolle eine Strafe zu zahlen (ca. 100.000 Rp.).

Motorrad und Scooter (Bebek) mieten

Auf Bali und Lombok Motorrad oder einen sogenannten Scooter – eine Art Roller – zu fahren, kann Spaß machen oder schnell zum stressigen Abenteuer werden. Für Leute ohne Fahrpraxis ist das nur beschränkt zu empfehlen: Der Verkehr auf Bali ist ausgesprochen dicht und funktioniert anders als bei uns. Nicht so auf Lombok: Hier gibt es (in Nordlombok) Straßenstücke, auf denen überhaupt kein Verkehr herrscht. Und hier lässt es sich wunderbar mit dem Motorrad fahren. Trotzdem sind **Motorradunfälle** keine Seltenheit, insbesondere solche, in die Touristen verwickelt sind. Gefahrenquellen sind beispielsweise der ungewohnte **Linksverkehr,** enge Straßen, Öl, Rollsplitt, Schlaglöcher, Kinder, Hunde und Schweine auf dem Weg sowie Lkw, die einem mit Höllentempo in der Kurve entgegenkommen.

In der Abenddämmerung sollte nur fahren, wer eine **Motorradbrille** trägt. Es fliegen zu viele Insekten umher, die gefährliche Augenverletzungen verursachen können. Generell ist **nachts fahren** tollkühn: Tiere, Menschen, Fahrzeuge, meistens unbeleuchtet, lauern überall. Und die Nacht beginnt um 18.30 Uhr, das Ziel sollte also vorher erreicht sein.

Trotzdem ist es eine gute, flexible und recht schnelle Methode, mit dem Motorrad die Inseln zu erkunden. In allen Touristenorten werden sie angeboten. Bei 90 % der Motorräder handelt es sich um Maschinen bis 125 ccm. Die **Mietpreise** liegen auf Bali und Lombok je nach Saison und Mietdauer zwischen 40.000 und 75.000 Rp./Tag.

Bevor man ein Motorrad mietet, sollte es auf seine **Funktionstüchtigkeit** unter-

[>] Viel Verkehr herrscht auf den schmalen Ortsstraßen (hier: Ubud)

sucht werden. Insbesondere Kupplung, Bremsen, Reifen, Hupe (!), Licht und Blinker sollten gründlich kontrolliert werden. Sind Rückspiegel vorhanden? Vor einer mehrtägigen Tour empfiehlt es sich, die Maschine ein längeres Stück probezufahren. So kann man sich mit den Tücken des Motorrades vertraut machen und erlebt unterwegs keine bösen Überraschungen. Geht unterwegs etwas kaputt, können die Reparaturkosten eventuell später vom Mietpreis abgezogen werden.

Wer fahren will, braucht einen internationalen Führerschein mit der beglaubigten **Klasse A** und einen **Helm** (Helmpflicht). Achtung, es wird kontrolliert und kassiert – 50.000 bis 100.000 Rp. sind der Preis für Fahren ohne gültigen Führerschein. Ein Helm ist meist im Mietpreis inbegriffen, der für den Beifahrer muss extra gemietet werden. Leider sind das manchmal Helme, die in anderen Regionen der Welt auf der Baustelle getragen werden. Es gibt auch richtige Motorradhelme – beispielsweise mit Visier. Nierengurte, Handschuhe, Motorradstiefel sind kaum bekannte Gegenstände. Wer viel Motorrad fahren will, sollte diese Sachen von zu Hause mitbringen.

Tipps beim Motorradfahren

- Wer längere Strecken fahren will, sollte auf ein **langärmliges Kleidungsstück** umsteigen. Ganz schnell sind die Unterarme von der Sonne verbrannt. Am besten auch noch die Hände bedecken – leichte **Handschuhe** zu tragen ist empfehlenswert.
- Gesicht, Hals und Nacken gut mit **Sonnenschutz** eincremen. Durch den ständigen Fahrtwind merkt der Fahrer die brennende Sonne nicht.
- Das Motorrad ist nach dem Fahrrad das niedrigste Objekt im Straßenverkehr, also extrem **aufmerksam fahren.** Busse und größere Fahrzeuge nehmen keine Rücksicht auf die zweirädrigen Objekte.
- Die Straßenverhältnisse können schlagartig wechseln: Ein hervorragend ausgebautes Stück endet plötzlich in einer **verschlammten Piste.** Besonders auf Lombok ist Vorsicht geboten.

009ba sb

- **Windschattenfahren** macht zwar Spaß, ist aber nicht ungefährlich. Das Schlagloch, das der Tankwagen vor dem Motorrad zwischen die Räder genommen hat, kann für Motorrad und Fahrer fatal sein.
- Die **Tankuhr** am Motorrad gibt meist nur einen groben Hinweis auf die verbleibende Spritmenge. Am besten häufig tanken, auch nur einen oder zwei Liter.
- **Getankt** wird an Tankstellen – Premium ist die Sorte der Wahl – oder an Shops am eher ländlichen Straßenrand. Diese haben schön aufgeräumte, fast schon pittoreske Ständer mit Schnaps- oder Absolut-Wodka-Flaschen ausgestellt. Hier ist der Sprit drin. Also anhalten, „satu liter" oder „dua liter" für einen oder zwei Liter sagen, dann wird der Sprit aus der Schnapsflasche durch einen Filter in den Tank geleert. Hier kostet der Liter etwas mehr, denn diese Kollegen holen ihn an der Tankstelle und für den Service sollten sie auch bezahlt werden. Vor allem, wenn die Tankstellen der Region tagelang keinen Sprit haben.
- Nicht nur in der Regenzeit ist ein **Regenumhang** eine feine Sache. Die balinesischen Versionen sind meist gut regendicht, lassen sich auf kleinstmögliches Maß zusammenfalten und dann unter der Sitzbank verstauen. Auch der Preis ist kein Problem: Für 45.000 Rp. lassen sich zumindest nasse Klamotten vermeiden.
- Wer sich die Beine der einheimischen Mopedfahrer anschaut, wird häufig an einer Wade den sogenannten **Bali Kiss** sehen: eine vernarbte Stelle, meist rund. Hier ist die Wade mit dem heißen Auspuff in Kontakt gekommen. Also Vorsicht als Sozius beim Füße auf den Boden stellen!

Auto mieten

Auf Bali gibt es ein immenses Angebot an Mietwagen. Es gibt Vans und Kleinwagen von Daihatsu bis Suzuki, auch VW-Kübelwagen sind im Angebot – ganz nach Geschmack und Anspruch. Die balinesische Autovermietung Bali Car Rental gibt auf ihrer Website www.baliislandcarrental.com einen Überblick über mögliche Mietwagentypen und Kosten.

Wer ein Auto mieten will, braucht einen **internationalen Führerschein** (Klasse B) und seinen Reisepass. Fahrzeuge können von Privat oder von „Rent Car"-Shops gemietet werden, die Auswahl ist riesig. Auch Perama hat als Touranbieter Mietwagen mit Fahrer im Angebot, zehn Stunden kosten 600.000 Rp. Es lohnt sich, vor Ort die Preise zu vergleichen.

Auf Bali ist es Privatleuten offiziell verboten, Autos zu vermieten. Ein **RC** auf dem Nummernschild (= Rented Car) zeigt, ob es sich um einen lizenzierten Leihwagen handelt. Trotzdem bieten Privatleute oft Autos an, da die Kontrollen eher lasch gehandhabt werden.

Wer ein Auto mieten will, muss auf jeden Fall alle **Funktionen prüfen.** Insbesondere die Hupe muss tadellos funktionieren, denn ausschließlich darauf reagieren Hühner, Hunde und Menschen! Auch Werkzeug zum Reifenwechseln und ein intaktes Reserverad sollten unbedingt an Bord sein.

Wichtig ist es auch, genau zu prüfen, wo sich Lackkratzer oder Beulen befinden. Das sollte schriftlich festgehalten werden, sonst gibt es hinterher Probleme, wenn der Halter behauptet, die Mieter hätten diese verschuldet und müssten nun die Lackierung bezahlen.

Preise

Auf **Bali** zahlt man pro Tag je nach Saison ab etwa 200.000 Rp. für einen Kleinwagen. Je größer, desto teurer. Ein Suzuki-Kleinbus beispielsweise schlägt mit 345.000 Rp. zu Buche. Allerdings sind alle Preise verhandelbar. Allein über die Mietdauer lässt sich einiges beeinflussen. Auf **Lombok** kostet ein Fahrzeug pro Tag ab 275.000 Rp. bis 375.000 Rp. inklusive Vollkaskoversicherung.

Zu den Tagespauschalen kommen ggf. die Versicherung (s.u.) und eventuell ein Fahrer (etwa 30.000–50.000 Rp./Tag). Normalerweise verlangt der Verleiher eine **Anzahlung** auf den ausgehandelten Gesamtpreis oder eine Kreditkarten-Nummer als Sicherheit.

Benzin

In Indonesien ist der Sprit günstig im Vergleich mit europäischen Preisen: Ende November 2014 kostete ein Liter Benzin (Premium) 9500 Rp., also ca. 0,63 €. Diesel, Solar, kostet weniger.

Das Tankstellennetz ist relativ gut ausgebaut. Gezapft wird vom **Tankwart.** Man sollte darauf achten, dass die **Säule vorher auf Null** gestellt wurde, sonst kann es passieren, dass plötzlich 60 Liter in einen 40-Liter-Tank passen. Auch ist es beliebt, für beispielsweise 30 Liter Geld zu verlangen, obwohl lediglich 25 Liter getankt wurden. Der Beweis fällt meist schwer, da zwischenzeitlich die Tankuhr schon wieder auf Null gestellt wurde. Ein Ausweg: deutlich sagen, dass eine bestimmte Literzahl getankt werden soll. Das indonesische Wort für Liter lautet *liter.* Aber die Tankwarte sind angehalten, den Kunden auf die auf 0 gestellte Anzeige an der Zapfsäule hinzuweisen und erst dann mit dem Tanken zu beginnen.

Überall da, wo es keine großen Tankstellen gibt, verkaufen kleine Stände – sie haben Ähnlichkeit mit Warungs – **Benzin aus Flaschen** zu etwas höheren Preisen (ca. 500–1500 Rp. Aufschlag/ Liter).

Versicherung

Es lohnt sich, für Motorräder und Autos eine Teil- oder sogar **Vollkaskoversicherung** abschließen. Normalerweise bietet dies der Vermieter an. Tut er es nicht, sollte gefragt werden, ob der Preis inklusive Versicherung gedacht war. Auf jeden Fall ist das Fahrzeug nur versichert, wenn eine entsprechende Police unterschrieben und ausgehändigt wurde. Die meisten privaten Motorräder sind nicht versichert. Das heißt: Selbst wenn der Motorradfahrer z.B. bei einem Auffahrunfall nachweislich schuld ist, wird höchstwahrscheinlich kein Geld fließen.

Die **Versicherungsprämien** richten sich nach Dauer, Selbstbeteiligung und Versicherungshöhe. Wer eine Versicherung abschließen möchte, sollte sich genauestens nach diesen Kriterien erkundigen. Auch in Indonesien ist das Kleingedruckte das Wichtigste. Versicherungen dort funktionieren genauso wie in der Heimat. Die Versicherungsprämie kann den Mietpreis des Wagens durchaus übertreffen. Manche Anbieter offerieren eine Vollkaskoversicherung, die sogenannte TPL (Fremdschadenversicherung). Sie beinhaltet bis zu 10 Mio. Rp. pro Vor- oder Unfall mit 200.000 Rp. Selbstbehalt. Darüber hinaus gibt es einen Ersatzwagen und die Reparatur.

Über den Straßenverkehr

Das folgende Kapitel stammt aus dem Buch „Reisen mit Kindern in Indonesien" von *Adrienne Troulove* und *Tina Pentes*, 1988 – und hat bis heute uneingeschränkte Gültigkeit. Wer mit einem geliehenen Verkehrsmittel (Auto, Motorrad oder Fahrrad) Bali erkunden will, sollte die folgenden Ratschläge beherzigen.

„Die Raumknappheit stört die ‚Westler' am offensichtlichsten im Straßenverkehr, in öffentlichen Verkehrsmitteln und wenn man sich auf der Straße bewegt. Bali ist zwar weniger überfüllt als Java, aber auch hier wird Sie als erstes nach der Ankunft der eingeschränkte persönliche Bewegungsraum unangenehm berühren. Sie werden eine Woche oder mehr benötigen, bis Sie sich selbst auf den Straßenverkehr in Asien einlassen können. Alle asiatischen Straßen sind schmal (nur jede vierte ist ‚großzügig' ausgebaut) und werden von zweispurigem Verkehr voll in Anspruch genommen.

Straßenverkehr in Asien heißt: Alles ist in Bewegung, da es außer in Großstädten keine Bürgersteige gibt. Während der Kolonialzeit pflanzten die Holländer in Indonesien Bäume an den Rändern der Hauptstraßen. Die Bäume stehen dicht zusammen, und wo es keine Bäume gibt, findet sich sicherlich ein tiefer Abflussgraben, ein Bewässerungskanal oder ein Reisfeld. Das heißt, dass sich die Straße nicht ausbreiten kann und dass neben der Straße kein Platz ist. Also drängt sich auf der Fahrbahn alles: Spaziergänger, Entenhirten, ganze Schulklassen, Rad- und Motorradfahrer, Vieh, Ochsen und Wasserbüffel, die Holzkarren ziehen. Hinzu kommen noch die Bemos und Colts (Mini-Busse, die für den Lokal-Transport zuständig sind) und besonders in Java die Becaks (Fahrradkabine mit zwei Plätzen, die von einer dritten Person geradelt wird) und die Dokars (von Pferden gezogene Karren). Dann gibt es auch noch die Rambong (kleine Verkaufsstände auf Rädern), die geschoben werden, sowie Leute, die kleine Bündel oder ganze Schweine an Stangen tragen. Hinzu kommen zu guter Letzt Hühner und Kinder, ganz zu schweigen von den größeren Vehikeln: Nahverkehrs- und Schnellbusse, große Last- und Tankwagen. Meistens sind die Straßen auch noch sehr löchrig, und stetig arbeiten eine Menge Leute daran.

Dieser ganze Verkehr bewegt sich in zwei grobe Richtungen mit in sich deutlich unterschiedlichen Geschwindigkeiten, was natürlich ganz andere Verkehrsregeln und Umgangsformen als bei uns zur Folge hat. Viele Westler, die damit zum ersten Mal konfrontiert werden, schließen, dass überhaupt keine Regeln existieren. Sie staunen und stellen herablassend fest, dass es hier anscheinend keine Führerscheinprüfungen gibt, dass es keine Polizisten gibt, die dummes Fahrverhalten bestrafen, und dass die asiatischen Fahrer verrückt sein müssen oder keinen Respekt für das menschliche Leben haben.

Was jemand, der aus dem Westen kommt, nicht versteht, ist die Verschiedenartigkeit der Systeme. Wir im Westen haben formale Straßenregeln und empfindliche Strafen für Gesetzesbrecher. In Asien gibt es dagegen ein informelles Regelsystem. Man setzt voraus, dass die großen und schnellen Fahrzeuge Rücksicht auf die langsamen nehmen, diese allerdings auch ‚die Bahn frei machen', um den Schnelleren nicht zu behindern. So werden Zusammenstöße vermieden. Es gibt also ein bestimmtes Bewegungsmuster, nur ist dies für uns schwer erkennbar. Und der Übergang vom rechten oder linken Straßenrand zum ‚Nicht-Straßen-Bereich' ist fließend und kaum wahrnehmbar. Der Verkehr bewegt sich in einem ständigen Fluss die Straße hinunter.

Hinzu kommt, dass in Indonesien Linksverkehr herrscht. Deshalb ist es ratsam, nicht selbst auf asiatischen Straßen zu fahren oder zumindest erst dann, wenn man das Bewegungsmuster durchschaut hat. Würde man das oben beschriebene Verkehrssystem bei uns praktizieren, wo wir doch an Regeln gewöhnt sind und uns z.B. darauf verlassen, dass jeder die richtige Straßenseite benutzt, würde die Unfallquote sprunghaft ansteigen. Wir mussten nicht die Kunst, blitzschnelle Entscheidungen zu treffen, erlernen, die die asiatischen Fahrer meisterhaft beherrschen.

Mit der Meinung, dass es dort keine Verkehrsregeln gäbe, sind westliche Touristen, die vorzugsweise Motorräder fahren, potenzielle Todeskandidaten. Sie bringen sich selbst in Lebensgefahr, überfahren andere Leute, Schweine, Enten, Hunde und Hühner. Wenn sie es schaffen, niemanden in Todesgefahr zu bringen, sorgen sie jedenfalls für ein großes Durcheinander, weil sie normalerweise auf einen Abstand von einem halben Meter auf beiden Seiten ihres Fahrzeuges bestehen. Beim Versuch, dies zu erreichen, kann man sie häufig beobachten, wie sie mitten auf der Straße eine Notbremsung machen oder von der Straße abkommen und in eine Menschenmenge fahren, in einen Graben oder auf Tiere, obwohl der entgegenkommende Lastwagen, dem sie ausweichen wollten, schon lägst seinen Kurs geändert hat, um den notwendigen Platz zu schaffen. ‚Genug Platz' bedeutet auf indonesischen Straßen der Raum, den Ihr Fahrzeug einnimmt plus fünf Zentimeter auf beiden Seiten. Für einen westlichen Motorradfahrer ist ein entgegenkommender Lastwagen, der dem Motorradfahrer gerade genug Platz lässt, um auf der Straße zu bleiben, ein schreckenerregender Anblick. Der ausländische Fahrer kann nicht im Voraus abschätzen, ob noch genug Platz vorhanden ist, weil er nicht über das feine Urteilsvermögen seines indonesischen Kollegen verfügt, und außerdem glaubt er auch nicht, dass der Lastwagenfahrer in der Lage ist, dies zu tun. Der Lastwagenfahrer weiß es, aber erst zwei Schuhe sind ein Paar.

So geben also die ‚erfahrenen' westlichen Verkehrsteilnehmer, befinden sie sich erst einmal auf einer asiatischen Straße, ein jämmerliches Bild ab. Zaudernd, schwankend, andere aufhaltend und ausflippend machen sie grundlegende Fehler. Sie sind unfähig, die Verhaltensnormen einzuhalten und machen viel zu viel Aufhebens von sich selbst. Weiße sieht man oft schreiend und fluchend am Straßenrand stehen (bei uns vielleicht noch zu akzeptieren, aber sicher nicht in Asien). Am unangenehmsten aber ist es, dass die Touristen immer die anderen für ihre eigenen Fehler verantwortlich machen. Wenn ein Tourist in Asien von seinem Fahrrad fällt, ist es niemals sein Fehler, sondern der Fehler des Huhns, Schweines, Hundes, Lastwagens, Busses, die Verrücktheit der anderen Fahrer oder das Loch in der Straße. Sie geben niemals zu, nicht einmal nach einem Unfall, dass sie schuld waren, weil sie nicht über die notwendige Geschicklichkeit oder das Urteilsvermögen verfügen oder einfacher: über die Regeln nicht Bescheid wussten.

Vermeiden Sie es also, selbst zu fahren, zumindest solange, bis Sie die Gepflogenheiten auf der Straße verstehen und Sie den Platz, der Ihnen im asiatischen Verkehr zur Verfügung steht, einschätzen können. Damit Sie nicht jedesmal den Kopf verlieren, wenn Ihnen ein großes Etwas entgegenkommt, erwerben Sie sich den Durchblick dadurch, dass Sie den örtlichen Verkehr vorurteilsfrei beobachten, und schauen Sie zu, wie sich die einheimischen Fahrer verhalten.

Und grundsätzlich gesehen, besteht überhaupt kein dringender Grund, selbst zu fahren. Es ist nun einmal relativ teuer, sich ein Motorrad oder Auto zu leihen, und die örtlichen Transportmöglichkeiten sind billig und bringen Sie überall hin. Sie können auch für vergleichsweise wenig Geld einen Minibus samt Fahrer mieten, um einen besonderen Tagesausflug zu unternehmen."

Besondere Verkehrsregeln und Gefahrenquellen

- Es herrscht **Linksverkehr!**
- **Geschwindigkeitsbegrenzungen:** innerorts 30–40 km/h (60–70 km/h auf manchen Stadtstraßen), außerorts 80–100 km/h
- An Ampeln darf häufig **bei Rot links (!) abgebogen werden,** ein Schild besagt dann: „Belok kiri terus!"
- Häufig sind Straßen im Innenstadtbereich **für den Durchgangsverkehr gesperrt.** Hängt darunter ein Schild mit der Aufschrift „Kecuali Kandaraan Parawisata!" bedeutet das, dass Touristen durchfahren dürfen.
- **Hati Hati** oder **Awas** bedeutet: Achtung, Vorsicht! Oft stehen Schilder auf der Straße: „Hati Hati, ada Projek". Dann sollte schleunigst gebremst werden, denn Straßenbauarbeiten sind im Gang. Die „Vorwarnzeit" durch diese Schilder beträgt in der Regel nur 20 Meter.
- Wenn an einer Steigung oder in unübersichtlichem Gelände ein **großer Stein** am Straßenrand liegt, heißt das, dass gleich eine Problemstelle folgt. Das kann ein abgestelltes Auto sein oder ein liegengebliebener Lkw. Es kann aber auch sein, dass der Stein nach Beseitigung des Problems vergessen wurde und nichts mehr folgt. Also ist, wie immer auf Bali, Vorsicht die Mutter der Porzellankiste.
- Häufig sind auf kleinen Straßen durch Ortschaften Speedbreaker in Form von zementierten kleinen **Schwellen.** Diese sollen vom Rasen abhalten und können zu ordentlichen Hüpfern beim Überfahren sorgen. Nett ist der balinesische Name: *Polici tidur,* schlafender Polizist.
- Auf **Lombok** stellen die häufigen **Pferdewagen** *(Cidomos* und *Dokars)* eine nicht unerhebliche Gefahr dar. Ausgesprochen langsam tauchen sie plötzlich hinter Kurven auf, im schlimmsten Falle sich gerade gegenseitig überholend. Nachts sind sie in der Regel unbeleuchtet (weil das Pferd ja seinen Weg kennt), Hupen ist zwecklos, die Karren können nicht ausweichen. Aus diesem Grund sind auf Lombok viele Straßen vierspurig ausgebaut: Links außen ist immer die Dokar-Spur. Trotzdem: Insbesondere vor und hinter Ortschaften sollte unbedingt die Geschwindigkeit gedrosselt und besonders gut aufgepasst werden!

Hupe und Lichthupe

Hupe, Blinker und Lichthupe spielen eine wichtige Rolle im indonesischen Straßenverkehr. Was ein anderer Verkehrsteilnehmer damit anzeigen will, sollte man verstehen. Wenn er:

- entgegenkommt und kurz die Lichthupe betätigt, heißt das: „Ich fahre auf jeden Fall durch, fahr du zur Seite oder brems ab." Kommt vor, wenn beispielsweise etwas auf der Straße liegt.
- „entgegenkommt und rechts blinkt, heißt das: „Fahr weiter an den Straßenrand, es wird eng."
- vor einem fährt und rechts blinkt, heißt das: „Nicht überholen, es kommt Gegenverkehr".
- vor einem fährt und links blinkt, heißt das: „Du kannst überholen."
- hinter einem fährt und kurz hupt, heißt das: „Ich überhole dich jetzt."
- Wer zweimal kurz hupt, zeigt damit Fußgängern oder Radlern an, dass sie auf den Seitenstreifen fahren sollen, da sonst kein Vorbeikommen ist – etwa durch Gegenverkehr. Wer selbst auf dem Fahr- oder Motorrad sitzt, tut gut daran, diesen „Befehl" sofort auszuführen. Nicht erst umschauen und überlegen, es könnte schon zu spät sein. Wird hinter einem dauergehupt oder mehrfach schnell hintereinander, sollte man sich noch schneller nach links retten!

Verkehrskontrollen

Die Polizei ist vor allem auf Bali recht präsent und führt an strategisch günstigen Stellen Verkehrskontrollen durch.

Auf **ausländische Motorradfahrer** haben es die Polizisten besonders abgesehen. Vor großen Feiertagen wie Galungan – auf Lombok zu Zeiten des Ramadans – steigt die Kontrollquote. Da kann ein überrollter weißer Streifen auf der Fahrbahn schon mal zu einem Bußgeld führen – oder eine nicht eingehaltene, dem Fahrer bisher unbekannte Verkehrsregel.

Manchmal droht der Polizist damit, den Führerschein und die Papiere einzuziehen, diese könnten dann in ein paar Tagen da und dort wieder abgeholt werden. Am besten ist es, einen gemeinsamen Weg zu finden, also vor allem zunächst Ruhe zu bewahren. Das Englisch der Polizisten ist meist recht spärlich, viel Lächeln und ein wenig Small-Talk entschärfen die Situation. Woher man komme, wohin man fahre, wie einem Bali gefalle, das sind meist die Fragen der Polizisten. Wer den internationalen Führerschein im Gepäck und schnell auffindbar hat, den Helm immer auf dem Kopf, der hat schon mal ganz gute Karten. Die eigentliche Preisverhandlung sollte damit beginnen, den Polizisten zu fragen, wie das leidige Problem denn gelöst werden könnte. Denn er habe ja auch andere Dinge zu tun, und man selbst müsse jetzt auch weiter. Die Lösung wird irgendwo bei 100.000 Rp. liegen – nicht Schmiergeld, sondern eine Honorierung für das Entgegenkommen des Polizisten, keinen Stress zu machen. Denn auf Bali hat die Polizei stets Recht, und so kann eine Verkehrskontrolle später zu einer netten Anekdote werden.

Beliebte Strecken für Mopedkontrollen sind die Auffahrt Richtung Bratan-See und der Bypass Ngurah Rai, vor allem rund um den Abzweig nach Benoa Harbour und die letzten Kilometer Richtung Nusa Dua.

Pannen

Die Wahrscheinlichkeit, irgendwo einen **platten Reifen** zu erwischen, ist auf Balis und Lomboks Straßen recht groß. Dank der Schlaglöcher, ausgedehnter Kies- und Sandstrecken und herumliegender loser Teile bleibt mancher Nagel im Mantel hängen. Das ist aber kein Problem: In jedem Dorf gibt es eine kleine Werkstatt, die das Problem innerhalb von zehn Minuten behebt. **Bengkel** heißen diese Buden, die mit allem ausgerüstet sind, was ein Mechaniker braucht. Alter Schlauch raus, Loch flicken oder neuer Schlauch rein, aufpumpen, zehn Minuten warten. Kosten fürs Flicken um die 10.000 Rp., 40.000 Rp. für einen neuen Schlauch. Auch für größere Schäden sind diese Shops die erste Anlaufadresse.

Barrierefreies Reisen

Für Menschen mit körperlichen Behinderungen sind Bali und Lombok keine einfachen Reiseziele: Der öffentliche und private Personennahverkehr ist kaum auf **Rollstühle** und andere Hilfsmittel eingestellt, und allein die Dichte des allgegenwärtigen Verkehrs auf Straßen und Gassen macht jede Fortbewegungsart außerhalb der gesetzten Normen schwierig. Die **Bürgersteige sind eng und**

003ba sb

löchrig, es geht über hohe Kanten. Viele Sehenswürdigkeiten können nur über **Treppen** erreicht werden. Selbst der Flughafen Ngurah Rai ist kein Highlight.

Die Balinesen glauben aufgrund der hinduistischen Wiedergeburtslehre, dass, wer behindert auf die Welt kommt, schlechtes Karma aus einem früheren Leben mitbringt. Trotzdem begegnen sie Behinderten mit großer Freundlichkeit und Hilfsbereitschaft. Normalerweise wird kein Rollstuhlfahrer am Straßenrand verzweifeln müssen, weil ihm niemand über die Straße hilft. Einfacher aber ist es sicher, mit einer Gruppe zu reisen und die dementsprechenden Verkehrsmittel zu nutzen, beispielsweise Minibusse mit mobilen Rampen oder spezielle Taxis. Wer einen Betreuer dabei hat, sollte sich auf Bali und Lombok gut zurechtfinden können.

Es empfiehlt sich, eine Reise nach Bali oder Lombok gut zu planen und alle Eventualitäten möglichst vorherzusehen. Das indonesische Fremdenverkehrsamt (siehe „Informationen") hilft gern mit Tipps weiter. Vor Ort gibt es Anbieter wie **Bali Access Travel,** die Bali und Lombok für Rollstuhlfahrer zugänglich machen – per Minibus, ausgestattet mit Hydrauliklift. Sie haben auch Unterkünfte mit Sitzduschen im Angebot.

- **Bali Access Travel,** Jl. Danau Tamblingan 31, Sanur, Bali, Tel. (0361) 8519902 (081) 337766544, www.baliaccesstravel.com.

Einige Kontaktadressen:

- **Bundesverband Selbsthilfe Körperbehinderter e.V. (BSK),** Altkrautheimer Str. 20, 74238 Krautheim, Tel. (06294) 42810, www. bsk-ev.org, www.reisen-ohne-barrieren.eu.
- **Bundesarbeitsgemeinschaft der Clubs Behinderter und ihrer Freunde e.V. (BAG cbf),** Langenmarckweg 21, 51465 Bergisch Gladbach, Tel. (02202) 9899811.

Oft nicht mit Handycap zu benutzen: Öffentliche Verkehrsmittel auf Bali und Lombok

■ **Verband aller Körperbehinderten Österreichs,** Schottenfeldgasse 29, 2. Stock, 1070 Wien, Tel. (01) 9145562.

■ **Mobility International Schweiz (MIS),** Amtshausquai 21, 4600 Olten, Tel. (062) 2126740, www.mis-ch.ch.

Camping

Offiziell gibt es **keine Campingplätze** auf Bali oder Lombok. Natürlich hat man überall die Möglichkeit, inoffiziell zu campen. Das wird vielleicht geduldet, kann aber nicht empfohlen werden. Die überdachten Unterkünfte auf Bali und Lombok sind normalerweise so günstig, dass sich nicht mal das Nachdenken über Zelten lohnt. Manch ein Hotel wird in Zukunft vielleicht die Wiese hinter dem Haus als Campingplatz ausweisen, aber eher für Besuchergruppen.

Eine von wenigen Ausnahmen ist der **Campingplatz in Cekik** im Taman Nasional Bali Barat, dem West-Bali-Nationalpark. Der ist aber nur gedacht für Studentengruppen, die in den Wald zum Forschen gehen. Es gibt mehrtägige Treks im Nationalpark, bei denen auch übernachtet wird. Hier müssen die Wanderer das gesamte Equipment – vom Zelt bis zum Kocher – selbst mitbringen.

Für Bergsport-Enthusiasten gibt es am Fuß des Batur, direkt am Batur-See, einen Campingplatz. Dieser gehört zum **Toya Devasya-Resort** in Toya Bunkah. Hier können auch Zelte gemietet werden. **Bali Outbound & Farmstay** in Baturiti ist ein großer Campingplatz inmitten bewirtschafteten Landes. Hier können Besucher Erdbeeren pflücken, eine Rinderfarm besichtigen und das Landleben kennenlernen. Zelte werden gestellt.

Erwähnt werden muss ein etwas ungewöhnlicher Campingplatz in den Reisfeldern am Hang des Gunung Rinjani auf Lombok. Der **Rinjani Mountain Garden** ist eine Initiative der beiden Deutschen Toni und Roland. Oberhalb des Ortes Bayan auf Lombok haben sie sich ihr persönliches Paradies kreiert, dazu gehört ein Campingplatz mit Lagerfeuerromantik und Restaurant. Zelte werden gestellt, Waschgelegenheiten und Toiletten sind reichlich vorhanden.

Diplomatische Vertretungen

Indonesische Vertretungen

In Deutschland

■ **Botschaft der Republik Indonesien,** Lehrter Str. 16–17, 10557 Berlin, Tel. (030) 478 070 200, www.kemlu.go.id/berlin.

■ **Indonesisches Konsulat,** Bebelallee 15, 22299 Hamburg, Tel. (040) 5132570, www.kjrihamburg.de.

■ **Indonesisches Konsulat,** Zeppelinallee 23, 60325 Frankfurt am Main, Tel. (069) 2470980, www.indonesia-frankfurt.de.

In Österreich

■ **Botschaft der Republik Indonesien,** Gustav-Tschermak-Gasse 5–7, 1180 Wien, Tel. (01) 476230, www.kbriwina.at.

In der Schweiz

- **Botschaft der Republik Indonesien,** Elfenauweg 51, Postfach 112, 3000 Bern 15, Tel. (031) 35209 83/84/85, www.indonesia-bern.org.

Heimatvertretungen auf Bali

- **Deutsches Konsulat,** Jl. Pantai Karang 17, Batujimbar/Sanur, Tel. (0361) 288535, weitere Details zum Honorarkonsulat finden sich unter www.jakarta.diplo.de.
- **Österreich** hat keine konsularische Vertetung auf Bali, man wende sich an die österreichische Botschaft in Jakarta, Jalan Diponegoro 44, Menteng, Tel. (021) 23554005 und in dringenden Notfällen (0811) 833790, www.austrian-embassy.or.id.
- **Schweizer Honorarkonsulat,** Jalan Ganetri 9D, Gatot Subroto Timur, Denpasar, Bali, (0361) 878 4343, bali@honrep.ch.

Indonesische Botschaften in Nachbarländern

- **Malaysia,** KBRI Kuala Lumpur (Indonesian Embassy Kuala Lumpur), No. 233 Jl. Tun Razak, Kuala Lumpur, Wilayah Persekutuan, Tel. (03) 21164016, www.kbrikualalumpur.org.
- **Singapur,** 7 Chatsworth Road, Singapore, Tel. 67377422, www.kbrisingapura.com.
- **Thailand,** 600-602 Petchburi Road, Phyathai Bangkok, Tel. (02) 2523135.

[>] In den kleinen Kiosken in Kuta/Lombok gibt es ein reichhaltiges Angebot

Einkaufen und Souvenirs

Märkte (Pasar)

Die Märkte Indonesiens sind nach wie vor die Hauptein- und -verkaufsquellen. In größeren **Dörfern** findet der Markt zweimal, in kleinen einmal in der Woche statt. Von weit her, teilweise bis zu 20 km, kommen Leute, die kaufen oder verkaufen wollen, oft schon um 5 Uhr morgens.

Alle machen sich „chic", kommen gut vorbereitet und mit Geschichten im Gepäck: der Markt ist **Kommunikationszentrum Nr. 1.** Hier wird nicht nur gehandelt, sondern auch viel geredet, alle Neuigkeiten werden weitergegeben.

Hauptsächlich Frauen sind zuständig für den Kauf und Verkauf von Lebensmitteln, Stoffen, Kleidern, Körben, Geschirr, Kurzwaren, Tabak und vielem mehr. Männer halten sich mehr in den „Abteilungen" für Eisenwaren und Baumaterialien auf – beispielsweise beim Gras zum Dachdecken. Man kommt in der Tracht des eigenen Dorfes. Angeboten wird, was in der jeweiligen Region produziert wird. Jeder Markt ist anders, ein standardisiertes Angebot gibt es nicht.

Große indonesische **Städte** haben Dauermärkte, riesengroß mit festen Ständen oder mehrstöckige Gebäude, in denen sich Anbieter einmieten können. Hier werden fast alle Erzeugnisse der jeweiligen Insel angeboten. Garagenartige Shops *(Tokos)* reihen sich endlos aneinander, es gibt Handwerker (Goldschmiede, Uhrmacher), auch Antiquitätenhändler. Halbedel- und andere Schmucksteine werden gehandelt, natürlich jede Menge Fisch (hauptsächlich getrocknet), Gemüse, Fleisch und Obst, Tabak nicht zu vergessen. Da sich der Transport im Preis niederschlägt, sind alle Dinge hier ein wenig teurer als direkt im Erzeugerdorf.

Auf allen Märkten gibt es außerdem jede Menge **Warungs,** die die hungrigen Mägen versorgen: gutes Essen, sehr billig. Käufer wie Verkäufer benutzen, wenn sie nicht zu Fuß gehen oder mit dem Motorrad kommen, öffentliche Verkehrsmittel, vor allem Bemos. Wenn der Markt zu Ende geht, meistens gegen 16 Uhr, sind die Bemos völlig überfüllt, vollgestopft mit Waren. Wer auf eine bequeme Fahrt Wert legt, sollte nicht bis zum Schluss bleiben. In den jeweiligen Ortsbeschreibungen wird auf besonders schöne oder interessante Märkte verwiesen.

Souvenirs

Indonesien, besonders aber Bali, ist ein wahres Einkaufsparadies. Häufig verlassen Touristen das Land mit mehr Gepäck als bei der Einreise. Viele tragen ihre Errungenschaften notgedrungen in riesigen Taschen als Handgepäck ins Flugzeug, weil 20 kg Freigepäck einfach nicht ausreichen. Das wissen auch die Fluggesellschaften und so drückt das Personal beim Einchecken häufig beide Augen zu. Der typische Einkauf umfasst jede Menge Kleidung – von coolen Surfershorts bis hin zu edlen Kleidern –, Kunsthandwerk, Schmuck, Lederwaren, Masken, Instrumente, Schirme und Fächer oder gewebte Stoffe. Wer sich den Transport in einem Container leisten kann, schaut auch nach Bambus- und Teakmöbeln sowie Steinmetzarbeiten (s. Exkurs „Warentransport nach Europa“).

In den Einleitungskapiteln zu Bali und Lombok finden sich jeweils unter dem

011ba sb

Warentransport nach Europa

(aktualisiert von *Jörn Barsekow*, www.hofart.de)

Auf Bali schöne Dinge zu finden, ist kein Problem. Kleinere Sachen lassen sich meist locker im eigenen Gepäck ins Flugzeug tragen. Kaum ein Besucher der Insel geht mit weniger Gepäck heim, als sie oder er bei der Einreise nach Bali dabei hat. Wer aber **Möbel, Skulpturen** oder Ähnliches nach Hause holen will, muss sich einem Cargo-Unternehmen anvertrauen. Die Auswahl an diesen Unternehmen ist in den Touristenorten recht groß. Auf Java und Bali gibt es etliche Cargo-Unternehmen, die sich auf den Transport von Gütern nach Europa spezialisiert haben. Auf Bali sollen die sichersten und günstigsten Indonesiens zu finden sein.

Wer sich mit dem Thema intensiver beschäftigen will, sollte allerdings ziemlich viel vergleichen: Die Preise und die Qualität für Verpackung und „Handling" können sich deutlich unterscheiden. Es gilt, einige grundsätzliche Dinge zu beachten. Vor allem ist zu empfehlen, ausschließlich etablierte Cargo-Unternehmen mit der Abwicklung zu beauftragen.

Bali hat einen eigenen Containerhafen, in dem auch große Container beladen werden können. Sie haben 40 Fuß Länge und damit 60 Kubikmeter Laderaum. Von der Kostenseite her gibt es keine großen Unterschiede zu der Versandalternative über Surabaya/Java.

Der Preis, den ein Cargounternehmen verlangt, setzt sich aus verschiedenen Bausteinen zusammen:

1. **Der Frachtpreis.** Das ist der Preis, den die Reederei verlangt, um einen Container nach Europa zu bringen. Er beträgt zurzeit für einen 20-Fuß-Container 1550 US$ ab Surabaya oder Jakarta, den beiden wichtigsten Exporthäfen Indonesiens. 40-Fuß-Container ab Surabaya kosten ca. 3000 US$ (Stand: September 2014).
2. **Die Transportkosten des Containers zum Beladeort und zurück zum Hafen.** Die Container müssen ja erst einmal hergeschafft werden. Das kostet im Extremfall ca. 800 US$, beispielsweise für den Transport zwischen Surabaya und Bali.
3. **Gebühren** für Hafenbenutzung, erforderliche Papiere, das Warenursprungszeugnis etc.
4. **Verpackungsmaterial,** Lagerraum für die Ware, bis der Container beladen werden kann, Lohn der Leute, die laden, verpacken und einsammeln.

Die Punkte 1 bis 3 sind fix. Die Differenz zwischen diesen Kosten und dem Preis, der bezahlt werden muss, ist der Reinerlös des Unternehmens. Und gerade hier ist der Spielraum, der Verhandlungen möglich macht. Natürlich haben „Handling, Documents, Packing and Collect" ihren Preis. Der unterscheidet sich von Unternehmen zu Unternehmen und ist auch abhängig davon, was verschickt werden soll. Ein Container voller Schnitzblumen ist aufwendiger zu verpacken als z.B. Bambusmöbel. Am teuersten ist das Verpacken von Steinfiguren und großen Keramikvasen. Diese werden in Holzgestellen schwebend eingebunden, sonst kommt nur Bruch an. Hier sollten Kunden darauf achten, dass nur Holz aus nachhaltiger und zertifizierter Forstwirtschaft verwendet wird. Sollte kein Zertifikat vorhanden sein, könnte es u.U. Probleme bei der Verzollung im Einfuhrland geben.

Oft wird die Verpackung von Waren nach Kubikmetern berechnet. Das Gleiche gilt im Prinzip für **Kubikmeter-Seefracht,** nur mit einem Unterschied: Sie ist deutlich teurer als der entsprechende Kubikmeterpreis im eigenen Container. Das liegt daran, dass der Sammelcontainer, der mit solchen Kisten gepackt wird, natürlich nie ganz voll wird.

Dauer: Es ist kaum sinnvoll, für sogenannte Expresscontainer mehr Geld auszugeben. Ein Schiff braucht nach Hamburg nun mal etwa fünf Wochen und man kann wohl davon ausgehen, dass kein Reeder sein Schiff unnötigerweise in der Gegend herumschippern lässt – besonders hier ist Zeit Geld.

Kubikmetersendungen können deutlich länger unterwegs sein, weil diese Kisten in Sammelcontainer verladen werden. Das heißt, dass die Kiste erst einmal im Hafen herumsteht, bis ein Container zum entsprechenden Zielhafen voll ist. Der Preis ist deutlich höher, weil ein Container mit Kisten nicht optimal gepackt werden kann. Für eine solche Kiste muss mit bis zu zwölf Wochen Wartezeit gerechnet werden. Es geht aber häufig auch schneller.

Das Risiko von Bruch ist bei Stückgutverschiffung wesentlich höher als bei der Verschiffung eines eigenen Containers, da die Stückgutsendungen in der Regel etliche Male umgeladen werden müssen, bis sie an ihrem Bestimmungsort in Europa landen. Hier ist es empfehlenswert, den Service eines europäischen, auf Import spezialisierten Unternehmens in Anspruch zu nehmen.

Stichwort „Kunsthandwerk“ detaillierte Beschreibungen der angebotenen Waren und der Orte, wo sie am günstigsten erstanden werden können.

Supermärkte und Shops

Egal ob in Ubud oder Bedugul, in Mataram oder Bayan: Nie ist es zu weit zu einem Shop, der die Dinge des täglichen Lebens vorrätig hat. Und wer Sehnsucht nach europäischem Supermarktgefühl verspürt, findet sich hervorragend in einem Bintang-, Matahari- oder Carrefour-Supermarkt zurecht, die es in den Touristenorten gibt, mit Parkhaus, Service und Klimaanlage.

Wer sich mental vorbereiten und voll ins Shopping auf Bali und Lombok einsteigen will, dem sei folgendes **Buch** empfohlen, erhältlich in den Periplus-Buchläden auf Bali (nur auf Englisch): *Charles, Andrew,* „Shopsmart Bali & Lombok. The Insider's Guide for Those Who Love (and Hate) to Shop“.

Handeln

Der folgende Abschnitt stammt aus dem Buch „Reisen mit Kindern in Indonesien“ von *Adrienne Troulove* und *Tina Pentes* (1985). Die Praxis hat sich bis heute nicht geändert.

Bedenken Sie, dass das Handeln keine schnelle oder einfache Angelegenheit ist, nehmen Sie sich reichlich Zeit dafür. Für einen Sarong 20 Minuten, für eine größere, etwas teurere Sache wenigstens eine Stunde. Benutzen Sie alle indonesischen Ausdrücke, die Sie kennen. Die folgenden Sätze sind einfach zu lernen: *Selamat Sore* – Guten Tag; *Apa Kabar?* – Wie

Morning Business

Nicht nur Balinesen glauben, dass das Geschäftsleben eines Arbeitstages nur dann positiv verläuft, wenn die erste Verkaufsgelegenheit wahrgenommen wird. Wer das nicht tut, riskiert schlechte Einflüsse für den ganzen Tag. Das heißt, dass der erste Kunde des Tages die größeren Chancen hat, den Preis bis auf ein Minimum an Profit herunterzuhandeln. Darum sollte man, vor allem bei größeren Einkäufen, früh aufstehen. Wenn aber ein Verkäufer einen Preis als besonders günstig erklärt, weil dies sein erstes Geschäft am Tage sei, glaubt man ihm besser nicht. Wäre es wirklich sein erstes Geschäft, würde er sich hüten, es zu verraten.

geht es Ihnen? Die Antwort lautet: *Baik Saja* – sehr gut, oder *Bagus* – gut. Wenn der Verkäufer so viel Indonesisch hört, wird er Sie vielleicht fragen, *Sudah! Pernah di Bali?* – Waren Sie schon einmal auf Bali? Antworten Sie immer *Ya Sudah! Dua Tahun Yang Lahu* – Ja, natürlich! Vor zwei Jahren.

Beginnen Sie eine Unterhaltung darüber, wie Ihre Kinder heißen, wo Ihr Vater ist, wo Sie wohnen. Selbst wenn Ihr Indonesisch nur für ein paar Begrüßungsfloskeln ausreicht, wenden Sie es erst an und gehen dann zum Englischen über. Denn wenn Sie das kleine „ABC" des Handelns auf Indonesisch beherrschen, wird sich dies vorteilhaft auf den Endpreis auswirken.

Zu diesem Zeitpunkt des „Vorgeschäfts" bemühen sich Käufer und Verkäufer um eine freundliche Atmosphäre, und der Verkäufer versucht einzuschätzen, in welcher Preisklasse er Sie unterbringen kann. Dies ist ein günstiger Zeitpunkt, um darauf hinzuweisen, dass Sie noch drei oder vier weitere Wochen in dieser Gegend bleiben werden. Fragen Sie den Verkäufer jetzt nach den Namen seiner Kinder. Fragen Sie auch nach anderen nützlichen Dingen, etwa wo Sie einen Plastikeimer kaufen können.

Nun werden Sie dazu eingeladen, die Waren zu begutachten. Wenn Sie nichts kaufen wollen, sagen Sie, dass Sie nur schauen möchten; dann können Sie überall herumstöbern. Vielleicht fällt Ihnen dabei aber doch etwas ins Auge, was Sie gerne hätten. Die Tatsache, dass Sie nicht in einem Hotel wohnen, sowie Ihre indonesischen Sprachkenntnisse und Ihre Höflichkeit weisen Sie als „Insider" und nicht als durchreisenden Touristen aus. Es ist auch klar, dass Sie die „richtigen" Preise kennen und dass hinsichtlich des Verkaufens keine Eile geboten ist; wenn Sie sich heute nicht entscheiden können, gibt es schließlich immer noch ein Morgen. Wann immer Sie mit dem Handeln beginnen, leiten Sie das Ganze mit der Frage *Bisa Kurang?* ein, d.h., können Sie den Preis heruntersetzen? In einem *Non-Harga pas*-Laden wird das immer die Antwort *Bisa* (= Ja, natürlich) zur Folge haben. Nun haben Sie zu verstehen gegeben, dass Sie die Spielregeln kennen, und können nun direkt mit dem ersten Angebot anfangen. (Sie benötigen dafür indonesische Zahlen, aber die sind einfach zu lernen.)

Zuvor müssen Sie sich aber ungefähr ausgerechnet haben, wieviel Sie ausgeben wollen. Bleiben Sie ein gutes Stück unter dem Preis, den Sie letztendlich bezahlen wollen.

Wenn Sie, sagen wir mal, 30.000 Rp. für irgendetwas ausgeben wollen, dann bieten Sie höchstens

[>] Preisverhandlung mit Taschenrechner

10.000 Rp. Dies wird mit Heiterkeit und viel Kopfschütteln beantwortet werden. Man wird Ihre Hand ergreifen und Sie darüber aufklären, dass eine erheblich größere Summe notwendig war, um den Gegenstand zu erstehen. (Selbst wenn Sie nicht alles wörtlich verstehen, werden Sie das Wesentliche mitbekommen; verhalten Sie sich also wie ein Kenner.) Lächeln Sie, lassen Sie Ihre Hand, wo sie ist (umfasst), und beginnen Sie mit der hohen Kunst des Handelns. Machen Sie deutlich, dass dies nur Ihr Anfangspreis ist, dies zeigt, dass Sie bereit sind, mehr zu bieten. Fragen Sie erst jetzt den Verkäufer nach seinem Anfangspreis. Sein erstes Angebot wird in diesem Fall vielleicht 70.000 Rp. ausmachen.

Seien Sie darüber nicht entsetzt, Sie haben noch einen langen Weg vor sich, selbst wenn es offensichtlich ist, dass der Wert, bei dem man sich treffen wird, 40.000 Rp. beträgt, können Sie nicht geradewegs auf dieses Ziel zusteuern; das würde gegen den Geist des Handelns verstoßen. Versichern Sie sich, dass Sie den Preis richtig verstanden haben, notfalls bitten Sie, ihn zu wiederholen. Nun ist es an Ihnen zu schmunzeln.

Schon bei Ihrem ersten Angebot wusste der Verkäufer, dass Sie eine Preisvorstellung von 30.000 Rp. hatten. Er wird jetzt den Versuch unternehmen, Sie in eine höhere Skala zu bringen. Ihre Aufgabe ist es jetzt, ein Limit zu setzen, bis zu dem dies geschehen kann. Bedenken Sie, dass diese Menschen eine jahrelange Verkaufspraxis haben, und dass Sie trotz Ihres Indonesisch letztendlich doch etwas mehr bezahlen müssen, als Sie eigentlich beabsichtigen. Gehen Sie in kleinen Schritten vor. Erhöhen Sie ihren ersten Preis um 3000– 5000 Rp. und fragen dann nochmal *Bisa Kurang sedikit lagi?* – Können Sie nicht etwas mit dem Preis runtergehen? Er sollte darauf eingehen und den Betrag, den Sie gerade hochgegangen sind, von seinem „First-Price" abziehen. Schließlich werden Sie sich dann in der Mitte

012ba sb

bei 40.000 Rp. treffen, es sei denn, Sie machen einen Fehler bei Ihren eigenen Rechnungen: Sie geben einen höheren Preis an, als Sie beabsichtigt hatten. Dies ist unwiderruflich und kann, einmal geschehen, nicht mehr rückgängig gemacht werden. Also nehmen Sie sich Zeit.

Sie haben den Umstand nicht mitbekommen, dass er seine Abzüge nur um 2500 und nicht um 3000 Rp. gemacht hat. Sie haben den Betrag, um den er heruntergegangen ist, falsch verstanden und nehmen an, er wäre höher. Wenn Sie einen dieser Fehler gemacht haben, wird es bei diesem Beispiel damit enden, dass Sie im Endeffekt mehr als 40.000 Rp. bezahlen müssen. Es kann auch passieren, dass der Preis bei 57.500 Rp. stagniert. Halten Sie dann ebenfalls an Ihrem Preis fest. (Er sollte bei unserem Beispiel 22.500 Rp. betragen.) Sagen Sie dabei *Ma'af, uang saya tidak cukup* – Es tut mir Leid, ich habe nicht genug Geld. Der Preis wird dann unweigerlich fallen. Sie können dies so oft tun, wie der Preis ins Stocken kommt. Sie müssen sich dem nicht beugen. Eventuell treffen Sie sich dann bei 40.000 Rp. Ist der ganze Handel fehlerfrei verlaufen, dann hat Sie ein guter Verkäufer um 10.000 Rp. hochgehandelt, weil er bei Ihrem ersten Angebot Ihren beabsichtigten Kaufpreis von 30.000 Rp. erraten hatte.

Ihr erstes Angebot mag ihm Ihren beabsichtigten Preis verraten haben, aber dennoch wäre es völlig falsch, ihm den ersten Schritt zu überlassen, denn dies würde die ganze Skala Ihrer Kontrolle entziehen. Hätten Sie zuerst nach dem Preis gefragt, wäre sein Angebot 85.000 Rp. gewesen, darauf ist es nun möglich, mit einem Gegenangebot von 5000 Rp. zu kontern. Selbst wenn Sie das fertigbringen würden, läge die Mitte im Äußersten bei 45.000 Rp.

Es ist auf jeden Fall besser, den Preis, den Sie bezahlen wollen, vorher zu wissen und dann selbst das erste Angebot zu machen, um einen möglichst günstigen Preis zu erzielen.

Betrachten Sie den ganzen Austausch als eine angenehme kommunikative Angelegenheit, egal, ob Sie etwas kaufen oder nicht, ob der Verkäufer nichts verkauft oder doch. Indonesien ist kein „geldgieriges" Land, sondern eine Gesellschaft mit freundlichen und verbindlichen Umgangsformen.

Stellen Sie sich das Ergebnis des oben Beschriebenen vor, wenn Sie in das Geschäft eingefallen wären, um im gleichen Atemzug zu fragen *Berapa harga ini* (= Was kostet das?). Sie hätten damit bereits die erste Regel der Höflichkeit unter Leuten verletzt, die Freundschaft. Sie hätten überdies zu verstehen gegeben, dass Ihr vorrangiges Interesse dem Preis und dem Besitz gilt. Und dies wiederum hätte demonstriert, dass Sie noch nicht so lange hier sind und den „richtigen" Preis noch nicht kennen.

Wenn Sie sich aber durch Ihr Verhalten als „Hiesiger" ausweisen, indem Sie herumlaufen, lächeln und „Hallo" sagen, werden Sie als möglicher oder tatsächlicher Freund angesehen werden.

Dies alles hat nichts mit Heuchelei zu tun. In dem Dorf, in dem Sie sich aufhalten, sind Sie Gast und daher ein Freund. Wenn Sie das erste Mal herumspazieren, ergreifen Sie diese Gelegenheit, freundlich zu grüßen und Höflichkeiten auszutauschen. Wenn Sie dann später das Herumstöbern beendet haben und wissen, wo und was Sie kaufen möchten, wird man Sie wiedererkennen. Die vorausgegangene Höflichkeit ist die Basis für spätere Freundschaften. Lassen Sie sich auch vor Ihrer Abfahrt Zeit, im Dorf herumzugehen und alle Hände freundschaftlich zu schütteln, um sich zu verabschieden.

Wenn Sie sich in dieser Art verhalten, werden Sie eine Menge wahrer Freunde gewinnen. „Handeln" heißt Freundschaft auf dem Markt, aber um den „richtigen" Preis zu bezahlen, und nicht das Fünffache, benötigen Sie die vorangegangenen Informationen.

Wenn Sie den oben beschriebenen Prozess verstanden haben (es gehört nur ein bisschen Übung dazu), werden Sie feststellen, dass Feilschen ein angenehmer Zeitvertreib sein kann. Die Verkäufer haben ihren Spaß daran, und das sollten Sie auch. Wie alles in Indonesien können Sie entspannt das Feilschen oder auch nur die reine Unterhaltung genießen."

Ein- und Ausreisebestimmungen

Achtung: Da sich die Einreisebedingungen kurzfristig ändern können, raten wir, sich kurz vor Abreise beim Auswärtigen Amt (www.auswaertiges-amt.de bzw. www.bmeia.gv.at oder www.eda.admin.ch) oder der jeweiligen Botschaft zu informieren!

Visum

Visabedingungen in Südostasien ändern sich immer wieder. Vor jeder Einreise sollten Besucher checken, welche Konditionen gerade gültig sind. Die Website der Indonesischen Botschaft **www.botschaft-indonesien.de** informiert ausführlich.

Visum für 30 Tage

Die einfachste Lösung ist immer noch das Visum bei der Einreise, **Visa on arrival.** Generell brauchen Besucher aus Deutschland, der Schweiz, Österreich und anderen EU-Ländern einen Reisepass, der bei Einreise noch mehr als sechs Monate gültig ist. Das Visum bei der Einreise erhalten Touristen und Geschäftsleute, die maximal 30 Tage in Indonesien bleiben wollen. Sie dürfen keine Arbeit aufnehmen und nicht journalistisch tätig werden. Die Gebühr in Höhe von 35 US$ kann in bar bezahlt werden. Es werden auch andere Währungen in Cash akzeptiert. Bei der Einreise müssen folgende Bedingungen erfüllt sein:

1. **Der Reisepass enthält mindestens eine leere Seite**
2. **Der Antragsteller hat ein Rückflugticket oder andere Weiterreisedokumente**
3. **Eine gültige Kreditkarte sollte immer dabei sein oder ein Nachweis über mindestens 1000 US$**

Visumverlängerung vor Ort

Eine Visumverlängerung vor Ort über die 30 Tage hinaus ist problemlos möglich, nur ein wenig aufwendig: Die großen **Kantor Immigrasi** (Immigration Offices) befinden sich in Denpasar und Singaraja/Bali und Mataram/Lombok. Hier sollte man sich mindestens sieben Tage vor Ablauf des 30-Tage-Visums einfinden. In den Ämtern sind die Schalter für „Foreigner" gut ausgeschildert, das Personal kann Englisch. Neben einem Antrag sollte man gleich einen Packen Kopien dabei haben:

1. **Pass mit Foto**
2. **Seite im Pass, auf der das Visa on Arrival gestempelt ist**
3. **Embarkation & Departure Card**
4. **Quittung über bezahlte 35 US$ (gibt's bei der Bezahlung bei Einreise)**
5. **Rückflugticket**
6. **In Denpasar braucht es noch ein aktuelles Foto, in Mataram wird ein Bild gemacht**
7. **In Singaraja werden einem die Fingerabdrücke abgenommen**

Die Antragstellung inklusive Überprüfung der eingereichten Unterlagen dauert ein bis zwei Stunden. Danach erhält man einen zweiten Termin, der mindestens drei Tage später ist. An diesem zweiten Termin muss man die Visumverlängerung bezahlen. Weitere 30 Tage kosten 355.000 Rp. Ist das geschehen, kann man am folgenden Arbeitstag den Pass mit Visum abholen. Wem das zu viel ist, der kann beispielsweise Reisebüros beauftragen. Diese erledigen den Job für 1–1,5 Mio. Rp.

Visum für maximal sechs Monate

Ein **Touristenvisum** besorgen sich Besucher aus Europa **vor der Reise** bei der jeweiligen indonesischen Botschaft oder den Konsulaten. Es gilt für bis zu **60** Tage und kostet 45 €. Diese 60 Tage können **in Indonesien bis zu viermal** um jeweils einen Monat verlängert werden. Dazu ist ein indonesischer Bürge notwendig und eine Erklärung, warum die Verlängerung gebraucht wird. Diese Verlängerung kostet in Denpasar beim Kantor Immigrasi 355.000 Rp., mehrmaliges Erscheinen ist erforderlich (s.o.).

Für dieses Touristenvisum werden folgende Dokumente benötigt:

1. **ein komplett ausgefüllter Visumantrag**
2. **zwei farbige Passfotos 3,5 x 4,5 cm**
3. **Original-Reisepass/-Reisedokument mit einer Gültigkeit von mind. sechs Monaten**
4. **Kopie der Flugbuchung**
5. **Kopie des letzten Kontoauszugs (bei mehr als 2 Monaten Aufenthalt)**
6. **Überweisungsbeleg von 45 € (Bezahlung vor Ort mit EC-Karte)**
7. **Rückumschlag (mind. A5 Rückumschlag) per Einschreiben (mit 3,25 € bzw. 3,60 €) frankiert – falls Rücksendung per Post**

Wer Alternativen zum starren Hin- und Rückflug-Schema sucht, also beispielsweise auf dem **Landweg** aus Indonesien **ausreisen** will, kann folgendermaßen vorgehen: 1) Kauf eines One-Way-Tickets. 2) Alibi-Kauf eines extrem günstigen weiteren One-Way-Tickets zur Ausreise innerhalb der 60-Tagesfrist, beispielsweise von Jakarta oder Bali nach Singapur. Solche gibt es bei den südostasiatischen Billig-Airlines wie Air Asia bereits ab rund 30 US$. Alle Buchungen können online vorgenommen werden. 3) Für das Visum den Hinflug und einen Beleg des günstigen Rückflugs einreichen. So ist die Ausreise innerhalb der 60 Tage frei gestaltbar.

Die **Antragstellung** erfolgt persönlich oder postalisch bei der zuständigen konsularischen Vertretung. Die **Bearbeitungszeit** für ein Touristenvisum kann drei bis vier Wochen dauern. Wer es eilig hat, findet Anbieter im Internet, die den Gang und das Formularwesen auf den jeweiligen Botschaften gegen Gebühr erledigen, z.B.: www.visum-centrale.de.

Geschäftsvisum

Dieses Visum wird Reisenden ausgestellt, die zu geschäftlichen Zwecken nach Indonesien fliegen, einschließlich der Teilnahme an Konferenzen und Seminaren. Eine Arbeit aufzunehmen oder die Annahme von Gehalt ist nicht erlaubt. **Die maximale Aufenthaltsdauer beträgt 60 Tage.**

Rentnervisum

Das sogenannte Rentnervisum gilt **ein Jahr** und kann auf Bali für bis zu fünf Jahre verlängert werden. Der Antrag geht an die jeweilige indonesische Botschaft oder ein Konsulat und kostet 6 Mio. Rp. für ein Jahr. Wer das Visum beantragt, muss **mindestens 55 Jahre alt sein** und die folgenden Voraussetzungen erfüllen:

1. **Der Pass muss noch mindestens ein Jahr gültig sein**
2. **Ein gültiger Rentenbescheid muss vorliegen**
3. **Nachweis über Lebensversicherung**
4. **Nachweis über Krankenversicherung**
5. **Englisch abgefasster Lebenslauf bei Erstantragstellung**
6. **Ausgefülltes Visaformular**
7. **Bestätigung, dass keine Arbeitsambitionen vorliegen**

Strafe bei Übertretung der Aufenthaltsdauer: 20 US$ pro Tag und Person, zahlbar bei Ausreise bzw. bei der Verlängerung. Nach zehn Jahren besteht die Möglichkeit zur **Einbürgerung.** Hier wird z.B. die Sprachfertigkeit in Bahasa Indonesia geprüft. Bei Ausreise vor Ablauf des Visums fallen Flughafensteuern in Höhe von 1,1 Mio. Rp. an. Überhaupt ist das **vorzeitige Verlassen** Indonesiens nach Erteilung des Visums nur zeitlich befristet möglich und muss beantragt und begründet werden. Aktuelle Informationen auch hier über die jeweilige Botschaft. Eine Anleitung für das Rentnervisum gibt's online: www.indosight.com/blog/retirement-visa-indonesia-guide.

Einreisebestimmungen

Einreise mit Kindern

Generell gelten für Kinder jeweils die **gleichen Visabestimmungen** wie für ihre Eltern. **Achtung:** In Deutschland sind **Kindereinträge im Reisepass eines Elternteils** seit 2012 **nicht mehr gültig.** Für jedes Kind wird ein **eigenes Ausweisdokument** benötigt. Reisen Minderjährige nicht in Begleitung beider Elternteile, kann man vor allem bei der Rückkehr in die EU nach einer **Einverständniserklärung** des anderen Sorgeberechtigten gefragt werden, was als Schutzmaßnahme gegen eine mögliche Kindesentführung dient. Weitere Informationen erhält man beispielsweise unter www.auswaertiges-amt.de, Stichwort „Einverständniserklärung für Minderjährige".

Wird eine Reise mit **Pflegekindern unternommen,** sollte man sich vor der Abreise informieren, ob zusätzliche Dokumente zur Einreise notwendig sind.

Einreisebeschränkungen

Visa oder Einreisestempel des Staates **Israel** im Reisepass können unter Umständen zu Problemen bei der Einreise führen.

Meldepflicht

Grundsätzlich besteht Registrierungspflicht **innerhalb** einer Zeitspanne **von 24 Stunden** nach Einreise. Die Meldung wird normalerweise vom Hotel vorgenommen. Wer Freunde oder Bekannte in Indonesien besucht, sollte den Gastgeber darauf ansprechen, damit dieser die Registrierung beim örtlichen Gemeindevorsteher, dem RT-Rukun Tetangga, vornimmt.

Devisenbestimmungen

Es gibt **keine Ein- oder Ausfuhrbeschränkungen für Fremdwährungen.** Ab einem Betrag im Gegenwert von 100 Mio. Rp. muss der Betrag angegeben werden. Bei Zuwiderhandeln drohen empfindliche Geldstrafen. Bei Ausfuhr von Fremdwährung im Gegenwert von über 10.000 US$ ist eine Genehmigung der indonesischen Zentralbank erforderlich.

Bei Ein- und Ausfuhr der **Landeswährung** in Höhe von bis zu fünf Mio. Rp. kann die Landeswährung bei der Ausreise zurückgewechselt werden. Die Bedingung ist allerdings, dass die **Umtauschbelege** vorliegen müssen. Überhaupt ist es immer ratsam, Umtauschbelege auch für andere Kontrollen aufzubewahren.

Haustiere

Es dürfen keine Vögel, Hunde, Katzen, Fische oder andere Kleintiere aus Deutschland, Österreich oder der Schweiz nach Indonesien eingeführt werden.

Einfuhrverbote

Es bestehen Einfuhrverbote für bestimmte Handelsartikel, frisches Obst, Waffen, Munition, Pornografie, Betäubungsmittel, nicht vom Arzt verschriebene, rezeptpflichtige Medikamente, chinesische Publikationen und Medikamente. Der Besitz selbst geringer **Drogenmengen** wird mit hohen Haftstrafen geahndet, bei Drogenhandel droht die Todesstrafe.

Zollbestimmungen

Mobiltelefone, Laptops, Videokameras, Radios, Ferngläser und Sportausrüstungen müssen offiziell bei der Einreise **deklariert** und bei der Ausreise wieder ausgeführt werden. Filme, Audio- und Videokassetten, CDs sowoie Computersoftware müssen der Zensurbehörde zur Überprüfung vorgelegt werden.

Die Mitnahme von 200 Stück Zigaretten oder 50 Zigarren oder 100 Gramm Tabak sowie einer Flasche alkoholischer Getränke (gleich welchen Alkoholgehalts) ist zollfrei möglich.

Rückeinreise nach Europa

Bei der Rückeinreise gibt es auch auf europäischer Seite Freigrenzen, Verbote und Einschränkungen. Folgende **Freimengen** darf man zollfrei einführen in die EU und die Schweiz:

- **Tabakwaren** (für Personen ab 17 Jahren): 200 Zigaretten oder 100 Zigarillos oder 50 Zigarren oder 250 g Tabak oder eine anteilige Zusammenstellung dieser Waren.
- **Alkohol** (für Personen ab 17 Jahren) **in die EU:** 1 l Spirituosen (über 22 Vol.-%) oder 2 l Spirituosen (unter 22 Vol.-%) oder eine anteilige Zusammenstellung dieser Waren, und 4 l nicht-schäumende Weine, und 16 l Bier; **in die Schweiz:** 2 l bis 15 Vol.-% und 1 l über 15 Vol.-%.
- **Andere Waren (in die EU):** für See- und Flugreisende bis zu einem Warenwert von insgesamt 430 Euro, alle Reisenden unter 15 Jahren 175 Euro (bzw. 150 Euro in Österreich); **(in die Schweiz):** neu angeschaffte Waren für den Privatgebrauch bis zu einem Gesamtwert von 300 SFr. Bei Nahrungsmitteln gibt es innerhalb dieser Wertfreigrenze auch Mengenbeschränkungen.

Wird die Wertfreigrenze überschritten, sind **Einfuhrabgaben** auf den Gesamtwert der Ware zu zahlen und nicht nur auf den die Freigrenze übersteigenden Anteil. Die Berechnung erfolgt entweder pauschal oder nach dem Tarif jeder einzelnen Ware zuzüglich sonstiger Steuern.

Einfuhrbeschränkungen bestehen u.a. für Tiere, Pflanzen, Arzneimittel, Betäubungsmittel, Feuerwerkskörper, Lebensmittel, Raubkopien, verfassungswidrige Schriften, Pornografie, Waffen und Munition; in Österreich auch für Rohgold, in der Schweiz auch für CB-Funkgeräte.

Nähere Informationen

- **Deutschland:** www.zoll.de oder unter Tel. (0351) 44834510.
- **Österreich:** www.bmf.gv.at oder unter Tel. (01) 51433564053.
- **Schweiz:** www.ezv.admin.ch oder unter Tel. (061) 2871111.

Elektrizität

Der Strom kommt mit 220 Volt und 50 Hertz aus der Steckdose, die deutschen Stecker passen exakt in die (wenigen) Steckdosen. Weniger verlässlich ist die Stromversorgung. Starke Schwankungen sind möglich, **Stromausfälle** kommen vor – besonders während der Regenzeit. Der Klassiker ist es also, immer eine Taschenlampe zur Hand zu haben oder zumindest aufs Nachtkästchen zu legen. In Losmens oder Hotels kann es durchaus mal passieren, dass die Benutzung eines Föns die gesamte Stromversorgung des Hauses lahmlegt. Es dauert aber bis zur Fehlerbehebung erfahrungsgemäß nicht lange.

Essen und Trinken

Die **Essgewohnheiten** der Bewohner von Bali und Lombok sind völlig anders als unsere. Frühmorgens, mit dem ersten Hahnenschrei, werden die Töpfe angeworfen. Die Frau des Hauses kocht den **Tagesvorrat Reis,** schnipselt Gemüse, röstet Erdnüsse und tut etwas Sojafleisch oder Ei dazu. Das Ganze kommt auf eine Art Buffet und bleibt dort für den ganzen Tag. Wer Hunger hat, nimmt sich von den kalten Speisen und isst allein. Nach dem Essen gibt es ein Glas Wasser oder lauwarmen Tee. Fleisch ist eigentlich nur zu festlichen Gelegenheiten Bestandteil einer Mahlzeit. Zum **Frühstück** gibt es Tee oder Kaffee und dazu gebratene Bananen oder Reiskuchen. Zwischendurch wird den Göttern geopfert mit Reisgaben oder kompletten Gerichten – und der Tagesablauf in Sachen Essen ist geregelt.

Reisende können, müssen sich aber nicht auf diese Weise ernähren. Den für Südostasien obligatorischen Bananen-Pfannkuchen, den Banana Cake, gibt es überall, dazu Müsli, Cornflakes, Toast mit Marmelade – alles, was das westliche Herz begehrt. Wer aber ein paar Schritte aus dem Hotel oder Losmen hinausgeht, findet schnell das beste Essen zu jeder Tageszeit: **Warungs und Kaki Limas,** die überall an den Straßen stehen. Dort gibt es alles von der Suppe bis zum gebratenen Reis. Kaki Limas sind **mobile Essstände,** meist mit einem Kessel, in dem die Suppe blubbert, und einer kleinen Auslage. Kaki Lima bedeutet „Fünf-Füßer": Drei Füße hat der Wagen und zwei derjenige, der ihn bedient. Die Speisen, die es in Warungs und an Kaki Limas gibt, sind in Touristenrestaurants zwar häufig schöner angemacht, dafür sind die Portionen oft kleiner und dennoch teurer.

Die indonesische Küche

Die indonesische Küche hat eine große Tradition. Alle durchreisenden Mächte haben ihre Spuren hinterlassen: Chinesen und Inder, Araber und Holländer. Exotische Gewürze waren es, die schon im 3. Jh. die Araber und Inder ins Land lockten. Immerhin ist Indonesien das Ursprungsland von Gewürzen wie Nelken, Pfeffer oder Muskat. Nicht ohne Grund bedeutet *Lombok* „Chili", der übrigens aus Amerika nach Indonesien kam und heute kaum mehr wegzudenken ist in der südostasiatischen Küche.

Indonesische Gerichte können recht **scharf** sein, niemals sind sie aber so feurig wie die in Thailand, Südindien oder Sri Lanka, allerdings in der Regel **stärker gewürzt** als die chinesische Küche. Charakteristisch für indonesische Gerichte sind Bestandteile wie Sojasprossen, Kokosfleisch, Kokosmilch, Chili, Ingwer, Erdnüsse. Gemüse und Fleisch werden häufig im Saft von ausgepresstem Kokosfleisch *(Santen)* gekocht und bekommen dadurch einen ganz unverkennbaren Geschmack. Gebraten wird oft in **Kokosnussöl,** was sich ebenfalls geschmacklich bei Fisch, Fleisch und Gemüse bemerkbar macht. **Bananen** werden als Gewürz verwendet, gekocht oder gebraten.

Der größte Anteil eines Gerichtes besteht immer aus **Reis:** gekocht, gebraten, gebacken, als schwarzer oder weißer Reis, süß, scharf, salzig, sauer, in Bambusrohren geröstet und in Bananen- oder Palmblättern gekocht. Der Anteil an Gemüse, Fleisch oder Fisch ist für den europäischen Geschmack recht klein, oft gibt er dem riesigen Berg Reis nur etwas Beigeschmack. Alles, was in der Speisekarte mit **Nasi** beginnt, bezeichnet ein Reisgericht.

Obwohl das Essen recht einfach sein kann, bleiben in Sachen Nährwert keine Wünsche offen. Wichtig bei der Zusammenstellung ist das stets gegenwärtige *Tahu* oder *Tempe,* eine eierstichartige Beilage aus Sojafleisch, die sehr eiweißhaltig und in Europa bekannt ist als **Tofu.** Wer ausschließlich indonesisch isst, wird keine Mangelerscheinungen bekommen.

Balinesische Besonderheiten

Die balinesische Küche unterscheidet sich schon dadurch von der indonesischen, dass es **Schwein** gibt. Als **Babi Guling,** Spanferkel, knusprig gebacken, hat das Schwein lange seinen festen Platz

▷ Chili ist ein wichtiger Bestandteil der indonesischen Küche, auch wenn hier nicht so scharf gegessen wird wie beispielsweise in Thailand

auf den balinesischen Speisekarten erobert – in einem muslimischen Land eigentlich undenkbar. *Babi Guling* fehlt bei keinem Festmahl und viele Restaurants bieten Spanferkel für mehrere Personen auf Bestellung an – als fürstliches Essen für Geburtstage oder ähnliche Anlässe. Das Schwein wird über offenem Feuer am Spieß gebraten und mit Chili, Knoblauch, Ingwer und einer ganzen Menge weiterer Zutaten gefüllt. Auch die in Bananenblatt gewickelte und über Reisstroh acht bis zehn Stunden gegarte **Ente** zählt als **Bèbèk Betutu** zu den typisch balinesischen Gaumengenüssen. Die Ente wird übrigens gern mit Kopf und Füßen serviert.

Die touristische Erschließung Balis seit den 1930er Jahren hat auch vor dem Essen nicht haltgemacht. Das Essen auf Bali sei ziemlich westlich, europäisiert, heißt es. Auf der anderen Seite führt die Auseinandersetzung bekannter europäischer Köche mit der klassischen balinesischen Küche dazu, dass diese eben wieder bekannter wird. Das wird deutlich an der großen Anzahl **balinesischer Kochbücher,** die in der Heimat kursieren. Sie machen sich gut im Bücherregal neben der indischen und chinesischen Küche und bringen ein bisschen „Bali-Feeling“ nach Europa. Nicht ohne Grund gibt es zahlreiche **Kochkurse,** die auf Bali nicht von Balinesen, sondern von eingewanderten Köchen abgehalten werden – für Menschen aus dem Westen. Doch der „normale“ Tourist wird unter Umständen von diesen Entwicklungen nicht viel mitbekommen. Den erfahrungsgemäß empfindlichen Touristenmägen zuliebe verzichten viele Küchenmeister in den touristischen Zentren häufig auf typische Gewürze und bieten alternativ Wiener Schnitzel, Hamburger oder Spaghetti an.

In großen europäisierten **Supermärkten** wie dem Matahari in Kuta, dem Bintang in Ubud oder dem Carrefour in Sa-

013ba sb

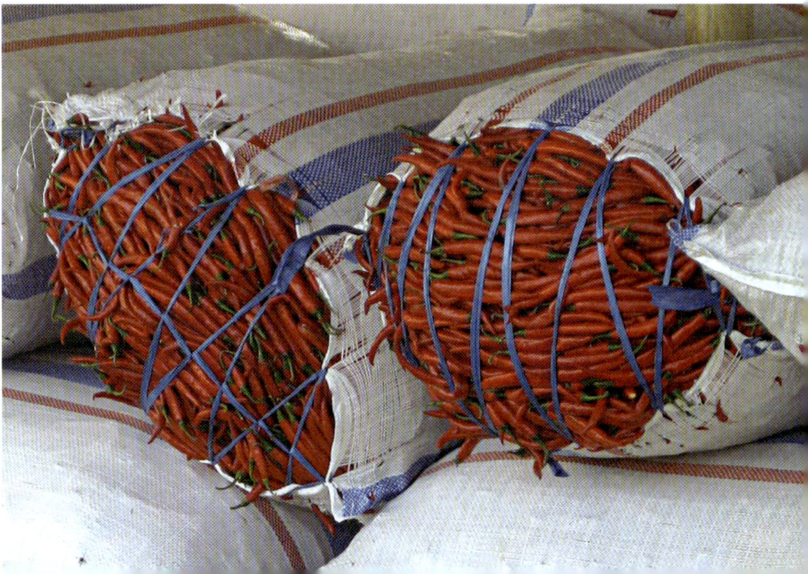

nur kann man natürlich den eigenen Speisezettel kreativ gestalten. Die Frage ist immer, außer für den begeisterten Hobbykoch, ob sich der Aufwand lohnt. Immerhin gibt es im Warung leckeres Essen für unter einem Euro, mit ein paar Extras werden zwei Euro daraus und wer noch einen großen Saft dazu trinkt, kommt mit 2,50 Euro davon.

Ein paar balinesische Besonderheiten können beim Blick auf die Speisekarte ins Auge fallen: So werden **Froschschenkel** auf Speisekarten von Restaurants angeboten. Auch wenn Frösche in manchen Gegenden ausgesprochen nervige Abendkonzerte veranstalten, sollten diese kleinen Quaker nicht verspeist werden. Immerhin sorgen diese Tierchen eifrig für die Dezimierung der lästigen Mücken.

Schildkrötenfleisch ist eine Spezialität, die nur noch selten auf Speisekarten zu finden ist – meist nur in Edellokalen. Auf dieses **höchst zweifelhafte Vergnügen** sollte verzichtet werden. Die großen Meeresschildkröten gehören, genauso wie die Wale, zu den Tieren, die kurz vor der **Ausrottung** stehen. Es ist daher unverantwortlich, das Fangen und Jagen dieser Tiere durch das Bestellen eines Schildkrötengerichtes zu unterstützen. Das Gleiche gilt für den Verzehr von Schildkröteneiern. Es ist zwar häufig zu lesen, dass in Südbali Schildkröten gezüchtet werden, aber zum einen scheint es sich nur um ein Zwischenlager für gefangene Schildkröten zu handeln, zum anderen ist es für Schildkrötenhändler nach wie vor lukrativer, diese Reptilien in freier Wildbahn zu fangen – da sind sie nämlich umsonst. So wurden beispielsweise auf Sumbawa an den südlichen Stränden balinesische Fischer beobachtet, die dort zum Eierlegen an Land kommende Tiere fangen, obwohl Schildkröten auch dort unter Naturschutz stehen. Mittlerweile wird sogar aus dem Umweltbewusstsein von Touristen ein Geschäft gemacht. An einigen Orten, beispielsweise den Gilis, darf man geschlüpfte Schildkröten – gegen Geld natürlich – ins freie Meer entlassen.

Kleine Wortkunde zum Thema Reis

Reis ist das wichtigste Nahrungsmittel Indonesiens. Auf Bali, Lombok und anderen Inseln, überall dort, wo genügend Wasser vorhanden ist, wird Reis auf dem *sawah* (Nassreisfeld) angebaut. In anderen Gebieten wird er trocken auf dem *ladang* (Trockenreisfeld) kultiviert.

Für das Wort „Reis" gibt es im Indonesischen mehrere Bezeichnungen, die den jeweiligen „Zustand" des Getreides bezeichnen:

- **padi** heißt die Reispflanze, die auf dem Feld steht
- **gabah** werden die gedroschenen, aber noch nicht geschälten Körner genannt
- **beras** heißt der geschälte Reis, so wie er auf dem Markt angeboten wird
- **nasi** heißt er dann, wenn er gekocht ist und auf dem Teller dampft

Tischsitten

In ländlichen Gegenden wird das Essen noch häufig auf Bananenblättern serviert und **mit den Fingern gegessen.** Natürlich sind auch Teller und Besteck weit verbreitet, zumindest ein Exemplar findet sich in jeder Küche für „feinere Leute". Es braucht nur ein wenig Übung, aber dann macht es viel Spaß, genauso geschickt mit den Fingern zu essen wie ein Indonesier – ohne sich von oben bis unten zu bekleckern. Elementar und eine wunderbare Möglichkeit sich zu blamieren ist die Tatsache, dass ausschließlich mit der **rechten Hand** gegessen werden darf. Die Linke ist unrein, mit ihr wird normalerweise die Reinigung auf der Toilette vollzogen.

Wenn es **Besteck** zum Essen gibt, besteht dies aus Löffel und Gabel. Messer benötigt man nicht. Falls es etwas zu schneiden gibt wie Fleisch oder Fisch, dann hat der Koch das bereits getan. Die Stücke sind „mundgerecht" vorbereitet. Gelöffelt wird mit der rechten Hand.

Speisen werden häufig **lauwarm** serviert, selten heiß. Das liegt daran, dass der Reis schon morgens gekocht wurde und kalt geworden ist. Auch andere Zutaten werden schon beim Tagesanbruch vorbereitet. Wirklich heiß werden nur Suppen serviert, da sie den ganzen Tag auf dem Feuer stehen oder frisch zubereitet werden. Wer sich beschwert, dass das Essen zu kalt oder nur lauwarm ist, wird auf Unverständnis stoßen. Das gilt natürlich nicht für Speisen, die frisch zubereitet werden. Die sollten selbstverständlich heiß auf den Tisch kommen.

Bei Sonderwünschen, aufwendigen Speisefolgen oder großen Gruppen mit vielen Einzelbestellungen kann es passieren, dass es etwas **länger dauert,** bis das Essen serviert wird. Das liegt daran, dass häufig in der Küche auf einem offenen Feuer mit nur einer Pfanne gekocht wird. Somit bereitet der Koch alle Gerichte nacheinander und frisch zu.

Gastronomie

Warung

Das **billigste** und oft auch **authentischste** Essen gibt es in den an jeder Straßenecke stehenden Warungs. Das sind mehr oder weniger „primitive" Stände mit Holzbank, einem Tisch, nur einem Gericht und vielen Leuten drumherum. Um Staub und Neugierige abzuhalten, ist oft ein Tuch vom Dach über die Bank bis zum Boden gespannt. Auf ihm steht meistens, was es zu essen gibt: *Gado Gado, Soto Ayam* oder Ähnliches.

Warungs sind die „Restaurants der einfachen Leute", ein **Treffpunkt** zum Essen, Trinken und Ausruhen. Hier trifft sich das Dorf, hier werden Neuigkeiten ausgetauscht, für Reisende eine wunderbare Möglichkeit, Leute kennenzulernen. Man isst sozusagen direkt in der Küche und kann Sonderwünsche anmelden: „Viel *(banyak)* hiervon", „wenig *(sedikit)*" oder „gar nichts *(tidak)*" von jenem.

An vielen Warungs, teilweise auch in Restaurants, kann man *Nasi Bungkus* zum Mitnehmen kaufen: ein in Bananenblätter, Papier oder Plastik **eingewickeltes Reisgericht,** die ideale Lösung für längere Bus- oder Schiffsfahrten.

Neben „Speisewarungs" gibt es auch solche für **Snacks.** Hier erhält man Tee und Kaffee, Cola und abgepackte Säfte. Bonbons, Kekse, Kuchen usw. befinden sich in säuberlich aufgereihten Gläsern. Man kann einfach reingreifen und essen oder vorher fragen, muss aber immer mitzählen, wie viele Bonbons über die Hand in den Mund gehen. Und natürlich vorher nach dem Preis fragen, das beugt unnötigen Diskussionen vor.

015ba sb

Rumah Makan

Etwas höherwertiger als ein Warung ist der Rumah Makan, das „Esshaus". Es handelt sich dabei um ein **günstiges Restaurant** mit nicht allzu umfangreicher Speisekarte, die meistens in Form eines Schildes an der Wand hängt. Wer die Speisekarte nicht versteht, sollte sich nicht zu viele Gedanken machen: Gerade hinter „völlig unverständlichen" indonesischen Bezeichnungen verbergen sich oft köstliche Gerichte. Jeder Rumah Makan hat seine eigene Spezialität. So schmeckt Nasi Goreng in dem einen völlig anders als im anderen. Auch die Portionsgrößen sind unterschiedlich. Wichtig bei der Auswahl ist, dass nicht nur die Äußerlichkeiten zählen. „Probieren geht über Studieren" ist hier die Devise. Da die Preise so niedrig sind, kann jederzeit ein zweites, altbewährtes Gericht nachbestellt werden, falls das Experiment fehlgeschlagen ist. Als Faustregel gilt: Je mehr Einheimische den Speisesaal bevölkern, desto besser ist im Allgemeinen das Essen.

Restoran/Restaurant

Weiterhin gibt es die sogenannten Restoran oder auch Restaurants. Viele haben sich ausschließlich auf **ausländische Gäste** eingestellt oder auf betuchte Indonesier. Einige Touristenorte auf Bali glänzen mit Restaurants, die nicht ein einziges indonesisches Gericht anbieten – dafür aber alle Hamburger- und Pizza-Variationen dieser Welt. Die indonesi-

⌃ Die Theke ist vorbereitet für das Mittagsmahl – typischer Warung auf Bali

schen Gerichte auf solchen Speisekarten sind oft dem westlichen Geschmack angepasst. Natürlich gibt es auch hervorragende Spezialitätenrestaurants, die ausgezeichnetes Essen anbieten, aber dieses ist häufig weder landestypisch zubereitet noch besonders preiswert.

Etliche Restaurants sind verpflichtet, zehn Prozent des Rechnungsbetrages als **Steuer** abzuführen. Diese Steuer wird nicht in den Preis hineingerechnet, sondern später auf den Gesamtbetrag aufgeschlagen. Manche Restaurants schlagen gar 15 oder 20 Prozent auf. Jeder Aufschlag muss aber auf der Speisekarte oder einem Aushang ganz deutlich vermerkt sein. Bei der Einschätzung, ob ein Restaurant billig oder teuer ist, sollte die Tax (Steuer) nie vergessen werden.

Chinesische Restaurants

Neben den vielen Möglichkeiten, original indonesisch zu essen, lohnt sich der Weg in eines der zahlreichen und meist preiswerten chinesischen Restaurants. Hier gibt es neben einigen indonesischen Standardgerichten die gewohnte chinesische Küche, nur schmeckt sie in Indonesien deutlich besser als zu Hause beim Chinesen um die Ecke.

Nachtmärkte (Pasar Malam)

Wer bereit ist, etwas zu experimentieren und vor allem die Spezialitäten der Region kosten möchte, kommt um die Nachtmärkte nicht herum. In jeder etwas größeren Stadt öffnet bei **Einbruch der Dämmerung** der Pasar Malam. Unzählige kleine Warungs bieten Hauptgerichte, Suppen, Schleckereien, Kuchen, Obst und Getränke an, alles recht preiswert. Jeder Nachtmarkt ist eine Einladung zur Geschmacks-Entdeckungsreise.

Trinkgeld

Trinkgeld ist nicht üblich, ein wenig zu geben schadet aber nicht. Immerhin ist die Bedienung in Restaurants nicht gut bezahlt und mit wenig Aufwand – ein paar tausend Rupiah – kann man die balinesische Gastronomie und vor allem die Angestellten sinnvoll unterstützen. In hochpreisigeren Restaurants und Hotels werden 21 % als **Steuer- und Serviceabgabe** auf den Endpreis aufgeschlagen, die *Plus Tax*. Ein Teil davon sollte theoretisch weitergegeben werden an die Angestellten des Hauses, aber nachprüfen kann das natürlich niemand. Vorschlag also: guter Service, gutes Trinkgeld.

Spezialitäten

Indonesische Spezialitäten

- **Gado Gado:** Wohl das typischste aller indonesischen Gerichte. Eine der billigsten, nahrhaftesten, verbreitetsten und am schnellsten zubereiteten Speisen. Gado Gado wird kalt gegessen und besteht aus verschiedenen kurz gekochten Gemüsen (häufig Sojasprossen und Bohnen), Tahu und vielen Brocken von zusammengekochtem Reis. Über alles kommt eine Soße aus zerstampften Erdnüssen mit Kokosmilch und reichlich Gewürz.
- **Nasi Goreng** und **Mie Goreng:** Gebratener Reis und gebratene Nudeln stammen aus Südchina und gehen dort als *Chaofan* und *Chaomian* über die Theke. Vorgekochter Reis oder Nudeln werden in einer

014ba sb

Pfanne mit Zwiebeln, Gemüse, Tomaten und Gewürzen gebraten. Je nach Preis und Ort auch mit Fleisch, Huhn, Fisch, Muscheln, Krabben, kurz, allem, was es gibt. *Istimewa* bedeutet, dass ein Spiegelei den Berg Reis krönt. In Qualität und Geschmack kann das Ergebnis sehr unterschiedlich sein. Im schlimmsten Falle handelt es sich einfach nur um Reis oder Nudeln, die mit bestimmten Gewürzen rot gefärbt werden.

Nasi Campur, übersetzt: „Reis gemischt“, besteht aus weißem Reis und einer Auswahl von Gemüsen, Fleisch, Ei und Sojafleisch. Wieviel Verschiedenes auf dem Teller liegt, richtet sich nach dem Restaurant und der Saison. Für Einsteiger sehr zu empfehlen, da man einen sehr guten Überblick über die Geschmacksrichtungen bekommt.

Cap Cai ist die indonesische Variante des chinesischen Allerweltsgerichtes Chop Suey. Rohes Gemüse wird mit wechselnden Zutaten in einer Pfanne gebraten.

Auf einem Nachtmarkt isst man immer spannend und gut

Masakan Padang, Nasi Padang, Makanan Padang: Padang ist eine Hafenstadt in West-Sumatra. Hier kamen die Gewürzwelten der Kolonialmacht Holland und von Sumatra zusammen, daraus entstand eine eigene Kochtradition. Aus Padang kommt Nasi Padang, die Spezialität der Minangkabau, heute überall in Indonesien in bestimmten Restaurants (Rumah Makan Padang) zu bekommen. Nasi Padang bezeichnet nicht ein Gericht, sondern eine Zubereitungsart: Fleisch, Fisch, Gemüse, Eier usw., alles sehr scharf gewürzt, stehen in kleinen Schüsselchen im Schaufenster oder im Tresen. Die großen Mengen Chili verhindern das Verderben der ungekühlten Speisen. Wer essen will, sagt einfach „Mau makan“ (Ich möchte essen) und bekommt das ganze Sortiment, manchmal bis zu 20 verschiedene Schüsselchen, aufgetischt. Man bezahlt nur, was man isst oder probiert hat, darum vorher nach den Preisen fragen. Die köstlichen Soßen sind kostenlos. Jeder bedient sich und würzt damit seinen Reis. Günstiger ist es, sich Nasi Campur, also gemischten Reise zu bestellen: Dann gibt es einen Teller voll Reis mit einer kleinen „Standardauswahl“.

Sambal ist eine sehr scharfe Soße, die oft auf einem Tellerchen zum Essen gereicht wird. Die Zubereitung ist regional unterschiedlich. Manchmal ist Sambal einfach nur eine Paste zerstoßener Chilischoten. Oft wird aber auch eine Mischung aus Sojasoße, Zwiebeln, Essig, ganzen oder zerstampften Chilis, manchmal mit Zitrone oder Knoblauch vermengt, angeboten. Vorsicht ist auf jeden Fall geboten. Schon eine Messerspitze kann manchem das ganze Essen verderben.

Tipps gegen brennenden Mund und Zunge: Milch, Banane, Zitrone, Brot, Kokosraspeln und Kretekzigaretten machen brennende Mundwerkzeuge wieder gebrauchsfähig – Wasser nicht!

- **Soto** und **Sop** sind Suppen, die durch das angehängte Wort näher charakterisiert werden. *Soto Ayam* ist Hühnersuppe, *Soto Sayur* Gemüsesuppe, *Soto Daging* Suppe mit Fleischeinlage. *Soto* ist eine Suppe, die mit *Santen* (Kokosfleischsaft) eingedickt wird, *Sop* bedeutet soviel wie Brühe.
- **Saté** ist ein weltbekanntes Nationalgericht und wird hauptsächlich abends und nachts am Straßenrand zubereitet. Aus dem arabischen Raum wurden sie importiert, die Ähnlichkeit mit Schisch Kebab ist offensichtlich, die Einfachheit bei der Herstellung imponierend: Der Saté-Mann trägt seine ganze Küche auf den Schultern. Wo es ihm günstig erscheint, stellt er seinen Holzkohlegrill ab, facht das Feuer an und grillt darauf kleine Fleischspieße. Je nach Gegend und Geschmack werden Huhn, Rind, Schwein, Büffel, Ziege oder Schaf als Saté angeboten. Wird oft mit Erdnusssoße, aber auch mit anderen Tunken serviert. Zehn Spießchen gelten als vollwertige Mahlzeit. Auch Restaurants oder Warungs bieten Saté an, dort schmeckt es genauso gut. Vorsicht! Oft ist das Fleisch noch halbroh. Um Risiken zu vermeiden, sollte man immer darauf achten, dass das Fleisch durchgebraten ist.
- **Lontong** wird kalt gegessen. Es ist ein traditionelles javanisches Festtagsessen, das zum Beispiel zum Ende des Fastenmonats oder zum moslemischen Neujahrsfest mit Saté und Gule gereicht wird. Reis wird in ein gerolltes Bananenblatt gefüllt und gekocht, bis er zusammenklebt. So entsteht eine Reisrolle, in Scheiben geschnitten serviert.
- **Ketupat** ist eine Variante von Lontong. Die viereckigen Behälter werden allerdings aus Kokosblattstreifen geflochten. In Warungs hängen oft zwanzig bis dreißig Ketupat in Fenstern oder unter dem Dach. Ketupat wird zu Gado Gado serviert.
- **Ikan** (Fisch): Obwohl in Indonesien eine Unmenge von Seefisch *(Ikan Laut)* gefangen wird, ist es teilweise recht schwierig, außerhalb der auf Fisch spezialisierten Gastronomie, beispielsweise in Jimbaran, frischen Fisch zu bekommen. Die Ausnahme ist Tunfisch *(Tuna)*. Das hat sehr wahrscheinlich etwas mit dem Transport und der leichten Verderblichkeit der Ware zu tun.
- **Trockenfisch** *(Ikan Kering)* dagegen gibt es überall in Mengen. Er ist sehr salzig und nur in kleinsten Mengen zu Reis genießbar. Süßwasserfische *(Ikan danau)* haben oft einen starken Modergeschmack. Das liegt daran, dass sie teilweise in überfluteten Reisfeldern gefangen werden.
- **Rujak** und **Petis** ist eine Kleinigkeit zum zwischendurch Essen. Unreife Früchte werden mit einer feurig-scharfen und gleichzeitig süßen Soße gemischt. Auf fast jedem Markt findet gibt es einen Rujak-Stand. Manchmal bieten auch Restaurants diese feine Kleinigkeit an.
- **Krupuk:** Aus Krabben oder Fisch hergestellte „Riesenkräcker", die, in heißem Fett gebraten, ähnlich wie Popcorn aufgehen. Es gibt viele verschiedene Formen und Farben, von weiß oder goldgelb bis dunkelorange, manchmal mit einem Loch in der Mitte, um sie auf einem Stock aufzustapeln.
- **Jaffle** ist eine australische Erfindung, die überall in indonesischen Touristengebieten angeboten wird. Zwei Toasts werden in einer Art Waffeleisen zusammengebacken. Dazwischen kommt eine beliebige Füllung. Es gibt Bananen-, Erdnussbutter-, Spaghetti-, Tomaten-, Käse-, Zwiebel- und Knoblauch-Füllungen – je nach Wunsch.
- **Speiseeis** *(Es Ys)*: Eisdielen sind groß in Mode. Milchshakes und „Hawaii-Becher" werden in sogenannten „Ice Palaces" angeboten. Die ganze Familie begibt sich abends dorthin, lässt sich von Western-Style-Popmusik berieseln und frönt dem „1950er-

116ba sb

Jahre-Feeling". Das Eis ist in diesen Eisdielen meist recht gut und hygienisch einwandfrei zubereitet. Es gibt ausgefallene Geschmacksrichtungen: Erdnuss-, Kokos-, Durian- und Lychee-Eis. Man bekommt auch abgepacktes Speiseeis.

Traditionelles indonesisches Eis sieht so aus: Mit einer Raspel wird von einem Wassereisblock eine Plastiktüte voll gehobelt und mit leuchtend buntem Zuckersirup geschmacklich aufbereitet. Der Eismann auf dem Fahrrad macht schon von Weitem auf sich aufmerksam. Eine Aufnahme in einer Endlosschleife begleitet seinen Weg. Langnese wird in Indonesien unter dem Namen *Walls* vertrieben. Es gibt auch Walls-Männer mit speziellem Walls-Wagen und -sound.

Das Obstangebot ist saisonabhängig

Arabische Spezialitäten

- **Saté Kamping:** Saté aus Ziegenfleisch.
- **Apam:** Pfannkuchen, mit Zucker, Nüssen oder Kokosraspeln bestreut und zusammengefaltet.
- **Martabak:** dünner Fladen, gefüllt mit pikant gewürztem Fleisch, Gemüse oder Ei. Wird mit grünen Chilischoten serviert. Zu haben abends an kleinen Straßenständen.

Früchte

Unmengen an Früchten gibt es auf den lokalen Märkten zu kaufen. Allerdings nicht, wie bei uns, über das ganze Jahr das gleiche Angebot, sondern je nach Jahreszeit und Gegend verschiedene Sorten und Mengen. Die **Reifezeit** für viele Obstsorten liegt nach oder während der Regenzeit, dann quellen die Märkte über und die Preise sind günstig.

„Out-of-season"-Angebote sind meist recht teuer, genauso wie importierte Ware.

Durian, die **Stinkfrucht** ist eine besondere Spezialität Indonesiens. Die mindestens fußballgroße, ovale Frucht mit stacheliger Schale wächst an Bäumen und zeichnet sich durch einen wahrlich „abartigen" Geruch aus. Sie wird von vielen Einheimischen sowie einigen Ausländern sehr geschätzt und gilt als Aphrodisiakum. Nicht umsonst gilt ein indonesisches Sprichwort: „Wenn die Durians unten sind, gehen die Sarongs hoch!" Durian soll die einzige Frucht sein, die von Tigern gegessen wird. Aus den Blättern und Wurzeln stellen Balinesen traditionelle Medizin her.

Zum Verzehr wird die harte, stachelige Schale aufgebrochen und der Inhalt ausgelöffelt. Der Geschmack ist im wahrsten Sinne des Wortes unbeschreiblich. Vielleicht eine Mischung aus Erdbeeren, Zwiebeln, Karamell und Camembertkäse. Entweder entwickelt sich eine Art Sucht danach oder man bekommt Brechreiz, schon wenn man zusammen mit so einer Frucht in einem Raum ist. Wer sich trotz des abschreckenden Geruchs an Durian gewöhnen will, sollten mit einer eisgekühlten Frucht beginnen – dann schmeckt es nicht so intensiv. Reifezeit ist zwischen Januar und März. Alkohol und Durian gelten als teuflische Mischung!

Avocados *(Apokat)* werden zu Salaten verarbeitet, aber auch als Getränk, gesüßt mit Kondensmilch, serviert. Die Frucht ist hoch fett-, protein- und vitaminhaltig.

Bananen *(Pisang)* gibt es immer und überall. Fünfzehn verschiedene Sorten werden angebaut. Es gibt alle Formen, Geschmacksrichtungen, Farben und Größen – von der winzigen, fingerlangen *Pisang Tuju* bis zur fast einen Meter langen *Pisang Raja* (Königsbanane). Mit und ohne Samen, wild und gezüchtet, gelb, grün und rot, manche nur gekocht genießbar und mit Kartoffelgeschmack, andere süß und saftig. Keine sieht aus wie eine Chiquita, aber fast alle schmecken besser.

Mango *(Mangga)* ist eine längliche Steinfrucht, die grün, gelb oder rötlich sein kann. Das Fleisch ist saftig und lässt sich schwer vom Stein trennen. Mangos schmecken ausgesprochen gut. Saison: ab September.

Mangostine *(Manggis):* runde, lila-schwarze Frucht, innen weiße, süß-saure Segmente, ziemlich glibberig, aber unvergleichlich lecker.

Schlangenhautfrucht *(Salak):* Frucht mit reptilhautartig geschuppter, brauner, fester Schale, hat Ähnlichkeit mit einem geschlossenen Tannenzapfen. Sehr angenehm zu verzehren und praktisch für längere Bustouren und Ausflüge, da nicht klebrig und gut zu schälen. Schmeckt apfelartig säuerlich. Von der Schlangenhautfrucht gibt es 21 verschiedene Sorten allein in Indonesien, es handelt sich um die Frucht einer Palmenart.

Ananas *(Nanas):* Viel wohlschmeckender als in Europa aus dem Supermarkt. Ist reif, wenn sie auch nach Ananas riecht.

Zitrusfrüchte *(Jeruk):* Der indonesische Begriff ist gebräuchlich für alle im Land vorkommenden Zitrusfrüchte: Orange, Zitrone, Mandarine, Grapefruit.

Sawo (Musspr.: s-a-u): Sieht aus wie eine Kartoffel, schmeckt aber supergut.

Rambutan: haarig, rot, tischtennisballgroß, süßes, weißes, saftiges Fruchtfleisch, sehr lecker. Es gibt elf verschiedene Sorten in Indonesien.

Papaya *(Pepaya):* Melonenart mit grüner bis gelber Haut und sehr saftigem, orangerotem Fruchtfleisch mit schwarzen Samen. Sehr lecker mit Zitronensaft. Papayas entwickeln das zur Proteinspaltung wichtige Enzym Papain und vertragen sich nicht mit Alkohol.

Wasserapfel *(Jambu Air):* klein und birnenförmig, außen rosarot, innen weiß, säuerlicher, erfrischender Geschmack. Gesundheitsbewusste sollten die Frucht eigentlich schälen, aber dann bleibt nichts mehr übrig.

Passionsfrucht *(Markisa):* tennisballgroße, gelbe Frucht, deren Schale aufgebrochen wird, um sie auszuschlürfen. Ausgesprochen wohlschmeckend.

Jackfruit *(Nangka):* Bis zu 20 kg schwere, große Frucht, wird in Stücken angeboten, aus denen das Fruchtfleisch herausgepult werden muss. Die Schale sondert eine bittere, klebrige Flüssigkeit ab. Diese geht kaum von den Fingern wieder ab, wenn man sie nicht vorher in Öl getaucht hat. Schmeckt auch unreif, wenn sie wie Gemüse gekocht wird. Die stachelige Schale ähnelt der *Durian*.

Getränke

Tee

Tee *(Teh)* ist eines der Nationalgetränke Indonesiens. Bei jedem Besuch in einem balinesischen Haus wird als Erstes Tee oder Kaffee angeboten. Beide Getränke werden mit **sehr viel Zucker** serviert, sodass die Geschmacksrichtung vor allem süß ist.

Warungs bieten zum Essen manchmal kostenlos kalten oder lauwarmen Tee an, der recht dünn ist und hauptsächlich nach Wasser schmeckt. Wer außerhalb der Touristenorte einfach Tee bestellt, erhält meist hellbraunes Zuckerwasser. Je nach Region gibt es *Teh* oder *Air Panas* (*air* = Wasser, *panas* = heiß). Möchte man Tee ohne Zucker, muss *pahit* oder *tawar* (= bitter) bestellt werden. Da aber Teetrinken ohne Zucker in Indonesien undenkbar zu sein scheint, sollte man sich nicht wundern, wenn trotzdem Zucker drin ist.

Teh Es ist gesüßter Tee mit Eiswürfeln. In Fabriken abgefüllter – natürlich stark gesüßter – Tee wird verkauft als **Teh Botol** (Tee, Flasche) oder **Teh Kotak** (Tee, Packung).

Kaffee

1699 brachten die Holländer den Kaffee *(Kopi)* nach Indonesien, der hier seither angebaut wird. Er wird geröstet, zerstampft und dann mit heißem Wasser aufgebrüht. Serviert wird er meistens in Gläsern mit einem Plastikdeckel drauf. Wer von zu Hause nur Filterkaffee gewohnt ist, sollte einmal frisch gerösteten, dickflüssigen, schwarzen indonesischen Kaffee probieren, ein wunderbares Geschmackserlebnis.

Teilweise wird Kaffee mit gerösteten Erdnüssen gestreckt oder als Energiedrink mit Honig oder Ingwer angeboten. Der Geschmack ist entsprechend. Ungepanschter Kaffee heißt *Kopi Murni*.

Jede Insel ist besonders stolz auf ihren jeweiligen Kaffee. *Kopi Bali, Kopi Lombok* oder *Kopi Java* gelten, je nachdem, wo man gerade ist, als die besten Sorten der Welt. Wahrlich sagenumwoben ist allerdings **Kopi Luwak,** der als teuerste Sorte der Welt gilt: Luwak ist eine Katzenart, die dank ihres hervorragenden Riechorgans junge Kaffeebohnen aufstöbert, die äußere Schale weglutscht und dann die inneren Bohnen herunterschluckt. In der Darmflora des Luwak fermentieren die Bohnen, und nach dem Ausscheiden gelten sie als die besten Kaffeebohnen. Sie werden eingesammelt, gereinigt und verkauft. Für ein Pfund wird zurzeit mehr als 500 US$ verlangt. Häufig werden die armen Tiere in Käfigen gehalten und dann mit den Kaffeepflanzen gefüttert, was dem Mythos des Kopi Luwak natürlich nicht sonderlich zuträglich ist.

Wer sich das Werden des *Kopi Luwak* einmal anschauen will, ist auf der Straße zwischen Tampaksiring und Kintamani auf Bali richtig. Hier reiht sich eine Kaffeeplantage an die andere, so gut wie alle machen Verkostungen und Führungen. Nett, persönlich und aufschlussreich ist es bei **Oka Agriculture Bali,** Br. Temen, Susut, Bangli, direkt an der Hauptstraße, Tel. (087) 762812288. Eine Verkostung mit den Tees und Kaffees, die die Öko-Plantage liefert, ist gratis. Eine Schale *Kopi Luwak,* zeremoniell zubereitet, kostet 50.000 Rp. Wer ganz begeistert von dem Kaffee ist, kann gleich 50 Gramm für 240.000 Rp. mitnehmen, Touristen erhalten 20 % Discount.

Limonaden

Neben Coca-Cola, Fanta, Sprite und den anderen Marken, die überall erhältlich sind, gibt es indonesische Varianten westlicher Erfrischungsgetränke in reichlichen Mengen und in allen Farben, alle ziemlich süß und mehr oder weniger sprudelnd. Diese Getränke sind zwar preiswerter als die bekannten „Weltmarken", aber für den europäischen Gaumen nur bedingt geeignet.

Ansonsten sind an Warungs oder ähnlichen Ständen eine Reihe von Fantasie-Getränken zu bekommen, die meist unter dem Namen „Es Minuman", auch „Bajigur", gehandelt werden. Sie bestehen hauptsächlich aus Kokosmilch. Hinein kommen verschiedene Früchte und andere undefinierbare, meist sehr bunte, glibberige Zutaten. Das Ergebnis kann bitter, süß oder sauer sein.

Fruchtsäfte

Zu wahrer Meisterschaft haben es die Balinesen in der Herstellung von Fruchtcocktails, den *Fruit Juices,* gebracht. Alle Arten von Obst und Gemüse werden zusammen mit Eis durch einen Entsafter gejagt. Was herauskommt, sind herrliche eiskalte, erfrischende Getränke, die süchtig machen können. Der Kombinationsfantasie sind keine Grenzen gesetzt. Wie wäre es mit Avocado-Pineapple-Juice oder Papaya-Lemon?

In großen Supermärkten werden viele tropische Fruchtsäfte in Konserven angeboten. Auch wenn der Genuss auf Bali eigentlich auf der Straße und frisch stattfindet, macht es Spaß, diese einmal durchzuprobieren.

Die Indonesier trinken meist nur **Orangen- oder Limonensaft** *(Air Jeruk),* meistens mit Wasser verdünnt, heiß oder kalt. **Zuckerrohrsaft** wird häufig von fliegenden Händlern auf der Straße angeboten, die eine Art Warung haben und den Saft direkt ins Glas pressen.

Alkohol

Da Indonesier hauptsächlich islamischen Glaubens sind, ist der Alkoholkonsum im Land relativ gering und dafür dann recht teuer. Starke Alkoholika, *Minuman keras,* sind auf Inseln, deren Einwohner mehrheitlich Moslems sind, generell verboten. Das bezieht sich zumindest auf den Ausschank westlicher Produkte. In muslimischen Gebieten gibt es alkoholische Getränke häufig nur in Geschäften und Restaurants, die von Chinesen geführt werden. Allerdings verzichtet der Indonesier ungern auf seine traditionellen und meistens hausgemachten „Trinkdrogen".

Auf Bali, eben nicht muslimisch, wird das alles ein wenig lockerer gesehen. Die Auswahl an alkoholischen Getränken ist recht groß. Wer will, kann sich problemlos die Kante geben, was dank der hohen Steuern kein ganz preiswertes Vergnügen ist.

Brem (Reiswein) ist ein süßes, dickflüssiges, trübes alkoholisches Getränk, das aus Reis hergestellt wird. Eine spezielle Reissorte wird hierfür verwendet, gekocht, zusammen mit Kokosnussmilch in Gefäße gefüllt, mit Hefe versetzt und einige Tage lang gegoren. Zucker wird nicht zugesetzt. Alter Reiswein, *Brem Tuah,* gärt länger als drei Tage, hat einen stärkeren Alkoholgehalt und ist nicht ganz so süß. Neuer Reiswein, *Brem Muda,* ist schon nach zwei Tagen fertig, nicht so stark und sehr süß. Am besten ist selbstgemachter *Brem,* den man beispielsweise an vielen Warungs oder beim Losmenbesitzer bekommt. Es gibt auch industriell hergestellten *Brem* in kleinen Flaschen zu kaufen. Geschmacklich ist er aber viel schlechter. Wenn Brem rot ist, liegt das daran, dass es auch roten Brem-Reis gibt.

Tuak: Die Blüte der Aren-Palme wird angeritzt und der austretende Saft in darunter befestigten Gefäßen aufgefangen. Die Flüssigkeit gärt dann einige Tage und entwickelt einen mittelmäßigen Alkoholgehalt, der geringer als beim Bier ist. Getrunken wird meistens aus Bambusrohren und in Gesellschaft. Balinesische Männer treffen sich gegen Abend an bestimmten Plätzen, den *tempat tuak,* sitzen herum, rauchen, reden und trinken. Hersteller verkaufen das Gebräu aus großen Plastikkanistern. Für einen zünftigen Rausch muss ein Europäer schon einige Mengen zu sich nehmen, was neben den üblichen Nachwirkungen oft Blähungen verursacht.

Arak wird aus *Tuak* oder *Beras* (= Reis) gebrannt. Der Alkoholgehalt ist vergleichbar mit unserem Korn, der Geschmack von *Arak Beras* ebenfalls. Er schmeckt ganz hervorragend in Kaffee *(Kopi Arak),* oder heißer Schokolade. *Arak Tuak* ist pur kaum genießbar. Arak oder vielmehr der Genuss desselben ist in den letzten Jahren häufig in die Schlagzeilen gekommen: Touristen erblindeten oder mussten sogar sterben, nachdem sie mit Methanol versetzten Arak getrunken hatten. Das Phänomen ist nicht auf Bali oder Indonesien beschränkt. Arak gilt in vielen Ländern des Südens als der Schnaps der armen Leute und wird häufig in Plastikkanistern gepanscht. Selbst in guten oder bekannten Bars und Restaurants ist man nicht gefeit vor dem schädlichen Getränk und damit den **gesundheitlichen Schäden.** Um jeglichem Risiko aus dem Weg zu gehen, sollte man gar keinen offen ausgeschenkten Arak trinken. Auch nicht als Mixgetränk wie beispielsweise dem berühmt-berüchtigten „Arak Attack". Wer unbedingt probieren will, sollte sich an die im Handel üblichen verschlossenen Flaschen aus industrieller Abfüllung halten.

Bier *(Bir)* ist fast überall erhältlich, je mehr Touristen, desto mehr Bier ist im Angebot – in kleinen und in großen Flaschen. *Bali Hai* und *Bir Bintang* sind die lokalen Marken, aber auch die europäischen und australischen Weltmarken haben Bali längst erobert. Mittlerweile hat eine Art Weizenbier seinen Weg aus Jakarta nach Bali gefunden: „Stark" heißt das Gebräu aus dem Hause OPCO Indonesia und kommt über die „Lovina Beach Brewery" in kleinen Flaschen in die Supermärkte, in einer leichten und einer schweren – aber immer recht süßen – Form. Wenn kein Kühlschrank vorhanden ist, wird der Gerstensaft warm serviert. Wer kaltes Bier trinken möchte, bekommt ein paar Eiswürfel ins Glas. Eine Flasche Bier kann so viel kosten wie ein reichhaltiges Mittagessen. Echte Bierfreunde sollten sich also die zahlreichen „Happy Hours“ nicht entgehen lassen, mit denen die Bars – meist ab 17 Uhr – die Theke zu füllen versuchen.

Fahrradfahren

In den touristischen Orten auf Bali und Lombok gibt es keine Probleme, **Räder zu mieten.** Es handelt sich meistens um Mountainbikes, die zwischen 30.000 und 60.000 Rp./Tag kosten. Große Europäer haben unter Umständen Schwierigkeiten, auf Anhieb das passende Rad oder vielmehr die passende Rahmengröße zu finden. Aber die Auswahl ist größer geworden. So gibt es mittlerweile auch solide Stadträder zu mieten. Wer eine längere Radtour plant, sollte Ersatzventile, Flickzeug und eine Luftpumpe mitnehmen.

Organisierte Tagestour

Es gibt etliche Anbieter von organisierten Tagestouren per Bike. Einer ist Bali Eco Cycling, Tel. (0361) 975557, www.baliecocycling.com. Mit dem Versprechen, das „echte Bali“ zu erleben, werden alle Teilnehmer am frühen Morgen vom Hotel abgeholt, dann geht es nach Kintamani: gemeinsames Frühstück und Vulkanblick inklusive. Die Fahrräder mitsamt Helm sind schon da. Dann heißt es aufs Rad. Die folgende Tagestour geht nur bergab mit vielen Unterbrechungen, um Tempel, Gärten, Kräuter, Bäume und balinesisches Alltagsleben zu begutachten. Auch ein Ausflug zu Fuß in die Reisfelder ist drin. Den Abschluss der Tour bildet ein gemeinsames Mittagessen. Die Teilnehmerzahl ist auf zehn Personen begrenzt, 480.000 Rp. kostet der Spaß.

Lombok per Rad

Auch auf Lombok sind mittlerweile unternehmungslustige Radler gern gesehen. Gegenüber Bali hat Lombok den Vorteil, dass auf den Hauptverkehrstraßen meist weniger los ist. So ist beispielsweise die (Teil-)Umrundung des Rinjani auf den Straßen des Nordens kein Problem: Die Straße ist gut ausgebaut und mit ein bisschen Planung steht am Ende jedes Fahrtages ein Guesthouse bereit, die Radler aufzunehmen.

Eine einwöchige Rund-um-den-Rinjani-Tour könnte beispielsweise in Labuhan Lembar beginnen. Von hier nach Senggigi, zugegebenermaßen mit mehr Verkehr, weiter bis Bayan oder Senaru, dann an der Küste entlang bis Sambelia oder Labuhan Padang. Alternativ über das Hochland, die beiden Sembaluns und Sapit. Tetebatu ist das nächste Ziel. Von dort wieder nach Labuhan Lembar. Wer noch Kraft in den Knochen hat, fährt diese Strecke auch noch mit dem Rad, ansonsten würde es sich anbieten, mit einem Minibus den Trip zu machen.

Im Süden Lomboks können die Wege recht lang und einsam werden. Hier müssen Trips gut geplant und vor allem auf ausreichend Wasser und Verpflegung geachtet werden. Etliche Hotels und Tourenanbieter vermieten Fahrrä-

Bali per Rad

von *Wolfgang Rebel,*
der Bali per Fahrrad „erfuhr"

Vorüberlegungen

Vor meiner Abreise hörte ich öfter, schlechte Straßen, tropische Hitze, Berge und irrer Verkehr würden das Radfahren zur Qual machen. Weil mir immer wieder abgeraten wurde, wollte ich es erst recht probieren. Ich versprach mir viel von meiner ganz persönlichen Reisegeschwindigkeit: Ich wollte keinen Kilometerrekord brechen und auch keine Mammuttour starten. Weniger ist mehr! Die auf Bali geplante Tour wurde schließlich doch etwas anders und entsprach dadurch meinen persönlichen Erwartungen.

Allgemeines

Ich empfehle jedem, Fahrradwerkzeug, Taschenlampe, Kettenschloss, Ersatzventile, Flickzeug und eine Luftpumpe (wichtig) für den Notfall mitzunehmen. Außerdem Befestigungsbänder fürs Gepäck, im Idealfall Satteltaschen. Ich habe in Ubud ein Mountainbike gemietet, was kein Problem darstellt. Wer das Fahrrad für eine Woche oder länger mietet, hat günstige Verhandlungsbedingungen. Es lässt sich auch ein kostenloser Probetag aushandeln. Bevor man das Fahrrad mietet, sollten unbedingt Bremsen, Licht, Klingel usw. getestet werden.

Orientierung

Eine gute **Karte** ist Bali *Pathfinder.* Neben einer detaillierten Balikarte bietet sie zwei Übersichts-

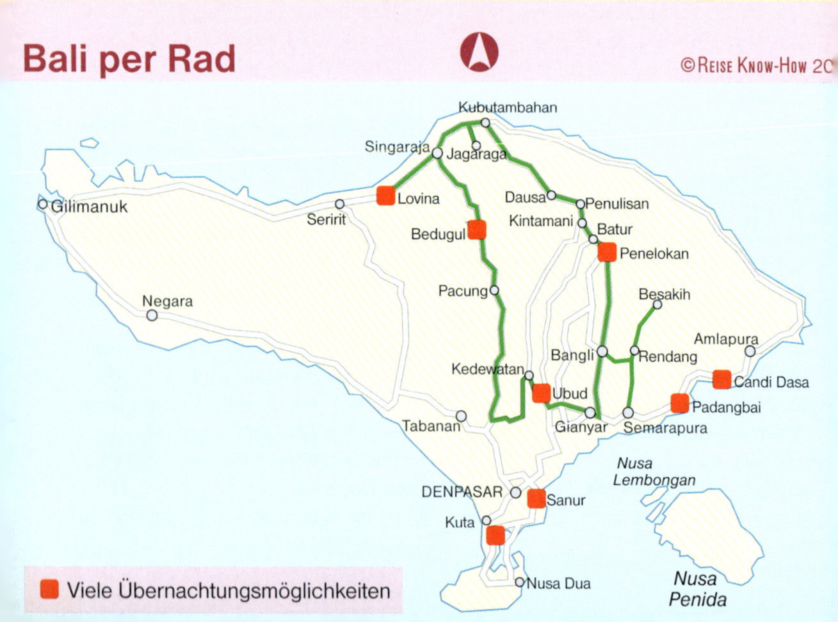

karten von Ubud und Umgebung. Außerdem erhält man zusätzlich eine nützliche Infoschrift in Englisch mit gleichem Titel. Die Orientierung klappt einigermaßen gut durch Hinweisschilder und **Kilometersteine.** Auf den Kilometersteinen steht in Fahrtrichtung abgekürzt die Hauptrichtung, in die man fährt, für Denpasar z.B. DNP. Zwischen den Kilometersteinen steht alle 100 m ein Stein mit Entfernungsangabe zum nächsten Kilometerstein. Wer unterwegs fragen muss, wo es langgeht, sollte sich die Richtung zeigen lassen. **Vorsicht:** Wenn man selbst eine Richtung zeigt, kann es passieren, dass die falsche Richtung durch Kopfnicken bestätigt wird.

Sicheres Fahren

Einige Sicherheitsregeln sollten unbedingt beachtet werden, vor allem, weil lange Touren sehr anstrengend sind und viel Konzentration erfordern. Auf Bali herrscht **Linksverkehr.** Die Straßen sind schmal, und man sollte auf jeden Fall die **Hupsignale** beachten. In der Regel hupt ein Fahrer, bevor er **überholt,** dann weiß man, dass man gesehen wurde. Kommt kein Fahrzeug entgegen, kann man beruhigt weiterfahren oder sich auch noch umschauen und vergewissern, dass alles klargeht. Kommt aber noch ein Fahrzeug entgegen, wird es meistens eng! Man muss ausweichen und an oder über den Seitenstreifen fahren. Der Schwächere weicht aus! Und Balinesen sehen kaum in den Rückspiegel.

Wer glücklich einen Hügel erradelt hat, freut sich mit Recht auf die **Abfahrt.** Aber gerade bergab sind auch voll besetzte Bemos und überladene LKW besonders schnell. Es geht nach dem Motto: Überhole, wenn du kannst.

Es empfiehlt sich, **früh am Morgen zu starten.** Besonders angenehm ist die Zeit zwischen 7 und 11 Uhr und zwischen 15 und 18 Uhr. Allerdings wird es dann auch schon dunkel. **Nachtfahrten** sind ein Abenteuer für sich – besser niemals im Dunkeln fahren. In der **Mittagszeit** wird es heiß, und es ist Pause im Schatten angesagt. Auf einer Radtour ist es besonders wichtig, viel zu **trinken,** mindestens zwei bis drei Liter Flüssigkeit.

Wer diese Dinge beachtet, wird für seine Anstrengungen reich belohnt. Keine westliche Hektik. Ruhe und Beschaulichkeit mit einigen Ausweichmanövern gemischt. Tempelfeste, Zeremonien, Gamelan-Musik, Rast am Warung, gute und böse Geister an Kreuzungen, Reisfelder, bellende Hunde, der Duft von Räucherstäbchen.

Rundfahrt

Es ist ratsam, seine **Kondition kurz anzutesten**. Um Ubud lassen sich einige schöne Kurzstrecken fahren. Aufsteigen und ausprobieren. Die Bergtauglichkeit lässt sich gut auf der Strecke Ubud – Andong – Nagi – Sapat – Pujung (je nach Bedarf und Kondition) und zurück testen.

Die beschriebene Tour ist so, dass sowohl trainierte als auch wenig trainierte Fahrer auf ihre Kosten kommen. Es gibt genügend Übernachtungs- und Verpflegungsmöglichkeiten. Außerdem lassen sich individuell längere oder kürzere Zusatzausflüge anhängen.

Die Tagesetappen sind alle in max. fünf bis sechs Stunden zu bewältigen.

■ **Ubud – Bangli:** Diese Strecke ist bequem in 3–4 Stunden mit Besichtigung zu fahren. Von Ubud nach Peliatan, dann Richtung Bedulu. Vor Bedulu liegt Goa Gajah, die Elefantenhöhle. Ein Besuch lohnt sich. Dann nach Bedulu, von dort nach Gianyar und weiter nach Peteluan. Es herrscht viel Verkehr auf diesem Streckenabschnitt. Von Peteluan bis Bangli leichte Steigung.

■ **Bangli – Besakih – Bangli:** Ein Abstecher zum Muttertempel nach Besakih und zurück (ca. 42 km). Hier kann man nochmals seine Bergtauglichkeit testen. Wer diese Strecke ohne Probleme schafft und noch etwas zulegen möchte, schafft auch die Auffahrt nach Penelokan.

Bangli – Penelokan – Kintamani (1717 m hoch): Für geübte Bergfahrer steht eine richtige Tour an. Wer sich diese Strapaze ersparen möchte, schläft aus und nimmt sein Fahrrad mit in ein Bemo. Der Preis ist Verhandlungssache, ca. der zwei- bis dreifache Personenbetrag. Es bleibt dann genügend Zeit für einen Abstecher zum Lake Batur oder zu Tempelbesichtigungen. Übernachtungsmöglichkeiten gibt es genügend.

Kintamani – Singaraja – Lovina Beach: Von Kintamani geht es eine knappe Stunde aufwärts bis Penulisan, dann folgt eine berauschende Abfahrt bis Kubutambahan. Hier ist auch der Tempel mit Radfahrer-Relief. Weiter nach Singaraja. Ein kleiner Zwischenstopp am Meer lohnt sich. Es gibt zahlreiche Homestays bis Lovina. Baden, schnorcheln, ein Ausflug zu den heißen Quellen bei Banjar.

Lovina Beach – Bedugul: Von Singaraja nach Bedugul geht es steil bergauf. In Singaraja bedient die erste Bemostation von Lovina kommend (links) die Richtung Denpasar. Hier kann man wieder ein Bemo chartern und das Fahrrad verladen. Wer mit dem Fahrrad fährt, braucht viel Kondition. Die Landschaft ist herrlich und entschädigt für die Anstrengung.

Bedugul – Ubud: Von Bedugul nach Luwus geht es abwärts mit Blick bis zum Süden Balis. In Luwus links abbiegen. Eine schmale Straße führt nach Petang. Im Dorf Poyan, etwa auf der halben Strecke, nach links abbiegen (entgegen der Vorstellung, es müsste rechts gehen), nach 200 m dann rechts nach Petang. Eine wunderbare Strecke führt durch ein romantisches Tal. Ab und zu ist Schieben angebracht. In Petang nach rechts Richtung Denpasar, weiter bis zum Affenwald in Sangeh, dann Latu, Sindhu, Kedewatan und schließlich Ubud.

der. Senggigi ist ein guter Ausgangspunkt für Tagestouren in die Region. Unbedingt die Qualität der Bikes vor der festen Zusage checken. Das Material sieht manchmal nur gut aus, hält aber einer eingehenden Prüfung kaum stand.

Auf den Gilis werden Fahrräder als Alternative zu den Cidomos (kleine Pferdewagen) vermietet.

▷ An den Vorbereitungen zu einem Tempelfest auf Bali ist immer die ganze Familie beteiligt

Feste und Feiertage

Feiertage in Indonesien

Die Feiertage richten sich hauptsächlich nach der jeweiligen Glaubensgemeinschaft und werden daher nicht überall begangen. Da Indonesien großteils muslimisch ist, sind die wichtigsten **islamischen Feste,** aber auch die anderer Religionen, staatliche Feiertage (siehe dazu „Indonesien im Überblick: Religionen"). Die religiösen Feste auf Bali richten sich nach dem **balinesischen Kalender** (siehe Kapitel „Bali – die Insel und ihre Bewohner: Tempelfeste").

- **1. Januar: Neujahr**
- **Nyepi:** Balinesisches Neujahr (nach dem balineschen Kalender)
- **Chinesisches Neujahr** (Feiertag der chinesischen Minderheit)
- **Maulud Nabi Mohammed,** Geburtstag des Propheten (nach dem islamischen Kalender)
- **Karfreitag**
- **Vesak, Buddhas Geburtstag** (nach dem buddhistischen Kalender)
- **Christi Himmelfahrt**
- **Lailat al Miraj,** Himmelfahrt des Propheten (nach dem islamischen Kalender)
- **17. August:** Unabhängigkeitstag
- **Idul Fitri,** Ende des Ramadan (nach dem islamischen Kalender)
- **Idul Adha,** Opferfest (nach dem islamischen Kalender)
- **Islamisches Neujahr** (nach dem islamischen Kalender)
- **25. Dezember:** Weihnachten

Festivals

Neben den zahlreichen Festen mit religiösem Hintergrund gibt es noch etliche andere interessante Festivitäten auf Bali und Lombok:

- **Bali Art Festival,** www.baliartsfestival.com. Im Juni/Juli, ein ganzer Monat mit Tanz, Kunst, Handwerk und jeder Menge Kultur und Brauchtum, an dem die ganze Insel beteiligt ist.
- **Bali Kite Festival,** Ende Juni am Strand von Sanur. Aus ganz Bali kommen Drachenfreunde zusammen, um ihre Drachen steigen zu lassen. Familien oder ganze Dorfgemeinschaften haben sich im Vorfeld zusammengetan, um den schönsten, schnellsten oder originellsten Drachen zu bauen. Manche sind mehr als zehn Meter lang und müssen eigens mit dem LKW herangeschafft werden.
- **Kuta Karnival.** Großes Event am Strand von Kuta im September, mit Yoga, Straßenkunst, Musik und allem, was zu einem Festival gehört.

014ba sb

- **Sanur Village Festival,** www.sanurvillagefestival.com. Seit 2006 alljährlich Ende August, mit viel Pomp, Modenschau, Vorführungen, Drachenfliegen und Laufwettbewerb.
- **Ubud Writers & Readers Festival,** www.ubudwritersfestival.com. Im Oktober mit Schriftstellern aus der ganzen Welt, erstmalig abgehalten 2004 als Reaktion auf das Bombenattentat von 2002. Es soll indonesische Schriftsteller mit Menschen aus anderen Ländern und Kulturen zusammenbringen und einen interkulturellen Dialog ermöglichen.
- **Nyale-Festival:** Einmal im Jahr, zum Ende der Regenzeit, findet bei Kuta an der Südküste Lomboks das Nyale-Festival statt. Tausende von Sasak treffen sich hier, um Nyale-Würmer im Meer zu fangen, und junge Männer können mit Mädchen zwecks baldiger Heirat anbändeln (siehe Kuta/Lombok).
- **Senggigi Festival.** Im Juli stattfindendes Festival in der touristischen Metropole Lomboks, mit Prozession, Tanz, Drachenbootrennen und einem besonderen Highlight, dem heute nur noch selten zu sehenden Stockkampf *Perisean* (siehe Exkurs „Das Kampfspiel Perisean").

Fotografieren und Filmen

Die Freunde der digitalen Fotografie und Filmerei können ihre Bilder in Internetcafés herunterladen und verschicken oder eine CD/DVD brennen lassen (rund 20.000 Rp.). Speicherkarten gibt es problemlos zu kaufen. Wer auf sein eigenes Material vertraut, sollte alles aus dem Heimat mitbringen. Und das reichlich: Es gibt sicher nur wenige Plätze auf der Welt, die so fotogen sind wie Bali. Fotomotive in Sachen Natur, Landschaft, Menschen, Feste und Zeremonien begegnen einem ständig.

Wer noch analog fotografiert, kann Filme in allen größeren Städten und Touristenorten kaufen und dort auch gleich entwickeln lassen. Häufig sind es vollautomatisierte „Super-Schnell-Entwicklungs-Shops", die Papierabzüge in Standardformaten machen. Prints gibt es – immer vorausgesetzt, die Maschine funktioniert – innerhalb von 45 bis 60 Minuten. Das Entwickeln ist deutlich preiswerter als in Mitteleuropa. So kosten Ausdrucke 9 x 13 cm analog rund 1000 Rp. das Stück, bei digitalen Ausdrucken sind es ca. 1500 Rp. 10 x 15 cm schlägt mit etwa 1200 Rp. für analog und 1500 Rp. für digital zu Buche. Dia-Filme sollten besser zu Hause entwickelt werden.

Einige Fotografiertipps

Das beste Fotolicht gibt es frühmorgens, denn schon ab 9 oder 10 Uhr scheint die Sonne so grell, dass die Bilder zu kontrastreich werden. Das gleißende Licht verursacht grau-bläuliche Bilder. Wer einen Polfilter besitzt, kann diesen unangenehmen Effekt ein wenig abschwächen. Das schöne Nachmittagslicht nimmt den Fotos etwas die Schärfe. Das lässt sich durch einen Skylight-Filter ein wenig ausgleichen. Das Licht der tief stehenden Sonne fällt gern ungewollt ins Objektiv, was sich meist mit einer Sonnenblende ausschließen lässt.

Problematisch ist das Fotografieren im Schatten, z.B. unter Bäumen, bei Tieren im Wald oder in bewaldeten Schluchten. Aufhellblitzen kann hier die Lösung sein. Bei der Digitalkamera könnte auch das

Hochschrauben der ASA-Zahl reichen. Das heißgeliebte Sonnenuntergangsfoto gelingt am besten, wenn die Kamera zuerst die Belichtungszeit des Himmels misst – ohne Sonne – und dann mit dieser Belichtungszeit die untergehende Sonne aufgenommen wird. Das bekannteste und begehrteste Motiv auf Bali sind sicher die Reisterrassen. Aufnahmen werden richtig gut, wenn die Sonne im Rücken des Fotografen steht.

Einige Verhaltensregeln

Wer auf Festen und Verbrennungszeremonien fotografiert, wird schnell die Erfahrung machen, dass fast alles geht. Besonders auf Bali sind die Menschen nicht nur ungemein fotogen, sondern sie lassen sich auch gern fotografieren. Natürlich hilft es, vor dem Foto höflich zu fragen – vor allem auf Lombok. Manchmal reicht ein Zeichen mit der Kamera, auf das ein zustimmendes Nicken des „Models" erfolgt. Natürlich muss die Fotografin oder der Fotograf damit rechnen, dass die Menschen ihre Bilder sehen wollen. Meist genügt es, das Ergebnis auf dem Display zu präsentieren.

Ein paar Regeln helfen, die zwischenmenschliche Ebene schnell herzustellen und Ärger zu vermeiden. So sollte **auf Tempelfesten nicht geblitzt** werden. Es ist verboten, zum Beispiel zwischen Priestern und Betenden Aufstellung zu nehmen, um etwa ein Porträt des Würdenträgers zu erhaschen. Auch sollte nicht von oben fotografiert werden. Damit würde sich der Fotograf über die Menschen erheben und das steht ihm in dem Augenblick nicht zu. Hier helfen ein wenig Entfernung von der Prozession oder Zeremonie und eine große Brennweite.

Menschen in peinlichen und **intimen Situationen** zu fotografieren, etwa beim Baden im Fluss, ist auf Bali genauso unangemessen wie in unseren Breiten. Ein Beispiel für diese Art der voyeuristischen Fotografie ist der Deutsche *Gregor Krause.* Als Arzt 1912 bis 1914 auf Bali unterwegs, machte er dort Tausende von Aufnahmen. 1918 brachte er gemeinsam mit dem holländischen Künstler *Wijnand Otto Jan Nieuwenkamp* erstmalig balinesische Kunst nach Europa – in einer Ausstellung in Amsterdam. Aber besonders seine Bilder sorgten 1920 in Deutschland nach ihrer Veröffentlichung in zwei Fotobänden für eine mythische Verklärung der Menschen Balis als „edle Wilde". Denn Krause hatte mit versteckter Kamera fotografiert. Und etliche Bilder zeigten nackte Frauen und Männer beim Baden in freier Natur. Damit bediente er im prüden und vom Ersten Weltkrieg gebeutelten Deutschland so manches Klischee von den in der Natur und im Einklang mit der Natur lebenden barbusigen, glücklichen Menschen. Vielleicht hatte Krause das nicht bedacht, aber seine Bilder lösten eine Sehnsucht nach dem vermeintlichen Paradies und dessen Unberührtheit aus, der Künstler, Schriftsteller, Fotografen und andere Freigeister nach Bali folgten. Unter ihnen z.B. die Schriftstellerin *Vicky Baum,* der Maler *Walter Spies* oder später der weltberühmte Fotograf *Henri Cartier-Bresson.* Und in Deutschland war der Bali-Tourismus geboren.

Auf Bali fotografieren – ein Gespräch mit Rio Helmi

Der Indonesier *Rio Helmi* wurde 1954 geboren und verbrachte große Teile seiner Kindheit als Sohn eines Diplomaten in der Schweiz, Australien und Deutschland. Seit 1978 lebt er als Fotograf auf Bali, heute mit eigenem Studio und Galerie in Ubud. Helmi war als Fotojournalist beispielsweise im Auftrag von New York Times und Geo in der ganzen Welt unterwegs, seit Ende der 1980er Jahre investiert er viel Zeit in Buchprojekte. Sein bekanntestes fotografisches Werk, „Bali Style", erschien 1995 und ist bis heute im wahrsten Sinne des Wortes stilbildend. Das Gespräch führte *Stefan Blank*.

Reise Know-How: Bali ist bunt und lebendig, die Menschen lassen sich gern fotografieren und an jeder Ecke gibt es eine Zeremonie. Wie können Fotografen da den Überblick behalten?

Helmi: Seit mehr als 35 Jahren fotografiere ich auf Bali, und es hat sich gezeigt, dass die besten Bilder entstehen, wenn der Fotograf mit Herz und Verstand bei der Sache ist. Also nicht einfach drauflosschießen, sondern vorher gut überlegen: Was will ich mit dem Bild sagen? Was ist das Besondere an der Situation? Bin ich nur überwältigt, ist sie nur spektakulär, was auf Bali kein Problem ist, oder verstehe ich, was gerade

018ba sb

vor sich geht? Oder versuche ich es wenigstens zu verstehen? Es ist wichtig, sich wirklich hineinzudenken, sich dementsprechend zu verhalten und dann teilzuhaben am Geschehen, nicht nur zuzuschauen.

Reise Know-How: A propos Verhalten: Balinesen lassen sich gern ablichten und kaum jemand wird Probleme bekommen, beispielsweise eine Verbrennungszeremonie zu fotografieren. Denn je mehr Leute, desto besser die Stimmung, sagen die Balinesen.

Helmi: Was aber nicht dazu führen sollte, dass ein Tourist mit kurzen Hosen, T-Shirt und Sandalen in eine Zeremonie eindringt, eine seiner drei großen, teuren Spiegelreflexkameras zückt und mit riesigem Objektiv und 1000 Millimeter Brennweite dann die Menschen abschießt. Ernsthaft: Wie würden sich Europäer vorkommen, wenn eine Horde Japaner mit Kameras ein Begräbnis heimsuchen würde? Meine Erfahrung ist: Verhalte dich als Fotograf immer der Situation angemessen. Das beginnt bei der Kleidung, die einfach zum Umfeld passen muss. Das geht weiter mit dem Verhalten, das vor allem durch Respekt geprägt sein sollte. Respekt gegenüber den Menschen, die ich ja fotografieren will. Das kann auch heißen, diese Menschen um Erlaubnis zu fragen, bevor ich ihnen den Augenblick mit meiner Kamera stehle. Wenn es nur mit einer Kopfbewegung ist oder mit einem Zeigen auf die Kamera, „darf ich?" Und falls das nicht geht, weil einfach zu viel los ist, dann sollte ich wenigstens ein Gespür dafür haben, ob es okay ist. Das alles gilt auch für das Equipment. Eine Kamera reicht, vielleicht klassisch mit 24-70-mm-Objektiv, unauffällig eingesetzt, nicht spektakulär in Szene gesetzt.

Reise Know-How: Und dann heftig in die Gruppe blitzen?

Helmi: Bitte nicht. Mit den heutigen Kameras kann vieles ohne Blitz gemacht werden, 1600 ASA sind häufig kein Problem. Ein Blitz kann die ganze Atmosphäre zerstören, beispielsweise bei einem Tanz oder einem Schattenspiel.

Reise Know-How: Nicht blitzen, passend angezogen sein, mitdenken und unauffälliges Equipment. Das ist alles?

Helmi: Nein. Mehr als mitdenken: Mitfühlen ist gefordert. Das Herz mit reinpacken, nicht nur das Kameraauge die Arbeit machen lassen. Sich interessieren, verstehen, mit den Menschen wirklich kommunizieren, Teil des Ganzen werden. Denn Balinesinnen und Balinesen sind sehr aufmerksam, auch wenn Besucher das nicht bemerken. Sie beobachten genau und bilden sich dann eine Meinung. Und wer hier als Fotograf durchfällt, wird nie zu richtig guten Bildern kommen.

Touristen fotografieren eine Verbrennungszeremonie (Ngaben)

Geldfragen

Indonesische Währung

Die indonesische Währung heißt **Rupiah (Rp.)**. Nach der Wirtschaftskrise zeigte sich die Rupiah relativ stabil, 2013 fiel der Kurs gegenüber dem Euro aber deutlich. Dazu kommt eine recht hohe Inflationsrate (2014 geschätzte 6,3 %). Als sichere Wertanlage kann die Rupiah also nicht bezeichnet werden.

Um etwaigen Ungleichgewichten aus dem Weg zu gehen, werden in Indonesien etliche finanzielle Transaktionen in **US-Dollar** abgewickelt. Das gilt beispielsweise für Büro- und Wohnungsmieten. Da der Dollar auch an Wert verloren hat, stehen Reisende mit dem Euro als Grundzahlungsmittel gar nicht schlecht da.

Es gibt neue und alte Münzen sowie Scheine. Fast jährlich werden neue Scheine, oft mit unterschiedlichen Motiven, herausgegeben, alle sind gültig. Im Umlauf befinden sich **Münzen** zu 100, 200, 500 und 1000 Rp. und **Scheine** zu 1000, 2000, 5000, 10.000, 20.000, 50.000 und 100.000 Rp.

Händler behaupten oft, kein **Wechselgeld** zu haben, um eben dieses zu sparen. Deshalb sollte in der Hosentasche stets ein wenig Kleingeld klimpern. In Supermärkten und Kaufhäusern hat es sich eingebürgert, Bonbons anstelle von Kleingeld zurückzugeben. Wer darauf besteht, Münzen haben zu wollen, sollte darauf hinweisen. Einfacher ist es wohl, das Bonbon zu lutschen.

Oft weigern sich Händler, zerschlissene oder angerissene alte Scheine anzunehmen. Auf der anderen Seite gibt es diese teilweise bis zur Unkenntlichkeit abgenutzten Lappen mit Vorliebe als Wechselgeld zurück. Wer sie nicht haben will, sollte sich standhaft weigern und neuere Scheine verlangen.

Wahl der Zahlungsmittel

Der **Euro** wird normalerweise überall akzeptiert, auch **Schweizer Franken** wurden an den Tafeln der Geldwechsler schon gesehen.

Sinnvoll ist es, den eigenen Cashflow gut zu planen: Wer einen zweiwöchigen Trip auf Lombok über den Rinjani mit Besuch einiger Sasak-Dörfer vorhat, sollte vorher genug Bargeld tauschen und vielleicht doch ein paar US-Dollar in kleinen Scheinen in der Tasche haben, falls alle Stricke reißen. Der Trick ist, von allem etwas dabei zu haben: Immer genug Bargeld, vielleicht ein paar Travellers' Cheques zur Sicherheit, die EC-Karte zum Abheben, wenn das Bargeld ausgeht, und die Kreditkarte, um teurere Dinge bargeldlos zu zahlen. Wobei Geldautomaten keine Seltenheit mehr sind: Schon bei den Gepäckbändern am Flughafen Ngurah Rai gibt es etliche Automaten.

Bargeld

„Bargeld lacht!", dieser Spruch gilt auch auf Bali und Lombok – die einfachste Methode, an indonesische Rupiahs zu kommen. Gut ist es darauf zu achten, dass die Rupiah-Scheine einen nicht zu großen Wert haben. Schon ein 50.000-Rp.-Schein kann einen Bemofahrer zum

Wahnsinn treiben. Kleine Scheine sind immer und überall eine gute Lösung für die Geschäfte des Alltags.

Banken und Geldwechsler

Banken und Geldwechsler sind normalerweise die Stationen, die in Sachen Bargeld für die finanzielle Unabhängigkeit sorgen. Hotels wechseln zwar auch Bargeld, aber normalerweise zu schlechteren Konditionen als der Geldwechsler auf der anderen Straßenseite. Für Freunde der „Nummer ganz sicher" sind Banken die Anlaufadresse.

Allerdings haben Banken gegenüber den Geldwechslern deutlich reduzierte **Öffnungszeiten:** Mo–Fr 8.30–14 oder 15 Uhr, manche auch Sa 9.30– 12.30 Uhr. Die **Kurse** sind möglicherweise nicht ganz so gut und das Wechseln kann lange dauern. Wer ein wenig Unterricht in Demut gegenüber offiziellen Stellen in Indonesien sucht, ist hier an der richtigen Stelle: Es wird geprüft, gezählt, unterzeichnet und nochmal geprüft. Schneller und unkomplizierter sind die lizenzierten Geldwechsler.

Wechselkurse

Stand: Januar 2015

- 1 Euro = 14.743 Rp., 1000 Rp. = 0,06 Euro
- 1 SFr = 12.275 Rp., 1000 Rp. = 0,08 SFr
- 1 US$ = 12.484 Rp., 1000 Rp. = 0,07 US$

Klar muss aber sein, dass die Geldwechsler je nach Grad der touristischen Erschließung einen besseren oder schlechteren Kurs geben. Dieser wird zwar jeden Tag als offizieller Wechselkurs in der Zeitung veröffentlicht, aber sogar innerhalb eines Ortes wie Ubud können sich die Kurse deutlich unterscheiden. Wer Zeit und Lust hat, kann also ein bisschen mehr Cash generieren durch eine kleine Recherche. Der Barkurs ist häufig besser als der Kurs für Travelers Cheques.

Travellers' Cheques

Es gibt sie noch, die Travellers' Cheques, auch wenn sie wohl bei den heimischen Banken kaum mehr nachgefragt werden. Erhältlich in verschiedenen Größen und Währungen, Gebühr beim Kauf immer ein Prozent des Werts. Der Klassiker sind Travellers' Cheques von American Express. Viele Banken und Europa stellen sie aus, kleine Stückelungen sind am praktischsten.

Auf Bali und Lombok können sie bei vielen Geldwechslern und größeren Hotels problemlos eingetauscht werden. Sie sind sicherer als Bargeld, da der Betrag des Schecks bei Verlust erstattet wird. Dafür ist beim Eintauschen der Kurs nicht ganz so gut wie bei Bargeld. Wichtig ist es, sich eine standardisierte Unterschrift zuzulegen. Es kann passieren, dass bei sich unterscheidenden Unterschriften – immerhin sind rund vier zu leisten bei der Einwechslung eines Reiseschecks – die Wechselstube in Aufruhr gerät: Der Chef wird befragt, es wird telefoniert, der Reisepass wird überprüft, das kann dauern.

EC-/Maestro-Karte

Karten mit dem **Cirrus- oder Maestro-Symbol** können beim Abheben an Bankautomaten auf Bali und Lombok zu **Schwierigkeiten** führen. Normalerweise gibt man einfach die Geheimnummer ein und zieht das Geld. Allerdings gibt es nach Leseraussagen einige deutsche Banken, über deren Karten man kein Geld ziehen kann. Man sollte sich also am besten im Vorfeld der Reise bei seiner Hausbank erkundigen und sich nicht darauf verlassen, dass man auf Bali und Lombok problemlos Geld abheben kann. Achtung: **Bankkarten** mit dem neuen **V PAY-Logo** funktionieren **nicht** in Indonesien.

Manchmal, je nach Bank, gilt ein Maximalbetrag für eine Abhebung. Ob und wie hoch die **Kosten für die Barabhebung** sind, ist abhängig von der kartenaustellenden Bank und von der Bank, bei der die Abhebung erfolgt. Man sollte sich daher vor der Reise bei seiner Hausbank informieren, mit welcher indonesischen Bank sie zusammenarbeitet. Im ungünstigsten Fall wird pro Abhebung eine Gebühr von 1 % des Abhebungsbetrags (oder mehr) berechnet.

Achtung beim Geldtausch!

Es gibt – vor allem in Kuta – Geldwechsler, deren Taschenrechner falsch eingestellt sind, sodass man nicht genau sehen kann, wie alles eingegeben wird. Der Wechsler zeigt einem zwar das Ergebnis, es ist aber eine falsche Rechnung. Insbesondere anfangs, wenn einem die Rupiahs noch nicht vertraut sind, heißt es: aufpassen! Entweder mit einem eigenen Taschenrechner mitrechnen oder zumindest im Kopf die grobe Endsumme überschlagen.

Ein anderer Betrügertrick ist, dem Kunden das Geld vorzuzählen und aus dem bereits vorgezählten Geldstapel die unteren Scheine wieder herauszuziehen. Das sind echte Zaubervorstellungen, man wird es kaum merken. Also immer das Geld vor den Augen des Wechslers noch einmal durchzählen und nahe bei sich deponieren. Geldwechsler dieser Art sitzen oft in einem vollen, lauten Ladenlokal, sodass der Kunde schon durch die Geräuschkulisse abgelenkt ist. Außerdem haben diese Geldwechsler häufig besonders günstige Kurse – ein deutliches Warnzeichen.

Kreditkarten

American Express, MasterCard und Visa werden in Touristenzentren von größeren Hotels, Restaurants und Reisebüros akzeptiert. Aber Vorsicht: Häufig werden die drei oder mehr Prozent, die das Hotel an die Kreditkartenorganisation abführen muss, auf den Endpreis aufgeschlagen. Auch könnte eine kleine Bearbeitungsgebühr dazukommen. Um Überraschungen zu vermeiden, am besten vorher fragen. Pro Barabhebung per Kreditkarte wird eine Gebühr von bis zu 5,5 % des Abhebungsbetrags berechnet. Für das **bargeldlose Zahlen per Kreditkarte** werden hingegen nur ca. 1–2 % für den Auslandseinsatz berechnet.

Zum **Sperren** von Geldkarten bei Verlust oder Diebstahl und zum Überweisen von Geld ins Ausland siehe Kapitel „Praktische Reisetipps A–Z: Notfälle“.

Achtung: Seit Anfang Januar 2015 muss beim Zahlungs- und Auszahlungsvorgang mit Kreditkarte in Indonesien eine **sechsstellige PIN-Nummer** eingegeben werden! Man sollte sich vor Reiseantritt unbedingt bei seinem Bankinstitut über die **aktuellen Nutzungsmöglichkeiten** der eigenen Karte in Indonesien erkundigen.

Reisekosten

Bali und Lombok sind recht günstige Reiseziele, Wechselkurs hin oder her. Natürlich können Touristen auch in einem Hotel oder Resort in der 100-Euro-Klasse wohnen und nur dort essen – auf europäischem Preisniveau. Wer aber vor die Tür geht, findet von der günstigen Unterkunft für rund zehn Euro bis zur Schüssel Nudelsuppe für einen Euro alles, was das Herz begehrt. Nicht zu vergessen, dass der Liter Sprit gerade mal um die 63 Cent kostet. Ein Ausflug mit dem Motorrad oder Leihwagen ist also im Vergleich zu heimischen Verhältnissen ein günstiges Vergnügen.

Einige Preisbeispiele

- **Losmen** ①, einfach: ca. 10–15 €
- **Mittelklasse-Hotel** ②-③: 15–50 €
- **Erstklassiges Hotel** ④: ab 50 €
- **Bustour,** ca. 30 km: 2,50 €
- **Bemo,** Kurzstrecke: 0,40 €
- **Benzin,** 1 l: ca. 0,63 €
- **Bier,** 0,33 l Flasche: 2 €
- **Kaffee:** 0,80 €
- **Softdrink:** 1 €
- **Zigaretten/Kretek, Packung:** 0,80 €
- **Nasi Goreng, Portion:** 1,50–3 €
- **Sarong:** 5 €
- **Massage:** 5–15 €
- **Moped,** Tagesmiete: 3,50 €

Gesundheitsvorsorge

Bei der Einreise nach Indonesien sind **keine Impfungen vorgeschrieben,** zumindest nicht für Besucher aus Europa. Wer aus Gelbfieberinfektionsgebieten kommt, muss nachweisen, dass er gegen diese Erkrankung geimpft ist. „Keine Impfvorschriften" bedeutet jedoch nicht, dass es auf Bali keine Infektionskrankheiten gibt.

Für alle Eventualitäten unterwegs seien die Bücher „Wo es keinen Arzt gibt – Medizinisches Gesundheitshandbuch zur Hilfe und Selbsthilfe unterwegs" und „Erste Hilfe unterwegs – effektiv und praxisnah" empfohlen. Beide sind bei Reise-Know-How erschienen und ausgesprochen nützlich.

Zu **Ernährungsfragen und Leitungswasser** siehe Kapitel „Reisetipps A–Z: Hygiene". Weitere Informationen zu Impfungen und **Krankheiten** finden sich im Anhang unter „Reise-Gesundheitsinformation Indonesien".

Sonnenschutz

Die Stärke der Sonneneinstrahlung und damit das Hautkrebsrisiko so nah am Äquator sollten nicht unterschätzt werden. Ein **Sonnenschutzmittel** mit Lichtschutzfaktor 20 oder höher – 30 ist einer guter Wert – gehört unbedingt ins Reisegepäck. Für die ersten Tage kann auch ein „Sunblocker" für Gesicht, Nacken, Unterarme und alle ungeschützten Körperbereiche eine gute Lösung zur Prävention sein. Generell ist es immer gut, den Schatten aufzusuchen. Auch Sonnenhungrige sollten die **Mittagshitze** mit der intensivsten Sonnenstrahlung meiden. Studien haben gezeigt, dass je nach Hauttyp schon 20 Minuten in der prallen Sonne zu Schäden führen können.

Reiseapotheke

Auf Bali, weniger auf Lombok, gibt es zahlreiche Apotheken, in denen alles für alle möglichen (Un)Fälle gekauft werden kann – rezeptfrei und deutlich günstiger als in Europa. Trotzdem sollten rezeptpflichtige Medikamente aus dem Heimatland mitgebracht werden. Es empfiehlt sich, eine individuelle Reiseapotheke mitzunehmen und unterwegs den Temperaturen entsprechend zu schützen.

Erste-Hilfe-Tropfen, auch als Notfall- oder Rescue-Tropfen (nach Dr. Bach) bekannt, sind ein beliebtes Mittel gegen alle möglichen Arten von Unbill auf Reisen. Bei Schock, Panik, Unfällen, Verletzungen und Mückenstichen können die Tropfen innerlich und äußerlich eingesetzt werden. Häufig helfen sie sofort.

Wen beim Busfahren oder auf dem Boot Reisekrankheit oder Übelkeit überkommt, die oder der greift am besten zu **„Antimo Dimenydrinate"-Tabletten.** Die praktischen Pillen gibt es in so gut wie jedem Laden auf Bali und Lombok, eine kostet 500 Rp. Balinesen schwören auf die Anti-Übelkeitstabletten und „essen sie wie Smarties", so die erstaunten Beobachtung eines dort lebenden Deutschen.

Geschlechtskrankheiten

Auch im „Paradies" lauert die Ansteckungsgefahr. Um sich Peinlichkeiten zu ersparen, hier das passende Vokabular: *Penyakit kotor* heißt Geschlechtskrankheit (wörtlich „schmutzige Krankheit"). Der entsprechende Facharzt nennt sich *Ahli Penyakit Kelamin.*

Heiraten

Wer zum „schönsten Tag im Leben" das ganz Besondere sucht, kann in Bali auch heiraten. Mehr als 100 ausländische Paare tun das jeden Monat. Etliche Hotels bieten spezielle Arrangements, einige Veranstalter haben sich **auf Hochzeiten spezialisiert.** Diese Hochzeitsorganisatoren kümmern sich für das Brautpaar um die Friseurin, Stylistin, den Pfarrer und den Standesbeamten, sorgen für die nötigen Übersetzungen der amtlichen Dokumente und Beglaubigungen und garantieren zum Abschluss prima Fotos. Rund 1500 Euro kostet der Spaß, die Festivitäten nicht eingerechnet. Sind alle Formalien erfüllt, muss nur noch der deutsche Honorarkonsul auf Bali seine Unterschrift druntersetzen – damit ist das Paar dann auch in Deutschland rechtsgültig verheiratet. Auf Hochzeiten spezialisiert ist beispielsweise *Gery Nutz,* Villa Kopiang in Mengwi (s. Mengwi).

> Das Quellwasser von Gunung Kawi gilt als heilig

Hygiene

Trinkwasser

Für alle Länder des Südens gilt, dass auf eine sorgfältige Trinkwasser- und Nahrungsmittelhygiene zu achten ist. Man sollte Wasser vor der Benutzung zum Trinken, Zähneputzen und zur Eiswürfelbereitung immer abkochen oder sterilisieren. Praktisch jeder Indonesier beherzigt dies. Abgepacktes Wasser ist eine einfache Lösung. Aber Vorsicht: Beim Kauf von Wasserflaschen – meist aus Plastik – sollte darauf geachtet werden, dass die Original-Verpackung nicht angebrochen ist.

Beliebt bei Touristen wie bei Indonesiern, türmen sich die **Plastik-Einwegbehälter** leider überall in der Landschaft. Also der Umwelt zuliebe: Tee trinken! Als Alternative zu den Liter- oder Halbiterflaschen gibt es Fünf-Liter-Kanister, die billiger sind und nicht weggeworfen werden, sondern im Haushalt sehr begehrt sind als verschließbarer Aufbewahrungsbehälter. Wasserspender oder sogenannte **Watercooler** als Automat sind auch eine Alternative.

Lebensmittel

Milchpulver oder Dosenmilch sollte man immer mit keimfreiem Wasser anrühren. **Milchprodukte** jeder Art kön-

019ba sb

nen Salmonellen enthalten – es sei denn, sie kommen pasteurisiert aus dem Supermarkt oder basieren auf Milchpulver. Das betrifft insbesondere Mayonnaise, offenes Speiseeis und Joghurt. In den Touristenzentren bekommt man in den Restaurants Capuccino, Milchkaffee oder Latte Macchiato angeboten. Die Getränke werden in der Regel mit H-Milch zubereitet. Wer sicher gehen will, sollte einen *Kopi pahit* bestellen – schwarzen Kaffee.

Fleisch- und Fischgerichte schmecken am besten heiß und gut durch. Beim intensiven Kochen oder Anbraten werden Infektionsrisiken deutlich verringert. Alles, was nicht durchgegart ist, birgt Gefahren: halbrohes Fleisch beispielsweise am Saté, halbroher oder roher Fisch, Muscheln, weiche oder gar rohe Eier.

Das gilt auch für **Salate,** Blattgemüse, ungeschältes **Obst** und **Gemüse.** Hier besteht die Gefahr, dass niedrig wachsende Pflanzen mit Fäkalien gedüngt wurden. Dadurch könnten sich Amöben (Ruhr) und andere Krankheitserreger darauf festgesetzt haben. Ein einfaches Abwaschen vertreibt die Biester nicht. Zwar ist Fäkaliendüngung auf Bali nicht üblich, aber mittlerweile ist auch in Indonesien oft nicht mehr sicher, woher die Waren kommen. Alles, was hoch oben wächst wie beispielsweise Jambu oder Äpfel ist weniger riskant, sollte aber trotzdem geschält werden. Also Finger weg von Tomaten- und Gurkenscheiben, Kohlschnitzeln, Salatblättern. Traditionell werden ohnehin nur Gurkenscheiben gereicht, und die sind meist geschält. Gekocht ist das Gemüse natürlich bedenkenlos genießbar. Obst sollte man schälen.

In Restaurants, Rumah Makan und Warungs können die angebotenen Speisen in der Regel bedenkenlos genossen werden, wenn man diese Regeln beachtet. Wer die Liste durchgeht, wird feststellen, dass die „Gefahrenquellen" meist im Zusammenhang mit typischen **Touristenspeisen** zu finden sind. Indonesier essen keine Milchspeisen, kochen ihre Eier hart und essen nur sehr wenig Fleisch.

Verträglichkeit

Jeder, der schon einmal weit gereist ist, weiß, dass sich in den ersten Wochen der Darm umstellt. Die Bakterien, die in jedem gesunden Darm für die geregelte Verdauung sorgen, gehören bestimmten Stämmen an, die zu Hause mit der Nahrung aufgenommen werden. In weit entfernten Ländern nun müssen plötzlich andere Stämme diese Aufgabe übernehmen. Während der Umstellungsphase kommt es häufig zu Verstopfungen oder zu **Durchfall,** normalerweise ohne Fieber und nicht besonders heftig. Ein, zwei Tage Diät mit Brot, Tee, Salz – und bald sind die Beschwerden vorbei. Fieber oder lang anhaltende Durchfälle können andere Ursachen haben, hier empfiehlt sich ein Arzt- oder zumindest Apothekenbesuch.

Das traditionelle Essen ist grundsätzlich recht bekömmlich, wenn auch teilweise **schärfer gewürzt** als in mitteleuropäischen Breiten. Salz wird in Indonesien hingegen deutlich weniger verwendet. An Mangelerscheinungen muss niemand leiden, es sei denn, er ernährt sich einseitig, weil er sich nicht traut, das Angebot auszunutzen.

Wasch- und Toilettenangelegenheiten

Indonesier legen Wert auf Sauberkeit. Täglich wird bis zu dreimal geduscht. Das klassische, indonesische **Badezimmer** *(Kamar Mandi)* hat mit dem unsrigen wenig gemein. Es besteht aus einem Becken, das ein wenig Ähnlichkeit mit einer Badewanne hat. Direkt daneben befindet sich oft das Hockklo. Irgendwo gibt es auch noch eine Kelle, mit der das Wasser aus dem Becken geschöpft und dann über den Körper gegossen wird. Damit das Wasser im Becken sauber bleibt, sollte man nicht auf den Gedanken kommen sich hineinzusetzen.

Die Touristenunterkünfte haben heute ihre Badezimmer mit westlichem Equipment ausgestattet: Dusche und Sitzklo sind keine Ausnahme mehr, sondern eher die Regel. Trotzdem wird oft auf das *Bak,* das Wasserbehältnis für die Kippdusche, nicht verzichtet, weil auch viele Urlauber die Vorzüge dieser Art des Duschens schätzen gelernt haben.

Die **indonesische Toilette** ist ein Hockklo. Gereinigt wird mit der linken Hand und Wasser. Toilettenpapier gilt als unhygienisch und wird von Indonesiern nicht benutzt. In Reichweite befindet sich immer ein Wasserhahn, ein gefüllter Eimer oder Topf. Toilettenpapier kann allerdings fast überall erworben werden. Auch Indonesier benutzen es manchmal, allerdings als Serviette.

Nicht jeder Haushalt verfügt über Mandi und/oder Toilette. Oft gibt es nur letztere *(Kamar Kecil).* **Nur-Toiletten** sind in einfachen Restaurants und Privathäusern häufig sehr dreckig. Bei einem dringenden Bedürfnis sollte man nie barfuß in derartige Räumlichkeiten gehen.

Indonesien im Internet

Im Internet als eine der wichtigsten Informationsquellen für Bali und Lombok sind viele Infos nicht unbedingt auf den „offiziellen" Seiten zu finden. Interessant sind die Sites, die aus dem Land selbst erzählen. Aber die Recherche per Google etc. lohnt sich: Man kann viele aktuelle Informationen schon vor der Reise sichten, bewerten und sammeln. Auch sind die großen Hotels normalerweise online, kleinere Hotels und Losmen präsentieren sich mittlerweile ebenfalls häufig mit eigenen Websites. Das Gleiche gilt für touristische Orte, Surf- und Tauchschulen, Anbieter von Exkursionen, Restaurants und Kochschulen. Bali und Lombok sind also zigtausendfach im Internet vertreten. Allein die Suche mit dem Begriff „Bali" über Google führt zu rund 15 Mio. Treffern.

An dieser Stelle können unmöglich alle Adressen genannt werden, die tiefergehende Informationen liefern. Auch hapert es häufig an der Aktualität der jeweiligen Website – besonders, was Preise und andere Angebote angeht. Nachstehend ein paar Adressen, die sofort weiterhelfen. Etliche der Sites sind auf Englisch, andere bleiben der persönlichen Recherchefreude überlassen.

Indonesien

- **www.indonesia-forum.de** hat einen eigenen Blog über Bali mit guten Infos, die meist aus erster Hand stammen und somit recht zuverlässig scheinen.

- **www.indonesia.travel** berichtet mit vielen Bildern und viel Text über Land und Leute, auch rund um Bali und Lombok.
- **www.watchindonesia.org** ist die richtige Website für Besucher, die sich neben den touristischen Angeboten auch für die politischen und gesellschaftlichen Umstände in Indonesien interessieren.

Bali

- **www.bali.com** ist eine erste Adresse, die schon wegen ihrer Einfachheit auf der Hand liegt. Hier gibt es einen sehr guten Überblick über Essen, Trinken, Kulturelles, Hotels mit Rabattangeboten und mehr.
- **www.bali-info.de** hat Wertungen zu den Fluglinien nach Bali und empfiehlt neben Ticketanbietern Villavermietungen, gibt Reise- und Insidertipps. Gute erste Anlaufadresse, um mal reinzuschnuppern.
- **www.balidiscovery.com** bietet neben den oben genannten Angeboten aktuelle Meldungen und Nachrichten aus Bali. Wer sich für den E-Mail-Newsletter einträgt, wird jeden Montag über Neuigkeiten informiert.
- **www.balihotels.com** und **www.balivillas.com** warten auf mit großen Hotels, die oft zu sehr günstigen Konditionen gebucht werden können.
- **www.budgetbali.com** und **www.belibali.com** nennen ebenfalls preiswerte Hotels und Transportmöglichkeiten.
- **www.reiseinfo-bali.de** will „die schönste Seite Balis" zeigen. In Text und Bild gelingt das relativ gut.
- **www.bali-intern.de** macht auf den ersten Blick einen handgestrickten Eindruck, ist aber in Sachen weiterführende Links eine gute Adresse. Sogar einen Link auf einen balinesischen Kalender gibt es: http://kalenderbali.org.
- **www.travelindo.com** glänzt mit Inlandsflügen zu deutlich günstigeren Preisen als in Deutschland.

Lombok

- **www.lomboktravelnews.com** hilft, online Übersicht über die Insel zu gewinnen und Ausflüge, Übernachtungen und mehr zu planen.
- Ähnlich ist **www.lombok-network.com** strukturiert: „Was tun?" bis zum aktuellen Flugplan – viele Fakten als Informationsgrundlage.
- **www.lombok-hotels.com** verspricht „More Hotels, More Choice, Better Value". Einfach mal reinschauen.

Blogs

Über Bali und Lombok wird auch gebloggt – gute Quellen für aktuelle Informationen aus erster Hand. Zum Beispiel:

- **www.baliblog.com** erzählt bunte Geschichten aus Bali: vom Foto des Tages bis hin zu „5 Dinge, die Sie in Denpasar machen sollten". Nette, lockere Informationsquelle.
- **http://news.bali.de** – „Nachrichten direkt aus der Kulturmetropole Ubud" heißt es da programmatisch. Wobei offensichtlich zumindest auf der Startseite nicht viel passiert.
- **http://blog.baliwww.com,** auf Englisch, mit einer bunten Mischung von Themen: von Fitness bis zu internationalen Events.
- **www.worldofinternetcafes.de** verschafft einen aktuellen Überblick über weltweite Adressen von Internetcafés, Flüge können gleich mitgebucht werden.
- **www.jakarta.diplo.de** ist die Website der Deutschen Botschaft in Jakarta. Sie bietet grundsätzliche Reiseinformationen zu Reisesicherheit, Gesundheit und Passangelegenheiten.

> Kompetente Hilfe bei der Touristinformation in Ubud

Bali ist bekannt als hervorragendes **Reiseziel für Familien mit Kindern.** Wer mehr darüber erfahren möchte, sollte sich bei den nachstehenden Adressen informieren:

- **www.baliforfamilies.com** – mit Forum, Unterkunftsmöglichkeiten und Vorschlägen für ein kindergerechtes Tagesprogramm.
- **www.baliforkids.com** – „Bali's Online Magazine for Kids, Parents, Families and everyone interested in Health, Bali or Kids!" heißt es da. Was will Familie mehr?

Informationen und eine erste Einführung für **schwule und lesbische Reisende** nach Bali gibt es unter **www.gay-bali.de.** Wer tiefer in die Materie einsteigen möchte, über einen längeren Aufenthalt nachdenkt oder vielleicht einen Tauchschein bei der Gay-Tauchschule machen will, ist richtig bei: **www.utopia-asia.com.** Hier gibt es eine ausführliche Indonesien- und Balidarstellung mitsamt Clubs und Bars, Regeln und Vorschriften, Chancen und Möglichkeiten. Eine andere gute Recherchequelle vor allem für Adressen ist **www.gay scout.com.**

Informationen

Informationsstellen

Nachstehend einige offizielle Adressen, die weiterhelfen können:

- **Visit Indonesia Tourism Office,** c/o Global Communication Experts GmbH, Hanauer Landstraße 184, 60314 Frankfurt, Tel. (069) 175371038, www.tourismus-indonesien.de. Das Tourismusbüro ist auch für Österreich und die Schweiz zuständig.
- **Deutsch-Indonesische Gesellschaft e. V.,** Geschäftsstelle Köln, Adrian-Kiels-Str. 7, 51149 Köln, www.dig-koeln.de

Offizielle Informationen zur **Sicherheitslage** und Infos zu Indonesien:

- **Deutschland:** www.auswaertiges-amt.de, Tel. 030-18172000

006ba sb

Österreich: www.bmeia.gv.at, Tel. 01-90115 4411

Schweiz: www.dfae.admin.ch, Tel. 0800-247 365

Fremdenverkehrsämter in Indonesien

Das **Department of Tourism** hat auf Bali einige offizielle Informationsstellen für Touristen eingerichtet, was aber nicht heißt, dass es immer gute Informationen gibt. Häufig hängt die Qualität der Infos vom Können und Wollen des jeweiligen Gesprächspartners ab. Informatives Prospektmaterial ist jedoch immer bei nachstehenden Adressen erhältlich.

Ngurah Rai International Airport

Ubud: an der Hauptstraße, Ecke Monkey Forest Road

Kuta: Jl. Raya Kuta 2

Denpasar: Jl. S. Parman Niti Mandala

Bali Tourism Board, Jl. Raya Puputan 41, Renon Denpasar, Bali, Tel. (0361) 235600,www.balitourismboard.org

Lombok: Dinas Pariwisata Seni & Budaya (Dept. Culture & Tourism), Jl. Singosari 2, Mataram, Lombok, Tel. (0370) 6322723

Ministry Of Tourism and Creative Economy, Republic Of Indonesia, Sapta Pesona Building Jl. Medan Merdeka Barat No. 17 Jakarta 10110, www.indonesia.travel

Touristinformationen vor Ort

Auf Bali und Lombok gibt es in den von Touristen besuchten Regionen und Dörfern oder Städten meist kleine Touristeninformationsbüros, die mit **Kantor Pariwisata** gekennzeichnet sind. Das Niveau der gebotenen Informationen kann aber sehr unterschiedlich sein: von Prospekten und intensiver Beratung auf Englisch bis hin zu ungenügender Information und kaum ausreichenden englischen Sprachkenntnissen. Sicher ist aber, dass man immer freundlich behandelt wird. Und wenn alle Stricke reißen, niemand mehr weiter weiß und der letzte Minibus des Tages gerade am Horizont verschwindet, lohnt ein Besuch auf der örtlichen Polizeiwache. Dort tut man immer sein Bestes und findet manche Lösung – von der alternativen Fortbewegungsmethode per öffentlichem Nahverkehr bis hin zum Hinterzimmer oder der örtlichen Gefängniszelle, in der Reisende auch mal eine Nacht verbringen können. Sicher eine nette Anekdote für die Verwandten in der Heimat.

Reiseagentur

Guten Service in Sachen Information bietet normalerweise der Touren- und Reiseanbieter **Perama** (www.peramatour.com) mit etlichen Büros auf Bali: Kuta, Ubud, Sanur, Candi Dasa, Padangbai, Lovina. Auf Lombok gibt es Perama-Büros in Mataram, Senggigi, Labuhan Lombok und auf den Gilis. Perama selbst organisiert Touren unter dem Motto „Provide easiness & safety at a reasonable price, all for your convenience". Einige Büros wechseln Bargeld und Reiseschecks zu brauchbaren Konditionen.

Mit Kindern unterwegs

von *Gunda Urban*

Achtung! Kinder, egal wie alt, benötigen einen eigenen Reisepass mit Lichtbild, der noch mindestens sechs Monate gültig ist.

Wer sich entschlossen hat, mit Baby oder Kleinkind eine Reise nach Asien zu unternehmen, hat mit Bali als Reiseziel eine ausgesprochen gute Wahl getroffen. Balinesen sind sehr **kinderfreundlich** und stets bemüht, den kleinen Erdenbürgern alles Mögliche recht zu machen. Jedes Kind wird umworben mit „manis", (wie süß), und wenn es irgendein Unheil anrichtet, kann man sich eines „tidak apa-apa" (macht nichts) oder „biasa begitu" (das ist normal) sicher sein. Fast immer ist jemand da, der das Kind gern herumtragen oder mit ihm spielen möchte. Ist das Kind einmal müde, findet sich in fast jedem Restaurant eine Decke sowie eine ruhigere Ecke für ein einigermaßen geruhsames Schläfchen. Geduldig werden Fläschchen gewärmt und gewürzarme Kost (immer erst probieren, da manchmal zuvor in der gleichen Pfanne ein Chili-Gericht gekocht wurde) zubereitet. Gelassen werden in eine Schlucht gestürzte Kinderspielzeuge gerettet.

In Ubud und Kuta gibt es Geschäfte mit am westlichen Geschmack orientierter **Kinderkleidung** und **Spielsachen.** In Supermärkten werden **Pampers** und **Babynahrung** verkauft. Sogar Buggies für einen gemütlichen Einkaufsbummel kann man sich leihen.

Von zu Hause mitnehmen muss man auf jeden Fall das **Lieblingsspielzeug.** Der vertraute Geruch der eigenen **Schmusedecke** oder des **Kuschelkissens** geben dem Kind mehr Sicherheit, und es fühlt sich schneller zu Hause. Gibt es kein spezielles Ding, das das Kind zum Schlafen benötigt, nimmt man einfach den wochenlang (!) benutzten Kopfkissenbezug von zu Hause mit. Im Laufe der Reise wandelt sich dann der Heimat-Geruch zum Reise-Geruch.

Die lange **Anreise** von rund 18 Stunden oder mehr ist für Erwachsene strapaziös, die Kleinen stecken das sehr viel einfacher weg. Kinder unter zwei Jahren zahlen nur ein Minimum an Flugkosten und haben keinen Sitzplatzanspruch. Normalerweise werden Eltern mit Kindern im Flugzeug direkt vor die Küchenwand gesetzt. Das ist zwar gut gemeint, weil dort die aufhängbaren Wiegen angebracht werden, jedoch lassen sich die Armlehnen hier nicht hochklappen. Das bedeutet in der Praxis: Man kann das für die Wiege schon zu große Kind noch nicht einmal quer über zwei Sitzplätze legen (wenn man mit seinem Partner reist). Gerade zur Hochsaison sind die Flugzeuge oft bis auf den letzten Platz ausgebucht, und man muss damit rechnen, das Kind die gesamte Zeit auf dem Schoß zu haben. Lässt sich ein freier Platz finden, kann man sich allerdings der Hilfe der Stewardessen sicher sein.

Bei der Buchung sollte man darauf achten, das **Kindermenü** zu bestellen. Kinder bekommen dann nicht nur passenderes Essen und kleine Spielzeuge, sondern sie bekommen ihr Essen auch zuerst serviert. So hat man Zeit, dem Kind zu helfen und anschließend in Ruhe selber zu essen.

Die **Zeitumstellung** lässt sich mit Kind nicht ignorieren. Spielstunden in den ersten zwei bis vier Nächten werden vom Kind zwangsverordnet. Man sollte Kleinigkeiten zu essen und trinken bereitstellen, denn auch der Kindermagen benötigt ein paar Tage für die Umstellung.

Weiterhin muss die **Reisegeschwindigkeit** den kindlichen Bedürfnissen angepasst werden. Schnelle Ortswechsel, zehn Tempelbesuche pro Tag, zwanzig Antiquitätengeschäfte pro Stunde erzeugen unvermeidbar schlechte Laune und lautstarke Proteste. Ein strukturierter Tag mit festen Spielstunden, eine „Heimat", von der man Ausflüge unternimmt, immer wieder dieselben Restaurants mit demselben Personal schaffen ein Zuhause. Bei Ausflügen sollte man stets etwas Trinkbares mit sich führen und dem Kind immer wieder anbieten.

Dehydration/Austrocknung passiert fast unmerklich und bei Kindern noch viel schneller als bei Erwachsenen (nach 36 Std. ohne Flüssigkeitszufuhr ist ein Erwachsener tot!). Kinder, die keine Flüssigkeit zu sich nehmen können, müssen sofort zum Arzt. **Babyfläschchen** und spezielle Babymilch gibt es in den Supermärkten.

Zum Überbrücken langer Distanzen sollte man nur hin und wieder lange **Busfahrten** in Kauf nehmen, denn hier kann es recht eng und stickig werden. Anders ist die Situation bei den privaten Bus- und Reiseunternehmen wie Perama. Hier wird sich allein schon das Personal intensiv um den Nachwuchs kümmern. Die beste und einfachste kindgerechte Transportlösung ist ein mittelgroßer Leihwagen mit Klimaanlage. Profis bringen ihren eigenen Kindersitz aus der Heimat mit. Damit das alles problemlos klappt, sollte man das schon bei der Buchung des Leihwagens klären – wenn man sie von zu Hause aus vornimmt. Ansonsten hilft die Verleihfirma vor Ort sicher gern weiter. Die Autositzschalen haben den Nebeneffekt, dass die Kleinen im Restaurant gut abgestellt werden können.

Auch Kinder haben **bevorzugte Reiseziele** wie z.B. Strände und Swimmingpools, Märkte, Werkstätten (Schmiede, Maler, Holzschnitzer), der Warung mit der besonders lieben Besitzerin, Vergnügungsparks wie der Waterbom in Kuta, Spielwarengeschäfte oder das indonesische Nachbarkind, mit dem es so schön spielen kann.

Sinnvollerweise sollte man einen kleinen **Bungalow** oder ein Häuschen mit Terrasse mieten. Das ist ein überschaubarer Bereich. Außerdem kann man auf der Terrasse gemütliche Abende in Hörweite des Kindes verbringen. Das Umfeld des Hotels sollte viel Abwechslung bieten. Gute Plätze für Familien nahe am Lifeguard-bewachten Strand sind auf Bali Lovina, Sanur und Kuta Beach. Lombok glänzt mit den Stränden bei Senggigi oder auf den Gilis. Die Nächte auf Gili Terawangan können dank der dort vorherrschenden Partykultur allerdings recht laut werden.

Es ist im Übrigen recht einfach und preiswert, ein **Kindermädchen** *(Pembantu,* englisch *Maid)* zu finden (im Hotel oder Losmen nachfragen). Es muss ja nicht gleich eine 24-Stunden-Betreuung sein. Ein paar Stunden am Tag, in denen die Eltern ihr Programm machen dürfen, reichen völlig aus. Während der Abwesenheit der Eltern wird das Kind absolut verwöhnt. Es darf alles tun, was es nur will. Die *Pembantu* greift lediglich ein, wenn das Kind sich oder andere in Gefahr bringt. Wer ein Haus mietet, kann häufig die Maid gleich „mitmieten". Sie kümmert sich dann sowohl um den Haushalt wie um den Nachwuchs.

Einen **Kinderwagen** oder **Buggy** mitzunehmen ist völlig unnütz. Die Straßen und Wege sind in der Regel so schlecht, dass man die meiste Zeit das Kind und den Buggy trägt. Außerdem geht es immer recht eng zu. Für kleine Kinder empfiehlt sich eine gute **Rückentrage** mit Hüftgurten.

Für die größeren Kinder kann man sich in **Restaurants** speziell etwas zubereiten lassen. *Tidak pedas* (nicht scharf!) oder *Jangan isi bumbu* (nicht würzen!) sind die Zauberworte. Nachsalzen kann man die Speisen immer noch. Die riesige Auswahl an **Früchten** sichert ein gutes Frühstück und die kleinen Mahlzeiten zwischendurch. Nicht vergessen: Das Obst sollte immer geschält werden.

Vor direkter **Sonneneinstrahlung** müssen Kinder geschützt werden. Ein Sonnenhut, der die sehr empfindlichen Kinderaugen beschattet und den kaum behaarten Kopf schützt, ist ein Muss. Weiterhin sollte das Kind immer mit Baby-Sonnenschutzcreme mit hohem Lichtschutzfaktor eingerieben oder eingesprüht werden. Am besten ist Sonnenschutz, der auch beim Baden im Meer erhalten bleibt. Da heutzutage viele Kinder allergisch reagieren, muss man auf jeden Fall einen Test zu Hause machen und eventuell andere Sonnenschutzmittel verwenden. Die Mittagssonne sollte man immer meiden. Die frühen Morgenstunden und der späte Nachmittag sind für alle Aktivitäten, insbesondere aber fürs Baden, am besten geeignet.

Die Abenddämmerung ist **Moskitozeit.** Dünne, lange Hosen, Socken und langärmelige T-Shirts schützen den größten Teil des Körpers. Mückenschutzmittel aus ätherischen Ölen halten Mücken recht gut auf Distanz (ausführliche Infos siehe Kapitel unten: „Kleidung und Reisegepäck"). Das chemische Mittel *Autan* ist nach wie vor ein sicherer Abwehrschutz. Kinder sollten aber nur im Notfall damit eingerieben werden. Vorsicht ist bei den Händen geboten. *Autan* brennt furchtbar, wenn es in die Augen kommt. Die Haut von Babys sollte auch nicht mit ätherischen Ölen eingerieben werden. In der Nacht kann man beträufelte Tücher mit ins Bett legen bzw. einige Tropfen auf die Kleidung geben.

Ein **Moskitonetz** gehört auf jeden Fall über das Bett. Für ganz kleine Babys kann man in Indonesien eine Art Käseglocke *(Kelambu Bayi)* aus Gaze und Draht kaufen. Hin und wieder schafft es eine vorwitzige Mücke trotzdem zu stechen; keine Panik, Bali und Lombok gelten in den vielbesuchten Touristenregionen nicht als Malariagebiet. Ein juckreizlinderndes Gel (wird auch von Naturkosmetikläden angeboten) verhindert das Aufkratzen der Stiche.

Die **medizinische Versorgung** ist in den touristischen Regionen Balis und Lomboks recht gut gesichert. Es gibt eigene Kinderärzte, auf Lombok ist die Ärztedichte geringer als auf Bali. Die Praxiszeiten liegen in den frühen Morgen- und Abendstunden. Es empfiehlt sich, sich vorher zu erkundigen, ob der Arzt Englisch spricht, ansonsten sollte man einen Dolmetscher mitnehmen.

Ein **medizinisches Notfall-Set** sollte man auf jeden Fall schon von zu Hause mitnehmen. Dazu gehören: Medikamente gegen Durchfall, Hustensaft, fiebersenkende bzw. schmerzstillende Medizin (als Tropfen, da Zäpfchen in der Wärme schmelzen), Wundsalbe, reichlich Wunddesinfektionsmittel und Pflaster. Jeder kleine Kratzer oder aufgekratzte Mückenstich sollte sofort desinfiziert werden, da es in den Tropen sehr schnell zu Entzündungen kommt. Welche Medikamente für das jeweilige Kind angemessen sind, sollte man auf jeden Fall mit dem Kinderarzt besprechen.

Wickelkinder sollten so wenig wie möglich Windeln tragen. In der feuchten Hitze entwickelt sich sehr schnell Windeldermatitis. Bei kleinen Pickelchen, nicht nur am Po, handelt es sich meistens um Hitzepickel, die von alleine wieder verschwinden. Wer mit der Babyflasche reist, sollte eine Flaschenbürste nicht vergessen, da sich in Babyflaschen durch die Hitze schnell Pilzkulturen bilden.

Tritt etwas Ungewöhnliches auf, hat man auch die Möglichkeit, per Telefon oder E-Mail den **Kinderarzt zu Hause** zu befragen. Die Telefonnummer des Kinderarztes also sicherheitshalber einpacken. Weiterhin sollte man sich sicher sein, dass das Kind die **Schutzimpfungen** gegen Polio und Tetanus erhalten hat.

Problematisch ist es, Spielkameraden für das etwas ältere Kleinkind zu finden. Nicht etwa, dass **balinesische Kinder** nicht spielen würden, jedoch gestaltet sich die Kommunikation, unabhängig von der Sprache, manchmal etwas schwierig. Die klein gewachsenen balinesischen Kinder halten unsere Zweijährigen für Vier- bis Fünfjährige und erwarten ein entsprechendes Spielverhalten (Fangen und Verstecken spielen o.Ä.), das ein Zweijähriger natürlich noch nicht erfüllen kann. Die zweijährigen balinesischen Kinder interessieren sich zwar für das westliche Kind, aber halten es für zu alt. Zusätzlich ist das Spielverhalten sehr unterschiedlich. Unsere Kinder wachsen mit beschäftigendem Spielzeug auf, während asiatische Kinder kaum Spielzeug besitzen und in der Regel aus der Natur schöpfen. Erwachsenen bei der Arbeit zu helfen oder nachahmende Spiele wie „Vater-Mutter-Kind" sind sehr beliebt. Allerdings unterscheidet sich der indonesische Eltern-Alltag von dem europäischen doch recht gravierend. Bei der Nachahmung einer balinesischen Verbrennungsfeier werden unsere Kinder einfach keine Rolle übernehmen können.

Es gibt natürlich auch Überschneidungen der Bedürfnisse: Dreirad fahren, Ball- oder mit Sand und Wasser spielen, kleine Autos herumschieben, mit Lego bauen usw. Im Großen und Ganzen muss man sich darüber im Klaren sein, dass man seinem Kind, insbesondere am Anfang des Aufenthaltes, mehr Aufmerksamkeit schenken muss. Bei den vielen spannenden und abwechslungsreichen Möglichkeiten, die Bali und Lombok bieten, sollte es nicht schwerfallen, das Kind zu unterhalten. Muscheln sammeln am Strand, durch die Reisfelder stromern, im Swimmingpool plantschen – alles geht. Und wenn das nicht reicht: Bali hat ein umfangreiches Kinder- und Familienprogramm auf Lager.

Pelangi School und Kindergarten

In die **privat geführte** Pelangi School und den dazu gehörigen Kindergarten können Kinder in den Altersklassen (Junior Kindergarten) 4–5 Jahre, (Senior Kindergarten) 5–6 Jahre und Grundschule 6–12 Jahre gehen. Kinder im Alter von 4–6 Jahren können tageweise dort ihre Zeit mit spielen, basteln, Musik machen o.Ä. verbringen. Schulkinder müssen für ein Minimum von 20 Tagen „eingeschult" werden, um am regulären Unterricht teilzunehmen. Man verständigt sich in **Englisch.** Die in einem offenen Palmenhain gelegene Anlage (Spielplatz, Schulgebäude) befindet sich in Pengosekan, nahe Ubud. Die Betreuungszeiten sind unterschiedlich, für die ganz Kleinen 8.30–12 Uhr, die Mittleren 8.30–15 Uhr und die Schulkinder 8.30–15.30 Uhr. Da die Gruppen klein sind, sollte man sich frühzeitig um einen Platz bemühen. Die Tagespreise liegen bei 300.000–500.000 Rp. pro Tag. Infos: Tel. (0361) 8504569, www.pelangischoolbali.com.

Vorschläge für ein Kinder- und Familienprogramm

■ In der **Bali Fun World,** Tel. (0361) 294924, www.balifunworld.com, in Sukawati, können Kinder von eins bis zwölf an Kletterwänden herumkraxeln, Labyrinthe erkunden oder in Sumo-Kostümen den Wettkampf mit anderen Kindern suchen.

■ Im **Camp Splash Kids Club,** Sanur Paradise Hotels & Suites, Tel. (0361) 281781, www.sanurparadise.com, geht es für über Vierjährige Kids ums Wasser. Hier wird unter Aufsicht geplanscht und gebadet.

■ **Waterbom,** Jl. Kartika, Tuban, Tel. (0361) 755 676, www.waterbom-bali.com, ist eine komplette und bekannte Ereigniswelt für die ganze Familie. Bungee Jumping ist genauso drin wie ein spezieller Kiddy Park.

■ Wer die Familie ein bisschen beschleunigen möchte, kann dies in Tuban gegenüber dem Metro Restaurant per **Go-Cart** tun, im Einzel- oder Doppelfahrzeug, Tel. (0361) 757850.

■ **Bali by Quad,** Tel. (0361) 8878989, www.balibyquad.com, organisiert Quad-Touren in die Reisfelder rund um Ubud. Kinder können mit ihren Eltern fahren oder mit einem Guide im Tandem. Teenager über 16 dürfen selbst fahren.

■ **Hamanah Drum N Dance,** Tel. (0819) 9990 6862, ist ein Unternehmen, das Kindern von eins bis neun auf ganz Bali die Kunst des afrikanischen Trommelns näherbringt.

■ **Minigolf,** Tanah Lot, Tabanan, Tel. (0361) 7437 774, kann in der Nähe des Tempels Tanah Lot gespielt werden. Speziell für die Kleinen gibt es einen Miniaturplatz mit 18 Löchern.

■ Das **ARMA Museum,** Jl. Pengosekan in Ubud, Tel. (0361) 976659, www.armabali.com, ist ein hervorragender Ort, um authentischen balinesischen Tanz kennenzulernen. Sonntagvormittags gibt es Kinderunterricht. Auch für Malerei und Musik werden Workshops angeboten. Das **Museum Puri Lukisan,** Jl. Raya Ubud, Tel. (0361) 971159, www.museumpurilukisan.com, bietet in seinen Workshops für jung und alt ein ähnliches Programm.

■ **Keramikmalerei** für Kinder bietet Jenggala Keramik an, Jl. Tamblingan in Sanur, neben dem Café Batu, Tel. (0361) 70311, www.jenggala-bali.com.

■ Künstlerisch tätig werden können Kinder und Jugendliche bei **Balinese Cultural Creations,** Jl. Pulau Alor Permai 88, Denpasar, Tel. (0361) 7472556, www.balineseculturalcreation.com. Hier gibt es Kurse in Batik, Holzschnitzen, Malerei, Massage und mehr.

■ **Kochkurse** für Kinder gibt *Ibu Made,* Tel. (0361) 2746452, in Kerobokan, sie kommt auch in die Urlaubervilla. *Made* geht es in erster Linie darum, Junk Food und Fast Food zu vermeiden und „Superfood" gemeinsam mit den Kindern zuzubereiten.

■ **Geburtstagsfeiern** für tierliebende Kids organisiert der Bali Zoo, Tel. (0361) 294357, www.balizoo.com.

■ Das **Green Camp** in Abaisemal, Tel. (0361) 469875, www.greencampbali.com, lädt die Kleinen ein unter dem Motto: „Get ready to get dirty – get ready to get green!" Hier wird Schokolade hergestellt, mit Bambus gebaut oder eine Schlammschlacht gemacht. Auch ein Nachtprogramm wird angeboten.

■ Tipps, Adressen und Anregungen findet man auch unter: **www.baliforkids.com.**

Kleidung und Reisegepäck

Eine Erfahrung bei einer Reise auf die Inseln ist meist: „Ich habe zuviel mitgenommen." Denn schnell ist der Rucksack oder Koffer vollgepackt, gebraucht wird aber nur recht wenig. So sollte beim Planen und Zusammenstellen der Ausrüstung bedacht werden, dass alles nicht zu schwer und sperrig ist – natürlich abhängig von der Art der Reise. Genügsam ist der Badeurlaub, bei einer Dschungel- oder Bergtour wird es anspruchsvoller.

Kleidung

Die Hauptsache ist dünn: Baumwolle oder besser leicht und schnell trocknende Funktionskleidung. Lange Hosen, Röcke, T-Shirts, Hemden und Blusen gehen immer. Nicht zu eng, da wird es beim Schwitzen schnell unkomfortabel.

Bali ist ein Eldorado für **Oberbekleidung.** In Kuta und Ubud wird so viel modische Kleidung angeboten, dass die Kaufentscheidung häufig schwerfällt. Es gibt coole Surferklamotten oder schickes, edles Design mit einem künstlerischen, balinesischen Einschlag. Wer will, kann sich in der Jl. Hanoman in Ubud mit Öko- oder Yoga-Klamotten eindecken. Auch die Weltmarken geben sich in den einschlägigen Malls ein Stelldichein – beispielsweise der Discovery Mall in Tuban. Überhaupt lohnt es sich immer, mit schmalem Gepäck anzureisen und den Koffer dann aufzufüllen. Auf Bali ist Bekleidungskauf deutlich preiswerter als in Europa. Kein Wunder: Viele europäische und amerikanische Firmen lassen in Indonesien produzieren. Häufig gibt es die gleiche Ware zum zehnfachen Preis in Geschäften in Deutschland, Österreich oder der Schweiz.

Unterwäsche allerdings sollte ausreichend mitgenommen werden. Wobei auch hier die Vertreter des kleinen Gepäcks darauf setzen, morgens vor dem Zähneputzen die Unterhosen schnell im Waschbecken zu reinigen und dann in die Sonne zu hängen. Nach dem Zähneputzen oder spätestens dem Frühstück sind die guten Stücke dann trocken. Für Frauen gehört ein BH ins Gepäck. Ein dünnes, langärmliges Shirt sollte nie fehlen: für Busfahrten mit Klimaanlage, kühlere Abende oder zum Schutz vor Insektenstichen. Eine dicke Jacke ist nicht nötig.

In nicht-touristischen Gebieten reicht für den Strand ein **Badeanzug.** In abgelegeneren Ecken Balis und vor allem auf Lombok baden Frauen in langen Hosen oder Shorts und T-Shirts. Ein Sarong erfüllt den gleichen Zweck. Um Aufsehen am Strand zu vermeiden, empfiehlt es sich, sich den örtlichen Gebräuchen anzupassen.

Als **Regenschutz** eignen sich dünne, auf das Kleinste zusammenfaltbare Nylonjacken. Regenschirme können überall sehr preiswert gekauft werden. Immer eine Show ist es, wenn die Straßenhändler bei einem Schauer komplett und innerhalb von Minuten ihr Sortiment auf Regenschirme umstellen. Praktisch sind natürlich die kleinen Knirps-Schirme.

Schuhe und **Sandalen** sollten von zu Hause mitgebracht werden. Natürlich gibt es die auch zu kaufen – aber außer in Touristengegenden nur bis Größe 42. Wer also große Füße hat, sollte ein Ersatzpaar dabei haben. **Flip-Flops,** den Schuh-Klassiker Asiens, gibt es an allen Ecken und preiswerter als in der Heimat. Wer hier auf hippes Material steht, ist in den Surfshops von Kuta gut aufgehoben. Flip-Flops sind die ideale Lösung für den Besuch von fremden Bädern und Toiletten.

Der **Sarong** ist das vielfältigste und praktischste Bekleidungsstück überhaupt. Es handelt sich um ein großes rechteckiges Stück Stoff, das sich verwandeln lässt in Kleid, Rock, Bademantel, Badeanzug für abgelegenere Gegenden, Badetuch, Handtuch, Laken, Decke, Umkleidekabine und vieles mehr. Wie ein Sarong getragen und gebunden wird, kann bei den Einheimischen abgeguckt oder beim Kauf gelernt werden.

Wussten Sie schon ...?

von *Stefan Blank*

... dass es auf den Gilis keine Hunde gibt – aus religiösen Gründen?
... dass Experten für Bali bis 2020 einen jährlichen Anstieg des Tourismus um 6,5 Prozent erwarten, gegenüber 4,1 Prozent weltweit?
... dass jeder Tourist 15-Mal soviel Plastik (ver)braucht wie ein Balinese?
... dass Pulau Menjangen vom berühmten Meeresforscher *Jacques Cousteau* zu einem der schönsten Tauchspots weltweit erklärt worden ist?
... dass die Green School das größte Bambusgebäude der Welt ist?
.... dass der Aufstieg zum Tempel Pura Lempuyang rund 2000 Treppenstufen lang ist?
... dass es die Sprache Indonesisch offiziell erst seit 1928 gibt?
... dass das damalige Haus des deutsch-russischen Künstlers *Walter Spies* heute bewohnt werden kann?

Rucksack

Wer auf seiner Reise mit Bus, Zug, Bemos und zu Fuß unterwegs sein möchte, sollte sich einen guten, passenden Rucksack zulegen. Nicht zu groß oder zu klein, wasser- und reißfest, mit gepolsterten, verstellbaren Hüft- und Tragegurten, vielleicht mit einer **Regenhülle** für die Regenzeit. In der Not tun es als Abdeckung auch Plastiktüten oder ein Müllsack.

Ein **Tagesrucksack** ist sinnvoll bei Ein- bis Dreitages-Touren. Er reicht aus für die nötigsten Dinge wie Zahnbürste, Seife, Sarong, Handtuch, T-Shirt, Kekse und Wasser.

Umhängetasche

Eine kleine Tasche ist ein guter Unterbringungsort für Geld, Papiere, Tage-

008ba sb

buch, den Reiseführer, Karten, Kugelschreiber und alles, was Mensch den Tag über braucht. Sie sollte gut verschließbar sein und der Trageriemen stark genug, damit er nicht einfach zerschnitten oder zerrissen werden kann. Es gibt schick aussehende Umhängetaschen aus **aufschlitzsicherem Material,** deren Trageriemen mit Metall durchsetzt sind. So wird Diebstahl oder Aufschlitzen fast unmöglich.

⌃ Ticketkauf für die Bootsfahrt zur kleinen Insel Lembongan

Schlafsack

Ein Schlafsack ist zu 95 % aller Fälle überflüssig. Nur Trekker, die ihre Reise konsequent in den Bergregionen verbringen, sollten einen dabei haben. Ein leichter Reise- oder Jugendherbergsschlafsack aus Seide oder Baumwolle kann dagegen eine schlanke und gute Lösung sein, beispielsweise wenn es darum geht, sich gegen Insekten zu schützen. Für Puristen reichen erfahrungsgemäß zwei Bettlaken: eins zum Zudecken und das andere als Laken.

Hygieneartikel

Alles für die tägliche Reinigung wie Seife, Shampoo, Zahnpasta und Zahnbürste ist auch auf Bali und Lombok normalerweise problemlos und günstig zu haben. Recht teuer ist Sonnenmilch, die sollte man besser aus der Heimat mitbringen. Auch Rasierzeug gehört in den Toilettenbeutel. Tampons können in Supermärkten gekauft werden, sind aber in der Heimat deutlich günstiger zu haben. Kondome, Antibabypillen sowie andere Verhütungsmittel gehören ins Reisegepäck.

Waschmittel gibt es auf Bali in kleinen Tütchen oder Tuben, eine gute Lösung für die tägliche Reinigung der Unterwäsche. Einfach und günstig ist es auch, die Wäsche im eigenen Losmen, Homestay und Hotel waschen zu lassen.

Sonnenschutz

Sonnenhut und Sonnenbrille sollte mitgebracht werden. Wer kauffreudig ist, sollte das Sonnenhut-Sortiment dann noch um eine Surfer-Cap erweitern. Die Sonnenbrillen, die Straßenhändler zu billigsten Preisen anbieten, sind von minderwertiger Qualität und nicht gut für die Gesundheit der Augen. **Sonnenschutzmittel** mit hohem Lichtschutzfaktor ist ein Muss. Lichtschutzfaktor 30 sollte schon drin sein, vor allem die Körperregionen, die viel und unmittelbar der Sonne ausgesetzt sind. Der beste Sonnenschutz ist nach wie vor, sich nicht zu lange der Sonne auszusetzen und vor allem die Mittagszeit im Schatten zu verbringen.

Moskitonetz

Mücken lassen sich nachts am besten durch ein Netz fernhalten. Moskitonetze aus Plastik werden zwar auch auf Bali in den schrillsten Farben zu Spottpreisen angeboten, aber das Gewebe ist sehr lose, und deshalb sind sie sehr schnell durchlöchert. Besseres Material muss schon aufwendiger gesucht werden. Wer dem aus dem Weg gehen will, bringt von zu Hause ein Netz mit. Es gibt sie in Kasten-, Baldachin- oder Pyramidenform, je nach Einsatzzweck, als Schlafsack-, oder Bodenzelt-Netz, gegen Moskitos imprägniert oder mit einer ganz engen Maschenweite. Eine stabile Schnur und ein paar Nägel zur Befestigung sollten im Gepäck sein. Auch Klebeband ist ein guter Tipp. So können vorhandene Moskitonetze im Losmen oder Hotel einfach geflickt werden. Nicht vergessen, das Moskitonetz beim Einzug ins Zimmer kritisch unter die Lupe zu nehmen. Und vor allem abends dafür sorgen, dass es wirklich dicht ist, nicht überhängt oder Lücken beim Spannen entstanden sind.

Mückenschutzmittel

Mückenschutzmittel aus ätherischen Ölen halten Mücken gut auf Distanz. Insbesondere folgende Inhaltsstoffe sind dafür verantwortlich: Lavendel, Zitrone, beziehungsweise Zitronell und Nelke. Wer von dem Einsatz von Chemie nicht viel hält, lässt sich so ein Öl im Verhältnis 1:1:1 mit drei Teilen Körperöl in Apotheken oder deutlich preiswerter in Naturkosmetikläden mischen. Es gibt auch fertige Produkte aus rein pflanzlichen Wirkstoffen, die in der Regel recht gut sind. Der Nachteil von ätherischen Mückenschutzmittel ist, dass der Schutz nicht lange anhält. Und bei einem Sturmangriff von völlig ausgehungerten

asiatischen Moskitos hilft nur noch Chemie. Der Klassiker in unseren Breiten ist Autan – als Pumpspray oder flüssig.

Weitere nützliche Dinge

Taschenlampe: Sehr wichtig! Ab 18 Uhr ist es dunkel – wirklich dunkel. Beim Einpacken empfiehlt es sich, eine Batterie umzudrehen, damit sich die Lampe nicht in der Tasche anschaltet.

Ersatzbrille: nicht vergessen!

Lärmschutz: Geräuschempfindliche Personen sollten sich ein Döschen Ohropax einpacken. In Großstädten und Touristenzentren knattern die Motorräder und brummen die Autos bis spät in die Nacht. Wer in preiswerten Unterkünften wohnt, ist oft ungewollter Teilnehmer von Gesprächen oder Partys in der Nachbarschaft.

Vorhängeschlösser sind ganz praktisch, um das Reisegepäck oder auch das eigene Zimmer zu verschließen.

Nähzeug wie Sicherheitsnadel, Nähnadel, Zwirn und Nähseide nimmt nicht viel Platz weg und ist immer gut für kleinere Reparaturen.

Taucherbrille und Schnorchel: Bei praktisch allen touristisch erschlossenen Tauchgründen können gegen eine geringe Gebühr Schnorchelsachen geliehen werden. In größeren Touristenorten wie Kuta oder Sanur oder Tauchorten wie Tulamben oder Amed gibt es Tauchausrüstungsgeschäfte. Die eigene Ausrüstung ist natürlich immer besser. Aber wer nur ein paar Mal schnorcheln will, sollte das Zeug nicht wochenlang mit sich herumschleppen.

Reisewecker: Ein kleiner und stabiler Wecker oder eine Armbanduhr mit Weckfunktion sind ganz praktisch. Meist tut es auch das mitgebrachte Handy.

Landkarten

Auf Bali gibt es zwar ein großes Angebot an preiswerten Straßenkarten, in allen Touristenorten werden sie angeboten. Allerdings sind sie nicht immer aktuell. Empfehlenswert ist die gps-taugliche Karte aus dem world mapping project **„Bali, Lombok, Komodo"** im Maßstab 1:150.000, erschienen im Reise Know-How Verlag. Sie hat ein ausführliches Ortsregister sowie farbige Höhenschichten und ist auf wasserfestem, praktisch unzerreißbarem Polyart gedruckt.

Eine anerkannt brauchbare Karte von Bali ist der **„Bali Pathfinder"**. Für 60.000 Rp. in zahlreichen Supermärkten und Buchläden zu haben, weist er seit 1984 meist den richtigen Weg.

Es ist schwierig, das komplexe Wege- und Straßennetz auf Bali in einer Karte wiederzugeben. So kann es sein, dass kleinste Nebenstraßen nicht erfasst sind. Aber wer sich auf den größeren Straßen bewegt, wird keine Probleme bekommen. Und wer sich verfahren hat, fragt am besten die Einheimischen. Am besten viele Einheimische, denn die jeweilige Auskunft muss nicht die richtige sein.

◁ Freundliche Begrüßung auf der Insel der Götter und Dämonen

Balinesen würden kaum zugeben, dass sie den Weg nicht kennen. In ihrem Bestreben, Touristen zu helfen, zeigen sie lieber irgendeine Richtung. So verliert niemand das Gesicht und die Balinesen haben das vermeintliche Problem vom Hals. Aber keine Angst: Bali und Lombok sind überschaubar. Und sich verfahren kann eine durchaus spannende und bereichernde Erfahrung sein – der Weg zurück klappt immer.

Sprachführer

Mit ein paar Brocken Bahasa Indonesia öffnen sich Reisenden vielleicht ein paar Herzen und Türen. Besonders empfohlen sei der Band **„Indonesisch – Wort für Wort**“ aus der Kauderwelsch-Reihe des Reise Know-How Verlages. Wer sich das deutlich schwierigere Balinesisch antun will, sollte es mit dem in der gleichen Reihe erschienenen Buch **Balinesisch – Wort für Wort** probieren. Zu beiden Titeln sind Audio-CDs als Aussprache-Trainer erhältlich (siehe auch unten: „Sprache“).

Kurse und Workshops

Sprachkurse

Das Institut IALF Bali, Jl. Raya Sesetan in Denpasar, Tel. (0361) 225243, www.ialf.edu, bietet regelmäßig Zweiwochenkurse mit jeweils vier Stunden Unterricht täglich zum Erlernen der Bahasa Indonesia an. Auf dem Programm stehen auch einmonatige Einführungskurse mit jeweils zwei Stunden Unterricht am Tag.

Eine gute Adresse für Indonesisch-Sprachkurse ist das **Pondok Pekak Library & Learning Centre** in Ubud, Tel. (0361) 976194, librarypondok@yahoo.com. Es liegt auf der Ostseite des Fußballplatzes. Hier wird Indonesisch-Unterricht für alle Stufen und für einzelne Studenten oder Gruppen erteilt. Wer länger in Ubud ist, dem wird empfohlen, zwei- bis dreimal die Woche in den Unterricht zu gehen. Wer es eiliger hat, kann einen 24-Stunden-Intensivkurs belegen, verteilt auf drei Tage in der Woche. Die Unterrichtseinheit dauert anderthalb Stunden und kostet 120.000 Rp. Für sechs Unterrichtseinheiten werden 720.000 Rp. fällig, für zehn 1,2 Mio. Rp. Daneben hält die Bücherei rund 10.000 Bücher bereit – vom Krimi bis zur anthropologischen Studie.

Cultural Workshops

Am gleichen Ort werden zahlreiche **Musik- und handwerkliche Kurse** angeboten: Gamelan-Tanz, Gamelan spielen, balinesische Opfergaben herrichten, Früchte-Dekor, balinesische Malerei, Silberschmuck und Holzschnitzen.

Das **ARMA Museum,** Jl. Pengosekan in Ubud, Tel. (0361) 976659, www.armabali.com, bietet eine ganz Liste sogenannter Cultural Workshops, die Besuchern das Leben auf Bali näherbringen sollen. Sie dauern in der Regel zwei Stunden und können über das Büro gebucht werden. Es gibt Rabatt für Gruppen und Studenten.

021ba sb

Das seit 1954 existierende erste private Museum für balinesische Kunst **Puri Lukisan,** Tel. (0361) 971 159, www.museumpurilukisan.com, hat ebenfalls Art & Cultural Workshops im Angebot: von Gamelan über Maskenmalerei und Flöte bis hin zum Korbmachen, Tanzen oder Schattenspiel.

Yoga und Meditation

Ubud ist auch der richtige Ort für Yoga- und Meditationsunterricht. Es gibt etliche Anbieter, die sich in den letzten Jahren in und um das spirituelle Ubud niedergelassen haben und Yoga verschiedener Stilrichtungen anbieten. Ein Klassiker ist **The Yoga Barn** in der Jl. Pengosekan, Tel. (0361) 971236, www.theyogabarn.com. Hier gibt es Yoga, Pilates, Tanz, Meditation und einiges mehr. **Intuitive Flow,** Tel. (0361) 977824, www.intuitiveflow.com, ist ein Anbieter in Penestanan, der einen Wochenplan sowie Privatunterricht für Mitglieder und Besucher im Programm hat: von Hatha-

Das Pondok Pekak Learning Centre in Ubud bietet Kurse im Holzschnitzen an

Yoga bis Sumantra Balinese Yoga. **Desa Seni, A Village Resort,** Tel. (0361) 8446392, www.desaseni.com, in Canggu bietet jeden Tag Yoga und Meditation.

Parfümherstellung

Mal ganz etwas anderes: **L'Atelier Parfums & Creations,** Tel. (0361) 282529, www.parfumsetcreations.com, unterhält in Sanur ein Studio, in dem Interessierte nicht nur die feinen Gerüche aus Indonesien erleben und erschnüffeln, sondern sogar ein eigenes Parfüm kreieren können.

Medizinische Versorgung

Generell gilt auf Bali und Lombok, dass die medizinische Versorgung, vor allem auf dem Land, mit der in Europa nicht zu vergleichen ist. Sie ist vielfach **problematisch** – in technischer, apparativer und hygienischer Weise.

Trotzdem besteht beispielsweise auf Bali kein Mangel an Ärzten, die sich vor allem in den größeren Orten niedergelassen haben – die meisten in Denpasar und Südbali. Dort gibt es auch viele Spezialisten, die natürlich auch Spezialbezahlung verlangen.

Da es in Indonesien keine Krankenkassen gibt, müssen Behandlungskosten bei Arztbesuchen oder Krankenhausaufenthalten umgehend vor Ort bezahlt werden. Zu beachten ist auch, dass europäisch ausgebildete, Englisch oder Französisch sprechende Ärzte eher rar sind. Daher ist es gut, sich vor der Reise reise- oder tropenmedizinisch beraten zu lassen. Auch empfiehlt es sich, eine Reisekrankenversicherung inkl. Rückholversicherung abzuschließen (siehe unten: „Versicherungen").

Wer ärztliche Betreuung braucht oder einen Notfall hat: In den Touristenzentren Balis gibt es einige recht gut eingerichtete Kliniken, die eine 24-Stunden-Hilfe anbieten. Aktuelle Infos gibt's unter www.bali-directory.com/health-care.

In Kuta

- **International SOS Clinic,** Jl. Bypass Ngurah Rai 505, Tel. (0361) 720100, www.sos-bali.com.
- **Kuta Clinic,** Jl. Raya Kuta, Tel. (361) 758495.
- **Bali International Medical Center (BIMC),** Jl. Bypass Ngurah Rai 100, Tel. (0361) 7612 631, www.bimcbali.com.

Zahnarzt:

- **Dental Clinic Raya Kuta,** Jl. Raya Tuban 62, Tel. (0361) 758033.

In Sanur

- **Sanur Hospital,** Jl. Bypass Ngurah Rai, Tel. (0361) 289076.

Zahnarzt:

- **Retno W. Agung,** Jl. Bypass Ngurah Rai 4 A, Tel. (0361) 288501.

In Denpasar

- **Manuaba Hospital,** Jl. HOS Cokroaminoto 28, Tel. (0361) 426393, www.rsumanuaba.com.

Zahnarzt:

■ **Dental Clinic,** Jl. Sesetan 473, Tel. (0361) 228531.

In Nusa Dua

■ **Nusa Dua Emergency Clinic,** Jl. Pratama 81, Tel. (0361) 771324.

■ **BIMC Hospital,** Kawatan BTDC Blok D, Nusa Dua, 24 h, Tel. (0361) 30000911, www.bimcbali.com.

Zahnarzt:

■ **DDS. Ritjie Rihartinah,** Jl. Pratama 81, Tel. (0361) 771324.

In Singaraja

■ **Prodia Clinic,** Jl. RA Kartini 12, Tel. (0362) 24516.

■ **Singaraja Public Hospital,** Jl. Ngurah Rai 30, Tel. (0362) 22573.

In Ubud

■ **Ubud Clinic,** Jl. Raya Ubud 36, Campuhan, Tel. (0361) 974911.

Auf Lombok

■ Auf Lombok verfügt das **Rumah Sakit Umum** (Öffentliches Krankenhaus), Jl. Pejanggik 6, Cakranegara, Tel. (0370) 623498, als einziges Krankenhaus über eine **Notaufnahme** und eine Spezialabteilung für Touristen.

■ Einen besseren Ruf in der Expat-Community Lomboks genießt die **Risa Clinic,** Jl. Pejanggik 115, Cakranegara. Tel. (0370) 625560.

■ Im **Senggigi Beach Hotel** befindet sich eine Klinik, Mo–Sa 9–17 Uhr, ein Arzt steht 24 Stunden auf Abruf bereit, Tel. (0370) 693210.

■ **Medika Husada Clinic,** Jl. Raya Senggigi, 50 m vom Kunstmarkt entfernt, Tel. (0370) 6644820.

■ **St. Antonius Hospital,** das katholische Krankenhaus in Ampenan, Jl. Koperasi, Tel. (0370) 621397, ist für seine Sauberkeit bekannt.

■ In Kuta/Lombok gibt es den **Lombok International Medical Service,** Jl. Raya Pantai Kuta 100.

■ Auf Gili Terawangan gibt es gibt zwei Gesundheitszentren, **Puskesmas** (öffentliche Klinik) und das **Hospital im Resort Villa Ombak.** Die Tauchcenter sind für Erste Hilfe ausgerüstet.

Nachtleben

Nachtschwärmer und Partymenschen haben es außerhalb der weltbekannten Partymeilen in **Kuta, Legian** oder **Seminyak** auf Bali, in **Senggigi** auf Lombok oder auf **Gili Terawangan** nicht leicht. Balinesen ziehen sich gern früh zurück, am besten mit Anbruch der Dunkelheit – allein schon, um den bösen Geistern, den *Leyaks*, aus dem Weg zu gehen.

Klar ist auf der anderen Seite: Wo Touristen sind, da ist Programm. So kann beispielsweise das eigentlich beschauliche Kalibukbuk an Lovina Beach in der Hochsaison in bestimmten Ecken nachts zu einer lauten Angelegenheit werden. Das gilt auch für Padangbai. Abhilfe gibt es, ebenso wie an anderen Partyspots: Wem es zu laut ist, der sollte ein paar Meter weiter ziehen ins übernächste Losmen oder Resort. Besonders Gili Terawangan genießt den Ruf ungehemmten Partyvergnügens. Doch hier reicht es, einfach das Dorf zu verlassen und in eine weiter entfernte Bungalowanlage zu ziehen. In der Hochsaison ist Party ein Muss auf Terawangan.

Anders in **Ubud:** Hier haben es die Bewohner verstanden, bisher keine Discos und andere Partylocations zuzulassen. Schon die Eröffnung des Starbucks an der Hauptstraße war ein großes Thema. In Ubud gibt es einige Kneipen, die länger auf haben, das heißt maximal bis Mitternacht, das ist fast schon alles. Wer beispielsweise in Penestanan oberhalb von Ubud absteigt, für den ist nachts meist das lauteste Geräusch das Rauschen des Flusses nebenan.

Notfälle

Notrufnummern

- **Feuerwehr:** 113
- **Polizei:** 110
- **Krankenwagen:** 118
- **Indonesisches Rotes Kreuz:** 225465
- **Rettungsdienst** (Koordinierungsstelle): 751111
- **Englischsprachige Polizei-Hotline Bali,** 24 Stunden pro Tag erreichbar: Tel. 0361-224111.

Verlust von Geldkarten

Bei Verlust oder Diebstahl der **Kredit- oder Maestro-Karte** sollte man diese umgehend sperren lassen. Für deutsche Maestro- und Kreditkarten gibt es die einheitliche **Sperrnummer (0049) 116 116** und im Ausland zusätzlich (0049) 30-4050 4050. Der TCS (Schweiz) betreibt einen **Kartensperrservice;** Infos unter Tel. (0041) 844 888 111. Ansonsten gelten für österreicherische und schweizerische Karten:

- **Maestro/Bankomat,** (A-)Tel. (0043) 1 204 8800; (CH-)Tel. (0041) 44 2712230, UBS: (0041) 800 888 601, Credit Suisse: (0041) 800 800488.
- **Für MasterCard, VISA, American Express** und **Diners Club** sollten Österreicher und Schweizer sich vor der Reise die Rufnummer der kartenausstellenden Bank notiert haben.

Auch Diebstahl oder Verlust von **Travellers' Cheques** müssen dem Unternehmen so schnell wie möglich mitgeteilt werden, damit zügig Ersatz kommt. Die Hotline-Nummer steht meist auf dem Zettel, auf dem die Nummern der Schecks eingetragen werden sollen. Bei American Express für Indonesien beispielsweise +1 (803) 440176. Diesen Zettel unbedingt getrennt von den Travellers' Cheques aufbewahren. Er ist die einzige Quittung!

Handy sperren

Wer ein deutsches Handy dabei hat, kann es von Indonesien aus bei Verlust oder Diebstahl beim jeweiligen Anbieter kostenpflichtig sperren lassen:

- **T-Mobile:** internationale Tel. (0049-1803) 302 202
- **Vodafone:** Internationale Tel. (0049) 1721212
- **E-Plus:** internationale Tel. (0049) 1771000
- **O_2:** international: (0049) 17955222

Geldnot

Wer dringend eine größere Geldsumme benötigt, z.B. wegen eines Unfalles oder Ähnlichem, kann sich auch nach Indonesien über **Western Union** Geld schicken lassen. Für den Transfer muss man die Person, die das Geld schicken soll, vorab benachrichtigen. Diese kann es via www.westernunion.de online über ihr Bankkonto versenden oder muss bei einer Western-Union-Vertretung (in Deutschland u.a. bei der Postbank) ein entsprechendes Formular ausfüllen und den Code der Transaktion telefonisch oder anderweitig übermitteln. Mit dem Code und dem Reisepass geht man zu einer beliebigen Vertretung von Western Union in Indonesien (siehe www.western union.de, „Vertriebsstandort suchen"), wo das Geld nach Ausfüllen eines Formulares binnen Minuten ausgezahlt wird. Je nach Höhe der Summe muss der Absender eine Gebühr zahlen (z.B. bei Überweisung eines Betrags von 2000 € auf ein Konto in Indonesien: 4,90 €, bei Barauszahlung werden stolze 75,50 € verlangt).

022ba sb

Öffnungszeiten

Ämter auf Bali und Lombok haben Öffnungszeiten, wie man sie aus der Heimat gewohnt ist. Meist wird unter der Woche um 8 Uhr geöffnet bis 15 oder 16 Uhr. Freitags beginnt das Wochenende teilweise schon um 12 Uhr. Verlassen sollte man sich mit wichtigen Anliegen allerdings nicht auf diese Angaben, sondern besser vorher nachfragen.

Banken sind geöffnet von 9 bis 14 oder 16 Uhr, freitags bis 12 oder 14 Uhr, einige öffnen auch am Samstagvormittag bis 12 Uhr. Die **Geldwechsler** haben längere Öffnungszeiten, hier ist auch der Sonntag kein Feiertag und sie sind teilweise bis in den späten Abend geöffnet.

Postämter halten sich an die gleichen Zeiten. Größere Filialen in den Touristenzentren sind durchaus länger oder sogar am Wochenende offen.

Post

Es gibt in fast allen größeren Orten Postämter *(Kantor pos)*, in Touristengebieten meist auch mit **Poste-Restante-Schalter.** Der Poste-Restante-Schalter in Denpasar nützt als Adresse wenig, da er im neuen Postamt, sieben oder acht Kilometer außerhalb des Zentrums (ohne di-

◁ Geöffnet „normalerweise jeden Tag, außer wenn die Angestellten zu einer Zeremonie sind. Bitte kommen Sie wieder, wenn offen ist"

rekte Bemo-Verbindung), untergebracht ist. Wer sich Post schicken lassen will, sollte als Adresse die Postämter in Ubud oder Kuta auf Bali angeben. Die Briefe werden am Poste-Restante-Schalter alphabetisch in einem Kasten sortiert, der auf Nachfrage herübergereicht wird. Es ist nie klar, ob die Sendungen im Kasten nach Vor- oder Nachnamen geordnet sind, man muss beide Möglichkeiten checken. Für jeden erhaltenen Brief wird eine Gebühr verlangt, je nach Postamt 2500 bis 5000 Rp.

Nach Europa ist ein **Brief per Luftpost** ca. fünf bis zehn Tage unterwegs, umgekehrt dauert es ungefähr eine Woche. Von den Postämtern in Ubud, Kuta und Denpasar können **Pakete** ins Ausland geschickt werden.

Porto nach Europa

- **Brief** bis 20 Gramm: 16.000 Rp.
- **Postkarte:** 10.000 Rp.
- **Paket:** Zwei Kilogramm kosten beispielsweise 365.000 Rp. und sind rund zwei Wochen unterwegs.

Presse und Radio

Info-Hefte

- Für Touristen und Expats auf Bali gleichermaßen interessant sind die englischsprachigen Gratisblätter **Bali Advertiser** (www.baliadvertiser.biz) und **Yes Bali Pages** (www.yesbalipages.com). Der Advertiser erscheint 14-tägig und ist eine Fundgrube an Informationen rund um das Leben auf Bali, mit Geschichten, Adressen, Tipps und einem umfangreichen Anzeigenteil, der zeigt, wo und wann was los ist. Die „Pages" erscheinen monatlich und liefern teilweise auch gute Karten einzelner Touristenorte.
- Eine andere, eher werblich orientierte Informationsquelle ist **Bali Travel News** (www.bali-travel news.com), mit aktuellen Meldungen aus der Welt des balinesischen Tourismus. Die Travel News sind ebenfalls kostenlos und erscheinen 14-tägig.
- **Bali Art Voice** ist die Stimme für Kunst und künstlerische Events auf Bali mit Schwerpunkt Ubud. Das Heftchen erscheint monatlich und ist kostenlos erhältlich.
- Für das eher jüngere oder jung gebliebene Publikum gibt es für Bali und Jakarta kostenlos **The Beat** (www.beatmag.com), ein 14-tägig erscheinender „Entertainment Gig Guide". Hier sind Konzerte, Events und Partys in Südbali aufgeführt.

Zeitungen und Magazine

- Das Magazin Bali **Now!** (www.nowbali.co.id) erscheint monatlich, kostet 30.000 Rp. und ist eine Edel-Zeitschrift mit schönen Bildern und Artikeln rund um balinesische Themen, die vor allem für Langzeiturlauber oder Expats interessant sind.
- Eine englischsprachige Tageszeitung neben der **Jakarta Post** gibt es auch, **The Bali Times** (www.thebalitimes.com). Eine andere Tageszeitung ist die **Bali Post** (www.internationalbalipost.com).
- **Bali Buzz** ist eine Monatsbeilage der **Jakarta Post.** Unter dem Motto „Sun, Sea and Sand" werden hier vor allem touristische Aspekte beleuchtet.

Regionale Blätter

- Die Provinz Karangasem bringt die Gratis-Zeitschrift **Agung – Your Guide to East Bali** heraus, ein recht informatives kleines Heft.
- In Kuta, Ubud und anderen für Touristen interessante Orten werden häufig eigene Anzeigenblätter

herausgebracht. Diese sind gratis, liegen zum Mitnehmen aus und sind nicht uninteressant, wenn es um Kaufen und Verkaufen, Neueröffnungen, Partys und andere Veranstaltungen geht. In Kuta gibt es **Kuta Weekly,** in Ubud beispielsweise **Ubud Community** (www.ubudcommunity.com), ein monatlich erscheinendes, kleines Magazin. **Ubud Life** ist ein anderes, recht ambitioniertes Projekt, die Region weiter werblich zu unterstützen und interessante Geschichten zu erzählen.

- In Lovina erscheint **The Lovina Pages** (http://issuu.com/thelovinapages). Auch Candi Dasa steht dem nicht nach und bringt ein alle zwei Monate erscheinendes Blättchen heraus: **Candidasa Network** (www.candidasanetwork.com), mit Freizeittipps, Adressen und Restaurantkritiken.
- Das passende Gegenstücke auf Lombok ist der **Lombok Guide** (www.thelombokguide.com). Der Guide gilt als die Informationsquelle in der Expats-Community und erscheint 14-tägig.

Radio

- **Radio Paradise** auf 100,7 FM ist der Radiosender Balis mit der besten Musikunterhaltung, wobei sich das Musikprogramm nach ein paar Tagen wiederholt. Auch *Peter Maffay* ist im Repertoire. Pünktlich um Mitternacht ist Schluss und das Radio verstummt.
- The **Beat Radio Plus** auf 98,5 FM bedient den Süden mit brauchbarer Musik und macht mit aufwendigen Partys und anderen Aktionen in und rund um Seminyak auf sich aufmerksam.
- Auf 87,8 FM bedient das **Hard Rock Radio Bali** seine Fans mit ebendiesem und Geschichten über Musik, Partys und Promis.
- **Kuta Radio** auf 106 FM. Der Sender bedient die surfende Region rund um Kuta mit Nachrichten und Musik.
- **baliradio.net** ist als Online-Radio unterwegs und bringt 24 Stunden täglich, sieben Tage die Woche auf Englisch „Music, culture, lifestyle".

Reisezeit

Bali und Lombok liegen etwas südlich des Äquators, dementsprechend ist das Klima **tropisch:** 30 Grad Celsius sind immer drin. Jahreszeiten, wie sie in den gemäßigten Breiten bekannt sind, gibt es nicht. Der Wechsel von Trockenzeit und Regenzeit bestimmt das Wetter. Aber auch auf Bali wirkt sich der weltweite Klimawandel aus. Die Regenzeit kann früher beginnen, dafür aber früher aufhören. Oder es regnet zum falschen Zeitpunkt zu viel.

Als Faustregel gilt, dass die Monate April bis September zur **Trockenzeit** zählen. Dann kann es kurz oder länger regnen, danach aber scheint mit Sicherheit wieder die Sonne und die vermeintliche Abkühlung trägt zur erhöhten Luftfeuchtigkeit bei. März und Oktober bis November sind Übergangsmonate, in denen es regnen kann, aber nicht muss. Wer also einen reinen Strandurlaub beispielsweise auf Lombok plant, sollte in der Trockenzeit reisen. Dummerweise fällt diese zusammen mit der Hauptreise- und Urlaubszeit in Mitteleuropa und Asien. So sind viele Reisende auf den Inseln unterwegs und in den Touristenballungszentren kann sich die Suche nach billigen Unterkünften schwierig gestalten.

Die **Regenzeit,** ungefähr von November bis März, kann stundenlange, häufig sintflutartige Regenfälle bringen. Das klingt aber schlimmer, als es ist: Normalerweise regnet es ab dem späten Nachmittag, sodass man sich gut auf den Tagesablauf einstellen kann. Dass der Himmel länger grau und trübe bleibt, ist eher ungewöhnlich. Sicher ist aber, dass es immer warm ist. Von Dezember bis Februar fällt der meiste Regen.

Trotz Regenrisiko ist Bali immer eine Reise wert in den Monaten **März, April** und **Oktober bis Dezember.** Da sind deutlich weniger Reisende unterwegs und die Leute, die mit dem Tourismus zu tun haben, sind nicht so gestresst. Zu Weihnachten und Anfang Januar reisen viele Australier nach Südbali und dann ist dort vorläufig Schluss mit der Ruhe. Wer die sucht, sollte den Süden meiden oder in der Regenzeit kommen.

Es lohnt sich also, seinen Aufenthalt nicht unbedingt vom Klima abhängig zu machen. Zu erleben gibt es auf Bali und Lombok immer etwas. Wem es auf Bali in der Trockenzeit am Wasser zu heiß ist, der macht einen Ausflug in die kühleren Berge. Und wem es im feuchteren Süden zu viel regnet, der probiert es mit dem trockeneren Norden. Die **besucherarme Zeit** hat dazu den Vorteil, dass die Preise günstiger und viele Zimmer noch frei sind. Mit ein bisschen Geschick ist mancher Discount drin. Es gibt weniger Nepp, an den Stränden ist es ruhiger und die geschäftstüchtigen Balinesen haben mehr Zeit für ein Schwätzchen oder gegenseitiges Kennenlernen.

Sicherheit

Kriminalität

Die Zeiten, in denen Reisende auf Bali an jeder Stelle ihren Geldbeutel ablegen konnten, ohne dass sie auch nur angerührt worden wären, sind lange vorbei. Besonders an stark überlaufenen Orten wie beispielsweise Kuta ist es schon lange nicht mehr wirklich sicher, obwohl über die Jahre ein Rückgang der Kleinkriminalität zu verzeichnen ist. Es schadet nicht, in Hotels die Wertpapiere im **Safe** zu deponieren – wobei es durchaus ratsam sein kann, eine Liste des Inhalts vom Betreiber abzeichnen zu lassen und nicht mit größeren Geldmengen zu prahlen.

Weitere Schwerpunkte: **Motorradfahrer** reißen einem im Vorbeifahren die Kamera oder Umhängetasche ab. Solche Überfälle werden gern abends oder nachts durchgeführt.

Eine Frau, aber auch ein Mann, die/der nachts allein am **Strand** herumläuft, darf sich nicht über ungewollte „Verehrer“ wundern. Einem Mann kann es darüber hinaus passieren, dass er von einem Mädchen „überfallen“ wird. Nachdem es ihn, auch gegen seinen Willen, abgeknutscht hat, kommen einige Burschen und wollen Geld für den „Liebesdienst“. Die Situation läuft genauso mit „Ladyboys“ (Transvestiten) ab.

Drogen

Es gibt in Kuta zwar Koks, Trips, Heroin, Opium, Haschisch und moderne Designerdrogen. Aber alle Rauschmittel sind in Indonesien, also auch auf Bali und Lombok, **verboten.** Täglich kommen Leute wegen illegalen Drogenbesitzes ins **Gefängnis.** Und der balinesische Knast in Kerobokan soll einer der schlimmsten in Indonesien sein: Sträflinge werden wochenlang mit den Händen an die Wand gekettet, müssen dann wie Tiere aus einem Napf essen, können sich nicht zum Schlafen hinlegen usw. Jedem sollte klar sein, dass nicht mehr gilt: Mit Geld kommt man immer wieder aus dem Knast. Auch in Indonesien wurden die Drogengesetze verschärft, nicht selten werden Todesurteile verhängt.

Ein kleiner unscheinbarer Pilz, der nach dem Regen unter Palmen auf Kuhmist wächst, hat ziemliche Berühmtheit auf Bali und vor allem Gili Terawangan erlangt. Die Legende erzählt, dass eine ältere Dame die erste Verkäuferin der **Magic Mushrooms** war. Wohl in den wilden 1980ern verkaufte sie die Produkte ihres Misthaufens hinterm Haus. Bis heute hat sie einiges an Gefolgschaft gewonnen. Wer durch das Dorf Terawangan läuft, kann die „Ticket to the Moon" anpreisenden Schilder kaum übersehen. Jahrelang galt das Psilocybin-Gewächs in Indonesien nicht als Droge und konnte somit frei verkauft werden. Berühmt waren auch die Magic-Omelettes von Kuta. Das hat sich allerdings schon 1984 geändert. Seither fallen auch diese Pilze unter das Drogengesetz und Genuss bzw. Verkauf oder Besitz werden genauso hart bestraft wie bei anderen Rauschgiften. Batikmotive mit besagten Pilzen stehen aber immer noch hoch im Kurs.

Achtung beim Geldwechseln!

Es gibt Wechsler, deren Taschenrechner falsch eingestellt sind. Zwar kann man genau sehen, wie alles eingegeben wird, und der Geldwechsler zeigt einem dann auch das Ergebnis. Es ist nur eine falsche Rechnung (siehe auch oben „Geldfragen").

Sport und Aktivitäten

Zu „Fahrradfahren", „Surfen" und „Tauchen" siehe eigene Stichworte.

Wellness, Yoga und Spa

Harmonische Atmosphäre, geschmackvolles Umfeld, Wohlfühlen und es sich gut gehen lassen, vielleicht ein wenig Meditation, einen Yoga-Kurs – das geht alles auf Bali. Wellness ist ein großes Thema im Tourismusplan für die Insel. So gut wie alle hochpreisigen Hotels und Resorts in den großen touristischen Orten – von Seminyak bis Senggigi – haben Wellness- oder Spa-Programme aufgelegt. Die besseren haben sich ganz dem klassischen Spa-Gedanken verschrieben. Denn das Wort leitet sich ab aus dem Lateinischen „sanus per aquam", „gesund durch Wasser". Wer sich hier eine **Massage** gönnt, sollte sich nicht wundern, wenn ihm vorher und nachher die Füße gewaschen werden. Andere Spas vernachlässigen den Wasseraspekt, aber ein „Body Scrub", vielleicht mit Kaffee, ist immer drin, oder auch eine Kräutermassage.

Ubud ist das Eldorado für die Szene, in **Penestanan** beispielsweise scheinen manche Besucher aus dem Westen leicht über dem Boden zu schweben – dank intensiver Yogapraxis, Tai-Chi- und anderen Kursen, die einfach gut tun. Das Angebot ist riesig, die Entscheidung für das eine oder andere wird nicht leicht gemacht. Vor allem, da etliche Spas öffnen, um bald wieder zu schließen und Jahr für Jahr neue Yoga-Zentren entstehen. Wer nicht im Resort die Grundversorgung an Erholung und Wellness findet, kann sich über die einschlägigen Gratis-Zeitungen in Ubud informieren. Eine erste Übersicht bietet www.balispaguide.com (auf Englisch).

Touren

- **A True Balinese Experience,** Tel. (0361) 239440, www.ayungriverrafting.com, bietet alles für den entdeckungsfreudigen Bali-Besucher: Elefantenausritte, Safari, Pferdereiten, Rafting und Radtouren.
- Einen Tag mit dem VW 181 Kübelwagen über die Insel fahren ist nicht nur für Hochzeitspaare eine nette Art, Bali zu entdecken. Der Pionier auf der Insel ist **Bali VW Tour,** Gery Nutz, Tel. (0361) 265411, www.bali-vw-tour.de. 55 € kostet die Tagestour.
- **Bali Spiritual Tours,** Tel. (0361) 980663, www.balispiritualtours.com, bietet ein- oder mehrtägige Touren, bei denen eben das Spirituelle im Mittelpunkt steht.
- **Extreme Asia,** Penestanan, Tel. (0821) 4783 9998, www.extreme-asia.com, bietet neben einem eher klassischen Ausflugsprogramm auch besondere Highlights wie beispielsweise einen Besuch bei einem Heiler oder Auracleaner, eine Teilnahme an einer Wasserzeremonie, eine Lesung aus Lontar-Blättern oder eine geführte Motorrad-Tour.

Kamelreiten

- Wer Bali von einer anderen Seite kennenlernen möchte, kann es auf dem Rücken eines Kamels probieren: **Bali Camel Safari's,** Tel. (0361) 776755, www.balicamelsafaris.com, macht an der Sawangan Beach beim Hotel Nikko Bali einstündige Kamelausritte. 39 US$ Erwachsene, 22 US$ Kinder.

Pferdeausritte

- In Saba Bay können Pferdefreunde den Strand entlang reiten. **Bali Horse Riding,** Tel. (0361) 239440, www.ayungriverrafting.com, bietet einen Tag auf dem Pferderücken inklusive Transport und Verpflegung. Die Kosten liegen bei 75 US$ für Erwachsene, 60 US$ für Kinder, die ganze Familie zahlt 210 US$.

Helikopterflug

- Wem es auf dem Pferderücken dann doch zu langweilig ist, der kann sich bei **Air Bali,** Tel. (0361) 767466, www.airbali.com, einen Helikopter chartern.

Unterwasser-Safari

- Wem Bali über Land nicht reicht, der kann sich auf eine Unterwasserreise begeben: **Odyssey Submarine Bali,** Tel. (0361) 759 777, www.submarine-bali.com, fährt mit einem U-Boot, in dem 36 Passagiere Platz haben, 45 Minuten lang auf rund 25 m Tiefe in die Welt unter Wasser. Startpunkt ist Amuk Bay in der Nähe von Padangbai. 95 US$ kostet der Spaß inklusive Barbecue-Lunch, Kinder zahlen 65 US$.

Hochseilgarten

- Der **Bali Treetop Adventure Park,** Tel. (0361) 8520680, www.balitreetop.com, beim Botanischen Garten in Bedugul, bietet Herausforderungen im Hochseil- und Klettergarten. Verschiedene Strecken können in unterschiedlichen Schwierigkeitsstufen zurückgelegt werden – in zwei bis 20 m Höhe. Wer selbst anreist, zahlt für den Erwachsenen 22 US$, für Kinder 14 US$ und für die Familie 57 US$.

Rafting

Whitewater Rafting auf dem Ayung-River ist ein nicht ganz billiger, aber lohnenswerter Ausflug. Für Nicht-Wildwassersportler eine tolle Gelegenheit, diesen Sport auszuprobieren, und das in einer atemberaubenden Natur. Über die sportliche Herausforderung können aktive Wildwassersportler allerdings nur lachen. Die Krönung dieser Tour ist ein abschließendes opulentes Mahl. Buchen geht bei vielen Reiseveranstaltern, 24 Stunden im Voraus. Wer direkt beim Veranstalter bucht, kann den Preis meist deutlich herunterhandeln, 50 % sollten drin sein, denn dann fällt keine Provision für den Vermittler an. So eine Tour dauert insgesamt etwa fünf bis sechs Stunden, je nach Wohnort. Man wird vom Hotel abgeholt und wieder zurückgebracht.

- **Sobek Adventure Tours,** Jl Bypass Ngurah Rai 100X, Kuta, Tel. (0361) 8899841, www.balisobek.com, 79 US$ für Erwachsene.
- **Bali Adventure Tours,** Jl Bypass Ngurah Rai, Pesanggaran, Tel. (0361) 721480, www.baliadventuretours.com, 79 US$.

Kajakfahren

Zwei Stunden geht es im Zweierkajak mit einem erfahrenen Begleiter den Ayung-River hinunter. Der Fluss gehört in die Klasse Zwei bis Drei.

- **Bali Adventure Tours** (s.o.): 89 US$.
- **Bali Nature Land Tours,** Tel. (0361) 880077, www.balinatureland.com, ein Anbieter, der vom „Water Adventure Package" über das „Horse Riding" bis zu Yoga und Meditation ein großes Angebot im Programm hat.

Wildlife

Mit dem Beobachten wilder Tiere ist es in der freien Wildbahn Balis nicht ganz einfach – mangels freier Wildbahn. Aber es gibt doch einiges zu sehen. Hier eine Liste der Attraktionen, genauere Angaben finden sich bei den jeweiligen Ortsbeschreibungen:

- **Affen:** Langschwänzige Makaken gibt es in drei „heiligen Affenwäldern" in Ubud, Sangeh und Alas Kedaton (bei Marga).
- **Sumatra-Elefanten:** In Tarot, in der Nähe Payangans, liegt der Elefant-Safari-Park mit Tieren, auf denen geritten werden kann. Ein lohnender Ausflug, schöne, große Anlage. Mehr dazu im Kapitel „Westlich von Ubud".
- **Flughunde:** Im Affenwald Alas Kedaton (Marga) hängt eine ganze Meute dieser possierlichen Tiere in den Bäumen.
- **Vögel:** In Ubud veranstaltet *Victor Mason* sogenannte Bird Walks, geführte Wanderungen mit Vogelbeobachtung (www.balibird walk.com).

  In Petulu, einem Dorf in der Nähe Ubuds, leben über 15.000 weiße Reiher.

  In Batubulan befindet sich der wunderschöne Bali Bird Park, der viele exotische Vögel, insbesondere Papageien, Nashorn- und Paradiesvögel in artgerechten Käfigen zeigt (auch z.B. Bali-Stare).
- **Reptilien:** Zusätzlich zu der einen oder anderen Schlange, die einem unterwegs über den Weg kriecht, gibt es jede Menge davon im Reptilienpark von Batubulan. Außerdem Komodo-Warane, Frösche und Echsen, teilweise sogar zum Anfassen.
- **Blumen und Pflanzen:** Der Botanische Garten von Bedugul beherbergt auf 154,5 Hektar etwa 1150 verschiedene Pflanzenarten. Ein riesiges Gelände, das zu Fuß oder mit dem Fahrzeug erforscht werden kann.

Liebe und Tango auf Bali

von *Gunda Urban*

Tango ist eine sich langsam verbreitende, ansteckende Krankheit. Sie verursacht Sucht, schleicht sich in Kopf, Körper und Herz. Bei selbstverordneter Überdosis kann sie zu bedenklichen Nebenwirkungen führen wie erhöhter Endorphinausschüttung, Milonga-Abhängigkeit, Marathon-Tanzattacken, Blutblasen an den Füßen, unkontrollierten Tanzschuheinkäufen, Fernweh nach Buenos Aires, einer unstillbaren Sehnsucht nach lebenslangen, nicht endenden Tangotänzen ... und manchmal auch zu Scheidungen.

Die Länder und Orte der Welt, an denen Tango unbekannt ist, verringert sich ständig. Manila, Singapur oder Kuala Lumpur stehen nicht an erster Stelle, wenn man an Tango denkt. Insbesondere aber das hinduistische Bali galt lange als tangoresistent. Das hat sich nun geändert.

Bali, Krobokan-Kuta, Mittwochabend 19.30 Uhr. Die ersten Tangotänzer betreten die Casa Artista, um an der wöchentlichen Milonga teilzunehmen. Die Casa Artista ist das Guesthouse von Stefani K., gebaut im argentinischen Stil. Die Milongueros sind Balinesen, westliche Besucher und Expats, dort lebende und arbeitende Ausländer. Die meisten kennen sich von Tanzkursen und Workshops.

Es hat sich eine Tangogemeinde gebildet im Süden der Insel. Tango Bali, ein Non-Profit-Verein, wird geleitet von Stefani K. Sie hat den Verein initiiert und gilt somit als Verursacherin der sich entwickelnden Tangoszene.

Bali ist Stefanis Heimat. Bei ihrem ersten Besuch 1981 lernte sie ihren späteren indonesischen Mann kennen. Bei ihrem zweiten Besuch hatte sie ihr Leben in Deutschland aufgegeben, ihr Architekturstudium abgeschlossen und die Entscheidung, für immer auf Bali zu leben, im Gepäck. Ihr neues Leben begann in Kuta im Süden der Insel.

Anfang der 1980er war Kuta eines der angesagtesten Reiseziele für Traveller, Globetrotter, ehemalige Hippies. Damals gab es das Meer, Palmenhaine mit grasenden Kühen, Partys, Drogen, Opfer für die Götter, Tempelfeste, billige Unterkünfte und preiswertes Essen, Surfer und legendäre Sonnenuntergänge. Die Szene traf sich zu Nasi Campur, Banana Pancakes, Magic Mushroom Omelettes und tropischen Fruitjuices bei der schönen Made am Warung.

Die Balinesen tolerierten und bedienten den andersartigen Lebensstil und erfüllten ihre alltäglichen und religiösen Aufgaben.

Stefani heiratet, bekommt drei Kinder, führt ein Restaurant und spielt leidenschaftlich gern Tennis. Ihre Kinder wachsen heran. Nach fast 20 Jahren hat sich ihr Leben und die Welt um sie herum verändert.

Natürlich sind das Meer und die Sonnenuntergänge geblieben, auch die Surfer und Mades Warung. Ansonsten ist Kuta heutzutage für Australier das, was der Ballermann auf Mallorca für Deutsche ist. Das kleine, beschauliche Kuta hat sich mit den umliegenden Orten in ein lärmendes Touristenzentrum verwandelt.

Stefanis Kinder sind erwachsen geworden und selbstständig, sie verlassen Bali, um in Australien zu studieren und in Österreich zu arbeiten. Bei einem Sportunfall verletzt Stefanie sich ihren Arm und ist gezwungen, ihre leidenschaftliche Liebe zum Tennis zu beenden. Joggen am Strand reicht ihr als Bewegungsjunkie nicht aus.

Während eines Australienaufenthaltes besucht sie einen Standardtanz-Workshop und entdeckt ihre neue Liebe: den Tango. Doch in Asien Tango zu lernen, erweist sich als schwierig. Kuala Lumpur (vier Stunden Flugzeit) und Singapur (gute drei Stunden Flugzeit) sind die einzigen Möglichkeiten für sie, ihrer neuen Lieblingsbeschäftigung nachzugehen. Für einen regelmäßigen Tanzkurs sind die Entfernungen jedoch zu groß. So begeistert Stefani Freunde und Bekannte für ihre Tangoleidenschaft und lädt Tanzlehrer aus Brisbane, Kuala Lumpur und Singapur zu Workshops ein. Sie veranstaltet Milongas in ihrem Restaurant und bei der mittlerweile ebenfalls tangoinfizierten Made im Warung.

Das alles genügt ihr noch nicht. Ihre Tangozufriedenheit ist immer nur von kurzer Dauer. Buenos Aires ist der nächste logische Schritt. Ihre Tangomanie bringt Stefani in eine Abseitsposition. Bei Familie, Freunden und Umgebung wächst die allgemeine Verständnislosigkeit.

Im hinduistischen Bali sind Paartänze wie Ballroom oder Gesellschaftstänze und Volkstänze unbekannt. Dort werden Tänze zum Vergnügen der Götter aufgeführt, begleitet von Gamelan-Musik. Die einzige Ausnahme bildet der Joged, ein Gesellschaftstanz zum Vergnügen der Balinesen. Doch auch hierbei ist eines absolut verboten, nämlich Berührungen zwischen Tänzer und Tänzerin, zwischen Mann und Frau.

Stefanis Ehe endet schließlich. Sie hat nun die Möglichkeit, etwas Neues zu beginnen. Durch die ständigen Aufenthalte in Buenos Aires ergeben sich Kontakte zu Tangolehrern. Die lädt sie nun regelmäßig zu Workshops ein und beschäftigt sogar einen jährlich wechselnden Gastlehrer. „Tango Bali" entsteht.

Die Unterrichtseinheiten werden heute im eigenen Tanzraum, ausgestattet mit Parkett, Spiegelwand und Klimaanlage, abgehalten. Auch die schöne und reiche Made kommt manchmal zu den Milongas in die Casa Artista, mit ihrem eigenen Tangopartner. Sie lässt sich ihren Tanguero aus Buenos Aires einfliegen. Mades argentinischer Tanzpartner darf alles machen bis auf eines – Tango tanzen darf er nur mit Made.

■ Infos unter **www.tangobali.com**

Sprache

Die Republik **Indonesien** ist nicht nur reich an Inseln, sondern auch an Völkern und Volksgruppen. 200 bis 250 malaio-polynesische Sprachen, Papua-Sprachen und Dialekte werden heute in Indonesien gesprochen. Javanisch ist für rund 70 Mio. Indonesier die Muttersprache. Schulpflichtsprache ist Englisch, an den Islamschulen wird Arabisch gelehrt. Englisch ist ebenfalls die internationale Verkehrssprache Indonesiens.

Bahasa Indonesia

Ein moderner Staat braucht eine einheitliche Kommunikationsmöglichkeit. Als 1945 die Unabhängigkeit ausgerufen wurde, hätte Holländisch Nationalsprache werden können. Aber mit den ehemaligen Kolonialherren wollte die junge Nation nichts mehr gemein haben. Schon 1928 hatte der Zweite Indonesische Jugendkongress erstmals eine **einheitliche Nationalsprache** gefordert: „Satu nusa, satu bangsa, satu bahasa" (ein Land, ein Volk, eine Sprache). Daran erinnerten sich die Staatsgründer: Bahasa Indonesia („Sprache Indonesiens") wurde zur Nationalsprache. Diese Sprache ist eine **Mischung** unterschiedlichster Sprachen, basiert aber größtenteils auf der Handelssprache Malayu kuno (altes Malaiisch) oder Bahasa pasar (Marktsprache), die über Jahrhunderte im gesamten Archipel gesprochen wurde.

Sprachwissenschaftlich gehört Bahasa Indonesia (wie auch Bahasa Malaysia, die Nationalsprache Malaysias) zur Familie der **austronesischen Sprachen,** wie auch Maori (Neuseeland), Tagalog (Philippinen), Madagassisch (Madagaskar) oder Hawaiisch. Diese Inseln wurden vom Malaiischen Archipel aus besiedelt.

Bahasa Indonesia wird von etwa 162 Mio. Menschen gesprochen. Für 21 Mio. ist es Erstsprache, die meisten von ihnen leben auf Java. 141 Millionen benutzen es als **Zweit- oder Verkehrssprache.** In allen indonesischen Schulen ist Indonesisch neben der jeweiligen Lokalsprache Pflichtfach ab dem ersten Schuljahr. Es kann passieren, dass es in abgelegenen Gegenden, in denen die Leute nicht zur Schule gegangen sind, in der Nationalsprache Verständigungsprobleme gibt. Vor allem in ländlichen Gebieten Lomboks kommt es vor, dass nur wenige Menschen Bahasa Indonesia sprechen. Allerdings muss zumindest der Bürgermeister Bahasa Indonesia sprechen, sonst hätte er sein Amt nicht bekommen. Bei allen offiziellen Verlautbarungen kommt Bahasa Indonesia zum Einsatz – bei amtlichen Dokumenten und in den Medien. Ausländische Filme werden in Bahasa Indonesia synchronisiert oder untertitelt.

Ursprünglich galt die holländische Schreibweise, aber dieses Relikt der Kolonialzeit wurde abgeschafft: 1972 fand eine Rechtschreibreform statt, seitdem werden die Wörter in Malaysia und Indonesien gleich geschrieben, in **lateinischer Schrift.**

Verständigung

Indonesisch gehört zu den **einfachsten Sprachen der Welt** und ist recht schnell und einfach zu erlernen. Es gibt weder Zeiten noch Fälle. Verben werden nicht konjugiert. Die Mehrzahl wird einfach durch Verdoppelung der Einzahlform gebildet. Beispiel: *anak* = Kind, *anak-anak* = Kinder, Kurzform: *anak 2.* Das Hilfsverb „sein" existiert nicht, Sätze mit diesem Verb werden ohne Verb konstruiert. Beipiel: „Ich bin faul": *saya malas* (saya = ich, *malas* = faul). „Das Essen ist lecker": *makanan enak* (*makanan* = Essen, *enak* = lecker).

Wer in der Lage ist (und wenn auch nur bruchstückhaft), indonesisch zu sprechen, wird überall mit offenen Armen empfangen. Wer sich zwei Stunden an einem Warung mit der Kundschaft unterhält, hat drei Tage Vokabeln büffeln gespart, wer zwei Tage bei einer indonesischen Familie wohnt, drei Wochen. Indonesier lieben es, ihre Sprache zu vermitteln, sie sind geduldige Lehrer.

Ein guter Einstieg ist der in der Kauderwelsch-Reihe des Reise Know-How Verlages erschienene Band **„Indonesisch – Wort für Wort"** von *Gunda Urban.* Das handliche Büchlein bietet eine auf das Wesentliche reduzierte Grammatik und viele Beispielsätze für den Reisealltag. Der **Mini-Sprachführer im Anhang** zeigt Auszüge aus diesem Buch. In der gleichen Reihe gibt es Sprachführer für **Javanisch** und **Balinesisch.** Diese beiden Sprachen sind aber deutlich

Buchtipp

- **„Indonesisch – Wort für Wort"** von *Gunda Urban,* in der Reihe Kauderwelsch des Reise Know-How Verlages, vermittelt die nationale Sprache Bahasa Indonesia, mit der man sich in jeder Region verständigen kann.

komplizierter. Begleitende Audio-CDs – die **AusspracheTrainer** – sowie ein Band **„Indonesisch Slang“** sind ebenfalls erhältlich.

Englisch wird meist in Städten und Touristenzentren gesprochen und verstanden, oft aber nur bruchstückhaft und lediglich für den jeweiligen Zweck. Mit „good price!“, „very cheap“, „last price“ und den Zahlen von 1000 bis 10.000 kann ein Indonesier stundenlang Preisverhandlungen führen.

Balinesisch

Balinesisch wird hauptsächlich auf **Bali und Lombok** gesprochen. Das Balinesische ist verwandt mit den Sprachen Sasak und Sumbawa, die auf den Nachbarinseln Balis gesprochen werden. Berühmt und berüchtigt ist das auf Bali gesprochene Balinesisch dafür, dass es in drei verschiedenen Formen vorkommt: als Hochbalinesisch, Mittelbalinesisch und Niederbalinesisch. Darin spiegelt sich das Kastenwesen der Insel wider. So ist das **Hochbalinesische** die Sprache der Brahmanen, es basiert auf der alten javanischen Hofsprache. Wer balinesisch spricht, muss sein „Sprachniveau“ seinem Gegenüber anpassen und dabei die Kastenzugehörigkeit beachten, für Reisende kein leichtes Unterfangen. Sicherer ist es, auf ein paar Brocken Bahasa Indonesia zu setzen.

Sasak

Auf **Lombok** ist Sasak die Sprache der Einheimischen. Viele Bewohner Lomboks sprechen aber zusätzlich Bahasa Indonesia. Wer davon ein paar Brocken beherrscht, sollte keine Verständigungsschwierigkeiten bekommen. Außerhalb der Touristenregionen könnten Reisende Probleme haben, sich auf Englisch verständlich zu machen. Auch Polizisten oder Büroangestellte sind dieser Sprache oft nicht mächtig. In touristischen Orten aber ist immer jemand da, der Englisch spricht – und manchmal hervorragend (siehe auch Kapitel „Lombok – die Insel und ihre Bewohner: Sprache“).

Surfen (Wellenreiten)

Wer auf Bali oder Lombok Surfen geht, hat selten ein Segel dabei. Surfen ist Wellenreiten und zugleich ein Lebensgefühl oder vielmehr eine Lebensart. Die lässt sich auf Bali und Lombok gut beobachten. Mutige können sogar mitmachen.

Als der Amerikaner *Robert Koke* um 1936 herum sein Surfbrett an die Beach von Kuta mitnahm, um versuchsweise eine Runde zu drehen, konnte er kaum ahnen, was er damit auslöste. Koke war mit seiner Frau *Louise* nach Kuta gekommen, um dort das erste Hotel zu eröffnen, das „Kuta Beach Hotel“. Wellenreiten hatte er in Hawaii gelernt, wo er als Filmemacher gearbeitet hatte. Auf Bali schien ihm der Strand von Kuta ein hervorragender Ort zu sein, um mit dem Board in die Wellen zu gehen. Die Einheimischen konnten sich recht schnell damit anfreunden, und Surfer aus allen Ländern der Welt sollten bald folgen.

Die **Surfer-Gemeinschaft** ist ein ganz eigene Welt: mit eigenem Vokabular, eigenen Regeln, Bars, Restaurants, Shops, Bekleidungsstil und Verhalten. Die vor allem in Kuta/Bali nicht zu übersehenden Surfer-Motorräder haben auf der Seite eine Halterung, in die bequem das Board passt. Hinten aufs Motorrad passt oft ein Surfer-Girl.

Für Mitteleuropäer ist es nicht einfach, sich dieser Welt anzunähern. Anders die Australier, Brasilianer und Amerikaner, die ihre Ecken auf Bali und Lombok längst für sich entdeckt und erschlossen haben. Hier gibt es die hohen Wellen, die zuverlässig die sogenannte **Tube** produzieren: Die „Röhre" im Wasser, durch die die Surfer Richtung Strand schießen. Unsterblich wurde die Surferwelt 1966 mit *Bruce Browns* Surferepos „The endless Summer" und spätestens 1991 durch „Gefährliche Brandung" mit *Patrick Swayze* und *Keanu Reeves.*

Wer es mal probieren möchte, ist in den beiden Kutas richtig, auf Bali und auf Lombok. Am Flughafen in Tuban wird man gleich richtig empfangen: Neben dem Runway gibt es zwei bekannte Surfspots: Airport Right und Airport Left. Das sogenannte Whitewater an Balis **Kuta Beach,** also die Schaumwalzen einer bereits gebrochenen Welle, ist ein Eldorado für Surfanfänger, die hier versuchen, auf dem Board zum Stehen zu kommen. Die **Surfschulen,** von denen es etliche gibt, garantieren die ersten Meter mit Abschluss des ersten Surftags. Wer es nicht schafft, auf dem Brett zu stehen, wird so lange betreut, bis es klappt (siehe auch Kuta/Bali).

In **Kuta auf Lombok** gibt es ebenfalls eine gut ausgebaute Anfängerstruktur mit Shops, die Unterricht anbieten. Das gleiche gilt für **Senggigi** und die **Gilis.** Allerdings ist die Surfer-Infrastruktur auf Lombok eher auf fortgeschrittene Surfer ausgelegt. Und die kommen gern und reichlich. Nicht ohne Grund wurde **Desert Point** bei Bangko-Bangko zu einem der besten Surfspots der Welt erklärt. Desert Point gilt als Superwelle. Wenn sie rollt, ist es meist megavoll und die Welle selbst hat ordentlich Power. Neben dem scharfen Riff sollen aber auch die Zähne der dort ansässigen Tigerhaie nicht gerade einladend sein. In Kuta kann man Surfkurse belegen (weitere Informationen in der Ortsbeschreibung Kuta/Lombok).

Bali hat gegenüber anderen Surfdestinationen der Welt den Vorteil, dass in zwei Saisons gesurft werden kann: In der **Trockenzeit** von März bis September gibt es ordentliche Wellen an der **Westseite der Insel.** Sturmtiefs und Wirbelstürme im Indischen Ozean, gepaart mit starken Südostwinden sorgen dafür, dass besonders an der Halbinsel Bukit die Surfspots voll sind. Wem hier zu viel los ist, der geht z.B. nach Lombok.

In der **Regenzeit** von November bis März kommen die Westwinde zur Geltung, dann kann man im **Osten Balis** gut surfen – beispielsweise vor Sanur oder Nusa Dua. Aber egal zu welcher Jahreszeit: Auf Bali gibt es immer irgendwo eine Welle, die mindestens zwei Fuß hoch ist. Damit kann es losgehen. Wer sich selbst auf die Suche machen will, kann unterwegs die Einheimischen nach dem Weg fragen: „Dimana ada ombak besar" („Wo sind die großen Wellen?").

Surferleben anschauen, kennenlernen und mitmachen geht gut auf Bali in der **Gegend um Uluwatu.** Balangan, Bingin,

Padang Padang und vor allem Suluban sind Orte, an denen die Surfer zuhause sind. In **Suluban Beach,** auch genannt „Ulu's", ist ein sehenswertes Dorf quasi auf dem Fels herausgemeißelt worden. Andere herausfordernde Surfspots gibt es an der Südküste bei Nusa Lembongan, Canggu, Balian und Medewi. Wer sich online einen ersten Einblick verschaffen will, ist hier richtig: www.wannasurf.com/spot/Asia/Indonesia.

Tauchen

Wer mit Wissenschaftlern spricht, hört erschreckende Zahlen: 33 % der **Korallenriffe** Indonesiens sind **zerstört,** jahrzehntelange Zyanid- und Dynamitfischerei haben ihre Spuren hinterlassen. Rund 8–9 % gelten als geschützt und nur ein paar Korallenriffe sind völlig in Ordnung. Naturschutz zahlt sich in Indonesien noch nicht aus, Fischerei hat noch immer den Vorrang. Viel Überzeugungsarbeit liegt also noch vor den Menschen, die die Natur erhalten wollen – vor allem die Unterwasserwelt. Dazu gehört (hoffentlich) die Zunft der Taucher, die unter dem Motto „Schauen, aber nicht anfassen" staunend und fotografierend rund um die Welt unterwegs ist. So auch rund um Bali und Lombok.

Es gibt nur **wenige Tauchgründe, die voll erschlossen** sind. Diese aber können sich mit den weltbesten Tauchgebieten wie dem Sinai, den Malediven oder Australiens Great Barrier Reef durchaus messen. Besonders Palau Menjangan und die Gegend um Tulamben hat es vielen Mitgliedern der weltweiten Tauchgemeinschaft angetan. Spätestens seit es auf beiden Inseln Dekompressionskammern und Tauchärzte gibt, in Denpasar und Mataram, kann sich die Tauchbranche nicht mehr über mangelnden Zuspruch beklagen. Regelmäßig schaffen es etliche der zahlreichen **Tauchcenter,** beispielsweise beim bekannten Internet-Taucherportal www.taucher.net, gute Kritiken einzuheimsen, nicht nur für die **Tauchspots,** sondern auch für den Service und vor allem die **Atmosphäre.**

Auch für **Fotografen** ist unter Wasser viel geboten: Harlekingarnelen und Pygmäenseepferdchen gibt es eben nicht im Roten Meer oder im Indischen Ozean. Und mit ein wenig Glück kommt mal etwas Größeres vorbeigeschwommen, beispielsweise ein Silberspitzenhai oder ein Manta.

Wer unter Wasser unterwegs ist, dem wird nicht verborgen bleiben, dass viele Riffe durch die **Dynamit- und Zyanidfischerei** zerstört wurden oder als Baumaterial Verwendung gefunden haben wie in Candi Dasa. Mit Dynamit wird offiziell nicht mehr gefischt, es ist verboten, genauso wie offiziell nicht mehr mit Zyanid gearbeitet wird. Es passiert aber noch. Nicht selten kommen sich Taucher und Fischer ins Gehege, wenn sie in denselben Tauchgründen unterwegs sind.

Auch **El Niño 1998** schadete der Korallenwelt beispielsweise rund um die Gilis: Der Wasserspiegel sank, das Wasser erhitzte sich, die Korallen starben ab. Meno Wall und Meno Slope vor Gili Terawangan sind Tauchspots, wo nebenan Halden mit toten Korallen zu finden sind. Aber am Wiederaufbau der Korallenriffe wird heftig gearbeitet: Fast jedes

Wellenreiten auf Bali und Lombok

Ein Gespräch mit Peter Diel und Eric Menges

Die Deutschen *Peter Diel,* geboren 1968, und *Eric Menges,* geboren 1967, sind seit ihrer frühen Jugend ständig unterwegs in Sachen „perfekte Welle". Gleich nach dem Examen brachen sie auf, um in einem „Endless summer"-Surftrip um die Welt zu reisen und fast jeden der Top-10-Surfspots der Welt zu surfen. Ergebnis ihrer Erfahrungen ist das Buch „Surfing – Auf der Suche nach der perfekten Welle". Wenn die beiden mal wieder auf Bali unterwegs sind, verbringen sie die meiste Zeit am Uluwatu Spot.

Das Gespräch führte Stefan Blank.

Reise Know-How: Wellenreiten oder Surfen: Für Mitteleuropäer ist das wohl eher ein recht exotischer Sport?

Peter: Das stimmt. Aber die Tatsache, dass wir mitten in Europa leben, sollte niemanden davon abhalten, mit dem Wellenreiten anzufangen. In Frankreich, Spanien und Portugal gibt es einige Weltklasse-Wellenreitspots, die den internationalen Vergleich nicht zu scheuen brauchen. Allein zwei der elf Wettbewerbe der ASP World Tour (Association of Surfing Professionals) finden in Europa statt. Und da auch Fernflüge heutzutage kein Luxus mehr sind, rücken für den mitteleuropäischen Surfer selbst exotische Ziele wie Bali und Lombok in greifbare Nähe – es braucht nur etwas Sitzfleisch.

Reise Know-How: Surfer sind eine eingeschworene Gemeinschaft. Kommt man da eigentlich als Nicht-Amerikaner oder Nicht-Australier hinein?

Eric: Mittlerweile gibt es viele Weltklasse-Surfer aus Europa, übrigens mit Marlon Lipke auch einen deutschen Profi, und die Surf-Szene wird nicht mehr nur von Amerikanern und Australiern dominiert. Weil die meisten Surfer aufgrund ihrer Leidenschaft viel reisen, gelten sie als weltoffen und sind nicht so eine eingeschworene Gemeinschaft, wie man denken könnte. Wir haben auf unseren Surfreisen mit den unterschiedlichsten Nationalitäten zusammen im Wasser gesessen und viele Freundschaften geschlossen. Den Locals sollte man aber immer gebührend Respekt im Wasser entgegenbringen und vor allem die Vorfahrtsregeln beachten.

Reise Know-How: Warum ist Bali ein guter Platz, um Surfen zu lernen oder als fortgeschrittener Surfer immer wieder herzukommen?

Peter: Indonesien ist unumstritten eines der besten Surfreviere der Welt und gerade Bali bietet mit seiner Vielzahl an unterschiedlichen Wellen einfach für jeden etwas. Der Anfänger kann an den Beachbreaks in der Region Kuta und Legian

023ba cn

erste Erfahrungen sammeln, während der fortgeschrittene Surfer zum Beispiel die Wellen von Medewi und Canggu abreiten kann. Wer dann noch mehr will, kann sich auf der Bukit-Halbinsel an den „Experts only"-Wellen Padang Padang und Uluwatu versuchen. Die Bedingungen auf Bali sind fast das ganze Jahr über gut bis perfekt und es heißt, auf Bali gebe es jeden Tag irgendwo mindestens eine surfbare Welle. Die entspannte Atmosphäre, das warme Wasser und das Surfen ohne den lästigen Neoprenanzug tun ihr Übriges. Einfacher geht der Einstieg in den coolsten Sport der Welt kaum!

Reise Know-How: Desert Point bei Bangko-Bangko auf Lombok gilt als einer der besten Surfspots der Welt. Wie lange muss man üben, bis man da mithalten kann?

Eric: Desert Point ist auf jeden Fall nur etwas für Fortgeschrittene. Die Welle bricht sehr schnell und ist extrem steil. Der flache und messerscharfe Riffuntergrund verlangt einfach ein paar Jahre Erfahrung. Um Verletzungen zu vermeiden, ist es beim Surfen lebenswichtig, sich seiner eigenen Grenzen bewusst zu sein. Daher gilt für Fortgeschrittene und erst Recht für Anfänger am Desert Point, es langsam angehen zulassen. Wenn man sich den Spot dann lange genug angeschaut hat und die Wellen an dem Tag nicht größer als kopfhoch sind, lohnt es sich, einfach mal rauszupaddeln und die Atmosphäre aufzufangen. Den Adrenalinanstieg, wenn die ersten Wellen am Horizont auftauchen, wird keiner so schnell vergessen – und vielleicht kommt ja die persönliche „perfekte Welle" vorbei.

Strand bei Kuta auf Lombok:
gute Wellen, aber gefährliche Felsen

Tauchcenter hat ein eigenes Projekt oder ist zumindest an einem beteiligt.

Ein weiteres Problem, gerade an der Nordküste von Bali, ist die **Verschmutzung des Meerwassers.** Besonders in der Regenzeit transportieren die aus den Bergen ins Meer mündenden Flüsse den ganzen Abfall hierher, der oben hineingeworfen wird. Gegenmaßnahmen mit Fangnetzen gibt es reichlich.

Die besten Standorte

Wer beim Tauchen auf Bequemlichkeit und kurze Wege nicht verzichten will, für den ist der Süden Balis nicht gerade ideal. Die guten Tauchgebiete liegen alle im **Norden und Osten** der Insel. Die Anfahrtswege sind recht lang. So dauert die Fahrt von den Touristenzentren im Süden nach Padangbai mindestens eine Stunde, nach Tulamben mehr als zwei Stunden und nach Menjangan an der Nordküste sind es sogar gut drei Stunden. Da lässt ein Tagesprogramm mit sechs Stunden im Auto, einer Stunde Bootstransfer und zwei Tauchgängen mit einer Stunde Pause keine Zeit für weitere Aktivitäten.

Die für Taucher am besten geeigneten Standorte auf Bali sind daher die, die einen direkten Zugang zum Riff oder zur Unterwasser-Attraktion bieten: Padangbai, Candi Dasa, Lovina, Nusa Lembongan, Tulamben, Amed und Pemuteran oder die Küste direkt vor Menjangan. **Lombok** wartet mit den Riffen bei Senggigi und rund um die Gilis auf, wobei Gili Terawangan die beste Wahl ist. Ein Nachteil ist, dass sich die Taucher naturgemäß auf die spektakulären Tauchgründe konzentrieren. Man ist also selten allein im Wasser und meist von Kollegen umgeben. Der erwartete Hai am Shark Point kann also durchaus die Mitarbeit verweigern, wenn schlichtweg zuviel los ist unter Wasser.

024ba rp

Tauchziele Bali

Insel Menjangan im Nationalpark

Boote bringen Taucher in 45 Minuten von Pemuteran oder dem Banyunandi Crossing Center zu der kleinen vorgelagerten, ganz von Korallenriffen umgebenen Insel. Um Menjangan herum und entlang der Küste gibt es allein **zwölf bekannte Tauchspots:** vom Mandarin Point über Anchor Wreck bis Blue Corner. Menjangan selbst bietet herrliche Steilwände, vor allem mit eindrucksvollen **Fächerkorallen** bewachsen. Da es nur geringe Strömung gibt, bietet es sich an, sich von dieser möglichst weit treiben und anschließend vom Boot wieder aufsammeln zu lassen. Das Gebiet ist auch geeignet für weniger geübte Taucher und für Schnorchler. Das bedeutet auch: viel Betrieb am Strand und im Wasser, vor allem auf dem Riff. Berühmt sind hier der **Eel Garden** mit tausenden von Aalen und vor allem der **Coral Garden.**

Von Pemuteran aus lassen sich auch andere Tauchspots ansteuern, die mittlerweile neben Manjangan an eigenem Profil gewonnen haben. Beispielsweise **Puri Jati** bei Seririt, ein bekannter Tauchspot für das sogenannte Muck-Diving mit Hunderten von Fischarten, oder der **Secret Garden** bei Gilimanuk. Vor Pemuteran liegen der **Magic Forest,** ein magischer Platz, wo das Tauchen extrem bunt und abwechslungsreich ist, und **Gondol,** bekannt für die Steilwände und die Hartkorallenwelt.

Tulamben, Liberty-Wrack

Das zweite absolute Tauch-Highlight Balis und unter den 100 besten Tauchspots der Welt von „Unterwasser – Das Tauchmagazin“ ist das Wrack der Liberty vor Tulamben. Hier liegt, nur wenige Meter vom Ufer entfernt und von diesem relativ bequem zu erreichen, das **US-Cargoschiff SS Liberty** aus dem Zweiten Weltkrieg auf einer Tiefe von 3–29 m. Das Schiff war 1942 von japanischen U-Booten torpediert worden und sollte in den Hafen von Singaraja geschleppt werden. Als es zu sinken drohte, wurde es kurzerhand in Tulamben auf den Strand gesetzt. Hier blieb es bis 1963 liegen, als der Ausbruch des Gunung Agung es ins Meer zurückschleuderte, wobei es in zwei Stücke zerbrach und sich jetzt auf über 100 m erstreckt.

Das Wrack ist stark mit **Weichkorallen und Schwämmen** bewachsen und bietet einen unglaublichen **Fischreichtum.** Die Fische sind handzahm, da von Tauchern angefüttert – mit Bananen! Die Liberty ist der wohl meistbesuchte Tauchspot Balis. Man muss mit vielen Mit-Tauchern rechnen, vor allem zur Mittagszeit. Die beste Zeit zum Tauchen ist deshalb der frühe Morgen und der Nachmittag. Tulamben ist auch für weniger erfahrene Taucher geeignet.

Vor der Küste von Tulamben liegen die Attraktionen für Taucher aufgereiht

◁ Die fragile Unterwasserwelt ist dank etlicher Schutzmaßnahmen dabei, sich zu erholen

wie an einer Perlenschnur. Es gibt viele bekannte und auch noch einige unbekannte Spots.

Monkey Bungalows, Kubu

Dieser Spot, für alle Tauchstufen geeignet, liegt rund fünf Kilometer westlich von Tulamben und ist eine gute Alternative, falls die Tauchplätze dort überlaufen sein sollten. Eine Attraktion sind drei heimische **Weißspitzenriffhaie,** aber auch die **Korallen** und die Fischwelt lohnen einen Besuch.

Coral Garden und Paradise Reef

Bekannt und beliebt als paradiesisches Riff. Zwischen dem Wrack der Liberty und dem Drop Off beginnt der Coral Garden direkt am Strand, quasi das „Hausriff" von Tulamben. Hier gibt es alles zu sehen, was das Taucherherz erfreut: eine intakte Rifflandschaft, Fische aller Arten bis hin zum Oktopus, Schmetterlingsfisch und vielem mehr. Gut und einfach zu betauchen – bis hin zum spektakulären Nachttauchgang.

⌃ Fangschreckenkrebs

› Harlekingarnelen

026ba rp

Tulamben Wall

Unterhalb des Hindutempels am östlichen Ende der Bucht von Tulamben fällt der Tulamben Wall 30 m tief, ein Highlight für Freunde des Steilwand-Tauchens. Das volle Unterwasserprogramm ist geboten, bis hin zur riesigen und berühmten Fächerkoralle. Manchmal gilt es, die Strömungsverhältnisse zu beachten, um nicht zu weit abgetrieben zu werden.

Alam Anda

Der Tauchspot Alam Anda ist die Fortsetzung der Tulamben Wall und der letzte Spot, der direkt von der Küste aus betaucht werden kann. Die Anfahrt von Tulamben mit dem Junkung – dem traditionellen Einbaum mit Auslegern – dauert rund fünf Minuten. Hier ist die Wahrscheinlichkeit, Barrakudas, Thunfische, Mantas und Weißspitzenriffhaie zu sehen, größer als in Tulamben. Die Attraktion hier ist der größte Riff-Fisch weltweit: der **Napoleon-Lippfisch.** Bis zu zwei Meter kann er lang werden und dabei bis zu 200 kg auf die Waage bringen.

Batu Kelebit

Nach Alam Anda folgt der nur mit dem Boot erreichbare „untergegangene Fels“, so genannt, weil nur die Spitze bei Ebbe aus dem Wasser ragt. Auch hier haben Freunde des **Steilwandtauchens** ihre Freude und spektakuläre **Feuerkorallen** begleiten den Weg nach unten.

Seraya Secrets

2003 vom Unterwasser-Journalist *Michael Aw* entdeckt, liegt dieser Tauchspot vor dem Scuba Seraya Resort in Munting Bay. Hier gibt es drei der schönsten Tauchreviere in Indonesien, sagt die Fachwelt: Noisy Reef, Seraya Secrets and Deep Secrets. Der Name Noisy Reef kommt von den zahlreichen Riff-Fischen, die nagende Geräusche von sich geben. Hier ist die Korallenwelt sehenswert. Seraya Secrets ist ein Eldorado für Kenner und Unterwasserfotografen. Vor allem die Fischwelt sucht ihresgleichen. Deep Secrets liegt auf 35 m Tiefe und birgt manches Geheimnis.

Hier kommt die ganze Familie auf ihre Kosten: Tauchausflug bei Gili Air

028ba cn

Batu Niti

Batu Niti ist ein Tauchspot auf und rund um den **Lavastrom,** der 1963 vom Agung ins Meer floss. Die Korallenlandschaft ist sehenswert und mit ein bisschen Glück kommt auch mal ein Schwarm **Barrakudas** oder ein **Walhai** vorbei.

Batu Belah

Ebenfalls 1963 beim letzten Ausbruch des Agung entstanden, ist Batu Belah eine **Höhle,** aus der ständig Süßwasser ins Meer gelangt. Das führt zu einzigartigen Sehenswürdigkeiten bei Flora und Fauna. Der einsame Tauchplatz ist nur mit dem Fahrzeug und dann über einen kleinen Fußmarsch an den Strand erreichbar.

Jemeluk

Am vorgelagerten westlichen Riff können Freunde des Strömungstauchens auf ihre Kosten kommen. Gleichzeitig gilt die Sicht mit oft mehr als 30 m als hervorragend. Unter Wasser ist eine Begegnung mit einem **Schwarzspitzenriffhai** nicht ausgeschlossen, auch **Papageienfische** kreuzen den Weg.

Das östliche Ende der Jemeluk-Bucht ist bekannt als schönes **Schnorchelrevier.** Für Taucher wartet der Spot unter anderem auf mit ein paar gemeinen

Drückerfischen. Diese sind dafür bekannt, dass sie gelegentlich mal Taucher attackieren, die ihnen zu nahe kommen.

Lipah Bay

In Lipah Bay ist **Wracktauchen** angesagt: Direkt vom Strand aus betauchbar, liegt das sogenannte „japanische Wrack" in einer Tiefe von fünf bis zwölf Metern. Aber auch die nahen Korallen sind mehr als einen Blick wert.

Gili Selang

Gili Selang ist eine angesagt Location für „Hardcore-Strömungstaucher". Direkt in der Straße vom Lombok gelegen, geht die **Strömung** hier mit oft reißender Geschwindigkeit und Kraft vorbei. Profis sprechen daher auch vom „Selang Express". Gili Selang selbst hat drei Tauchspots: Labuhan Kutumanak, den Express und das Riff an der Südostseite der Insel. Hier gibt es ein ungemein reiches Angebot an Unterwasserflora und -fauna.

Candi Dasa

Candi Dasa vorgelagert sind die kleinen Inseln bzw. Inselgruppen Gili Tepekong, Gili Biaha und Gili Mimpang (= Batu Tiga), die leicht mit dem *Jukung*, dem Auslegerboot der Fischer, von Candi Dasa oder Padangbai zu erreichen sind. Hier gibt es wunderschöne Unterwasserlandschaften mit vielen **Weich- und Hartkorallen,** einen **Canyon** (auf Tepekong) und zahlreiche Fische (Haie, Rochen). Häufig sehr starke Strömungen, sogar senkrecht nach unten, setzen einige Erfahrung beim Taucher voraus.

Nusa Penida

Besonders im Norden von Balis Nachbarinsel gibt es hervorragende Tauchgründe. Sie sind abwechslungsreich und bieten schönen Bewuchs: vor allem viele der für Bali typischen **Tonnenschwämme,** aber auch Hartkorallen, riesige **Mördermuscheln** und dazu Fische, Fische, Fische! Es können sehr starke Strömungen auftreten, was ideal für Strömungstauchgänge, aber für Anfänger und Unterwasserfotografen nicht ganz unproblematisch ist. Man erreicht das Tauchgebiet mit Schnellbooten von Padangbai in 1½ Stunden. Auch von Nusa Lembongan wird von den dortigen Tauchcentern, bei kürzerer Anfahrt, Nusa Penida angesteuert.

Padangbai

Bekannt für Strömungstauchgänge und Großfische.

Lovina

Lovina ist nicht so spektakulär wie die bisher besprochenen Gebiete, aber für **Anfänger** und Schnorchler geeignet.

Cemeluk

Cemeluk im Nordosten Balis, östlich von Tulamben, ist ein nicht so häufig angefahrenes Gebiet, das sich vor allem wegen der geringen Strömung, der ausgezeichneten Hartkorallen und des sagenhaften Fischreichtums lohnt. Der Zugang ist auch von Land aus möglich.

Tauchziele Lombok

Rund um Lombok sind es vor allem die **Gilis,** die – nicht nur was die Taucherei angeht – in den letzten Jahren Furore gemacht haben. Hartgesottene Bali-Fans werden kaum zugeben, dass der Trip nach **Gili Terawangan** und der Blick unter Wasser dort mehr als lohnend ist. So werden die Gilis schnell als Anfänger- und Schulungsrevier abgestempelt, doch die Gilis, vor allem Terawangan, bieten einige Vorteile: Die Wege zu den Tauchspots sind kurz, Korallenriffe immer in der Nähe. Auch bei Flut kann vom Strand aus getaucht werden. Für so gut wie jedes Niveau gibt es einen Spot. Die Sicht ist meistens gut, 20 m und mehr, so ist die Topografie der Tauchspots gut erkennbar. Die Strömungsverhältnisse zwischen den Gilis sorgen für regen „Großfischverkehr". Auch Schildkrötenfreunde sind hier richtig. Die vielen Aufzuchtprojekte haben dazu geführt, dass die Population ungemein gestiegen ist.

Für Großfische und Fischreichtum bekannt sind auch die Tauchspots im **Süden von Lombok:** Taucher aus aller Herren Länder ziehen Richtung Sekotong, Kuta oder Belongas. Das Tauchen ist hier manchmal nicht einfach und setzt einiges an Erfahrung voraus. Für Tauchanfänger und Schnorchler gibt es Spots nahe der Küste.

Mehr zum Tauchen auf Lombok siehe Kapitel „Lombok Praktische Reisetipps: Tauchen und Schnorcheln".

Tauchveranstalter

Der beste Weg ist, sich einem Tauchcenter anzuvertrauen. Es gibt viele Tauchveranstalter und Resorts, die ihre Kunden nicht nur mit dem notwendigen Equipment versorgen, sondern sie auch in Minibussen zu den einzelnen Tauchspots fahren.

Das Internet ist eine gute Möglichkeit, sich bereits von der Heimat aus schlau zu machen. Etliche Tauchcenter stehen unter **deutscher oder europäischer Leitung** und sind bestens auf diese Klientel eingestellt – nicht nur was die Spache der Lehrer oder Guides angeht. Mit günstigen Komplettpaketen, Unlimited-Tauchen und sonstigen Angeboten wird man schon am heimischen Computer heiß gemacht.

Wer sich im Vorhinein einen neutraleren Überblick verschaffen will, ist beispielsweise bei **www.taucher.net** richtig. Hier können Tauchcenter ausgemacht werden, die mit guten Kritiken glänzen.

Aus eigener Erfahrung und von verschiedenen Seiten empfohlen, kann auf folgende als sehr zuverlässig geltende Tauchcenter hingewiesen werden. Natürlich gibt es noch Hunderte weitere Tauchcenter, die einen guten Ruf genießen. Am besten die Websites anschauen, die Zertifizierungen checken oder vor Ort einfach hingehen. Hier zeigt sich schnell, ob die Chemie stimmt.

- **Blue Season Bali,** Tel. (0361) 270852, www.blueseasonbali.com, Sanur und Ume Anyar, Seririt. Großes Tauchcenter mit hervorragendem Ruf, das mit den zwei Basen alle Tauchspots rund um Bali abdeckt.
- **North Bali Divecenter,** Tel. (081) 338657140, www.balidivecenter.com, Pemuteran. Unter deut-

scher Leitung mit familiärer Atmosphäre und Stammkundschaft. Ausgewiesene Spezialisten für die Gegend rund um Palau Menjangan.

■ **Joe's Diving,** Tel. (0363) 23552, www.joesdivingbali.com, Tulamben. Große Stammkundschaft. Etliche Taucher kommen nur nach Bali, um bei und mit *Joe,* einem Schwaben, zu tauchen.

■ **Dream Divers,** Tel. (0370) 693738, www.dreamdivers.com, Senggigi (Lombok) und Gilis. Seit 1996 sehr erfolgreich. Eine der ersten Adressen auf Gili Terawangan für deutsche Kunden, da das Tauchcenter unter deutscher Leitung ist.

■ **DSM Lombok,** Tel. (0370) 693280, www.divecentergili.com. **Lesertipp:** „Das einzige 5 Star Padi Resort in Senggigi, tauchen mit maximal vier Leuten pro Gruppe und unternehmen auf Anfrage auch als einzige Tauchschule Tauchgänge an der Westküste Lomboks."

Preise

Die Preise fürs Tauchen auf Bali und Lombok halten sich im Rahmen: Ein Tauchgang am Hausriff kostet um die 35 US$. Mit Transport von den Touristenzentren zu den beschriebenen Tauchgebieten und zurück, Bootsfahrt, zwei Tauchgängen, Flaschen, Blei und Mini-Lunchbox kostet der Spaß je nach Entfernung zwischen 70 und 150 US$ pro Taucher, Minimum zwei Personen. Alles weitere kostet extra: Jacket und Regulator jeweils 5– 10 US$ pro Tag, Flossen und Maske 2,50–7 US$, Anzug 5–15 US$. Es kann sich also lohnen, die eigene Ausrüstung mitzubringen. Wegen der gelegentlich recht niedrigen Wassertemperaturen ist ein „langer" Anzug dringend anzuraten, ebenso ein Tauchcomputer. Notwendige **Qualifikation** für den Taucher ist natürlich ein internationales Zertifikat und das Logbuch.

Tauchkurse

Auch tauchen lernen auf Bali und Lombok ist kein Problem: am einfachsten in Hotels mit Swimmingpool für die ersten Übungen, dann geht es ins Meer. Alle wichtigen **Zertifikate** werden in Theorie und Praxis mit Abschlusstest angeboten. Der Kurs Open Water Dive mit PADI-Zertifikat beispielsweise kostet ab 350 US$, Dauer etwa vier bis fünf Tage.

Telefonieren und Internet

In allen größeren Orten gibt es entweder ein **Kantor Telekomunikasi** oder einen **Wartel** (Warung Telepon). Von hier aus kann telefoniert und gefaxt werden, sie sind häufig 24 Stunden geöffnet. Die Minute nach Deutschland oder zu anderen Orte in der Welt kostet zwischen 5000 und 10.000 Rp. Auch zahlreiche **Internetcafés** bieten diesen Service an.

Das **Telefonnetz** auf Bali ist mittlerweile sehr gut ausgebaut. In allen größeren und mittelgroßen Orten gibt es **Telefonzellen** an strategisch günstigen Stellen, meist reduzierte, kleine Kabinen am Straßenrand, die schnell übersehen werden. Auf denen, die für internationale Telefonate (IDD) in Frage kommen, ist das Prozedere in mehreren Sprachen erläutert. Eine Kreditkarte ist hier eine gute Idee.

Ortsgespräche können aus dem Hotelzimmer und von jeder Rezeption sowie von jeder Telefonzelle und jedem Telefonamt mit Münzen oder Prepaid-Karten geführt werden. Sie kosten rd. 100 Rp., je größer die Distanz, desto teurer.

Mobiltelefon

Besser und einfacher ist es aber, das **eigene Handy** mitzubringen: Indonesien hat ein eigenes mobiles Telefonnetz, GSM. Die Abdeckung, vor allem auf Bali und großen Teilen Lomboks, funktioniert normalerweise gut. Es gibt einige Anbieter, die das Land unter sich aufgeteilt haben. Wer mit dem eigenen Handy unterwegs ist, kann sich über einen der Anbieter in das indonesische Netz einloggen und dann über das heimische Konto telefonieren oder SMS verschicken. Wegen hoher Gebühren sollte man bei seinem Anbieter nachfragen oder auf dessen Website nachschauen, welcher der Roamingpartner günstig ist und diesen per **manueller Netzauswahl** voreinstellen. Nicht zu vergessen sind die **passiven Kosten,** wenn man von zu Hause angerufen wird (Mailbox abstellen!).

Preiswerter ist es, sich auf **SMS** zu beschränken, der Empfang ist in der Regel kostenfrei.

Besonders gewarnt seien **Nutzer von Smartphones,** denn die Nutzung des Datapacks im Ausland kann zu horrenden Kosten führen. Eine einzige E-Mail per Smartphone schlägt im Nicht-EU-Land leicht mit 60 € zu Buche. Rechnungen mit vierstelligen Summen nach 14 Tagen Urlaub und 20 Mbyte pro Tag sind da keine Ausnahme! Empfehlenswert und preiswert ist das Nutzen von **Skype** zum Telefonieren z.B. in Internet-Cafés mit DSL, oder auch die Internet-Nutzung per Handy über eine kostenlose WiFi-Verbindung im Hotel oder Café.

Falls das Mobiltelefon **SIM-lock-frei** ist (keine Sperrung anderer Provider vorhanden ist) und man innerhalb Indonesiens viele Gespäche führen muss, kann man sich eine örtliche **Prepaid-SIM-Karte** von einem der Anbieter Indosat, Satelindo, Telkomsel, Pro XL oder anderen besorgen. Das kostet in den einschlägigen Shops und Supermärkten je nach Größe der Karte ab 5000 Rp. Die Bintang-Supermärkte sind eine gute und günstige Adresse. Wer gleich ein Handy dazukauft, bekommt das Ganze beispielsweise im Carrefour-Supermarkt für 150.000 Rp. Man kann auch Handys mieten. Das lohnt sich aber wegen der hohen Mietpreise ab 7,50 US$ am Tag kaum. Mit einer gekauften SIM-Karte lässt sich der Preis einer ausgehenden SMS auf rund 300 Rp. drücken. Das Wiederaufladen der Karte – *Pulsar* ist die korrekte Bezeichnung für das Guthaben – ist auch kein Problem: Einfach wieder in einen Shop gehen – meist sind die dort geführten Telefonieanbieter auf einem Schild genannt – sagen, wieviel Rp. als Guthaben auf die Karte soll, und die machen das dann, eventuell gegen eine Gebühr von 2000 Rp.

Vorwahlen

Für ein **internationales Gespräch** muss man die internationale Vorwahl, die Städtevorwahl und dann die Teilnehmernummer wählen. Bei der internationalen und der Städtevorwahl müssen die **Nullen weggelassen** werden. Die Vorwahl für Deutschland lautet 0049, Österreich 0043, Schweiz 0041, Singapur 0065, Malaysia 0067, Australien 0061. Statt der 00 muss **bei einem Handytele-**

fonat das + gesetzt werden. Dann darauf achten, dass noch genug Kredit (Pulsar) auf der Karte ist für ein internationales Telefonat. Es gibt Günstiganbieter für Telefonate von Indonesien nach Deutschland, beispielsweise 01017, dann die Vorwahl ohne 00, dann die Nummer ohne 0. So lässt sich unter Umständen die Minutengebühr in die Heimat je nach Anbieter auf 2500 Rp. drücken. Am Besten vor der Abreise ein wenig recherchieren.

Wer **aus dem indonesischen Festnetz** nach Europa telefonieren will, der wählt vor der Vorwahl 001 oder 007, dann die internationale Vorwahl ohne 00. Nach Deutschland also 00149 usw.

Ein **nationales Telefongespräch** ins Festnetz beginnt mit der Vorwahl des Kabupaten, des Bezirks, 0361 beispielsweise für die Region um Ubud. Dann wird die Teilnehmernummer gewählt (siehe auch Karte auf S. 179). Ein nationales Gespräch **auf ein Handy** funktioniert gleich. Handynummern sind meist an den hohen Zahlen in der Vorwahl erkennbar, z.B. 0819, dann folgt die Teilnehmernummer.

Internet

Für Freunde der Internettelefonie gibt es die Möglichkeit zu **skypen.** Dazu braucht es entweder ein Internetcafé oder einen WiFi-Hotspot und ein eigenes Laptop. Etliche Cafés, Bars, Hotels und Restaurants in den touristischen Orten warten damit auf.

WiFi (W-LAN) ist sehr praktisch und wird in vielen Restaurants, Hotels, Guesthouses, Bars und Cafés – meist kostenfrei – angeboten. Man kann auf Bali fürs Laptop auch eine **UMTS-Karte** von verschiedenen Anbietern kaufen. Hier kostet ein Monat flat um die 500.000 Rp. Aber Vorsicht: Der Empfang in den weniger touristischen Regionen Balis und vor allem Lomboks ist nicht immer gut. Das schnell nach Hause geschickte Foto kann ganz schön lange brauchen, bis es schließlich auf den Weg gebracht ist.

In den **Internetcafés,** die es in den touristischen und auch ländlichen Orten noch gibt, kostet die Minute zwischen 250 und 500 Rp.

Fax und Telegramme

Telegramme werden von den **Telefonämtern** verschickt. Das Aufgeben ist unkompliziert und geht schnell. Außerdem ist es sehr preiswert. Leider ist es nicht sicher, ob das Telegramm auch wirklich ankommt. Da ist ein Fax schneller und billiger: pro DIN-A4-Seite zwischen 30.000 und 40.000 Rp. Bei privaten Anbietern ist es oft billiger als bei der Post.

Tourenvorschläge

Die auf den Karten (S. 526/527) eingezeichneten Routenvorschläge sind gedacht für Fahrten mit **gemietetem Wagen oder Motorrad.** Mit öffentlichen Verkehrsmitteln muss man locker mit dem doppelten Zeitaufwand rechnen. Als Ausgangspunkt ist **Ubud** eine gute Wahl, weil dieser Ort relativ zentral liegt und ohne Probleme ein Auto oder Motorrad gemietet werden kann. Da Bali

Tour 1

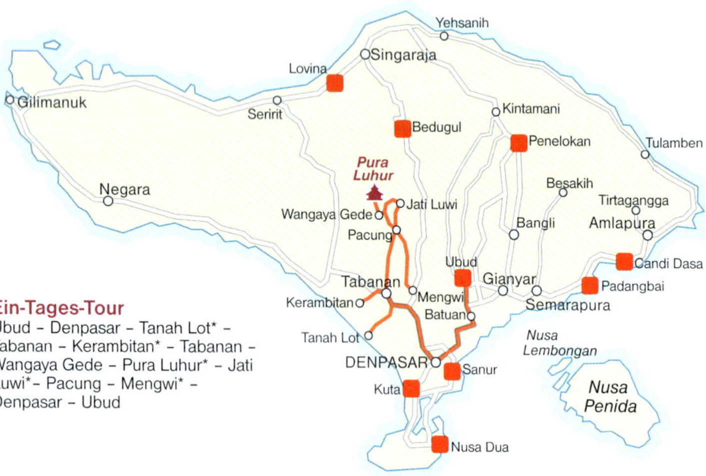

Ein-Tages-Tour

Ubud – Denpasar – Tanah Lot* – Tabanan – Kerambitan* – Tabanan – Wangaya Gede – Pura Luhur* – Jati Luwi*– Pacung – Mengwi* – Denpasar – Ubud

■ Gute Übernachtungsmöglichkeiten
* Herausragende Sehenswürdigkeiten

Tour 3

Drei-Tages-Tour

1. Tag: Ubud – Tegalalang* – Pujung* – Batur* – (Übernachtung unten am See)

2. Tag: Penulisan* – Dausa – Jagaraga* – Kubutambahan* – Singaraja – (Übernachtung in Lovina oder Bedugul)

3. Tag: Bedugul – Botanischer Garten* – Jati Luwi* – Pura Luhur* – Tabanan – Tanah Lot* – Denpasar – Ubud

Tour 2

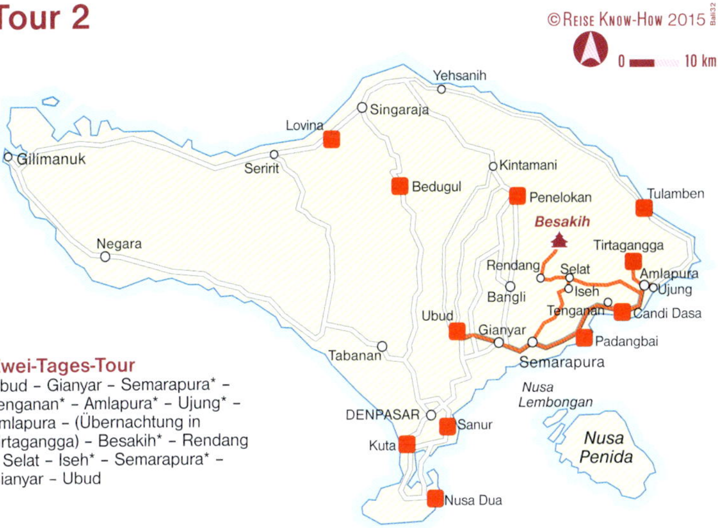

Zwei-Tages-Tour

Ubud – Gianyar – Semarapura* – Tenganan* – Amlapura* – Ujung* – Amlapura – (Übernachtung in Tirtagangga) – Besakih* – Rendang – Selat – Iseh* – Semarapura* – Gianyar – Ubud

■ Gute Übernachtungsmöglichkeiten
* Herausragende Sehenswürdigkeiten

Tour 4

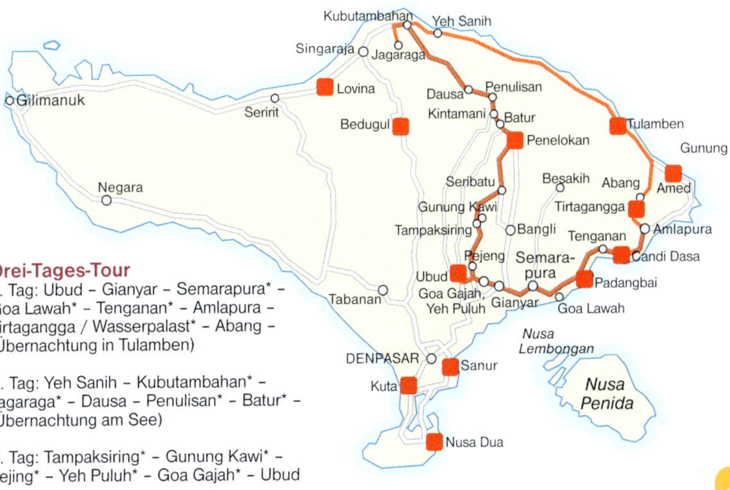

Drei-Tages-Tour

1. Tag: Ubud – Gianyar – Semarapura* – Goa Lawah* – Tenganan* – Amlapura – Tirtagangga / Wasserpalast* – Abang – (Übernachtung in Tulamben)

2. Tag: Yeh Sanih – Kubutambahan* – Jagaraga* – Dausa – Penulisan* – Batur* – (Übernachtung am See)

3. Tag: Tampaksiring* – Gunung Kawi* – Pejing* – Yeh Puluh* – Goa Gajah* – Ubud

nicht sonderlich groß ist, können die vorgeschlagenen Strecken bequem bewältigt werden. Voraussetzung ist ein morgendlicher Frühstart.

Bei solchen Kurztrips möchte man natürlich nicht unbedingt das gesamte Gepäck mit sich herumschleppen. Man sollte entweder das Zimmer behalten oder, wenn das zu teuer ist, den Guesthousebesitzer bitten, das Gepäck aufzubewahren. Normalerweise ist das kein Problem.

Uhrzeit

Indonesien erstreckt sich insgesamt über drei Zeitzonen. Zwischen Java und Bali verläuft eine Zeitgrenze. Auf Bali gilt die **ostindonesische Zeit,** der Unterschied zu Deutschland beträgt **sieben Stunden.** Auf Bali gibt es keine Sommerzeit. Wer also in der hiesigen Sommerzeit nach Bali reist, muss mit einem Zeitunterschied von sechs Stunden klarkommen. Ist es also im Winter 12 Uhr mittags in Berlin, so ist es auf Bali 19 Uhr, während der Sommerzeit 18 Uhr.

Unterkunft

Zu den Übernachtungsempfehlungen in diesem Buch: In jeder Ortsbeschreibung findet sich die Rubrik „Übernachten". Dort angegebene Adressen verstehen sich als Vorschläge oder **Empfehlungen.** Es liegt aber nicht in der Absicht der Autoren, Hotelbesitzer zu schädigen, dadurch, dass sie nicht genannt werden. Wenn ein Etablissement also nicht aufgeführt ist, heißt das nicht unbedingt, dass es nicht empfehlenswert ist. Auf der anderen Seite können sich natürlich auch die Verhältnisse in den empfohlenen Häusern ändern. Und wer weiß, vielleicht hat ja zwischenzeitlich das Management gewechselt, und die Unterkunft ist toll. Schreiben Sie uns, wenn Ihnen Unstimmigkeiten auffallen! Wir freuen uns über jede Nachricht.

Viele Hotels, aber auch Bungalowanlagen, rechnen auf den Preis **Zuschläge** für Tax (10 %) und Service (11–15 %). Häufig wird das Konstrukt „plus plus" genannt und schlägt dann mit 21 % zu Buche. Es empfiehlt sich, frühzeitig nachzufragen, was evtl. aufgeschlagen wird. Komplettpreis heißt *Harga net,* da kommt nichts mehr drauf. Die genannten Preise beziehen sich immer auf den Grundpreis.

Einzelreisenden und Gästen außerhalb der Hauptsaison wird manchmal ein **Nachlass** gewährt, insbesondere, wenn sie länger bleiben. Handeln lohnt

Preiskategorien

Die in diesem Buch beschriebenen Unterkünfte sind in vier Preiskategorien gegliedert, symbolisiert durch Zahlen von 1 bis 4. Gemeint ist der Preis für ein **Doppelzimmer zur Hauptsaison.**

① = bis 100.000 Rp.
② = 100.000 bis 300.000 Rp.
③ = 300.000 bis 600.000 Rp.
④ = über 600.000 Rp.

sich eigentlich immer. Auch sehr gute oder sogar Luxusresorts können schnell zu einem Schnäppchen werden, denn meist gibt es die sogenannte „Published Rate", also den offiziellen Preis auf der Preisliste, und die „Internet Rate". Diese kann deutlich günstiger sein. Es ist also möglich, das Hotel anzuschauen, sich den Preis nennen zu lassen, dann in der Lobby oder im nahen Internetcafé online nach der Internet Rate zu schauen und diese zu buchen.

Übernachtungsmöglichkeiten

Auf Bali gibt es das beste und differenzierteste Übernachtungsangebot ganz Indonesiens. Wo man sich niederlässt, hängt von den persönlichen Wünschen und vom Geldbeutel ab. Die folgenden Kategorien stehen zur Auswahl.

Pensionen

Einfache Hotels werden auf Bali und Lombok **Homestay, Guesthouse, Panginapan, Pondok Wisata** oder **Losmen** genannt. Letzteres ist wohl abgeleitet von „Logement", einem französischen Wort, das in der holländischen Kolonialzeit verwendet wurde. Damit meinte man eine einfache Unterkunft in einem balinesischen Haushalt. Diese Häuser haben ungefähr fünf Zimmer zum Preis von **maximal 100.000 Rp.** (laut Definition der Tourismusbehörden) – was aber heute deutlich gelockert ist. Hier wird immer der Endpreis genannt, es kommen normalerweise keine Steuern dazu.

Normalerweise ist eine solche Pension Teil eines **Familienanwesens,** man wohnt sozusagen mitten in der Familie. Die Zimmer sind sauber und mit dem Nötigsten ausgestattet, beispielsweise mit zwei Betten (mit Bettlaken und Kopfkissen), Schrank, Stuhl, privatem Bad und Toilette. Moskitonetze sind oft nicht vorhanden. Die Fenster sind manchmal vergittert und die Türen immer abschließbar. Häufig liegen mehrere solcher Räume in „Reihenbauweise" nebeneinander. Vor den Eingangstüren befindet sich eine überdachte Veranda mit Tisch und Stuhl. Hier draußen besteht die Möglichkeit, Nachbarn kennenzulernen, dem Treiben im Hof zuzusehen oder fliegende Händler zu „empfangen".

Meist ist ein **Frühstück** inbegriffen – mit Bananen, manchmal auch Toast, Eiern und Marmelade. Insbesondere auf Bali machen sich die Losmen durch sehr gutes Frühstück Konkurrenz.

Die **Preise** sind in der Hauptsaison deutlich höher (ca. 30 %) als in der Nebensaison. Für längere Aufenthalte an einem Ort lässt sich der Preis herunterhandeln. Einzelzimmer gibt es kaum. Besonders in den Hauptreisemonaten muss damit gerechnet werden, als Einzelreisender den Doppelzimmerpreis zu bezahlen. Insbesondere dort, wo das Angebot groß ist, gibt es aber auch Zimmer weit unter diesen Preisen.

Bungalows

Seit den 1960er Jahren sind viele der ursprünglichen Losmen mit Familienanschluss gewachsen: Mehr Zimmer wurden angefügt, mehr Platz geschaffen. Nicht immer aber ist die Infrastruktur

Ein eigenes Häuschen im Reisfeld?

von *Stefan Blank*

Es klingt wie ein Traum: so ein kleines Häuschen im Grünen, nicht zu nah und nicht zu weit weg von Ubud. Mit Blick auf die Reisfelder, kurzem Weg zum Dorfladen oder Supermarkt, der nahe Warung macht hervorragendes und günstiges Essen, die Dorfgemeinschaft ist sehr aktiv und feiert viele bunte Feste. Frank und Sabine, das Lehrerpaar aus Deutschland, ist beliebt und fühlt sich wohl. Seit etlichen Jahren kommen sie jedes Jahr hierher und sind jetzt kurz vor dem wohlverdienten Ruhestand. Und irgendwann, bei einer Portion Nasi Campur und einem Bier, kommt die Idee auf, einen eigenen Bungalow auf Bali zu haben. Denn warum in der kalten Heimat bleiben, wenn es hier doch so schön ist? Dazu scheint alles einigermaßen erschwinglich zu sein: das Stück Land von der Nachbarsfamilie, die wohl ein bisschen knapp bei Kasse ist, und der nette Bauunternehmer, mit dem das Paar schon auf Englisch gesprochen hat. Frank und Sabine sind sicher, dass sie auch das bisschen Bürokratie in den Griff bekommen.

Gedacht, getan. Mit 100.000 Euro Grundeinsatz lässt sich auf Bali einiges bewegen. Die Verhandlungen werden geführt von einem netten Makler, der auch Englisch spricht. Er will sich um alles kümmern. Das Paar kauft also das Stück Land, schaut sich die Pläne des vom Makler ins Spiel gebrachten Bauunternehmers an, ändert hier und dort ein wenig. Gemeinsam mit allen Beteiligten und dem sogenannten Namensgeber werden Pläne gemacht und diverse Papiere notariell unterzeichnet. Die erste Zahlung für das Land, den Notar und den Bauunternehmer geht auf das Konto ein und in einem halben Jahr soll alles fertig sein. Gerade läuft das Visa on Arrival des deutschen Paares aus, sie fliegen in die herbstliche Heimat und freuen sich auf den nächsten Sommer.

Voller Ungeduld sind Frank und Sabine schon drei Monate später wieder auf Bali, um den Baufortschritt persönlich zu begutachten. Leider ist die Baustelle längst nicht so weit, wie der Makler in seinen E-Mails angedeutet hatte. Auch sind kaum Bauarbeiter da, da irgendwo eine Zeremonie gefeiert wird. Der Makler kann Frank und Sabine beruhigen: alles halb so wild, die Bauarbeiter hier sind fix, das geht schnell. Und überhaupt sei es gut, dass die beiden zu Besuch gekommen sind, denn die Kosten für Baumaterial seien in letzter Zeit stark gestiegen, ein paar Hundert Millionen Rupiahs müssten nachgeschossen werden. Sonst könne auf der Baustelle nicht weitergearbeitet werden.

Damit hatten Frank und Sabine nicht gerechnet, aber okay. Sicherheitshalber gehen die beiden aufs Deutsche Konsulat, da sie natürlich nicht über den Tisch gezogen werden wollen. Der Tipp, den Vertrag von einem Übersetzer ins Deutsche übertragen zu lassen, ist ein guter: Nach Prüfung der Unterlagen zeigt sich, dass die Baubeschreibung nicht mit den ausgeführten Arbeiten übereinstimmt. Offensichtlich stimmt auch etwas mit der Abrechnung nicht. Sie nehmen sich einen Anwalt und verklagen den Bauunternehmer, gerade noch vor Ablauf des Visums. Die Verhandlung sind zäh, aber am Ende ist scheinbare Einigkeit hergestellt: Der Bauunternehmer macht weiter, unrechtmäßig in Rechnung gestellte Leistungen werden verrechnet, es geht voran.

Weitere drei Monate später, beim nächsten Besuch, sind die Arbeiten kaum vorangeschritten. Anscheinend gibt es Schwierigkeiten mit irgendwelchen Papieren, von denen Frank und Sabine noch nie gehört hatten. Neben der Besitzurkunde für das Land gibt es die Bauerlaubnis (IMB), Namen müssen in Register eingetragen werden und vieles mehr. Die beiden verstehen immer nur die Hälfte und niemand erklärt alles richtig, jeder erzählt etwas anders. Sicher ist, dass sie für Unterschriften zahlen müssen, für eine Rechteübertragung und einiges mehr. Und zahlen heißt immer gleich, etliche Millionen Rupiahs auf Konten zu überweisen. Da ist der Überblick schnell verloren. Franks altes Magengeschwür macht sich wieder bemerkbar. Dass die Baukosten wieder gestiegen sind, überrascht Frank und Sabine nicht mehr sonderlich. Hier läuft offensichtlich einiges schief. Nur, dass den beiden jetzt die Geduld ausgeht und vor allem das Geld.

Der Bungalow von Frank und Sabine steht heute. Sie leben aber nicht darin, da sie ihr Projekt aufgegeben haben. Glücklicherweise war der Makler so freundlich, ihnen das dreiviertelfertige Haus abzukaufen. Die 100.000 Euro sind weg, die Lektion ist gelernt und Frank und Sabine sind in bisschen schlauer.

Jetzt wissen sie, dass Ausländer auf Bali kein Land erwerben, sondern nur pachten dürfen für maximal 90 Jahre. Ein Balinesischer Nominee, der Namensgeber, ist derjenige, der das Land kauft. Mit ihm wiederum muss ein Vertrag gemacht werden, in der Hoffnung, dass er ihn auch einhält. Frank und Sabine wissen, dass ein Haus auf Bali Zeit braucht, um gebaut zu werden – und sämtliche Vorhersagen zum baldigen Einzugstermin nur zur Beruhigung der Gemüter dienen. Auch das Geld hatten sie zu früh überwiesen, ohne die Vorgänge richtig verstanden zu haben. Denn Frank und Sabine sprechen kein Bahasa Indonesia. Und werden es auch nicht mehr lernen: Sie haben beschlossen, ein Häkchen hinter ihr Bali-Projekt zu machen und in ihrem Reihenhaus in Rottweil wohnen zu bleiben.

im Haus mitgewachsen – die Küche bleibt oft zu klein. Dafür gibt es **Klimaanlage** und einen kleinen Garten, manchmal einen **Pool** dazu. Diese Häuser gelten rein rechtlich nicht mehr als Losmen, für ein Hotel aber sind sie zu klein. Also werden sie zum *Inn* oder setzen *Bungalows* oder *Cottages* hinter den Namen.

Zimmer in diesen Anlagen gibt es ab 150.000 Rp. bis ungefähr 400.000 Rp. Je mehr geboten wird, desto teurer. Oft sind sie besonders **schön angelegt,** viele Blumen, geschnitzte Portale, Skulpturen usw. schmeicheln dem Auge. Nach oben gibt es preislich fast keine Grenzen. Viele Anlagen auf Bali sind kaum von Mittelklasseanlagen zu unterscheiden. Wer etwas mehr Geld ausgeben kann, wird hier immer gut bedient. Ab 400.000 Rp. werden die Bungalowanlagen zu *Mlati Hotels,* so die offizielle Bezeichnung. Hier werden dann meist auch Service und Steuer fällig.

Mittelklassehotels

Mittelklassehotels gibt es in allen Touristenorten und größeren Städten. Sie bieten neben oft geräumigen Zimmern häufig Swimmingpools und AC-Zimmer (mit Klimaanlage). Man kann mit Kreditkarte bezahlen, hat **Zimmerservice** und oft ist ein **Restaurant angeschlossen.** Doppelzimmer in diesen Anlagen kosten um die 50 US$, es kann aber auch billiger oder teurer sein. In vielen dieser Hotels lohnt es sich, außerhalb der Hauptsaison zu handeln. Dann stehen fast alle Zimmer leer und das Management ist kompromissbereit – besonders, wenn man länger bleiben will.

Luxushotels

Luxushotels mit internationalem Standard und entsprechenden Preisen stehen in allen Touristenzentren, in den großen Städten oder in ausgezeichneter Lage.

Das Touristenzentrum **Nusa Dua** auf der Bukit-Halbinsel im Süden Balis stellt alles bisher Dagewesene in den Schatten: 4000 Betten, Luxus-Suiten, Pools, Shopping-Zentrum, Kellner am Strand usw. Vieles ist in Bali-Architektur erbaut und sieht gut aus.

Immer wieder werden von Reiseveranstaltern günstige **Pauschalreisen** mit Übernachtung und Frühstück in Fünf-Sterne-Hotels angeboten. Auf den ersten Blick sind diese Angebote verführerisch. Die Realität holt einen dann aber im Hotel schnell ein. Zwar sind die Pauschalpreise niedrig, aber die Preise für Essen und Getränke sind „gpfeffert". Schnell wird das vermeintlich Gesparte für die alltäglichen Bedürfnisse wieder fällig.

Auch All-inclusive-Reisepakete (Essen, Getränke, Tauch-Schnupperkurs mit Flug) gibt es, wie beispielsweise 14 Tage Bali im Vier-Sterne-Hotel für 1200 Euro.

Sonderpreise kann man häufig auch in sehr edlen, jedoch abgelegenen Luxushotels bekommen. Hineingehen, einen Kaffee trinken und fragen.

In diesem Buch sind diese Hotels nur am Rande aufgeführt. Viele Sterne-Hotels lassen sich übers Internet buchen. Hier werden auch Rabatte (bis zu 50 %) gewährt. Gute Quellen zur ersten Information und **Buchungsmöglichkeiten** sind im Internet zu finden, z.B.:

- **www.budgetbali.com**
- **www.balidiscovery.com**
- **www.bali.com**

125ba sb

Häuser

Wer einen längeren Aufenthalt an einem Ort plant, kann sich als Alternative zum Leben im Hotel oder Resort ein **voll eingerichtetes Haus** für einen oder mehrere Monate mieten. Besonders auf Bali, aber auch an schönen Stellen Lomboks haben sich oft Expats, also Nicht-Indonesier aus dem Westen, die hier einen großen Teil ihres Lebens verbringen, ein Haus bauen lassen – natürlich in besonders schöner Umgebung. Das bewohnen sie aber nicht ganzjährig. Während der Abwesenheit des Besitzers stehen die Häuser zur Vermietung frei.

Eine zentrale Vermietungsstelle gibt es leider noch nicht. Es lohnt sich aber, im Internet zu recherchieren. Allein in der Gegend um Lovina gibt es 170 Villen. Etliche davon haben eigene Websites, in denen nähere Infos stehen. Es gibt Villen **ohne Serviceleistungen,** also rein zur Miete, und solche, die einen **Komplettservice** anbieten – bis hin zur Abholung am Flughafen. Die Preise für eine Villa hängen ab von der Zimmerzahl, der Lage und dem Serviceangebot. Auf **Bali** geht für 100 Euro pro Nacht für die gesamte Villa einiges, was in einem Resort nicht möglich wäre. **Lombok** ist teurer, hier ist die Konkurrenz nicht so groß, daher ist das Preisniveau höher: 200 Euro könnte ein guter Einstiegspreis sein. Wer sich übers Internet informieren und eventuell buchen will, ist hier gut aufgehoben:

- **www.fewo-direkt.de,** die deutschsprachige Ausgabe von www.homeaway.com
- **www.bali-tropical-villas.com**
- **www.balivillas.com**
- **www.houseofbali.com**
- **www.lombokhomes.com**

Verhaltenstipps

Auch auf Bali und Lombok gilt: Wer sich richtig benimmt, hat weniger Probleme, wenn überhaupt. Natürlich gibt es unterschiedliche Spielregeln – je nachdem, welcher Religion die Menschen angehören. Insbesondere der Islam, auf Lombok die Hauptreligion, kennt diverse Vorschriften, die sich aus dem Koran ableiten. Trotzdem lohnt es sich, auch wenn man nur das hinduistische Bali besuchen will, **islamische Anstandsregeln** zu kennen und zu beachten. Denn viele davon sind mittlerweile zu allgemein-indonesischen Verhaltensnormen geworden. Nicht zuletzt trifft man auch auf Bali immer wieder Muslime.

Auf die Frage nach der Religionszugehörigkeit sollte man nie mit „keine" antworten. Man könnte schnell als Atheist gelten, was in Indonesien nicht gerade das Ansehen hebt.

Gefühle

- **Lächeln:** Indonesier lächeln gern (fast immer und fast überall). Im Westen lächelt man nicht jeden an, aber in Indonesien kann man es lernen. Es gibt ein gutes Gefühl. Allerdings bedeutet ein Lächeln nicht unbedingt, dass einem das Gegenüber auch wohlgesonnen ist!

< Gehobene Mittelklasse:
Hotelanlage in Senggigi auf Lombok

■ **Wutausbrüche** und Schreien sind völlig unakzeptierte Verhaltensweisen. Man zeigt seine Wut nicht, nur Kinder verlieren die Selbstkontrolle und schreien. Die Reaktion des Gegenübers wird Unverständnis und Distanz sein. Wer sich nicht beherrschen kann, verliert sein Gesicht.

■ **Harmonie** ist das Hauptziel einer jeden Erziehung in Indonesien. Persönliche Gefühle stören diesen Harmoniezwang, wenn sie ausgedrückt werden. Selbst übelste Beleidigungen werden mit einem lachenden Gesicht beantwortet. Über das Innenleben des Einzelnen sagt diese „Maske" freilich nichts. Man frisst Zorn und Ärger in sich hinein.

Wenn dann eines Tages das „Fass überläuft", kann es zu Katastrophen kommen. Aus scheinbar nichtigen Anlässen kommt es zu Gewalttaten, Familien werden verlassen oder gar Leute umgebracht. Nicht grundlos kann der Begriff „Amok laufen" zurückgeführt werden auf *meng-âmok,* was im Malaiischen „in blinder Wut angreifen und töten" bedeutet.

■ **Peinlichkeiten** müssen vermieden werden. Das führt häufig zu Missverständnissen. Wenn man z.B. jemandem nach einem Weg fragt und dieser keine Ahnung hat, wo sich der gesuchte Ort befindet, wird er nicht mit „Weiß ich nicht" antworten, sondern lieber irgendwohin zeigen, oder, wenn die Frage falsch gestellt wurde, mit „Ja!" antworten. Auch „vielleicht ja" oder „vielleicht nein", kann eine mögliche Antwort sein. Keine passende Antwort geben zu können ist peinlich *(malu),* und es ist besser, man gibt eine falsche. Man verliert sein Gesicht nicht. Dass der Fragende später „sauer" sein wird, spielt dabei keine Rolle, er ist ja weg.

Ähnlich verhält es sich mit Fragen folgender Art: „Hast Du genügend Geld in der Tasche, um für mich xy zu kaufen? Ich geb' es Dir später zurück!" Antwort „Ja!". Ergebnis: Die Erledigung wird „vergessen", es war doch nicht genug Geld da.

Oder: „Wollen wir heute abend zusammen essen gehen?" Antwort: „Nein, leider keine Zeit!" Was steckt dahinter? Entweder hat der Gefragte Angst vor der fremden Umgebung (Touristenrestaurant) oder zu wenig Geld, um evtl. seine Zeche zu zahlen.

Ein letztes Beispiel. Frage: „Kennst Du ein preiswertes einheimisches Restaurant?" Antwort: „Ja!" Ergebnis: Das genannte Restaurant ist weder billig noch einheimisch, dem Gefragten war es peinlich, ein passendes zu nennen, weil er glaubte, dass es dem Touristen nicht gefallen würde.

■ **Schadenfreude** bzw. das, was wir dafür halten, ist ebenfalls ein Ausdruck dieser Sichtweise. Da stürzt beispielsweise jemand (und das kann durchaus auch ein alter Mensch sein) auf der Straße. Die Augenzeugen brechen in schallendes Gelächter aus. Warum? Weil dem Gestürzten so der Gesichtsverlust erspart wird.

Unreine Körperteile

■ Die **linke Hand** ist unsauber, da sie das Toilettenpapier ersetzt. Um Menschen zu begrüßen, zu berühren, zum Essen, um etwas anzunehmen oder weiterzugeben, wird ausschließlich die rechte Hand benutzt. Das gilt auch in Situationen, wenn z.B. die rechte Hand nass oder dreckig ist, und jemand einen mit Handschlag begrüßen will. Nicht, wie bei uns, ersatzweise die Linke reichen!

■ Die **Füße** sind der unsauberste Teil des Körpers. Es ist mehr als unhöflich, beim Sitzen auf dem Boden oder in anderen Situationen die Fußsohlen auf eine Person zu richten. Befindet man sich allerdings in vollen Bussen oder auf Fähren, lässt sich diese Regel nicht immer einhalten, sie ist dann außer Kraft gesetzt. Füße etwa auf den Tisch zu legen oder auf eine ausgebreitete Matte zu trampeln ist immer äußerst unhöflich.

■ Die **Schuhe** sollten beim Betreten eines Wohnhauses oder auch Geschäftes ausgezogen werden. Steht ein Wasserbehälter am Eingang, wäscht man sich dort den Staub von den Füßen. Ob z.B. beim Betreten eines Ladenraumes das Schuhausziehen empfehlenswert ist, klärt der schnelle Blick auf die Füße des Personals: Laufen die barfuß, dann Schuhe aus; haben sie Sandalen an, kann man sie auch anlassen.

Auch in eindeutigen „Schuhe-aus-Situationen" wird demjenigen, der sich hinsetzt, um seine Schnürstiefel zu lösen, gerne gesagt: „Macht nichts, komm einfach rein!" Es ist trotzdem ein Gebot der Höflichkeit, seine Schuhe auszuziehen. Die Aufforderung muss nicht ernst gemeint sein.

Auch auf der eigenen Hotelterrasse oder im gemieteten Zimmer sollte man die Schuhe draußen lassen, will man nicht als „Barbar" gelten.

- **Barfußlaufen** ist aus dem gleichen Grunde verpönt. Schließlich zieht man in der Wohnung die Schuhe aus, um den Raum vor dem Schmutz der Straße zu bewahren. Was aber will der Barfußlaufende ausziehen?

Kleidung

Besonders in Kuta fällt in den Gassen eine Art „Surferstyle" bei Männlein und Weiblein auf: Mit kurzen Hosen, bloßen Füßen, nacktem Oberkörper und jeder Menge Tattoos zeigt Mensch sich gerne und damit die eigene Hippness. Allerdings sollte beachtet werden, dass Kuta nicht unbedingt Bali ist. Es gibt ein paar generelle Regeln. Sich an die zu halten kann nicht schaden und wird häufig das balinesische Gegenüber freundlicher stimmen als ein nackter Oberkörper – egal wie muskulös er ist.

- **Männer** sollten in der Öffentlichkeit **nicht in kurzen Hosen** herumlaufen. Die kurze Hose ist ein Bekleidungsstück für arme oder arbeitende Männer. Zu dieser Kategorie gehören weiße Touristen wohl kaum, denn man konnte sich immerhin ein Flugticket nach Indonesien leisten. Die Balinesen dulden das aber mittlerweile und sind selbst gelegentlich kurz behost unterwegs. Aber sicher ist: Bei allen offiziellen Anlässen, beispielsweise dem Besuch eines Amts, einer Zeremonie oder der Bank sind kurze Hosen tabu – egal wie heiß es ist.

Das Gleiche gilt für den **freien Oberkörper,** der ist noch anstößiger als die kurze Hose. Die offizielle Oberbekleidung für den Mann ist ein Batik-Hemd, das über der Hose getragen wird, in der Öffentlichkeit tut's auch ein T-Shirt. Wer auf seiner Hotelterrasse mit bloßem Oberkörper sitzt, sollte einem unangekündigten Besucher die Ehre erweisen, sich kurz zu entschuldigen und ein Hemd überziehen.

- Als **Frau** empfiehlt es sich, im altmodischen Sinne **„anständig" gekleidet** zu sein, d.h. knielanger undurchsichtiger Rock oder Kleid, Bluse, BH, Hose (auch kurze, aber keine Hotpants), alles nicht zu eng. Selbst bei vollständiger Kleidung und Einhaltung aller Bekleidungsregeln kann es passieren, dass man (speziell in touristischen, weniger in ländlichen Regionen) belästigt wird. Frauen gelten aber überall als „Freiwild", wenn sie nur dürftig bekleidet herumlaufen – auch in männlicher Begleitung.

Frauen sollten nicht allein **am Strand** baden (Ausnahmen sind die Touristenstrände), schon gar nicht im knappen Bikini (im Zweifelsfalle T-Shirt überziehen). Indonesierinnen gehen, wenn überhaupt, komplett bekleidet ins Meer.

- Nicht nackt oder oben ohne **sonnenbaden!**

Geschlechtliches

- Auf die Frage: **„Verheiratet?"** immer mit „Ja!" antworten. „Wieviel Kinder?" Antwort: „Mindestens eins" oder *„belum"*, d.h. noch nicht, aber bald! Keine Kinder haben zu wollen, das gibt es nicht!
- **Frauen** sollten sich darauf gefasst machen, irgendwie berührt zu werden. Normalerweise passiert das „im Vorbeigehen" und geschieht unabhängig davon, ob man in Begleitung ist oder nicht. Das kann sehr nervenaufreibend sein, am besten aber nimmt man es mit Humor. Laut Schimpfen und auch zurückschlagen sollte man aber schon, der „Ehre" wegen. Meist sind die Typen aber so flink, dass man gar nicht weiß, wer es nun war.

Im Großen und Ganzen gehören aber Bali und Lombok zu den Flecken auf der Welt, in denen Frauen (allein, zu zweit oder in männlicher Begleitung) mit Abstand die wenigsten Probleme haben.

- Das **Bild der weißen Frau** (und auch des Mannes) ist geprägt von amerikanischen Sex-&-Crime-

Filmen in Kino und Fernsehen. Geschichten von Frauen, die nur auf einen One-Night-Stand aus sind, kursieren mittlerweile überall. Die Gründe dafür findet man auch in den Touristenhochburgen, wie Kuta oder Lovina. Dort ist männliche Prostitution fast verbreiteter als weibliche. Offiziell gibt es auf Bali aber keine Prostitution.

- In nichttouristischen Gegenden ist es sinnvoll, als **allein reisende Frau** eine Erklärung für das Alleinereisen bereitzuhalten, wie z.B., verheiratet zu sein und noch keine Kinder zu haben oder auf einer Nachbarinsel zu studieren oder Ähnliches.
- Als Frau ist es ratsam, sich mit **Fragen** immer an indonesische Frauen zu wenden. Damit schließt man von vornherein Missverständnisse aus.
- Männer und Frauen **umarmen, küssen** oder **tätscheln** sich nicht in der Öffentlichkeit. Selbst das „Händchenhalten", auch beim Spazierengehen, gilt als anstößig.

  Allerdings ist es üblich, dass sich **gleichgeschlechtliche Freunde** bei der Hand halten oder Arm in Arm gehen, was kein Zeichen von Homosexualität ist.
- **Homosexualität** ist weit verbreitet, wird aber in der Öffentlichkeit nicht geduldet. Bali galt in den 1920er Jahren gar als Paradies für männliche Homosexuelle. Viele berühmte Künstler und Forscher gehörten zu dieser „Gattung", beispielsweise der deutsch-russische Maler *Walter Spies*.
- Männer und Frauen **waschen** sich stets nacheinander, auch im Hotelbadezimmer, wenn es nicht dem Schlafzimmer angeschlossen ist. Draußen wäscht man sich meist an getrennten Stellen (Flüsse, Quellen etc.).

Höflichkeit

- Zur **Begrüßung** reicht man sich die rechte Hand: nur eine leichte Berührung, bloß nicht kräftig schütteln. Anschließend führt man, insbesondere in muslimischen Gebieten, seine Hand ans Herz. Eine wirklich schöne Art der Begrüßung.
- In Privaträumen, Restaurants, Zügen etc. kann man beobachten, wie Indonesier eine gebeugte Haltung einnehmen, wenn sie an **tiefer sitzenden Personen** vorbeihuschen. Gleichzeitig hält man seine rechte Hand, mit der man kurz zuvor seinen Kopf berührt hat, vorausgestreckt, aber tiefer als der Kopf desjenigen, an dem man vorbei will. Das ist ein Zeichen der Ehrerbietung. Man will den Kopf nicht höher tragen als der Gast, der Ältere oder die Respektsperson. Mit der Hand nimmt man sich quasi auf eine tiefere Ebene. Gleichzeitig sagt man *„Permisi!"* (Entschuldigung). Es ist höflich, wenn wir diese Haltung zumindest andeuten.

  Aus gleichem Grunde ist es unhöflich, wenn man sich beispielsweise auf einer Treppe höher setzt als der Nachbar oder sich nicht hinunterbeugt bzw. hinhockt, wenn man stehend mit einem Sitzenden spricht.
- In Restaurants oder wenn man jemanden irgendwo anders **beim Essen** überrascht, wird man vom bereits Essenden oft durch Kopfnicken oder eine andere Geste eingeladen, das Mahl mit ihm zu teilen. Das ist zwar ausgesprochen höflich, aber nicht wörtlich zu nehmen. Mit einer kleinen Geste und *„Mari"* oder *„Silahkan"* (Bitte), gibt man dem anderen zu verstehen, dass er ruhig alleine weiteressen kann.

  Umgekehrt schickt es sich nicht, ohne diese Aufforderung, etwa auf einer Schiffsreise, sein Essen auszupacken.
- **Verharmlosungen:** Will man z.B. jemandem klar machen, dass er etwas Falsches gesagt hat, muss man dies so formulieren, dass er nicht „sein Gesicht verliert", sonst hilft die ganze Erklärerei wenig. In Indonesien sind daher Wendungen wie „weniger wahr" (*kurang benar*) für „falsch", „weniger schlau" (*kurang pintar*) für „dumm" oder „weniger wissend" (*kurang tauh*) für „keine Ahnung" gebräuchlich. Echte Verneinungen wie „nicht wahr" (*tidak benar*) oder Negativa wie „das ist gelogen" (*ini bohong*) werden in der Kommunikation kaum gebraucht. Man muss sich daran gewöhnen und die Antworten richtig interpretieren.

Wer sich in kleine Dörfer „vorwagt", dem kann es hin und wieder passieren, dass alle **Kinder** des Dorfes beginnen, hinter einem herzulaufen. Es werden immer mehr, und nach kurzer Zeit fangen sie an zu schreien. Dann dauert es nicht mehr lange, bis die ersten Steine fliegen.

Aufregen und Schreien hat keinen Zweck, im Gegenteil, es macht die Kinder nur noch aggressiver. Ignorieren hat auch keinen Zweck, das macht sie mutig. Wir glauben, das beste ist, man versucht möglichst frühzeitig, mit den anfänglich wenigen Kindern in Kontakt zu treten. Wenn alles zu spät ist, wende man sich an den nächstbesten Erwachsenen und bitte ihn um Hilfe. Er wird die Meute schon verscheuchen. Von alleine kommen die Leute leider nicht darauf, weil sie selber daran interessiert sind, wie sich die Ausländer wohl aus der Affäre ziehen.

Glücklicherweise scheint diese Verhaltensweise von Kindern nur die Ausnahme zu sein, je ungewöhnlicher man aussieht (z.B. verdreckt, falsch angezogen), umso eher kann einem das passieren.

Anrede

In Indonesien wird viel Wert auf die korrekte Anrede gelegt. Die Sprache bietet viele Höflichkeitsstufen, die weit über den uns bekannten Unterschied zwischen „Sie" und „Du" hinausgehen. Jeder gute Sprachführer gibt darüber Auskunft. Als **Grundregel** gilt:

- **Ältere Leute** redet man mit *Ibu* (=Mutter) und *Bapak* (=Vater) an. Diese beiden Wörter werden häufig verkürzt zu *Bu* bzw. *Pak*. Dieser „Titel" wird vor den Namen gestellt, also z.B. *Ibu Putu* oder *Pak Majid*. Auch kann man ihn vor Berufsbezeichnungen stellen, z.B. *Pak Doktor*.
- **Jüngere bzw. Gleichaltige** spricht man mit *Adik*, verkürzt *Dik* (= jüngerer Bruder bzw. Schwester) an. So kann man im Restaurant auch die Bedienung rufen.
- **Männliche Reisende** werden häufig mit *Tuan* angeredet. Das entspricht in etwa unserem „Herr". Diese Anrede ist ein Überbleibsel aus der Kolonialzeit und gilt nur für Weiße, einen Indonesier kann man so nicht ansprechen.

Gesten

- Das **Herbeiwinken** mit der Hand erfolgt nicht wie bei uns mit dem Handrücken nach unten, sondern genau umgekehrt, mit dem Handrücken nach oben. Für uns sieht das im ersten Moment wie Wegscheuchen aus. Die europäische Art, jemanden herbeizuwinken, wird nicht verstanden.
- **Überhebliche und aggressive Gesten** sind: mit einem Finger direkt auf eine Person zeigen (insbesondere während eines Gesprächs), die Arme vor der Brust zu verschränken oder die Hände in die Hüften zu stemmen. Diese Posen sind bei uns üblich und nicht unbedingt aggressiv belegt. Deshalb muss man sich immer mal wieder selbst beobachten.

Zeitverständnis

- Auf Bali und überhaupt in Indonesien gibt es eine eigene „Zeitrechnung", die sogenannte **Gummizeit,** *Jam karet*. Es ist nicht böse gemeint, wenn **Verabredungen** mit großer Verspätung starten oder gar nicht klappen – das gilt als landesüblich. Sich aufregen hilft nicht: Immer locker bleiben und das Lächeln nicht vergessen.

Rein islamische Regeln

- Das **Essen von Schweinefleisch** ist laut Koran verboten. Man sollte keinen Moslem zum Beispiel in ein chinesisches oder balinesisches Restaurant einladen. Am sinnvollsten lässt man den Eingeladenen das Restaurant selbst aussuchen.
- Die **Gebetszeiten** sollten respektiert werden. Besuche sollten deutlich vor oder nach 18 Uhr, der Zeit des Abendgebetes, gemacht werden.

■ Zur Zeit des **Fastenmonats** essen, trinken und rauchen Moslems von Sonnenauf- bis Sonnenuntergang nicht. Als Gast sollte man sich an diese Regelung halten, in der Öffentlichkeit und bei Besuchen.

■ Während man den **Koran** liest, wird weder getrunken noch geraucht. Kein anderer Gegenstand darf auf den Koran gelegt werden.

■ Siehe auch Kapitel „Indonesien im Überblick: Religionen“.

Rein hinduistische Regeln

Obwohl an fast jedem Tempeltor eindeutige Verhaltensregeln aufgezeigt werden, ist immer wieder zu beobachten, wie sich Touristen in ignoranter Form darüber hinwegsetztten. Darum an dieser Stelle die wichtigsten Benimmregeln, besonders für die Sorte Reisende (und die gibt es anscheinend immer noch), die glauben, der Gottesdienst anderer Völker sei hauptsächlich eine Touristenveranstaltung.

■ Man darf normalerweise keinen **Tempel betreten,** wenn man nicht ein Tuch oder einen Schal um die Taille gebunden hat. Das Personal am Eingang wird im Zweifelsfall darauf hinweisen, auch dementsprechende Schilder sollten beachtet werden. Man kann Tuch und Schal leihen oder günstig in Geschäften kaufen.

■ Wer einen Tempel betritt, sollte, besonders wenn ein Fest stattfindet, **ordentlich gekleidet** sein. Was „ordentlich“ ist, richtet sich nicht nach dem Touristengeschmack, sondern nach dem Geschmack der Gläubigen. Kurze Hosen, bloße Oberkörper, offene und durchsichtige Blusen, kurze Röcke usw. gelten eben als unschicklich.

■ In Ubud und Umgebung hat zu Tempelfesten nur derjenige Zutritt, der eine **balinesische Tracht** trägt. Dazu gehört ein festlicher Sarong (für Männer und Frauen), ein Hemd mit zumindest kurzen Ärmeln (Mann), eine Bluse (Frau) und eine klassische Kopfbedeckung (Mann), außerdem natürlich Schuhe und Schal. Gerne zeigt der Hotelbesitzer, wie man sich in Schale wirft, auch verleihen viele das entsprechende Equipment.

■ Die **Tempelmauern** und die Wände der Schreine sind heilig. Es ist verboten, sie zu berühren oder auf sie zu klettern, um Fotos zu machen. Das gilt nicht nur bei Zeremonien. Die höheren Regionen gelten den Balinesen als heilig. Man sollte sich niemals höher als der Tempelpriester positionieren.

■ **Blut auf dem Tempelboden** ist ein Tabu. Wer sich also verletzt hat und blutet, darf einen Tempel nicht betreten. Aus obigem Grunde ist der Zugang auch Frauen während der **Menstruation** versagt. Diese Vorschrift ist keine Unterdrückung der Frau und auch nicht „sexistisch“!

■ Das **Fotografieren** während der Tempelzeremonien ist erlaubt, wenn Touristen Zugang haben. Nicht erlaubt ist das Fotografieren mit Blitz in der Nacht oder am Tag.

■ Wenn **Menschen beten,** begebe man sich zur Seite. Auf keinen Fall darf man sich zwischen die Betenden und den angebeteten Schrein stellen – auch nicht zum Fotografieren! Wenn der allgemeine Segen verteilt wird, darf man sich durchaus in die Reihen der Gläubigen gesellen, wenn man dasselbe tut, was sie tun. Der Priester wird jeden, der den Segen empfangen will, bedenken und ihm seine Portion Heiliges Wasser zuteilen.

■ Dass man nicht **laut spricht,** keinen Abfall wegwirft usw., versteht sich wohl hoffentlich von selbst.

■ In **heiligen Quellen** darf man nicht baden! Tut man es doch und wird erwischt, kann das teuer werden, da eine aufwendige Reinigungszeremonie vorgenommen werden muss. Das kann leicht mehrere Millionen Rupiah kosten.

■ Wer mit dem Auto unterwegs ist, wird es schnell merken: **Prozessionen haben immer Vorfahrt.** Da hilft kein Drängeln und kein Hupen. Wer schlau ist, stellt seinen Wagen ab und wartet ein wenig am nächsten Warung. Häufig ist der Abzweig, in den die Gemeinde einbiegt, nicht weit.

■ Siehe auch das Kapitel „Bali – die Insel und ihre Bewohner: Hinduismus und religiöse Kultur“.

Literaturtipp

- **„KulturSchock Indonesien"** von Bettina David, erschienen im Reise Know-How Verlag.

Verkehrsmittel

Bali verfügt über ein so gut ausgebautes Beförderungssystem, dass es keine Schwierigkeiten machen wird, täglich zu jedem Punkt der Insel ein öffentliches Verkehrsmittel zu finden. Auch auf **Lombok** sind öffentliche Verkehrsmittel reichlich vorhanden, aber oftmals völlig überfüllt.

Grundsätzlich muss man bei der Auswahl des Transportmittels eines bedenken: Je langsamer ein Verkehrsmittel ist, desto mehr erlebt man unterwegs. Oft ist gerade der kleine Warung irgendwo in der Landschaft, an dem man darauf warten muss, dass der Busreifen gewechselt wird, oder die Hochzeit in dem kleinen Dorf, zu der der Sitznachbar während der langen Busfahrt eingeladen hat, das schönste Erlebnis. Wer schnell reist, kommt auch schnell an – aber ist nicht der Weg das Ziel?

Es gibt **Busse** und **Bemos,** die den öffentlichen Transport auf den Straßen abwickeln, dazu kommt ein gut ausgebautes, über die Inseln hinaus reichendes **Shuttle-Bus-System.** Auf Lombok kommen kleine Pferdewagen dazu, die **Cidomos** oder **Dokars** genannt werden. Grundsätzlich sind Shuttle- und Touristenbusse die schnellste, komfortabelste und sicherste Fortbewegungsart auf Bali und Lombok. Bali ist mit seinen Nachbarinseln Java und Lombok durch **Fähren** verbunden, die 24 Stunden täglich unterwegs sind.

Mehrere **Fluggesellschaften** buhlen um die Gunst des Publikums. Auf jeder Insel Indonesiens gibt es mindestens einen Flughafen. Bali hat einen internationalen, ein zweiter im Norden bei Kubutambahan ist seit Langem in Planung. Es fehlt nur noch der Investor. Lombok hat einen internationalen Flughafen in der Nähe von Praya.

Busse

Öffentliche Kurzstreckenbusse (BIS)

Öffentliche Busse fahren in Indonesien die kürzeren Strecken auf den einzelnen Inseln. Sie sind recht langsam, da ständig an der Straße stehende Fahrgäste einsteigen oder andere aussteigen. Diese Kurzstreckenbusse, die beispielsweise zwischen Denpasar und Singaraja oder Negara verkehren, kann man einfach **an der Straße anhalten.** Und das muss man auch, wenn man nicht am Anfang oder Ende der jeweiligen Route zusteigen will. Diese öffentlichen Busse nehmen so viele Leute mit, bis wirklich keiner mehr hineinpasst. Das ist schön, wenn man noch mitgenommen wird, obwohl eigentlich bereits alles voll ist, und schrecklich, wenn man einen gemütlichen Sitzplatz ergattert hat, auf dem sich nach kurzer Zeit drei Leute und 17 Hühner drängeln. Wer am Startpunkt einsteigt, muss wissen, dass der Bus sicher nicht losfährt, wenn nicht mindestens alle Sitzplätze besetzt sind. Um zusätzliche Passagiere zu finden, kann es gut sein, dass der Fahrer ersteinmal noch ein, zwei Runden durch den Ort dreht.

Platzreservierung ist nicht möglich, feste Ankunftszeiten gibt es nicht, die Abfahrt erfolgt aber meist planmäßig. **Gezahlt** wird beim Aussteigen. Wer auf offener Strecke aussteigen will, schreit *kiri* (= links), was soviel bedeutet wie „links 'ranfahren". Der Bus hält dann an. Man muss darauf achten, dass man nicht übers Ohr gehauen wird. Es hilft, den Einheimischen beim Zahlen über die Schulter zu schauen.

Bemos

Bemo ist ein Sammelbegriff für **öffentliche Kleinbusse.** Bemos gehören zu Bali und Lombok wie Tuk-Tuks zu Bangkok. Und ähnlich geht es zur Sache: Es wird geschlichen oder gerast und oft riskant überholt. Bemos sind schnell überladen und um den Fahrpreis muss man fast immer feilschen. Kurz: Bemofahren ist ein großes Abenteuer mit Spaßfaktor.

Zwölf Menschen passen normalerweise hinein, aber das ist nur ein Näherungswert. Die Abmessungen eines Bemos sind an kleinen Indonesiern ausgerichtet. Personen ab 1,80 m können kaum aufrecht sitzen. Die Breite beträgt etwa zwei Meter, ebenfalls für vier Europäer nicht ausreichend. Wer nicht mehr sitzen, hocken oder halbwegs stehen kann, hängt sich einfach hinten an. Bemos transportieren Menschen, Tiere, Steine, Motorräder, Holz, kurz: alles. Wer mit dem Fahrrad oder Motorrad mit einer Panne liegengeblieben ist oder einen zu steilen Berg vor sich hat, kann auch diese „Gepäckstücke" einpacken, allerdings gegen einen gewissen Aufpreis.

In der Regel haben diese Minibusse **feste Routen** in Städten oder außerhalb. Das Ziel und die Fahrstrecke ist normalerweise auf die Windschutzscheibe geschrieben. Weiter als 20 bis 30 km fahren sie in der Regel aber nicht. Häufig sind die Strecken von A nach B in zwei oder drei Abschnitte geteilt. Das kann nervig werden, wenn schon nach relativ kurzer Zeit Umsteigen angesagt ist – erneute Preisverhandlungen inklusive. Neben den relativ kurzen Strecken sollte bedacht werden, dass Bemos auch sehr langsam sind. So kann eine 30-Kilometer-Strecke gut zu einer zweistündigen Expedition werden.

Von der jeweiligen Station, dem **Terminal,** startet das Bemo normalerweise erst, wenn es voll ist. Und es geht erfahrungsgemäß immer noch eine Person mehr rein. Wer längere Strecken mit Bemos fahren will, sollte versuchen, den Beifahrersitz zu ergattern oder zur Not den nächsten Minibus abwarten. Vorn gibt es bessere Sicht, mehr Platz, allerdings auch erhöhtes Verletzungsrisiko bei Unfällen. Feste **Haltestellen** gibt es nicht. Wer mitfahren will, stellt sich an die Straße und gibt Handzeichen. Wer übersehen wird, wartet auf das nächste Bemo.

Zur Besatzung gehören normalerweise zwei Personen: vorn der Fahrer *(supir)* und hinten der *Karnet,* die „Seele des Geschäfts". Er ist dafür zuständig, potenzielle Passagiere zu animieren, in gerade diesen Minibus zu steigen, und ist beim Einladen des immer reichlichen Gepäcks behilflich. Außerdem verteilt er die Passagiere gleichmäßig auf Sitzreihen und schiebt sie so zusammen, dass vielleicht doch noch jemand hineinpasst. Zu guter Letzt kassiert er das Fahrgeld

030ba sb

und teilt dem Fahrer mittels einer Klingel mit, wenn jemand aussteigen will.

Ein Bemo gehört normalerweise nicht der Besatzung, sondern jemandem, der viele Minibusse besitzt. Der Fahrer hat das Gefährt für eine bestimmte Summe gemietet und muss die Miete zahlen, ob er etwas einfährt oder nicht. Die Mieten sind sehr hoch, und da ist es nicht erstaunlich, dass das Bemo-Team versucht, das ohnehin karge Einkommen durch überhöhte Preise aufzubessern.

Die **Fahrpreise** sind niedrig. Es gilt die Regel: Wer viel fragt, bezahlt viel. Am besten vorher woanders erkundigen, wie hoch der Fahrpreis nach X oder Y ist. Oder, wenn das nicht möglich ist, aufpassen, was einheimische Fahrgäste bezahlen. Es hilft, immer so zu tun, als sei man die Strecke schon hundertmal gefahren. Dann sinkt die Wahrscheinlichkeit, ausgenommen zu werden. An vielen Busstationen hängen Preislisten aus, normalerweise im Häuschen des Platzwartes. Das heißt aber noch lange nicht, dass die Minibusbesatzungen diese Prei-

⌃ Normalerweise ein zuverlässiges Fortbewegungsmittel: der Kleinbus

se auch akzeptieren. Selbst der Platzwart behauptet nicht selten, dass das veraltete Preise seien.

Ein netter **Trick** ist es, Reisende absichtlich falsch zu verstehen. So werden aus den vermeintlich ausgemachten 15.000 Rp. gern 50.000 Rp., weil „fifteen" und „fifty" so ähnlich klingen. Und für 15.000 Rp. hätte der Fahrer den Touristen niemals mitgenommen, keine Frage. Wer diesen Diskussionen vorbeugen will, hat den Fahrpreis passend in der Hand, drückt ihn dem Fahrer oder dem *Karnet* in dieselbige und begibt sich von dannen.

Trotzdem sollte man keinen Kreuzzug um den Preis veranstalten. Selbst wenn der doppelte Preis zu dem eines Einheimischen bezahlt werden muss, geht es um minimale Beträge.

Bemos sind nicht nur öffentliche Verkehrsmittel, sondern können auch jederzeit **gemietet** werden. Dann sind die Preise Verhandlungssache, je dringender man das Fahrzeug braucht, desto teurer ist es.

Ein **geflügeltes Wort** unter Touristen besagt: „In einem Bemo kann man auf drei Arten sterben: bei einem Frontalzusammenstoß, durch Ersticken oder vor Angst." Na dann viel Spaß!

Shuttlebusse

Öffentliche Express-Busse haben eigene Terminals. Sie fahren **lange Strecken,** meist ohne Zwischenstopps. Komfotabler sind aber die privaten Shuttle- oder Touristenbusse. Es gibt sie zwischen allen touristisch interessanten Orten auf Bali und Lombok. Sie sind eine echte Alternative zu dem langsamen und nervenaufreibenden Nahverkehrssystem mit Bemos. Auf dem schnellsten Weg, zu festgelegten Zeiten und Preisen fahren Shuttlebusse die wichtigen Touristenorte meist mehrmals täglich direkt an.

Das ist einerseits sehr sicher und bequem, andererseits ergeben sich nur wenige Kontakte zur Bevölkerung. Den vergleichsweise teuren Shuttlebus leisten sich nur Touristen und nicht die Marktfrauen, mit denen es sich im Bemo so nett plaudern lässt.

Shuttle-Busse sind dennoch relativ preiswert, da sich auf jeder Insel mehrere Unternehmen Konkurrenz machen. Das größte von ihnen ist **Perama** (www.peramatour.com), das ein Streckennetz sowohl auf Bali als auch auf Lombok unterhält. Alle Busunternehmer unterhalten Service-Büros in den wichtigen Touristenorten und bieten dazu Leistungen wie Ferntouren, Ausflüge etc. an.

Taxis

Als zuverlässigste Gesellschaft auf Bali gilt die **Bluebird Group** (www.bluebirdgroup.com) mit ihren blauen Taxis, den „Bali Taxi". Die Fahrzeuge können sogar per SMS gebucht werden, sind sauber, die Fahrer sprechen zumindest ein wenig Englisch und man wird in Sachen Abrechnung normalerweise nicht über den Tisch gezogen. Sie fahren ordentlich nach **Taxameter,** der dort sichtbare Preis stimmt. Der Grundpreis liegt bei 5700 Rp., jeder folgende Kilometer schlägt mit 4500 Rp. zu Buche.

Die Bluebird Group ist bei den anderen Taxigesellschaften nicht sehr beliebt und wird regelrecht bekämpft. Auch gibt es blaue Taxis, die sich als Bali Taxi ausgeben. Es lohnt sich, genauer hinzuschauen. Der Standard bei der Konkurrenz kann rapide abfallen: Der Taxameter sei kaputt, heißt es, zum vermeintlich günstigen Fahrpreis kommt ein Shopbesuch dazu oder Ähnliches.

Dokars und Cidomos

Exoten im Transportbusiness sind die Dokars oder Cidomos auf **Lombok** und den **Gilis.** Es sind die kleinen **Pferdewagen,** die mit Autoreifen *Cidomo,* mit Holzrädern *Dokar* heißen: zweirädrige Kutschen mit einem bunten Dach gegen Regen und Sonne. Als typisches Individualverkehrsmittel sind sie innerorts und zwischen benachbarten Ortschaften unterwegs, werden aber auch eingesetzt zum Transport von der Durchgangsstraße zu einem Dorf. Dokars und Cidomos werden normalerweise **gechartert,** fahren aber auch auf **festen Routen.**

238ba sb

Die Pferde sind mit Glöckchen, Fransen oder kleinen Spiegeln geschmückt. Vier bis sechs Personen haben in der Kutsche Platz. Die Fahrt ist unbequem und langsam. Bei viel Gepäck lohnt es sich jedoch, so ein Gefährt zu mieten. Hat man Gepäck dabei, werden meist nur zwei Personen pro Gefährt befördert. Das Pferd ist sicherlich dankbar, die Tiere leiden häufig unter der großen Last. Die **Preise** sind je nach Entfernung Verhandlungssache. Als allgemeine Richtlinie sind pro Kutsche und Kilometer mind. 1000 Rp. angeraten – nach oben offen. 5000 Rp. ist häufig der Grundpreis.

Schiffe

Passagierschiffe

Die **staatliche Schifffahrtslinie Pelni** hat eine stattliche Flotte mit sehr guten, großen und fast neuen Passagierschiffen, die nach westlichem Standard ausgerüstet sind. Im Vergleich zum Bus sind die Schiffe **relativ schnell** und sicher, allerdings auch etwas teurer.

Bei allen Klassen ist das **Essen inklusive,** wobei in der ersten Klasse im Salon serviert wird, während das Essen in der Economy Class „erkämpft" werden muss. Die **erste Klasse** bietet AC-Doppelkabinen mit TV, Dusche, WC und vollem Service, während in der **Economy Class** mit einer Matratze unter Deck und im Glücksfall auf dem Deck ge-

< Mit etwas Glück erwischt man einen fairen Taxifahrer

schlafen werden darf. Ein Erste-Klasse-Ticket kostet in etwa das Gleiche wie ein Flugticket, Economy Class rund 35 % davon, die Klassen II, III und IV liegen dazwischen.

Die einzelnen Inseln werden von Pelni nach einem festgelegten **Fahrplan** angefahren, der präzise eingehalten wird. Es ist jedoch nicht möglich, feste Abfahrtstermine zu nennen, da die verschiedenen Schiffe Rundkurse und zum Beispiel alle zwölf Tage von A nach B fahren. Am besten ist es, sich vor Ort in einem **Reise-** oder **Pelni-Büro** oder online unter www.pelni.co.id zu erkundigen.

Agenturen verkaufen die Fährtickets zum Teil mit 30 % Aufschlag. Weitere Büros befinden sich in den jeweiligen Hafenstädten. Zwei Stunden vor Abfahrt sollte man sich im Hafen am Pelni-Terminal melden. Das Ticket sollte man mindestens einen Tag im Voraus besorgen.

Autofähren

Zwischen Java, Bali und Lombok, aber auch von Java nach Sumatra oder von

Cidomo in voller Fahrt

402ba sb

Lombok nach Sumbawa und weiter fahren Autofähren und verbinden benachbarte Inseln. Die Fähren sind ausgesprochen **billig.** Allerdings müssen – je nach Entfernung – recht lange Fahrzeiten in Kauf genommen werden. Deutlich schneller ist das Flugzeug, aber dafür auch zehnmal so teuer.

Das **Ticket** für die Fähren sollte direkt im Hafen gekauft werden.

Wichtige Fährverbindungen:

- **Ketapang (Java) – Gilimanuk (Bali):** Non-Stop-Verbindung alle 20 Min., Tag und Nacht, reine Fahrzeit etwa 30 Minuten.
- **Padangbai (Bali) – Labuhan Lembar (Lombok):** Non-Stop-Verbindung, Tag und Nacht. Aufgrund der relativ langen Fahrzeit (mindestens vier Stunden) bieten diverse Unternehmen auch **Speed-Boote** an, beispielsweise auf die Gilis, wobei die Frage der Sicherheit bei diesen privaten Fährunternehmen immer eine große ist. So sank im August 2010 ein Speedboat auf dem Weg von Padangbai nach Gili Terawangan wegen einer großen Welle, die das Boot beschädigte. 34 Passagiere mussten gerettet werden, glücklicherweise kam niemand zu Schaden.

Bootsverkehr

Der Transport zu kleinen vorgelagerten Inseln, beispielsweise Nusa Lembongan vor Bali, wird teilweise noch von kleinen Auslegerbooten übernommen. Sie heißen **Sampan** oder **Prahu** und haben häufig einen Außenbordmotor und ein Segel. Es sind **Fischerboote,** die auch heute noch zum Fischen benutzt werden. Preisverhandlungen mit Sampan-Kapitänen sind häufig schwierig, wenn es darum geht, von einem Inselchen herunterzukommen. Da es gerade hierbei in der Vergangenheit viel Ärger mit Touristen gegeben hat, befinden sich an den wichtigen Abfahrtsstellen von der Regierung überwachte Ticketschalter, die den Kartenverkauf zu festgesetzten Tarifen übernehmen. In den Ortsbeschreibungen sind die Preise angegeben.

Inlandsflüge

Fliegen ist zwar die schnellste und bequemste Fortbewegungsart, aber natürlich auch die teuerste. Es gibt verschiedene Fluggesellschaften, die den Flugverkehr vom **balinesischen Flughafen Ngurah Rai** abwickeln und dort auch ein Büro haben. Wer ein bisschen Zeit und Geduld hat, kann aus diesem Umstand Kapital schlagen: einfach die Preise online oder auf dem Flughafen im Domestic Terminal auf Bali oder Lombok vergleichen und gleich zuschlagen. Manchmal sind die Tickets nicht viel teurer als die der herkömmlichen Transportmittel – und der Zeitgewinn ist normalerweise ein gewaltiger.

Vom Flughafen Ngurah Rai werden zuverlässig bedient: Lombok, Surabaya, Jakarta, Yogyakarta, Labuan Bajo, Bandung und Kupang, Letzteres eine heiße Destination für die Surfer-Community, die von dort per Fähre schnell weiterzieht auf die Insel Roti – ein Surferparadies.

Kinder erhalten Ermäßigungen. Bis zum Alter von zwei Jahren fliegen sie normalerweise umsonst, bis sechs Jahre zum halben Preis. Das Alter der Kinder wird normalerweise nicht kontrolliert. Auf allen indonesischen Flughäfen wur-

de bisher eine Airport- oder **Departure Tax** (Flughafensteuer) erhoben, auch von Kindern, die ermäßigt fliegen (international: 200.000 Rp., national: 75.000 Rp. ab Ngurah Rai). Ab März 2015 soll die Flughafensteuer für alle Reisen mit indonesischen Fluggesellschaften entfallen (siehe dazu auch „Bei der Ausreise", S. 428).

Informationen zur Weiterreise nach **Lombok** können dem Kapitel „Lombok: Anreise von Bali" entnommen werden.

- **Air Asia,** www.airasia.com.
- **Batavia Air,** www.batavia-air.co.id.
- **Garuda Indonesia,** www.garuda-indonesia.com.
- **Lion Air,** www.lionair.co.id.
- **Wings Air,** www.lionair.co.id.
- **Merpati Nusantara Airlines** (Tochter von Garuda Airlines), www.merpati.co.id.
- **Trans Nusa Air,** www.transnusa.com.

033ba sb

Versicherungen

Für alle abgeschlossenen Versicherungen sollte man die **Notfallnummern** notieren und mit der **Policenummer** gut aufheben! Bei Eintreten eines Notfalles sollte die Versicherungsgesellschaft sofort telefonisch verständigt werden!

Der Abschluss einer **Jahresversicherung** ist in der Regel kostengünstiger als mehrere Einzelversicherungen. Günstiger ist auch die **Versicherung als Familie** statt als Einzelpersonen. Hier sollte man nur die Definition von „Familie" genau prüfen.

Auslandskrankenversicherung

Die Kosten für eine ärztliche Behandlung in Indonesien werden von den gesetzlichen Krankenversicherungen in

< Mit dem Boot zur Insel Nusa Lembongan

Deutschland und Österreich nicht übernommen, daher ist der Abschluss einer **privaten Auslandskrankenversicherung** unverzichtbar.

Zur Erstattung der Kosten benötigt man ausführliche **Quittungen** (mit Datum, Namen, Bericht über Art und Umfang der Behandlung, Kosten der Behandlung und Medikamente).

Bei längeren Aufenthalten in Indonesien und gegebenenfalls einem Umzug nach Indonesien als Rentner benötigt man eine **langfristige Auslandskrankenversicherung.** Über die Möglichkeiten informiert www.auslandskranken versicherung.com.

Andere Versicherungen

Ob es sich lohnt, weitere Versicherungen abzuschließen wie eine Reiserücktrittsversicherung, Reisegepäckversicherung, Reisehaftpflichtversicherung oder Reiseunfallversicherung, ist individuell abzuklären. Gerade diese Versicherungen enthalten viele **Ausschlussklauseln,** sodass sie nicht immer sinnvoll sind.

Die **Reiserücktrittsversicherung** für 35–80 Euro lohnt sich nur für teure Reisen und für den Fall, dass man vor der Abreise einen schweren Unfall hat, schwer erkrankt, schwanger wird, gekündigt wird oder nach Arbeitslosigkeit einen neuen Arbeitsplatz bekommt, die Wohnung abgebrannt ist u.Ä. Es gelten hingegen nicht: Terroranschlag, Streik, Naturkatastrophe etc.

Die **Reisegepäckversicherung** lohnt sich seltener, da z.B. bei Flugreisen verlorenes Gepäck oft nur nach Kilopreis und auch sonst nur der Zeitwert nach Vorlage der Rechnung ersetzt wird. Wurde eine Wertsache nicht im Safe aufbewahrt, gibt es bei Diebstahl auch keinen Ersatz. Kameraausrüstung und Lap-

007ba sb

Ganz persönliche Tipps der Autoren

Sonnenuntergang:
Der von **Kuta** ist berühmt. Aber der auf **Gili Terawangan** ist auch nicht schlecht.

Fahrt mit der Fähre:
Erholsam: 10.30 Uhr von Sanur nach Nusa Lembongan – bei ruhigem Wetter ein herrlich ruhiger Trip.

Nasi Campur:
Im Asmara in **Senggigi.** (S.330)

Tempel:
Pura Luhur Batukaru, am frühen Morgen. (S. 216, 247)
Pura Pasar Agung, zu jeder Tageszeit. (S. 168)

Reisterrassen:
Tegellalang, klar. Wem da viel zu viel los ist, der fährt nach **Jatiluwih** (S. 247) oder **Sidemen** (S. 166). Hier sind die Reisterrassen mindestens genauso schön.

Tauchgebiet:
Pulau Menjangan, *Jacques Cousteau* kann sich nicht irren (S. 257).

Ausflug mit dem Moped:
Ubud – Kintamani – Penelokan – Tampaksiring über die Dörfer. Ganz Bali in einer wunderschönen Nussschale.

Alternativ: **Ahmed – Ujung:** Bali, wie es vor vielen Jahren einmal aussah.

Aussicht:
Von allen Vulkanen über beide Inseln. Oder frühmorgens auf **Gili Terawangan,** auf dem Aussichtspunkt unter dem Handymast. Der Blick auf die Gilis und Lombok mit Rinjani ist magisch. (S. 354)

Strand:
Lombok, entlang der Nordküste. Kaum Menschen, Sand, Sand, Sand. (S. 362)

top dürfen beim Flug nicht als Gepäck aufgegeben worden sein. Gepäck im unbeaufsichtigt abgestellten Fahrzeug ist ebenfalls nicht versichert. Die Liste der Ausschlussgründe ist endlos. Überdies deckt häufig die Hausratversicherung schon Einbruch, Raub und Beschädigung von Eigentum auch im Ausland. Für den Fall, dass etwas passiert ist, muss der Versicherung als Schadensnachweis ein Polizeiprotokoll vorgelegt werden.

Eine **Privathaftpflichtversicherung** hat man in der Regel schon. Hat man eine **Unfallversicherung,** sollte man prüfen, ob diese im Falle plötzlicher Arbeitsunfähigkeit aufgrund eines Unfalls im Urlaub zahlt. Auch durch manche (Gold-)**Kreditkarten** oder eine **Automobilklubmitgliedschaft** ist man für bestimmte Fälle schon versichert. Die Versicherung über die Kreditkarte gilt jedoch meist nur für den Karteninhaber.

◁ Auch wenn es mal bewölkt ist – Sonnenschutz ist an Balis Stränden unerlässlich

034ba sb

13

Indonesien im Überblick

Reis ist das wichtigste Erzeugnis der indonesischen Landwirtschaft

Geografie

Die **17.508 Inseln** Indonesiens bilden den größten Archipel der Welt. Nur ca. 1000 von ihnen sind bewohnt. Zu den Hauptinseln zählen Sumatra, Kalimantan (Borneo), Java, Sulawesi, Bali und Irian Jaya. Der Inselstaat dehnt sich aus zwischen dem 95. und 141. Grad östlicher Länge auf einer maximalen Breite von etwa 5150 km. Die größte Nord-Süd-Ausdehnung beträgt 1900 km, vom 6. Grad nördlicher bis zum 11. Grad südlicher Breite, also beiderseits des Äquators.

Die **gesamte Fläche des Landes** beträgt über 1,9 Mio. km2, das ist etwa 5,5-mal so groß wie Deutschland. Indonesien ist, was seine Fläche angeht, der sechzehntgrößte Staat der Welt. Die Wasserfläche beträgt noch einmal 3,3 Mio. km^2. Allein auf Kalimantan könnte man Deutschland fast zweimal unterbringen.

Beiderseits des Äquators verbinden die indonesischen Inseln wie eine Kette Asien mit Australien. Der Archipel liegt genau auf der Grenze zweier riesiger Platten der Erdkruste, die hier aufeinandertreffen, der Australischen und der Eurasischen Platte. Rege vulkanische Tätigkeit und häufige Erdbeben sind die Folge. Über **400 Vulkane** hat man in Indonesien gezählt, ca. 70 sind heute noch aktiv: auf Sumatra, Java, den Kleinen Sunda-Inseln, zu denen auch Bali und Lombok gehören, der Nordspitze Sulawesis und den Molukken. Der höchste von ihnen ist der Kerinci auf Sumatra mit 3805 m, dann folgt der Rinjani auf Lombok (3726 m). Mit 3142 m gehört auch der Gunung Agung auf Bali zu den Riesen.

Vulkanausbrüche sind in Indonesien nichts Ungewöhnliches, fast jährlich sterben Menschen bei den immer wiederkehrenden Katastrophen. Allein 1994 brachen unter anderem der Batur auf Bali, der Rinjani auf Lombok und der Merapi auf Java aus. Die beiden ersten Ausbrüche waren harmlos, der Merapi-Ausbruch aber kostete über 30 Menschen das Leben und zerstörte zahlreiche Dörfer. 1993 verwüstete ein katastrophales Unterwasserbeben große Teile von Zentral-Flores. Eine riesige Flutwelle, teilweise kochend heiß, ergoss sich über kilometerlange Küstenstreifen. Etwa 3000 Menschen kamen bei diesem tragischen Ereignis ums Leben. Am 26. Oktober 2010 erwachte der Merapi wieder, die schlimmste Eruption seit 100 Jahren. In den folgenden vier Wochen starben 320 Menschen, mehr als 350.000 mussten evakuiert werden. Das nahe buddhistische Heiligtum Borobodur lag innerhalb kürzester Zeit unter einer Schicht Vulkanasche, genauso wie der Flughafen Yogyakarta – der Flugbetrieb wurde vorübergehend eingestellt. Am 27. und 28. Januar 2011 behinderte der Bromo auf Ostjava mit einem Ascheausstoß einige Tage lang den Flugverkehr rund um Bali.

Den größten Teil Indonesiens nehmen die **Gebirge des Sundasystems** ein. Immer wieder von Senken und Graben unterbrochen, ziehen sie sich quer durch Sumatra, Java, die Kleinen Sunda-Inseln und Irian Jaya. Neben den vielen Vulkanen gibt es auch nicht-feuerspeiende Berge. Die **höchste Erhebung** Indonesiens ist der Puncak Jaya mit 5033 m auf Irian Jaya.

Bali

Die Fläche Balis beträgt 5561 km2. Von Norden nach Süden ist die Insel maximal 95 km breit, von der West- bis zur Ostspitze sind es 145 km. Die Insel liegt zwischen Java und Lombok und ist die westlichste der **Kleinen Sunda-Inseln,** deren indonesischer Teil **Nusa Tenggara** genannt wird (Osttimor als eigener Staat gehört ebenfalls zu den Kleinen Sunda-Inseln).

Die 2,5 km breite Bali-Straße trennt Bali von Java. Zwischen Bali und Lombok liegt die **Wallace-Linie** als Trennlinie zwischen asiatischer und australischer Flora und Fauna.

Zur Provinz Bali gehören kleinere Inseln wie Nusa Penida, Nusa Lembongan und Nusa Ceningan. Bali gilt als eine relativ junge Insel. Die meisten seiner Berge sind vulkanischen Ursprungs und bedecken etwa drei Viertel der Fläche. Der **Gunung Agung,** der „Große Berg", ist mit 3142 m der höchste Berg der Insel. Er ist durchaus aktiv: Beim letzten Ausbruch 1963 starben 2000 Menschen. Zahlreiche Dörfer wurden verwüstet.

Westlich des Agung befindet sich der zehn Kilometer breite Vulkankrater des **Batur-Massivs.** Agung und Batur bildeten der Legende zufolge in Urzeiten den heiligen Berg der Hindus, den Meru. Im Inneren des Batur-Kraters befindet sich der aktive Vulkan Gunung Batur (1171 m) und der Kratersee Danau Batur.

Bali teilt sich in zwei **Vegetationszonen,** einmal die asiatisch-tropische Zone Zentralbalis mit „Regenwald" und Reisfeldern, also üppiger, gut bewässerter Vegetation, und die trockenen Zonen im Westen und Osten der Insel mit Trockenwald, Palmengärten und Gestrüpplandschaften.

Plattentektonik

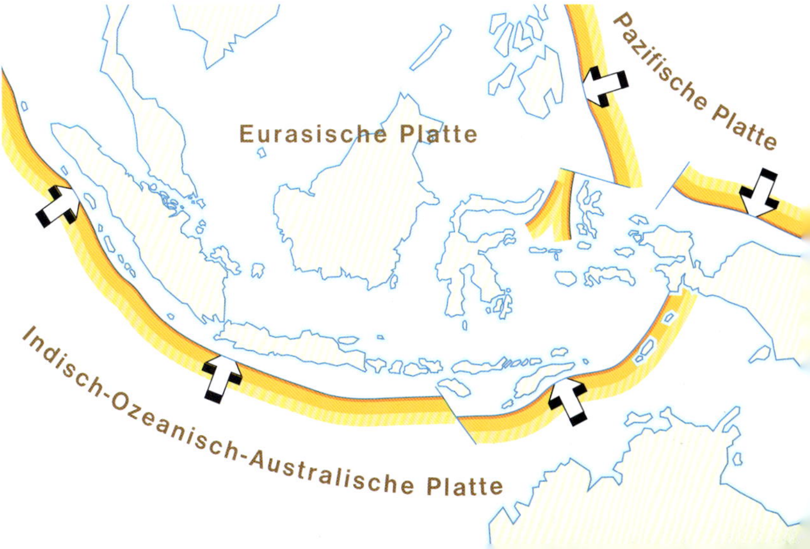

Lombok

Lombok, ebenfalls Teil der Kleinen Sunda-Inseln, ist mit 4595 km2 etwas kleiner als die Nachbarinsel Bali. Die nördliche Hälfte besteht aus einem gewaltigen Gebirgsmassiv, das früher ein einziger gigantischer Vulkan gewesen sein muss. Gekrönt werden die heutigen Überreste durch den 3726 m hohen **Gunung Rinjani,** den höchsten Zacken des riesigen Kraters. In seiner Mitte hat sich ein neuer, kleiner, aus der Ebene nicht sichtbarer Vulkan gebildet hat, der Baru. Die Flanken dieses Bergmassivs reichen im Nordwesten, Norden und Nordosten fast bis ans Meer. Es ist schwierig, hier Verkehrswege zu bauen oder Landwirtschaft zu betreiben. Die Besiedlung dieses Gebietes ist entsprechend gering. So breiten sich hier auch heute noch dichte, teilweise fast unberührte **Wälder** aus, die allerdings durch das Ausschlagen von Edelhölzern (vor allem Teak) in tiefer gelegenen Regionen schon stark „ausgedünnt" sind.

Südlich schließt sich die von der West- bis zur Ostküste reichende **zentrale Mulde** an, die recht dicht besiedelt ist und landwirtschaftlich fast flächen-

Regenmengen in Südostasien

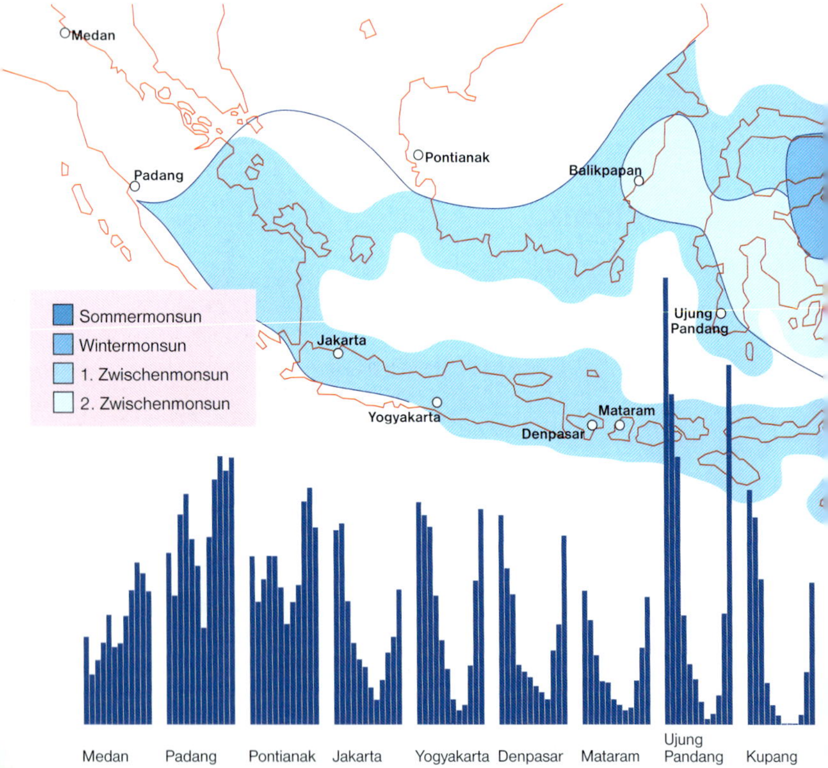

deckend genutzt wird. Hier befinden sich die größten Städte und die Hauptverkehrswege. Der Süden der Insel ist teils gebirgig, teils hügelig, erreicht aber bei Weitem nicht die Höhe des Nordens. Die höchste Erhebung ist der Gunung Maseje (729 m) auf der südwestlichen Landzunge.

Die **Küsten** Lomboks bestehen – im Gegensatz zu denen Balis – fast ausschließlich aus Sandstrand, von weiß bis grau-schwarz. Der Strand ist häufig von bis ans Meer reichenden Felsen unterteilt. Oft sind **Korallenbänke** vorgelagert, die Schutz gewähren. Vor allem an der Nordwestküste und rund um die drei Inseln Gili Air, Gili Meno und Gili Terawangan gibt es hervorragende Tauchmöglichkeiten. Andernorts wurden die Korallen, ähnlich wie auf Bali, abgebaut und zu Kalk verarbeitet. Besonders im Süden gibt es viele Buchten, die gute Voraussetzungen für kleinere Naturhäfen und damit zum Fischfang bieten. Der Küste rundum vorgelagert sind viele kleine Inseln, von denen einige dicht besiedelt, andere unbewohnt sind.

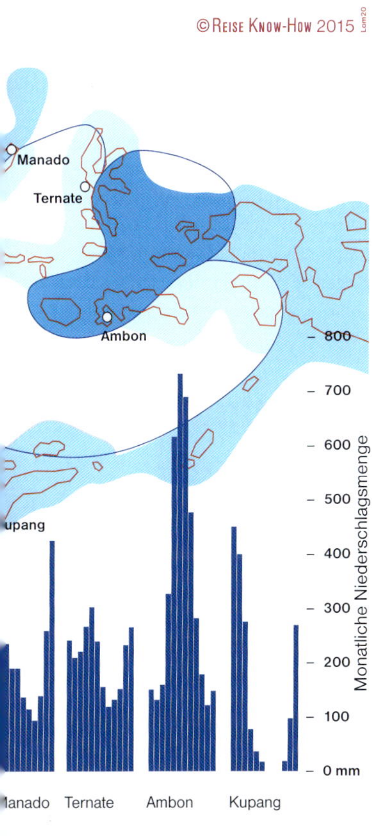

Klima

Das Klima in Indonesien ist durchweg tropisch-feuchtheiß. Die **Temperatur** beträgt im Durchschnitt ca. 26 °C in Meereshöhe. Je höher man steigt, desto niedriger wird sie (z.B. Bandung, 750 m ü.d.M., Durchschnittstemperatur 23 °C). Die relative **Luftfeuchtigkeit** kann 90 % überschreiten. Nachts kühlt es sich im Flachland nur geringfügig ab.

Es gibt keine **Jahreszeiten** im europäischen Sinne (Schnee kommt nur auf den Berggipfeln Irian Jayas vor), aber eine Einteilung in Monate mit mehr und Monate mit weniger Niederschlägen ist möglich.

Der **Wintermonsun** (Westmonsun) bringt südlich des Äquators in den Monaten November bis März **Regen,** im **Sommermonsun** (Ostmonsun) dagegen herrscht den Rest des Jahres über relative Trockenheit, wobei sich auch in diesem Teil der Welt das Klima verändert. So war die Regenzeit 2010 zu trocken, während die Trockenzeit zu feucht war. Die Regenmenge verteilt sich nicht gleich-

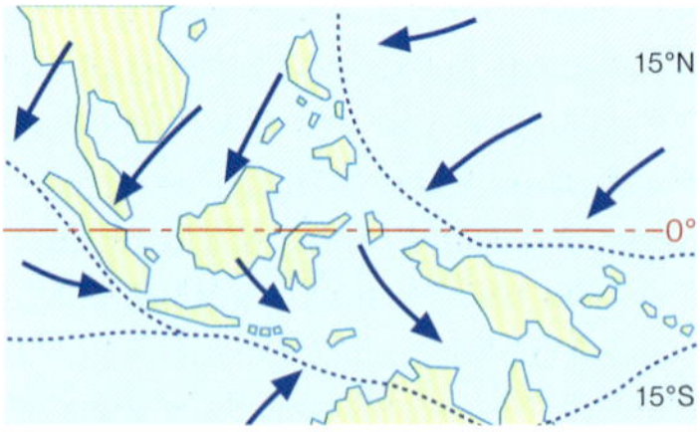

Wintermonsun

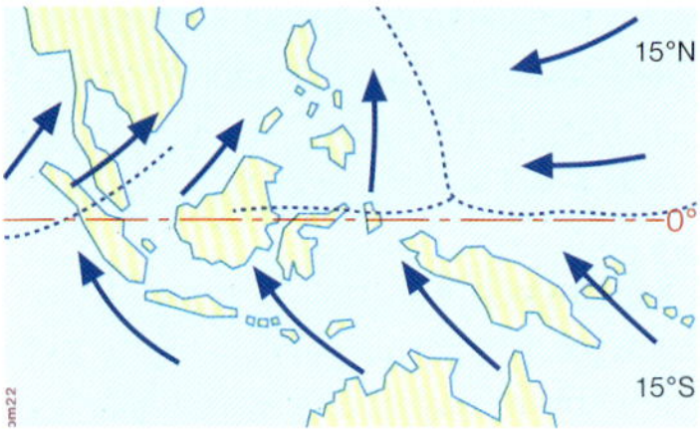

Sommermonsun

mäßig über alle Inseln. In Balikpapan (Kalimantan) fallen jährlich 4000 mm Niederschlag, während die Provinzen Nusa Tenggara (Barat und Timur) oft unter ausgesprochenem Wassermangel leiden. Aber egal, wo man sich aufhält, es gibt auch während der Regenzeit selten Tage ohne Sonnenschein.

Die **Länge der Tage** ändert sich, so dicht am Äquator, das ganze Jahr über nicht. Von Sonnenauf- bis Sonnenuntergang sind es stets zwölf Stunden. (s. auch „Reisezeit" im Kapitel „Vor der Reise".)

Das Klima auf Bali und Lombok

Obwohl Bali nur wenig südlich des Äquators liegt, ist es eigentlich nie unerträglich heiß. Die **Temperaturen** sind das ganze Jahr über ähnlich und bewegen sich zwischen 27 und 30 °C. Im Bergland kann es bis zu 10 °C kühler sein, was nachts einer Temperatur von 10–15 °C entspricht. Es herrscht also, bei relativ hoher Luftfeuchtigkeit, ein ewiger Sommer.

In den Monaten November bis März bringt der Wintermonsun die **Regenzeit.** Selten regnet es aber den ganzen Tag, oft sind es nur Schauer, die für Abkühlung sorgen und der Sonne bald wieder Platz machen. In Nordbali ist es immer etwas trockener. Ab Dezember ist es heiß. Februar und März gelten als die niederschlagsreichsten Monate, der Juli als der „kälteste" und trockenste Monat des Jahres. Allgemein gilt, dass es in Nordbali wegen der geografischen Voraussetzungen immer etwas trockener ist.

Anders Lombok: Das Klima ist hier trockener. Während auf Bali alles wild wuchert, grünt und wächst, dominieren auf Lombok eher Trockenwald und Steppe. Hier gibt es bis zu zwei Reisernten pro Jahr, während es auf Bali drei sind. Künstliche Bewässerung ist auf Lombok kaum möglich. Nur während der kurzen Regenzeit grünen die auch hier terrassenartig angelegten Felder.

Flora und Fauna

Die Inseln des indonesischen Archipels gruppieren sich eng um den Äquator, ergiebige Regenfälle sichern die ausreichende Bewässerung eines Großteils des Gebietes. Aus diesen Gründen konnte sich eine vielfältige **tropische Tier- und Pflanzenwelt** entwickeln. Für die unterschiedliche Verteilung von Pflanzen und Tieren sind die Eiszeiten sowie Krustenhebungen und -senkungen verantwortlich. Der **Artenreichtum** ist gigantisch. Auf Kalimantan (Borneo) wurden z.B. bisher allein ca. 90 Froscharten, im gesamten Raum mehr als 200 Schlangenarten und über 35.000 Pflanzenarten gefunden. Viele der Arten sind endemisch (d.h. sie kommen nur hier vor), wie etwa der Balistar auf Bali.

Pflanzenwelt

Noch wachsen in Indonesien unendlich viele verschiedene Pflanzenarten, u.a. auf Sumatra und Borneo die **größte Blume der Welt,** die „schwarze Orchidee" *(Rafflesia arnoldii),* deren Blüte bis zu einen Meter Durchmesser und ein Gewicht von 7 kg erreicht. Auch ein anderer Gigant ist in Sumatras Wäldern zu finden, der *Amorphophallus titanum,* ein bis zu 2,50 m hohes Aaronstabgewächs.

Besonders den Nordwesten Sumatras säumt eine Schwemmlandküste mit dichten **Mangrovenwäldern.** Auch an den Küsten anderer Inseln wachsen Mangroven, aber nicht in vergleichbar großer Ausdehnung.

Die Vegetation im Inneren der Inseln wird durch die Menge des Niederschlages und die Höhenlage bestimmt. Bis in ca. 1000 m Höhe gedeiht **tropischer Regenwald,** der noch in großen zusammenhängenden Gebieten Sumatras (ca. 60 %) und Kalimantans (ca. 70 %) zu finden ist. Java hat nur noch etwa 20 % Regenwälder, weil der stetig steigende Bedarf an Ackerfläche zur Abholzung führt. Die Kleinen Sunda-Inseln verfügen nur noch über knapp 10 %.

Daran schließt sich bis auf eine Höhe von 1300 m der nicht mehr ganz so artenreiche **tropische Bergwald** an. Noch weiter oben, bis zu 2500 m Höhe, breitet sich **Nebelwald** aus. Wolken hängen wie Nebel in den Bäumen, die dicht von Moosen, Flechten und Farnen bewachsen sind. In den Gipfelregionen finden sich **Kräuter- und Grasfluren,** ab 3000 m Höhe wachst auch in den Tropen kaum noch ein Grashalm.

Auffällig ist der Gegensatz zwischen dem westlichen und dem östlichen Indonesien. Da im Osten, ab der Mitte Javas, weniger Regen fällt, findet man dort zum Teil **Laub abwerfende Monsunwälder.** Hier fallen die Blätter der Bäume nicht wie bei uns im Herbst, sondern in der Trockenzeit, weil sich der Baum vor überflüssiger Wasserverdunstung schützt.

Überall in Indonesien haben ausgedehnte **Plantagen** die ursprüngliche Vegetation verdrängt.

Im Folgenden eine Auflistung der Pflanzenarten, die man bei einer Reise nach Bali oder Lombok auf jeden Fall zu sehen bekommt.

Hibiskus

Der Hibiskus (indon. *Kembang Sepatu*) ist weit verbreitet. Er blüht ganzjährig. Die Blüten finden Verwendung als Tisch- und Essensdekoration. Auf Bali sieht man auch häufig Statuen an Straßen, vor Tempeln und Hotels mit einer Hibiskusblüte am Ohr. Die Portugiesen entdeckten die Blume im heutigen Sri Lanka und stellten fest, dass sich der Pollen besonders gut zum Schuheputzen eignet. Wahrscheinlich heißt die Pflanze im Indonesischen deshalb „Schuhblume" (*sepatu* = Schuh).

Bougainvillea

Die ursprünglich aus Brasilien stammende Bougainvillea (indon. *Buganvil*) ist in Indonesien weit verbreitet. Sie blüht violett, rot, rosa und weiß oder auch zwei- und dreifarbig. Balinesen nennen diese Pflanze *Kertas*, das bedeutet Papier, wohl auf Grund der zarten Blütenstruktur. Bougainvillea wird häufig für Opferdekorationen verwendet.

Hortensie

Die auch bei uns sehr verbreitete Hortensie (indon. *Bunga Tiga Bulan*) wächst in der Bergregion, auf Bali in der Gegend um Bedugul, ausgesprochen üppig. Dort wird sie auch in Plantagen angebaut. Die ca. 15 cm große Blüte besteht aus unzähligen, 2 cm großen, fliederfarbenen, blauen oder weißen Blüten.

Weihnachtsstern

Der auch bei uns beliebte Weihnachtsstern (indon. *Kastuba*) wächst in höheren Regionen, etwa um 1200 m. Es ist eigenartig, unsere Topfblume als 2 m hohe Gebüsche oder Hecken zu sehen. Seine ursprüngliche Heimat ist Mexiko. Auf Bali heißt diese Pflanze *Racun*, „Gift", denn einige Mitglieder dieser Pflanzenfamilie sind toxisch.

Frangipani-Baum

Der Frangipani-Baum (indon. *Kamboja*) erreicht eine Höhe bis zu 6 m. Seine bizarren, in der Trockenzeit oft blattlosen Äste mit den weißen oder rosaroten Blüten sieht man besonders häufig auf muslimischen Friedhöfen und an anderen heiligen Stätten, denn der Baum gilt nicht nur den Hindus als heilig. Der süße, intensive Duft, der bei jedem Tempelfest und bei jeder Zeremonie in der Luft hängt, stammt von der Frangipani-Blüte, die bevorzugt als Opferblüte dient oder als Haardekoration benutzt wird. Der Baum blüht ganzjährig.

Bananenstrauch

Der Bananenstrauch (indon. *Pohon Pisang):* Wird 3–9 m hoch. Der Stamm besteht aus überlappenden Blattlagen, die an der Wurzel herauswachsen. Er bildet kein Holz aus. Nach einem Jahr wachsen aus dem Scheitelpunkt rote Blüten heraus. Alle kultivierten Bananen sind sterile Kreuzungen. Sie können nur vermehrt werden, indem man sie als Ableger pflanzt. Die Früchte entstehen ohne Bestäubung und sind samenlos. Die Blüte ist essbar, und auch die jungen Stamme können zu einem köstlichen Gemüse verarbeitet werden.

Es gibt unzählige Bananensorten mit unterschiedlichen Verwendungszwecken (z.B. Kochbananen) und von unterschiedlichem Aussehen: große, kleine, gerade, krumme, gelbe und grüne. Am besten schmecken die kleinen, goldgelben *Pisang Susu* (Milchbananen).

Banyan

Der bengalische Feigenbaum (*Ficus bengalensis,* Würgefeige) erreicht von allen Bäumen der Erde die größte Ausdehnung. Er wird etwa 30 m hoch und bringt Luftwurzeln hervor, die von den Ästen abwärts wachsen und sich in den Boden graben. Sie bilden dicke Pfeiler, die die Krone abstützen. So wirkt ein einziger Baum wie ein großes Dickicht. Der Banyan ist mit der Essfeige verwandt. Er hat ähnliche Früchte und Blüten. In Indien gilt er als heilig und wird entsprechend gepflegt; Buddha soll unter einem Banyan seine Erleuchtung erfahren haben. Der wohl größte Banyan steht im botanischen Garten von Sibpurbei, Kalkutta, Indien. Er hat einen Hauptstamm von 3,50 m Durchmesser, 200 zusätzliche Stämme und bedeckt eine Fläche von 270 m Umfan.

Der Banyan ist der Mittelpunkt jedes balinesischen Dorfes. In seinem Schatten trifft man sich, hier wird auch der Markt abgehalten. Nach dem balinesischem Glauben darf ein Banyan niemals gefällt werden, weil mächtige Kräfte in ihm ruhen.

Kokospalme

Die Kokospalme *(Cocos uucifera)* wird in allen tropischen Ländern der Erde angebaut, häufig an sandigen Meeresufern. Fast alle Teile dieses Baumes lassen sich irgendwie verwerten: das Holz zum Haus- und Möbelbau, die Blätter werden geflochten zum Dachdecken oder als Zaun eingesetzt. Der Stamm bildet übrigens keine Jahresringe, da er wie ein Grashalm von unten nach oben wächst. Eigentlich sind Palmen auch keine Bäume, sondern überdimensional große Gräser.

Die Kokosfrucht wird in drei Bestandteile zerlegt. Zuerst wird der faserige Fruchtmantel abgerissen. Die Fasern werden gewässert und dann zum Beispiel zu Matten weiterverarbeitet. Wenn diese äußere Faserschicht entfernt ist, liegt vor einem die Kokosnuss, so wie sie bei uns in den Handel kommt. Schlägt man die auf, befindet sich darin das Kokoswasser und das Kokosfleisch. Das Wasser der jungen Kokosnuss ist erfrischend und wohlschmeckend, keimfrei und hat beachtlichen Nährwert. Das Fleisch kann man raspeln, wenn man es auspresst, erhält man Kokosmilch *(Samen)*, die in der indonesischen Küche eine bedeutende Rolle spielt. Lässt man es trocknen, erhält man *Kopra*. Daraus wiederum wird Kokosöl gewonnen (zur Herstellung von Seife, Kerzen, Margarine usw.). Die übrig gebliebene Schale ist ein sehr begehrter Brennstoff. Sie entwickelt große Hitze und verglüht nur langsam wie Holzkohle – kein Saté-Grill oh-

Ein botanisches „Wunder“: Kokospalme mit verzweigtem Stamm

BA_562

135ba pr

134ba pr

133ba pr

137ba pr

132ba pr

137ba pr

136ba pr

< Linke Seite:
Bananenblüte (oben links),
Lippenstiftbaum (oben rechts),
Amaryllis (unten), Hibiscus (Mitte)

> rechte Seite:
Bougainvillea (oben),
Ruhmeslilie (unten links),
Engelstrompete (unten rechts)

Die Wallace-Linie

Die bis zu 300 m tiefe **Wasserstraße zwischen Bali und Lombok** ist nicht etwa nach dem Engländer Edgar Wallace benannt, der besonders durch Kriminalromane wie „Der Hexer", bekannt wurde, sondern nach seinem Landsmann **Sir Alfred Russel Wallace,** der 52 Jahre früher, also 1823, geboren wurde.

Sieben Jahre bereiste und erforschte der Naturwissenschaftler unter anderem Indonesien. Hier entdeckte er, dass sich die Flora und Fauna östlich von Bali sehr von der des restlichen Asien unterscheidet.

Findet man westlich von Lombok tropische Vegetation, Affen, Elefanten, Tiger, Wildrinder und glatthaarige Asiaten, so fehlen diese auf der anderen Seite der Wasserstraße. Hier gibt es dafür Beuteltiere, riesige Echsen (Komodo-Warane), Kakadus, Paradiesvögel, trockene Savannen und Wüsten. Die hier lebenden Menschen gehören zur australischen Menschenrasse.

Auf diese Beobachtungen begründete er seine Theorie, dass sich in der Frühzeit, vor etwa 120 Mio. Jahren, Bali und Lombok trennten und die sehr tiefe Wasserstraße entstand, die zu einer unterschiedlichen Weiterentwicklung der hier lebenden Fauna führte. Evolutionstheoretisch gesehen völlig überholte Typen, wie Kängurus, Schnabeltiere oder Gürteltiere, konnten auf der östlichen Seite weiter existieren, da hoch entwickelte Säugetiere die turbulente Wasserstraße nicht überwinden konnten.

Die Trennlinie für Vögel asiatischer und australischer Eigenart verläuft, da diese fliegen können, weiter östlich, etwa auf Höhe der Molukken, sie heißt **Weber-Linie.**

Die solcherart festgestellte Möglichkeit der unterschiedlichen Entwicklung von Arten brachte Sir Alfred weiterhin dazu, mit Darwin zusammen die „Evolutionstheorie" aufzustellen, die sie 1858 in London veröffentlichten. Dass Darwin den Hauptteil des Ruhmes erhielt und immer noch erhält, liegt daran, dass er sich mehr mit der Evolution des Menschen beschäftigt hat, was nicht nur die Wissenschaftler interessanter fanden.

ne Kokosschalen. Die Schalen der alten Früchte dienen aber auch als Schöpfschalen, werden beschnitzt oder zu Schmuckstücken und Knöpfen verarbeitet.

Betelpalme

Die Betelpalme hat eine Höhe von max. 12–15 m und sechs bis neun große, saftiggrüne, gefiederte Wedel. Der Blütenstand entsteht unterhalb des ältesten lebenden Blattes. Die Frucht hat eine faserige Rinde und enthält einen Samen, die Betelnuss. Man holt die Samen heraus, kocht sie in Wasser, schneidet sie in Stücke und trocknet sie in der Sonne, wodurch sie dunkelbraun oder schwarz werden. Das Kauen der Nüsse, versetzt mit gebranntem Kalk und dem Betelpfefferblatt, ist weit verbreitet. Es soll erfrischende, leistungssteigernde und hungerhemmende Wirkung haben. Betelkauen ist bei der jüngeren Generation verpönt. Kein Wunder, wenn man sich

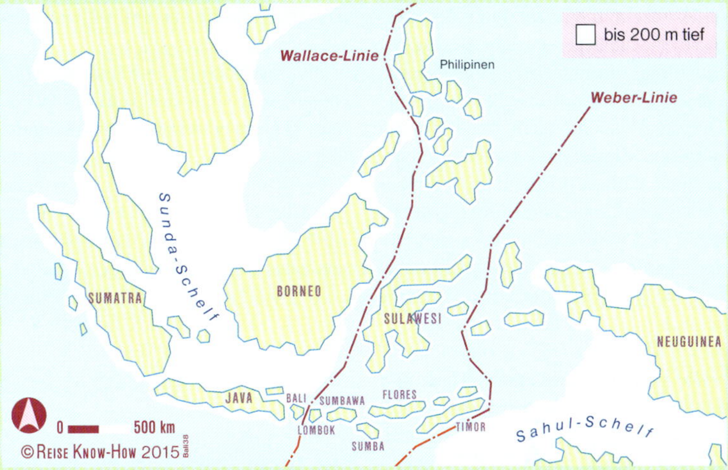

Wallace' Buch „Tine Malay Archipelego: The Land of the Orang Utan and the Bird of Paradise" erschien 1869. Es beschreibt seine siebenjährigen Reisen und Forschungen über Flora, Fauna und Völker in Indonesien. Seine Beschreibungen und Erkenntnisse sind atemberaubend zu lesen und z.T. auch heute noch zutreffend. Kleine Kostprobe: „... exites terror, alike in man and beast, where ever I went, dogs barked, children screamed, women run away, and men stared as though I was some strange and terrible cannibal monster ..." Viel hat sich da nicht verändert ...

die durch den Pflanzensaft völlig schwarz gefärbten Zähne der Betelkonsumenten ansieht. Nur noch ältere Menschen, hauptsächlich Frauen, gehen diesem Zeitvertreib nach.

Lontarpalme

Die Lontarpalme ist heimisch in trockenen Gebieten, z.B. an der Ostküste Balis, auf Lombok und Sumbawa. Die Rinde stellt ein östliches Äquivalent des Papyrus dar. Viel indonesische Literatur wurde im Laufe der Jahrhunderte darauf festgehalten. Auch heute gibt es noch einige Menschen, die „Lontar-Bücher" herstellen (siehe Tenganan).

Tierwelt

Die Tierwelt Indonesiens spiegelt die Frühgeschichte des Archipels wider. Früher gab es Landverbindungen zwischen Inseln, die heute unter der Meeresoberfläche liegen und die Besiedlung der Inseln ermöglichten, andererseits gab es tiefe tektonische Brüche, heute Tiefseegräben, die eben diese Wanderungen verhinderten. Westlich der sogenannten **Wallace-Linie,** der unsichtbaren „Grenze" zwischen Borneo und Sulawesi und weiter südlich zwischen Bali und Lombok, lebt eine altweltlich-asiatische Tierwelt. Östlich davon unterscheidet sich die Fauna deutlich, sie ist australisch beeinflusst (siehe Exkurs).

Die großen **Raubkatzen,** Tiger und Panther, sind über Sumatra und Java bis Bali vorgedrungen. Größere Populationen gibt es heute nur noch auf Sumatra. Auf Java ist der Tiger fast, auf Bali vollständig ausgerottet worden. Hier wurde der letzte Tiger 1937 in Sumbar Kimar, Westbali, erschossen. Panther gibt es noch auf Sumatra und Java.

Elefanten sind bis Sumatra und Borneo gelangt. Größere Herden gibt es heute noch in Südsumatra. **Orang Utans** gibt es sowohl auf Sumatra als auch auf Borneo, jedoch nur sehr wenige. **Nashörner** in geringer Zahl werden gelegentlich auf Java und Sumatra gesehen. All diese Tiere hat es auf Sulawesi, den Kleinen Sunda-Inseln (Ausnahme Bali) und den Molukken nie gegeben. Dafür leben **Beuteltiere** auf Sulawesi.

Überall vertreten sind in Indonesien **Affen** zahlreicher Arten, Wildschweine, **Schlangen** wie etwa Pythons, Krokodile (außer auf Bali, Lombok und Sumbawa), Hirsche und Rehwild. Es gibt Hunderte von **Vogelarten,** unzählige Insektensorten, riesige Schmetterlinge und bizarre Käfer.

Die Tierwelt Irian Jayas (Papua Neuguinea) ist völlig anders, hier findet man z.B. den Helmkasuar und die wunderschönen **Paradiesvögel.**

Die Insel Komodo, mit ihren urweltlichen Riesenechsen, den **Komodo-Waranen,** kann man auf einem Wochenausflug von Bali oder Lombok aus besuchen.

Bei den folgenden Tierarten bestehen gute Chancen, dass man sie während einer Reise nach Bali oder Lombok zu sehen bekommt. Zu **Fliegenden Hunden,** einer Fledermausart, siehe außerdem den Exkurs im Kapitel „Balis Westen".

Gecko

Der Gecko (indon. *Tokeh,* lateinisch *Gekko gekko*) stammt aus der Familie der Echsen, mit ungefähr 675 Arten und weltweiter Verbreitung, insbesondere in den Tropen. Geckos sind Nachttiere, die ausnehmend gut klettern können. Die meisten Arten haben Haftpolster an den Füßen ausgebildet, dank derer sie nicht nur an senkrechten Wänden oder Glasscheiben zu klettern vermögen, sondern sogar mit dem Rücken nach unten an der Zimmerdecke. Der eigenartige Watschelgang der Geckos erklärt sich daraus, dass die Tiere jede Zehe einzeln umbiegen müssen, um ihre Haftpolster nicht zu verletzen, wenn sie ihren Fuß vom Untergrund lösen wollen.

Geckos verfügen über ein gutes Hörvermögen, welches viel besser als das des Menschen ausgebildet ist. Auch haben sie als einzige Reptilien eine Technik der Stimmäußerung entwickelt. Der südostasiatische, also auch auf Bali heimische **Tokeh** besitzt ein Repertoire aus drei Lautarten, die alle fürchterlich durchdringend klingen. Der Tokeh ist 15–20 cm lang, meist grau mit roten Sprenkeln. Es gibt verschiedene Färbungen. Sein kleiner Verwandter, der **Cicak,** ist nur etwa 8–10 cm groß und schreit nicht so laut. Auf Bali und Lombok begegnen einem Geckos an vielen Wänden und Decken. Dabei gilt der elffache Schrei eines Geckos als gutes Omen.

Wasserbüffel

Der Wasserbüffel (indon. *Kerbau,* lat. *Babalus arnee*) wird auf Lombok, wie in vielen Teilen Asiens, als Haustier gezüchtet und zwar sowohl als Milchlieferant als auch als Zugtier zur Bearbeitung der Reisfelder und für die schwere Arbeit in Sümpfen und im Regenwald. Das dauernde Bedürfnis der Wasserbüffel zu baden oder zu suhlen liegt in der Tatsache begründet, dass die Tiere über keine Schweißdrüsen verfügen, also nicht schwitzen können. Das macht ihre Haltung in manchen Gegenden schwierig, allerdings sind die Wasserbüffel im tropischen Klima widerstandsfähiger als Rinder. Die Gewohnheit, bis zur Nase unterzutauchen und sich am ganzen Körper mit einer undurchdringlichen Schlammschicht zu bedecken, schützt vor Insektenstichen und kühlt die Büffel ab.

Paarungen finden am Ende der Regenzeit statt, die Kälber werden von März bis Mai geboren.

Jedes Jahr in der Trockenzeit werden auf Bali in der Gegen von Negara Büffelrennen abgehalten, meist als Touristenattraktion. Wie bei Gladiatorenrennen sind an die Büffel Wagen angehängt, auf denen der Wagenlenker das Tier in die richtige Richtung führt. Belohnt werden gute Haltung, Stil und natürlich Geschwindigkeit.

Wildschwein

Das Wildschwein (indon. *Babi Hutan* bzw. *Babi Biasa,* lat. *Sus scrofa vittatus*), der Vorfahr unseres Hausschweins, hat ein riesiges Verbreitungsgebiet: Man findet es nicht nur in Europa, sondern auch in Nordafrika, Sri Lanka, Malaysia, Sumatra, Java, Flores und natürlich im Komodo-Nationalpark. Indonesische Wildschweine werden bis zu 230 kg schwer bei einer Schulterhöhe bis zu 100 cm. Diese Tiere sind Allesfresser. Sie leben von Wurzeln, Knollen, Gras, Insekten, Früchten, Schlangen und Aas. Gefressen wird am frühen Morgen und späten Nachmittag in Gras- und Waldrandgebieten. Bei Ebbe sieht man sie auch am Wasser auf der Suche nach Wassertieren, insbesondere Krabben. Der Geruchssinn ist ausgeprägt, doch sehen und hören die Tiere nur durchschnittlich gut.

Die Wurfzeit dauert von März bis Dezember. Zwei bis sechs Ferkel wirft die Sau. Für die Kleinen baut sie ein Nest aus Gras, in dem sie die Ferkel säugt und beschützt. Säue mit Frischlingen sind mit Vorsicht zu genießen, sie sollen sehr aggressiv werden, wenn man sich ihnen nähert. Bei verwundeten Schweinen gilt das Gleiche.

Palmenroller

Die Zibetkatzen (indon. *Musang,* lat. *Paradoxurus hermaphroditus*) gehören zu einer Raubtierfamilie, die zwischen Mardern und Katzen angesiedelt ist. Der Fleckenmusang ist verbreitet auf Sri Lanka, in Indien, Südchina, auf den Philippinen und in ganz Südostasien. Da es Nachttiere sind, die nur in der Dunkelheit Nah-

Der Palmenroller

Wie der Palmenroller zu seinem lateinischen Namen gekommen ist, beschreibt *Pierre Pfeffer* in seinem Buch „Auf der Insel des Drachen" (Stuttgart 1965, Seite 70/71): „Als im letzten Jahrhundert der große Naturforscher *Geoffroy Saint-Hilaire* zum ersten Mal einen solchen kleinen Fleischfresser erhielt, war er über seinen langen Korkenzieherschwanz höchst erstaunt und taufte ihn Paradoxurus, 'der widersinnige Schwanz'. Da er überdies größte Mühe hatte, das Geschlecht des Stückes zu bestimmen, das er in den Händen hielt, fügte er die Bezeichnung 'Zwitter' hinzu, und so wurde das Tier mit dem lateinischen Namen Paradoxurus hermaphroditus ausgestattet. Aber nie wieder hat man seitdem einen Paradoxus mit Korkenzieherschwanz gefunden; bei allen setzt der Schwanz die Linie des Körpers fort wie bei der Katze. Der Gattungstyp, den *Geoffroy Saint-Hilaire* beschrieb und nach dem sich alle Zoologen richten müssen, ist also lächerlicherweise ein anormales Tier. Und wenn man die Regel der beschreibenden Zoologie wörtlich nehmen wollte, müsste man alle anderen als anormal betrachten, da sie dem Typus nicht entsprechen."

rung suchen, sieht man sie selten. Sie leben in trockenen Wäldern, verbringen ihren Tag schlafend, zusammengerollt in Baumhöhlen, aber auch in Fels- oder Erdhöhlen. Diese Tiere haben eine Gesamtlänge von ca. 1,40 m, wobei ca. die Hälfte auf den Körper und der Rest auf den Schwanz entfällt. Das Durchschnittsgewicht beträgt 3 kg. Musangs verteidigen sich mit einem absolut widerlich riechenden Sekret aus ihren Afterdrüsen, genau wie Stinktiere.

Rotrind

Das Rotrind (ind. *Banteng,* lat. *Bos javanicus*) ist eine südostasiatische Wildrindart, eng verwandt mit dem Gaur. Die Tiere werden ca. 170 cm groß, sind schlank und zierlich und haben einen großen, weißen Fleck auf beiden Hinterkeulen (Spiegel). Das Rotrind kommt auf Java und Borneo, in Myanmar, Thailand, Kambodscha und Vietnam wild lebend vor. Nur auf Bali ist es seit langem domestiziert. Das sogenannte **Balirind** ist als Haustier etwas kleiner als der echte Banteng. Es dient als Fleischlieferant. Auf Bali und Lombok gibt es auch eine kleine Anzahl verwilderter Rotrinder.

Umwelt- und Naturschutz

Die ständig **wachsende Bevölkerung** Indonesiens mit ihrem schier unstillbaren Bedürfnis nach mehr landwirtschaftlichen Flächen und einer Wirtschaft nach westlichem Muster ist gerade in unseren Tagen dabei, dem beinahe unerschöpflichen Artenreichtum durch rücksichtslose Rohstoffnutzung, durch ausbeuterischen Holzeinschlag und durch den Straßenbau ein Ende zu setzen. Den Tiger z.B., der auf Bali noch vor ein paar Jahrzehnten verbreitet war, gibt es dort nicht mehr. Unfruchtbares, vergrastes Ödland entstand, nachdem große Flächen des Primärwaldes gerodet wurden, im ganzen Archipel.

Bali, Java und das Hochland von Sumatra sind klassische Beispiele **tropischer Kulturlandschaften.** Der Reisanbau prägt die Erscheinung der Inseln. Am oberen Rand dieser Kulturflächen betrieb man **Brandrodung,** was nach wenigen Jahren zu Landwechsel und neuen Rodungen zwang. Brandrodungsfeldbau ist heute in Indonesien verboten, da die daraus resultierende Erschöpfung des Bodens zu sterilen Grasflächen führte. Trotzdem sind riesige derartige Flächen entstanden und werden immer mehr abgetragen, was das schnelle Wachstum der Schwemmland-Küstenebenen Javas beweist. Die Flüsse tragen den ausgewaschenen Boden ins Meer. Resultat sind **Überschwemmungen** und die Verschlammung von Bewässerungskanälen.

Terrassierte Hänge, wie z.B. die Reisterrassen Balis, unterbrechen den Wasserabfluss und verhindern die Bodenabspülung. Nass- und Trockenreis-Terrassen wirken bodenkonservierend.

Indonesiens **Tier- und Pflanzenwelt** ist zwar immer noch üppig und reichhaltig, exzessives Abholzen von Wäldern, Dynamitfischen, die Jagd nach edlen Fellen, die Nachfrage nach exotischen Souvenirs (wie Schildkrötenpanzer) haben aber zur Folge, dass ein großer Teil der Tier- und Pflanzenwelt vom Aussterben bedroht ist.

Aber auch der **Abbau von Korallenriffen** (zum Kalkbrennen) bedroht das Land. Sind die schützenden Riffe erst einmal verschwunden, kann die Brandung ungehindert die Strände abtragen. Südbali, insbesondere die Umgebung Candi Dasas, ist dafür ein mahnendes Beispiel. Zwar wurde in den 1990er Jahren sowohl das **Dynamitfischen** als auch der Korallenabbau verboten, aber vielerorts kam das Verbot zu spät. Unter Wasser sieht es teilweise wie auf dem Friedhof aus.

Das Fangen von **Schildkröten** ist verboten, auch wenn sie nach wie vor als Spezialität in der balinesischen Küche gelten. Heute bieten Restaurants und Resorts groß in Szene gesetzte Rettungsaktionen an. So können sich die Inselbesucher und auch die Einheimischen ein gutes Gewissen erkaufen.

Die **wirtschaftliche Entwicklung** Indonesiens bringt nicht nur die Segnungen eines höheren Lebensstandards mit sich, sondern auch die Umweltprobleme. Probleme, die in Mitteleuropa viel diskutiert werden, sind in Indonesien noch nicht ins öffentliche Bewusstsein gedrungen.

Der **motorisierte Verkehr** hat in den Ballungszentren der Millionenstädte und auch auf den balinesischen Straßen und Gassen derartige Ausmaße angenommen, dass die Luftverschmutzung im wahrsten Sinne des Wortes nicht mehr zu übersehen ist. Es knattert, stinkt und qualmt aus allen Auspuffrohren. Die Verantwortlichen der balinesischen Verwaltung sehen das Problem und fürchten um den Tourismus: Sie denken laut über eine Eisenbahnstrecke nach, die alle wichtigen Zentren als Gürtelbahn miteinander verbinden soll.

„*Let's be honest. Bali is not a flawless paradise. It is, in fact, a paradise with a growing number of problems. On the top of the list is the mounting piles of garbage, plastic trash in particular*", schrieb „balibuzz" in der Septemberausgabe 2014. In der Tat: 150 Tonnen Müll werden auf Bali produziert – jeden Tag. Davon sind mehr als ein Drittel nicht recyclebar und müssen verbrannt oder anders entsorgt werden. Diese **Müllprobleme** treten erst auf, seitdem Errungenschaften wie Plastiktüten- und -flaschen, Verpackungen für alles und jedes, ins Land geschwappt sind. Gelobt seien die Zeiten, als das Bananenblatt und der Korb als Verpackungs- und Transportmittel dienten. Heute wird alles in **Plastiktüten** verpackt, auch das Süppchen, das man mit nach Hause nehmen kann. Diese Milliarden von Tüten landen in der Regel im Graben oder im Meer, oder sie werden zu Hause verbrannt. In die hauseigene Müllverbrennungsanlage kommen auch Batterien, Lackreste, Dosen und vieles mehr. Täglich wächst der balinesische Plastik-Müllberg um 1000 m³, seit 2010 hat sich diese Zahl verdoppelt.

In den Touristenorten auf Bali sind diese Müllprobleme teilweise aus den Augen und damit aus dem Sinn geraten. Es entstanden **unkontrollierte Mülldeponien,** wie beispielsweise in der Mangrovenlandschaft hinter Nusa Dua, die in absehbarer Zukunft wohl das Grundwasser verseuchen werden. War früher die Dorfgemeinschaft verantwortlich für das Einsammeln und die Entsorgung, so gibt es heute eigentlich eine professionelle Müllabfuhr. Diese allerdings zeigt sich durchaus bestechlich und die Kosten für die Abholung werden nicht nach Volumen, sondern nach ethnischer Abstammung berechnet. Dabei zahlen Balinesen den geringsten Beitrag, gefolgt von Indonesiern, die nicht aus Bali stammen. Fremde zahlen den höchsten Betrag für die Entsorgung. Da sich aber viele ärmere einheimische Familien auch den Grundbetrag für die Müllabfuhr nicht leisten können, wird im Hinterhof verbrannt.

Um ihren Ruf besorgt, hat die indonesische **Regierung** schon vor langer Zeit auf die Herausforderungen der Umweltverschmutzung reagiert: Bereits 1978 wurde das Ministerium für Bevölkerung und Umwelt eingerichtet. 1990 entstand eine nationale Umweltkontrollbehörde, die dem Umweltministerium untergeordnet ist und in direktem Austausch mit dem Präsidenten steht. Dieser Einrichtung obliegt die Einhaltung der Normen.

Auch **private Aktionen** in Sachen Umweltschutz gibt es, beispielsweise in Ubud oder Padangbai: Urlauber können sich ihre Wasserflaschen im eigenen Hotel mit Trinkwasser auffüllen lassen. Auf den Gilis beispielsweise engagiert sich der Gili Eco Trust (www.giliecotrust.com) mit Aktionen rund um Mülltrennung und Strandreinigung. EcoBali (www.eco-bali.com) versucht, Einheimischen und auch Villen- und Resortbesitzern den besseren Umgang mit Mülltrennung und Recycling näherzubringen.

Seit 2007 engagieren sich Balinesen und Expats bei **Plastic-Free Bali** dafür, vor allem Plastikmüll zu vermeiden, nicht nur den Missstand zu verwalten. Die Message von Plastic-Free Bali ist ganz einfach: „Bring your own bag when shopping": „Bring deine eigene Tasche zum Einkaufen mit."

Nationalparks und Naturreservate

Die indonesische Regierung hat einige Nationalparks, Naturschutzgebiete, Wildreservate und Meeresparks errichtet. Gesetzlich geschützt sind zahlreiche heimische Tierarten, wie beispielsweise der Java-Tiger, das Java-Rhinozeros, der Balistar oder der Komodowaran. Die indonesischen Naturreservate werden von der PPA *(Perlindungan Pengewetan Alam* = „Schutz Erhaltung Natur") verwaltet. Büros dieser Behörde gibt es in jeder Provinzhauptstadt, in deren Verwaltungsregion ein Naturschutzgebiet liegt.

Geschichte Indonesiens

Die Geschichte Indonesiens begann **vor einer halben Million Jahren,** zu einer Zeit, als Europa noch unter einer Eisdecke lag. Den Beweis, dass zu dieser Zeit schon menschenähnliche Wesen in Indonesien existierten, fand 1891 der holländische Arzt *Eugene Dubois* auf Java. Sein Fund waren Knochen vom *Pithencanthropus erectus,* dem aufrecht gehenden Menschenaffen. Dieser menschenähnliche Affe (oder affenähnliche Mensch) soll aber nicht allein der Vater (beziehungsweise die Mutter) der heutigen indonesischen Bevölkerung sein.

In Indonesien leben viele ethnische Gruppen, und man geht davon aus, dass bereits von **3000–1000 v. Chr.** Zuwanderungswellen aus Südchina stattgefunden haben, und zwar kamen die Altmalaien *(Protomalaien)* und Jungmalaien *(Deuteromalaien).* Durch diese Einwanderer soll auch das Wissen um Ackerbau, Steinwerkzeuge, den Umgang mit Feuer sowie Eisen- und Bronzeverarbeitung verbreitet worden sein.

Als erste Hochkultur Indonesiens gilt der Zeitraum vom **7. bis 1. Jh. v. Chr.** In der Dong-Son-Kultur (Bronzekultur) wurden Handwerkstechniken verfeinert, d.h. zum Beispiel, dass Alltagsgegenstände nicht mehr ausschließlich funktional gearbeitet wurden, sondern verziert.

Ab dem **1. Jh. v. Chr.** machten sich hinduistische und buddhistische Einflüsse bemerkbar. Der Grund waren Handelsbeziehungen mit Südindien und China. Neben Händlern kamen auch Gelehrte und Mönche nach Indonesien, um ihren Glauben und ihre Kultur zu verbreiten. Die neuen Religionen vermischten sich mit der indonesischen Kultur, und es entstanden hinduistische und buddhistische Reiche.

Die wichtigsten Königreiche waren das **Srivijaya-Reich** auf Sumatra, die **Sailendra-Dynastie** und das **Majapahit-Reich** auf Java. Das Majapahit-Reich existierte vom **8. bis Anfang des 16. Jh.** und erstreckte sich fast über die gesamten (heutigen) indonesischen Inseln.

Bereits im **13. Jh.** gewann der Islam die ersten Anhänger in Aceh (Nordsumatra). Auch diese Religion erreichte Indonesien durch Kaufleute und Händler, und zwar aus Malakka, dem Ausgangshafen, um Gewürze nach Indien und von dort weiter nach Venedig zu schicken.

Von Aceh breitete sich der Islam langsam, aber sicher über Indonesien aus und verdrängte Hinduismus und Buddhismus. Die fortschreitende Islamisierung beschleunigte den Zerfall der bestehenden buddhistischen und hinduistischen Reiche. Ein Überbleibsel dieser Zeit ist der Hinduismus auf Bali.

Die ersten „Besucher" aus Europa erschienen **1509** in Indonesien. Portugiesen liefen auf der Suche nach Gewürzen nordsumatranische Häfen an, später **(1529)** dann auch die Molukken.

Doch deren europäische Konkurrenten, in diesem Fall die Niederländer, hatten den Reichtum Indonesiens entdeckt und begannen ab **1596,** Indonesiens Geschichte mitzulenken.

1602 gründeten private niederländische Handelsgesellschaften die VOC (Vereinigte Ostindische Companie) und übernahmen ab **1605** die vollständige Kontrolle über den Gewürzhandel.

Ihre Konkurrenten, die Briten und Portugiesen, wurden von den Niederländern aus dem Feld geschlagen. Für 300 Jahre hieß Indonesien **„Niederländisch Ost-Indien".**

Die Handelsgesellschaft *VOC* festigte ihre Macht, indem sie die bis dahin unumschränkt herrschenden Fürsten entweder unterwarf und tributpflichtig machte oder an den Gewinnen beteiligte. Das normale Volk lebte in dörflichen Gemeinschaften, in denen Lebensmittel, Kleidung und Werkzeug für den Eigenbedarf produziert wurden. Von den ohnehin geringen Einkünften wurden steuerähnliche Abgaben vom Fürsten eingezogen, um dessen luxuriösen Lebensstil zu finanzieren. Zwar hatte jede Gemeinde ein Oberhaupt, das mit dem Altenrat über dörfliche Belange entschied, aber die richterliche und religiöse Gewalt lag beim Fürsten.

Da Volk und Adelsschicht keine Einheit bildeten, brauchte sich die VOC ausschließlich mit der kleinen herrschenden Schicht auseinanderzusetzen. Als günstig für die Herrschaft der Holländer erwies sich die geografische Situation. Aufstände, die später entbrannten (beispielsweise Nordsumatra 1873–1903, Bali 1906–1908), waren und blieben regional, da zwischen den Inseln kein Kontakt bestand und auf jeder Insel unterschiedliche Volksgruppen mit jeweils anderen Kulturen und Sprachen wohnten. Diese Situation machte große Aufstände unmöglich.

Finanzielle Schwierigkeiten und Probleme mit den Briten hatten die Handelsgesellschaft VOC **um 1800** ruiniert. Die holländische Regierung übernahm das Konkursunternehmen und machte Niederländisch Ostindien zur staatlichen Kolonie. Für die Bewohner spielte diese neue Situation keine Rolle. Nach wie vor ging es den Holländern um die optimale Ausbeutung des Inselreiches.

1811 gewannen die Engländer für ein paar Jahre die Kontrolle über den Gewürz- und Kaffeehandel unter *Thomas Stamford Raffles,* dem Mann, der ein paar Jahre später Singapur dem Britischen Empire einverleibte.

Vom **5. bis 7. April 1815** brach der Vulkan Tambora auf Sumbawa aus. Dies war der gewaltigste Vulkanausbruch in historischer Zeit (siehe auch „Geografie").

1816 lösten die Holländer die Briten wieder ab und führten gleich ein angeblich neues Kultivierungssystem ein, genannt *Cultuurstelsel.* Praktisch änderte sich nichts. Jeder Bauer musste einen Teil seiner Ernte abgeben oder einen Teil seines Landes mit Kolonialwaren (also Exportgütern wie Kaffee, Tee, Zucker oder Tabak) bebauen und die Ernte abliefern. Bei den heimischen Machthabern lag die Kontrolle über die Durchführung des Kultivierungssystems. Als Belohnung waren diese an den Gewinnen beteiligt.

Dieses ausbeuterische System sollte **1870** durch neue Agrargesetze ein Ende finden. Die Neuerung bestand darin, dass nun auch privaten Unternehmern erlaubt war, langfristig Boden zu pachten und zu kaufen. Die nun entstehenden Plantagen waren ausschließlich gewinnorientiert, ob der Besitzer nun die holländische Regierung oder ein privater Investor war, spielte keine Rolle.

Durch das Plantagensystem wuchsen Heere von Arbeitern heran, die in völliger Abhängigkeit vom Plantagenbesitzer standen. Das große Geschäft wickelten die Investoren natürlich mit den staatlichen Behörden ab. Gewinne und Erträge gingen zum

Staatssymbole

Flagge

Die indonesische Flagge setzt sich zusammen aus zwei horizontalen Streifen. Sie sind gleich groß, oben rot und unten weiß. In Indonesien wird die Flagge **Merah Putih** genannt, was „Rot-Weiß" bedeutet.

Pancasila – die fünf Grundsätze des indonesischen Staates

Der indonesische Staat gründet sich auf fünf Prinzipien, die im Wesentlichen von Präsident *Sukarno* im Zusammenhang mit der Unabhängigkeit formulierte Pancasila:

1. Göttliche Herrschaft
2. Humanismus/Internationalismus
3. Nationale Einheit
4. Demokratie
5. Soziale Gerechtigkeit

Wappen

Indonesiens Wappen, gehalten vom Garuda-Adler, stellt die fünf Grundsätze dar:

1. Der **Stern** in der Mitte steht für den Glauben an einen Gott. Die Religion ist gleichgültig, solange es nur eine oberste Gottheit gibt.
2. Die **Kette** gilt als Symbol für Humanität in der Gesellschaft.
3. Der **Banyan-Baum** ist das Zeichen der nationalen Einheit. Diese basiert auf den traditionellen Werten der Dörfer *(Adat)*.
4. Der **Büffelkopf** steht als Symbol für die indonesische Demokratie.
5. **Reis- und Baumwollpflanzen** stehen für die soziale Gerechtigkeit.

Die fünf Grundsätze stehen unter der Devise *Bhinneka Tunggal Ika* („Einheit in der Vielfalt"). Das Datum der Proklamation 17. August 1945 versinnbildlichen die acht Schwanz- und 17 Flugfedern des Garuda.

größten Teil auf das Konto der Holländer, die auch die Preise diktierten. Die Verarmung der Bevölkerung nahm rapide zu.

Am **27. August 1883** ereignete sich eine der größten Explosionen der Geschichte, als der Vulkan Krakatau vor Java detonierte. Traurige Bilanz: 36.000 Tote.

Mit der Ethnischen Politik **(um 1900)** sollten die Lebensumstände der Bevölkerung verbessert sowie Schul- und Gesundheitssystem ausgebaut werden. Zwecks Ausbildung und Erziehung wurden einige ohnehin schon gebildete Indonesier in die Niederlande geschickt.

Wie wenig die Holländer im Endeffekt für die Bildung des Volkes getan haben, zeigt eine Zahl von 1954. Zu dieser Zeit waren 94 % der Bevölkerung immer noch Analphabeten. Auf den Ausbau des Gesundheitswesens wurde mehr Wert gelegt, aber das war nur logisch, denn es ging ja um die Erhaltung der Arbeitskräfte.

1910 begann sich die erste Veränderung für das indonesische Volk abzuzeichnen. Die erste Massenorganisation, *Serekat Islam,* bildete sich, allerdings mit religiösen und nicht politischen Zielen.

Aus dem linken Flügel dieser Organisation entstand **1920** die erste kommunistische Partei Indonesiens *(P.K.I.).* Damit begann endgültig die Auflehnung gegen den holländischen Kolonialismus.

Im November **1926** fand ein Aufstand gegen die Machthaber statt, der niedergeschlagen wurde. Die Folgen waren Verhaftung, Verbannung, Internierung oder Hinrichtung vieler P.K.I.-Leute.

1927 bildete sich die erste Nationalpartei *(P.N.I. = Partai Nasional Indonesia)* mit dem Ziel der Einheit und Unabhängigkeit Indonesiens. Ihr Führer war *Sukarno.*

Die Holländer, aus der Erfahrung von 1926 klug geworden, versuchten nun, jede neue Kraft zur Stärkung der nationalen Einheit zu unterbinden. Sukarno und weitere Führer der P.N.I. wurden verurteilt und inhaftiert.

1941 „befreiten" die Japaner Indonesien von den Holländern. Hatten die Indonesier das anfangs als Befreiung bejubelt, wurde jedoch sehr schnell klar, dass nur ein neuer Unterdrücker ins Land gezogen war. Auf der einen Seite unterstützten die Japaner zwar das noch recht neue nationale Bewusstsein (Bahasa Indonesia ersetzte die holländische Sprache, Holländer wurden aus dem öffentlichen Leben verbannt, politische Häftlinge freigelassen), aber andererseits schufen sie ein Heer von Zwangsarbeitern, die in Bergwerken, Plantagen und zum Ausbau der Infrastruktur eingesetzt wurden. Die Unruhen im Land nahmen immer mehr zu.

Am **17. August 1945** verlas Sukarno die Unabhängigkeitserklärung Indonesiens. *Sukarno,* nun Präsident, gab die Anweisung, dass nur noch Befehle der gerade ausgerufenen indonesischen Regierung gelten sollten. Es folgten Kämpfe gegen die japanische Besatzungsmacht.

Am **28. August 1945** bildete sich der Rat *K.N.I.R. (Komite Nasional Indonesia),* der zwar beratende Funktion, aber keinen Einfluss auf die Entscheidungen des Präsidenten hatte. Weiterhin wurde die Republik Indonesien in acht Regionen aufgeteilt: West-, Mittel- und Ost-Java, Sumatra, Kalimantan, Sulawesi, Molukken und die Kleinen Sunda-Inseln. Eine Nationalarmee, die T.NI., wurde aufgebaut.

Sechs Wochen nach der Unabhängigkeitserklärung landeten alliierte Truppen in Indonesien mit der Begründung, die Japaner entwaffnen zu wollen. Unter den Alliierten befanden sich die Holländer, die keine Möglichkeit ungenutzt ließen, die ehemalige Kolonie zurückzugewinnen. Aber Indonesien wehrte sich gegen die alten Unterdrücker.

Mit dem Lingajati-Abkommen von **1946** sollte eine Einigung zwischen Holland und Indonesien erzielt werden. Der Inhalt des Abkommens lautete: Anerkennung der Republik Indonesien, Zusammenarbeit beider Staaten mit der holländischen Königin an der Spitze, Abzug der englischen Truppen. Der letzte Punkt wurde eingehalten, aber ansonsten brachen die Holländer sofort das Abkommen, indem sie weite Teile Indonesiens besetzten.

Am **20. Juli 1947** begann der neue Krieg. Die kaum bewaffnete indonesische Armee vermied jede offene Kampfhandlung gegen die gut ausgerüsteten holländischen Truppen. „Hit and Run" war die wirksamste Strategie der Indonesier.

Eine Blockade der Holländer, verhängt über die befreiten Gebiete Indonesiens, verhinderte den Lebensmittel- und Waffennachschub.

Yogyakarta, Hauptstadt des freien Indonesiens, wurde von den Holländern bombardiert und besetzt, Sukarno und sechs Minister verhaftet und auf Sumatra interniert. Die Chancen auf einen indonesischen Sieg verringerten sich zusehends.

Den Anstoß zur Beendigung dieses Krieges gaben die USA. Amerika drohte Holland, jede weitere finanzielle Unterstützung zu streichen, wenn es nicht seine Truppen aus Indonesien abziehen würde. Unter diesem Druck gaben die Holländer nach. Am **14. August 1949** war der Krieg beendet. Am **27. Dezember 1949** erkannte Holland endgültig die Souveränität der Republik Indonesien an.

Die nun folgende Zeit des indonesischen Staates lässt sich in drei Phasen einteilen:

Parlamentarische Demokratie (1949–57), Gelenkte Demokratie (1957–65) und die Neue Ordnung (ab 1965 bis heute).

1955 fanden die ersten freien indonesischen Wahlen statt. Von 190 angetretenen Parteien erreichte die *Partai Nasional Indonesia* unter Sukarno die knappe Mehrheit.

Es folgte eine Zeit, in der versucht wurde, das Land parlamentarisch zu regieren, aber die Interessen der vielen Parteien waren zu unterschiedlich, um richtungsweisende Politik zu machen.

1959 kehrte *Präsident Sukarno* zur ursprünglichen Verfassung von 1945 zurück. Er hatte damit alle Entscheidungs- und Machtbefugnisse. Beratende Funktion hatte der Nationalrat *(Gotong Royong)*, in dem alle wichtigen Parteien und Gruppierungen vertreten waren. Sukarnos große Idee, nämlich Nationalismus, Religion und Kommunismus, die drei Hauptströmungen Indonesiens, zu vereinigen, bekam einen Namen: *NASAKOM*.

Doch die ökonomischen Probleme sowie die ständigen Konflikte zwischen Moslems, Kommunisten und der mächtiger werdenden Armee verschärften sich. Außenpolitisch verschloss *Sukarno* Indonesien immer mehr vor den Einflüssen westlicher oder westlich orientierter Länder. Diese Politik gipfelte im UNO-Austritt Indonesiens.

Am **30. September 1965** erschossen Kommunisten sechs Armeegeneräle. (So liest man es zumindest überall, über die Wahrheit des Putsches und seine Folgen kann nur spekuliert werden.) Dies war der Anlass für ein erbarmungsloses Vorgehen der Armee. Hunderttausende Kommunisten und vermeintliche Kommunisten wurden umgebracht, inhaftiert, interniert. Sukarno gab schrittweise seine Macht an General *Suharto* ab.

1966 übernimmt Suharto endgültig die Macht. Die PKI wird verboten. *„Orde Baru"* (die Neue Ordnung) unter *Suharto* beginnt und reicht bis in die heutige Zeit.

1967 werden die diplomatischen Beziehungen mit China abgebrochen.

Am **27. März 1968** wird Suharto erstmals für zum Präsidenten gewählt. **1969** wird der erste 5-Jahres-Plan *(REPELITA 1)* verkündet.

Am **21. Juni 1970** stirbt Sukarno.

Im August des Jahres **1971** werden in Indonesien die ersten freien Wahlen seit Sukarnos Machtübernahme abgehalten.

1973 wird Suharto wiedergewählt, ein Jahr später tritt *REPELITA 2* in Kraft.

Am **17. Juli 1976** wird Portugiesisch Timor (der östliche Teil der Insel) trotz des Widerstands der Bewohner als Provinz dem indonesischen Staat einverleibt. 1978 und 1984 wird der Präsident jeweils für die nächsten fünf Jahre bestätigt, im jeweils folgenden Jahr treten *REPELITA 3* und 4 in Kraft.

Am **29. Februar 1984** finden erstmals Unruhen in Irian Jaya statt. Im April des gleichen Jahres gibt es länger andauernde Unruhen auch in Ost-Timor.

1986 verbünden sich die Freiheitsbewegungen Ost-Timors, FRETELIN und UDT, in Lissabon.

Bei den Wahlen **1987** steigert die Regierungspartei *GOLKAR* erneut ihre absolute Mehrheit. Am

10. August 1987 fordert die UNO-Menschenrechtskommission die freie Betätigung von internationalen Hilfsgruppen in Ost-Timor. Pax Christi bezichtigt die indonesischen Truppen der Menschenrechtsverletzungen (Folter, Massaker) in Ost-Timor, Irian Jaya und den Molukken.

1988 werden zwei Gesetze verabschiedet, die die Beteiligung der Streitkräfte an der indonesischen Regierung festschreiben.

Am **10. März 1988** wird Suharto erneut gewählt, nun zum fünften Mal. *REPELITA 5* folgt 1989 und sieht unter anderem die Schaffung von 2,3 Mio. Arbeitsplätzen bis 1994 vor.

Im **Januar 1989** wird die Provinz Timor Timur (Ost-Timor) offiziell geöffnet. Am 9.10. besucht der Papst die Provinz, wo es zu Ausschreitungen kommt, als die Forderung nach Unabhängigkeit laut wird.

1991: Die indonesische Armee begeht in Dili, Ost-Timor, ein Massaker.

1993: Portugal protestiert gegen deutsche Kriegsschiffslieferungen an Indonesien. Am **10. März** wird Präsident *Suharto* erneut bis zum Jahr 1998 in seinem Amt bestätigt.

Am **25. Oktober** löst der Informationsminister *Harmoko* Suharto als GOLKAR-Chef ab. Er ist der erste Zivilist in dieser Position.

Im **Dezember** wird die Tochter Sukarnos, *Megawati*, zur Vorsitzenden der PDI gewählt.

1994: Bei Gesprächen über Ost-Timor zwischen den Innenministern Portugals und Indonesiens stimmt Indonesien erstmals Direktgesprächen mit der *FRETELIN zu.*

Im **Mai** werden 24 Studenten, die mit ca. 1000 anderen gegen Menschenrechtsverletzungen in ihrem Land protestiert haben, zu je sechs Monaten Haft wegen „Diffamierung des Präsidenten" verurteilt.

Am **17. August** feiert Indonesien seine 50-jährige Unabhängigkeit. Die niederländische Königin *Beatrix* hält sich zu dieser Zeit zu einem zehntägigen „informellen Besuch" in Indonesien auf. Dies wäre für die Holländer ein guter Zeitpunkt gewesen, sich für die Militäraktionen von 1946–49 zu entschuldigen. Aber dazu können die Holländer sich nicht durchringen.

Bei den Wahlen im **Frühjahr 1997** wird Pak Suharto erneut als Präsident Indonesiens bestätigt. Seine ärgste Konkurrentin, die Tochter Sukarnos und Vorsitzende der PDI, wird frühzeitig entmachtet und tritt nicht als Gegenkandidatin an.

Im **September 1997** wüten riesige Waldbrände auf Sumatra und Kalimantan und hüllen Jakarta, Sumatra, Kalimantan, Malaysia, Sarawak und Singapur in fast undurchdringlichen Smog. Die Sichtweite beträgt teilweise nur 4 m. Brandrodung auf der einen Seite und der ausbleibende Monsunregen auf der anderen Seite vernichten Landstriche so groß wie Baden-Württemberg. Über 35.000 Menschen erkranken und viele sterben auf Grund der Luftverschmutzung. Die indonesischen Offiziellen machen 176 Firmen für diese Katastrophe verantwortlich. Es handelt sich um Firmen, die mit Holz handeln bzw. Plantagenbesitzer.

Ab Mitte 1997 stehen die südostasiatischen Währungen unter Druck. Bis dahin waren sie an den US-Dollar gekoppelt. Nun ziehen ausländische Firmen in großem Stil Kapital aus Südostasien ab. Zuerst kapituliert Thailand, es folgten die anderen Staaten der Region. In kurzer Zeit verliert die Rupie 80 % ihres Wertes. Die Folge: die schwerste Wirtschaftskrise, die Indonesien seit Beginn der Unabhängigkeit heimsucht.

Der WWF (Weltwährungsfond) bietet einen Rekordkredit (über 40 Milliarden US$), knüpft daran aber Forderungen nach Wirtschaftsreformen. Suharto ist nicht mehr Herr der Dinge. Er unterschreibt Verträge mit dem WWF, setzt aber die Bedingungen für die Kreditauszahlung nicht um.

Anfang 1998 demonstrieren Studenten in allen Universitäten des Landes. Das politische Leben gerät in Aufruhr. Viele Banken sind pleite. Oppositionsfiguren verschwinden spurlos.

Im **Mai 1998** eskaliert die Situation: Sechs Studenten werden innerhalb des Universitätsgeländes der Tri Sakti Uni in Jakarta erschossen. Dann erobert der Mob (Ende 1998 erhärten sich Vermutungen, dass dieser Aufstand von „oben" organisiert wurde) Jakarta. Über 2000 Gebäude brennen, mehr als 1200 Menschen sterben.

Suharto tritt zurück und übergibt die Staatsmacht seinem Vizepräsidenten *Habibie*. Viele der in wichtigen Positionen sitzenden, von Suharto eingesetzten Persönlichkeiten müssen ihre Stühle räumen. Der ganze Familienclan wird entmachtet. Politische Reformen werden teilweise in die Tat umgesetzt. Bewirkt hat das wenig. Die Rupie hat sich nicht erholt, über 4 Mio. Menschen sind von Hungerkatastrophen bedroht.

Im **Juni 1999** wird das Parlament (PR) erstmals in Indonesiens Geschichte demokratisch gewählt. Mit 34 % erhält die Partei der Sukarno-Tochter Megawati, PDI-P, die meisten Stimmen. Nach allerlei Intrigen und strategischen Spielchen wird *Abdurrahman Wahid* zum neuen Präsidenten gewählt, Megawati wird Vizepräsidentin.

Ende 1999 wird Indonesien von der asiatischen Währungs- und Wirtschaftskrise besonders hart getroffen. Praktisch über Nacht kollabieren die Börsenkurse, die zuvor förmlich explodiert waren. 75 % des Geldwertes in Indonesien wird quasi vernichtet.

Im Jahr **2000** versucht *Wahid* auf der einen Seite die marode Wirtschaft wiederzubeleben, auf der anderen bemüht er sich, den politischen Einfluss des Militärs zurückzudrängen. Hinzu kommen diverse Unanhängigkeitsbewegungen und Bürgerkriege, besonders schwerwiegend in Aceh (Nordsumatra) und Irian Jaya. *Wahid* ist nicht bereit, weitere Teile Indonesiens in die Unabhängigkeit zu entlassen. Keines der angefassten Probleme wird gelöst. Allein gegenüber dem Militär ist er ansatzweise erfolgreich. Stetig ignoriert er sowohl den Volkskongress als auch das Parlament, sein Regierungsstil ist mehr als autokratisch. Ein weiterer Finanzskandal bringt die Wut der meisten Abgeordneten schließlich auf den Höhepunkt.

Anfang 2001 tritt der Volkskongress erneut zusammen, um formal das Entlassungsverfahren gegen den Präsidenten einzuleiten. Im August 2001 wird er abgesetzt, Megawati wird Präsidentin.

Das Land hat die unmittelbaren Folgen der Wirtschaftskrise relativ schnell überwunden. Der Finanzsektor wird reformiert, Steuern, Zölle, Wertpapiere und der Kapitalmarkt werden transparenter gestaltet.

Am **12. Oktober 2002** wird der Sari Club in Kuta/Bali vom einem Bombenattentat zerstört, 202 Menschen sterben. Der Selbstmordanschlag wird der Islamistengruppe Jemmah Islamiyah zugeschrieben.

Am **5. April 2004** wählt die Bevölkerung Indonesiens auf Kreis-, Provinz- und Landesebene neue Parlamente. Die PDI-P muss herbe Verluste verbuchen, da sie unter anderem für die im Land herrschende Korruption verantwortlich gemacht wird. In der Folge wird Megawati bei den ersten direkten Präsidentenwahlen am 20. September 2004 im zweiten Wahlgang abgewählt. Ihr Nachfolger wird der als gemäßigter Muslim geltende *Susilo Bambang Yudhoyono*.

Am **1. Oktober 2005** kommt es zu einem weiteren Bombenanschlag auf Bali: Islamistische Selbstmordattentäter töten 26 Menschen in Kuta und Jimbaran, 26 werden verletzt. Bis 2007 kann auch dieser Rückschlag verdaut werden, die Touristenzahlen steigen kontinuierlich.

Über die UN-Klimakonferenz im **Dezember 2007** kann sich Bali in ein positives Licht rücken.

Bei der Präsidentenwahl am **8. Juli 2009** kann sich Susilo Bambang Yudhoyono mit seiner Parteienallianz wieder gegen seine Konkurrentin Megawati Sukarnoputri durchsetzen und wird daraufhin am 20. Oktober für seine zweite Amtszeit vereidigt.

Auch Indonesien wird von der weltweiten Finanz- und Wirtschaftskrise, die **Ende 2008** ausbricht, getroffen. **2009** fallen die Preise, trotzdem kann das Land noch ein Wirtschaftswachstum von 4,5 % ausweisen. Damit gehört es gemeinsam mit China und Indien zur Gruppe der wachstumsstarken Länder in Asien.

Am **25. Oktober 2010** gibt es ein Seebeben mit der Stärke 7,7 vor Sumatra. Der dadurch ausgelöste Tsunami fordert auf den Mentawi-Inseln mindestens 449 Tote.

Am **26. Oktober** bricht der Vulkan Merapi auf Java aus. 353 Tote sind die Folge, der Flugbetrieb um Yogyakarta wird nachhaltig gestört.

Für **2011** schätzte der Internationale Währungsfonds das reale Wachstum des Bruttoinlandsprodukts (BIP) auf 6,4 %, damit gehört Indonesien zu den Hoffnungsträgern in Südostasien. Doch das Wachstum kommt nicht überall an: Experten schätzen Ende 2011, dass allein auf Bali rund 183.000 verarmte Menschen leben. Diese Zahl stieg innerhalb von sechs Monaten um 10 %. Damit lebt auf Bali der zweithöchste prozentuale Anteil verarmter Menschen in Indonesien – nur überholt von Jakarta.

9. Juli 2014: Präsidentenwahl: *Joko Widodo* (PDI-P), Bürgermeister von Jakarta, siegt auf Anhieb mit 53,2 % der gültigen Stimmen. Sein Gegner, Generalleutnant i. R. *Prabowo Subianto* (Gerindra) erhält 46,8 %. *Widodo* tritt am 20. Oktober sein Amt an, und das indonesische Volk setzt große Hoffnungen auf die „Lichtgestalt". Da er nicht aus der alten, korrupten Regierungskaste stammt und in Jakarta „einen guten Job" gemacht hatte, wird von ihm völlige Unabhängigkeit und Unbestechlichkeit erwartet.

Staat und Verwaltung

Die **Republik Indonesien** ist eine Präsidialrepublik und seit dem 17. August 1945 von den Niederlanden unabhängig.

Verwaltungstechnisch gliedert sich Indonesien in 33 **Propinsi** (Provinzen). Drei Provinzen sind sogenannte „spezielle Territorien" *(daerah estimewa):* Groß-Jakarta, Yogyakarta und Aceh. Chef einer Provinz ist der *Gubernur* (Gouverneur).

Die einzelnen Provinzen unterteilen sich in annähernd 364 **Kabupaten** (Distrikte), denen der *Bupati* (Distriktvorsitzende) vorsteht. Außerdem gibt es über 92 freie Städte *(kota madya).*

Die Kabupaten sind wiederum in über 5630 **Kecamatan** (Subdistrikte) unterteilt. Den obersten Verwalter dieser Einheiten nennt man *Camat.* Ein Kecamatan untergliedert sich in **Desa** (Kreis) mit dem Kepala Desa an der Spitze. Zu guter Letzt kommt das Dorf, der *Kampung.* Distriktvorsitzende und Bürgermeister *(Walikota)* werden für jeweils fünf Jahre Amtszeit direkt gewählt.

Verwaltungsgliederung Bali

Auf Bali spielt auf dieser untersten Ebene der traditionelle **Banjar** eine wichtige Rolle (s. Kapitel „Bali – die Insel und ihre Bewohner: Das balinesische Dorf").

Bali ist eine der 33 Provinzen der Indonesischen Republik und in acht Bezirke (Kabupaten) und eine Stadt (Kota) unterteilt, deren Grenzen denen der alten Königreiche fast entsprechen.

Bali – Telefonvorwahlen* und Kabupaten

Der Distrikt Badung ist der am dichtesten bevölkerte. Hier befinden sich die **Hauptstadt Denpasar** mit fast 500.000 Einwohnern und die Touristenzentren Kuta, Nusa Dua und Sanur. Jembrana dagegen ist fast unbewohnt, Karangasem ist der ärmste Distrikt. Der flächenmäßig größte Distrikt ist Buleleng, der vom äußersten Westzipfel bis fast ganz nach Osten reicht.

Kabupaten (in Klammern: Verwaltungssitz):

- Badung (Mengwi)
- Bangli (Bangli)
- Buleleng (Singaraja)
- Denpasar
- Gianyar (Gianyar)
- Jembrana (Negara)
- Karangasem (Amlapura)
- Klungkung mit Nusa Penida (Semarapura)
- Tabanan (Tabanan)

Verwaltungsgliederung Lombok

Die Nachbarinsel von Bali ist in vier Bezirke (Kabupaten) aufgeteilt, die Hauptstadt von Lombok ist Mataram.

- **Lombok Barat,** Westlombok, Hauptstadt Gerung (seit 1997), ehemals Mataram
- **Lombok Tengah,** Mitte Lombok, Hauptstadt Praya
- **Lombok Timur,** Ostlombok, Hauptstadt Selong
- **Lombok Utara,** Nordlombok (seit 2008), Hauptstadt Tanjung

Behördenbesuche

Jede dieser Verwaltungseinheiten besitzt Amtsgebäude mit einer Unzahl von Büros, zumindest bis zur Ebene des *Camat.* Die Ämter, **Kantor,** die häufig prachtvoll gestaltet sind und oft Elemente der tra-

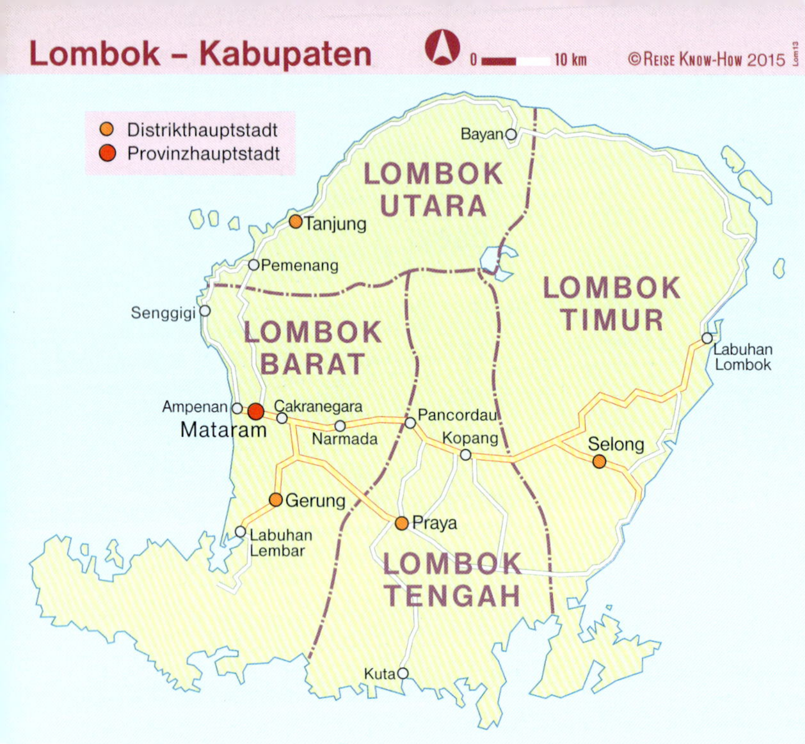

ditionellen Architektur der jeweiligen Region aufweisen, liegen häufig außerhalb der jeweiligen Hauptorte und reihen sich dort endlos aneinander. Nur selten gibt es öffentliche Verkehrsmittel in diese Verwaltungsbezirke, und so ist es meistens recht mühsam, wenn man dort etwas zu tun hat.

Die jeweils untergeordneteren Behörden sind immer den übergeordneten Rechenschaft schuldig. Ihre Eigenbefugnisse reichen meist nicht weit. Wer etwas erreichen will, tut gut daran, möglichst „oben" zu beginnen, das erspart u.U. Wartezeiten bzw. weitere Gänge. Ein Empfehlungsschreiben des *Bupati* z.B. öffnet beim *Camat* alle Türen, das eines *Camat* wiederum beim *Kepala Desa* usw.

So oder so ist der **Gang zu einem Kantor** immer eine zeitraubende Angelegenheit. Endloser Papierkram, stetige Nichterreichbarkeit der zuständigen Person, Ignoranz und schlichtes Unvermögen stellen die Geduld auf harte Proben. Kaum ein Wunsch, und sei er noch so unbedeutend, kann ad hoc erfüllt werden. Stets heißt es: morgen wiederkommen. Am besten hat man Passbilder und alle möglichen Papiere oder Urkunden immer dabei. Man sollte auch darauf achten, mit der richtigen Person zu sprechen. Häufig kommt es vor, dass sich irgend jemand wichtig macht, man stundenlang Erklärungen und Begründungen für sein Anliegen vorbringt, nur um dann in ein anderes Büro gebracht zu werden, wo alles wieder von vorn beginnt. Immer nach dem **Kepala Kantor** fragen, das ist der Leiter der jeweiligen Behörde. Ohne sein Okay geht in der Regel sowieso nichts.

Wichtig ist es immer, korrekt gekleidet zu sein und höflich und respektvoll aufzutreten. Mit dem bei uns üblichen „Schlag auf den Tisch" erreicht man in Indonesien überhaupt nichts; man macht sich höchstens lächerlich.

Dass in indonesischen Behörden alles wie in Zeitlupe abläuft, ist nicht zuletzt darauf zurückzuführen, dass alle Ämter hoffnungslos überbesetzt sind. Zahllose **Angestellte** müssen einfachste Vorgänge bearbeiten und weiterreichen. Schon seit Jahrzehnten werden Behörden-Jobs inflationär vergeben. Die Verwaltung ist so etwas wie eine Arbeitsbeschaffungsanstalt.

Medien und Kommunikation

In Indonesien gibt es offiziell keine Pressezensur. Diese wurde kurz nach dem Rücktritt *Suhartos* 1998 abgeschafft. Das ist die Theorie – in der Praxis haben es Journalisten in Indonesien nicht leicht: Kritische Veröffentlichung zu Menschenrechtsverletzungen oder Korruption werden nicht gern gesehen und von den Verantwortlichen am liebsten unterdrückt. Trotzdem hat die Ende der 1990er Jahre erlangte Pressefreiheit dazu geführt, dass viele neue Medien auf den Markt kamen. So gab es bereits 1999 in ganz Indonesien 225 Tageszeitungen mit einer Durchschnittsauflage von 4,8 Mio. Exemplaren.

Die Hauptstadt der Medien ist Jakarta. Neben den wichtigsten **Tageszeitungen** wie „Kompas", „Pos Kota" oder „Suara Merdeka" erscheint auch die auflagenstärkste englischsprachige Tageszeitung dort: Die „Jakarta Post" mit 50.000 Exemplaren. Daneben gibt es Wochen-, Frauen- und Sportzeitschriften mit einem weit gefächerten Angebot und großem Verbreitungsgebiet.

Auf **Bali und Lombok** gibt es neben den Tageszeitungen aus Jakarta eigene Zeitungen und Zeitschriften bis hin zu kostenlosen Werbeblättern. Insbesondere in den touristischen Orten wie Kuta, Ubud, Lovina oder Senggigi haben sich eigene Blätter etabliert und bringen Geschichten aus dem Alltag genauso wie Konzert- und Eventtipps oder Kochrezepte.

Die landesweite staatliche **Rundfunkstation** heißt *Radio Republik Indonesia (RRI)*. Der Auslandsdienst *Voice of Indonesia* strahlt auch in Deutsch und Englisch aus. Seit 1996 gibt es offiziellen privaten Hörfunk, seit 1989 auch privates Fernsehen. Ohne Lizenz arbeiten in ganz Indonesien geschätzte 2000 Radio- und Fernsehsender. Auf Bali sind lokale Radiosender ganz groß, auch englischsprachige: *Phoenix Radio Bali* auf 91 fm nennt sich die „heißeste Radiostation in Bali", Paradise FM auf 100,9 fm wird von der Expat-Gemeinde gern gehört.

Gab es 2001 rund 6,5 Mio. Mobiltelefonnutzer, so waren 2013 schon 326 Mio. Handys in Betrieb, denn in abgelegenen Gebieten – und davon gibt es in Indonesien etliche – sind Mobiltelefone oft die einzige Möglichkeit zum Telefonieren.

2013 nutzten rund 73 Mio. Menschen das Internet.

Wirtschaft

Indonesien wurde von der **asiatischen Währungs- und Wirtschaftskrise** Ende des 20. Jh. besonders hart getroffen, hat die unmittelbaren Folgen aber relativ schnell überwunden. Der Finanzsektor wurde reformiert, Steuern, Zölle, Wertpapiere und der Kapitalmarkt transparenter gestaltet. Ein Ergebnis dieser Maßnahmen war, dass das Bruttoinlandsprodukt bis 2008 um 6 % anstieg. 2013 konnte Indonesien ein **Wirtschaftswachstum** von 5,3 % ausweisen. Damit gehört das Land gemeinsam mit China und Indien zur Gruppe der wachstumsstarken Länder in Asien.

2007 verabschiedete das indonesische Abgeordnetenhaus ein neues Investitionsgesetz, durch das in- und ausländische Investoren formal gleichgestellt werden. Auch ging es darum, Landnutzungsrechte zu verlängern, Steueranreize zu definieren und Einreiseprozeduren für Ausländer zu vereinfachen. Investoren werden jetzt vor Enteignung geschützt, ausländisches Investmentkapital und Dividendeneinnahmen garantiert.

2013 lag die **Inflationsrate** bei 7,3 %. Die **Ausfuhren** steigen kontinuierlich und betrugen 2011 rund 183 Mrd. US$. Die Importe lagen bei rd. 187 Mrd. US$. Die wichtigsten **Außenhandelspartner** Indonesiens sind Japan, Singapur, Europa, USA, China, Südkorea und Indien. Dabei importiert die EU am meisten Produkte, die nicht mit Öl oder Gas zu tun haben. Am meisten importiert Indonesien aus Singapur, gefolgt von China. Damit haben die Importe aus dem ASEAN-Raum sowie aus China mittlerweile den höheren Anteil gegenüber dem Handel mit traditionellen Partnern wie Europa, Japan und den USA.

Seit 2010 ist die zweite Phase des ASEAN-China-Freihandelsabkommens in Kraft, das die Abschaffung von Zolltarifen vorsieht. Doch das Freihandelsabkommen wird nicht problemlos umgesetzt: Die Interessenverbände der indonesischen Eisen-, Stahl-, Leder- und Möbelindustrie, der Petrochemie, des Maschinenbaus und des maritimen Gewerbes protestieren gegen seine Einführung und fordern dessen Aussetzung. Sie befürchten eine Überflutung des indonesischen Marktes mit chinesischen Billigprodukten.

Die indonesische Wirtschaft litt in der Vergangenheit immer wieder unter negativen internen Einflüssen (Bombenattentate, Tsunami, Vogelgrippe, Erdbeben). Laut einer Meldung der „Frankfurter Allgemeine Zeitung“ vom 20. Juni 2011 steht etwa der Hälfte der Menschen weniger als 2 US$ pro Tag zur Verfügung. Damit leben sie **unterhalb der Armutsgrenze.** Die **Arbeitslosenquote** betrug 2013 etwa 5,9 % in den Städten. Die wichtigsten Sorgenkinder der indonesischen Regierung bleiben Armut, Arbeitslosigkeit, eine unterentwickelte Infrastruktur und Korruption.

Der Reispreis

Der Reispreis wird **staatlich kontrolliert** – immerhin ist Indonesien mit einer Jahresproduktion von zuletzt rund 66 Mio. Tonnen (2010) die weltweite Nummer drei in der Reisproduktion. So stieg im Sommer 2010 auch wegen der Unwetter in Südostasien der Reispreis in Indonesien, die Bevölkerung musste leiden. Die staatliche Behörde BULOG, die für den Handel mit Grundnahrungsmitteln sowie ihre Lagerhaltung und Preisgestaltung verantwortlich ist, handelte und beschloss, die Importe für Reis auf das höchste Level seit 1999 hinaufzuschrauben. Zu diesem Zweck schloss BULOG mit dem weltgrößten Reis-Exporteur Thailand einen Vertrag über den Import von zusätzlichen 250.000 Tonnen Reis. Somit importierte Indonesien 2010 1,33 Mio. Tonnen Reis. Dabei ging es darum, die Lager aufzufüllen und gleichzeitig den Anstieg der Verbraucherpreise zu bekämpfen. Allein im November 2010 stieg der Reispreis um 6,33 %. Jede Erhöhung bedeutet einen Preisanstieg auf breiter Front.

Umweltpolitik

Das rasche Wirtschaftswachstum der letzten drei Jahrzehnte hat die Lebensqualität der meisten Indonesier verbessert. Dabei ging allerdings einiges auf Kosten der Natur und vor allem der natürlichen Ressourcen des Landes. So ist Indonesien heute eines der Länder mit dem weltgrößten CO_2-Ausstoß. Dies liegt unter anderem an der fortschreitenden **Entwaldung,** beispielsweise durch den Ausbau der Palmölproduktion. Dazu kommen illegaler Holzeinschlag und die großflächige Trockenlegung von Torfgebieten samt Brandrodung. Grund dafür sind u.a. die im ganzen Land grassierende Korruption sowie nicht konsequent durchgesetzte Gesetze. Wegen der wachsenden Landflucht ist auch die sogenannte urbane Verschmutzung zu einem zentralen Problem geworden.

Anlässlich der **Weltklimakonferenz** im Dezember 2007 in Bali verkündete Indonesien einen Nationalen Aktionsplan zum Klimawandel. Der sogenannten Bali-Aktionsplan legte ein neues Klimaschutzregime der Staatengemeinschaft bis 2009 fest. Alle Länder hatten sich in Bali verpflichtet, künftig zum Klimaschutz beizutragen. Dazu gehört auch und vor allem die Reduzierung von Emissionen aus Entwaldung – der größten Quelle von Emissionen in vielen Entwicklungsländern.

Ende August 2008 richtete der indonesische Präsident den Nationalen Rat für Klimawandel ein. Dieser wird geführt vom Umweltminister als Executive Chairman. Dass es ihm ernst mit dem Klimaschutz ist, unterstrich Präsident *Yudhoyono* dadurch, dass er selbst die Leitung des National Council for Climate Change übernahm.

Auf dem G-20-Gipfel in Pittsburgh im September 2009 verkündete Yudhoyono eine Verminderung der indonesischen CO_2-Emissionen von 26 % bis 2020. 41 % wären möglich bei entsprechender internationaler Hilfe. Dabei geht es vor allem um die Verringerung der Wald- und Torfgebietsverluste sowie eine Reduzierung des großflächig betriebenen Palmölanbaus.

Mit dieser Ankündigung nimmt Indonesien heute eine Schlüsselstellung im Hinblick auf die Einbindung der Entwicklungs- und Schwellenländer in die weitere Entwicklung der weltweiten Klimaschutzpolitik ein. Auch die wenig erfolgreiche Klima-Konferenz im Dezember 2009 in Kopenhagen kann daran nichts ändern.

Wichtige Wirtschaftszweige

Da die Einnahmen aus Erdöl- und Erdgasverarbeitung langsam abnehmen, ist die Regierung bemüht, die wirtschaftliche Basis zu erweitern. 2005 wurde Indonesien Netto-Importeur von Erdöl und stieg deshalb Ende 2008 aus der OPEC (Organisation Erdöl exportierender Länder) aus.

Indonesien verfügt über ein gewaltiges Wirtschaftspotenzial dank bedeutender **Zinn-, Bauxit-, Nickel-, Kupfer- und Goldvorkommen.** Es gehört zu den führenden **Gummiproduzenten** der Welt und ist ein wichtiger **Kaffee- und Teelieferant.**

Gewisse Wachstumsimpulse gehen von den Bereichen Telekommunikation, Energieerzeugung/Brennstoffe und Bergbau aus. Die verarbeitende Industrie wächst ständig und hat sich durch zunehmenden Export ihrer Produkte zu einer beachtlichen Devisenquelle entwickelt.

Der Industriesektor in Indonesien kann mit 46 % den höchsten Anteil am Bruttoinlandsprodukt für sich verbuchen, gefolgt vom Dienstleistungssektor mit 37 %. Die **Landwirtschaft** stagniert bei 16 %, obwohl 38 % aller Arbeitskräf-

040ba sb

te im Agrarsektor tätig sind. Haupterzeugnisse der Landwirtschaft sind Reis, Mais, Kokosnüsse, Bananen und Zucker. Die Fischerei ist ebenfalls von Bedeutung und Waldgebiete bedecken etwa zwei Drittel des Landes.

Landwirtschaft auf Bali und Lombok

Auf Bali sind 90 % der Bevölkerung in der Landwirtschaft tätig. Hauptsächlich wird **Reis** angebaut, der, aufgrund hervorragender Bodenqualität und überall vorhandenen Wassers, bis zu dreimal pro Jahr geerntet werden kann. Die Balinesen haben eines der effektivsten Reisanbausysteme der Welt entwickelt (*Subak,* siehe „Reisanbau auf Bali" im Kap. „Bali – die Insel und ihre Bewohner") und selbst Experten sind sich einig, dass moderne Produktionsmittel keine Ertragsverbesserung bewirken würden. In für den Reisanbau zu hoch oder zu trocken gelegenen Regionen in Zentral- und Nordbali werden **Kokosnüsse, Erdnüsse, Gemüse** und **Früchte** wie Papaya, Mango oder Salak angebaut.

Besonders im Zentralen Hochland gibt es eine große Menge **Tabak- und Kaffeefelder.** Kaffee gehört zu den landwirtschaftlichen Hauptexportgütern der Insel.

Viehzucht spielt auf Bali eine zweitrangige Rolle. Allerdings lieben die Balinesen Schweinefleisch und so hat jeder richtige Hof der Insel auch einen kleinen Schweinestall. Überall begegnete man früher den kleinen **Hängebauchschweinen,** die so typisch für die Insel waren. Vor etlichen Jahren hat eine Seuche diese Schweinerasse fast vollständig ausgerottet. Die Bauern sind auf eine weiße Zuchtschwein-Rasse umgestiegen: größer, kein Hängebauch, schneller wachsend. Auch diese Schweine scheinen sich auf Bali wohl zu fühlen und vermehren sich so stark, dass, obwohl Spanferkel als Nationalgericht anzusehen ist, jährlich über eine Million lebende Schweine exportiert werden, hauptsächlich nach Hongkong und Singapur, da die Muslime Indonesiens kein Interesse an Schweinefleisch haben.

Die auf Bali gehaltene Rinderrasse, das **Bali-Rind,** ist eine balinesische Züchtung und gehört zu den schönsten Rinderrassen der Welt.

Fischfang wird von Balinesen nicht besonders intensiv betrieben. Sie fürchten das Meer als Sitz der bösen Geister. Deshalb sind die Fischerdörfer mehrheitlich von Muslimen bewohnt, wie Padangbai, Seririt und Amed.

Auch auf **Lombok** ist die Landwirtschaft Erwerbsquelle Nummer eins. Das zentrale Herzland südlich des Gunung Rinjani ist überzogen von Reisterrassen. Hier gibt es reichlich Wasser. Bei zwei Reisernten jährlich wird mehr produziert, als die Insel benötigt, so kann ein Teil nach Bali und Java „exportiert" wer-

[<] Anbau von Chilischoten im Norden Balis

den. Da es aber in der Trockenzeit zu Wasserknappheit kommen kann, sind viele Bauern auf Wechselfruchtanbau umgestiegen wie beispielsweise mit Sojabohnen. Im trockeneren Süden wird als Hauptprodukt **Tabak** *(Sampoerna)* angebaut, der einen guten Ruf genießt und ebenfalls exportiert wird. Der Südosten Lomboks ist karg, außer Sojabohnen und Bananen wächst dort fast nichts.

Einige Bedeutung hat ein kulinarisches Schmankerl, der **Wasserspinat** – nicht nur auf der Speisekarte. Köstlich zubereitet als *Pelecing Kangkung* mit Chili und Reis wird er zu einem typischen Gericht von Lombok. Angebaut wird der Wasserspinat in den zahlreichen Kanälen und Flüssen, landet dann frisch geerntet auf den lokalen Märkten oder auf LKW, die ihn bis Bali bringen.

Problematisch ist die **Besitzverteilung** auf Lombok, denn das ertragreiche Land befindet sich im Besitz einer kleinen aristokratischen Gruppe – ein Relikt der Kolonialpolitik der Holländer. 50 % der landwirtschaftlich arbeitenden Bevölkerung sind Landlose, Landarbeiter, Pächter oder Teilbauern. 61 % haben maximal nur einen Hektar Land zur Verfügung. Um eine sechs- bis siebenköpfige Familie ernähren zu können, werden aber etwa 2,5 ha benötigt.

Tourismus

Die indonesische Regierung sieht seit Jahrzehnten im Tourismus eine **Hauptdeviseneinnahmequelle** und investiert sehr viel in die Infrastruktur der als besonders fördernswert geltenden Gebiete. Dazu gehören vor allem Nord- und Westsumatra, Java, Bali, Lombok und Sulawesi. Straßen wurden gebaut, verbreitert oder verbessert. Bali hatte dabei stets eine Vorreiterrolle. (Zum Tourismus auf **Lombok** siehe auch Kapitel „Lombok: Die Insel und ihre Bewohner: Geschichte".)

Seit den 1960er Jahren hat sich das Tourismusgeschäft auf **Bali** stark entwickelt. Tausende von Familienbetrieben produzieren in Heimarbeit Kunsthandwerk, Kunst und Kleidung für Touristen. Das **Hotel- und Losmengewerbe** spielt ebenfalls für viele Familien eine große Rolle. Allerdings sind auch ausländische oder javanische Gesellschaften in das ertragreiche Geschäft eingestiegen. Auch spielen die immer noch wirtschaftlich sehr einflussreichen Angehörigen der ehemaligen Fürstenfamilien eine wichtige Rolle.

Große **Hotelkomplexe** werden teilweise ohne Zustimmung der ansässigen Balinesen gebaut. In diesem Zusammenhang ist das Nirwana Resort mit Golfplatz zu nennen, das, viele Hektar groß, im Bezirk Tabanan gebaut wurde. Was die Balinesen erzürnte, war die Örtlichkeit: Genau dort, wo eines der wichtigsten Heiligtümer der Hindus steht, Tanah Lot, ist dieses gigantische Projekt realisiert worden. Der Meerestempel wurde zur „Dekoration" degradiert.

Neben solchen Großprojekten (siehe auch Nusa Dua) entstehen auch an den schönsten Stellen der Insel absolute **Luxusobjekte.** Meist recht klein, versteckt und nicht weiter auffallend, bieten sie für teures Geld jedweden Komfort. Vorreiter dieser Entwicklung ist das Amandari, das in Sayang, einem Nachbarort von Ubud, an den steilen Hang des Ayung-Flusses gebaut wurde: Marmor, Gold und Silber. Ein Bungalow dort kann um die 1000 US$ am Tag kosten – plus Steuern und Service, versteht sich. Das Amandari ist fast immer ausgebucht.

Trotz all dieser glitzernden Paläste gibt es im Hotelleriegewerbe der Insel immer noch einen starken Anteil an Losmen und Homestays. Unzählige davon bieten dem sparsamen Reisenden erstaunlich gemütliche Zimmer für wenig Geld. Insbesondere in den Regionen Ubud und Kuta sind sie kaum noch zu zählen. So lange die einzelne Familie ein gutes Auskommen durch das Vermieten von Räumlichkeiten hat, braucht sie ihr Land nicht zu verkaufen. Und das tun Balinesen trotz irrwitziger Bodenpreise – die beispielsweise rund um Ubud höher sind als im Frankfurter Geschäftszentrum – ausgesprochen ungern.

Vor allem die **Kommunikationswege** sind auf Bali perfekt. Telefonkabel wurden in die letzten Winkel verlegt, Telefonbüros oder -zellen gibt es an jeder Ecke. Schon früh wurde die Strom- und Wasserversorgung ausgebaut. Viele Cafés und Restaurants vor allem in den touristischen Ballungszentren bieten Internet- und WIFI-Anschluss, so gut wie alle Regionen sind für das Handy erschlossen.

Diese Investitionen in die Infrastruktur hatten Folgen: Die **Zahl der Touristen** in Indonesien hat sich von Mitte der 1980er bis Mitte der 1990er Jahre mehr als verfünffacht. Davon konnte sich Bali den Löwenanteil sichern. Die Asienkrise 1997/1998 brachte den ersten Dämpfer in dieser Entwicklung, gefolgt vom 11. September 2001. Damit nicht genug: Mit dem Bombenattentat in Kuta am 12. Oktober 2002 und 202 Toten, die meisten davon Touristen, rutschten die Besucherzahlen in den tiefsten Keller.

Der nächste **Rückschlag** war das Aufkommen der Lungenkrankheit SARS. Doch die Investoren ließen sich nicht abschrecken und investierten weiter in den Resort- und Kulturtourismus der Insel – mit dem festen Glauben an deren touristische Zukunft. Nach kurzer Erholung aber erschütterte der Tsunami zu Weihnachten 2004 nicht nur die indonesische Welt und am 1. Oktober 2005 ein Attentat von fanatischen Islamisten in Kuta und Jimbaran, das Menschenleben kostete. Damit nicht genug: Die Vogelgrippe erfasste ganz Südostasien und dämmte den Besucherzustrom aus dem Westen nachhaltig ein.

Dafür entdeckten die asiatischen Länder jetzt Bali als nahe liegende Urlaubsdestination. Platz 1 im Besucherranking erreichte Japan mit 20 %. Viele Australier nutzen einen Aufenthalt in Bali als verlängerten Wochenendtrip – meist in Kuta. Allgemein ging es in den Folgejahren wieder aufwärts, die Besucherzahlen stiegen an. 2009 besuchten schon wieder rund 75.000 **Touristen aus Deutschland** die Insel (Schweizer: 25.000, Österreicher: 11.000). Doch die Wirtschaftskrise 2008/2009 war auch auf Bali spürbar.

Heute ist der Tourismus der wichtigste Devisenbringer und Bali mit 3,3 Mio. Touristen aus dem Ausland und knapp 7

Mio. aus dem Inland (2013) die am häufigsten besuchte Insel Indonesiens. Erste Befürchtungen wurden laut, dass Bali nicht mehr Tourismus vertragen könne, da die bestehende Infrastruktur kaum mehr zulässt. Deutlich wird das am **steigenden Verkehrsaufkommen** und den häufig verstopften Straßen. Doch es wird auch weiter investiert: in den Aus- und Neubau von Verbindungsstraßen, Brücken sowie Unter- und Überführungen.

Tourismus-Experten der Udayana Universität Bali schätzen, dass im Jahr 2020 rund 4,9 Mio. Touristen aus dem Ausland die Insel besuchen werden. Damit setzen sie auf ein jährliches Wachstum von 6,5 % – gegenüber einem weltweiten Wachstum in der Tourismusbranche von „nur“ 4,1 %.

Auch wer seit mehr als 20 Jahren die Insel bereist, wird feststellen, dass sich an der Substanz der Kultur nicht viel geändert hat. **Bali ist Bali geblieben.** Ein wenig abseits der gängigsten Touristenpfade sind die wunderschönen Reisterrassen und alle weiteren Wunder Balis noch zu entdecken.

Bevölkerung

Indonesien ist mit rund **252 Mio.** Einwohnern (Schätzung 2014) der viertgrößte Staat der Erde. Das jährliche Bevölkerungswachstum liegt bei 1,4 %. Bemerkenswert ist die sehr ungleiche Bevölkerungsdichte: Ca. 60 % der Gesamtbevölkerung lebt auf der Insel Java, die nur 6,9 % der Landesfläche ausmacht.

Der Abstammung nach gehört die Mehrheit der Indonesier zur **malaiischen Volksgruppe,** Altmalaien auf Borneo und Sumatra, Jungmalaien auf Java, Bali, den Kleinen Sunda-Inseln und Madura. Im Osten des Landes (Molukken, Irian Jaya) leben verwandte melanesisch-polynesische Völker und Papuas.

Es gibt heute in ganz Indonesien über **300 verschiedene Volksgruppen,** die alle höchst unterschiedliche Kulturen besitzen, ungefähr 300 verschiedene Sprachen sprechen und jeweils andere Traditionen pflegen. Die Bevölkerung von Java, Bali und Madura besitzt die höchstentwickelte Zivilisation, in den Gebirgsgegenden der Inseln Borneo und Sulawesi gibt es dagegen noch unberührte Bevölkerungsgruppen, in Irian Jaya leben sogar noch Menschen, die nie mit Fremden in Berührung kamen.

Knapp die Hälfte der Bevölkerung machen **Javaner** aus (40,1 %), die natürlich hauptsächlich Java bewohnen, man trifft sie allerdings auch auf allen anderen Inseln. Die zweitgrößte Bevölkerungsgruppe sind die **Sundanesen** (Westjava) mit 15,5 %, es folgen **Maduresen,** die Bewohner der Insel Madura, mit 3 %. Daneben gibt es bedeutende andere Gruppen: Minangkabau, Aceher und Bataker auf Sumatra, Dayaks auf Borneo, Ambonesen auf den Molukken und viele weitere Völker. Die **Balinesen** machen nur 1,5 % der Gesamtbevölkerung aus (zur Bevölkerung Balis und Lomboks siehe jeweils eigene Kapitel).

Die **Chinesen** stellen mit etwa 4 Mio. die größte Minderheit. Nur etwa 1,6 Mio. haben die indonesische Staatsbürgerschaft, es wird ein großer Druck auf sie ausgeübt, sich zu assimilieren. So dürfen z.B. keine Zeitungen in chinesischer Schrift verbreitet werden, chinesische Apotheken sind verboten und Chinesen müssen indonesische Namen tragen. Die Abneigung gegen diese Volksgruppe resultiert zum einen aus der Furcht vor dem Kommunismus und andererseits aus der Kolonialgeschichte. Die Holländer holten die Chinesen als verlässliche Partner ins Land und schalteten sie quasi zwischen sich und die Indonesier, als Einkäufer, Verwalter, Aufseher. In den ersten Jahren der Unabhängigkeit war es Chinesen verboten, Land zu erwerben und somit als Bauern zu leben. So mussten sie sich andere Erwerbszweige suchen. Heute steht ein nicht unbedeutender Anteil an Wirtschaftszweigen wie Handel, Verkehr und Geldwirtschaft unter ihrem Einfluss.

Religionen

Die Indonesier haben es immer verstanden, Religionen wie Buddhismus, Hinduismus, Christentum und auch den Islam an ihre Bedürfnisse und Vorstellungen anzupassen. Ihre starken **Wurzeln im Animismus** und der Glaube an Dämonen, die beseelte Natur oder die weiße und schwarze Magie haben jeder Religion einen speziellen Stempel aufgedrückt. So gibt es in Denpasar eine katholische Kirche, die im balinesischen Tempelstil erbaut wurde – mit sarongtragenden Engeln und Wächterdämonen.

In Indonesien herrscht **Religionsfreiheit.** Allerdings erkennt der Staat nur solche Religionen offiziell an, die einen einzigen Gott verehren. Der erste Grundsatz der *Pancasila,* der Grundlage der Verfassung, lautet: „Glauben an *einen* Gott einer gerechten und zivilisierten Menschheit". Mit diesem Grundsatz hat zu tun, dass die Hindus auf Bali auch einen höchsten Gott haben; Brahma, Wishnu und Shiva sind hier nur Inkarnationen dieses obersten Wesens *(Sanghyang Widdhi Waca,* siehe Kapitel „Bali: Hinduismus und religiöse Kultur").

Fünf Religionen sind anerkannt und dürfen ihre Feiertage feiern, die auch in offiziellen Kalendern angegeben werden: Islam, Buddhismus (hier sind allerdings öffentliche Feiern verboten, z.B. Chinesisches Neujahr), Katholizismus, Protestantismus und Hinduismus. An christlichen und islamischen Feiertagen sind Behörden in der ganzen Republik geschlossen, auf Inseln mit überwiegend anderen Religionszugehörigkeiten, z.B. Bali, gilt das auch für deren hohe Tage.

Wenn in einer Gemeinde mehr als 15 Familien einer dieser Religionen angehören, haben diese das Recht, ein **Gotteshaus** zu errichten. So kann es in Indonesien durchaus passieren, dass in ein und derselben Straße ein Hindu-Tempel, eine Moschee, eine Kirche und ein chinesischer Tempel stehen.

Religiöse Gebote werden auch gesetzlich festgelegt. So ist beispielsweise auf überwiegend islamischen Inseln der Verkauf von hochprozentigen Alkoholika eingeschränkt (z.B. Lombok), auf den Nachbarinseln Bali (hinduistisch) bzw. Flores (christlich) nicht.

Religionsunterricht ist nach indonesischem Gesetz an allen Schulen und Universitäten Pflicht.

Etwa 87 % der Indonesier bekennen sich zum **sunnitischen Islam.** Damit stellt Indonesien den Staat mit der größten muslimischen Bevölkerung der Welt dar. Aber in der Praxis lassen sich stark unterschiedliche Ausrichtungen feststellen. Streng orthodoxe Muslime gibt es auf Sumatra (Aceh), Süd-Sulawesi, in Teilen Javas und Ost-Sumbawas. Eine eher gemäßigte Haltung zeichnet den Großteil der Muslime in Zentral-Sumatra, großen Teilen Javas und Nusa Tenggaras aus, noch andere hängen einer Mischung örtlicher (Natur-) Religionen und islamischem Glauben an, z.B. die Sasak in Nordlombok der Religion Wetu Telu, einer Mischung aus Hinduismus und Islam (siehe Kapitel „Lombok – die Insel und ihre Bewohner").

Das **Christentum** ist unter ca. 10 % der Bevölkerung verbreitet, darunter 7 % **Protestanten** und Angehörige pfingstlicher Kirchen sowie 3 % **Katholiken.** Hauptzentren sind Flores, Timor, Nord-Sulawesi und Nord-Sumatra (Bataker). Insbesondere dort vermischt sich der Glaube aber stark mit animistischen Elementen, das gleiche gilt für das ländliche Flores und Timor.

Dem **Hinduismus** hängen 1,7 % der Bevölkerung an. Das sind über 90 % der Einwohner **Balis** und ausgewanderte Balinesen auf anderen Inseln. Eine ausführliche Beschreibung des **Hinduismus** findet sich im Kapitel „Bali – die Insel und ihre Bewohner".

Mit etwa 0,7 % sind **Buddhismus** und **Konfuzianismus** am wenigsten verbreitet. Sie werden hauptsächlich von den Chinesen praktiziert, die zwar nicht in der Öffentlichkeit feiern, wohl aber ihre Tempel unterhalten dürfen.

Auf fast allen Inseln der Republik gibt es regionale **Naturreligionen,** animistische Glaubensvorstellungen usw. Die Bevölkerung auf Sumba, Irian Jaya und vielen anderen kleinen Inseln wie Siberut und Nias ist als hauptsächlich animistisch zu bezeichnen.

Der Islam

Der Islam ist die **Hauptreligion Indonesiens.** Rund 90 % der Einwohner Javas und Lomboks sind zumindest auf dem Papier Muslime. Aus diesem Grund kommt der Reisende auf diesen Inseln in hautnahen Kontakt mit den Vorstellungen und Gebräuchen dieses Glaubens.

Um die Vielschichtigkeit der islamischen Lehre zu verstehen, ist es am besten, den **Koran** zu lesen. Auch heute noch sind seine Regeln fast unverändert. Interessant und wichtig für den Reisenden ist der Koran, weil er nicht nur religiöse Vorschriften beinhaltet, sondern auch alltägliche Verhaltensweisen wie den Umgang mit Fremden und Freunden regelt. Aus Unwissenheit entstehen oft peinliche oder auch beleidigende Situationen sowohl für den Gastgeber als auch für den Gast.

Der Islam ist eine **moralische Religion,** der unter anderem Gastfreundschaft vorschreibt. Zu den Regeln gehört auch das Verbot des Alkoholgenusses und des Verzehrens von Schweinefleisch, das als unrein gilt. Glücksspiel und Geldverleih gegen Zins sind untersagt.

Grundsätzliche **Vorschriften** (die sogenannten „Säulen des Islam") sind das fünfmalige Gebet pro Tag, einmonatiges Fasten während des Monats Ramadan (indon. *Puasa),* die Pilgerreise nach Mekka (Haj) und das Geben von Almosen.

Schwierigkeiten für den indonesischen Staat entstanden durch fanatische und **fundamentalistische Muslime.** Diese Gruppierungen streben eine islamische Gesetzgebung und deren konsequente Einhaltung für alle Indonesier

Der islamische Kalender

Der europäische (gregorianische) Kalender richtet sich nach der Erde, die um die Sonne wandert. Der islamische Kalender richtet sich nach dem **Mond,** der die Erde umkreist. Aus diesem Grund „wandern" die Daten für Festtage rückwärts durch unsere Zeitrechnung. Alle Daten verschieben sich jährlich um etwa elf Tage nach vorn. Die genauen Tage des jeweiligen Jahres findet man entweder im „Calendar of Events", den man beim Fremdenverkehrsbüro anfordern kann, oder aber in jedem besseren indonesischen Kalender. Auch der „Bali-Kalender" gibt die islamischen Festtage an. Die Jahreszahl unterscheidet sich ebenfalls von unserer. Der Juni 2012 liegt im islamischen Jahr 1433.

Die Termine der wichtigsten Feiertage (Verschiebungen sind aus astronomischen Gründen möglich):

Jahr des Heschra	Geburtstag d. Propheten	Beginn des Ramadan	Ende des Ramadan	Idul Adha (Opferfest)
1436	2./13.1.+22./23.12.2015	17.6.2015	17.7.2015	23.9.2015
1437	12.12.2016	8.6.2016	8.7.2016	13.9.2016

an. Die Regierung steht diesen Zielen sehr skeptisch gegenüber und versucht, diese Tendenzen einzudämmen. Auch die Balinesen verwahren sich gegen jede Form von Extremismus.

■ **Literaturtipp:** „KulturSchock Indonesien", erschienen im Reise Know-How Verlag.

Besonderheiten des indonesischen Islam

Der indonesische Islam hat seine Besonderheiten: Die indonesische Frau ist stärker gleichberechtigt (sozial, wirtschaftlich und politisch) als in anderen muslimischen Staaten. Verschleierte Frauen sind nicht so häufig auf der Straße zu sehen wie beispielsweise in Malaysia. Will ein Mann mehr als eine Frau heiraten, ist das nur mit der Einwilligung der ersten Frau möglich. Laut Koran darf ein Mann vier Frauen haben, in Indonesien maximal zwei. Ausnahme: Wer Aufnahme im Staatsdienst finden will, darf nur eine Frau haben.

Geschlechtertrennung gibt es in Indonesien offiziell kaum. Frauen werden nicht so sehr religiösen Unterdrückungsmechanismen unterworfen wie in anderen, konservativen islamischen Staaten, bedingt durch das ehedem weit verbreitete Matriarchat, das auch heute noch in

Islamische Begriffe

- **Koran,** die „Bibel" des Islam, zusammengestellt kurz nach *Mohammeds* Tod, enthält die mündlich und schriftlich überlieferten Aussagen des Propheten, der den Willen Allahs mitteilte. Aufgeteilt in 14 Kapitel, beinhaltet das Buch in Versen *(Suren)* Glaubensaussagen und Verhaltensregeln, die das Leben der Gläubigen betreffen. 644–655 erhielt der Koran die endgültige Fassung.
- **Kauman,** konservatives, islamisches Stadtviertel, in dem die Koranregeln strikt eingehalten werden. Hier findet man während des Fastenmonats auf keinen Fall etwas zu essen.
- **Mullah,** islamischer Religionslehrer.
- **Muezzin,** die Person, die die Gläubigen vom Minarett (Turm der Moschee) zum Gebet ruft. Heutzutage oft durch Lautsprecher-Einspielung ersetzt.
- **Walis,** die legendären neun heiligen Männer, die den Islam nach Java gebracht haben sollen, werden als Heilige verehrt. Ihre Gräber, die *Sunan,* liegen auf Berggipfeln und sind heilig.
- **Imam,** Vorbeter in Moscheen.

vielen Familien hinter den Kulissen vorherrscht. Auch gibt es an manchen Orten in Indonesien ausschließlich für Frauen gebaute Moscheen.

Einige Begrifflichkeiten im indonesischen Islam weisen noch auf die hinduistisch-buddhistische Vergangenheit hin. *Puasa,* das indonesische Wort für die islamische Fastenzeit, ist ein Sanskrit-Wort, das auch heute noch in Indien gebraucht wird, oder *Sembayang,* indonesisch für „beten", dessen Stamm das buddhistische *sembah* ist, welches die Geste beschreibt, die vor und nach Gebeten ausgeführt wird. Hierbei werden die Handflächen zusammengelegt und mit den Fingerspitzen Stirn, Mund oder Brust berührt.

Die Moschee

Die *Masjid* (indon.) ist nicht nur ein Bethaus, sondern auch Ort des Studiums, oft mit einer integrierten Koranschule. Vom Minarett ruft der Muezzin die Gläubigen fünfmal täglich zum Gebet auf, heutzutage fast ausschließlich lautsprecherverstärkt, oft als Aufnahme. Das Wohnen nahe einer Moschee kann zur Qual werden, wenn man bedenkt, dass das erste Gebet um 4 Uhr morgens zu absolvieren ist. Freitag ist der islamische Sonntag. In Indonesien sind die Behörden und Ämter an diesem Tag nur bis 11 Uhr geöffnet, viele Geschäfte bleiben geschlossen.

Haj

Lebensziel eines gläubigen Muslims ist die Pilgerfahrt (Haj) nach **Mekka.** Einmal im Leben sollte jeder Muslim die heiligste Stätte des Islam besucht, viermal den schwarzen Stein in der Mitte der *Kaaba* geküsst haben. Hat er die Pilgerfahrt gemacht, darf er sich, nicht ohne Stolz, *Haji* nennen. Dieser Titel steht vor dem Namen. Die haubenähnliche Kopfbedeckung, der weiße *Peci,* zeichnet den *Haji* als Mann aus, dem Ansehen und Ehre gebührt. Frauen, die nach Mekka gepilgert sind, nennen sich *Hajah.* Allerdings gibt es weniger *Hajah,* denn wenn das Geld für eine Mekka-Reise da ist, fährt zuerst der Mann. Jährlich begeben sich ca. 40.000 Indonesier auf diese kostspielige Reise. Oft wird das ganze Leben für die Haj gespart. Bevor jemand die Reise antritt, muss beim Dorfvorstand belegt werden, dass die Familie versorgt ist. Die Mekka-Reise muss beim Religionsamt angemeldet werden, dort legt der zukünftige *Haji* eine schriftliche Prüfung, bestehend aus religiösen und nationalen Fragen, ab. Da jeder, der es sich leisten kann, nach Mekka pilgern muss, garantiert ein muslimischer Staat die Reisefreiheit eines jeden Bürgers.

Die wichtigsten islamischen Festtage Indonesiens

Ramadan (indon. *Puasa*): Während des gesamten neunten Monats des muslimischen Kalenders darf von Sonnenauf- bis Sonnenuntergang weder gegessen noch geraucht werden. Muslimische Restaurants bleiben tagsüber geschlossen. Muslimische Familien stehen morgens um 4 Uhr auf, um zu essen. Während des restlichen Tages wird gefastet. Kurz vor Sonnenuntergang, um halb sechs, sitzen bereits Leute im Restaurant vor gedeckten Tischen und warten darauf, dass es 18 Uhr wird. Das wird meistens durch Trommelschläge von der Moschee signalisiert, dann wird geschlemmt.

Das Fastengebot wird in Gebieten, in denen wenige Muslime wohnen, nicht so streng eingehalten. In strengen Moslemorten sollte man sich als Tourist auch an die Fastenzeiten halten, zumindest in der Öffentlichkeit: also weder rauchen noch essen. Hinzu kommt, dass die Menschen gegen Ende des Fastenmonats (verständlicherweise) missgelaunt und unfreundlicher als sonst sind. Angenehmer ist es, den Fastenmonat in weniger orthodoxen Gegenden zu verbringen, denn hier läuft alles seinen normalen Gang – es gibt also keine Beschränkungen im gesellschaftlichen Leben (Feste, Hochzeiten o.Ä.).

Lebaran/Hari Raya/Idul Fitri: Das Ende der Fastenzeit ist der erste Tag des zehnten Monats. Dieser Tag ist eine Mischung aus Neujahr, Weihnachten und Valentinstag. In den Moscheen werden die ganze Nacht hindurch Trommeln geschlagen. In den Straßen brennen Feuerwerkskörper ab – Schlafen ist unmöglich. Alles ist auf den Beinen. Frühmorgens um 7 Uhr treffen sich alle Gläubigen auf dem großen Gemeindeplatz zum gemeinsamen Gebet. Überall bieten Warungs Süßigkeiten, Kuchen oder sonstige Leckereien zum Verkauf an (endlich darf wieder gegessen werden!). Schulen, Ämter und Geschäfte sind für zwei bis drei Tage geschlossen. Die Banken schließen gleich für eine ganze Woche.

Idul Fitri ist auch ein Familienfest. Alte Streitigkeiten werden bereinigt, Geschenke ausgetauscht, Verwandte besucht, Feindschaften begraben. Jeder besucht jeden, Nachbarn, Verwandte, Bekannte. Ausnahmslos muss man in jeder Familie wenigstens ein Stück Kuchen (ersatzweise fünf Kekse) und eine Tasse Tee (mit einer Zuckerüberdosis) verzehren, bis man platzt. Die Verkehrsmittel sind über Tage ausgebucht, Nahverkehrsmittel und Hotels doppelt so teuer, alle Ausflugsorte völlig überlaufen. In der Woche nach Idul Fitri ist es ziemlich schwierig, größere Strecken zurückzulegen, da Busse und Flugzeuge überfüllt und auf Tage ausgebucht sind.

Maulud Nabi Mohammed (Mohammeds Geburtstag) ist am zwölften Tag des ersten Monats. Es werden je nach Region verschiedene Prozessionen abgehalten, bei denen man z.B. „bienenstockförmige" Reisberge mitführt oder mit Lebensmitteln gefüllte Papierkreationen opfert.

Idul Adha (Feier des Hammelopfers Abrahams) ist ein muslimisches Opferfest. Wer hat, vertilgt einen Hammel oder eine Ziege. Die Zeremonie findet am zehnten Tag des elften Monats statt.

14

BALI – DIE INSEL UND IHRE BEWOHNER

B209

⌃ Grüße von der Insel der bloßen Busen – Touristenpostkarte aus den 1930er Jahren

› Der König von Karangasem, Gusti Bagus Jlantik, mit Frau und Tochter (Weissenborn, 1923)

Geschichte Balis

Etwa 1500 Jahre vor Christi Geburt kamen die ersten Einwanderer nach Bali. Es waren Südinder, Vorfahren der heutigen Balinesen, und noch aus dieser Zeit stammt das System der Dorfgemeinschaft (Banjar). Dokumente beweisen, dass man schon 900 v. Chr. das komplizierte Bewässerungssystem für den **Nassreisanbau** beherrschte *(Sawah)*, Haustiere züchtete sowie Stein- und Holzskulpturen anfertigte.

Schon 300–500 v. Chr. war die **Bronzeschmiedekunst** hoch entwickelt und brachte einzigartige Meisterwerke hervor (s. Pejeng).

Um Christi Geburt begann sich der **Hinduismus** von Indien nach Java auszubreiten. Er wurde auf friedlichem Wege von Handel treibenden Indern „importiert". Nachfolgende Brahmanen vertieften den Glauben besonders an den Fürstenhöfen. Einzelne Priester wanderten bis zur Nachbarinsel Bali und brachten ihre Religion auch hierher.

In den Jahren 400–700 n. Chr. verbreitete sich der Hinduismus über ganz Java bis nach Sumatra und Kalimantan.

Während der Animismus der Urbevölkerung mit dem Hinduismus verschmolz, wurde als drittes Element der sich ebenfalls ausbreitende **Buddhismus** assimiliert, und es entwickelte sich langsam, aber sicher eine eigenständige Religion, die nicht mehr allzuviel mit dem reinen Hinduismus zu tun hatte.

Die **erste balinesische Königsdynastie,** die urkundlich belegt werden kann, bestand im Jahre 991. Es wird berichtet, dass dem damaligen balinesischen König von seiner Frau, einer javanischen Prinzessin, ein Sohn geboren wurde. Er wurde *Erlangga* genannt. Dieser heiratete ebenfalls eine javanische Prinzessin und folgte ihr auf die reichere und „zivilisierte" Nachbarinsel.

Der dortige König hieß *Dhamrawangsa,* er verlieh **Erlangga** eine hohe Stellung, die es ihm ermöglichte, nach dem Tode des Königs dessen Thron zu besteigen. Bali wurde von seinem Bruder als Gouvernement verwaltet und war kulturell wie auch wirtschaftlich von Java abhängig. 30 Jahre regierte König *Erlangga* über Java und Bali. Nach seiner Amtszeit zog er sich als Eremit in die Einsamkeit zurück.

Nach seinem Tode geriet Java in politische Schwierigkeiten, welche Bali im 12. Jh. **vorübergehend die Unabhängigkeit** brachten.

Es entstand hier, im Süden, die **Pejeng-Dynastie,** die bis 1343 bestehen sollte. Allerdings geriet Bali schon 1284 wieder unter den **Einfluss Javas,** als dessen Herrscher *Kertanagara* es erneut seinem Reich einverleibte.

Doch Kertanagara konnte sich nicht lange an seinen Eroberungen erfreuen. Schon zwölf Jahre später wurde er ermordet und sein Reich von der aufstrebenden **Majapahit-Dynastie** übernommen.

B208

Dieses Königreich erstreckte sich im 14. Jh. schon über ein Territorium, das etwa den heutigen Staatsgrenzen der Republik Indonesien entspricht.

1343 erhob sich das balinesische Volk unter dem letzten Pejeng-König, *Dalem Bedaulu* (s. Bedulu), gegen die javanischen Besatzer. Der **Aufstand** wurde von General *Gajah Mada* blutig niedergeschlagen. König *Bedaulu* wurde entmachtet, die Pejeng-Dynastie hörte damit auf zu bestehen. Bali blieb ein Vasalle Javas.

Im 15. Jh. erreichte der Vormarsch des **Islam** über Sumatra auch Java. Das einst so mächtige Majapahit-Reich zerfiel langsam, und Bali wurde zur letzten Bastion des Hinduismus.

1478 brachte sich der letzte Majapahit-König um. Sein Sohn floh mit dem gesamten Hofstaat und der fast kompletten Oberschicht Javas (Gelehrte, Adlige, Lehrer, Priester, Künstler) nach Bali. Der neue Herrscher siedelte sich in Gelgel an der Südküste Balis an und proklamierte sich zum König. Die **Gelgel-Dynastie** entstand. Der König nannte sich *Dewa Agung* (*Dewa* = Gott, *Agung* = der heilige Berg Balis) und teilte die Insel unter Verwandten und Generälen auf. Später wurde der Sitz des Dewa Agung nach Klungkung verlegt und hier erblühten nun Kultur und Kunst.

Nach und nach verselbstständigten sich die ehemals untergeordneten Provinzen Restbalis. Die Herrscher nannten sich *Rajas,* und ihre Machtgebiete wurden mehr und mehr zu **eigenständigen Königreichen.** Nicht, dass man dies in Klungkung gern gesehen hätte, aber die einzelnen Reiche waren zu stark, als dass man etwas dagegen hätte unternehmen können. Der Dewa Agung von Klungkung behielt aber eine übergeordnete Stellung und den Vorsitz in der „Königsversammlung". Über 400 Jahre sollte die Gelgel-Dynastie bestehen bleiben, bis die Holländer diesem Geschlecht ein Ende setzten.

Seit dem 16. Jh. hatte Indonesien **Kontakt mit dem europäischen Ausland.** Zuerst kamen die Portugiesen und Spanier, dann folgten die Engländer und zu „guter" Letzt die Holländer. All diese Begegnungen waren so lange friedlicher Natur, bis die Kolonisatoren Geschäfte witterten und begannen, die Inseln rücksichtslos auszubeuten. Die Spanier übernahmen diese wenig rühmliche Aufgabe u.a. auf den Philippinen, die Engländer in Indien, Ceylon und Malaysia, die Portugiesen begnügten sich in Südostasien mit einigen kleinen Stützpunkten (z.B. Timor).

In Indonesien machten die **Holländer** das Rennen. Nach ihrer Landung im Jahre 1597 gingen sie sehr schnell daran, den indonesischen Archipel in ihre Gewalt zu bekommen. Seit dem 17. Jh. kontrollierten sie fast vollständig den **Gewürzhandel,** der den Grundstock für den heutigen Wohlstand der Niederländer legte.

Bali blieb von dieser Entwicklung vorerst ausgeschlossen. Hier gab es keine Gewürze und kein Elfenbein zu holen, außerdem besaß die Insel keinen richtigen Hafen.

Erst im Jahre **1846 überfielen die Holländer Bali** und brachten trotz erbitterter Gegenwehr die nördlichen Königreiche unter ihre Kontrolle. Da sich nun der einzige größere Hafen Balis, Singaraja, in ihrer Hand befand, begnügten sich die Holländer erst einmal damit. 1894 versuchten sie, Lombok einzunehmen, was erst im zweiten Anlauf gelang.

Für die südbalinesischen Königreiche schlug die Stunde der Ausbeutung dann in den Jahren 1906 und 1908 endgültig. Einen lächerlichen Vorwand, die Plünderung eines chinesischen Handelsschiffes, nahmen die Holländer zum Anlass, den **Süden Balis zu erobern.** Tausende von Menschen wurden mit überlegenen Waffen (Kanonen etc.) abgeschlachtet, da sich viele Herrscher, z.B. die von Bandung (Denpasar), Klungkung und Tabanan, lieber töten als unterjochen ließen. Man wählte den „Freitod in der Schlacht", *Puputan* (siehe Denpasar).

Lediglich die Herrscher von Gianyar und Karangasem (Amlapura) kooperierten mit den Holländern und durften so ihre Titel behalten. Politische Macht gewährte man ihnen aber nicht.

Glücklicherweise lag den Holländern lediglich am Profit, den man durch Ausbeutung der Rohstoffe gewinnen konnte. So versuchte man nicht, wie z.B. Spanier und Portugiesen, die Bevölkerung zu christianisieren. Bis heute haben sich so Kultur und Religion der Balinesen erhalten.

1941 wurden die Holländer in Indonesien von den **Japanern** als Besatzer ersetzt. Zwei Tage nach der japanischen Kapitulation vom 17. August 1945 wurde in Indonesien eine **Unabhängige Republik** ausgerufen. Aber die Freiheitskämpfer hatten die Rechnung ohne die **Niederländer** gemacht, die wieder erschienen, um die Ausbeutung des Landes fortzusetzen.

Mittlerweile hatte sich aber eine Armee von Freiheitskämpfern gebildet, die den neuen, alten Eindringlingen erbitterten Widerstand leistete. Fast drei Jahre dauerte der blutige **Freiheitskampf** des indonesischen Volkes, bis im Jahre 1948 auf der Konferenz von Den Haag Holland die Souveränitätsrechte seiner ehemaligen Kolonie Niederländisch Ostindien an die Regierung der Republik Indonesien übergab. Staatspräsident wurde General *Sukarno,* Sohn eines Javaners und einer Balinesin.

1965 wurde ein **kommunistischer Putschversuch** auf Java niedergeschlagen. Auf Bali hatte die Kommunistische Partei (PKI) seinerzeit die größte Anhängerschaft, gemessen an der Zahl der Einwohner. Während der folgenden Säuberungen brachten Balinesen über 100.000 Menschen (ca. 4 % der Bevölkerung) um. Bis heute kann/will/darf kein Balinese so recht erklären, wie es zu diesem kollektiven Amoklauf kam.

1966 übernahm General *Suharto* die Macht und wurde 1968 offiziell zum Staatspräsidenten gewählt. Er setzte die Politik Sukarnos bezüglich der **Tourismusplanung** auf Bali fort. Er wollte sie, da mehr als sein Vorgänger an westlicher Wirtschaftskraft interessiert, sogar forcieren.

Seit den 1960er Jahren wird Bali mehr und mehr von **Touristen** überlaufen. Was über Jahrhunderte mit friedlichen oder militärischen Mitteln nicht gelang, nämlich die Eigenständigkeit der balinesischen Kultur, Religion und Weltanschauung zu verändern, das schaffen jetzt langsam, aber sicher die Touristen mit ihrem Geld und ihrer Lebensweise.

Noch stärker aber als die unzähligen Urlauber beeinflussen **Kinofilme und Fernsehen** die Weltanschauung der Balinesen. Gewalt, Prostitution, Mord, Verbrechen, schnelle Autos, westlicher Lebensstil beeinflussen das Weltverständnis der Jugend ganz enorm.

Der **Sturz Suhartos 1998** und die folgenden Proteste und Ausschreitungen griffen glücklicherweise nicht nach Bali über. Weitsichtig, wie sie sind, schlossen alle relevanten Gruppen auf Bali – Polizei, Gouverneur, Studenten und als Wichtigstes die Banjars – eine Art „Waffenstillstand". Zu wichtig war den Balinesen der Tourismus, zu abhängig sind die meisten Einwohner von den Einkünften. Politisch stand die große Mehrheit traditionell hinter der Partei *Megawatis,* der Tochter des Staatsgründers Sukarno. Überall flatterten die roten Fahnen der PDI-P. Der Grund ist einfach: Sukarno hatte eine balinesische Frau – Megawati Sukarnoputri ist Halbbalinesin.

Als **1999** die ersten freien Wahlen stattfanden, wurde die PDI-P die mit Abstand stärkste Partei im indonesischen Parlament. Ganz Bali jubelte. Als am **13. Oktober 1999** dann aber *Abdurrahman Wahid* (der Vorsitzende der größten Moslem-Organisation Indonesiens) zum Präsidenten gewählt wurde, obwohl seine Partei weniger als ein Drittel der Stimmen der PDI-P erhalten hatte, rasteten die bis dahin friedlichen Balinesen aus: In ganz Bali brannten in dieser Nacht Regierungsgebäude, Straßen wurden blockiert und Einkaufszentren geplündert. Die Ausbrüche am 20. und 21. Oktober wurden im nachhinein von Historikern als *Mass Amuk,* Massen-Amok, bezeichnet. Ein Wunder, dass es kaum Verletzte gab.

Politisch klug, bot der neu gewählte Präsident Megawati den Posten der Vize-Präsidentschaft an. Am **21. Oktober 1999** wurde sie gewählt. Nicht, dass die Sukarno-Tochter in der Folgezeit bis Mitte 2001 in irgendeiner Weise aufgefallen wäre (beliebter Scherz: „Wahid und Megawati passen gut zusammen – er ist blind, sie ist stumm!"), aber die Balinesen waren zufrieden.

Am **23. Juli 2001** wurde Wahid abgesetzt. Es war ihm nicht gelungen, die kulturellen Konflikte im Land zu lösen. Aus der anschließenden Wahl ging Megawati als strahlende Siegerin hervor. Erstmals hatte Indonesien nun eine **(Halb-)Balinesin als Staatsoberhaupt.** Doch das konnte nicht kaschieren, dass unter der Oberfläche die ungelösten Konflikte weiterschwelten.

Am **12. Oktober 2002** wurde der Sari Club in Kuta vom einem **Bombenattentat** zerstört. 202 Menschen aus 21 Ländern mussten sterben, darunter sechs Deutsche. Der Selbstmordanschlag wurde der extremen Islamistengruppe Jemmah Islamiyah zugeschrieben. Der Tourismus auf der Insel brach ein und das Misstrauen der hinduistischen Bevölkerung gegenüber den Muslimen von den Nachbarinseln hatte aufs Neue Nahrung gefunden. Doch die Bevölkerung bewahrte die Ruhe und startete keine Racheaktionen. Der vielleicht von den Islamisten beabsichtigte Flächenbrand, der nicht nur die verhassten Australier von der Insel und am besten aus ganz Indonesien hinwegfegen sollte, blieb aus. Die Balinesen „reinigten" ihre Insel mit Zeremonien und ließen sich in ihrem Glauben in die Zukunft nicht beirren.

Langsam zog der Tourismus wieder an. **2004** kamen bereits wieder 4,4 Mio. einheimische und ausländische Besucher nach Bali. Am 12. Oktober 2004 wurde mit einer Zeremonie die Gedenkstätte für die Opfer des Bombenattentats eingeweiht.

Am **5. April 2004** wählte die Bevölkerung Indonesiens auf Kreis-, Provinz- und Landesebene neue Parlamente. Die PDI-P musste herbe Verluste verbuchen, da sie unter anderem für die im Land herrschende Korruption verantwortlich gemacht wurde. In der Folge wurde Megawati Sukarnoputri bei den ersten direkten Präsidentenwahlen am 20. September 2004 im zweiten Wahlgang abgewählt. Als ihr Nachfolger sprach der als gemäßigter Muslim geltende *Susilo Bambang Yudhoyono* am 20. Oktober 2004 den Amtseid.

In den Mittelpunkt der Weltnachrichten geriet Bali wieder am **1. Oktober 2005:** Drei islamistische Selbstmordattentäter töteten 26 Menschen in Kuta und Jimbaran, 26 wurden schwer verletzt. Und wieder ging der Tourismus in den Keller, Hoffnungen auf schnelles und nachhaltiges Wachstum wurden nachhaltig zerstört. Wieder kam es nicht zu Aufständen und Rachefeldzügen zwischen Hindus und Moslems. Wiederaufbau war das Thema. Man hatte erneut erkennen müssen, dass das Wohl und Wehe Balis zum großen Teil vom Tourismus abhängt.

Bis 2007 konnte auch dieser Rückschlag verdaut werden, die Touristenzahlen stiegen kontinuierlich – bis zur weltweiten **Finanz- und Wirtschaftskrise,** die **2008** ausbrach. 1,96 Mio. ausländische Touristen kamen in diesem Jahr auf die Insel. Doch auch diese Krise ging vorbei: 2009 zählte Bali schon wieder 2,2 Mio. Besucher aus dem Ausland, 2010 waren es 2,5 Mio., 2011 2,75 Mio. Für das Jahr 2020 rechnen Experten mit rund 4,9 Mio. Besuchern aus dem Ausland.

Über die **UN-Klimakonferenz** im **Dezember 2007** konnte sich Bali in ein positives Licht rücken. Auch wenn die zweiwöchigen Verhandlungen der 192 Teilnehmerstaaten recht kontrovers verliefen, war der Ablauf der Konferenz gemeinsam mit dem als harmonisch zu bezeichnenden Umfeld auf der Insel neben den Ergebnissen der Konferenz – der sog. „Bali Roadmap" – ein echter „Hingucker".

Am **9. November 2008** wurde drei wegen der Anschläge im Oktober 2002 zum Tode verurteilte Männer per Erschießungskommando hingerichtet. Als die Leichen der selbst ernannten „Heiligen Krieger" per Hubschrauber in die Heimatdörfer gebracht wurden, kam es zu örtlichen Ausschreitungen zwischen Islamisten und der Polizei.

Bei der Präsidentenwahl am **8. Juli 2009** konnte sich *Susilo Bambang Yudhoyono* mit seiner Parteienallianz wieder durchsetzen gegen seine Konkurrentin Megawati Sukarnoputri.

Bali wird seit dem **9. Juli 2008** regiert von **Gouverneur Made Mangku Pastika,** einem Polizeigeneral mit Vergangenheit: Der frühere Chef der Anti-Drogen-Einheit der nationalen Polizeikräfte und Polizeichef von Bali während der Attentate 2002 und 2005 wurde vom asiatischen Time-Magazin damals zum „Mann des Jahres" ernannt. Ausschlaggebend war seine Rolle bei der Ergreifung der Attentäter. Pastika stammt aus Buleleng und ist der siebte Gouverneur der Insel. Seit Amtsantritt machte er häufig von sich reden: Er forderte ein drastisches Umdenken in Sachen Tourismus und Ausbeutung der Insel, schlug eine Eisenbahnlinie rund um die Insel vor und verzichtete im **Sommer 2010** auf den Kauf einer Dienstlimousine im Wert von 220.000 US$. Pastika wollte das Geld lieber in Gesundheits- und Bildungsprojekten anlegen.

Als Vorbereitung für den image- und tourismusträchtigen **APEC-Gipfel** (Asia-Pacific Economic Cooperation) im November 2013 nimmt die Regierung rund drei Billionen Rupiahs in die Hand, um den Flughafen und dessen Zubringerstraße umzugestalten und für die 21 erwarteten Staatschefs die Insel ordentlich „aufzuhübschen".

Bevölkerung Balis

Auf Bali leben ungefähr **4,2 Mio. Menschen.** Davon bekennen sich etwa 92 % zum **Hinduismus** (Hindu-Dharma), rund 6 % zum Islam, 1,4 % sind Christen und 0,6 % Buddhisten. Von der Urbevölkerung, den Bali-Aga, gibt es nicht mehr viele. Nur wenige Hundert leben in einigen abgelegenen Dörfern (s.u.). 89 % der Bevölkerung sind Balinesen, der Rest verteilt sich auf kleine javanesische und chinesische Gemeinden.

Die **Balinesen** stellen, wie auch die anderen indonesischen Volksgruppen, keine einheitliche ethnische Gruppe dar. Sie sind eine Mischung aus Bali-Aga und eingewanderten Indern, Chinesen, Melanesiern und Polynesiern. So trifft man sowohl Menschen mit straffem, glattem Haar, hohem Nasenjoch und relativ heller Haut als auch dunklere mit Krausköpfen. Allen gemeinsam sind aber das pechschwarze Haar und die ein wenig hervorstehenden Wangenknochen, die leicht schräg stehenden Mandelaugen und die kleine, aber schlanke Gestalt.

Einig ist sich dieses Volk in seiner **tiefen Religiosität,** die das ganze Leben, die Kultur, Politik und Kunst der Insel prägt. Die Balinesen gehören zu den wenigen Inselvölkern der Welt, deren Leben nicht auf das Meer, sondern auf die Berge und das Landesinnere gerichtet ist. Die Höhe, die Berge, der Himmel sind heilig, die Tiefe des Meeres gehört zum Reich der Dämonen.

Das Leben der Balinesen ist gekennzeichnet durch diese einzigartige Ausrichtung auf ihre Religion. Die Menschen scheinen ausgeglichen und freundlich. **Geduld, Toleranz und Gastfreundschaft** gehören zu ihren wichtigsten Tugenden, allerdings auch Neid und Konkurrenzdenken. Menschen aus dem Westen fällt es oft schwer, sie zu verstehen in ihrem Denken und Handeln. Auch öffnen sich Balinesen den Fremden gegenüber nicht völlig. Auf der einen Seite sind Nachbarn in der Dorfgemeinschaft untereinander absolut solidarisch, wenn es um das gemeinsame Bestellen von Feldern oder den Bau einer Dorfstraße geht, andererseits konkurrieren sie bis aufs Äußerste, wenn es etwa darum geht, Geschäfte zu machen. In vielen Dörfern gibt es ruinöse Preiskämpfe, etwa zwischen Guesthouse-Besitzern.

Einer gewissen **Konservativität** haben die Balinesen ihre noch immer lebendi-

gen Traditionen zu verdanken. Stets wurde Neues nur dann angenommen, wenn das Alte dadurch nicht an Bedeutung verlor und, nicht zu vergessen, wenn ein Profit erkennbar war.

Die Urbevölkerung Bali-Aga

Es gibt noch einige Dörfer, die von den **Ureinwohnern Balis** bewohnt werden. Diese Menschen hängen weiterhin ihrer ursprünglichen Religion an, Vorstellungen aus der Zeit vor dem Einzug des Hinduismus auf Bali. Die Bali-Aga haben ihre alten Sitten und Gebräuche beibehalten und leben in ziemlicher Abgeschlossenheit. Auch Touristen gegenüber sind sie meist nicht besonders aufgeschlossen.

In **Tenganan,** in der Nähe von Candi Dasa, hat sich die Gemeinde für den Tourismus geöffnet. Auch das Dorf **Terunyan** am Batur-See, früher nur mit dem Boot erreichbar, hat seit dem Bau der Straße direkten Kontakt zu Reisenden. Diese werden zwar nicht ganz so gern gesehen, sind aber immer gut für ein Gespräch, eine Besichtigungstour oder eine Spende. In der Nähe von Kintamani liegt das bekannte Bali-Aga-Dorf **Sembiran.** Hier unterscheidet sich der Alltag allerdings nicht mehr viel vom typisch balinesischen Leben. Weitere, kaum berührte Dörfer befinden sich in den schwer zugänglichen Bergregionen um den **Bratan-See.**

Die traditionelle Reinigungszeremonie Melukat findet an öffentlichen Waschplätzen statt – hier in Sebatu

Alltagsleben

Die Familie

Die **Familiengründung** gehört zu den höchsten Pflichten eines Balinesen. „Ein Mann, der unverheiratet stirbt, muss im nächsten Dasein die Schweine füttern, und eine Frau, die kinderlos bleibt, ist verdammt, nach dem Tode eine große Raupe zu säugen." So heißt es in einer alten Überlieferung. In Bali wird weniger aus romantischen Gründen geheiratet. Liebesheiraten kommen sicher vor, aber es muss nicht Liebe sein. Vielmehr ist die Heirat die Grundvoraussetzung, um Kinder zu zeugen. Auch kann ein Mann erst Mitglied einer Dorfgemeinschaft (*Banjar,* s.u.: „Das balinesische Dorf") werden, wenn er sesshaft ist und sich eine Frau genommen hat.

Die Nachkommen sind dafür verantwortlich, dass ein Mensch **nach dem Tode** den Regeln entsprechend bestattet wird (s. „Verbrennung") und dass der Ahnenschrein, in dem die Seelen der Vorfahren wohnen, gepflegt wird.

Man lebt, soweit man sich noch an die traditionellen Regeln hält, in **größeren Gemeinschaften:** Mutter und Vater, Oma und Opa, Kinder und Enkel. Jeweils der älteste Sohn bleibt nach der Heirat auf dem Familiengehöft. Wenn ausreichend Platz vorhanden ist, können aber auch die beiden ältesten Söhne bleiben. Die angeheirateten Frauen ziehen auch ein und arbeiten im Haushalt der Schwiegermutter, bis sie ein Kind bekommen haben und einen eigenen Haushalt innerhalb des Gehöftes gegründet haben.

Die **jüngeren Geschwister** müssen sich woanders einen Platz suchen. Wenn sie im heimischen Banjar bleiben, besorgt die Dorfgemeinschaft Land und Haus.

Heutzutage wollen viele junge Männer das elterliche Haus verlassen. Wer genug Geld hat (und in den Zeiten des Tourismus kann man schon einiges zusammenbekommen) kann Land erwerben und ein Haus bauen. Dann ist man unabhängig vom Getratsche des Dorfes, insbesondere aber sein eigener Herr. Denn der Patriarch des Gehöftes redet bis ins hohe Alter in alle Angelegenheiten der Großfamilie hinein. Trotzdem, einer bleibt immer bei den Eltern, und sei es *Ketut,* der Jüngste.

Ein Mann konnte sich früher so viele Frauen nehmen, wie er unterhalten konnte (vorausgesetzt, er fand auch welche, die mit ihm leben wollten). In neuester Zeit hat man diese **Vielweiberei,** die sich sowieso nur Reiche leisten konnten, abgeschafft bzw. eingeschränkt. Zwei Frauen sind allerdings immer noch erlaubt unter folgenden Voraussetzungen:

a) die erste Frau ist damit einverstanden (das ist oft der Fall, da die Frauen sich so die Arbeit auf dem Hofe teilen können);

b) der zweiten Frau wird der gleiche Lebensstandard wie der ersten garantiert;

c) alle Kinder werden gemeinsam aufgezogen.

Eine **Scheidung** wird auf Bali leicht gemacht. Wer keine Lust mehr hat auf die Ehe, erklärt dies einfach. Die Frau kehrt in das Haus ihrer Eltern zurück, für die Kinder sorgt stets die Familie des Mannes. Obwohl es so einfach ist, gibt es wenige Scheidungen auf Bali!

Die **Arbeitsteilung zwischen den Geschlechtern** ist ziemlich strikt. Die Frau ist zuständig für Haus und Hof, Kauf und Verkauf von Waren auf dem Markt (mit Ausnahme von Rindern und Pferden), dem Herrichten und Darbringen von Opfern. Der Mann kümmert sich um die Reisfelder von der Saat bis zur Reife. Auch die Instandhaltung der Häuser ist Männersache, Hahnenkampf und Verwaltung des Dorfes *(Banjar)* oder der Reisfelder *(Subak)* ebenfalls. Reisernte, Kindererziehung, Betreuung und die Organisation von Familienfesten werden von allen Familienmitgliedern arbeitsteilig übernommen.

044ba sb

Ein typischer Tagesablauf

Im Folgenden wird der typische Familienalltag in einem ländlichen Anwesen beschrieben. Wer in einem **Losmen oder Homestay** wohnt, kann das geschäftige Treiben den ganzen Tag lang beobachten. Fast das gesamte Leben spielt sich auf dem Innenhof ab.

Kurz nach **Sonnenaufgang,** wenn die Hähne zu krähen anfangen und die Hunde zu bellen aufgehört haben, kommt das Familienleben auf Touren. Zuerst wird geduscht, Frühstück gibt's erst, nachdem man die morgendlichen Opfer verteilt hat. Dann werden die Kinder gewaschen, was ihnen meistens nicht besonders gefällt. Männer begeben sich **nach dem Frühstück** (Kaffee gehört immer dazu) zur Arbeit auf das Reisfeld, in die Stadt oder sie sehen nach dem Garten des Homestay. Spätestens dann wird der Fernseher oder das Radio angeschaltet.

Die Herrschaft über das Familienanwesen haben die Frauen. Sie sind den ganzen Tag beschäftigt. Zuerst **Wasserholen:** Wenn keine Wasserleitung oder kein Brunnen da ist, müssen manchmal von weit her große 15-Liter-Eimer, auf dem Kopf balanciert, herangeschafft werden, eine Arbeit, die sich gegen Abend wiederholt. Schon mit zehn Jahren übernehmen die Töchter des Hauses diese Arbeit, freilich mit etwas kleineren Eimern.

Sobald ein Kleinkind nicht mehr gestillt werden muss, wird es den **älteren Schwestern** „übergeben", soweit vorhanden. Jungen haben im Gegensatz zu den Mädchen nicht so viele Aufgaben. Sie dürfen herumstromern, entdecken, Erfahrungen sammeln.

239ba sb

Balinesische **Väter** sind vernarrt in ihre Kinder, insbesondere in die Söhne. Ihre Geduld ist grenzenlos, niemals werden sie mit ihrem Nachwuchs schimpfen. Das überlassen sie ihren Frauen, die im Übrigen mit ihren Kindern dieselben Probleme haben wie wir. Denn die Kleinen scheinen noch nicht von der „Harmonie, der Toleranz und dem Gleichmut" beseelt zu sein, die man ihren Eltern gern unterstellt.

Kinder dürfen allerdings ihren eigenen Willen haben, zumindest bis sie etwa fünf Jahre alt sind. Dann beginnt der „Ernst des Lebens". Wichtigstes Ziel der **Erziehung** ist neben dem Respekt vor dem Alter und der Tradition das Einfühlungsvermögen. Von klein auf wird vermittelt, dass man ohne Streit auskommen sollte und bei einer Meinungsverschiedenheit stets darauf achten muss, dass das Gegenüber nicht sein Gesicht verliert. Kurz: Auseinandersetzungen müssen vermieden werden.

Der Tagesablauf im Haus wird bestimmt durch Versorgen der Kinder, der

⌃ Auch im Bali-Aga-Dorf Tenganan tragen die Schulkinder Uniform

‹ Egal, wem man begegnet: Ein Lächeln ist einem sicher

Sudra-Anwesen

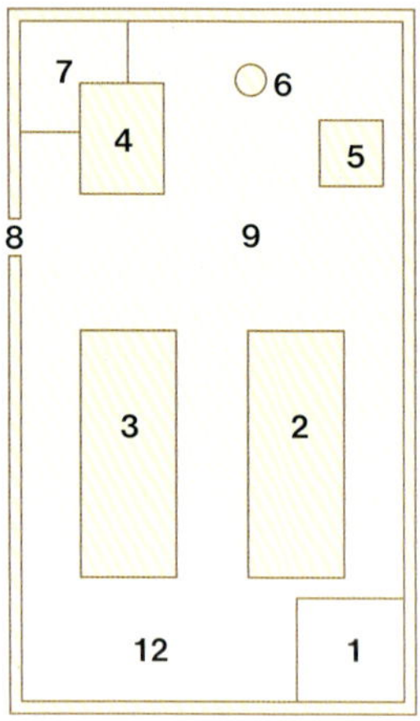

Kasten-Anwesen

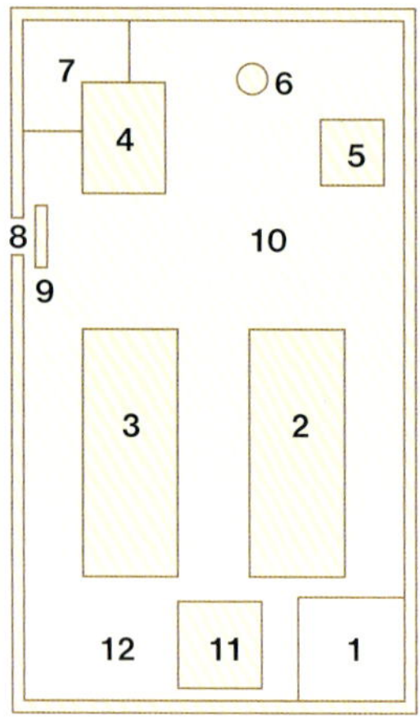

1	Sanggah	= Familienschrein
2	Meten	= Schlafhaus
3	Bale Sekenem	= Vielzweckpavillon
4	Paon	= Küche
5	Jineng	= Reisspeicher
6	Sember	= Brunnen
7	Badan Celeng	= Schweinestall
8	Mambahan	= Eingangstor
9	Natah	= Innenhof

1	Pemrajan	= Familientempel
2	Sekutus Bandung	= Schlafhaus
3	Bale Gede	= Vielzweckpavillon
4	Pawaregan	= Küche
5	Gelebeg	= Reisspeicher
6	Sumur	= Brunnen
7	Kandang Bawi	= Schweinestall
8	Pamedalan	= Eingangstor
9	Aling-Aling	= Eingangswand
10	Natar	= Innenhof
11	Bale Murda	= „Spezialpavillon" (für Zeremonien)

Die Grundrisse zeigen den Aufbau eines **typisch balinesischen Anwesens.** Die Bezeichnungen der einzelnen Teile sind für die Angehörigen der Kasten und die Sudras (Kastenlosen) unterschiedlich. Lediglich die Bezeichnung für den Garten lautet für alle gleich: Kebun (12)

Haustiere (das Züchten und Verkaufen der Schweine ist ausschließlich Frauensache, das erwirtschaftete Geld ebenfalls), Essenkochen und Reinigen von Haus, Hof, Kleidern und Kindern. Zwischendurch wird geopfert, was die ältere Tochter oder die Schwiegertochter erledigt. Die „Chefin" macht das aber ganz sicher selbst, wenn hohe Feiertage anstehen (z.B. Galungan).

Mittags, zur Zeit der größten Hitze, wird eine ausgiebige Pause eingelegt. Auch die Männer kommen nach Hause, wenn sie sich nicht im Gemeindehaus treffen, um einen gemütlichen Plausch zu halten. Man ruht im Schatten, sieht fern, bereitet Opfer vor, stillt Kinder, spielt mit ihnen, nimmt ein Mandi oder schläft. Ein gemeinsames Mittagessen gibt es nicht. Wer hungrig ist, begibt sich nun ins Küchenhaus und bedient sich selbst. Reis ist schon morgens gekocht worden, ebenso das Gemüse und eventuell ein wenig Fleisch. Dazu trinkt man Wasser oder Tee. Wenn der Mann auf dem Feld arbeitet, wird ihm das Essen gebracht. Wer in der Stadt oder außerhalb arbeitet, wird vom Arbeitgeber beköstigt oder isst an einem der fahrbaren Essstände *(kaki lima).*

Am **Nachmittag** muss eventuell das zweite Mal Wasser geholt werden. Dann wird der meist unbewachsene Innenhof gefegt und mit Wasser besprengt. Unbewachsen ist er, damit keine Schlangen und Skorpione darin siedeln können. Das Wasser kühlt die Umgebung zusätzlich ab und verbreitet eine entspannte Feierabendstimmung. Nun ist es Zeit, die Petroleumlampen zu säubern und aufzufüllen, zumindest, wenn man keinen Strom hat. Die letzten, fünften Opfer des Tages werden verteilt. Besonders viele werden am Abend auf den Boden gelegt, z.B. am Eingang, damit die bösen Geister die Nachtruhe nicht stören.

Um 18.30 Uhr **geht die Sonne unter,** nun kehren die Männer endgültig von der Arbeit zurück, das Vieh, oft eine Schar Enten oder zwei bis drei Kühe, kommt ebenfalls. Es wird Licht gemacht, der Fernseher angestellt. Die ganze Familie trifft sich auf der Veranda oder im Pavillon in der Mitte des Innenhofes und bespricht die Ereignisse des Tages. Stets sind die Kinder dabei, niemals werden Kleinkinder früher als die Erwachsenen ins Bett geschickt. Wenn sie müde sind, schlafen sie dort, wo sie gerade liegen. Das ist auch die Zeit, zu der man Opfergaben und -körbchen herstellt, eine Arbeit, die ausschließlich Frauen vorbehalten ist. Das **Abendessen** wird nebenbei eingenommen. Wenn gerade kein Tempelfest gefeiert wird, sitzt man bis spät zusammen, schaut in die Röhre oder hört Radio. Wer einschläft, tut dies oft im *Bale,* dem Wohnzimmer. Der Letzte, der geht, löscht das Licht.

Das traditionelle Anwesen

Balinesen bauen selten Häuser mit mehr als einem Raum. **Pro Raum ein Gebäude** ist die Regel. Jedes verheiratete Paar einer Großfamilie besitzt ein eigenes Schlafhaus und ein Küchenhaus bzw. eine eigene Kochstelle im gemeinsamen Küchenhaus. Alle anderen Bauwerke stehen der Gemeinschaft zur Verfügung. Der Reisspeicher, der Schweinestall, der Brunnen und der Waschplatz und natürlich der zentrale **Bale.**

Zweistöckige Häuser gibt es selten. Die Vorstellung, unter den Füßen des oben Anwesenden zu wohnen, ist einem Balinesen zuwider. Trotzdem ist das erfolgreichste Bungalow-Modell für Touristen zweistöckig. Balinesen bauen so etwas, aber wohnen wollen sie möglichst nicht darin.

Traditionell gibt es auf Bali **zwei Grundtypen** von Anwesen: die der unteren und die der höheren Kasten. Sie unterscheiden sich weniger in der Anlage als vielmehr in der Ausstattung. Heute sind die Übergänge fließend, früher hatten die höheren Kasten mehr Geld. Jetzt ist das nicht mehr so und jeder richtet seine Wohnung so prachtvoll ein, wie er kann. Die **Häuser der einfachen Leute** sind aus Lehm oder Bambus gefertigt, das Grundstück ist durch eine Lehmmauer oder Hecke umfriedet.

Reichere Menschen bevorzugen Bauten aus Ziegelsteinen, die oft mit *Alan Alang* (eine bessere Sorte Gras), teilweise aber auch mit Dachpfannen oder Wellblech gedeckt sind. Oft sind die Eingänge und die Häuser insgesamt kunstvoll verziert und aufgeputzt. Überall sprießen Blumen, Palmen oder andere Gewächse und spenden Schatten. Das Anwesen ist von einer Mauer umgeben, die böse Geister abhalten soll.

In den Wohnbereich hinein gelangt man durch ein **schmales Tor,** das mit seinen Verzierungen einen Hinweis auf die wirtschaftliche Lage der Familie gibt. Eine Klingel gibt es nicht. Den direkten Eintritt verwehrt eine **frei stehende Mauer,** die man umgehen muss und die sowohl als Blickfang dient als auch bösen Geistern das Eindringen bei Nacht erschwert, da diese im Dunkeln nicht um Ecken schlüpfen können.

Hat man dieses Hindernis überwunden und sich nicht von der Horde wütend kläffender Hunde ins Bockshorn jagen lassen, steht man meistens schon mitten auf dem **Innenhof,** um den herum sich die einzelnen Häuschen gruppieren.

Das wichtigste Bauwerk ist der **Familientempel.** Stets an der Seite, die dem Vulkan Agung am nächsten liegt, befinden sich die Götter- und Ahnenschreine. Oft wird dieser Bezirk durch eine zusätzliche Mauer vom „weltlichen Teil" abgetrennt. Am Eingang steht immer der Thron/Schrein, der dem höchsten Gott geweiht ist. Je größer dieser Bezirk ist, je mehr Schreine aufgestellt wurden, um so älter ist die Familie und um so wohlhabender.

Für Balinesen ist ihr Zuhause ein **Abbild des menschlichen Körpers.** Der Kopf, immer dem heiligen Berg am nächsten, sind die Ahnen- und Götterschreine, Schlaf- und Wohnhäuser bilden die Arme. Beine und Füße werden durch Kochhaus und Reisspeicher symbolisiert, der Innenhof ist der Nabel, die Tore sind die Geschlechtsorgane. Die Abfallgrube und die Toilette werden mit dem After gleichgesetzt.

Auch die **Einrichtung der Zimmer** ist auf den Heiligen Berg ausgerichtet. So steht das Bett immer mit dem Kopfende an der zum Berg gerichteten Wand, die Füße zeigen in die entgegengesetzte Richtung.

Zeremonien und Bräuche

Der zeremonielle Weg von der Geburt bis zum Tod

Auch das Privatleben der Balinesen ist von einer Vielzahl von Zeremonien und Ritualen geprägt. Die Balinesen glauben, dass die **Seele wiedergeboren wird** und immer wieder in die Ursprungsfamilie zurückkehrt. Einige der folgenden Zeremonien sind kleine **Familienfeiern.**

Upacara Pemagpag

Von der **Geburtsstunde** bis zum Alter von elf Tagen wird die neue Seele *(Atman)* auf der irdischen Welt willkommen geheißen. Das Baby kommt mit (Frucht-)Wasser, Knochen und Luft in die irdische balinesische Welt. *Ari-ari,* der Mutterkuchen (der Zwilling), wird gereinigt und vor dem Haustor vergraben.

Upacara Ngerorasan

Ab dem **zwölften Tag** beginnt erst das Leben des Kindes in der richtigen Welt. Die Seele benötigt ein paar Tage, bis sie die Erde erreicht.

Upacara Bulan pitungdina

Diese Zeremonie findet nach **42 Tagen** (1 Monat + 7 Tage) statt. Ab jetzt bekommt das Baby „feste" Nahrung, Bananen, und Kleidung.

Upacara Telu Bulan oder Kambuhan

Diese Zeremonie feiert man nach **drei Monaten,** es ist die Zeremonie der großen **Reinigung.** Falls die Seele noch mit altem Karma verunreinigt ist, wird die *Biye kala* (große Reinigung) durchgeführt. So kann die Seele einen unbelasteten Neuanfang machen. Ab dieser Zeremonie ist es auch Nicht-Familienmitgliedern erlaubt, das Kind zu berühren oder auf den Arm zu nehmen. Das Baby darf nun Kontakt mit der Erde/dem Boden haben und bekommt seinen ersten Haarschnitt – es wird kahlrasiert.

Upacara oton

Nach **sechs Monaten,** mit der Oton-Zeremonie, wird die neue Kinderseele offiziell den Ahnen und Familienseelen im **Ahnentempel** auf dem Familiengehöft vorgestellt. Man befragt die Ahnen, um welches wiedergeborene Familienmitglied es sich handelt, nach den vorherigen Leben des Kindes und dem noch stattfindenden. Außerdem erbittet man Erlaubnis, nun zum Brahmanen gehen zu dürfen, um eine Palmblatt-Lesung (Horoskop) durchzuführen. So erfährt die Familie mehr über die Vergangenheit der Seele und ihre Zukunft. Dieses Wissen macht es der Familie leichter, das neue Familienmitglied einzugliedern, da sie nun weiß, mit wem sie es zu tun hat.

Upacara menekkelih

Mit **16–17 Jahren** beginnt der Eintritt ins Erwachsenenalter. Der junge Erwachsene soll nun sechs wichtige Punkte in seinem Leben berücksichtigen, die eng mit der Zahnfeilung in Verbindung stehen. Es werden sechs Zähne gefeilt, die sechs Versuchungen symbolisieren.

Upacara Potong Gigi/Metatah

Im Alter von **17–20 Jahren** sollte die **Zahnfeilung** (s.u.) stattfinden. Den folgenden sechs Giften *(sad ripu)* oder Versuchungen wird man dann bestenfalls nicht oder nicht immer erliegen: *amarah* (Wut/Ärger), *irihati* (Eifersucht), *sombong* (Stolz), *bohong* (Lügen), *fitmah* (üble Nachrede), *bodoh* (Dummheit). Da diese Zeremonie sehr groß und sehr teuer ist, können viele Familien sie sich nicht leisten. Häufig wird die Zahnfeilung mit der Hochzeit zusammengefasst.

Upacara Kawin/Pewiwahan

Die **Hochzeit** findet im Alter von **20–28 Jahren** statt. Um die Seelengenerationen nicht zu unterbrechen, muss ein Balinese heiraten. Tut er das nicht, wird er bei seinem Tod für 100 Jahre ins Naraka, die Rückseite des Paradieses, geschickt. Frühestens nach 100 Jahren hat er dann die Möglichkeit wiedergeboren zu werden.

Upacara Grehasta

Ab der Hochzeit und bis zum Alter von ca. **60 Jahren** ist man in der Position der **vollen Verantwortung** für die eigene Familie im spirituellen Sinn und für den spirituellen Weg der gesamten Familie.

Als ältester Sohn ist man besonders wichtig, denn der Vater und die Mutter geben bei ihrem Tod die spirituelle Verantwortung an ihn ab. Der Sohn trägt mit seinen Gebeten dafür Sorge, dass die Seele des Vaters oder der Mutter wirklich gehen kann; denn falls die Seelen auf der Erde bleiben, irren sie herum und behindern den Wiedergeburtszyklus.

Upacara Wahna prasta/Pari Cuda

Diese Zeremonie ist das Löschen des alten Lebens und der symbolische Neubeginn. Alle bisherigen Lebenszeremonien werden durchlaufen. Ab dann ist es erlaubt, spirituell zu **unterrichten** und spirituell zu **heilen.** Allerdings muss man drei Monate mit einem Brahmanen lernen. Ist diese Lehrzeit abgeschlossen, bekommt man einen Monat Zeit, sich vom Weltlichen zu lösen (Geld, Geschäfte u.Ä.) und kann dann **Brahmane werden.** Entsprechend seiner Kaste bekommt man einen neuen Namen. Ohne *Pari Cuda* sollte man keine Lontar-Bücher berühren oder lesen, da sonst der Geist durcheinander gerät.

Es ist die letzte Zeremonie, die man lebendig machen kann, dann folgt der Tod. Nicht jeder, der diese Zeremonie macht, wendet sich ganz dem spirituellen Leben zu und wird Brahmane.

Upacara Ngaben

Mit dem **Tod** geht die *Atman* (die Seele) zurück zu *Paramatman* (Gott) und wird

Teil des göttlichen Ganzen. Die drei Elemente (Asche) werden zurückgegeben: Wasser wird zum Meer gebracht, die Knochen werden beerdigt (Mutter Erde) und Luft wird Shiva (vereinigt das Meer und den Berg) gegeben. Symbolisiert werden die drei Elemente durch eine Kokosschale mit einer Figur. Ein Brahmane gibt den Weg frei, damit die Elemente zurückkehren können *(Goa Lawah).*

Upacara Nyekah/negasti

Der letzte Weg führt zum Besakih. Dort wird allen Gottheiten (Sangyang Widi, Shiva, Brahma etc.) mitgeteilt, dass diese Seele gestorben ist und nun bei *Paramatman* weilt. Man bittet um Erlaubnis, die Seele immer zu Zeremonien im **Familientempel** einladen zu dürfen. Darin gibt es immer zwei Räume, einen für die weiblichen und einen für die männlichen Seelen.

Die Zahnfeil-Zeremonie

Dieses ist eine der **wichtigsten Zeremonien** im Leben eines Balinesen. Sie findet im Alter zwischen 17 und 20 Jahren statt. Die abgefeilten sechs oberen Vorderzähne symbolisieren den zivilisierten Menschen. Durch die gleichlangen, stumpfen Schneidezähne unterscheidet sich der Mensch vom Tier, das sich durch lange, spitze Hauer auszeichnet. Ohne abgefeilte Schneidezähne kann die Seele eines Verstorbenen nicht in den Zyklus der Wiedergeburten (Reinkarnation) eintreten. In Uluwatu gibt es sogar einen Tempel, den Menschen mit ungefeilten Zähnen nicht betreten dürfen.

An dieser wichtigen Zeremonie nimmt das ganze Dorf teil. Die Zähne werden von einem Priester gefeilt, der den dabei anfallenden Zahnstaub in einem Behälter sammelt. Auch in diesen Partikeln befindet sich ein ganz klein wenig Seele *(Atman)* und sie müssen daher bestattet werden.

Viele Opfer, viel Gamelan-Musik und festliche Kleidung und Atmosphäre kennzeichnen die Zeremonie. Heute ist es üblich, von Touristen Eintritt zu einer solchen Feier zu nehmen, falls sie nicht persönlich eingeladen wurden. Das kommt einem zwar ein wenig eigenartig vor, aber die Authentizität eines solchen Ereignisses leidet nicht darunter. Fotografieren ist unerwünscht.

Die Hochzeitszeremonie

Auf Bali zu heiraten ist gar nicht so einfach. Es gibt mehrere Arten, eine Braut oder einen Bräutigam zu finden. In aristokratischen Familien bevorzugt man **Mapadik:** Die Vorstände zweier Familien haben sich schon frühzeitig, manchmal vor der Geburt der Sprösslinge, darüber geeinigt, dass Sohn und Tochter heiraten werden, oft zum Leidwesen der Kinder.

Aus diesen und aus finanziellen Gründen hat sich in weiten Teilen die **„Entführung"** *(Ngerorod)* durchgesetzt. Da eine Absprache zweier Liebender nicht akzeptiert wird (nach *Adat* = Tradition), muss man eine „Entführung" veranstalten. Diese Art der Brautwerbung ist legal, wird aber anschließend symbolisch bestraft. Oft wissen die Eltern Bescheid, doch um der Tradition Genüge zu tun, wird der Vater der Braut den *Kulkul*

049ba pr

Ablauf einer Verbrennungszeremonie

Ist ein Familienmitglied gestorben, kommen Freunde und Verwandte, um die Hinterbliebenen zu trösten und bei der Zubereitung der Opfergaben und Reinigungszeremonien zu helfen, die an einem bestimmten, vom Brahmanen festgelegten Tag stattfinden.

Der Leichnam wird einbalsamiert und provisorisch begraben *(Nanem)*. Es ist angebracht, den Körper so schnell wie möglich zu verbrennen, da die Seele des Toten nun auf dem Friedhof herumspukt und allerlei Unheil anrichten kann.

Sobald die Zeit der Verbrennung gekommen ist, herrscht viel Betrieb im Dorf. Auf einem Platz wird der **Verbrennungsturm** erbaut. Er ist, je nach Reichtum und Stand des Toten, mehr oder weniger hoch und reich verziert. Er wird aus Bambus, buntem Papier, Watte, Stoff, Spiegelchen etc. gebaut. Einem Brahmanen stehen bis zu elf Dächer zu, niederere Kasten müssen sich mit drei bis neun Dächern begnügen.

Außerdem wird ein großes Tier (Stier, geflügelter Löwe, Fisch, Elefant, je nach Kaste) gebaut. Es dient als **Sarkophag**.

Während der ganzen Vorbereitungszeit (bis zu einer Woche) strömen Verwandte und Bekannte aus ganz Bali zusammen. Alle wollen helfen, müssen aber auch bewirtet werden. Täglich wird der Berg der Opfer höher, ununterbrochen spielt das Gamelan-Orchester. Man hat

045ba sb

den Toten bereits wieder ausgegraben, „wiedererweckt" und innerhalb des Hauses seiner Angehörigen auf ein Podest inmitten der Opfergaben aufgebahrt.

Am Tage der Verbrennung gibt es mittags ein festliches Mahl. Plötzlich wird ein Gong geschlagen, und viele Menschen packen den Leichnam und wirbeln ihn in alle vier Himmelsrichtungen, um die Seele im Körper zu verwirren und zu verhindern, dass sie sich zu weit entfernt und womöglich vor dem Verbrennen nicht zurückkommt. Der Leichnam wird dann in den Verbrennungsturm gebracht und dieser dann wiederum unter viel Geschrei und Trara zum meistens einige Kilometer entfernten **Verbrennungsplatz** gebracht. Der ganze Turm wird oft gedreht, was, besonders bei großen, nicht gerade leichten Bauwerken, recht schwierig ist. Oft legt er sich ganz erschreckend auf die Seite. So verhindert man, dass die Seele den Weg zurückfindet. Die große hohle Tierfigur wird ebenfalls mitgebracht und nimmt den Leichnam während der Verbrennung auf.

Außerdem werden dem Toten noch einige Dinge mitgegeben, von denen ein Adegan, als Sitz des Atman, das wichtigste ist. Ein Adegan ist eine aus chinesischen Münzen gefertigte, puppenartige Nachbildung eines Menschen.

Nach einigen Gebeten, Beschwörungen und Ritualen (z.B. Wassersprengen) wird alles angezündet und verbrannt. Zum Entzünden benutzt man ein Brennglas, da Streichhölzer als unrein gelten.

Nachdem alles verbrannt ist, werden die Aschereste der Leiche gesammelt und in einer Prozession zum Meer oder dem nächsten Fluss gebracht und diesem übergeben.

⌃ Die Überreste nach der Verbrennung

‹ Prozession zu einer Verbrennungszeremonie

(Alarmglocke) schlagen und das ganze Dorf macht sich auf, um das Paar zu suchen. Anschließend wird die Hochzeit vorbereitet.

An allen diesen Familienfesten kann man eigentlich nur teilnehmen, wenn man persönlich eingeladen wird. Oder aber, man hat Glück und wohnt in einem Homestay oder Losmen, dessen Familie gerade ein derartiges Fest zu begehen hat. Gäste in diesen Pensionen werden fast immer zu den Festlichkeiten eingeladen.

Die Verbrennungszeremonie

Der Tod ist bei den Balinesen nur ein Schritt weiter dem großen Ziel entgegen, der Wiedervereinigung mit *Sanghyang Widdhi Waca* (Reinkarnation). Aus diesem Grunde ist das Sterben eines Angehörigen kein unendlich trauriges Ereignis, sondern es überwiegen die positiven Aspekte.

Nach dem Glauben der Balinesen füllt **Atman** (die Seele) zwar den ganzen Körper aus, aber der Hauptsitz ist der Kopf. Nachts, wenn ein Mensch schläft, entweicht Atman durch den Mund und schweift in der Welt umher. Was die Seele unterwegs erlebt, erzählt sie in den Träumen. Kehrt die Seele eines Morgens nicht zurück, ist der Mensch gestorben. Allerdings hat die Seele den Körper nicht ganz verlassen, erst durch die vollständige Vernichtung der körperlichen Hülle ist die Seele frei und kann in den Himmel aufsteigen. Diese Vernichtung wird durch die Verbrennung vorgenommen.

Diesem Ereignis gehen viele aufwendige Zeremonien voraus, und auch während der eigentlichen Verbrennungszeremonie wird nicht gespart. Gigantische **Verbrennungstürme,** aufwendige **Tiersarkophage** werden hergestellt. Das kostet eine Menge Geld, das teilweise, besonders von wohlhabenden Menschen, schon zu Lebzeiten zurückgelegt wird. Ärmere Familien warten häufig auf einen Tag, an dem sich mehrere Mitglieder der Dorfgemeinschaft zusammentun, um sich die Verbrennungskosten zu teilen.

Eine Verbrennung auf Bali wird schnell zu einem **Touristenspektakel.** Zu entsprechend großen Verbrennungen werden Tausende von Touristen hergebracht, die schon Stunden vorher den Verbrennungsplatz belagern und sich während der Prozession um die besten Plätze raufen. Schließlich will jeder das beste Foto machen. Auch wenn die Balinesen überhaupt keine Probleme mit der Anwesenheit der Touristen haben – je mehr Besucher, desto besser das Fest – kann diese Ansammlung weißer, mit Fotoapparaten behangener Menschen das aufregende Ereignis ganz schön vermiesen. Besonders in der Hauptsaison (von Juli bis September und Dezember/Januar) sollte man sich den Besuch einer Verbrennung gut überlegen. Eine Alternative wäre, drei bis vier Tage vorher den jeweiligen Ort zu besuchen und sich in Ruhe die Vorbereitungen anzuschauen. Denn auch das ist spannend: Es wird geopfert, opulente Verbrennungstürme werden gebaut, Tänze unterhalten das gesamte Dorf, es gibt Musik, gutes Essen und Schattenspiel.

Wer sich nicht abhalten lassen will, wendet sich an eine Reişeagentur in den Touristenzentren und bucht eine „Cremation-Tour", zu haben ab rund 50 US$. Man wird in einem Taxi oder Bemo in den Ort gefahren und anschließend wieder zurückgebracht. Neben dem finanziellen Grundeinsatz sollte man viel Geduld im Gepäck haben: Von der Ankunft der ersten Frauen, die Opfergaben zum Platz bringen, bis zum Entzünden des Feuers können fünf bis acht Stunden vergehen, je nachdem, wieviele „Einsätze" die Priester am selben Tag haben.

Das balinesische Dorf (Desa)

Die Anlage der balinesischen Dörfer ist nahezu überall gleich. Zwei Straßen kreuzen sich im rechten Winkel, Mittelpunkt dieser Kreuzung ist der **Dorfplatz,** *Alun-Alun.* Hier befinden sich in der Regel die Bemo- bzw. Busstation und alle wichtigen Gebäude. Dazu zählt vor allem der **Bale Agung** oder **Bale Banjar,** eine von Pfeilern getragene offene Halle, in der die Versammlungen des Dorfrates abgehalten werden. Ihr gegenüber befindet sich oft der **Dorftempel** (*Pura Desa,* siehe „Tempel und heilige Plätze"), nebenan ein ebenfalls offenes Gebäude, der **Wantilan.** Hier treffen sich die Männer zum Schwatz und zur Begutachtung ihrer Kampfhähne.

Dieser Dorfplatz wird meist von einem gigantischen **Banyan-Baum** überschattet, der oft so alt wie das Dorf ist oder älter und den Balinesen als heilig gilt. In seinem Schatten können sich viele Menschen aufhalten. Normalerweise stehen hier einige Warungs, Frauen bieten Erfrischungen an oder einen Imbiss.

Oft ist im Geäst des Banyan-Baumes der **Kulkul** untergebracht, ein **Alarmturm,** in dem ein ausgehöhltes Stück Baumstamm hängt. Manchmal handelt es sich beim Kulkul auch um einen separaten Turm. Es wird auf den Baumstamm geschlagen, um zu Festen, Ratsversammlungen und anderen Gelegenheiten von öffentlichem Interesse zu rufen, aber auch, um Alarm zu geben, etwa bei Überfall oder Feuer. Für jeden Anlass gibt es ein besonderes **Signal:**

Anzahl der Schläge	Bedeutung
🔔🔔🔔🔔🔔🔔	Banditen
🔔🔔🔔🔔🔔	Viehdiebstahl
🔔🔔🔔🔔	Naturkatastrophe
🔔🔔🔔 🔔🔔🔔	Feuer
🔔🔔 🔔🔔	Diebstahl
🔔🔔🔔🔔🔔🔔	Mord, Selbstmord, Tod

Weitere wichtige Gebäude, die sich meist an den Hauptstraßen befinden, aber nicht zwangsläufig zu einer Dorfgemeinschaft gehören müssen, sind der **Puri** (Palast der adeligen Familie), ein Kino und der **Bale Gong.** In diesem Musikpavillon werden die Instrumente des Gamelan-Orchesters aufbewahrt und die Proben finden hier statt.

Das eigentliche Zentrum des Dorfes aber ist der **Pasar,** der **Markt.** Hier treffen sich in größeren Dörfern alle drei Tage (in kleineren alle sieben) die Frauen der Umgebung zum Kaufen und Verkaufen, hauptsächlich aber zum Nachrichtenaustausch und Schwatz. Das Treiben ist verwirrend: Blumen, Gewürze, Fleisch, Seife, Gebäck, Fisch (getrocknet oder roh), Werkzeuge, Medizin, kurz alles, was es überhaupt in der jeweiligen Gegend zu kaufen gibt, erhält man hier.

Schon vor Sonnenaufgang kommen die Leute von weit her, um das beste Angebot nicht zu verpassen. Ab 9 Uhr wird weniger gefeilscht als geredet. Viele Warungs, die oft direkt auf dem Marktgelände aufgebaut werden, bieten Essen und Getränke an. Erst gegen 16 Uhr packt man seine sieben Sachen wieder zusammen. Oft ist der Markt überdacht, er sieht dann aus wie eine überdimensionale Versammlungshalle mit einem Betonboden, der von Rinnen durchzogen ist. Darin vermischen sich Blut, Wasser und Abfälle zu einer braunen Brühe und verleihen neben den Waren dem Pasar seinen typischen Geruch, den man nie wieder vergisst.

In der Nähe des Pasar befinden sich die **Geschäfte** *(Toko)*, wenn es welche gibt. Oft werden sie von Chinesen geführt, der Balinese ist kein „Krämer". Von den Hauptstraßen zweigen enge **Gassen** *(Gang)* ab. Sie werden von hohen Lehm- oder Steinmauern flankiert, hinter denen die Anwesen der Einwohner liegen. Schmale Tore führen in die Wohnbezirke.

Rechts oder links vom Eingangstor der **privaten Anwesen** ist jeweils ein Schild angebracht, auf dem von oben nach unten der Name des Banjar, die Hausnummer, der Name des Familienoberhauptes, sein Alter, sein Beruf, die Anzahl der Familienmitglieder und eine Aufschlüsselung nach Männern, Frauen und Kindern stehen (s.o.: „Alltagsleben: Das traditionelle Anwesen").

Diese schmalen Gassen sind meistens nicht von PKW befahrbar, es gibt oft keinen Straßenbelag und schon gar keine Beleuchtung. Dafür lungern Hunderte von **Hunden** vor den Eingangstoren und empfangen Fremde mit aggressivem, lautem Bellen. Es ist unmöglich, unbemerkt eine derartige Dorfstraße entlangzugehen. Kinder schreien, Hähne krähen, schon kommen die Älteren und schauen aus dem Tor, um zu sehen, wer da kommt.

Nachts, wenn es dunkel ist, wird ein Gang durch diese Gassen leicht zu einem Horrorerlebnis, da man permanent Angst hat, von Hunden angefallen zu werden. Das beste ist, stets ruhig und gelassen weiterzugehen. Drohend auf die Tiere zuzugehen oder wegzulaufen verstärkt lediglich die Aggressivität. Dass jemand von einem Hund gebissen wird, kommt höchst selten vor.

Am äußeren Rande des Dorfes, meistens an einem Fluss oder einer Quelle, befindet sich der **Waschplatz.** Dies ist ein beliebter Treffpunkt der Frauen und Männer. Normalerweise gibt es getrennte Waschplätze für Frauen, Männer und Tiere. Wenn nicht, sollte man sich nur waschen, wenn gleichgeschlechtliche Balinesen dies ebenfalls tun oder niemand da ist. Letzteres kommt allerdings höchst selten vor. Sich ganz nackt zu zeigen ist unschicklich. Die Stelle zwischen den Beinen wird höchst schamhaft verborgen, Männer halten ihre Hand davor, Frauen ziehen sich nie ganz aus. Am besten schaut man erst zu, wie es die Einheimischen machen. Aber bitte nur im Vorbeigehen. Auch wenn es so aussieht, als wenn Nacktheit hier offenherzig zur Schau gestellt würde, es ist nicht so. Balinesen sehen einfach nicht hin. Wer sich wäscht, muss sich in der Öffentlichkeit ausziehen, wenn er kein Bad im Hause hat. Die gleichen Personen, die da neben der Hauptverkehrsstraße nackt im Bach stehen, würden sich so nie am Strand zeigen!

Es gibt außerdem festgelegte Stellen für Trinkwasserentnahme, Wäschewaschen und Toilette. Man muss aufpassen, dass man seine Wäsche nicht dort wäscht, wo andere ihre Notdurft verrichten!

In der Nähe des Waschplatzes befindet sich oft der **Verbrennungsplatz** und der **Pura Dalem** (Totentempel, siehe „Tempel und heilige Plätze").

Der dritte Dorftempel, der niemals fehlt, ist der **Pura Puseh,** der **Gründungstempel.** Er ist immer genauso alt wie das Dorf, denn er ist das erste Bauwerk, das bei einer Neugründung erbaut wird. Nicht immer steht er gesondert, manchmal wurde er in den Komplex des Pura Desa integriert.

Banjar – die dörfliche Volksvertretung

Der Banjar ist die Volksvertretung eines Dorfes. Jeder verheiratete Mann muss ihm angehören und zu den **regelmäßigen Treffen** erscheinen, um die Belange des Dorfes mitzuentscheiden – ein funktionierendes Beispiel von Basisdemokratie.

Der Banjar organisiert und **regelt das Dorfleben.** Er unterhält die Dorftempel, besitzt und fördert ein Gamelan-Orchester, regelt Hahnenkämpfe, Scheidungen, Entenzucht und -haltung. Er hilft, sowohl Eheschließungen als auch andere aufwendige Familienfeste (z.B. Verbrennungen) zu arrangieren und zu finanzieren, er organisiert Tempel- und Dorffeste, kümmert sich um Tanz- und Musikdarbietungen.

Außerdem fungiert er als **„Hüter der Moral und Religion"**, eine Aufgabe, die von sorgfältig gewählten Mitgliedern des Banjar übernommen wird. Beim Hausbau und der Instandsetzung nach Feuer, Erdbeben oder ähnlichen Katastrophen müssen alle Männer des Dorfes helfen, ohne bezahlt zu werden.

Selbst die **Gerichtsbarkeit** des Dorfes liegt in den Händen des Banjar und man unternimmt alles, um zu verhindern, dass Streitigkeiten vor den offiziellen Gerichten verhandelt werden, damit die staatliche Verwaltung nicht an Einfluss gewinnt.

Die Versammlung leitet ein gewählter **Vorsitzender,** reihum ist abwechselnd jeder einmal dran. Jede Familie muss etwas Geld in die Banjar-Kasse geben, um die Aktionen zu finanzieren. Die Mitglieder selbst arbeiten kostenlos.

Außerdem besitzt ein Banjar eine eigene **Kreditabteilung.** Hier können Dorfbewohner Geld leihen, um Vieh, Baumaterial oder Ähnliches zu kaufen.

Dass das balinesische Gesellschaftssystem so reibungslos funktioniert, ist hauptsächlich das Verdienst dieser Organisation, deren Macht bisher von keiner Regierung gebrochen werden konnte. Von keiner? Nun, vor ziemlich langer Zeit waren Balis Dörfer weitgehend unabhängig, vergleichbar mit den noch heute existenten Bali-Aga-Dörfern. *Majapahit* und die Gelgel-Könige zerschlugen die Dorfstrukturen, indem sie neue Einheiten schufen, die Banjar. Dies geschah nicht etwa, um die Selbstverwaltung zu fördern, sondern um Frondienst-Einheiten zu schaffen, die in überschaubaren Gruppen dem jeweiligen Herrscher zuzuarbeiten hatten. Vorsichtshalber wurde die Größe eines Banjar begrenzt. Ab 150 Familien musste sich der Banjar aufteilen. So ist es heute noch, auch wenn es keinen Frondienst mehr gibt.

Reisanbau ist Gemeinschaftsarbeit

041ba sb

Wie der Reis nach Bali kam – eine Legende

Vor langer, langer Zeit lebte ein König namens *Maharaja Wene* auf Bali. Dieser König war durch und durch böse und bekannt für seine Grausamkeiten. Das Volk lebte in großer Furcht vor ihm, aber insbesondere die balinesischen Priester hatten unter seiner Bösartigkeit zu leiden. Immer wieder hatte es Versuche gegeben, *Maharaja Wene* zu töten, ohne Erfolg. Eines Tages jedoch taten sich mutige Leute zusammen, stellten den König in seinem Garten und töteten ihn.

Kaum dass der König tot am Boden lag, geschah ein Wunder: Aus dem Mund des Toten kam ein Kind, und kaum dass das Kind den Boden berührte, wuchs es heran zu einem jungen Mann. Er wurde *Pretu* genannt. Im Gegensatz zu *Wene* war *Pretu* ein absolut friedliebender, gütiger Mensch, der von allen geliebt wurde. Man machte ihn zum neuen König, und von diesem Zeitpunkt an herrschte Frieden im ganzen Land.

König Pretu, der nur das Wohl seines Volkes im Sinn hatte, träumte davon, das Leben der Balinesen zu verbessern. (In jener Zeit war Zuckerrohrsaft das einzige Nahrungsmittel auf Bali.) Leider fiel ihm selber nichts Vernünftiges ein, und so ging er eines Tages zur Göttin der Erde, *Batari Siti,* um ihre Hilfe zu erbitten. Aber wider Erwarten verweigerte *Batari Siti* ihm jeden Rat und jede Hilfe. *König Pretu,* der nur mit den lau-

tersten Absichten gekommen war, geriet völlig in Rage. Er wurde so wütend, dass er trotz seines friedlichen Charakters Gewalt gegen die Göttin anwandte. Sie merkte leider zu spät, dass *Pretu* uneigennützige Hilfe gefordert hatte. Beschämt über ihr Verhalten, änderte sie ihren Namen in *Pertiwi* (noch heute bezeichnen die Balinesen die Mutter Erde als *Pertiwi*) und verwandelte sich in eine Kuh, um *König Pretu* zu dienen. Sie riet ihm, sich an *Batara Indra* zu wenden. Er könne dem König sicherlich weiterhelfen.

Pretu wandte sich sofort an *Batara Indra*. Doch auch dieser verweigerte die Hilfe. Der König platzte fast vor Wut und fing auf der Stelle einen Kampf mit Indra an. Es wurde ein erbitterter, lang andauernder Kampf, da beide über übernatürliche Kräfte verfügten. Keiner wusste, dass *König Pretu* der wiedergeborene *Batara Wisnu* war.

Niemand sollte als Sieger aus diesem wahnsinnigen Kampf hervorgehen, denn *Batara Indra* floh nach *Wisnuloka* (der Wohnstatt *Wisnus*), um *Wisnu* um Hilfe im Kampf gegen *Pretu* zu bitten. Er fand aber nur dessen Frau *Batari Sri* vor, die ihm erklärte, dass *Batara Wisnu* und *König Pretu* nun ein und dieselbe Person seien und er sich auf der Erde (*Marcapada*) aufhielt. Sie wolle sowieso gerade zur Erde, und er könne sie gerne begleiten. Indra verließ hastig *Batari Sri*.

Bevor *Batari Sri* sich auf den Weg zur Erde machte, ging sie noch bei *Batara Shiva* vorbei, um ihn um Rat zu bitten. Dieser erklärte ihr Folgendes: *König Pretu* alias *Batara Wisnu* müsse um jeden Preis den Balinesen helfen, ansonsten dürfe er nie wieder heimkehren in die Wohnung der Götter.

Die Nachricht über den großen Kampf hatte sich mittlerweile wie ein Lauffeuer verbreitet. Auch *Sanghyang Kesuhun Kidul* hatte davon gehört. Da er jedoch Schwierigkeiten nicht gerade liebte, beschloss er, dem mächtigen *König Pretu* ein Geschenk zu schicken. Er rief vier Vögel zu sich und beauftragte sie, Samen zu *König Pretu* zu bringen. Jeder Vogel erhielt eine andere Sorte. Es handelte sich um schwarze, weiße, gelbe und rote Samen. Leider verlief der Flug nicht ohne Zwischenfall. Die mächtige böse *Gandarwa* überfiel die Vögel. Im Kampf verlor einer der Vögel die gelben Samen. Geschlagen kehrten die Vögel zurück und berichteten von ihrem Unglück. Den gelben Samen verfluchte *Kidul* in seiner Wut auf der Stelle. Die aus dem gelben Samen wachsende Pflanze solle nie essbar sein. Die Pflanze hieß *Safran* und eignete sich nur noch zum Färben von Speisen.

Drei Vögel mit den noch verbliebenen schwarzen, weißen und roten Samen wurden erneut auf den Weg zu *König Pretu* geschickt. Auf dem Weg trafen sie auf *Batari Sri*, *Pretus* Ehefrau. Gemeinsam setzten sie ihren Weg fort und gelangten ohne Zwischenfälle zum König. Dieser war hocherfreut über das Geschenk. Leider wussten weder er noch irgendjemand sonst, wie dieser Samen richtig ausgebracht werden musste.

Nur ein einziger hatte dieses Wissen, und der hieß *Batara Indra*, mit dem *Pretu* bis aufs Blut zerstritten war. Der König hatte einige schlaflose Nächte, bis er sich überwand und *Batara Indra* um Hilfe bat. Letztendlich war *Pretu* das Wohl seines Volkes doch wichtiger. *Batara Indra* versprach Hilfe und schickte auch prompt zwei Agrarexperten zur Erde. Diese lehrten die Balinesen, bewässerte Reisfelder für die weißen und schwarzen Körner anzulegen, für die roten hingegen reichten trockene Felder. Es verstrich nicht viel Zeit, bis die ersten neuen Pflanzen wuchsen.

Seit dieser Zeit leben die Balinesen vom Getreide dieser drei Pflanzen. *König Pretus* Traum hatte sich erfüllt. Seiner Frau, nun *Dewi Sri* genannt, huldigt man noch heute. Die Balinesen glauben, dass sie in den Reisfeldern wohnt, deshalb werden ihr immer noch Opfer gebracht und zur Erntezeit bestimmte Zeremonien abgehalten.

Reisanbau auf Bali

Der Reis ist ein Rispengras, wie z.B. der Hafer. Auf Java und Bali wird **Nassreisanbau** praktiziert. Der indonesische Begriff dafür ist *Sawah*. Diese Art des Anbaus ist bis in Höhen von 1600 m möglich, wird aber meist in den feuchten Monsungebieten der tief liegenden Ebenen praktiziert, weil dort die Wasserversorgung eher gewährleistet ist. Jedes Fleckchen Balis wird zum Anbau genutzt, selbst an steilen Hängen sind Reisfelder terrassenförmig angelegt. Ein von Flüssen gespeistes, weit verzweigtes **Kanal-, Tunnel- und Leitungssystem** ist

nötig, um alle Felder zu versorgen. Die benötigte Wassermenge hängt von der Bodenbeschaffenheit und Feldlage ab. Das ganze System ist kompliziert und kann nur von Experten konstruiert werden.

Um das **Reisfeld** nach der Ernte wieder bearbeiten zu können, wird es unter Wasser gesetzt, da der lehmhaltige Boden sehr schnell austrocknet. Der aufgeweichte Boden wird gepflügt, wobei Wasserbüffel oder Rinder als Zugtiere dienen. In das entstandene Schlammbett werden 15–20 cm große Reissetzlinge mit ca. 15 cm Abstand gepflanzt. Die **Reispflanzen** werden auf besonderen Beeten gezogen. Nach dem Pflanzen muss mehrmals gehackt werden und der Boden muss ständig mit Wasser bedeckt sein. Der Reis reift in sechs Monaten heran, wobei in den letzten fünf Wochen das Feld trockengelegt wird.

Geerntet wird mit einem kleinen Rundmesser, dem *Ani-Ani*. Nach der Ernte wird erneut Reis angepflanzt, zumindest auf Bali, wo die Wasserversorgung gut ist. In trockenen Gebieten werden anschließend meist Bohnen, Mais oder Süßkartoffeln angebaut. Nirgendwo ist der Nassreisanbau so perfektioniert worden wie auf Java und Bali, denn nirgendwo anders steht so wenig Land zur Verfügung, um eine große Bevölkerung zu ernähren.

050ba sb

Subak – die Reisgenossenschaften

Was der Banjar für die Dorfbewohner ist, ist der Subak für die Reisbauern des Dorfes: ihre Interessenvertretung und die Organisation, die für die speziellen

◁ Pittoreske Reisfelder gibt es unzählige auf Bali – wie hier an der Südküste der Insel

Belange der Reisbauern zuständig ist. Das Bewässerungssystem der Reisfelder ist höchst kompliziert und von einzelnen Personen nicht zu bewerkstelligen. Die Aufgabe der Subak-Gemeinschaften ist es, das Wasser gerecht zu verteilen. Jeder Reisbauer ist auch Subak-Mitglied. Dort arbeiten alle Reisbauern zusammen, um das System der Bewässerung funktionsfähig zu halten und jedem Mitglied die benötigte Menge Wasser zukommen zu lassen.

Ein Subak umfasst zwischen vier und 100 Hektar Land, das von den Bauern kultiviert wird. Jede Genossenschaft ist autonom und wählt demokratisch ihren Leiter. Jedes Mitglied hat eine Aufgabe, die der Gemeinschaft dienlich ist, beispielsweise Reinigung der Kanäle, Instandhaltung der Dämme, Organisation und Ausführung von Zeremonien und Opfern. Je mehr Wasser eine Person für ihre Felder benötigt, umso höher ist das Arbeitspensum, das man von ihr im Subak erwartet. Alle Bauern entrichten eine finanzielle Abgabe, berechnet nach Landgröße, Wasserabnahme und Anzahl der gepflanzten Setzlinge. Reisanbau und Subak-Angelegenheiten sind Männersache, nur bei der Ernte arbeiten auch Frauen auf dem Feld.

Um auch den **religiösen Aspekten** der Reiskultivierung Genüge zu tun, besitzt jeder Subak einen Subak-Tempel (siehe „Tempel und heilige Plätze"), der normalerweise in den Reisfeldern steht und der Reisgöttin Dewi Sri geweiht ist. Mindestens einmal im Monat treffen sich hier die Subak-Mitglieder, um über ihre Angelegenheiten zu beraten und die entsprechenden Opfer zu bringen. Die Organisation des Erntefestes ist ebenfalls Aufgabe des Subak.

Jahrhundertelang war der Subak für alle Reisanbaubelange zuständig. Unter *Suharto* wurde Ende der 1960er Jahre die **„Grüne Revolution"** ausgerufen, ein internationales Programm zur Intensivierung des Nassreisanbaus. Indonesien konnte zu dieser Zeit nicht genügend Reis produzieren, um seine Bewohner zu versorgen. Hungersnöte drohten. Neue Reissorten mit um zwei Drittel verkürzter Wachstumszeit wurden gepflanzt, das machte zwei bis drei Ernten pro Jahr möglich. Der Ausbau von Bewässerungsanlagen, die Einrichtung landwirtschaftlicher Beratungsstellen und die Verbesserung der Dresch- und Mahltechniken wurde vorangetrieben. Innerhalb von 15 Jahren wurden 80 % der Nassreisanbauflächen mit neuen Reissorten bepflanzt. Anfangs ging das Konzept auf, aber auf die Dauer waren diesen „schnellen Gräser" witterungs- und krankheitsanfällig. Die Reisbauern mussten hemmungslos düngen und reichlich Pestizide einsetzen. All das war früher nicht nötig gewesen. Die Wasserverteilung und Bepflanzungspläne wurden von Bürokraten übernommen, mit dem Erfolg, dass der eine Bauer zuviel und der andere zu wenig Wasser/Reis hatte. Die Konflikte häuften sich, die Bauern machten die Subak für die Missstände verantwortlich. Das wiederum war den Verantwortlichen ganz recht, die das demokratische Konzept der Subak sowieso nicht liebten. Viele Reisbauern kehrten den Subak den Rücken, um allein zu wirtschaften.

In den 1990er Jahren befürwortete die Asian Development Bank das Vorhaben, die Verantwortlichkeit wieder in die Hände der Subak zu legen. Im Jahr 2000, nach dem Fall Suhartos, bekamen die lokalen Regierungen ihre Eigenständigkeit zurück. Bali konnte auf die immer noch funktionierenden Subak zurückgreifen.

Mitte 2012 erhielt der Subak auch internationale Anerkennung und wurde von der UNESCO in die Liste des geschützten **Weltkulturerbes** aufgenommen.

Zeremonien um den Reisanbau

Da der Reis als Grundnahrungsmittel für die Balinesen eine besondere Rolle spielt, wird sein Anbau von der Aussaat bis zur Ernte von einer ganzen Reihe wichtiger Zeremonien begleitet, die alle der **Göttin Devi Sri** geweiht sind. Sie sind auch zur Besänftigung der bösen Geister gedacht, die ein gutes Wachstum verhindern wollen. Praktisch ununterbrochen finden solche Zeremonien statt. Man bekommt als Tourist allerdings nicht besonders viel davon mit.

Legt man ein neues Reisfeld an, so müssen vorher einige Männer des Subak mit dem Oberpriester zu einer Heiligen Quelle pilgern. Dort legt man Opfergaben für Dewi Sri nieder und entnimmt etwas **heiliges Wasser.** Dieses ist teilweise für den Subak-Tempel bestimmt, der Rest wird später, nach einer Zeremonie in den Reisfeldern, auf dem neu zu bestellenden Acker versprengt. Einige Tropfen gibt man auch in den Hauptbewässerungskanal, damit, zumindest symbolisch, jedes Feld vom Segen des heiligen Wassers *(air suci)* etwas abbekommt.

Kurz vor dem Setzen der Reisschößlinge werden die Kanäle des Bewässerungssystems repariert. Anschließend bringt man den bösen Geistern ein **Blutopfer** in Form eines Hahnenkampfes. Das Setzen selbst geschieht nach einem magischen Plan und unter Durchführung zahlreicher Zeremonien. Während der Reifezeit treffen sich die Bauern wenigstens einmal im Subak-Tempel. Auf den Reisfeldern befinden sich unzählige einfache **Schreine,** in denen man täglich frische Opfergaben hinterlegt.

Dass es möglich ist, pro Jahr mehrmals zu ernten, erklärt eine **Legende:** „Es gab einmal eine Zeit auf Bali, da waren die jährlichen Ernten mehrmals hintereinander sehr schlecht. Als es nicht besser wurde, versammelten sich die Einwohner Balis im Haupttempel und baten die Götter um bessere Erträge. Diese stimmten zu, ließen sich aber versprechen, dass man ihnen nach der Ernte ein *Guling Buntut* (gebratenes Schwein ohne Schwanz) opfern würde. Die Menschen willigten ein und der Reis wuchs in zuvor noch nie gesehener Pracht. Als man sich nun aber an die Beschaffung des versprochenen Opfertieres machen wollte, stellte man mit Schrecken fest, dass es überhaupt kein Schwein ohne Schwanz gab. Guter Rat war teuer! Zuerst wollte man ein Kind anstelle des Schweines braten, aber dann hatte jemand die zündende Idee: Man hatte gelobt, das Schwein erst nach der Ernte zu opfern, folglich durfte man nie mit der Ernte fertig werden. Schnell bestellte man neue Felder und als der erste Reis goldgelb zum Abernten bereit war, leuchteten die Halme auf anderen Feldern noch in sattem Grün. So handhabt man es heute noch, da sich bisher kein Schwein ohne Schwanz auftreiben ließ."

Hinduismus und religiöse Kultur

92 % der Balinesen bekennen sich zum Hinduismus. Ihre gesamte Kultur (Kunst, Religion, Wissenschaft, Medizin) und ihr privates Leben von der Geburt bis zum Tod werden vom Glauben beherrscht. Alle wichtigen Ereignisse stehen in engem Zusammenhang mit ihrer tief religiösen Weltanschauung. Aus diesem Grund ist es für den Reisenden wichtig, die Grundlehren dieser Religion zu verstehen.

Die Religion der Balinesen heißt heute offiziell **Agama Hindu Dharma.** Zwischenzeitlich nannte man sie auch „Agama Hindu Bali", „Agama Bali", „Agama Hindu Budha", „Agama Siwa" oder „Agama Tirta" (Religion des heiligen Wassers).

Geschichte

Die Ursprünge dieser Religion liegen im **indischen Hinduismus,** der sich vom 7. bis 15. Jh. in Java ausbreitete. Es sind aber auch starke buddhistische Elemente verarbeitet. Der Hinduismus wurde von indischen Händlern „importiert", und besonders die Oberschicht der javanischen Gesellschaft machte sich Philosophie, Wissenschaft und Religion der Inder zueigen.

Von hier wurde dieser Glaube wiederum nach Bali gebracht. Dessen Bindungen mit Java, etwa im Jahre 900 n. Chr. durch die Hochzeit des balinesischen Herrschers *Dharma Udayana Warmadewa* mit der ostjavanischen Prinzessin *Sri Gunapriya Dharmapatni* (auch *Mehendradatha* genannt), führten diese Religion zu einem Höhepunkt.

Das Majapahit-Königreich in Ostjava erreichte seine Blüte 1365, als Bali dem Reich einverleibt wurde. Aber schon um 1500 begann der **Islam** auf Java Fuß zu fassen. Fast die gesamte Intelligenz Javas (Priester, Beamte, Lehrer und Künstler) flüchtete nach Bali, wo sie die letzte Bastion des Java-Hinduismus errichtete. Bali wurde zu einer Zuflucht für einen hinduistischen Glauben, der im Urglauben der Balinesen geniale Ergänzung fand.

Allerdings hatte sich der ursprüngliche Hinduismus Indiens in Java schon einige „Modifikationen" gefallen lassen müssen. Das sollte auf Bali nicht anders sein. Die Balinesen haben es schon immer verstanden, sich aus neuen Entwicklungen, die ihre Insel „heimsuchten", nur jeweils das zueigen zu machen, was nützlich für sie war, was sich in ihr Weltbild einbauen ließ. Dass dabei einige Abänderungen an dieser neuen Religion vorgenommen werden mussten, um den Regeln des *Adat* (der Tradition) nicht zu widersprechen, versteht sich von selbst.

Nach und nach verschmolz der Hinduismus mit dem immer noch im Volke stark verwurzelten **Animismus** und entwickelte sich zu dem heute praktizierten Glauben Hindu Dharma. Bevor sich der Hinduismus von Java nach Bali ausbreitete, war die Religion der Inselbewohner animistisch. Man glaubte an eine **beseelte Natur.** Steine, Bäume, Seen und alles, was die Menschen umgibt, konnte von Göttern bewohnt sein. Die **Ahnenverehrung** war ebenfalls weit verbreitet. Die

Balinesen haben es in bemerkenswerter Weise verstanden, ihren Götter-, Ahnen- und Dämonenglauben in den Hinduismus „einzubauen".

Der Hinduismus kam ihnen dabei allerdings auch sehr entgegen: Wer den Kreislauf der **Wiedergeburt** verlassen hat, dessen Seele wird ein Teil des einzigen Gottes. So lehrt es der Hinduismus. Damit ist das „Problem" Ahnenverehrung gelöst, denn die Seelen der Toten werden zu einem Teil Gottes und damit selbst göttlich.

Ähnlich günstig sieht es mit dem **Polytheismus** (Vielgötterglaube) der Ureinwohner aus: Der Hinduismus kennt eine Vielzahl von verschiedenen Gottheiten, die allerdings lediglich Manifestationen (Inkarnationen) verschiedener Teilaspekte der obersten „Dreifaltigkeit" Brahma, Wishnu und Shiva sind. Die Reisgöttin Dewi Sri ist beispielsweise die personifizierte Kraft, die den Reis wachsen lässt. Als Dewa Baruna verehren die Balinesen die Macht, die über das Meer gebietet.

Erst 1950, nach der indonesischen Staatsgründung, bildeten sich **Reformbewegungen,** die die Religion „modernisieren" und der restlichen Welt einfacher verständlich machen wollten. Einflüsse aus der Hauptstadt Jakarta spielten dabei eine wichtige Rolle. Schließlich sagt die Pancasila, dass alle Indonesier an einen einzigen Gott glauben müssen. Reformer und Literaturforscher arbeiteten zusammen und fanden alsbald heraus, dass der balinesische Glaube tatsächlich über ein höchstes Wesen verfüge: **Sang Hyang Widdhi.** Der war den Brahmanen bereits bekannt, als äußerster Brennpunkt mystischer Meditation. Es gab sogar einige wenige Tempel, die den „Lotossitz" *(Padmasana)* beherbergten, einen Schrein mit einem Stuhl darauf, auf dem Sang Hyang Widdhi den meditierenden Priestern erscheint. Das Problem war gelöst, die gemeinsame Wurzel gefunden.

Allerdings verfügten nur wenige balinesische **Tempel** über einen derartigen Thron. Es wurde beschlossen, dass ab sofort alle Tempel damit auszustatten seien. In Denpasar baute man einen besonders eindrucksvollen Tempel mit einem besonders großen und beeindruckenden Padmasana. In diesem Tempel können alle Balinesen ihre Andacht verrichten, er ist das Symbol für den refor-

Sang Hyang Widdhi

Der „einzige und wahre Gott" besitzt folgende Eigenschaften:

- **Aprameya,** unvorstellbar
- **Ananta,** ohne Grenzen
- **Anirdesyam,** undefinierbar, also nicht mit den fünf Sinnen wahrnehmbar
- **Anaupamyam,** unvergleichlich, weil es nichts Gleiches gibt
- **Anamya,** keinen Schmerz oder Krankheit erleidend, da er absolut rein ist
- **Suksma,** edel und nicht begreifbar
- **Sarwagata,** durchdringend, denn das ganze Universum ist mit ihm angefüllt
- **Nitya,** dauernd, er ist ohne Anfang
- **Druwa,** standfest, er bewegt sich nicht in Ewigkeit
- **Awyaway,** endlos, da er nicht vergeht und für immer bleibt
- **Icwara,** allmächtig, denn er ist der Lehrer, er beherrscht alles und ist niemandem Untertan

mierten Glauben (er steht gleich neben dem Bali-Museum).

Für den **„Durchschnittsbalinesen"** hat sich allerdings nicht viel geändert. Der Bauer bittet weiterhin die Reisgöttin um eine gute Ernte. Ob diese Göttin nun eine von vielen oder eine Teilinkarnation des einen großen Gottes ist, interessiert ihn dabei wenig.

So hat sich aus dem alten Urglauben und dem Hinduismus eine **organische Einheit** gebildet, die von den Balinesen als ihre ureigene Religion verstanden wird.

Der Tempel Pura Kehen in Bangli mit seinen reichen Verzierungen ist ein Nationalheiligtum

Die Besonderheiten des balinesischen Hinduismus

Es ist nicht ganz einfach, aber gleichzeitig spannend, sich mit den Glaubensinhalten auseinanderzusetzen. Daher hier der Versuch eines Überblicks.

Pancha Crada – die Grundlage

Es gibt **fünf Grundprinzipien** des Glaubens:

1. Glaube an **Sang Hyang Widdhi,** den einzigen Gott
2. Glaube an **Atman,** die unsterbliche Seele
3. Glaube an **Kharma-Pala,** das Gesetz des Kharma

053ba sb

4. Glaube an **Punarbhawa,** die Wiedergeburt
5. Glaube an **Moksha,** die Wiedervereinigung mit dem „Ewigen Geist"

Trimurtti – die Dreiheit

Brahma, Wishnu und Shiva sind die drei wichtigsten Erscheinungsformen der Gesamtgottheit Sang Hyang Widdhi. Diese Dreiheit nennt man *Trimurtti.* In fast jedem Tempel findet sich ein dreigeteilter Schrein, der Sanggan-Kemulan-Schrein. Hier wird das Dreigestirn verehrt. **Brahma** ist Gott als Schöpfer der Welt und des Universums. Sein Platz im Schrein ist rechts. **Wishnu** ist Gott als Beschützer und Lebensspender. Sein Platz im Schrein ist links. **Shiva** ist Gott als Zerstörer und Todbringer, aber dadurch auch als Erneuerer. Im Schrein ist für ihn der mittlere Platz vorbehalten.

Weitere Götter

Die vielen Götter und Dämonen, denen die Balinesen huldigen, zu denen sie beten und denen sie opfern, sind lediglich verschiedene Manifestationen des einen Gottes Sang Hyang Widdhi. Es gibt eine **Vielzahl anderer Eigenschaften** dieses großen Gottes, die symbolisch als Gott *(Dewa)* oder Göttin *(Dewi)* angerufen werden können. Beispielsweise nennt man Gott als Schöpfer des Windes *Dewa Bayu.* Als denjenigen, der den Reis reifen lässt, verehrt man ihn als *Dewi Sri,* die Göttin der Fruchtbarkeit. In der Bedeutung des regenbringenden Gottes wird er als *Indra* verehrt. Auch böse Geister und Dämonen, die *Leyaks, Butas, Kalas,* selbst *Rangda,* die Hexenfürstin, haben ihren Ursprung in diesem Allmächtigen (s.u.: „Balinesische Götter").

Atman – die Seele

Sang Hyang Widdhi bläst das Leben in die Dinge und gibt das Geschenk des Seins in Form von *Atman* (Seele). Außerdem verleiht er die **Leidenschaften,** die Atman beeinflussen und sich in drei Teilaspekte, **Triguna,** aufgliedern lassen:

Sattwa hat die Qualität der Reinheit und leitet das menschliche Bewusstsein zu Friede, umfassender Harmonie, Wahrheit, Gerechtigkeit und zum Diener Gottes.

Rajah wird durch die „schnelle Bewegung" charakterisiert und kann von gewalttätiger Natur sein. Es führt Atman zu dynamischen Lösungen von Problemen. Ohne Sattwa wird sein Charakter wild, stolz und „heiß wie Feuer".

Tamah hat dunkle Eigenschaften, ist dumm und faul, abhängig von den irdischen Dingen. Es führt Atman zu irdischem Verlangen und sexueller Leidenschaft. Wenn Tamah nicht von Sattwa geführt und von Rajah belebt wird, bleibt seine Charakteristik animalisch, von niederem Instinkt.

Buddhi – die Moral

Der menschliche Geist ermöglicht es Atman, Dinge in Gut und Böse zu unterteilen. Die Kraft Buddhis besteht aus den vier rechten Handlungen des Menschen *(Catraiswarya).* Das sind gleichzeitig die **vier Grundsatzprinzipien** des „Weges der Ethik und Moral" *(Jnana marga).*

Die vier Prinzipien:

Dharma ist der Antrieb zu opfern, die Gesetze des Lebens zu erfüllen, zu meditieren und auf die Stimme Sattwas zu hören, Almosen zu geben und karitativ zu sein. Das Verlangen, als Einsiedler zu leben, dessen Gedanken rein sind und der meditiert, um das höchste Bewusstsein zu erlangen, wird von Dharma eingegeben.

Jnana bedeutet, den Glauben an Gott vertiefen zu wollen. Dazu gibt es drei Wege; Vertiefung durch Beobachtung und Erfahrung, durch Denken und Vergleich, durch das heilige Lernen und Lehren.

Wairagya gibt einem die Fähigkeit, sich von den Ketten der irdischen Dinge zu befreien.

Aiswarya verleiht dem Menschen die Fähigkeit, sich den guten Aspekten des Lebens und der Liebe zu widmen.

Kharma-Pala – die Wiedergeburt

Das Gesetz des Kharma-Pala besagt, dass Atman an **weltliche Bedürfnisse** gefesselt ist. Der Mensch muss sich davon **losmachen,** denn nur wenn Atman frei ist von allem „Staub und Schmutz des Lebens“, kann es sich mit seinem Schöpfer, von dem es ein Teil ist, wiedervereinigen. Stirbt ein Mensch und Atman ist nicht rein genug, muss es zur Erde zurück, wo es in einen anderen Körper zurückkehrt. Das nennt man *Punarbhawa,* die Wiedergeburt. Noch einmal muss die Kreatur versuchen, rein zu werden, bis Atman endlich zur Wiedervereinigung mit seinem Ursprung gelangt.

Moksha – die Wiedervereinigung

Die Wiedervereinigung von Atman mit seinem Ursprung bezeichnet man mit Moksha. Ist Atman eins geworden mit dem einzigen Gott, wird die Seele selbst göttlich. Der Tote wird zum *Bhatara,* einem gottähnlichen Ahnen.

Nur die Angehörigen der obersten Kaste, die **Brahmanen,** können diesen Zustand erreichen. Angehörige niederer Kasten werden, wenn sie den Regeln entsprechend gelebt haben, in eine höhere Kaste hineingeboren, bis auch sie der Brahmanenkaste angehören und nun die Möglichkeit haben, Moksha zu erreichen. Es gibt drei Wege dazu:

1. Der Weg, **Sang Hyang Widdhi zu ehren** und zu dienen in Wort und Tat (Opfer, Zeremonien).

2. Der Weg der **Moral und Ethik,** ein Leben ohne Sünden zu führen. Dabei gibt es zehn Gebote, die einzuhalten sind:

- **Ahingsa,** nicht morden
- **Brahmacarya,** reines Leben, kein sexuelles Verlangen
- **Satya,** nicht lügen
- **Awyawaharika,** nicht gierig sein
- **Astanya,** nicht stehlen und lügen
- **Akroda,** nicht wütend sein
- **Gurususrusa,** Ältere und Lehrer ehren
- **Sauca,** seinen Körper durch Ehrung Gottes reinigen
- **Aharalegawa,** das Verlangen nach Essen und Trinken bekämpfen
- **Apramada,** ein anständiges Leben führen

3. Der Weg der **Meditation,** der schwierig ist und auf einer höheren Stufe liegt.

Die Kasten

Zwar gibt es auf Bali, wie in Indien, Kasten, denen die Menschen zugeordnet werden, allerdings werden diese Regeln nicht so dogmatisch gehandhabt. Die Balinesen teilen sich in **drei Kasten** *(Triwangsa)* auf, denen etwa 5 % angehören, die restlichen ca. 95 % sind kastenlos.

Nach einer Überlieferung sollen diese drei Kasten ihren **Ursprung im Gott Brahma** haben. Die Brahmanen entsprangen seinem Mund, die Satrias den Armen und die Wesias den Füßen. Zu welcher dieser drei Kasten eine Person gehört, geht aus dem **Titel** hervor, der dem Namen vorangesetzt ist. Die **Brahmanen** sind die Priesterkaste, ihre Titel lauten *Ida Bagus* (m) bzw. *Ida Ayu* (w). Die **Satrias** (Ksatriyas) ist die Kaste der Aristokratie, ihre Titel: *Ratu, Anak Agung, Cokorde, I Gusti* (m), *Ni Gusti* (w). **Wesia** ist die Kaste der Krieger und Händler mit den Titeln *Gusti* (m) und *Si Luh* (w).

Eine andere Eigenart der Namensgebung auf Bali ist das Voranstellen einer „Nummer". Je nachdem, ob es sich um das erst- oder zweitgeborene Kind handelt, bekommt es einen **Namenszusatz.** Dieser ist zwar von Kaste zu Kaste unterschiedlich, insgesamt wird aber nur bis vier gezählt. Danach geht es wieder von vorn los. Da die allermeisten Balinesen zu den Kastenlosen gehören, heißen fast alle gleich, zumindest auf den ersten Blick. Denn auf die Frage nach dem Namen nennt der Angesprochene in der Regel nur diesen Zusatz. Erst wenn man z.B. fragt „Gede siapa?" (Welcher Gede?), wird der komplette Name genannt. Und der lautet dann z.B. *Gede Bintang.* Andere Namenszusätze von Kastenangehörigen lauten z.B. *Putu, Gede, Oka* oder *Jero.*

Kastenlose

Ungefähr 95 % der Balinesen gehören keiner Kaste an. Man nennt sie **Sudras,** sie tragen keinen Titel, ihr jeweiliger **Namenszusatz** richtet sich nach der Reihenfolge ihrer Geburt (s.o.):

- **Wayan** ist der/die Erstgeborene,
- **Made** der/die Zweite,
- **Nyoman** der/die Dritte und
- **Ketut** der/die Viertgeborene.

Beim fünften Kind beginnt die „Betitelung" wieder von vorn. Wie man sieht, bekommen Jungen und Mädchen die gleichen Namenszusätze. Um nun, etwa im Pass, das jeweilige **Geschlecht** deutlich zu machen, setzt man dem geschriebenen Namen ein Kürzel voran: *Ni* heißt weiblich, *I* männlich.

Unterschiede zum indischen Hinduismus

Obwohl Agama Hindu Dharma, die Religion der Balinesen, in ihren Grundzügen dem Hinduismus zuzuordnen ist, unterscheidet sie sich doch in der praktischen Ausübung sehr stark von dem Hinduismus, der in Indien praktiziert wird. Inder dürften Balinesen wohl als Heiden betrachten. Einige wichtige **Unterschiede:**

- Das komplizierte indische **Kastensystem** konnte sich in Indonesien nicht voll durchsetzen. Es gibt lediglich drei Kasten, und auch die werden vor allem von jungen Menschen ignoriert.

- In Indien muss ein Toter sofort verbrannt werden, damit seine Seele befreit wird. Anders auf Bali: Da eine **Verbrennung** normalerweise sehr teuer ist, begräbt man den einbalsamierten Leichnam häufig erst einmal provisorisch (manchmal fünf bis zehn Jahre), um ihn später, wenn man das notwendige Geld gespart hat, wieder auszugraben und dann vorschriftsmäßig zu verbrennen. Eine andere Möglichkeit ist, auf die Verbrennung einer reichen Person zu warten und sich dieser anzuschließen – oder ein ganzes Dorf legt das Geld zusammen und veranstaltet eine Massenverbrennung.
- In Indien darf eine **Witwe** nicht wieder heiraten, in Bali jedoch wohl.
- In Indien wird der **Gottesdienst** vornehmlich zu Hause abgehalten. Balinesen lieben die Geselligkeit und bevorzugen daher den Gemeinschaftsgottesdienst im Tempel. Derartige Zeremonien sind immer Ereignisse, die Ähnlichkeit mit einem Dorffest haben.
- Balinesen sind **keine Vegetarier,** im Gegenteil. Auch ist ihnen die **Kuh,** das Reittier Shivas, nicht heilig. Rindfleisch steht auf jeder Speisekarte. Verehrt werden andere Tiere, allen voran die Affen, die als Nachkommen Hanumans angesehen werden.
- Balinesen glauben nicht daran, dass man **als Tier wiedergeboren** werden könnte. Wiedergeboren wird man nur als Mensch.

Glaubenselemente und Rituale aus vorhinduistischer Zeit

- Religiöse Tänze und Rituale in **Trance,** wie der Sanghyang-Tanz
- Der **Hahnenkampf,** der in früheren Zeiten als Blutopfer-Zeremonie abgehalten wurde und heute besonders während Tempelfesten abgehalten wird
- Die **Ahnenverehrung**
- Verschiedene **Götter- und Dämonengestalten** (z.B. Dewi Sri)

Balinesische Götter

Neben dem *einen* Gott Sang Hyang Widdhi und seinen drei Hauptmanifestationen Brahma, Wishnu und Shiva beten die Balinesen zu zahlreichen weiteren Göttern. Die **Ahnen,** die den Kreislauf der Wiedergeburt hinter sich gebracht haben und ein Teil Gottes geworden sind, verehrt man als *Bhatara,* die vornehmlich Berge und Seen beherrschen. Außerdem gibt es die **bösen Götter** und **Dämonen.** An deren Spitze steht Rangda, die Hexenfürstin. Daneben gibt es eine ganze Reihe von Dämonenfürsten und Giganten, mystische Fabelwesen, die oft auch gute Eigenschaften haben, und ein Heer von namenlosen Plagegeistern, die *Leyaks.* Viele dieser Götter haben ihren Ursprung in der vorhinduistischen **Mythologie der Bali-Aga.** Sie wurden mit der Zeit in der Hindu-Dharma-Religion übernommen.

Bali ist die Heimat all dieser Götter, die Gipfel der hohen **Berge** sind die Orte, wo sie sich am liebsten aufhalten. Der Gunung Agung ist ihr „Hauptwohnsitz", an seinen Hängen befindet sich das größte Heiligtum der Insel, Pura Besakih.

Die Höhe wird von positiven, die Tiefe von negativen Mächten beeinflusst. Das **Meer** mit seinen unergründlichen Tiefen beheimatet die **bösen Mächte:** Dämonen und unvorstellbare Monster. Aus diesem Grunde sind die Balinesen eines der wenigen Inselvölker, die vom Meer abgekehrt landeinwärts leben. Selbst Fischerdörfer liegen stets einige Kilometer landeinwärts, es sei denn, sie werden von Muslimen bewohnt.

Die guten und die bösen Kräfte müssen in **Einklang** gebracht werden. Deshalb opfert der Balinese stets beiden „Parteien", keine darf sich benachteiligt fühlen. Täglich werden kleine **Opfer** an allen wichtigen Punkten der Insel dargebracht, um die Götter gnädig zu stimmen bzw. die dort lauernden Dämonen zu besänftigen. Letztere findet man beispielsweise am Hauseingang oder an Kreuzungen, auf Friedhöfen, an Brücken, in der Feuerstelle oder im Dachstuhl.

Fünfmal am Tag verteilen die Balinesen die Opfer, die aus einigen Blütenblättern, Reiskörnern und manchmal auch einem Räucherstäbchen bestehen.

An besonderen, von vielen Menschen als wichtig erachteten Stellen, stehen Schreine, **Götter- oder Wächterfiguren.** Tausende sind über die ganze Insel verteilt. Da das tropische Klima zu schneller Erosion der vornehmlich aus recht weichem Sandstein *(paras)* gehauenen Skulpturen und Schreine führt und andererseits stetig neue aufgestellt werden, besteht eine ständige Nachfrage nach neuen Figuren. Das hat das **Steinmetz-Kunsthandwerk** der Insel zu einer Blüte gebracht, die in der Welt ihresgleichen sucht. Überall wird gehämmert, gemeißelt und geschnitzt.

All die vielen Götter zu nennen, die auf Bali verehrt werden, scheint unmöglich. Die wichtigsten aber sollten genannt werden.

Die positiven Mächte

Sang Hyang Widdhi:

Der **einzige und alleinige Gott** wird auch *Sang Hyang Widdhi Waca* genannt. Oft wird er in der Form des *Trimurtti* verehrt. Das sind seine drei Hauptinkarnationen: Brahma, Wishnu und Shiva.

Brahma:

Brahma ist der **Gott der Schöpfung,** derjenige, der das Weltall in Bewegung setzte und die Hindukasten gebar. Er besitzt vier Köpfe, aus denen jeweils einer der vier heiligen Bücher der **Veden** entsprang. Die Veden entstanden zwischen 1500 und 500 v. Chr. in Indien und sind noch heute Grundlage des Hinduismus.

Brahma reitet auf einer Gans und trägt ein Zepter und verschiedene andere Symbole. Einst war er der mächtigste und größte aller Hindugötter, jetzt ist seine Bedeutung aber zu Gunsten Shivas und Wishnus gesunken. Brahma symbolisiert die Geburt, ihm ist der Pura Puseh, der Ursprungstempel des balinesischen Dorfes, geweiht. Sein Platz im dreigeteilten Sanggah-Kemulan-Schrein ist rechts, seine Farbe Rot. Im Körper des Menschen regiert er Knochen, Fleisch, Nerven und die Körpertemperatur.

Dewi Saraswati ist die Inkarnation der Kraft *(sakti)* Brahmas und wird als die **Göttin der Weisheit, Literatur und Musik** verehrt. Ihr wird jährlich der Festtag Hari Saraswati gewidmet, an dem nicht geschrieben und gelesen werden darf. Sie wird mit vier Armen dargestellt, mit denen sie unter anderen ein Lontarbuch und ein Saiteninstrument hält. Zu ihren Füßen finden sich oft die Gans *Brahmas* und ihr eigenes Reittier, der Pfau.

Wishnu:

Wishnu ist der **Beschützer und Lebensspender** aller Kreaturen der Welt. Für viele Hindus, besonders in Indien, ist er „Universalgott". Wann immer die Menschheit Hilfe braucht, kommt er in Gestalt eines Menschen auf die Erde und steht ihr bei.

Im Allgemeinen nimmt man an, dass er schon neunmal als *Arater* (= menschgewordener Gott) auf die Erde gekommen ist. Krishna, Rama und Buddha sind die letzten Aratas gewesen. Der zehnte soll kommen, wenn die Welt untergeht. Auf Java wurden trotzdem viele Könige und andere historische Persönlichkeiten als Reinkarnationen Wishnus angesehen, unter anderem auch *Sukarno*.

Eine Legende zur Entstehung von Durga

Diese Geschichte ist auch der Inhalt des Barong-Kalekek-Tanzes (siehe „Tanz und Schauspiel"):

„Shiva und die Göttin Parvati wanderten eines Tages in den Bergen. Plötzlich verspürte Shiva Verlangen nach Beischlaf mit seiner Gattin. Diese lehnte aber ab, weil man doch auf Reisen sei.

Shiva konnte aber seine Lust nicht zügeln und verspritzte seinen Samen, der in eine Felsspalte fiel. Da er seinen göttlichen Samen nicht vergeuden wollte, schuf er aus ihm Zwillinge, einen Jungen und ein Mädchen. Den Jungen nannte er *Kalawenara*, das Mädchen *Kalekek*. Nun schickte er seine beiden Kinder auf Nahrungssuche in Gräber (Opfer).

Als seine Frau sah, was er gemacht hatte, wurde sie sehr böse und wollte es ihm gleichtun, sie legte ihre Kleidung auf das Grab einer Schwangeren, und während sie badete, kam ein Mädchen aus dem Grab. Das hatte sie geschaffen. Um es ihrem Manne gleichzutun, erschuf sie auch noch einen Jungen. Das Mädchen hieß *Buta Seliwar*, der Junge *Cuwildaki*.

Nun passierte es eines Tages, dass Kalekek, die neuerschaffene Tochter Shivas, in der Erscheinung eines Barongs in einem Grab nach Opfern suchte. Zufälligerweise hielten sich hier aus demselben Grund Buta Seliwar und Cuwildaki auf. Ein Kampf fand statt, Kalekek unterlag und wurde verbrannt.

Als Shiva von dieser Tat erfuhr, wurde er fürchterlich wütend. Zur Strafe verbot er seiner Frau, in den Himmel zurückzukehren, und verdammte sie dazu, als die schreckliche Göttin Durga in den Gräbern zu hausen. Anschließend erweckte er Kalekek wieder zum Leben, gab ihr einen neuen Namen, Banaspati Raja, und trug ihr auf, Durga in den Gräbern zu bewachen."

Das „Transportmittel" Wishnus ist der legendäre Göttervogel Garuda (siehe „Fabelwesen"). Wird Wishnu als Statue dargestellt, trägt er normalerweise vier Symbole: eine Scheibe (Diskus), eine Lotusblüte, eine Meeresschnecke und eine Waffe, die wie eine Mischung aus Axt und Keule aussieht.

Sein Platz im Dreier-Schrein ist links, seine Symbolfarbe Schwarz. Pura Desa, der Dorftempel, ist ihm geweiht, und im Körper des Menschen regiert er Blut, Fett, Knochenmark, Drüsen und alle Flüssigkeiten, die die körperliche Hülle am Leben erhalten. Wihsnu wohnt auf Balis heiligem Vulkanberg Agung.

Krishna, eine der vielen Inkarnationen Wishnus, konnte schon mit vier Jahren Elefanten heben. Später wurde er ein großer Kämpfer und Liebhaber, der Held im Epos „Bhagavadgita".

Rama, ebenfalls eine Inkarnation Wishnus, repräsentiert in dem bekannten hinduistischen Epos „Ramayana" den idealen Hindu. Er ist ein zärtlicher Ehemann, ein ehrenhafter Prinz, ein großer König und ein furchtloser Kämpfer. Seine Frau, Sita, ist eine Inkarnation Lakshimis.

Shiva:

Shiva ist der „Bedrohlichste" des Dreiergespanns. Er ist der **Zerstörer und Todesbringer** (*Pura Dalem*, der Totentempel des Dorfes, ist ihm geweiht), aber auch **Erneuerer.**

Shiva zeigt sich in unterschiedlicher Erscheinung: sowohl in intensiver Askese als auch als Dämonen-Killer mit einem Kopfschmuck aus Totenschädeln und Schlangen, die sich um seinen Körper winden. Der Legende nach war es Shiva, der in der Gestalt des Passupati den heiligen Hinduberg Mahameru teilte und die beiden Hälften als Vulkane Agung und Batur nach Bali brachte. Shiva soll auf dem Gipfel des Batur wohnen. Als Gott der Neuerschaffung tanzt er in einem Ring aus Feuer, als männliches Symbol der Fruchtbarkeit.

Der zeitweise auch in Indonesien stark verbreitete **Shiva-Kult** hat einen starken asketischen, aber auch einen sexuellen Aspekt. Lingga, ein religiöses

Phallussymbol aus Stein, ist das Sinnbild für Shiva, Männlichkeit und Potenz. Das weibliche Gegenstück, einen Stein in Form einer Vagina, nennt man *Yoni*.

Besonders in seiner mystischen sexuellen Beziehung zu **Durga** (einer Erscheinungsform von Parvati, seinem Weib) tritt der lustbetonte Aspekt stark hervor (s.u.). Mit Durga zeugte er verschiedene andere Götter des hinduistischen Pantheons, z.B. den Elefantengott Ganesha.

Shivas Reittier ist ein **Stier namens Nandi** (ebenfalls ein altes Fruchtbarkeitssymbol). Nandi ist Shivas permanenter Begleiter, Freund, Diener, Musikant. Das Symbol Nandis ist der Halbmond, den Shiva auf vielen Darstellungen auf seiner Stirn trägt.

Der mittlere Platz im Sanggan-Kemulan-Schrein ist Shiva zugewiesen, seine Symbolfarbe ist Weiß (Trauerfarbe bei Beerdigungen etc., vergl. auch das weiße Tuch Rangdas). Der Atem des Menschen, der die Verbindung zwischen Körper und *Atman* (Seele) darstellt, wird von Shiva regiert.

In Indonesien wird Shiva auch in der Form von Maha Dewa (auch Maha Guru), dem „göttlichen Lehrer", verehrt. In Denpasar steht eine eindrucksvolle Statue.

Parvati, Shivas Gemahlin, ist die Tochter des Himalaya-Gebirges und die Schwester des Ganges, aber auch eine Manifestation seiner selbst. Sie hielt seinerzeit Shiva durch ihre Liebe von der Askese ab. Sie ist der Inbegriff der Einheit von Göttern und Göttinnen, von Mann und Frau. Parvati erscheint in vielen verschiedenen Gestalten, die jeweils verschiedene Manifestationen ihrer göttlichen Macht darstellen:

Als **Uma** erscheint sie als milde **Göttin des Lichtes und der Schönheit.**

Als **Durga** ist sie die **Göttin des Todes und der Zerstörung.** Statuen von ihr findet man in den Totentempeln (Pura Dalem). Eine der berühmtesten Durga-Reliefs findet man im Tempel Bukit Dharma in Kutri.

Parvatis schrecklichste Erscheinung ist aber **Kali, die grausamste Gottheit** des Hinduismus, die ein unstillbares Verlangen nach Blut besitzt. Sie erscheint blutverschmiert, von Schlangen umgeben und mit Schmuck behangen, der aus Schädeln ihrer Kinder gemacht ist.

Ganesha:

Ganesha ist eine der vielen Gottheiten, die von Shiva und Durga gezeugt wurden. Er ist dickbäuchig, hat einen **Elefantenkopf** und ist der Gott des Haushaltes, des Reisens und des weltlichen Besitzes. Ganesha ist weise, geistvoll und belesen. Gläubige huldigen ihm vor jeder größeren Unternehmung und bitten um Erfolg. Manche glauben auch, dass er der Gott der schwarzen Magie ist.

Dewi Sri:

Die **Göttin der Landwirtschaft und Fruchtbarkeit** wird von den Reisbauern ganz besonders verehrt. Fast alle Subak-Tempel sind dieser Göttin, die für Wachstum und Reife des wichtigen Getreides zuständig ist, gewidmet. Auch der Anbau des Reises wird vom Setzen bis zur Ernte von einer Unzahl von

Weise, geistvoll und belesen: Ganesha begegnet einem häufig auf Bali

089ba pr

Zeremonien begleitet, die dieser Göttin gelten (siehe „Reisanbau").

Die Verehrung der Dewi Sri geht auf den vorhinduistischen, animistischen Glauben der Balinesen zurück. In verschiedenen Legenden wird Dewi Sri aber heute als eine weitere Inkarnation Parvatis, der Frau Shivas, angesehen, oder aber als Weib Wishnus.

Einer der schönsten Subak-Tempel steht in Sangsit im Norden Balis. Viele der meist aus Holz hergestellten Darstellungen Dewi Sris fungieren als Wandbilder.

Dewi Danu:

Die **Göttin der Seen und des Wassers** ist für die Bergbewohner Balis von großer Bedeutung. Sie wird besonders in den Gegenden um den Batur- und den Bratan-See stark verehrt, da diese auf das Seewasser zur **Bewässerung** ihrer Felder angewiesen sind.

Als 1926 ein Ausbruch des Vulkans Batur den Ort Batur endgültig unter sich begrub, wurde auch der Dorftempel vernichtet. Der einzige Schrein, der die Katastrophe überstand, war der, den man Dewi Danu geweiht hatte. In Bedugul, am Ufer des Bratan-Sees, steht ebenfalls ein Tempel, der dieser Göttin geweiht ist.

Der langgestreckte Felsen, auf dessen äußerstem Ende der Meerestempel von Uluwatu (Halbinsel Bukit) steht, soll nach einer Legende das Schiff Dewi Danus sein.

Indra:

Der **Gott des Regens** erschuf der Sage nach die heiligen Quellen von Tirta Empul, als der Dämonenkönig Mayadanawa den heiligen Fluss Petanu vergiftete, um die Götter zu besiegen. Dank dieser Tat wendete sich das Kriegsglück wieder auf die Seite der guten Mächte. Mayadawa versuchte zu fliehen und verwandelte sich zuerst in einen Hahn, dann in Reis und schließlich in einen Stein. Indra schoss einen magischen Pfeil auf ihn, und das Blut des Dämonen rann in den Fluss.

Lange Zeit war es darum verboten, das Wasser des Petanu zum Bewässern der Reisfelder zu benutzen, denn sollte man den Reis ernten, würde aus den geschnittenen Halmen Blut fließen. Indra zeugte den legendären Bogenschützen Ardschuna.

Maha Dewa:

Dem **Gott des Berges Batukau** ist der einzige siebenstufige Meru des Tempels Pura Luhur, an den Hängen dieses heiligen Berges, geweiht (s. Tabanan). Maha Dewa gilt auch als Erscheinungsform Shivas.

Dewa Bayu:

Der **Gott des Windes,** der Luft und des Atems. Erzeugte Bima, einen legendären Kämpfer in alten Legenden Balis.

Ibu Partivi:

Der **Mutter der Erde** werden z.B. bei einer Hochzeit Opfer gebracht, da sie Zeuge der Vereinigung von Mann und Frau ist.

Yama:

Dem **Gott des Todes und Herrscher der Hölle** wird bei der Verbrennung eines Toten ein Geldopfer, das aus alten chinesischen Münzen besteht, dargebracht, um die Seele des Toten symbolisch freizukaufen, damit sie in den Himmel aufsteigen kann.

Dewa Surya

ist der **Gott der Sonne.**

Dewa Baruna

ist der **Gott des Meeres.**

Dewa Dharma

ist der **Gott der Tugend.**

Dewa Semara

ist der **Gott der Liebe.**

> Rawana mit Sita und Jatayu

Dämonen

So viele Götter und Dämonen es gibt, so viele Riesen und andere Scheusale beleben Bali ebenfalls. Nicht alle sind wirklich böse, aber mit Reißzähnen, Glotzaugen und Krallen sehen ihre tier- oder menschenartigen Gestalten allesamt schrecklich aus.

Rawana:
Dieser Dämonenfürst spielt eine Hauptrolle im Ramayana-Epos. Sein Dämonenreich heißt *Alengka* (Sri Lanka) und dorthin entführt er Sita, die geliebte Gemahlin Ramas (s. Wishnu). Nach vielen Abenteuern gelingt es Rama, mit Hilfe von Hanuman, einem General des Affenreiches, seine Frau wieder zu befreien und Rawana zu besiegen. Rawana ist auch der Dämon des Feuers. Die Abenteuer von Rama und sein Kampf mit Rawana sind Thema vieler Tempelreliefs und einer Reihe von Dramen oder Tänzen, z.B. Ramayana-Ballett, Kecak oder Wayang Wong.

Gede Mecaling:
Dieser zähnefletschende Dämonenfürst haust auf Nusa Penida und sucht von hier aus Bali hin und wieder auf, um Krankheit, Tod und Verderben auf die Insel zu bringen. Er ist maßgeblich beteiligt an der Entstehung des Ungeheuers Barong (s.u.).

RAWANA

090ba pr

Tempel und heilige Plätze

Von den vielen Beinamen, die die Insel Bali im Laufe der Jahre bekommen hat, trifft einer auf jeden Fall zu: **„Bali, die Insel der 1000 Tempel“.** Allerdings gibt es auf der Insel in Wirklichkeit weit mehr als 1000 Tempel. Die genaue Zahl ist nicht bekannt – wer wollte sie alle zählen? Eine allgemein gültige Schätzung spricht von mindestens 20.000. Bali ist 5810 km² groß, rein rechnerisch befinden sich also auf jedem Quadratkilometer mindestens drei Tempel.

Rangda- und Barong-Masken

Wohin man seine Schritte auch lenkt, immer wird man an irgendeinem heiligen Platz vorbeikommen. Tempel stehen überall, in Gärten, auf Plätzen, Marktplätzen, Friedhöfen und in Reisfeldern, an einsamen Stränden, auf unwegsamen Berggipfeln, tief innerhalb von Höhlen, ja sogar zwischen Stämmen großer Banyan-Bäume oder inmitten tiefer Wälder. Alle sind mit Steinmetzarbeiten und Statuen von Göttern und Dämonen überreichlich verziert. Oft steht ein Banyan-Baum im Vorhof und wirft wohltuenden Schatten auf das Gelände, Frangipani-Bäume verbreiten angenehmen Duft.

Tempel auf Bali sind Orte der Ruhe und Zufriedenheit. Sie besitzen kein Dach wie christliche oder islamische Gotteshäuser. Nach oben werden sie nur vom Himmel begrenzt, der Boden ist die Erde. Regen, Wind und Sonne nagen an den in Stein gehauenen Ornamenten und Figuren und geben ihnen ein altes, ehrwürdiges Aussehen. Mit Moos bewachsene Dämonen schauen unbeteiligt zu, wenn die Menschen zu den Festtagen ihre Opfer bringen.

Aufbau eines Tempels

Wer von außen einen Tempel betritt, geht meistens durch ein Candi Bentar, das typische gespaltene **Tor.** Links und rechts bewachen Wächter-Dämonen den Eingang, um Böses abzuwenden. Totentempel werden von Durga-Statuen bewacht. Das Candi Bentar sieht aus wie ein kompaktes, gestaltetes Stück Fels, das symmetrisch genau in der Mitte gespalten wurde. In den Legenden heißt es, dass das Candi Bentar die beiden Hälften des heiligen Berges Meru darstellt. Shiva setzte den Berg auf die Insel Bali, dieser aber zerfiel in zwei Teile: den Agung und den Batur. Vielleicht steht die Form des Tores aber auch für das alte Prinzip von Ying und Yang.

Normalerweise besteht ein Tempel aus drei hintereinanderliegenden Terrassen oder **Höfen,** die jeweils von einer Mauer umgeben sind. Man erreicht sie über Treppen durch reich verzierte Tore, über denen oft ein Kala (Dämon), der die langen Klauen abwehrend spreizt, in den Stein gehauen wurde. Auch er soll Böses abhalten.

Der **dritte Hof** ist stets der heiligste. Hier befinden sich in verschiedenen **Schreinen** heilige Reliquien, in anderen werden Masken von Barong und Rangda aufbewahrt. Der ehrwürdigste Schrein ist der dreigeteilte Sanggah Kemulan, der der dreifachen Gottheit Brahma-Shiva-Wishnu geweiht ist. Außerdem befindet sich darin der Padmasane, der Thron für Sang Hyang Widdhi. Das ist ein kleiner Steinstuhl, der auf einem den Agung symbolisierenden, reich ornamentierten Sockel in einer Ecke des innersten Hofes steht, die in Richtung Agung weist.

Auch **Merus** findet man an der Wand zum Agung hin. Das sind die mit schwarzen, riedartigen Palmenfasern gedeckten, pagodenartigen Schreine mit den vielen Dächern. Die Anzahl der Dächer ist unterschiedlich, aber stets ungerade. Der höchste hat elf Dächer. Sie stehen dort zu Ehren vergöttlichter Ahnen, den Bhataras.

Es gibt noch eine Vielzahl anderer Gebäude und Schreine innerhalb des Tempelkomplexes, die aber von Tempel zu Tempel variieren. Stets findet sich auch mindestens einen **Pavillon** für das Gamelan-Orchester *(Bale Gong)* und für das Aufstellen der Opfergaben. *Bale Agung* heißt der größte Pavillon im mittleren Hof.

Die Dorftempel

Die Dorftempel sind im wahrsten Sinne des Wortes der **Mittelpunkt des Dorflebens.** Hier werden normalerweise auch die Tempelfeste abgehalten. Früher besaßen die Könige und Fürsten Balis eigene Tempel, in denen sie ihre Gottesdienste abhielten. Diese königlichen Tempel wurden später zu den der ganzen Gemeinde gehörenden Dorftempeln. Man nennt sie *Kahayangan Tiga* oder die „Drei himmlischen Schreine", sie sind jeweils einer der drei Hauptmanifestationen Sang Hyang Widdhis geweiht.

Die Tempel sind wie die gesamte Religion ein wichtiges Instrument, die Solidarität und das **Gemeinschaftsgefüge** der balinesischen Bevölkerung aufrechtzuerhalten. Nicht eine Behörde oder ein Amt oder irgendeine andere abstrakte Institution ist für den Erhalt und die Ausstattung der Tempel zuständig, sondern der Banjar, der Subak oder der Familienclan. Dem Banjar gehören alle Familien des Dorfes, dem Subak alle Reisbauern an. Die Schönheit des Tempels und die Pracht eines Festes sind Maßstäbe für das Funktionieren dieser Organisationen. Und dafür ist jeder wiederum direkt verantwortlich.

Tempel und Tempelfeste aber werden zu Ehren der Götter gebaut bzw. veranstaltet. Die wiederum entscheiden, ob man dem Kreislauf der Wiedergeburt *(Moksha)* entrinnen darf oder nicht.

052ba sb

Wenn das Gemeinwesen also nicht funktioniert, hat jedes Mitglied höchstpersönlich im Jenseits die Konsequenzen zu tragen.

Nun ist aber nicht jeder Balinese für den Erhalt jedes Tempels verantwortlich. Für jeden Tempel ist eine andere Gruppe zuständig, je nachdem, wer darin betet. Natürlich kann aber ein Balinese in verschiedenen Gruppen sein, z.B. in der Familie (Familientempel) oder im Subak (Subak-Tempel).

Pura Desa

Der **Dorftempel** ist Wishnu, dem Bewahrer, als Symbol für das Leben geweiht. Er wird am häufigsten benutzt. Hier trifft sich an den Festtagen das ganze Dorf und huldigt seinem Gott. Es werden hier z.B. gesamtbalinesische Feste wie Kuningan und Galungan gefeiert. Der Pura Desa ist das Zentrum des gesellschaftlichen und religiösen Lebens eines Dorfes.

Pura Dalem

Der **Totentempel** ist Shiva, dem Zerstörer, als Symbol für den Tod geweiht. Es steht normalerweise an der Westflanke eines Dorfes und wird selten benutzt, lediglich bei Beerdigungen und Verbrennungen kommen die Dorfbewohner hierher. Wenn man einen besucht, wird man die eigenartige, etwas „verwunschene" Atmosphäre spüren, die über den bemoosten und verwitterten Schreinen und Durga-Statuen (Todesgöttin) liegt. Bekannte Pura Dalem sind: Pura Dalem Koripan, Pura Dalem Sagening, Pura Dalem Gel-Gel.

Pura Puseh

Der **Ursprungstempel** ist Brahma, dem Schöpfer, als Symbol für die Geburt geweiht. Hier werden die ehemaligen Führer, die Gründer des Dorfes, die mittlerweile zu *Bhataras* (vergöttlichten Ahnen) geworden sind, verehrt.

[<] Pura Tanah Lot ist einer der Nationaltempel – und in der Höhle lebt eine heilige Schlange

Die Nationaltempel

Die Nationaltempel *(Sad Kahayangan)* werden von allen Balinesen geehrt und unterhalten. Für **ganz Bali** übernehmen die Nationaltempel die gleiche Funktion. Alle Distrikte und besonders die alten Adelsfamilien sind für den Erhalt dieser heiligsten Stätten gemeinsam zuständig. Ob das klappt, „kontrollieren" alljährlich Tausende von Balinesen, indem sie an den Festen in diesen Tempeln teilnehmen. Als sechs Nationaltempel gelten:

- **Pura Besakih** als der heiligste, der Muttertempel der Balinesen
- **Pura Goa Lawah** (Fledermaushöhle) in der Nähe von Kusamba
- **Pura Lempuyang** im Karangasem-Distrikt (Nähe Amlapura)

Die wichtigsten Tempel Balis

- **Pura Luhur** an den Hängen des Batukaru-Berges (Tabanan)
- **Pura Uluwatu** auf der Halbinsel Bukit, an der südlichen Spitze Balis
- **Pura Pulaki,** zweitgrößter Tempel Balis, westlich von Singaraja

Allerdings ist nicht eindeutig geklärt, ob nicht auch andere Tempel zu den Nationaltempeln gehören, je nach regionalem Stolz und Befindlichkeit. Es kann also zu unterschiedlichen Angaben kommen. So werden oft auch dazugerechnet:

- **Pura Air Jeruk** in Sukawati
- **Pura Penataran Sasih** in Pejeng (mit der Bronzetrommel)
- **Pura Kehen** in der Nähe von Bangli
- **Pura Sekenan** auf der Insel Serangan
- **Pura Taman Ayun** in Mengwi
- **Pura Tanah Lot,** der Meerestempel an der Westküste

Weitere Arten von Tempeln

Es gibt viele verschiedene Tempelarten. Zum einen unterscheiden sie sich durch die Gottheiten, die in ihnen verehrt werden, zum anderen durch den Personen- oder Gemeindekreis, der sie unterhält:

- **Pamerajan:** Familienschrein innerhalb des Wohnbezirks der balinesischen Familie
- **Pura Dadia:** Familientempel, der von reichen, oft adeligen Familien unterhalten wird, die das jeweilige Dorf mitgegründet haben
- **Pura Panti:** Sippentempel mehrerer reicher Familien, die einer Sippe angehören
- **Pura Melanting:** Markttempel
- **Pura Segara:** Von Fischern gebauter und benutzter Tempel an den Küsten, um den Göttern des Meeres zu huldigen
- **Pura Bukit:** Tempel der Bergbewohner, um den Göttern der Berge zu huldigen
- **Pura Subak:** Tempel, die von der „Reisanbaukooperative" benutzt und unterhalten werden. Sie befinden sich innerhalb der Reisfelder. Immer sind sie Dewi Sri, der Reis- und Fruchtbarkeitsgöttin, geweiht.

Heilige Höhlen und Quellen

Neben den Tempeln gibt es noch einige andere, nicht von Menschenhand geschaffene Heiligtümer, normalerweise Höhlen oder Quellen. Besonders erwähnenswert sind:

- **Goa Lawah,** die Fledermaushöhle
- **Goa Gajah,** die Elefantenhöhle
- **Yeh Pulu,** Relief und heilige Quellen
- **Tirta Empul,** heilige Quellen
- **Sudamala** und **Beras,** beides heilige Quellen im Distrikt Ubud/Gianyar/Campuan.

Tempelfeste

Die Tempelfeste auf Bali sind wohl die **farbenprächtigsten** überhaupt. Der Tempel wird mit Schirmen, Fahnen, Stoffbahnen und riesigen Mengen von Opfern geschmückt, die die Frauen über Tage hinweg auf ihren Köpfen in den Tempel bringen, um sie hier vom Priester segnen zu lassen.

> Bunt und opulent: Mabanten (Opfergaben) aus Reiskuchen und Früchten

Die Herstellung der kunstvollen Opfertürme obliegt den Frauen, die schon als kleine Kinder die komplizierten Flecht-, Steck- und Backtechniken erlernen. Allein 300 unterschiedliche Pflanzen werden zur Herstellung der verschiedenen Opfergaben benutzt. **Blumen** sind einer der wichtigsten Bestandteile. Das alles im Detail zu beschreiben, füllt ein ganzes Buch: „The Art of Balinese Offering" ist überall auf Bali erhältlich.

Begleitet werden diese Feste von **Tanz-, Theater- und Schattenspielaufführungen,** die oft auf dem Tempelvorplatz bis zum frühen Morgen stattfinden. Häufig gibt es auch eine Hahnenkampfveranstaltung, der fast alle Männer des Dorfes beiwohnen, denn zu rituellen Zwecken ist Hahnenkampf noch erlaubt. Gamelan-Musik erklingt die ganze Zeit.

Die **Termine** für die Tempelfeste werden nach der balinesischen Zeit- und Kalendereinteilung festgelegt (s.u.: „Der balinesische Kalender") und korrespondieren daher nicht mit festen Daten in unserem Kalender. Bevorzugt werden **Vollmond-Nächte.**

Wichtige Bestandteile eines jeden Tempelfestes sind das Darbringen von Opfergaben *(Mabanten)* sowie das Beten und Gesegnetwerden *(Mabakti).*

Mabanten

Die individuellen **Opfergaben** der Familien des Dorfes werden zu Hause vorbereitet und bestehen hauptsächlich aus **Reiskuchen und Früchten,** die mit jungen Palmblättern und Blumen dekoriert werden. Festlich gekleidete Frauen bringen sie in den Tempel, wo sie vom Priester *(Pemangku)* in Empfang genommen werden, der sie wiederum den *Bhataras* (gottgewordenen Ahnen) anbietet. Diese *Bhataras* halten sich während der Feiertage *(Odalan)* in den Sitzen *(Palinggih)* auf, um die Essenz *(Sari)* der ihnen dargebrachten Opfer in Empfang zu nehmen. Zu diesem Zweck fächert der *Pe-*

091ba pr

mangku den Rauch von Räucherstäbchen in deren Richtung. Neben diesen individuellen Opfern gibt es noch die gemeinsamen Opfer der Dorfgemeinschaft, die im Tempelhof selbst hergestellt und arrangiert werden.

Mabakti

Nach den Opferungen folgt die **Segnung,** das Sakrament *Mabakti.* Die Gläubigen knien nieder und der Priester sprenkelt heiliges Wasser über ihre Köpfe. Dann wird heiliges Wasser über die aufgehaltenen Hände gegossen, mit dem man sich Hände und Mund symbolisch reinigt. Anschließend nehmen die Gläubigen eine Blüte zwischen die Fingerspitzen und legen die Hände zur hinduistischen Gebetshaltung Sembah zusammen. Dann wird die Blume weggeworfen. Dreimal wird Sembah wiederholt. Danach bekommen die Betenden noch mehr heiliges Wasser in die aufgehaltenen Hände, dreimal wird daran genippt, dreimal über die Stirn gestrichen. Zuletzt steckt ihnen der Priester einige Blütenblätter, die er der Schale mit heiligem Wasser entnimmt, hinter die Ohren und drückt ihnen etwas Reisbrei zwischen die Augenbrauen.

Damit ist das Sakrament, das den Kontakt zwischen *Sang Hyang Widdhi Waca,* den *Bhataras* und den Gläubigen symbolisiert, beendet. Die Menschen können nach Hause gehen, ihre nun geweihten Opfergaben mitnehmen und sie im Kreise der ganzen Familie verspeisen. Damit ist das Tempelfest aber noch lange nicht zu Ende. Nachts werden Vorstellungen gegeben, an denen das ganze Dorf mit Kind und Kegel teilnimmt.

Die wichtigsten Tempelfeste

Die hier geschilderten Feste sind lediglich die spektakulärsten Veranstaltungen im liturgischen Jahr der Balinesen. Daneben gibt es noch viele andere Festtage, die mit Opferungen, Gebeten, aber auch mit Musik und Tanz gefeiert werden.

Galungan

Wohl das aufwändigste und interessanteste Tempelfest ist das alle 210 Tage wiederkehrende Galungan-Fest.

Dieser Feier liegt ein **Ereignis aus früherer Zeit** zugrunde: Etwa im 8. Jh. n. Chr. wurden die Bewohner Balis von einem Tyrannen namens *Sang Mayadenawa* beherrscht. Er war sehr böse und verbot den Balinesen, ihre Religion auszuüben und ihre Ahnen zu verehren. Darunter litten sie sehr und als man es nicht mehr aushielt, erhob sich das Volk gegen diesen Tyrannen und besiegte ihn schließlich nach blutigen und verlustreichen Kämpfen.

In **Gedenken an dieses Ereignis** wird nach balinesischer Zeitrechnung jährlich das Fest Galungan begangen. Es dauert zehn Tage und endet mit dem **Kuningan-Tag,** an dem man der Seelen der gefallenen Krieger dieses Kampfes gedenkt, die mittlerweile zu *Bhataras* geworden sind.

Dieses Fest wird in jedem Dorf Balis begangen und begleitet von nächtlichen Vorstellungen wie Schattenspiel *(Wayang Kulit), Arja, Legong, Wayang Topeng* und vielen anderen Darbietungen. Je größer der Ort, je wichtiger der Tempel, je reicher die Kommune, desto prächtiger ist auch das Fest.

Der eigentliche Feiertag, der im Bali-Kalender *Hari Manis Galungan* genannt wird, fällt stets auf einen Mittwoch *(Wuku: Dungulan, Buda, Kliwon)*. Die Vorbereitungen beginnen aber schon am Donnerstag vorher *(Wuku: Eka Sungsang, Wraspati, Wage)*. Der letzte Tag, *Kuningan*, fällt auf einen Samstag *(Wuku: Kuningan, Saniscara, Kliwon)*.

Am schönsten ist es, wenn man das Galungan-Fest im Kreise einer balinesischen Familie (z.B. in einem Homestay) verbringt. Dann bekommt man die höchst interessanten Vorbereitungszeremonien hautnah mit und wird aus erster Hand unterrichtet, wann wo was abläuft.

Die nächsten Termine für Galungan
(leichte Verschiebungen möglich):

- 15. Juli 2015
- 10. Februar 2016
- 7. September 2016
- 5. April 2017

Aktivitäten um das Galungan-Fest:

- **Donnerstag:** *Hari Sugian Java.* An diesem Tag werden die landwirtschaftlichen Produkte aus Java, die man für das Fest benötigt, eingelagert.
- **Freitag:** *Hari Sugian Bali.* An diesem Tag werden die Produkte aus Bali beschafft, die man zur Zubereitung der Opfergaben benötigt.
- **Samstag:** *Hari Penodolan.* Die Frauen bereiten *Dodol* zu, Süßigkeiten aus Reismehl.
- **Sonntag:** *Hari Penyekeban. Tape* wird zubereitet, eine Süßigkeit aus Reis und Hefe. Außerdem trocknet man Bananen.
- **Montag:** *Hari Penyajaan.* „Kuchen-Tag", die Küchlein der Opfergaben für die Haustempel werden gebacken. An diesem Tag findet in Semarapura im Tempel Paksa Bali eine Perang-Dewa-Zeremonie statt (symbolischer Kampf zwischen zwei göttlichen *Bhataras*). Dies ist ein ganz besonderes Ereignis, das man nur alle 210 Tage in Semarapura erleben kann. Viele Einheimische und Touristen kommen hierher.
- **Dienstag:** *Hari Penam pahan.* An diesem Tag wird Vieh geschlachtet. Am Nachmittag werden den bösen Geistern *(Biakala Charu)* Opfer gebracht, um das Dorf vor Gefahren zu bewahren.
- **Mittwoch:** *Hari Raya Galungan.* Der eigentliche Festtag. Alle Menschen beten am Familienschrein zu ihren Ahnen und zur Trimurtti, der dreigeteilten Gottheit Sang Hyang Widdhi. Anschließend bringt man kleine Opfer zu den Reisfeldern, den Reislagern und dem Friedhof. Zehn Tage lang, bis zum Kuningan am übernächsten Samstag, ist „Hochbetrieb" im Tempel. Berge von Opfergaben werden hin und her getragen, jeder betet und lässt sich segnen.
- **Samstag:** *Hari Raya Kuningan.* Man gedenkt der Toten des Kampfes gegen den Tyrannen, letzte Zeremonien.
- **Sonntag:** *Hari Manis Kuningan.* Große Wasserprozession nach Serangan (Schildkröteninsel) im Süden Balis. Viele Menschen aus ganz Bali nehmen daran teil. Die Straßen von Denpasar bis Benoa-Harbour sind voller Menschen, die Opfergaben tragen. Man betet am Strand von Benoa im Tempel Sakenan. Hier wird auch zu diesem Anlass der Tanz *Barong Landung* aufgeführt.

Odalan

Dieses Fest wird einmal im Bali-Jahr (210 Tage) am **Jahrestag der Einweihung eines Tempels** gefeiert. Da es Tausende von Tempeln auf Bali gibt, reißt die Kette der Odalan-Feste nie ab.

Die Feiern dauern etwa einen Tag und eine Nacht. Der Tag ist für Opferungen und Gebete reserviert, in der Nacht wird den Göttern und Ahnen in Form von Tanz, Gamelan-Musik oder Wayang-Kulit-Vorführungen gehuldigt. Neben-

035ba sb

Hahnenkampf

Der Hahnenkampf ist der „Nationalsport" der balinesischen Männer. Keine Regierung war bisher in der Lage, ihn einzuschränken. Es gibt bestimmt keinen männlichen Bewohner der Insel, der nicht wenigstens einen Kampfhahn besitzt und diesen aufopferungsvoll trainiert und pflegt. „Einem guten Kampfhahn schenkt ein Balinese mehr Zuneigung als seiner Frau", sagt der Volksmund.

Überall in den Straßen stehen die glockenförmigen Körbe, in denen die stolzen Hähne nervös auf und ab gehen. Sie dürfen nicht auf dem Hühnerhof den Hennen nachstellen, sondern werden eitel bewacht, gepflegt und täglich massiert, damit sich die Muskulatur entwickelt. Wenn Männer abends zusammensitzen, hat jeder seinen „Lieblingshahn" dabei, vergleicht, massiert, preist an und diskutiert über vergangene und zukünftige Kämpfe. Wer bei einem „Hahnfanatiker" wohnt, wird wenig Schlaf abbekommen, denn bei Sonnenaufgang versucht jeder Hahn, lauter zu krähen als der im Nachbarkorb. Ein wahrhaft ermüdender Wettkampf.

Der Hahnenkampf ist ein Relikt aus **vorhinduistischer Zeit.** Damals war der Hahnenkampf eine rituelle Angelegenheit, um die bösen Geister durch ein Blutopfer zu besänftigen. Heute wird gekämpft, um die **Wettleidenschaft** der Männer zu befriedigen, immer noch mit Vorliebe zu Beginn von **Tempelfesten.**

Der Kampf ist blutig und kurz, aber aufregend. Wo immer eine Traube von Männern laut schreiend zusammensteht, spielt sich mit Sicherheit gerade ein Hahnenkampf ab. Nur Männer sind beteiligt, aber Frauen, auch Touristinnen, ist es durchaus erlaubt zuzusehen. Um die eigentliche „Arena" herum wird gespielt, ge-

< Hahnbesitzer mit ihren Helden – die Showkämpfe interessieren vor allem den männlichen Teil der jeweiligen Gattung

raucht, geschwatzt, es gibt Essen und Trinken und vor allem jede Menge gute Laune.

Die **Auswahl der Gegner** ist kompliziert und langwierig. Man tauscht die Hähne aus, begutachtet sie gegenseitig. Sind sich zwei Hahnbesitzer einig, werden die Hähne hochgehoben. Das Wetten beginnt: Plötzlich reden und schreien alle durcheinander, halten Geld hoch. Ein langes, rasiermesserscharfes Messer wird an einem der Füße der Hähne befestigt, der Schiedsrichter prüft, ob alles mit rechten Dingen zugegangen ist, dann begeben sich die beiden Hahnbesitzer mit ihren „Gladiatoren" in gegenüberliegende Ecken. Durch Zupfen der Hals- und Schwanzfedern werden die Tiere in Wut gebracht. Das aufgeregte Wetten der Zuschauer verstummt und weicht einem „Ohh" oder „Aahhh", wenn die Kämpfer aufeinanderprallen.

Meistens ist der **Kampf** schon nach wenigen Sekunden vorüber. Einer der beiden Streithähne bricht blutend zusammen. Wenn er sich auch in der folgenden Runde nicht mehr erholen kann, hat er verloren. Der Hahn, der nach dem Kampf noch stehen kann, gewinnt. Lange Gesichter bei den Verlierern, Grinsen bei den Gewinnern.

Wenn beide Hähne nicht kämpfen wollen, sperrt man sie zusammen in einen Korb. So dicht zusammengepfercht, lässt sich die angezüchtete Aggressivität der Rivalen nicht mehr zügeln, und es gibt immer einen Verlierer.

Wenn ein Kampfhahn vier Kämpfe überlebt hat, wird er „pensioniert". Er darf auf den Hühnerhof, der Besitzer wird hoch geehrt und die Hahnenkampfgemeinschaft wird sich noch lange an diesen „großen Kämpfer" erinnern.

bei läuft eine Art Jahrmarkt, fliegende Händler bauen ihre Stände auf, das Dorf ist die ganze Nacht unterwegs.

Ein wichtiger Bestandteil dieser Feste ist eigentlich auch ein großer **Hahnenkampf.** Da der aber offiziell verboten ist, findet er unter „relativem Ausschluss der Öffentlichkeit" irgendwo statt, oft auch direkt vor dem Tempel. Als Tourist hat man keine Schwierigkeiten, den Ort ausfindig zu machen, einfach dem Krach folgen. Die Polizisten drücken ein Auge zu (oder wetten mit).

Die **Termine** für alle Odalans Balis und auch die der balinesischen Tempel auf den Nachbarinseln (z.B. Lombok, Java, Sumbawa) sind im balinesischen Kalender (s.u.) für jeden Monat verzeichnet.

Nyepi

Der Termin für das balinesische **Neujahrsfest** richtet sich – im Gegensatz zu allen anderen balinesischen Festen – nicht nach dem balinesischen Wuku-Kalender, sondern nach dem hinduistischen Saka-Kalender. Dieser ist mit unserem fast identisch. Das Fest fällt immer auf den **Neumond** zur Tag- und Nachtgleiche im Frühling (Frühlingsäquinoktium, 20./21. März).

Einen Tag vorher werden den **Geistern der Unterwelt** *(Bhuta Yaduja)* große Opfergaben dargebracht. Man legt sie auf Kreuzungen, Friedhöfen und anderen Orten aus, wo die Geister mit Vorliebe ihr Unwesen treiben. Als Opfergabe ist vor allen Dingen Fleisch von wilden Tieren oder Haustieren wichtig. So lockt man die Dämonen aus ihren Verstecken und vertreibt sie dann nachts, wenn jeder auf den Beinen ist, wobei man mit Gongs, Trommeln, Blechbüchsen und Rasseln so viel Lärm wie möglich macht.

In einigen Gemeinden werden *Ogoh-Ogoh* gebaut, große Fabelwesen aus Pappmachée. Damit werden dann Umzüge und manchmal auch Wettbewerbe veranstaltet. Das Spektakel findet meist am späten Nachmittag statt und endet mit dem Abfackeln der mühevoll erstellten Figuren. Dazu wird viel Arak getrunken und mit Feuerwerkskörpern geballert. Da Nyepi immer zu Neumond gefeiert wird, ist es nachts stockdunkel. Am nächsten Tag, so hofft man, sind alle bösen Geister von Bali vertrieben. An diesem Tag, dem eigentlichen Nyepi-Fest, wird gefastet und bei vielen jungen Männern sicherlich der Kater auskuriert.

Kein Mensch darf das Haus verlassen, der gesamte Straßen-und Flugverkehr kommt zum Erliegen, es darf kein Feuer gemacht und abends keine Lampe angezündet werden. 24 Stunden lang darf weder gearbeitet noch gegessen werden. Ganz Bali ist vollkommen ausgestorben, nur Ambulanz und Polizei haben „Ausnahmegenehmigungen". Diese Regelung betrifft auch Reisende: Sie müssen in ihren Hotels bleiben und ruhig sein.

Danach beginnt das neue Jahr, die Dörfer, ja die ganze Insel ist vom Bösen gereinigt und die Menschen sind ebenfalls geläutert.

Am Tag nach Nyepi findet in einem Banjar Süd-Denpasars **Med-Medan** statt. Mädchen und Jungen im heiratsfähigen Alter dürfen sich in der Öffentlichkeit küssen. Touristen und andere Besucher sind nicht zugelassen, das **Kuss-Festival** ist ausschließlich Balinesen vorbehalten.

Weitere Feste

Es gibt noch eine Vielzahl anderer Feste, z.B. **Tumpek Landep,** Tage an denen Maschinen und Werkzeuge aus Stahl, wie auch Autos, Motorräder und Fahrräder geehrt werden; **Tumpek Uduhan** ehrt Pflanzen und Produkte, die die Menschen ernähren, **Tumpek Kandang** ist Vieh und Haustieren vorbehalten, **Tumpek Wayang** den Schattenspielfiguren. Und um ganz sicher auch alles abzudecken, gibt es **Tumpek Kuningan,** einen

092ba pr

Tag zum Segnen der Spiritualität vergessener Teile im normalen Zyklus der Tage des Segnens. An anderen Tagen opfert man der Gottheit des Wohlstandes, der Ernte, des Goldes und Silbers usw. Häuser oder Tempel werden eingeweiht, Krankheiten ausgetrieben, auch Priester gekürt. Es gibt keinen einzigen Tag, an dem nicht irgendwo irgendwas los ist.

Regional gibt es noch eine Reihe von Festen und Zeremonien, die dem *Adat* (der Tradition) des jeweiligen Ortes entsprechen. Bei den Beschreibungen der jeweiligen Dörfer wird darauf hingewiesen. Außerdem findet, wer sich dafür interessiert, im balinesischen Kalender alle wichtigen Ereignisse verzeichnet.

Die balinesische Tourismusbehörde gibt einen zwei Jahre gültigen **Kalender für kulturelle Veranstaltungen** heraus: „Calender of cultural events" (in Englisch). Hier sind kulturelle Feste mit Ort und Zeitpunkt genannt und erläutert, genauso religiöse Feste, die das Jahr über auf der gesamten Insel stattfinden.

Der balinesische Kalender

Um die zahlreichen Feiertage und Feste auf Bali einigermaßen einordnen zu können, ist es gut, sich ein wenig mit dem balinesischen Kalender zu beschäftigen. Alle Festtage werden nach diesem Kalender berechnet, genauso wie alle anderen wichtigen Unternehmungen, und sei es nur das Schlachten eines Huhnes.

Das **balinesische Jahr** umfasst **sechs Monate mit jeweils 35 Tagen.** Ein „jährlich" wiederkehrendes Fest wiederholt sich also alle 210 Tage. So lässt sich der genaue Tag für jedes weitere Jahr errechnen. Allerdings können geringe Abweichungen vorkommen, da Astrologen manchmal Termine verlegen, um ungünstige Einflüsse zu umgehen.

Ein Kalender hängt in jedem Haus. Ein Exemplar kostet ca. 10.000 Rp. und ist in jedem Buchladen Balis zu bekommen. Da auch alle islamischen Feiertage angegeben sind, lohnt es sich, ihn mit nach Lombok zu nehmen.

Im Folgenden eine kleine **Anleitung zum Gebrauch** des Kalenders am Beispiel des Monats Oktober 2013. Die Erläuterungen beziehen sich auf das **abgebildete Blatt** auf der nächsten Seite.

Monatseinteilung

Das balinesische Jahr hat **210 Tage.** 30 Wochen *(Wuku)* mit je 7 Tagen ergeben **6 Monate** à 35 Tage.

Wochen

Jeder **Wuku** (Woche) eines Jahres hat einen eigenen Namen. Diese sind rot gedruckt, in der oberen Reihe, die links mit dem Wort Wuku beginnt. Im Oktober unseres Beispiels sind das die 8.–12. Woche. (Die Namen lauten *Warigadian, Julungwangi, Sung Sang, Dungulan, Kuningan.*) Die Wochen laufen immer konform mit unserer Wochenzählung. Jeweils mit dem Sonntag beginnt eine neue Woche.

Wochentage

Die äußerste linke Spalte bezeichnet senkrecht die Wochentage in **fünf Sprachen:** Indonesisch, Sanskrit, Englisch, Japanisch und Chinesisch.

◁ Auch wenn Tempelfeste über viele Stunden gehen können – das Publikum harrt geduldig aus

DZULQA'DAH - DZULHIJJAH Tahun : JIMAKIR Jawa : 1946 Arab : 1434 H	OKTOBER 2013	SAKA : 1935 Sasih Kapat, Ngunya : Kelima, Rah : 3 WINDU : KUNTARA Pengunyan Sasih : SASAB - MINTUNA TENGGEK : 2	PE GWE KAUW GV KUI - CI : 2 TAHUN : U

WUKU	MINGGU KE : 40 8. WARIGADIAN Basah Cenik, Rangdatiga, Bhatara Maharsi	MINGGU KE : 41 9. JULUNGWANGI Basah Gde, Ehep Bhatara Sambu	MINGGU KE : 42 10. SUNGSANG Salah Wadi, Carik Walangati, Lanus Bhatara Gana	MINGGU KE : 43 11. DUNGULAN Salah wadi, Waspenganten, Kalapati, Lanus Bhatara Kamajaya	MINGGU KE : 44 12. KUNINGAN Carik Walangati, Tanpeguru, Lanus Bhatara Indra
MINGGU Sunday Nichiyōbi Sing Chi Rek	ISBN : 978-602-9138-32-0 Gerhana Bulan Penumbra, terjadi tanggal 19 Oktober 2013. Gerhana dapat dilihat dari wilayah Indonesia. Gerhana Mulai : 04.48.3 WIB Puncak Gerhana : 07.50.2 WIB Gerhana Berakhir : 08.52.1 WIB Gerhana dapat dilihat di Sumatera, Bali, Kalimantan, Korea, Pilipina, Afrika, Eropa.	Dzulhijjah 1 Kauw Gwe 2 Urip = 5 + 7 Sato Kajeng Pon Urukung Sri 2 **6** Suka Menga Sri Dadi Watek : Watu - Lintah Lintang : Patrem 14. Tula Rasi Sasih Kapat	Dzulhijjah 8 Kauw Gwe 9 Urip = 5 + 8 Patra Pasah Kliwon Paniron Menala 9 **13** Duka Pepet Uma Urungan Watek : Buta - Uler Lintang : Lawean 21. Tula Rasi Sasih Kapat	Dzulhijjah 15 Kauw Gwe 16 Urip = 5 + 9 Wong G.Tegeh Paing Was Jaya 1 **20** Sri Menga Kala Ogan Watek : Suku - Gajah Lintang : Gajah 28. Tula Rasi Sasih Kapat	Dzulhijjah 22 Kauw Gwe 23 Urip = 5 + 4 Paksi Kajeng Wage Maulu Menala 8 **27** Raksasa Pepet Yama Gigis Watek : Suku - Uler Lintang : Uluku 5. Mercika Rasi Sasih Kapat
SENIN Monday Getsuyōbi Sing Chi Ik	TGL. HARI PERINGATAN : 1. Hari Kesaktian Pancasila.- 5. HUT ABRI.- 16. Hari Pangan Sedunia.- 20. HUT GOLKAR.- 24. Hari Dokter Indonesia.- 24. Hari PBB.- 28. Hari Sumpah Pemuda.- TGL. HARI BESAR KONFUCIANI 1. Ci Sing Tan (Lahir Nabi Kong Cu 551 SM) TGL. HARI BESAR BUDDHA 19. Hari Pavarana / Kathina TGL. HARI BESAR UMUM : 1. Hari Kesaktian Pancasila.	Dzulhijjah 2 Kauw Gwe 3 Urip = 4 + 4 Patra Pasah Wage Paniron Laba 3 **7** Dewa Menga Indra Dangu Watek : Buta - Lintah Lintang : Lembu 15. Tula Rasi Sasih Kapat	Dzulhijjah 9 Kauw Gwe 10 Urip = 4 + 5 Wong G.Tegeh Umanis Was Sri 10 **14** Raksasa Pepet Sri Tulus Watek : Suku - Uler Lintang : Kelapa 22. Tula Rasi Sasih Kapat	Dzulhijjah 16 Kauw Gwe 17 Urip = 4 + 7 Paksi Kajeng Pon Maulu Jaya 2 **21** Pati Pepet Kala Erangan Watek : Gajah - Lembu Lintang : Kiriman 29. Tula Rasi Sasih Kapat	Dzulhijjah 23 Kauw Gwe 24 Urip = 4 + 8 Mina Pasah Kliwon Tungleh Sri 9 **28** Suka Menga Ludra Nohan Watek : Watu - Lintah Lintang : Pedati 6. Mercika Rasi Sasih Kapat
SELASA Tuesday Kayōbi Sing Chi El	Dzulqa'dah 25 Pe Gwe 27 Urip = 3 + 7 Patra Pasah Pon Paniron Menala 12 **1** Pandita Menga Yama Nohan Watek : Wong - Gajah Lintang : Asu 9. Tula Rasi Sasih Ketiga	Dzulhijjah 3 Kauw Gwe 4 Urip = 3 + 8 Wong G.Tegeh Kliwon Was Jaya 4 **8** Pati Pepet Guru Jangur Watek : Gajah - Lembu Lintang : Dpat 16. Tula Rasi Sasih Kapat	Dzulhijjah 10 Kauw Gwe 11 Urip = 3 + 9 Paksi Kajeng Paing Maulu Laba 11 **15** Suka Menga Indra Dadi Watek : Watu - Lintah Lintang : Yuyu 23. Tula Rasi Sasih Kapat	Dzulhijjah 17 Kauw Gwe 18 Urip = 3 + 4 Mina Pasah Wage Tungleh Jaya 3 **22** Raja Pepet Kala Urungan Watek : Watu - Lembu Lintang : Jongsarat 30. Tula Rasi Sasih Kapat	Dzulhijjah 24 Kauw Gwe 25 Urip = 3 + 5 Taru G.Tegeh Umanis Aryang Laba 10 **29** Dewa Menga Brahma Ogan Watek : Buta - Lintah Lintang : Kuda 7. Mercika Rasi Sasih Kapat
RABU Wednesday Suiyōbi Sing Chi San	Dzulqa'dah 26 Pe Gwe 28 Urip = 7 + 4 Wong G.Tegeh Wage Was Sri 13 **2** Pati Pepet Ludra Ogan Watek : Gajah - Lembu Lintang : Kartika 10. Tula Rasi Sasih Ketiga	Dzulhijjah 4 Kauw Gwe 5 Urip = 7 + 5 Paksi Kajeng Umanis Maulu Menala 5 **9** Suka Menga Yama Gigis Watek : Watu - Lintah Lintang : Tangis 17. Tula Rasi Sasih Kapat	Dzulhijjah 11 Kauw Gwe 12 Urip = 7 + 7 Mina Pasah Pon Tungleh Jaya 12 **16** Sri Menga Guru Dangu Watek : Suku - Gajah Lintang : Lumbung 24. Tula Rasi Sasih Kapat	Dzulhijjah 18 Kauw Gwe 19 Urip = 7 + 8 Taru G.Tegeh Kliwon Aryang Menala 4 **23** Manuh Pepet Uma Tulus Watek : Wong - Lembu Lintang : Tiwa-tiwa 1. Mercika Rasi Sasih Kapat	Dzulhijjah 25 Kauw Gwe 26 Urip = 7 + 9 Sato Kajeng Paing Urukung Jaya 11 **30** Manusa Menga Kala Erangan Watek : Gajah - Lintah Lintang : Gajah-Mina 8. Mercika Rasi Sasih Kapat
KAMIS Thursday Mokuyōbi Sing Chi She	Dzulqa'dah 27 Pe Gwe 29 Urip = 8 + 8 Paksi Kajeng Kliwon Maulu Laba 14 **3** Manusa Menga Brahma Erangan Watek : Gajah - Lintah Lintang : Naga 11. Tula Rasi Sasih Ketiga	Dzulhijjah 5 Kauw Gwe 6 Urip = 8 + 9 Mina Pasah Paing Tungleh Sri 6 **10** Raja Pepet Ludra Nohan Watek : Watu - Uler Lintang : Salahukur 18. Tula Rasi Sasih Kapat	Dzulhijjah 12 Kauw Gwe 13 Urip = 8 + 4 Taru G.Tegeh Wage Aryang Menala 13 **17** Suka Menga Yama Jangur Watek : Watu - Lintah Lintang : Kumba 25. Tula Rasi Sasih Kapat	Dzulhijjah 19 Kauw Gwe 20 Urip = 8 + 5 Sato Kajeng Umanis Urukung Sri 5 **24** Duka Pepet Sri Dadi Watek : Buta - Uler Lintang : Sangkatikel 2. Mercika Rasi Sasih Kapat	Dzulhijjah 26 Kauw Gwe 27 Urip = 8 + 7 Patra Pasah Pon Paniron Menala 12 **31** Manuh Pepet Uma Urungan Watek : Wong - Lembu Lintang : Bade 9. Mercika Rasi Sasih Kapat
JUMAT Friday Kin'yōbi Sing Chi U	Dzulqa'dah 28 Pe Gwe 30 Urip = 6 + 5 Mina Pasah Umanis Tungleh Jaya 15 **4** Pati Pepet Kala Urungan Watek : Gajah - Lembu Lintang : Banyakangrem 12. Tula Rasi Sasih Ketiga	Dzulhijjah 6 Kauw Gwe 7 Urip = 6 + 7 Taru G.Tegeh Pon Aryang Laba 7 **11** Duka Pepet Brahma Ogan Watek : Buta - Uler Lintang : Prahu Pgât 19. Tula Rasi Sasih Kapat	Dzulhijjah 13 Kauw Gwe 14 Urip = 6 + 8 Sato Kajeng Kliwon Urukung Sri 14 **18** Sri Menga Ludra Gigis Watek : Suku - Gajah Lintang : Udang 26. Tula Rasi Sasih Kapat	Dzulhijjah 20 Kauw Gwe 21 Urip = 6 + 9 Patra Pasah Paing Paniron Laba 6 **25** Manuh Pepet Indra Dangur Watek : Wong-Lembu Lintang : Bububolong 3. Mercika Rasi Sasih Kapat	Pengaruh Bintang Timbangan (Libra) tgl : 23 September 2013 s/d tgl : 22 Oktober 2013 Timbangan - Teledu  ®
SABTU Saturday Doyōbi Sing Chi Lioek	Dzulqa'dah 29 Kauw Gwe 1 Urip = 9 + 9 Taru G.Tegeh Paing Aryang Menala 1 **5** Dewa Menga Uma Tulus Watek : Buta - Gajah Lintang : Ru 13. Tula Rasi Sasih Kapat	Dzulhijjah 7 Kauw Gwe 8 Urip = 9 + 4 Sato Kajeng Wage Urukung Jaya 8 **12** Duka Pepet Kala Erangan Watek : Buta - Uler Lintang : Puwuh Atarung 20. Tula Rasi Sasih Kapat	Dzulhijjah 14 Kauw Gwe 15 Urip = 9 + 5 Patra Pasah Umanis Paniron Laba 15 **19** Sri Menga Brahma Nohan Watek : Suku - Gajah Lintang : Bgoong 27. Tula Rasi Sasih Kapat	Dzulhijjah 21 Kauw Gwe 22 Urip = 9 + 7 Wong G.Tegeh Pon Was Jaya 7 **26** Manusa Menga Guru Jangur Watek : Gajah - Lintah Lintang : Sungenge 4. Mercika Rasi Sasih Kapat	Disusun Oleh : Kt. Bangbang Gde Rawi (alm) dan Putra-Putranya TGL. HARI BESAR ISLAM 15. Idul Adha 1434 H TGL. HARI SUCI HINDU : 23. Hari Raya Galungan CUTI BERSAMA : 14. Cuti bersama Idul Adha
INGKEL	SATO	MINA	MANUK	TARU	BUKU

Die vielen Namen innerhalb des Tageskästchens sind uninteressant, es sind unter anderem Tagesnamen, die auf verschiedenen Zählsystemen beruhen. Wichtig ist hier nur ein Eintrag: **Pasah.** Der steht immer in der linken Spalte. Im Beispiel zum ersten Mal am 13. Oktober. *Pasah* bedeutet Markt. In vielen Dörfern Balis (z.B. Ubud) ist alle drei Tage **Markttag,** und hier im Kalender steht wann: eben am mit *Pasah* bezeichneten Tag.

Feiertage

Um einen bestimmten Feiertag in diesem Kalender zu finden, geht man folgendermaßen vor: Man sucht z.B. den Feiertag Galungan. Der fällt jedes Jahr auf *Wuku Dungulan Wraspati Umanis.*

Dungulan ist die 11. Woche *(Wuku)* im Bali-Jahr, *Wraspati* ist der Donnerstag, *Umanis* ist die Bezeichnung dieses Tages: Es ist der 23. Oktober 2013.

Im Kalendarium links werden jeweils für den laufenden Monat die **balinesischen Festtage und Tempelfeste** *(Tanggal Perainan)* angegeben. Hier werden alle Orte Indonesiens aufgeführt, in denen in diesem Monat ein Tempelfest begangen wird.

Rot eingekreist werden immer besonders wichtige Feiertage, die häufig mit Prozessionen, Zeremonien oder Ähnlichem auf **ganz Bali** begangen werden. Im Beispiel ist das am 22.–24. Oktober das Fest *Galungan.*

Unten rechts steht eine Liste der **Feiertage anderer Religionen:**

- **Hari Raya Nasional/Internasional** (gesetzliche Feier- und Gedenktage)
- **Hari Raya Islam** (islamischer Feiertag)
- **Hari Raya Katolik** (christlicher Feiertag)
- **Hari Raya Kong Hu Chu** (buddhistischer Feiertag)

◁ Der balinesische Kalender für Oktober 2013

Vollmond und Neumond

Man erfährt auch, wann Voll- bzw. Neumond ist. Vollmond *(Bulan Purnama)* wird durch einen **roten Punkt** angegeben, und zwar am Tag danach (im Beispiel am 19.10.). Neumond wird durch einen **schwarzen Punkt** gekennzeichnet, hier am 4.10.

Weitere Informationen

Es werden noch eine ganze Reihe anderer Informationen in diesem Kalender vermittelt, die aufzuzählen und zu beschreiben ein ganzes Buch füllen würden. Wer aber das hier Erklärte anwendet, hat die Möglichkeit, schon Wochen im Voraus Reisen in bestimmte Orte zu planen, wenn dort ein interessantes Fest gefeiert wird. Auf jedem Monatsblatt findet man z.B. unter der Rubrik „Odalan di Pura-Pura:" täglich aufgelistet hunderte von Tempelfesten überall auf der Insel.

Gamelan – das balinesische Orchester

Wenn es irgendwo auf Bali klimpert, klappert, ein Gong erklingt oder Musik in scheinbar endlosem, melodischem Auf und Ab ertönt, dann ist ein Gamelan-Orchester an der Arbeit. Vielleicht übt es nur, aber beinahe täglich ist auch irgendeine Art Tanz, Prozession oder Fest ist im Gange.

Der Klang dieser etwas monotonen Musik gehört zu Bali wie die Sonne und die Hahnenkämpfe. *Gamelan* – das Wort stammt aus Java – gilt heute als allgemei-

Gamelan-Instrumente

- **Kendang:** Trommeln, die den Grundrhythmus bestimmen
- **Demung, Gender:** Metallophon mit Bronzeplatten, mit Metallhammer angeschlagen
- **Konong:** verschlossene, Bronze-„töpfe" mit einem Nippel auf der Oberseite, diese werden mit Metallhämmern angeschlagen und erzeugen einen klaren, metallischen Klang
- **Saron:** einzelner, kleiner Gong, wird mit einem Stock angeschlagen und „hält das Orchester zusammen"
- **Ketuk:** kurz und dumpf klingende Gongs
- **Keprak:** Holzblock, auf dem der Rhythmus für die Tänzer geschlagen wird

Nicht zur Grundausstattung gehören:
- **Suling** (Flöte)
- **Rehab** (eine Art Violine)
- **Gong Selunding** (Tasteninstrument), nur noch sehr selten verwendet
- **Gambang** (Tasteninstrument)
- **Genggong** (eine Art Maultrommel)

ner Begriff für ein Orchester mit **Schlaginstrumenten.** Der Klang ist recht ungewöhnlich für unsere Ohren, aber irgendwann erkennt man den Rhythmus. Höhere Töne werden öfter angeschlagen als tiefere.

Schon **vor 1500 Jahren** soll diese Musik in Indonesien erklungen sein. Ein komplettes Orchester, *Gong Gede*, besteht aus ca. 75 Instrumenten, die von mindestens 30 Personen gespielt werden. Mit **Gongs, Trommeln, Metallophonen, Zimbeln und Rasseln,** gelegentlich ergänzt durch Flöten und Saiteninstrumente, erzeugt das Ensemble einen Sound, der sich nach dem Plätschern eines Baches, einem wilden Hornissenschwarm oder einem Gewitter anhört.

Es gibt keine Soli und keine Melodie zum Mitsingen; alle Mitspieler erzeugen zusammen einen **Klangteppich** und begleiten damit Tanzvorführungen, Prozessionen und Zeremonien. Diese Untermalung ist so perfekt und sensibel, dass sogar im Radio Tänze übertragen werden. Die Zuhörer lauschen nur der Musik und können sich die Handlung des Tanzes vorstellen.

Ein Gamelan-Orchester in Aktion ist sowohl ein Ohren- als auch ein Augenschmaus. Faszinierend, wie die Männer (es sind immer nur Männer) an den Metallophonen mit der einen Hand rasend schnell über die Bronzeplatten hämmern und die soeben angeschlagenen Klangkörper mit der anderen Hand sofort wieder festhalten, um ein Nachschwingen der Metallplatten zu verhindern. Oft spielen drei oder vier Männer völlig synchron.

Der Mann mit den kleinen Trommeln (die größere ist „männlich", die kleinere

⊡ Kleines Gamelan-Orchester bei einem Familienfest

„weiblich") bestimmt den häufig wechselnden **Rhythmus** des Stückes. Beide Trommeln ergänzen sich im Spiel auf wunderbare Art, die Töne überlagern sich und irgendwann gelingt es nicht mehr, den Klang der hohen von dem der tieferen Trommel zu unterscheiden. Die beiden Trommeln bestimmen das Tempo des Orchesters, sie sind quasi der Dirigent. Die Metallophone spielen eine Art Melodie, während die Gongs, kleinen Becken und Rasseln das Klangspektrum erweitern.

Bei längeren Vorführungen wechselt die **Orchesterbelegung,** die Musiker gehen zwischendurch einen Tee trinken, rauchen, halten ein Schwätzchen oder ruhen sich aus. Später steigen sie an beliebiger Stelle nahtlos wieder ein. Fast immer werden die Stücke aus dem Gedächtnis gespielt.

Jedes Dorf besitzt eine **Musikervereinigung,** die *Sekad*. Ihr gehören alle Musiker eines Dorfes an, die hier gleichberechtigt ihre Belange regeln. Auch Musikveranstaltungen werden geplant und organisiert. Der Übungsplatz ist der Bale Gong, ein überdachter Pavillon, in dem auch die Instrumente aufbewahrt werden. Jeder darf spielen. Es gibt weder „Gesellenbriefe" noch „Vereinsausweise", allerdings bei Vorstellungen auch keine Bezahlung. Oft sieht man in diesen Bale Gong kleine Kinder mit erstaunlichem Können auf den Instrumenten herumklimpern. Schon im jüngsten Alter wird der Nachwuchs mit zu den Proben genommen. Dabei lernen die Jüngsten im

093ba pr

wahrsten Sinne des Wortes „im Schlaf" die unterschiedlichen Stücke. Wird ein neues Stück eingeübt, treffen sich die Musiker täglich zum Proben; wenn nicht, trifft man sich gelegentlich, um das Repertoire durchzuspielen, damit man beim nächsten Tempelfest fit ist.

Interessierte, die die Grundzüge dieser Musik erlernen wollen, können sich an den *Sekad* des jeweiligen Dorfes wenden. Wer das eine oder andere **Instrument erwerben** möchte, sollte nach Tihingan fahren. In dem kleinen Dorf in der Nähe von Semarapura und Blahbatuh leben die besten Bronzeschmiede Balis, die auch heute noch die Musikinstrumente herstellen.

Es gibt etwa 15 verschiedene **Gamelan-Zusammenstellungen,** je nach Region, Zweck und Anlass. Die Instrumente für eine Beerdigungszeremonie sind andere als die einer Ramayana-Ballett-Begleitung. Das kleinste, nur vier Mann starke Orchester gehört zum Wayang-Kulit-Schattenspiel, das größte, mit 30–35 Personen, tritt bei großen Tempelfesten und Familienfesten hoher Persönlichkeiten auf. Weltweit bekannt sind die drei Gamelan-Orchester aus Sanur, sie gehören zu den besten Balis.

Tanz und Schauspiel

Der Tanz spielt in der balinesischen Gesellschaft eine überaus wichtige Rolle. An jedem Tag des Jahres hat man an jedem Ort Balis die Möglichkeit, im Umkreis weniger Kilometer irgendeiner Tanzvorführung beizuwohnen. Fast zu jedem Tempelfest, zu jeder bedeutenden Zeremonie (Zahnfeilung, Hochzeit, Verbrennung) gehört eine Tanzvorstellung. Getanzt wird auf festen Bühnen, auf Tempelplätzen, Wiesen, Straßen, kurz: überall dort, wo ein freier Platz existiert, der Platz zum Agieren und den Dorfbewohnern Raum zum Zusehen gibt.

Viele der Tänze haben einen **religiösen Charakter.** Mit ihnen sollen Unheil abgewendet, Dämonen ausgetrieben und Krankheiten bekämpft werden. Das Galungan-Fest zu Ehren der Seelen der verstorbenen Ahnen ist ohne Tänze und Musik nicht denkbar. Es gibt allerdings auch eine ganze Reihe **weltlicher Tänze,** die „nur" den Sinn haben, die Dorfbewohner zu erfreuen.

Schon wenn sie sechs Jahre alt sind, fängt man an, den kleinen Mädchen und Jungen die Kunst des Tanzes beizubringen. Immer werden bestimmte Tänze (z.B. *Legong, Baris, Barong*) gelehrt, niemals das Tanzen allgemein. Jeder Schritt, jede Arm- und besonders jede Fingerbewegung ist vorgeschrieben. Auch das „Augenrollen", ein besonderes Charakteristikum des balinesischen Tanzstiles, wird minuziös gelernt. Schon mit 12 oder 13 Jahren können Balinesen perfekte Tänzer/innen sein.

Es gibt über **200 verschiedene Tänze** auf Bali, von denen heute noch ca. 50 aufgeführt werden. Mehr als 2000 **Tanzgruppen** sind dafür zuständig, einige von ihnen sind international bekannt und gehen regelmäßig auf Tournee. Die große Mehrzahl der Gruppen aber ist unbekannt: Der Bauer, der Taxifahrer, die Warungverkäuferin gehören ihnen an. Sie tanzen oft genauso perfekt wie ihre berühmten Kollegen, allerdings nur zum eigenen Vergnügen und um den Göttern zu gefallen.

In fast allen größeren Dorfgemeinschaften existiert eine **Organisation,** genannt *Sekaha Gong*, die zuständig ist für die Pflege und Kultivierung des balinesischen Tanzes und der Musik. Hier können Interessierte erfahren, wer tanzen lehrt und wann etwas aufgeführt wird.

Religiöse und weltliche Tänze werden stets **nachts aufgeführt,** mit Vorliebe in Vollmondnächten. Tagsüber ist es zu heiß und viele der Akteure müssen arbeiten. Bevor es los geht, bauen gegen Abend am jeweiligen Platz fliegende Händler ihre Stände auf, die Frauen des Dorfes oder der Umgebung schaffen das Essen heran. Hunderte von Öllämpchen geben dem Ort eine feierliche Stimmung und vermitteln Gemütlichkeit. Nach und nach findet sich das ganze Dorf ein, vom Säugling bis zum Greis ist alles auf den Beinen und wartet geduldig auf den Beginn der Vorstellung.

Das kann recht lange dauern. Oft wird nicht vor Mitternacht angefangen, dafür gehen die Tänze dann bis zum Sonnenaufgang. Je wichtiger und magischer ein Tanz ist (beispielsweise *Sanghyang*), desto unbestimmter und länger ziehen sich Vorbereitungen hin. Oft sind Startzeiten von astrologischen Berechnungen abhängig.

Weltliche Tänze besitzen eine **Handlung,** zumeist Teile aus überlieferten Epen wie dem Ramayana. Diese sind jedem einheimischen Zuschauer bekannt, darum kann ohne Weiteres auf viel Text und besonders auf Kulissen verzichtet werden. So warten die Zuschauer nicht begierig darauf, was als Nächstes passiert, sondern schauen gebannt den Gesten und der Choreografie zu, die in scheinbar unwesentlichen Details einen ganz bestimmten Stil verrät. Kennt man aber die Grundzüge der Handlung, fälllt es auch dem Fremden nicht schwer, den Inhalt im Groben zu verstehen.

Höchst beeindruckend sind die prachtvollen **Kostüme,** die Schönheit der Darsteller und der teils aufreibende, teils monotone Rhythmus der begleitenden Gamelan-Musik. Faszinierend die Ausdauer, Konzentration und Perfektion der oft sehr jungen Tänzerinnen und Tänzer.

Ermüdend kann die reine **Dauer** einer Aufführung sein, vier bis fünf Stunden sind keine Seltenheit. Ein Kissen für den Sitzkomfort und eine Taschenlampe für den Heimweg, im Bergland auch eine wärmende Decke, sollte man auf keinen Fall vergessen. Auch wenn Fotografieren normalerweise in Ordnung ist, sollte man vorher gut überlegen, ob sich das Betrachten des Theaterstücks durch den Sucher der Kamera wirklich lohnt. Spannender ist es sicher, sich ganz dem Tanz hinzugeben.

Etliche Tänze werden heutzutage regelmäßig sogar täglich **für Touristen aufgeführt.** Verschiedene Bühnen wie in Ubud, Denpasar, Legian oder Sanur haben sich auf verschiedene Tänze spezialisiert. Sie sind, dem Touristengeschmack entsprechend, gekürzt und dauern in der Regel eine bis anderthalb Stunden. Im Gegensatz zu den Veranstaltungen im Dorf kosten diese Aufführungen Eintritt. Dafür gibt es normalerweise ein Programmheft, in dem der Inhalt erklärt wird. Fotofans seien diese Vorstellungen empfohlen, hier ist man Blitzgeräte gewohnt, das Publikum ist oft „rein weiß“ und so stört man niemanden.

Geschichte und Stile

In vorhinduistischer Zeit hatten alle Tänze der Ur-Balinesen (Bali-Aga) magischen und sakralen Charakter. Im **10. Jahrhundert** erreichte der hindu-javanische Einfluss Bali. Die ursprünglich aus Indien stammenden Tänze Javas, die dort eine Weiterentwicklung erfahren hatten, wurden dem balinesischen Geschmack angepasst. Obwohl die gesellschaftlichen, kulturellen und regierungstechnischen Verbindungen zwischen Java und Bali sehr stark waren, entwickelten sich spezielle **balinesische Elemente.**

Besonders das „demokratische", fast „sozialistische" Gesellschaftssystem Balis, das Banjar-System, wirkte sich auf den Tanz aus. Waren es in Java hauptsächlich die Fürstenhöfe, die die Tanzkunst pflegten und weiterentwickelten, so gehörte der Tanz auf Bali dem ganzen Volk. Zwar wurden auch hier an den Höfen besonders feine und ästhetische Tanzstile entwickelt, aber die Basis der Entwicklungen waren die dörflichen Gemeinden, in denen die Tanzkunst ebenfalls gepflegt wurde.

Als dann Java um 1500 zum Islam übertrat, flüchteten viele der Fürsten, Gelehrten und besonders die Künstler nach Bali. Ein ungeheurer kultureller Aufschwung war die Folge und das Traditionsbewusstsein der Balinesen sorgte auch unter der Herrschaft der Holländer für den Fortbestand der Künste.

Auf **Java** wurden die Tänze ebenfalls nicht vergessen, sogar an den Höfen weiter kultiviert. Allerdings ging dort mit der Zeit die Verbindung zur Basis verloren. So **unterscheiden** sich die Tanzstile Balis und Javas nicht durch die Inhalte, die sind gleich geblieben, sondern durch den Unterschied im Ausdruck. Die Tänze Javas sind ruhiger, intellektueller, weniger dynamisch, während die balinesischen Tänze durch Vitalität und aufregende Rhythmen bestechen. Balinesen finden die Tänze Javas langweilig und Javanesen behaupten, Balis Tänze seien vulgär.

Manche Tänze werden nur von **Frauen** (Legong-, Arja-, Pendet- und einige Sanghyang-Tänze), andere nur von **Männern** getanzt (Topeng-, Baris- und Jauk-Tanz). **Trance-Tänze** stellen ganz besondere Ansprüche an den (die) jeweilige(n) Tänzer(in). Manchmal können nur „unberührte" Jugendliche in Trance versetzt werden, ein andermal darf der Tänzer in der vorangegangenen Woche bestimmte Dinge nicht getan haben, beispielsweise einen Toten berührt oder Geschlechtsverkehr gehabt haben, sonst wirkt der Zauber nicht.

Charakteristik

Eine Charakteristik der balinesischen Tanzkunst könnte so aussehen:

- **Expressivität der Augen:** Die Augenbrauen werden hochgezogen und die Augen glänzen und rollen seitwärts, nach oben und unten, in alle Richtungen. Manchmal ist die Augenbewegung (*Nyleclet*) schnell, manchmal langsam, je nach Inhalt und Situation des Stückes. Man findet derartig auffallende Augengestiken nur auf Bali. Selbst Indien, wo Augenbewegungen beim Tanz auch eine große Rolle spielen, kann da nicht mithalten.
- **Dynamik und Rhythmus:** Jede Bewegung in balinesischen Tänzen (z.B. Augen, Kopf, Arme, Hände, Schultern, Beine) richtet sich nach dem Rhythmus des begleitenden Gamelan-Orchesters. Der Unterschied zu javanischer Gamelan-Musik ist wie der von Tag und Nacht. Gamelan auf Java ist weich, aus-

036ba sb

geglichen und manchmal langweilig, ohne Höhepunkte. Im starken Gegensatz dazu steht die Musik Balis: dramatisch, hart, metallisch, oft aufreibend, aufregend.

Die Ausdruckskraft der Augen wird durch Schminke unterstützt

- **Haltung der Beine:** Normalerweise offen und flach, manchmal bis kurz vor der Hocke. In manchen Tänzen allerdings findet man auch recht gestreckte Beinhaltungen.
- **Haltung der Arme:** Normalerweise offen und ein wenig angehoben, sodass es scheint, als seien die Schultern ebenfalls angehoben.
- Jede der eindrucksvollen **Bewegungen** ist genau vorgeschrieben und hat einen eigenen Namen, der aus der Tier- und Pflanzenwelt stammt. So heißt z.B. eine mehrmalige Drehung „Tiger, sich gegen Insekten wehrend", ein Seitenschritt heißt „Rabensprung". Es gibt eine bestimmte Fingerbewegung,

die mit „zwei blaue Vögelchen, auf einem Palmblatt schaukelnd" bezeichnet wird, eine bestimmte Kopfbewegung heißt „Affe, nach Früchten im Baum schauend".

Tempeltänze

Diese Tänze werden im Tempel veranstaltet und leiten religiöse Zeremonien ein oder begleiten sie. Hauptsächlich ergänzen sie die Feste des balinesischen Kalenders.

Pendet

Dieser Tanz wird von **Frauen** getanzt, die diesen Tanz selbst den Göttern als Opfer bringen. Die Frauen/Mädchen sollten unverheiratet sein. Es können 1, 2, 10 oder 100 Frauen teilnehmen. In einer Hand halten sie während ihrer rhythmischen, sich von Schrein zu Schrein bewegenden Vorführung Blumen, Räucherstäbchen oder Gebäck *(Pendet)*. Manchmal nimmt auch ein einzelner Mann an der Darbietung teil. Die Tanzschritte sind nicht streng vorgeschrieben, und die Tänzerinnen gehören keiner festen Tanzgruppe an, sondern rekrutieren sich aus der jeweiligen Dorfgemeinschaft; sie lernen einfach durch Abgucken und Nachmachen.

Unter Präsident *Sukarno* kam der Pendet zu Ehren, als er als Begrüßungstanz für am Flughafen eintreffende Prominente getanzt wurde. Das Management das Bali Beach Hotel sah in den 1960er Jahren das Potenzial des Pendet als „Begrüßungstanz" und ließ ihn in der Folge vor jeder Aufführung des Legong tanzen. Die Verantwortlichen im Konservatorium für traditionelle Musik sahen das nicht gern und ließen den Choreographen *I Wayan Beratha* zu Beginn der 1970er Jahre einen eigenen Tanz kreieren: den Panyembrama oder Tari Selamat Datang, quasi den offiziellen „Willkommenstanz".

Heute wird der Pendet auch **„weltlich"** zur feierlichen Begrüßung von hohen Gästen oder Besuchern eines Hotels vorgeführt.

Gabor

Diese Variation des Pendet wird von zwei Mädchen getanzt, die sich gegenseitig Luft zufächeln. Die Gamelan-Musik ist dynamischer als beim Pendet.

Rejang

Auch dieser Tanz ist als Opfer für die Götter gedacht. Er wird tagsüber im Tempel aufgeführt. Tanzen dürfen nur **junge Mädchen,** die noch keine Periode gehabt haben, teilweise sind sie sogar jünger als sechs Jahre. Vorweg tanzt ein Tempelpriester *(Pemangku)*, der an einem langen Faden, den die Mädchen in der Hand halten, die Reihe führt. Manchmal tragen die Mädchen auch Fächer. Die Gamelan-Musik ist einfach, die Bewegungen der Tänzerinnen sind sehr langsam.

Mabuang

Dieser Tempeltanz wird von **unverheirateten Männern** getanzt. Man tanzt im Kollektiv, aber jeweils im Duett. Zwei junge Männer stehen sich gegenüber, um sich am Ende einen **Schaukampf** zu liefern. Dieser Kampf *(Kere Prang Duri)* sieht in jedem Dorf anders aus. In Tenganan benutzt man z.B. Blätter als Waffen, in Karangasem Stöcke.

Kris-Tanz

Dies ist ein uralter Tempeltanz, der, wenn er aufgeführt wird, auf den Pendet, Gabor oder Rejang folgt. Er wird von barbrüstigen **Männern** getanzt, die in **Trance** versetzt werden und während der Vorführung versuchen, sich mit ihrem Kris zu erstechen, indem sie diesen mit aller Gewalt mit der Spitze gegen ihre Brust drücken. Haben sie alle Vorschriften beachtet, wird ihnen nichts geschehen. Hin und wieder passiert es aber, dass der Zauber nicht hilft. Dann können sich die Männer verletzen – man achte diskret auf kleine, aber dicke Narben auf dem Brustkorb von Fischern, Bauern und Souvenirverkäufern.

Dieser Kris-Trancetanz ist auch Teil des Barong-Tanzes (s.u.), der darum teilweise ebenfalls Kris-Tanz genannt wird.

Pasraman

Dem Kris-Tanz ähnlich, allerdings sind die Tänzer mit **Lanzen** bewaffnet. Außerdem wird er stets zum Ende eines Tempelfestes aufgeführt.

Rituelle Tänze

Baris

Das Wort *Baris* heißt eigentlich „Linie, Reihe". So bezeichnete man früher die klassische Angriffsreihe der Krieger. Später nannte man die Krieger selbst Baris.

Der Baris-Tanz ist ein urbalinesischer Tanz, der seinerzeit in Verbindung mit Opferungen zum Erbitten des Sieges vor dem Kampf oder aber als Dank für eine gewonnene Schlacht aufgeführt wurde. Auch konnten sich in ihm junge Krieger als „ganze Männer" auszeichnen, die hervorragend mit Kriegswaffen umgehen konnten, stark und mutig waren.

Er wird paarweise in Gruppen von 6 bis 16 Männern vorgeführt. Die Tänzer beginnen mit langsamen Schritten und Bewegungen und steigern sich immer mehr, bis zum ekstatischen Wirbeln.

Es gibt viele verschiedene Baris-Tänze, die sich hauptsächlich durch die **Waffen** unterscheiden und nach ihnen benannt werden:

- **Baris Cendekan:** kurze Lanze (Nordbali)
- **Baris Panah:** Pfeil und Bogen (Nordbali)
- **Baris Tamiang, Baris Presi:** Schild
- **Baris Dedap:** besonderer Schild (Batursee)
- **Baris Tumbak, Baris Jojo:** Lanze
- **Baris Gede:** besonders lange Lanze, viele Tänzer

Baris Melampahan

Dieses ist eine neuere, **nicht-rituelle Baris-Art.** Als einzige Form wird hier eine Handlung dargestellt, häufig aus alten Heldenepen. Für Touristen wird dieser Baris-Tanz häufig aufgeführt. Die Tänzer tragen Kostüme und werden sehr lange ausgebildet.

Sanghyang-Tänze

Der Sanghyang-Tanz ist ein **Trancetanz,** der aufgeführt wird, um Epidemien und andere Katastrophen abzuwehren. Nach dem balinesischen Glauben ist Nusa Penida die Heimat eines Dämonenfürsten mit einer ganzen Armee von bösen Geistern *(Leyaks).* Wenn die Leyaks nach Bali kommen, bricht eine **Epidemie** aus, und um dieses Werk der Dämonen wieder abzuwenden, erbitten die Balinesen Hilfe von einer Göttin *(Dewi).* Die Göttin wird in den Pura Dalem (Totentempel) des Dorfes gebeten und nimmt im Körper eines jungen Mädchens Platz. Dieses Mädchen wird nun selbst zu einer Göttin, balinesisch *Sanghyang.*

Gewöhnlich wird der Sanghyang-Tanz von **zwei Mädchen** ausgeführt. Sie hocken während der Vorbereitungen vor Schalen, aus denen duftender Rauch aufsteigt und atmen diesen ein. Hinter ihnen befinden sich ein Männer- und ein Frauenchor, die Gebete singen. Das Lied *Gending Pangedusan* wird nur von den Frauen gesungen. Es beginnt sehr langsam, aber wenn erste Anzeichen dafür sprechen, dass die Ankunft der *Dewi* nahe ist, wird der Rhythmus beschleunigt, bis die beiden Mädchen ohnmächtig nach hinten fallen. Nun ist die Göttin im Körper der Mädchen, welche somit zu Sanghyang geworden sind.

Nun wechselt man deren bis zu diesem Zeitpunkt weißen Kleider gegen die erforderlichen **Kostüme,** und die Mädchen beginnen zu tanzen, mit geschlossenen Augen und ohne jemals eine einzige der Gesten, Schritte und Bewegungen gelernt zu haben. Oft tanzen sie sogar auf den Schultern von Männern sitzend, die sie so um das ganze Dorf tragen. Auf diese Weise wird die Epidemie meist vertrieben.

Nachdem der **Rundgang** ums Dorf beendet ist, werden die Mädchen durch Besprengen mit heiligem Wasser, rhythmische Bewegungen und Räucherstäbchendämpfe wieder in die Realität zurückgeholt und können sich an nichts mehr erinnern.

Ein Mädchen, das eine Sanghyang werden will, muss, da ihr Körper von einer *Dewi* (meistens *Suprabha*) betreten wird, völlig rein sein. Sie muss ein Leben voller **Tabus,** Verbote und Regeln führen. Sie darf z.B. nicht fluchen, nicht mit der linken Hand essen, nicht stehlen oder kämpfen usw. Das ist für ein kleines Mädchen sehr entbehrungsreich, wird aber mit viel Achtung und der Entbindung von vielen Pflichten gewürdigt.

Sanghyang Dedari

Der bekannteste Sanghyang-Tanz ist wohl der Sanghyan Dedari. Nachdem sich die *Dewi* im Körper des Mädchens niedergelassen hat, wird dieses in ein Legong-Kostüm gekleidet und beginnt, diesen Tanz exakt zu tanzen, ohne ihn jemals gelernt zu haben oder in der Lage zu sein, ihn später zu wiederholen. Manchmal begleitet ein Kecak-Chor die Zeremonie. Diese Art Sanghyang-Tanz wird in vielen Gegenden Balis aufgeführt. Er wird auch von einigen Tourveranstaltern als *Virgin Dance* oder *Trance Dance* im Programm aufgeführt. Was da aber angeboten wird, ist ein trauriger Abklatsch von dem, was sich bei einem der echten Tänze wirklich abspielt. Diese bekommt man aber höchst selten zu sehen, meistens sind Touristen gar nicht zugelassen.

Sanghyang Deling

Der Sanghyang Deling ist heute nur noch sehr selten in der Gegend um den Batur-See zu sehen. Zwei Puppen dienen als Körper, in den die *Dewi* eindringen kann. Wenn die Puppen sich zu bewegen scheinen, werden sie von den zwei Tänzerinnen genommen und diese fangen dann an zu tanzen. Die Musik im Gebirge ist sehr primitiv, das Orchester besteht lediglich aus einer Flöte *(Suling),* einem Tamburin *(Terbang)* und einer Trommel *(Kendang).* Ein ähnlicher Tanz ist in Tabanan bekannt, hier heißt er Sanghyang Dangkluk.

Sanghyang Jaran (Feuertanz)

Dieser Tanz ist hauptsächlich in Südbali bekannt und wird von einem oder zwei Männern getanzt. Dem Gott dient ein hölzernes oder aus Bambus gefertigtes **Pferd** als Aufenthaltsort. Der Tänzer imitiert nun mit dem Holzpferd reitende Bewegungen und fällt in Trance. Manchmal wird dieser Tanz durch einen Kecak-Chor begleitet, manchmal wird auch auf ein Pferd verzichtet. Der in Trance gefallene Tänzer bewegt sich um einen brennenden Haufen Kokosschalen herum. Es kommt vor, dass der Tänzer barfuß durch die Glut läuft, ohne sich zu verbrennen.

Aus diesem spektakulären Nebeneffekt wurde in neuerer Zeit der **Fire Dance** entwickelt. Er wird ausschließlich für Touristen vorgeführt und dient keinem rituellen Zweck. Die Tänzer versetzen sich in Trance und laufen, begleitet von lauter, unheimlicher Gamelan-Musik, durch aufgeschichtete Glut. Ein aufregendes und spektakuläres Ereignis, das, obwohl es wenig authentisch ist, einen starken Eindruck hinterlässt.

Barong-Tänze

Barong Keket (Kris Dance)

Der Barong-Tanz ist einer der gewaltigsten und brutalsten Tänze, die man sich auf Bali ansehen kann – allerdings nicht die „Touristentänze", die sind gespielt und nicht ernst zu nehmen.

Das diesem Tanz zu Grunde liegende Prinzip ist der urbalinesische Glaube an die **dualistisch** regierte Welt: Das Gute und das Böse liegen in ewigem Hader miteinander. Der **Barong** verkörpert das **Gute,** das männliche Prinzip, Sonne, Tag, Licht, die Kraft, das Böse zu überwinden, die „rechte Seite".

Der Barong ist ein **Fabeltier,** über dessen Herkunft einige Unklarheiten bestehen. Ziemlich sicher ist, dass es sich hierbei um das Totemtier der Balinesen handelt, das die vorhinduistische Gesellschaft der Insel vor Bösem schützte. Heute haben die Balinesen allerdings eine andere Legende, die die Herkunft des Barong erklärt (siehe Nusa Penida). Der Barong ist ein vierbeiniges Ungeheuer mit einem Kopf, der mal mehr einem Tiger, mal einem Wildschwein, einem Stier usw. gleicht. Der stärkste und gewaltigste aber ist der *Barong Keket,* ein Tier, das keinem bekannten gleicht und auch *Banaspati Raja* (der oberste Herr des Waldes) genannt wird.

Zwei Männer werden gebraucht, um ihn darzustellen. Unter einem zotteligen Fell stellen sie Hinter- bzw. Vorderteil dar und bewegen jeweils Schwanz oder **Maske.** Letztere ist ein furchterregendes Gesicht mit runden Glotzaugen, riesigen Fangzähnen und langem Bart. Der Bart ist heilig. Er wird aus Menschenhaar gemacht und ist der Sitz

⊡ Auch Jungen lernen die kunstvollen Tänze

036ba sb

der magischen Kräfte, die dem Guten dienen **(weiße Magie).** Taucht man ihn in Wasser, geht diese mystische Kraft auf das Wasser über, und man kann mit ihm Krankheiten heilen oder Dämonen austreiben.

Das **Böse** manifestiert sich in **Rangda.** Sie ist die Hexenwitwe, die Fürstin der *Leyaks* (Dämonen, die nur Böses im Sinn haben). Sie bringen Krankheiten, Epidemien, Tod, Unglück und Zwietracht. Rangda ist das weibliche Prinzip. Sie verkörpert Nacht, Krankheit, Tod, die „linke Seite". Sie ist die **Meisterin der schwarzen Magie,** frisst kleine Kinder und bekämpft die Menschheit. Würde der Barong den Menschen nicht zur Seite stehen, sie wären verloren.

Dargestellt wird Rangda von einem Mann, der ein abgefetztes, zerrissenes Kostüm trägt. Die Maske ist dem Barong-Gesicht ähnlich; lange Fangzähne, Kulleraugen. Aus dem Mund hängt eine lange, rote Zunge, das Haar ist struppig. Krallenartige, lange Fingernägel und mit Sägespänen gefüllte Hängebrüste gehören ebenso zu ihrem Erscheinungsbild wie Stoffwürste, die um ihren Hals hängende Eingeweide symbolisieren.

Die Kostüme beider Figuren sind heilig und werden im Pura Dalem, dem Totentempel des Dorfes, in einem Schrein aufbewahrt. Man bringt ihnen Opfer, und der Priester passt auf, dass sie nicht verschwinden.

Während des **Barong-Tanzes** prallen nun diese beiden konträren Mächte aufeinander, weiße und schwarze Magie liefern sich einen erbitterten Kampf. Der Barong wird unterstützt von **Kris-Kämpfern** *(Daratan* oder *Panugdug)*, die Rangda angreifen, um sie zu vernichten. Diese kehrt mit Hilfe ihres weißen Tuches (Sitz der schwarzen Magie) die Kraft des Angriffes um. Die Männer richten die scharfen Dolche auf sich selbst und versuchen, sich selbst umzubringen.

Der Barong aber macht die Männer mit einem Zauberspruch unverwundbar. So viel Kraft die Kämpfer auch aufbringen (und das tun sie wirklich, zumindest während des echten Tanzes), sie schaffen es nicht, ihren Brustkorb zu verletzen. Die Männer sind in **Trance,** ihre Unverletzlichkeit ist nicht erklärbar, es sei denn, man geht davon aus, dass wirklich Zauberei im Spiel ist.

Rangda flieht, als sie merkt, dass ihre Anstrengungen keinen Erfolg haben. Getötet wird sie nicht. Nun werden alle Trance-Tänzer durch Besprengen mit heiligem Wasser aus der Trance erlöst. Um die bösen Geister zu besänftigen, opfert man das Blut eines lebenden Kükens.

Damit die Tänzer durch die vielen und bösen Beschwörungs- und Zauberformeln, die während der Vorführung ausgestoßen werden, keinen Schaden nehmen, müssen vor einer derartigen Aufführung viele **Opfer und Zeremonien** vollbracht werden. Die Kris-Tänzer werden nach ganz bestimmten Gesichtspunkten ausgewählt, und sie dürfen eine Woche vor der Veranstaltung keinen Toten berühren oder eine Person, die einen Toten berührt hat. Kommt so etwas doch vor, ist die betreffende Person **unrein** und kann nicht durch den Zauberspruch unverwundbar gemacht werden. Der Kris wird dann seinen Körper **verletzen.**

Wenn sich ein Tänzer während dieser Aufführung verletzt hat und ein anderer Kris-Kämpfer die Wunde sieht, wird sich dieser auf ihn stürzen und das Blut saugen. Das kann gefährlich werden. Aus diesem Grund ist immer ein Tempelwächter bei einer derartigen Vorstellung anwesend, um mögliche Gefahren abzuwenden, indem er die Wunde mit einer Hibiskusblüte bedeckt und so den Blutfluss stoppt. Hin und wieder trifft man einen Balinesen mit kleinen, aber recht dicken Narben auf der Brust.

Andere Barong-Aufführungen, die sich lediglich durch die Maske des Barong vom *Barong Keket* unterscheiden:

- **Barong Bangkal** = Wildschwein
- **Barong Macan** = Tiger
- **Barong Singa** = Löwe
- **Barong Gajah** = Elefant (selten)
- **Barong Lembu** = Stier (selten)
- **Barong Awang** = Bär

Barong Kalekek

Eigentlich ist Barong Kalekek ein **Tanzdrama.** Dargestellt wird die Geschichte von Shiva und seiner Frau, die sich später in die Todesgöttin Durga verwandelt.

Barong Landung

Der Barong Landung unterscheidet sich völlig von anderen Barong-Tänzen. Die beiden Tänzer nehmen nicht die Form eines wilden Tieres an, sondern von **zwei Riesen,** einem Mann und einer Frau. Der Mann heißt *Jero Gede,* die Frau *Jero Luh.* In beiden Kostümen stecken aber Männer. Die Barong-Landung-Vorstellung wird meist in der Gegend um Denpasar aufgeführt (s. Benoa, Serangan), normalerweise am Kuningan-Tag. Die Vorführung ist oft lustig, dient aber auch zur Austreibung böser Geister.

Nichtreligiöse Dramen

Neben den bisher beschriebenen Tänzen, die alle eine religiöse Bedeutung haben und aufgeführt werden, wenn es in religiösem Sinne notwendig ist, gibt es eine ganze Reihe anderer, nicht religiöser Tänze und Vorführungen, die hauptsächlich zum Amüsement der Zuschauer stattfinden. Häufig werden auch sie in Verbindung mit irgendeinem Tempelfest aufgeführt, um auf diese Weise nicht nur die Dorfbewohner, sondern auch die Götter zu unterhalten, die sich zu dieser Zeit in den Tempeln aufhalten.

Kecak

Der *Kecak-Cak* oder **Affentanz** ist wohl einer der mitreißendsten und rhythmischsten Tänze überhaupt. Über hundert Männer, alle nur mit einem schwarz-weiß-karierten Sarong bekleidet, sitzen in mehreren, sehr engen Kreisen um eine Öllampe, die in dem freigelassenen Innenraum steht. Leise summend beginnen die Männer langsam mit den Rufen „Cak ke-cak ke-cak ke-cak ke-cak", die diesem Tanz den Namen gegeben haben.

Aber nicht lange bleiben die Rufe zurückhaltend. Immer schneller, lauter und aggressiver, teilweise in zwei Gruppen gegeneinander, wird „gesungen", hin und wieder unterbrochen durch Summen oder Zischen. Wie ein einziges Lebewesen beugen sich die Männer vor und zurück, wie auf Kommando fliegen alle Arme ausgestreckt zur Mitte des Kreises, mal liegen alle Männer flach, mal ist es still, aber im nächsten Moment geht es mit gleicher Lautstärke weiter. Eine wahrhaft mystische Atmosphäre entsteht.

Entstanden ist diese Art Tanz aus dem Männerchor bei verschiedenen Sanghyang- Tänzen. Dort unterstützte er durch das ununterbrochene „Cak ke-cak ke-cak" die Trance der Tänzerin. Irgendwann hat sich dieser Chor dann verselbstständigt und ist zu einer eigenständigen Tanzform geworden. Von seinem hypnotischen Charakter hat er allerdings nicht viel verloren.

Erst im 20. Jh. ergänzte man den reinen Kecak-Chor durch ballettartige, von anderen, voll kostümierten Tänzern vorgetragene Episoden aus der Ramayana-Legende. Dieses Verdienst kann dem deutschen Künstler *Walter Spies* (1895–1942) und der amerikanischen Journalistin *Beryl de Zoete* zugeschrieben werden: Anfang der 1930er Jahre, Spies lebte schon einige Zeit auf Bali, übernahm er gemeinsam mit balinesischen Tänzern die Choreografie für den **Film „Die Insel der Dämonen"** (1932) von *Victor Baron von Plessen.* Für den Film suchte Spies nach einer weiteren, filmisch besser verwertbaren Zuspitzung eines Tanzes und „erfand" dabei die heutige, moderne Form des Kecak.

Beim Kecak wird der Innenkreis zur Bühne, der Chor übernimmt Statistenrollen, wie Hanumans Affenlegionen, Rawanas Dämonenheer oder aber Ra-

Das Tanzdrama Cupak

Cupak ist ein original balinesisches Tanzdrama, obwohl der Name des in der Story vorkommenden Palastes *(Daha)* aus dem Javanischen stammt. Gemeint ist eigentlich Kediri, ein Ort im Südwesten Balis. Diese Story wird auch gern als Schattenspiel *(Wayang Kulit)* aufgeführt. Die Handlung wird in der Tanzfassung gekürzt. Hier eine kurze Inhaltsangabe der Geschichte:

Ein frisch verheirateter Brahmane arbeitet auf dem Reisfeld. Seine schöne Frau wird, während sie unterwegs ist, um ihm etwas zu Essen zu bringen, von den Göttern Brahma und Wishnu ganz „ungöttlich" vergewaltigt. Die Brahmanenfrau wird schwanger und schenkt Zwillingen das Leben. Der Erstgeborene wird Cupak, der Zweite Grantang genannt. Obwohl die beiden Zwillinge sind, unterscheiden sie sich charakterlich stark voneinander. Cupak ist hässlich, faul und böse, während Grantang im Gegensatz zu ihm edel, fleißig und gut ist.

Wenn ihr „Vater" (der Brahmane) die beiden z.B. auf das Reisfeld schickt, damit sie arbeiten, ist es stets nur Grantang, der seine Pflicht tut. Cupak zieht es vor, im Gras zu liegen, zu essen und zu schlafen. Wenn die beiden wieder nach Hause gehen, macht er sich lediglich Hände und Beine dreckig, um dem Brahmanen vorzugaukeln, er habe auch etwas getan.

Eines Tages jedoch wird Mustikaning *Daha*, die Tochter des Rajas von Daha, einem bösen Dämonen, entführt. Der Raja erklärt daraufhin, dass derjenige, der seine Tochter befreit, sie danach zur Frau bekommen soll.

Als Cupak und Grantang dieses Angebot vernehmen, beschließen sie, einen Rettungsversuch zu unternehmen, und sie machen sich auf den Weg, um die Behausung des bösen Dämonen zu finden. Unterwegs ist es hauptsächlich Cupak, der die Vorräte verspeist, während Grantang die meiste Zeit hungrig bleibt.

Nach einigen Tagen erreichen sie das Haus eines Riesen und man beschließt, auf einen Baum zu klettern, um so durch die Fenster schauen zu können. Und wirklich, in einem der Zimmer entdecken sie *Mustikaning Daha*, die dort sitzt und weint.

Cupak fängt, als er den Dämonenfürsten sieht, vor Angst derartig an zu zittern, dass Grantang ihn an den Baum binden muss, damit er nicht hinunterfällt. Grantang befreit die Prinzessin aus den Klauen des Riesen. Als Cupak sieht, dass sein Bruder die Befreiungsaktion erfolgreich beendet hat, erhebt er Anspruch auf die Prinzessin, da er der ältere Bruder sei. Grantang gehorcht, und auch Mustikaning ist einverstanden, da sie möglichst schnell nach Hause will, um ihre Eltern wiederzusehen. Vorher aber tötet Grantang den Dämonenriesen durch einen Pfeilschuss direkt ins Maul, das seine einzige verwundbare Stelle war.

Auf dem Heimweg aber entführt in einer Nacht, als alle schlafen, *Ni Butawili*, die Schwester des toten Dämonen, die Prinzessin noch einmal. Die Hexe versteckt sich mit ihrer Beute in einem Brunnen, wo sie aber bald von Cupak und Grantang entdeckt wird. Wieder ist es *Grantang*, der die Prinzessin befreit, und zwar, indem er in den Brunnen springt und die Hexe tötet.

Danach soll Cupak, mit Hilfe eines Seiles, beide wieder heraufziehen. Nachdem aber die Prinzessin auf diese Weise gerettet ist, schneidet Cupak das Seil durch und verlässt Grantang. Cupak erreicht das Königreich Daha und wird als derjenige, der Mustikaning aus den Fängen von Hexe und Dämon befreit hat, überschwänglich begrüßt und bewundert. Bald soll Hochzeit sein.

In der Zwischenzeit versucht Grantang, mit Hilfe einer Leiter, die er aus den Knochen der Hexe gebaut hat, aus dem Brunnen zu kommen. Aber er ist zu schwach, um, oben angekommen, zu gehen. Endlich rettet ihn ein vorbeikommender Händler, der ihn mitnimmt und pflegt.

Als Cupak hört, dass sein Bruder noch am Leben ist, plant er sofort, diesen zu töten, da er, solange Grantang lebt, nicht sicher sein kann, dass die Tatsache, dass nicht er, sondern sein Bruder die Prinzessin gerettet hat, geheim bleibt.

Zuerst versucht er, Grantang mit Hunden zu töten. Als das nicht gelingt, lässt er ihn fesseln und ins Meer werfen. Aber diesmal wird Grantang von einem Fischer gerettet.

Nun macht sich die Prinzessin auf den Weg, um Grantang zu helfen. Sie schlägt vor, er solle zum Palast kommen und sich ihrem Vater vorstellen. Sie wolle beichten, dass er derjenige sei, der sie in Wirklichkeit vor dem Dämon gerettet hat. Grantang willigt unter der Bedingung ein, dass er gegen seinen Bruder kämpfen dürfe.

Also sagt die Prinzessin, dass sie nur den stärksten Mann des Königreiches heiraten will. Viele Helden versuchen daraufhin, Cupak zu besiegen, aber es gelingt keinem. Erst Grantang ist in der Lage, seinen Bruder zu schlagen, da er auf Grund seiner göttlichen Abstammung über ungewöhnliche Kräfte verfügt.

Cupak wird verbannt, Grantang heiratet die Prinzessin, Happy End.

mas magischen Pfeil. Auch der „Soundtrack" wird von den Männern übernommen; das Zischen von abgeschossenen Pfeilen, Kampflärm, das Rauschen, wenn Rawana fliegt. Ein abseits sitzender Mann erzählt dazu mit bebender Stimme im Dalang-Stil die Geschichte. Der moderne Kecak ist einer der bei Touristen beliebtesten Tänze. Dementsprechend häufig wird er auf festen Bühnen vorgeführt.

Drama Gong

Häufig handelt es sich bei diesen Tänzen um Veranstaltungen, die eine Mischung aus **Ballett, Oper, Schauspiel und Pantomime** sind. Der Inhalt, die Geschichte, steht zwar im Mittelpunkt, aber ebensoviel Wert wird auf perfekten Tanzstil, prunkvolle Kostüme und Masken gelegt. Thematisch werden fast immer **Geschichten** aus dem Leben sagenhafter Helden und Götter erzählt, die teilweise mit den ersten hinduistischen Einwanderern aus Indien importiert wurden, aber auch Erzählungen aus dem „goldenen javanischen Zeitalter" sind sehr beliebt. Diese gelten auch als balinesische Vergangenheit, da Bali und Java seinerzeit recht eng miteinander verbunden waren.

„Stilecht" benutzen die ranghöheren Darsteller (Fürsten, Helden oder Prinzessinnen) die alte, klassische javanische Sprache *(Kawi)*, die vom allgemeinen Volk aber nicht verstanden wird. Aus diesem Grunde spielen fast immer einige „Clowns" *(Punta, Kartala)* mit, die als tollpatschige Diener der „Hohen Herren" fungieren und in allgemein verständlicher Sprache den Ablauf der Handlung kommentieren. Sie sind wegen ihrer burlesken Spaßigkeit die Lieblinge des Publikums, und ihr Auftreten wird besonders von den Kindern fieberhaft erwartet. Diese Clowns findet man nicht in den klassisch indischen Dramaturgien, von denen das balinesische bzw. javanische Theater abstammt, sie sind somit eine rein indonesische Erfindung.

Fehlen diese Darsteller, übernimmt oft ein *Dalang* (Erzähler) die Erklärung der Szenen. Für uns ist es ziemlich egal, ob in Altjavanisch, Balinesisch oder Indonesisch gesprochen wird. In der Regel bleiben die vielen Gags und aktuellen Anspielungen unverständlich. Allerdings ist der grobe Ablauf der Handlung einfach zu verstehen.

Die **Kostüme** der Darsteller sind äußerst beeindruckend, da sie über alle Maßen prunkvoll verziert sind; sie erinnern an die Wayang-Kulit-Figuren. Ebenso sind die Bewegungen der Akteure denen der Schattenfiguren ähnlich. In einigen Vorführungen tragen die Schauspieler **Holzmasken,** die oft mit den Zähnen gehalten werden, in anderen nicht.

Die meisten dieser Tänze stammen vom **Gambuh** ab, der einer der ältesten balinesischen Tänze sein soll (vielleicht 1000 Jahre alt), oder wurden von ihm stark beeinflusst. Der Gambuh wird auch heute noch hin und wieder fast unverfälscht aufgeführt. Die verwendete Sprache ist das Balinesisch des 14. Jh. und der Inhalt befasst sich mit alten javanischen Legenden, dem Panji, Ranggalawe und Malat. Die meisten **Dramen** aber sind zwischen 1850 und 1900 entstanden, einer für den Tanz überaus fruchtbaren Periode, unter der Schutzherrschaft der Rajas und des Adels.

Ein Drama kann zwei Stunden oder drei Tage dauern, beteiligt sind zwischen vier und 50 Personen. In der Regel dauern Touristenvorstellungen bis zu zwei Stunden, normale Aufführungen fünf bis sechs Stunden. Häufig dürfte es dem ausländischen Besucher reichen, ein bis zwei Stunden zuzuschauen, um einen Eindruck zu gewinnen. Am besten erkundigt man sich vorher, wann die turbulenteste Szene beginnt, z.B. ein Kampf, oder wann der große Clown auftritt.

Wayang Topeng

Topeng bedeutet **Maske,** die Darsteller bei einer Topeng-Vorstellung treten mit Holzmasken auf. Diese sind bunt bemalt und werden mit einem Pflock an der Innenseite zwischen den Zähnen gehalten. Dadurch ist es den Darstellern nicht möglich zu sprechen. Die Vorstellung ist also größtenteils pantomimisch. Lediglich Clowns, die skurrile, oft mit Hasenscharten versehene Halbmasken tragen, erklären den Ablauf der Dinge durch „Kommentare". In der Regel spielen nur Männer.

Im **Wayang-Topeng-Ensemble** werden die Frauenrollen von Halbwüchsigen übernommen, die den Stimmbruch noch nicht hinter sich haben. Oft gehören nur wenig Schauspieler zu einer Truppe, 10–15 etwa, die viele Rollen übernehmen, jeweils in einem anderen Kostüm, mit einer anderen Maske. Zur Ausrüstung eines Hauptdarstellers gehören bis zu **30 (!) Masken,** er spielt also 30 verschiedene Charaktere. Die komplette Maskenausrüstung besteht aus 40 bis 80 Teilen.

Die **Themen** dieser Maskenspiele sind dem *Bebad* oder dem *Usana Bali* entnommen, in denen die Geschichte der vornehmen Raja-Familien verzeichnet ist. Die Stories werden jedoch häufig abgewandelt, Anspielungen auf aktuelle Ereignisse werden eingeflochten. Im Wayang Topeng ist alles möglich.

In Mas auf Bali arbeiten berühmte **Maskenschnitzer.**

Wayang Wong

Diese Art des Dramas ähnelt dem Wayang Topeng, allerdings werden hier nur Geschichten aus dem **Ramayana-Epos** aufgeführt. Alle Darsteller sind Männer und tragen Masken. Rama und Laksama treten auch manchmal ohne Masken auf. Die **Clowns** haben auch hier wieder eine wichtige Rolle als Kommentatoren und Erzähler. Sie stellen die Diener der Hauptpersonen dar. Ramas Diener heißen z.B. *Tualen* und *Merdah, Rahwanas, Dalem* und *Sangut.*

Jauk

Wie im Wayang Wong werden auch im Jauk-Drama nur Geschichten aus dem **Ramayana** gespielt. Allerdings sind der Tanzstil und die Masken anders. Tänzerisch erinnert der Stil an die Baris-Tänze. Die Jauk-Masken sind alle furchterregend, rot (manchmal auch weiß), mit Glotzaugen und langen Zähnen. Die Schauspieler tragen Handschuhe mit langen Fingernägeln, um das schreckliche Aussehen der Personen noch zu steigern. Lediglich edle Charaktere wie Rama, Laksamana oder Arjuna tragen Masken mit harmonischen Zügen. Dialoge gibt es nicht, lediglich Clowns, die keine oder Halbmasken tragen, kommentieren das Geschehen.

Das Jauk-Drama stammt aus dem 18. Jh. Heute hat man es zu einem **Solotanz** weiterentwickelt. Ein Dämon, z.B. Rawana, tanzt einen wahrlich „teuflischen" Tanz, der besonders junge Zuschauer in Angst und Schrecken versetzt.

Legong

Der Legong-Tanz ist wegen der Anmut der jungen Tänzerinnen, der Perfektion ihres Vortrages und nicht zuletzt wegen ihrer kostbaren, glitzernden Kostümierung einer der **schönsten Tänze Balis.** Ursprünglich bedeutete *Legong* lediglich „Tanz von Frauen", aber mittlerweile hat sich dieser Begriff für einen ganz bestimmten Tanz eingebürgert.

Der Legong wurde als der **Hoftanz** kultiviert. Kleine Mädchen, die dem jeweiligen Herrscher gehörten, führten an den balinesischen Palästen zur Erbauung der Machthaber diesen Tanz auf. Die Kostüme sind dementsprechend prächtig, die Schritte und Bewegungen genauestens vorgeschrieben und **höchst stilisiert.** Wenn die Mädchen, die den Tanz aufführen, ihre erste Periode gehabt haben, dürfen sie nicht mehr tanzen, da sie dann die „unbedingt notwendige Unschuld und Unbefangenheit" verloren haben.

Ursprünglich benötigte man für eine Vorstellung mindestens sieben Mädchen (König von Lasem, weiblicher Diener, männlicher Diener, die Krähe als Symbol des Todes, König von Daha und Rangkesari, die Königstochter). Heute begnügt man sich in der Regel mit drei bis vier Darstellern.

Eines der **besten Legong-Ensembles** ist in Peliatan, in der Nähe von Ubud, beheimatet. Mit dem Programm **„Dances of Bali"** und unter der Leitung des Engländers *John Coast* zog das „Pliatan Gamelan" 1952 in die Welt hinaus, um in Europa und den USA balinesischen Tanz und vor allem den Legong, getanzt mit drei Mädchen, bekannt zu machen. Es gelang ihnen, in der amerikanischen Zeitschrift „Variety" als beste Broadway-Vorstellung des Jahres in die Annalen einzugehen. Bis heute ist das Ensemble weltbekannt geblieben.

Die Vorstellung läuft heutzutage in drei Teilen ab: **1. Teil:** der Tanz des Condong; **2. Teil:** Liebestanz von Rangkesari und dem König von Lasem; **3. Teil:** Kampf zwischen dem König von Lasem und der Krähe, dem Symbol des Todes.

Die **Geschichte:** Eines Tages wandert der König von Lasem durch den Wald. Unterwegs trifft er ein wunderschönes Mädchen, Rangkesari, die von zwei

038ba

☒ Die Legong-Tänzerin Ni Polok (Frau des Malers Le Mayeur) war in den 1930er Jahren berühmt

Dienerinnen begleitet wird. Sie haben sich im Wald verlaufen. Der König nimmt das schöne Mädchen mit in seinen Palast, da er sie heiraten will. Das gefällt Rangkesari, die in Wirklichkeit die jüngere Schwester des Königs von Daha ist, überhaupt nicht, und sie schließt sich in ihrem Zimmer ein.

Als der König von Daha von diesem Vorfall hört, wird er sehr zornig und droht, den König von Lasem anzugreifen. Dieser weiß zwar, dass er der Macht des Königs von Daha nicht gewachsen ist, zieht aber trotzdem in den Krieg, um seine Ehre nicht zu verlieren. Er wird im Verlauf des Kampfes getötet, und Rangkesari kann wieder ins Königreich ihres Bruders zurückkehren.

Nichtreligiöse Tänze

Joged

Dieses ist der einzige **soziale Tanz,** der auf Bali bekannt ist. Er wird meist spontan nach getaner Arbeit veranstaltet, z.B. nach Beendigung der Reisernte.

Die Leute stellen sich in einem großen Kreis auf. In der Mitte tanzt ein Mädchen allein mit einem Fächer. Nach einiger Zeit sucht sie sich einen der im Kreis stehenden Männer aus und tippt ihm mit dem Fächer auf die Schulter. Dieser geht nun in den Kreis und zeigt seine Tanzkunst. Damit soll er die Schöne betören. Anfassen darf er sie allerdings nicht. Je nachdem, wie „stilvoll" er tanzt, wird entweder geklatscht, gelacht oder gegrölt. Es gibt keine vorgeschriebenen Schritte, je ausgefallener und kunstvoller getanzt wird, desto besser. Nach fünf Minuten etwa wird einem anderen auf die Schulter geklopft, und so geht es weiter.

Spaßig wird das aber alles erst, wenn ein **neugieriger Tourist** in der Runde steht. Sicher wird er aufgefordert teilzunehmen und die Runde wird sich kranklachen über die unbeholfenen Bewegungen des Fremden.

Gelegentlich gelangt der Joged in die Medien: Dank des 2008 vom indonesischen Parlament verabschiedeten **„Pornografiegesetzes"** stehen künstlerische Ausdrucksformen wie Tanz unter strenger Aufsicht der islamischen Sittenwächter. Auch wenn das Gesetz auf Bali nach wie vor auf heftigsten Widerstand stößt, sind herunterrutschende Sarongs oder zufällige Berührungen der Tänzerinnen immer einen Kommentar über den **„Verfall der Sitten"** wert.

Kebyar Duduk

Der Kebyar ist ein **Solotanz,** der zu Beginn des 20. Jh. in Nordbali entwickelt wurde. Man kannte dort eine sitzende und eine stehende Variante.

1925 kam der Jauk-Tänzer *I Ketut Maria,* bekannt als *Mario,* aus dem südlichen Bali nach Norden und war von diesem Tanz so angetan, dass er ihn in eine hockende Variante umarbeitete. Mario war zu dieser Zeit bereits einer der berühmtesten Tänzer Balis, Generationen von Tänzerinnen und Tänzern berufen sich auf seinen Stil. Marios Variante ist sehr schwer zu tanzen und verlangt vom jeweiligen Darsteller höchste Konzentration, Kraft, Ausdauer und Ausdruckskraft. Bewegt wird nur der Oberkörper. Mario wurde übrigens während der Massenmorde der 1960er Jahre in der Zeit nach dem Putschversuch umgebracht.

Kebyar Trompong

Bei dieser Variante spielt der Tänzer auch noch ein **Instrument** im Gamelan-Orchester, das *Trompong,* ein längliches Instrument mit genoppten Metallbecken. Er tanzt und musiziert gleichzeitig.

Janger

Ähnlich wie der Kecak-Tanz hat sich auch der Janger-Tanz aus der **Trance-Zeremonie** beim Sanghyang entwickelt. Hier ist es allerdings der Frauenchor, der bei der Entwicklung Pate stand. Erst in den 1920er Jahren entstand dieser Tanz.

Zwei oder vier Reihen von Mädchen hocken oder stehen sich gegenüber und bewegen sich rhythmisch zu ihrem Gesang und dem begleitenden Gamelan-Orchester. Besonders interessant ist eine solche Darbietung, wenn sie mit einem männlichen Chor kombiniert wird. Gesang und Bewegung der Männer sind härter und rauer als die liebliche, weiche Vorstellung der Frauen. Der Gegensatz der abwechselnd in den Vordergrund tretenden Seiten macht den Reiz aus. Manchmal wird auch ein Drama-artiger Handlungsablauf eingebaut.

Moderne Tänze

Ramayana-Ballett

Dieses ist die neueste Form des balinesischen **Tanzdramas.** Es wurde im Jahre 1965 von *Wayan Beratha* speziell für Nichtbalinesen entwickelt. Dargestellt werden Episoden aus dem Ramayana-Epos. Rama schießt den goldenen Hirsch. Der Dämon Rawana entführt seine Frau Sita. Mit Hilfe des Affengenerals Hanuman gelingt schließlich die Rettung.

Tambulilingan

Der **Liebestanz zweier Bienen** wurde in den 1950er Jahren von *Mario* (s.o.: Kebyar Duduk) eigens für *Ni Gusti Raka* und *Sampih* entwickelt. Die Tänzerin und der Tänzer waren Teil des Ensembles aus Peliatan, das 1952 mit „Dances of Bali" weltweit Furore machte (s.o.: Legong). Beim Bienentanz umschwärmt eine junge Biene zum ersten Mal ein Blumengarten. Vor lauter Freude, Entdeckerlust und Begeisterung für den Garten und zu jung zum Flirten verschmäht sie die Annäherungsversuche einer älteren Biene. Mit diesem Tanz wurde *Ni Gusti Raka* weltbekannt. Heute wird der Tambulilingan manchmal in eine Legong-Aufführung eingebaut.

Weitere profane Tänze

Daneben gibt es eine ganze Reihe anderer Tänze, die hauptsächlich Themen aus dem täglichen Leben verwenden. Trotz bunter, schöner Kostüme und guter Musik sind sie oft zu „akademisch". Sie erinnern etwas an die maoistische Version der Peking-Oper. Der Vergleich ist gar nicht so weit hergeholt: *Sukarno* wollte der balinesischen Tanzkunst „moderne" Impulse geben und orientierte sich an China. Heute sieht man diese Tänze kaum noch. In den Dörfern tanzt man sie zumindest nicht.

- **Fischer-Tanz,** 1960 von *I Ketut Merdana* aus Singaraja erdacht. Wird von Frauen oder Frauen und einem Mann getanzt. Merdana ist ein wenig bekannter, aber einflussreicher balinesischer Komponist.
- **Weber-Tanz,** 1957 von zwei balinesischen Choreografen kreiert. Er zeigt, wie Frauen an Webstühlen weben und soll auf das traditionelle Leben in Bali verweisen.

Schattenspiel (Wayang Kulit)

Das Schattenspiel erfreut sich seit über 2000 Jahren großer Beliebtheit. In Indonesien wird es heute noch auf den Inseln aufgeführt, auf denen hinduistische Götter verehrt wurden oder werden, also auf Java, Bali und Lombok.

Sehr wahrscheinlich war das Schattenspiel auf Bali schon vor der javanisch-hinduistischen Beeinflussung bekannt. Früher glaubte man, dass man über die Schattenabbildungen mit den Geistern verstorbener Ahnen Kontakt aufnehmen konnte. Der *Dalang* (Schattenspieler) war seinerzeit wohl ein Schamane.

Hindus führen Schattenspiele immer in Verbindung mit religiösen Festen, Veranstaltungen oder Zeremonien auf, spielen doch Götter und Dämonen nicht nur die Hauptrollen in den Spielhandlungen, sondern sind auch als Gäste präsent. Das gilt natürlich für Touristenvorstellungen nur in eingeschränktem Maße.

Die weitaus häufigsten **Themen** der Aufführungen stammen aus den indischen Epen Mahabharata und Ramayana. Grob gesprochen, kann man an den Augen und Nasen der Figuren erkennen, ob es sich um gute oder böse **Charaktere** handelt. Runde Augen und dicke Nasen zeichnen die bösen, Mandelaugen und spitze Nasen die guten Vertreter aus. Dann gibt es noch lustige Figuren, die Clowns, mit dicken Bäuchen und skurrilen Körpern. Sie kommentieren das Geschehen und animieren das Publikum zu wahren Lachsalven.

Die **„Bühne"** besteht aus einer Leinwand, die von hinten durch eine Öllampe beleuchtet wird. Hinter dieser Lampe sitzt der *Dalang*, der Schattenspieler. Er ist die eigentliche Hauptperson der Vorstellung und ein wirkliches Genie. Er kennt den kompletten Dialog aller Stücke auswendig, und das in alt-javanischer Sprache. Er spielt alle Figuren allein, insgesamt sind das auf Bali pro Geschichte etwa 120, auf Java gar 600. Teilweise agieren fünf oder sechs Figuren gleichzeitig auf der Bühne. Der *Dalang* sitzt die ganze Zeit im Schneidersitz und bedient mit dem Fuß gleichzeitig eine Art Trommel, mit der er besonders aufregende Szenen untermalt. Zu guter Letzt „leitet" er auch das kleine Gamelan-Orchester, das hinter ihm Platz genommen hat, und kommentiert die Handlung in allgemein verständlicher Sprache, nicht ohne aktuelle Anlässe zu erwähnen bzw. zu verulken.

Den **Beruf Schattenspieler** kann man nicht einfach erlernen. Er wird vom Vater auf den Sohn weitergegeben und erfordert ein ganzes Leben Erfahrung. *Dalangs* sind niemals reich, da ihnen die

163ba pr

Berufsehre verbietet, hohe Honorare zu verlangen. Auf Bali soll es zwischen 200 und 300 von ihnen geben, auf Lombok viel weniger.

Wer mehr über das Schattenspiel erfahren möchte, dem sei folgendes **Buch** empfohlen: „Das indonesische Schattenspiel" von *Günter Spitzing*, ein wirklich hervorragendes Buch, das mit 133 Abbildungen fast alle Schattenspielfiguren Javas, Balis und Lomboks zeigt und keine Fragen offen lässt (DuMont Taschenbuch Verlag, nur noch antiquarisch erhältlich).

Ablauf einer Vorstellung

Ein Schattenspiel findet normalerweise nach Sonnenuntergang statt und beginnt meist zwischen 20 und 23 Uhr. Auf Bali beträgt die Spieldauer zwei bis vier, auf Java dagegen bis zu acht Stunden.

Eine **Vorstellung beginnt** stets mit der Figur *Kayonan* (= Götterberg oder Weltenbaum). Dieser erscheint kurz auf der Bühne, tanzt einige Male über die Leinwand und verschwindet dann wieder. Vorher wurden alle mitspielenden Figuren links und rechts aufgebaut, auf der einen Seite die guten, auf der anderen die bösen. Nachdem also die Leinwand wieder leergeräumt wurde, beginnt ein Gamelan-Vorspiel und der *Dalang* rezitiert Texte aus dem „Handbuch des Dalang".

Dann beginnt die eigentliche **Handlung.** Wichtige Szenen werden zwar durch das Erscheinen des *Kayonan* angekündigt, aber für Fremde ist es schwer zu verstehen, um was es geht. Das **Ende** der Vorstellung kommt of völlig unvorhergesehen und plötzlich. Der *Kayonan* wird aufgepflanzt, Ende.

Für Nicht-Balinesen kann es weitaus interessanter sein, dem *Dalang* hinter der Bühne zuzuschauen, was keinesfalls verboten ist. Es versteht sich natürlich von selbst, dass man lautes Sprechen oder gar Fotografieren mit Blitz unterlassen sollte.

Kunsthandwerk

Im Vergleich zu anderen südostasiatischen Ländern, aber auch im Vergleich zu den anderen Inseln Indonesiens erscheint Bali wie ein gigantischer **„Supermarkt" für Kunsthandwerk.** In nahezu jedem Dorf der Insel wird man zumindest einen Handwerker treffen, der malt, schnitzt, Stein bearbeitet, Gold oder Silber schmiedet. Das Angebot ist erschlagend und unerschöpflich.

Von jeher waren die Balinesen in besonderem Maße künstlerisch veranlagt und schöpferisch tätig. Obwohl die balinesische Sprache kein eigenes Wort für „Kunst" besitzt, gehört sie zur Tradition der Inselbewohner. Alles, was man herstellte, wurde seit eh und je verziert, poliert, bemalt, filigran beschnitzt oder getrieben. Dies hatte nicht nur Selbstzweck, sondern wurde gemacht, um den Göttern zu gefallen. So verzierten die Maler die Stoffe, die die Tempelaltäre umgeben, die Holzschnitzer kümmerten sich um die Türen und die Gamelan-Instrumente und die Steinmetze schufen die Wächter an den Tempeltoren. Alle waren rund um die örtlichen Tempel herum beschäftigt.

[<] Der Dalang baut auf

Gefördert wurden diese Künste von den vielen Fürsten, die in stetem Konkurrenzkampf untereinander standen. Jeder versuchte, den anderen dadurch zu übertrumpfen, dass in seinem Reich, an seinem Hof die besten Künstler, Tänzer oder Musiker versammelt waren. Das wiederum spornte die Untertanen an, konnten sie doch durch besondere Geschicklichkeit bzw. künstlerische Originalität an den Hof gerufen werden, was gesellschaftlichen Aufstieg bedeutete.

Tempel und Tempelschmuck sind die schönsten Beispiele balinesischen Schaffens. Über und über mit steinernen Ornamenten überzogene Wände und Portale, kunstvoll geschnitzte Pfosten und Türen, filigran geschmiedete Silberschalen zum Opfern, einfallsreich geschmückte Altäre und Opfergaben sind das Resultat ungebrochener Kreativität.

Mit dem Aufkommen des Massentourismus und der unstillbaren Gier der Besucher nach Souvenirs entstand neben dieser sakral ausgerichteten künstlerischen Betätigung eine rein auf den Markt ausgerichtete **Kunsthandwerksindustrie,** die sich mittlerweile auf fast alle Bereiche des Handwerks ausgebreitet hat. Auf der anderen Seite gibt es immer noch die traditionelle „Religionskunst" und es gibt auch international bekannte Künstler, die in Europa, Amerika und Australien ausstellen.

Das Gros der angebotenen Dinge ist allerdings **Massenware,** die „fließbandartig" hergestellt wird. Das geht meist so: Der Meister stellt ein Musterstück her, seine Schüler kopieren arbeitsteilig. Einige schlagen Holzblöcke in die grobe Form, andere arbeiten Details aus, wieder andere machen Feinarbeiten, die nächste Gruppe poliert. Dabei leidet nicht unbedingt die Qualität der Verarbeitung, aber die einzelnen Stücke werden immer stereotyper. Wer Geschmack, Wissen und Ausdauer hat, findet aber bestimmt etwas Ausgefallenes, schön ist sowieso alles.

Die **Preise** sind direkt beim Schnitzer, Maler oder Silberschmied stets entschieden niedriger als in den teuren Verkaufspalästen, die, mit großen Parkplätzen für Busse ausgestattet, auf Rundreisegruppen warten, mit denen man die schnelle Rupie machen kann. Auf der anderen Seite sind diese Großhandlungen ideal, um sich einen Überblick über das zu verschaffen, was momentan angeboten bzw. hergestellt wird.

Am besten ist es, in das Dorf oder die Region zu gehen, in der die Dinge, die man kaufen will, hergestellt werden. Da kann man dann sein Schnäppchen machen, benötigt aber natürlich auch viel mehr Zeit. Man muss überall kräftig **handeln.** Der „Startpreis" liegt meistens 50 %, manchmal 500 % über dem wirklichen Wert. Zu welchem Preis das Stück dann über die Theke geht, liegt nicht zuletzt an einem selbst und daran, für wie wohlhabend und dumm man gehalten wird. Wer mit drei Kameras, Jeep und Kreditkarte herkommt und den Rupien-Preis mit dem Taschenrechner dauernd in Euro umrechnen, haben schlechtere Chancen, einen angemessenen Preis zu zahlen.

Bali hat sich zum Hauptproduzenten von **Schnitzereien** aller Art entwickelt, und es ist schon erstaunlich, was da alles produziert wird. Noch verrückter ist es, zu sehen, was man davon alles schon zu Hause im Kaufhaus gesehen hat. So werden balinesische **Holzbananenbäume** in diversen Versandhauskatalogen, Möbelhäusern und in Geschäften für Dekorationsbedarf angeboten.

Nicht alles, was auf Bali geschnitzt wird, wird auch als „balinesisch" verkauft. Längst hat man überall im Archipel, und nicht nur da, erkannt, dass Balinesen nicht unbedingt nur balinesisch schnitzen können. 90 % der in Irian Jaya (indonesischer Teil Papuas) verkauften **„Asmat-Schnitzereien"** werden auf Bali produziert. Ein nicht unerheblicher Anteil der in Kenia verkauften Souvenirs ebenfalls. Ein gar nicht so geringer Teil „echter Ölgemälde", Typ „Zigeunerin" oder „Alter Mann mit Pfeife", die man bei uns in Galerien für teures Geld erstehen kann, kommt ebenfalls aus Bali.

Bestechend ist die **künstlerische Qualität,** z.T. enttäuschend die **Haltbarkeit** der Dinge. Im Kapitel „Reisetipps A–Z: Einkaufen", steht, wie man diesbezüglich übers Ohr gehauen werden kann. Im folgenden Abschnitt sind **Orte** aufgelistet, wo diese oder jene Dinge herstellt oder verkauft werden. Dass es in Kuta, Sanur, Ubud oder Denpasar fast alles zu kaufen gibt, versteht sich von selbst, hier ist es nur eben etwas teurer – oder auch nicht. In den jeweiligen **Ortsbeschreibungen** steht häufig noch Ausführlicheres.

Bambusmöbel

- In riesiger Auswahl in **Bona und Blahbatuh.** Beide Orte sind zu einem zusammengewachsen (siehe dort).

Flechtwaren

- Körbe, Taschen, Matten werden überall in unterschiedlichsten Qualitäten angeboten. Die wunderschönen Rattankörbe (dunkelbraun) stammen hauptsächlich aus **Lombok.**

Gamelan-Instrumente

- In **Tihingan,** in der Nähe von Semarapura (Klungkung), gibt es mehrere Schmieden. Weitere finden sich in **Sawan,** im Norden Balis.

Holzschnitzereien

- **Kunst:** Echte Schnitzkunst wird in **Mas** vollbracht. Uralte Brahmanenfamilien führen hier die Geschäfte. Edle Hölzer, edle Formen, perfekt gemacht, dafür auch sündhaft teuer! Unter 100 US$ findet man hier gar nichts, 1000 US$ reichen nicht immer aus (siehe Mas). Genauso kunstvoll sind die Schnitzereien, die in **Kemenuh** produziert werden, nur sind die viel wahnsinniger, im wahrsten Sinne des Wortes. Hier werden knorrige Äste und verschlungene Wurzeln verarbeitet. Ergebnis ist in der Regel der „nackte Horror". Unbedingt ansehen!
- **Garudas:** Spezialisiert auf klassische Barong-Mmasken, Garuda-Statuen etc. sind die Schnitzer von **Tegallalang.** Die teuersten Figuren sind aus dem gelben Holz des Jackfruitbaumes *(Nangka)* geschnitzt. Leuchtend bunt bemalte Figuren sind oft billiger, da das Holz minderwertig ist.
- **Masken:** Topeng-Masken kommen traditionell aus **Mas,** auch wenn man heute Schwierigkeiten hat, gute Schnitzer zu finden. Die meisten Maskenschnitzer sind auf „Pop" umgestiegen.
- **Pop-Schnitzereien:** Das sind teilweise ausgesprochen gut gemachte Früchte, Blumen, Motorräder, Bananenstauden bis zu 180 cm Höhe, Katzen, Hunde, Christbaumschmuck, Osterhasen, kurz: alles, was man sich vorstellen kann. Jährlich wechselt das Programm, je nachdem, was der internationale Markt gerade braucht. **Pujung** ist das absolute Zentrum (siehe dort).

Möbel aus Schiffsplanken – umweltfreundlich und schön

von *Stefan Blank*

Die Jl. Raya Andong in Ubud ist die verlängerte Werkbank der Kunsthandwerkswelt. Von hölzernen Katzen bis zu Gartenhäusern gibt es hier alles. Seit einigen Jahren dazugekommen ist eine neue Branche, die mit Altem arbeitet: Schreinereien, die gebrauchte Schiffsplanken zu neuem Leben erwecken – als Tische, Stühle oder auch Schränke.

Die Planken stammen von 40 bis 60 Jahre alten Booten aus Bali, Java, Lombok oder Kalimantan. Meist sind es Fischerboote, deren Reparatur sich nicht mehr lohnt. Anstatt die ausgemusterten Boote zu verbrennen, werden sie von den Fischern verkauft. Die Planken sind aus Eisenholz, Teak oder Mahagoni, damit praktisch „unkaputtbar" und hervorragend für diesen Zweck geeignet. Immerhin sind sie ausgiebig und teilweise über Jahrzehnte gewässert worden. Aus einer alten Tür kann ein Tisch, aus einem Ruder Boden gemacht werden und ein in der Mitte durchgesägtes Boot gibt ein schickes Regal.

Das Konzept ist nicht neu und wurde in früheren Zeiten schon in Fischerkulturen auf der ganzen Welt praktiziert. Heute aber sind die Möbel absolut en vogue: Der antike Touch macht sich gut im schicken Wohnzimmer und die meist nicht vollständig abgekratzten Farben sorgen dafür, dass wirklich jedes Stück ein Einzelstück ist. Und Recycling ist in, besonders bei der weißen Expat-Gemeinde auf Bali, aber auch wenn es darum geht, Warungs und Hotels stylish neu zu gestalten. Wer das nötige Kleingeld hat, kann sich die guten Stücke auch per Container nach Europa schippern lassen.

Die Nachfrage nach den alten Schiffen hat dazu geführt, dass sie sowohl teurer geworden sind als auch kaum mehr zu haben. Der Markt wird regelrecht abgegrast. Aber die findigen Handwerker haben schon einen Ausweg gefunden: Sie arbeiten auch mit Brettern aus alten Häusern, von Docks, mit Holz von alten Brücken oder Bahnschwellen. Dieses Holz wird gereinigt, geschliffen, gehobelt, konserviert und landet dann in den Showrooms der Jl. Raya Andong. Anschauen lohnt sich, beispielsweise bei Melamun, Antiq & Interior, Jl. Raya Andong 69, oder bei Mesari, schräg gegenüber.

039ba sb

Bildmöbel, Bildertüren: Eine Spezialität Balis. Völlig überladen und mindestens in zwei, manchmal drei Ebenen geschnitzte Platten verarbeitet man zu Bildern, Türblättern oder Tischplatten. Diverse Werkstätten stehen an der **Straße von Batubulan nach Sayan,** eine große auch in **Kemenuh** (s. dort) und im Dorf **Madangan Kaja, Desa Petak** (siehe Gianyar).

Knochen, fossiles Elfenbein

Früher war **Tampaksiring** das Zentrum der Elfenbeinschnitzer, die wirklich tolle Sachen geschnitzt, nur leider das falsche Material verwendet haben. Seitdem (glücklicherweise) niemand mehr Elfenbein kaufen will bzw. darf, sind die Schnitzer auf Knochen, Walrosszähne (auch nicht gut) und Horn umgestiegen. Man findet äußerst feine Arbeiten, allerdings auch zu entsprechend hohen Preisen.

Es wird auch wieder Elfenbein verarbeitet, allerdings das von **Mammuts.** Dieses fossile Elfenbein stammt aus Russland und Alaska und man kann niemandem vorwerfen, der Kauf würde zum Aussterben von Mammuts beitragen ...

Lederwaren

Kleidungsstücke (Hosen, Hemden, Slips und Blusen) werden in Boutiquen **Kutas** angeboten.

Koffer, Rucksäcke und Ähnliches kommen aus Java und werden besonders in Kuta an den Mann und die Frau gebracht.

Malerei

Wer sich für Malerei interessiert, sollte unbedingt die Galerien in **Ubud** (Peliatan, Penestanan) besuchen (ausführliche Beschreibung siehe dort und am Ende dieses Kapitels).

Messerschmiede

In der Umgebung von **Tirtagangga** und in **Sawan,** Nordbali stellt man Gebrauchsmesser her, nicht mehr und nicht weniger. Auf jedem größeren Markt werden solche Produkte angeboten.

Rattan

Rattan *(Rotang)* kommt aus Borneo. Möbel, die in Bali hergestellt werden, sind qualitätsmäßig mit ähnlichen Produkten, etwa von den Philippinen, zu vergleichen, insbesondere moderne Designer-Kreationen, die aber auch gutes Geld kosten. Schön sind Matten, Rucksäcke und Gürtel. Angeboten werden sie nicht nur in den Boutiquen **Kutas,** sondern auch direkt von den Herstellern aus Kalimantan, und zwar an der Jl. Bypass, kurz vor dem **Flughafen.**

Schattenspielfiguren

In **Puaya** bei Sukawati gefertigt, sehr teuer.

Schirme und Fächer

Tempelschirme, ein-, zwei- oder dreistöckig, gibt es für wenig Geld in **Semarapura** (Klungkung). Die sehr schönen Schirme sind handbemalt und eignen sich leider nicht für den Einsatz in unserem Regenklima. Auch überdimensionale Fächer (als Wandschmuck) werden hier produziert. Ähnliches produziert man in **Sukawati,** nur nicht ganz so billig. Dennoch ist es auch dort nicht wirklich teuer.

Silberschmuck

Silberschmuck wird in ganz Bali angeboten. Es gibt sehr gute Geschäfte in **Kuta** und **Ubud,** die nicht zu überhöhten Preisen anbieten. Produziert wird in **Celuk.** Hier gibt es in fast jedem Haus eine Silberschmiede und an der Straße ein „Kaufhaus" neben dem anderen. Ein Blick auf die Paläste, die sich die Großhändler hier gebaut haben, zeugt von Größenwahn. Von Schmied zu Schmied zu laufen lohnt sich hier lediglich, wenn man eine Spezialanfertigung will. Ansonsten ist man in den empfohlenen Läden besser bedient, weil es in Celuk zum einen nicht unbedingt billiger ist und zum anderen die Einzelschmiede nur ein sehr begrenztes Angebot haben. Modernen, getriebenen Schmuck gibt es bei Purpa in Ubud, kaum in Celuk.

- **Traditioneller indonesischer Silberschmuck** (sehr filigran) wird in Bratan (Singaraja) hergestellt.

Steinmetzarbeiten

- Skulpturen (Götterfiguren, Dämonen, aber auch Manneken Pis) aus Paras, einem ziemlich weichen Sandstein, der aus den steilen Schluchtwänden der Flüsse Was und Mumbul gebrochen wird, werden hauptsächlich in **Batubulan** angeboten. Preiswerter bekommt man sie, wenn man an der Kreuzung in Batubulan geradeaus Richtung Sayan fährt. Links und rechts der Straße tauchen bald die Anwesen auf, die die Skulpturen produzieren, die in Batubulan verkauft werden.

Teakmöbel

- Es gibt einige große Läden in **Ubud, Mas** und **Blahbatuh,** die Möbel kommen aus Java. Schöne Stücke nach historischen Vorbildern (Rokoko bis Jugendstil).

Tonwaren

- Die besten Tonwaren, Skulpturen, Vasen, Dachziegel, Kacheln und Windlichter kommen aus **Pejaten,** in der Nähe von Tanah Lot. Verkauft werden sie in **Kapal** für erstaunlich wenig Geld. Die großen Vasen werden in **Lombok** produziert.

Webereien

- Webstoffe und Textilien, insbesondere **Ikat-Stoffe,** werden meist in **Gianyar** hergestellt. Man kann dort den Frauen beim Weben zusehen. Größere Mengen Stoff sind dort nie auf Lager, sie müssen geordert werden. Geschäfte mit großer Auswahl an Stoffen findet man vor allem in **Kuta** und **Ubud.**
- Eine Weberei besonderer Art findet sich in **Sidemen:** Stoffe mit ausgesprochen aparten Mustern, zum größten Teil aus **Seide** (siehe dort).
- **Doppelt-Ikat-Weberei** wird nur noch in drei Orten der Welt hergestellt. Einer liegt auf Bali: das Bali-Aga-Dorf **Tenganan.** Sündhaft teuer, diese Museumsstücke.

Literatur

Wie viele andere Dinge im Leben auf Bali fand auch die Literatur ihren Weg **aus Indien** nach Indonesien. Sie war allerdings meist in Sanskrit abgefasst und damit nur für einen kleinen Teil der balinesischen Bevölkerung zugänglich. Bis heute erhalten, übersetzt und stilbildend sind die klassischen Epen **Mahabarata** und **Ramayana.** Die erste javanische Version des Mahabarata soll aus dem Jahre 996 stammen. Da die javanische Kultur, die auch für Bali von entscheidender Bedeutung sein sollte, auf erzählter Geschichte beruht, wurde über die Jahrhunderte nicht viel aufgeschrieben, sondern von Generation zu Generation weitererzählt. Das gilt auch für das Theater und die Tanzdramen.

Erst mit dem Einzug von Künstlern aus dem Westen in den 1930er Jahren änderte sich das auf Bali: So versuchten beispielsweise *Walter Spies* und *Colin McPhee*, das gesprochene Wort in ein geschriebenes zu verwandeln, um der Nachwelt diese Tradition zu erhalten.

Die Sprache der Kolonialisten, das Holländische, konnte sich als Schriftsprache nicht durchsetzen. Erst mit der neuen, eigenen Sprache **Bahasa Indonesia** (siehe Kapitel „Reisetipps A–Z: Sprache") fand die balinesische Literatur seit 1945 zu einer gemeinsamen Sprache.

Heute ist das jährlich im Oktober stattfindende **Ubud Writers & Readers Festival** das Highlight im Literaturkalender der Insel. 2004 als kulturelle Antwort auf das Bombenattentat von Kuta ins Leben gerufen von der Mudra Saraswati Foundation, geht es heute darum, „ein Weltklasse-Event zu gestalten, bei dem indonesische und internationale Stimmen zusammenkommen, um interkulturellen Dialog und Austausch zu pflegen", so das Selbstverständnis der Veranstaltung. Autoren aus Indonesien und der ganzen Welt treffen sich, um Geschichten und Ideen zu teilen und die indonesische Literatur bekannter zu machen.

Lontar-Blätter

Eine Ausnahme in der „schlanken" Literaturgeschichte Balis sind die berühmten Lontar-Blätter. Es handelt sich hierbei um in Form von Manuskripten beschriebene **Blätter der Lontarpalme,** eine alte Kunst, die schon zu Zeiten der Majapahit-Herrschaft auf Java ausgeübt wurde: Mit Eisenfedern, Öl und Ruß zauberten die Künstler Geschichten, Episoden und Gesetze in Schrift und Bild auf die Blätter, meist in der altbalinesischen Sprache Kawi. Die Blätter wurden dann zu einer Art Buch zusammengebunden, wiederum zusammengehalten durch einen Umschlag aus Holz oder Bambus. Etliche dieser „Bücher" können in Singaraja im Gedong Kirtya Lontar Museum bestaunt werden (siehe Singaraja).

Heute gibt es eine kleine Gemeinschaft von Menschen aus dem Westen, die ihr **Schicksal aus Lontars** lesen (lassen), beispielsweise in Gianyar. Hier liest der *Pedanda,* der Brahmanen-Priester, nicht mehr von antiken Palmblättern, sondern von handgeschriebenen Folianten als Abschriften der Lontars. Die komplizierte Herstellung von Lontar-Manuskripten ist auf Bali inzwischen eine aussterbende Kunst – die heimischen Handwerker haben sich auf die Massenproduktion von Kalendern spezialisiert.

Wer sich also sein Schicksal lesen lassen will, gibt als Grundlage **seinen Namen und sein Geburtsdatum** an. Der *Pedanda* findet dann das passende Stück Text im Manuskript und liest vor, erst in der Ursprungssprache, dem Alt-Javanisch, dann übersetzt ins Balinesische. Das Ergebnis wiederum wird ins Englische übersetzt. Der *Pedanda* erzählt Geschichten aus der Vergangenheit des betreffenden Menschen, schildert seinen Charakter und formuliert daraus die Aufgaben, die für die Zukunft wichtig sind. Auch um Gesundheit, Partnerschaft und Familie geht es. Zum Abschluss der Lesung gibt der Pedanda Tipps, welche Opferzeremonien gut für den Menschen sind, um schlechte Einflüsse in Zukunft fernzuhalten.

Malerei

Die Malerei war auf Bali, wie fast alles andere auch, immer eine **religiöse Angelegenheit.** Die verschiedenen Gottheiten, ihre Taten und Abenteuer, wurden stark stilisiert dargestellt und diese Bilder als Tempelschmuck bei festlichen Anlässen verwendet. Die **Motive, Farben und Proportionen waren festgelegt** und wurden nicht durch individuelle Ausdrucksmittel bestimmter Maler verändert. Diese traditionelle Kunst gibt es auch heute noch, überall werden mehr oder weniger gut bemalte Tücher mit diesen Motiven angeboten.

In den 1930er Jahren kamen die Maler **Walter Spies** und **Rudolf Bonnet** nach Bali. Sie ließen sich in Ubud nieder und zeigten den ansässigen Künstlern den Gebrauch von Ölfarbe, Leinwand und Keilrahmen. Aber nicht die neue Maltechnik veränderte die balinesische Malerei, es waren die neuen Inhalte, welche Spies lehrte, die nun einen rasanten Wandel hervorriefen. Plötzlich wurden die Balinesen selbst zum Inhalt der Bilder – der Bauer, der Hahnenkampf, der Handwerker, die Landschaft, die Reisfelder, kurz: alles, was den Maler umgab. Außerdem lernten die Studenten von Spies und Bonnet, auf Perspektive und anatomische Korrektheit zu achten und andere Farben zu gebrauchen. Auch die alten Legenden und Göttersagen wurden neu gestaltet. Es entstanden seither Bilder von anderer Qualität. Sie waren einzigartig durch die Vermischung **traditioneller Themen und moderner Maltechnik.** Die moderne balinesische Malerei ist ohne Spies und Bonnet nicht vorstellbar.

Da sich aber der balinesische Maler traditionell nicht als Künstler versteht – dieses Wort existiert in der balinesischen Sprache nicht –, sondern als Handwerker, der es gewohnt ist, immer und immer wieder gleiche Bilder anzufertigen, wurde auch weiterhin kein großer Wert auf eigenen Stil oder Thema gelegt. **Kopieren** ist eine Hauptbeschäftigung. Die Handwerker kopieren sich selbst. So malen sie bis heute beispielsweise ein und dasselbe Bild zigmal, wenn es sich gut verkauft. Aus diesem Grund fallen immer wieder gleiche Motive, gleiche Farben und gleiche Stile auf – von Dorf zu Dorf.

1956 kam der Holländer **Arie Smit** nach Ubud und gründete die **Young Artists School.** Diese Stilrichtung, bunt, naiv und flächig, ist bis heute vorherrschend. Dargestellt werden hauptsächlich Landschaften. Die einfache, malbuchartige Ausführung erlaubt schnelles, massenhaftes Anfertigen. Die geringe Anforderung an Anatomie- und Perspektivkenntnisse ermöglicht nahezu jedem, „Kunstwerke“ zu erstellen. Diese Bilder werden mit Vorliebe von Touristen gekauft – häufig zum gleichen Preis wie andere, künstlerisch hochwertige Bilder, an denen ein Maler einen oder zwei Monate arbeitet.

Was Spies und Bonnet seinerzeit fertigbrachten, nämlich die künstlerische Kreativität in den Malern freizusetzen, sie von den Fesseln der traditionellen Bilder und Bildinhalte zu befreien, wird durch den Massentourismus wieder unterdrückt: So wurden die Maler teilweise bald wieder zu **unkreativen Handwerkern,** die möglichst schnell möglichst viele gleiche Bilder produzieren, um der Nachfrage zu genügen. Da es kunstunverständiges Publikum, das zuviel Geld in den Taschen hat, zur Genüge gibt, fragt sich natürlich der künstlerisch begabte Familienvater, warum er Mühe, Zeit und Kreativität in ein Gemälde investieren soll, das er nicht besser verkaufen kann als das seines Nachbarn, der den Young-Artists-Abklatsch in zwei Tagen produziert. Es empfiehlt sich also, genau zu schauen und das Besondere in der Kunst zu entdecken. Zahlreiche **Galerien in und um Ubud** helfen dabei weiter (siehe Ubud).

< Das Schreiben auf Blättern der Lontarpalme ist eine seltene Tradition, die auf Bali zu großer Blüte kam – Wayan Muditadnana aus Tenganan ist ein Meister seines Fachs

15 LOMBOK – DIE INSEL UND IHRE BEWOHNER

Es gibt balinesische Tempel auf Lombok, es gibt Reisterrassen, die den balinesischen in nichts nachstehen, und auch die Strände haben Weltklasseniveau, was Schönheit und Unberührtheit angeht. Hier sind Besucher sogar noch näher am Leben der Bewohner dran als auf Bali.

118ba sb

Die Fährboote von Bangsal nach Gili Terawangan sind immer gut ausgelastet

Überblick

Lombok ist eine Insel, die man unbedingt besuchen sollte. Eine mögliche Unsicherheit gegenüber dem Islam, der sich vor allem durch massive Moschee-Neubauten zeigt, ist für Touristen unbegründet: Die Einwohner Lomboks sind genauso unverkrampft, offen und fröhlich wie die Balinesen.

Die indonesischen Fremdenverkehrsbehörden versuchen seit Langem, den legendären, paradiesischen Ruf Balis auf die Nachbarinsel Lombok auszuweiten. Einerseits wollen sie damit das durch den Tourismus belastete Bali entlasten und andererseits dem unterentwickelten Lombok auch einen Teil des Touristengeldes sichern. Um das zu erreichen, erschien nichts einfacher, als die Attribute Balis auch auf Lombok anzuwenden, etwa: „Lombok, die schöne Schwester Balis".

Wer nun aber glaubt, Lombok mit Bali gleichsetzen zu können, täuscht sich. Der Satz „Lomboks Strände sind die schönen Schwestern der balinesischen Strände" würde zwar stimmen, aber Lombok und Bali bestehen nicht nur aus Badestränden. Wer den Rest der Insel betrachtet, und das ist nun mal nicht gerade wenig, wird fast keine Gemeinsamkeiten mehr entdecken: **Lombok ist völlig anders und einzigartig!**

Durch die fiktive „Wallace-Linie" von Bali und damit von Asien getrennt, rechnet man Lombok und alle östlichen Inseln zur australischen **Region: Flora und Fauna** weisen große Unterschiede auf und das Klima ist trockener. Während auf Bali alles wild wuchert, grünt und wächst, dominieren auf Lombok Trockenwald und Steppe. Insbesondere im Südosten wächst fast nichts. Im Zentrum Lomboks grünen terrassenartig angelegte Reisfelder.

Auch die **Menschen** sind anders. Die ursprünglichen Einwohner Lomboks heißen Sasak und haben ihre eigene Kultur. Allerdings ist diese nicht so spektakulär wie die Balis. Ein Großteil bekennt sich offiziell zum Islam, der animistische Gebräuche zurückdrängt. Diese werden allerdings noch gepflegt, jedoch mehr im Verborgenen. Es gibt außerdem eine nur auf Lombok vorkommende Mischreligion: Wetu Telu. Hier verbinden sich islamische, hinduistisch-balinesische und animistische Elemente.

Lombok hat in der **Vergangenheit** fast immer unter fremder Herrschaft gestanden. Die Sasak haben nie ein bedeutendes Königreich oder Ähnliches hervorgebracht. Stets waren andere – Balinesen, Holländer oder Javanesen – die Herrscher. Das hat wohl Auswirkungen auf die Bewohner gehabt: Eigeninitiative und Kreativität sind im Vergleich mit der balinesischen Kultur nicht so ausgeprägt. Der weitaus größte Teil der Sasak arbeitet in der Landwirtschaft, die Geschäfte werden von Vertretern anderer Volksgruppen gemacht – Chinesen, Javanesen oder Arabern.

Der größte Unterschied zu Bali aber besteht darin, dass der organisierte **Tourismus** immer noch vergleichsweise bescheiden ist, obwohl viele Agenturen zwei, drei Tage Aufenthalt auf Lombok in ihr Bali-Angebot integriert haben. Und da, wo sich Tourismus abspielt, zielt man hauptsächlich auf Pauschaltouristen der höheren Preisklasse. Touristenzentren sind Senggigi, die drei nordwestlich liegenden Inseln, kurz Gilis genannt, und ein Teil des südlichen Lombok mit Kuta und den sich anschließenden Buchten.

Im **Hinterland** sind Reisende immer noch eine kleine Attraktion. Man wird freundlich aufgenommen, teilweise zu freundlich. Kinder laufen in Scharen hinter einem her; jeder will zumindest wissen, wohin man geht und woher man kommt. Außerhalb der touristisch erschlossenen Orte wird nicht so viel Englisch gesprochen wie auf Bali. Wer ins Hinterland reisen und wirklich etwas erfahren will, sollte etwas Indonesisch sprechen oder mit einem Tourenanbieter einen Ausflug machen.

Das Leben auf Lombok ist einfacher und im Vergleich zu Bali auch heute noch „indonesischer". Lombok ist nicht wie Bali ohne Touristen, sondern großteils einfach nur Indonesien, unverfälscht, ungeschönt, nicht für Fremde aufgeputzt. Die drei Gilis mauserten sich in den letzten 25 Jahren zu Traveller-Paradiesen: mit entsprechender Infrastruktur wie Kneipen und Cafés mit WLAN-(WiFi-)Zonen, Discos und Reisebüros. Der Tourismus ist so zu einer bedeutenden Einnahmequelle für die „arme Schwester Balis" geworden. Er fördert auch ein neues Selbstbewusstsein bei den Sasak. Denn die Fremden interessieren sich für Lomboks Kunsthandwerk, Tänze, Musik und Sportarten. Der „Hinterhof Balis" ist heute eine eigenständige, charaktervolle Insel.

Diese Dynamik ist bei einem Besuch zu spüren. So hatte die indonesische Regierung das Jahr 2012 zum **„Visit Lombok & Sumbawa-Year"** erklärt, und pünktlich zu diesem Event wurde der neue internationale Flughafen **Bandara Internasional Lombok** (LOP) am 1. Oktober 2011 eröffnet.

Als Bali-Besucher auf Lombok – Vorsicht vor falschen Erwartungen

Es gibt immer wieder Bali-Urlauber auf Lombok, die völlig enttäuscht sind, die schlechte Erfahrungen gemacht haben und denen es aus verschiedenen Gründen nicht gefiel. Sie hatten Schwierigkeiten mit den Menschen, wurden belästigt, bestohlen, betrogen.

Viele der Touristen hätten unerfreuliche Erlebnisse vermeiden können, wenn sie sich einige Gedanken gemacht, sich anders benommen und mehr über die Kultur gewusst hätten. Wer von Bali nach Lombok kommt, wird einige herbe Enttäuschungen erleben, wenn er glaubt, sich hier wie auf Bali benehmen zu können. Bali ist seit Jahrzehnten Touristengebiet. Die Bewohner haben sich darauf eingestellt. Leider, möchte man sagen, aber die ursprüngliche Lebensweise der Balinesen machte es den Einheimischen einfach, sich an die Dekadenz und Ignoranz vieler Besucher zu gewöhnen.

Kein Balinese regt sich über nackte Brüste oder sogar über fast nackte Pos am Strand von Kuta auf. Verrückte, höchst freizügige Kleidung ist man ebenso gewohnt wie Desinteresse an der Kultur der Insel, Großspurigkeit oder Intoleranz. Balinesen nehmen dies meist gelassen hin, machen ihr „Business" und lassen sich ansonsten nicht stören.

Anders auf Lombok: Hier gibt es viel weniger Touristen und diese konzentrieren sich auf wenige Orte. Die Bewohner von nichttouristischen Gegenden sind den Umgang mit Fremden immer noch nicht gewohnt. Andere Religionen – vor allem der Islam – kennen strengere Benimm-Vorschriften und es wird vorausgesetzt, dass sich Besucher daran halten.

Es ist daher dringend angeraten, sich nach den beschriebenen Verhaltensregeln zu richten, wenn man anständig behandelt werden will und Wert darauf legt, als Gast akzeptiert zu werden. Man muss sich nur einmal klarmachen, dass etwa ein Mädchen mit offener Bluse und ohne BH sämtliche Moralvorstellungen des Islam mit Füßen tritt und eine Provokation darstellt. Das Gleiche gilt für Männer mit kurzen Hosen oder bloßem Oberkörper. Nur wer sehr arm ist, kann sich kein Hemd leisten. Wer aus Europa kommt, ist aber ganz offensichtlich „reich". Man glaubt, er macht sich lustig über die Armen oder über die Wohlhabenden, je nachdem. „Normal" benimmt er sich auf jeden Fall nicht.

119ba sb

▷ Auch im wenig bevölkerten Norden Lomboks finden sich entlang der Straßen kleine Bars mit Aussicht

Geschichte Lomboks

Über die Geschichte Lomboks lässt sich nicht viel in Erfahrung bringen. Wissenschaftler haben sich anscheinend stets mit der ihrer Meinung nach interessanteren Nachbarinsel Bali beschäftigt. So ist auch verständlich, dass Daten und Fakten über Lombok erst seit der Zeit bekannt werden, als die Balinesen Lombok eroberten, die Geschichte Lomboks also Teil der balinesischen wird.

Erstmals wird Lombok in der Chronik des Königreiches Majapahit erwähnt, das sich im **14. Jh.** über einen Großteil des heutigen Indonesien erstreckte. Erstaunlich, dass das einzige Exemplar oben genannter Chronik, der Negarakertagama, auf Lombok entdeckt wurde – im 19. Jh. in dem kleinen Dorf Pagutan, gleich vor den Toren Matarams.

Aus den alten Texten geht hervor, dass sich seinerzeit auf Lombok viele Regionalgrößen um Land stritten. Keiner besaß mehr als ein paar Dörfer, trotzdem nannte sich jeder Raja. Nur in Ostlombok gelang es, für längere Zeit ein größeres Fürstentum zu errichten. Es nannte sich Selaparang und viele Sasak bezeichnen so auch heute noch in ihrer Sprache die Insel. Auch der ehemalige Flughafen Matarams schmückte sich mit diesem Namen.

In der ersten Hälfte des 16. Jh. brachten Prediger aus Java die Lehre des Islam nach Lombok. Sie hatten den Glauben aber derart mit hinduistischen und animistischen Elementen versetzt, dass diese Religion heute als Wetu Telu bezeichnet wird. Die erste Moschee Lomboks – sie steht heute noch – soll denn auch die von Bayan in Nordlombok sein, dem Zentrum der heutigen Wetu-Telu-Gemeinde.

Im **17. Jh.** stand Lombok unter der politischen Kontrolle Makassars (heute Ujung Pandang) auf Sulawesi. Der dortige König hatte sich mit den Herrschern von Bima und Sumbawa verbündet.

Kurz nach der Einführung des Islam gelang es dem balinesischen Königreich Karangasem, den Westen Lomboks zu erobern. Indirekt half dabei wohl der Sasak-König von Pejanggiq. Auf jeden Fall setzten sich die Balinesen in Westlombok fest. Weiter kamen sie vorerst nicht, denn um in den Osten zu gelangen, hätten sie den dichten Urwald durchdringen müssen, der sich in Zentrallombok ausbreitete.

Erst **1678** erreichten die Balinesen das östliche Königreich Selaparang und bezwangen es, wieder unter Mithilfe anderer Sasakfürsten. Dennoch sollte es weitere 150 Jahre dauern, bis Lombok wirklich unter der Kontrolle Balis stand.

Zwischen 1775 und 1838 kämpften die balinesischen Königreiche auf Bali miteinander und so gewann der Osten Lomboks eine gewisse Selbstständigkeit zurück. Dann holten die Balinesen Westlomboks zum großen Schlag aus und eroberten Karangasem, dem sie vorher unterstellt waren. Gleich darauf zwangen sie auch Ostlombok wieder unter ihren Einfluss. Das Königreich von Mataram kontrollierte nun ganz Lombok und einen Teil Ostbalis. Zwar erhoben sich die Ostlomboker mehrfach (1855, 1871, 1891), wurden aber jeweils von den Balinesen bezwungen, weil die westlombokischen Sasakfürsten auf der Seite der Balinesen kämpften.

Zwischen 1850 und 1890 wurde der König von Mataram zum reichsten Fürsten der Region, er wurde sogar als wohlhabenster König des östlichen Archipels bezeichnet. Das machte die Holländer neugierig, die seit dem 17. Jh. n. Chr. Handelsniederlassungen in der Region unterhielten. Zwar hatten sie ein Abkommen mit dem König von Mataram geschlossen, das besagte, sie würden niemals Lombok angreifen – trotzdem setzten sie im Jahre **1894** zur Eroberung der vermeintlich an Zinn reichen Insel an.

Trotz überlegener Waffen wurden sie geschlagen. Über hundert holländische Soldaten starben auf dem Schlachtfeld. Schlechte Verlierer, die sie waren, kamen die Kolonisatoren aber ein zweites Mal mit mehr Männern und mehr Waffen und brannten Mataram nieder. Als Nächstes fiel Cakranegara, wo der Kronprinz Anak Agung Ketut ermordet und der alte Raja gefangen genommen wurde. Viele Balinesen begingen Selbstmord. Obwohl viele Hundert holländische Soldaten fielen, versüßte den Eroberern die Schatzkammer des Königs den schweren Sieg: Ein Raum von drei mal fünf Metern war über einen halben Meter hoch mit Rijksdaalern gefüllt, eine nur etwas kleinere Kammer mit Goldmünzen und Edelsteinen.

Nun begann die Herrschaft der Holländer. Die Sasak merkten bald, dass diese härter war als die vorausgegangene Regentschaft der Balinesen. Die Steuern waren hoch und die Bauern wurden zu unmenschlichen Straßenarbeiten gezwungen. Viele Bauern verarmten. Die Holländer benutzten balinesische und lombokische Fürsten als „Geldeintreiber". Klar, dass diese sich dabei auch an Land bereicherten.

Obwohl durch den Bau von neun Dämmen die Ackerbaufläche auf Lombok vergrößert wurde, was zu einer erhöhten Reisproduktion führte, sank der tägliche Reiskonsum der Sasak von 400 Gramm im Jahre 1900 auf 300 Gramm 1940. Hatten die balinesischen Fürsten früher 50 % der Reisernte als Tribut verlangt, so wollten die Holländer nun 80 % (neben vielen anderen Steuern).

Die Japaner, die auf die Holländer zum Ende des Zweiten Weltkriegs folgten, regierten mit Terror. Hungersnöte waren auf Lombok die Regel.

Als **1945** die indonesische Unabhängigkeitserklärung veröffentlicht wurde, gehörte Lombok weiterhin zum immer noch von den Niederlanden kontrollierten östlichen Teil der zukünftigen Republik. Erst **1949** wurde die Unabhängigkeit anerkannt und Lombok Teil der indonesischen Provinz Nusa Tenggara. 1951 wurde diese geteilt in einen westlichen (Barat) und östlichen Teil (Timur). Mataram wurde die Hauptstadt der Provinz Nusa Tenggara Barat, kurz NTB.

Die Holländer haben nicht viele Spuren auf der Insel hinterlassen. Der Hafen von Ampenan wurde von ihnen errichtet, war aber seinerzeit schon zu klein, sowie einige Wasserleitungen, die teilweise noch heute in Betrieb sind – etwa in Narmada, wo sich gigantische Betonrohre durch die Anlagen ziehen.

Seit **Ende der 1980er Jahre** entwickelt sich der Tourismus immer mehr zur Haupteinnahmequelle der Insel. Große Masterpläne wurden aufgelegt. Lombok sollte zur „Sonneninsel" gemacht werden, Bali dem „Kulturtourismus" vorbehalten bleiben. In ziemlich kurzer Zeit

120ba sb

hatten sich kapitalkräftige Unternehmer und Spekulanten, die zu über 90 % aus Java kamen, so gut wie alle Strandgrundstücke unter den Nagel gerissen. Wieder scheinen die Sasak „in die Röhre zu schauen". Touristisches Kleingewerbe (wie etwa auf Bali), Losmen und Handwerksbetriebe können sich seitdem teilweise nicht entwickeln, weil das Land großflächig blockiert ist.

Heute zeigt sich deutlich, wohin die Politik geht: Großprojekte, Yachthäfen, Fünf-Sterne-Hotels und zentrale Kunsthandwerksvermarktung sind schon Realität. Für die Sasak bleiben Jobs als Kellner. Die werden aber so schlecht bezahlt, dass viele gleich zwei davon annehmen: den einen von 6 bis 16 Uhr im Hotel, dann ab 18 Uhr bis spätabends im Restaurant.

Die **Wirtschaftskrise,** die Asien seit **Anfang 1998** heimsuchte, hinterließ auf Lombok deutlichere Spuren als auf Bali. Die Touristenankünfte reduzierten sich auf der Insel fast auf ein Viertel. Die sowieso viel zu groß dimensionierten Sterne-Hotels waren teilweise nur zu zehn Prozent belegt. Vielen Angestellten wurde gekündigt, anderen der Lohn gekürzt.

Hinzu kam eine **Missernte,** die auf die Auswirkungen von El Niño (Ausbleiben der Regenzeit im Jahr 1998) zurückzuführen war. Viele Menschen im Süden und Osten der Insel waren in ihrer Existenz bedroht.

1998–2000: Das Ansteigen der Preise und die hohe Inflation in Verbindung mit nicht-steigenden Löhnen und Ar-

Sasak-Kinder im Dörfchen Teres Genit am Fuße des Rinjani

beitslosigkeit waren besonders in Süd- und Ostlombok zu spüren. So kam es, wie in vielen anderen Teilen Indonesiens, zu Unruhen. 1999 war es soweit: Der Mob, angestachelt von den Verlierern des Systemwechsels und fanatischen Moslems aus Ostlombok, überrannte die Hauptstadt und die Touristenorte Westlomboks. Ziel waren wie immer vermeintlich reiche Chinesen und Christen. Diverse Läden in Senggigi wurden geplündert, einige Restaurants und Hotels brannten. Der ganze Spuk dauerte zwar nur einen Tag und eine Nacht, aber das Vertrauen der Touristen war dahin.

2000 wurden Kirchen in Mataram, Cakranegara und Ampenan angezündet. Von wem und warum, weiß bis heute niemand. Folge: Der Tourismus brach für etwa ein Jahr fast völlig zusammen.

Nach den schweren Jahren schien sich 2001 die Lage wieder normalisiert zu haben, der Zustrom von Urlaubern begann auf ein hohes Niveau zu steigen. Doch kaum atmeten die Menschen, insbesondere an der Westküste, wieder auf, geschah die Katastrophe des **11. September 2001** in New York. Auch Lomboks Tourismus war von der allgemeinen Reiseangst betroffen. Außerdem litt Lombok genauso wie Bali unter den beiden **Attentaten 2002 und 2005,** die Erholungsphase ist noch nicht vorbei. Bis heute könnten die Hotels und Restaurants mehr Besucher aus dem Westen gebrauchen. Die Infrastruktur ist da, die Insel ist vorbereitet. Der **neue internationale Flughafen** wurde am 1. Oktober 2011 eröffnet, und (Billig-)Flieger vor allem aus Australien spülen seit Langem nicht mehr erlebte Touristenmassen auf die Insel.

Bevölkerung Lomboks

Sasak

Auf Lombok leben **rd. 3 Mio. Menschen** verschiedener Volksgruppen. Der größte Teil der Bewohner sind Sasak, ein kleinwüchsiger Menschenschlag mit dunkler Haut und eher sehnigem, muskulösem Körperbau. Das Gesicht ist grobknochig mit breiter Nase und hervorstehenden Backenknochen. Sasak lächeln wenig, spontanes, kindliches Lachen aus dem Bauch heraus ist jedoch häufig zu hören.

Man nimmt an, dass sich diese Volksgruppe früher als Hauptstrom **malaiischer Einwanderer** hier angesiedelt hat. Ihr Ursprung soll in Nordwestindien oder in Myanmar liegen.

Die Sasak sind hauptsächlich **Bauern** und bauen überwiegend Reis, Tabak und Gemüse an. Je nach Region halten sie sich Wasserbüffel, Pferde oder Kühe. Die traditionellen Dörfer, von denen es noch eine ganze Reihe gibt (beispielsweise Sade, Senaru, Bayan), bestehen aus Lehm- oder Holzbauten, die mit Gras gedeckt sind. Besonders typisch ist das Reishaus (Lumbung), ein auf Stelzen und somit sicher vor wilden Tieren errichtetes, quadratisches Gebäude mit hohem, halbrundem Dach. Es ist auch Vorbild für viele Bungalow-Anlagen im Sasak-Stil.

Die Tracht der Sasak

Auch die Tracht der Sasak erinnert an die Bergstämme Südostasiens. Besonders Frauen in abgelegenen Dörfern tragen auch heute noch ausschließlich **Lambung,** das traditionelle Gewand der Sasak. Es besteht aus einem langen Sarong und einer aus einem Stück Stoff genähten Bluse, beides in Schwarz. Lomboks Frauen dürfen keine goldenen Ornamente tragen. Gehalten wird der Sarong von einem vier Meter langen Webschal, dem Sabuk, der wenig kunstvoll um die Hüften gewickelt wird. Er ist meistens sehr bunt (Rottöne überwiegen), fein gestreift und handgewebt.

Die Männertracht der Sasak besteht aus einer schwarzen Jacke mit asiatischem Kragen, dem Songket, einem sehr fein verzierten Brokat-Sarong, oft mit Goldfäden durchzogen, und dem Udeng, einem Batiktuch, das um den Kopf geschlungen und vorn über der Stirn gebunden wird. Bei Hochzeiten trägt der Bräutigam einen Kris (Dolch) hinten in der Jacke.

Traditionelles Sasak-Anwesen

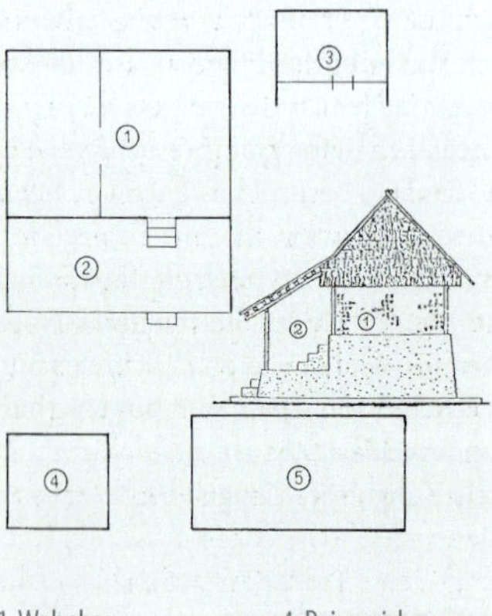

1 Wohnhaus
2 Vorraum
3 Küche
4 Reisspeicher
5 Offener Ruheplatz

Balinesen auf Lombok

Etwa **zehn Prozent** der Einwohner Lomboks sind balinesischer Abstammung. Sie wohnen hauptsächlich an der Westküste, wo sich auch ihre größten Tempel befinden. Zurück geht diese balinesische Gemeinschaft auf die Feldzüge der Könige von Karangasem (heute Amlapura), die mit der Versklavung ganz Lomboks endeten. Später betrachteten die balinesischen Fürsten Lombok als Strafkolonie: In Ungnade gefallene Aristokraten oder unliebsame Geschäftsleute wurden hierher verbannt. Die schlugen dann irgendwann zurück, eroberten das Königtum Karangasem und gründeten das Reich Mataram. Die „Ausgestoßenen" regierten hier als Feudalherren, bauten Tempel, betrachteten den Rinjani als Göttersitz, ähnlich dem Gunung Agung auf Bali. Auch behielten sie ihre Sitten und Gebräuche bis heute unverändert bei (s. auch „Geschichte").

Die balinesische Herrschaft führte nicht nur dazu, dass die heutige Bevölkerung Lomboks teilweise balinesischen Ursprungs ist, sondern bewirkte auch, dass die balinesisch beeinflusste Mischreligion Wetu Telu entstand. Die kulturelle und religiöse Verbundenheit der balinesischen Lombokbewohner mit der Mutterinsel Bali kommt beispielsweise im Aufbau des Gadoh (oberstes Stockwerk der Lingsar-Tempelanlage) deutlich zum Ausdruck (siehe Lingsar).

Im Großen und Ganzen vertragen sich Sasak und Balinesen, die andere Religion wird respektiert. Balinesen unterbrechen sogar ihre Arbeit, wenn der Muezzin von der Moschee die Muslime zum Gebet ruft.

Wichtige balinesische Tempel auf Lombok

- **Pura Meru,** Muttertempel in Cakranegara
- **Pura Gunung Pengsong,** südl. Mataram
- **Pura Suranadi,** ältester Tempel Lomboks
- **Pura Lingsar**
- **Pura Kalasa,** Narmada
- **Pura Batu Bolong,** bei Senggigi
- **Pura Segara,** Ampenan

Balinesische Zeremonien auf Lombok

- **Pujawali:** Jedes Jahr wird diese Zeremonie im Kalasa-Tempel (Narmada) veranstaltet, um Batara, dem Herrscher des Rinjani, zu huldigen. Unter anderem werden lebende Enten geopfert.
- Gleichzeitig findet am Kratersee Segara Anak die **Pekelan-Zeremonie** statt, während der viele Balinesen goldene Gegenstände opfern und in den See werfen (Vollmond des fünften balinesischen Monats, Sasih Kelima).
- **Große Zeremonie im Meru-Tempel** (Cakranegara): Von jedem Tempel Lomboks kommen Priester, um hier zu beten. Zeit: Vollmond, alle 210 Tage.
- **Galungan/Kuningan** (alle 210 Tage): In verschiedenen Tempeln, besonders aufwendig in Lingsar und Cakranegara, besonders malerisch in Batu Bolong.
- **Perang Ketupat:** Schlacht zwischen Wetu Telu und Bali-Hindus. Es wird für Regen gebetet (s. Lingsar).
- **Erntedank-Zeremonie** am Tempel auf dem Gunung Pengsong (9 km von Cakranegara). Ein Büffel wird die steile Treppe zum Tempel hochgetrieben und dort geopfert (März/ April).

Traditionen und Bräuche

Kultur und Traditionen unterscheiden sich wegen des anderen religiösen Hintergrunds der Sasak stark von denen der Balinesen. Wohl das Aufregendste, was einem als Tourist auf Lombok geboten wird, ist das **Kampfspiel Perisean,** bei dem zwei Kontrahenten mit langen Bambusrohren aufeinander einschlagen (siehe Exkurs im Kapitel „Lombok – Mataram und die Westküste").

Musik

Genggong ist eine für unsere Ohren abenteuerlich klingende Musik. Das Orchester besteht aus sieben Musikern, die alle verschieden große Maultrommeln spielen, weitere Instrumente gehören nicht dazu. Es wird zu Hochzeits- und Beschneidungszeremonien gespielt oder wenn die Sasak möchten, dass es regnet.

Gendang Beleq („große Trommel") ist ein Orchester mit ca. 30 bis 40 Musikern, von denen zwei bis drei sehr große Trommeln spielen. Sie sind fast so groß wie die Musiker und werden vor der Brust getragen. Dennoch hindern die Instrumente die Trommler nicht daran, während des Spiels mitzutanzen. Die meisten Musiker in diesem Orchester spielen eine Art Becken aus Bronze, das Ceng-Ceng. Trotz des großen Gewichtes wird das Ceng-Ceng im Takt der Musik herumgewirbelt. Ein Xylophon- und ein Flötenspieler sind weitere Mitglieder dieser Truppe.

Das Gendang-Beleq-Orchester spielte in vorislamischer Zeit Marschmusik zu kriegerischen Anlässen, es hatte aber auch spirituelle Bedeutung. Heutzutage wird es überwiegend zu Hochzeiten bestellt. Die Musiker schreiten dann mit lauten, rhythmischen Klängen dem Brautpaar und dessen Gefolge hinterher.

Mittlerweile hat das Gendang Beleq wieder an Popularität gewonnen. Die Stadt Mataram organisiert Gendang-Beleq-Wettbewerbe unter dem Motto: Welches Dorf hat das beste Orchester und die besten Uniformen? An diesem Spektakel nehmen meist über hundert Gruppen mit an die 4000 Trommeln teil.

121ba sb

Tänze

Die Sasak haben ihre eigenen Tänze, die aber höchst selten aufgeführt werden: Cupak, Cepung (ähnlich wie Kecak auf Bali), Tawa-Tawa, Gendang Belek, Rudat, Kroncang Sampi. Viele sind denen der Balinesen ähnlich, fast alle stammen aus **vorislamischer Zeit.**

Und das ist auch der Knackpunkt. Religiöse Führer haben sie aus dem Repertoire der Dorfgemeinschaften verbannt, weil sie an heidnische Bräuche erinnern. Sogar die traditionellen Instrumente wurden verbannt. Sie sind in der Regel aus Bronze gefertigt, das im Volksmund auch „Stimme der Vorfahren“ genannt wird. Ahnenverehrung steht aber auf dem Index der islamischen Eiferer. So kommt es, dass man als Tourist kaum Zeuge einer originalen Tanz-Vorführung wird. Zentren der rituellen Tanzkunst sind Bayan im Norden und die Sembaluns im Osten Lomboks. Das Sasak-Theater Cupakgrantang (siehe auch Exkurs „Das Tanzdrama Cupak“ im Bali-Kapitel) wird nur in Westlombok aufgeführt, wenn überhaupt.

Die Touristen allerdings, von Bali durch die zahlreichen Tanzvorführungen verwöhnt, verlangen nach Entertainment. Nun werden nach und nach die alten, verpönten Tänze wieder ausgegraben und in Hotels vorgeführt.

Familienfeste

Besonders in der Zeit nach der Ernte, etwa im April/Mai, finden in fast allen Dörfern Familienfeste statt, bei denen die Beteiligten auf Holztieren durch das Dorf getragen werden. Ansonsten gibt es lustige kleine Umzüge mit einer Kapelle

(Trommeln, Flöte, Rassel etc.) und viel Geschrei.

Die jeweiligen Reiter(innen) sind herausgeputzt und geschmückt. Statussymbole wie Sonnenbrille, Radio und Armbanduhr dürfen nicht fehlen, was dem Reiter ein etwas karnevalistisches Aussehen veleiht. Oft hängen Ketten aus Zigaretten um den Hals oder sind, besonders bei Frauen, fächerförmig in die Haare gesteckt.

Jurakan

Ähnlich dem **Maibaumklettern** in unseren Gefilden wird beim Jurakan ein starker, etwa zehn Meter hoher Pfahl aufgestellt und mit einer glitschigen, schwarzen Fett- oder Ölschicht bestrichen. Oben an der Spitze sind an einem Ring bunte Tücher angebracht. Es gehört viel Kraft und Geschick dazu, bis oben zu klettern, um eines der Tücher zu ergattern. Erschwerend kommt hinzu, dass man beginnen muss hochzuklettern, bevor der Vorgänger wieder unten ist. Beide müssen also unterwegs aneinander vorbeiklettern. Eine Gaudi, besonders für die Zuschauer! Wird gelegentlich zum Unabhängigkeitstag und zu Mohammeds Geburtstag veranstaltet.

Die Bauweise der Häuser in einem typischen Sasak-Dorf hat sich seit Jahrhunderten kaum verändert

Sprache – Bahasa Sasak

Die Sprache der Einheimischen ist das **Sasak,** für das bisher keine Wörterbücher existieren. Fast jeder Bewohner Lomboks spricht zusätzlich Bahasa Indonesia. Wer das ein wenig beherrscht, sollte eigentlich keine Verständigungsschwierigkeiten bekommen. In den touristisch erschlossenen Gebieten kommt man mit Englisch normalerweise gut zurecht. Außerhalb der Touristenregionen ist es jedoch schwierig, sich auf Englisch verständlich zu machen. Dort ist jemand, der mehr Englisch spricht als „Hello“ und „Where do you go?“, manchmal eine Seltenheit. Auch Polizisten oder Büroangestellte sind dieser Sprache oft nicht mächtig. Wer sich auf Lombok intensiv mit den Menschen auf dem Land und im Dorf auseinandersetzen will, sollte Indonesisch zumindest bruchstückhaft beherrschen (siehe auch Kapitel „Reisetipps A–Z: Sprache“).

Die Sasak haben eine lange Tradition, **Geschichten** auf getrockneten Lontar-Blättern aufzuschreiben. Bis heute werden diese Geschichten, die oft etliche Jahrhunderte alt sind, einem Publikum vorgetragen – oft untermalt von Musik. In Sasak heißt diese Kunstform *Pepaosan.* Diese Verse werden auch gern bei der täglichen Arbeit gesungen.

Mini-Wörterbuch

Es folgt **auf der nächsten Doppelseite** ein **Verzeichnis wichtiger Wörter** in Bahasa Sasak. Man kann die Einheimischen mit ein paar Wörtern in ihrer eigenen Sprache oftmals erfreuen oder verblüffen. Mit dem **Stern*** sind Wörter gekennzeichnet, die **identisch mit Bahasa Indonesia** sind.

Aussprache

Einige Ausspracheregeln gibt es zu beachten. Normalerweise wird die letzte Silbe betont, aber es gibt reichlich Ausnahmen. Hier gilt es, selbst herauszuhören, wie es richtig ist.

e	wie ä, aber etwas kürzer, etwa wie in „Messer"
e:	unbetontes e, wie in dem Wort „Hose". Steht es am Ende des Wortes, wird die Silbe davor betont.
c	„tsch", wie in „Matsch"
j	wie „dsch" in „Dschungel"
k	wenn es am Ende steht, wird es nicht gesprochen, verkürzt aber den Vokal davor. In diesem Fall wird die letzte Silbe betont.
r	rollend
w	wie im englischen „when"
s	immer scharf
y	wie „J" in „Jäger"

Religionen

Auf Lombok sind 90 % der Bevölkerung offiziell **islamischen Glaubens.** Diese Gläubigen werden *Wetu Lima* (= fünf Mal) genannt. Die Wetu Lima (auch Waktu Lima) sind am stärksten islamisiert und repräsentieren den größten Teil der Sasak-Bevölkerung. Der von ihnen praktizierte orthodoxe Islam trägt alle wichtigen Merkmale des muslimischen Glaubens (siehe Kapitel „Indonesien im Überblick: Religionen"). Es gibt noch zwei andere Religionsgemeinschaften auf Lombok, Bodha und Wetu Telu.

Bodha

Bodha kann als die **Ur-Religion der Insel** betrachtet werden und ist vom Aussterben bedroht. Als seinerzeit die Balinesen Lombok eroberten, zogen sich verschiedene Gruppen in die Berge zurück. Da leben sie heute noch (ähnlich den Bali-Aga auf Bali), abgeschottet vom Rest der Bevölkerung.

Die Bodhas sind Lomboks buddhistische Bevölkerungsgruppe und gehören dem **Theravada-Buddhismus** an (Sri Lanka/Südostasien). In den Tempeln (Viharas) der Bodhas finden sich schlanke, goldene Buddhafiguren, wie sie aus Thailand bekannt sind.

Abgesehen von einigen wissenschaftlichen Abhandlungen gibt es kaum Literatur über diese Bevölkerungsgruppe. Der Ursprung der Bodhas ist immer noch nicht ganz klar, unterschiedliche Ansichten liegen vor. Eine besagt, dass Bodhas die Ureinwohner Lomboks seien – ähnlich wie die Bali-Aga auf Bali oder die Tengger in Ostjava. Viele Bodha-Traditionen ähneln denen der Tengger. Die niederländischen Wissenschaftler Van Erde und Van der Kraan behaupten, dass die Bodha die Nachfahren der Stämme sind, die es geschafft haben, vor der Islamisierung zu fliehen, indem sie sich in die Berge zurückzogen. Eine andere Hypothese über den Bodha-Ursprung ist, dass sie zur Zeit des Majapahit-Reiches von Java nach Lombok emigrierten. Eine weitere Theorie besagt, dass die Bodhas ursprünglich Sklaven balinesischer Könige waren.

Wetu Telu (auch Waktu Telu)

Ein ebenfalls nur noch kleiner Teil der Bevölkerung praktiziert die Religion Wetu Telu. Diese gibt es **ausschließlich auf Lombok.** Es handelt sich um ein Gemisch hinduistischer, animistischer und islamischer Vorstellungen.

Die Wetu-Telu-Anhänger sind in der jüngeren Geschichte stets verfolgt worden. Am schlimmsten erging es ihnen während des Massakers nach dem gescheiterten Putsch im Jahre 1965: Alle, die „nicht rechten Glaubens" waren, wurden kurzerhand als Atheisten (= Kommunisten) klassifiziert und damit als vogelfrei. Seither bekennt sich kaum noch jemand in der Öffentlichkeit zu diesem Glauben.

Die Zahl der Anhänger wird auf ca. 30.000 geschätzt, auch wenn offizielle Stellen von geringeren Zahlen sprechen. Das Zentrum der Wetu-Telu-Gemeinde ist **Bayan** im Norden der Insel. Interes-

Die wichtigsten Wörter in Bahasa Sasak

Pronomen

ich	tiang (aku*)
du	side: (kamu*)
er	ie:
wir	ite:
ihr	seme:ton
sie	ie:

Bindewörter

und	dait
oder	atau*
mit	kantje:
für	kadu

Anrede

Herr, Vater	Amak
Frau, Mutter	Inak
unverh. Junge	te:runa
Frau (allg.)	nine:
Mann (allg.)	mame:
Mensch	de:ngan

Redewendungen

Danke	te:rima kasih*
Ja	hau
nein	ndek
wie geht's?	ape:kabar?

Fragewörter

Wie spät?	jam*pire:
Wieviel?	pire:
Wann?	piran?
Was?	ape:?
Wo?	lee:mbe?
Woher?	wah jok e:mbe?
Wohin?	jok e:mbe?
Wie alt?	umur* pire:? (Alter wieviel?)
von... nach...	leman... jok...
Wer?	sai?
Mit wem?	kantje: sai?
Wie teuer?	aji pire:?
Preis	aji
Zimmer	kamar*
dies	e:ne
jenes	e:no

Zahlen

1	se:ke
2	due:
3	te:lu
4	e:mpat*
5	lime:
6	e:nam*
7	pituk
8	balu
9	siwa
10	sepuluh*
11	solas
12	due:olas
13	te:luolas
14	e:mpatolas
etc.	
20	due:puluh
21	due:puluh se:ke
22	due:puluh due:
etc.	(aber: 25=se:lai
30	te:lundase:
40	pe:langdase:
50	sekat
60	e:namdase:
70	pitungdase:
80	baludase:
90	siwadase:
100	satus
135	satus te:lundase
aber:	
150	karobe:la
175	le:pak
200	satak
300	te:luratus
400	samas
500	lime:ratus
600	e:namratus*
700	pitukratus
800	domas
900	siwaratus
1000	siu
2000	due:siu
etc.	
1 Mio.	se:jute:

Essen und Trinken

Salz	sie:
Chili	se:pie:
lecker	mai
Reis	nasi*
Ei	telok
Huhn	manok
Nudeln	mie*
Kokosnuss	njioh
Gemüse	kanduke:lak
Büffel	koak
Kuh	sapi*
Schwein	babi*
Ziege	pembek
Fisch	e:mpak
Meerfisch	e:mpak segara
Wasser	aik
Milch	susu*
Tee, Kaffee	teh*, kopi*
gebraten	goreng*
gekocht	ke:lak

Verben

kommen	tale:ng
hinsetzen	tokol
essen	mangan
trinken	minum*
waschen	mandik
eintreten	tame:
weggehen	lalo
heimkehren	ulek
schlafen	tinduk
bleiben	dot
sehen	getak
hören	dengah
sprechen	ngraos
kaufen	be:li*
verkaufen	medagang
wollen	melek
können, wissen	bau
bezahlen	bayah
besitzen	epen
spazieren	lampak lampak
gibt es?	arak?
es gibt	arak

Adjektive

teuer	mahal*
billig	mudak
schön	solah
jung	odak
alt	toak
groß	be:lek
klein	kodek
viel	uek
wenig	sekodek
nah	rape:t
weit, entfernt	jauk
einfach	molah
schwierig	usah*
ängstlich	takut
heiß, scharf	panas*
kalt	ngot
süß	manis*
bitter	pahit*
langsam	ateng ateng
hungrig	lapah
durstig	be:dak

Zeit

heute	jeloe:ne
morgen	lemak
übermorgen	lat
gestern	uwik
jetzt	nane:
bald	se:mendak
später	bares
schon	wah
noch nicht	dekman
Stunde	jam*
Morgen	ke:lemak
Tag	jelo
Abend	male:m

Farben

blau	biru*
braun	coklat*
grün	hijau*
gelb	kuning*
rot	pejak
weiß	putik
schwarz	pede:ng

sant ist in diesem Zusammenhang auch der Tempel von Lingsar, der sowohl einen rein balinesisch-hinduistischen als auch einen Wetu-Telu-Teil besitzt. Einmal im Jahr bekämpfen sich hier Hindus und Wetu-Telu rituell, indem sie sich mit Reisgeschossen bewerfen (s. „Lingsar").

Das Interessante an dieser Religion ist, dass sie sich in einem Zwischenstadium zwischen Bodha und Waktu Lima befindet, also **noch nicht ganz islamisiert** ist, aber auch nicht mehr dem Animismus zugerechnet werden kann. Diese Kultur wird von Ethnologen als „heidnisch-islamischer Synkretismus" bezeichnet, in dem noch häufiger magische als islamische Rituale vorkommen. Geister, Ahnen und Lebenszykluszeremonien sind noch täglich aktuell, obwohl die Wetu Telu unter einem zunehmenden Islamisierungsdruck stehen.

Dieser Druck hat eine weitere Gruppe hervorgebracht, die sich Waktu Delapan (auch Wetu Belu) nennt. Dieser Begriff bezeichnet Sasak, die sich im Übergangsstadium von Waktu Telu zu Waktu Lima befinden und sich selbst nicht mehr einordnen können.

Die Wetu Telu werden wegen ihrer Mischkultur hier etwas ausführlicher beschrieben. Die folgenden Erläuterungen zur Wetu-Telu-Religion basieren auf den Recherchen von Prof. Dr. A. Leemann, der sie unter dem Titel „Glaubensgemeinschaften auf Lombok" (in: „Geographica Helvetica 1"/ 1974, S. 27–36) veröffentlicht hat.

Die Trinität

Die **Dreiheit** aller Dinge ist Grundsatz. Einige Beispiele:

- **Die Dreifaltigkeit:** Allah – Mohammed – Adam. Allah ist der einzige Gott, Mohammed ist die Kontaktperson zwischen Gott und Mensch, seine Stellung als Prophet wird nicht akzeptiert. Adam ist das Symbol für den unbeseelten Menschen.
- **Die drei Gestirne:** Sonne – Mond – Sterne.
- **Die Welt:** Himmel – Erde – Wasser.
- **Es gibt drei Arten der Fortpflanzung:** lebend gebären, Eier legen und Ableger bilden (vegetative Fortpflanzung).
- **Der Körper:** Kopf – Rumpf – Gliedmaßen.
- Es gibt **drei Prinzipien menschlichen Aktivseins:** schöpferisch tätig sein, fühlen und handeln (cipta – rasa – karya).
- **Drei Glaubensgrundsätze** bestimmen das Leben der Gläubigen:
  – Gedenke nur des einzigen Gottes: Allah.
  – Erfreue den Menschen (Nächstenliebe).
  – Entziehe dich dem Einfluss schlechter Geister (Tue nichts Böses).
- **Drei besondere Verpflichtungen:**
  – Sembahyang Jumat: Das Freitagsgebet. Es soll gemeinsam gesprochen werden, damit Allah die Gemeinde segnet.
  – Sembahyang Majit: Der Mensch soll Gutes tun, damit er, wenn er stirbt, auf viele gute Taten zurückblicken kann.
  – Sembahyang: Der Mensch soll seinen Nächsten lieben. Er ist zur sozialen Arbeit (fitrah) verpflichtet.

Ähnlichkeiten und Unterschiede zum Islam

- Das einmonatige Fasten während des Ramadan wird von den Wetu Telu nicht eingehalten. Sie fasten während des dreitägigen Puasa-Festes. In dieser Zeit wird meditiert und gebetet.
- Ebenso sind Wetu-Telu-Anhänger nicht wie Muslime zum fünfmaligen **Gebet** pro Tag verpflichtet. Bei ihnen gilt der Grundsatz: „Bete von Herzen" (Kebatinan). Das heißt: „Bete, wann du willst".

- Auch **Schweinefleisch** kann gegessen werden, denn „Alles, was von Gott kommt, ist gut!"
- Als Versammlungsgebäude dient den Wetu Telu die **Mesjid,** die mit einer Gebetsnische ausgestattet ist, die im Nordwestteil nach Mekka ausgerichtet ist. Tote werden so begraben, dass ihr Kopf gen Mekka gerichtet ist.
- Die **Wallfahrt nach Mekka** ist unbekannt.
- Auch werden die traditionellen islamischen Feiertage nicht eingehalten, man folgt dem **balinesischen Kalender** und feiert z.B. Odalan, die Tempelgeburtstagsfeier, im 210-Tage-Rhythmus.
- Obwohl Allah der einzige Gott ist, gibt es doch so etwas wie **vergöttlichte Ahnen,** die im „Balai-Gede", wo Erinnerungsstücke aufbewahrt werden, innig verehrt werden.
- Pemali heißen Orte, an denen **Heilige** begraben liegen, zu denen auch gebetet wird. Batu Layar ist so ein Ort (in der Nähe von Senggigi). Ein anderes heiliges Grab, zu dem auch Balinesen ihre Opfer bringen, befindet sich westlich von Tanjung auf dem Riff von Medane. Ein Stein auf der Grabplatte bringt demjenigen Glück, der ihn dreimal umdreht und sich die Hand danach an die Stirn legt.

Kastensystem der Wetu Tulu

Wie die Balinesen, so haben auch die Wetu Telu ein Kastensystem. Es gleicht dem der Balinesen genau: 1. Kaste: *Datoe,* 2. Kaste: *Raden,* 3. Kaste: *Buling,* Kastenlose: *Jajar Karang.* Durch dieses Kastensystem unterscheiden sich die Wetu Telu extrem von der kastenlosen Islam-Gesellschaft.

Sitten und Gebräuche

Dass der Wetu-Telu-Glaube eine Mischung aus Bali-Hinduismus und Islam ist, kommt besonders deutlich in den lokal unterschiedlichen Gebräuchen und Zeremonien zum Ausdruck. Hier einige Beispiele:

- **Adi Kaka:** Plazentabeisetzung (adi = klein, kaka = älterer Bruder/Schwester). Auf Bali: Nanem Ari Ari. Vier Geschwister verlassen zusammen mit dem Neugeborenen den Mutterleib: Blut, Fruchtwasser, Fruchthülle und Plazenta. Nur wenn sie gut behandelt und ihnen Opfer gebracht werden, werden sie das Kind beschützen. Diese Geschwister werden vor dem Hauseingang begraben: Mädchen links, Jungen rechts und über dieser Stelle ein einfacher Altar errichtet.
- **Buang Au (Aon),** wörtlich „Asche streuen". Die Nabelzeremonie, während der ein Priester dem Kleinkind den von den Eltern gewünschten Namen gibt.
- **Ngurisang:** Erstes Haareschneiden 105 Tage nach der Geburt (auf Bali: Nyambutin).
- **Nyunatang:** Nirgends tritt der Mischcharakter der Wetu Telu-Religion deutlicher zutage als bei dieser Zeremonie: Im Alter zwischen 12 und 15 wird den Knaben die Vorhaut beschnitten (Islam); den Mädchen (seltener auch den Jungen) werden die Zähne gefeilt (Bali-Hinduismus). Eine Betäubung wird nicht vorgenommen, Schmerzen müssen freiwillig für Allah ertragen werden.

Heirat

Es gibt drei verschiedene Arten, die allerdings auch auf Bali bekannt sind.

- Memadik oder Melamar (Bali: Nganten). Die abgesprochene Heirat.
- Menyapok (Bali: Mebuncing). Heirat zwischen Cousine und Cousin.

Das **Zeremoniell für diese beiden Varianten** ist einfach und klar: Nachdem mit den Eltern des Mädchens Kontakt aufgenommen wurde (Sejali), werden die Erbrechte des Mädchens geregelt. Bei dieser Zusammenkunft sind auch Religions-, Adat-

und Regierungsvertreter anwesend. Der Hochzeitstag heißt Sorong Serah.

- Memulang (Bali: Ngororod oder Merangkat). Das Mädchen wird entführt.

Dass die **Prozedur in diesem dritten Fall** etwas komplizierter verläuft, versteht sich von selbst. Interessant ist, dass es für einen derartigen Fall überhaupt Regeln gibt. Er ist also offiziell vorgesehen und als Möglichkeit akzeptiert. Das hat etwas mit den strengen Kastenregeln zu tun, die einem jungen Mädchen verbieten, einen Mann aus niederer Kaste zu heiraten. Durch die Sanktionierung einer Entführung steht aber nun ein „Hintertürchen" offen, das wohlhabenden Männern die Möglichkeit gibt, „einzuheiraten". Es regelt sich eben auch hier alles über den Preis.

Die Ereignisse laufen wie folgt ab: Das Mädchen wird entführt und an einem geheimen Ort versteckt. Anschließend stellt sich der Mann dem Dorfvorsteher. Dieser bestraft den Jüngling für seine „frevelhafte" Tat mit 44 Stockschlägen. Danach zelebriert der Religionsvorsteher die Hochzeit, von der die Eltern des Mädchens nichts wissen, nach den Regeln von Tradition und Religion. Dann werden die Eltern der Braut durch einen Boten der Eltern des Bräutigams von der „vollzogenen" Hochzeit informiert. Als Antwort bringt der Bote eine schwarze Baumwollschnur (Basta) zurück, die sich der Bräutigam um das rechte Handgelenk bindet. Jetzt kann er sein Versteck verlassen. Jeder kann am Basta erkennen, dass dieser Junge eine Braut entführt und geheiratet hat. Der Clan der Brautfamilie nennt nun den Brautpreis. Die Summe ist traditionell festgelegt und abhängig von der jeweiligen Kaste. Wenn der Bräutigam bezahlt hat, kann er den Basta zerschneiden. Die Heirat ist damit legalisiert.

Der **Brautpreis** setzt sich aus vier Gaben zusammen (Dasa). Wie umfangreich die einzelnen Dasa sind, hängt von der Kaste des Jungen ab. Je niedriger seine und je höher ihre Kaste, desto höher der Preis. Die vier Dasa sind:

- Bolong: alte **chinesische Münzen** mit einem eckigen Loch in der Mitte. Ähnlich wie auf Bali spielen diese Geldstücke auch auf Lombok eine bedeutende Rolle als rituelles Geld. Einen Teil dieser Münzen erhält der Bräutigam zurück, er darf sie aber niemals verkaufen. Sie müssen in der Familie bleiben.
- Tumbak: eine **zeremonielle Lanze** mit vergoldeter Spitze.
- Rombong: eine **Schale,** die Reis und 225 Bolong enthält. Auf der Schale liegt ein 50 cm langes Tuch und ein Pangot (ein kleines dolchartiges Messer). Diesen Rombong erhält die Brautmutter. Mit den 225 Bolong wird sie symbolisch für die Muttermilch entschädigt, mit der sie das Mädchen einst ernährt hat. Den Pangot bekommt der Vater. Er darf ihn unter gar keinen Umständen verkaufen.
- **Kokosnüsse** und **roten Enau-Zucker.** Die junge Kokosnuss ist weiß, der Zucker rot. Diese Farben symbolisieren Jungen und Mädchen. Beide Familien verzehren Kokosnuss und Zucker gemeinsam und besiegeln dadurch die neue Verbindung.

Bestattung

Der Verstorbene wird zuerst von den Angehörigen, dann noch einmal vom Religionsvorsteher (Kiyai) gewaschen. Anschließend wird der Tote in weiße Tücher und zum Schluss zusätzlich in sackähnliche Tücher gewickelt. Danach wird er auf einem Bambusgestell (Barang Kurung) aufgebahrt. Der Kiyai zitiert Koransuren, die Angehörigen beten zu Allah und ihren Ahnen. Dann wird der Leichnam zum Friedhof (Ny sur Tanah) gebracht. Während das Grab ausgeschaufelt wird, werden wieder Koransuren gesprochen, diesmal in Sanskrit. Im Grab liegt der Tote mit dem Kopf nach Mekka und während das Grab zugeschaufelt wird, spricht der Priester wieder Koransuren – jetzt in Arabisch.

Auf dem Grab eines Mannes werden symbolische Tumbak-Spitzen aus Holz, auf dem einer Frau ein geschnitzter Kamm aufgestellt. Im Dorf stellen die Angehörigen Opfergaben auf ein dafür vorgesehenes Gestell. Es sind Gegenstände des täglichen Bedarfs, wie etwa Stoffe, Kämme, Streichhölzer oder Seife, die anschließend vom Kiyai an arme Leute verteilt werden.

Am 3., 7., 40. und 100. Tag nach dem Tode finden Zeremonien statt, die hauptsächlich aus dem Vorlesen von Koransuren bestehen. Dann, am 1000. Tag, die End- und Hauptzeremonie, das Nyiu: Das Grab wird mit heiligem Wasser geweiht und die Tumbak-Spitzen sowie der Kamm werden entfernt und durch Steine ersetzt.

Wichtige Festtage der Wetu Telu

- Am **Meroah-Tag** wird darum gebetet, dass Gott der Menschenseele Gelegenheit gebe, mit ihm in Kontakt zu treten.
- **Puasa,** dreitägige Fastenzeit.
- **Lebaran-Tag,** Feier des Sieges über die inneren Feinde.
- **Perang Ketupat** findet jährlich zum sechsten Vollmond (nach dem Bali-Kalender) in Lingsar (s. dort) statt. Balinesen und Wetu Telu beten gemeinsam um Regen. Gegen Abend findet eine symbolische Schlacht der Anhänger beider Glaubensrichtungen statt. Sie bombardieren sich mit in Palmblättern gekochten Reiskugeln (Ketupat).
- **Leberan Ketupat,** sieben Tage nach Ende des islamischen Fastenmonats Ramadan. Großes Volksfest am heiligen Grab von Batu Layar und am Strand von Senggigi.
- **Nyale-Festival:** Einmal im Jahr, zum Ende der Regenzeit, findet bei Kuta an der Südküste das Nyale-Festival statt. Tausende von Sasak treffen sich hier, um Nyale-Würmer im Meer zu fangen, und junge Männer können mit Mädchen zwecks baldiger Heirat anbändeln (siehe Kuta).

Kunsthandwerk

Verglichen mit Bali, ist das Angebot an kunsthandwerklichen Gegenständen auf Lombok eher bescheiden. Trotzdem boomt seit etlichen Jahren die Produktion. Besonders erfreulich ist, dass man auf Lombok zu einem unverwechselbaren Stil gefunden hat und nicht nur die Arbeiten von Bali kopiert.

Insbesondere das **Schnitzhandwerk** ist völlig neu erblüht. Heute werden die schönsten und originellsten Gegenstände an jeder Ecke und in großer Auswahl angeboten. Andere Produkte wurden schon seit Langem und auch traditionell hergestellt.

Es ist kaum sinnvoll, in die Handwerksorte zu fahren, da ganze Dörfer an Auftragsproduktionen arbeiten. Einzige Ausnahme sind die Webereien. Die Produkte sind aber teilweise in den Dörfern (insbesondere Sukara) teurer als im Laden. Etwas anderes ist es natürlich, wenn man sich den Herstellungsprozess ansehen möchte. Wer sich einen Überblick verschaffen will, dem seien folgende Anlaufstellen empfohlen:

- In **Senggigi** gibt es sehr schöne Auswahl der auf Lombok erhältlichen Waren im Asmara Collection Shop.
- In **Cakranegara** befindet sich im Pasar Sindhu ein Kunstmarkt (Pasar Seni).
- In **Ampenan** gibt es einige Antik-Shops, viele weitere befinden sich an der Straße von Ampenan nach Senggigi.

Schnitzerei

Erst in den letzten Jahren hat sich ein eindeutiger „Lombok-Stil“ entwickelt, der wiedererkennbar ist. Balinesen – aber auch die Shop-Besitzer – nennen ihn „primitiv“. Das beleuchtet aber nur einen Aspekt, nämlich den des Motivs. Häufig handelt es sich um Totem-ähnliche Figuren, stark stilisierte Tierdarstellungen oder zu Säulen verwobene Gestalten. Die Handwerkskunst hingegen kann in vielen Fällen nicht mit „primitiv“ gekennzeichnet werden: ausgesprochen stilvoll umgesetzt, mit einem Hang zur Untertreibung, erfrischend schlicht im Gegensatz zu den oft völlig überladenen Arbeiten balinesischer Künstler. Verarbeitet werden **edle Hölzer, Horn und Knochen.** Insbesondere Horn wird zu feinen Griffen und Haltern verarbeitet, mit Korbarbeiten kombiniert. Sindu und Senanti sind Zentren der Schnitzkunst.

Flechtwaren

Als zweite wichtige Branche ist das Flechten von **Körben** und Behältnissen zu nennen. Als Material dient alles, was sich flechten lässt: Rattan, Bambus, Palmblätter.

Eine besondere Spezialität sind die fein geflochtenen Rattan-Körbe aus Beleka. Man kennt sie aus Bali, wo sie zu deutlich höheren Preisen angeboten werden. Es sind runde, braune Körbchen mit einem Durchmesser von zehn Zentimetern bis einem Meter. Ursprünglich wurden sie so dicht geflochten, dass sie als Wasserbehälter dienten. In Beleka lebt das ganze Dorf von diesem Handwerk. Die Handwerker(innen) haben sich zu einer Kooperative zusammengeschlossen und verkaufen die Produkte zu Festpreisen. Allerdings wird fast die gesamte Produktion von Großhändlern abgenommen, sodass im Dorf oft nur Zweite Wahl angeboten wird (siehe auch unter „Praya“).

Eine andere Besonderheit sind aus **Lontarpalmblättern** gefertigte Kisten, Schränke und Behälter. Die Lontarblätter werden geschmackvoll eingefärbt und zusätzlich mit Kauri-Muscheln benäht, die vorher in zwei Stücke gesägt wurden – ausgesprochen schöne Arbeiten und erstaunlich haltbar. Als Zentrum der Herstellung gilt Sayang.

Besonders in Kota-Raja, Beleka, Suradadi und Loyok, aber auch in Permapuan bei Kediri lebt fast die gesamte Bevölkerung vom Flechten.

Webereien

Wie auf allen Inseln Nusa Tenggaras ist das Weben von Stoffen, Decken und Gürteln auch auf Lombok weit verbreitet. Auf sehr schönen Decken und Sarongs sind etwa Blumenrapporte oder Menschen mit Schirmen dargestellt. Zentren der Webkunst sind Sukarara in Zentrallombok und die Umgebung von Pringgasela. Aber auch in fast allen anderen Dörfern wird gewebt. Je nach Region herrschen verschiedene Muster vor. So gibt es in Südlombok (Selong) bis zu vier Meter lange Gürtel (Sabuk), die Bestandteil der dortigen Sasak-Frauentrachten sind.

Ikat-Weberei wird in einigen Fabriken in Mataram und Cakranegara produziert, auch für den Export. Hauptsächlich stellt man hier Decken mit relativ einfachen Mustern her, die auch als Gardinen Verwendung finden.

Tonwaren

Lomboks Tonwaren genießen Weltruf. Die Frauen von Banyumulek, Masbagik und Penujak stellen seit langer Zeit Keramikwaren her. Es handelt sich um schlichte, aber formschöne **Vasen.** Es gibt sie zwar in allen Größen, am gefragtesten scheint aber die 80 cm hohe Variante zu sein, die überall in Indonesien angeboten wird. Die Frauen arbeiten mit einfachsten Mitteln, brennen die Töpfe in traditionellen Erdöfen (bei ca. 650–750 °C) und es macht Spaß, ihnen zuzusehen. Schade, dass es so schwierig ist, die Riesendinger ins Flugzeug zu schaffen.

Bambusmöbel

Auch auf Lombok werden Bambusmöbel hergestellt. Im Großen und Ganzen handelt es sich um die gleichen Modelle wie auf Bali. Lomboker behaupten, hier sei der Bambus härter. Außerdem werden diese Möbelstücke mit lombokischen Mustern und Einlegearbeiten verziert.

418ba rb

16 Anhang

Reise-Gesundheits-Informationen Indonesien

Stand: 23.1.2015

www.crm.de

Die nachstehenden Angaben dienen der Orientierung, was für eine geplante Reise in das Land an Gesundheitsvorsorgemaßnahmen zu berücksichtigen ist. Die Informationen wurden uns freundlicherweise vom *Centrum für Reisemedizin* zur Verfügung gestellt. Auf der Homepage: **www.crm.de** werden diese Informationen stetig aktualisiert. Es lohnt sich, dort noch einmal nachzuschauen.

Einreise-Impfvorschriften

Bei Direktflug aus Europa: **keine Impfungen vorgeschrieben.**

Bei einem vorherigen Zwischenaufenthalt (innerhalb der letzten 6 Tage vor Einreise) in einem der aufgeführten Länder (Gelbfieber-Endemiegebiete) wird bei Einreise eine gültige **Gelbfieber-Impfbescheinigung** verlangt (ausgenommen Kinder unter 9 Monaten).

Gelbfieber-Impfbescheinigung erforderlich bei Einreise aus:
Angola · Äquatorialguinea · Argentinien · Äthiopien · Benin · Bolivien · Brasilien · Burkina Faso · Burundi · Ecuador · Elfenbeinküste · Franz. Guayana · Gabun · Gambia · Ghana · Guinea · Guinea-Bissau · Guyana · Kamerun · Kenia · Kolumbien · Kongo, Rep. · Kongo, Dem. Rep. · Liberia · Mali · Mauretanien · Niger · Nigeria · Panama · Paraguay · Peru · Ruanda · Senegal · Sierra Leone · Sudan · Suriname · Togo · Trinidad & Tobago · Tschad · Uganda · Venezuela · Zentralafr. Republik

Empfohlener Impfschutz

Generell: Standardimpfungen nach dem deutschen Impfkalender, spez. **Tetanus, Diphtherie,** außerdem **Hepatitis A, Typhus.**

Je nach Reisestil und Aufenthaltsbedingungen im Lande außerdem zu erwägen:

Reisebedingung 3:
Aufenthalt ausschließlich in Großstädten oder Touristikzentren (Unterkunft und Verpflegung in Hotels bzw. Restaurants gehobenen bzw. europäischen Standards).

Impfschutz	Reisebedingung 1	Reisebedingung 2	Reisebedingung 3
Cholera	x	x	
Hepatitis B [a]	x	x	
Tollwut [b]	x	x	
Meningokokken Serotypen A, C, W135, Y [d]	x		
Jap. Enzephalitis [c]	x		
Vogelgrippe [e]	x		

[a] vor allem bei Langzeitaufenthalten und engerem Kontakt zur einheimischen Bevölkerung
[b] bei vorhersehbarem Umgang mit Tieren
[c] bei besonderen Aufenthaltsbedingungen in bestimmten ländlichen Gebieten
[d] bei engerem Kontakt zur einheimischen Bevölkerung
[e] bei aktuellen Ausbrüchen bzw. Exposition im Endemiegebiet

Reisebedingung 1:
Reise durch das Landesinnere unter einfachen Bedingungen (Rucksack-/Trecking-/Individualreise) mit einfachen Quartieren/Hotels; Camping-Reisen, Langzeitaufenthalte, praktische Tätigkeit im Gesundheits- oder Sozialwesen, enger Kontakt zur einheimische Bevölkerung wahrscheinlich.

Reisebedingung 2:
Aufenthalt in Städten oder touristischen Zentren mit (organisierten) Ausflügen ins Landesinnere (Pauschalreise, Unterkunft und Verpflegung in Hotels bzw. Restaurants mittleren bis gehobenen Standards).

Wichtiger Hinweis

Welche Impfungen letztendlich vorzunehmen sind, ist abhängig vom aktuellen Infektionsrisiko vor Ort, von Art und Dauer der geplanten Reise, vom Gesundheitszustand sowie dem eventuell noch vorhandenen Impfschutz des Reisenden.

Da im Einzelfall unterschiedlichste Aspekte zu berücksichtigen sind, empfiehlt es sich, etwa 4 bis 6 Wochen vor der Reise eine Reise-Gesundheits-Beratung bei einem reisemedizinisch erfahrenen Arzt oder Apotheker in Anspruch zu nehmen (s. Anschriften von Beratungsstellen nach Postleitzahlgebieten sortiert: www.crm.de/beratungsstellen).

Malaria

Malaria-Risiko: ganzjährig

- geringes Risiko auf Bali und in den meisten Gebieten von Java; die Großstädte im Norden von Java gelten als malariafrei.

Vorbeugung

Ein konsequenter Mückenschutz in den Abend- und Nachtstunden verringert das Malariarisiko erheblich (Expositionsprophylaxe). Die wichtigsten Maßnahmen sind:

- In der Dämmerung und nachts Aufenthalt in mückengeschützten Räumen (Räume mit aircondition, Mücken fliegen nicht vom Warmen ins Kalte)
- Beim Aufenthalt im Freien in Malariagebieten abends und nachts weitgehend körperbedeckende Kleidung (lange Ärmel, lange Hosen).
- Anwendung von insektenabwehrenden Mitteln an unbedeckten Hautstellen (Wade, Handgelenke, Nacken). Wirkungsdauer ca. 2–4 Std.
- Im Wohnbereich Anwendung von insektenabtötenden Mitteln in Form von Aerosolen, Verdampfern, Kerzen, Räucherspiralen.
- Schlafen unter dem Moskitonetz (vor allem in Hochrisikogebieten).

Ergänzend ist die Einnahme von Anti-Malaria-Medikamenten (Chemoprophylaxe) evtl. zu empfehlen. Zu Art und Dauer der Chemoprophylaxe fragen Sie Ihren Arzt oder Apotheker bzw. informieren Sie sich in einer qualifizierten reisemedizinischen Beratungsstelle (siehe unten). Malariamittel sind verschreibungspflichtig.

Aktuelle Meldungen

- **Darminfektionen:** Risiko für Durchfallerkrankungen landesweit. Cholera-Ausbrüche werden sporadisch aus West Papua gemeldet, mit Typhus ist zu rechnen. Polio durch Wildvirus Typ 1 ging im März 2005 nach 10-jähriger Pause durch Reimport mit 303 Erkrankungen erneut in Zirkulation. Nach mehreren Impfkampagnen wurden für 2006 nur noch 2 Erkrankungen durch Wildviren registriert, seit 2007 bisher keine. Hygiene und Impfschutz gegen Polio und Typhus weiterhin beachten.
- **Vogelgrippe:** Ende Oktober 2014 sind 2 Menschen in einem Krankenhaus in Jakarta verstorben. Damit erhöht sich die Fallzahl für dieses Jahr auf 4. 2013 wurden 3 Erkrankungen registriert, alle Patienten sind verstorben. Seit November 2003 hat sich die hochpathogene Vogelgrippe durch *Influenza A(H5N1)* mit örtlichen und regionalen Ausbrüchen bei Geflügeltieren landesweit ausgebreitet. Mehr als 10 Millionen Tiere sind der Tierseuche bisher zum Opfer gefallen. Seit Mitte 2003 gab es in Indonesien 199 menschliche Erkrankungsfälle, 167 endeten tödlich. Die meisten stammen aus Java, einige aus Sumatra, einzelne aus Süd-Sulawesi und Bali. Fast alle hatten unmittelbare Kontakte zu kranken oder verendeten Tieren. Kontakte mit lebendem Geflügel oder kranken Menschen sollten von Reisenden gemieden, Hygiene beachtet werden.
- **Tollwut:** 2014 gab es 5 Todesfälle auf Bali. Seit Auftreten der ersten Fälle im

November 2008 sind auf der Insel schätzungsweise 160 Menschen an der Infektion gestorben, davon 23 im Jahr 2011 und 5 in 2012. Das Ziel einer vollständigen Ausrottung der Tollwut kann nach neuen Expertenschätzungen frühestens 2016 erreicht werden. Auf der Insel gibt es weiterhin einen Mangel an Immunglobulinen. Moderne Zellkulturimpfstoffe sind nach Auskunft des Auswärtigen Amtes in einigen Zentren und Krankenhäusern verfügbar (z.B. Bali International Medical Center und SOS Medika in Kuta sowie RS. Sanglah, Emergency Hospital in Denpasar). Auch aus anderen Regionen Indonesiens werden Fälle berichtet. Aufgrund der aktuellen Situation sollte die Indikation für eine präexpositionelle Impfung großzügiger gestellt werden.

Allgemeine Hinweise

- **Medizinische Versorgung:** Außerhalb der Großstädte und Touristikzentren auf Java und Bali ist mit Engpässen bei der ärztlichen und medikamentösen Versorgung zu rechnen. Adäquate Ausstattung der Reiseapotheke (Zollbestimmungen beachten, Begleitattest ratsam), Auslandskrankenversicherung mit Abdeckung des Rettungsrückflug-Risikos für Notfälle dringend empfohlen.
- **„Haze“:** Während der Trockenzeit durch Waldbrände verursachter Smog, der zu Schleimhaut- und Atemwegsreizungen führen kann (Kalimantan, Zentral- und Südsumatra). Gesundheitsstörungen können besonders bei Herz- und Lungenkranken, Asthmatikern, älteren Personen und Kleinkindern auftreten.

Glossar landestypischer Begriffe

Adat: traditionelle Sammlung von Vorschriften
Agama: Religion
Agama Hindu Dharma: der balinesische Hinduismus
Air: indonesisch für Wasser (oft Teil von Ortsnamen)
Air Panas: heiße Quellen
Alun Alun: Begriff für den zentralen Platz in größeren Städten
Arak: hochprozentiger Schnaps, destilliert aus Reis: Arak Beras; aus ↗ Tuak: Arak Tuak
Arenpalme: Zuckerpalme, aus deren Saft man den roten Palmzucker (Gula Merah) und ↗ Tuak herstellt

Babi Guling: Spanferkel
Bahasa: Sprache
Bahasa Indonesia: Indonesisch
Bahasa Sasak: die Sprache der ↗ Sasak
Balé: überdachter Pavillon
Balé Banjar: Gemeindehalle auf Bali, normalerweise im Ortszentrum
Balé Gede: „Wohnzimmer", in diesem offenen Pavillon werden Gäste empfangen
Balé Kembang: Pavillon, der von Wasser umgeben ist
Bali Aga: Urbalinesen
Balian: Heilkundiger, Naturheiler
Banjar: dörfliche Selbstverwaltung auf Bali
Banyan: die Würgefeige *(ficus bengalensis)*, die durch Luftwurzeln gigantische Ausmaße erreicht und in Bali als heilig gilt
Bapak: „Vater", höfliche Anrede gegenüber älteren Männern
Barong: Fabeltier, halb Löwe, halb Drache
Batik: Färbetechnik, bei der durch aufgetragenes Wachs jeweils nicht einzufärbende Stoffpartien abgedeckt werden
Bebek Tutu: gebackene Ente
Becak: Fahrrad zum Personentransport (3-Rad)
Bedawang: mythologische Schildkröte, die Bali erschuf
Bejaj: Kleinstransporter (3-Rad) im Innenstadtbereich
Bemo (Becak Motor): Sammeltaxis, die überall in Indonesien den Nahverkehr abwickeln
Bensin: Benzin
Beras: geschälter Reis, ungekocht
Beruga: mit Palmenblättern bedeckte Hütte
Bioskop: Kino
Brahmane: höchste balinesische Kaste, der die höchsten Priester angehören
Brem: Reiswein
Bu: Kurzform für ↗ Ibu
Bukit: Hügel
Bupati: Verwaltungschef eines ↗ Kabupaten

Cabang: Zweigstelle (z.B. einer Bank)
Camat: Verwaltungschef eines ↗ Kecamatan
Candi Bentar: das gespaltene balinesische Eingangstor
Candi: Javanischer Schrein, häufig massiver Stein

Cidomo, Dokar: Pferdekutsche, traditionelles Nahverkehrsmittel
Colt: Markenname eines Kleinbusses japanischer Bauart. Wird oft für Minibus allgemein verwendet

Dalang: Schattenspieler
Danau: Süßwassersee
Desa: Verwaltungseinheit, normalerweise gehören einer Desa mehrere Dörfer (↗ Kampung) an
Dewa: Gott, übernatürliches Wesen
Dewi: Göttin, übernatürliches Wesen
Dewi Sri: die Reisgöttin
Dokar: ↗ Cidomo
Doppelter Ikat: Sehr komplizierte Webtechnik, die nur noch in je einem Dorf Balis und Indiens beherrscht wird. Sowohl Schuss- als auch Kettfaden werden vor dem Weben eingefärbt und ergeben nach dem Weben ein äußerst kompliziertes Muster. ↗ Ikat
Dukun: ↗ Balian
Durga: die Totengöttin
Durian: Stinkfrucht

Galungan: großes balinesisches Fest, alle 210 Tage, dauert zehn Tage. Der letzte Tag heißt ↗ Kuningan.
Gamelan: traditionelles balinesisch-javanisches Musikensemble, hauptsächlich aus Gongs, Xylophonen und Rhythmusinstrumenten
Gang: kleine Seitengasse
Garuda: 1. mythologischer Göttervogel, 2. indonesische Fluglinie
Gereja: christliche Kirche
Gili: kleine Insel
Goa: Höhle
GOLKAR: Partei
Gringsing: Rituelles Tuch, das speziell gewebt wird. ↗ Doppelter Ikat
Gubernor: Gouverneur, Chef einer ↗ Propinsi
Gunung Api: Vulkan
Gunung: Berg (Abk.: Gn.)
Gusti: Titel eines Mitgliedes der Wesia-Kaste. ↗ Kasten

Hanuman: der Affengeneral, der ↗ Rama im Kampf gegen ↗ Rawana zur Seite steht. ↗ Ramayana. Wegen H. gelten Affen auf Bali als heilig
Harga Biasa: üblicher Preis
Harga Pas: nicht verhandelbarer Preis
Harga Turis: Touristenpreis (normalerweise überhöht)
Hari Raya: Feiertag
Hati Hati: Achtung, Vorsicht
Homestay: kleine, meist von einer Familie betriebene Pension
Hutan: Wald

Ibu: „Mutter", höfliche Anrede für ältere Frauen
Idul Fitri: Ende der Fastenzeit ↗ Ramadan
Ikat: spezielle Webtechnik, bei der der Kett-Faden vor dem Weben so eingefärbt wird, dass hinterher ein Muster entsteht. ↗ Doppelter Ikat

Jalan: Straße (Abk.: Jl.)
Jalan jalan: spazieren gehen
Jimney: Name eines jeep-ähnlichen, äußerst unbequemen Kleinwagens
Jukung: Bezeichnung für ein traditionelles Auslegerboot mit verziertem Bug (an Balis Südküste). ↗ Sampan

Kabupaten: Verwaltungsbezirk der Provinz
Kain: Stoff
Kaja: balinesische Himmelsrichtung: „zum Gn. Agung gelegen". Wird

zusammen mit Ortsnamen benutzt. ↗ Kelod

Kala: Dämonengesicht, das häufig über Tempeleingängen geschnitzt ist und zwei Hände abwehrend ausstreckt. Wendet böse Einflüsse ab

Kali: Fluss

Kampung: Dorf (auch Nachbarschaft)

Kantor: Büro

Kantor Pos: Postamt

Kantor Imigrasi: Einwanderungsbehörde

Kapal Terbang: Flugzeug

Kaste: Einteilung der Gesellschaft in hierarchisch aufgebaute Gruppen, in die man hineingeboren wird (Hinduismus). Auf Bali existieren nur drei Kasten

Kecamatan: Verwaltungsbezirk des ↗ Kabupaten

Kelod: balin. Himmelsrichtung: „vom Gunung Agung weg". Wird oft in Verbindung mit Ortsnamen benutzt. ↗ Kaja

Kepala: (eigentlich Kopf), Chef einer Behörde

Kepala Desa: Bürgermeister, Vorsteher einer ↗ Desa

Kepeng: Alte chinesische Münzen, die früher einmal Zahlungsmittel waren, heute aber nur noch rituell als Opfergeld verwendet werden. Kepengs werden mittlerweile in großer Menge neu hergestellt

Kereta Api: Eisenbahn

Ketupat: In einem „Körbchen" aus Palmblättern gekochter Reis, der zu einer Art „Block" zusammenkocht.

Ketut: Viertgeborene/r eines ↗ Sudra

Kijang: „Hirsch", so heißt ein komfortabler Kleinbus japanischer Bauart, der zu mieten ist

KPM (Kapal Prahu Motor): ↗ Prahu

Kretek: Indonesische Zigarette, die neben Tabak bis zu 50 % Gewürznelken beinhaltet

Kris: Malaiischer Dolch, bekannt wg. seiner oft geschwungenen Klinge

Kul Kul: der Glocken- oder Alarmturm eines balinesischen Dorfes

Kuningan: ↗ Galungan

Labuhan: Hafen, oft auch Teil eines Ortsnamens

Lambung: tradit. Reisspeicher, häufig auf Stelzen

Laut: Meer

Leyak: Böser Geist, der sich hauptsächlich auf Friedhöfen herumtreibt

Loket: Schalter zum Ticketverkauf

Lontar: besondere Palmenart, deren Blätter als „Papierersatz" benutzt wurden. Lontar heißen auch die so entstandenen „Bücher"

Lontong: in Bananenblätter eingewickelter Reis, gefüllt z.B. mit Banane, dann gekocht

Losmen: Kleines balinesisches Hotel, in Java und Sumatra Bezeichnung für Bordell

Made: Zweitgeborene/r eines ↗ Sudra

Majapahit: letzte große Hindu-Dynastie auf Java

Malam: Nacht

Mandi: das indonesische Bad (mit Kippdusche)

Merpati: indonesische Fluglinie

Meru: Vielstöckige Schreine in balinesischen Tempeln. 3, 5, 7, 9 und 11 Dächer sind möglich

Mesjid: islamische Moschee

Naga: mythologische Schlange

Nasi: gekochter Reis

Nusa: größere Insel
Nyale: wurmartiger Fisch, der einmal im Jahr zum Nyale-Festival in Kuta (Lombok) gefangen wird
Nyepi: Name des balinesischen Neujahrsfestes
Nyoman: Drittgeborene/r eines ↗ Sudra

Odalan: Geburtstag des Tempels, alle 210 Tage
Orang: Mensch

Padi: Reispflanze (daher englisch: „paddyfield")
Pak: Kurzform für ↗ Bapak
Pamor: Das Muster, das die ↗ Kris-Klinge aufweist (Damaszener-Stahl)
Pantai: Strand
Pasar: Markt
Pasar Malam: Nachtmarkt (Essensstände)
Pedanda: höherer Priester, ↗ Brahmane
PELNI: staatliche indonesische Schifffahrtsgesellschaft
Pemangku: niedriger Priester, Tempelwärter
Penjor: Bambusstange mit verzierter Spitze, die zu hohen Festtagen in Bali an den Straßen aufgestellt wird (symbolisiert den heiligen Berg Agung)
Perisean: Kampfsport der ↗ Sasak
Pertamina: Staatliche Erdölfirma
Prahu: Holzschiff
Prahu Layar: Holzschiff mit Segeln
Prahu Motor: Holzschiff mit Motor
Propinsi: Provinz (größter Verwaltungsbezirk)
Puasa: islamische Fastenzeit ↗ Ramadan
Pulau: Insel
Puncak: Gipfel
Puputan: Ritueller Massenselbstmord im Zuge einer aussichtslosen Schlacht
Pura: Hindu-Tempel
Puri: Palast

Rajah: Sultan, König, Herrscher
Rama: der Fürstensohn in der ↗ Ramayana, der das Böse besiegt
Ramadan: islamischer Fastenmonat
Ramayana: Eine der großen indischen Erzählungen. Viele Tänze und Schattenspiele basieren auf dieser Legende
Rangda: Hexenwitwe, die das Böse in balinesischen Tänzen und Dramen repräsentiert
Rattan: ↗ Rotan
Rawana: der Dämonenfürst in der ↗ Ramayana
Rotan: Rattan (Liane, aus der man u.a. Möbel macht)
Rumah Makan: Restaurant
Rumah Pangun: Stelzenhaus
Rumah Sakit: Krankenhaus

Sakti: die magische, spirituelle Kraft
Sampan: traditionelles Auslegerboot
Sang Hyang Widdhi: Einziger, alleiniger Gott der balinesischen Hindus
Sanghyang: Trance-Tanz
Sarong: Tuch, das rockartig um die Hüften gebunden wird. Kleidungsstück für Männer und Frauen
Sasak: die eigentlichen Einwohner der Insel Lombok
Sawah: Reisfeld
Sirih: Betelnuss, wird mit anderen Zutaten als mildes Rauschmittel gekaut.
Sita: ↗ Ramas Frau in der ↗ Ramayana
Solar: Diesel
Songket: silber- und goldfarben durchwirkter ↗ Sarong
Subak: Reisbauern-Organisation einer Bewässerungsregion

Sudra: kastenlose Balinesen ↗ Kaste
Sungai: Fluss

Taman: Wassergarten
Tanjung: Kap (Abk.: Tj. oder Tg.)
Teluk: Bucht
Toko: Geschäft, Laden
Trisakti: „Drei in eins", die Hindugötter Brahma, Wishnu und Shiva
Tuak: alkoholisches Getränk aus vergorenem Palmsaft (Arenpalme)

Uang: Geld

Wairingin: ↗ Banyan-Baum
Wallace-Linie: Von A.R. Wallace entdeckte Linie, die die Verbreitung der Arten kennzeichnet. Sie trennt die Fauna Asiens und Australiens und verläuft zwischen Bali und Lombok
Wantilan: Offene Halle, z.B. für Hahnenkämpfe oder Kinovorführungen
Wartel: „Warung Telepon", kleines Telefonamt
Warung: Verkaufsbude für alles, oft auch mit warmer Küche
Wayan: Erstgeborene/r eines ↗ Sudra
Wayang Kulit: Schattenspielfiguren
Wayang Topeng: Dramaartige Vorführung. Die Schauspieler tragen Holzmasken (Topeng)
Wayang Wong: Ramayana-Schauspiel
Wetu Telu: Mischreligion Lomboks (Islam/Hinduismus)
Wisma: besseres Hotel
Wuku: balinesische Wochen

Yantel: privates Telefonamt
Yeh: balin für Wasser oder Fluss (oft als Teil von Ortsbezeichnungen)

HILFE!

Dieser Reiseführer ist gespickt mit unzähligen Adressen, Preisen, Tipps und Infos. Nur vor Ort kann überprüft werden, was noch stimmt, was sich verändert hat, ob Preise gestiegen oder gefallen sind, ob ein Hotel, ein Restaurant immer noch empfehlenswert ist oder nicht mehr, ob ein Ziel noch erreichbar ist oder nicht, ob es eine lohnende Alternative gibt usw.

Unsere Autoren sind zwar stetig unterwegs und versuchen, alle zwei Jahre eine komplette Aktualisierung zu erstellen, aber auf die Mithilfe von Reisenden können sie nicht verzichten.

Darum: Schreiben Sie uns, was sich geändert hat, was besser sein könnte, was gestrichen bzw. ergänzt werden soll. Nur so bleibt dieses Buch immer aktuell und zuverlässig. Wenn sich die Infos direkt auf das Buch beziehen, würde die Seitenangabe uns die Arbeit sehr erleichtern. Gut verwertbare Informationen belohnt der Verlag mit einem Sprachführer Ihrer Wahl aus der über 220 Bände umfassenden Reihe „Kauderwelsch". Bitte schreiben Sie an:

Reise Know-How Verlag
Peter Rump GmbH | Postfach 140666 | 33626 Bielefeld
oder per E-Mail an: info@reise-know-how.de

Danke!

Kleine Sprachhilfe Bahasa Indonesia

Als Deutschsprachiger ist das Erlernen der indonesischen Sprache nicht schwer. Die Aussprache ist fast identisch, ebenfalls die Wortstellung. Außerdem gibt es so gut wie gar keine grammatikalischen Schwierigkeiten (z.B. keine Zeiten, keine Konjugation von Verben, das Hilfsverb „sein" fehlt).

Indonesische Sätze sind im Folgenden zweimal ins Deutsche übersetzt. Die eine Übersetzung ist eine getreue „Wort-für-Wort-Übersetzung", die es ermöglicht, schnell eigene Sätze zu bilden, die andere ist der entsprechende deutsche Satz. Der indonesische Satz ist stets richtig formuliert, was man von der direkten deutschen Übersetzung nicht behaupten kann. Aber so ist es einfacher, die Struktur der Sprache zu durchschauen.

Die nachfolgenden Wörter bzw. Sätze reichen natürlich für eine Konversation nicht aus. Auf jeden Fall sollte man sich eines der überall in Indonesien erhältlichen Miniwörterbücher kaufen. Wer mehr lernen möchte, kann sich den Kauderwelsch-Sprachführer **Indonesisch – Wort für Wort** von Gunda Urban (Reise-Know-How Verlag) kaufen.

Wichtige Vokabeln Deutsch – Indonesisch

Baum	*pohon*	Fels/Stein	*batu*
Bucht	*teluk, loh (Bojo)*	flach, eben	*datar*
Berg	*gunung, doro (Bojo)*	Fluss	*sungai, kali*
Dorf	*kampung*	Fußweg	*jalan setapak*
Dorfchef	*kepala kampung*	führen	*antar*
einfach	*mudah*	Gras	*rumput*
Erlaubnis	*ijin*	Gipfel	*puncak*
erlaubt	*boleh*	Garten	*kebun*
Hafen	*labuan*	Strand	*pantai*
Hügel	*bukit*	Strömung	*arus*
Insel	*pulau, gih, nusa*	Stein, Felsen	*batu*
Krokodil	*buaya laut*	Süden	*selatan*
Korallen	*karang*	See	*danau*
laufen	*jalan kaki*	Stadt	*kota*
Loch	*lobang*	(Meeres-)Straße	*selat*
Meer	*laut*	Tier	*binatang*
Matsch	*lumpur*	Trinkwasser	*airputih*
Mitte	*tenggah*	verboten	*dilarang*
nah	*dekat*	Vogel	*burung*
Nord	*utara*	Vorsicht	*awas*
Ost	*timur*	Wald	*hutan*
Ratte	*tikus*	Wasser	*air*
Regen	*hujan*	Weg	*jalan*
steil	*curam, terjal*	weit	*jauh*
Schlange	*ular*	Welle	*ombak*
schwierig	*sulit*	Wind	*angin*

Aussprache und Betonung

Auf die richtige Aussprache muss besonders geachtet werden. Schon bei kleinen Aussprachefehlern kann es Missverständnisse geben, weil Wörter und Sätze eine andere Bedeutung bekommen. Spricht man mit einem Indonesier und er versteht nicht, wiederhole man den Satz ein paar Mal mit unterschiedlichen Betonungen, bis sich Zeichen des Verständnisses bei dem Gegenüber zeigen.

Normalerweise wird die vorletzte Silbe betont, z.B.: **na**si (Reis) oder di**ma**na? (wo?). Enthält die vorletzte Silbe aber ein „stummes" **e,** betont man im Allgemeinen die letzte Silbe, z.B.: ke**cil** (klein). Das „stumme e" ähnelt unserem e in laufen. Wird ein **e** gesprochen, kennzeichne ich es im Text mit einem Akzent (é).

Im Gespräch oder durch Zuhören bekommt man ziemlich schnell ein Gefühl dafür, wann etwas zu betonen ist, später gehts's dann automatisch.

Bei den Vokalen und Konsonanten gibt es kaum Schwierigkeiten. Bis auf die unten aufgeführten werden sie wie im Deutschen gesprochen.

c	tsch, wie Ma**tsch**	**cinta** (Liebe), ausgesprochen: tschinta (früher wurde **c** anstatt **tj** geschrieben).
é	wie d**e**nken	Ich bezeichne dieses **e** durch Akzent. (Im Indonesischen gibt es den nicht.)
e	wie denk**e**n	Das unbetonte **e** wird häufig ganz verschluckt: **berapa,** sprich brapa.
j	dsch, wie **Dsch**ungel	Jakarta, ausgesprochen: Dschakarta (alte Schreibweise: **dj**)
ch	wie unser **ch**	alte Schreibweise **kh**
ngg	wie unser **ng,** Sä**ng**er	**tanggal** (Datum), ausgesprochen: tangal
ny	**nj**	**nyonya** (Frau), ausgesprochen: njonja
p	oft wie **f**	**inpluénza** = influenza
r	wie **rrr**	immer „rollend"
s	**ss,** wie Ka**ss**e	immer „scharf"
u	wie unser **u**	alte Schreibweise: **oe**
w	wie im englischen **w**ater	**waktu**
y	wie unser **j,** **J**äger	**yang** (welche), ausgesprochen: jang

Drei wichtige Wörter

Mit den drei folgenden Wörtern kann man eine Menge Situationen meistern:

Ada

Ada? heißt „Gibt es?".

Verwenden kann man diese Frage wie im Deutschen, z.B.:

Ada kamar?	Gibt es Zimmer?
... losmen?	... Losmen?
... teh?	... Tee?
... susu?	... Milch?
... makanan?	... Essen?
... minuman?	... Trinken?

Man kann alles einsetzen, was gerade benötigt wird. Die entsprechenden Wörter sucht man sich aus dem Wörterbuch. Das ist zwar nicht immer korrektes Indonesisch, aber man wird verstanden.

Die möglichen Antworten:

ya, ada	= ja, gibt es
tidak ada	= nein, gibt es nicht

Oder ein unverständlicher Wortschwall bricht los. Aber man kann gleich mit dem zweiten Brocken kontern:

Mau

Saya mau kamar,
... losmen, ... teh, ...susu!
Ich möchte (will) ... s.o.!

Saya tidak mau...
Ich nein möchte (wollen)

Mit diesen beiden Wörtern kann man also schon Fragen stellen und Wünsche äußern – so einfach ist das. Das dritte wichtige Wort ist:

Dimana = wo

Dimana ada setasiun bis?
Wo ist die Busstation?
Wo gibt es Station Bus?

Höflichkeitsformen

Grüßen

In islamischen Gegenden wird häufig die islamische Grußformel *„Salam aleikum"* (kurz *„Salam"*, entspricht unserem „Grüß Gott") benutzt. Die Indonesier haben aus *„Salam"* *„Selamat"* gemacht.

Selamat kann man in allen Kombinationen anwenden. Hier jetzt mal die Standardmöglichkeiten:

Selamat pagi	Guten Morgen
Selamat siang	Guten Mittag
Selamat soré	Guten Nachmittag
Selamat malam	Guten Abend
Selamat jalan	„Guten Weg", sagt derjenige, der bleibt.
Selamat tinggal	„Gutes Hierbleiben", sagt derjenige, der geht.
Selamat datang	Herzlich Willkommen

Bitten

Das deutsche Wort „Bitte" hat viele Bedeutungen, für die es im Indonesischen verschiedene Wörter gibt:

silakan oder *mari*
im Sinne von „Bitte setzen Sie sich"
(= silakan duduk)

oder „Bitte essen Sie“
(= mari makan)
tolong
als Verstärkung beim Bitten
„Helfen Sie mir – bitte“, auch „Hilfe!“
*minta***
um etwas betteln,
z.B. „*minta uang!*“ = „Bitte Geld!“
kembali
als Erwiderung auf „Danke“
apa?
im Sinne von „Wie bitte?“
*mohon ma'af**
um Entschuldigung ersuchen
Saya mohon ma'af
Ich bitte tausendmal um Entschuldigung.
Ich ersuchen Entschuldigung.
Minta satu téh.
Ich möchte einen Tee.
Erbitte einen Tee.

* Wenn man mal etwas ganz „Schreckliches“ gemacht hat (jemanden beleidigt oder Ähnliches), ist es angebracht die höflichste Formulierung *mohon ma'af* zu benutzen.
** *Minta* heißt zwar auch betteln, wird aber anstelle von „möchten“ im alltäglichen Sprachgebrauch benutzt.

Redewendungen

Apa khabar?	Wie geht's? *Was Nachricht?*
Khabar baik	Gut. *Nachricht gut.*
Semua berés!	Alles in Ordnung! *Alles gut.*
Bagaimana?	Wie ist es? *Wie?*
Terima kasih.	Danke
Sama-sama	Danke auch
Ma'af	Entschuldigung
Permisi	Entschuldigung (im Sinne von „Gestatten Sie?“) Sagt man auch zu den Bleibenden, wenn man selbst den Raum verlässt.

Terima kasih (Danke)

terima	empfangen, erhalten
kasih	Liebe, Zuneigung

Terima kasih heißt also in etwa: „Ich habe Liebe bzw. Zuneigung erhalten“ oder besser gesagt „Ich nehme Ihre Zuneigung an“. Wer ganz besonderen Dank aussprechen möchte, sagt: *Terima kasih banyak* oder *Banyak terima kasih. Tidak apa apa* (keine Ursache), kembali (gleichfalls) oder *sama sama* (ebenfalls) wären die möglichen Erwiderungen.

Familie

pamili, famili	Familie
keluarga	Familie, Verwandtschaft
sanak saudara	Familienmitglieder (pl), Verwandte
Ibu, Bu	Mutter
isteri	Ehefrau
nenek perempuan, datuk	Großmutter
Bapak, Pak	Vater
suami	Ehemann
nenek laki kakek	Großvater
dewasa	Erwachsene
anak	Kind
anak anak	Kinder
anak perempuan	Mädchen
anak laki	Junge
kakak perempuan	ältere Schwester
adik perempuan	jüngere Schwester

kakak laki	älterer Bruder
adik laki	jüngerer Bruder
bibi	Tante
paman	Onkel
sepupu perempuan	Cousine
sepupu laki	Cousin

Folgende Fragen hört man immer wieder:

Sudah punya berapa anak?
Schon besitzen wieviele Kinder?
Wieviele Kinder haben sie schon?
Berapa umur?
Wieviel alt?

Essen und Trinken

makanan	Essen; Gericht
rumah makan	Restaurant
makan	essen
daftar	Speisekarte
minuman	Getränk
pelayan	Kellner; Ober
minum	trinken
bayar	bezahlen
énak	wohlschmeckend
piring	Teller
sedap	köstlich; herrlich
gelas	Glas
pasar malam	Nachtmarkt

Persönliche Fürwörter

saya	**ich,** gebräuchliche Form
aku	**ich,** wird gegenüber Kindern, Verwandten oder engen Freunden benutzt.
kamu, engkau	**du,** sehr vertraulich. Beide Anredeformen werden nur im Bekannten-, Freundes- und Familienkreis benutzt.
anda	**du,** neutrale, höfliche Anrede. Da es für uns Besucher häufig schwierig ist, die passende Form zu finden, bedient man sich am besten dieses Wortes.
dia	**er, sie**
kami	**wir,** wenn der Angesprochene ausgeschlossen ist.
kita	**wir,** wenn der Angesprochene mit einbezogen ist.
meréka	**sie** (Mehrzahl)

Oft werden anstelle von persönlichen Fürwörtern Titel benutzt:

Bapak	Vater/Herr	
Nyonya	Frau	ersetzen das höfliche „Sie"
Nona	Fräulein	
Ibu	Mutter	
adik	Bruder	Diese Ersatzwörter werden
kakak	Schwester	als vertrauliche Anreden
mas	Mann, Bruder	im Sinne von „Du" benutzt.

cangkir	Tasse
warung	Essensstand
pisau	Messer
garpu	Gabel
asin	salzig
séndok	Löffel
goréng	gebraten
panas	heiß; warm
rebus	gekocht
dingin	kalt
masak	reif, gekocht
pedas	scharf (gewürzt)
masakan	Gekochtes
manis	süß
busuk	verdorben
asam	sauer
sedia	fertig, bereit

Fleisch (da ging)

daging sapi	Rindfleisch *daging*
kuda	Pferdefleisch
daging babi	Schweinefleisch
daging anjing	Hundefleisch
daging domba	Lammfleisch
hati	Leber
daging kambing	Ziegenfleisch
otak	Gehirn
daging ayam	Hühnerfleisch
jantung	Herz
daging bébék	Entenfleisch
merpati	Taube

Wassertiere (ikan)

ikan danau (*danau* = See)	Süßwasser-Fisch
tiram	Auster
apitan	Muschel
ikan laut (*laut* = Meer)	Salzwasser-Fisch
ikan mas	Goldfisch
cumi cumi	Tintenfisch
udang	Shrimp
kepiting	Krabbe
udang karang	Lobster

für Vegetarier

tanpa daging	ohne Fleisch
mie, bihun,	Nudeln
sayur	Gemüse
bakmie roti	Brot, Kuchen
saja	bloß; nur
sayur sayuran	gemischtes Gemüse

Früchte (buah)

mangga	Mango
arbai; arbén	Erdbeere
durian	Durian
buah-buahan	Fruchtsalat
nangka	Jackfruit
masak	reif
manggis	Mangosteen
markisa	Passionsfrucht
apél	Apfel
malinjo	Frucht, aus der Krupuk gemacht wird
pisang	Banane
nanas	Ananas
jeruk manis	Apfelsine
jeruk asam	Limone
kelapa	Kokosnuss
pepaya	Papaya

Gewürze (bumbu)

lombok	Chili
gula	Zucker
garam	Salz
jahé	Ingwer
merica, lada	Pfeffer
cengke	Gewürznelke
kécap	Soja-Sauce

pala	Muskatnuss
mentéga	Butter
paneli	Vanille
madu	Honig
kayu manis	Zimt

Getränke (minuman)

panas	heiß
dingin	kalt
téh; kopi	Tee, Kaffee
-manis	mit Zucker
és	Eis
-susu manis	mit Milch und Zucker
balok/tuak	Toraja Palmwein
air putih	Wasser
-pahit, tawar	schwarz
bir	Bier
-jahé	mit Ingwer
coklat	Trinkschokolade
mabuk	betrunken
air minum	Trinkwasser

Kleinigkeiten

kué	Kuchen; Biskuit
telur mata sapi	Spiegelei
(*mata* = Auge, *sapi* = Kuh)	
kacang	Erdnüsse
gula gula	Bonbons; Süßes
éskrim	Speiseeis
telur rébus	Ei, gekocht
krupuk	Chips (Malinjo)
telurgoréng	Ei, gebraten

Gerichte (makanan)

nasi putih	weißer, gekochter Reis
nasi goréng	gebratener Reis, oft mit Gemüse
nasi campur	Reis mit Gemüse und Fleisch
nasi sayur	Reis mit Gemüse
mie goréng	gebratene Nudeln, manchmal mit Gemüse und Ei
mie rébus	gekochte Nudeln
mie kuah	Nudelsuppe
soto; sop; gulai	Suppe
martabak	Pfannkuchen mit Gemüse und Fleisch oder süß zubereitet
cap cai	versch. Gemüsesorten, angebraten in einer Sauce
saté	am Spieß gegrilltes Fleisch mit unterschiedlichen Saucen
fu yung hai	Omelett mit Fleisch und Gemüse
gado gado	Gemüsesalat mit Erdnußsauce, kalt

Zahlen

0	*nol*
1	*satu*
2	*dua*
3	*tiga*
4	*empat*
5	*lima*
6	*enam*
7	*tujuh*
8	*delapan*
9	*sembilan*
10	*sepuluh*
11	*sebelas*
12	*duabelas*
13	*tigabelas*
14	*empatbelas*
usw.	

20	*duapuluh*
30	*tiga puluh*
31	*tiga-puluh-satu (3-10-1)*
40	*empat puluh*
50	*lima puluh*
55	*lima-puluh-lima (5-10-5)*
60	*enam puluh*
100	*seratus*
200	*duaratus*
300	*tigaratus*
usw.	
1.000	*seribu*
2.000	*duaribu*
3.000	*tigaribu*
10.000	*sepuluh ribu*
100.000	*seratus ribu*
1.000.000	*sejuta*

165743 = *seratus enam puluh lima ribu tujuh ratus empat puluh tiga*

- *belas*	= - zehn
- *ribu*	= - tausend
- *puluh*	= - zig
- *juta*	= - million
- *ratus*	= - hundert

Literaturtipps

Wer bei www.amazon.de in der Büchersuche den Begriff „Bali" eingibt, wird von rd. 2000 Treffern überrascht. Bali ist offensichtlich ein gut beschriebenes und gut erforschtes Gebiet. Lombok zeigt sich mit rd. 250 Treffern etwas sparsamer. Spannend ist es also, sich neben dem Reise-Know-How-Reiseführer eine kleine Handbibliothek zu den Inseln zuzulegen.

Die hier vorgeschlagenen Bücher – etliche gibt es leider bisher nur auf Englisch – eignen sich genauso zur Vor- wie zur Nachbereitung eines Bali-Aufenthalts. Die meisten der englischsprachigen Titel sind in den Buchläden auf Bali und Lombok erhältlich, manche auch aus zweiter Hand.

Einige Klassiker

- *Baum, Vicky:* **Liebe und Tod auf Bali.** Das 1937 erschienene Buch der Österreicherin ist vielleicht *der* Klassiker über Bali, über das Leben dort und eben den Tod. Baum, inspiriert durch *Walter Spies,* gestaltet Charaktere, spinnt Handlungsfäden, zeigt das tägliche Leben im Dorf sowie im Reisfeld und die tödliche Übermacht der holländischen Kolonisatoren, und sie macht daraus eine spannende Story. Später wurde Baum angekreidet, dass sie die Holländer und vor allem das koloniale System zu gut hat wegkommen lassen.
- *Coast, John:* **Dancing Out of Bali.** 1953 erschienen, erzählt das Buch die spannende Geschichte der „Dancers of Bali", die gemeinsam mit Coast von Peliatan auszogen, um mit ihren Tänzen die westliche Welt zu erobern.
- *Covarrubias, Miguel:* **Island of Bali.** Wer Bali wenigstens einigermaßen verstehen will, ist bei Covarrubias, eigentlich Illustrator von Beruf, richtig. Gemeinsam mit seiner Frau lebte er einige Jahre auf Bali und schuf mit dem Buch, das erstmalig 1946 erschien, vielleicht den ersten anthropologisch geprägten Reiseführer über die Insel. Er zeichnet ein genaues Bild des von Ritualen und Religion geprägten Lebens.

■ *Helmi, Rio* und *Walker, Barbara:* **Bali Style.** Erstmalig 1995 erschienen und ebenfalls schnell zum Klassiker geworden. Mit mehr als 330 betexteten Bildern stellen in diesem opulenten Bildband der indonesische Fotograf Rio Helmi und die Amerikanerin Barbara Walker die Insel und vor allem balinesische Architektur und Lebensformen vor. Damit (mit)begründeten sie den bis heute geltenden Bali-Style. Leider gibt es rund 70 % der fotografierten Orte nicht mehr, sagt Helmi. Ein Grund mehr, das Buch ins Regal zu stellen – das es leider auch nur noch antiquarisch gibt.

■ *Mead, Margret:* **Brombeerblüten im Winter. Ein befreites Leben.** Neben ihren umfangreichen anthropologischen Studien schrieb Margret Mead Tagebuch. 1972 erschien das autobiografische Buch über ihre Reisen und Forschungen. Ihrer Zeit auf Bali räumt sie dabei etliche Zeilen ein – spannendes Zeugnis einer Zeitzeugin.

■ *Vickers, Adrian:* **Bali – A Paradise Created.** 1989 erschien die Erstauflage auf Englisch, 1996 auf Deutsch bei Reise Know-How, leider nur noch antiquarisch zu haben. Noch nicht so lange her, aber das Buch gilt bereits als Klassiker. Denn Vickers, Professor für Asienstudien an der Universität Wollongon/Australien, beschreibt erstmalig, wie Bali „tickt". Wie das vermeintliche Paradies über 400 Jahre Geschichte entstanden ist und was es bis heute zusammenhält.

Ein bisschen Zeitgenössisches

■ *Barley, Nigel:* **Island of Demons.** Ein wunderbar leicht geschriebenes Buch des englischen Anthropologen, der einen Teil seines Lebens in Canggu auf Bali verbringt. Er beschreibt auf gewohnt humorvolle, pointierte Weise das Leben des deutschen Malers *Walter Spies* und seiner Zeitgenossen. Nicht alles ist historisch korrekt geschildert, aber damit hat Barley kein Problem. Denn es handle sich ja um einen Roman, keine historische Abhandlung, sagt er über sein Buch.

■ *Blank, Stefan:* **Bali mittendrin – Notizen aus der Poppies Lane.** „Seine Sequenzen wurden zu einem beschwingten, genussvollen und turbulenten Tanz von Beobachtungen und Interpretationen, ohne dabei den Anspruch einer guten Reiseliteratur zu vernachlässigen. Einfach genial." Schwäbische Zeitung, 14. April 2010.

■ *De Neefe, Janet:* **Fragrant Rice: My continuing Love Affair with Bali.** Die Australierin Janet de Neefe gilt informell als die „Königin von Ubud". Seit Jahrzehnten lebt sie auf der Insel, betreibt zwei Restaurants, gibt Kochkurse und ist eine der Begründerinnen des Ubud Writers & Readers Festival. „Fragrant Rice" war ursprünglich als Kochbuch gedacht, wurde aber eher zu einer Autobiografie mit Geschichten und Anekdoten aus ihrer Zeit in Bali.

■ *Flint, Shamini:* Der Mann, der zweimal starb: Inspektor Singh ermittelt auf Bali. Kurzweiliger Krimi um den kauzigen Mord-Ermittler aus Singapur, der im Kampf gegen den Terrorismus nach Kuta auf Bali geholt wird. Gemeinsam mit einer Polizistin aus Australien deckt er so einiges auf. Gut gelungen sind die Beschreibungen des Lokalkolorits sowie der Sitten und Gebräuche auf Bali.

■ *Neukäter, Rüdiger:* **Unterwegs in Indonesien.** Rüdiger Neukäter ist ein Weltenbummler und schreibt gerne über seine Erlebnisse unterwegs. Neben Sri Lanka gehört Indonesien seine besondere Aufmerksamkeit, dabei natürlich auch Bali und Lombok. Auch wenn seine Eindrücke von 2006 schon ein wenig in die Jahre gekommen sind, denn die Zeit in Indonesien läuft schneller, erzählt er nette kleine Geschichten, wie sie Touristen eben widerfahren – vom Handeln auf dem Markt in Ubud bis zum Über-den-Tisch-Ziehen am Strand von Kuta.

- *Gilbert, Elisabeth:* **Eat Pray Love.** „Elizabeth Gilbert schreibt so offen und ehrlich, so schonungslos gegen sich selbst, sprachlich so gut und unterhaltend, dass man ihr gerne überallhin folgt." Da hat der Westdeutsche Rundfunk Recht und gern folgen wir Gilbert nach Bali, nach Ubud, in die Reisfelder. Und, es muss gesagt werden: Das Buch ist um Längen besser, spannender und intensiver als der Film mit *Julia Roberts.* Um „Eat Pray Love" kommt kein Bali-Besucher herum, sei es im Vorfeld zur Einstimmung oder auf der Insel, wenn ihm in Ubud die Hinterlassenschaften des Films begegnen, beispielsweise bei den „Eat Pray Love-Tours". Es lohnt sich, sich durch die Italien- und Indien-Kapitel durchzuarbeiten, denn die anschließende Bali-Beschreibung ist schön, treffend und macht vor allem Lust auf mehr.
- *Guntli, Reto* und *Lococo, Anita:* **Leben in Bali.** Ähnlich wie *Helmi* und *Walker* im Bali-Style-Bildband besuchen der Fotograf Reto Guntli und die Autorin Anita Lococo Menschen und Orte, die für sie das Leben auf Bali illustrieren: inspirierend schöne Häuser, Gärten, Bäder und Interieurs im Bali Style.
- *Koch, Mario:* **Hundert Jahre Paradies. Die Schaffung einer indonesischen Ethnie auf Bali.** Die Magisterarbeit von 2009 arbeitet unter anderem mit *Adrian Vickers'* „Bali – ein Paradies wird erfunden", diskutiert etliche aktuelle Veröffentlichungen rund um das Thema „Balinese sein" und geht intensiv ein auf den Tourismus und seine gesellschaftspolitische Bedeutung sowie die Kampagne „Ajeg Bali" („das starke Bali").
- *Leitess, Lucien* (Hg.): **Reise nach Bali – Kulturkompass fürs Handgepäck.** „Dieser Band will Mosaiksteine zu einem Bali-Bild zusammentragen, das weder verklärt, noch vereinfacht", sagt der Herausgeber Lucien Leitess in seinem Vorwort. Und das gelingt seinen Autoren auf analytische, kritische und auch humorige Art und Weise. Alte Bekannte berichten, wie beispielsweise *Vicki Baum, Adrian Vickers* oder *Nigel Barley.* Sie stellen Bali vor, wie sie die Insel erlebt haben – von den Anfängen des Tourismus bis zu den Bombenattentaten. Dabei machen sie Lust auf mehr.
- *Morrison, Suzanne:* **Bin ich schon erleuchtet?** Nette, vergnügliche Geschichte über eine junge New Yorkerin, die für zwei Monate nach Bali geht, um sich im Yoga zu vertiefen und Glückseligkeit zu finden. Beides soll nicht so richtig klappen ...
- *Stern, Lara:* **Bali kaputt.** Netter Krimi einer deutschen Autorin, die unter Pseudonym arbeitet. „Inselidylle mit Rissen", heißt es im Klappentext. „Bali kaputt" spielt auf Bali und mit dem balinesischen Alltag oder vielmehr der dortigen drogengeschwängerten Unterwelt.
- Verschiedene Autoren des *Ubud Writers & Readers Festival 2010:* **Bali with a Twist.** Neun Expats erzählen abenteuerliche Geschichten über ihr Leben auf Bali – in Gedichten und Prosa.

Indonesisches

Eine gute Adresse, um sich über indonesische Literatur zu informieren, ist die Lontar Foundation in Jakarta, www.lontar.org. Ihre Aufgabe ist es, indonesische Literatur weltweit bekannt zu machen, indem sie sie beispielsweise übersetzt. Die Lontar Foundation bringt die „Modern Library of Indonesia“ heraus, in der bisher fünf indonesische Klassiker ins Englische übertragen wurden:

- *Moeis, Abdoel:* **Never the Twain.** 1928 erstmals erschienen.
- *Pane, Armijn:* **Shackles.** 1948 erstmals erschienen.
- *Rukiah, S.:* **The Fall and the Heart.** 1949 erstmals erschienen.
- *Rambe, Hanna:* **Mirah of Banda.** 1986.
- *Yulianti Farid, Lily:* **Family Room.** Kurzgeschichten, 2010.

Für Kinder und Jugendliche

- *Messager, Alexandre* und *Duffet, Sophie:* **Wir leben in Indonesien.** Schön illustriertes Buch, das die unterschiedlichen Lebensweisen von Groß und Klein am Beispiel von Ahmed aus Jakarta und Wayan aus Bali darstellt. Geschichte, Geografie, Kultur und Politik werden für Kinder und Jugendliche ab zehn Jahren anschaulich aufbereitet.
- *Künnemann, Horst:* **Einmal Bali und zurück. Von Geistern, Haien und Vulkanen.** Unterwegs in Bali, schreibt der Autor Briefe an seinen 13-jährigen Sohn und erklärt ihm mit einfachen Worten die balinesische Welt. Auch für Erwachsene interessant.

Für (Hobby-)Köche

- *Rath, Britta* und *Siauw, Noni:* **Essen wie im Paradies. Die Küche auf Java und Bali.** Viele schöne Rezepte, schöne Bilder und vor allem die Geschichten drumherum machen das Buch mehr als schmackhaft.
- *Von Holzen, Heinz* und *Arsana, Lothar:* **Die Küche Balis.** Ein bisschen angegraut (1995), aber immer noch stilbildend. Immerhin ist der Schweizer Starkoch Heinz von Holzen seit 1997 Chef des „Bumbu Bali“ in Tanjung Benoa. Das Restaurant wurde 2009 vom Miele Guide zu einem der fünf besten Restaurants Indonesiens erklärt. Holzen führt auch eine eigene Kochschule.

Für Shopper

- *Charles, Andrew:* **Shopsmart Bali & Lombok.** Auch für Nicht-Japaner interessant, die meistens zum Heiraten oder zum Einkaufen auf die Inseln kommen. Das Buch zeigt, welche Wege in welches Geschäft sich lohnen.

Für Surfer

- In den Surfshops in Kuta gibt es ein kleines Büchlein, für die Surfercommunity gemacht, aber auch für Nicht-Surfer lesenswert: **The Lost Guide to Bali & Lombok** bietet unter dem Motto „think locally, act locally“ eine gute Einführung dazu, was angesagt ist und was nicht, wann wieviel Trinkgeld gegeben wird, welche Orte hip sind und welche nicht.
- *Diel, Peter* und *Menges, Eric:* **Surfing. Auf der Suche nach der perfekten Wel-**

le. Diel und Menges sind seit ihrer frühen Jugend unterwegs in Sachen „perfekte Welle". Ergebnis ihrer weltweiten Erfahrungen ist dieses Buch in der fünften Auflage, das auch auf Englisch bereits die zweite Auflage erreicht hat. Die beiden Surfer lieben Indonesien und wenn sie mal wieder auf Bali unterwegs sind, verbringen sie die meiste Zeit am Uluwatu Spot. Neben Beschreibungen der Surfspots wird der Weg aufs Brett in einfachen Worten erklärt. Wer das Buch gelesen hat, will dann nur noch die Welle reiten, am besten auf Bali oder Lombok.

■ *Lueras, Leonard* und *Lorca:* **Surfing Indonesia.** Zwar von 2002, aber immer noch eine Art Bibel für die rund um Bali und Lombok surfenden Jungs und Mädels. Zum Glück ändert sich wohl bei den Wellen nicht allzu viel.

■ *Neely, Peter:* **Indo Surf and Lingo. Guidebook to Surfing Bali and all Indonesia.** Infos über die Surfspots und dazu ein wenig Vokabular, das weiterhelfen soll.

Für Taucher

■ *Pickell, David* und *Siagian, Wally:* **Diving Bali.** In die Jahre gekommen (2000) und nur noch antiquarisch zu haben. Bisher wohl das einzige Buch, das sich nur mit dem „Unterwasser-Juwel von Südostasien" auseinandersetzt.

Sprachführer

■ *Urban, Gunda:* **Indonesisch – Wort für Wort.** Kauderwelsch Band 1, Reise Know-How Verlag, Bielefeld.

■ *Spritzig, Günter:* **Balinesisch – Wort für Wort.** Kauderwelsch Band 147, Reise Know-How Verlag, Bielefeld.

Die handlichen Büchlein bieten eine auf das Wesentliche reduzierte Grammatik und viele Beispielsätze für den Reisealltag. Der Mini-Sprachführer auf den vorhergehenden Seiten zeigt Auszüge aus „Indonesisch – Wort für Wort". Begleitende Audio-CDs – die Aussprache-Trainer – sind erhältlich.

■ *David, Bettina,* **Indonesisch Slang – Bahasa Gaul.** Kauderwelsch Band 208, Reise Know-How Verlag, Bielefeld. Jakartas Jugendliche entwickelten schon in den 1980er Jahren ihren eigenen Slang. Ursprünglich eine Codesprache der Unterwelt, wurden bestimmte Ausdrücke von den Jugendlichen aufgegriffen und fanden bald weite Verbreitung in der Slang- und Umgangssprache. Ende der 1990er Jahre kam ein neuer Trend auf: *Bahasa Gaul.* Die in Transvestitenkreisen übliche Codesprache, bei der bestimmte Wörter durch ähnlich klingende Ausdrücke mit anderer Bedeutung ersetzt werden, wurde von hippen Stars aus Jakartas Mode- und Medienszene aufgenommen und so innerhalb kurzer Zeit zu einem Muss für alle, die „cool" sein wollten. Dieser Slang hat sich inzwischen in ganz Indonesien verbreitet, nicht nur mündlich, sondern auch per E-Mail, Chat und SMS.

Register

A

B

C

D

E

F

G

L

M

T

U

V

W

Y

Z

Die Autoren

159ba mb

166ba pr

Stefan Blank, geboren 1966, ist Reisejournalist und Werbetexter. Während und nach seinem Studium der Entwicklungspolitik führten ihn seine Wege als Traveller nach Australien, Südostasien und Indien. Aufgrund seiner Erfahrungen dort verließ er den Pfad der Entwicklungshilfe, studierte Journalismus und bereist heute die sogenannte Dritte Welt beobachtend, schreibend und fotografierend als teilnehmender Tourist.

Bali lernte er erstmals 1990 auf der Rückreise von Australien kennen – als Trip in eine bunte Welt, nach acht Monaten Praktikum im trockenen Immobilienbusiness. Seitdem war Blank regelmäßig auf Bali und Lombok und hat dort viele Freunde gefunden. Nicht nur als Taucher ist er gespannt, wie sich „seine" Inseln in den nächsten Jahren verändern werden.

Gunda Urban und **Peter Rump** bereisen Indonesien seit den 1970er Jahren. Insbesondere die Kleinen Sunda-Inseln haben es den beiden angetan: Bali, Lombok, Sumbawa, Komodo, Flores; das sind die Inseln, auf denen sie sich zu Hause fühlen. Seit 1984 können sie auf Bali in ihrem eigenen Haus wohnen, es steht in Penestanan in der Nähe von Ubud (siehe Seite 123).

Studiert haben beide Grafik-Design, Gunda machte mit Schwerpunkt Film und Video 1988 ihren Diplom-Abschluss. Peter hat das Studium aufgegeben. Drei Beschäftigungen waren einfach zuviel: Reisen, Verlegen und Studieren. Den Reise Know-How Verlag gibt es seit 1979. Das erste Buch war „Bali & Lombok", mit dieser Auflage hilft es nun seit über 35 Jahren Reisenden jeder Art.

Wer die Rumps einmal kennenlernen möchte, hat die besten Chancen dazu auf Bali. Sie freuen sich über Besucher, wenn sie sich in ihrem Häuschen aufhalten.